2009—2018

庆祝《广东建设年鉴》编纂出版十周年

- 第五届全国地方志优秀成果（年鉴类）特等年鉴
- 2015—2016 年度全国年鉴编校质量检查评比特等奖
- 第三届全国地方志优秀成果（年鉴类）特等年鉴
- 第五届全国年鉴编纂出版质量评比综合特等奖
- 第五届全国年鉴编纂出版质量评比“框架设计”“装帧设计”特等奖

广东建设年鉴 2018

《广东建设年鉴》编纂委员会 编

GUANGDONG CONSTRUCTION YEARBOOK 2018

SPM
南方出版传媒
广东人民出版社
·广州·

图书在版编目（CIP）数据

广东建设年鉴.2018/《广东建设年鉴》编纂委员会编. —广州：广东人民出版社，2018.9
ISBN 978-7-218-13146-7

Ⅰ.①广… Ⅱ.①广… Ⅲ.①城市建设—广东—2018—年鉴 Ⅳ.①F299.276.5-54

中国版本图书馆CIP数据核字（2018）第196498号

GUANG DONG JIAN SHE NIAN JIAN
广东建设年鉴·2018
《广东建设年鉴》编纂委员会　编

《广东建设年鉴》编辑部
地　　址：广州市越秀区豪贤路102号汇德大厦602室
邮政编码：510055
电　　话：（020）87255508　87252984
传　　真：（020）87255234
网　　址：www.gdcic.net
电子邮箱：gdjsnj@gdcic.net

出 版 人：肖风华

责任编辑：陈明明　钱　丰　黄炜芝　陈财盛　李　勇
装帧设计：徐兴洋
责任技编：周　杰

出版发行：广东人民出版社
地　　址：广州市大沙头四马路10号（邮政编码：510102）
电　　话：（020）83798714（总编室）
传　　真：（020）83780199
网　　址：http://www.gdpph.com
印　　刷：中华商务联合印刷（广东）有限公司
开　　本：889mm×1194mm　1/16
印　　张：34.25　　插　页：54　　字　数：1500千
版　　次：2018年9月第1版　2018年9月第1次印刷
定　　价：260.00元

编辑说明 EDITOR'S NOTES

一、《广东建设年鉴》是广东省住房和城乡建设厅主办、《广东建设年鉴》编纂委员会组织编纂的资料性工具书，于 2009 年创办。其宗旨是及时、全面、系统、翔实地记录广东省住房和城乡建设事业发展状况，为各级领导决策和行业管理提供依据，为社会各界了解、研究广东省住房和城乡建设的历史发展及现实风貌提供信息资料和数据。

二、《广东建设年鉴》以马克思主义、毛泽东思想、邓小平理论、“三个代表”重要思想、科学发展观、习近平新时代中国特色社会主义思想为指导，坚持辩证唯物主义和历史唯物主义的立场、观点和方法。

三、《广东建设年鉴》采用分类编辑法，以类目、分目和条目组成框架结构的主体部分。在少数分目中，增加子分目的层次。全书条目标题统一用黑体加【】表示，个别包含多方面资料的条目则在段首加插楷体标题提示，方便读者阅读。

四、《广东建设年鉴》以出版年号为卷次名称，2018 年卷主要载录 2017 年广东省住房和城乡建设事业发展的基本资料，全书设年度关注、大事记、城乡建设事业发展总述、城乡规划、城市市政公用设施建设与管理、城市管理与综合执法、村镇建设与管理、建筑业、勘察设计与工程咨询业、房地产业与住房保障、建设科技与绿色建设、建设行政审批、法治建设、教育培训与执业资格、机关建设、各市建设、人物与荣誉、统计资料、文献法规、调研报告摘编、附录 21 个类目。

五、为提高全书质量，增加动态信息，增强可读性，2018 年卷注重调整和充实框架结构体系，注重以图片专辑和内文配图的形式收录图片资料，设置“广东城乡建设风采”“广东建设项目选辑”“各市建设新貌”图片专辑，专题化、系列化地反映全省住房和城乡建设大事、要事及主要建设成就；内文加插配图和表格，形象、直观地反映相关内容。

六、全书所载主要内容均由广东省住房和城乡建设厅各部门、直属各单位、行业协会，以及各地级以上市住房和城乡建设管理部门人员负责撰写，并经撰稿单位和部门领导审核。

七、全书“统计资料”类目内容由广东省统计局供稿。因统计口径原因，有关部门所用个别数据与“统计资料”类目中的数据不尽一致。凡涉及广东省国民经济和社会发展的全局性数据，概以广东省统计局提供的资料为准。

八、全书配有中英文目录和索引，具有双重检索系统。索引采用主题分类法，按照主题词首字汉语拼音字母顺序排列。

九、全书编纂得到广东省住房和城乡建设系统各有关单位及社会各界人士支持，谨表谢忱。疏漏和差错之处，敬请读者指正。

《广东建设年鉴》顾问

王　芃　杨细平　陈承旗　李台然　金炳亮　韩　松　莫秀吉　李健明

《广东建设年鉴》编纂委员会

主　　任　赵　坤　张少康

副 主 任　蔡　瀛　郭壮狮　刘智民　刘　玮　陈天翼　魏振发　华宏敏　刘耿辉　张育民　曾宪川

委　　员　(按姓氏笔画为序)

于宝明　马春生　孔令培　方　正　王　雄　王幼鹏　王立新　王全录
王宏伟　王灿明　王国宾　王逵昱　王朝晖　冯　颢　冯　卫　卢仲强
古荣清　叶　豪　甘少权　乔恒利　伍　茸　刘升河　刘初汉　刘运通
刘国军　刘建新　刘桂燊　吕国记　朱　磊　朱利民　朱国鸣　朱燕含
祁志强　许创生　许欣毅　许险峰　邬泽勤　何向辉　佘延民　佘云枢
吴少炎　吴伟强　吴名越　吴晓荣　吴稳根　宋　健　张　平　张志伟
张学凡　张金城　李　康　李　箫　李长合　李永生　李永洁　李建文
李建波　李枝坚　李剑锋　李福民　杜俊强　杨小明　杨小晶　杨少龙
杨国权　杨承志　杨波博　杨瑞良　肖　宁　苏宁宁　辛颖晖　邱衍庆
邵杭伟　陆景华　陈弋星　陈必暖　陈伟建　陈茂良　陈俊源　陈海燕
陈辅淳　陈锡金　陈震云　陈　星　冼奕辉　单洪辉　周　霞　周小明
周文高　周卓豪　周群文　林　清　林丹雄　林仕彬　林兆雄　林刘雄
林国荣　林健生　林兜培　林粤海　林儒森　罗锦荣　郑潮龙　柯延鹏
段　军　段　成　赵国坚　钟壬旺　钟伟文　倪佳翔　凌金文　唐耀文
夏卫兵　徐中云　徐天平　莫植贵　袁以立　袁庆华　袁贵平　郭　翔
郭建华　郭建宏　陶镇广　崔丽平　曹万里　曹大燕　梁世廉　梁成满
梁君明　梁志华　梁绍雄　梁剑明　黄　光　黄　列　黄　勇　黄　锋
黄水祥　黄宇东　黄守新　黄克新　黄祖璜　黄海波　黄维德　龚海杰
傅运光　彭健伟　彭高峰　彭超翔　曾　峥　曾春盛　谢　毅　谢天友
谢月浩　谢宋彪　谢昭贤　谢钦文　谢莉珍　雷伟平　廖江陵　廖辉文
廖鹏洲　蔡东升　潘伟堂　魏森新

《广东建设年鉴》编辑部

《广东建设年鉴》主要撰稿人

（按姓氏笔画为序）

丁开博　丁镇琴　门锋刚　马　翔　马晓玲　区淑贤　孔　晖　孔一颖　方　胜　方　婷
方晓华　王　飞　王　果　王　鸣　王亚楠　王丽国　王建一　王绍挺　王晓东　王维祥
王瑞斌　邓　萨　邓　韬　邓任明　邓莅佳　邓臻平　付　仙　冯丽萍　冯育文　冯鸣坚
卢书桃　卢少媚　卢兆华　卢智婷　宁志超　叶紫君　叶舒婷　田宗星　邝倍菱　龙　格
龙海辉　龙赛姗　伍尚锋　伦泳霞　刘　玮　刘　青　刘仕琴　刘永杰　刘志军　刘秀平
刘建业　刘海婷　刘碧海　吕远航　吕国林　孙良玉　朱　锋　朱亚涛　朱学武　朱泳茅
朱栎燃　朱瑞平　江　飞　江泽涛　汤欣仪　牟玉波　许晓凯　许婷丽　邢谷锐　何　研
何志坚　何春平　何艳菲　何锋军　何蔼玲　余乐富　余宝莹　余薇薇　吴　伟　吴　珊
吴小弈　吴丹莹　吴文天　吴玉莲　吴维彬　吴锦波　吴静雯　吴送军　吴燕忠　吴燕婷
宋伟光　宋恩成　张　允　张　兵　张　栋　张　萍　张　斌　张　鹏　张　赛　张　毅
张卫根　张子健　张子健　张文宇　张志红　张志明　张灿辉　张思瑶　张珍妮　张家雄
张晓春　张爱华　张致富　张婉丽　张湘荣　张锦明　李　君　李　怡　李　隽　李　璨
李长青　李永强　李向斌　李向斌　李旭伟　李洁丽　李钧超　李晓婷　李清玉　李渭印
李皖苏　李楚杨　李嘉柞　杨　扬　杨　丽　杨　津　杨　哲　杨　海　杨才开　杨艺云
杨金陶　杨春媚　杨海涛　杨绵先　杨新霞　杨献永　沈文案　肖建鸣　苏　景　苏伟洵
苏西超　苏智勇　谷　峰　辛颖晖　邱世洋　陆　民　陆　娜　陆维达　陈　充　陈　喆
陈万鑫　陈为贵　陈少欢　陈文辉　陈永青　陈传燕　陈华杰　陈有强　陈佛安　陈宏略
陈志杰　陈志彬　陈灿新　陈佩珠　陈俊娜　陈俊鸿　陈思明　陈映芝　陈家祺　陈晓红
陈晓林　陈楚珠　陈潇菡　陈翠婷　麦宗娴　周　丹　周　政　周丽献　周宏森　周建雄
周欣凯　周倩仪　周雪峰　周超敏　周群文　庾小文　易慧琳　林　文　林　燚　林永锐
林伟锐　林肖兵　林佳衡　林钟洲　林晓文　林海鸿　林铁洪　林清华　林森伟　林颖华
林燕婵　欧剑辉　罗　栋　罗　倩　罗　婕　罗炽发　罗健波　罗惠栅　范少华　郑志东
郑志尚　郑泽爽　郑炎鹏　郑苗苗　郑祥杰　郑亮杞　郑映锦　郑智敏　郑楚珊　金　芳
侯学丽　姚　晔　施琦敏　柯彩容　柯　艺　柯云燕　洪群钊　胡　琼　胡秀媚　胡振坤
胡朝华　胡增辉　胡耀鑫　荣　荣　姚　铭　赵华飞　赵丽霞　赵晓菲　钟一鸣　钟彬强
唐冬梅　徐武飞　徐雨轩　徐晓曦　涂学智　秦　意　耿亚兰　莫劲康　莫振光　莫惠婷
袁　媛　袁国省　袁晓娟　贾领辉　郭　庆　郭　松　郭云峰　陶洪伟　高　峰　康　微
曹振中　梁　晞　梁伟健　梁宇峰　梁有红　梁志华　梁季红　梁家庆　梁晓光　梁晓明
梁笑珠　盖丽丽　章　程　萧灼辉　黄　芳　黄亮华　黄　茜　黄　铁　黄　维　黄少英
黄少燕　黄文涛　黄圣青　黄汉飞　黄玉玲　黄伟鸿　黄丽英　黄劲横　黄志坚　黄咏怡
黄炜横　黄玲珍　黄矩文　黄晓东　黄爱兵　黄鸿钦　黄强立　黄集宏　黄滔滔　黄照帝
黄睿民　曾　丹　曾　堃　曾　琦　曾令勇　曾思苑　曾嘉琪　温宏智　程璐萍　董　松
董淑敏　覃嘉慧　谢宇兴　谢妍妍　谢佳浠　谢易霖　谢婷婷　韩秀娟　窦小磊　简颖思
赖方侨　赖水清　赖雪桃　雷发娟　廖　侃　廖小玲　熊　键　熊小玲　缪世勇　蔡迪倪
蔡晓洁　蔡雅琴　蔡曙光　谭　兵　谭广淼　谭志伟　樊　行　潘兆能　潘奇俊　颜新立
黎　锋　黎金龙　黎洋波　黎锡波　穆　岚　鞠松涛　魏　强

总　目

目　录

图片专辑

年度关注

大事记

城乡建设事业发展总述

城乡规划

城市市政公用设施建设与管理

建筑业

勘察设计与工程咨询业

房地产业与住房保障

建设科技与绿色建设

建设行政审批

法治建设

教育培训与执业资格

机关建设

各市建设

人物与荣誉

统计资料

文献法规

调研报告摘编

附　录

2017 · 广东城乡建设要录

01 城乡规划管理体制改革成效显著

2017 年 3 月，广东省被住房和城乡建设部确定为全国首个城乡规划管理体制改革试点省。省住房和城乡建设厅会同省国土资源主管部门建立城市规划和土地规划的衔接保障机制，在操作层面推进"两图合一"；在城市总体规划编制方法、技术手段、事权划分、审批机制等方面探索创新，建立符合广东实际的城市总体规划成果模板和编制审批机制；在全国率先出台法定城乡规划成果报审报备技术规范暨数据标准，形成规范城市总体规划、近期建设规划、控制性详细规划入库成果的"一套标准"；开展全省城乡规划管理信息数据归集，形成全省城乡规划'一张图'；出台系列政策及技术指引，推动南粤古驿道、绿道、足球场地设施、自行车道、珠江三角洲水岸公园和社区体育公园规划建设。

02 建筑业稳步发展

2017 年，广东省加快建筑业转型升级，推进行业管理制度改革，出台全过程工程咨询试点实施方案，公布全省全过程工程咨询试点单位及项目；制定房屋建筑和市政基础设施工程总承包实施试行办法，探索全省扶持建筑工程设计事务所发展配套措施；放开施工图审图市场准入限制，推动跨区域审图；推动传统建筑文化传承，开展省内勘察设计大师认定。全省建筑业总产值 11826.52 亿元，建筑企业 7189 家，从业人员 267.08 万人。是年，推动装配式建筑发展，全省新建装配式建筑面积 937 万平方米，占年度新开工建筑面积 5.2%。

03 房地产市场风险防范

2017 年，广东省住房和城乡建设厅加强房地产市场监测监控，防范市场风险。广州、深圳、珠海、佛山、惠州、东莞、中山、江门等市及时制定调控政策，全省累计出台 70 多个调控政策措施。部分三、四线城市结合当地实际情况，落实供给侧结构性改革部署，实行分类去库存政策，提前超额完成去库存任务。截至年底，全省商品房库存消化周期 11.4 个月。

04 城市基础设施建设水平提升

截至 2017 年底，广东省城市人均公园绿地面积 18.24 平方米，城市生活垃圾无害化处理率 97.98%，城市污水处理率 94.48%；全省建成并投入使用城市地下综合管廊 100 多千米，新开工建设超过 300 千米，建成运营的地铁线路 28 条，总里程 719.1 千米。全省 41 个设市城市完成防水排涝规划编制和城市地下管线普查，建成城市地下管线信息系统。全省累计创建"国家生态园林城市"1 个、"国家园林城市"20 个、"国家园林城镇"3 个，获"中国人居环境范例奖"33 个。

05 建设执法水平提高

2017 年，广东省住房和城乡建设厅建立"天上看、地上查、网上管"规划建设执法立体网络，实现利用遥感监测技术对全省县级以上城市规划实施情况的动态监测。推进实施省派城乡规划督察员制度，规划督察成为全国的"排头兵"。

06 科技创新成果丰硕

2017 年，广东省建设科研成果质量提升。围绕新型城镇化建设、提升行业管理水平、促进信息化与工业化融合、推进建筑行业转型升级，广东省依托科研机构、高等院校、大型企业、投资机构和社会组织，重点加强装配式建筑、建筑节能和绿色建筑、海绵城市建设、城市综合管廊建设、城市轨道交通建设、工程质量安全、BIM 技术、工程建设领域信息技术等实用技术研究，引领带动建设科技成果转化。全省住房和城乡建设系统获"华夏建设科学技术奖"7 项、"广东省科学技术奖"1 项，40 个项目被列入住房和城乡建设部科技计划项目。

07 绿色建造有效推进

2017 年，《广东省人民政府办公厅关于大力发展装配式建筑的实施意见》出台，广东省建立 1 个"国家装配式建筑示范城市"、15 个"国家装配式建筑产业基地"，新建装配式建筑面积超过 1600 万平方米。是年，全省新发布 9 项工程建设地方标准，城镇新增节能建筑面积 17817 万平方米，新增绿色建筑评价标识项目面积 5907 万平方米。全省散装水泥供应量 9204.98 万吨，预拌混凝土应用和预拌砂浆应用快速发展，高性能混凝土应用试点初见成效，新型墙材发展扎实推进。

08 工程质量安全管理不断加强

2017 年，广东省住房和城乡建设厅推动工程质量安全许可动态管理制度，开展"工程质量治理两年行动""工程质量安全提升三年行动"。推行"两书、一牌"制度，推动工程建设五方主体落实质量终身责任制。房屋市政工程一次性通过验收，合格率超过 99%，全省安全生产形势平稳可控，全年有 34 个项目获"中国建设工程鲁班奖"。

09 农村人居环境综合整治取得实效

2017 年，广东省以 2277 个省定贫困村创建社会主义新农村示范村为切入点，全面启动农村人居环境综合整治。截至年底，全省完成 2277 个省定贫困村整治创建规划编制。广州白云区、韶关仁化县等 20 个县（市、区）试点编制县（市、区）域乡村建设规划；全省建成镇级污水处理设施 374 座。肇庆四会市在全国首推乡村建设规划编制和项目一体化金融合作模式，汕头南澳县等 4 个县（市、区）成为全国第一批农村生活垃圾分类和资源化利用示范县，全省欠发达地区 35 个县（市、区）整县推进村镇污水处理设施建设。

10 政府职能切实转变

2017 年，广东省住房和城乡建设厅行政许可事项权责清单从 24 项减少至 9 项。5 项资质转移至相关协会开展资信管理、12 项省级行政职权事项委托下放至广州市和深圳市实施。通过采取事中日常检查、随机抽查，事后"双随机"等方式，加强职能转移后的监督。全面精简办事材料，清理中介服务事项，实现全程电子化、零跑动，上网办理率、网上办结率、网上全流程办理率均达到 100%，行政许可事项办理时间总体提速超过 30%。

（湘君　辑）

2017 · 广东城乡建设数字

2017 年全省社区体育公园建设情况

新建社区体育公园231个

2017 年全省纳入村镇统计报表村庄规划情况

纳入村镇统计报表村庄规划覆盖率61.39%

2017 年全省建成区和城市绿化情况

建成区绿化覆盖率43.47%
城市人均公园绿地面积18.24平方米

2017 年全省城市城市（县城）污水处理情况

城市（县域）污水处理设施374座
城市（县域）污水处理能力2249.58万吨/日
城市污水处理率94.48%

2017 年全省住房公积金和保障性安居工程建设情况

实际缴存住房公积金职工人数1478.34万人
基本建成保障性安居工程住房75116套
新增开工建设棚户区改造安置住房38367套
棚户区改造建设投入138.4亿元
社会投资棚户区改造66.76亿元

2017 年全省城市液化石油气和天然气供气情况

城市燃气普及率96.88%
城市液化石油气供气总量362.11万吨
城市天然气年供气总量124.74亿立方米

2017 年全省城市供水用水情况

城市供水综合生产能力4071.26万立方米/日
城市人均日生活用水量256.48升
城市用水普及率97.8%

2017 年全省绿道建设情况

建成绿道820千米

2017 年全省纳入村镇统计报表建制镇总体规划情况

纳入村镇统计报表建制镇总体规划覆盖率85.09%

2017 年全省城市建设完成固定资产情况

城市建设完成固定资产投资4185.79亿元

2017 年全省房地产开发建设情况

房屋建筑施工面积60112.81万平方米
房屋建筑新开工面积7299.44万平方米
完成房地产开发投资12075.69亿元
商品房销售面积15958.81万平方米

2017 年全省节能建筑与绿色建筑建设情况

城镇新增节能建筑面积17817万平方米
新增绿色建筑评价标识项目面积5907万平方米
完成既有建筑节能改造面积422万平方米

2017 年全省建筑业发展情况

资质等级以上建筑企业7189家
完成建筑业总产值11826.52亿元
建筑企业实现利润总额493.22亿元，利税总额735.04亿元

2017 年全省生活垃圾处理情况

生活垃圾无害化处理场（厂）115座
城市生活垃圾无害化处理率97.98%

广东省政区图
比例尺 1：2550 000
湖 南 省
广 西 壮 族 自 治 区
广
柳州市
贺州市
梧州市
来宾市
贵港市
玉林市
北海市
清远市
肇庆市
佛山市
云浮市
江门市
阳江市
茂名市
湛江市
海口市
海 南 省
北部湾
琼州海峡
雷州湾
广海湾
镇海湾
北回归线
川山群岛

广东省地图出版社

注：本图资料截至2017年12月，界线不作为权属争议的依据。 审图号：粤S（2018）015号

广东省古驿道遗存现状分布图

审核单位：广东省住房和城乡建设厅　　编制单位：深圳市城市空间规划建筑设计有限公司　　审图号：粤S（2017）016号

江 西 省
福 建 省
至汝城
至赣州
至信丰
至全南
至定南
至寻乌
至会昌
至长汀
至永定
至平和
至漳州
梅关古道
乌迳古道
水口-南亩古道
打锣寨上京古道
莲花山古道遗址
猪头岭古道
龙眼峒汛遗址
小三古街石阶路遗址
下村媳妇阶遗址
盘雁古道遗址
五合径古道遗址
青化古马道遗址
热水镇阿髻缺旧茶亭
浰源镇界下山茶亭
青州镇风门坳建关爷庙
松山背石拱桥
杨里坳茶亭
风门坳古道
青州镇水口文笔塔
关爷埂古道
黄石古盐道遗址
和平
增寨坑古栈道遗址
十二肩岭古道遗址
龙上口驿道遗址
西门桥驿道遗址
梯云岭古道遗址
盐米古道遗址
松溪古道遗址
松洪古道遗址
横岗山明月古道遗址
蕉岭
平远
磐安桥
五显桥
天成桥
三河坝
锦山古道遗址
大埔
麒麟岭古道
三溪村古道
西片古道
梅州（嘉应州）
壮坑龙潭古道遗址
龙川
葛藤石径古道
桥头圩古道遗址
黄塘古道遗址
莲麻古道
李田村古道遗址
河源
黄狮岭古道
彭古古道
黄花古道遗址
石铺古驿道遗址
猴子岽古道遗址
瘦牛岭古道
婆姐岭古道遗址
潮州（潮州府）
饶平
献巷古道
九观岭古官路遗址
八街六社
东里古港
樟林古港古码头
风吹岭古道
樟林古港
北炮台古港
先生路
南港古港
深云古驿道
大溪古驿道
坑仔村古道
苏州街
沙汕头古港
东湖古巷道
赤港石狮巷道
东湖岭古道
汕头
溉洞古道
钱岗古道遗址
增城
泊头古码头遗址
博罗
包公庙码头遗址
惠州（惠州府）
西枝江淡水码头遗址
东新桥码头遗址
黄沙塘高桥
长坑古道
阿姨岭古道
摇头岗古道遗址
彩头古道遗址
洋岭古道
通平古道
海丰
陆丰
惠来
靖海风吹门关驿站遗址
靖海古港
神泉古港
羊蹄岭古道遗址
观音岭官道遗址
东莞
广州府
香港特别行政区
香港
澳门
澳门特别行政区
珠海
经泉州港至韩国、日本
台湾海峡
海
北卫滩
南卫滩
东 沙 群 岛
东沙岛
东沙礁
图例
省级行政中心
省级以下行政中心
古驿道遗存
陆路古驿道相关遗存
水路古驿道相关遗存
陆路古驿道主线
陆路古驿道支线
水路古驿道主线
水路古驿道支线
海上航线
省级行政界线
特别行政区界

编制时间：2016 年

珠江三角洲全域空间规划(2016—2020年)空间结构规划图

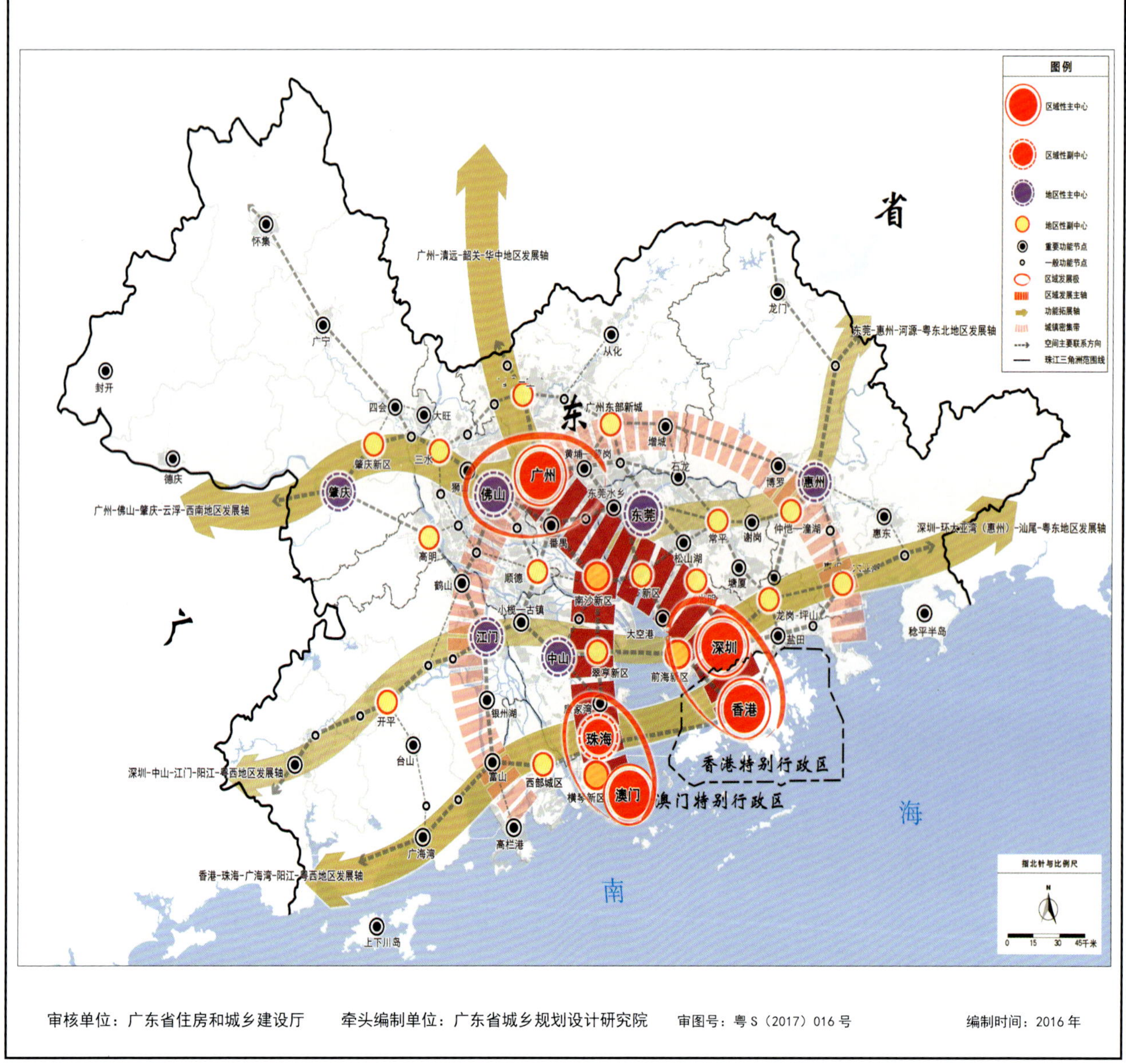

审核单位：广东省住房和城乡建设厅　　牵头编制单位：广东省城乡规划设计研究院　　审图号：粤S(2017)016号　　编制时间：2016年

广东城乡建设风采

2017年，广东省住房和城乡建设系统深入贯彻习近平新时代中国特色社会主义思想，全面落实党的十九大精神，牢记住房城乡建设事业的光荣使命，加大民生设施建设力度，推进粤港澳国际一流大湾区、珠江三角洲国家自主创新示范区、广深科技创新走廊建设，全面落实全国城乡规划管理体制改革试点省确定的各项任务。年内，在创新规划理念、改进规划方法、深化管理体制改革、依法执行规划等方面为全国提供示范，增强城市规划对城市发展的战略引领作用，全省保障性安居工程建设、房地产市场调控、租购并举住房制度建设、城市规划建设管理、古驿道保护和修复利用、农村人居环境改善、建筑产业发展均取得显著成效，为全省实现“三个定位、两个率先”和“四个坚持、三个支撑、两个走在前列”提供支持。

2017年，广东省各级领导贯彻落实习近平新时代中国特色社会主义思想和十九大精神，高度重视住房和城乡建设事业发展，坚持以人民为中心的发展思想，增强新时代责任感，从全面建成小康社会、建设社会主义现代化强省的高度，观大势、谋全局、抓大事，突出重点，在实施区域协调发展战略，提升城市规划设计水平，抓好乡村振兴战略实施，打好防范化解风险、精准扶贫、污染防治的攻坚战，加快违法建设治理，提高城市精细化管理水平等方面亲自部署、亲自检查、亲临基层指导工作，奋力推动全省住房和城乡建设事业高质量发展，开启中国特色社会主义新时代广东城乡建设新征程。

1

2

1 2017 年 9 月 10 日，中共中央政治局委员、广东省委书记胡春华（右二）在韶关市芙蓉新区调研城乡建设和重点项目建设

2 2017 年 7 月 11 日，中共广东省委副书记、省长马兴瑞（前排右二）在韶关调研乐昌峡水利枢纽基础设施建设 （潘志立 摄）

3 2017 年 7 月 12 日，广东省人大常委会主任李玉妹（前排左二）在广州调研重点跨市域河流污染整治，视察广州市水务投资集团石井净水厂工程建设

（广州市环境保护局供稿）

4 2017 年 6 月 7 日，广东省政协主席王荣（前排右二）在广州地铁集团有限公司调研地铁运营服务情况 （谭健荣 摄）

5 2017 年 12 月 17 日，广东省副省长许瑞生（前排右三）、黄宁生（前排右二）出席中国南粤古驿道首届文化创意大赛广州站总决赛暨年度大奖颁奖典礼，欣赏文化创意作品 （广东省建筑设计研究院供稿）

全省住房城乡建设工作会议
坚持以习近平新时代中国特色社会主义思想为指导
努力开创广东住房城乡建设事业改革发展新局面
广东省住房和城乡建设厅
2018.2.2
6

7

8

6 2018年2月2日，全省住房城乡建设工作会议在广州召开。广东省住房和城乡建设厅党组书记、副厅长杨细平，厅长张少康，副厅长李台然、蔡瀛、郭壮狮，省纪委驻省住房城乡建设厅纪检监察组组长刘智民，副厅长刘玮，总工程师陈天翼，副巡视员魏振发，执法监察局局长刘耿辉出席 （冯育文 摄）

7 2017年9月29日，广东省住房和城乡建设厅党组书记、副厅长杨细平（左二）、总工程师陈天翼（左四）在省建设信息中心调研信息化建设 （广东省建设信息中心供稿）

8 2017年6月2日，广东省住房和城乡建设厅在东莞举行建筑施工"安全生产活动月"和"安全生产万里行"启动仪式。厅长张少康（左一）、副厅长刘玮（左二）检查在建项目安全生产情况
（广东省住房和城乡建设厅工程质量安全监管处供稿）

9 2017年，广州被列为全国城市设计试点。图为广州珠江新城远眺 （广州市国土资源和规划委员会提供，杨艺 摄）

10 2017年，广东省推进广州、深圳城市总体规划编制改革国家试点，以总体规划编制改革创新引领城市发展转型。图为深圳市上步区远眺 （深圳市城市管理局供稿）

11 2017年，珠海市香炉湾沙滩修复工程完成
（珠海市住房和城乡规划建设局提供）

12 经整治后的惠州市金山河（2017）
（惠州市住房和城乡规划建设局供稿）

2017年，中共广东省委、省政府印发实施《广深科技创新走廊规划》，围绕创新驱动发展，统筹部署广州、东莞、深圳轴线重点创新战略平台及创新节点，集中广州、东莞、深圳创新资源，使3市连成产业联动、空间连接、功能贯穿的创新经济带，建设珠江三角洲国家自主创新示范区核心区，打造广深科技创新走廊。广州发挥高校、科研院所集聚优势，建成具有国际影响力的国家创新中心城市和国际科技创新枢纽；深圳发挥高新技术企业集聚、市场化程度高优势，加快建设国际科技和产业创新中心，打造具有全球竞争力的创新先行区；东莞发挥制造企业和工业园区集聚优势，建成具有全球影响力的先进制造基地、国家级粤港澳台创新创业基地、华南科技成果转化中心。

1

2

3

1 2017 年 12 月 13 日，中宣部“新时代新气象新作为”大型采访报道活动在广州举行。在活动期间，广东省住房和城乡建设厅、省科学技术厅举行《广深科技创新走廊规划》记者见面会

2 2017 年 12 月 13 日，广东省住房和城乡建设厅副厅长郭壮狮（右）就广深科技创新走廊规划建设接受中央电视台记者采访
（广东省住房和城乡建设厅城乡规划处供稿）

3 广州市海珠区琶洲会展总部、互联网创新集聚区（2017）
（广州市国土资源和规划委员会供稿）

4 深圳市国家自主创新示范区重点区域大沙河创新走廊鸟瞰（2017） （深圳市水务局供稿）

5 2017 年，东莞市松山湖园区有高新科技企业 253 家，在全国高新区综合实力排名第二十三位，在广东省高新区中排名第三，在地级市中排名第一。图为松山湖远眺
（东莞市住房和城乡建设供稿）

6 2017 年 10 月 30 日，中国科学院云计算产业技术创新与育成中心在东莞落成 （东莞市城建工程管理局供稿）

7 东莞市松山湖华为南方基地鸟瞰（2017） （贺东峰 摄）

2017年，广东省发现古驿道遗存233段，总长710.44千米，出台《广东省南粤古驿道线路保护与利用总体规划》等系列保护利用技术指引，完成8处示范段详细规划编制，完成300多千米古驿道修复，安装630多个古驿道标识牌，南粤古驿道“两年试点”阶段性目标完成。年内，省住房和城乡建设厅组织“三师”志愿者与古驿道沿线的247个省定贫困村结对子，指导贫困村村庄规划、传统建筑保护和特色营造；举办南粤古驿道文化创意大赛和艺道游学·中国南粤古驿道少儿绘画大赛系列活动，南粤古驿道成为广东名片。

1

2

3

1 2017年11月26日，广东省副省长许瑞生（左二）在广州参观南粤古驿道展厅。省住房和城乡建设厅厅长张少康（右二）、副厅长郭壮狮（右一）陪同

（广东省住房和城乡建设厅城乡规划处供稿）

2 2017年12月17日，中国南粤古驿道首届文化创意大赛广州站总决赛暨年度大奖颁奖典礼在广州黄埔古港举行

（广东省建筑设计研究院供稿）

3 2017年5月24日，江门市台山海口埠银信纪念广场和银信博物馆落成启用。广东省人民政府副秘书长赵坤（前排右二）、省住房和城乡建设厅厅长张少康（前排右一）出席

（广东省住房和城乡建设厅城乡规划处供稿）

4 2017年，汕头西堤公园成为当地人追忆祖先飘洋过海历史的侨批纪念公园

5 位于汕头西堤公园的“记忆之流”陈列着粤东地区海外华侨当年寄往家乡的侨批（海外侨民的书信和汇款证明）

（广东省住房和城乡建设厅城乡规划处供稿）

6 2017年9月10日，南粤古驿道“天翼高清杯”定向大赛暨中国南粤古驿道文化之旅在韶关市仁化县石塘古村举行。图为仁化县石塘古村双峰寨鸟瞰

7 韶关市仁化县石塘古村双峰寨正门（2017） （贺东峰 摄）

8 2017年，汕头市挖掘澄海樟林港古码头遗址。通过改造升级，建成沿古港河核心区规划的多个广场。古港截污清淤引流后河水清澈，樟林古港实现环境整治和修复活化蜕变。图为樟林古港远眺

（广东省住房和城乡建设厅城乡规划处供稿）

2017年，广东省推进城市黑臭水体整治。全省243处黑臭水体中，191处完成阶段整治，消除黑臭水体比例78.6%，其中广州35处、深圳45处，全省黑臭水体整治达到住房和城乡建设部“初见成效”目标要求。

1

2

3

1 2017年9月7日，广东省住房和城乡建设厅党组书记、副厅长杨细平（前）视察广州市京溪水质净水厂，了解黄埔区城中村污水治理情况

2 2017年11月30日，广东省住房和城乡建设厅副厅长刘玮（右四）在广州调研黑臭水体整治情况
（广东省住房和城乡建设厅城市建设处供稿）

3 2017年10月12日，广东省住房和城乡建设厅在深圳召开广东省海绵城市建设工作现场会。副厅长刘玮（主席台中）出席
（深圳市水务局供稿）

4 整治后的广州市马涌水体景观（2017）

5 整治后的深圳市坂田河水体景观（2017）

6 整治后的珠海市造贝排洪渠水体景观（2017）

7 整治后的佛山市三圣河水体景观（2017）

8 整治后的东莞市南城白马大氹水体景观（2017）

9 整治后的茂名市春苑公园水体景观（2017）
（广东省住房和城乡建设厅城市建设处供稿）

2017 年，广东省以 2277 个省定贫困村创建社会主义新农村示范村为重点，全面推进乡村规划、农村生活垃圾处理、农村生活污水处理、农村危房改造，以及特色村镇和乡村历史文化保护。全年完成 20 个市的农村生活垃圾治理省级抽查验收，农村生活垃圾有效处理率 95.52%，分类减量率 51.81%。推动欠发达地区 35 个县（市、区）整县推进村镇污水处理设施建设，建成 374 座镇级污水处理设施。创建“全国特色小镇”14 个、“全国环境整治示范村”5 个、“全国美丽乡村示范村”6 个。

1

2

3

1 2017年11月2—3日，广东省住房和城乡建设厅党组书记、副厅长杨细平（前排右二）在韶关调研督导社会主义新农村建设

2 2017年11月2日，广东省住房和城乡建设厅社会主义新农村建设（韶关）督导会议召开

3 2017年5月19日，广东省住房和城乡建设厅在江门召开全省村镇污水处理设施建设现场工作会议
（广东省住房和城乡建设厅村镇建设处供稿）

4 农村人居生态环境整治前的韶关市翁源县江尾镇连溪村旧貌（2016） （简俊威 摄）

5 农村人居生态环境整治后的韶关市翁源县江尾镇连溪村新貌。图为村内新建的文体广场（2017） （郑水庭 摄）

6 农村人居环境整治前的茂名市电白区孟信坡村旧貌（2017）

7 2017年8月，茂名市在电白区孟信坡村新建水质净化设施
（茂名市住房和城乡建设局供稿）

8 农村人居生态环境整治前的东莞市常平镇黄泥塘村旧貌（2014）

9 农村人居生态环境整治后的东莞市常平镇黄泥塘村新貌。图为村内新建的生态园（2017）
（东莞市住房和城乡建设局供稿）

10 梅州市平远县八尺镇石峰村生活污水处理设施（2017）
（张建文 摄）

2017 年，为贯彻落实国家和广东省关于大力发展装配式建筑部署，广东省建成广东建远建筑装配工业有限公司等 15 个“国家装配式建筑产业基地”，建成深圳裕璟幸福家园、华润城三期等装配率高、示范效果好的项目。全省新建装配式建筑面积 937 万平方米。年内，住房城乡建设部在深圳召开全国装配式建筑工程质量提升经验交流会，省住房和城乡建设厅开展装配式建筑系列标准宣贯，营造发展装配式建筑的良好氛围。

1

2

3

4

1 2017 年 4 月 26 日，广东省副省长许瑞生（前排左二）在广州市番禺区视察广东建远建筑装配工业有限公司部品部件生产线和样板间

2 2017 年 9 月 6 日，广东省住房和城乡建设厅总工程师陈天翼（前排右三）在深圳视察中建海龙预制构件生产线，参观建筑产业化研究所

3 2017 年 8 月 16—18 日，广东省住房和城乡建设厅在广州举办装配式建筑系列标准广东省宣贯会

4 2017 年 11 月 23 日，广东省建设监理协会组织会员企业代表到湖南省参观长沙远大住宅工业集团股份有限公司装配式建设施工现场、工厂车间和数据中心。图为参观考察的企业代表合影 （广东省建设监理协会供稿）

5 2017 年，中国南方航空大厦采用的“一种采用全包钢受力构件的装配式框架—核心筒结构体系”获国家实用新型专利。图为中国南方航空大厦鸟瞰 （广东省建筑设计研究院供稿）

6 深圳市万科第五园第五寓是深圳市完全采用工业化 PC 技术建设的商品房项目。图为万科第五园第五寓建筑物外观（2017）

7 华润城·润府三期项目是 2017 年在建的国内最高预制混凝土装配式住宅楼，装配式建筑高度 172.05 米

8 裕璟幸福家园工程项目是深圳市首个采用 EPC 工程总承包模式建造的装配式住宅项目，预制率约 50%，装配率超过 70%，项目总造价 1.97 亿元（2017）
（深圳市住房和建设局供稿）

9 2017 年 1 月 9 日，珠海市横琴华策国际大厦东塔主体封顶。该项目被评定为“全国绿色施工示范工程”。图为主体工程鸟瞰 （广东省建筑设计研究院供稿）

2017 年，广东省加快推进基础设施重点项目建设。全省重点建设项目 997 个，年度计划投资 5400 亿元，全年完成投资 6697.9 亿元，为年度计划投资的 124%。新开工建设项目 205 个，建成投产项目 134 个，提前建成项目 12 个。全省重点建设项目实施顺利，带动全省固定资产投资增长，实现经济持续健康发展。

1

2

1 2017 年 7 月 7 日，港珠澳大桥主体工程海底隧道贯通仪式在珠海市西人工岛隧道入口处举行（珠海市交通运输局供稿）

2 港珠澳大桥主体工程鸟瞰（2017）　（梁旭 摄）

3 宝钢湛江钢铁公司自 2016 年 11 月起全面投产，该公司 2017 年年产量 900 万吨。图为厂房外观

4 2017 年 11 月 30 日，中国海油惠州炼化二期项目年产 120 万吨乙烯项目机械试车成功。图为石油炼化装置

5 2017 年 12 月 28 日，黎湛铁路电气化改造工程（湛江段）竣工。图为黎湛铁路远眺
（广东省发展和改革委员会投资与重点项目处供稿）

6 2017 年 12 月 30 日，广州市兴丰生活垃圾卫生填埋场第七区配套工程建成投产。图为生活垃圾卫生填埋处理配套设施
（广州市城市管理委员会供稿）

7 2017 年 12 月 8 日，佛山市城市轨道交通三号线工程首个盾构区间贯通。图为施工人员庆祝盾构区间贯通
（佛山市铁路建设投资集团有限公司供稿）

2017 年，广东省加强城市轨道与大运量公共交通方式衔接，推进城市轨道交通规划建设，构建以轨道交通为主骨架的城市公共交通系统，引领优化城市空间布局。截至年底，全省建成运营城市地铁线路 28 条，总里程 719.1 千米。

1

2

3

1 2017年11月16日，广州地铁集团与腾讯公司在广州举行地铁产业创新应用合作签约仪式。广州市市长温国辉（站排左二）、腾讯公司董事会主席兼首席执行官马化腾（站排右二）出席。自当日起，全国首个地铁乘车码正式上线运营 （广州地铁集团有限公司供稿）

2 2017年12月27日，广东省人大代表视察佛山地铁二号线建设工程项目 （中交佛山投资发展有限公司供稿）

3 2017年12月28日，广州市地铁四号线南延段、九号线一期、十三号线一期和十四号线知识城支线开通运营。图为十四号线知识城支线镇龙车辆段鸟瞰 （谭健荣 摄）

4 2017年春节期间，外籍志愿者在广州地铁公园前站提供导乘服务 （邓梓维 摄）

5 2017年12月28日，莞惠城际铁路动车组列车全线开通运营 （广东省珠江三角洲城际轨道交通有限公司供稿）

6 2017年9月28日，深圳地铁八号线海山站主体结构封顶。图为该站主体结构鸟瞰 （深圳市轨道交通建设指挥部办公室供稿）

7 2017年3月7日，佛山城市轨道交通二号线一期工程首条盾构区间贯通 （中交佛山投资发展有限公司供稿）

2017 年，广东省加强公路对外交通干线与城市干道衔接，优化完善城区出入道路，提升道路网密度，建设快速路、主次干路和支路级配合理的道路网系统。加强城市路桥管养，全面落实城市桥梁管养责任，建立桥梁动态监控系统，定期开展城市桥梁安全监测，及时整治安全隐患。全省市政建设工程获 2017 年度“广东省市政金奖工程”2 项、“广东省市政优良样板工程”42 项。

1 河源市永福路（河源大道—越王大道）道路升级改造工程被评定为 2017 年“广东市政金奖工程”。由广州市第二市政工程有限公司承建

2 中山市北外环道路环境综合整治工程被评定为 2017 年“广东市政金奖工程”。由广东光中盛集团有限公司承建

3 广州市海珠区环岛新型有轨电车试验段磨碟沙停车场综合施工项目获 2017 年度“广东省市政优良样板工程”。由中铁四局集团有限公司承建

4 广州市蕉门河中心区双桥项目车行桥工程被评定为 2017 年“广东省市政优良样板工程”。由深圳市市政工程总公司承建

5 惠州市惠大疏港高速公路路面工程（F—01 合同段）被评定为 2017 年“广东省市政优良样板工程”。由深圳市市政工程总公司承建

（广东省市政行业协会供稿）

2017 年，广东省住房和城乡建设厅推进国家、省级园林城市创建，加强城市园林绿化建设，全省各地级以上市城市建成区绿化覆盖率 43.47%。截至年底，全省有“国家生态园林城市”1 个、“国家园林城市”20 个、“国家园林城镇”3 个、“广东省园林城市”8 个、“广东省园林城镇”8 个。

1

2

3

1 2017年6月10日，广东省住房和城乡建设厅与省文化厅会同江门、韶关市人民政府联合举办“文化和自然遗产日”活动。主会场设在广东省首个世界文化遗产地开平，分会场设在广东省唯一的世界自然遗产地丹霞山。图为“文化和自然遗产日”活动启动仪式主会场现场（梁海 摄）

2 2017年9月30日，广州市临江大道景观绿化缓跑径工程完工。图为临江大道城市景观远眺

3 2017年1月25日至2月19日，第二十三届广州园林博览会在广州市儿童公园及流花湖公园举行。图为位于广州市儿童公园内的立体花卉造型（广州市林业和园林局供稿）

4 2017年11月18日至12月8日，第十九届深圳市簕杜鹃市花展在莲花山公园举办。图为公园一角

5 2017年春节期间位于深圳市中心街道的花卉造型（深圳市城市管理局供稿）

6 2017年7月1日，佛山市顺德区德民路东延线滨水绿地项目完工。图为滨水绿地远眺（佛山市住房和城乡建设管理局供稿）

7 2017年，河源市被住房和城乡建设部命名为“国家园林城市”。图为新丰江畔绿化景观带（河源市住房和城乡规划建设局供稿）

8 2017年，云浮市被住房和城乡建设部命名为“国家园林城市”。图为南山公园生态农业示范园远眺（云浮市住房和城乡建设局供稿）

2017年，广东省加强城镇燃气安全管理，保障供水供气安全。年内，召开全省城镇燃气安全管理现场会，推广城镇燃气行业智能化安全管理技术；指导全省各地开展城镇供水规范化管理自查活动和交叉检查，12个地级以上市考核分数高于90分、15个县（市）考核分数高于80分，其中广州、深圳、珠海、佛山、江门台山市的城市供水管理达到较高水平。

1 2017年5—8月，广东省城镇供水协会开展全省供水规范化管理现场考核。图为云浮市新兴县供水管理处考核现场（广东省城镇供水协会）

2 2017年7月27日，广东、云南、贵州三省城镇供水协会在佛山联合举办友好结对工作总结交流会

3 佛山市石湾水厂过滤池（2017）（佛山市水业集团有限公司供稿）

4 湛江市水务投资集团有限公司自来水厂过滤池（2017）（湛江市水务投资集团有限公司供稿）

5 2017年9月8日，东莞市城市综合管理局在新奥燃气发展有限公司莞长路汽车加气站举办燃气应急救援演练活动。图为演练现场（东莞市城市综合管理局）

6 2017年7月17日，佛山市顺德区环境运输和城市管理局大良分局会同当地公安消防部门联合查处非法经营燃气黑点（佛山市顺德区环境运输和城市管理局供稿）

7 2017年10月20日，揭阳市燃气从业人员专业培训考核班举办（揭阳市住房和城乡建设局供稿）

2017 年，广东省加大城市地下综合管廊规划建设督办力度，指导各市加快城市地下综合管廊规划建设。协同住房和城乡建设部组织召开全省城市地下综合管廊规划建设工作辅导会，推广城市地下综合管廊建设规划编制经验，全省新增开工建设城市地下综合管廊 100 千米任务。截至年底，全省有 20 个地级以上市完成地下综合管廊专项规划编制，21 个地级以上市中心城区及 20 个县级市地下管线普查全面完成并建立城市地下管线信息系统。

1

2

1 2017 年 9 月 8 日，广东省土木建筑学会在广州举办城市地下综合管廊新技术交流暨项目观摩会。会议期间，与会代表参观城市地下综合管廊 （广东省土木建筑学会供稿）

2 2017 年 5 月 18 日，广州市中心城区地下综合管廊工程首台盾构机在支线 1 号井始发 （广州市环城地下管廊建设投资有限公司供稿）

3 广州大学城地下综合管廊控制室（2017）

4 广州大学城地下综合管廊内景（2017） （广州市住房和城乡建设委员会供稿）

5 深圳市光明新区光侨路、华夏路、观光路综合管廊控制室（2017）

6 深圳市光明新区光侨路、华夏路、观光路综合管廊内景（2017） （深圳市住房和建设局供稿）

7 珠海市横琴新区地下综合管廊控制室（2017）

8 珠海市横琴新区地下综合管廊内景（2017） （珠海市住房和城乡规划建设局供稿）

2017 年，广东省有工程勘察设计企业 2097 家，甲级企业 596 家；全年全行业营业收入 4581.7 亿元，占该行业全国营业收入 10.8%。年内，广东省获“全国优秀工程勘察设计行业奖”项目 168 项，占全国获奖项目的 10%。

1

2

3

4

5

6

7

1 广州市洲头咀隧道工程获 2017 年“全国勘察设计行业奖”一等奖。由广州市市政工程设计研究总院、艾奕康有限公司联合设计

2 粤剧艺术博物馆项目获 2017 年“全国勘察设计行业奖”一等奖。由广东省建筑设计研究院、华南理工大学建筑设计研究院联合设计

3 华润小径湾花园（一期住宅及商业）项目获 2017 年“全国勘察设计行业奖”一等奖。由广东省建筑设计研究院、澳大利亚柏涛设计咨询有限公司联合设计

4 北京天桥艺术中心项目获 2017 年“全国勘察设计行业奖”一等奖。由广州珠江外资建筑设计院有限公司设计

5 厦门世茂海峡大厦获 2017 年“全国勘察设计行业奖”一等奖。由深圳奥意建筑工程设计有限公司、晋思建筑咨询（上海）有限公司联合设计

6 侵华日军南京大屠杀遇难同胞纪念馆三期扩容工程获 2017 年“全国勘察设计行业奖”一等奖。由华南理工大学建筑设计研究院设计

7 云南省博物馆新馆建设项目获 2017 年“全国勘察设计行业奖”一等奖。由深圳市建筑设计研究总院有限公司、许李严建筑师事务有限公司设计

（广东省工程勘察设计行业协会供稿）

2017 年，广东省推进城市更新，以点带面地提升城市功能。落实公共配套，促进集约用地，城市综合承载能力显著提升。年内，创新城市更新模式，出台城市更新政策，珠江三角洲九市编制完成城市更新专项规划。

1

2

3

4

1 改造前的广州市黄埔区文冲“城中村”（2013）

2 改造后的广州市黄埔区文冲“城中村”（2017）

3 改造前的广州市越秀区杨箕村牌坊（2014）

4 改造后的广州市越秀区杨箕村牌坊（2017）
（广州市城市更新局供稿）

5 改造前的深圳市南山沿山路宝耀片区（2012）

6 改造后的深圳市南山沿山路宝耀片区（2017）
（深圳市住房和建设局供稿）

7 改造前的东莞市常平镇荣利制品厂旧址（2015）

8 改造后的东莞市常平镇常平国际创新港绿圃国际空间站（2017）
（东莞市城市更新局供稿）

9 改造前的阳江市金晖宾馆旧址（2010）

10 改造后的阳江市百利广场（2017）
（阳江市“三旧”改造工作办公室提供）

2017年，广东省住房和城乡建设厅推进科技成果转化，制订实施新型城镇化建设和绿色发展技术标准。全年有40个科技项目被列入住房和城乡建设部科技计划，完成6个住房和城乡建设部科技计划项目验收，发布9部广东省工程建设地方标准。全省新增绿色建筑评价标识面积5907万平方米，其中运行标识面积160万平方米，超额完成全年发展绿色建筑目标任务。年内，推进全省建设行业数字化城市管理监督平台、省级智慧规划信息服务平台等16个信息系统建设，网上办事大厅25个行政审批事项的网上全流程办理率均达到100%。

1

2

3

广州市房屋租赁信息服务平台正式上线

1 2017 年 10 月 17 日，广东省人民政府副秘书长赵坤（左三）、省住房和城乡建设厅副厅长郭壮狮（右三）在省建设信息中心调研信息化建设

2 2017 年 11 月 2 日，住房和城乡建设部规划管理中心副主任邢海峰（前排左一）、广东省住房和城乡建设厅总工程师陈天翼（前排右一）在省建设信息中心调研城乡规划建设遥感监测执法系统建设

3 2017 年 10 月 17 日，广东省规划建设执法遥感监测系统建设及应用通过住房和城乡建设部验收。图为验收会现场
（广东省建设信息中心供稿）

4 2017 年 10 月 19 日，广州市房屋租赁信息服务平台正式上线
（广州市住房和城乡建设委员会供稿）

5 2017 年 9 月 20 日，广东省土木建筑学会在广州举办全国科普日活动暨大直径（搅拌）旋喷桩安全支护技术学术研讨观摩会。图为与会企业代表参观南沙区建滔广场项目基坑工程
（广东省土木建筑学会供稿）

6 2017 年，广州万科幸福誉花园二期 L9、L10 栋项目获中国城市科学研究会颁发的三星级绿色建筑设计标识证书
（广州市万科房地产有限公司供稿）

7 2017 年，深圳市前海法治大厦项目获中国城市科学研究会颁发的三星级绿色建筑设计标识证书
（深圳市华森建筑工程咨询有限公司供稿）

2017 年，广东省创新援藏方式，开展民生援藏，推进援藏项目建设；创新援疆组织机制，推进受援地安居富民工程建设，在改善受援地住房条件、帮助贫困户脱贫增收、促进民族团结等方面取得显著成效。

1

2

3

1 2017年10月16—17日，广东省“十三五”规划中期调研一组六人在西藏墨脱县调研广东省第八批援建项目管理情况及资金使用情况。省住房和城乡建设厅第八批援藏工作队组员邓宏照（右二）参加

2 2017年12月31日，广东省第八批援藏工作队墨脱县工作组援助支持的墨脱县“佛墨缘”普法志愿服务队成立

3 2017年12月31日，广东省援助西藏建设的墨脱县县城及乡镇亮化配套高压线路改迁工程竣工

4 2017年8月20日，广东省城乡规划设计研究院援疆干部明立波（左）结对帮扶喀什结亲户

5 2017年广东援建的新疆喀什国际经济合作区建成5.8万平方米标准化厂房及其附属设施。图为依锦诚服装公司生产车间

6 广东援建的新疆喀什青少年宫（2017）

7 广东援建的新疆疏附县吾库萨克镇安居富民房建设示范点（2017）

（广东省住房和城乡建设厅城乡规划处供稿）

2017年，广东省住房和城乡建设厅党组坚持全面从严治党，开展“两学一做”学习教育常态化、制度化活动，履行党风廉政建设主体责任，营造干事创业的良好氛围。年内，帮扶工作开局良好，完成《广东省住房和城乡建设厅帮扶丰顺县北斗镇拾荷村新时期精准扶贫精准脱贫三年攻坚帮扶规划和年度帮扶计划（2016—2018年）》编制，完成拾荷村85户245人贫困户脱贫，组织67户相对贫困户参加丰顺县兜底扶贫和小额金融贷款项目，推进各项帮扶项目完成。

1 2017年6月15日，广东省住房和城乡建设厅党组书记、副厅长杨细平（主席台右五）在对口帮扶的梅州市丰顺县北斗镇拾荷村开展扶贫调研

2 2017年6月27日，广东省住房和城乡建设厅党组书记、副厅长杨细平在厅机关主持召开“扶贫济困日”捐款动员会并带头捐款

3 2017年11月28日，广东省住房和城乡建设厅召开青年干部学习贯彻党的十九大精神座谈会暨举办“青年学堂”公开课。厅党组书记、副厅长杨细平（讲台），副厅长、直属机关党委书记郭壮狮（右三），省纪委驻省住房城乡建设厅纪检组组长刘智民（左二）出席

4 2017年8月9—10日，广东省住房和城乡建设厅副厅长郭壮狮（左三）在对口扶贫点梅州市丰顺县北斗镇拾荷村开展扶贫调研（广东省住房和城乡建设厅机关党办供稿）

5 2017年8月24日，广东省住房和城乡建设厅副厅长郭壮狮（前）率厅机关全体干部到广东省反腐倡廉教育基地参观（广东省住房和城乡建设厅机关纪委供稿）

年度关注

- 广东省成为全国首个城乡规划管理体制改革试点省
- 广深科技创新走廊打造
- 南粤古驿道保护利用成果丰硕
- 城市黑臭水体整治完成国家年度任务
- 改善农村人居生态环境初见成效
- 建筑业管理体制改革稳步推进
- 装配式建筑加快发展
- 租购并举住房制度建设取得重大进展

广东省成为全国首个城乡规划管理体制改革试点省

2015—2017年，广东省在全国率先探索部省合作深化改革模式，探索规划编制体系、管理体制、技术方法，出台系列创新政策。广州、深圳、珠海、东莞等城市开展城乡规划管理体制改革，取得诸多试点经验。2017年1月，广东省向住房和城乡建设部申请创建全国首个城乡规划管理体制改革试点省，同年3月获住房和城乡建设部同意。

按照住房和城乡建设部要求，广东省城乡规划管理体制改革在创新规划理念、改进规划方法、改革完善城乡规划管理体制、严格依法执行规划等方面先试先行，增强城市规划对城市发展的战略引领作用，为全国形成可复制、可推广的好经验、好做法。以《珠江三角洲全域空间规划》为试点，落实空间规划改革要求，实现全省经济、社会、生态、设施等全要素在空间布局的综合性统筹；以城市总体规划改革为重点，探索建立分级管理、分类管制、层级传导、权责明晰的规划管理机制，协调规划的刚性控制和弹性引导、政府和市场的关系；推进城市设计和城市修补、生态修复，促进城市由外延式发展向内涵式增长转变，提高城市宜居环境；推进南粤古驿道保护利用、足球场设施、自行车道、社区体育公园等一批贴近民生、服务发展、带动全局的设施落地，创造科学的空间供给；建设广东省城乡规划管理信息平台，加强“大数据”信息采集；完善规划督察及评估机制，以人民群众满意度来衡量规划实施效果。自2017年获批创建全国城乡规划管理体制改革试点省以来，广东省建立政策体系和示范样板，多方位着力、多层次推进城乡规划改革。

一、多方位推进城乡规划改革

（一）着力推动规划管控全域化

2017年，广东省编制《珠江三角洲全域空间规划》，完成全省生态控制线划定，启动全省城镇开发边界划定。指导全省41个城市在城市总体规划中以“多规合一”的方法落实空间规划改革要求，落实“三区三线”。协调推进城市总体规划编制和土地利用总体规划调整完善，建立“两图合一”保障机制。

（二）着力实现规划权责明晰化

以肇庆、清远、潮州，以及肇庆四会为城市总体规划编制审批改革试点，开展省级政府规划管理权限内的改革创新，按照“一级政府，一级规划，一级事权”原则，实施分级审批，形成针对省、市政府不同层次的管控要素、管控内容、管控要求及管控措施。

（三）着力实现规划内容传导有效化

在总体规划中确定发展单元管控“一图一表”，明确总体规划向下层次规划传导的内容，包括绿地、公共服务设施、道路交通、市政设施、文化保护、风貌控制、地下空间、综合防灾等要素配套要求，建立“定界、定量、定位、定区”刚弹结合的管控体系，管住“三区三线”及管控要素等级、规模、位置、走向、形态等内容，允许下层次规划进行优化调整。

（四）着力推进规划实施效果感知化

突出“量化总规”，建立以实现“五大发展理念”（指创新、协调、绿色、开放、共享）为导向的指标体系，做到规划内容可检验、可落实、可督办、可感知。注重人民群众的幸福感和获得感，“城市规划建设做得好不好，最终要人民群众满意度来衡量”。提升公众对规划编制、实施全过程的参与程度，由老百姓做城市规划实施效果的阅卷人。依托“天上看、地上查、网上管、公众评”的规划督察体系，建立权责一致的督察机制，促进全省规划有效实施。

（五）着力实现规划管理信息化

广东省出台总体规划、近期建设规划、控制性详细规划报备规范与成果数据标准，建立全省城乡规划管理信息平台，被住房和城乡建设部确定为首批部省互联互通试点省。开展全省空间类规划数据归集，建立内容丰富的数据库。突出“数字总体规划”特点，明确要求各市编制新一版总体规划时同步完成信息平台建设。

二、多层次推进城乡规划改革

（一）总体规划改革试点

推进广州、深圳城市总体规划编制改革国家试点，坚持统筹规划和规划统筹，以总体规划编制改革创新引领城市发展转型，为全国新一轮总体规划编制作出示范。以清远、肇庆、潮州，以及肇庆四会为城市总体规划编制审批改革试点，形成符合广东实际的总体规划编制审批新模板。

（二）近期规划改革示范

以深圳为近期建设规划改革示范，发挥近期规划对总体规划的调校作用，加强与国民经济社会发展规划与土地利用总体规划的动态衔接，统筹协调项目、规模、布局及建设时序。

（三）控制性规划改革试点

以佛山、中山为控制性详细规划改革试点，探索建立分层次、分内容的控制性规划审批和动态调整机制。在街区单元和具体地块层面，探索落实公益性用地刚性管控和经营性用地弹性引导。

（四）城市设计试点

推进广州、深圳、珠海城市设计国家试点，编制总体城市设计和重点地区城市设计，探索落实城市设计要求的手段和方法，建立符合当地实际的城市设计

·链接· **“多规合一”**

“多规合一”是指将国民经济和社会发展规划、城乡规划、土地利用规划、生态环境保护规划等多个规划融合到一个区域上，实现一个市县一本规划、一张蓝图，解决各类规划自成体系、内容冲突、缺乏衔接等问题。

“两图合一”

“两图合一”是指城市总体规划图与土地利用规划图合为一体

“一图一表”

“一图一表”是指城乡空间规划体系一张图，城乡空间规划任务一张表

“量化总规”

“量化总规”是指通过量化指标体现总体规划目标要求

“三区三线”

“三区”是指城镇空间、生态空间、农业空间

“三线”是指城镇开发边界、永久基本农田、生态保护红线

制度体系。

（五）信息平台试点

以广州、清远、揭阳，以及肇庆四会为试点，探索实现省市规划管理信息平台互联互通。

2017年，通过系列改革探索，广东城乡规划改革成为满足人民日益增长的美好生活需要的新时代规划的实践。（苏西超）

广深科技创新走廊打造

2017年，中共广东省委、省政府印发《广深科技创新走廊规划》，围绕创新驱动发展，集中广州、东莞、深圳创新资源，将三市连成产业联动、空间连接、功能贯穿的创新经济带，建设珠江三角洲国家自主创新示范区、核心区，辐射带动全省创新发展，将广深科技创新走廊打造成“中国硅谷”。

一、《广深科技创新走廊规划》出台

2017年9月，中共广东省委、省政府印发《广深科技创新走廊规划》（简称《规划》）。《规划》贯彻落实中央关于实施创新驱动发展战略的决策部署，把握引领经济发展新常态，把握全球科技革命和产业变革重大机遇，发挥市场在资源配置中的决定性作用和发挥政府作用，依托“一廊十核多节点”的空间格局，集聚创新人才、科技成果、创新型企业，抢占关键核心技术制高点，构建多层次创新平台体系，营造国际一流创新生态，建设具有全球吸引力的人居环境，创新体制机制，加快形成以创新为主要引领和支撑的经济体系和发展模式，打造中国“硅谷”，形成全国创新发展重要一极，支撑国家科技产业创新中心和粤港澳大湾区建设，为全国实施创新驱动发展战略提供支撑。

广深科技创新走廊范围为沿广深轴线区域，具体为北起广佛交界处，经广州主城区、东莞松山湖、深圳主城区，南至深圳大鹏，沿广深高速、广深沿江高速、珠三环高速东段、穗莞深城际、广九铁路等复合型交通要道所形成的创新要素集聚区域，长度约180千米。规划指标数据统计范围为广州、深圳、东莞3市全域。规划期限为2017—2030年，展望至2050年。广深科技创新走廊总定位是为全国实施创新驱动发展战略提供支撑的重要载体，具体定位为“全球科技产业技术创新策源地”“全国科技体制改革先行区”“粤港澳大湾区国际科技创新中心主要承载区”“珠江三角洲国家自主创新示范区核心区”。

《规划》提出到2020年广深科技创新走廊科技产业创新能力领先全国，主要创新指标达到或超过创新型国家（地区）水平，推动粤港澳大湾区建设成为国际科技创新中心，为中国进入创新型国家行列提供有力支撑。到2030年建成具有国际影响力的科技产业创新中心，科技创新能力跻身世界前列，支撑广东省进入全球创新型地区前列，推动粤港澳大湾区建成世界一流创新型湾区，为中国跻身创新型国家前列提供支撑。到2050年建成国际一流的科技产业创新中心，全面建成具有全球影响力的科技创新走廊，科技创新能力达到世界领先水平，支撑广东省领先全球创新型地区，推动粤港澳大湾区建设成为全球领先的科技创新中心，为中国建设世界科技强国提供支撑。

《规划》提出构建广深科技创新走廊“一廊十核多节点”的空间格局。“一廊”指广深科技创新走廊，依托广深高速、广深沿江高速、珠三环高速东段、穗莞深城际、佛莞城际等复合型的交通通道，集中穗莞深创新资源，三市连成一个产业联动、空间联结、功能贯穿的创新经济带，建设成为珠江三角洲国家自主创新示范区核心区。强化广州、深圳中心城市的创新引领作用，打造创新发展“双引擎”。广州发挥高校、科研院所集聚的优势，建成具有国际影响力的国家创新中心城市和国际科技创新枢纽；深圳发挥高新技术企业集聚、市场化程度高的优势，加快建设国际科技、产业创新中心，打造具有全球竞争力的创新先行区；东莞发挥制造企业和工业园区集聚的优势，建成具有

▲2017年，《广深科技创新走廊规划》出台，广东省强化广州、深圳中心城市创新引领作用，打造创新发展“双引擎”。图为深圳市中心区鸟瞰（2017）

（深圳市城市管理局供稿）

全球影响力的先进制造基地、国家级粤港澳台创新创业基地、华南科技成果转化中心。“十核”指十大核心创新平台，具体为广州大学城—国际创新城、广州琶洲互联网创新集聚区、广州中新知识城、广州科学城、东莞松山湖、东莞滨海湾新区、深圳空港新城、深圳高新区、深圳坂雪岗科技城、深圳国际生物谷，构建科技创新重要空间载体，打造全球顶尖科技产业创新平台，为珠江三角洲国家自主创新示范区发展提供强大动力。“多节点”指广州市国际生物岛园区、天河智慧城等13个，深圳市前海深港现代服务业合作区、深圳湾超级总部基地等15个，东莞市中子科学城、东莞水乡新城等9个，合计37个推动区域发展的节点均具有创新基础和示范效应。

《规划》强调要集聚高层次创新型人才，大力引进海内外高端人才，统筹培育人才队伍，促进人力资源服务产业发展，完善人才发展政策和环境。集聚国内外先进科技成果，建设国内外创新成果集聚区，打造全国知识产权交易中心，争创国家军民融合创新示范区，促进科技成果转化。集聚具有国际竞争力的创新型企业，做大做强高新技术企业，培育引领型创新企业，推动企业研发机构全覆盖，优化科技企业孵化育成体系。抢占关键核心技术制高点，强化关键核心技术攻关，加快培育和发展新兴产业，打造具有全球影响力的产业集群。构建多层次创新平台体系，争创综合性国家科学中心，完善实验室体系，建设技术创新平台，壮大新型研发机构，完善专业化的技术服务平台体系。营造国际一流创新生态，建设全球知识产权运用和保护高地，打造国际风投创投中心，建设创新创业文化高地。建设具有全球吸引力的人居环境，构建内畅外联交通圈，营造活力开放生活圈，培育绿水青山生态圈，塑造高品质创新环境。创新体制机制，制定专项支持政策，建立跨区域协同创新机制，深化科技体制机制改革，完善粤港澳科技合作机制，构建国际科技创新合作体系。

《规划》强调要加强组织领导，加大资金投入，强化用地保障，加强监测评估和宣传推介，为完成广深科技创新走廊建设各项目标任务提供保障。

二、广深科技创新走廊建设推进

按照“省级统筹、市为主体”的原则，广东省住房和城乡建设厅、省科学技术厅指导广州、深圳、东莞三市深入实施《规划》。一是在新一版城市总体规划修编中充分衔接，为规划建设的科技创新项目及相关配套设施的落地提供空间保障，确保三市能够依托“一廊十核多节点”的空间格局，着力集聚创新人才、科技成果、创新型企业，抢占关键核心技术制高点，构建多层次创新平台体系，营造国际一流创新生态，建设具有全球吸引力的人居环境，创新体制机制，加快形成以创新为主要引领和支撑的经济体系和发展模式，打造中国“硅谷”。二是聚焦走廊重大战略需求，加强基础研究和源头创新、加快产业技术研发和成果转化，推动走廊重大基础设施、实验室体系等创新平台建设。2017年12月，广东省正式启动首批广东省实验室建设，包括广州再生医学与健康广东省实验室、深圳网络空间科学与技术广东省实验室、东莞材料科学与技术广东省实验室等。三是指导佛山、惠州等基础条件较好的地区，从实现城市功能协作、重大平台互动、交通设施互通、科技资源共享等方面谋划布局，加强与广深科技创新走廊核心平台和大湾区重要枢纽合作，全面对接广深科技创新走廊，争取从走廊的延伸区与辐射带向融入广深科技创新走廊转变，实现区域协同创新。

2017年，广州市编制《广深科技创新走廊广州段重点工作任务清单》《广深科技创新走廊规划指标值与目标值》，出台系列支持政策，引进知名创新型企业；深圳市编制《深圳建设“广深科技创新走廊”实施方案》，确定“分步走”的规划指标值与目标值，构建“四核十八节点”的空间格局，实施“六大重大工程”；东莞市委召开推进广深科技创新走廊建设工作动员暨系列重大科技创新项目及规划发布会议，召开全面深化改革加快实施创新驱动发展战略领导小组工作会议，部署创新驱动发展升级版行动计划各任务，编制《广深科技创新走廊东莞段空间规划》《广深高速（东莞段）沿线环境品质提升规划方案》，着力推动重大载体、重要平台和重点工作。年内，广州、深圳、东莞三市落实《广深科技创新走廊建立跨区域协同创新机制》要求。广州与东莞签订《广州市人民政府 东莞市人民政府深化战略合作框架协议》，明确提出创新走廊共建的有关内容。

三、"广深科技创新走廊"名片全力唱响

2017年，中共中央宣传部将广深科技创新走廊列入"新时代 新气象 新作为"大型采访活动的重要新闻线索。广东省住房和城乡建设厅会同省科技厅于12月13日召开两厅负责人与媒体见面会。同时联系广州、深圳、东莞三市配合媒体深入实地走访调研。是年，CCTV-2、CCTV-4套在重要时段报道广深科技创新走廊，《人民日报》《光明日报》《经济日报》《科技日报》等中央级新闻媒体均予以重点报道。（苏智勇）

▲*韶关市南雄梅关古道——关楼（2017）*

（广东省住房和城乡建设厅城乡规划处供稿）

南粤古驿道保护利用成果丰硕

2016年，广东省率先在全国开展古驿道保护利用工作，通过挖掘修复古驿道，串联沿线的历史遗存、历史文化名城名镇名村，以及自然景观资源等节点，力求将南粤古驿道打造成为展现岭南历史文化和地域风貌的"华夏文明传承之路"，推动广东户外体育、乡村旅游的"健康之路"，促进粤东西北城乡经济互动发展、实现精准扶贫的"经济之路"。

截至2017年底，南粤古驿道集聚体育、农业、文化、旅游、生态等不同产业发展的资源要素，成为广东乡村发展的一股强劲动力。重点打造8处古驿道示范段，包括：韶关市南雄梅关古驿道、韶关市乳源西京古驿道、潮州市饶平西片古驿道、汕头市澄海樟林古港驿道、广州市从化钱岗古驿道、岐澳古驿道珠海段、江门市台山海口埠古驿道和云浮市郁南南江古水道。年内，通过广东省人民政府统筹，南粤古驿道保护修复取得显著成效，形成良好的示范引领效应。

2016年，江门市台山海口埠掩盖在杂草和污泥堆里，当地政府经过挖掘、保护、修复和利用，至2017年底，完成7.5千米古驿道保护修复及8千米河堤观光道、银信纪念广场、银信博物馆建设。台山紧抓"银信"这一文化元素，收集整理银信1071件，将其转化为可触摸、可观赏、立体化的20根银信柱。出版《世界记忆遗产：台山银信档案及研究》《台山印象》，完成制作台山市手绘旅游地图等，组织申报"广东省宜居环境范例奖"。5月24日，海口埠成功举办2017年南粤古驿道定向大赛暨中国南粤古驿道文化之旅首站活动，引发社会广泛关注，世界各地华侨同胞回国探亲，见证海口埠蜕变。

汕头市樟林古港是古代海上丝绸之路的重要节点，后来随着水位下降和韩江泥沙冲积逐渐没落。在被列入南粤古驿道示范段之后，樟林古港实行环境整治、河涌治理、修复活化。2017年2月，澄海樟林港古码头遗址重现。10月12日，中山大学历史人类学研究中心樟林古港田野工作室在樟林古港揭牌。截至年底，通过改造升级，沿古港河核心区的多个广场建成，古驿道标识牌、樟林古港吉祥物雕塑等配套设施完成安装。古港截污清淤引流后河水变清、河道变深，两旁河堤绿道与传统村落建筑构成一体。年内，樟林古港申报"广东省宜居环境范例奖"。

韶关市南雄梅关古道经过持续保护修复，于2016年被评为"中国十大古道"的"最佳保护古道"。2017年，成功申报"中国人居环境范例奖"。截至年底，古道沿线标识系统安装完毕，珠玑游客服务中心、灵潭村公共服务中心、景区停车场等新建服务设施提升沿线地区的生活和旅游服务水平。是年，通过举办姓氏文化旅游节大会、张九龄奉诏开凿梅关古道1300周年庆典活动、老红军后代粤赣边红色采风团到南雄"寻根"活动、南雄市"粤赣杯"钓鱼邀请赛等活动，梅

▲经水体整治后的深圳市福田河（2017）

（广东省住房和城乡建设厅城市建设处供稿）

关古道充分活化和拓展古驿道内涵，提升当地居民的自豪感和认同感。

2017年，乳源西京古道完成多项古驿道专项规划编制，包括《广东省文物保护单位西京古道保护规划》《乳源古驿道文化线路保护利用专项规划》等。西京古道沿线安装立体信息柱一台、标识牌96个，邀请广东电视台完成《南粤古驿道》大型历史文化纪录片《西京古道》5集专题片拍摄，于11月11日在广东电视台TVS3（南方三套）播出，社会各界反响强烈；举行南岭观音诞“契娭”生日文化旅游节、舜帝祭及首届禾花鱼美食文化节，开展中国南粤古驿道首届文化创意大赛活动调研，举办“2017纪念国际禁毒日暨首届穿越西京古道千人徒步活动”“奔向广东第一峰（韶关·乳源）铁人三项挑战赛”和环南水湖自行车赛，提高西京古道的社会知名度。

珠海香山古驿道是中国近代众多历史文化名人出洋求学和回乡救国的通道。2017年，珠海市提出富有针对性和操作性的古驿道保护修复方案，完成3300米驿路文化线登山步道建设、500米香山古驿道本体修复和82块标识牌安装施工，沿线唐家湾民俗馆落成启用。年内，完成《孙中山香山足迹研究》等四大课题研究，与珠海唐家历史文化研究会、容闳研究会等民间组织座谈交流，探析古驿道活化利用方式；访问古驿道沿线村庄20余位高龄老人，记录古驿道流传的历史故事。是年，邀请当地的资深驴友、登山爱好人士一同探路，共同揭开古驿道的神秘面纱，策划“香山驿事”“驿动珠海”两大系列报道和编制古驿道手绘地图及宣传手册，累计阅读量上万次。联合中山市和澳门特别行政区举办香山古驿道群英故里文化遗产线路自行车骑行活动，以古驿道串联并整合周边历史文化和自然资源，倡导普通市民走向户外，让古驿道走进百姓生活。

潮州市组织编制《饶平县西片古道、麒麟岭古道示范段详细规划》，对分水驿亭、西岩驿亭、善福驿站、西片古道入口、西片驿站、麒麟岭古道栢子桥节点、十四团部遗址公园、麒麟岭驿站等地点进行景观配套建设。截至2017年底，制作安装标识牌50块，成功举办南粤古驿道定向大赛和“茂芝会议”90周年学术研讨会，每逢节假日，参观游玩古驿道的游客络绎不绝，古驿道活化利用初见成效。

广州市从化钱岗古驿道示范段线路自2017年全线打通。通过对周边景观进行升级改造，使钱岗古村变为干净卫生、内涵丰富、配套齐全的新农村。2017年，从化通过新媒体平台，在微信公众号发布推文52篇、微博40篇、微官网171篇、媒体报道40多篇、各类新闻网站转载刊登480多篇次，创作古驿道歌曲《驿道思乡》、小品《驿道百通》，创造性的确立卡通形象大使“古道君”，绘画编辑古驿道故事，挖掘古驿道文化，打造特色鲜明的文化产品，使古道游成为从化旅游新亮点。（张子健）

城市黑臭水体整治完成国家年度任务

2017年，广东省住房和城乡建设厅会同省直有关部门，全力督促各地加快黑臭水体整治，加强现场督办和技术指导，全省各市工程建设取得阶段性成效。截至年底，根据各地自评上报，全省243个黑臭水体中，191个完成阶段整治，达到住房和城乡建设部“初见成效”目标要求，其中广州35个、深圳45个黑臭水体全部实现“初见成效”。实现国家下达2017年关于“全省黑臭水体平均消除比例达到60%、广州及深圳达到90%”的目标。

一、部署推动

广东省组织各地制定2017年重点项目建设计划并纳入《广东省2017年重点建设项目计划》，督促全省各地市按照年度目标推进工程进度，每月报送进展情况；实施挂图作战，动态化展示和监控各市黑臭水体整治任务进展情况，明确整治对象，对工作进展滞后的地区和项目及时开展预警督办；组织编制《广东省城镇生活污水处理及城市建成区黑臭水体整治和城市生活垃圾处理“三年攻坚”行动方案（2018—2020年）》，以整治效果和问题为导向，明确2018—2020年黑臭水体整治建设任务，推动各地制定年度建设计划，确保完成国家下达各年度任务。

二、协调督办

广东省开展上下游、左右岸治理协调，协调广佛跨界河、广莞跨界永和河（增城段）、深莞跨界茅洲河等跨界黑臭水体整治；在住房和城乡建设部、环境保护部联合对广州、深圳27个黑臭水体挂牌督办的基础上，增加珠海、佛山、惠州等10个城市20个黑臭水体实行省级重点挂牌督办，要求2017年底前完成整治；省住房和城乡建设厅对有关城市黑臭水体整治开展专题调研和现场督导，强调整治目标和整治成效；组织召开全省城市黑臭水体治理现场推进会，督促各市加快黑臭水体整治；建立黑臭水体整治季度通报制度，及时全面梳理黑臭水体整治进展，跟踪与指导工作滞后的地市，将2017年黑臭水体整治纳入省委办公厅、省政府办公厅联合大督查任务，定期向省委、省政府汇报。

三、技术指导

广东省编印《广东省城市黑臭水体整治技术指引》，指导全省各地系统、高效地开展黑臭水体整治；按照住房和城乡建设部要求，以“近期初见成效不黑不臭、远期长制久清”为目标，指导各地开展黑臭水体整治效果评估，合理引导公众预期；组织专家团队对全省整治情况开展全面巡查指导，逐个城市提出整改意见。 *（李渭印）*

改善农村人居生态环境初见成效

2017年，中共广东省委、省政府高度重视改善农村人居环境建设，贯彻落实党中央、国务院系列决策部署，以改善农村生产生活条件、建设生态宜居美丽乡村为目标，强化规划统筹，加大资金投入，开展专项治理，探索制度创新，推动全省改善农村人居环境取得阶段性成效。

一、部署改善农村人居生态环境工作

（一）统筹部署，出台政策文件和技术指引

2017年，广东省先后印发《关于2277个省定贫困村创建社会主义新农村示范村整治创建规划工作方案》《广东省2277个省定贫困村创建社会主义新农村示范村规划编制指引》，编制《广东省农村人居生态环境“十三五”规划（2016—2020年）》《广东省农村生活垃圾收运处理工作指引》《广东省村镇生活污水处理设施建设验收办法》《广东省村容村貌整治提升工作指引》，成立广东省住房和城乡建设厅社会主义新农村建设领导小组，召开全省住房城乡建设主管部门局长会议、规划编制工作现场会、村镇污水处理设施建设现场工作会议、农村危房改造工作会议，全方位动员部署社会主义新农村建设。根据省领导联系指导粤东西北贫困村创建社会主义新农村示范村安排，设立13个工作组对口粤东西北12个地级市和肇庆市，开展政策技术指导和实地检查。从10月中下旬到12月底，累计开展省定贫困村创建社会主义新农村示范村检查督导29次，覆盖粤东西北和惠州、肇庆14市的95个行政村。是年，省住房和城乡建设厅在广州、韶关、梅州、河源、汕尾、云浮、惠州、东莞、揭阳、汕头等市检查督导农村生活垃圾和污水治理，在江门、汕头、揭阳、清远、珠海、汕尾、东莞检查督导社会主义新农村建设和农村人居环境改善工作，推动社会主义新农村创建顺利进行。

（二）多元化投入筹措资金，保障工作顺利推进

加大资金筹措力度，实行“省补一点，市、县（市、区）出一点，帮扶市、帮扶单位支持一点，社会、村集体及群众筹措一点”的办法，健全多元化投入机制。2017年，广东省对2277个省定贫困村新增加的省级财政投入，除纳入新农村连片示范建设的87个省定贫困村外，对其他2190个省定贫困村，省级财政新增安排资金313亿元。直接拨付到县（市、区），统筹用于贫困村村道硬化、垃圾处理设施、集中供水、污水处理及雨污分流设施、长效管护、部分教育文化卫生等基本公共服务建设。环境保护、住房城乡建设、交通运输、水利等部门专项资金优先投向贫困村新农村建设。是年，出台《省定贫困村创建社会主义新农村示范村省级财政资金奖补和使用监管办法》《关于加强2277个省定贫困村创建新农村示范村启动资金使用管理的通知》，规范省级财政资金使用和监督管理，提高资金使用效率、效益和效果，引导中国农业发展银行广东省分行支持贫困地区交通、水利等基础设施和文化、医疗、卫生等公共服务项目建设。

二、推进各项重点工作取得成效

（一）推动乡村规划编制实施

2017年，广东省引导全省各地以建设生态宜居美丽村庄为目标，创新推动村庄规划落实到具体项目，制定项目布局规划图、整治创建项目库。组织全省乡村规划检查。指导肇庆四会市在全国首推乡村规划编制和建设项目一体化金融合作模式，破解规划编制经费和建设资金掣肘。指导韶关翁源县开展规划设计建设运营一体化示范县建设，试点推动韶关仁化县等20个县（市、区）编制县域乡村建设规划。编制广东省乡村规划建设负面案例、“十要十不要”乡村规划建设管理公约。召开省定贫困村规划初步成果审查会，逐一对参与省定贫困村规划编制的134个规划设计单位提交的171份成果提出审查意见。开展省定贫困村整治创建规划编制任务省级抽查验收，对实地检查、初步成果审查发现问题整改情况进行“回头看”。截至年底，

▲中国历史文化名村——东莞市茶山镇南社村（2017）

（东莞市住房和城乡建设局供稿）

全省行政村村庄规划覆盖率61.39%；全省12个县（市、区）编制完成县域乡村建设规划、36个启动编制；省定贫困村（覆盖20户以上自然村）全部完成整治创建规划编制。

（二）开展农村危房改造

2017年，广东省对接精准扶贫，核查当年农村危房改造建档立卡贫困户，会同省扶贫办公室进行建档立卡系统匹配。联合省有关部门下达2017年任务，全年计划完成79607户（含国家任务21800户）。年内，编印《农村危房改造工程结构施工及抗震设计样式图集》《农村危房修缮加固指导手册》，开展农村危房改造专项抽查，督查覆盖全省28个县580户。对梅州市部分省定贫困村2017年农村危房改造对象进行整村核查。检查调研农村危房改造实施情况和资金管理情况17次，对于发现的问题线索，要求各地主管部门督促纠正，涉及违纪违法的，按照有关规定移交处理。截至年底，全年开工建设79607户，开工率100%；竣工71284户，竣工率89.54%。

（三）完善农村生活垃圾收运处理体系

广东省推动汕头南澳、顺德、云浮罗定、惠州博罗4个县（市、区）列入“全国第一批100个农村生活垃圾分类和资源化利用示范县”，探索农村有机易腐垃圾就近处理工艺，联合省直11个部门分批次开展农村生活垃圾治理省级验收，指导各地开展505个镇级填埋场整改，开展欠发达地区39个县578个乡镇生活垃圾转运站评级，对9个地级市开展《广东省城乡生活垃圾处理条例》执法检查。截至年底，全省完成20个市的农村生活垃圾治理省级抽查验收，505个镇级填埋场中，68个初步完成整治、284个实施整治，其他处于制订具体整改方案阶段。

（四）提升农村生活污水处理水平

2017年，广东省组织开展3轮村镇生活污水治理资金测算，争取省委、省政府和省委农村工作办公室、省财政厅支持。推广江门和云浮郁南整市（县）推进村镇污水处理设施建设经验。推动欠发达地区35个县（市、区）整县推进村镇污水处理设施建设。年内，定期召开工作督办会，联合省政府督查室对进度滞后地区开展专项督查，印发督查通知书5份。组团赴日本考察学习农村生活污水处理先进工艺，推动茂名茂南区农村生活污水处理技术展示基地建设和广业环保集团在佛山高明区开展农村生活污水一体化处理设备实验。截至年底，全省建成374座镇级污水处理设施，其中粤东西北地区12个地级市187座，惠州、江门、肇庆3市106座，珠江三角洲6市81座；粤东西北地区和惠州、江门、肇庆等53个县（市、区）整县推进村镇污水处理设施建设项目中，19个动工建设、1个完成项目采购、21个进行项目采购、12个处于项目前期准备阶段，其中纳入2017年全省10件民生实事任务的20个县（市、区）均进入政府采购阶段。

（五）推进农村改厕工作

2017年，广东省加大农村改厕工作宣传力度，加强技术指导，印发改厕宣传单张、指导手册、海报、宣传肥皂和宣传伞等宣传品，直接派送农民手中，指导正确使用卫生厕所。结合省定贫困村创建社会主义新农村示范村工作，组织贫困村地区实施农村改厕，实现人畜粪便收集和集中处理。

（六）引导村庄实现人畜分居

2017年，广东省指导广大散养户和小型养殖户转变观念和生产方式，创造条件开展专业化和规模化生产，加快人畜分居和畜禽分养。各地将发展农村沼气与社会主义新农村建设相结合，创造“人畜分居—家畜集中圈养—集中建沼气池—管道送气”“养殖场大中型沼气工程与村民应用沼气相结合”等模式，正确处理加快发展沼气与发展畜牧业、加快发展沼气与加强动物疫病防控的关系。

（七）提升基本居住健康条件

2017年，广东省编印《广东省农村危房改造工作指引》《广东省农村危房改造工程建设指引》《农村危房改造工程结构施工及抗震设计样式图集》《农村危房修缮加固指导手册》《农村住宅设计方案图集》，举办多期专题培训班，开展专项督查、抽查、绩效评价和验收等，指导各地建立健全农村危房改造质量安全管理制度。开展“三师”下乡服务活动，组织专业志愿者前往结对服务村庄开展村庄规划建设、工程质量安全等宣传和咨询活动，为提高村庄规划建设和住房质量安全水平夯实基础。

（八）推进全省特色村镇建设

2017年，广东省组织开展全省第一批6个全国特色小镇实地调研督导和第二批全国特色小镇申报。年内，组织相关领域专家对各地特色小镇规划建设开展实地调研，指导各地按照“一镇一策”原则，制定特色小镇规划建设5年计划，引导政策性金融机构为特色小镇规划建设提供投融资支持，开展各类特色村镇示范创建活动。是年，全省创建第二批“全国特色小镇”14个、“全国环境整治示范村”5个、“全国美丽乡村示范村”6个。

（九）加强乡村历史文化保护传承

2017年，广东省审查指导珠海南门村等16个中国传统村落列入2017年中央财政支持范围，支持韶关古夏村等7个中国传统村落申请列入2018年中央财政支持范围。截至年底，全省134个中国传统村落争取中央财政支持资金4.02亿元。审核推荐广州、梅州、东莞市等14个中国传统村落申报数字博物馆优秀村落建馆系统，审核推荐全省212个村落申报第五批中国传统村落，推动南粤古驿道示范段及周边地区传统村落与“三师”志愿者结成帮扶对子。（王飞）

建筑业管理体制改革稳步推进

2017年，广东省住房和城乡建设厅推进建筑业高质量发展，构建现代化建筑业体系，推进建筑业管理体制改革，形成全面开放新局面。

一、推动建筑业改革发展

（一）印发《广东省建筑产业“十三五”发展规划纲要》

2017年，广东省住房和城乡建设厅牵头编制《广东省建筑产业“十三五”发展规划纲要》（简称《规划纲要》），旨在保持和发挥建筑产业的支撑作用，推进全省建筑产业转型升级，实现创新、绿色、开放、健康发展。《规划纲要》针对全省建筑产业存在问题，理清未来5年的发展思路，指导全省建筑产业加快转型升级，提出效益规模、产业结构、科技进步、人才队伍建设、绿色低碳发展、建筑市场监管、质量安全监管、信息化发展8个方面具体目标，确定未来9大工作任务，分别是大力发展装配式建筑、调整优化产业结构、加快产业技术进步、推广绿色建筑和建筑节能、创新市场监管模式、完善质量安全监管体系、推动管理体制改革、加快“走出去”步伐、完善人才培训管理体系。

（二）制订《促进建筑业持续健康发展实施意见》

2017年2月21日，《国务院办公厅关于促进建筑业持续健康发展的意见》印发，对促进全国建筑业持续健康发展提出意见。按照广东省人民政府安排，省住房和城乡建设厅制订《广东省人民政府办公厅关于促进建筑业持续健康发展的实施意见》，提出深化建筑业简政放权改革、完善工程建设组织模式、严格工程质量安全管理、优化建筑市场环境、加强产业队伍建设、推进建筑产业现代化、支持建筑业企业“走出去”7大任务、16个具体任务，具体任务分别为：提升行政审批服务水平；完善工程项目招投标管理；创新项目建设方式；全面强化工程质量安全管理；构建统一开放、规范诚信的建筑市场；加强工程结算管理；加大金融财税支持力度；大力培育重点骨干企业；加强人才队伍建设；改革建筑用工制度；推进建筑节能与绿色建筑发展；繁荣建筑设计创作；加大科技创新和新技术应用力度；完善工程建设标准；提升建筑业外向型发展水平；深化粤港澳专业服务合作。

（三）推进全过程工程咨询试点

按照住房和城乡建设部要求，广东省住房和城乡建设厅开展全过程工程咨询试点，于2017年6月印发《广东省全过程工程咨询试点工作实施方案》，在招标投标、合同管理、服务规程、施工管理、竣工验收等方面提出相应管理措施。年内，省住房和城乡建设厅公布全省全过程工程咨询第一批试点单位26个和第一批试点项目77个。

全过程工程咨询业务作为一个新的业务模式，国家尚未明确全过程工程咨询服务的概念和内涵，推进工作存在问题：一是现阶段建设工程涉及发展改革、住房城乡建设、交通、水利等多个部门管理，各部门之间未能有效进行协调与对接，存在着条块分割、职权交叉、政出多门等矛盾，不利于形成全过程工程咨询统一管理模式。二是市场监管存在制度障碍。在市场准入方面，全过程工程咨询模式要求企业拥有众多的资质条件。截至2017年底，全省没有一家企业具备全过程工程咨询所需的全部资质；在项目委托方式方面，企业经常会遇到投标单位的资质与招标内容不符的障碍；在业务取费方面，缺少业务取费依据，缺少统一的收费指导标准；在质量责任方面，全省没有统一的《全过程工程咨询合同（示范文本）》，难以界定全过程工程咨询业务合同双方的责任和义务。现阶段开展全过程咨询业务需对企业进行培育和扶持。

2017年，广东省住房和城乡建设厅加强与发展改革、财政、审计等政府相关部门的统筹协调，研究解决试点过程中出现的问题，委托行业协会开展全过程工程咨询业务培训，定期组织专家对试点项目进行评估，及时总结经验，为试点项目的推进提供政策咨询

▲2017年9月22日，粤港澳大湾区大型基建项目管理创新高峰会在佛山举行。住房和城乡建设部标准定额司副司长卫明（左五）、广东省住房和城乡建设厅副厅长蔡瀛（右五）出席　　（广东省工程造价协会供稿）

服务。

（四）开展工程总承包实施试行办法征求意见

工程总承包是国际通行的建设项目组织实施方式。推进工程总承包，有利于提升项目可行性研究和初步设计深度，实现设计、采购、施工等各阶段工作的深度融合，提高工程建设水平；有利于发挥工程总承包企业的技术和管理优势，促进企业做优做强，推动产业转型升级。2017年，广东省住房和城乡建设厅推行工程总承包模式，开展《关于房屋建筑和市政基础设施工程总承包实施试行办法》（简称《试行办法》）征求意见。《试行办法》明确在工程总承包的发包阶段涉及装配式建筑引入邀标方式、允许单一资质企业投标、同意参与前期咨询的单位投标等有利于加快发展工程总承包的具体措施。在征求意见阶段收到60条反馈意见。

（五）放宽施工图审图市场准入限制

2017年，广东省住房和城乡建设厅印发《关于进一步做好施工图设计文件审查机构名录管理工作的通知》，在全省施工图审查市场提出四项举措：一是放宽审图市场准入限制，对审查机构不再作总量控制；二是鼓励跨区域审图，促进审图市场充分竞争，避免地方保护，防止局部变相垄断；三是督促审查机构提升服务效能和水平，规定审查机构按照承诺时限完成审查工作；四是强化对审查机构的动态监管，责成不满足条件的审查机构限期整改，直至降低类别或将其从机构名录中删除。年内，全省放开审图机构总量控制，全省房建市政工程类的审图机构数量达到61个，数量居全国首位（其他省40家左右）；省内多个城市在“网上中介超市”引入市外审图机构，其中珠海、惠州、肇庆、云浮等多个市对外开放审图市场。

（六）开展传统建筑名匠认定后续工作

2017年，在首届广东省传统建筑名匠认定的基础上，省住房和城乡建设厅继续做好名匠认定后续工作。一是指导省建筑业协会开展广东省传统建筑名匠技艺传承研究，组织修订《广东省传统建筑名匠认定办法》，开展名匠技艺传承情况调研，走访首届9位省级名匠和40位传统建筑工匠。二是推荐9位省级名匠参加住房和城乡建设部的“中国传统建筑名匠”认定。三是按照省委宣传部、省总工会开展“南粤工匠”推荐学习活动的要求，推荐传统建筑名匠何世良、卢芝高为2017年广东省“南粤工匠”推荐学习活动候选人。四是向省政府报送《广东省住房和城乡建设厅关于首届“广东省传统建筑名匠”后续工作的报告》。

二、继续深化“下放、管理、服务”改革

（一）下放施工许可证核发事权

2017年，广东省住房和城乡建设厅提请省政府将省管大型工程建设项目施工许可证核发事权下放至各地级以上市实施。6月，省政府同意先下放至广州、深圳。省住房和城乡建设厅做好转移事项衔接，制定相应的监督管理办法。

（二）加强建设工程招投标管理

2017年，广东省住房和城乡建设厅加强建设工程招投标管理。一是加大对房屋市政工程项目招投标改革政策调研，先后与广西、湖南、福建、海南、宁夏、北京等省市住房和城乡建设厅（委）座谈，交流经验和做法。结合广东省贯彻落实国务院19号文的实施意见，对非政府投资主体的工程项目招投标发包方式进行改革，配合省发展改革委员会推行电子招投标和异地评标制度。二是会同广州市住房和城乡建设委员会等单位，明确对省管3000万元以上工程建设项目的招投标过程的监督管理。三是指导珠海市编制横琴新区最低价中标试点项目的实施方案，住房和城乡建设部审核通过该方案。四是协助省发展改革委员会开展《广东省实施招标投标法实施办法》修订，研究出台改进办法。

（三）开展设计、施工、监理企业业绩补录

2017年，广东省住房和城乡建设厅在全省建筑市场监管公共服务平台开通施工、勘察设计、监理企业业绩补录功能。该平台与全国建筑市场监管公共服务平台互联互通。前期由于大部分企业对业绩补录不够重视，补录业绩少。10月，住房和城乡建设部通知业

绩补录截止时间为2017年底。省内大量企业纷纷反映需补录业绩多，收集项目信息难度大，难以在截止时间前完成补录，要求延长业绩补录时间。省住房和城乡建设厅主动与住房和城乡建设部联系，协调延长业绩补录时间。年内，住房城乡建设部同意广东省延长业绩补录时间至2018年1月底。省住房和城乡建设厅于2017年12月印发《关于延长广东省建筑市场监管公共服务平台业绩补录期限的通知》，延长补录期限至2018年1月31日。该项措施受到企业的好评，全省企业补录业绩信息2万多项，充实企业业绩库，有利于广东企业升级资质和提升建筑市场的竞争力。 （陈思明）

▲深圳市装配式住宅楼项目——万科云城（2017） （深圳市住房和建设局供稿）

装配式建筑加快发展

2017年，广东省健全装配式建筑发展体制机制，完善配套政策和技术标准，培育试点示范，推动装配式建筑加快发展。全省新建装配式建筑面积超过937万平方米，约占年度新开工建筑面积的5.2%，建筑面积位居全国前列。全省形成一定规模的装配式建筑产业链，各类构件厂30家，生产线111条，生产能力572万平方米，构件产品涵盖预制外墙、楼梯、阳台、叠合板、内墙条板、飘窗、空调板、叠合梁、预制墙板等类型。

一、装配式建筑发展工作机制建立

2017年，省、市各级主管部门明确负责发展装配式建筑的责任单位和业务科（处）室，部分城市建立多部门联席会议制度和联系工作机制。

二、政策措施不断完善

2017年，广东省人民政府办公厅出台《关于大力发展装配式建筑的实施意见》(简称《实施意见》)，将珠江三角洲城市群列为重点推进地区、常住人口超过300万的粤东西北地区地级市中心城区列为积极推进地区、其他地区为鼓励推进地区，明确新建建筑和政府投资工程的发展目标。《实施意见》明确装配式建筑发展目标任务，在规划、用地、财税、金融等方面给予装配式建筑项目优惠政策。省住房和城乡建设厅将发展装配式建筑作为工程质量提升行动的重要工作推进，制订《广东省装配式建筑工程质量安全管理办法（暂行)》，推动出台《广东省装配式建筑专项规划编制导则》《房屋建筑和市政基础设施工程总承包实施试行办法》，以及广东省装配式建筑示范城市、示范基地（单位）、示范项目管理办法。年内，广州、深圳、珠海、东莞、揭阳出台地区发展装配式建筑的实施意见；深圳、阳江率先出台发展装配式建筑专项规划。

三、标准定额逐步健全

2017年，广东省出台《广东省装配式建筑工程综合定额（试行)》，编制《广东省装配式建筑标准设计图集（混凝土结构保障性住房)》，推进《装配式混凝土结构工程施工质量验收规范》等12项装配式建筑地方标准编制和《建筑信息模型（BIM）技术应用费用标准》研究编制。

四、培训交流深入开展

2017年8月，广东省住房和城乡建设厅在广州组织开展全省装配式建筑系列标准宣贯培训。深圳市住房和建设局组织举办建筑装配式建筑产业工人实训班、装配式建筑市民体验活动、“深圳质量月”装配式建筑交流活动等，加强装配式建筑培训交流。11月，住房和城乡建设部在深圳召开装配式建筑质量提升经验交流会，与会各单位观摩装配式建筑项目并交流装配式建筑质量管理经验。各地区和省有关行业协会组织开展各种形式的培训、交流和观摩活动，全省营造发展装配式建筑的良好氛围。

五、试点示范培育

2017年，广东省培育深圳市1个国家装配式建筑示范城市，培育碧桂园控股有限公司、广东建远建筑装配工业有限公司、广东省建筑科学研究院集团股份有限公司、广东省建筑设计研究院、广州机施建设集团有限公司、广州市白云化工实业有限公司、深圳市华阳国际工程设计股份有限公司、深圳市嘉达高科产业发展有限公司、深圳市鹏城建筑集团有限公司、万科企业股份有限公司、筑博设计股份有限公司、中国建

▲2017年9月21日，深圳市房屋租赁专业委员会成立

（深圳市规划和国土资源委员会供稿）

筑第四工程局有限公司、中建钢构有限公司、中建国际投资（中国）有限公司、深圳华森建筑与工程设计顾问有限公司15个国家装配式建筑产业基地，开工建设深圳裕璟幸福家园、华润城三期和广州恒盛大厦等一批装配率较高、示范效果好的项目。（江泽涛）

租购并举住房制度建设取得重大进展

2017年，广东省加快培育和发展住房租赁市场，推动机构化和规模化住房租赁企业发展，租购并举住房制度建设取得显著进展。全省住房租赁政策制度建设、住房租赁试点、国有住房租赁机构建设、长租公寓发展、住房租赁管理服务平台建设、住房租赁金融服务创新等方面取得新突破。广州、深圳、佛山、肇庆等试点城市先行先试，在完善租赁管理体制、发挥政府主导作用、增加租赁住房供应、扶持培育租赁企业和强化租赁服务监管、保障承租人权益等方面采取系列措施，取得阶段性成效。

住房租赁政策制度建设取得新突破。2017年1月25日，广东省人民政府办公厅印发《关于加快培育和发展住房租赁市场的实施意见》，提出发挥省属国有企业综合优势，搭建市场化、专业化、规模化的住房租赁平台等19条措施，对发展住房租赁市场进行专项部署。8月底，省住房和城乡建设厅会同省发展改革委员会等九部门转发《住房和城乡建设部等九部门关于在人口净流入的大中城市加快发展住房租赁市场的通知》，明确提出广东省培育和发展住房租赁市场的重点任务是培育市场供应主体，鼓励住房租赁消费，完善公共租赁住房，支持租赁住房建设，加大政策支持力度，加强住房租赁监管。

住房租赁试点工作取得新成效。2017年，广州、深圳、佛山、肇庆4个城市成为“全国首批住房租赁工作试点城市”，占全国试点城市总数的三分之一，四个市均制订住房租赁试点实施方案；广州、佛山、肇庆3市成为全国首批利用集体建设用地建设租赁住房试点城市，并制订相关试点实施方案。

国有住房租赁机构建设取得新进展。按照广东省人民政府确定的“小步快跑，成熟一个启动一个，逐步扩大范围”的原则，广东建鑫公司积极与地方政府对接，选择条件成熟的地市先行先试，以点带面，为全省探索经验。截至2017年底，全省有8个城市先后与省建鑫公司合作，成立15家国企住房租赁企业，其中广州市3家、深圳市4家、佛山市3家，肇庆、清远、汕头、东莞、中山等市各1家。

长租公寓等新业态发展取得新跨越。2017年，广东省长租公寓品牌企业约300家，运营管理房源20多万套，建筑面积1000多万平方米。预计至2020年房源总量突破70万套。

城中村住房规范管理取得新变化。鼓励村集体成立专业化房屋租赁企业，将符合安全、消防、卫生等条件的住房统一出租、规范管理，享受住房租赁企业相关政策优惠，并委托物业服务企业进村服务。截至2017年底，深圳市通过统租形式，由深圳市属国有企业深业集团在深圳市水围村统租35栋农民房，经过重新装修改造后，作为人才公寓提供给新就业、符合深圳青年房卡计划的人才租住。广州、佛山、东莞、中山等地相继推进。

住房租赁金融服务创新取得新突破。2017年，根据广东省人民政府部署，广东省住房和城乡建设厅与中国建设银行广东省分行签订《广东省住房租赁发展战略合作意向书》，利用中国建设银行广东省分行等金融机构的资金和技术优势，推动全省住房租赁金融服务创新。截至年底，广州、深圳、佛山、惠州、潮州、汕尾等14个城市分别与中国建设银行广东省分行、中国工商银行广东省分行等签订战略合作意向书。

（柯云燕）

·编辑　李勇·

大事记

□港珠澳大桥海底隧道全线贯通

□省级事权下放委托广州、深圳两市实施

□广东省全面深化“十三五”金融合作

□广州、深圳、佛山、肇庆四市成为全国首批住房租赁试点市

□十五家广东企业成为全国首批装配式建筑产业基地

1月

8日　□广东省副省长许瑞生在汕头实地考察原瑞平市场改造及节日市场供应、西堤公园、西堤路试点工程及小公园亭修复、原安平小学拆迁现场、正大体育馆设施改造。

9日　□广东省住房和城乡建设厅召开2016年省城乡规划督察员工作总结暨2017年工作部署会议。厅长王芃出席并讲话。

12日　□按照《国务院关于第三批取消中央指定地方实施行政许可事项的决定》，广东省取消物业服务企业二级及以下资质。

16日　□全国棚户区改造工作电视电话会议在北京召开。同日，广东省召开贯彻落实会议。

□广东省住房和城乡建设厅印发《广东省建筑产业“十三五”发展规划纲要》，理清未来5年全省建筑业发展新思路，确定发展装配式建筑、调整优化产业结构、加快产业技术进步和推广绿色建筑和建筑节能等9大任务。

22日　□广东省副省长许瑞生代表省政府与国家保障性安居工程协调小组签订《广东省2017年住房保障工作目标责任书》。

□国家开发银行广东省分行与广东省住房和城乡建设厅签署《全面深化“十三五”开发性金融合作备忘录》，支持广东省住房和城乡建设领域开发性资金额度3000亿元。

23日　□广东省人民政府办公厅印发《关于加快培育和发展住房租赁市场的实施意见》，提出发挥省属国有企业综合优势，搭建市场化、专业化、规模化的住房租赁平台等19条措施。

30日　□广东省住房和城乡建设厅副厅长郭壮狮在潮州市潮安区金石镇古楼村慰问侨批后人林家钟，向侨眷致以问候和祝福。

2月

10日　□潮州市韩江“一江两岸”夜景提升工程启动亮灯。

13日　□住房和城乡建设部副部长倪虹在广东调研南粤古驿道的保护利用成效。

20日　□《国家发展和改革委　住房和城乡建设部关于进一步做好重大市政工程领域政府和社会资本合作（PPP）创新工作的通知》印发，确定梅州市为重大市政工程领域PPP创新重点城市。

21日　□广东省住房和城乡建设厅在佛山市顺德区召开全省住房保障工作座谈会。副厅长李台然出席。各地级以上市住房城乡建设部门住房保障相关科（处）室主要负责人参加。

3月

1日　□至15日，根据《广东省住房保障工作目标责任考核办法》，广东省住房和城乡建设厅会同省直有关部门组成考核组，考核全省各地2016年度住房保障目标责任完成情况。

4日　□广东省住房和城乡建设厅、广播电视台在广州南沙百万葵园启动“美丽广东　花开岭南”全省万人赏花大型系列活动，拉开“南粤古驿道　大美广东行”系列活动序幕。

5日　□广东省住房和城乡建设厅厅长王芃在广州、佛山两市调研房地产市场运营和住房租赁平台建设情况。

6日　□《广东省住房和城乡建设厅关于认真做好房屋征收工作完善产权保护制度的通知》印发，要求全省各地加快制定和完善房屋征收与补偿配套政策，细化规范房屋征收法定权限和程序，推进房屋征收与补偿规范化、法治化建设。

□至8日，广东省人民政府副秘书长赵坤带队，广东省委农村工作办公室，省财政厅、环境保护厅、住房和城乡建设厅，以及韶关、茂名、揭阳、云浮4市一行15人组成学习考察组，赴广西壮族自治区开展农村人居环境改善和“美丽广西”乡村建设专题调研。

13日　□广东省住房和城乡建设厅派督查组赴茂名市和茂名市代管县级市信宜市督导调研房地产领域社会矛盾治理情况。

14日　□住房和城乡建设部同意广东省作为城乡规划管理体制改革试点省，明确广东省城乡规划管理体制改革目标要求和主要任务。

15日　□南粤古驿道定向大赛组委会工作会议在广州召开。广东省副省长许瑞生出席并作工作部署。

16日　□《广东省住房和城乡建设厅　广东省经济和信息化委员会关于开展高性能混凝土推广应用试点工作的通知》印发，确定深圳、珠海为广东省高性能混凝土推广应用试点城市，深圳市安托山混凝土有限公司等16家企业为广东省高性能混凝土推广应用试点企业，

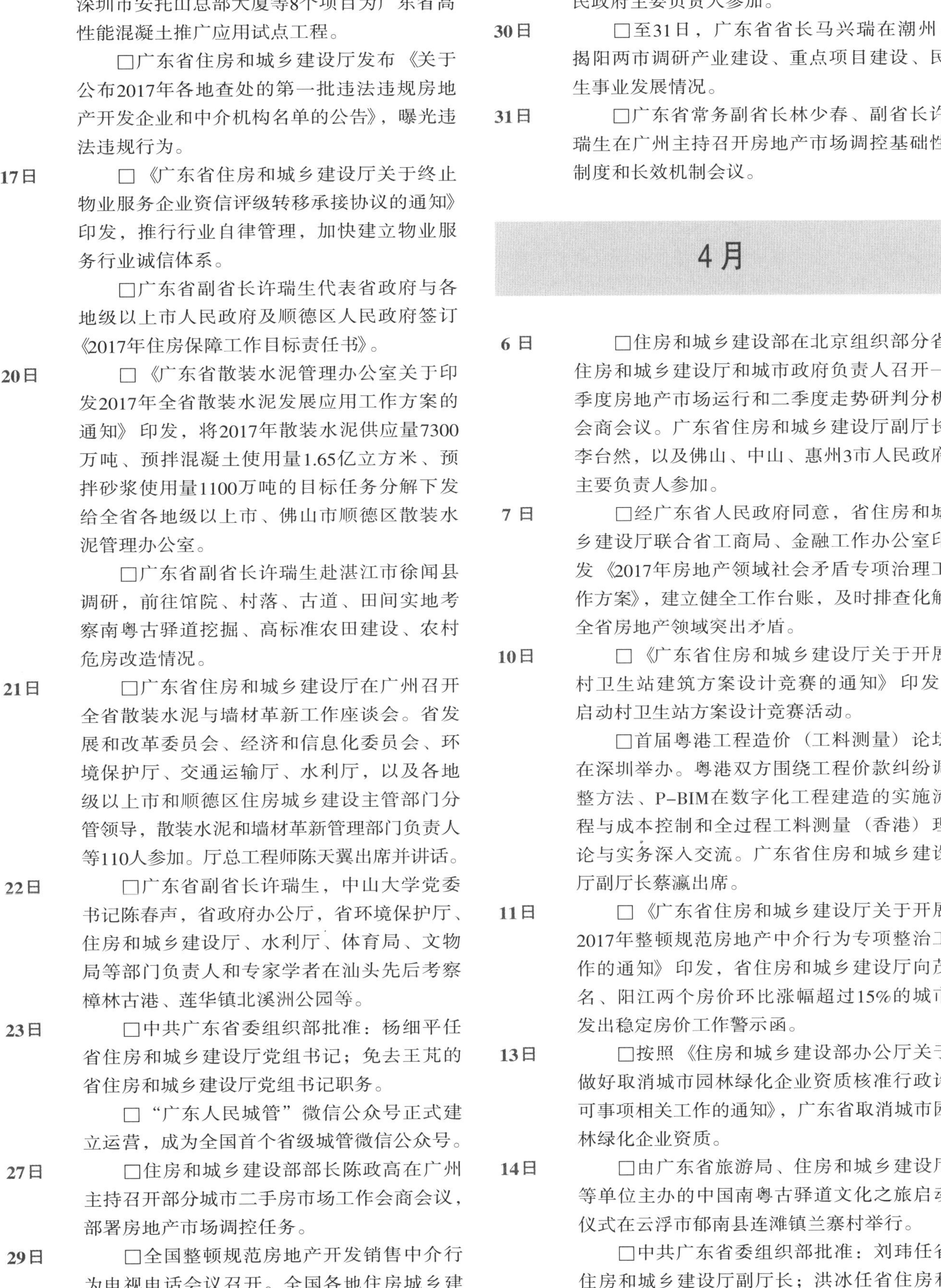

深圳市安托山总部大厦等8个项目为广东省高性能混凝土推广应用试点工程。

□广东省住房和城乡建设厅发布《关于公布2017年各地查处的第一批违法违规房地产开发企业和中介机构名单的公告》，曝光违法违规行为。

17日 □《广东省住房和城乡建设厅关于终止物业服务企业资信评级转移承接协议的通知》印发，推行行业自律管理，加快建立物业服务行业诚信体系。

□广东省副省长许瑞生代表省政府与各地级以上市人民政府及顺德区人民政府签订《2017年住房保障工作目标责任书》。

20日 □《广东省散装水泥管理办公室关于印发2017年全省散装水泥发展应用工作方案的通知》印发，将2017年散装水泥供应量7300万吨、预拌混凝土使用量1.65亿立方米、预拌砂浆使用量1100万吨的目标任务分解下发给全省各地级以上市、佛山市顺德区散装水泥管理办公室。

□广东省副省长许瑞生赴湛江市徐闻县调研，前往馆院、村落、古道、田间实地考察南粤古驿道挖掘、高标准农田建设、农村危房改造情况。

21日 □广东省住房和城乡建设厅在广州召开全省散装水泥与墙材革新工作座谈会。省发展和改革委员会、经济和信息化委员会、环境保护厅、交通运输厅、水利厅，以及各地级以上市和顺德区住房城乡建设主管部门分管领导，散装水泥和墙材革新管理部门负责人等110人参加。厅总工程师陈天翼出席并讲话。

22日 □广东省副省长许瑞生，中山大学党委书记陈春声，省政府办公厅，省环境保护厅、住房和城乡建设厅、水利厅、体育局、文物局等部门负责人和专家学者在汕头先后考察樟林古港、莲华镇北溪洲公园等。

23日 □中共广东省委组织部批准：杨细平任省住房和城乡建设厅党组书记；免去王芃的省住房和城乡建设厅党组书记职务。

□“广东人民城管”微信公众号正式建立运营，成为全国首个省级城管微信公众号。

27日 □住房和城乡建设部部长陈政高在广州主持召开部分城市二手房市场工作会商会议，部署房地产市场调控任务。

29日 □全国整顿规范房地产开发销售中介行为电视电话会议召开。全国各地住房城乡建设部门主要负责人、部分房地产开发企业、房地产中介机构代表，以及各地级以上市人民政府主要负责人参加。

30日 □至31日，广东省省长马兴瑞在潮州、揭阳两市调研产业建设、重点项目建设、民生事业发展情况。

31日 □广东省常务副省长林少春、副省长许瑞生在广州主持召开房地产市场调控基础性制度和长效机制会议。

4月

6日 □住房和城乡建设部在北京组织部分省住房和城乡建设厅和城市政府负责人召开一季度房地产市场运行和二季度走势研判分析会商会议。广东省住房和城乡建设厅副厅长李台然，以及佛山、中山、惠州3市人民政府主要负责人参加。

7日 □经广东省人民政府同意，省住房和城乡建设厅联合省工商局、金融工作办公室印发《2017年房地产领域社会矛盾专项治理工作方案》，建立健全工作台账，及时排查化解全省房地产领域突出矛盾。

10日 □《广东省住房和城乡建设厅关于开展村卫生站建筑方案设计竞赛的通知》印发，启动村卫生站方案设计竞赛活动。

□首届粤港工程造价（工料测量）论坛在深圳举办。粤港双方围绕工程价款纠纷调整方法、P-BIM在数字化工程建造的实施流程与成本控制和全过程工料测量（香港）理论与实务深入交流。广东省住房和城乡建设厅副厅长蔡瀛出席。

11日 □《广东省住房和城乡建设厅关于开展2017年整顿规范房地产中介行为专项整治工作的通知》印发，省住房和城乡建设厅向茂名、阳江两个房价环比涨幅超过15%的城市发出稳定房价工作警示函。

13日 □按照《住房和城乡建设部办公厅关于做好取消城市园林绿化企业资质核准行政许可事项相关工作的通知》，广东省取消城市园林绿化企业资质。

14日 □由广东省旅游局、住房和城乡建设厅等单位主办的中国南粤古驿道文化之旅启动仪式在云浮市郁南县连滩镇兰寨村举行。

□中共广东省委组织部批准：刘玮任省住房和城乡建设厅副厅长；洪冰任省住房和城乡建设厅副巡视员。

□广东省住房和城乡建设厅党组书记杨

细平、执法监察局局长刘耿辉在北京参加住房和城乡建设部贯彻落实《中共中央国务院关于深入推进城市执法体制改革改进城市管理工作的指导意见》工作座谈会。

17日　□广东省住房和城乡建设厅印发《2017年全省规范房地产开发企业经营行为专项整治工作方案》，重点查处各类房地产开发经营违法违规行为，规范房地产开发企业经营和销售行为，构建事中和事后监管体系。

□全省住房城乡建设系统安全工作暨工程质量安全提升行动部署会议在广州召开。省住房和城乡建设厅主要负责人张少康出席并讲话。会议传达全国、全省安全生产电视电话会议和全国工程质量安全提升行动部署会议精神，通报2016年全省住房城乡建设系统安全生产形势，部署2017年全省住房城乡建设系统安全生产重点工作。

24日　□广东省住房和城乡建设厅在广州召开全省住房城乡建设系统落实中央环境保护督察整改工作电视电话会议。主要负责人张少康部署全省住房城乡建设系统落实环保督察整改工作。副巡视员魏振发传达省委、省政府关于落实中央环保督察整改指示精神。副厅长郭壮狮主持。

□《广东省住房和城乡建设厅关于启动2017年PPP模式整县推进村镇污水处理设施建设的函》印发，公布2017年35个PPP模式整县推进村镇污水处理设施建设县（市、区）名单。

□广东省住房和城乡建设厅、国土资源厅转发《住房城乡建设部　国土资源部关于加强近期住房及用地供应管理和调控有关工作的通知》，加快土地供应节奏，优化土地供应方式，严防高价扰乱市场预期。

26日　□广东省副省长许瑞生率省政府办公厅、科技厅、住房和城乡建设厅、代建局等单位负责人在广州市番禺区调研装配式建筑发展情况，实地考察广东建远建筑装配工业有限公司部品部件生产线和样品间。

□《广东省人民政府办公厅关于大力发展装配式建筑的实施意见》印发，明确广东省发展装配式建筑目标任务。

29日　□广东省人民政府批准：任命杨细平为省住房和城乡建设厅副厅长。

5月

5日　□全省城乡规划管理体制改革工作会议在广州召开，明确城乡规划管理体制改革目标任务。

6日　□广东省建设工程标准定额站选派第二批优秀人才到香港企业开展为期两个月的挂职交流，了解香港工程造价咨询市场发展，借鉴国际企业建设造价咨询先进经验。

8日　□广东省住房和城乡建设厅副厅长郭壮狮、美国麻省理工学院教授邓津华一行在珠海、中山调研香山古驿道群英故里文化遗产线路，实地考察张文湛故居。

9日　□广东省住房和城乡建设厅、教育厅、文化厅、体育局、旅游局联合举办中国南粤古驿道首届文化创意大赛。

12日　□广东省人民政府印发《南粤古驿道保护利用2017年工作要点》。

17日　□《广东省住房和城乡建设厅关于开展2017年物业管理专项整治工作的通知》印发，规范物业管理活动，促进全省物业管理行业健康发展。

□《2017年广东省住房城乡建设系统普法依法治理工作要点》印发，指导全省住房城乡建设系统有序开展法治宣传教育活动。

□广东省住房和城乡建设厅召开全省城市管理和综合执法体制改革工作座谈会。党组书记、副厅长杨细平出席并讲话。执法监察局局长刘耿辉主持并通报全省城管改革情况。各地级以上市城市管理和综合执法主管部门主要负责人参加。

18日　□广东省住房和城乡建设厅召开全省违法建设治理和城乡规划遥感监测执法工作推进会。主要负责人张少康出席并讲话。执法监察局局长刘耿辉主持并通报全省违法建设治理和城乡规划建设遥感监测执法情况。各地级以上市城市管理和综合执法主管部门、城乡规划主管部门、规划执法主管部门主要负责人参加。

□广东省住房和城乡建设厅副厅长李台然在广州主持召开房地产市场长效机制专家研讨会。华南理工大学、广州大学，以及省房地产行业协会、房地产估价师与房地产经纪人学会、公寓管理协会，广州、深圳两市11位专家参加。

□2017年南粤古驿道“天翼高清杯”定

向大赛暨南粤古驿道文化之旅组委会在江门召开新闻发布会，宣布中国男篮核心球员易建联，中国百米“飞人”苏炳添，奥运冠军乔红、刘虹、易思玲等为南粤古驿道定向大赛形象大使，公布南粤古驿道定向大赛主题曲《奔跑在古驿道》和8条主题文化线路。

19日　□广东省住房和城乡建设厅在江门召开全省村镇污水处理设施建设工作会议。党组书记、副厅长杨细平主持并讲话。会议总结推广2016年15个PPP模式整县推进村镇污水处理设施建设示范县创建经验，全面启动全省村镇污水处理设施建设。

22日　□《广东省住房和城乡建设厅关于公布通过专项验收的“广东省建筑业新技术应用示范工程”名单（第一批）的通知》印发，公布平安金融中心等14项工程通过“广东省建筑业新技术应用示范工程”专项验收。

24日　□广东省住房和城乡建设厅会同省发展和改革委员会、国土资源厅，以及工商、地税、国税等部门在广州市增城区督查调研房地产开发项目涉嫌存在捆绑销售、双合同等违法违规销售情况。

□中国南粤古驿道文化创意大赛江门市台山首站优秀作品展在海口埠文化馆举行。广东省政府副秘书长赵坤、省住房和城乡建设厅主要负责人张少康出席。具有台山华侨文化特色的银信纪念广场正式启用，著名篮球运动员易建联为银信纪念广场投篮揭幕。

26日　□《广东省住房和城乡建设厅关于做好施工图设计文件审查机构名录管理工作的通知》印发，明确受理审图机构延期、晋升类别增项等，对名录内的审图机构实施动态监管。

□广东省城乡规划设计研究院、广东省城市规划协会和法国PADW建筑设计事务所共同举办的健康城市医疗养老产业创新发展和规划设计研讨会在广州举行。省住房和城乡建设厅主要负责人张少康、副厅长郭壮狮，法国驻广州总领事馆总领事傅伟杰、广州商务处主任柯柏同，以及广州市住房和城乡建设委员会、民政局等部门领导出席。

31日　□中共广东省委组织部批准：陈雄、李巍任广东省建筑设计研究院副院长。

6月

2日　□经广东省第十二届人民代表大会常务委员会第三十三次会议表决通过，免去王芃广东省住房和城乡建设厅厅长职务；任命张少康为广东省住房和城乡建设厅厅长。

□广东省住房和城乡建设厅发布《关于公布2017年各地查处的第二批违法违规房地产开发企业和中介机构名单的公告》。

□广东省住房和城乡建设厅在东莞市茶山镇鲁能铂悦花园项目工地举行2017年全省建筑施工“安全生产月”“安全生产万里行”活动启动仪式。住房和城乡建设部工程质量安全监管司司长李如生，厅长张少康出席并讲话。参加会议的1000多位代表观摩由中建八局第一建设有限公司承建的鲁能铂悦花园项目。

7日　□《广东省住房和城乡建设厅关于开展预拌混凝土绿色生产评价试点工作的通知》印发，部署开展全省预拌混凝土绿色生产评价试点。

□至8日，广东省住房和城乡建设厅在肇庆召开全省住房保障工作督办推进会。副厅长李台然作工作部署。省政府督查室、国家开发银行广东省分行相关负责人，以及各地级以上市住房城乡建设部门住房保障主要负责人参加。

13日　□《广东省住房和城乡建设厅　广东省财政厅　广东省发展和改革委员会关于污水处理费征收使用管理的实施细则》印发，规范污水处理费征收使用管理，促进全省污水处理行业产业化发展。

□珠海市现代有轨电车一号线试运营。

□东莞城市快速轨道交通线网控制中心综合体商业、办公楼工程开工仪式举行，标志着东莞市首个地铁TOD（以公共交通为导向的发展模式）项目开工建设。

14日　□至16日，广东省住房和城乡建设厅党组书记、副厅长杨细平在河源、梅州、汕尾3市调研城市总体规划、中心城区扩容提质、城市管理和综合执法体制改革、海绵城市打造、智慧城市建设、农村人居环境改善情况。

16日　□广东省住房和城乡建设厅、广州市住房和城乡建设委员会联合参加广东省安全生产委员会组织的“安全生产宣传服务咨询日”宣传活动，并在广州天河体育中心活动现场设立建筑施工安全生产宣传咨询点。

21日　□至22日，广东省住房和城乡建设厅副厅长蔡瀛一行赴浙江省调研促进建筑业实体经济发展情况。

23日　□广东省住房和城乡建设厅在广州市南

▲2017年6月14—16日，广东省住房和城乡建设厅党组书记、副厅长杨细平（中）在河源、梅州、汕尾三市调研。图为杨细平在梅州实地察看城市扩容提质项目建设和农村人居环境整治情况　（广东省住房和城乡建设厅办公室供稿）

沙区芦湾村项目工地举行2017年广东省建筑施工安全事故应急演练活动。

27日　□广东省住房和城乡建设厅、省环境保护厅联合印发《关于落实中央环保督查反馈意见开展镇级填埋场整改工作的通知》，统筹开展镇级填埋场整改内容，明确时间节点。

□广东省住房和城乡建设厅印发《广东省工程造价领域贯彻落实〈国务院办公厅关于促进建筑业持续健康发展的意见〉重点工作方案（2017—2020）》，推进建筑业持续健康发展。

7月

3日　□至4日，广东省住房和城乡建设厅厅长张少康、执法监察局局长刘耿辉在揭阳督查棚户区改造情况。

7日　□广东省建设工程标准定额站颁布《广东省装配式建筑工程综合定额》，构建工程定额及标准体系。

□港珠澳大桥海底隧道全线贯通，标志着港珠澳大桥主体工程全面完成。

10日　□广东省建设工程标准定额站成立首批广东省建设工程计价依据应用解释专家团，协助调解全省建设工程造价纠纷。

11日　□广东省住房和城乡建设厅召开全省城市管理和综合执法制式服装和标志标识统一工作推进会。执法监察局局长刘耿辉出席讲话。各地级以上市城市管理和综合执法主管部门负责人参加。

□至14日，住房和城乡建设部房地产市场监管司一行5人在广东省开展房地产市场专题调研。

12日　□《广东省住房和城乡建设厅关于公布通过专项验收的“广东省建筑业新技术应用示范工程”名单（2017年第二批）的通知》印发，公布粤剧艺术博物馆等10项工程通过专项验收、10项工程被评定为“广东省建筑业新技术应用示范工程”。

□至9月22日，中共广东省委第二巡视组对中共广东住房和城乡建设厅党组进行巡视。围绕加强党的领导，全面从严治党及从严从实开展巡视监督。

□至13日，住房和城乡建设部在广州、汕头两市召开房地产市场工作座谈会。广州、佛山、清远、肇庆、中山、江门、汕头、韶关、湛江、揭阳、茂名等市房地产主管部门负责人参加。住房发展与房地产市场监管司司长姜万荣出席并讲话。

17日　□《广东省住房和城乡建设厅关于做好房地产估价师和房地产经纪专业人员证书挂靠集中治理工作的通知》印发，查处全省违法违规挂靠25人次。

□住房和城乡建设部复函同意全国12个城市开展住房租赁试点。广州、深圳、佛山、肇庆4个城市被纳入全国首批住房租赁试点城市。

□中共广东省委农村工作办公室、共青团广东省委员会，省住房和城乡建设厅、教育厅、精神文明建设委员会办公室、扶贫开发办公室，南方报业传媒集团、省志愿者联合会联合印发《关于开展“我为美丽乡村绘蓝图”——2017年南粤村庄（整治）规划志愿行动的通知》，组织开展“我为美丽乡村绘蓝图”南粤村庄（整治）规划志愿行动。

19日　□广东省数字化城市管理平台建设培训

会在东莞召开。省住房和城乡建设厅执法监察局局长刘耿辉出席并讲话。各地级以上市城市管理和综合执法主管部门负责人，以及各县（市、区）城市管理和综合执法主管部门160多人参加。

20日　□住房和城乡建设部在北京召开近期房价上涨压力较大城市房地产工作会商会和16个热点城市房地产工作会商会。广东省住房和城乡建设厅厅长张少康、广州市副市长马文田、中山市副市长高瑞生、深圳市规划国土委副主任王东出席。

□清远市伦洲大桥及引道工程全线通车。

21日　□广东省建设信息中心研发的新版广东省建设行业信息技术和应用服务平台上线运行。

27日　□广东省住房和城乡建设厅在广州召开省级事权下放委托广州、深圳两市实施签约会议。

□广东省第十二届人民代表大会常务委员会第三十四次会议通过《关于修改〈广东省建设工程质量管理条例〉和〈广东省港口管理条例〉的决定》《广东省建设工程质量管理条例》修改后重新公布施行。

□广东省城乡规划设计研究院在住房和城乡建设部立项的《新型城镇化背景下的城乡规划编制与实施改革研究》《新型城镇化背景下的城乡基础设施建设指标体系研究》《新时期村镇地区发展建设的路径探索——以佛冈“全域风景化”为例》3个科技计划项目通过住房和城乡建设部验收。

28日　□广东省住房和城乡建设厅副厅长李台然在清远主持召开全省房地产工作督查调研座谈会。广州、深圳、韶关、惠州、湛江5个纳入全国70个大中城市商品住宅价格指数统计范围的城市，以及年内房价波动较大的清远等6个城市房地产主管部门负责人参加。会议传达全国房地产工作会精神，6市汇报当地房地产市场运行情况。

□广东省住房和城乡建设厅落实《广东省人民政府关于将一批省级行政职权事项调整由广州、深圳市实施的决定》，将广州、深圳地区建筑业企业资质（建筑业企业施工总承包二级资质）核发、建筑业企业专业承包一级资质核发、建设工程勘察设计企业资质（建设工程设计企业乙级资质）建设工程勘察企业乙级资质核准，以及房地产估价机构备案委托广州、深圳实施；房地产开发二级资质下放至广州、深圳实施。

□广东省将一级注册建造师等专业变更、注销注册的业务委托深圳市实施。

31日　□广东省副省长许瑞生在南粤古驿道网运营中心调研，察看改版后的南粤古驿道网，邀请南方网、广东广播电视台、广州日报社和省户外运动协会专家召开座谈会，为网站建设运营问诊把脉。

8月

1日　□广东省住房和城乡建设厅将广州、深圳地区工程勘察劳务类资质，工程设计行业、专业、专项丙级及以下资质行政审批事项下放至县级建设行政主管部门实施。

2日　□经广东省人民政府同意，省住房和城乡建设厅与发展和改革委员会联合印发《广东省新型城镇化规划（2016—2020年）》。

□广东省住房和城乡建设厅召开全省住房和城乡建设局局长会议。贯彻落实省委、省政府召开的广东省贫困村创建社会主义新农村示范村工作会议精神。厅党组书记、副厅长杨细平，厅长张少康出席并讲话。

□《广东省住房和城乡建设厅关于进一步做好施工图设计文件审查机构名录管理工作的通知》印发，对施工图审查机构不再作总量控制，推动跨区域审图，防止局部垄断，督促审查机构提升服务效能。

□2017年第三季度广东省房屋市政工程安全生产工作会议在广州召开。省住房和城乡建设厅党组书记、副厅长杨细平主持，厅长张少康讲话，副厅长刘玮传达国家和广东省安全生产会议精神，广州、深圳、中山3市住房和城乡建设主管部门主要负责人汇报房屋市政工程安全生产情况。

3日　□中国工程建设标准化协会地基基础专业委员会在广州组织召开《混凝土预制桩机械连接技术规程》审查会。会议同意规程通过审查，认定规程达到国内领先水平。

7日　□至8日，广东省住房和城乡建设厅副厅长李台然会同省政府督查室在汕头市乌桥岛调研督导棚户区改造项目。

□至25日，广东省住房和城乡建设厅派出11个督查组，对全省住房城乡建设系统安全生产大检查工作情况进行督查。

8日　□《广东省全过程工程咨询试点工作实施方案》印发，提出招标投标、合同管理、服务规程、施工管理、竣工验收等管理措施。

▲2017年8月24—25日，广东省住房和城乡建设厅厅长张少康（右二）在清远调研城市中心城区扩容提质、建筑领域安全生产和城市基础设施建设情况

（广东省住房城乡建设厅办公室供稿）

□肇庆市阅江大桥建成通车。

9日 □广东省住房和城乡建设厅印发《关于公布2017年各地查处的第三批违法违规房地产开发企业和中介机构名单的公告》，公开曝光全省各地100家违法违规经营的房地产开发企业和中介机构。

□中共惠州市委党校城市治理分校挂牌暨城管执法队伍换装仪式举行，正式成立全省第一所市委党校城市治理分校。省住房和城乡建设厅执法监察局局长刘耿辉，惠州市市长麦教猛，市委副书记、政法委书记李敏出席。

□广东省住房和城乡建设厅会同省发展改革委员会等九部门转发住房城乡建设部等九部门《关于在人口净流入的大中城市加快发展住房租赁市场的通知》，明确提出广东省培育和发展住房租赁市场任务。

11日 □广东省人民政府向广州等14个市印发督查通知书，要求相关市按时完成国家下达的棚户区改造和公租房分配目标任务。

15日 □广东省住房和城乡建设厅印发《关于报送〈住宅使用说明书〉和〈住宅质量保证书〉制度实施情况的通知》，要求各地使用《住宅使用说明书》《住宅质量保证书》，维护全省购房者合法权益。

□至16日，广东省住房和城乡建设厅在广州、深圳、佛山、肇庆4个全国住房租赁试点城市开展督导调研，督促加快推进全国住房租赁试点。

22日 □《住房城乡建设部关于公布第二批全国特色小镇名单的通知》印发，佛山南海区西樵镇、广州番禺区沙湾镇、珠海斗门区斗门镇等14个镇列入第二批全国特色小镇名单。

□广东省住房和城乡建设厅在广州召开广佛清肇房地产市场联动调控工作座谈会。厅长张少康主持。会议研究超大城市住房消费需求外溢，城镇群内各城市之间房地产市场相互影响情况。

23日 □广清产业共建重点项目——南部物流枢纽园区在清远源潭镇开工建设。

26日 □《住房城乡建设部等部门关于公布2017年改善农村人居环境示范村名单的通知》印发。广州市从化区吕田镇莲麻村、韶关市翁源县江尾镇连溪村等5个村被评定为“全国环境整治示范村”；广州市番禺区石楼镇大岭村、汕头市潮南区成田镇简朴村等6个村被评定为“全国美丽乡村示范村”。

30日 □广东省住房和城乡建设厅印发《2277个省定贫困村创建社会主义新农村示范村整治创建规划工作方案》，明确2277个省定贫困村创建社会主义新农村示范村整治创建规划的目标任务、具体推进措施和实施步骤，建立省定贫困村规划编制月报制度。

31日 □住房和城乡建设部在南京召开城镇群联动发展研讨会。江苏、广东、安徽3省住房城乡建设厅分管领导，以及南京、扬州、镇江3市负责人出席。副部长陆克华出席并讲话。

□“艺道游学·中国南粤古驿道少儿绘画大赛”新闻发布会举行。广东省副省长许瑞生、省政府副秘书长赵坤、省住房和城乡建设厅副厅长郭壮狮出席。

□广东省住房和城乡建设厅印发《广东省2277个省定贫困村创建社会主义新农村示范村规划编制指引》《广东省住房和城乡建设厅关于建立省级乡村规划技术指导服务专家库的通知》，规范省定贫困村规划编制，统筹建立省、市级乡村规划技术指导服务“千人专家库”。

9月

5日　□《广东省散装水泥管理办公室关于公布2017年度预拌混凝土绿色生产评价试点工作评价机构和评审专家名单的通知》印发，公布中国建筑科学研究院等5家单位为2017年度广东省预拌混凝土绿色生产评价试点评价机构，公布87位2017年度广东省预拌混凝土绿色生产评价试点评审专家。

6日　□广东省住房城乡建设厅印发《关于公布2017年各地查处的第四批违法违规房地产开发企业和中介机构名单的公告》，公开曝光全省各地88家违法违规经营的房地产开发企业和中介机构。

7日　□《广东省住房城乡建设厅行政应诉工作办法》施行，明确行政机关负责人出庭应诉制度和行政应诉培训制度。

8日　□广东省"三师"专业志愿者动员会在广州召开，研究韶关40个省直扶贫村帮扶工作。省建筑设计研究院党委书记曾宪川主持，部分志愿者代表参加。

□广东省住房和城乡建设厅在梅州蕉岭县组织召开全省2277个省定贫困村创建社会主义新农村示范村规划编制工作会议。厅长张少康出席并讲话。全省14个地级市、70个县（市、区）和省级乡村规划技术指导服务专家团队代表参加。

11日　□至15日，广东省住房和城乡建设厅在茂名、汕头、广州分片区召开棚户区改造项目融资对接会议。副厅长李台然出席。会议邀请国家开发银行广东省分行、广东省建鑫投融资发展有限公司，以及各市、区（县）棚户区改造主管部门负责人参加。

□广东省住房和城乡建设厅在广州市花都区召开2017年全省"质量月"现场观摩交流会。同步在深圳、东莞等地设立4个观摩项目，组织全省各地住房城乡建设主管部门、建筑工程质量监督机构、建筑施工企业和监理企业人员观摩工程新技术、新工艺、新材料应用，以及工程质量样板引路、质量精细化管理、BIM质量管理、工程质量常见问题治理、绿色施工等。

12日　□广东省副省长许瑞生在广州主持召开广东省房地产工作会商会，听取中国建设银行广东省分行汇报。省住房和城乡建设厅党组书记、副厅长杨细平，中国建设银行广东省分行行长刘军，以及省财政厅、国资委、建筑工程集团等单位领导出席。

15日　□中共广东省委组织部批准：刘智民任省纪委驻省住房和城乡建设厅纪检组组长、省住房和城乡建设厅党组成员；免去廖锦添的省纪委驻省住房和城乡建设厅纪检组组长省住房和城乡建设厅党组成员职务。

19日　□住房和城乡建设部房地产市场监管司在广州组织召开广佛清肇四市房地产市场联动工作座谈会。省住房和城乡建设厅副厅长李台然，广州、佛山、清远、肇庆4市分管副市长，以及住房和城乡建设主管部门负责人参加。

□广州国际花卉艺术展暨世界花卉协会年会在广州大剧院开幕。

21日　□广东省建设工程标准定额站编制完成《广东省建设工程绿色和安全施工措施费用计价办法》，构建完善的工程定额及标准体系。

22日　□按照《国务院关于取消一批行政许可事项的决定》，广东省取消物业服务企业一级资质。

□粤港澳大湾区大型基建项目管理创新高峰会在佛山举办。会议以"开放合作　创新发展"为主题，聚焦大型基建项目管理创新和"粤港澳大湾区"发展机遇，探讨以工程造价为核心的全过程工程咨询、大型基础设施的BIM应用、中港工程造价专业服务差异、数字建筑等。住房和城乡建设部标准定额司副司长卫明、广东省住房和城乡建设厅副厅长蔡瀛、佛山市住房和城乡建设管理局局长林国荣、香港测量师学会会长何国钧，以及业内400多人参加。

25日　□广东省副省长许瑞生在深圳、东莞检查违法图斑查处与违法建设治理情况。省住房和城乡建设厅执法监察局局长刘耿辉参加。

□广东省住房和城乡建设厅党组书记、副厅长杨细平主持召开省住房和城乡建设厅社会主义新农村建设工作会议暨第一次领导小组会议，传达学习第三次全国改善农村人居环境工作会议、广东省贫困村创建社会主义新农村示范村工作会议，以及省委办公厅、省政府办公厅《关于2277个省定贫困村创建社会主义新农村示范村的实施方案》要求，研究部署下一步任务。

28日　□广东省副省长许瑞生率省经济和信息化委员会、住房和城乡建设厅、体育局、旅游局等省直部门先后视察广州广之旅公司、中国电信广东公司，调研企业推广支持南粤古驿道活化利用情况。

□广东省建设信息中心建设的广东省建设行业省级基础数据中心库项目顺利通过验收。

□广东省散装水泥管理办公室在佛山召开广东省预拌混凝土绿色生产评价试点工作会议。广州、深圳、珠海、东莞、佛山市及顺德区散装水泥主管机构，以及广东省预拌混凝土行业协会、中国建筑科学研究院、广东省建筑科学研究院股份有限公司等5家试点评价机构负责人及评审专家90人参加。

29日 □广东省机构编制委员会办公室印发《关于调整省住房城乡建设厅及所属事业单位机构编制事项的函》，同意广东省住房和城乡建设厅及所属事业单位机构编制事项调整。同意设立广东省住房和城乡建设厅建筑节能处，与科技信息处合署；将广东省建设工程造价管理总站更名为广东省建设工程标准定额站；撤销广东省住房和城乡建设厅所属省散装水泥管理办公室；撤销广东省建设工程质量安全监督检测总站。

30日 □湛江市举行城市管理和综合执法局成立暨换装仪式，挂牌成立城市管理和综合执法局，成为全省第一个完成城市管理领域大部制改革机构设置的城市。广东省住房和城乡建设厅执法监察局局长刘耿辉、湛江市副市长陈伟杰出席。

10月

10日 □《广东省住房和城乡建设厅关于成立社会主义新农村建设领导小组的通知》印发，省住房和城乡建设厅成立由党组书记、副厅长杨细平，厅长张少康担任组长，副厅级以上领导和总规划师、总经济师担任副组长，20个厅机关相关处室及直属单位主要负责人为成员的省住房和城乡建设厅社会主义新农村建设领导小组。

11日 □广东省住房和城乡建设厅召开全省房地产工作座谈会。党组书记、副厅长杨细平主持，副厅长李台然通报2017年前三季度全省房地产市场运行情况，厅长张少康部署任务。

□2017年第四季度广东省防范建筑施工安全事故会议在广州召开。省住房和城乡建设厅党组书记、副厅长杨细平主持，副厅长刘玮传达全省第四季度防范重特大生产安全事故电视电话会议精神。厅长张少康出席会议并通报前三季度广东省住房城乡建设系统安全生产情况和国务院安全生产委员会办公室对全省的督查情况。

12日 □中山大学历史人类学研究中心樟林古港田野工作室揭牌暨潮汕侨批资料捐赠仪式在澄海樟林古港古码头举行。副省长许瑞生、省政府副秘书长赵坤、汕头市市长郑剑戈，以及省环境保护厅副厅长黄文沐、住房和城乡建设厅副厅长郭壮狮、体育局副局长林瑛、中山大学历史系主任谢湜出席。

13日 □广东省建设工程标准定额站组织指导广东省华联、华审、建伟和深圳普利咨询公司完成编制《国家共享定额房屋修缮工程消耗量定额安装工程（电气分册、消防分册、智能化分册）》《城市地下综合管廊工程维护消耗量定额》，构建工程定额及标准体系。

17日 □“中国南粤古驿道网”网站升级仪式在广东省建设信息中心举行。政府副秘书长赵坤出席。省住房和城乡建设厅副厅长郭壮狮、体育局副局长许建平，跳水奥运冠军罗玉通等共同启动新版网站。

18日 □至19日，全省城市设计工作座谈会在珠海召开。省住房和城乡建设厅厅长张少康出席，副厅长郭壮狮主持。

19日 □广东省住房和城乡建设厅党组书记、副厅长杨细平主持召开直属事业单位机构改革座谈会，研究省散装水泥管理办公室行政职能事业单位改革。总工程师陈天翼出席。

20日 □《广东省住房和城乡建设厅关于开展“三禁”及墙材革新检查工作的通知》印发，部署全省“三禁”及墙材革新检查。

□全省“城市双修”工作座谈会在惠州召开，明确“城市双修”目标任务。

23日 □《广东省住房和城乡建设厅关于开展“广东省工程勘察设计大师”认定工作的通知》印发，启动首届“广东省工程勘察设计大师”认定。

24日 □至25日，广东省副省长许瑞生率省住房和城乡建设厅、省委农村工作办公室、省体育局等在茂名调研社会主义新农村建设、古建筑古驿道保护、精准扶贫情况，先后视察赴信宜市镇隆镇八坊村、水口镇大垌村、丁堡镇山背村、东镇街道六谢村、东镇街道高城村、怀乡镇中堂村，以及化州孔庙、化州石湾街道博带村、新安镇新安村。

25日 □《广东省住房和城乡建设厅关于公布广东省全过程工程咨询第一批试点单位的通知》印发，确定深圳市建筑设计研究总院有限公司等26家企业为广东省全过程工程咨询第一批试点单位。

27日　□住房和城乡建设部副部长陆克华在广州召开广佛清肇区域房地产联动发展工作座谈会。广东省住房和城乡建设厅厅长张少康汇报《关于加强广佛清肇城市群协同合作促进房地产市场平稳健康发展的意见》。房地产市场监管司、城乡规划司、政策研究中心、中国城市规划设计研究院等部门负责人出席并讲话。

▲2017年10月17日，广东省人民政府副秘书长赵坤（右二）、省住房和城乡建设厅副厅长郭壮狮（左二）、省户外运动协会会长田新德（右一）、奥运冠军罗玉通（左一）共同启动新版“中国南粤古驿道网”上线（广东省建设信息中心供稿）

□“广东省规划建设执法遥感监测系统建设应用”通过住房和城乡建设部验收，成为住房和城乡建设部信息化工程示范项目。

□第十六届中国（阳江）国际五金刀剪博览会举行开幕式暨阳江国际会展中心启用。

30日　□广东省发展和改革委员会、省住房和城乡建设厅联合印发《关于开展商品房销售价格行为联合检查的通知》，组织开展全省商品房销售价格联合检查。

□“广东省规划建设执法遥感监测系统建设应用”在国家科技成果平台上完成科技成果登记。省域房地产交易数据资源云同步及大数据规模化应用取得计算机软件著作权登记3项，获发明专利申请受理2件，论文 *Regression Approach for Optimal Purchase of Hosts Cluster in Fixed Fund for Hadoop Big-data Platform*在伦敦第十九届智慧城市、交通和建筑国际会议上被评为“大会最佳报告”。

□2017年中国城市规划学会城市设计学术委员会年会世界城市论坛与“城市愿景”国际巡展在广州举行。

31日　□住房和城乡建设部副部长黄艳在广州参观南粤古驿道展厅，写下寄语“古驿道串起乡村文明”。

□广东省住房和城乡建设厅在广东警官学院举行全省城市管理和综合执法体制改革专题培训班。执法监察局局长刘耿辉出席并授课。全省各市、县（市、区）科级以上城市管理和综合执法干部600人参加。

□广东省住房和城乡建设厅、财政厅、民政厅、国土资源厅、农业厅、扶贫开发办公室、残疾人联合会联合印发《广东省2017年农村危房改造实施方案》，明确2017年全省农村危房改造目标任务和措施。

11月

2日　□广东省住房和城乡建设厅与中国建设银行广东省分行签订《广东省住房租赁发展战略合作意向书》，利用金融机构的资金和技术优势，推动全省住房租赁金融服务创新。

□至3日，广东省住房和城乡建设厅党组书记、副厅长杨细平，纪检组组长刘智民在韶关乐昌市调研住房保障情况。

3日　□广东省住房和城乡建设厅党组书记、副厅长杨细平在韶关调研南粤古驿道保护利用情况。

□广东省散装水泥管理办公室在深圳召开预拌混凝土绿色生产评价现场观摩会。广东省建筑科学研究院集团股份有限公司专家组为深圳市为海建材有限公司大鹏分公司进行预拌混凝土绿色生产评审。省散装水泥管理办公室、混凝土行业协会，以及深圳市水泥及制品协会负责人出席。该评审为首例广东省混凝土绿色生产评价。

6日　□经广东省人民政府同意，省住房和城乡建设厅、文化厅、体育局、旅游局联合印发《广东省南粤古驿道线路保护与利用总体规划》。

□广东省住房和城乡建设厅在广州召开整县推进村镇污水处理设施建设工作督办会议。副巡视员魏振发通报整县推进村镇污水处理设施建设情况。省政府督查室、环境保护厅，粤东西北和惠州、江门、肇庆15个城市的政府主要领导参加。

7日 □至8日，广东省住房和城乡建设厅联合省国资委赴阳江、东莞开展棚户区改造督查。

8日 □住房和城乡建设部法规司巡视员王志宏一行在广东省调研督导法治政府建设和依法行政工作。

□广东省建筑设计研究院和中国建筑设计院有限公司共同主办的2017“技艺成就建筑之美高峰论坛”在广州举行。

□至9日，广东省副省长许瑞生率省政府副秘书长赵坤，省住房城和乡建设厅党组书记、副厅长杨细平，环保厅厅长鲁修禄，财政厅副厅长郑贤操在河源市和平县调研南粤古驿道保护利用，先后视察新丰江水库、和平县黄石坳自然保护区、上陵镇桃源村、林寨古村、和平古道。

9日 □住房和城乡建设部办公厅发布《关于认定第一批装配式建筑示范城市和产业基地的函》，广东省建筑设计研究院被认定为全国第一批装配式建筑产业基地。

□住房和城乡建设部办公厅公布第一批装配式建筑示范城市和产业基地。深圳市入选首批装配式建筑示范城市名单，碧桂园控股有限公司、广东建远建筑装配工业有限公司、广东省建筑科学研究院集团股份有限公司等15家广东企业入选全国首批装配式建筑产业基地名单。

□由广东省散装水泥管理办公室与深圳市水泥及制品协会主编、广东省建筑科学研究院集团股份有限公司等单位参编的广东省标准《高性能混凝土应用技术规范》专家审查会在广州召开。审查组专家认为该规范基本达到国内领先水平，对全省高性能混凝土的发展应用具有指导意义。

16日 □广东省住房和城乡建设厅成立城乡规划管理体制改革工作领导小组。厅长张少康担任组长，完善全省规划改革机制。

□至17日，广东省住房和城乡建设厅组织召开2277个省定贫困村整治创建规划初步成果审查会。会议邀请省乡村规划技术指导服务专家库16名规划专家审查171份省定贫困村整治创建规划成果。

17日 □广东省住房和城乡建设厅执法监察局局长刘耿辉参加全国城市管理工作现场会暨城市执法体制改革推进会，汇报贯彻落实《中共中央国务院关于深入推进城市执法体制改革改进城市管理工作的指导意见》。

18日 □至28日，以“持续发展，理性规划”为主题的2017年中国城市规划年会在东莞召开。广东省城乡规划设计研究院、省城市规划协会等单位联合承办“湾区的善治与创新”“文化线路与文化自信”“区域视角下的大数据重塑城市发展”等学术对话。

19日 □至23日，广东省住房和城乡建设厅联合省委组织部、国土资源厅和环境保护厅在东莞举办第十九期市长（书记）城建专题研究班。围绕“新时代、新思想、新行动，建设高水平现代化城市”主题，邀请相关领域的知名专家学者和行业主管部门领导讲授城市更新、新型城市化、城市规划创新、南粤治水方略、政府服务能力、新农村示范村规划建设。各地级以上市市长（书记）和部分区（县）长（书记）50人参加。

20日 □广东省建设工程标准定额站完成广东省地方标准《建设工程政府投资项目造价数据标准》编制，构建工程定额及标准体系。

21日 □住房和城乡建设部会同国土资源部、中国人民银行在湖北省武汉市召开部分省市房地产工作座谈会。广东省住房和城乡建设厅副厅长李台然，以及广州、深圳、东莞等市政府相关负责人参加。

23日 □住房和城乡建设部组织召开区域房地产市场联动工作会商会。广东省副省长许瑞生，广东省住房和城乡建设厅厅长张少康，以及广州、佛山、肇庆、清远市政府负责人出席。

26日 □由住房和城乡建设部、国家文物局组成的国家历史文化名城评估检查组抽查广州历史文化名城名镇名村保护情况。广东省副省长许瑞生陪同参观南粤古驿道展。省住房和城乡建设厅厅长张少康、广州市副市长马文田、省文物局局长龙家有参加。

27日 □住房和城乡建设部村镇建设司、财政部社会保障司印发《关于开展2017年农村危房改造绩效评价工作的通知》。

□至12月15日，广东省首次开展散装水泥“三禁”和新型墙材革新的联合督查。省住房和城乡建设厅派出3个督查组对韶关、河源、汕尾、阳江、茂名、清远、潮州、揭阳、云浮9个市开展“三禁”及墙材革新督查。

29日 □至12月1日，广东省纪委派驻省住房和城乡建设厅纪检组组长刘智民实地考察调研梅州市丰顺县扶贫点拾荷村、高华村、田坫村。

□广东省住房和城乡建设厅在广州召开全省农村危房改造工作会议。副巡视员魏振发出席并讲话。汕头、韶关、河源、梅州、惠州、汕尾、阳江、湛江、茂名、肇庆、清远、潮州、揭阳、云浮14个地级市住房城乡建设主管部门分管领导参加。

30日 □韶关市产业项目集中动工暨华南先进装备园基础设施建设奠基仪式在华南先进装备园主会场举行。72个产业项目和华南装备园6项基础设施建设项目破土动工。

12月

2日 □至3日，中国生态文明论坛年会在惠州举办。

3日 □以“垃圾分类，利国利民”为主题的珠海市垃圾分类工作启动仪式在香洲区大镜山文体公园举行。

5日 □《广东省住房和城乡建设厅关于公布广东省全过程工程咨询第一批试点项目的通知》印发，公布广东金融学院北校区图书信息中心项目等77个项目为“广东省全过程工程咨询第一批试点项目”。

6日 □至8日，住房和城乡建设部专家组在珠海专项督导海绵城市试点建设。

7日 □《广东省住房和城乡建设厅关于广东省建筑市场监管公共服务平台业绩补录工作的补充通知》印发，业绩补录范围扩大至施工总承包企业、勘察设计企业和监理企业。

11日 □广东省建设工程造价管理总站正式更名为广东省建设工程标准定额站。省住房和城乡建设厅副厅长蔡瀛为广东省建设工程标准定额站揭牌。

□《广东省住房和城乡建设厅关于房屋建筑和市政基础设施工程施工质量安全动态管理办法》印发，加强房屋市政工程质量安全监督管理。

□《广东省住房和城乡建设厅委托广州、深圳实施房地产估价机构分支机构备案事项监督管理办法》印发，进一步做好委托事项事中事后监管。

□广东省人民政府副秘书长赵坤、广东省住房和城乡建设厅厅长张少康一行赴日本开展农村污水处理技术访问，学习考察日本农村污水的治理模式、规章制度、管理经验和设备技术。

12日 □广东省建设执业资格注册中心推进“阳光政务”建设，开展一级注册建造师等专业变更注册和注销注册业务办理“零跑动”。

14日 □广东省住房和城乡建设厅在广州召开农村生活垃圾治理省级验收工作综合评审会。广州等9市通过验收，汕头等11市经整改后通过验收。

15日 □广东省住房和城乡建设厅在广州召开全省新型城镇化“2511”试点工作座谈会。

□第七届深港城市建筑双城双年展（深圳）开幕式在深圳举行。

16日 □广东省住房和城乡建设厅联合广东南方期刊有限公司联合推出省委主管主办的《南方》杂志增刊《以道兴粤》。

□广东省住房和城乡建设厅发布《关于2017年建筑企业（造价咨询）资质动态核查情况的通报》，公布广东省101家甲级、48家乙级及以下资信等级的工程造价咨询企业资质、咨询项目质量动态核查结果。

17日 □广东省“三师”专业志愿者委员会和广东省建筑设计研究院承办的南粤古驿道首届文化创意大赛在广州黄埔古港闭幕。该赛事面向省内高校征集文化创意产品，历时8个多月完成江门台山、韶关仁化、清远连州、汕头澄海、潮州饶平、广州黄埔古港6个站点21所参赛高校的组织协调和后勤保障，落实近450个创意方案。

18日 □《广东省住房和城乡建设厅关于公布2017年度广东省省级工法的通知》印发，公布“临时预应力钢管支撑加固建筑结构施工工法”等531项工法为2017年度省级工法。

20日 □广东省住房和城乡建设厅在佛山召开全省住房租赁工作经验交流和现场观摩会。各地级以上市住房城乡建设（房地产）主管部门负责同志及建设银行广东省分行、各支行负责人参加。

21日 □广东省建设工程标准定额站完成广东省工程造价数据监测试点。

□广东省建设工程标准定额站组织指导华禹、建行省咨询中心编制完成《广东省城市地下综合管廊工程综合定额》，完善工程定额及标准体系构建。

□广东省建设信息中心新增“三库一平台”管理信息服务方式，免费为办事企业配置“电子政务服务卡”，取消建设行业信息和技术应用服务收费。

23日 □住房和城乡建设部组织召开全国住房城乡建设工作会议。部长王蒙徽总结五年来住房和城乡建设成就，部署2018年主要任务。广东省住房和城乡建设厅厅长张少康出席。

24日 □至27日，住房和城乡建设部、财政部组成的国家农村危房改造绩效评价检查组到广东省开展2017年度农村危房改造绩效评价。

25日 □广东省住房和城乡建设厅发布《关于村卫生站建筑方案设计竞赛获奖名单的公告》，该次竞赛评出银奖6项、铜奖14项、优秀奖30项，金奖空缺。

□广东省住房和城乡建设厅与中国农业发展银行广东省分行签署《“十三五”政策性金融支持住房城乡建设合作协议》，支持广东省住房和城乡建设领域政策性资金额度3500亿元。

□肇庆市举行住房租赁平台房源落成暨人才公寓挂牌仪式。

26日 □广东省省长马兴瑞在韶关南雄梅关古驿道、珠玑古巷及古驿道周边的全安镇凌华村、珠玑镇灵潭村、下汾村开展调研。

□广东省住房和城乡建设厅党组书记杨细平在清远调研南粤古驿道，体验连州南天门古驿道魅力。

□广东省住房和城乡建设厅厅长张少康在南粤古驿道示范段之一的梅关古道，与韶关市、南雄市有关领导共同研究古驿道保护活化。

□广东省建设信息中心研发的“住宅专项维修资金信息管理系统（一期）”“业主大会电子投票系统（一期）”通过省住房和城乡建设厅组织的专家组验收。

27日 □《广东省地方税务局　广东省住房和城乡建设厅关于加强信息共享深化业务协作的通知》印发，深化住房城乡建设（房地产）管理部门与税务部门信息共享机制，推动信息采集应用，推行跨部门业务联办。

□广东省住房和城乡建设厅与省建筑工程集团有限公司在广州举行协议和公告签署仪式。自即日起，省建设工程质量安全监督检测总站的工程质量检测鉴定业务、业绩、资质正式由省建筑科学研究院集团股份有限公司承继。副厅长郭壮狮、省建筑工程集团总经理马春生出席。

28日 □按照《住房和城乡建设部办公厅关于取消工程建设项目招标代理机构资格认定加强事中事后监管的通知》，广东省取消工程项目招标代理机构资格。

□广东省住房和城乡建设厅发布《关于延长广东省建筑市场监管公共服务平台业绩补录期限的通知》，业绩补录延长至2018年1月31日23时59分。

□《广东省住房和城乡建设厅关于试运行广东省数字化城市管理通用型系统平台的通知》印发，初步建设并试运行省级数字化城市管理平台，推动省、市、县三级数字化城市管理平台互联互通，整合形成全省数字化城市管理“一张网”。

□广东省住房和城乡建设厅发布《关于公布2017年各地查处的第五批违法违规房地产开发企业和中介机构名单的公告》，公布全省各级住房城乡建设（房地产）主管部门组织查处的154家违法违规房地产开发企业和中介机构名单。

□广州、深圳、佛山、肇庆4个城市获住房和城乡建设部批准，成为“全国首批住房租赁工作试点城市”，占全国试点城市总数的三分之一。4个试点城市政府住房租赁管理服务平台全部上线试运行。佛山市人民政府与中国建设银行联合搭建的具有佛山特色的住房租赁监管及交易平台“阳光·美好家园”上线。

□广州经中山至江门高速公路二期工程全线通车。

□宁波—东莞高速公路潮州段建成通车。

□揭阳—惠来高速公路一期惠来路段通车。

29日 □清远市磁浮旅游专线工程、银盏站至长隆主题公园段开工仪式举行。

30日 □汕头市雷打石生活垃圾卫生填埋场扩建工程完工。

（杨津）

·编辑　李勇·

城乡建设事业发展总述

□ 城乡规划体制改革成效显著

□ 房地产市场平稳发展

□ 保障性安居工程任务提前完成

□ 建筑业改革不断深化

□ 建筑节能与绿色建筑取得新发展

省情概况

【建置沿革】 广东，《吕氏春秋》称“百越”，《史记》称“南越”，《汉书》称“南粤”，“越”与“粤”通，简称“粤”，泛指岭南一带地方。广东的先民很早就在这片土地上生息、劳动、繁衍。在历史长河中，广州、广东等地名次第出现，逐渐演化成广东省及其辖境。

先秦以前建置 据广东郁南磨刀山遗址与南江旧石器地点群考古发现，岭南在旧石器时代早期就有人类活动。旧石器时代中期，距今约12.9万年以前，岭南出现早期古人（马坝人）。商与西周时代，广东先民便与中原有经济文化往来。春秋战国时代，岭南与吴、越、楚等国关系密切，交往频繁。历史上楚庭、南武城的传说，反映出这一时期岭南与楚、越的关系。《国语·楚语上》也有“抚征南海”的记载，可见当时岭南与楚国有军事、政治关系。

秦至南北朝时期建置 公元前221年，秦王嬴政统一六国。随后，“因南征百越之君”，派屠睢率领50万秦军攻打岭南；公元前214年，秦军基本占领岭南，秦始皇将岭南地区设桂林、象、南海3个郡。南海郡辖境是东南濒南海，西到今广西贺州，北连南岭，包括今粤东、粤北、粤中和粤西的一部分，辖番禺、龙川、博罗、四会4个县（据《汉书》记载），郡治番禺。今广东省的大部分地区属南海郡。此外，湛江等地属象郡，粤西有一部分属桂林郡，粤北部分地区属长沙郡。这是广东历史上第一次划分行政区。

秦末，南海郡尉任嚣病危，委任龙川县令赵佗代职。任嚣死后，赵佗即起兵隔绝五岭通中原的道路。秦亡之际，赵佗武力攻并桂林、象郡，建立南越国（公元前204年至公元前111年），自称“南越武王”。当时，广东除今连州及乐昌北境属长沙郡管辖外，都属南越国地盘。南越国实行郡县制。汉武帝平定南越后，汉朝将南越地划分为南海、苍梧、郁林、合浦、交趾、九真、日南、儋耳、珠崖9个郡。为了便于监督各郡官吏，汉朝又设立13个常驻监察机构，称为“十三部”，其中设在苍梧郡广信县（今封开）的交趾部，专门负责纠核岭南9郡。东汉时地方官员开始对南海海域进行巡视。东汉末，交趾部改为交州，除监察权外，还拥有军政大权，成为郡上一级政府，地方行政制度也就从郡县二级变为州、郡、县三级。今广东省境包括交州辖下的整个南海郡（粤中、粤东），还包括苍梧郡、合浦郡、荆州贵阳郡和扬州豫章郡的一部分。其中南海郡较秦代增置3个县：揭阳、中宿（今清远）和增城。

东汉末，赤壁之战后逐渐形成魏、蜀、吴三足鼎立的局面。公元210年（汉献帝建安十五年），孙权任命步骘为交州刺史，率兵抵番禺。217年（建安二十二年），步骘把交州州治从广信东迁番禺。264年（吴景帝永安七年），东吴为便于治理，又把南海、苍梧、郁林、高梁4个郡（今广东、广西大部分地区）从交州划出，另设广州，州治番禺，广州由此得名。东吴时期，今广东省境除广州辖下的4郡外，还包括荆州始兴郡和海南岛。

西晋时，今广东省腹地属当时的广州，粤北属荆州，雷州半岛和海南岛属交州。

南北朝时期，中国政局南北分裂。北方战乱，南方人口大量增加。南朝统治者对俚人（越族）实行“羁縻”政策，在原地大量封官，导致州、郡数猛增。增设的州、郡、县多集中在粤中、粤西、粤北地区，粤东地区设置较少。因为当时粤东农业经济没有粤西发达，交通也没有粤西方便。粤西有著名的“湘桂走廊”与中原相通。

隋、唐、五代十国时期建置 隋初，设广州、循州（今惠州）两个总管府统领诸州。隋炀帝废州为郡，改为郡、县两级，大加省并，今广东省境分属10郡、74县。

唐初地方设州、县。岭南45州分属广州、桂州、容州、邕州、安南5个都督府（又称岭南五管）。655年（高宗永徽六年）以后，5府皆隶于广州，长官称为五府（管）经略使，由广州刺史兼任。756年（肃宗至德元年），升五府经略使为岭南节度使。862年（懿宗咸通三年），岭南道划分为东、西道，东道治广州，广东属岭南东道，这是广东省名中“东”字的由来，也是两广分为东西的开始。

五代十国时期，917—971年，岭南为南汉国统治，行政区划基本上继承唐朝的建制。南汉升广州为兴王府，在州县稀疏的粤东和粤北，增置1府4州。南汉后期，全境共辖60州、214县。

宋、元、明、清时期建置 宋代地方行政制度分路、州（府、军）、县三级。今广东省境包括广南东路14州和广南西路境内的7州，共61县。宋朝对唐制有所继承与调整。粤西及海南岛裁撤8个州，而粤东、粤北除循唐制外，仍保留南汉所增置的4个州。997年（宋太宗至道三年），广南路分为广南东路和广南西路，东路治所在广州，西路治所在桂州，广东大部分属广南东路，“广东”即广南东路的简称。宋朝开始以“千里长沙”“万里石塘”来规范南海诸岛，并划归广南西路管辖。

元朝地方行政制度分省、路、府（州、军）、县四级，另有道，是省以下、路府之上的承转机构。今广东省境分为广东道和海北海南道。广东道道治在广州，海北海南道道治在今雷州市。

1369年（明朝洪武二年），改广东道为广东等处行中书省，并将海北海南道改隶广东，广东成为明朝的十三行省之一。而且，过去长期与广西同属一个大区的雷州半岛、海南岛划拨广东统辖，结束广东以往隶属不同政区的状况，广东省区域轮廓自此基本形成。明朝，广东设10府1直隶州，统辖7州75县。其中，属明代新置的有顺德、从化、高明、饶平、惠来、大埔、普宁、澄海等22县。这些新置的县大多集中在粤东地区，基本形成当今县制的分布格局。

清初承袭明制，地方行政机关分省、道、府、县4级，但将明时的布政使司正式改称为省。"广东省"名称正式使用，所辖范围与明广东布政使司相同。清设总督管辖广东、广西两省，称"两广总督"，初驻肇庆，1746年（乾隆十一年）移广州。清代广东省最南的辖境是南海诸岛的曾母暗沙，南海诸岛属于广东省琼州府的万州管辖。

1842年，鸦片战争中清政府战败，被迫签订《中英南京条约》，香港（时属新安县）沦为英国的殖民地。1887年，葡萄牙诱逼清政府签订《中葡和好通商条约》，侵占澳门（时属香山县）。

民国时期建置 1912年，中华民国建立，广东省的名称和范围与清代相同，但将府直辖地及州、厅皆改为县，成为省、县二级制，并于省、县之间分区设置绥靖区。民国初年，市建置开始设置。1918年成立广州市政治公所，广州开始以省会设市。1921年，成立广州市政厅。1925年，中华民国国民政府在广州成立，7月改广州市政厅为广州市政府。国民政府的地方行政，分为省、行政区、县和市，实行委员制。广东省人民政府下设广州、北江、东江、西江、南路、海南6个行政区，每区设一行政委员，代表省政府处理本区事务。1938年10月，日本侵略者侵占广州，广东省府撤退到粤北（今连州市）；为适应战时需要，全省设4个行署。1940年全省改设为9个区（含沦陷区），到1941年，复改设9个行政督察区。1945年抗战胜利后，民国政府把行政督察区分为省府直接督察区和专署行政督察区两种。省府直接督察的有南海、番禺等12个市县，专署行政督察区则分为11个区，共辖88个县。1946年，民国政府接收被日本侵占的西沙群岛和南沙群岛。

中华人民共和国时期建置 1949年10月1日，中华人民共和国成立后，广东政区在继承历史传统的基础上，有所调整和变更，主要经历三个阶段：第一阶段是1949年至1958年。1949年，全省设珠江、东江、西江、粤中、南路、兴梅、潮汕、琼崖等8专区和北江临时行政委员会，2个地级市、5个县级市和98个县，广州市为中央直辖市。1951年，将北海市划归广西。1952年，将钦州4县划归广西，广西的怀集县划入广东。1954年，广东省改由中央直接领导，原由中央直辖的广州市划归广东省管辖。1955年，钦州专区所属5县划归广东省。第二阶段是1959—1982年，其间全省政区不断调整。1959年，在永兴岛设立西沙工委和西沙办事处。1965年，北海市及合浦专区所属各县划归广西。1979年，原属惠阳地区的宝安县改设深圳市，原属佛山地区的珠海县改设珠海市，均由省直辖。广东省直辖广州、海口、汕头、湛江、茂名、佛山、江门、深圳、珠海、韶关等10市，分设韶关、惠阳、梅县、汕头、佛山、湛江、肇庆等7地区和海南行政区及海南黎族、苗族自治州，共辖14市、92县、3民族自治县。1981年，设立西沙、南沙、中沙群岛办事处，由海南行政区直接领导。第三阶段是1983年以后，开始实行市管县、乡镇管村的新体制。1988年，中央政府将海南行政区从广东省划出，另设海南省；同年，广东开始取消地区设置，另设18个地级市（后增加到21个地级市），全面实行地级市管县、乡镇管村体制，一直沿用至今。 *（黄淑娟）*

【自然地理】 *位置和面积* 广东省地处祖国大陆最南部，陆地范围北纬20°09′—25°31′，东经109°45′—117°20′之间。自东至西依次与福建省、江西省、湖南省、广西壮族自治区接壤；毗邻香港、澳门特别行政区；西南端隔琼州海峡与海南省相望。陆地最东端至饶平县大埕镇，最西端至廉江市高桥镇，东西跨度约800千米。最北端至乐昌市白石镇，最南端至徐闻县角尾镇，跨度约600千米。根据2016年度土地变更调查成果，全省陆地面积17.97万平方千米，约占全国陆地面积的1.87%。 *（优玉宽）*

地貌 受地壳运动、岩性、褶皱和断裂构造，以及外力作用的综合影响，广东省地貌类型复杂多样，全省有山地、丘陵、台地和平原，其面积分别占全省土地总面积的33.7%、24.9%、14.2%和21.7%，河流和湖泊等只占全省土地总面积的5.5%。地势总体北高南低，北部多为山地和高丘陵，最高峰石坑崆海拔1902米，位于阳山、乳源与湖南省的交界处；南部则为平原和台地。全省山脉大多与地质构造的走向一致，以北东—南西走向居多，如斜贯粤西、粤中和粤东北的罗平山脉和粤东的莲花山脉；粤北的山脉则多为向南拱出的弧形山脉，粤东和粤西有少量北西—南东走向的山脉；山脉之间有大小谷地和盆地分布。平原以珠江三角洲平原面积最大，潮汕平原次之，除此还有高要、清远、杨村和惠阳等冲积平原。台地以雷州半岛—电白—阳江一带和海丰—潮阳一带分布较多。全省构成各类地貌的基岩岩石以花岗岩最为普遍，砂岩和变质岩也较多，粤西北还有较大片的石灰岩分布，局部还有景色奇特的红色岩系地貌，如丹霞山和金鸡岭等；丹霞山和粤西的湖光岩先后被评为"世界地质公园"；沿海数量众多的优质沙滩，以及雷州半岛西南岸的珊瑚礁，是重要的地貌旅游资源。沿海沿河地区多为第四纪沉积层，是构成耕地资源的物质基础。 *（陈俊鸿）*

海洋概貌 广东位于南海之

滨，海域辽阔。沿岸海域属南亚热带和热带海洋性气候，季风变化明显，光能充足，日照时间长，雨量充沛，受热带气旋影响较大。沿岸海水温度、盐度受大陆气候、径流、潮流等影响，具有明显的地区差异和季节差异。海区潮汐类型复杂，海流、波浪等受季风影响明显。广东岸线曲折多湾，在大地构造上属于华南褶皱系的南端，地层发育较完整，地质历史上岩浆活动和构造活动频繁，地貌类型多样。广东海岸总体上可划分为四种类型：沙坝—潟湖海岸、溺谷港湾海岸、河口三角洲海岸、台地侵蚀海岸。广东海岛基本分布于离岸30多海里以内的近岸岛，根据海岛的成因分为基岩岛、基岩平原岛、沙洲岛、火山岛、珊瑚岛等五类，除东沙群岛是发育在大陆坡台阶上的珊瑚岛屿外，其他均是分布在大陆架内侧的基岩岛和堆积岛或多成因组合的海岛。海岛地貌可以分为低山丘陵、台地（阶地）平原、风成沙地、潮间带滩地、水下浅滩五种类型。

（孔一颖）

水文　2017年，广东省降雨丰沛，全省遭受19场强降雨，西江出现近20年一遇洪水，全年登陆或严重影响广东省的台风有7个，强台风“天鸽”造成部分潮位站出现超历史潮位。龙舟水期间，广东省部分主要干支流和中小河流发生19次洪水过程。广东省四大江河特征流量分别为：北江下游水文控制站石角站的最大流量为10200立方米/秒，最大月平均流量为2980立方米/秒；西江下游水文控制站高要站的最大流量为43500立方米/秒，最大月平均流量为20800立方米/秒；东江下游水文控制站博罗站的最大流量为4110立方米/秒，最大月平均流量为1350立方米/秒；韩江下游水文控制站潮安站的最大流量为5040立方米/秒，最大月平均流量为2100立方米/秒。

（郑恒静）

【资源物产】　土地资源　广东省陆地地表形态主要分为山地、丘陵、平原、台地四种类型，地形总体呈北高南低之势。山地丘陵居多，全省海拔500米以上的山地约占土地总面积的35.3%，其中粤湘交界处的石坑崆为全省第一高峰，海拔高程1902米。海拔在500米以下丘陵约占土地总面积的27.4%。草地分布面积较小，约占土地总面积的0.02%；平原分为三角洲平原和河谷冲积平原两种类型，约占土地总面积的23.4%。珠江三角洲平原是广东省最大的三角洲平原，面积1.09万平方千米；其次为潮汕平原，面积4700平方千米。较大的河谷平原有北江的英德平原，东江的惠阳平原，粤东的榕江、练江平原，粤中的潭江平原，粤西的鉴江平原和漠阳江平原。珠江三角洲平原土地肥沃，水源充沛，交通便利，经济发达，土地利用水平较高。

（边俊景）

水资源　广东省河流众多，以珠江流域（含东江、西江、北江和珠江三角洲）及独流入海的韩江流域和粤东沿海、粤西沿海诸河为主，集水面积占全省面积的99.8%，其余属于长江流域的鄱阳湖和洞庭湖水系。全省流域面积在100平方千米以上的各级干支流614条，其中，集水面积在1000平方千米以上的有60条。独流入海河流52条，较大的有韩江、榕江、漠阳江、鉴江、九洲江等。全省多年平均降水量1771毫米，折合年均降水总量3145亿立方米。降水时程和地区上分布不均，年内降水主要集中在汛期4—10月，约占全年降水量的70%~85%；年际之间相差较大，全省最大年降水量是最小年的1.84倍，个别地区甚至达到3倍。全省多年平均水资源总量1830亿立方米，其中地表水资源量1820亿立方米、地下水资源量450亿立方米，地表水与地下水重复计算量440亿立方米。除省内产水量外，还有来自珠江、韩江等上游从邻省入境水量2361亿立方米。

广东省水资源时空分布不均，夏秋易洪涝，冬春常干旱。沿海台地和低丘陵区不利蓄水，缺水现象突出，尤以粤西的雷州半岛最为典型。部分河流中下游河段由于城市废污水排放造成污染，存在水质性缺水问题。

2017年，广东省年平均降水量1739.17毫米，折合年降水总量3088.39亿立方米，比常年偏少1.79%，属于偏枯水年。全省水资源总量1786.59亿立方米，比常年少2.38%。地表水资源量1777.01亿立方米，折合径流深1000.69毫米，比常年偏少2.37%。全省人均水资源量1599.59立方米。

（郑恒静）

海洋资源　广东省地处亚热带，气候特征鲜明，降水充沛，水系发达，植被茂盛。全省拥有优质滨海沙滩超过170处；南海拥有鱼类1200多种；南海可开采石油储量达5.8亿吨、天然气6000亿立方米，南海北部天然气水合物（可燃冰）资源储量约15万亿立方米，海洋能、风能、太阳能等可再生能源资源非常丰富。

海岸带陆域地形地貌以平原为主，腹地广阔，滨海景观众多；海岸线漫长，滩涂广布，海湾优良，岛礁众多，海洋生物及矿产资源丰富。沿海沙滩众多，气候温暖，红树林分布广、面积大，在大陆最南端的灯楼角有全国唯一的大陆缘型珊瑚礁，旅游资源开发潜力大。

（孔一颖）

矿产资源　广东省地处欧亚板块与太平洋板块交接处，成矿地质条件优越，矿产资源种类较多，优势矿种集中度高。截至2017年底，广东省矿产资源储量简表的矿产有90个矿种，矿区1146处，矿产地1853处。其中：燃料矿产，2个矿种，产地183处；黑色金属矿产，4个矿种，产地150处；有色金属矿产，11个矿种，产地597处；贵金属矿产，2个矿种，产地145处；稀有稀土及分散元素矿产，15个矿种，产地203处；冶金辅助原料非金属矿产，9个矿种，产地82处；化工原料非金属矿产，10个矿种，产地173处；建材和其他非金属矿产，37个矿种，产地355处。

2017年，广东省开采利用的主要矿产有铜、铅、锌、钨、锡、钼、金、银、稀土、硫铁矿、石膏、灰岩、高岭土、陶瓷土等30多种。具有一定规模及优势，在国内占有重要地位的主要矿产有铜、铅、锌、钨、金、银、稀土、普通萤石、硫铁矿、水泥用灰岩、高岭土等。年内，全省矿山开发利用相关从业人员43657人，年产矿量34358.18万吨，工业生产总值255.30亿元。　*（广东省国土资源厅）*

植被和生物资源　广东省光、热、水资源丰富，四季常青，动植物种类繁多。全省有维管束植物289科、2051属、7717种。其中野生植物6135种、栽培植物1582种。此外，还有真菌1959种，其中食用菌185种、药用真菌97种。植物种类中，属于国家一级保护野生植物的有仙湖苏铁、南方红豆杉等7种，属于二级的有桫椤、广东松、白豆杉、樟、凹叶厚朴、土沉香、丹霞梧桐等48种。在植被类型中，有属于地带性植被的北热带季雨林、南亚热带季风常绿阔叶林、中亚热带典型常绿阔叶林和沿海的热带红树林，有非纬度地带性的常绿—落叶阔叶混交林、常绿针—阔叶混交林、常绿针叶林、竹林、灌丛和草坡，以及水稻、甘蔗和茶园等栽培植被。香蕉、荔枝、龙眼和菠萝是“岭南四大名果”，经济价值可观。

广东省动物种类多样。陆生脊椎野生动物有774种，其中兽类110种、鸟类507种、爬行类112种、两栖类45种。此外，还有淡水水生动物的鱼类281种、底栖动物181种和浮游动物256种，以及种类繁多的昆虫类动物。动物种类中，被列入国家一级保护的有华南虎、云豹、熊猴和中华白海豚等22种，被列入国家二级保护的有金猫、水鹿、穿山甲、猕猴和白鹇（省鸟）等95种。

（梁晓光）

【环境质量】　大气环境质量　2017年，广东省21个地级以上市的二氧化硫（SO_2）年平均浓度11微克/立方米，比上年下降8.3%；各市年平均浓度范围7~17微克/立方米，均达到国家《环境空气质量标准（GB3095—2012）》一级标准。二氧化氮（NO_2）年平均浓度29微克/立方米，比上年增长7.4%；各市年平均浓度范围13—52微克/立方米，除广州、佛山和东莞3个城市，其余18市均达到一级标准。可吸入颗粒物（PM_{10}）年平均浓度51微克/立方米，比上年增长6.2%；全省各市年平均浓度范围42~63微克/立方米，均达到二级标准。细颗粒物（$PM_{2.5}$）年平均浓度为33微克/立方米，比上年增长3.1%；各市年平均浓度范围27~41微克/立方米，除佛山、韶关、东莞、江门、肇庆、清远和云浮7个城市，其余14个城市均达到二级标准。臭氧日最大8小时（O_3-8h）平均浓度153微克/立方米，比上年增长10.9%；各市平均浓度范围120~193微克/立方米，除广州、佛山、东莞、中山、江门和阳江6个城市，其余15个城市均达到二级标准。一氧化碳（CO）日平均浓度1.2毫克/立方米，比上年下降7.7%；各市日平均浓度范围0.9~1.7毫克/立方米，均达到一级标准。

珠江三角洲9市SO_2年平均浓度为11微克/立方米，与上年持平；NO_2年平均浓度37微克/立方米，比上年增长5.7%；PM_{10}年平均浓度53微克/立方米，比上年增长8.2%；$PM_{2.5}$年平均浓度34微克/立方米，比上年增长6.2%；O_3-8h平均浓度为165微克/立方米，上比上年增长9.3%；CO日平均浓度1.2毫克/立方米，比上年减少7.7%。

粤东西北12市SO_2年平均浓度为12微克/立方米，与上年持平；NO_2年平均浓度23微克/立方米，比上年增长4.5%；PM_{10}年平均浓度50微克/立方米，比上年增长4.2%；$PM_{2.5}$年平均浓度为32微克/立方米，比上年增长3.2%；O_3-8h平均浓度144微克/立方米，比上年增长11.6%；CO日平均浓度1.2毫克/立方米，比上年减少14.3%。

按照《环境空气质量标准》（GB3095—2012）评价，广东省21个地级以上市2017年的空气质量达标天数比例在77.3%~99.2%之间，平均为89.4%，首要污染物主要为O_3-8h，占首要污染物比例为50%，其次为$PM_{2.5}$（占28.6%）和NO_2（占12.8%）。全省各市SO_2、CO日均浓度达标率均为100%；NO_2日均浓度达标率在89.9%~100%之间；PM_{10}日均浓度达标率在97.8%~100%之间；$PM_{2.5}$日均浓度达标率在92.3%~99.7%之间；O_3-8h均值达标率在81.6%~99.5%之间。珠江三角洲9市空气质量达标天数比例在77.3%~94.8%之间，平均为84.5%，比上年下降5个百分点，首要污染物主要为O_3-8h，占首要污染物比例为46.5%，其次为NO_2（占24.2%）和$PM_{2.5}$（占23.8%）。粤东西北12市空气质量达标天数比例在86.3%~99.2%之间，平均为93%，比上年下降2.2个百分点，首要污染物主要为O_3-8h，占首要污染物比例均为53%，其次是$PM_{2.5}$（占32.7%），其次是PM_{10}（占11.5%）。全省各市（区）按照环境空气综合质量指数排名，汕尾、湛江和河源、茂名（并列第三）位列前三，佛山、广州和肇庆位列后三。

城市降水　广东省21个地级以上市的49个城市降水测点pH均值为5.14，范围在4.59~7.05之间，酸雨频率为19.8%；17个市（占81.0%）出现酸雨（pH最小值<5.6），8个市（占38.1%）受酸雨污染（pH均值<5.6）。与上年相比，全省城市降水pH均值下降0.17个pH单位，酸雨频率下降6.7个百分点，全省降水质量状况略有下降。全省除茂名、梅州、河源、阳江4

▲汕尾市品清湖远眺（2017）　（汕尾市住房和城乡建设局供稿）

市外，其余17市属于酸雨控制区。17个酸雨控制区中，除揭阳和汕尾外，其他市均出现酸雨；其中清远、珠海、佛山、韶关、肇庆、深圳和湛江7市受酸雨污染。4个非酸雨控制区中，茂名、梅州两市出现酸雨，其中茂名受酸雨污染。

水环境质量　饮用水源。2017年，广东省对79个城市在用集中式供水饮用水水源开展监测，水源达标率100%。全省城市饮用水源水质以Ⅱ类为主，水质总体优良。79个水源地中，5.6%为Ⅰ类水质，72.3%为Ⅱ类水质；22.1%为Ⅲ类水质，水质良好。

江河水质。2017年，广东省主要江河水质总体良好，124个省控断面中，75.8%的断面水质达到水环境功能区水质标准，76.6%的断面水质优良（Ⅰ~Ⅲ类）。其中，54.0%的断面为优（Ⅰ~Ⅱ类），22.6%为良好（Ⅲ类），8.9%为轻度污染（Ⅳ类），4.8%为中度污染（Ⅴ类），9.7%为重度污染（劣Ⅴ类）。北江、西江及部分支流、东江干流和部分支流、韩江、螺河陆丰段、黄江河、漠阳江、袂花江、鉴江（茂名段、湛江段）、九州江、南渡河和珠江三角洲的主要干流水道水质优良；南山河、龙岗河、坪山河、深圳河、石岐河、练江及东莞运河7个江段水质属重度污染，主要污染指标为氨氮、总磷和耗氧有机物。

湖泊水库。2017年，在广东省3个省控湖泊中，湖光岩湖水质为Ⅱ类，水质优；星湖、西湖水质为Ⅳ类，属轻度污染。3个湖泊均是景观用水，水质均达到水环境功能区划目标。湖光岩湖和西湖营养状态为中营养，星湖营养状态为轻度富营养。

广东省34个省控水库水质良好。8个省控大型水库中，新丰江水库、流溪河水库、枫树坝水库和白盘珠水库水质为Ⅰ类、杨寮水库和高州水库水质为Ⅱ类，水质均优；鹤地水库和飞来峡水库水质为Ⅲ类，水质良好。8个水库的营养状态以贫营养和中营养为主。其他26个中小型水库水质均在Ⅰ~Ⅲ类之间，水质优良。全省水库营养程度整体较轻，呈贫营养12个，占35.3%；中营养22个，占64.7%。

跨市河流　广东省跨市河流交接断面水质达标率79.1%，其中广州、珠海、佛山、韶关、梅州、肇庆、清远和云浮8市交接断面水质完全达标。与上年相比，全省跨市河流交接断面水质总达标率上升3.4个百分点，深圳、揭阳、惠州、茂名和佛山交接断面水质达标率分别上升41.7个、33.3个、5.6个、5.6个和1.7个百分点，河源、中山和江门达标率分别下降20.8个、6.3个和2.8个百分点。

省界河流。2017年，广东省主要入境河流的东江寻乌水赣粤省界断面（兴宁电站）、西江桂粤省界断面（封开城上）、贺江桂粤省界断面（白沙街）和武江湘粤省界断面（三溪桥）均为Ⅱ类水质，水质优；东江定南水赣粤省界断面（庙咀里）和汀江闽粤省界断面（青溪）水质均为Ⅲ类水质，水质良，未达到其断面水环境功能区划目标，主要超标项目分别为氨氮和溶解氧；九洲江桂粤省界断面（山角）为Ⅲ类水质，水质良，未达到其断面水环境功能区划目标，主要超标项目为高锰酸钾盐指数和总磷。与上年相比，东江寻乌水赣粤省界断面（兴宁电站）和九州江桂粤省界断面（山角）水质好转，东江寻乌水赣粤省界断面水质由Ⅲ类转为Ⅱ类，九州江桂粤省界断面水质由Ⅳ类转为Ⅲ类，其他省界断面水质无明显变化。

入海河口。2017年，广东省19条主要入海河流中，14条（73.7%）的河口水质为Ⅱ~Ⅲ类，属水质优良；3条（15.8%）为Ⅳ类水质，属轻度污染；2条（10.5%）水质劣于Ⅴ类，属重度污染。磨刀门水道、鸡啼门、蕉门、横门、洪奇沥、韩江、潭江、螺河、黄江河和乌坎河入海口水质最好，为Ⅱ类水质；深圳河和练江河口水质最差，均劣于Ⅴ类，主要污染指标为化学需氧量、氨氮和总磷。与上年相比，鸡啼门由Ⅲ类好转为Ⅱ类；榕江河口由Ⅲ类恶化为Ⅳ类；其他入海河流河口水质保持稳定。

近岸海域。2017年，广东省近岸海域环境质量点位71个，一类海水海域面积占56.8%、二类海水占16.3%、三类海水占9.2%、四类海水占5.2%，劣四类海水占12.5%。与上年相比，其中一类海水面积比例上升33.1个百分点、二类海水下降54个百分点、三类海水上升5.2个百分点、四类海水上升5个百

2017年广东省行政区划情况

（截至2017年12月31日）

市名称	县（市、区）名称	辖乡、镇、民族乡、街道数
广州市（11区）	越秀区 海珠区 荔湾区 天河区 白云区 黄埔区 花都区 番禺区 南沙区 从化区 增城区	34镇136街道
深圳市（8区）	福田区 罗湖区 盐田区 南山区 宝安区 龙岗区 龙华区 坪山区	74街道
珠海市（3区）	香洲区 金湾区 斗门区	15镇9街道
汕头市（6区1县）	金平区 龙湖区 澄海区 濠江区 潮阳区 潮南区 南澳县	32镇37街道
佛山市（5区）	禅城区 南海区 顺德区 高明区 三水区	21镇11街道
韶关市（3区4县 1民族自治县 2县级市）	浈江区 武江区 曲江区 乐昌市 南雄市 仁化县 始兴县 翁源县 新丰县 乳源瑶族自治县	93镇10街道 1民族乡
河源市（1区5县）	源城区 东源县 和平县 龙川县 紫金县 连平县	94镇6街道 1民族乡
梅州市（2区5县 1县级市）	梅江区 梅县区 兴宁市 平远县 蕉岭县 大埔县 丰顺县 五华县	104镇6街道
惠州市（2区3县）	惠城区 惠阳区 惠东县 博罗县 龙门县	48镇22街道 1民族乡
汕尾市（1区2县 1县级市）	城 区 陆丰市 海丰县 陆河县	44镇10街道
东莞市		28镇4街道
中山市		18镇6街道
江门市（3区4县级市）	蓬江区 江海区 新会区 台山市 开平市 鹤山市 恩平市	61镇12街道
阳江市（2区1县 1县级市）	江城区 阳东区 阳春市 阳西县	38镇10街道
湛江市（4区2县 3县级市）	赤坎区 霞山区 麻章区 坡头区 雷州市 廉江市 吴川市 遂溪县 徐闻县	82镇37街道 2乡
茂名市（2区3县级市）	茂南区 电白区 信宜市 高州市 化州市	87镇22街道
肇庆市（3区4县 1县级市）	端州区 鼎湖区 高要区 四会市 广宁县 德庆县 封开县 怀集县	91镇12街道 1民族乡
清远市（2区3县 2民族自治县 2县级市）	清城区 清新区 英德市 连州市 佛冈县 阳山县 连山壮族瑶族自治县 连南瑶族自治县	77镇5街道 3民族乡
潮州市（2区1县）	湘桥区 潮安区 饶平县	41镇9街道
揭阳市（2区3县 1县级市）	榕城区 揭东区 普宁市 揭西县 惠来县	61镇20街道 2乡
云浮市（2区2县 1县级市）	云城区 云安区 罗定市 新兴县 郁南县	55镇8街道
全省合计	21个地级市，20个县级市、34个县、3个民族自治县、64个市辖区，1124个镇、4个乡、7个民族乡、466个街道办事处。	

（何锋军）

分点、劣四类海水上升10.8个百分点。全省近岸海域功能区监测点位67个，按照《海水水质标准》（GB3097–1997）评价，水质达标率73.1%。13个沿海城市中，茂名、汕尾、潮州、揭阳4个市水质达标率100%，东莞、中山、珠海3个市水质达标率0，深圳、惠州、阳江、江门、汕头、湛江6个市水质达标率在33.3%~91.7%之间。在67个近岸海域水环境功能区中，10个受重度污染，其中8个位于珠江口海域，主要污染指标为无机氮和活性磷酸盐、pH。全省海域面积营养程度以贫营养为主，呈贫营养状态的海域面积占93.6%；呈轻度富营养状况的占0.7%；呈中度富营养状况的占1.3%；呈重富营养状况的占2.6%，呈严重富营养状态的占1.7%。

声环境质量　2017年，广东省功能区的噪声昼间达标率88.6%，韶关、珠海、惠州、汕尾、河源、阳江、清远和揭阳8个城市达标率100%；全省功能区的噪声夜间达标率67.2%，其中，珠海、惠州、汕尾、河源和阳江5个城市达标率100%。全省城市区域环境噪声等效声级平均值为56.2分贝。23.8%的城市（5个）区域声环境处于较好水平，76.2%的城市（16个）处于一般水平。城市区域环境噪声源主要以生活类声源和交通为主，分别占50.3%和36.7%。　*（周雪峰）*

【人口】　*常住人口总量*　截至2017年底，广东省常住人口11169万人，其中男性5862.61万人、女性5306.39万人，性别比110.48。常住人口总量比上年增加170万人，增长1.55%，增幅同比提高0.17个百分点；人口密度622人/平方千米。

出生人数　2017年，广东省常住人口出生人数151.63万人，出生率13.68‰；死亡人口50.10万人，死亡率4.52‰；自然增长人口101.53万人，自然增长率9.16‰。与上年比较，全省出生、死亡和自然增长人数分别增加22.18万人、1.93万人和20.25万人；出生率、死亡率、自然增长率分别上升1.83个、0.11个和1.72个千分点。

（罗健波）

【侨乡侨情】　广东省自古以来是中国海上贸易和移民出洋最早、最多的省份，近代以后逐渐发展成为重点侨乡。

海外侨胞和归侨侨眷众多。广东有3000多万海外侨胞，占全国海外侨胞人数一半以上，分布世界160多个国家和地区，主要在东南亚的印度尼西亚、泰国、马来西亚、新加坡、柬埔寨、越南，欧洲的英国、法国、德国，北美洲的美国、加拿大、墨西哥，南美洲的秘鲁、巴西、委内瑞拉，中美洲的巴拿马，大洋洲的澳大利亚、新西兰，非洲的毛里求斯、马达加斯加、南非等国家和地区。省内有10.17万归侨、3000多万侨眷，主要集中在珠江三角洲、潮汕平原和梅州等侨乡地区，以及23个华侨农场。

侨捐项目众多。广东籍海外侨胞、港澳同胞素有念祖爱乡的光荣传统，长期关注支持家乡的经济文化建设和社会发展。改革开放以来，海外侨胞、港澳同胞捐助广东省教育、卫生、体育、工业、农业、交通等社会公益项目超过4.5万宗，折合人民币超过532亿元，侨捐项目遍布全省城乡。

华侨文化史迹众多。华侨文化、侨乡文化是岭南文化的重要组成部分。2007年，开平碉楼与村落被列入世界遗产名录，成为首个华侨文化世界遗产项目和广东省第一个世界文化遗产。2013年，以广东侨批为主构成的“侨批档案”入选世界记忆名录，成为广东首项世界记忆遗产。广东侨批达到16万件，主要分布在潮汕、江门五邑、梅州等地区。广东省的留学文化、商业文化、慈善文化等与华侨华人有密切联系。2017年，省侨办公室推进广州花都、佛山迳口、梅州蕉岭、惠州潼湖4个华侨农场侨史馆建设，以及江门开平市赤坎古镇华侨文化保护项目、中山市南区曹边村侨房保育试点，促进侨乡侨文化保护。3月，国务院侨务办公室在江门组织召开全国侨乡侨文化研讨会。11月，国侨办国内司、省侨务办公室、江门市政府联合举办“侨乡侨文化保护理论与实践”现场会。

近现代著名华侨先驱人物众多。中国近现代历史上许多著名人物是广东的华侨先驱。文化与政界有康有为、梁启超、孙中山、叶剑英等；实业界有回国兴办第一家缫丝厂的南海籍华侨陈启沅，兴办张裕葡萄酒公司的大埔籍华侨张振勋，兴办新宁铁路的台山华侨陈宜禧等；商业界有创建上海永安百货公司的中山籍华侨郭乐、郭泉兄弟，创建先施百货公司的中山籍华侨马应彪等；教育界有开创中国留学教育先河的珠海籍华侨容闳等；航空界有“中国航空之父”、恩平籍华侨冯如等。此外，还有著名开平籍华侨领袖司徒美堂，集实业家、慈善家、领事、侨领一身的珠海籍华侨陈芳，为汕头市政建设作出贡献的泰国米业大王澄海籍华侨陈慈黉等。他们对中国近现代文明发展作出突出贡献，他们的思想和精神至今仍是广东精神文明的重要组成部分。　*（广东省侨务办公室）*

【行政区划】　*基本情况*　2017年，广东按照《中华人民共和国宪法》和《国务院关于行政区划管理的规定》要求，严格审核各地上报的行政区划变更材料，对部分行政区划进行调整。经省人民政府批准，全省撤销4个镇，设立5个街道办事处。

截至2017年12月31日，全省有21个地级市，20县级市、34个县、3个民族自治县、64个市辖区，1124个镇、4个乡、7个民族乡、466个街道办事处。

广东省各市行政区划变动如下：

惠州　撤销惠东县大岭镇，设

立惠东县大岭街道办事处；将惠东县多祝镇的增光社区居委会等14个村居委会划入惠东县平山街道办事处管辖；撤销龙门县平陵镇，设立龙门县平陵街道办事处；撤销博罗县罗阳镇，设立博罗县罗阳街道办事处；撤销博罗县龙溪镇，设立博罗县龙溪街道办事处。

茂名　将茂名市电白区羊角镇划归茂南区管辖。

河源　设立河源市源城区城东街道办事处。　*（何锋军）*

住房和城乡建设发展概述

【概况】　2017年，广东省住房和城乡建设系统加大住房保障力度，全省新开工棚户区改造住房3.84万套，公共租赁住房（含政府投资和企业自建等房源类别），新增分配10.62万套，新增发放租赁补贴6701户，新增解决住房困难家庭近12万户。年内，促进房地产市场平稳健康发展，全年房地产开发投资1.2万亿元，比上年增长17.15%；新建商品房销售面积1.39亿平方米，下降8.1%；其中商品住房1.13亿平方米，下降13.6%；商品房销售均价10363元/平方米，下降1.4%，其中商品住房9563元/平方米，下降5.2%。商品房消化周期11.4个月，处于合理水平。加快培育住房租赁市场，8个城市成立市属国有住房租赁平台；广州、深圳、佛山、肇庆4市成为全国首批住房租赁试点城市；广佛清肇开展城市群区域房地产市场联动发展改革。截至年底，城乡常住居民家庭人均住房建筑面积分别超过33平方米和45平方米。提升城镇化格局，出台《广深科技创新走廊规划》等重大规划，谋划粤港澳国际一流大湾区、珠江三角洲国家自主创新示范区、广深科技创新走廊建设等建设，开展“2511”新型城镇化试点建设。加快城乡规划管理体制改革。3月，广东省被确定为全国第一个城乡规划管理体制改革试点省。组织开展“多规合一”、城市总体规划、控制性详细规划、城市设计等15项规划改革试点示范。推动科技创新和绿色建造，建筑产业持续健康发展。全省全年建筑业总产值首次突破1万亿元。统筹开展农村人居环境综合整治，全部编制完成2277个省定贫困村整治创建规划。保护和修复利用南粤古驿道，印发《广东省南粤古驿道线路保护与利用总体规划》，推动8处古驿道示范段建设，完成修复300余千米。　*（杨津）*

【城乡规划管理体制改革成效显著】　2017年，广东省推进城乡规划管理体制改革，提升城乡规划管理水平。

推进城乡规划管理体制改革试点省建设　落实住房城乡建设部与广东省人民政府签署的《共同推进城乡规划建设体制改革试点省合作协议》《绘就全省规划一张蓝图的实施方案》，率先探索部省合作深化改革模式，解决城乡规划管理存在问题。1月，广东省住房和城乡建设厅提请广东省人民政府向住房和城乡建设部报送《广东创建城乡规划管理体制改革试点省工作方案》。3月，住房和城乡建设部正式同意广东省作为部的城乡规划管理体制改革试点省，明确广东省城乡规划管理体制改革的目标要求和主要任务。5月，全省城乡规划管理体制改革工作会议召开，明确规划改革的目标、任务和部署。11月，省住房和城乡建设厅成立城乡规划管理体制改革工作领导小组，完善全省规划改革机制。广东省在创新规划理念、改进规划方法、改革完善城市规划管理体制、严格依法执行规划等方面先行先试，增强规划的前瞻性、科学性和严肃性，发挥城市规划在城市发展中的战略引领和刚性控制作用，推进城乡规划管理体制改革试点省建设，推动实现“一张蓝图干到底”。

重点推动城市总体规划编制审批管理改革　以城市总体规划编制审批实施监管改革为核心，探索建立分级管理、分类管制、层级传导、权责明晰的规划管理机制。广东省在东莞市作为部的城市总体规划编制改革试点市开展规划编制审批创新基础上，重点推进广州、深圳市作为部的城市总体规划编制试点，启动新一版城市总体规划编制；将省政府审批城市总体规划的肇庆、清远、潮州、四会4个市作为全省新一版城市总体规划修编审批改革试点市，探索规划文本及图件的内容和形式，形成城市总体规划成果的新模板。截至年底，试点城市均完成新一版城市总体规划成果。年内，推动全省各市全面启动新一版城市总体规划编制，3月，提高城市总体规划编制审批效率。广东省住房和城乡建设厅、国土资源厅于3月联合印发《关于协调推进城市总体规划（2030年）编制和土地利用总体规划调整完善工作的通知》，明确两规衔接办法，推进“两图合一”。

推进“多规合一”，落实空间规划改革要求　在推进广州、河源、云浮等市“三规合一”试点基础上，广东省住房和城乡建设厅进一步落实全国市县“多规合一”试点部署，推进肇庆四会市“多规合一”试点。通过“多规合一”改革试点，促进城乡规划编制、审批、实施、监管等多方位改革，以“一张蓝图”解决多种规划之间的矛盾，使“多规合一”成为落实生态文明建设的基础保障、建设宜居城市的战略引领、推进治理体系和治理能力现代化的重要途径。

推进规划管理现代化和信息化建设　按照“一套标准”（各类城乡规划成果数据入库标准）、“一个数据库”（省级空间规划数据库）、“一张蓝图”（全省城乡规划空间信息蓝图）、“一个管理系统”（省智慧规划信息服务系统），构建全省

2017 年广东省住房和城乡建设行业主要经济指标占全省地区生产总值比重

单位：亿元

项目	实绩	占地区生产总值的百分比（%）	与上年相比平均增长速度（%）
建筑业增加值	2818.82	3.1	2.9
珠江三角洲	1982.29	2.6	3.8
东翼	256.83	4	4.5
西翼	302.66	4.2	4.2
山区	277.03	4.8	3.5
房地产业增加值	7327.91	8.2	4.8
珠江三角洲	6077.33	8	1.5
东翼	344.09	5.4	14.7
西翼	475.33	6.6	15.4
山区	387.18	6.7	10.1

（广东省统计局）

2017 年广东省住房和城乡建设行业主要经济指标占全国比重

指标	单位	实绩	广东省占全国比重（%）
建筑业企业数	家	5313	6
建筑业总产值	亿元	11372.05	5.3
建筑业竣工产值	亿元	6080.98	5.2
建筑业从业人员	万人	260.89	4.7
签订合同额	亿元	30989.02	7.1
本年新签	亿元	16143.28	6.3
建筑业施工建筑面积	万平方米	60247.20	4.6
新开工面积	万平方米	21644.31	4.1
竣工建筑面积	万平方米	16687.35	4.0
建筑业竣工价值	亿元	2933.28	4.1
房地产开发投资额	亿元	12075.69	11.0
土地购置面积	万平方米	1841.19	7.2
土地成交价款	亿元	1575.51	11.5
施工面积	万平方米	72492.10	9.3
新开工面积	万平方米	16775.55	9.4
竣工面积	万平方米	8196.34	8.1
竣工房屋价值	亿元	2871.97	9.1
商品房销售额	亿元	18792.76	14.1
住宅	亿元	15437.89	14
商品房销售面积	万平方米	15958.81	9.4
住宅	万平方米	13522.51	9.3

注：该资料中建筑业企业均为有施工活动的具有资质等级的总承包和专业承包建筑业企业（不含劳务分包建筑业企业）

（广东省统计局）

2017 年广东省住房和城乡建设行业主要经济指标占全省固定资产投资额比重

单位：亿元

指标名称	实绩	固定资产投资额（%）	与上年相比平均增长速度（%）
中央投资	1976.25	5.3	12.1
地方投资	35501.71	94.7	13.6
项目投资额	25402.27	67.8	11.9
房地产开发投资额	12075.69	32.2	17.2
建筑业投资额	33.88	0.1	−30.9
房地产业投资额	13623.59	36.4	15.8
建筑安装工程投资额	23943.51	63.9	11.6
设备工器具投资额	6443.34	17.2	11
其他费用投资额	7091.11	18.9	23.6
基础设施完成投资额	9168.79	24.5	24.3
基础产业完成投资额	10506.02	28	18

（广东省统计局）

2017 年广东省固定资产投资完成情况

单位：万元

地区	固定资产投资		项目投资		房地产开发	
	实绩	比上年增长（%）	实绩	比上年增长（%）	实绩	比上年增长（%）
广东省	374779603	13.5	254022668	11.9	120756935	17.2
广州市	59198316	5.7	32169381	1.7	27028935	6.4
深圳市	51473152	23.8	30114587	25.4	21358565	21.6
珠海市	16620214	19.6	9959056	33	6661158	3.9
汕头市	20064031	27	16454309	29.2	3609722	17.8
佛山市	42657919	21.5	28118021	23.2	14539898	18.2
韶关市	6928193	−1.3	5030864	−9.4	1897329	29.2
河源市	7784670	19.3	5545333	16.4	2239337	27.4
梅州市	8067673	24	5887264	23.2	2180409	26.4
惠州市	22348768	9.6	13506819	4.5	8841949	18.3
汕尾市	6693270	17	5829113	13.1	864157	52.6
东莞市	17128291	10	10106747	10.5	7021544	9.2
中山市	12484816	8.7	6245068	3.2	6239748	14.8
江门市	17748348	16.9	13242785	13.8	4505563	27.4
阳江市	5402115	7.2	3953479	−1.8	1448636	42.9
湛江市	16415341	7.2	13238456	1.2	3176885	42.3
茂名市	14157288	12.1	12475138	8.2	1682150	53.1
肇庆市	14975547	9	12895154	5	2080393	43.3
清远市	6663109	7.3	3899868	−0.9	2763241	21.5
潮州市	5010460	10.2	4342386	10.5	668074	8.2
揭阳市	16673072	12.2	15580162	8.8	1092910	104.3
云浮市	6285010	6.3	5428678	4.3	856332	20.3

（续表）

地区	固定资产投资		项目投资		房地产开发	
	实绩	比上年增长（%）	实绩	比上年增长（%）	实绩	比上年增长（%）
按地区分						
珠江三角洲	254635371	13.7	156357618	13.3	98277753	14.3
粤东西北	120144232	13.3	97665050	9.7	22479182	31.7
东翼	48440833	18.4	42205970	16.8	6234863	30.4
西翼	35974744	9.1	29667073	3.6	6307671	45.2
山区	35728655	11.1	25792007	6.4	9936648	25.2

（陈映芝）

2017年广东省固定资产投资资金来源情况

单位：亿元

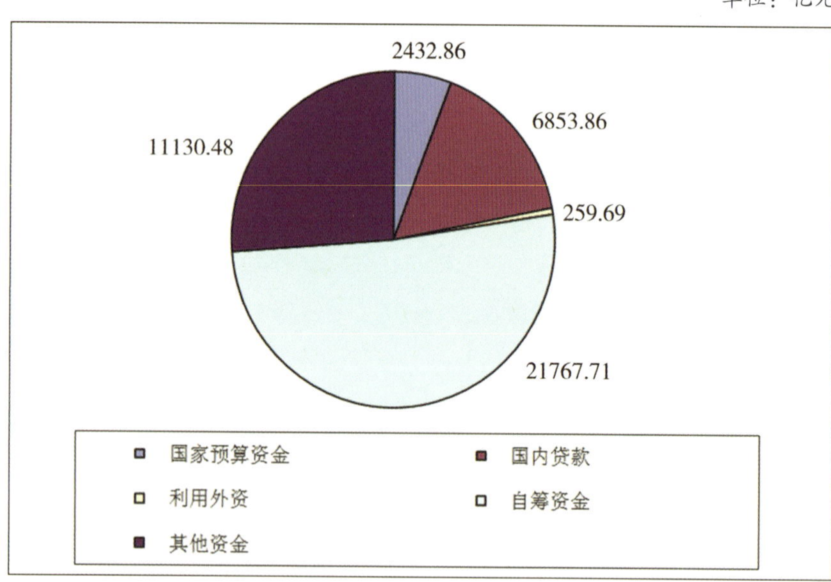

（广东省统计局）

2005—2017年广东省固定资产投资情况

单位：亿元

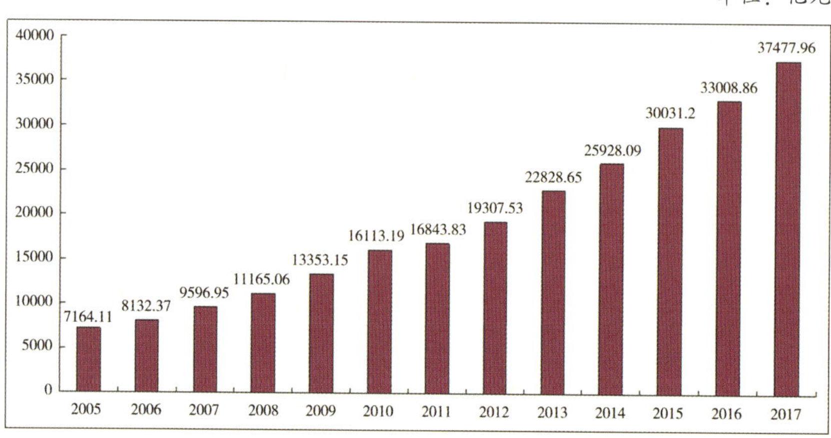

（广东省统计局）

规划空间管理信息平台。2017年，广东省被住房和城乡建设部确定为省级规划信息平台试点省及首批部省互联互通试点省。基于数据坐标、报备、入库三统一，制订《广东省城市总体规划编制成果报审规范》《广东省城市近期建设规划编制成果报备规范》《广东省城市控制性详细规划报备办法》《广东省城市总体规划成果数据标准》《广东省城市近期建设规划成果数据标准》《广东省城市控制性详细规划成果数据标准》《广东省城乡规划要素分类代码与符号样式标准》。推进规划管理现代化和信息化，推进保障规划改革。（苏西超）

【城市市政公用设施建设大力推进】 2017年，广东省推动城市基础设施建设改革发展，引领城市基础设施重点领域取得新突破。一是落实中央环保督察整改要求，系统推进水污染防治，促进水生态保护和水资源利用。研究制订《广东省城镇生活污水垃圾处理设施建设及城市建成区黑臭水体整治"三年攻坚"行动方案（2018—2020年）》，细化"十三五"建设目标；编制印发《广东省城市黑臭水体整治技术指引》，指导全省各地系统、科学、高效地开展黑臭水体整治；印发《广东省海绵城市建设管理与评价细则》《广东省海绵城市建设实施指引（2016—2020年）》，组织召开全省城市生活污水处理和黑臭水体

2017年广东省固定资产投资情况

（按构成分）

单位：亿元

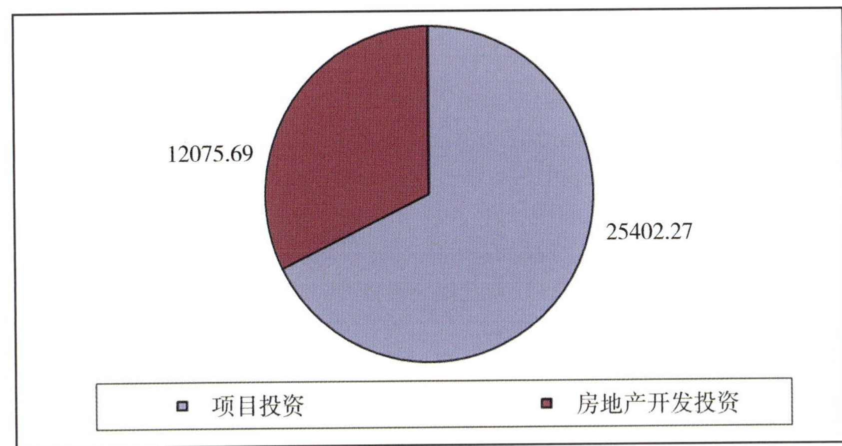

（广东省统计局）

2017年广东省固定资产投资情况

（按产业分）

单位：亿元

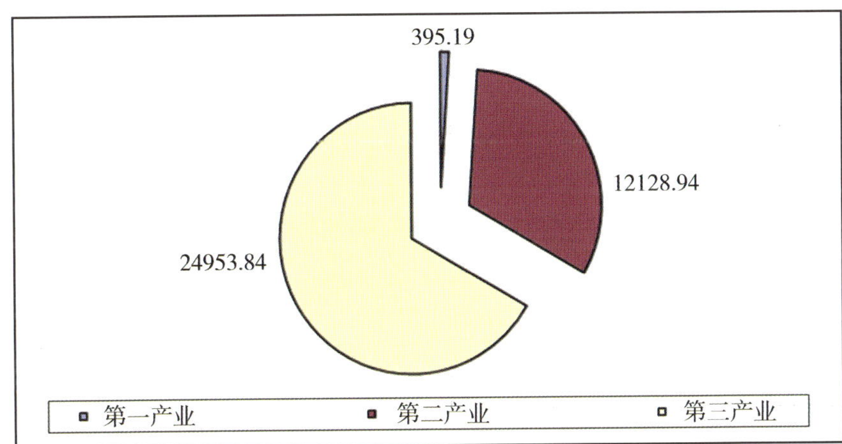

（广东省统计局）

2017年广东省固定资产投资情况

（按注册类型分）

单位：亿元

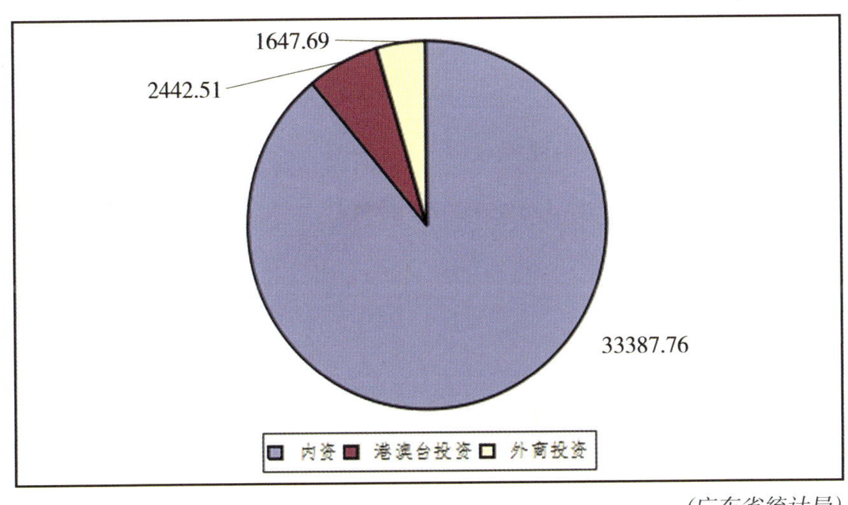

（广东省统计局）

整治工作现场会、全省城市黑臭水体治理现场推进会、全省海绵城市规划建设现场会；组织专家团队以《水污染防治行动计划》考核要求为依据，对全省各地污水、黑臭水体治理进行全覆盖检查指导；组织学习湖南常德、四川成都、浙江杭州，香港海绵城市建设经验，提升全省海绵城市建设水平；指导深圳、珠海开展海绵城市试点建设；采取交叉检查方式，组织开展全省城镇供水规范化管理考核，对各市、县考核情况进行通报。二是践行绿色发展理念，完善生活垃圾分类收运处理体系建设。印发《生活垃圾处理项目“邻避”问题防范与化解工作实施方案》，推进生活垃圾处理项目落地的可借鉴和可推广经验，指导全省各地开展预防与化解“邻避”问题；安排省级治污保洁资金8000万元，重点补助70个欠发达县（市、区）“一县一场”生活垃圾处理设施建设运营管理；在广州、深圳和其他珠江三角洲城市，韶关、梅州等国家生态文明先行示范区城市，以及在党政机关等公共机构率先实施生活垃圾分类；编制印发《广东省农村生活垃圾分类处理指引》，提高农村生活垃圾处理和资源化利用水平，降低垃圾处理压力和运营费用。三是加快推进生态园林建设，打造宜居美好城市环境。推进园林城市创建，鼓励与引导县城、城镇创建省级园林城镇，河源、云浮市成功创建“国家园林城市”，东莞茶山镇成功创建“省级园林城镇”；举办风景名胜区业务培训班，提升风景名胜区保护与管理能力和水平；联合省文化厅举办首届“广东省文化和自然遗产日”丹霞山分会场活动，加大对世界自然遗产保护宣传力度；组织开展2017年“广东省宜居环境范例奖”评选，26个项目获2017年“广东省宜居环境范例奖”，择优推荐珠海市香炉湾沙滩修复项目等4个项目成功申报2017年“中国人居环境范例奖”。四是全面提升城市综合承载力，保障城市安全运行。加大对城市地下综合管廊规划建设进展较慢城市的督办力度，指导各市加快建设进度，全省新开工建设地下综合管廊103千米；指导全省城市轨道交通建设。截至年底，广州、深圳、珠海、汕头、佛山、东莞、中山7市城市轨道交通线网规划通过当地人民政府批复；全省建成运营城市轨道交通线路28条，总里程719.1千米。印发《广东省住房城乡建设系统安全生产大检查工作实施方案》《广东省市政公用行业安全生产大检查工作方案》，部署城镇燃气、环卫设施、城镇园林、地下综合管廊、城市桥梁等行业安全生产大检查，对全省城市桥梁进行专项安全检查。举办全省城镇燃气安全管理现场会和全省城市桥梁管理培训班，交流各地燃气和桥梁管理经验，提升城镇燃气行业智能化和桥梁安全管理水平。应对极端恶劣天气灾害，联合省发展和改革委员会落实粤港应对气候变化联络协调机制，邀请香港渠务署前往广州、深圳交流排水防涝治理经验。强台风“天鸽”期间，协助灾区开展供水恢复、淤泥垃圾清理和倒伏路树清障，协调广州、深圳、佛山、惠州、东莞、清远等供水、排水、环卫、园林绿化部门派出专业救援队伍970人和200辆车辆参与救灾。 *(梁季红)*

2017年广东省固定资产投资情况

（内资按注册类型分）

单位：亿元

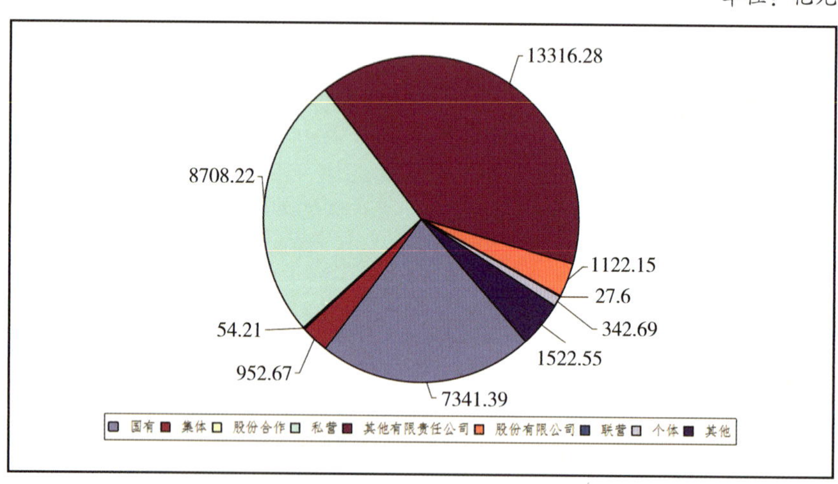

(广东省统计局)

2010—2017年广东省固定资产投资情况

（按区域分）

单位：亿元

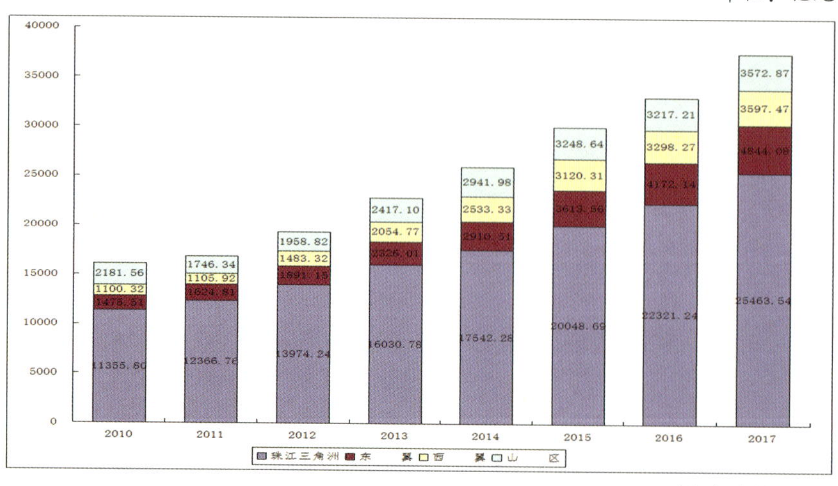

(广东省统计局)

【农村人居环境日趋改善】 2017年，广东省住房和城乡建设厅贯彻落实中央和广东省改善农村人居环境工作会议、农村工作会议精神，以农村人居环境整治、建设生态宜居美丽乡村和实施精准扶贫为主线，以乡村规划为引导，全力推进农村危房改造、农村生活垃圾和污水治理等省民生实事，以及乡村历史文化保护和传承、特色小城镇规划建设等，持续改善农村人居环境。年内，印发《2277个省定贫困村创建社会主义新农村示范村整改创建规划工作方案》《广东省2277个省定贫困村创建社会主义新农村示范村规划编制指引》《广东省2017年农村危房改造实施方案》，编制《广东省农村生活垃圾收运处理工作指引》《广东省村镇生活污水处理设施建设评估验收办法》《广东省村庄规划编制指引》《广东省村容村貌整治提升工作指引》《广东省农房建筑设计图集》，提出农村危房改造、村庄规划、农村生活垃圾和污水治理等目标和保障措施。截至年底，全省行政村村庄规划覆盖率61.39%；全省12个县（市、区）编制完成县域乡村建设规划，36个启动编制；省定贫困村（覆盖20户以上的自然村）全部完成整治创建规划编制；开展农村生活垃圾治理省级验收，广州等9市通过验收，汕头等11市有条件通过验收；粤东西北地区和惠州、江门、肇庆等53个县（市、区）整县推进村镇污水处理设施建设项目中，19个动工建设、1个完成项目采购、21个进行项目采购、12个处于项目前期准备阶段，其中纳入2017年全省十件民生实事任务的20个县（市、

2005—2017年广东省基础设施投资情况

单位：亿元

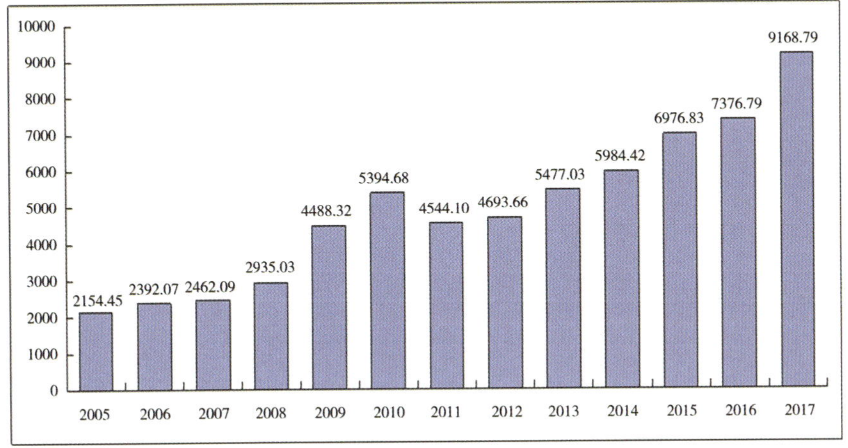

（广东省统计局）

2005—2017年广东省基础产业投资情况

单位：亿元

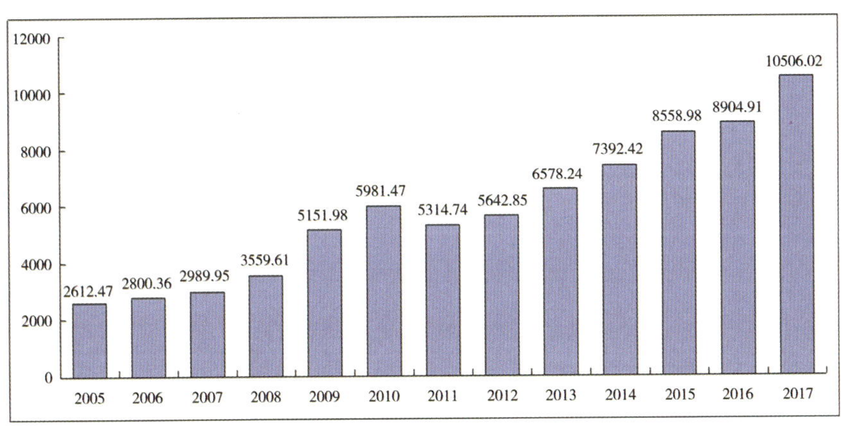

（广东省统计局）

2005—2017年广东省固定资产投资主要效益指标

百分比：%

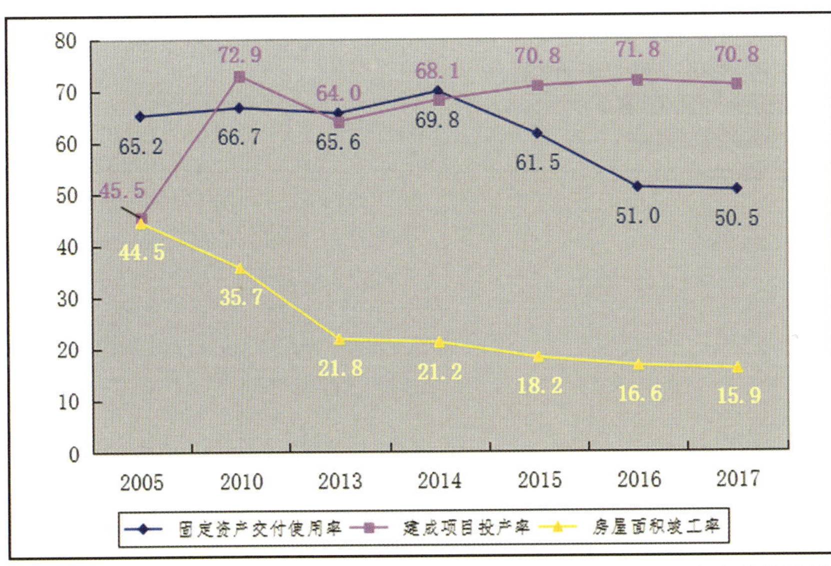

（广东省统计局）

区）均进入政府采购阶段；全省农村危房改造开工建设79607户，开工率100%，竣工71284户，竣工率89.54%；创建“全国特色小镇”14个、“全国环境整治示范村”5个、“全国美丽乡村示范村”6个。

（王飞）

【建筑业改革不断深化】 2017年，广东省建筑业改革不断深化。5月，全省取消工程勘察设计企业省内跨地区经营备案；6月，省管大型工程建设项目施工许可证核发事权下放至广州、深圳实施；8月，全省放开施工图审图市场准入限制，对施工图审查机构不作总量控制，推动跨区域审图。

2017年，《广东省建筑产业“十三五”发展规划纲要》出台，理清未来5年全省建筑业的发展思路，指导全省建筑产业加快转型升级。年内，省住房和城乡建设厅印发全过程工程咨询试点实施方案，公布全省第一批全过程工程咨询试点单位和第一批试点项目；制订房屋建筑和市政基础设施工程总承包实施试行办法，召开促进建筑工程设计事务所发展座谈会，探讨广东省扶持建筑工程设计事务所发展配套措施。推动传统文化传承，走访9位传统建筑名匠和40位传统建筑工匠；开展广东省第一届勘察设计大师认定。产业园区施工许可审批时限在法定15日基础上压缩至7日，施工图审图时限压缩四分之一。全省39个建筑业新技术应用示范工程验收，公布“临时预应力钢管支撑加固建筑结构施工工法”等531项工法为2017年度省级工法。

（陈思明）

【房地产市场平稳发展】 2017年，广东省贯彻落实国家房地产市场调控政策，坚持分类调控和因城因地施策，加快培育和发展住房租赁市场，开展房地产市场专项整治，规范房地产市场秩序，全省房地产市场总体运行平稳，房地产开发投资、房地产业相关税收均保持较大幅度的增长。全省商品房销售面积、销售均价略有下降。商品房库存消化周期整体处于合理的区间。是年，全省房地产开发投资12075.69亿元，比上年增长17.2%；新建商品房销售面积13879.84万平方米，比上年下降8.1%；其中新建商品住房销售面积11310.65万平方米，比上年下降13.6%，开发投资和销售面积均位居全国首位。全省累计出台70多项有关调控政策措施，促进房地产市场平稳健康发展。全省商品房销售均价10363元/平方米，比上年下降1.4%，其中商品住房9563元/平方米，比上年下降5.2%，总体上呈现平稳发展态势。

（柯云燕）

【保障性安居工程任务提前完成】 2017年，广东省住房和城乡建设厅贯彻落实国家和省政府有关决策部署，采取创新机制，落实目标责任主体。通过落实各项支持政策，加强督查督办，全省各地稳步推进住房保障各项任务，新开工棚户区改造安置住房、新增发放租赁补贴和基本建成保障性安居工程住房等任务进展顺利，提前全面完成国家下达给广东省的目标任务。全省新开工棚户区改造住房38367套，基本建成各类保障性安居工程住房75116套。公共租赁住房（含政府投资和企业自建等房源类别）新增分配106188套，连同新增发放租赁补贴6701户。全省保障群体覆盖面扩大到青年教师、青年医生、环卫工人、公交司机等公共服务领域。年内，全省新增解决住房困难家庭12万户，涉及受助困难群众36万人。全省各地获中央及省级各类棚户区改造补助资金12亿元，获国家开发银行广东省分行、中国农业发展银行广东省分行贷款授信额度171.17亿元，实际发放棚户区改造贷款89.4亿元，减轻各地棚户区改造资金压力。

（黄咏怡）

2017年广东省固定资产投资情况

（按构成分）

单位：亿元

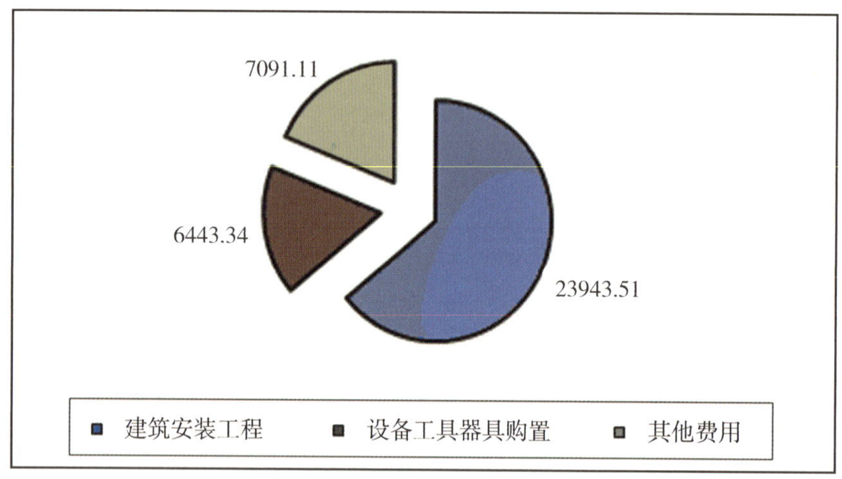

（广东省统计局）

2005—2017年广东省固定资产投资情况

（按构成分）

单位：亿元

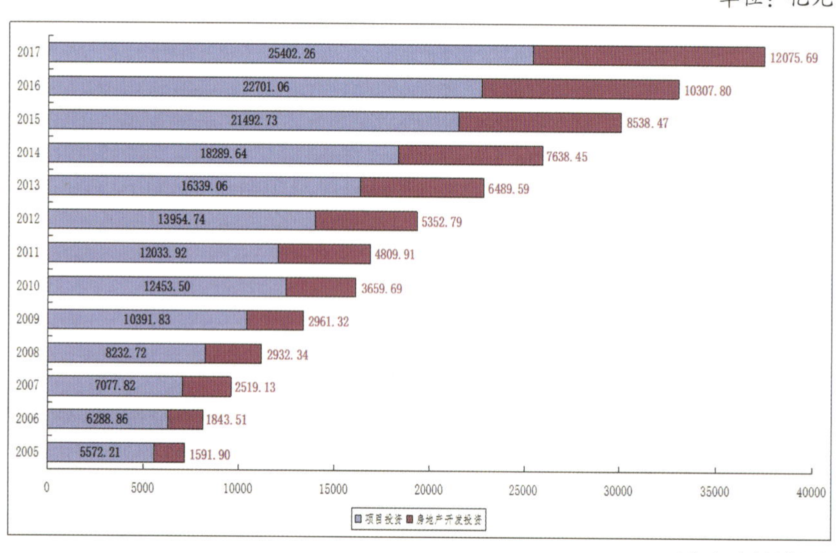

（广东省统计局）

【装配式建筑取得新成效】 2017年，广东省培育深圳市1个国家装配式建筑示范城市和碧桂园控股有限公司等15个国家装配式建筑产业基地，开工建设深圳裕璟幸福家园、华润城三期和广州恒盛大厦等一批装配率较高、示范效果好的项目。全省新建装配式建筑面积超过937万平方米，占年度新开工建筑面积的5.2%，建筑面积位居全国前列。全省形成一定规模的装配式建筑产业链，各类构件厂超过30家，生产线超过111条，生产能力超过572万平方米，构件产品涵盖预制外墙、楼梯、阳台、叠合板、内墙条板、飘窗、空调板、叠合梁、预制墙板等类型。

（江泽涛）

【建筑节能与绿色建筑取得新发展】 2017年，广东省完善建筑节能与绿色建筑政策措施和技术标准，发展建筑节能与绿色建筑。年内，省住房和城乡建设厅印发实施《广东省“十三五”建筑节能与绿色建筑发展规划》，发布广东省标准《广东省绿色建筑评价标准（修订）》《公共建筑能耗标准》，联合广东银监局组织开展公共建筑能效提升工作，联合省政府机关事务管理局、发展和改革委员会、经济和信息化委、财政厅印发实施《广东省人民政府机关事务管理局等五部门关于公共机构合同能源管理的暂行办法》。是年，全省城镇新增节能建筑面积1.78亿平方米，可形成约160万吨标准煤的节能能力；新增绿色建筑评价标识项目面积5907万平方米，其中绿色建筑运行标识面积160万平方米；完成既有建筑节能改造422万平方米，其中既有居住建筑节能改造57万平方米，既有公共建筑节能改造365万平方米；新增太阳能光热应用面积（集热面积）65万平方米，新增太阳能光电建筑应用装机容量172兆瓦，新增浅层地能应用面积0.9万平方米。

（周政）

2017年广东省固定资产投资情况

（按隶属关系分）

单位：亿元

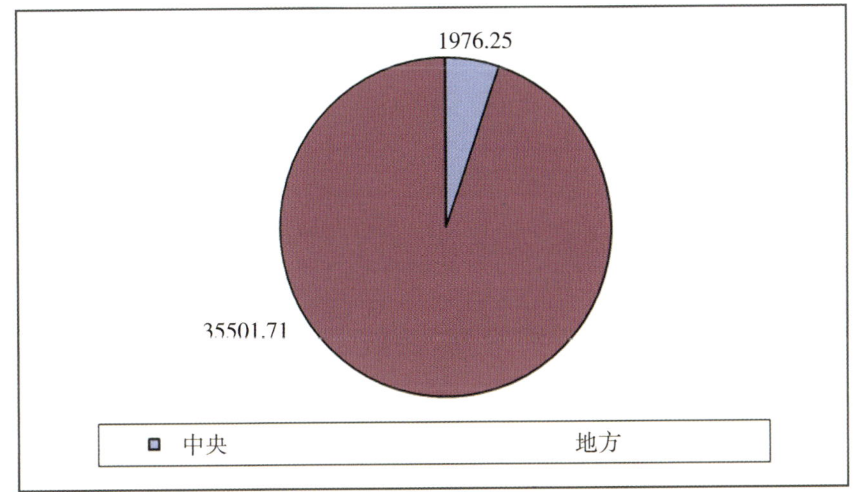

（广东省统计局）

2017年广东省基础设施投资情况

（按行业类型分）

单位：亿元

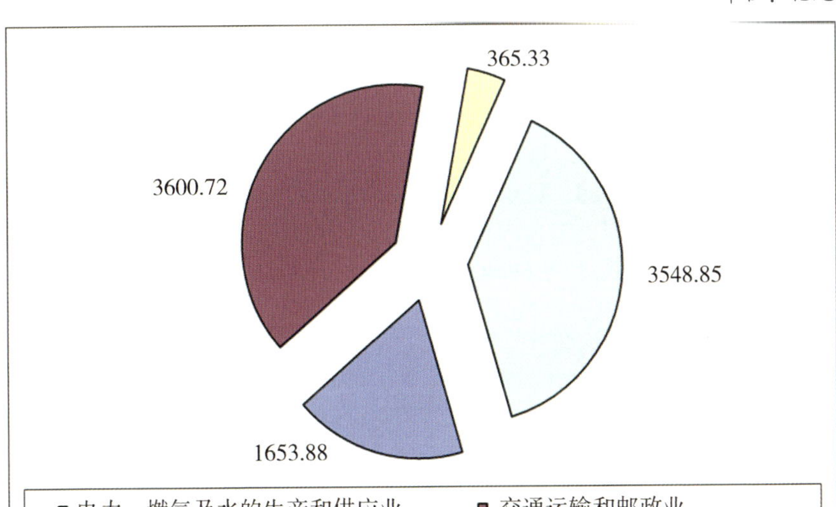

（广东省统计局）

城乡建设资金

【概况】 2017年，广东省住房和城乡建设厅以提高机关财务保障为目标，抓好预算编制执行，全面加强内部控制，规范高效办理资金审核拨付，探索投资融资模式，为落实住房城乡建设各项任务提供资金保障。年内，广东省级财政安排广东省住房和城乡建设厅专项资金20.57亿元，其中省住房和城乡建设厅“新型城乡规划建设专项资金13.2亿元；省环境保护厅环境整治专项资金中省住房和城乡建设厅主管练江流域水环境综合整治资金1.75亿元；省环境保护厅、经济和信息化委员会、住房和城乡建设厅共同使用的治污保洁和节能减排专项资金中省住房和城乡建设厅主管的农村生活垃圾处理资金4.82亿元，治污保洁和城市基础设施资金8000万元。

【政策性银行金融支持】 2017年，广东省住房和城乡建设厅加强与政策性银行合作，利用国家政策性金融资金及示范效应，分别与国家开发银行广东省分行、中国农业发展银行广东省分行签署《全面深化“十三五”开发性金融合作备忘录》《“十三五”政策性金融支持住房城乡建设战略合作协议》。“十三五”期间，国家开发银行广东省分行、中国农业发展银行广东省分行将向广东省住房和城乡建设领域提供6500亿元的金融支持意向，比“十二五”期间增加277.40%。

2005—2017年广东省固定资产投资情况

（按构成分）

百分比：%

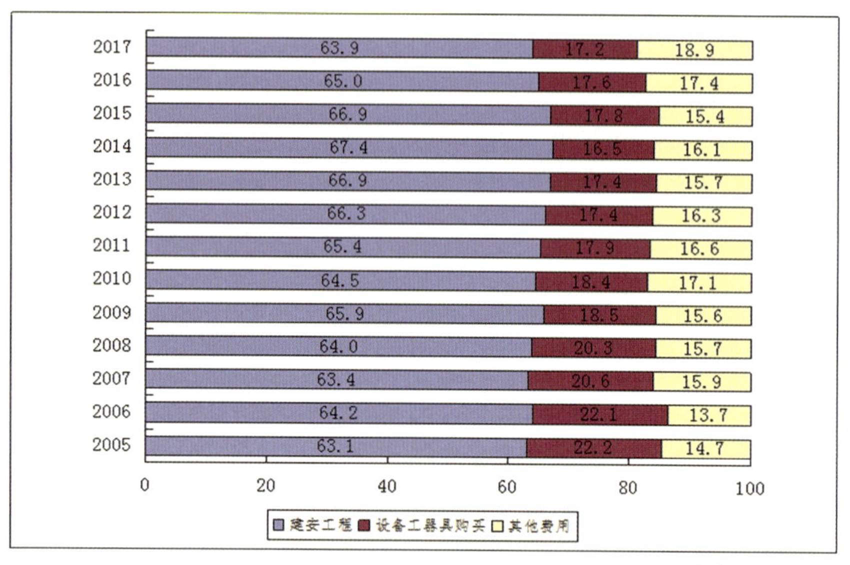

（广东省统计局）

2017年广东省固定资产投资情况

（按地市分）

单位：亿元

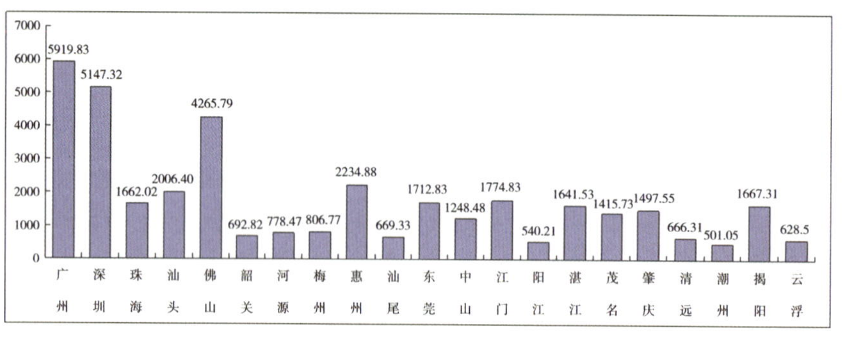

（广东省统计局）

【社会资本投资】 2017年，广东省住房和城乡建设厅指导各地市灵活运用多样化的投融资模式和金融工具开展城乡基础设施建设，拓宽投融资渠道。贯彻落实《关于政府参与的污水垃圾处理项目全面实施PPP模式的通知》，启动35个县（市、区）的PPP模式整县推进村镇污水处理设施建设，鼓励社会资本参与城乡基础设施投资、建设和运营。全省住房和城乡建设领域73个项目纳入全省PPP项目库，总投资额619.23亿元，其中6个项目纳入国家第四批示范项目，涉及市政道路、轨道交通、管网、供水、排水、垃圾和污水处理、综合治理等市政和生态建设领域。 *（刘永杰）*

【投融资模式探索与创新】 2017年，广东省住房和城乡建设厅加大投融资模式探索创新，推动政策性银行参与广东省住房城乡建设领域的投融资合作。年内，与政策性银行对接好项目，联合国家开发银行广东省分行、中国农业发展银行广东省分行签署开发性金融合作备忘录和政策性金融支持住房城乡建设战略合作协议，委托广东省城乡规划设计研究院编制《适用于国家政策性银行金融支持需要的规划编制指引》。

【专项资金管理】 2017年，广东省住房和城乡建设厅专项资金实行"一个部门、一个专项"，将专项资金具体目录清单提交省政府常务会议审议确定后纳入预算草案，经省人大审议通过后执行。按"谁使用、谁负责"的原则，负责专项资金使用安全、专项资金监督检查、专项资金相关绩效评价、专项资金信息公开等，做到专款专用。

2017年，广东省级财政安排省住房和城乡建设厅专项资金20.57亿元。其中省住房和城乡建设厅"新型城乡规划建设专项资金"13.2亿元；省环境保护厅环境整治专项资金中省住房和城乡建设厅主管练江流域水环境综合整治资金1.75亿元；省环境保护厅、经济和信息化委员会、住房和城乡建设厅共同使用的治污保洁和节能减排专项资金中广东省住房和城乡建设厅主管的农村生活垃圾处理资金48173万元，治污保洁和城市基础设施资金8000万元。年内，省住房和城乡建设厅严格按照《广东省省级财政专项资金管理试行办法》规定，联合省财政厅，将专项资金使用总体计划报分管省领导审核。省住房和城乡建设厅根据批复的专项资金预算，运用公式法、因素法等科学分配方法，制定专项资金使用明细计划，报省财政厅审核并按规定办理公示、备案等。按照《中华人民共和国预算法》规定，在省人大批准预算通过后60天内完成专项资金转移支付。 *（刘仕琴）*

·编辑　李勇·

城乡规划

- 『世界城市日』全球主场活动在广州举行
- 城市总体规划编制审批改革
- 珠江三角洲世界级城市群雏形构建
- 历史文化街区划定及历史建筑确定
- 『以道带村』助推精准扶贫

综　述

【概况】　2017年，广东省全方位推进城乡规划各项工作，城乡规划管理体制改革、实施创新发展战略、南粤古驿道保护利用、历史文化遗产保护、保障民生规划编制等取得显著成效。城乡规划管理体制改革成效明显。3月，广东省被确定为全国第一个城乡规划管理体制改革试点省。省住房和城乡建设厅会同科技厅组织编制并提请省委、省政府印发实施《广深科技创新走廊规划》，为将广深科技创新走廊打造成"中国硅谷"，成为全国创新发展重要一极和国际一流的科技产业创新中心提供支撑。广东特色新型城镇化深入推进。常住人口城镇化率69.85%，以城市群为主体的城镇化形态不断完善。《广东省新型城镇化规划（2016—2020年）》印发实施，《珠江三角洲全域空间规划》组织编制。新型城镇化"2511"试点建设取得阶段性成效，示范效应逐步呈现。粤东西北地区地级市中心城区扩容提质稳步推进，中心城区常住人口稳步增长，人口承载力明显增强。在促进粤东西北地区振兴发展2016年度工作评估考核中，省住房和城乡建设厅被省委、省政府评为优秀等次。南粤古驿道成为广东名片。推动南粤古驿道保护和活化利用，使南粤古驿道成为一个广为人知、喜闻乐见、为民享用的新事物，成为广东省展现岭南历史文化和地域风貌的华夏文明传承之路、以及落实国家"一带一路"倡议、建设文化强省、促进县域经济发展的亮点，创新编制专项规划保障重要民生，落实中央和全省城市工作会议各项任务。对全省各地级以上市开展城市规划建设管理重点工作试评估，系统推进城市设计和"城市双修"，超额完成住房城乡建设部确定的历史文化街区划定和历史建筑确定年度任务。但是在城乡规划的"编、审、管、督"等方面仍存在问题与不足。

（苏西超）

【"世界城市日"全球主场活动在广州举行】　2017年10月31日是第四届"世界城市日"。住房和城乡建设部、广东省人民政府与联合国人居署在广州联合举办2017年"世界城市日"全球主场活动。此次"世界城市日"的主题是"城市治理，开放创新"。联合国副秘书长兼人居署执行主任克洛斯、住房和城乡建设部部长王蒙徽、广东省省长马兴瑞出席并致辞，中共广东省委副书记、广州市委书记任学锋出席相关活动。来自中国、英国、德国、加拿大等40多个国家、地区和国际组织的官员、市专家学者380余位嘉宾出席。围绕"城市治理，开放创新"年度主题，会议就解决城市发展问题、加强交流合作、促进城市可持续发展进行研讨。

（杨津）

【粤港澳参与"一带一路"及大湾区规划建设论坛】　2017年9月，广东省城市规划协会与中国城市规划设计研究院、香港规划师学会以及澳门城市规划学会在深圳共同举办第一届大湾区规划论坛。论坛主题为"开放创新，和衷共济"，论坛基于区域发展的现况和国家战略的背景，探讨粤港澳地区如何在"一带一路"倡议下、在全国城镇体系格局中准确定位；编制中的粤港澳大湾区城市群发展规划透露粤港澳大湾区的发展思路；在"大湾区"概念提出后，粤港澳三地如何求同存异，通过创新合作，塑造包容、开放的世界湾区。住房和城乡建设部原总规划师唐凯对整场论坛进行点评，高度认可论坛对大湾区规划发展的重大意义，期望未来能够继续以"大湾区规划论坛"为平台，推动区域深化合作。

（陈潇菡）

城乡规划改革

【概况】　2017年，广东省推进城乡规划管理体制改革。3月，被住房和城乡建设部确定为全国第一个城乡规划管理体制改革试点省，全年按照部批复要求全面推动试点建设。一是城市总体规划编制审批改革成效突显。加快编制审批进度，督促指导广州、深圳2个住房和城乡建设部城市总体规划编制试点和肇庆、清远、潮州、四会4个省级城市总体规划修编审批改革首批试点的总体规划编制，所有试点城市形成新一版城市总体规划成果；全年按照即报即办的原则，汕头、湛江总体规划获国务院批复，韶关、梅州、开平、阳春、廉江总体规划获省政府批复，东莞、中山总体规划完成审核报国务院审批，清远、连州总体规划完成审核报省政府待批。二是"两图合一"工作取得突破。省住房和城乡建设厅、国土资源厅联合印发《关于协调推进城市总体规划（2030年）编制和土地利用总体规划调整完善工作的通知》，协同指导全省各市推进新一版总体规划编制。三是广东省智慧规划信息服务平台建设推进顺利。年内，广东省被住房和城乡建设部确定为省级规划信息平台试点省及首批部省互联互通试点省。《广东省智慧规划信息服务平台——规划空间基础业务功能2017年建设技术方案书》《广东省法定城乡规划成果报审报备技术规范暨数据标准》制订。四是城市设计制度建设和试点工作成效显著。经审核推荐的广州、深圳、珠海被住房和城乡建设部列为城市设计试点城市；以试点城市为先导，编制总体城市设计和重点地区城市设计，探索建立系列符合当地实际的城市设计制度体系。召开广东省城市设计工作座谈会，系统总结试点城市设计经验。但是仍存在上下级政府规划责权不够明晰，从规划到建设链条连接机制不健全，上下级规划层级传导落实不到位的问题。刚性管控和弹性引导需要进一步协调。　（苏西超）

▲2017年，广东省住房和城乡建设厅指导广州、深圳2个住房和城乡建设部试点城市开展总体规划编制。图为广州市花城广场远眺

（广州市国土资源和规划委员会供稿）

【城市总体规划编制审批改革】 2017年，广东省住房和城乡建设厅全力推进城市总体规划编制审批改革，探索建立分级管理、分类管制、层级传导、权责明晰的规划管理机制。一是督促指导广州、深圳2个住房城乡建设部城市总体规划编制试点和肇庆、清远、潮州、四会4个省级城市总体规划修编审批改革首批试点的总体规划编制，探索规划文本及图件的内容和形式，形成城市总体规划成果的新模板。截至年底，试点城市均形成新一版城市总体规划成果。二是印发《关于贯彻落实全省规划局长会议精神的通知》《关于推进试点市城市总体规划（2030年）修编审批改革试点工作的函》《转发〈住房城乡建设部关于城市总体规划编制试点的指导意见〉的通知》《关于做好新一版城市总体规划编制工作的通知》，明确全省各市城市总体规划编制上报要求，强调法定城市总体规划过期的地市加快规划修编和报批进度，明确报批时间节点。三是加大督办指导力度，提高工作效率，截至年底，汕头、湛江2个地级市的城市总体规划获国务院批复，梅州、韶关2个地级市及廉江、开平、阳春3个县级市的城市总体规划获省政府批复，清远1个地级市、连州1个县级市完成全部审核程序报省政府审批。四是要求全省各市按照住房和城乡建设部关于城市总体规划编制要求，将规划期限统一调整至2035年，划定“三区三线”（“三区”指城镇空间、生态空间、农业空间，“三线”指城镇、开发边界、永久基本农田、生态保护红线），合理确定城市定位、空间格局、要素配置和保障措施，明确规划改革分级管理、分类管制、层级传导、责权明晰，建立城市发展指标体系。落实以人民为中心的思想和发展理念，省级城乡规划信息平台启动建设。五是与省国土资源厅联合印发《关于协调推进城市总体规划（2030年）编制和土地利用总体规划调整完善工作的通知》，明确城市总体规划和土地利用规划衔接的办法，推进“两图合一”（指城市总体规划图与土地利用规划图合为一体）。　（曾堃）

新型城镇化规划建设

【概况】 2017年，广东省以城市群为主体，推动构建大中小城市和小城镇协调发展的城镇格局。年内，经省政府同意，省住房和城乡建设厅、省发展和改革委员会联合印发《广东省新型城镇化规划（2016—2020年）》，为全省“十三五”期间城镇化发展提供指引。全省城镇常住人口7801.55万人，全年新增190.24万农业转移人口落户城镇；常住人口城镇化率69.85%，比上年增加0.65个百分点。但是全省新型城镇化发展不平衡、不充分等问题依然存在，粤东西北地区生产总值增速连续三年低于珠江三角洲地区，差距有扩大趋势，全省区域协调发展任重道远。

【珠江三角洲世界级城市群雏形构建】 2017年，《珠江三角洲地区改革发展规划纲要》“九年大跨越”完成，珠江三角洲城乡规划一体化规划实施有序推进。珠江三角洲依托广州南沙、深圳前海和珠海横琴三大国家战略平台，参与高层次国际合作与竞争，在经济活力、开放程度、创新能力、吸纳外来人口数量等方面均走在全国前列，空气质量在全国城市群中处于领先。广佛同城化、广清一体化、深汕特别合作区取得显著进展。“广佛肇＋清远、云浮、韶关”“深莞惠＋河源、汕尾”“珠中江＋阳江”三大新型都市区逐步形成，珠江三角洲世界级城市群雏形显现。珠江三角洲地区常住人口城镇化率85.29%，比上年增加0.44个百分点；地区生产总值7.58万亿元，占全省比重为79.7%，占全国比重为9.1%。

2017年，珠江三角洲地区抓住创新发展强大引擎，实施创新驱动发展战略，构建以深圳、广州为龙头，珠江三角洲各市分工互补的“1＋1＋7”创新发展格局。9月，广东省住房和城乡建设厅联合省科

学技术厅编制的《广深科技创新走廊规划》由省委、省政府印发实施，提出围绕广深轴线约180千米长的创新要素集聚区域打造“中国硅谷”，形成全国创新发展重要一极。

2017年，广东省住房和城乡建设厅探索区域空间规划创新实践，深化珠江三角洲全域空间规划编制；3月，住房和城乡建设部复函广东省人民政府，支持广东省开展珠江三角洲全域空间规划试点，落实空间规划改革要求；9月，珠江三角洲改革发展工作现场会提出对珠江三角洲进行科学全域规划，按照走在现代化建设前列要求，把珠江三角洲每一寸土地纳入控制范围，编制“多规合一”（指将国民经济和社会发展规划、城乡规划、土地利用规划、生态环境保护规划等多个规划融合到一个区域上，实现一个市县一本规划、一张蓝图，解决现有各类规划自成体系、内容冲突、缺乏衔接等问题）的空间规划。

【粤东西北地级市中心城区扩容提质】 2017年，广东省住房和城乡建设厅贯彻落实省委、省政府振兴粤东西北发展战略，推进粤东西北地区地级市中心城区扩容提质。对粤东西北地区地级市中心城区基础设施建设和公共服务设施建设情况按月进行督查，以改善城市居住品质为目标，在城市扩容基础上逐步提质，完善基础设施、提高公共服务水平、增强人口承载力。截至年底，粤东西北12市中心城区合计常住人口突破1240万人，韶关市继汕头、湛江、茂名、清远、揭阳之后跻身百万人口城市行列；建成区合计面积突破1150万平方千米。

【新型城镇化“2511”试点示范效应显现】 2017年，广东省加快推进新型城镇化“2511”试点，围绕新型城镇化中的重点和难点问题先行先试，各试点地区城镇化发展优势逐步显现。珠海市、潮州市、广州市番禺区、汕头市濠江区、中山市小榄镇、阳江市阳东区东平镇6个综合试点的户籍人口城镇化率超过50%，各级综合试点平均新增就业人数均高于同级水平，大部分试点地区城市生活污水处理率、城市生活垃圾无害化处理率、建成区绿化覆盖率等指标均高于全省水平。综合试点珠海市香炉湾沙滩修复项目、韶关南雄市梅关古驿道保护与利用项目获2017年“中国人居环境范例奖”，占广东省获奖项目数量的一半。但是全省个别地市试点推进滞后，成效不明显。 *(周丹)*

规划编制与研究

【概况】 2017年，广东省住房和城乡建设厅创新规划理念，改进规划方法，改革完善城市规划管理体制，严格依法执行规划，建立政策体系，树立示范样板。年内，编制实施《广东省新型城镇化规划（2016—2020年）》《珠江三角洲全域空间规划》，以城市群为主体，推动构建大中小城市和小城镇协调发展的城镇格局，逐步形成珠江三角洲世界级城市群、粤东粤西沿海城市带和粤北生态保护区的区域发展格局。指导各地市做好对接“两个一百年”的规划，切实发挥规划的战略引领作用，重点推动广州、深圳两个国家城市规划编制改革试点，指导清远、肇庆、潮州、四会4个省级试点形成符合广东实际的总体规划样板。发挥城乡规划对创新驱动发展战略的支撑作用，提请省委、省政府印发实施《广深科技创新走廊规划》，为将广深科技创新走廊打造成为全国创新发展重要一极和国际一流的科技产业创新中心。推进城市设计和城市更新，创新编制足球场设施、自行车道建设、社区体育公园建设等专项规划，从民生关键小事抓起，提升群众幸福感。在全国率先出台法定城乡规划成果数据标准报备规范，推进广东省级规划管理信息平台建设，形成全省法定规划“一张图”，为建立部、省、市三级平台互联互通提供经验。年内，全省规划建设遥感监督执法系统建成，实现规划遥感监测省域全覆盖，强化违反规划案件查处，为实现“一张蓝图干到底”提供保障。但是全省仍存在部分地区编制的城乡规划成果质量不高，科学性不强，内容和深度未完全达到规定要求，成果表达不够规范，部分地区法定规划编制报批进度缓慢，效率不高的问题。

(陆维达)

【新型城镇化规划】 2017年8月，经广东省人民政府同意，省住房和城乡建设厅、省发展和改革委员会联合印发《广东省新型城镇化规划（2016—2020年）》（简称《规划》），作为“十三五”期间指导全省新型城镇化健康发展的宏观性、战略性、基础性规划。《规划》明确全省新型城镇化的总体目标、重大任务、空间布局、发展形态与发展路径、体制机制改革的主要方向和关键举措。《规划》提出到2020年全省城镇化水平和质量稳步提升，城镇化布局和形态进一步优化，城镇化可持续发展能力显著增强，城镇化体制机制不断完善；全省常住人口城镇化率71.7%左右，户籍人口城镇化率达到50%，力争实现不少于600万本省和700万外省农业转移人口及其他常住人口在城镇落户，户籍人口城镇化率与常住人口城镇化率差距明显缩小。 *(周丹)*

【南粤古驿道线路保护利用总体规划及建设指引】 2017年，广东省住房和城乡建设厅组织编制并印发《广东省南粤古驿道线路保护与利用总体规划》（简称《规划》），对全省古驿道线路的线路布局、重点保护内容、功能利用活化方式、设施配套、交通衔接和实施机制等方面进行规划安排，并落实阶段任务和分线路保护与利用指引。《规划》提出9条南粤古驿道主题文化遗产线路和6条古驿道线路，提出将南粤古驿道建设成为展现岭南历史文化和地域风貌的华夏文明传承之路，推动广东户外体育、乡村旅游的健康之路，促进粤东西北城乡经济互动发展，实现精准扶贫的经济之路。编制《南粤古驿道示范段建设标准研究》《露营地规划建设指引》《南粤古驿道河涌生态修复研究》，为古驿道相关工作提供指导依据。

▲珠海市社区公园儿童游乐设施（2017） （曾文清 摄）

【重要民生保障专项规划编制】

足球场设施规划　2017年，广东省将足球场地设施建设作为改善城市人居环境、提高城市竞争力和满足人民群众体育健身需求的一项战略工程和民生工程来抓。省住房和城乡建设厅按照省足球改革发展联席会议和副省长许瑞生的要求，积极构建布局合理、覆盖面广、类型多样、普惠性强的足球场地设施网络。省住房和城乡建设厅联合省教育厅、国土资源厅和体育局等有关部门，出台《广东省足球场地设施建设空间布局总体方案（2017—2020）》，明确全省及各市建设目标、空间布局、实施计划；编制全国第一个省级足球场地规划标准《广东省足球场地规划标准》，对规划选址和配置标准予以明确；编制《广东省足球场地设施建设指引》，明确建设方式和建设标准；联合省直有关部门，在全国率先出台《关于支持足球场地设施规划建设若干政策意见》，从规划、建设和管理的综合角度，在省级层面以多部门合作的方式探索有效破解建设空间不足、建设资金缺乏以及共享利用困难等普遍性难题。

足球场地设施建设实施方案纳入广东全省各地市在编制近期建设规划及年度实施计划、控制性详细规划中。确保规划引领。通过优先保障新增足球场地设施建设用地指标，鼓励利用非建设用地建设露天足球场地设施，结合“城市双修”，多层次引导合理布局。结合广东省足球设施密度分布，围绕一小时运动时空圈，构建“一区集聚、三片环绕、四心支撑”的省域足球场地结构体系，建立以“足球培训基地＋综合体育场＋大型足球公园＋专业足球场”为核心的省域足球场地设施网络。未来两年，广东省总体新增及更新改造足球场地规划达到5127块，全省各类足球场地数量达到8577块。

自行车道建设　2017年，广东省住房和城乡建设厅联合省经济和信息化委员会、公安厅、交通运输厅、旅游局、体育局等部门出台《关于完善自行车道系统规划建设提升品质生活的指导意见》，确定“一年示范、两年成网、三年完善”的总体目标，用3年左右的时间，使地级以上市中心城区主次干道设置自行车专用道的比例达到60%以上。年内，省住房和城乡建设厅指导督促各地自行车道系统建设和管理，探索建立自行车道建设的多元化投融资机制，总结国内外先进经验，出台自行车道系统规划建设示范案例，鼓励有条件的城市按照国际标准建设自行车友好城市。是年，省城乡规划协会组织举办以“绿色交通·共享出行”为主题的“922绿色出行”活动，推广自行车道系统建设。广州、深圳、珠海、惠州等城市探索开展示范段建设，推进自行车道系统建设，将自行车道打造成绿色环保、体育健身、运动休闲的“健康之路”。

社区体育公园建设　2017年，广东省住房和城乡建设厅通过在城市边角地、插花地、街头绿地及其他未利用的建设用地，以绿化为本、以体育锻炼和休闲健身为主要功能，建设231个兼具社区公园功能、具有环境品质，向居民免费开放的社区体育公园。截至年底，全省有社区体育公园1286个。（李隽）

规划实施与管理

【概况】　2017年，广东省住房和城乡建设厅加强城乡规划编制指导及监督管理。出台《广东省法定城乡规划成果报批（备案）技术规范暨数据标准（试行）》，统一全省城市总体规划、近期建设规划、控制性详细规划成果上报规范、数据入库标准。以“多规合一”为手段，落实生态保护红线、永久基本农

▲2017年，广州市分层次开展城市设计，以"微改造"为突破口提升城市品质。图为经微改造后越秀区仰忠社区一角 （广州市城市更新局供稿）

田、城镇开发边界三条控制线划定，明确生态、农业、城镇三类空间的范围和管制要求，推动建立分级管理、分类管制、层级传导、动态维护、权责明晰的规划管理体制。在广东省智慧城乡空间信息服务平台框架下，整合广东省城乡规划建设遥感监测执法系统资源，对接住房和城乡建设部城乡规划信息化建设的要求，开展省级城乡规划信息平台基础建设（一期）建设。但是部分地区规划管理信息化水平亟待提升；规划衔接不够、执行刚性约束不足，权责一致的规划督察和监管机制尚未健全；规划管理的精细化水平有待提高；规划管理的依法行政意识不强，规划行政管理存在随意性。

【城乡规划审查】 2017年，广东省城市总体规划编制审批进度加快。汕头、湛江2个地级市的城市总体规划获国务院批复，梅州、韶关2个地级市及廉江、开平、阳春3个县级市的城市总体规划获省政府批复，清远1个地级市、连州1个县级市完成全部审核程序报省政府审批。

【重大建设项目规划选址】 2017年，广东省加快推进规划领域"放、管、服"工作，简化选址意见书审批程序，向广州、深圳2个副省级城市下放审批权。全年核发重大建设项目选址意见书63份，支持国家和省重点项目建设。

（陆维达）

城市更新和城市"双修"及城市设计

【概况】 2017年，广东省推进城市更新、"城市双修"及城市设计，以点带面提升城市功能，落实公共配套，促进集约用地，在提高城市综合承载能力方面取得成效。珠江三角洲9市编制完成城市更新专项规划，创新城市更新模式，出台城市更新政策。广州、深圳、珠海被列为全国城市设计试点，惠州被列为"城市双修"试点，探索形成可复制、推广的经验做法。是年，省住房和城乡建设厅出台《广东省实施城市设计管理工作指南》，印发《关于加快推进生态修复城市修补工作的通知》，召开全省"城市双修"工作座谈会和城市设计工作座谈会，部署开展城市设计、城市"双修"工作，明确政策措施，督促各市建立城市设计和"城市双修"长效机制。但是全省城市更新仍存在政策系统性不够、推进难度大、改造动力不足的问题，"城市双修"及城市设计工作仍存在政策保障机制不够健全、实施推广不够广泛、未建立长效工作机制的问题。

【城市设计制度建设及试点】 2017年，广东省落实住房和城乡建设部关于建立城市设计制度的改革要求，将城市设计制度改革作为城乡规划管理体制改革试点省建设的重要内容，在《广东省创建城乡规划管理体制改革试点省工作方案》中提出将城市设计内容要求纳入法定规划管理，探索落实城市设计的手段和方法，出台《广东省实施城市设计管理工作指南》，明确城市设计管理主要内容。是年，广州、深圳、珠海3市被住房和城乡建设部列为城市设计试点城市，以试点城市为先导，编制总体城市设计和重点地区城市设计，探索建立系列符合当地实际的城市设计制度体系，形成可复制、可推广经验，构建从地方法规到政府规章，从管理文件到技术标准的城市设计制度框架。广州市分层次、有重点地开展城市设计，抓好总体城市设计和重点地区城市设计，并以"微改造"为突破口提升城市品质，推行"预建管"、地区规划师等管理制度，探索数字三维管理平台等信息化技术手段，保障城市设计实施；深圳市在全国率先成立城市设计处，构建完整的管理制度和技术体系，坚持以城市设计引领高质量的城市规划建设，引领和服务于产业发展，着力提升创新型城市的环境品质；珠海市结合宜居城市建设提升城市设计水平，创新城市设计标准体系，实现城市风貌特色化管理，以城市设计引领“城市双修”和新区建设等。10月，召开全省城市设计工作座谈会，总结试点城市经验，推进全省城市设计试点建设。

【城市更新和生态修复城市修补】 2017年，广东省住房和城乡建设厅加快推进城市更新、生态修复及城市修补成效显著。

城市更新　2017年，广东省继续以“三旧”改造为抓手推动城市更新，带动珠江三角洲地区产业转型升级。按照《广东省人民政府关于提升“三旧”改造水平促进节约集约用地的通知》《珠江三角洲全域空间规划》要求，把城市更新作为城市建设发展的重要抓手，推进城市更新从拆除重建向综合运用多种改造方式转变，注重保障公共利益，实现多方共赢，注重完善城市功能，提升城市发展质量。是年，珠江三角洲9市均编制完成城市更新专项规划，部分城市根据自身特点和实际需要，在专项规划基础上创新性编制其他类型的城市更新规划，采用全面改造（拆除重建）、综合整治、微改造等多种方式分类推进城市更新，以城市修补、改善人居环境为主要出发点的综合整治或微改造逐渐成为全省各市政府关注的重点。广州市提出更新片区策划方案+更新项目实施方案的编制体系，用于解决成片、连片更新改造和单个项目更新改造的具体问题；深圳市探索实施城市更新单元规划，经过相关程序审批后可直接替代控制性详细规划。各市相继出台符合当地实际的城市更新政策，设立专门的城市更新行政主管部门，理顺城市更新与国土、规划等部门的关系。年内，广州市在市城市规划委员会下设立城市更新委员会，专门负责审议城市更新片区（项目）的控制性详细规划调整方案。

城市“双修”　2017年，按照住房和城乡建设部《关于加强生态修复城市修补工作的指导意见》及有关部署，为开展城市更新、生态修复及城市修补（简称“城市双修”）。广东省住房和建设厅印发《关于加快推进生态修复城市修补工作的通知》，全省梳理已开展和计划开展的“城市双修”工作，将工作任务细分为具体的工程项目。是年，广东省“城市双修”工作座谈会召开，明确“城市双修”目标和工作任务。截至年底，全省各市建立“城市双修”项目库，报送项目“一表一图”，按计划推进项目建设。惠州市被住房和城乡建设部列为“城市双修”试点城市，按照住房和城乡建设部《关于将保定等38个城市列为第三批生态修复城市修补试点城市的通知》要求，惠州市将“城市双修”作为当前城市建设的重要方向和提升城市宜居环境、提高城市发展质量的重要举措，成立以市长为组长的工作领导小组，通过科学规划提升城市建设品质，通过绿色发展营造城市宜居环境，通过保护名城传承城市历史记忆，试点成效明显。全省其他城市相继开展系列“城市双修”示范项目建设，为全面开展“城市双修”、启动一批项目建设提供示范。

（胡秀媚）

▲国家历史文化名城——惠州。图为西湖夜景（2017）　（利路发　摄）

历史文化名城保护

【概况】　2017年，广东省住房城乡建设厅加强历史文化遗产保护和利用。一是完成广东省历史文化街区划定和历史建筑确定，截至年底，全省划定93个历史文化街区，公布确定2598处历史建筑，保护名录数量位居全国前列。二是接受住房城乡建设部和国家文物局组织的历史文化名城名镇名村评估检查，广东省历史文化遗产保护利用全面性、投入力度和成效获得上级部门肯定。三是指导督促梅州、肇庆、潮州、惠州、雷州5个国家历史文化名城完成历史文化保护规划编制，提请住房城乡建设部审查。四是指导潮州、佛山等市出台《潮州市历史文化名城保护条例》等地方性法规，完善历史文化遗产保护法规体系。五是指导全省各地探索历史文化名城名镇名村、街区、历史建筑、传统古村落等文化遗产的活化利用，取得多种活化利用经验。但是全省历史文化遗产保护工作仍面临资金投入不足，保护修缮人才紧缺，民间力量参与积极性不高等困难和问题。

▲2017年5月24日，江门市台山海口埠银信纪念广场和银信博物馆落成启用

（广东省住房和城乡建设厅城乡规划处供稿）

【历史文化街区划定及历史建筑确定】 2017年，广东省住房和城乡建设厅开展历史文化街区划定和历史建筑确定，全省划定93片历史文化街区，确定2598处历史建筑，保护名录数量位居全国前列。年内，开展历史文化街区和历史建筑信息平台填报，推进信息化管理。

【历史文化名城评估检查】 2017年10月，住房和城乡建设部会同国家文物局开始对全国所有名城名镇名村保护工作进行评估检查。广东省住房和城乡建设厅与全省各地市按要求完成并上报评估自查报告和基础数据统计表。广州、佛山、中山、珠海分别接受国家检查组的现场抽查和陕西省的交叉检查。检查组对广东省历史文化名城名镇名村保护工作总体上给予高度肯定。

（田宗星）

南粤古驿道修复活化利用

【概况】 南粤古驿道是指1913年以前广东境内用于传递文书、运输物资、人员往来的通路，包括水路和陆路，官道和民间古道，是经济交流和文化传播的重要通道。

为贯彻落实广东省创建“文化强省”战略，广东率先在全国开展南粤古驿道保护利用，选取江门台山海口埠古驿道、韶关乳源西京古驿道、汕头樟林古港驿道、云浮郁南南江古水道8处古驿道示范段进行保护修复和活化利用，通过挖掘修复古驿道，串联沿线的历史遗存、历史文化城镇村和自然景观资源等，为公众创造满足现代生活需求的线性文化空间和优质的公共生态产品。

南粤古驿道保护利用以“两年试点、五年成形、十年成网”为目标，采用“古驿道＋文化”“古驿道＋体育”“古驿道＋旅游”“古驿道＋产业”等创新模式，力求将南粤古驿道打造成为展现岭南历史文化和地域风貌的华夏文明传承之路，推动广东户外体育、乡村旅游的健康之路，促进粤东西北城乡经济互动发展、实现精准扶贫的经济之路。

2017年，南粤古驿道保护利用工作完成“两年试点”的阶段性目标，“住建搭台、体育开路、文旅唱戏、群众受益”，撬动社会资本近亿元投入，使南粤古驿道成为一个实实在在、喜闻乐见、为民享用的新事物，得到社会各界的广泛认可。但是社会大众对古驿道的了解和认知度较低，公众参与程度不足；相关县（市、区）没有成立专门统筹机构，基层各部门协调不够顺畅；随着古驿道保护利用工作的开展，越来越多的古道、沿线历史遗存被挖掘，需相关专业人才挖掘历史文化内涵。

（李晓婷）

【古驿道遗存发现】 截至2017年底，广东省发现古驿道遗存464处，其中陆路古驿道相关遗存392处、水路古驿道相关遗存72处。发现陆路古驿道本体201段、527.05千米。

（张子健）

【“以道带村”助推精准扶贫】 2017年，中共广东省委、省政府将南粤古驿道保护利用与扶贫脱贫奔小康紧密结合。据统计，全省古驿道两侧各5千米范围内覆盖贫困村1310个，占全省2277个贫困村的60%，借助南粤古驿道保护利用带动沿线贫困村发展是古驿道产业发展的重要职能。年内，南粤古驿道成为广东乡村发展的动力，集聚体育、农业、文化、旅游、生态等不同产业发展的资源要素，产生促进乡村经济发展的效应。

古驿道本体保护修复改善村庄环境。2017年，广东省住房和城乡建设厅以8处古驿道示范段为重点，推进300多千米的古驿道保护修复及利用，完善古驿道周边基础设施建设，将古驿道保护利用与精准扶贫、农村人居环境改善、农村危房改造、农村垃圾污水治理、畜禽污染、乱搭乱建拆除等工作结合起来，加快广东农村人居环境综合整治进程。汕头市澄海区完成樟林古港的清淤整治和垃圾清运，启动古港河两侧截污管网工程，持续推进古港周边环境美化，一改往日河道两边垃圾成堆、杂草丛生的景象。汕头西堤公园作为南粤古驿道四个出海口纪念地之一，通过环境综合整治，变身成为汕头独具特色的休闲公园，接待海内外游客近100万人次。

古驿道活动赛事提高村庄知名度。2017年，广东省住房和城乡建设厅联合省体育局举办10场南粤古驿道定向大赛，参与人数30万人，形成知名体育赛事品牌，有效帮助乡村建立发展的内生动力和“造血机能”。“五一”期间，南粤古驿道8个示范段的游客总人次同比增长60%。汕头樟林古港游客量同比增长120%，广州从化钱岗古驿道，“五一”期间接待游客约3300人次。

古驿道活化利用使村民日子充裕。广东省住房和城乡建设厅联合相关部门推动南粤古驿道沿线农产品进行国家地理标志商标注册，台山大米获得地理标志商标，青蟹、堆花米酒在申报中，提高农产品的附加值。推动地方政府改造民宿，开办乡村特色农家乐，鼓励生产特色手信，拓宽渠道让村民富起来。

古驿道活化利用让村子变得灵气。广东省住房和城乡建设厅通过修复古驿道、古祠堂、古建筑来重现乡村魅力，建设美丽乡村。古驿道保护利用注重挖掘当地传统文化内涵，挖掘历史遗迹和人文故事，并在传统节庆、圩日举办非遗文化展、摄影展等。发展体育、文化、旅游、生态农业等产业，采用多种形式让古老村庄焕发生命力和灵气。

▲*2017年9月6日，广东省“三师”志愿者下乡服务三周年纪念活动在清远英德市举行。省住房和城乡建设厅副厅长郭壮狮（左二）向志愿者颁发证书*

（广东省住房和城乡建设厅城乡规划处供稿）

【“三师”志愿者助力乡村振兴】 2017年，广东省住房和城乡建设厅组织省“规划师、建筑师、工程师”（简称“三师”）专业志愿者与古驿道周边省定扶贫村进行结对帮扶，指导当地的村庄建设规划，为当地农产品、旅游商品、景观小品进行包装设计，助力其建设成为“有历史记忆、地域特色、民族特色的美丽乡村”。9月6日，“三师”志愿者服务三周年纪念活动以“驿道扶贫志愿”为主题，在清远英德市黎溪镇恒昌村吴光亮大屋举行，省政府以及省住房和城乡建设厅、省委农村工作办公室、省旅游局、团省委等省直部门代表、清远市人民政府代表、“三师”志愿者代表等出席活动。“三师”专业志愿者队伍逐步壮大，第一批34名。截至年底，全省有334名志愿者登记在册，年轻设计师包括港澳的青年学生踊跃加入“三师”队伍。年内，为响应省政府“精准扶贫”政策，“三师”专业志愿者委员会组织所有志愿者对接全省247个省直贫困村，开展专业技术下乡帮扶活动。

【“南粤古驿道文化之旅”品牌塑造】 2017年，广东省通过举办系列活动，塑造“南粤古驿道文化之旅”品牌。

“中国南粤古驿道文化之旅”系列活动 2017年，广东省住房和城乡建设厅结合南粤古驿道定向大赛举办5场南粤古驿道文化之旅系列活动。5月24日，联合省体育局在台山海口埠举办“中国南粤古驿道文化之旅”活动，设置古驿道文化创意大赛作品展、古驿道摄影大赛作品展等活动，扩大“南粤古驿道文化之旅”——《世界记忆》侨批和银信文化遗产线路的知名度。在6月11日的南粤古驿道定向大赛惠州罗浮山站和6月25日的南粤古驿道定向大赛云浮郁南站上，省住房和城乡建设厅结合两站当地文化特色，挖掘“葛洪罗浮山中医药文化”和“东江纵队大营救红色文化”等。

古驿道摄影大赛、绘画大赛等活动 2017年，广东省住房和城乡建设厅联合相关部门开展大学生古驿道摄影大赛、少儿绘画大赛等活动，组织创作古驿道主题曲，并活化一批古谱、古乐、民歌，编制出版古驿道保护利用系列丛书。在广东省博物馆举办《南北通融——南粤古驿道展览》，开设精致主题展馆——南粤古驿道展厅。

“驿道依旧在，故人何处寻——寻访侨批银信后人”活动 侨批银信是海外华侨通过海内外民间机构汇寄至国内的汇款暨家书，是一种信、汇合一的特殊邮传载体。侨批是福建省和潮汕地区等闽南方言地区的称法，江门台山，把这种侨汇和书信的结合体称为“书信银两”，简称“银信”。侨批银信不仅是华侨家书，更是人类的集体记忆遗产和历史文化遗产，从古驿道走出去，漂洋过海，一代代华人用侨批传递着家国之爱。2017年，广东省

▲2017年5月23日至12月17日，参与首届中国南粤古驿道文化创意大赛的省内21所高校、10家设计企业文化创意人员先后在江门、韶关、汕头、潮州、广州等地进行调研采风和活化创意设计。图为南粤古驿道文化创意设计作品在广州展示

（广东省建筑设计研究院供稿）

住房和城乡建设厅收集到约2000份侨批银信和一批珍贵的资料物品，如：送侨批线路图、送侨批的用具、批局名单及联系方式、潮汕话标注的地图等，寻访近百位侨批后人。年内，省住房和城乡建设厅将侨批照片、多媒体资料等整合成完整数据库，上传到“中国南粤古驿道网”，让更多人了解侨批银信文化。

南粤古驿道“天翼高清杯”定向大赛暨中国南粤古驿道文化之旅（汕头站） 2017年11月18日，由广东省住房和城乡建设厅指导策划的中国南粤古驿道文化之旅首部话剧《风雨侨批》公开献演，为远道而来的参赛运动员、赛事裁判、教练、工作人员，以及广大志愿者送上一道别开生面的视听文化盛宴，让人们近距离感受潮汕人深厚的侨批文化与坚韧的侨批精神。

【南粤古驿道文化创作系列活动】 由广东省住房和城乡建设厅、教育厅、文化厅、体育局、旅游局共同主办，广东省“三师”专业志愿者委员会和广东省建筑设计研究院联合承办的中国南粤古驿道首届文化创意大赛，于2017年12月17日在广州黄埔古港落下帷幕。大赛面向省内21所高校、10家设计企业征集文化创意。从5月23日开始先后在江门、韶关、汕头、潮州、广州等地进行调研采风和活化创意设计，从探索“海内外华人集体情感记忆空间”，到重走“南粤迁徙之路”，以及“穿越世界记忆时空，寻找先辈过番足迹”，直至最后重温“广府文化”。各高校师生深入挖掘多条文化线路背后所蕴含的历史文化元素，融入公众生活息息相关的各类用品当中，力图让南粤大地上的文化遗产传承下去。

文创大赛自首站台山至最后一站广州，前后历经八个月。参赛高校由原有4所发展至21所，入围方案从52项累计至450余项。12月3日，广东省“三师”专业志愿者委员会在广州天河智慧城举办专家评审，8位来自影视、建筑设计、传统建筑文化、文物考古、工业设计、文化产业等领域的专家评选出60项年度大奖。包括12项平面视觉类、11项特色器具类、11项建筑与环境艺术类、5项传统工艺传承类、10项陶瓷类、11项新媒体类。

（李晓婷）

规划成果选介

【广东省法定城乡规划成果报批（备案）规范暨数据标准】 2017年9月，广东省住房和城乡建设厅印发《广东省法定城乡规划成果报批（备案）规范暨数据标准（试行）》（简称《标准》）。《标准》于2016年9月启动编制，由广东省城乡规划设计研究院负责，作为全省各地上报省审批、审查、备案城乡规划成果的技术依据，共落实城乡法定规划成果的115张图纸、275个图层的入库要求，确定18张规划核心图纸、35个图层作为重点保障数据，包含《广东省法定城乡规划成果报批（备案）规范》（《广东省城市总体规划编制成果报批（备案）规范》《广东省城市近期建设规划编制成果报备规范》《广东省城市控制性详细规划成果报备规范》）、《广东省法定城乡规划成果数据标准》（《广东省城市总体规划编制成果数据标准》《广东省城市近期建设规划成果数据标准》《广东省城市控制性详细规划成果数据标准》）和《广东省城乡规划要素分类代码与符号样式标注（试行）》3类7个规范标准，规范标准具有三大特征：一是顺应信息化发展趋势，支撑空间规划平台建设。二是衔接城乡规划改革，贯彻改革核心精神。三是数据内容全面，注重有序分步实施。

《广东省法定城乡规划成果报批（备案）规范》由《广东省城市总体规划编制成果报审（报备）规范》《广东省城市近期建设规划编制成果报备规范》《广东省城市控制性详细规划成果报备规范》3部分构成，各部分的结构包括：总则、规范性引用文件、成果报备介质、电子成果内容、文件格式、成果图件报备内容和报送形式7个部分，明确全省地市上报城市总体规划、城市近期建设规划和城市控制性详细规划的成果提交内容、格式、报审流程、成果报备介质、电子成果内容及其文件格式，并重点对成果图件的报备内容按照城市总体规划、城市近期建设规划和城市控制性详细规划分类进行详细说明。

《广东省法定城乡规划成果数据标准》由《广东省城市总体规划编制成果数据标准》《广东省城市近期建设规划成果数据标准》和《广东省城市控制性详细规划成果数据标准》3部分构成，各部分的结构包括：总体框架、基本规定、空间数据标准、非空间数据标准，明确规划成果以2000国家大地坐标系为主，西安80坐标系为补充的坐标体系，规定空间数据图层的命名规则与空间要素属性表的通用字段含义。从数据的图层构成和图层属性表结构两个维度制定空间数据标准，以规划的图件成果作为要素集，明确每张规划图纸中的构成图层，明确每个图层中的属性表结构，包括各类空间要素的名称、类型、长度、约束性等属性要求。同时对城市总体规划及近期建设规划成果中的规划成果、规划表格、基础资料、审查备案等非空间数据的格式进行规定。

《广东省法定城乡规划要素分类代码与符号样式标准》的结构分为总则、要素分类代码和要素符号样式等3大部分，明确要素代码的组成规则和各代码的意义，采用9位数字的层次码，依次按照地市类、成果类、大类、中类、小类、子类等六大类代码进行编码；明确行政区、管控类、设施类、用地类等及其细分要素的表达样式，如符号、类型、颜色等数据制图表达。该奖项获2017年度“广东省优秀城乡规划设计奖”（规划信息专项）一等奖。 *（苏智勇）*

【“经略珠三角”规划研究】 2017年，“经略珠三角”规划研究通过对标世界级城市群的案例研究与深入解读，分析珠江三角洲城市群的现状特征，遵循城市群发展客观规律，明确珠江三角洲城市群发展阶段、发展目标与定位，推动珠江三角洲功能体系的完善与提升，谋划珠江三角洲的交通发展战略，提出区域综合交通体系的优化策略与近中期重大交通项目建设计划，探索区域综合交通规划建设的实施与运营机制，可为珠江三角洲新一轮城际轨道交通规划、综合交通专项规划提供研究支撑。12月15日，该规划研究课题通过省住房和城乡建设厅验收。 *（周丹）*

【广东省新型城镇化规划建设新模式研究】 由广东省城乡规划设计研究院牵头，联合省建筑设计研究院、省建筑科学研究院集团股份有限公司等共同编制完成，获2017年度“广东省优秀城乡规划设计奖”一等奖。该研究转变以往“重规划、轻建设；重空间、轻政策；重工程，轻融资；重专项，轻协调”的单一性技术思维，采用“专题研究+政策文件+建设计划”同步推进的方式，以全面深化改革的研究视角，系统考虑规划、设计、建筑、建造等住房城乡建设全领域内容，提出各专项横向改革措施，并纵向梳理各环节之间关系，提出促进“规划—设计—建筑—建造”一休化复合发展的策略，最终形成“一套专题报告、一个建设计划、多个政策文件”的成果体系，成为广东省城乡规划建设体制改革的重大研究创新。该研究实施以下探索创新：一是探索“规划—设计—建筑—建造”各环节改革的制度创新；二是探索“上下衔接、环环相扣”的一体化机制创新；三是探索省域层面近期建设规划编制方法创新；四是搭建项目与空间联动，以及全领域、全过程的信息化管控平台；五是中外合作、多领域、多机构联合攻关的研究方法。该研究成果于2016年11月完成，转化为广东省政府和住建厅出台的系列政策文件，指导全省多个区域专项规划和地方近期建设规划，为全国各地新型城镇化规划建设体制改革创新提供参考。 *（郑泽爽）*

【广州总体城市设计】 2016年，广州市国土资源和规划委员会组织开展《广州市城市总体规划（2017—2035）》的重要专项——广州总体城市设计。该项目聘请中国科学院院士王建国为项目顾问，由广州市城市规划勘测设计研究院、东南大学城市规划设计研究院有限公司联合编制。2017年10月20日，该项目完成设计，通过由中国科学院院士何镜堂、吴志强等组成的专家组评审，并推荐作为中国特大城市的总体城市设计的范本。

广州总体城市设计以建设“活力全球城市，美丽宜居花城”为目标，打造世界地标湾区核心，营造广州标准品味都市，以此建立起总体规划统领下的，涵盖宏观、中观和微观不同层次的城市风貌体系。在宏观层面，构建“双环翠广佛，三城映珠水；六脉通山海，一轴领湾区”的总体空间形态格局；在中观层面，挖掘城市特色和广州味道，贯通具有岭南特色魅力的公共空间体系，构建云山珠水相望的空间廊道，形成以大开放的珠江景观带为统领，山水相望、廊道通畅的整体景观格局；在微观层面，从市民最关心的公共空间着手，关注城市空间的微改造，着眼微观推进品质建设。

该设计通过三维模型研究，市域整体尺度管控空间秩序。收集广州市域5万余个移动基站24小时手机信令数据，通过利用WRF和CFD模型数据化环境模拟，填补广州风环境规划管理空白。通过互联网大数据对城市意象认知进行交互式分析，塑造望山见水的景观视廊。

广州总体城市设计将“一区一廊一引导”（城市设计重点地区、重要景观视廊、高度分区引导）纳入城乡规划“一张图”管理平台动态维护，引导下一层级的城市设计，形成“1＋3”的城市设计导则体系，将设计意图和设计要求贯彻到实际工程建设中。

广州总体城市设计着重于品质化、特色化塑造城市，提升精细化设计水平，探索多元参与、循序渐进的城市品质提升行动，开展珠江两岸道路景观贯通工程、精细化微改造街道空间等，强化广州东西交融的文化气质和多元包容的城市精神，增加市民对城市的认同感、获得感和归属感。该项目获2017年度“广东省优秀城乡规划设计奖”一等奖。（徐晓曦）

【深圳市海洋生态环境保护规划（2016—2025年）】 2014年，深圳市规划和国土资源委员会（海洋局）提出开展海洋生态环境规划研究，2016年12月26日完成，上报深圳市人民政府审查。

规划在国内率先将“陆域+海域”整体纳入研究范围，以陆海统筹、生态文明为核心，剖析海洋发展的现实问题和城市发展总体目标，在整理与分析现有海洋规划的基本特点与内容要求基础上，从认识角度、研究方法、研究思路、规划深度和成果形式上进行优化与调整，突出陆海两个角度，强调陆海空间管理对接，最终形成整套海洋生态环境保护规划的整体框架。

规划是新时期深圳市首个海洋环境保护的专项规划，成为深圳市海洋生态环境保护的纲领性文件，为深圳市实现全球海洋中心城市的可持续发展奠定基础。

规划从宏观背景、分项内容和实施管理3个角度切入，重点从海洋环境质量、生态健康状况和生态环境灾害三方面入手，剖析城市发展与海洋生态环境的关系、海水水质状况、入海污染物总量、海洋污染来源、海洋生态服务水平、海洋生态环境风险、“三湾一口”生态环境状况等各方面现状与特征。

规划提出海洋生态环境发展面临的三大核心问题。一是海洋污染以陆域排污占主导，占比超过90%，西部陆域排污是重点，八条主要河流污染物占比超过70%。二是1/3海域生态环境健康堪忧，富营养化水平逐年升高，赤潮风险增加。三是台风、风暴潮等海洋灾害风险提升，生态环境面临海啸及海平面上升等其他潜在风险的影响。

规划从提升生态环境质量、推进生态文明建设、实现陆海生态环境协调发展三方面着眼，借鉴国内外相关城市经验，提出建设国内海洋生态环境可持续发展典范城市的总体目标，以及近期、远期和远景的阶段目标。

规划确立海洋环境质量、入海污染物控制、海洋生态系统保护、海洋环境管理能力建设等4类16项具有系统性、先进性和实操性的量化指标，其中达到或优于第二类海水水质标准面积比例、海水水质符合分级控制要求比例等5项为约束性指标，海洋沉积物符合分级控制要求比例、主要河流入海交断面水质达到或优于地表Ⅳ类标准的比例等11项为指导性指标。

规划树立新型资源观，加强对岸线、海岛、渔业资源的保护与利用，提出海洋保护区、海洋公园和珊瑚礁、红树林等典型海洋生态系统分类保护与修复要求。识别海洋保护区、滨海湿地、特殊保护海岛、珊瑚礁、重要河口、重要渔业海域、重要砂质岸线及邻近海域、自然岸线的生态资源要素，划定深圳市海洋生态红线，从空间管控、指标考核、行为引导三个角度划定生态红线范围、明确量化考核目标、细化用海方式，探索适合深圳发展实际的红线管理机制。

规划制定危险品风险控制、核电站风险控制、海洋生态灾害防治等发展策略，提出海洋防灾减灾的初步思路。针对危险品风险，提出应重点加强风险排查，开展危险品风险评估与区划，制定危险品事故应急预案等。针对核电站风险，提出划定海洋和风险管控区、加强海洋环境辐射监测、建立核能利用制度等具体策略。针对海洋生态灾害，则提出应重点加强赤潮、外来物种入侵等灾害防治。

规划从发展定位、现状特征、发展趋势、规划思路进行剖析，针对“三湾一口”差异化特征提出精细化的空间规划指引。珠江口：逐步削减污染物入海总量，稳步开展生态环境修复，积极引导海洋产业合理布局和科学用海，加强区域合作和环境联治。深圳湾：大力削减污染物入海总量，着力增加海湾环境容量，巩固提高海洋生态健康水平，进一步提升滨海公共活动空间品质。大鹏湾：维持和提升海洋生态环境质量，合理挖掘和利用海洋生态服务价值，加强陆海功能协调，集约节约利用海洋资源。大亚湾：加强海洋生态环境保护，着力保障海洋保护区生态安全，合理规划用海类型和规模，提高海洋生态风险预防和抵御能力。

规划提出涉及污染防治、海水清洁、生境改善、资源优化、亲海美化、能力提升等六个方面23项具体行动，在此基础上形成五年实施方案，定任务、定责任、定时间，保障规划落地。污染防治包括区域联动治理、入海污染物总量控制示范、河流水环境综合整治、市政设施提升、海绵城市建设试点等5项具体行动。海水清洁包括垃圾与溢油回收、底质环境改善、养殖污染治理、赤潮防治等4项具体行动。生境改善包括红树林湿地恢复、珊瑚礁保育、河口生态修复等3项具体行动。资源优化包括岸线优化提升、海岛综合整治、沙滩保护修复、渔业资源保育等4项具体行动。亲海美化包括海洋公园创建、滨海特色公园建设、滨海绿道服务提升等3项具体行动。能力提升包括重点片区监测提升、立体观测网建设、海洋防灾减灾、海洋数据中心建设等4项具体行动。该项目获2017年度广东省优秀城乡规划设计奖一等奖。（樊行）

【新时期村镇地区发展建设的路径探索——以佛冈“全域风景化”为例】由广东省城乡规划设计研究院完成，于2017年7月通过住房和城乡建设部验收。该研究以问题导向和目标导向相结合的分析思路，结合国内城乡发展环境，特别是广东地区城乡发展问题及最新动态，阐述欠发达地区村镇发展建设的重要性；结合国内外城乡发展过程及内在机制分析，提出城乡等值化的价值理念，以乡村地区为主题的村镇发展与城市发展存在同等的价值和发展需求，构建两者之间的协调互动机制。以佛冈地区为例，分析珠江三角洲外围欠发达地区的资源特征和现状发展条件，结合区域条件、村镇发展趋势和旅游环境变化等因素，针对性地提出区域发展的战略——“全域风景化”，通过剖析“全域风景化”概念和挖掘相关要素，全面分析其战略理念和实现路径，结合佛冈的特点着力推行独具佛冈特色的“全域风景化”，构筑佛冈“全域风景化”的战略目标和空间发展格局，打造风景线和关联体系。结合村镇规划推进，提出若干具有针对性的保障机制和实施措施，以保证战略目标实现。针对研究地区村镇发展路径探索，研究提出针对性强的保障机制，包括在政府工作组织、企业引进、政策倾斜与支持、民众参与等。课题研究探索若干量化指标体系，比如对涉及风景构成要素的自然、聚落、产业和文化等进行指标分层和赋值，对线性链接要素进行相关分级分类进行质量评价，构建“全域风景化”评价标准及考核指标体系。课题研究结合全省存在城乡区域差距的问题，从村镇规划和发展建设路径出发，探索解决欠发达地区区域发展动力和城乡协同发展等，对全省类似城市，特别是县域村镇地区发展具有借鉴作用。（邢谷锐）

【新型城镇化背景下的城乡规划编制与实施改革研究】由广东省城乡规划设计研究院完成，于2017年7月通过住房和城乡建设部验收。该研究主要应对新型城镇化背景下城乡规划发展趋势，结合广东省城乡规划发展历程和特点，借鉴国内外城乡规划编制与实施经验，提出城乡规划编制、审批、实施和评估的改革方向，重点对创新城市总体规划、近期建设规划和控制性详细规划编制方法、审批审查机制、评估修改程序等进行系统研究，提出城乡规划全域空间化、分层式弹性控制的“新控规”模式、“碳规”体系、规划审批负面清单、“互联网+”城乡规划实施管理平台等改革措施，探索形成科学合理的城乡规划新模式，为广东创建国家城乡规划管理体制改革试点省提供研究性支撑，为国家探索深化城乡规划编制和实施改革提供建议。（郑泽爽）

【新型城镇化背景下的城乡基础设施建设指标体系研究】该研究由广东省城乡规划设计研究院完成，作为住房和城乡建设部软科学研究立项项目，于2017年7月27日通过验收。该研究针对广东省区域和城乡差距较大、部分地区基础设施建设滞后等问题，通过制定一套分区指导、实操性强的指标体系，探索适应新型城镇化发展要求的基础设施建设路径，统筹指导城乡基础设施建设。该研究在评估21个地级市基础设施建设现状和存在问题的基础上，通过系统梳理国家层面颁布的国家标准、考核指标及区域规划、广东省省域层面颁布的指标体系、地方法则、评估报告及专题研究、广东省地级市探索实施的地方标准及外省探索的经验等，结合绿色低碳、海绵城市、“互联网+”等量化评估，形成符合当前发展方向和发展重点的城乡基础设施指标体系。针对以往基础设施指标体系的文件和研究主要集中于城镇地区，乡村地区缺少完整。系统的指导考核基础设施建设指标体系的问题，立足于城镇和乡村的发展阶段及实际需求，分区制定城镇与乡村地区基础设施指标体系，引导全省各市基础设施建设由侧重城镇向城乡一体化转变。（王果）

城乡规划行业交流活动

【区域空间规划（多规合一）新技术专题研讨会】 2017年7月，广东省城市规划协会与中国城市规划学会城市规划新技术应用学术委员会在珠海联合召开以“2017区域空间规划（多规合一）”为主题的新技术专题研讨会。全国各地700位专家、学者和城市规划者围绕信息技术在区域空间（多规合一）中的探索和应用展开交流，并考察珠海市城市规划、建设和信息化新成果。会议紧扣国家政策方向，探讨新时代背景下省（自治区、直辖市）、市、区县区域空间规划领域的技术创新和实践问题。

【中国城市规划年会活动协办】2017年11月18—20日，广东省城市规划协会参与协办3个2017年中国城市规划年会活动。一是联合东莞市城乡规划局和东莞市城建规划设计院承办主题为“走向更美好城市——东莞”的专题会议。会议以东莞为话题，邀请不同界别的专家学者、企业代表、市民代表、镇街领导，从不同角度总结“世界工厂”的前世今生，展望“家园城市”的崭新航向，探讨创新发展、品质提升、城市治理的路径与策略。通过东莞话题讨论，为美好城市建设出谋划策。二是联合广东省城乡规划设计研究院承办主题为“湾区的善治与创新”学术对话。各规划设计院、政府部门、高等院校、科研机构的特邀嘉宾围绕粤港澳大湾区面对国家“一带一路”倡议要求，能否继续保持和发挥深化改革，实现区域的善治和创新，能否为国家治理体系建设和治理能力现代化提供更多经验等问题展开讨论。三是联合深圳市城市空间规划建筑设计有限公司承办主题为“文化线路与文化自信”的学术对话。会议围绕文化线路和文化自信的主题进行讨论。专家指出文化线路上的有形和无形遗产代表中华民族的文化精神，是社会经济发展的精神支柱和力量源泉，社会各界力量、每一代人有责任和义务珍惜、保护这些躺在寂寞角落中的瑰宝。

【健康城市医疗养老产业创新发展和规划设计研讨会】 2017年5月26日，由广东省城乡规划设计研究院联合广东省城市规划协会和法国PADW建筑设计事务所共同举办的“健康城市医疗养老产业创新发展和规划设计研讨会”在广州举行。省住房和城乡建设厅厅长张少康、副厅长郭壮狮，法国驻广州总领事馆总领事傅伟杰、广州商务处主任柯柏同，以及广州市建设委员会、民政局等部门领导出席研讨会。中国和法国的多名城市规划和设计专家，以及养老机构、大型医院、高等院校、知名地产、金融投资机构和规划设计单位等代表近200人参加。研讨会旨在通过政府以及中法两国在该领域的规划建筑设计专家、医疗机构、大型地产公司、金融投资机构、高等院校等代表参与，促进养老产业以全方位视角看待未来健康城市中医疗与养老的融合问题，为国内老龄社会发展提供技术支撑。

【规划设计论坛】 2017年11月20日，中国城市规划年会在东莞举行。广东省城乡规划设计研究院、广东省城市规划协会、深圳市城市空间规划建筑设计有限公司、北京精华同衡规划设计研究院、能量基金会等承办多项学术对话活动。规划设计院、政府部门、高等院校、科研机构的特邀嘉宾参加。

“湾区的善治与创新”学术对话　粤港澳大湾区跨制度、多元性、连绵化、高流动等特点，造就改革开放以来粤港澳地区全面快速发展，成为中国社会经济发展的重要引擎和治理体系建设的试验田。发挥大湾区区域发展新优势，推动粤港澳融合发展，以及在国家“一带一路”倡议对外影响和对内辐射两个方面承担更多的责任。省城乡规划设计研究院、城市规划协会在2017中国城市规划年会上联合承办以“湾区的善治与创新”为主题的学术对话。学术对话以“粤港澳大湾区新阶段与新挑战”报告为开场，围绕湾区治理与创新的国际经验，借鉴粤港澳融合发展和珠江三角洲转型发展等议题展开讨论。

“文化线路与文化自信”学术对话　文化线路是重要的承载物质要素和非物质文化遗产的载体。中国的文化遗存具有多元与多样化的特征，同时具有系统性、连续性及跨区域性，展现文化自信内涵。广东省城市规划协会、深圳市城市空间规划建筑设计有限公司、广东省城乡规划设计研究院在2017中国城市规划年会上联合承办以“文化线路与文化自信”为主题的学术对话。围绕如何保护并活化利用具有中国传统文化内涵和国家地理风貌特征的文化线路，将遗产保护与文艺复兴、精准扶贫、健康中国等供给侧结构性改革相结合，成为更具有当代社会价值的历史遗产，为改善人居环境和实现区域经济均衡发展开辟新途径等内容展开讨论。

（胡琼）

“区域视角下的大数据重塑城市发展”学术对话　以大数据为代表的基于信息技术和数据科学的城市定量研究，成为城市规划行业变革的推动力量。大数据技术方法的瓶颈被突破，大数据研究逐渐由以往对单一城市内部空间结构的静态描述，向更大的区域尺度下的复杂网络和动态系统的全息诊断跃迁。广东省城乡规划设计研究院、北京清华同衡规划设计研究院、能源基金会在2017中国城市规划年会上联合承办以“区域视角下的大数据重塑城市发展”为主题的学术对话。针对现阶段城乡规划和区域研究在理论构建、时空动态监测、规划实施评估和管理决策方面的需求，学术对话邀请城乡规划、大数据研究等相关领域的专家学者，对城市大数据向区域大数据升级的应用场景、应用思路和实际价值展开讨论。省住房和城乡建设厅政策研究中心首席研究员黄鼎曦作题为“珠三角湾区城市发展图谱——从数据可视化走向深入挖掘的探索”报告，提出未来的城市研究应注重时间序列积累，构建知识迁徙体系，强调在区域尺度的大数据治理和规划数据资源合理利用。（丁镇琴）

【“分享经验、携手‘走出去’”交流会】 2017年12月13—14日，广东省城市规划协会等8家粤方协会联合香港规划师学会等7家港方协会、企业在香港共同举办“分享经验、携手‘走出去’”交流会。粤港两地的行业协会、建筑与规划设计单位近200人参加。会议探讨“一带一路”和大湾区建设给粤港两地规划及建筑业带来的挑战和发展机遇。住房和城乡建设部标准定额司、中联办教育科技部及广东省住房和城乡建设厅等领导分别为交流会致辞。交流会期间，广东省城市规划协会理事长邱衍庆与香港规划师学会签署战略合作框架协议。双方交流粤港两地规划行业的发展和经验，为深化粤港两地合作打下基础。广东省城乡规划设计研究院规划一所所长任庆昌作为粤方企业代表，在交流会上以“珠三角创新发展的空间探索”为题，与粤港两地规划人士分享广深科技创新走廊规划内容和研究成果。（陈潇菡）

·编辑　李勇·

城市市政公用设施建设与管理

- 《城市基础设施建设『十三五』规划》印发
- 国家园林城市创建
- 中国首个『文化和自然遗产日』举行
- 城市轨道交通线网规划编制
- 生活垃圾管理长效机制建立

综　述

【概况】　2017年，广东省以规划为引领，推动城市基础设施建设改革发展。省住房和城乡建设厅联合发展和改革委员会印发城市基础设施“十三五”规划、城乡生活垃圾处理“十三五”规划；联合发展和改革委员会、环境保护厅印发城乡生活污水处理设施建设“十三五”规划，部署全省城市基础设施建设；落实新发展理念，引领城市基础设施重点领域建设取得新突破。是年，省住房和城乡建设厅制定农村垃圾分类、黑臭水体治理、城市绿地低影响开发、城市湿地公园、海绵城市等技术指引，为城市基础设施建设提供技术支持。梳理全省市政行业基本情况，建立市政行业工作台账，指导全省城市基础设施建设。截至年底，全省建成区绿化覆盖率43.47%，城市人均日生活用水量256.48升，城市用水普及率97.8%，城市燃气普及率96.88%，城市液化石油气年供气总量362.11万吨，城市天然气年供气总量124.74万立方米。全省建成城市（县域）污水处理设施339座，日处理能力2249.58万吨，城市污水处理率94.48%。全省建成启用生活垃圾无害化处理场（厂）115座，无害化处理量8.3万吨/日。城市生活垃圾无害化处理率97.98%。全省住房和城乡建设系统新增“国家园林城市”2个、“广东省园林城市”1个；获“中国人居环境范例奖”4项、“广东省宜居环境范例奖”26项。但是全省城市建设仍然存在整体性和系统性程度不高，城市内涝及环境污染等问题。

【城市基础设施建设“十三五”规划】　2017年5月16日，《广东省城市基础设施建设“十三五”规划（2016—2020年）》（简称《规划》）印发。《规划》实施对象是与城市基础设施相关行业，涵盖城市公交系统、道路桥梁、海绵城市、排水防涝、黑臭水体、生态绿地、地下管线与综合管廊、供水、燃气、垃圾、污水、电力、通信等。规划范围为广东省设市城市及县城的建成区，并适当向城市基础设施连接的乡镇地域延伸。《规划》明确全省推进城市基础设施建设的发展基础、总体要求、主要任务、资金需求和解决途径和保障措施，提出至2018年，支撑珠江三角洲地区优化发展和粤东西北地区振兴发展的城市基础设施网络基本形成，民生项目目标优先实现，发展短板基本补齐，生态环境质量明显改善；至2020年，基本建成安全高效、绿色智慧、互联互通的现代化城市基础设施体系，全省各类城市基础设施基本实现提质增效的总目标，在完善综合交通设施、加快海绵城市建设、实施水污染防治行动、健全公园绿地体系、建设地下综合管廊、优化城市能源供给、加强垃圾分类处理、升级信息基础设施等方面作出部署，为指导全省城市基础设施建设有序推进描绘蓝图。

【市政设施安全管理】　2017年，广东省住房和城乡建设厅印发《广东省住房城乡建设系统安全生产大检查工作实施方案》《广东省市政公用行业安全生产大检查工作方案》，针对全省城镇燃气、环卫设施、城镇园林、地下综合管廊、城市桥梁等行业进行安全生产大检查，遏制重特大安全生产事故发生，保障市政公用行业生产安全。部署全省各地做好城镇燃气风险点危险源隐患排查和整改，建立工作台账，实施持续跟踪、限时整改、治理销号等制度，加强全省城镇燃气安全管理。年内，《关于报送应急救援物资设备清单和专家名单的通知》《关于报送城市市政公用设施应急救援设备清单的通知》印发，组织开展市政公用设施应急救援物资设备摸查及梳理，按行业建定全省应急救援专家库，增强应急救援能力。举办全省城镇燃气安全管理现场会、全省城市桥梁管理培训班，交流各地燃气和桥梁管理经验，提升城镇燃气行业智能化和桥梁安全管理的水平。

【极端恶劣天气灾害应对】　2017年，广东省遭遇“天鸽”等7个强台风、西江洪水等灾害，广东省住房和城乡建设厅及时应对，汛前对全省各地开展防范台风检查，督促各市加强城市供水、排水防涝及园林绿化。入汛后按照省政府要求，多次派人进驻省三防办，参与24小时值守，及时发布“三防”（防汛、防旱、防风）工作要求和台风路径、降雨等情况，督促台风登陆范围的地区加强实地检查和防御措施。特别是强台风“天鸽”期间，珠海、中山、江门市遭受严重灾害，供水、排水、园林绿化、垃圾处理等市政设施均遭受不同程度损坏。省住房和城乡建设厅帮助灾区开展供水恢复、淤泥垃圾清理和倒伏路树清障等，协调广州、深圳、佛山、惠州、东莞、清远等供水、排水、环卫、园林绿化部门派出专业救援队伍970人、近200辆车辆参与救灾。　*（梁季红）*

【粤港澳园林苗木质量标准编写协议签署】　2017年，广东省研究制定粤港澳大湾区城市群发展规划，推动内地与港澳深化合作。由于香港与广东使用的园林苗木标准不一，香港沿用英国苗木标准，广东缺乏苗木供应规范标准，香港苗木大部分是从广东购买，港方希望粤港两地园林协会能制定粤港澳园林苗木质量标准，纳入到粤港澳园境生态大湾区联盟方案。年内，广东省风景园林协会与香港园境师学会签订《粤港园林绿化标准化专案合作协定备忘书》。

2017年12月13—14日，粤港建造业合作交流研讨会在香港举办，鉴于粤港澳三地绿化苗木主要产地和标准规范的差异情况，通过粤港澳三地行业协（学）会、有关专家学者共同努力，按照符合三地法定程序抓紧三地标准的融合与优化。12月13日，三方签署粤港澳园林苗木质量标准编写协议。（方婷）

【市政行业科技创新】 2017年，广东省推进市政行业科技改革创新。一是组织科技成果登记。根据国家《科技成果登记办法》，5月25日，协会受理广州市市政工程设计研究总院"新型气浮—沉淀固液分离工艺除藻的机理研究"项目的科技成果登记申请。该成果表明新型气浮—沉淀固液分离工艺根据原水浊度切换运行气浮或沉淀工艺去除藻类，可解决单一采用气浮或沉淀工艺时原水浊度高不能有效处理或生成卤代有机物、产生藻毒素等问题，为供水生产中处理藻类提供安全可靠的技术方法。经审核，该成果符合科技成果登记要求。公示期满无异议，按程序予以登记并发放成果登记证书。二是2016年下半年起广东省住房和城乡建设厅停止科技成果鉴定活动，改由第三方机构组织科技成果鉴定，省市政行业协会承担第三方科技成果鉴定任务，于6月16日，受深圳市水务（集团）有限公司委托，在广州开展"创新理念和技术在福田污水处理厂工程中的综合应用实践"科技成果鉴定活动。该成果涉及污水处理行业先进的处理和控制技术，如精准曝气和投药控制、高效碳源利用、全流程除臭和预警、一地两用等技术。经专家组鉴定，该成果为国内领先水平，在同类工程建设中具有创新性和推广性。三是做好"广东省市政行业协会科学技术奖"评审。经过专家组初评，"广东省市政行业协会科学技术奖"获奖成果23项，其中特等奖1项、一等奖6项、二等奖9项、三等奖7项，获奖项目科技含量高，达到国内先进或以上水平，其中2项达到国际领先水平。通过科技创新，促进全省市政行业发展，提升行业整体水平。

【市政行业大讲坛】 2017年，广东省市政行业协会继续开展市政行业大讲坛活动，邀请中国工程院院士李圭白、上海市政工程设计研究总院（集团）有限公司总工程师张辰、广东省建设工程质量安全监督检测总站总工程师李素华等业内知名专家，举办"试谈深度处理与超滤历史观""城镇内涝防治技术规范与规划编制""建筑领域新发展""企业及其高管在企业治理中刑事法律风险防范"讲座，并与广州市市政工程设计研究总院、广州市自来水公司等单位协作开展"城镇污水处理厂提标改造""企业采购（招投标）及合同管理培训班""企业物资仓储管理专题培训班"等相关知识讲座，提高行业人员知识水平。（汤欣仪）

2017年广东省设市城市市政公用设施情况

地区	人口密度（人/平方千米）	人均日生活用水量（升）	供水普及率（%）		燃气普及率（%）	建成区供水管道密度（千米/平方千米）	人均城市道路面积（平方米）	建成区路网密度（千米/平方千米）	建成区道路面积率（%）	建成区地下管廊密度（千米/平方千米）
				公共供水普及率						
广东省	3253	256.48	97.8	97.65	96.88	9.22	12.86	4.36	7.72	0.02
广州市	5645	320.56	100	100	99.03	1.26	10.98	6.19	10.3	0.04
深圳市	6272	231.36	99.93	99.93	100	18.12	9.7	4.06	7.39	—
珠海市	3238	208.56	100	100	97.97	23.2	14.59	0.31	0.1	0.26
汕头市	9739	173.48	82.71	82.71	98.34	8.81	10.01	6.48	9.74	—
佛山市	2478	441.89	100	100	100	5.39	14.77	3.19	8.27	—
韶关市	450	287.88	99.09	99.09	85.72	9.75	12.81	5.17	6.73	—
乐昌市	4332	239.62	78.98	78.98	95.99	11.43	9.51	3.9	4.56	—
南雄市	4202	146.56	95.9	95.9	94.1	8.55	9.43	3.91	5.92	—
河源市	8432	237.31	100	100	98.1	17.95	15.39	6.14	12.98	—
梅州市	1243	206.84	100	100	98.1	5.89	16.68	4.16	8.19	0.16
兴宁市	2106	180.66	100	100	100	11.69	15.52	8.09	10.59	—
惠州市	1830	270.08	98.49	98.49	98.4	9.59	13.14	4.8	10.52	0.03
汕尾市	837	214.86	99.2	99.2	94.13	16.5	15.23	7.46	7.46	—
陆丰市	4098	215	91.5	91.5	91.5	8.14	6.41	2.36	6.68	—
东莞市	2637	275.13	100	100	97.71	2.86	19.61	0.32	0.71	—
中山市	3084	270.72	100	100	98.74	12.63	21.04	4.64	11.03	—

（续表）

地区	人口密度（人/平方千米）	人均日生活用水量（升）	供水普及率（%）		燃气普及率（%）	建成区供水管道密度（千米/平方千米）	人均城市道路面积（平方米）	建成区路网密度（千米/平方千米）	建成区道路面积率（%）	建成区地下管廊密度（千米/平方千米）
				公共供水普及率						
江门市	2316	263.75	93.05	93.05	92.31	15.01	16.02	4.49	9.21	0.01
台山市	1189	349.33	100	100	100	29.81	24.07	10.85	14.42	0.16
开平市	1929	143.85	90.72	90.72	70.19	24.36	8.44	4.46	7.4	—
鹤山市	1447	344.02	100	100	100	16.95	36.27	10.01	17.34	0.04
恩平市	2055	194.47	99	99	94.91	4.78	13.98	7.65	6.52	—
阳江市	1298	212.6	100	100	96.16	15.46	21.4	6.8	11.9	0.04
阳春市	657	154.03	99.52	99.52	83.57	24.54	13.67	2.57	8.89	—
湛江市	7903	219.77	96.41	93.12	99.57	14.17	14.51	5.34	11.95	—
廉江市	6460	170.17	90	90	85.37	6.58	7.32	10.33	5.78	—
雷州市	8244	113.6	72.53	69.14	54.32	12.2	5.03	3.5	5.64	—
吴川市	7439	111.59	91.07	91.07	55.77	32.62	8.75	10.61	3.18	—
茂名市	4906	238.4	100	100	100	13.71	12.23	3.14	6.36	—
高州市	2219	150.94	100	100	100	6.95	7.25	3.06	7.92	—
化州市	1110	117.12	100	100	100	1.4	4.69	3.02	3.76	—
信宜市	4705	105.34	100	100	100	7.09	6.14	3.16	5	—
肇庆市	1504	273.73	100	98.63	99.13	15.36	18.89	7.47	12.51	—
四会市	4940	300.43	99.8	99.8	99.8	13.3	18.26	8.96	16.03	—
清远市	2307	278.92	98.69	98.69	99.55	14.91	15.87	2.91	12.67	—
英德市	2117	175.67	61.68	61.68	90.13	9.01	10.51	6.19	10.8	—
连州市	1789	136.76	83.86	83.86	80.01	8.45	28.89	15.5	24.32	—
潮州市	3216	137.92	100	100	41.27	10.19	9.91	6.59	9.15	—
揭阳市	4012	154.17	92.62	92.62	97.77	6.88	14.58	4.23	8.98	—
普宁市	5019	147.1	98.04	98.04	99.09	—	15.68	6.25	13.44	—
云浮市	2147	200.55	98.31	88.19	92.96	33.05	9.95	4.08	8.68	—
罗定市	1986	161.86	74.78	74.78	95.69	25.43	5.84	2.4	7.42	—

地区	建成区排水管道密度（千米/平方千米）	污水处理率（%）		人均公园绿地面积（平方米）	公园绿地服务半径覆盖率（%）	建成区绿化覆盖率（%）	建成区绿地率（%）	生活垃圾处理率（%）	
			污水处理厂集中处理率						生活垃圾无害化处理率
广东省	9.7	94.48	94.38	18.24	53.69	43.47	38.94	98.68	97.98
广州市	16.53	95	95	22.67	50.08	42.5	37.41	100	96.5
深圳市	14.93	96.81	96.81	15.95	0.91	45.1	39.2	100	100
珠海市	14.01	96.36	96.36	19.8	151.86	48.21	46.76	100	100
汕头市	9.68	91.45	91.45	15.16	—	44.12	40.46	91.93	91.93
佛山市	4.35	96.42	95.73	16.55	53.29	42.83	40.4	100	100
韶关市	6.07	93.38	93.38	13.83	54.69	46.64	42.95	100	100
乐昌市	0.53	100	100	11.53	—	31.5	30	100	100
南雄市	5.06	92.39	92.39	13.47	—	36.76	34.03	99.7	99.7
河源市	11.74	92.57	92.57	12.79	—	42.13	38.99	100	100
梅州市	6.17	96.59	96.59	17.1	36.44	42.95	37.09	100	100
兴宁市	11.74	95.26	95.26	19.58	96.6	38.99	37.68	100	100
惠州市	9.44	97.23	97.23	17.88	84.53	43.89	39.83	100	100

（续表）

地区	建成区排水管道密度（千米/平方千米）	污水处理率（%）		人均公园绿地面积（平方米）	公园绿地服务半径覆盖率（%）	建成区绿化覆盖率（%）	建成区绿地率（%）	生活垃圾处理率（%）	
			污水处理厂集中处理率						生活垃圾无害化处理率
汕尾市	8.99	93.18	93.18	14.41	43.98	24.57	23.53	96.56	96.56
陆丰市	3.64	74.43	74.43	7.46	71.35	28.42	27.54	79.84	79.84
东莞市	2.05	93.72	93.72	24.23	88.77	46.98	42.46	100	100
中山市	14.36	96.45	96.45	16.5	—	42.03	39.99	100	100
江门市	6.85	93.91	93.91	18.34	264.39	49.22	46.87	100	100
台山市	11.09	94.99	94.99	19.68	70	43.63	36.09	100	100
开平市	1.35	91.01	91.01	13.45	145.37	45.15	40.33	100	100
鹤山市	11.18	92.7	92.7	29.42	86.78	34.64	30.66	99.99	99.99
恩平市	5.34	67.67	50.8	22.29	73.4	42.56	38	100	100
阳江市	12.01	92.35	92.35	12.98	—	41.92	39.66	100	100
阳春市	3.32	90.62	90.62	12	—	36.23	33.25	100	100
湛江市	5.69	91.13	91.13	14.24	90.43	42.01	38.06	100	100
廉江市	5.61	61.18	61.18	16.9	0.28	27.69	23.17	100	100
雷州市	4.2	68.13	68.13	5.28	—	23.23	23.16	78.65	78.65
吴川市	6.86	78.69	78.69	9.51	20.59	35.78	23.47	100	100
茂名市	1.84	94.67	94.67	16.82	—	37.92	30.17	100	100
高州市	—	93.25	93.25	15.68	—	57.63	35.94	100	100
化州市	0.13	76.55	76.55	8.64	1.33	24.49	17.06	100	100
信宜市	4.24	92.24	92.24	15.02	126.26	39.18	42.46	100	100
肇庆市	6.97	94.52	94.52	20.11	81.29	47	41.39	100	100
四会市	8.99	99.49	99.49	12.51	80.02	40.4	38.21	100	100
清远市	11.38	92.75	92.75	12.69	—	46.92	41.67	100	100
英德市	9.05	97.58	97.58	13.2	—	35.33	34.15	99.77	99.77
连州市	8.3	89.72	89.72	14.19	—	33.32	31.27	100	100
潮州市	2.76	81.87	81.87	12.43	78.83	39.66	35.24	77.29	77.29
揭阳市	2.73	82.31	82.31	14.03	5.6	42.99	40.62	97.38	97.38
普宁市	5.8	77.26	77.26	5.64	—	35.52	31.49	95	95
云浮市	13.59	95.57	94.63	17.08	69.5	40.03	36.49	100	100
罗定市	5.9	85.63	76.45	11.22	21.4	34.03	31.03	100	100

（冯育文）

城市园林绿化建设

【概况】 2017年，广东省推进国家、省级园林城市创建，加强城市园林绿化建设，督促全省各地级以上市城市建成区绿化覆盖率42%以上。截至年底，全省城市人均公园绿地面积18.24平方米，建成区绿地率38.94%，建成区绿化覆盖率43.47%。全省有“国家生态园林城市”1个、“国家园林城市”19个、“国家园林城镇”3个、“广东省园林城市”5个、“广东省园林城镇”8个。但是全省仍然存在部分城市绿地系统修编滞后、各地城市绿地品质参差不齐、城市老城区增绿困难、城市绿地管养不到位等问题。

【国家园林城市创建】 河源市2017年，被住房和城乡建设部命名为“国家园林城市”。该市按照“一湖二江三园四山五城”（“一湖”：万绿湖；“二江”：新丰江和东江；“三园”：客家文化公园、东江文化公园和恐龙文化公园；“四山”：笔架山、桂山、梧桐山、越王山；“五城”：东源县、龙川县、连平县、紫金县、和平县）的总体规划，坚持“既要金山银山，更要绿水青山”的发展理念，坚持“务实创建、全民创建、节约创建”，突出“客家古邑·万绿河源”的城市特色，高起点、高标准规划建设绿色城市，全面改善城市生态环

▲2017年，云浮市被住房和城乡建设部命名为“国家园林城市”

（广东省住房和城乡建设厅城市建设处供稿）

境。年内，河源市编制实施《河源市城市绿地系统规划（2016—2020年）》，构成由东、南、西三大片生态绿地、多条绿色通道，以及江河两岸和环水诸山环绕的景观及防护绿地组成的总体结构框架；高标准建设客家乡土植物园、东埔河公园、新丰江及东江“两江四岸景观带”、越王大道等绿化建设项目，构建“点亮、线秀、面美”的公园绿地整体格局。是年，加大科技创新，践行海绵城市理念，引入并推广立体绿化建设，推广资源循环利用技术，打造低碳生态环保的宜居宜业的家园城市。河源市城市绿地系统规划、城市绿线管理、建成区绿地率、城市污水处理率、城市生活垃圾无害化处理率均达标，其他各项指标基本达到国家园林城市标准，园林城市创建成果显著。绿化建设成效显著，各项指标全面达标；城市生态优化，绿地结构均匀；城市竞争力增强，社会经济协调发展。

云浮市　2017年，被住房和城乡建设部命名为“国家园林城市”。该市紧扣“山水园林，生态绿城”的创建主题，以“生态、和谐、宜居、文明”的创建格局，坚持创建国家园林城市与自然生态、宜居城市、人文文化、共谋共建相结合，突出“规划引领、增绿提质、塑造特色、共建共享”等，推进城市园林绿化建设，优化城市生态环境和人居环境。创园期间，完成《云浮市中心城区绿地系统规划（2016—2030年）》编制实施，完善绿地体系，提升城市发展空间；精心打造园林绿化精品，推进蟠龙天湖公园、南山公园海绵城市示范建设，整治城市黑臭水体，建设云浮植物园、水厂山公园、马岗山公园、屏风山公园等一系列生态性、服务性本土特色公园；采用乡土树种和乔灌花草合理搭配，打造“一路一景一雕塑”的道路景观；加大科技创新，提高园林绿化科研水平。是年，云浮市城市绿地系统规划、城市绿线管理、建成区绿地率、城市污水处理率、城市生活垃圾无害化处理率均达到国家园林城市标准，其他各项指标基本达标，园林城市创建成效显著。城市绿地系统规划体系基本形成，城市园林绿化系统增绿提质，城市生态人居环境日趋优化，城市环境综合竞争力提升。

【省级园林城镇创建】　2017年，东莞市茶山镇坚持以打造“绿色发展、韵动茶山”为“创园”目标，以“古色生新，绿溢茶山”为“创园”理念，在推进园林绿化的建设中，坚持生态优先原则，推进绿色前行；坚持以人为本原则，满足群众需求；坚持因地制宜原则，彰显古镇特色；基本实现“绿色发展、韵动茶山”的阶段性目标。通过开展广东省园林城镇创建，公园绿地布局日趋完善，千年古村特色更加彰显，人居生态环境显著改善，实现人与自然和谐共存。该镇绿地系统规划编制完善，按要求划定绿线，建成区绿地率、建成区绿化覆盖率、人均公园绿地面积、污水处理率、生活垃圾无害化处理率等6项否决项全部达标，其他各项考核指标均达到广东省园林城镇标准，并于2018年1月25日被省住房和城乡建设厅正式命名为“广东省园林城镇”

【三市参展中国（郑州）国际园林博览会】　2017年3月18—20日，广州、珠海、深圳参加在河南省郑州市举行的第十一届中国（郑州）国际园林博览会。博览会占地面积5415平方米，总投资1332万元。广州园以“一弯清流，百花添彩”为主题，运用岭南园林的造园手法，将园林建筑、水体、植物等元素有机组织起来，通过“小中见大”的造园技艺展现岭南水乡特色景观；深圳园以“鹏城版画人家”为主题，以“深圳最美丽的乡村”观澜版画村为原型，旨在展示深圳这座活力城市的创新精神；珠海园以“浪漫珠海”为主题，传达珠海市的五个印象——“美丽之城、山海之城、百岛之城、浪漫之城、幸福之城”。（易慧琳）

【城市湿地公园建设指引】　2017年10月13日，广东省住房和城乡建设厅组织编印《城市湿地公园建设指引》（简称《指引》）。《指引》针对广东省城市湿地公园的建设现状和发展需求，从规划选址、设计、工程建设、运行管理等方面对广东省城市湿地公园的规划设计与建设管理进行指导。城市湿地公园

2017年广东省城市园林绿化情况

单位：公顷

地区	绿化覆盖面积		园林绿地面积		公园绿地面积	公园个数（个）	公园面积
		建成区		建成区			
广东省	519556.59	256955.95	455837.94	230171.76	99884.7	3219	71797.53
广州市	154742.25	53686.1	145158.78	47261.58	26862.71	247	5198
深圳市	101860	41726.52	97889	36267.84	19980	942	21968
珠海市	38048.93	6811.99	13442.89	6607.57	5067.57	323	3817.7
汕头市	12231.02	12231.02	11215.03	11215.03	4094.02	55	1463.39
佛山市	10117.9	6806.33	9604.3	6419.9	3012.05	207	2223.81
韶关市	4900.69	4900.69	4513.05	4513.05	895.14	50	897.26
乐昌市	525.4	525.4	500.36	500.36	189.83	7	137.83
南雄市	587.86	462.86	428.45	428.45	134.66	8	134.66
河源市	1654.9	1654.9	1531.5	1531.5	423.7	78	423.7
梅州市	2956	2655.17	2570.11	2292.9	799.33	30	785.88
兴宁市	2215	1092	2074.88	1055.52	499	8	610
惠州市	762.26	762.26	730.26	730.26	341.26	15	341.26
汕尾市	1906.15	625.13	756.5	605.88	171.15	2	3
陆丰市	88224.89	46455.78	77582.37	41984.49	15745.49	270	15391.1
东莞市	6312.49	6312.49	6006.32	6006.32	1299.5	82	980.18
中山市	13378.21	7604.46	12962.52	7240.72	2404.14	321	2346.34
江门市	1732.7	1356.76	1711.73	1122.51	366.86	15	331
台山市	1510.76	1510.76	1349.54	1349.54	394.33	13	298.47
开平市	986.56	958.96	859.59	848.61	389.21	13	354.09
鹤山市	1845.62	1648.72	1753.22	1472.12	403	16	336.45
恩平市	2917.35	2717.9	2759.96	2570.96	648.31	32	649.31
阳江市	1200	1169	1190	1073	252	6	338
阳春市	6059	4659	4283.88	4220.38	1299.77	34	1299.77
湛江市	1069.7	1052.28	890.49	880.48	507	5	476
廉江市	670.56	670.56	668.46	668.46	171	6	143
雷州市	916	916	611.74	600.75	261	7	207
吴川市	4722.7	4522.7	3829.45	3598.11	1276.97	44	1111.53
茂名市	1930.45	1930.45	1204.1	1204.1	574.1	12	495
高州市	1547	876.74	1218	610.68	257	3	257
化州市	2765	1050	2723	1138	455	10	495
信宜市	14489.29	5680.73	12653.82	5002.77	1610.65	22	394.25
肇庆市	1136.57	1136.57	1074.86	1074.86	309	6	121.45
四会市	11849.36	11849.36	10751.03	10751.03	3866.01	111	3101.89
清远市	3496.04	3496.04	3104.98	3104.98	910.42	30	990.28
英德市	1227	1227	1186	1186	471	25	471
连州市	566.5	566.5	531.59	531.59	203.05	15	203.05
潮州市	3915.13	3296.13	3151.78	2928.78	963.62	35	887.4
揭阳市	6643.05	5889.63	6296.78	5565.5	1183.73	67	1031.06
普宁市	2786.5	2371.3	2328	2102	322.5	16	211.3
云浮市	1589.8	1194.76	1414.62	1089.18	494.62	27	502.62
罗定市	1560	895	1325	816	375	4	369.5

注：东莞市包含全行政区域范围数据，2005年全部被列入城建统计范围，各县城不被列入统计范围

（冯育文）

▲2017年9月16—24日，广州国际花卉艺术展暨世界花卉协会年会在广州举行

（广州市林业和园林局供稿）

受地域和资源的限制，易受人类活动干扰和破坏，具有不稳定性和脆弱性等特点。《指引》指导城市湿地公园实现保护城市湿地生态资源和动植物的城市栖息地，展示城市湿地的生态功能、自然景观、湿地资源及其价值的建设目标，有效保护和合理利用城市湿地资源。

【城市绿地低影响开发技术指引】 2017年9月11日，广东省住房和城乡建设厅组织编印《城市绿地低影响开发技术指引》（简称《指引》）。《指引》根据省内大部分地方城市绿地雨洪管理的实际情况，针对全省气候土壤环境条件，因地制宜提出城市公园绿地、道路绿地、居住区园林绿地应用LID技术的9种应用模式技术指引，从适用范围、原理、系统组成、结构和关键技术等方面，为全省城市公园绿地中雨水花园、雨水湿地、临时存水建设，城市道路绿地雨水收集过滤和净化、雨水缓释灌溉，城市居住区雨水高位截留等方面提供技术指导及参考。（梁季红）

【园林城市系列标准修订】 2017年，广东省住房和城乡建设厅组织修订《广东省园林城市系列标准及申报评选办法》（简称《办法》），5月，组织修订小组人员赴惠州、汕尾、东莞、江门、揭阳5市进行专题调研，征求各地级以上市、各行业协会及社会公众意见，组织专家评审，形成初步成果，并通过厅长办公会议审查。《办法》修订参照《国家园林城市系列申报评审管理办法》，结合广东省实际情况，全面调整改变现行版本：评审办法改用条文式表述，优化程序与要求，增加管理与监督内容；申报时间从每年5月1日一次性申报，调整为每年1月底前提交申报申请，10月31日前提交申报材料；规范、明晰广东省园林城市遥感测试基础资料内容与要求，并划分为遥感调查与测评基础材料内容与要求、申报材料内容与要求两个部分；将原《广东省园林县城城镇标准》分拆为《广东省园林县城标准》《广东省园林城镇标准》；根据国家标准增加城市蓝线管理、古驿道、绿道、垃圾收集与处理，垃圾填埋场、焚烧厂等贴切广东省实际的内容。（易慧琳）

风景名胜区规划与建设

【概况】 2017年，广东省住房和城乡建设厅加强风景名胜区资源保护管理。年内，组织举办广东省首个“文化和自然遗产日”活动及广东省风景名胜区业务培训班。提请省政府印发《广东省人民政府办公厅关于省级风景名胜区规划编制工作情况的通报》，督促全省各地各风景名胜区总体规划编制报批。指导肇庆星湖、深圳梧桐山等国家级风景名胜区总体规划按照住房和城乡建设部审批情况进行修改完善；惠州罗浮山滨水片区详细规划获住房和城乡建设部批复；按程序审批肇庆封开龙山、潮州西湖，梅州阴那山、江门圭峰山等省级风景名胜区总体规划。截至年底，广东省有国家级风景名胜区8个、省级风景名胜区18个。全省各地风景名胜区建设平稳发展，但是省级风景名胜区保护、利用、规划和管理水平仍然有待提高。

【首个“文化和自然遗产日”】 2017年6月10日是中国首个“文化和自然遗产日”，为营造全社会共同关注、支持文化和自然遗产保护的良好氛围，发挥文化和自然遗产在惠及民生、审美启智等方面功能，宣传展示广东省文化和自然遗产事业发展成果，根据住房和城乡建设部、文化部和国家文物局要求，广东省住房和城乡建设厅、文化厅联合举办2017年广东省文化和自然遗产日系列活动，主会场设在江门开平碉楼文化景观遗产地，分会场设在韶关市丹霞山自然遗产地。

由广东省住房和城乡建设厅主办的“广东省文化和自然遗产日”丹霞山分会场活动在韶关丹霞山世界自然遗产地举行。启动仪式全程启用无人机巡航丹霞山并全球网络视频直播，全省国家级风景名胜区主要负责人共同签署“保护自然遗产，爱护地球家园”公益宣言；在丹霞山山门广场举行仁化县非物质文化遗产展示及特色旅游商品展销。展示古村庄故事、石塘月姐歌、丹霞红豆、土法造纸、扶浮舞狮等非遗产品和传承人现场技艺。

2017年广东省风景名胜区情况

级别	名称	地区	管理机构	面积（平方千米）	批准时间	升级时间
国家级风景名胜区	星湖风景名胜区	肇庆	星湖名胜区管理局	19.52	1982年	1982年
	西樵山风景名胜区	佛山	西樵山风景区管理局	20	1988年	1988年
	丹霞山风景名胜区	韶关	丹霞山风景名胜区管理委员会	319.45	1988年	1988年
	白云山风景名胜区	广州	白云山风景名胜区管理局	20.98	1989年	2002年
	惠州西湖风景名胜区	惠州	西湖风景区管理局	19.7	1989年	2002年
	罗浮山风景名胜区	惠州	罗浮山风景名胜区管理委员会	214.32	1989年	2004年
	湖光岩风景名胜区	湛江	湖光岩风景区管理局	13.6	1989年	2004年
	梧桐山风景名胜区	深圳	梧桐山风景区管理处	36	1993年	2009年
省级风景名胜区	清远飞霞风景名胜区	清远	飞霞风景区管理处	51.2	1989年	—
	梅县阴那山风景名胜区	梅州	梅县区建设局	6	1989年	—
	江门圭峰山风景名胜区	江门	圭峰山风景名胜区管理委员会	55.1	1989年	—
	番禺莲花山风景名胜区	广州	莲花山风景区管理处	3	1989年	—
	汕头礐石风景名胜区	汕头	汕头礐石风景名胜区管理局	20.77	1989年	—
	乐昌金鸡岭风景名胜区	韶关	金鸡岭风景区管理处	30	1989年	—
	英德宝晶宫风景名胜区	清远	宝晶宫风景名胜管理处	14	1989年	—
	阳春凌霄岩风景名胜区	阳江	阳春市建设局	36.7	1989年	—
	阳江海陵岛风景名胜区	阳江	海陵岛海滨风景名胜区管委会	16.94	1989年	—
	从化温泉风景名胜区	广州	从化温泉镇政府	27.86	1989年	—
	泷𣲗八滩风景名胜区	韶关	乐昌市旅游局	90	1993年	—
	潮州西湖风景名胜区	潮州	潮州西湖风景名胜区管理处	4.6	1993年	—
	陆丰玄武山风景名胜区	汕尾	陆丰玄武山风景名胜区管委会	30	1993年	—
	云浮蟠龙洞风景名胜区	云浮	云浮蟠龙洞风景名胜区管理处	21.36	1993年	—
	封开龙山风景名胜区	肇庆	封开龙山风景名胜区管理处	25.34	1993年	—
	怀集燕岩风景名胜区	肇庆	怀集燕岩风景名胜区管理处	40.36	1999年	—
	五指石风景名胜区	梅州	平远县五指石风景名胜区管理处	13.2	1999年	—
	增城白水寨风景名胜区	广州	白水寨风景名胜区管理所	200.2	2005年	—

（广东省住房和城乡建设厅城市建设处）

是日，在丹霞山博物馆活动大厅，由丹霞山世界遗产、世界地质公园、国家级风景名胜区总工程师，中山大学教授彭华主讲“从中国丹霞到世界丹霞”，分享丹霞山、丹霞地貌走向世界的故事。由红层与丹霞地貌研究会、中山大学、韶关学院联合主办丹霞山自然遗产地保护与科学名山建设研讨会。会议主要内容为全省国家级风景名胜区负责人汇报遗产保护工作和科研工作成果、省内外遗产地保护和科普专家点评和针对性指导、专家研讨丹霞山科学名山建设纲要。6—12月，由韶关市丹霞山管理委员会、《大众摄影》杂志社、广东省摄影家协会联合举办“丹霞山杯”全国摄影大展，展示丹霞山风景区自然风光、历史文化、风土人情等。广东省小作家协会、广东省自然学院、广东省环境保护宣教中心和韶关市丹霞山管理委员会联合举办“丹霞山杯”广东省中小学生自然观察与环境保护征文比赛，鼓励、培养青少年关注自然、观察自然、热爱自然一批优秀的青少年丹霞山文学作品诞生。

【风景名胜区总体规划编制】 2017年9月，广东省住房和城乡建设厅提请省政府印发《广东省人民政府办公厅关于省级风景名胜区规划编制工作情况的通报》，跟踪督导全省各有关风景名胜区规划编制进度。年内，做好深圳梧桐山风景名胜区总体规划、肇庆星湖风景名胜区总体规划、惠州罗浮山滨水片区详细规划有关修改完善和情况材料提供的协调指导，其中罗浮山滨水片区详细规划获批。督促江门圭峰山、梅州阴那山、肇庆怀集燕岩等风景名胜区总体规划修改，组织肇庆星湖、阳江海陵岛风景名胜区范围调整的专家论证会，经过专家论证评审，原则同意范围调整方案，根据专家意见修改完善后实施。召开肇庆封开龙山、潮州西湖风景名胜区总体规划专家评审会。

肇庆封开龙山、潮州西湖风景名胜区总体规划以“科学规划、统一管理、严格保护、永续利用”为原则，从近期、远期提出风景名胜区规划管理目标，从整体层面控制、引导风景名胜区的保护、利用和管理。经专家组论证评审，原则同意肇庆封开龙山、潮州西湖风景名胜区依程序报批。

【风景名胜区业务培训】 2017年6月15—16日，广东省住房和城乡建设厅举办广东省风景名胜区业务培训班，邀请中国城市规划设计研究院风景园林分院、住房和城乡建设部城市建设司世界遗产和风景名胜管理处，以及广州白云山、佛山西樵山、湛江湖光岩、深圳梧桐山风景名胜区管理机构领导和专家分别就风景名胜区保护利用、网格化管理、保育开拓与科普管理、园客管理体系构建交流经验，全省各地近80名管理人员参加。 *（易慧琳）*

城市轨道交通规划建设

【概况】 2017年，广东省强化城市轨道与其他大运量公共交通方式衔接，鼓励有条件的城市按照“量力而行，有序发展”原则，推进城市轨道交通规划建设，构建以轨道交通为主骨架的城市公共交通系统，优化城市空间布局。城市轨道交通重要性日益凸显，各地加快完善城市轨道线网规划编制。截至年底，全省建成运营城市轨道交通线路28条，总里程719.1千米。年内，为建立轨道交通规划建设信息报送制度，掌握轨道交通规划建设信息，提高建设规划审核效率，住房和城乡建设部城市建设司印发《关于试运行城市轨道交通工程规划建设信息系统的通知》，广州市为4个系统试运行城市之一。该信息系统由住房和城乡建设部城市建设司组织开发，系统试运行后在全国范围内推广。但是全省轨道交通设施与世界级城镇群仍然存在巨大差距，如东京都轨道交通网密度接近0.3千米/平方千米。广州、深圳轨道网密度是东京的1/10。

【城市轨道交通线网规划编制】 截至2017年底，广州、深圳、珠海、汕头、佛山、东莞、中山7市城市轨道交通线网规划通过当地人民政府批复。其中广州、深圳、佛山、东莞4市建成并运营地铁，汕头、中山暂未开工建设。惠州市轨道交通线网规划于2016年通过广东省住房和城乡建设厅组织的技术审查，2017年1月获得当地人民政府批复。鉴于粤港澳大湾区战略的提出、惠州市重大项目引进、惠州机场提升定位为千万级干线机场等条件的变化，惠州市对局部线路方案进行优化调整。优化调整重点是加强线网方案与周边城市轨道交通规划线网的协调和对接，优化线网方案和与城际铁路衔接的枢纽布局。 *（李君）*

【珠江三角洲城际轨道交通建设】 根据2012年交通运输部、广东省共同印发的《珠三角城际轨道交通网规划实施方案》，至2020年规划建设16个项目，里程1430千米，珠江三角洲城际主骨架网基本形成。2017年，广东省发展和改革委员会印发《珠三角城际铁路规划项目实施调整方案的通知》，按照分类处理方式优化调整珠江三角洲城际铁路规划中的20个（段）项目，10个在建、10个尚未实施，推动珠江三角洲地区铁路优化发展。

2017年，除广佛地铁由广州和佛山出资建设外，其余珠江三角洲城际铁路项目均由集团所属广东省珠三角城际轨道交通有限公司和广珠城际公司负责建设。其中，广珠城际、穗莞深城际、莞惠城际、广佛肇城际等4条线路项目由中国铁路总公司和广东省合资建设，穗莞深城际广州东至新塘段作为既有线改造项目由广深铁路股份公司出资建设，其余项目均由广东省负责出资建设，工程实施由广东省组织管理。截至年底，珠江三角洲城际铁路有11个在建项目，包括广佛肇城际、莞惠城际、穗莞深洪梅至深圳机场站段、穗莞深城际新塘至洪梅段、广清城际广州北至清远段、广佛环城际佛山西至广州南段、广佛环城际广州南至白云机场段、新塘经白云机场至广州北站段、珠海市区至珠海机场城际拱北至横琴段、佛莞城际、珠江三角洲城际轨道交通调度指挥中心，在建总里程

2017 年广东省城市轨道交通建设情况

地区	地铁（建成）				地铁（在建）			
	条数	长度（千米）	换乘站数（个）	配置车辆数（辆）	条数（条）	长度（千米）	换乘站数（个）	配置车辆数（辆）
广东省	28	719.1	114	3307	20	484.21	60	490
广州市	16	369.1	55	430	6	182.1	7	0
深圳市	9	290.74	56	2716	10	133.42	27	144
佛山市	2	21.48	—	33	3	110.7	23	142
东莞市	1	37.78	1	120	1	57.99	3	204

（冯育文）

2017年珠江三角洲城际轨道交通建设项目情况

项目名称	建设单位	总投资额（亿元）	总规模（千米）	开累完成投资情况（亿元）			项目工期
				计划额	完成额	占比（%）	
广佛肇城际	广东珠三角城际轨道交通有限公司	201.4	84.8	201.4	182.27	90.50	开工日期：2009年9月 竣工日期：2016年3月
莞惠城际	广东珠三角城际轨道交通有限公司	328.23	99.8	328.23	295.94	90.16	开工日期：2009年5月 竣工日期：2017年12月
穗莞深洪梅至深圳机场站段	广东珠三角城际轨道交通有限公司	163.66	56.3	163.66	117.95	72.07	开工日期：2008年12月 计划竣工日期：2018年12月
穗莞深新塘至洪梅段	广东珠三角城际轨道交通有限公司	90.57	18.1	90.57	67.91	74.98	开工日期：2013年12月 计划竣工日期：2018年12月
广清城际广州北至清远段	广东珠三角城际轨道交通有限公司	139.56	38.1	139.56	95.30	68.29	开工日期：2013年9月 竣工日期：2017年9月
广佛环城际佛山西至广州南	广东珠三角城际轨道交通有限公司	181.17	36.2	181.17	120	66.24	开工日期：2013年9月 竣工日期：2017年9月
广佛环城际广州南至白云机场段	广东珠三角城际轨道交通有限公司	248.68	46.54	248.68	20.5	8.24	开工日期：2016年12月 计划竣工日期：2019年12月
新塘经白云机场至广州北站段	广东珠三角城际轨道交通有限公司	336.06	77.58	336.06	117.95	35.10	开工日期：2015年12月 计划竣工日期：2019年
珠海市区至珠海机场城际拱北至横琴段	广珠城际轨道交通有限公司	69.86	17.29	69.86	44.36	63.50	开工日期2014年2月 计划竣工日期：2018年7月
佛莞城际	广东珠三角城际轨道交通有限公司	129.12	36.7	129.12	52.90	40.97	开工日期：2014年12月 计划竣工日期：2019年12月
珠三角城际轨道交通调度指挥中心	铁投置业公司	12.31	建筑面积40400平方米	12.31	7.18	58.35	开工日期：2015年11月 竣工日期：2017年9月

（广东省铁路建设投资集团有限公司）

513.87千米，总投资额1900.62亿元。其中莞惠城际全线于2017年12月28日开始运营。 *（萧灼辉）*

广州城市轨道交通建设 广州市轨道交通系统的工程建设、运营管理和附属资源开发经营由广州地铁集团有限公司负责。经过20余年的建设，建成开通一至九号线、十三号线、十四号线知识城支线、APM、广佛线等13条、390.6千米的地铁线路，以及海珠区环岛新型有轨电车试验段7.7千米，线网里程居全国第三，世界前十。2017年3月，国家发展和改革委员会批复广州市城市轨道交通第三期建设规划（2017—2023年），同意广州市新建十八号线（万顷沙—广州东站）、二十二号线（番禺广场—白鹅潭）、十三号线二期（朝阳—鱼珠）、十号线（石牌桥—西朗）、十二号线（浔峰岗—大学城南）、十四号线二期（广州火车站—嘉禾望岗）、七号线二期（大学城南—水西北）、五号线东延段（文冲—黄埔客运港）、三号线东延段（番禺广场—海傍）、八号线北延段（白云湖—广州北站）10条（段）、258.1千米线路，114座车站。年内，广州地铁集团有限公司启动各线路工程可行性研究报告编制。截至年底，十八号线可研报告获得省发展和改革委员会批复；二十二号线、十三号线二期、十号线、十二号线、十四号线二期、七号线二期、五号线东延段、三号线东延段可研报告获得广州市发展和改革委员会批复；八号线北延段经广州市人民政府同意，在调整方案后纳入建设规划调整方案，并报国家发展和改革委员会审批。线路实施完成后，广州地铁运营线路达到21条，运营里程达到843千米，车站442座。是年，广州地铁全面完成政府任务指标，完成建设投资217亿元、资金支付252亿元；高水平建成开通四号线南延段、九号线、十三号线首期、十四号线知识城支线等4条新线；实现十三号线二期、十八号线、二十二号线等3条新线开工；完成二号线调整段、四号线、四号线北延段、五号线、广佛线首通段等5条线路国家竣工验收。全年实现29座车站封顶、39个区间单线贯通、27台次盾构机始发、48台次盾构机完成掘进，完成区间单线107.9千米，其中盾构掘进73千米、明挖5.5千米、暗挖4.8千米、高架24.6千米。十四号线一期土建工程累计完成87%，为年度计划的116%；二十一号线累计完成77%，

▲2017年10月13日，广州地铁工作人员检查四号线南延段设备安全情况
（尤新星　摄）

为年度计划的110%；三号线机场南至机场北段累计完成90%，为年度计划的100%；广佛线燕岗至沥滘段累计完成82%，为年度计划的103%；八号线北延段累计完成50%，为年度计划的109%；十一号线施工总承包项目有19个工点进场施工；七号线西延段有5个工点进场施工。

2017年，广州地铁线网安全运送乘客28亿人次。线网日均客运量达到767.8万人次，日最高客运量达到1002.6万人次，广州成为全国第三个地铁客流破千万的城市，客流强度继续保持全国首位。列车运行图兑现率和正点率均达到99.97%。根据国际地铁协会（CoMET）2016年数据，广州地铁运能利用度排名第一、10年平均伤亡率最低，运营服务可靠度、正点率继续保持行业领先。自2017年10月16日安检升级实施以来，配置X光安检机623台、安检门682座，投入安检人员1万余名，累计对3.6亿人次乘客进行安检，查获各类危险品4.7万余件，保障市民平安出行。广州地铁逐步建立集“多元支付手段＋多元购票渠道＋多元票种选择”于一体的乘车支付系统，设置女性车厢，在56个车站增设母婴室，试点设置客服机器人，为乘客提供更便捷、更人性化的服务。年内，将南沙客运港站等4个新线车站打造成岭南文化主题站，再现海上丝绸之路、醒狮、山水石等岭南文化的传统韵味。是年，广州地铁公众满意度位列广州市公共交通第一名。

（朱亚涛）

深圳市城市轨道交通建设　2017年，深圳市完成轨道交通建设投资242亿元，超额完成18%；全市轨道交通同步在建项目12个，同步在建里程149千米；轨道交通三期及三期修编工程建设取得重大突破，其中六、八、十号线完成投资94亿元，17座车站结构封顶；六号线车站主体结构完成78%，高架桥梁架设完成35%，区间隧道完成88%；八号线车站主体结构完成20%，区间隧道完成39%；十号线车站主体结构完成47%，区间隧道完成72%；各延长线完成投资83.6亿元，18座车站结构封顶；车站主体结构完成70%，区间隧道完成52%。四期规划线路于2017年7月获批，包括十二号、十三号、十四号、十六号线及六号线支线5条线路，总长148.9千米，投资1345亿元，于2018年1月10日全部开工。未来3年，深圳市轨道交通工程投资平均每年超过300亿元。到2020年，三期工程建成开通后，深圳市轨道交通运营里程达到416千米；到2022年四期工程建成开通后，全市轨道交通运营里程达到580千米。

（蔡迪倪）

佛山市城市轨道交通建设　2017年5月，《佛山市城市轨道交通近期建设规划（2017—2022年）（第二轮建设规划）》上报国家发展和改革委员会，并于6月通过中铁四院组织的专家评估，建设内容包括二号线二期、三号线调整段、三号线北延段、四号线一期、九号线一期、十一号线、十三号线一期等7条（段）线路，总长153.6千米。8月18日，佛山西站建成投入使用。

（郭庆）

2017年，佛山市推进地铁二号线一期工程、三号线工程、南海区新型公共交通系统试验段工程、广州地铁七号线西延顺德段、高明区现代有轨电车等轨道交通建设。佛山城市轨道交通二号线一期工程，起于西端的南庄站，终于广州南站。全长32.4千米，其中高架段6.4千米、地下段25.3千米、过渡段0.7千米。全线设车站17座，其中地下14座、高架3座，换乘站7座。截至年底，全年11座车站封顶，5个盾构区间和1个高架区间双线贯通，3个盾构区间单线贯通，项目累计完成投资130.95亿元，占总投资的62%。地铁三号线全长66.5千米，设36座车站，其中高架车站3座、地下车站33座，全线设置1段2场，4座主变中站，线网控制中心1座。截至年底，三号线实现27个车站段场主体全围蔽或者部分围蔽。其中13个车站进入围护结构施工阶段、3个车站进入土方开挖阶段；3个车站进入主体结构施工阶段；大墩站—东平站区间实现右线洞通，左线完成91%。全线完成管片生产3864环，累计完成投资68.4亿元，约占总投资的17%。广州市轨道交通七号线一期工程西延顺德段工程线路全长13.45千米，其中顺德区段长11.8千米、广州段长1.65千米，工程投资额99.36亿元，于2016年6月23日开工建设，计划2020年底建成试运营，总工期4.5年。截至2017年底，陈村站主体结构底板开始施工，美的大道站、北滘新城站、林头站、南涌站、陈村新城站围蔽施工，累计完成投资15.53亿元，约占总投资的17%。高明区现代有轨电车示范线工程，线路全长17.4千米，设车站20座。项目分为近期和远期两个阶段实施，首期工程线路全长6.5千米，全部为地面线路，设置车站10座。截至年底，该工程完成施工图设计及绿化迁移，施工单位加快车辆基地及区间桥梁施工进度，累计完成投资2.22亿元，占总投资的26.5%。

（梁伟健）

广佛地铁规划建设　截至2017年底，广佛地铁开通运营线路33.48千米（新城东至燕岗段），运营车站22座，其中广州7座、佛山15座；设主变电站2座，包括广州榕景变电站和佛山海五路变电站，以及车辆段1处（夏南车辆段）、控制指挥中心1座（设置在车辆段内）、配属列车33列，累计安全行车8793万车千米，运送旅客4.44亿人次。广佛地铁首通段（魁奇路至西朗段）全长20.73千米，于2010年11月3日开通试运营。2017年6月23日，首通段项目通过国家竣工验收。广佛地铁后通段（西朗至沥滘段）全长11.43千米，根据《珠江三角洲城际快速轨道交通广佛线西朗至沥滘段总工期策划》，分为两段建设开通，其中西朗至燕岗段全长6千米，于2015年12月28日开通试运营。燕岗至沥滘段计划于2018年底开通。截至年底，燕岗至沥滘段土建工程累计完成75%，沥滘车站主体结构及站后折返线全部封顶，沥滘至中间风井进行盾构掘进，计划2018年3月南洲至沥滘隧道贯通。广佛地铁二期（魁奇路至新城东段）全长6.68千米，于2016年12月28日接入广佛地铁开通路线贯通试运营。

（曾嘉琪）

东莞市城市轨道交通建设　2017年1月24日，东莞市城市轨道交通一号线一期工程（望洪站—黄江中心站）初步设计获广东省住房城乡建设厅批复。截至年底，东莞市城市轨道交通二号线一、二期安全运营584天，累计运营客运量6005.99万人次，日均客运量10.28万人次，日最高客运量25.32万人次，列车正点率99.95%，运行图兑现率99.98%。

（黎锡波）

城市道路桥梁建设

【概况】　2017年，广东省坚持科学规划与改造城市道路桥梁。加强公路对外交通干线与城市干道的有效衔接，优化完善城区出入道路，打通城市道路“微循环”，形成完整路网，提高道路通达性。秉持“窄马路、密路网”的城市道路布局理念，提升道路网密度，建设快速路、主次干路和支路级配套合理的道路网系统。优化旧城区路网，合理规划新城区路网。加强城市路桥管养，落实城市道路占用挖掘管理制度，因地制宜推广非开挖管道施工技术，减少城市道路开挖。落实城市桥梁管养责任，建立桥梁动态监控系统，定期开展城市桥梁安全检测，及时整治安全隐患。年内，结合城市路网结构优化和内部道路公共化，科学、规范设置街区照明设施。截至年底，全省建成城市道路总长39273千米，道路总面积70422万平方米，建成城市桥梁7056座，其中立交桥526座。但是全省城市道路建设仍然存在诸多突出问题，比如城市内部路网规模不足、道路面积率偏低，珠江三角洲地区大中城市拥塞现象严重，存在交通组织混乱、交通瓶颈区域多、城市微循环薄弱等问题。

【城市桥梁信息管理系统建设】　2017年，广东省城市桥梁信息管理系统推广至全省18个地级市，广州、深圳和潮州暂未纳入全省系统。年内，全省开展桥梁信息管理系统推广和使用培训，将桥梁信息管理系统的使用由广东省开放至区县级。广东省桥梁信息管理系统主要功能集中在“一桥一档”的管理和常规检测的信息化管理，属于档案信息管理系统。系统使用较好的地市是中山、珠海和清远，东莞较为重视系统使用并定期检查，但是仍有部分镇并未使用该系统。其他各地对于桥梁信息管理系统的使用暂时停留在市级管养单位，实际养护桥梁的单位大部分下放到区、县甚至是镇一级，不少地区没有应用桥梁信息管理系统。总体上各地区对于桥梁管养重视程度及系统使用程度存在差异，2008年开发的广东省桥梁信息管理系统运行10年，随着桥梁管理规范标准更新，系统的部分功能亟待升级完善。

【城市桥梁管理】　2017年5月，广东省住房和城乡建设厅组织举办全省城市桥梁管理培训班，推进各地级以上市全面建成市域城市桥梁信息系统。7月，转发住房和城乡建设部城市建设司《关于限期完成全国城市危桥加固改造目标任务的通知》，督促广州、韶关等6个地区限期完成所有城市危桥加固改造任务。8月，《广东省住房城乡建设系统安全生产大检查工作实施方案》印发，省住房和城乡建设厅组织对全省城市桥梁进行专项安全检查。各地级市抽取若干桥梁重点检查，由派出的桥梁专家出具专家意见。9月，《广东省市政公用行业安全生产大检查工作方案》印发，组织各地对城市桥梁行业开展安全生产大检查，保障桥梁安全。重点检查内容包括：城市桥梁主管部门开展城市桥梁安全检查情况、城市桥梁“一桥一档”建档情况、城市桥梁信息系统使用情况，以及城市桥梁

2017年广东省城市道路和桥梁建设情况

地区	道路长度（千米）	道路面积（万平方米）		桥梁数（座）		
			人行道		大桥及特大桥	立交桥
广东省	39273.63	70421.97	16115.92	7056	1475	526
广州市	7819.31	13012.82	2244.38	1491	497	183
深圳市	6668.27	12151.1	2658	2434	434	235
珠海市	1528.58	3733.33	1028.67	472	121	2
汕头市	1795.81	2701.15	750.95	190	—	5
佛山市	1555.45	2688.6	679.02	207	26	11
韶关市	606.7	829.08	162.89	49	13	2
乐昌市	125.33	156.52	132.66	3	—	—
南雄市	67.06	94.31	22.31	8	—	—
河源市	241.3	509.82	207.1	31	4	—
梅州市	518.69	779.54	159.14	52	7	—
兴宁市	299.39	395.48	91.44	66	8	1
惠州市	1295.24	2840.94	548.42	128	24	12
汕尾市	231.33	360.85	89.02	10	—	—
陆丰市	52	147	—	5	—	—
东莞市	5837.61	12743.89	3017	999	220	46
中山市	696.29	1657.08	456.2	261	23	14
江门市	1646.63	2100.11	298.43	209	29	5
台山市	337.4	448.61	247.23	17	2	0
开平市	149.29	247.52	95.77	28	9	2
鹤山市	276.94	479.85	178.98	21	5	—
恩平市	296.18	252.67	52.26	16	4	0
阳江市	584.29	1068.89	218.2	20	—	—
阳春市	83	287	115	—	—	—
湛江市	591.94	1324.59	372.89	52	4	1
廉江市	392.36	219.54	81.36	17	—	—
雷州市	101.12	162.87	56.05	17	—	—
吴川市	620.38	240.27	68.01	14	—	—
茂名市	473.02	928.37	191.19	36	3	—
高州市	108.35	265.24	52.81	21	—	—
化州市	113.17	139.45	49.1	7	7	—
信宜市	118.7	186	39	18	0	0
肇庆市	902.47	1512.56	423.95	62	5	5
四会市	252.15	451	125	—	—	—
清远市	511.59	1138.71	347.32	17	6	—
英德市	214.83	374.92	128.74	10	1	—
连州市	263.49	413.43	110.56	7	3	1
潮州市	706.85	768.35	155.35	30	—	—
揭阳市	579.86	1229.74	202.76	5	4	1
普宁市	417	897.48	153.48	9	—	—

（续表）

地区	道路长度（千米）	道路面积（万平方米）		桥梁数（座）		
			人行道		大桥及特大桥	立交桥
云浮市	131.09	288.18	56.73	17	16	0
罗定市	63.17	195.11	48.55	—	—	—

注：东莞市包含全行政区域范围数据，2005年全部列入城建统计范围，各县城不列入统计范围　　（冯育文）

定期检测、健康监测和预警系统建立及实施情况，养护维修计划编制和桥梁应急预案编制情况等。

【赤沙村大江桥维修加固】　赤沙村大江桥位于广州市海珠区新滘东路南侧赤沙村贵荣路，跨越赤沙涌。该桥是当地居民及师生出入新滘中学何贵荣校区的唯一通道。2017年，海珠区实施的桥梁常规定期检测中发现赤沙村大江桥存在多种病害，被评为D类桥（不合格桥），主梁翼板局部混凝土剥落、钢筋外露，桥台砌石多处松动、开裂。为保证桥梁安全可控，在加固改造前，海珠区采取临时保障措施保证桥梁处于安全可控状态。一是采取限载限速措施，树立限载两吨限速20的标志牌，在桥头设置龙门架，防止大货车驶入。二是对桥梁进行维修保养，修复伸缩缝，清除伸缩缝内沉积泥沙，修复混凝土栏杆，对松动的桥台砌石进行加固。2015年，该桥启动旧桥维修加固。7月，海珠区完成项目建议书并报送区发改局审批。10月，区发展和改革局批复同意后，立即组织设计单位开展桥梁维修加固设计。经设计单位评定，该桥无维修加固价值，采取拆除重建的改造方案。项目需拆除原三跨简支肋梁桥，新建一座单孔跨径35米的简支小箱梁桥，桥梁两端与现状道路接顺。路线全长85.31米，其中桥梁全长45.1米。在新建桥梁附近建设一座长6米、宽6米的临时钢便桥，供施工期间大滘涌两侧行人及小型车辆通行。由于场地受限，现场无位置搭设便桥，经与村反复沟通协调，于2017年达成一致，村同意拆除部分物业提供场地以便搭设便桥。该桥维修加固得继续推进。　（李君）

城市供水

【概况】　2017年，为加强供水管理，保障供水安全，广东省住房和城乡建设厅指导各地对当地城镇供水规范化管理开展自查，组织各地开展交叉检查，督促整改抽查发现问题，组织开展供水水质督察，组织加强供水管网漏损率管理座谈会，联合省发展和改革委员会明确升级城市节水评审流程，组织节水型企业和社区评定。截至年底，全省城市供水综合生产能力4071.26万立方米/日，城市用水普及率97.8%，人均生活用水量256.48升/日。但是全省城市供水行业仍然存在部分城市供水管理职能不清、供水规划及管理体制不完善、供水主管部门监管不到位、应急备用水源建设滞后等问题。　（廖侃）

【大面积停水停电演练】　2017年12月14日，广东省组织大面积停电应急演练，模仿演练阳江市遭遇17级台风登陆导致全市发生大面积停电的情景模式。省住房和城乡建设厅协调各地供水应急抢修和市政设施抢修队伍前往阳江开展供水设施及管网抢修，协调南方电网公司派出应急发电车辆支援供水厂进行应急供水，保障阳江市供水安全。　（陈充）

【城镇供水规范化管理】　2017年，广东省住房和城乡建设厅委托省城镇供水协会组织专家检查组，以各地市交叉检查的方式，通过查阅资料、现场检查、座谈等开展全省城镇供水规范化管理考核。经考核，全省12个地级以上市考核分数高于90分、15个县（市）考核分数高于80分，其中广州、深圳、珠海、佛山、台山市供水管理达到较高水平。但是全省供水管理水平呈现两极分化，粤东西北地区，尤其是县城供水行业存在职能不清、经验化管理、技术落后、人才匮乏等问题。　（廖侃）

【珠江源沿线原水水质监测与污染预警系统建立】　2017年5月17日，广东、广西、云南三地城镇供水协会联合在云南曲靖组织100余人参加珠江源考察活动。通过与珠江水系上游供水企业联系，掌握水源保护情况，实现沿线单位相互合作、共享信息、及时联动，应对原水污染突发事件。在提前召开的专题研讨会上，广西水协会长、三地水协秘书长等领导和专家就建立珠江源沿线原水水质监测与污染预警系统必要性、原水污染预警、处置联动机制进行讨论，确定建立珠江流域沿线原水水质监测与污染预警系统。当日，三地与会代表考察珠江源周边地形地貌及水源、水质情况，为日后预警系统机制完善及珠江水质保护奠定基础。10月30日，在广西来宾召开三地珠江流域沿线原水水质监测与污染预警系统建设工作会议，23个单位近50人参加，会议初步确定珠江预警系统建设方案及框

2017 年广东省城市供水情况

地区	综合生产能力（万立方米/日）	供水总量（万立方米）				
			生产运营用水	公共服务用水	居民家庭用水	其他用水
广东省	4071.26	896774.2	208560.52	136206.75	364977.53	58433.45
广州市	787.8	238567.93	30054.8	36410.19	102235.45	25848.67
深圳市	709	174888	48445	42142	63533	1376
珠海市	119	37072	14810	7251	12201	825
汕头市	114.2	28460.21	8739.56	1234.05	12905.55	198.06
佛山市	345.86	48946	14785.09	8353.14	20984.7	1312.49
韶关市	36	9523.77	914.2	1534.37	5204.2	208
乐昌市	5	1493.17	70	266	857	50
南雄市	5	1080	235	2	511	33
河源市	24.8	5893.16	1173	478	2384.28	1171.52
梅州市	21	6314.37	917.25	540.27	2988.51	597.12
兴宁市	10	2636.47	261.89	230.02	1450.2	44.43
惠州市	140	29251.02	4210.03	8647.34	12342.82	343.46
汕尾市	14	3809.3	258	205	1638	1195
陆丰市	8	2116	150	255	1393	88
东莞市	368.8	148524.22	48447.14	9653.17	55611.18	16117.23
中山市	116.84	14743.48	3498.43	1312.03	6471.46	78.16
江门市	128.18	28011.84	10023.3	4145.12	7599.6	2793.67
台山市	12	3396.57	502.47	981.27	1394.41	61.92
开平市	27	2780.03	1047.4	148.4	1248.2	3.5
鹤山市	17	2966.9	527.2	606	1055.25	432
恩平市	6.4	2294.38	561.78	0	1270.43	198.84
阳江市	44	7484.68	1201.15	335.11	3540.16	925.44
阳春市	9	1511	206	140	1035	
湛江市	53.4	13577.71	4464.33	0	7059.13	60.12
廉江市	10	2907	175	434	1243	205
雷州市	5.3	1322	132	108.5	861.9	7.6
吴川市	12	1697.3	340	60	955.8	65.2
茂名市	33	8488.03	701.65	1671.01	4933.45	324.8
高州市	9	2583.86	149	514	1503	149.65
化州市	5.5	1608.87	74	208.17	1062.77	95
信宜市	8	1655.99	148	104	1061	167.87
肇庆市	62.8	15559.39	4585.64	2537.71	5460.88	216.16
四会市	20	4978.39	789	837	1866	30
清远市	41	9919.12	1364.23	3103.02	4094.01	350.75
英德市	11	2325.99	6.32	622.33	788.28	12.19
连州市	6	839.35	73.48	51	548	10.7
潮州市	58	10520.17	1524.35	465.35	3436.96	2063.77
揭阳市	45.40	6440.03	726.64	201.08	4096	582.15
普宁市	36.5	3839	281	191	2821	113

(续表)

地区	综合生产能力(万立方米/日)	供水总量(万立方米)				
			生产运营用水	公共服务用水	居民家庭用水	其他用水
云浮市	577.48	4246.5	1491.19	152.1	1931.95	77.98
罗定市	8	2501	496	77	1400	

注：东莞市包含全行政区域范围数据，2005年全部列入城建统计范围，各县城不列入统计范围　　(冯育文)

架，搭建原水水质人工监测数据共享和信息交流平台，及时掌握原水水质情况，实现原水污染预警功能，为流域内供水安全发挥作用。

【水质技术交流】 2017年8月21—26日，广东省城镇供水协会在惠州市举办年度水质检测人员学习班，省内70多个单位、173名水质检测人员参加水质检验理论知识和实际操作技能学习，提高加强供水企业水质化验室软实力建设，培养检测人才力量；9月21日，广东省城镇供水协会举办全省水厂运行规范管理现场会。全省技术骨干300多人参加会议。现场会围绕水厂管理制度、处理工艺、运行质量控制、水质管理、供水设施设备养护、供水应急、安全生产、安防监控、技术岗位培训等交流学习，推广县镇水厂管理的先进管理经验和做法，强化水厂日常规范化管理，建立保障供水安全长效机制，确保供水安全；11月3日，广东省城镇供水协会在佛山高明召开全省年度水质工作会议，380名代表参加。会议以“优化工艺技术、保障供水安全、促进创新发展”为主题，重点围绕生产技术、水质管理、智慧水务展开研讨，旨在探讨解决供水面临的共性关键问题，为全省供水水质的全面稳定达标提供保障。

【沿海地区供水行业防风救灾】 2017年8月23日，台风“天鸽”正面袭击珠海，造成水厂全面停产。经珠海水务环境控股集团全体职工全力抢险，8月24日凌晨水厂全面恢复供水。但是因树木倒塌造成的管网爆漏、海水倒灌导致的二次加压泵站被水淹，严重影响市民用水。广东省城镇供水协会协调广州、东莞、佛山、深圳4个供水企业组建应急抢修队伍，携带抢修器械、送水车等赶赴珠海救援，于次日凌晨4时开始抢修。8月25日，广州市自来水公司组建近百人抢修队携带大型机械赶赴珠海参加救援。经珠海与广州、深圳、佛山、东莞五地供水企业日夜作战，8月29日珠海全面恢复正常状态。10月24日，由广东省城镇供水协会主办、珠海水务环境控股集团承办的广东省沿海地区供水行业防风救灾工作交流会在珠海召开，130人参加。会议对防御台风“天鸽”进行总结与反思，并以此契机推动建立防风救灾的行业力量，为日后应对台风等自然灾害发挥防灾、救灾、减灾作用。会议围绕“以防为主、高效减灾”主题，开展应对台风灾害时的管理与技术经验交流，为行业提供防风救灾借鉴。

【广东、云南、贵州三省水务企业友好结对】 2017年7月27日，广东、云南、贵州三省城镇供水协会在佛山联合举办友好结对工作总结交流会，三省170余人参加。交流会新签约4对新增结对供水企业。截至年底，发展至21对、42家供水企业参与。　*(杨春媚)*

城市燃气

【概况】 截至2017年底，广东省城市液化石油气年供气总量362.11万吨，城市天然气年供气总量124.74亿立方米。全省城镇燃气发展稳中有升，但是全省仍然存在储备能力不足问题，应对能源供应中断和重大突发事件的预警应急体系有待完善，燃气监管体制需要逐步加强。

【城镇燃气安全管理】 2017年6月，广东省住房和城乡建设厅组织召开全省城镇燃气安全管理现场会。各地燃气行业交流安全管理经验做法，推广城镇燃气行业智能化安全管理技术，配合省安全生产委员会办公室妥善处理一批重大安全隐患。8月，《广东省住房城乡建设系统安全生产大检查工作实施方案》印发，针对燃气经营企业和燃气主管部门分别开展检查，检查内容包括：燃气经营企业的安全生产管理状况、检查门店设备是否符合规范要求、燃气主管部门开展燃气安全检查工作情况，以及城镇燃气风险点、危险源摸排情况和检查燃气经营企业诚信档案的建立情况等。根据安全生产大检查部署，从全省各地市抽调燃气专家组成10个督查组对各地开展督查。9月和12月，省住房和城乡建设厅分别印发《关于建立城镇燃气风险点危险源隐患排查台账的通知》《关于做好城镇燃气行业安全风险管控有关工作的通知》。通过综合治理，有效消除城镇燃气行业安全隐患，遏制较大及以上事故发生。　*(李君)*

【燃气行业民营企业选介】 广东兴华燃气投资集团有限公司成立于1997年，是东莞燃气行业龙头企业，在瓶装气销售方面，以终端零售为主，在全省有117个门市部，网点覆盖东莞21个镇街，送气工

300名，年销量约9万吨，系统注册用户56万多户，其中居民用户占90%、工商业用户占10%，市场占有率20%以上。兴华燃气集团公司严格按照有关燃气管理的法律法规规范经营，坚持“保质保量保安全”的服务承诺，投入资金和人力向周边群众进行安全用气宣传，免费开展一家一户安检服务，深入村社区和校园开展安全用气知识讲座。参与燃气事故应急抢险，协助排查燃气安全隐患。

注重加强安全管理，运营规范安全。公司重视燃气安全管理，落实安全管理责任制，严抓各项安全工作程序。加强门店巡查制度，将安全工作的责任层层落实到人。针对新情况、新问题，调整内部管理，确保燃气供给保障有序和安全运行。

注重加强技术创新，产品质量有保障。加大安全技术投入，建设实时视频监控系统，实时掌握所有气站和网点的安全运营情况。组建燃气储配站瓶装液化气自动灌装转盘生产线技术研究团队，建成瓶装液化气自动灌装转盘生产线；与多立恒（北京）能源技术股份公司合作推进内置智能芯片角阀研发、燃气配送系统优化升级等；组建钢瓶检测站和能源研发中心，通过技术创新提高集团技术水平和夯实燃气经营基础，保障公司安全生产。

2017年广东省城市燃气供气情况

地区	液化石油气				天然气			
	储气能力（吨）	供气总量（吨）	销售气量（吨）		储气能力（吨）	供气总量（万立方米）	销售气量（万立方米）	
				居民家庭				居民家庭
广东省	252319.11	3621129.47	3617695.38	1710086.17	2082.45	1247388.52	1226587.46	166554.6
广州市	36888.49	790627.21	790431.25	338211.69	669.45	207476.09	190064.45	34158.22
深圳市	3424	927213.99	927213.39	267233.08	66.11	616880.05	614939.22	40525
珠海市	24300	106000	106000	83000	81.12	15135	15135	2297
汕头市	114500	200727	200408	155318	42	4497.26	4475.36	741.05
佛山市	2697.31	126626.68	125992.68	46349.56	158.77	94013.45	93859.5	47034.38
韶关市	2709	14500.92	14468.58	10240	39	5241	5182.89	1958
乐昌市	272	3019	2907	2860	35	230.33	219	120
南雄市	590	3402.1	3400	2400	24	958.83	955.79	114.32
河源市	328	29200	29195	29195	31	2203.85	2177.09	905.29
梅州市	609	8702.01	8702	8702	37.5	1775.47	1774.37	643.44
兴宁市	395	9315	9132	9132	12.3	143.59	142.39	65.7
惠州市	2008	48925.12	48825.12	36479.69	36.09	14092.73	14057.19	4431.74
汕尾市	205	1860	1860	1860	5.2	378.02	377.36	142.21
陆丰市	531.64	6754.3	6754.3	5096.2	0.3	147	141	105
东莞市	10000	276038	276038	124577	138	87752	87752	15000
中山市	1262	36666.04	36632.04	16251	40	9891.02	9881.43	3255.78
江门市	3582.04	48128.38	48128.24	24737.19	25.4	17908.63	17634.37	746.72
台山市	1115.8	22345.32	22345.32	11371.27	1.2	2102.46	2089.51	21.65
开平市	1177	14412.2	14412.2	14412.2	3.47	2147.72	2122.59	1917.93
鹤山市	394.8	13354.44	13205.44	7109.09	1.62	44.8	42.35	0
恩平市	200	5911	5911	5540	—	—	—	—
阳江市	12667	206957.41	206957.41	202916.83	42.20	2369.6	2357.12	1255.33
阳春市	6628.4	12821	11958	11958	100	600	600	600
湛江市	3100	50000	50000	50000	91.80	12227	11800	2231
廉江市	800	4206	4190	4190	30	301	300	300
雷州市	230	1655	1642	1642	—	—	—	—
吴川市	800	7524.5	7517	7507	—	—	—	—
茂名市	6950	46459	46459	40434	72.6	2359.2	2359	1883

（续表）

地区	液化石油气				天然气			
	储气能力（吨）	供气总量（吨）	销售气量（吨）	居民家庭	储气能力（吨）	供气总量（万立方米）	销售气量（万立方米）	居民家庭
高州市	1550	30112.5	30112.5	28069	3.3	449.4	449.4	449.4
化州市	1117	12960	12960	7760	0.75	2.5	2.5	2
信宜市	790	13645	13600	12350	4	26	25.5	23.5
肇庆市	1999.63	17993.52	17991.01	13271	136.2	25596.62	25572.52	1271.49
四会市	740	7011	7000	6755	40	13000.06	13000	354
清远市	1296	34659.13	34659.13	23217	11.2	19883.24	19670.24	2132.42
英德市	950	8046	8045	8045	33.2	1334	1333	473.01
连州市	795	4192.1	4189.17	3742.08	12	235.03	235	14.4
潮州市	2155	380275	380275	10375.8	1.67	79061	79061	—
揭阳市	210	22243	21942	18807	56	4800	4702	300
普宁市	408	51085	51085	48012	15	589.12	586.32	586.32
云浮市	1144	5514.6	5514.6	2943.49	11.5	1257.45	1246	484.5
罗定市	800	10041	9637	8016	6	278	265	10.8

注：东莞市包含全行政区域范围数据，2005年全部列入城建统计范围，各县城不列入统计范围 （冯育文）

注重加强团队建设，应急处置能力强。坚持为员工提供岗前培训。部分技术岗位，必须考取从业执照才可上岗。员工为客户提供优质专业的供气服务，提供一年一度的免费上门安检服务，排除安全隐患。 （范少华）

城市污水处理

【概况】 2017年，广东省城市污水管网建设和提升污水处理效能取得阶段性成效。全年新建污水管网5949.9千米，是历年新增污水管网最多的一年。截至年底，累计建成污水管网总长度50788.09千米。年内，广州、深圳、东莞市分别新建污水管网1392千米、2009千米、687千米。根据住房和城乡建设部公布的全国污水处理设施运行效能考核评分，广东省上半年、第三季度、第四季度评分在全国排名依次为第15、13、11名，比上年同期排名分别上升9、11、9名，在所属降雨分区（广东属于年降雨量大于1500毫米的降雨分区，包括浙江、福建、江西、广东、广西、湖南、海南7个地区）排名提升至第二名，扭转过去在全国排名长期20名开外的局面，污水处理效能明显提升。但是全省仍然存在县城污水处理设施的污染物收集效能较低等问题，县城污水处理设施运行情况考核分数仅为76.29分，全国排名21名，在所属降雨分区中，排名第五。

【城市污水管网建设】 2017年，广东省住房和城乡建设厅以落实中央环保督察反馈意见整改为契机，推进污水管网建设。组织全省各地制定年度重点项目建设计划，并纳入2017年省委办公厅、省政府办公厅联合大督查。组织召开广东省推进城市生活污水处理暨黑臭水体整治工作现场会，组织专家对全省各地市开展全覆盖的检查指导，督促指导各市加快建设。建立污水处理考核情况和黑臭水体整治季度通报制度，及时分析各地工作进展，对滞后的地市进行跟踪与指导。年内，省住房和城乡建设厅会同环保、水利、农业等部门对全省城市污水管网建设任务较重或进展缓慢的城市开展实地检查和督办。

全省各地落实属地责任，广州市创新推出“洗楼、洗管、洗井、洗河”四洗行动，摸查建筑物101.65万幢、建筑面积8.43亿平方米，摸查污染源7.99万个，清除污染源19436个，完成9554.32千米的排水管网摸查和中心城区376处排水管道错漏接整改，全市管网功能性缺陷整改率由39.31%上升至80.79%，污水管网运行水位普遍降低0.5米~3米，减少污水溢流；深圳市全面实施“织网”行动，全年新增2009千米污水管网。按照“流域统筹，系统治理”思路，以流域为单元系统制订水环境综合治理方案，结合实际对项目进行流域性捆绑打包，推行“地方＋大企业”合作实施流域系统治理新模式，将管网建设效果与水质净化厂进水量、浓度“双提升”进行挂钩；东莞市高位推进，由市主要领导亲自挂帅，成立污水治理设施建设工程现场指挥部，从12个政府部门抽调业务骨干集中推进污水管网建设。市政府主要领导及时约谈工作推进不理想的镇街，推进全市污水管网建设。

【城市污水处理设施建设及改造】 2017年6月，广东省住房和城乡建设厅配合省环境保护厅等省直部门共同转发环境保护部等十部委联合印发的《近岸海域污染防治方案》，督促全省各地按照要求开展近岸海域污水处理设施提标改造。在前期收集各地项目的基础上，省住房和城乡建设厅联合省环境保护厅于8月印发《关于印发广东省城镇污水处理设施提标改造任务的通知》，督促各地按照国家要求制订实施方案，加快推进近岸海域污水处理设施提标改造，并及时报送相关项目进展。10月，省住房和城乡建设厅联合省环境保护厅印发《关于再次核实报送敏感区域污水处理设施提标改造计划的通知》，要求各地明确敏感水体范围定义，加快污水处理设施提标改造。年内，印发《关于生活污水处理设施提标改造计划情况的通报》，督促进展缓慢的城市加快推进相关工作。11月，省住房和城乡建设厅联合环境保护厅印发《关于征求污水处理设施提标改造计划项目意见的紧急通知》，督促各地再次核实项目，确保污水处理设施提标改造项目范围及数量符合国家要求，加快污水处理设施提标改造进度，力争完成国家下达的任务。

【城中村污水治理】 2017年，广东省住房和城乡建设厅谋划推进城中村污水治理。省委、省政府成立珠江三角洲区域水污染防治协作小组，加大治水统筹力度。全省各市相应成立治水领导小组，推动城中村污水治理在内的水污染防治。8月，省长马兴瑞率省直有关部门负责人先后实地调研广佛跨界河流、练江、榕江、鉴江、小东江、石马河、深圳河、东莞运河等重点流域，逐一推动落实水污染防治工作，以点带面推动重污染河流整治、城中村污水治理；副省长许瑞生定期分流域、分片区实地督导重点流域污染整治，并于9月21日和25日分别突击检查广佛跨界河流、石马河、茅洲河，推进加快环境基础设施工程建设，推动城中村污水治理。年内，省政府印发《关于创新重点领域投融资机制鼓励社会投资的实施意见》，鼓励社会资本参与包括城中村在内的重点领域基础设施和公共服务设施投资建设。省住房和城乡建设厅出台《关于加强城中村污水治理工作的通知》，全面系统指导各地开展城中村污水治理，提出到2020年各地实现城中村污水全收集、全处理目标。

广东省各地开展城中村污水治理情况调研摸查，建立污染源台账，排查城中村污水治理数量，制订本地区城中村污水治理方案。截至2017年底，全省各地计划对1498个城中村开展污水治理。广州市制定《关于印发广州市治水三年行动计划（2017—2019年）》《广州市城中村治污技术指引》，明确由属地政府统筹建设、管理污水设施，所在街镇具体实施污水收集，以幢为单位，采取“进村入户”的方式，逐幢收集污水后汇入污水收集井，力争用2—3年时间对85个城中村排水户出户管进行改造，确保污水全收集。全年44个城中村，42个开工，其中荔湾区8个、黄埔区4个、白云区19个、天河区10个、海珠区1个，占95%；白云区2个村开展施工招标，占5%。深圳市印发《深圳市城中村综合治理2018—2020年行动计划》，重点解决1326个城中村污水收集问题，计划完成1650千米管网建设，全面实施雨污分流改造，实现村内排水系统与市政排水系统有效衔接。汕头市印发《汕头市河长制领导小组办公室关于报送2017—2020年行动计划的通知》，明确城中村污水治理工作责任主体，完成66个自然村调研摸查，采取PPP模式整县推进村镇污水处理设施建设，通过捆绑打包整区的农村分散村居生活污水处理设施，吸引投资商参与城中村污水治理。珠海市强化污水管网建设，对能接入市政污水管网的城中村实施污水管网截污纳管整治，对21个自然村进行截污纳管整治，将城中村污水纳入市政污水管网；对没有条件接入污水管网的自然村，实施小型的一体化处理设施分期处理。对流经城中村的12条黑臭水体进行排查整治，完工11条、开工1条。佛山市制定《佛山市排水管理条例》，以立法形式明确城市排水及其设施的规划、建设、运行、维护、管理的方式，把城市建成区和城中村的污水处理设施进行整合，形成完整的污水处理体系。对流经城中村的3条黑臭水体进行排查整治，并全部完工。江门市组织各区、各相关部门排查出20个城中村存在的污水治理问题，召开城中村污水治理工作会议，明确各区、镇街责任分工，科学制定整治计划。湛江市紧盯“三年水变清”的整治目标，制订《湛江市主城区水系综合整治三年实施计划（2015—2017年）》，实施南柳河、赤坎水库、滨湖等重点整治项目，对流经城中村的菉塘河和南柳河下游段2条黑臭水体进行排查整治，使城中村污水得到有效治理。其他各市相应落实治理措施，有序推进城中村污水治理。

【城乡生活污水处理设施建设“十三五”规划】 2017年，广东省住房和城乡建设厅、发展和改革委员会、环境保护厅组织编制《广东省城乡生活污水处理设施建设“十三五”规划》（简称《规划》）。《规划》按照全面规划、全面覆盖、不留死角的原则，对全省范围内的县（市、区）、镇、村三级生活污水处理设施、污泥处理处置及污水再生回用设施建设等进行摸查、梳理和统筹规划，综合考虑设施建设运行需求，明确2016—2020年项目建设任务和资金需求，提出具体建设实施方案及保障措施。

2017年，广东省规划新建、扩建污水处理设施规模974万立方米/日，其中粤东地区新建污水处理设施规模166万立方米/日，粤西地区新建污水处理设施规模159万立方米/日，粤北地区新建污水处理设施规模128万立方米/日，珠江三角洲九市新建污水处理设施规模521万立方米/日；新增农村生活污水处理设施不少于29130个，其中珠江三角洲9市新增农村污水处理设施不少于6632个，粤东地区不少于3972个，粤西地区不少于7409个，粤北地区不少于11117个；新增配套污水管道13130千米，其中粤东地区新增污水管道2138千米，粤西地区新增1968千米，粤北地区新增2406千米，珠江三角洲9市新增6618千米；改造各类老旧污水管道2370千米，其中粤东地区90千米，粤西地区新增113千米，粤北地区新增270千米，珠江三角洲9市1897千米；改造合流管道2484千米，粤东地区173千米，粤西地区228千米，粤北地区298千米，珠江三角洲9市1785千米；新增污泥处理处置能力5273吨/日（80%含水率计），其中粤东地区合计新增污泥处理处置能力650吨/日，粤西地区合计新增污泥处理处置能力50吨/日，粤北地区合计新增污泥处理处置能力448吨/日，珠江三角洲9市合计新增污泥处理处置能力4125吨/日；新增再生水利用设施建设规模205.9万立方米/日。（陈充）

【城镇排水行业职业技能竞赛】 由广东省住房和城乡建设工会委员会、广东省市政行业协会联合主办的“第二届‘排水杯’全国城镇排水行业职业技能竞赛广东省选拔赛”于2017年8月17—18日在广州举行。经过各地的推荐和选拔，全省有46支队伍、135名选手参加，其中污水处理工25支队伍、75名选手参赛，排水管道工21支队伍、63名选手参赛。经过选拔推荐，广州从化净水有限公司的王伟国、珠海市城市排水有限公司的李雄宇、深圳市水务（集团）有限公司的宋远洲和由广州市市政工程维修处“泽宇”班组的李名杰、骆志辉、陆卓豪组成的团队，代表广东省出征2017年10月17—20日在西安举行的第二届“排水杯”全国城镇排水行业职业技能竞赛的决赛。广东省城镇污水处理工选手宋远洲获城镇污水处理工个人第九名，“泽宇”班组获得排水管道工班组第九名。（汤欣仪）

▲整治后的江门市天沙河五邑大学段（2017） （江门市水务局供稿）

城市黑臭水体整治

【概况】 2017年，根据各地自评，广东省243个黑臭水体中，191个完成阶段整治，达到住房和城乡建设部“初见成效”目标要求，其中广州市35个、深圳市45个黑臭水体全部实现“初见成效”。广东省完成国家下达2017年关于“全省黑臭水体平均消除比例达到60%、广州及深圳市达到90%”的年度目标任务。但是对比住房和城乡建设部“长制久清”目标，部分黑臭水体仍须增加系统性、永久性措施；部分城市非城市建成区内仍存在不少黑臭水体，整治力度不够；个别城市进展缓慢，需加大力度推进工程项目建设。

【黑臭水体整治工作现场会】 2017年9月7日，广东省住房和城乡建设厅联合省环境保护厅在广州召开广东省城市生活污水处理和黑臭水体整治工作现场会。省住房和城乡建设厅、省环境保护厅，以及各地级以上市生活污水、黑臭水体、环境保护等主管部门和市政行业有关专家约100人参加。会议组织与会人员现场参观广州京溪地下净水厂运营情况、广州石井地下净水厂及沙河涌整治项目建设情况，研究讨论城中村截污纳管工程、生活污水处理设施建设与提标改造、城市黑臭水体整治等经验做法。广州市按照市财政出资、区级部门具体落实的模式，对80个“城中村”的污水进行整治；深圳市采取绿色通道方式简化黑臭水体整治项目审批；佛山市对每个黑臭水体制定“三图一表”（含现状图、整治图、作战图和项目表）；东莞市组织专家集中授课，引导专业人才参与镇区污水处理，指导当地整治黑臭水体。

【城市黑臭水体整治技术指引】 2017年，广东省住房和城乡厅组织编印《广东省城市黑臭水体整治技术指引》（简称《指引》），在征求全省各地黑臭水体整治主管部门和省直有关部门意见、召开专家评审会、报请厅办公会议审议的基础上印发各地实施。《指引》明确提出城市黑臭水体整治的工作策略、工作流程、技术路线和长效保持的关键因素，剖析几种典型黑臭水体特点，并提供成功整治案例，如湖南省常德市穿紫河黑臭水体整治、上海市苏州河综合整治工程，以及德国鲁尔埃姆舍河整治工程等。

【黑臭水体整治挂牌督办】 2017年，广东省住房和城乡建设厅联合省环境保护厅印发《关于对部分城市黑臭水体实行重点挂牌督办的通知》，对珠海、佛山、惠州、东莞、中山、阳江、湛江、茂名、清远、云浮10个城市20个黑臭水体进行重点挂牌督办，要求有关城市推进工程建设，确保年底前完成整治；要求各市主动公开黑臭水体信息，接受公众监督；要求各市定期报告整治进展，强化监督检查。截至年底，国家挂牌督办的广州、深圳的27个黑臭水体全部完成阶段整治并初见成效；省级挂牌督办的20个黑臭水体有18个完成阶段整治并初见成效、2个整治中。

【黑臭水体整治评估指导及督查】 2017年，广东省住房和城乡建设厅加强督查力度，对有关城市黑臭水体整治进行专题调研和现场督导，结合日常巡查和专项督查、现场督查和会议督查，实现全年省级督查全覆盖。组织专家团队全面巡查全省黑臭水体整治，重点检查工程推进情况、整治成效、公众满意度等，针对各地存在问题逐个提出整改意见。根据《住房和城乡建设部办公厅 环境保护部办公厅关于做好城市黑臭水体整治效果评估工作的通知》，省住房和城乡建设厅组织各地开展黑臭水体整治初见成效评估。截至年底，根据各地自评上报，全省243个黑臭水体中，191个初见成效。 *(李渭印)*

城市地下管网建设与管理

【概况】 2017年，广东省加大对城市地下综合管廊规划建设进展较慢城市的督办力度，采取多种措施指导各市加快建设进度。按照住房和城乡建设部新的规范编制地下综合管廊专项规划，组织国内专家对各市专项规划进行技术审查把关。协同住房和城乡建设部组织召开全省城市地下综合管廊规划建设工作辅导会，交流城市地下综合管廊建设规划编制等经验，超额完成全省新增开工建设城市地下综合管廊100千米的任务。除河源外，全省各市完成城市地下综合管廊专项规划编制，其中10个市通过市政府审批实施。年内，全省21个设市城市地下管线普查全面完成，并建立城市地下管线信息系统。各城市综合管廊建设处于起步阶段，管线入廊、收费政策实施等方面均存在问题，有待逐步理顺各方关系。

【城市地下管线普查】 2017年，广东省加大地下管线普查工作督办力度。4月，省住房和城乡建设厅组成3个督办小组实地督导地下管线普查进展滞后的城市，通报未全面完成地下管线普查工作的城市，印发《关于督促加快完成地下管线普查工作的通知》，确保在省政府要求的期限内完成任务。提请省政府约谈进展缓慢的城市，加快完成地下管线普查及建立完善城市地下管线信息系统。截至年底，全省21个地级以上市中心城区和20个县级市地下管线普查全面完成，并建立城市地下管线信息系统。

【城市地下综合管廊专项规划编制】 2017年，按照住房和城乡建设部要求，广东省各地级以上市开展城市地下综合管廊专项规划编制，省住房和城乡建设厅邀请国内专家，联合各市组织对城市地下综合管廊专项规划进行技术审查把关，对各市城市地下综合管廊专项规划提出针对性意见。东莞、汕尾、揭阳、阳江、汕头、佛山、肇庆、云浮、清远、湛江、江门、惠州12市完成地下综合管廊专项规划编制。截至年底，全省有20个地级以上市完成地下综合管廊专项规划编制。年内，协同住房和城乡建设部组织召开全省城市地下综合管廊规划建设工作辅导会，省住房和城乡建设厅与各城市地下综合管廊规划、建设主管部门、地下综合管廊规划编制单位、建设单位有关人员参加。会议听取广州等城市汇报地下综合管廊规划编制成果，交流城市地下综合管廊建设规划编制经验，组织专家对全省管廊专项规划编制进行辅导，以提高城市地下综合管廊规划编制科学性。广州市提出力争到2020年，建设250千米地下综合管廊并陆续投入运营。以提绩效控成本为出发点，深挖企业潜能，合理设置PPP模式。统筹利用地上地下空间，与主体工程高效结合，解决马路拉链问题。实施技术创新，打造“类型多样、功能齐全的国际管廊”。配套政策护航，建立行业管理新秩序。破解入廊费收费难点，细化收费指标。

【城市地下综合管廊规划建设指导】 2017年，广东省加大对城市地下综合管廊规划建设进展较慢城市的督办力度，通过采取约谈、电话督办、每月通报和实地督导等方式，指导各市采取有效措施加快建设进度。3月，由省住房和城乡建设厅、广州市住房和城乡建设委员会和广州市科学技术协会指导，广州市市政工程协会主办的2017中国（广州）城市地下综合管廊高峰论坛举办。5月，印发《加快城市地下综合管廊规划建设工作提示函》，6月，印发《广东省住房和城乡建设厅关于进一步做好城市地下综合管廊建设工作的函》，指导各市继续推进城市地下综合管廊建设。由有关部门和单位推荐地下管廊规划建设方面的专业技术人才，建立全省城市地下综合管廊专家库，参与省住房和城乡建设厅关于城市地下综合管廊规划建设有关政策制定和有关技术指导，为全省城市地下综合管廊主管部门提出专业技术意见和建议，推进全省城市地下综合管廊规划建设。

【城市地下综合管廊建设实施】 2017年，广东省组织各地市做好城市地下综合管廊建设项目梳理、汇总，确定全省全年城市地下综合管廊重点项目建设计划，加快推进全省地下综合管廊建设。加大对城市地下综合管廊规划建设进展较慢城市的督办力度。加快项目前期工作，制定开工计划，建立工作倒逼机制；省住房和城乡建设厅及时处理各市城市地下综合管廊主管部门在项目推进中遇到的困难和问题。截至年底，广东省新增开工建设城市地下综合管廊100千米任务超额完成。新增开工建设城市地下综合管廊103千米，开工项目分布在广州、深圳、梅州、汕头、惠州、中山、佛山7市。

广东省城市综合管廊建设困难重重。广东省粤东西北地区经济欠发达，城市地下综合管廊造价高、资金需求量大，造成相关市财政压力大，资金短缺；地下综合管廊PPP项目涉及部门多、合同期限长、审批流程繁琐，签订项目合同时间长；规划、招标、报建、施工许可等前期手续繁琐；管线迁改和征地拆迁涉及的产权单位多，协调难度大，阻碍工程推进；有偿使用制度全面落地难。推动研究探索有偿使用收费制度，完善管理制度，推动建立政府主导，市场化运营模式，按照“百年工程”标准，确保施工质量。（胡朝华）

▲珠海市环岛北路A16段地下综合管廊（2017）

（广东省住房和城乡建设厅城市建设处供稿）

海绵城市建设

【概况】 2017年，广东省推进海绵城市建设，全省海绵城市专项规划编制稳步推进、试点建设取得成效。省住房和城乡建设厅组织学习湖南常德、香港、四川成都、浙江杭州海绵城市建设经验，指导督促全省各设市城市推进海绵城市专项规划编制。截至年底，全省41个设市城市全部开展海绵城市专项规划编制。但是全省仍然存在认识不够到位、专项规划编制相对缓慢、规划编制水平不高、海绵城市建设总体成效不明显等问题。

【海绵城市专项规划编制】 2017年，广东省推进海绵城市专项规划编制。根据《国务院办公厅关于推进海绵城市建设的指导意见》要求，省住房和城乡建设厅督导广东省海绵城市专项规划编制，根据城市降雨、土壤、地形地貌等因素和经济社会发展条件，综合考虑水资源、水环境、水生态、水安全等方面的建设需求，识别山、水、林、田、湖等生态条件，提出海绵城市的自然生态空间格局，明确保护与修复的要求，细化雨水年径流总量控制率等目标，确定海绵城市近期建设重点。5月15日及7月13日，省住房和城乡建设厅先后两次通报全省海绵城市规划建设情况，督办各市完成海绵城市专项规划编制，按照专项规划制定建设年度实施计划落实建设项目，推动各市海绵城市建设。8月18—19日，省住房和城乡建设厅在珠海召开海绵城市专项规划编制专题辅导会。各设市城市海绵城市建设牵头部门及规划主管部门负责人、各市海绵城市专项规划编制单位项目负责人等参加。会议邀请住房和城乡建设部城市建设司有关领导及海绵城市建设领域专家现场讲解国家海绵城市建设要求及专项规划编制的要点，指导广东省各市开展海绵城市专项规划编制。10月27日，《广东省住房和城乡建设厅关于加快海绵城市专项规划编织工作的督促函》印发，督促进度滞后的城市抓紧完成专项规划编制。截至年底，广州、深圳、珠海、佛山、梅州、惠州、中山等13个设市城市完成海绵城市专项规划编制并通过所在市政府审批。

【海绵城市建设管理与评价细则】 2017年4月27日，《广东省海绵城市建设管理与评价细则》（简称《细则》）印发。《细则》涵盖总体要求、目标和指标、组织机制、建设项目管控机制、投融资模式、运营维护机制、评价机制等要点。《细则》以德国、日本、新加坡等多国的雨水利用研究与实践，以及安徽省、江苏省，广西南宁市、陕西西咸新区等多个海绵城市建设为例，介绍国内外相关工作系统化和法规化的操作流程。

【海绵城市建设实施指引】 2017年9月8日，《广东省海绵城市建设实施指引（2016—2020年）》（简称《指引》）印发。《指引》细化落实“十三五”期间全省海绵城市建设实施计划，指导全省各市有序开展海绵城市规划和建设。《指引》规划范围为全省设市城市的建成区，不包括县城、市区或县城外的镇及农村。《指引》明确提出海绵城市建设采取“渗、滞、蓄、净、用、排”等措施，最大限度地减少城市开发建设对生态环境的影响，将70%以上的降雨就地消纳和利用。到2020年基本实现山、水、林、田、湖等生态空间有效保护，排水防涝能力有效提升，城市内涝积水问题基本解决，水生态、水资源、水环境、水安全全面改善等总体目标和“十三五”时期海绵城市建设的各项指标，引导全省各市将海绵城市建设目标细化为具体的控制指标，引导海绵城市建设有效实施。

【深圳和珠海海绵城市试点建设】 2017年4月，住房和城乡建设部对第一批16个、第二批14个海绵城市建设试点情况进行年度绩效评价，对海绵城市建设试点年度落实情况进行评价，总结试点经验，分析存在问题并提出改进措施，督导各地加快推进试点建设。是年，深圳市出台《光明新区海绵城市试点区域建设项目实施计划表》《深圳市光明新区海绵城市规划建设管理办法（试行）》。以推进试点区域建设为契机，将海绵城市建设扩大到全市范围。年内，深圳市将海绵城市建设与治水提质、河长制、正本清源等结合起来，以流域、汇水分区为单位，按照“源头削减—过程控制—系统治理”的技术路径整体工作。是年，深圳市将海绵城市建设专项规划作为全市规划体系的重要组成内容，与原有城市总体规划、控制性规划、市政、道路、重点片区等专项规划衔接，做好涉水顶层设计，抓紧各项地方标准和规范的修订编制，指导全市海绵城市建设。8月，住房和城乡建设部督导珠海市海绵城市试点建设，提出整改意见。9月7日，珠海市召开研究海绵城市专家反馈意见和整改措施工作会议。成立市区两级领导小组和专职机构，完善海绵城市建设机制体制，加强技术人员力量，建立海绵工作会议制度。年内，《珠海市海绵城市规划建设管理办法（试行）》初稿出台，报珠海市法制局启动立法，规范海绵城市的管理和实施，明确相关单位的职责和义务。12月，住房和城乡建设部组织专家团队专项督导第二批14个试点城市，指导深圳、珠海市制订有针对性的整改方案，持续推进海绵城市试点。

【全省海绵城市建设工作现场会】 2017年10月12日，广东省住房和城乡建设厅在深圳召开推进海绵城市建设工作现场会。全省41个设市城市海绵城市建设相关部门、150人参加。会议强调，海绵城市是以水为核心的一种新的城市建设方式和发展理念，是生态文明建设的重要内容。会议邀请国内海绵城市建设方面的专家进行专业讲解，深圳、中山、佛山等市交流介绍海绵城市规划和建设工作经验。会议代表现场参观万科云城、登良路、深圳湾公园、香蜜公园等项目建设情况。佛山市从顶层设计入手，结合城市项目实施、排涝建设、河湖治理、水体修复、景观打造等工作，以“5＋2”重点区域（“5”是指禅城区、南海区、顺德区、高明区、三水区；“2”是指佛山新城核心区、佛山科技学院新校区）海绵城市建设带动全市海绵城市专项规划；在详细规划层面，各区根据自身实际情况。编制区级专项规划，划定的重点区域编制完成重点区域实施方案。

（刘青）

【城市排水防涝补短板】 2017年，国务院政府工作报告明确提出“启动消除城区重点易涝区段三年行动”。年内，住房和城乡建设部、国家发展和改革委员会联合印发《关于做好城市排水防涝补短板建设的通知》，选定全国60个城市（含广州市）列入国务院城市排水防涝补短板范围。为做好广东省城市排水防涝补短板工作，减少内涝等灾害影响，省住房和城乡建设厅参照住房和城乡建设部做法，将内涝灾害较严重、社会关注度较高的珠江三角洲地区作为广东省排水防涝补短板重点区域，印发《关于做好城市排水防涝补短板建设工作的通知》，组织珠江三角洲地区制订排水防涝补短板实施方案，针对城市低洼地段及人口密集区域、立交桥等道路集中汇水区域、地铁及重要市政基础设施等易涝点，逐一明确治理任务、完成时限、内涝防治标准和责任主体，并落实工程项目建设进程。6月，广东省印发《关于推进城市排水防涝补短板工作的通知》，公布全省城市排水防涝安全责任人及重要易涝点责任人名单，要求全省各地强化责任落实，加强易涝点整治，明确责任主体和改造时间表，定期公布易涝点整治进展情况。

（李渭印）

城市生活垃圾处理

【概况】 2017年，广东省城市生活垃圾处理取得显著成效。通过加快设施建设，提高生活垃圾处理能力；通过健全生活垃圾管理机制，提升运营管理水平；通过推行试点示范，探索生活垃圾分类管理模式。截至年底，全省城市生活垃圾无害化处理率97.98%，建成并在运营生活垃圾处理设施115座，处理能力8.3万吨/日，其中卫生填埋场86座、焚烧发电厂29座，为城乡生活垃圾治理奠定良好的硬件基础。但是个别生活垃圾处理设施受“邻避”效应影响进展滞后，全省垃圾分类工作仍处于起步阶段，市民分类投放习惯没有普遍形成，可回收垃圾回收利用体系尚未建成，垃圾分类收运处理链条有待完善，工业垃圾混入生活垃圾收运处理体系现象较为普遍，生活垃圾收运和处理压力较大。

【生活垃圾处理设施建设】 2017年，广东省住房和城乡建设厅会同发展和改革委员会印发《广东省城乡生活垃圾处理“十三五”规划》，指导全省各地组织实施。落实推进省政府涉环保项目“邻避”问题防范及推进试点工作，印发《生活垃圾处理项目“邻避”问题防范与化解工作实施方案》《预防与化解生活垃圾处理设施“邻避”问题交流材料汇编》，推进生活垃圾处理项目落地的可借鉴、可推广经验，指导各地生活垃圾处理项目“邻避”问题预防化解。将生活垃圾处理设施建设任务目标列入省委、省政府组织开展的联合大督查。会同省直有关部门按职责分工提供“绿色通道”服务，优化审批手续，及时协调解决项目建设中存在困难。全年新建成生活垃圾处理设施10座，处理能力10490吨/日，其中卫生填埋场3座，处理能力1700吨/日；焚烧发电厂7座，处理能力8790吨/日。截至年底，全省建成运营生活垃圾处理设施115座，处理能力8.3万吨/日，生活垃圾处理设施数量和处理能力均列全国第一。

【生活垃圾管理长效机制建立】 2017年，广东省推进《广东省城乡生活垃圾处理条例》贯彻实施，出台《关于居民生活垃圾集中处理设施选址工作的决定》，印发《广东省城市基础设施建设“十三五”规划》《广东省城乡生活垃圾处理“十三五”规划》等，规划部署生活垃圾处理。年内，开展全省生活垃圾焚烧处理项目企业名录推荐。加强生活垃圾设施建设运营管理。全省各地完善生活垃圾收集、运输和处置运营规范，建立生活垃圾处理运营单位信用体系和失信惩戒机制、黑名单制度，对生活垃圾处理运营效果开展年度评价，并公开评价结果，促进城乡生活垃圾处理体系的常态化、规范化和长效化。配合省政府出台《关于建立预防与打击违法处理垃圾行为长效机制的意见》，构建政府负责、部门监管、综合治理、运行通畅的长效工作机制，发挥各部门职能作用，打击违法运输、排放、倾倒、处置垃圾的行为。

生活垃圾处理设施无害化等级评价　2017年，广东省住房和城乡建设厅委托省环境卫生协会组织专家依据国家行业标准《生活垃圾焚烧厂评价标准（CJJ/T 137—2010）》和《生活垃圾填埋场无害化评价标准（CJJ/T 107—2005）》开展省级生活垃圾焚烧厂和填埋场等级评价，以提升全省生活垃圾处理设施运营管理规范化水平。通过开展无害化等级评价发现各市生活垃圾处理运营机制存在问题，要求各地级市加快整改，确保设施建设和运营达标。定期组织对通过无害化等级评价的生活垃圾焚烧厂和填埋场进行复查。复查合格的，保留其无害化水平认定；复查不合格的，要求限期整改；整改仍然不合格的，公告撤销其无害化水平认定并通报批评。截至年底，全省72座生活垃圾处理设施通过无害化等级评定，其中3个生活垃圾焚烧处理厂符合国家最高等级的AAA级，占全国总数的60%。

生活垃圾分类政策研究及问卷调查　2017年，广东省贯彻《国务院办公厅关于转发国家发展改革委住房城乡建设部生活垃圾分类制度实施方案的通知》，4—5月，省住房和城乡建设厅联合省教育厅、省人社厅于面向全省2300万名在校学生开展生活垃圾分类问卷调查，通过“小手拉大手”方式促进全社会共同关注和参与生活垃圾分类。调查内容包括：学生对生活垃圾分类知识掌握情况、家庭日常生活垃圾分类习惯，对生活垃圾分类所持有的态度、对近期出台的关于垃圾分类政策规定的了解程度等。问卷调查活动主要面向全省普通高校、中职学校和技工院校、中学、小学、幼儿园等在校学生，覆盖全省2300多万名在校学生。发挥“互联网+”的优势，与腾讯、移动、联通等网络通信运营公司合作，通过互联网信息化管理平台，以网络问卷的形式开展问卷调查活动。通过组织召开生活垃圾分类媒体通气会，邀请新华社、中央人民广播电台、南方日报社、羊城晚报社、凤凰网等15家国内外知名媒体宣传报道生活垃圾分类调查，营造全社会关注和参与生活垃圾分类的良好氛围，提高全社会参与生活垃圾分类的自觉性，推动全省开展生活垃圾分类，为科学制定全省生活垃圾分类政策提供决策依据。

【生活垃圾跨界清运处置过程监管】 2017年，广东省指导各地加强城市生活垃圾清运处理管理，规范垃圾跨界转移处置行为，严格垃圾清运处理服务市场准入和资格审查，强化垃圾跨界清运处置监管。按照跨界清运处置垃圾审批程序和条件，建立生活垃圾跨界清运处理联单制度，确保生活垃圾清运处置到位，制止生活垃圾违法乱倾倒行为。强化市场化运营企业监管，对于违法倾倒垃圾的运营公司，凡存在依法应撤销或吊销行政许可的违法行为一律撤销或吊销行政许可，对造成

2017 年广东省生活垃圾填埋场情况

序号	地区	项目名称	处理工艺	设计处理能力（吨/日）
1	广州市	兴丰填埋场	填埋	7000
2		番禺区火烧岗生活垃圾卫生填埋场扩建整治工程	填埋	1800
3		从化填埋场扩容应急抢险工程	填埋	500
4		增城区棠厦应急填埋扩容区	填埋	600
5		花都区狮岭生活垃圾填埋场	填埋	1700
6	深圳市	下坪填埋场	填埋	3500
7		宝安区老虎坑填埋场	填埋	1800
8		红花岭垃圾填埋场	填埋	1600
9	珠海市	西坑尾垃圾填埋场	填埋	1000
10	汕头市	汕头市雷打石卫生填埋场	填埋	1100
11		南澳县城填埋场	填埋	100
12		潮阳区棉北十二斗生活垃圾填埋场	填埋	400
13	佛山市	高明区苗村白石坳填埋场	填埋	2000
14		三水区白泥坑填埋场	填埋	700
15	韶关市	韶关市花拉寨填埋场	填埋	600
16		新丰县岳城填埋场	填埋	89
17		乐昌市垃圾填埋场	填埋	200
18		仁化县生活垃圾填埋场	填埋	100
19		翁源县南龙填埋场	填埋	100
20		乳源县垃圾填埋场	填埋	98
21		始兴县垃圾填埋场	填埋	120
22		南雄市垃圾填埋场	填埋	200
23	河源市	河源市七寨垃圾填埋场	填埋	483
24		东源县生活垃圾填埋场	填埋	150
25		龙川县垃圾处理场	填埋	150
26		和平县垃圾处理场	填埋	300
27		紫金县垃圾处理场	填埋	200
28		连平县垃圾处理场	填埋	130
29	梅州市	梅州市奇龙坑垃圾填埋场	填埋	400
30		兴宁市黄泥坑垃圾填埋场	填埋	250
31		大埔县生活垃圾无害化填埋场	填埋	200
32		蕉岭县生活垃圾无害化填埋场	填埋	200
33		平远县生活垃圾卫生填埋场	填埋	250
34		五华县城卫生填埋场	填埋	300
35		丰顺县城卫生填埋场	填埋	200
36	惠州市	惠城区填埋场	填埋	1140
37		惠阳区榄子垅环境园填埋场	填埋	450
38		博罗县垃圾填埋场	填埋	95
39		惠东县垃圾填埋场	填埋	300
40		龙门县垃圾填埋场	填埋	200

(续表)

序号	地区	项目名称	处理工艺	设计处理能力（吨/日）
41	汕尾市	汕尾市生活垃圾无害化处理中心卫生填埋场	填埋	250
42		陆河县生活垃圾无害化卫生填埋场	填埋	300
43	东莞市	塘厦镇垃圾填埋场	填埋	600
44		虎门镇垃圾填埋场	填埋	800
45		樟木头镇垃圾填埋场	填埋	300
46	中山市	中心组团垃圾综合处理基地卫生填埋场一期	填埋	150
47		坦洲镇生活垃圾卫生填埋场	填埋	160
48	江门市	江门市旗杆石垃圾填埋场	填埋	2440
49		鹤山市马山生活垃圾处理场	填埋	350
50		台山市下豆坑垃圾填埋场	填埋	400
51		开平市梁金山生活垃圾填埋场	填埋	400
52		恩平市樟木坑生活垃圾填埋场	填埋	300
53	阳江市	阳江市奕垌填埋场二期	填埋	800
54		阳东区垃圾卫生填埋场	填埋	250
55		阳西县生活垃圾填埋场	填埋	70
56		阳春市生活垃圾填埋场	填埋	350
57	湛江市	湛江市区填埋场	填埋	1000
58		吴川市生活垃圾处理场	填埋	200
59		徐闻县垃圾填埋场	填埋	160
60		遂溪县城垃圾无害化处理场	填埋	350
61		雷州市生活垃圾综合处理场	填埋	600
62	茂名市	化州市垃圾填埋场	填埋	200
63		高州市垃圾填埋场	填埋	300
64		电白区生活垃圾填埋场	填埋	300
65		信宜市垃圾填埋场	填埋	240
66	肇庆市	肇庆市生活垃圾无害化处理场	填埋	600
67		四会市生活垃圾无害化处理场	填埋	400
68		怀集县生活垃圾无害化处理场	填埋	300
69		封开县垃圾无害化处理场	填埋	100
70		德庆县生活垃圾填埋场	填埋	300
71		广宁县垃圾无害化处理场	填埋	300
72	清远市	清远市青山填埋场二期	填埋	650
73		英德市老虎岩生活垃圾处理场	填埋	400
74		连山县生活垃圾填埋场	填埋	100
75		佛冈县垃圾填埋场	填埋	300
76		阳山县城生活垃圾无害化填埋场	填埋	150
77		连南县城垃圾卫生填埋场	填埋	100
78		连州市龙头山生活垃圾卫生填埋场	填埋	300
79	潮州市	潮州市锡岗填埋场	填埋	750
80	揭阳市	揭阳市东径外草地填埋场	填埋	800
81		揭西县生活垃圾填埋场	填埋	300

（续表）

序号	地区	项目名称	处理工艺	设计处理能力（吨/日）
82		惠来县含尾坑垃圾填埋场	填埋	450
83	云浮市	云浮市麻鸡坑填埋场	填埋	200
84		新兴县垃圾填埋场	填埋	200
85		罗定市生活垃圾填埋场	填埋	300
86		郁南县无害化处理垃圾填埋场	填埋	130

（广东省住房和城乡建设厅城市建设处）

2017年广东省生活垃圾焚烧厂情况

序号	地区	项目名称	处理工艺	设计处理能力（吨/日）
1	广州市	李坑生活垃圾焚烧发电一厂	焚烧	1000
2		李坑生活垃圾焚烧发电二厂	焚烧	2000
3	深圳市	南山垃圾发电厂	焚烧	800
4		盐田垃圾发电厂	焚烧	450
5		宝安区老虎坑垃圾发电厂一期	焚烧	1200
6		宝安区老虎坑垃圾发电厂二期	焚烧	3000
7		龙岗区平湖垃圾发电厂一期	焚烧	675
8		龙岗区平湖垃圾发电厂二期	焚烧	1000
9	珠海市	珠海市垃圾焚烧发电厂	焚烧	600
10		珠海市环保生物质热电工程（一期）	焚烧	1200
11	汕头市	澄海区洁源垃圾焚烧发电厂	焚烧	675
12	佛山市	南海区垃圾焚烧厂一期	焚烧	1500
13		南海区垃圾焚烧厂二期	焚烧	1500
14	惠州市	惠阳区榄子垅环境园垃圾焚烧厂	焚烧	1200
15		博罗县垃圾焚烧厂	焚烧	700
16	汕尾市	汕尾市生活垃圾无害化处理中心焚烧厂首期	焚烧	700
17	东莞市	东莞市市区环保热电厂	焚烧	1600
18		横沥环保热电厂一期技改增容项目	焚烧	1800
19		麻涌镇环保热电厂	焚烧	1500
20		横沥环保热电厂二期	焚烧	1500
21		厚街环保热电厂二期	焚烧	1300
22		东莞市横沥环保热电厂一期技改再增容工程	焚烧	1500
23	中山市	中心组团垃圾综合处理基地垃圾焚烧发电厂	焚烧	1050
24		中山市北部组团垃圾综合处理基地垃圾焚烧发电厂	焚烧	970
25		中山市南部组团垃圾综合处理基地垃圾焚烧发电厂	焚烧	1040
26	湛江市	湛江市生活垃圾焚烧发电厂	焚烧	1500
27		廉江市生活垃圾焚烧发电厂	焚烧	500
28	茂名市	茂南区生活垃圾焚烧厂	焚烧	800
29	潮州市	潮安区生活垃圾焚烧厂	焚烧	1050

（广东省住房和城乡建设厅城市建设处）

环境污染罪的依法提交司法部门追究相应的刑事责任。年内，配合环保部门开展危险废物和工业垃圾非法运输倾倒查处联合执法，依法对违法运输、倾倒危险废物和工业垃圾行为从严、从重、从快处罚。

（李向斌）

【重点区域垃圾分类】 2017年，广东省贯彻落实国家关于推动生活垃圾分类的要求。国家和广东省陆续出台多个关于生活垃圾分类的政策文件。3月18日，为有效改善城乡环境，促进资源回收利用，提高新型城镇化质量和生态文明建设水平，国务院办公厅转发国家发展改革委、住房和城乡建设部《生活垃圾分类制度实施方案》，总体部署生活垃圾分类工作，提出在全国46个重点城市公共机构和相关企业等先行实施生活垃圾强制分类，提出到2020年底，基本建立垃圾分类相关法律法规和标准体系，形成可复制、可推广的生活垃圾分类模式。6月12日，住房和城乡建设部等5部委联合发布《关于推进党政机关等公共机构生活垃圾分类工作的通知》，提出2017年底前，中央和国家机关及省（区、市）直机关率先实现生活垃圾强制分类。12月20日，住房和城乡建设部印发《关于加快推进部分重点城市生活垃圾分类工作的通知》，明确全国46个先行实施生活垃圾分类的重点城市生活垃圾分类的目标任务，2020年底前，46个重点城市基本建成生活垃圾分类处理系统；2035年前，46个重点城市全面建立城市生活垃圾分类制度，垃圾分类达到国际先进水平。广东省贯彻落实国家关于推动生活垃圾分类的要求，10月30日，广东省人民政府办公厅转发《国务院办公厅关于转发国家发展改革委住房和城乡建设部生活垃圾分类制度实施方案的通知》，要求到2020年其他珠江三角洲城市和韶关、梅州等国家生态文明先行示范区城市率先实施生活垃圾分类，生活垃圾回收利用率达35%以上。是年，省机关事务管理局、省住房和城乡建设厅等5部门联合转发《关于在党政机关推进生活垃圾分类工作的通知》，印发《广东省省直机关生活垃圾分类工作实施方案》《广东省省直机关单位垃圾分类指南》，明确生活垃圾分类总体目标和实施步骤，对省直机关生活垃圾分类提出明确的分类要求。年内，广州、深圳被列为46个重点实施生活垃圾强制分类试点城市，贯彻落实国家和省关于生活垃圾分类管理部署，探索和推动生活垃圾分类收集、运输和处理，逐步形成行之有效的生活垃圾分类管理模式，垃圾分类走在全省乃至全国前列。广州市建立和健全垃圾分类法律标准体系，将原《广州市生活垃圾分类管理规定》上升为地方法规，制定出台《广州市城乡生活垃圾分类管理规定》，在全市1439个小区均开展垃圾分类，覆盖率100%，创建100个精准分类样板小区，3258个公共机构和单位实施强制分类；深圳市在全国率先建立具规模效益的前端分流分类体系，初步建立细分类体系，为强制分类提供完善的分流分类体系保障，全市日均分流分类处理量1900吨，缓解焚烧和填埋处理压力。

【城乡生活垃圾处理“十三五”规划】 2017年，广东省住房和城乡建设厅联合省发展和改革委员会印发《广东省城乡生活垃圾处理“十三五”规划》。规划以县域为单位，按照全面规划、全面覆盖、不留死角的原则，对全省21个地级以上市的县（市、区）、镇、村三级生活垃圾收集、转运、处理设施的建设运营等环节全面摸查和梳理，对生活垃圾处理体系建设、生活垃圾收运体系建设、农村生活垃圾管理体系建设、存量垃圾治理、餐厨垃圾处理和生活垃圾分类等提出规划目标和具体建设实施方案。规划目标是加快提升城乡生活垃圾减量化、资源化、无害化处理水平，提高城乡生活垃圾收运设施标准化和保洁队伍专业化水平，规范餐厨垃圾、存量垃圾管理，加强监管能力建设，建设智慧环卫系统，基本形成设施全覆盖、功能完善的城乡生活垃圾收运处理系统，建成规范化、专业化、高效化的城乡生活垃圾管理体系。

【伦敦市市政废弃物管理经验推介】 2017年，广东省住房和城乡建设厅组织翻译编印《伦敦的废弃资源——市长的市政废弃物管理战略》，印发全省各城市市长学习借鉴。按照市政废弃物层次结构，伦敦市依次从废弃物不产生或减量、再利用及其准备、再循环（包括堆肥）、其他回收（可再生能源）、处置（包括填埋或焚烧）等开始处理市政废弃物，实现成本节约和环境效益。主要采取六大政策措施：一是发挥地方行政管理机构、第三方部门、商业部门、市政废弃物处理机构等多方优势和作用，鼓励和引导市民参与，促进市政废弃物减量、再利用和回收；二是把市政废弃物管理从一个单纯的管理举措转变为应对气候变化的举措，制定和控制CO_2排放量绩效标准（EPS）和最低CO_2当量排放量，减少市政废弃物对气候变化的影响；三是采取废弃物管理职能市场化，与伦敦议会、废弃物工业、废弃物管理局、第三方部门等合作，确保从市政废弃物管理中获得最大化的经济效益；四是通过提供高质量的统一回收收集服务，尽可能让消费者随时随地享受免费回收服务，实现高回收率；五是支持技术创新，通过开发适宜的废弃物管理设施，改善伦敦现有的再利用、回收、堆肥和低碳能源的设施，提高废弃物回收和再利用；六是采取与企业、公共交通供应商合作方式，提升街道保洁质量和水平，使伦敦市民拥有一个干净舒适的居住和工作环境。尽管广东省与伦敦的国情、体制、发展阶段不同，总体目标均是致力于市政废弃物处理减量化、资源化和无害化。截至年底，广东省面临着生活垃圾、建筑垃圾等市政废弃物产生量持续增长、“垃圾围城”等问题，应学习伦敦市政废弃物管理经验，推进城乡生活垃圾治理。比如：强化政府主导，加强顶层设计，结合城市发展阶段和亟待解决的突出问题，因地制宜地制定城市垃圾管理政策；实施全程管理，严格落实责任，树立精细化管理理念，出台符合广东实际的生活垃圾强制分类实施方案；运用经济手段，确保高效推进。继续探索运用价格、税收、投资、奖补等经济手段，影响和调整所有当事人的生产、分类、回收、处理生活垃圾行为；创新运用技术，提高效能，依托生活和建筑垃圾处理行业相关企业、高等院校、科研机构、社会组织等，优选和推广垃圾处理先进技术，兼顾自主研发，为全省城乡生活和建筑垃圾治理提供技术支撑。

【第二十四个广东省环卫工人节】 2017年10月23日，广东省住房和城乡建设厅、省总工会联合向全省环卫工人发出慰问信，向一直以来辛勤工作在环卫第一线的广大环卫工人致以节日的祝贺和亲切的慰问，向长期关心、理解和支持环卫事业的社会各界人士和环卫工人亲属表示诚挚的感谢。10月25日，省住房和城乡建设厅、省总工会领导分别带队赴珠海、佛山等市走访慰问一线环卫工人，向广大环卫工作者致以节日的问候，并向佛山、珠海60名优秀环卫工人和10个“8·23”抗风救灾的优秀环卫单位发放慰问金。全省各地开展形式多样的庆祝活动，庆祝第二十四个广东省环卫工人节，营造尊重环卫工人和珍惜环卫成果的良好社会氛围。

（何艳菲）

城市生态环境保护建设

【概况】 2017年，广东省推进珠江三角洲城市群国家生态文明建设示范区创建。年内，编制《珠江三角洲城市群国家生态文明建设示范区实施方案》，召开珠江三角洲城市群生态文明建设示范区工作座谈会，先后组织对佛山市高明区，深圳市宝安区、龙岗区，珠海市金湾区生态文明建设规划进行专家论证，向环保部提交惠州市惠城区、惠阳区、龙门县和河源市东源县的生态文明建设规划备案。珠海、惠州，深圳市盐田区获第一批“国家生态文明建设示范市、县”称号。东源县获“绿水青山就是金山银山”实践创新基地。

2017年12月2—3日，由中国生态文明研究与促进会主办，惠州市人民政府、广东省环保厅承办的中国生态文明论坛年会在惠州举办。年会发布《中国省城生态文明状况评价报告》《中国西部生态文明发展报告》；发布2017年优秀山水城市名单，引导形成人与自然和谐共生的发展模式。但是全省降水质量状况略有下降，17个地级以上城市出现酸雨，8市受酸雨污染。主要江河总体水质稳定，局部水域水质有所下降。全省环境质量整体有所下降。仍需打好污染防治攻坚战，减少主要污染物排放总量，打好碧水攻坚、蓝天保卫、净土防御三大战役。

【省级环境保护督察】 2017年，广东省开展中央环保督察整改，办理中央环保督察交办案件。启动省级环保督察，完成对汕头、揭阳、肇庆、云浮4市的督察，为实施省级环保督察全覆盖的环保督察常态化积累经验。开展省级环保专项督查行动，调集全省环境执法人员2000人次，督查企业10000多家。全年处罚环境违法案件20348件、罚款10.65亿元（全国第二），办理按日计罚、查封扣押、移送涉嫌环境污染犯罪等案件3469件（全国第三），分别比上年增长31.74%、55.70%、14.30%，全省执法工作受到环保部公开通报表扬7次。

【城市自然生态保护】 2017年，广东省强化自然保护区调整管理和指导。修改完善《广东省自然保护区建立和调整管理规定》，征求相关部门意见和公开征求社会意见后报请省政府印发。组织省级自然保护区评审委员会对韶关北江特有珍稀鱼类、阳春百涌、汕尾海丰鸟类等省级自然保护区的范围和功能区调整进行论证，并对惠州市惠城区莲塘布、大石坑，梅州市五华县桂竹园、鸿图嶂，紫金乌凸、苏区—洋头、南母寺、天娘丫等县级自然保护区提出的范围和功能区调整申报材料提出修改完善意见。开展“绿盾2017”自然保护区监督检查专项行动。按照国家部署，会同省国土资源厅、林业厅、海洋渔业厅和中科院华南植物园制订印发《广东省“绿盾2017”自然保护区监督检查专项行动工作方案》，对全省国家级、省级自然保护区开展专项督察，对环境保护部前期交办及广东省自查发现的涉及国家级自然保护区存在的340个问题逐一核实，除经核实未发现问题或不在保护区范围内的115个，整改完成152个问题，其他73个问题制订实施整改方案。此次专项行动，关停企业5家，拆除建筑13573.23平方米，罚款3.16万元，责任追究18人。组织对全省60个省级自然保护区开展实地核查和存在问题整改，关停企业28家，拆除建筑37393平方米，罚款7.2亿元，清拆保护区内吊养面积213.33公顷，拖离清拆浮桥21个。省环保厅牵头组织各相关部门的联合核查组现场检查情况，对韶关南岭、清远英德石门台、揭阳桑浦山—双坑、清远龙牙峡等保护区发现的违法违规问题及时商请有关市地政府和其行政主管部门严肃查处。完成中央环保督察有关问题整改。会同发展改革、财政、国土、住房城乡建设、交通、水利、农业、林业、海洋渔业等部门联合印发《关于做好中央环保督查涉及自然保护区有关问题整改工作的通知》，督促推动韶关南岭、惠州白盆珠等自然保护区对中央环保督察发现涉及自然保护区问题逐一制订整改方案，定期跟踪整改进展。截至年底，自然保护区内违规开矿、旅游开发建设活动全部关停，生产设备基本清拆完毕，并制订完成复绿方案及开展复绿。

▲经水环境整治后的广州市新街河（2017）　（广州市水务局供稿）

【城市水环境治理】　2017年，广东省贯彻实施《水污染防治行动计划》（简称《水十条》），坚持“系统治水、挂图作战、多源共治、美丽水网”的思路，推进污染综合整治，探索改善水环境质量的新方法新举措，精细化治水的工作格局初步形成。5月，印发《南粤水更清行动计划（修订本）（2017—2020年）》，作为实施《水十条》详细的路线图。省环境保护厅组织各地市编制水污染防治行动计划实施方案和不达标水体达标方案，组织编制年度水污染防治工作方案，确定年度水污染防治目标和重点任务。在环境保护部与广东省人民政府签订水污染防治目标责任书的基础上，省政府与各地市政府签订《水污染防治目标责任书》，明确细化目标任务。5月，省委、省政府办公厅印发《广东省全面推行河长制工作方案》，将河长制落实情况纳入《水十条》实施情况考核内容。设立广东省水污染防治行动计划实施情况考核，制定省考核规定。采取清单式管理将重点流域水质、重点污染源、污水处理厂、黑臭水体治理、重点工程项目进度等情况汇编成图，建设以“挂图作战”推进全省水污染防治工作深入实施的精细化管理模式。狠抓不达标水体质量改善，推进淡水河、石马河（简称“两河”）和广佛跨界河流、茅洲河、练江、小东江（简称“四河”）等重污染河流整治。省委、省政府对中央环保督察反馈的7个具体问题制订整改方案，逐一明确责任单位、目标、时限和措施。省人大每年重点督办“两河”和“四河”整治工作情况。省政府将9个重点整治项目纳入供给侧结构性改革项目推进。是年，广佛跨界河流流溪河、西南涌、佛山水道，练江、小东江、龙岗河、坪山河水质持续好转。强化优良水体保护，规范保护饮用水源。截至年底，全省规范划定饮用水源保护区约800个，保护区面积约9000平方千米，约占全省国土总面积的5%。严格执行饮用水源保护区制度，按照中央环保督察整改要求，督促各地市全面落实整改，全省饮用水源一级保护区内违法建设项目及建筑清理整治工作基本按照整改方案要求推进。推进水质较好的重要河流、水库生态环境保护。省人大通过《广东省西江水系水质保护条例》，并于2017年5月1日起施行。推进国土江河综合整治东江流域试点，制订总体方案及年度方案并报送财政部、环保部和水利部备案。经省政府同意，印发实施《韩江流域水质保护规划（2017—2025年）》。列入国家总体规划的5个水库全部编制生态环境保护总体规划并经省政府同意印发实施。按照环境保护部部署，编制完成东江流域生态环境保护方案。组织制订粤东水系连通水环境系统共治工作方案。

【城市污染减排】　2017年，广东省以改善环境质量为核心，推进主要污染物总量减排，实现全省主要污染物排放持续下降。经环保部初步核算，2017年化学需氧量、氨氮、二氧化硫、氮氧化物排放总量分别比“十三五”规划第一年的2015年下降5.0%、4.9%、4.0%、2.0%，超额完成国家下达的目标任务，其中二氧化硫提前完成“十三五”减排任务。严格控制污染物排放。加大准入调控力度，实施新建燃煤锅炉项目与煤炭消费总量控制挂钩机制，落实煤炭减量替代，实现珠江三角洲燃煤总量负增长。严禁新建10蒸吨/小时以下燃用高污染燃料的锅炉。发布实施《工业废水铊污染物排放标准（DB 44/1989—2017）》、《淡水河、石马河流域水污染物排放标准（DB 44/2050—2017）》、《练江流域水污染物排放标准（DB 44/2051—2017）》，探索在环境质量不达标或超过环境容量的流域，实施更加严格的污染物排放标准。加快淘汰落后产能，强化结构减排。全年淘汰小火电100万千瓦、小锅炉735台、落后造纸产能9.22万吨，取缔“地条钢”企业87家，产能约1100万吨，为全省经济发展腾出环境容量。推进工业源污染治理。加大燃煤电厂超低排放改造，省发展和改革委、省环境保护厅、省能源局印发实施广东省2017年超低排放改造计划，推动全省燃煤电厂加快实施超低排放改造。截至年底，全省单机10万千瓦以上燃煤机组基本完成超低排放改造，确保完成国家下达广东省的超低排放改造装机容量目标。全部在运的平板玻璃生产线均投运脱硫脱硝设施。推进现有污水处理设施配套管网建设，强化城中村、老旧城区和城乡结合部污水截流、收集。推进粤东西北地区新一轮污水处理基础设施建设，探索整县推进镇村污水处理设施建设。年内，全省累计建成城镇污水处理厂493座，污水日处理能力2520万吨；完成提标改造污水处理厂36座。推进监管减排，做好环境保护督察。落实中央环境保护督察问题整改，持续保持高压态势处理中央环境保护督察交办案件。对汕头、揭阳、肇庆、云浮4市开展省级环境保护督察。完善政策减排，加大减排资金投入，实施“以奖促减”“以奖代补”。是年，根据核定的污染物减排量，省财政下达1.62亿元“以奖促减”资金重点用于污水处理设施及管网的建设、养护和运营，下达2187万元资金用于规模化畜禽养殖污染治理项目奖励，并安排550万元专项资金支持重点生态功能区新建污水处理设施。强化环保电价和超低排放电价的管理。开展环保电价和超低排放电价补贴政策检查，对存在超标情况的，依法依规罚没环保电价款，通过经济价格政策，促进燃煤电厂大气污染防治设施进一步稳定高效运行。

【城市雾霾治理】 2017年，广东省加强环境保护与“调结构、促发展、惠民生”紧密结合，大气污染防治取得较好成效。空气质量持续改善，人民群众对全省良好的环境空气质量获得感和认同感提升。是年，珠江三角洲九市$PM_{2.5}$区域平均浓度为34微克/立方米，比基数下降27.7%，全省PM_{10}年均浓度为51微克/立方米，比基数下降13.6%，超额完成“大气十条”终期改善目标。2015、2016、2017年广东省空气质量连续三年全面稳定达标，珠江三角洲在重点区域中率先实现$PM_{2.5}$浓度连续三年达标；深圳、惠州、汕尾、湛江4市$PM_{2.5}$连续3年保持30微克/立方米以下，广州市$PM_{2.5}$在北上广三个特大城市中率先达标，为国家重点城市群空气质量达标改善树立标杆。《广东省锅炉大气污染物排放标准》《关于加强高污染燃料禁燃区管理的通知》印发实施，加快淘汰各市建成区内的高污染燃料锅炉和珠江三角洲地区10蒸吨以下的燃煤锅炉。组织专家对珠江三角洲地区开展VOCs联合督查，指导各地重点监管企业开展“一企一策”工作；编制《广东省挥发性有机物（VOCs）整治与减排工作方案》，推进VOCs综合治理。是年，全省淘汰823台锅炉，完成火电、钢铁、水泥、陶瓷、平板玻璃、油气回收、挥发性有机物等整治项目近2000个，截至年底，全省有105台合计4780.7万千瓦燃煤机组达到超低排放的要求。推进黄标车淘汰和机动车排放检验联网。年内，全省淘汰黄标车14.7万辆，超额完成年度淘汰任务，2014—2017年全省淘汰143.9万辆黄标车，淘汰率93.7%，完成“大气十条”要求淘汰90%以上的任务。推进公交电动化。2017年全省新增电动公交6759辆，深圳电动公交1.64万辆，提前在9月实现全市公交电动化。印发实施《广东省污染天气应对工作指引》《广东省环境保护厅污染天气应对工作程序》，指导各地市修订完善污染天气应急预案。联合省气象局定期召开空气质量会商分析会，及时研判全省空气质量形势，指导各地提前采用有效强化措施防范重污染天气。

【珠江三角洲区域污染联防联治】 2017年，广东省组织开展珠江三角洲地区机动车遥感监测网前期建设，推进机动车排放检验站四级联网和工况法升级改造，组织开展新车监督性检查，强化新车和在用机动车排放检测机构的监督管理。印发实施《珠江三角洲港口码头专题空气质量监测站项目建设方案》，加强船舶和港口排放控制。开展提前实施机动车国VI排放标准和供应国VI车用成品的前期准备工作。探索开展珠江三角洲地区秋季臭氧污染防治专项行动。组织召开广东省臭氧污染防治专家咨询会，分析研究广东省臭氧污染防治现状及对策，探索开展珠江三角洲地区秋季臭氧污染防治专项行动。9—11月，以广州、深圳、佛山、东莞为重点控制区，以珠海、惠州、中山、江门、肇庆为协同控制区，开展实施臭氧污染防治专项行动。强化污染天气分析应对。印发实施《广东省2017—2018年大气和水污染防治专项督查方案》，2017年6月1日起，统筹调集全省环境执法人员，采取驻点督查、定期稽查和省级巡查的形式，围绕重点区域、重点流域、重点环境问题对广州、深圳等9个重点城市开展为期9个月（共计18轮次）的大气和水污染防治专项督查。严格环境执法监管，深化污染源网格化监管和“双随机”抽查制度，严厉打击环境犯罪。全年出动环境执法人员91.73万人次，检查排污企业36.92万家次，处罚案件20348件、罚没金额10.65亿元。其中，实施按日计罚案件92件，查封扣押案件2280件，限产停产案件299件，移送行政拘留案件381件，移送涉嫌环境污染犯罪案件422件。

（周雪峰）

中国人居环境范例奖项目

【概况】 2017年，根据《住房和城乡建设部办公厅关于印发〈中国人居环境奖评价指标体系（试行）和〈中国人居环境范例奖评选主题及内容〉的通知》《住房和城乡建设部办公厅关于申报中国人居环境奖有关工作的通知》，珠海市香炉湾沙滩修复项目、韶关市南雄梅关古驿道保护与利用项目、汕头市西堤公园建设项目、佛山市禅城区社会综合治理项目4个项目获2017年“中国人居环境范例奖”。截至年底，全省有33个项目获“中国人居环境范例奖”。

▲珠海市香炉湾沙滩修复项目获2017年“中国人居环境范例奖”
（广东省住房和城乡建设厅城市建设处供稿）

【中国人居环境范例奖项目选介】

珠海市香炉湾沙滩修复项目 珠海香炉湾沙滩位于珠海香炉湾畔，长1.5千米，由格力地产于2016年完成海洋修复。该项目通过滨海沙滩的修复工作，引入雨水花园、人工湿地等生态系统，恢复滨海岸线生态空间，对逐步完善生态环境的可持续性起到积极作用。通过沙滩修复工程，将人工岸线恢复为自然岸线，为寄居蟹、贝类、海鸟等创造更生态的群落空间。通过海水冲刷将微生物冲击到沙滩上，吸引更多鸟类前来觅食，重现一片白鹭飞的自然景象。通过恢复海洋生态，为市民提供一片洁净的沙滩，扩大市民公共的活动空间，引导市民更加亲水、亲近自然的生活方式，历史海滩恢复原貌，延续文化情怀，刷新景观记忆，更是对珠海市民亲海生活的恢复。该项目获2017年“中国人居环境范例奖”。

韶关市南雄梅关古驿道保护与利用项目 南雄梅关古驿道历史悠久，北起南粤雄关关楼南至南雄城区，总长30千米，沿线物质和非物质文化遗产丰富。其中梅岭段现存古驿道长1500米，宽3~4米，以青石、鹅卵石铺砌，是全国保存最佳的古驿道。南雄市组织多个部门对古道沿线的驿站、驿铺、历史文化资源、自然资源、沿线人居环境进行普查，为古驿道的规划编制、活化利用提供详实的基础资料。当地还对古驿道路面破损严重的路段进行修复，配置标识系统。南雄市还把南粤古驿道保护利用工作和统筹省级新农村示范片、珠玑镇国家建制镇示范试点、村庄人居环境综合整治“三清三拆”等相结合，投资近3亿元建设整治古驿道沿线村镇。南雄梅关古驿道已成为集名胜古迹、自然景观、人文景观、红色旅游为主，融娱乐、健身、观光于一体的怀古观光、爱国主义教育、休闲度假型的综合景区。该项目获2017年“中国人居环境范例奖”。

汕头市西堤公园建设项目 西堤公园位于汕头市老城区镇邦路尾，规划面积5.2万平方米，自2014年起分两期建设。该项目通过注入世界记忆名录、侨批档案及南粤古驿道、古出海口纪念地等有价值的历史传统文化元素，在老旧城区有限的土地上，打造出一处融历史纪念、文化传播、运动休闲于一体的多功能社区公园。通过特殊工艺手段，把珍贵易损的纸质文献原稿和历史照片，制作成独特的瓷砖等艺术作品，在户外向公众展示；利用这一载体，搭起侨心民心的桥梁，改善老市区的保育活化工作，成为老旧城区有机更新的典范。该项目获2017年“中国人居环境范例奖”。 （何艳菲）

广东省宜居环境范例奖项目

【概况】 2017年，根据《广东省宜居环境范例奖申报和评审办法》，经广东省住房和城乡建设厅初审、实地复查、厅办公会议审议和社会公示，广州市人行天桥立交桥绿化建设、广州市珠江上的公交巴士、广州市东濠涌流域水环境治理项目、广州市城市道路全要素品质提升建设项目、深圳市罗湖体育休闲公园项目、深圳市泰华梧桐岛产业园项目、深圳市优质饮用水入户工程项目、深圳市盐田垃圾发电厂提标改造项目、珠海市绿色超低能耗建筑项目、汕头市沟南文化创意旅游村项目、汕头市澄海区东里镇樟林古港保育活化项目、佛山市三水区大旗头古村活化项目、佛山市高明区西江新城城市生态修复项目、佛山市南海中轴线上的明珠——千灯湖公园、佛山市禅城区文华里“三旧”改造项目、韶关市南雄梅关古驿道保护与利用项目、河源市和平县林寨古村宜居村庄项目、河源市东江湾公园一期、东莞市传承爱莲文化建设爱莲湖景区项目、东莞市宜居新城、秀丽社区项目、中山市“放心水”工程项目、江门市台山市端芬镇海口埠有机更新项目、湛江市保护与利用相结合打造绿色城市客厅项目、肇庆市独水河肇庆高新区河段生态修复工程、清远市元江村宜居村庄项目、潮州市“文化古城·天下名街——牌坊街”项目26个项目获2017年“广东省宜居环境范例奖”。截至年底，全省有120个项目获“广东省宜居环境范例奖”。2017年，全省各地申报积极性大幅提升，尤其是粤东西北地区申报及获奖数量比例由往年的个位数分别提升至37%和31%，为历年之最。但是仍存在粤东西北地区个别地市重视程度不足的问题，申报材料数量和质量上整体均低于珠江三角洲城市水平，整体创建水平有待提高。

【广东省宜居环境范例奖项目选介】

广州市人行天桥立交桥绿化建设项目 广州市是国内桥梁绿化最多和景观效果最好的城市，全市城区完成353座桥梁，包括人行天桥237座、立交桥和高架桥等车行桥梁116座，309千米长的绿化美化，增加绿化覆盖面积100多万平方米。桥梁绿化是在绿化用地有限的条件下，向空中发展绿化，增加城市特色，促进城市生态环境平衡，固碳释氧，减轻空气污染，增加城市绿量，减少热岛效应等，改善城市居民的生态宜居环境。以桥梁绿化为切入点，使道路绿化从地面向空中延伸。截至2017年，广州市人行天桥立交桥成为四季有花、四季常绿的绿色长廊，独具特色的桥梁绿化景观领跑全国享誉中外，为打造国际化宜居生态城市增绿添景。该项目获2017年“广东省宜居环境范例奖”。

深圳市盐田垃圾发电厂提标改造项目 深圳市盐田垃圾焚烧发电厂（简称盐田厂）位于深圳市盐田区盐田坳青麟坑。盐田厂于2003年12月建成投产，占地面积4.4万平方米，日处理城市生活垃圾450吨。此项目将运行14年的老电厂进行提升，主要进行建（构）物形象及景观、厂区通风除臭、环保设备提标改造项目（新增SCR脱硝系统及干法脱酸系统），建设大型科普教育基地，为广大市民普及垃圾分类知识，增加“驴友之家”休憩区，体现“去工业化”精神，成为“城市固体废弃物”“科普教育”“工业旅游”“休闲娱乐”四位一体的现代化环保电厂。盐田厂新增的环保设施将烟气处理后的排放标准提高到深圳最优乃至全国最优。该项目获2017年“广东省宜居环境范例奖”。

潮州市“文化古城·天下名街——牌坊街”项目 潮州市牌坊街位于潮州古城区中心，主要由太平路与东门街两个相联街区构成，是1600多年来粤东地区政治、军事、文化、经济和宗教中心的所在地。牌坊街的牌坊主要形成于明清两代，街区的骑楼建筑主要形成于明末清初，2006年潮州市遵循“修旧如旧”原则启动牌坊街修复工程，总投入1.4亿元，历时5年修复二十四座牌坊、古街道、沿街骑楼，同时配套完成沿街古井保护、灯光照明与亮化工程、路面及地下管网改造等系统工程，改善潮州市老城区的基础设施环境，提高该区的社会保障程度和对老城区的土地利用价值，形成国内独特的、具有浓郁潮州特色的历史文化街区，改善广大人民群众生产生活和出行的迫切需要。该项目获2017年“广东省宜居环境范例奖”。

清远市元江村宜居村庄项目 元江村坐落于清远市杜步镇圩镇南面2.8千米，全村总人口103户528人，耕地面积35.87公顷，主要以种植水稻、沙糖桔为主，村民收入主要以农业种植和外出务工为主。为优化生活居住环境，提升村民生活质量，元江村结合悠久的文化历史底蕴和优美的环境资源优势，依托龙潭及发达的水系，挖掘并融入以陈阳满都督文化、陈可钰将军文化和“凤舞”“舞火龙”“舞狮”为代表的村庄历史文化，塑造“龙跃元江”的形象面貌，建设一批篮球场、文化室、村史馆、商业街、群众休闲公园、人民广场、卫生公厕、生活污水和雨污分离设施、环村绿道、文化长廊、古村驿站、登山观景栈道等文体娱乐基础设施。元江村被打造成依山傍水、错落有致、具有田园风光和喀斯特地貌民居特色的村落民居，基本形成“坡屋顶、青灰瓦、白壁墙、玻璃窗、竹栅栏、绿庭园”的古朴新雅的美丽乡村格局。该项目获2017年“广东省宜居环境范例奖”。 *（何艳非）*

·编辑 李勇·

城市管理与综合执法

- 「广东人民城管」公众号开通
- 城市管理执法队伍建设
- 违法图斑督办查处
- 城乡规划专项督察
- 大案要案查办

综　述

【概况】　2017年，广东省住房和城乡建设厅执法监察局深化改革，加强城市管理尤其是基层治理，加强规划督察，加强案件查处和队伍建设，完成城市管理各项任务。

改革创新呈现“十个首次”。2017年，首次部署、指导和推进广东省城市管理综合执法体制改革，年度八项任务基本完成；首次在全省统一城管队伍着装和标识标配；首次面向全省城管部门以“强基础、转作风、树形象”专项行动为主题抓队伍建设并取得实效；首次牵头制定城市管理类法规《广东省城市管理综合执法条例》；首次制订印发《广东省城市建成区违法建设专项治理工作五年行动方案（2016—2020年）》，推动违建治理全面铺开，在广州、中山市首次进行执法全过程记录试点，指导河源市首次试点向县派驻规划督察员；首次建立全省数字城管平台并开通运行“广东人民城管”微信公众号；首次制定遥感图斑查处工作流程表，将遥感图斑查处标准化、流程化和图形化；首次在多个城市开展“城管工作开放日”或“城管工作体验日”活动，广泛接受社会监督。

业务发展实现“十个突破”。2017年，广东省住房和城乡建设厅执法监察局承办住房和城乡建设部、省直部门转来的涉及城管的业务数量大幅增加；遥感监测范围扩大到县（县级市），启动对省级风景名胜区的遥感监测；约谈或约见违反规划审批的市、县主管部门领导的人数，比上年增加92人；发出的督察意见书及工作函比上年增加14份；制止违规或违法项目81个，比上年增加4个；全省查处违法建设是上年的3.19倍，拆除违法建筑面积是上年的4.62倍；培训城管队员人数比上年增加240人；执法资格考试人数比上年增长35%；全年办理信访案件180件，比上年增加40件；专项经费拨付达到95.46%，清理规范性文件10份，数量多于往年。

2017年，广东省住房和城乡建设厅执法监察局开展“强基础、转作风、树形象”专项行动，全面提升城管队伍的整体素质；及时准确发现违法建设，督查力度加大，新增违法建设得到遏制；规范执法流程，加强执法业务培训，试点和推广执法全过程记录，推进基层政务公开标准化、规范化建设，依法行政能力逐步提升；在违法建设图斑督查、违法建设治理，以及城管执法实践中，坚持摸规律和寻对策。但是省级城市管理综合执法局成立相对滞后，“三定”（定职能、定机构、定编制）方案未能按既定时间进行明确。　*（陈楚珠）*

【“广东人民城管”公众号开通】2017年3月23日，广东省住房和城乡建设厅执法监察局开通全国首个省级城管微信公众号“广东人民城管”，设立“知政策”“优服务”“竞风采”3个一级栏目和15个二级栏目，及时宣传报道全省城市管理和综合执法体制改革动态、违法建设治理进展情况，以及各地出台政策文件等。2017年3月24日开通运营。截至年底，推送文章344篇，阅读人数16.4万人，阅读次数26.69万次。　*（温宏智）*

▲*2017年4月26日，珠海市城管志愿者服务队成立启动仪式在华发健身广场举行*
（珠海市城市管理行政执法局供稿）

城市管理执法体制改革

【概况】　2017年，广东省深入推进城市管理和综合执法改革，全省各地制订城市管理和综合执法体制改革方案，按照广东省改革要求，河源、汕尾、湛江3个市分别挂牌成立市城市管理和综合执法局，集中行使住房城乡建设领域行政处罚权。各地级以上市基本实现统一制式服装和标志标识，覆盖各市、县（市）省级数字化城市管理平台初步建成并试运行，实现全省数字化城市管理“一张网”。结合“强基础、转作风、树形象”专项行动，组织举办4期全省城市管理和综合执法体制改革专题培训班，培训各市、县（市、区）科级以上城管干部600人，稳步推进全省城管执法干部轮训和持证上岗。全省城市管理和综合执法体制改革取得明显成效。但是各地仍然存在思想认识上不到位不统一、对县（市、区）督促指导不够、改革顶层设计有待完善等问题需要加以解决。

【城市管理改革推进】 2017年，广东省推进城市管理和综合执法体制改革。5月17日，广东省住房和城乡建设厅党组书记杨细平主持召开全省城市管理和综合执法体制改革座谈会，进一步明确改革任务，落实各地工作责任。全省地级以上市城市管理和综合执法主管部门主要负责人参加。6月，广东省省长马兴瑞到省住房和城乡建设厅调研，杨细平就城管改革进展情况进行专题汇报。年内为加快各地改革进度，省住房和城乡建设厅到韶关、梅州、汕尾、潮州、揭阳等地专题调研，全面督促指导各地推动城管改革。

▲2017年9月30日，湛江市城市管理和综合执法局成立大会暨换装仪式举行

（湛江市城市管理和综合执法局供稿）

【城市管理综合执法保障】 2017年，广东省住房和城乡建设厅推动出台《广东省城市管理综合执法条例》（简称《条例》）。年内，会同省法制办公室到各地开展立法调研，听取各地市城市管理和综合执法主管部门的意见建议，修改完善《条例》，2月，省住房和城乡建设厅执法监察局会同省法制办相关负责人在东莞研究修改《条例》。通过省法制办公室法治审查，《条例》于8月提交省政府常务会议研究审议。10月，省住房和城乡建设厅在广州、深圳、东莞、茂名、湛江等地开展专题调研，根据各地反馈情况再次修改完善条例，突出执法适用性和操作性。年内，省住房和城乡建设厅会同省人大环资委在佛山、惠州、东莞、中山、江门、阳江、清远等地开展立法调研，并参与省人大组织的多次立法研讨会，推动广东省立法工作。

全面推行执法全过程记录。根据住房和城乡建设部推行执法全过程记录制度试点要求，2017年4月，《广东省住房和城乡建设厅转发住房城乡建设部关于印发推行执法全过程记录制度试点实施方案的通知》向各地市印发，明确时间节点和方法步骤。5月，将广州市、中山市城市管理和综合执法主管部门确定为广东省执法全过程记录试点联络单位，以点带面树立执法标杆。是年，及时转发上海市城管执法全过程记录规定等文件，要求全省各地市参照上海市经验做法，建立健全本地区执法全过程记录的信息收集、保存、管理、使用等制度，定期上报住房和城乡建设部。截至年底，全省21个地级以上市城市管理部门均在行政处罚和行政强制方面启动执法全过程记录制度试点，并确立执法纸质文书标准和电子信息格式，推行音像记录及配备执法记录仪，各市平均配备比例由5.44人/台增加至2.9人/台。

推动基层政务公开标准化和规范化试点建设。2017年，落实国务院办公厅和广东省人民政府关于开展基层政务公开标准化、规范化试点部署，配合省政府制定出台《关于印发广东省开展基层政务公开标准化规范化试点工作实施方案的通知》，指导广州市海珠区、深圳市罗湖区、佛山市禅城区、梅州市平远县、惠州市博罗县、肇庆市高要区、云浮市新市县7个县（市、区）的城管部门做好城市综合执法领域的政务公开标准化、规范化试点。截至年底，承担试点任务的城管部门全面梳理城市管理执法领域的政务公开事项，推进各项试点，探索全省规范城管部门政务公开经验。

【城市管理执法队伍建设】 2017年，广东省加强城市管理执法队伍建设，加强全省城市管理执法干部培训。结合“强基础、转作风、树形象”专项行动，10月30日至11月24日在广东警官学院连续举办4期全省城市管理和综合执法专题培训班，培训各市、县（市、区）城市管理和综合执法主管部门新任或未参训领导，以及负责城管执法的科级以上干部600人。围绕城管改革、城管执法、舆情应对、社区治理等设置培训课程，创新学习形式，提升全省城市管理执法队伍综合素质。

开展“强基础、转作风、树形象”专项行动。2017年，广东省开展“强基础、转作风、树形象”专项行动，要求各地市通过开展全员培训、完善执法制度、严明工作纪律、强化宣传引导等，加强城市管理执法队伍建设。年内，会同住房和城乡建设部城市管理监督局指导广州、深圳两个地市开展城管宣传活动，制作宣传视频和海报，在公交车站、地铁站进行宣传。是年，

▲2017年7月19日，广东省数字化城市管理平台建设培训会在东莞召开

（广东省住房和城乡建设厅执法监察局供稿）

湛江市城市管理和综合执法局、揭阳市城市管理行政执法局被住房和城乡建设部评为“全国表现突出单位”，深圳市城市管理行政执法监察支队冯增军、东莞市城市综合管理局综合执法支队向国华被住房和城乡建设部评为“全国表现突出个人”。

研究制定广东省城市管理执法人员配备比例。2017年3月，广东省住房和城乡建设厅联合省机构编制办公室，摸查全省涉及城市管理职能的部门职责和人员编制情况，全面摸查各市、县（市、区）涉及改革的城管、住房和城乡建设、规划、房管、公积金以及环保、工商、交通、水务、食药监等部门情况，做好全省城管执法人员配备标准的核算。年内，正式发文向省机构编制办公室提出按照城市常住人口万分之五至八的比例配备城市管理执法人员的意见，就各地执法编制不足、执法人员身份不规范等问题，加强与省机构编制办公室、省人力资源和社会保障厅沟通协商，理顺基层城管执法人员身份，统筹解决城市管理执法人员身份编制问题。

【城管执法队伍制式服装及标志标识】 按照国家统一部署要求，2017年4月17日，广东省住房和城乡建设厅联合省财政厅转发《住房和城乡建设部、财政部关于印发城市管理执法制式服装和标志标识供应管理办法的通知》。4月25日，《住房和城乡建设部城市管理监督局关于印发城市管理执法制式服装和标志标识技术指引（试行）》（简称《技术指引》）转发，要求各市尽快完成执法制式服装更换，明确各地城市管理执法人员编号规则。为避免全省城市管理执法人员制式服装和标志标识出现不统一，省住房和城乡建设厅加强对全省各地城管统一换装的指导和监制。年内，省住房和城乡建设厅先后召集广州市、汕头市、惠州市召开执法制式服装和标志标识研讨会，筛选确定制式服装和标志标识样板。7月11日，城市管理和综合执法制式服装和标志标识统一工作推进会召开，通报全省统一城市管理综合执法人员制式服装和标志标识工作情况，展示制式服装和标识样板。各地级以上市城市管理和综合执法主管部门参加，交流统一换装遇到问题。截至年底，全省19个地级以上市城市管理和综合执法主管部门统一城管执法人员制式服装和标志标识。

【数字化城市管理“一张网”】 2017年1月，广东省住房和城乡建设厅调研摸查全省21个地级市数字城市管理系统建设和应用情况，实地调研每个地级市及辖区内2个以上的县（市、区），了解基层建设情况和需求，形成《广东省市、县（市、区）数字化城市管理平台现状及分类改造建设研究报告》《广东省智慧城管平台建设研究报告》，研究提出数字化城市城管平台的定位、功能和建设标准。6月，广东省印发《关于推进全省数字化城市管理工作的实施方案》，提出基础型、通用型、智慧型等三类数字化城市管理平台建设标准，分类指导各地开展数字化城市管理平台建设。7月，在东莞组织召开全省数字化城市管理平台建设培训，邀请住房和城乡建设部专家授课，推进和规范全省数字化城市管理平台建设。截至年底，全省17个地级以上市建成数字化城市管理平台。10月，启动省级数字化城市管理平台建设，建立具有全省城市管理数据汇集、处理、统计、分析功能的省级平台。年内，根据国家九大子系统标准，建立涵盖市、县（市）的通用型数字化城市管理平台，于12月建成，并印发《广东省住房和城乡建设厅关于试运行广东省数字化城市管理通用型系统平台的通知》，推动全省数字化城市管理“一张网”。

【城管改革督导】 2017年，《广东省住房和城乡建设厅转发住房和城乡建设部关于加快落实〈中共中央国务院关于深入推进城市执法体制改革改进城市管理工作的指导意见〉确定改革任务的通知》印发，明确广东省改革重点任务和时间节点，建立信息报送机制和改革台账，完善周报和月通报督办制度，每月定期通报全省改革情况。确保落实省委关于城市管理和综合执法体制改革部署，指导全省21个地级以上市制订出台城市管理和综合执法体制改革实施方案，从编制文件明确要求、制定文件提出建议，到在省委备案决策把关，对各地市的实施方案提出具体意见，全省21个地级以上市均制定落实城市管理和综合执法体制政策文件。年内，推动成立省级城市管理和综合执法机构。在原来提出的《关于整合归并省级执法队伍优化设置省城市管理和综合执法机构的实施方案》基础上，加强与省机构编制办公室沟通协调，研究修改成立广东省城市管理和综合执法监督机构设置方案。12月，省机构编制办公室提出省级城市管理和综合执法机构设置方案征求意见。（温宏智）

▲2017年，广东省首次通过规划建设遥感监测执法系统对全省各县、各县级市城乡规划建设进行动态监测。图为遥感监测工作人员在研究监测图斑

（广东省建设信息中心供稿）

城乡规划督察

【概况】 2017年，广东省城乡规划督察完善督察员管理、日常巡察、专项督察及违法图斑核查处理等制度建设，创新督察方式，提升督察效能，发挥制度优势，获住房城乡建设部领导充分肯定，保持全国“排头兵”的位置。年内，扩大“天上看、地上查、网上管”的规划建设执法立体网络监测范围，首次对全省各县、县级市规划建设进行动态监测，基本实现城乡规划建设遥感监测全省域覆盖，监测面积15.3万平方千米。全年印发城乡规划建设遥感监测违法图斑1316个，省住房和城乡建设厅实地督办违法图斑101个，约谈清远、肇庆、茂名市规划主管部门主要负责人，震慑违法违规建设行为，维护城乡规划权威。但是全省城乡规划督察面临较大压力，部分地市提出督察整改未能及时落实；部分地市对违法图斑的查处进度缓慢；部分地市规划执法任务繁重、人员紧缺。

【城乡规划督察员制度】 2017年，广东省推动城乡规划督察，发挥广东省城乡规划督察员对规划实施管理的监督作用。建立以组为单位的督察员机制，各督察员小组分别赴揭阳市、潮州市、汕头市实地督办违反规划建设项目。落实不定期巡察制度。全年省城乡规划督察员列席各地规委会、专委会等会议410次，开展调研100次，累计发出的督察建议（意见）书及工作函58份，制止违规或违法建设项目81个，实地核查违法图斑612个，约谈或约见违反规划审批的市县主管部门领导116人，为促进全省各地规划实施监管发挥重要作用。

2017年，广东省住房和城乡建设厅指导各市借鉴河源市试点经验，落实市派督察员工作制度。加强对全省城乡规划督察员管理，鼓励督察员履职尽责，收集并掌握督察员每月工作开展情况，定期组织督察员学习培训和工作交流，建立督察情况定期通报制度，编印《广东省城乡规划督察工作信息》，不定期刊登督察员工作亮点、心得体会。经省政府同意，完成第四届省城乡规划督察员换届遴选与聘任，省政府为全省21位城乡规划督察员颁发聘书。

【城乡规划专项督察】 2017年，广东省住房和城乡建设厅组织省城乡规划督察员对全省地级以上市和佛山顺德区开展城乡规划委员会审议议题、历史文化名镇名村和传统村落保护专项督察。包括：城乡规划委员会审议议题是否规范、审议内容是否符合相关法律法规要求。对全省457个名镇名村及传统村落的保护（发展）规划编制和实施管理、资金分配及使用、建设项目实施管理、监督检查等情况进行专项督察，发现部分城市存在专业委员会代替城乡规划委员会、违法审议控制性规划调整市总体规划涉及强制性内容等问题，历史文化名镇名村和传统村落规划编制滞后，审批完成率低，保护资金投入缺乏，财政支持不够等问题，指导各地改进和规范城乡规划管理，为省政府城乡规划建设决策提供参考。

【遥感督察制度建设】 2017年，广东省推进城乡规划建设遥感督察，加大遥感监测执法力度，扩大遥感监测范围，截至年底，广东省规划建设遥感监测执法系统首次对全省各县、县级市规划建设进行动态监测，基本实现城乡规划建设遥感监测全省域覆盖，监测面积15.3万平方千米，启动对省级风景名胜区的遥感监测。5月17日，省住房和城乡建设厅印发《广东省城乡规划建设遥感监测违法图斑查处流程图》，制订《广东省城乡规划建设遥感督察工作细则（试行）》，明确遥感督察任务、职责分工、“两下两上”工作流程，图斑核查内容、图斑合法性判定标准、涉及规划强制性内容判定标准、违法图斑查处等，将遥感督察工作标准化、流程化、图形化。年内，与省电视台联合制作违法图斑督办专题纪录片《强化违法图斑查处　维护规划权威》，加大遥感监测执法宣传力度，与中山大学开展《广东省规划遥感监测违法图斑处理与对策》规划遥感督察课题研究。

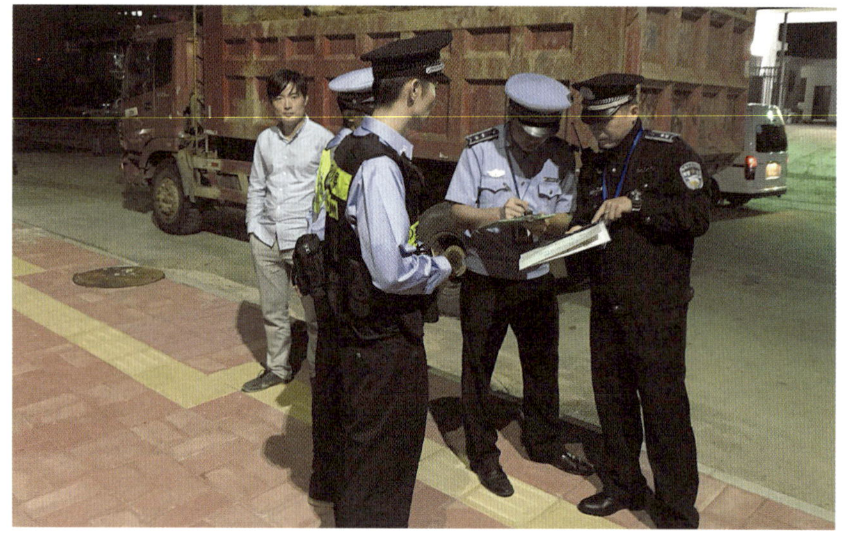

▲2017年10月27日，肇庆市城市管理和综合行政执法局及公安交警等部门联合对深夜泥头车营运实施整治　（肇庆市城市管理和综合行政执法局）

【违法图斑督办查处】　2017年，广东省住房和城乡建设厅对全省地级以上市及顺德区人民政府通报上年遥感监测违法图斑查处情况，指出部分城市图斑核查处理力量薄弱，影响图斑查处进度与质量，少数城市未按照要求做好证据附件上报，或上报数据与实际情况不一致，要求各市政府高度重视并加大查处力度，遏制新增违法建设。

2017年4月，通过城乡规划建设遥感监测执法系统，省住房城乡建设厅下发由省政府审批城市总体规划的11市城乡规划建设遥感监测疑似违法图斑1600个，面积11.98平方千米，确定违法图斑1021个，面积5.5平方千米。截至年底，查处完成率45.64%，拆除违法建筑面积12.48万平方米，罚款699.06万元。年内，省住房和城乡建设厅提督办住房和城乡建设部印发广东省11个城市的遥感监测违法图斑295个，并分别按要求将图斑查处情况上报住房城乡建设部。8—9月，对广州等17个城市的101个违法建设图斑进行实地督办，推进违法图斑的查处进度。12月，约谈违规审批突出的清远、肇庆、茂名等三市规划主管部门主要负责人，并对相关市政府发出对涉及违法行政图斑整改的督办通知书。是年，查处广州市荔湾区龙溪水上乐园、白云区天健家具装饰城、天河区乐鸿仓钢材厂，深圳市光明一号项目临时建筑，韶关市丹霞山国家风景名胜区修坟建路项目等，震慑违法违规建设行为。　（程璐萍）

城管综合执法

【概况】　2017年，广东省住房城乡建设厅针对损害公众利益、同类违法行为突出、上级机关交办、媒体曝光、性质恶劣、涉及面广、危及工程质量安全的违法行为，查办一批住房和城乡建设领域典型案件，对违法单位及责任人作出295万元罚款的行政处罚，对涉嫌犯罪案件及时移送公安部门侦查。但是《广东省城市管理综合执法条例》立法进度偏慢。

【执法制度建设】　2017年，广东省推进全省执法制度建设。一是推进城市管理立法。编制《广东省城市管理综合执法条例》，会同省人大开展立法调研，提交省政府常务会议审议；二是推行执法全过程记录等制度。根据住房城乡建设部推行执法全过程记录制度试点要求，下发制度推行通知，确定广州市、中山市为试点联系单位，全面做好试点工作。三是推动省级住房城乡建设领域行政处罚权的集中行使。制定《广东省住房和城乡建设厅集中行使厅机关行政处罚权工作规程》，规范内部执法流程。四是开展基层政务公开标准化规范化试点建设。配合省政府制定出台《关于印发广东省开展基层政务公开标准化规范化试点工作实施方案的通知》，指导广州市海珠区、深圳市罗湖区、佛山市禅城区、梅州市平远县、惠州市博罗县、肇庆市高要区、云浮市新兴县7个县（市、区）的城管部门做好城市综合执法领域的政务公开标准化规范化试点。五是加强违法图斑查处制度建设。为加强城乡规划管控力度，印发《广东省住房和城乡建设系统行政处罚自由裁量权基准（城乡规划建设类）》《广东省城乡规划建设遥感监测违法图斑查处流程图》。

【建设行政执法案卷评查】　为提高广东省住房和城乡建设行政执法规范化水平，根据《广东省行政执法案卷评查办法》，2017年6月20日至7月14日，省住房和城乡建设厅组织全省住房城乡建设行政执法部门在2016年度行政执法案卷自查的基础上，对深圳市等8个市23个单位进行抽查。从7933宗案卷中，随机抽查259宗案卷，其中行政处罚案卷242宗、行政复议案卷17宗。经过检查，查出6个方面、50余个细节问题，专门通报全省住房城乡建设行业，为行业执法规范化提供借鉴。 *(陈楚珠)*

▲*2017年11月6日，珠海市城市管理行政执法局正式启动一体化区域机动巡查*

（珠海市城市管理行政执法局供稿）

【城市管理和综合执法体制改革专题培训班】 2017年10—11月，为贯彻落实《中共中央、国务院关于深入推进城市执法体制改革，改进城市管理工作的指导意见》《中共广东省委、广东省政府关于深入推进城市执法体制改革，改进城市管理工作的实施意见》，推进科级以上干部轮训和持证上岗，加强全省城市管理和综合执法骨干队伍建设，广东省住房和城乡建设厅通过政府采购形式，在广州市广东警官学院举办全省城市管理和综合执法体制改革专题培训班。针对智慧城市、依法行政、城市管理、执法法律法规、媒体舆情应对等必修内容、邀请住房和城乡建设部领导、知名高校专家、著名媒体人等开班授课。培训班分4期，每期150人，为期5天，全省600名城市管理执法科级以上干部参加培训。

【建设行政执法人员专业培训考试】 2017年，广东省住房和城乡建设厅组织开展建设领域行政执法人员专业法律法规知识培训考试，编制系统内执法人员考试大纲和标准化题库，改进培训考试方式，实现全省网上考试取代花费大量人力物力的纸质试卷。考试类别包括工程建设和建筑业管理、城乡规划管理、城市建设管理、住房保障和房地产、城市管理综合执法和公积金管理6大类别。全省3250人参加考试，合格3185人，合格率98%。 *(李长青)*

【大案要案查办】 2017年，广东省针对各地招商引资项目基建程序存在规划和施工许可、质量监督手续、设计文件审查、竣工验收等违法行为，同类违法行为多发频发的典型问题，查处某市一引资企业厂房及配套设施项目未取得施工许可证擅自施工案，对涉案建设单位和相关责任人员违法行为作出罚款的行政处罚并责令改正，责成当地主管部门查处同类案件。针对建材打假抽检发现的施工单位将劣质小直径钢筋用于工程的工程质量突出问题，查处某市“三旧”改造住宅项目施工违规使用不合格钢筋案，对涉案施工单位和相关责任人员违法行为作出罚款的行政处罚并责令改正，严厉查处危及工程质量安全违法行为。针对医院和学校等公益性工程项目工期紧，未经竣工验收合格擅自投入使用而存在公共安全隐患等突出问题，查处某市大型保健医院工程项目未组织竣工验收擅自交付使用案，通过启动行政处罚执法程序，采取罚教结合原则，责令建设单位立即组织竣工验收，纠正违法行为。 *(潘奇俊)*

违法建设治理

【概况】 2016年8月以来，广东省住房和城乡建设厅在全省范围内统一开展城市建成区违法建设专项治理五年行动，通过开展违法建设摸底排查、坚决打击新增违法建设、全面分类处理存量违法建设等，确保全省违法建设“零增长”“减存量”。截至2017年底，全省查处违法建设6043万平方米，包括拆除违法建设4030万平方米。其中，查处新增违法建设1032万平方米，包括拆除存量违法建设802万平方米，消化存量违法建设5011万平方米，包括拆除存量违法建设3228万平方米，完成住房和城乡建设部的考核目标。但是全省违法建设仍然存在量大面广、历史遗留问题等较突出的问题。各地在分类认定和处理存量违法建设方面需加快进度，新增违法建设查处力度需加大。

【城市建成区违法建设专项治理五年行动实施方案】 2017年5月，广东省住房和城乡建设厅印发《广东省城市建成区违法建设专项治理工作五年行动实施方案（2016—2020年）》，明确提出全省在2020年底前，全面清查并处理城市建成区现有违法建设。通过研究制定存量违法建设认定和分类处理办法，探索新增违法建设快速查处机制，健全动态巡查和源头发现机制，建立综合治理工作机制和阳光治理机制，完成全面摸查现有违法建设、遏制新增违法建设、稳妥处置存量违法建设、强化规划建设实施管理等治理任务，为人民群众创造和谐优美的人居环境。

【全省违法建设专项治理工作推进会】 2017年5月，广东省住房和城乡建设厅在广州召开全省违法建设专项治理工作推进会，通报全省违法建设治理情况，对全省违法建设治理作出整体部署。通报指出，2016年全省查处违法建设1442万平方米，包括拆除违法建设717万平方米。2017年第一季度，全省查处违法建设318万平方米，包括拆除违法建设212万平方米。会议要求全省各地在10月30日前完成存量违法建设累计查处比例不低于50%的目标。各地需注重源头查处，将违法建设消灭在萌芽阶段，维护社会的稳定；加强常态巡查，对违法建设做到早发现、早处置；加强部门联动，齐抓共管打击违法建设；营造社会参与、共建共管的治理氛围；加大政策研究力度，尽快研究出台行之有效的政策措施。广州、深圳、汕头、汕尾、佛山、河源6个市代表分别就违法建设治理作交流发言。全省各地级以上市及佛山顺德区城乡规划主管部门、规划执法主管部门主要负责人参加。

(温宏智)

【违法建设治理专项行动】 2017年，广东省开展违法建设专项治理，各市出台违法建设专项治理实施方案，建立由市委或市政府统一领导的工作机制，利用全省城乡规划建设遥感监测系统，建立健全网格化巡查管控、多部门联防联动工作机制。强化违法建设源头管控，处理一批典型案例，比如：广州市增城区清拆石滩镇违法建设43栋，面积逾1.5万平方米；深圳市罗湖区"插花地"棚户区改造累计搬离住户9.3万人，累计拆除房屋1253栋，建筑面积130多万平方米；惠州市惠东县通过爆破手段拆除一栋12层高1.66万平方米违法建筑，遏制违法建设屡禁不止的势头。截至年底，全省查处违法建设6043万平方米，其中拆除违法建设4030万平方米。查处新增违法建设1032万平方米，其中拆除存量违法建设802万平方米。消化存量违法建设5011万平方米，其中拆除存量违法建设3228万平方米，完成住房和城乡建设部的考核目标。

【违法建设治理"百日攻坚"行动】 2017年9月20日至12月31日，广东省住房和城乡建设厅在全省范围内开展违法建设治理"百日攻坚"行动，加大全省违法建设治理力度，以拆除违法建设治理作为突破口，打击违法建设。各地制订详细工作计划，以影响生态环境、市民生活公共空间、重大发展规划或重点建设项目、农村人居环境综合整治，以及存在安全隐患的违法建设为重点，结合全省饮用水水源保护区规范化建设及河道治理落实河长制等专项工作整体部署，最大限度消除影响严重的违法建设。通过广播、电视、报纸、网站、杂志等媒体，为"百日攻坚"行动宣传造势，加强法律法规和政策文件宣传，营造有利于违法建设治理舆论氛围，形成社会参与、齐抓共管的局面。

【违法建设治理亮点】 2017年，广东省住房和城乡建设厅向全省各地市政府提出建立健全工作机制、全面摸查违法建设情况、确定工作目标、定期报送工作情况等具体要求，按属地原则落实各地市政府主体责任。各地市政府出台实施方案，建立由市委或市政府统一领导的工作机制。广州市通过人大立法审议通过《广州市违法建设查处条例》，为查处违法建设提供法律保障；深圳市出台《深圳市查处违法用地和违法建筑工作共同责任考核办法》，通过地方立法逐步制订《深圳经济特区规划土地监察条例》《关于农村城市化历史遗留违法建筑的实施意见》。年内，省住房和城乡建设厅牵头建成省级城乡规划建设遥感监测系统，对省政府审批城市总体规划的11个市和国务院审批城市总体规划的10个城市进行遥感监测，实现卫星遥感监测规划实施全省全覆盖，建立"天上看、地上查、网上管"的规划建设执法立体网络。全省各市将违法图斑查处作为打击违法建设的重要手段，维护城市规划的严肃性和权威性。各地通过完善城乡规划建设遥感监测、网格化巡查管控、多部门联防联动等工作机制，落实属地管理责任。全省各地将查违、治违工作与棚户区改造、城乡环境整治、创文创卫和重点工程建设等结合起来，探索运用拆除、没收、整改等多种手段，消化存量违法建设。

(李楚杨)

【规划建设遥感监测执法数据标准】 2017年，广东省建设信息中心按照严格的操作规范和技术标准，使遥感监测执法数据从基础数据的采集、预处理，图斑信息提取、属性研判、审核下发、核查上报等全流程数据标准化和规范化。遥感监测执法系统建立属地管理、分工负责、分类处理、层级监督的标准工作流和统一的数据标准。省建设信息中心建立遥感监测管理制度、数据安全管理办法、基础地理数据操作规程、图斑提取操作规范监测成果和数据发布标准等一系列标准化制度。年内，城乡规划建设遥感监测执法系统通过建立"一案一档"标准化数据管理机制，真实详细记录图斑提取、审核和执法全过程，保存相关数据、资料，确保有据可依和有据可查，有效防范城乡规划建设遥感监测执法风险。

(陈志彬)

·编辑　李勇·

村镇建设与管理

□新农村建设领导小组成立

□省定贫困村规划编制

□农村危房改造督查

□农村生活垃圾治理省级验收

□全国特色小镇申报

综 述

【概况】 2017年，广东省村镇建设以2277个省定贫困村创建社会主义新农村示范村为重点，推进乡村规划、农村生活垃圾处理、农村生活污水处理、农村危房改造，以及特色村镇、乡村历史文化保护等，全省村镇建设事业取得新进展。截至年底，全省纳入村镇建设统计报表范围的建制镇1006个，建成区面积3311.72平方千米，建成区户籍人口1146.28万人，建成区常住人口1330.13万人，总体规划覆盖率85.09%，行政村18179个，村庄规划覆盖率61.39%；村镇住宅建筑总面积16.13亿平方米，其中建制镇4.09亿平方米、人均住宅面积35.67平方米，村庄12.03亿平方米、人均住宅面积26.74平方米；建制镇公共建筑面积8588.94万平方米，生产性建筑1.4亿平方米；村庄公共建筑面积6282.58万平方米，生产性建筑1.3亿平方米。但是全省村镇建设与管理工作区域发展差异较大，部分地区特别是粤东西北农村人居环境改善进展滞后。

【中央环境保护督察整改落实】 2017年4月，广东省住房和城乡建设厅正式向省政府反馈中央环保督察意见，召开全省住房城乡建设系统落实中央环境保护督察整改工作电视电话会议，部署全省住房城乡建设系统落实中央环保督察整改。会议要求全省住房城乡建设系统组建工作机构，制定资金保障和人员配备计划并全力推进。年内，按照《广东省贯彻落实中央第四环境保护督察组督察反馈意见整改方案》，省住房和城乡建设厅完成全省农村生活垃圾治理省级验收，印发整改建议书，指导全省各地全面开展镇级填埋场整治，推动粤东西北地区和惠州、江门、肇庆等市35个县（市、区）整县推进村镇污水处理设施建设，督促各地项目开工建设，率先完成乡镇一级污水处理设施建设。是年，每月将中央环保督查整改进展报送广东省环境保护厅。

▲东莞市万江中心涌污染治理与生态修复工程（2017）

（广东省住房和城乡建设厅村镇建设处供稿）

【乡村规划编制与建设项目一体化金融合作模式试点】 2017年2月23日，由广东省住房和城乡建设厅统筹协调，肇庆四会市人民政府与国家开发银行广东省分行正式签署《实施规划编制和建设项目一体化融资 加快整县推进乡村建设规划编制和农村人居生态环境建设（试点）合作框架协议》，在全国首推乡村建设规划编制和项目一体化金融合作模式，创新机制引导金融和社会资本参与农村人居生态环境建设，率先破解规划编制经费和建设资金难题。截至年底，肇庆四会市按全覆盖目标全面启动县域乡村建设规划和村庄规划编制。

【南粤村庄（整治）规划志愿行动】 2017年7月，广东省委农村工作办公室、省住房和城乡建设厅、共青团广东省委员会、省教育厅、省精神文明办公室、省扶贫办公室、南方报业集团、省志愿者联合会联合印发《关于开展“我为美丽乡村绘蓝图”——2017年南粤村庄（整治）规划志愿行动的通知》，定于7—12月组织开展“我为美丽乡村绘蓝图”南粤村庄（整治）规划志愿行动，广泛动员全省城乡规划设计及相关专业人员，以志愿服务的形式推进2277个省定贫困村村庄（整治）规划编制，集中社会力量助力农村人居生态环境综合整治，推动省定贫困村创建社会主义新农村示范村工作。8月，省住房和城乡建设厅、省委农村工作办公室、共青团广东省委员会联合印发《关于做好2017年南粤村庄（整治）规划志愿服务团队组建和活动报名工作的通知》，明确南粤村庄（整治）规划志愿行动的团队组建、活动报名、经费保障等要求，动员全省各市城乡规划、建筑设计单位积极组建志愿团队。截至年底，全省规划设计团队积极参与志愿行动，结对帮扶186个省定贫困村开展村庄（整治）规划编制。（王飞）

农村人居生态环境建设

【概况】 2017年，广东省住房和

2017年广东省建制镇基本情况

地区	建制镇个数（个）	镇域面积（公顷）	镇域户籍户数（户）	镇域户籍人口（万人）	镇域常住人口（万人）	建成区面积（公顷）	建成区户籍户数（户）
广东省	1006	16820963.12	13228518	5371.68	5052.07	331171.82	2928053
广州市	26	438358.06	593602	180.35	271.44	22026.15	125799
珠海市	10	78690	113724	42.71	64.35	5203.69	39197
汕头市	31	151857.31	699485	309.75	301.47	19438.61	287711
佛山市	21	233463.91	728587	208.55	411.87	23248.36	265414
韶关市	82	1545519.11	574004	211.28	175.92	10145.66	118780
河源市	87	1389283.85	704573	297.71	219.68	12552.63	124019
梅州市	89	1413714.49	975808	399.8	286.29	19431.46	158516
惠州市	49	878979.67	491525	198.14	244.57	22415.71	120152
汕尾市	45	422438	538871	266.88	222.3	24631.26	182952
中山市	18	135322.81	309512	118.12	216.24	32394.83	133592
江门市	58	945013.54	666792	243.1	226.53	20018.63	102350
阳江市	36	607235.31	532716	210.08	157.76	10497.68	103244
湛江市	76	1083613.08	1332889	560.21	452.24	17622.19	207428
茂名市	80	2633134.93	1358498	584.3	482.61	15962.18	204398
肇庆市	86	1255363.09	838542	327.16	320.57	11672.77	126518
清远市	69	1532018.4	775064	318.47	254.72	14255.99	153948
潮州市	33	426551.22	385172	167.33	146.83	14021.93	125167
揭阳市	60	869376.84	1052811	510.94	411.73	23461.72	262444
云浮市	50	781029.5	556343	216.8	184.95	12170.37	86424

地区	建成区户籍人口（万人）	建成区常住人口（万人）	村镇规划建设管理					
			设有村镇建设管理机构的建制镇个数（个）	村镇建设管理人员（人）	专职人员（人）	编制总体规划的建制镇个数（个）	当年编制（人）	当年村镇规划编制投入（万元）
广东省	1146.28	1330.13	945	7470	4801	856	89	26131.9
广州市	32.23	65.64	24	641	448	24	2	620.5
珠海市	17.7	21.83	9	122	60	7	1	90
汕头市	134.63	137.6	30	287	144	28	10	442
佛山市	70.38	147.65	21	790	573	18	—	1527.91
韶关市	40.8	39.53	61	198	109	62	6	2044.6
河源市	44.13	48.83	82	318	203	66	18	2318.8
梅州市	68.02	60.98	85	293	212	83	7	1857.8
惠州市	48.24	80.1	48	478	272	49	1	883
汕尾市	84.82	67.65	39	358	201	26	1	48
中山市	52.14	122.28	18	555	378	18	—	1228.1
江门市	31.96	45.21	58	568	329	54	2	158
阳江市	38.35	37.49	35	293	217	35	1	237.6
湛江市	83.83	75.91	69	625	401	68	5	894.85
茂名市	79.47	79.84	78	543	398	59	4	2055
肇庆市	46.1	48.63	86	390	211	84	11	4462.04
清远市	57.32	58.58	65	328	198	62	6	2749.9
潮州市	56.8	53.16	33	118	92	33	4	928.7
揭阳市	127.64	108.45	59	288	151	50	5	491.1
云浮市	31.73	30.78	45	277	204	30	5	3094

（冯育文）

2017 年广东省建制镇供水情况

地区	集中供水的建制镇		公共供水	自备水源单位
	个数（个）	占全部建制镇的比例（%）	综合生产能力（万立方米/日）	综合生产能力（万立方米/日）
广东省	973	96.72	1163.28	278.07
广州市	26	100	147.25	55.77
珠海市	9	90	41.37	1.18
汕头市	31	100	49.23	11.33
佛山市	21	100	208.71	48.4
韶关市	82	100	11.82	4.98
河源市	81	93.1	25.48	9
梅州市	88	98.88	18	5.82
惠州市	48	97.96	63.88	20.93
汕尾市	45	100	44.04	0.84
中山市	18	100	155.78	27.5
江门市	58	100	167.35	7.99
阳江市	33	91.67	16.4	1.12
湛江市	69	90.79	13.84	6.86
茂名市	77	96.25	43.52	21.89
肇庆市	85	98.84	27.78	5.13
清远市	68	98.55	43.22	13.74
潮州市	31	93.94	35.85	2.79
揭阳市	56	93.33	38.15	18.12
云浮市	47	94	11.61	14.7

地区	年供水总量（万立方米）			供水管道长度（千米）		用水人口（万人）
		年生活用水量	年生产用水量		当年新增	
广东省	189299.97	76315.42	90669.86	48843.7	1964.99	1243.85
广州市	19518.95	5529.64	12410.5	3057.21	42.58	67.17
珠海市	4379.19	1474.91	1356.24	1017.83	1.56	21.01
汕头市	19258.91	11237.51	6587.53	6838.84	80.65	136.49
佛山市	33174.64	9436.54	20211.82	3805.33	118.47	143.3
韶关市	2611.27	1695.29	886.59	1235.42	83.3	38.15
河源市	3731.52	1648.18	1142.91	1690.51	79.14	43.91
梅州市	7750.45	5904.71	1347.63	4576.91	287.1	56.88
惠州市	12430.74	3307.81	7099.93	2453.06	282.96	70.68
汕尾市	5662.46	2674.76	2355.64	1402.76	20.5	64.3
中山市	31395.54	10124.1	14611.9	5329.61	255.43	118.82
江门市	9072.36	2516.71	6400.79	2700.77	65.93	44.31
阳江市	3273.76	1934.07	1306.94	1050.77	57.4	31.13
湛江市	4631.21	2745.5	1703.82	1934.87	32.51	68.47
茂名市	5384.41	3200.58	1496.5	1382.43	81.22	67.5
肇庆市	5447.31	2161.16	2827.14	2219.43	83.04	41.62
清远市	7418.68	2961.99	3924.76	2290.34	151.45	54.81
潮州市	4868.23	2803.14	1498.84	2591.14	104.19	50.05
揭阳市	6862.03	3856.19	2666.54	1779.59	72.69	98.61
云浮市	2428.31	1102.63	833.84	1486.88	64.87	26.65

（冯育文）

2017年广东省建制镇排水情况

地区	污水年排放总量（万立方米）	对生活污水进行处理的建制镇		污水处理厂		污水处理装置	
		个数（个）	占全部建制镇的比例（%）	个数（个）	处理能力（万立方米/日）	个数（个）	处理能力（万立方米/日）
广东省	180363.76	415	41.25	226	271.03	—	254.65
广州市	24012.54	22	84.62	23	49.5	—	54.66
珠海市	3240.86	8	80	5	0.36	—	0.71
汕头市	15761	19	61.29	11	26.5	—	14.82
佛山市	30610.38	21	100	30	61.72	—	45.13
韶关市	2199.52	22	26.83	8	2.48	—	1.93
河源市	3080	43	49.43	17	11.36	—	12.59
梅州市	10708.82	32	35.96	10	0.66	—	1.69
惠州市	12086.05	42	85.71	36	28	—	25.94
汕尾市	4934.78	10	22.22	0	—	—	—
中山市	28448.35	18	100	13	53.32	—	45.82
江门市	7083	28	48.28	24	8.49	—	6.56
阳江市	2858.44	9	25	2	2.45	—	3.56
湛江市	4560.01	24	31.58	12	7.21	—	3.21
茂名市	5006.53	25	31.25	5	0.29	—	0.08
肇庆市	5765.4	18	20.93	10	8.25	—	3.68
清远市	7075.96	15	21.74	6	7.5	—	12.55
潮州市	3817.01	11	33.33	1	0.02	—	1.69
揭阳市	6677.56	23	38.33	1	1	—	18.5
云浮市	2437.55	25	50	12	1.92	—	1.52

地区	年污水处理总量（万立方米）		排水管道长度（千米）		排水暗渠长度（千米）	
		污水处理厂集中处理量（万立方米）		当年新增（千米）		当年新增（千米）
广东省	91029.69	83523.21	14471.16	654.64	9020.63	467.91
广州市	16942.96	16815.21	858.49	13.75	502.41	0.2
珠海市	817.33	578.43	216.47	6.1	124.4	3.8
汕头市	3556.15	2905.25	1007.93	25.02	538.74	11.81
佛山市	27256.53	26341.19	932.6	61.74	638.31	14.26
韶关市	560.53	518.56	393.31	16.64	246.53	18.07
河源市	1292.37	1085.63	395.96	35.46	235.09	21.43
梅州市	418.6	179.81	1202.53	49.33	511.05	78.22
惠州市	6431.7	5182.17	1013.18	48.84	533.81	45.25
汕尾市	264	—	414.23	20.65	256.27	16
中山市	23173.1	21789.78	2337.14	73.07	713.16	10.92
江门市	2613.14	2314.06	1179.32	20.81	667.73	13.43
阳江市	628.12	460.75	494.82	21.24	258.33	8.61
湛江市	273.27	226.93	775.23	21.2	510.79	18.74
茂名市	190.06	142.09	543.7	31.08	268.73	18.26
肇庆市	2340.12	1910.32	751.98	24.82	539.38	37.07
清远市	2061.22	2042.22	589.6	78.48	859.52	39.12
潮州市	105.16	8.8	401.18	21.08	245.8	21.82
揭阳市	1314.35	559.2	560.07	38.87	966.65	21.59
云浮市	790.98	462.81	403.42	46.46	403.93	69.31

（冯育文）

2017 年广东省建制镇燃气和道路桥梁情况

地区	用气人口（万人）	道路长度（千米）				道路面积（万平方米）			桥梁座数（座）	
			当年新增	当年更新改造	安装路灯的道路长度		当年新增	当年更新改造		当年新增
广东省	920.74	29213.59	978.18	913.71	12713.83	21119.65	700.63	778.73	5748	180
广州市	38.65	1547.42	66.01	20.83	309	958.32	18.83	19.31	456	4
珠海市	3.12	511.08	2.35	19.4	84.18	402.27	6.76	23.75	34	—
汕头市	70.07	2327.43	45.94	50.54	356.49	1770.13	32.31	38.63	428	2
佛山市	129.14	1802.05	17.43	55.93	2703.17	1599.99	27	83.47	294	10
韶关市	26.52	824.07	52.38	13.95	232.35	449.63	23.33	7.6	141	6
河源市	28.51	1304.72	62.53	44	427.76	700.27	40.28	46.36	434	33
梅州市	37.06	2202.2	141.61	88.86	952.56	1204.88	49.83	41.55	478	30
惠州市	51.81	1399.39	39.43	34.6	610.33	1054.85	32.6	32.95	210	7
汕尾市	58.11	1547.85	43.23	17.8	858.3	1025	12.58	0.82	270	3
中山市	109.05	2703.76	25.95	59.73	1826.38	3356.61	29.42	142.64	1173	28
江门市	42.74	1826.87	30.57	44.76	940.87	1341.78	33.92	43.65	314	1
阳江市	23.36	827.86	17.1	36.21	308.3	648.38	10.02	80.51	88	4
湛江市	61.9	1870.43	45.04	46.29	268.46	1304.28	80.84	26.78	148	2
茂名市	59.06	1700.91	144.12	114.19	959.64	1214.68	87.78	49.79	229	12
肇庆市	34.27	1173.88	33.63	69.96	456.4	787.96	31.1	48.23	208	12
清远市	31.95	1554.51	93.55	51.26	336.84	773.22	49.4	25.69	224	11
潮州市	27.69	1177.66	28.92	45.73	382.23	681.52	20.42	22.64	184	1
揭阳市	66.33	1917.62	46.63	73.37	472.32	1364.78	86.53	35.56	252	2
云浮市	21.43	993.88	41.76	26.3	228.25	481.1	27.68	8.8	183	12

（冯育文）

2017 年广东省建制镇园林绿化及环境卫生情况

地区	园林绿化（公顷）				环境卫生					
	绿化覆盖面积	绿地面积		公园绿地面积	生活垃圾年清运量（万吨）	生活垃圾年处理量（万吨）		生活垃圾中转站（座）	环卫专用车辆设备（辆）	公共厕所（座）
			当年新增				无害化处理量			
广东省	46114.56	30693.32	1220.07	4551	637.15	617.91	387.34	2413	11538	8375
广州市	2297.39	1608.09	43.4	236.5	95.62	95.62	91.94	83	1235	185
珠海市	553.11	470.47	6.85	157.26	8.35	8.29	7.7	74	293	92
汕头市	2828.78	2164.1	81.61	104.09	44.48	41.39	19.9	199	941	1080
佛山市	3813.06	2968.42	189.27	809.38	72.91	72.91	61.59	103	1586	390
韶关市	713.51	386.77	25.96	65.12	13.93	13.04	9.35	88	244	210
河源市	2459.65	1208.45	61.42	114.04	14.94	14.46	8.02	147	295	403
梅州市	1843.61	1295.06	324.86	122.33	24.76	23.58	12.54	123	809	619
惠州市	4210.22	2757.63	36.83	137.88	30.68	28.34	23.45	65	564	225
汕尾市	1290.66	747.69	9.56	41.4	26.64	26.18	0.88	71	650	775
中山市	6929.48	5173.05	91.27	1393.33	88	87.94	85.13	97	1278	371
江门市	3104.72	1834.17	15.03	283.04	21.93	21.62	14.07	144	457	567
阳江市	1494.74	862.48	6.22	87.9	16.4	15.63	4.51	38	168	114
湛江市	1991.25	905.94	14.35	17.08	26.48	26.19	6.31	70	527	435
茂名市	1651.47	1001.78	47.01	276.74	35.97	32.04	5.24	440	616	367
肇庆市	1005.37	561.87	25.68	92.71	19.91	15.91	7.75	147	475	327
清远市	897.46	582.47	57.63	75.66	18.12	17.98	9.89	99	345	323
潮州市	3390.76	2224.58	93.28	49.72	25.96	25.89	5.08	118	517	1076
揭阳市	3434.66	2075.44	63.27	447.1	41.3	40.35	9.24	246	397	629
云浮市	2204.66	1864.86	26.57	39.72	10.75	10.55	4.75	61	141	187

（冯育文）

2017年广东省村庄基本情况

地区	村庄现状用地面积（公顷）	村庄户籍户数（户）	村庄户籍人口（万人）	村庄暂住人口（万人）	年末行政村个数（个）			
					合计	500人以下	500~1000人	1000人以上
广东省	874911.63	10797806	4496.96	3927.72	18179	1162	2801	14216
广州市	60919.51	632760	213.46	272.61	999	116	159	724
珠海市	14781.18	73255	24.09	40.24	122	7	11	104
汕头市	23289.46	415270	176.8	165.81	523	8	57	458
佛山市	38069.94	461724	138.02	264.23	378	3	28	347
韶关市	20486.52	495127	185.43	150.96	1077	26	193	858
河源市	94164.97	587204	263.01	180.04	1239	59	158	1022
梅州市	66134.72	826137	351.91	242.59	1870	67	431	1372
惠州市	29968.5	444831	181.34	197.57	921	70	184	667
汕尾市	57141.13	364349	191.8	154.96	744	40	146	558
中山市	38624.58	149418	59.35	91.65	138	0	2	136
江门市	75342.3	564442	211.13	180.83	874	21	54	799
阳江市	14057.9	430145	169.27	126.52	623	16	100	507
湛江市	66506.05	1164879	533.31	429.85	1774	197	276	1301
茂名市	109148.7	1246957	544.81	426.99	1919	239	357	1323
肇庆市	27798.4	740549	290.04	238.85	1348	128	129	1091
清远市	46647.21	684031	283.78	214.25	1045	23	61	961
潮州市	21763.37	252341	107.66	91.49	654	91	141	422
揭阳市	32102.99	776086	378.93	299.29	1208	17	216	975
云浮市	37964.2	488301	192.82	158.99	723	34	98	591

地区	年末自然村个数（个）	当年被合并自然村个数(个)		村庄规划		
			被合并到城镇建成区	编制村庄规划的行政村个数（个）		占全部行政村比例（%）
					当年编制	
广东省	143861	1581	360	11160	1679	61.39
广州市	5106	23	23	911	57	91.19
珠海市	421	0	0	122	3	100
汕头市	799	0	0	288	45	55.07
佛山市	2234	241	241	235	37	62.17
韶关市	11182	7	0	390	194	36.21
河源市	8081	44	0	1110	382	89.59
梅州市	11786	700	8	1671	72	89.36
惠州市	8644	90	20	921	87	100
汕尾市	3218	0	0	287	104	38.58
中山市	504	3	0	135	1	97.83
江门市	9669	0	0	822	8	94.05
阳江市	8142	0	0	521	0	83.63
湛江市	11535	19	1	1086	63	61.22
茂名市	21195	222	1	451	90	23.5
肇庆市	13231	1	1	730	81	54.15
清远市	15447	24	1	361	137	34.55
潮州市	1981	35	2	345	177	52.75
揭阳市	3471	89	25	543	64	44.95
云浮市	7215	83	37	231	77	31.95

（冯育文）

2017 广东省村庄市政公用设施情况

地区	实施集中供水的行政村		年生活用水量（万立方米）	供水管道长度（千米）		用水人口（万人）	供水普及率（%）
	个数（个）	比例（%）			当年新增		
广东省	11981	65.91	121131.76	61896.53	5351.54	3131.41	79.73
广州市	861	86.19	8346.92	5968.42	248.01	246.56	90.44
珠海市	135	110.66	1185.33	551.39	12.2	38.37	95.35
汕头市	412	78.78	5451.42	1382.11	36.45	141.93	85.6
佛山市	359	94.97	11028.87	4209.65	180.95	259.8	98.32
韶关市	731	67.87	3568.54	2743.97	168.2	121.53	80.5
河源市	762	61.5	6961.67	3677.24	396.24	144.36	80.18
梅州市	1218	65.13	6185.7	5019.12	449.02	175.3	72.26
惠州市	772	83.82	5346.45	4756.09	1812.18	155.44	78.68
汕尾市	414	55.65	3573.53	1286.31	141.95	121.66	78.51
中山市	115	83.33	8621.62	2611.24	55.55	76.75	83.74
江门市	840	96.11	6025.06	5025.54	167.34	168.42	93.14
阳江市	199	31.94	2212.03	1091.01	74.85	71.45	56.47
湛江市	1066	60.09	10783.03	4554.79	413.95	351.71	81.82
茂名市	558	29.08	10051.45	2774.11	206.05	254.61	59.63
肇庆市	1043	77.37	7033.24	3121.94	112.71	174.17	72.92
清远市	750	71.77	6887.98	4221.36	366.87	189.15	88.28
潮州市	561	85.78	4328.91	2713.07	227.35	76.21	83.3
揭阳市	664	54.97	8424.25	2274.31	117.45	235.89	78.82
云浮市	521	72.06	5115.76	3914.86	164.22	128.1	80.57

地区	人均日生活用水量（升）	用气人口（万人）	燃气普及率（%）	村庄内道路长度（千米）			
					当年新增	当年更新改造	硬化道路
广东省	105.98	2143.07	54.56	128902.46	3612.97	2666.47	56149.9
广州市	92.75	61.38	22.52	8132.43	158.1	154.31	2696.57
珠海市	84.64	13.06	32.46	590.1	24.17	28.84	57.18
汕头市	105.23	94.83	57.19	2428.64	40.88	16.37	921.96
佛山市	116.31	245.19	92.79	2754.05	30.41	37.15	1328.23
韶关市	80.45	61.18	40.53	7654.59	176.8	86.76	4381.41
河源市	132.12	94.97	52.75	7058.61	360.05	317.52	4074.01
梅州市	96.67	114.4	47.16	10603.69	472.23	352.67	5477.33
惠州市	94.23	110.01	55.68	9786.21	224.56	132.92	6046.15
汕尾市	80.47	104.9	67.69	2363.35	54.1	20.55	1530.19
中山市	307.76	55.04	60.05	2584.23	65.5	51.95	998.02
江门市	98.01	147.5	81.57	6851.56	47.23	109.35	4033.76
阳江市	84.82	68.2	53.9	4992.85	56.31	58.53	1491.74
湛江市	84	272.27	63.34	20825.64	460.42	220.92	5123.8
茂名市	108.16	204.87	47.98	11584.12	357.54	421.16	4904.55
肇庆市	110.63	125.18	52.41	8758.58	183.87	190.22	3525.47
清远市	99.77	80.95	37.78	7451.46	496.66	169.48	3724.53
潮州市	155.62	42.55	46.51	2452.32	57.92	72.23	912.5
揭阳市	97.84	151.36	50.57	2973.82	135.35	110.63	1243.97
云浮市	109.41	95.23	59.9	9056.21	210.87	114.91	3678.53

（续表）

地区	村庄内道路面积（万平方米）				排水管道沟渠长度（千米）		实施生活污水处理的行政村个数(个)	
		当年新增	当年更新改造	硬化道路		当年新增		比例
广东省	108601.17	4602.02	1650.13	41815.54	37833.11	1745.75	4152	22.84
广州市	21268.16	129.65	121.93	2058.54	3249.1	143.55	603	60.36
珠海市	705.55	19.37	26.57	40.32	155.22	3.3	94	77.05
汕头市	1627.81	25.64	10.7	699.33	848.09	19.13	49	9.37
佛山市	2081.3	21.88	28.64	1222.41	2076.96	61.96	290	76.72
韶关市	3722.96	98.53	48.2	2269.16	1432.18	44.78	96	8.91
河源市	7686.86	441.4	245.73	3897.03	2860.54	154.19	157	12.67
梅州市	7231.27	343.52	170.3	3206.54	4070.98	166.44	285	15.24
惠州市	5841.98	143.29	50.53	3949.03	1415.83	65.56	549	59.61
汕尾市	1746.46	68.97	36.8	1153.92	1067.99	15.26	20	2.69
中山市	1880.86	61.11	73.36	831.69	911.23	19.69	112	81.16
江门市	3128.82	45.9	63.35	1896.52	3457.94	45.54	147	16.82
阳江市	2686.54	26.9	23.11	1063.4	710.71	26.21	26	4.17
湛江市	17007.47	1486.29	196.61	8093.28	2917.86	70.08	140	7.89
茂名市	10330.88	434.16	135.91	3909.64	1766.64	95.71	128	6.67
肇庆市	7195.72	136.48	134.1	2331.17	2253.29	115.1	473	35.09
清远市	4371.65	535.95	75.3	2079.01	2369.89	406.7	301	28.8
潮州市	2893.46	117.01	63.28	465.86	1531.49	21.4	88	13.46
揭阳市	2809.5	259.74	92.42	959.53	1759.95	117.72	319	26.41
云浮市	4383.92	206.23	53.29	1689.16	2977.22	153.43	275	38.04

地区	使用卫生厕所的户数（万户）	年生活垃圾清运量（吨）	具备生活垃圾收集点的行政村		实施生活垃圾处理的行政村		实施生活垃圾无害化处理的行政村	
			个数（个）	比例（%）	个数（个）	比例（%）	个数（个）	比例（%）
广东省	5426793	8154501.68	16062	88.35	14273	78.51	6764	37.21
广州市	282908	1283682.8	897	89.79	867	86.79	671	67.17
珠海市	10246	117785	120	98.36	120	98.36	107	87.7
汕头市	138824	402698.38	356	68.07	238	45.51	69	13.19
佛山市	335430	928918.9	349	92.33	334	88.36	280	74.07
韶关市	344062	250865.69	1034	96.01	896	83.19	524	48.65
河源市	319596	263716.7	1117	90.15	1014	81.84	494	39.87
梅州市	406112	425648.16	1789	95.67	1660	88.77	615	32.89
惠州市	269987	329783.58	875	95.01	713	77.42	574	62.32
汕尾市	210802	323931.31	689	92.61	599	80.51	41	5.51
中山市	111017	578097.27	114	82.61	104	75.36	92	66.67
江门市	337884	325099.19	866	99.08	854	97.71	742	84.9
阳江市	77064	134124.5	615	98.72	461	74	83	13.32
湛江市	487024	709023.49	1427	80.44	1204	67.87	383	21.59
茂名市	430276	774646.71	1361	70.92	1048	54.61	238	12.4
肇庆市	380199	317158.24	1140	84.57	957	70.99	430	31.9
清远市	459483	286013.14	988	94.55	893	85.45	460	44.02
潮州市	139854	270937.4	593	90.67	591	90.37	48	7.34
揭阳市	325745	272582.44	1068	88.41	1076	89.07	586	48.51
云浮市	360280	159788.78	664	91.84	644	89.07	327	45.23

（冯育文）

2017 年广东省中心镇基本情况

地区	镇域总面积（平方千米）	镇规划区面积（平方千米）	镇建成区面积（平方千米）	镇域总人口（人）	镇域户籍人口（人）
全省合计	193985.54	40011.57	3448.65	25786053	20131054
广州市	3301.99	1633.74	1496.75	2863226	1476802
珠海市	407.24	121.56	30.95	342431	188665
汕头市	559.17	323.09	73.86	1647181	1359202
佛山市	1412.2	712.32	90.16	1121693	539888
韶关市	5047.8	140.47	82.25	1136273	1088455
河源市	4057.85	501.36	170.75	1733100	1393702
梅州市	154303.53	32412.19	135.23	1791194	1616713
惠州市	1477.26	318.49	48.31	628107	465061
汕尾市	1262.42	200.3	87.78	1176227	1122871
中山市	224.01	207.91	100.37	330306	79775
江门市	1660.6	591.73	111.77	930950	737227
阳江市	2105.05	213.32	129.78	1008029	792863
湛江市	3553.89	394.8	114.73	2087174	1885151
茂名市	1972.17	315.37	87.99	1722718	1482239
肇庆市	2915.15	301.42	120.84	1280055	1071982
清远市	6040.17	766.1	154.23	1962836	1467567
潮州市	443.75	157.65	69.15	848694	678678
揭阳市	1054.89	347.73	157.86	1521208	1328809
云浮市	2186.4	352.02	180.21	1138784	998518
珠江三角洲	11398.45	3887.17	1999.14	7825635	4737500
粤　西	7631.11	923.49	338.2	5004921	4339039
粤　东	3320.23	1028.77	388.65	5193310	4489560
粤　北	171635.75	34172.14	722.66	7762187	6564955

地区	镇域暂住人口（人）	镇域非农户籍人口（人）	镇域就业总人数（人）	镇域外省就业人数（人）	镇域本省就业人数（人）
全省合计	5170525	6131168	9703193	2114549	6565893
广州市	1346332	382005	1387386	451043	761071
珠海市	153766	109112	146576	39471	79738
汕头市	304979	188771	508662	47865	298823
佛山市	584740	355639	380308	187235	229624
韶关市	48226	301645	409264	48883	332719
河源市	327370	498433	533206	111000	416800
梅州市	133585	473577	711350	55642	645211
惠州市	163046	113915	330298	169969	160329
汕尾市	144183	420169	395032	153618	210897
中山市	83146	35145	208626	49976	96382
江门市	195208	117040	452817	132737	272225
阳江市	229552	545751	371322	71436	244754
湛江市	163454	387484	679920	84458	445939
茂名市	179763	332200	601264	93138	424801
肇庆市	185225	284492	640908	174663	484279
清远市	394244	377514	704719	98383	586278
潮州市	120016	364992	303342	59034	248472
揭阳市	98323	431030	447752	29030	272529
云浮市	153817	210684	415721	44206	287772
珠江三角洲	2862263	1575448	3546919	1205094	2083648
粤　西	583519	1288905	1727226	261794	1182744
粤　东	667501	1404962	1654788	289547	1030721
粤　北	1057242	1861853	2774260	358114	2268780

（续表）

地区	镇建成区总人口（人）	镇建成区户籍人口（人）	镇建成区暂住人口（人）	村镇建设管理人员（人）	
					专职人员
全省合计	10775164	7412743	3080766	3297	1892
广州市	1292708	375254	870198	442	178
珠海市	147952	70917	53697	91	26
汕头市	867521	791589	76507	156	64
佛山市	200377	112459	97604	318	216
韶关市	397474	353689	49199	87	48
河源市	856779	564430	224881	100	75
梅州市	708340	554250	81190	117	82
惠州市	250373	176564	73809	103	45
汕尾市	656756	697164	93832	132	91
中山市	118383	26466	69405	182	160
江门市	211664	121377	90709	188	118
阳江市	471395	279962	196101	135	87
湛江市	1063151	513802	144587	255	163
茂名市	606812	630548	195580	203	115
肇庆市	533615	356265	153700	172	108
清远市	712275	439299	275805	225	91
潮州市	522345	454726	63556	138	34
揭阳市	581401	515548	74123	132	78
云浮市	219626	182834	37053	121	113
珠江三角洲	3083939	1417402	1559922	1496	851
粤　西	2168708	1441812	544698	593	365
粤　东	2628023	2459027	308018	558	267
粤　北	2894494	2094502	668128	650	409

地区	镇域行政村个数	完成规划编制的行政村个数	镇域自然村个数	完成规划编制的自然村个数	镇域 GDP（万元）
全省合计	5262	3305	45237	18769	85290431.74
广州市	530	512	2714	2499	10505646.25
珠海市	48	14	248	242	1473908
汕头市	200	88	236	65	3629492
佛山市	123	72	1049	632	20559345
韶关市	407	134	4324	680	2335113
河源市	364	296	3834	1844	3094919
梅州市	557	466	4360	2714	3037227.22
惠州市	1764	1023	17355	6802	39149694.72
汕尾市	234	—	1059	427	3050949
中山市	27	27	179	179	5871425
江门市	244	229	2424	1747	7817961.95
阳江市	194	149	2258	1011	10859253
湛江市	420	310	3700	1779	4399804.77
茂名市	326	144	4159	1097	3791601
肇庆市	319	164	3576	562	3358700
清远市	376	125	6247	1289	1441945.7
潮州市	151	65	292	97	4461323.18
揭阳市	291	156	632	278	5136601
云浮市	272	139	2292	824	762304.86
珠江三角洲	1489	1198	11879	6892	44500993.77
粤　西	921	562	10082	3659	13839563.01
粤　东	876	385	2219	867	16278365.18
粤　北	1976	1160	21057	7351	10671509.78

（续表）

地区	镇域工业总产值（万元）	镇域第一产业总产值（万元）	镇域第二产业总产值（万元）	镇域第三产业总产值（万元）	镇域工业用地面积（平方千米）
全省合计	142632737.84	18119837.17	102947893.35	33572732.02	4902.8
广州市	16579581	1838623	13596715	13368766.78	210.3
珠海市	5282331	408276	6047393	1630429	34.94
汕头市	6671638	406476.69	4943730	525036	29.12
佛山市	37945214	710979	100386066	5417207	96.58
韶关市	1193234.5	570317.2	1312285.7	670938.3	1464.41
河源市	2837324.97	593962.75	1913737.34	408407.73	74.89
梅州市	2596703	954537	2409934	872238.8	2248.15
惠州市	42490357.03	5878750.41	31140750.09	8591027.02	1744.46
汕尾市	2637107.8	456040.63	2464229	507549	42.09
中山市	7276671	69880	2172652.6	2663868.06	1243.41
江门市	6878709.31	404902.19	6839013.07	937112	96.27
阳江市	11811742	1207209	7828497	1272364	61.02
湛江市	4416185.92	1455728.59	3788721.42	1001509.55	96.36
茂名市	2502587	1198603	2051833	897763.41	107.67
肇庆市	6967354	1086387	5995804	1310861	97.64
清远市	8867597.57	2356916.7	7718913.23	311405.2	98.75
潮州市	3241631.25	297952.86	2906662.25	1229208.07	34.91
揭阳市	5154526.78	786292	3049127	63660	76.64
云浮市	4847024.62	646776.7	3868898.2	793533.72	115.21
珠江三角洲	89193429.72	7439126.41	61873425.56	24510495.77	1858.38
粤　西	15155886.5	3537851.26	10216853.6	3676063.63	260.13
粤　东	17704903.83	1946762.18	13363748.25	2325453.07	182.76
粤　北	20578517.79	5196097.32	17493865.94	3060719.55	2601.54

地区	镇域工业园区面积（平方千米）	地方性财政总收入（万元）	可支配财政收入（万元）	城镇维护建设资金财政收入（万元）	城镇维护建设资金财政支出（万元）
全省合计	1468.16	4139791.29	2983036.35	200220.4	473968.16
广州市	138.04	848479.91	650860.24	63954.05	122428.45
珠海市	31.94	148134	105079	1500	10500
汕头市	20.42	101210.86	70102.1	10661.22	6619.22
佛山市	80.37	1101783.32	866843.26	15102.38	184073.1
韶关市	1435.12	91711.53	41073.9	16701.08	15587.27
河源市	78.22	95100.61	36714.04	5128.93	13122
梅州市	55.87	48915.21	32051.5	5540.53	5497.75
惠州市	339.78	101795.9	69314.9	8560	8065
汕尾市	33.27	44106	40326	2948	3911
中山市	16.28	415537	455061	2870	14904.14
江门市	67.31	203832.91	124684.95	4264.8	12803.03
阳江市	44.56	118018.65	93021.15	2077.71	2743.71
湛江市	38.39	68299.23	22596.01	2273.36	2515.26
茂名市	71.52	186493.51	58461.29	1549.4	1782
肇庆市	68.46	77867	65371	35524	27307
清远市	190.81	192465.49	151109.09	4104.04	22654.55
潮州市	5.08	131515.64	28977.56	4219	3921
揭阳市	35.05	79583.58	44495.34	7403	9074.92
云浮市	94.46	84941.31	26893.7	5839	6459.2
珠江三角洲	472.88	2897429.67	2337214.68	131775.13	380080.29
粤　西	446.85	372811.39	174078.45	5900.47	7040.97
粤　东	93.82	356416.08	183901	25231.22	23526.14
粤　北	454.62	513134.15	287842.24	37313.58	63320.77

(续表)

地区	市政公用设施建设财政资金投入总额（万元）						
		中央财政	省级财政	地级财政	县级财政	镇级财政	镇级自筹
全省合计	1025517.57	14581.8	24998.98	41948.89	188262.22	293160.46	22865.55
广州市	245988.21	0	343	21385	26540.49	95385.49	302
珠海市	32111.09	0	0	2570.1	16620.8	12920.19	0
汕头市	3880.66	44.8	26.4	26.3	10125.16	2572.5	3147
佛山市	116010.81	0	0	0	12549.9	103460.95	0
韶关市	15224.41	0	22.5	175	15711.58	876.63	96
河源市	45814.4	7663	4679	3263	1562.83	8613.1	615
梅州市	1222250.6	5411	355472	4203	499023	189733.25	151457
惠州市	18351.05	0	0	0	3897	10187.05	4267
汕尾市	8667	—	1266	300	2069	828	3257
中山市	24949.3	0	0	2139.56	0	22809.74	0
江门市	15560.34	25	1812.78	542.02	2449.2	10361.03	837.1
阳江市	9566	0	510	0	18121	4606.9	285
湛江市	11914.08	0	3932.4	1269.95	3062.81	3032.88	913.85
茂名市	2212.8	0	30	422	31	790.3	1130
肇庆市	33280	55	470	2575	28684	1441	210
清远市	13592.61	3	2218.9	1675.66	12395.1	4287.29	448.6
潮州市	3312.84	0	92	20.3	2004.38	476.16	650
揭阳市	10057.4	450	240	100	1246	3194	3935
云浮市	11425	930	3534	1262	1599	3098	1056
珠江三角洲	486250.77	80	2625.78	29211.68	90741.36	256565.45	5616.1
粤　西	23692.88	0	4472.4	1691.95	21214.81	8430.08	2328.85
粤　东	25917.9	494.8	1624.4	446.6	15444.54	7070.66	10989
粤　北	489656.02	14007	16276.4	10598.66	60861.51	21094.27	3931.6

地区	镇建成区公共绿地面积(平方米)			
		镇建成区公园绿地面积	镇建成区住宅建筑总面积	镇域住宅建筑总面积
全省合计	189586854.61	46761014.32	284472154.58	874766316.68
广州市	13525361.39	6770981.35	47481823	140758033.7
珠海市	2269760	1079789	2963999	3191961
汕头市	5868606	1645369	17560834	26470647
佛山市	6332974	1533874	4923679.76	17108591.41
韶关市	77533700	3425600	15196643	162749653
河源市	7685320	2696221	11210491	17170555
梅州市	6913332	3738891	19211571	39355838
惠州市	2908100	526096	7483545	20748600
汕尾市	6946580	4564217.2	15408344	23597270
中山市	8916089.05	5370523.05	15794190	17544990
江门市	5404202	1204629	9808189	29875904
阳江市	6704002	2229373	11754148.42	27206185.79
湛江市	2827965.63	1278595.92	11700713.4	45619161.78
茂名市	8563530	1706728	29249928	50374757
肇庆市	1374080	561719	7173407	24458324
清远市	13125459.54	3616867.8	9616786	33676808
潮州市	4297384	1304619	6974674	16282095
揭阳市	5733858	2320610	16797530	51023518
云浮市	2656551	1186311	24161659	127553424
珠江三角洲	40730566.44	17047611.4	95628832.76	253686404.11
粤　西	18095497.63	5214696.92	52704789.82	123200104.57
粤　东	22846428	9834815.2	56741382	117373530
粤　北	107914362.54	14663890.8	79397150	380506278

（续表）

地区	市政公用设施投入合计（万元）				
		银行贷款	财政划拨	企业赞助	居民集资
全省合计	665880.02	33691	546588.71	13628.36	12159.92
广州市	154092.87	0	158090.68	0	0
珠海市	37011.09	0	20011.09	0	0
汕头市	90870.66	3278	24621	9410	22185.66
佛山市	115273.41	0	115273.41	0	0
韶关市	20378.37	0	15973.43	200	0
河源市	23944	6013	13138	218	204
梅州市	61538.1	0	59611.54	708.36	525.2
惠州市	18739.2	0	18739.2	0	0
汕尾市	1470	0	305	0	0
中山市	24949.3	0	24949.3	0	0
江门市	17125.19	0	16676.19	186	283
阳江市	10738.01	0	2347	7192.01	155
湛江市	15646.53	0	12083.36	968	951
茂名市	6998	0	4183	731	933
肇庆市	38037	25000	12430	150	451
清远市	21513.08	—	20065.29	120	766.22
潮州市	7935.84	0	4464.84	250	20
揭阳市	11691	1339	4835	2405	2089
云浮市	16085	0	10899	1698	269
珠江三角洲	405227.7	25000	366170.01	336	733.5
粤　西	33382.54	0	18613.36	8891.01	2039
粤　东	92130.66	3278	27655	9510	22225.66
粤　北	144258.55	6013	120107.26	3024.36	1764.42

地区	公共服务设施投入合计（万元）				
		银行贷款	财政划拨	企业赞助	居民集资
全省合计	270133.23	2308	218388.57	2910	5496.61
广州市	131227.59	0	103815.59	0	0
珠海市	10243.5	0	10243.5	0	0
汕头市	13248.94	700	5902.94	936	2040
佛山市	13119.9	0	13119.9	0	0
韶关市	8565.85	0	8445.85	0	0
河源市	16369	608	6801	220	137
梅州市	7306	0	6597	486	317.5
惠州市	4433	0	4433	0	0
汕尾市	1186	0	260	0	0
中山市	18037.41	0	18037.41	0	0
江门市	5216.7	0	4798.28	54	326.41
阳江市	1890	0	938	50	2
湛江市	4502.77	0	4184	100	125
茂名市	4403	0	2748.9	386	729.1
肇庆市	6307	500	5716	0	91
清远市	7784.16	—	7514.16	80	210
潮州市	1651	0	1519	45	35
揭阳市	2749	270	462	215	865
云浮市	8531	0	7096	362	667
珠江三角洲	188584.74	500	160163.82	54	416.91
粤　西	10795.77	0	7870.9	536	856.1
粤　东	13648.94	700	6302.94	936	2040
粤　北	48646.01	608	36454.01	1148	1331.5

（续表）

地区	镇区道路长度（千米）	镇域道路长度（千米）	镇区公交站场数量（个）	镇域公交站场数量（个）	镇自来水厂（个）
全省合计	15716.96	56864.88	1286	3126	697
广州市	1074.22	4628.2	89	308	31
珠海市	234.14	415.96	3	3	0
汕头市	842.61	1290.59	56	68	15
佛山市	429.81	1105.93	14	69	5
韶关市	537.41	4095.6	98	232	392
河源市	1438.64	4202.52	74	201	27
梅州市	779.35	4274.17	148	294	40
惠州市	384.36	1720.74	53	153	11
汕尾市	1197.57	1975.6	17	42	10
中山市	761.22	1175.5	37	61	4
江门市	659.05	2252.28	55	170	19
阳江市	786.01	2699.91	86	167	13
湛江市	943.57	6907.32	74	413	23
茂名市	1603.7	6404.1	59	166	17
肇庆市	1109.24	2461.79	88	127	23
清远市	906.46	5047.24	134	410	28
潮州市	3237.26	5849.03	175	282	44
揭阳市	726.96	1438.65	73	139	12
云浮市	464.84	3531.58	45	108	16
珠江三角洲	5006.72	13431.41	390	850	94
粤　西	3333.28	16011.33	219	746	53
粤　东	3237.26	5849.03	175	282	44
粤　北	4139.7	21573.11	502	1248	506

地区	镇供水厂规模（万立方米/日）	镇区生活污水排放量（万立方米）	镇区生活污水处理量（万立方米）	镇区生活污水处理设施数（个）	镇污水处理厂（个）
全省合计	1087.5	72762.72	50919.42	449	203
广州市	88.68	17943.42	16153.42	283	8
珠海市	2.5	381.93	352.43	3	0
汕头市	31.21	3704.5	2406.5	4	8
佛山市	18.97	5431.05	4337.79	18	15
韶关市	163.62	1609.86	1304.54	16	18
河源市	34.08	4635.12	2000.8	16	13
梅州市	14786.68	3540.43	2231.12	32	18
惠州市	15.6	1698.24	1416.3	6	9
汕尾市	22.35	3227.02	529	3	3
中山市	52.35	8294.35	7362.38	3	4
江门市	23.82	1472.27	1377.51	14	14
阳江市	34.48	2553	1591.2	31	12
湛江市	30.91	2354.14	1075.3	12	10
茂名市	6310.02	2304.8	508.5	13	7
肇庆市	277.08	2081.14	1506.34	15	15
清远市	66.11	6349.52	4840.95	21	14
潮州市	2964.78	11335.72	5879.27	23	2
揭阳市	11.42	1382.2	953.6	134	9
云浮市	13.90	927.9	973.25	17	15
珠江三角洲	498.88	37023.42	30512.68	268	73
粤　西	181.61	7211.94	3175	56	29
粤　东	86.66	11335.72	5879.27	23	22
粤　北	320.34	17191.64	11352.48	102	79

（续表）

地区	镇污水处理厂规模（万立方米/日）	镇域生活污水排放量（万立方米）	镇域生活污水处理量（万立方米）	镇区生产污水排放量（万立方米）	镇区生产污水处理量（万立方米）
全省合计	13007.56	119132.69	66544.8	42451.72	30175.63
广州市	28.48	8334	5724	2154.5	1774.5
珠海市	0	837.64	636.97	345.33	334.98
汕头市	22.6	5829.25	2897.25	759.1	485.7
佛山市	23.5	5435.05	4180.05	4399.78	4399.78
韶关市	8.76	2953.76	2034.73	312.62	35407.17
河源市	13.53	5572.97	3205.04	1168.7	832.73
梅州市	3728.39	7783.94	2359.94	2367.49	547.51
惠州市	15.8	5916.5	3181	544.5	456.05
汕尾市	25	3970.72	150	1585	106
中山市	21.92	8294.35	7362.38	3343.52	3545.73
江门市	6.05	1901.14	1613.05	1517.61	1484.32
阳江市	3019.63	4276.5	1845.5	1525.8	1082
湛江市	709.27	6010.75	1687.48	1563.91	895.17
茂名市	5120.9	9266.2	734.2	2591.5	927.5
肇庆市	39.1	7058.9	2562	2657.62	1531.07
清远市	21.12	8504.65	3739.09	1149.5	876.39
潮州市	11.4	3879.4	509.56	2190.1	1820.7
揭阳市	12	1521.1	320.6	494	267.6
云浮市	2610.07	4518.25	2913.1	1617.3	1419.6
珠江三角洲	4024.17	52378.2	43093.32	19959.5	18670.39
粤　西	8849.8	19553.45	4267.18	5631.21	2904.67
粤　东	71	15200.47	3877.41	10709.41	5584.67
粤　北	62.6	32000.57	15306.9	6842.61	4015.9

地区	镇区生产污水处理设施数（个）	镇域生产污水排放量（万立方米）	镇域生产污水处理量（万立方米）	镇域生产污水处理量（万立方米）
全省合计	716	66791.6	41899.52	1755
广州市	14	2952.5	1867.5	114
珠海市	2	399	368	5
汕头市	31	1289.7	746.7	365
佛山市	118	4725.98	4599.48	8
韶关市	10	1229.42	680.57	37
河源市	22	702.95	298.39	100
梅州市	12	5334.75	1871.51	113
惠州市	14	1858.95	1355.2	13
汕尾市	18	1641.69	84	48
中山市	72	3343.52	3545.73	41
江门市	20	2014.85	1824.85	45
阳江市	76	2721.2	1138.2	40
湛江市	23	2794.68	1015.11	23
茂名市	17	3348.8	1080	92
肇庆市	18	2602.9	1630.18	52
清远市	18	2226.12	1405.39	58
潮州市	78	2930.35	2125.2	51
揭阳市	11	534.3	304.9	138
云浮市	26	2223.4	1839.9	52
珠江三角洲	331	28625.76	25923.54	427
粤　西	115	8752.18	3183.31	233
粤　东	254	15260.72	6494.11	757
粤　北	88	14265.64	7172.76	363

（续表）

地区	镇区生活垃圾处理量（万吨）		镇域家庭总户数（户）	镇域安装电话的家庭户数（户）	镇域安装电脑网络的家庭户数（户）	镇域参加养老、医疗、失业保险人数（人）
		镇区生活垃圾处理无害化处理量				
全省合计	8309.71	7448.68	5563307	3441467	2462369	19432739
广州市	60.67	58.14	225917	141585	120719	344183
珠海市	6.14	6.14	66554	47205	35834	83618
汕头市	34.96	14.98	288732	243146	243020	1911809
佛山市	17.21	17.21	164241	150246	151073	343703
韶关市	6470.46	6463.9	293080	137119	126593	683973
河源市	788.39	775.99	365864	250496	201253	1187817
梅州市	189.46	136.12	437731	272283	200024	1174530
惠州市	9.81	10.33	98921	64967	43110	644038
汕尾市	55.03	3.6	234847	176236	81311	723826
中山市	54.54	54.54	80541	143255	258030	589540
江门市	26.4	23.33	224037	173797	119758	561635
阳江市	22.24	20.99	125057	118025	932075	220621
湛江市	261.76	75.4	150848	116693	1790265	488623
茂名市	21.07	10.88	214847	167811	1098166	377571
肇庆市	66.72	37.74	184882	233624	709391	314663
清远市	450.79	27.56	233630	142712	1480528	410615
潮州市	21.65	19.44	141681	86460	470758	151141
揭阳市	3031.92	2981.32	225151	97884	963359	312918
云浮市	149.39	145.19	127621	95681	885139	258225
珠江三角洲	314.06	280.16	1584111	1159110	868749	5227310
粤　西	314.06	280.16	1205720	458549	304327	4621196
粤　东	3950.86	157.01	987638	786214	508675	4069752
粤　北	7239.28	6741.35	1785838	1037594	780618	5514481

地区	镇区完全中学数（所）	镇区在校学生总数（人）	镇区医院数（间）	镇区病床总数（床）	镇域大专以上户籍人口数（人）	镇域卫生技术人员总数（人）
全省合计	446	2526135	466	55542	1730053	74832
广州市	10	88547	18	2290	73000	1928
珠海市	3	29801	6	741	37072	994
汕头市	30	168116	13	1551	50190	2512
佛山市	13	65951	16	3433	39737	3562
韶关市	31	111393	36	3400	107299	2987
河源市	32	147133	31	2005	118713	3084
梅州市	42	209396	49	5560	197526	4701
惠州市	9	56251	13	1298	27783	1358
汕尾市	35	213267	18	1802	152952	3441
中山市	5	495163	7	2822	9674	4497
江门市	15	92313	20	1990	48991	1943
阳江市	23	1980	87746	5061	18	92652
湛江市	29	3601	114937	5123	33	209269
茂名市	27	4537	198629	8078	37	204546
肇庆市	34	3895	116879	6790	31	133751
清远市	46	4984	97227	4465	37	143278
潮州市	13	1698	40049	2213	12	87362
揭阳市	16	1464	62025	5332	20	136352
云浮市	20	3136	81452	4520	23	71872
珠江三角洲	95	707979	145	19438	464863	25792
粤　西	84	504671	76	10276	332534	15573
粤　东	97	605097	60	6515	305216	13498
粤　北	170	708388	185	19313	627440	19969

（冯育文）

城乡建设厅推进乡村规划、农村生活垃圾及污水处理、农村危房改造、乡村历史文化保护传承，持续改善农村人居环境。年内，组织开展农村人居环境改善和“美丽广西”乡村建设专题研讨，开展农村人居环境四大类、42项调查指标和10项照片信息的调查，成立社会主义新农村建设领导小组推进2277个省定贫困村及农村人居生态环境建设。但是部分地市村庄规划缺乏、农村生活垃圾和污水处理设施管理不规范、治污保洁长效机制尚未健全、农房建设缺乏管理、村庄建设风貌缺失、农村危房改造进度不均衡、乡村历史文化保护亟待加强。

【农村人居生态环境建设调研】

改善农村人居环境及“美丽广西”专题调研 2017年3月6—8日，广东省人民政府副秘书长赵坤带队，省住房和城乡建设厅、省委农村工作办公室、省财政厅、省环境保护厅，以及韶关、茂名、揭阳、云浮4市一行15人组成学习考察组赴广西壮族自治区开展农村人居环境改善和“美丽广西”乡村建设专题调研。调研组实地考察桂林市临桂区岚岩村、阳朔县竹苑寨、恭城县红岩村等7个村庄，与广西壮族自治区人民政府、桂林市人民政府召开座谈会，交流学习该地区改善农村人居生态环境建设经验。年内，省住房和城乡建设厅牵头编写《广西农村人居环境改善工作调研报告》。

农村人居环境调查 2017年11月，《广东省住房和城乡建设厅关于开展2017年农村人居环境调查的通知》印发，部署开展2017年度全省农村人居环境调查，调查对象为全省所有行政村（含乡镇政府驻地行政村），调查内容包括：行政村基本情况、基础设施、公共环境和建设管理4大类、42项调查指标和10项照片信息。通知要求全省按照“一村一表”的原则，填写行政村人居环境信息表，将有关信息录入“全国农村人居环境信息系统”。截至年底，全省完成农村人居环境信息调查和录入。

【社会主义新农村建设领导小组成立】 2017年10月，《广东省住房和城乡建设厅关于成立社会主义新农村建设领导小组的通知》印发，省住房和城乡建设厅成立由厅党组书记和厅长任组长，副厅级以上领导和两总师任副组长，20个厅机关相关处室及直属单位主要负责人为成员的省住房和城乡建设厅社会主义新农村建设领导小组，分13个工作组对口粤东西北12个地级市和肇庆市，开展政策技术指导和实地检查。领导小组职责贯彻落实省委、省政府关于社会主义新农村建设工作部署；负责全省住房城乡建设系统推进社会主义新农村建设的顶层设计、统筹协调和督促落实；研究确定全省住房城乡建设系统推进社会主义新农村建设的重要事项、政策措施和工作方案等；履行创建新农村示范村的标准制定、技术指导和督促检查职责；定期召开工作会议，研究确定重大任务，通报各项工作和各地进展情况。年内，召开省住房和城乡建设厅社会主义新农村建设工作会议暨第一次领导小组会议，传达学习第三次全国改善农村人居环境工作会议，以及省委、省政府关于广东省贫困村创建社会主义新农村示范村会议精神和工作部署，审议通过《推进2277个省定贫困村创建社会主义新农村示范村的工作计划》《省、市级乡村规划技术指导服务专家库对接方案》《2277个省定贫困村推进生活垃圾处理全覆盖的工作方案》《广东省2017年农村危房改造实施方案》，推进全省2277个省定贫困村创建社会主义新农村示范村。

【乡村建设指导专家委员会筹备建立】 2017年，为加强对全省各地乡村建设的指导，充分发挥专家在技术指导和决策咨询中的重要作用，助推全省实施乡村振兴战略事业发展，广东省住房和城乡建设厅筹备成立广东省乡村建设指导专家委员会，并于11月印发《广东省住房和城乡建设厅关于推荐广东省乡村建设指导专家委员会人选的函》，组织全省各地级以上市住房城乡建设、规划、环保、水务主管部门，各有关院校、科研院所、设计单位、行业协（学）会推荐村镇规划、农村生活垃圾治理、农村生活污水处理、农房建设管理（含农村危房改造）、传统村落保护（含古建筑修缮）、特色小镇建设6个领域的专业人才作为广东省乡村建设指导专家委员会人选，明确专家委员会职责和运作机制。在全省各市各有关单位报送的基础上，初步组建广东省乡村建设指导专家委员会。专家委员会下设乡村规划、生活垃圾、生活污水、农房建设管理、传统村落、特色小镇6个行业专家委员会，合计120名专家，构建乡村振兴领域重大决策、重要课题、重大技术问题专家咨询决策机制。

（谷峰）

乡村规划

【概况】 2017年，广东省住房和城乡建设厅推进2277个省定贫困村创建社会主义新农村示范村规划编制，组织召开全省乡村规划工作现场会，制定乡村规划工作方案和规划编制指引，建立乡村规划技术服务专家库，组织开展省定贫困村整治创建规划初步成果审查，确保省定贫困村规划编制保质保量完成。截至年底，省定贫困村全部完成整治创建规划编制。但是全省乡村规划覆盖率仍低于其他兄弟省份，部分地区乡村规划投入不足，难以指导实施。

【省定贫困村创建社会主义新农村示范村规划】 2017年，广东省住房和城乡建设厅累计开展省定贫困村创建社会主义新农村示范村检查督导29次，覆盖粤东西北和惠州、肇庆14市的95个行政村。是年，省住房和城乡建设厅党组书记、副厅长杨细平先后带队赴广州、韶关、梅州、河源、汕尾、云浮、惠州、东莞、揭阳、汕头等市检查督导农村生活垃圾和污水治理。厅长张少康先后带队赴江门、汕头、揭阳、清远、珠海、汕尾、东莞检查督导社会主义新农村建设和农村人居环境改善工作，推动社会主义新农村示范村创建。

省定贫困村创建社会主义新农村示范村整治创建规划工作方案　2017年8月，广东省住房和城乡建设厅印发《2277个省定贫困村创建社会主义新农村示范村整治创建规划工作方案》，方案明确2277个省定贫困村创建社会主义新农村示范村整治创建规划目标任务，建立省级指导、地市统筹、县为主体、乡镇实施的分级负责机制，提出具体推进措施和实施步骤，建立省定贫困村规划编制月报制度。年内，根据全省各市每月上报数据，省住房和城乡建设厅通报全省9—12月2277个省定贫困村规划编制进展情况，及时掌握各市规划编制进度，保障省定贫困村规划编制任务高质量完成。

省定贫困村创建社会主义新农村示范村规划编制指引　2017年8月，广东省住房和城乡建设厅编制印发《广东省2277个省定贫困村创建社会主义新农村示范村规划编制指引》，明确适用范围为全省2277个省定贫困村创建社会主义新农村示范村规划编制。指引从现状调查、规划内容、规划成果3个方面提出规划编制要求，明确省定贫困村整治创建规划按法定程序报批后，与村庄规划具有同等法律效力。

【省级乡村规划技术指导服务专家库建立】　2017年8月，《广东省住房和城乡建设厅关于建立省级乡村规划技术指导服务专家库的通知》印发，统筹建立省、市级乡村规划技术指导服务“千人专家库”，包括14个专家服务团队、153个规划设计单位1048名专家，实现1个团队指导1个县，1名专家对应1个乡镇或行政村。年内，同步制定《省级乡村规划技术指导服务专家库工作规则》，明确专家库组建目的、运作模式、成员组成、工作内容和保障措施等。

【县（市）域乡村建设规划试点】　2017年3月，广东省住房和城乡建设厅会同省财政厅选取广州白云区、汕头潮南区、佛山三水区、韶关乳源瑶族自治县和仁化县、河源连平县、梅州梅县区和大埔县、惠州惠东县、汕尾陆丰县、江门恩平市、阳江海陵岛开发试验区、湛江廉江市和徐闻县、茂名化州市、肇庆四会市、清远连州市和阳山县、揭阳惠来县、云浮罗定市20个县（市、区）作为2017年县（市、区）域乡村建设规划编制试点，按照每个试点50万元的补助标准，安排1000万元县域乡村建设规划编制补助资金。通过发挥试点示范作用，带动全省乡村规划覆盖率和编制质量。

【规划设计建设运营一体化示范县建设】　2017年11月28日，广东省住房和城乡建设厅印发《广东省住房和城乡建设厅关于韶关市翁源县申请创建省级社会主义新农村示范村规划设计建设运营一体化试点县的复函》，同意韶关市翁源县为省级社会社会主义新农村示范村规划设计建设运营一体化试点县，指导韶关翁源县重点探索项目推进一体化、资金使用一体化、行动流程一体化等规划设计建设运营的三个一体化。

【省定贫困村创建社会主义新农村示范村规划编制工作会议】　2017年9月，广东省住房和城乡建设厅在梅州蕉岭县组织召开全省2277个省定贫困村创建社会主义新农村示范村规划编制工作会议。厅长张少康出席并讲话。14个地级市、70个县（市、区）和省级乡村规划技术指导服务专家团队代表参加。会议传达省委、省政府关于省定贫困村创建社会主义新农村示范村工作部署，解读《广东省2277个省定贫困村创建社会主义新农村示范村规划编制指引》，会议要求全省城乡规划主管部门按照《2277个省定贫困村创建社会主义新农村示范村整治创建规划工作方案》开展整治创建活动，明确创建示范目标和整治创建规划编制任务，按照省级指导、地市统筹、县为主体、乡镇实施、村级创建的分级负责制，上下联动推进规划编制，加强规划编制专业人员、组织管理人员、村镇规划实施人员、农村建筑工匠的培训，奠定社会主义新农村示范村创建的人才基础。

【省定贫困村整治创建规划初步成果审查】　2017年，《广东省住房和城乡建设厅关于开展2277个省定贫困村整治创建规划成果审查的通知》印发，于11月16—17日召开2277个省定贫困村整治创建规划初步成果审查会。全省参与2277个省定贫困村整治创建规划编制的134个规划设计单位按要求分市提交完成或初步完成村庄规划成果。省住房和城乡建设厅组织省级乡村规划技术指导服务专家库专家，对照《广东省2277个省定贫困村创建社会主义新农村示范村规划编制指引》，逐份审查171份省定贫困村整治创建规划成果，形成《2277个省定贫困村整治创建规划初步成果审查问题和意见建议汇总表》，并向有关市城乡规划主管部门通报2277个省定贫困村整治创建规划初步成果审查情况。

【全国改善农村人居环境示范村创建】　2017年4月14日，住房和城乡建设部、财政部联合印发《关于组织申报2017年改善农村人居环境示范村的通知》，部署开展保障基本、环境整治、美丽宜居3个类别的改善农村人居环境示范村申报。5月2日，省住房和城乡建设厅联合省财政厅印发《关于组织申报2017年改善农村人居环境示范村的通知》，明确环境整治示范村、美丽宜居示范村创建参考标准，按照每市1个环境整治示范村、1个美丽宜居示范村的名额，组织全省各地申报改善农村人居环境示范村。经专家评审和现场核查，6月1日，省住房和城乡建设厅联合省财政厅向住房和城乡建设部报送《关于推荐2017年改善农村人居环境示范村的报告》，拟荐广州市从化区吕田镇莲麻村、韶关市翁源县江尾镇连溪村等6个村申报2017年环境整治示范村，广州市番禺区石楼镇大岭村、汕头市潮南区成田镇简朴村等7个村申报2017年美丽宜居示范村。8月26日，住房和城乡建设部、中央农办、财政部、环境保护部、农业部联合印发《关于公布2017年改善农村人居环境示范村名单的通知》，广州市从化区吕田镇莲麻村、韶关市翁源县江尾镇连溪村、江门市鹤山市址山镇禾南村、揭阳市榕城区仙桥街道篮兜村、云浮市罗定市附城街道丰盛村6个村列入2017年环境整治示范村名单；广州市番禺区石楼镇大岭村、汕头市潮南区成田镇简朴村、清远市英德市九龙镇塘坑村、中山市南区曹边村、揭阳市空港经济区砲台镇南潮村、云浮市云城区思劳镇城村7个村列入2017年美丽乡村示范村名单。 *(杨丽)*

农村危房改造

【概况】 2017年，广东省将农村危房改造列入省政府十件民生实事，推进农村危房改造与精准扶贫无缝对接，确保建档立卡贫困户基本住房安全。年内，省住房和城乡建设厅、省财政厅、省扶贫办公室联合印发《关于下达我省2017年农村危房改造任务和明确补助标准的通知》，组织开展农村危房改造专项督查、制定工作指引及技术指引，部署推进全省农村危房改造。截至年底，全省开工农村危房改造79607户（含国家下达21800户），其中分散供养特困人员34334户、建档立卡贫困户（不含分散供养特困人员）44525户，低保户和贫困残疾人家庭748户。全年省级以上财政补助资金22.51亿元（含中央财政补助资金3.14亿元）。但是全省仍然存在乡镇建设管理队伍力量薄弱、部分危房改造农户档案材料不齐全等问题。

【农村危房改造督查】 2017年8月，广东省住房和城乡建设厅联合财政厅、审计厅、扶贫办公室以各市交叉检查方式，组织开展农村危房改造督查。通过召开座谈会、查阅资料、随机抽查、入户调查等方式抽查28个县580户。3月，委托第三方抽查全省各市2016年农村危房改造使用资金。抽查表明2016年农村危房补助资金使用能专款专用，未发现截留和挪用现象。10月，委托第三方对全省各市开展2016年农村危房改造绩效评价，各市综合评价得分78.25分。11月，委托第三方对粤东西北以及江门、肇庆、惠州等15个地级市2016、2017年危房改造对象档案资料进行抽查，入户调查300户农户，其中2016年150户、2017年150户，抽查发现户口本与档案人口不一、非户主申请、新建房屋选址存在安全隐患等问题。

【农村危房改造专题培训】 2017年，广东省住房和城乡建设厅组织对全省各市农村危房改造相关管理人员开展农村危房改造质量安全管理培训，全年培训乡镇农村危房改造管理人员948人。8月，组织开展全省农村建筑工匠师资培训班，培训全省21个地级以上市400名建筑工匠师，学员培训后作为各市师资力量继续对全省农村建筑工匠开展培训，为全省农村危房改造施工提供专业技术支持。

【绩效评价验收】 2017年12月，住房和城乡建设部、财政部组成的国家农村危房改造绩效评价检查组在广东省开展2017年度农村危房改造绩效评价。检查组通过查阅资料、听取省住房和城乡建设厅和有关市县汇报，并对韶关乐昌市、肇庆广宁县和清远英德市3县（市）随机抽取的45户农村危房改造农户进行入户实地检查，全面了解广东省农村危房改造落实情况。检查组肯定广东省2017年农村危房改造工作，认为广东省农村危房改造力度大、措施实、效果好。 *(黄汉飞)*

农村生活垃圾治理

【概况】 2017年3月，广东省财政继续安排4.8亿元专项资金支持70个欠发达县（市、区）建立完善农村生活垃圾收运处理长效机制。截至年底，全省基本构建“村收集、镇转运、县处理”的农村生活垃圾收运处理模式，广州等9市通过农村生活垃圾治理省级验收，汕头等11市有条件通过验收。但是全省仍存在粤东西北部分地区农村生活垃圾处理设施运行管理不规范、部分地区治污保洁长效机制尚未健全、资金投入不足、少数农村存在垃圾随处丢弃等问题。

【农村生活垃圾治理省级验收】 2017年8月，《广东省住房和城乡建设厅关于开展农村生活垃圾治理省级验收的通知》印发。9月，广东省11个相关部门分两批对广州及广东省19个地级市开展农村生活垃圾治理省级抽查验收。按照《广东省农村生活垃圾治理验收办法》，针对设施设备、治理技术、收运体系、村庄保洁队伍、“四边”保洁方案和机制、监管制度、资金保障7个方面的要求和标准进行省级抽查验收。12月，省住房和城乡建设厅主持召开农村生活垃圾治理省级验收工作综合评审会。经综合资料审查、现场核查和实地抽查，广州、珠海、佛山、惠州、东莞、中山、江门、肇庆、云浮9市通过验收，汕头、韶关、河源、梅州、汕尾、阳江、湛江、茂名、清远、潮州、揭阳11市有条件通过。年内，《广东省住房和城乡建设厅关于农村生活垃圾治理省级验收结果的通报》印发，要求有条件通过的11个市须整改达到验收标准，确保通过国家验收。

【镇级填埋场整治】 2017年6月，《广东省住房和城乡建设厅　广东省环境保护厅关于落实中央环保督察反馈意见开展镇级填埋场整改工作的通知》印发，统筹开展镇级填埋场整改工作，明确时间节点。7月，省住房和城乡建设厅召开镇级填埋场现场核查动员会。8月，镇级填埋场现场核查全部完成。9月，《广东省住房和城乡建设厅　广东省环境保护厅关于送达中央环保督察镇级填埋场整改建议书的函》印发，指导各地开展镇级填埋场整治。12月，省级财政预下达2亿元专项资金用于支持各地开展镇级填埋场整治。截至年底，505个镇级填埋场中，68个初步完成整治、284个开展整治，其他进入制订具体整改方案阶段。

【农村生活垃圾分类处理指引】 2017年，为贯彻落实《广东省城乡生活垃圾处理条例》，规范全省农村生活垃圾分类处理，广东省住房和城乡建设厅组织编制印发《广东省农村生活垃圾分类处理指引》（简称《指引》）。《指引》介绍农村生活垃圾分为有机易腐垃圾、惰性垃圾、可回收物和其他垃圾四类，农村生活垃圾分类处理原则是干湿宜分开、渣土可掩埋、废品尽量卖、其他入市场；介绍两种农村生活垃圾分类处理模式（集中收运处理模式和就地就近收运处理模式）及其适用范围，提出将农村生活垃圾中的有机易腐垃圾就地处理，将砂石等惰性垃圾就近填埋，将可回收利用垃圾进行分类和回收再用，将有毒有害、不可降解、不可回收利用的其他垃圾进行集中收运处理，提高农村生活垃圾处理和资源化利用水平，降低垃圾处理压力和运营费用；阐述全省农村生活垃圾分类处理管理程序和要点，推进全省各地相关部门指导农村生活垃圾分类，指导村民对自产生活垃圾自行实施分类收运处理，实现农村生活垃圾减量化、资源化和无害化处理。

（李向斌）

【农村有机易腐垃圾处理工艺】 2017年，根据住房和城乡建设部《关于推广金华市农村生活垃圾分类和资源化利用经验的通知》，广东省住房和城乡建设厅探索符合广东省实际的农村生活垃圾分类方法。通过与地方主管部门座谈交流和深入开展村镇实地调研等方式，抽样分析全省不同地区农村生活垃圾处理方法。结合当前农村生活垃圾收运处理能力，探索适合广东省实际的农村生活垃圾减量办法和农村有机易腐垃圾处理工艺。以减量化和资源化为主要目标，以“经济可承受、环境无影响、时间可接受、用地好选址”为选用依据，推动将有机易腐生活垃圾通过小型设备或堆肥池等进行处理。

【非正规垃圾堆放点排查】 2017年3月，广东省住房和城乡建设厅、省环境保护厅、省农业厅、省水利厅联合转发《住房城乡建设部办公厅等部门关于做好非正规垃圾堆放点排查工作的通知》，部署各地所有县（市、区）排查城乡垃圾乱堆乱放形成的各类非正规垃圾堆放点及河流（湖泊）、水利枢纽内的漂浮垃圾，重点排查各市城乡结合部、环境敏感区、主要交通干道沿线，以及河流（湖泊）、水利枢纽管理范围，并将有关排查信息录入住房和城乡建设部建立的非正规垃圾堆放点排查整治信息系统。6月，省住房和城乡建设厅印发《关于进一步加快非正规垃圾堆放点排查工作的通知》，督促各市工作进度滞后的有关地市抓紧推进排查工作，确保6月底前完成核查、信息录入和建立工作台账。截至年底，全省完成非正规垃圾堆放点排查和录入。

【城乡生活垃圾处理条例执法检查】 2017年，广东省人大常委会组织执法检查组检查《广东省城乡生活垃圾处理条例》（简称《条例》）实施情况。检查组由省人大常委会副主任陈小川任组长，省人大环资委相关领导任副组长，省人大环资委委员、省人大常委会代表为成员，邀请部分省人大常委会环保咨询专家参加。2—5月，省人大常委会副主任陈小川先后率省人大环资委赴福建和安徽省学习考察城乡生活垃圾处理经验和做法；6月，结合全国人大常委会委托检查《中华人民共和国固体废物污染防治》实施情况，省人大环资委对广州、深圳、珠海、汕头、汕尾、东莞、中山、茂名、肇庆、潮州、揭阳等地生活垃圾处理进行检查。9月18—22日，执法检查组分成三组赴珠海、梅州、汕尾、江门、湛江、肇庆、清远、潮州、云浮市开展实地检查；同时委托汕头、韶关、中山、阳江、茂名、揭阳市人大常委会对行政区域内实施《条例》的情况进行检查。经检查，《条例》设定的主要制度逐步落实，配套法规政策不断健全，《条例》宣传贯彻全面展开，监督检查不断加强，中央环保督察反馈意见整改落实有序推进。但是全省仍然存在垃圾处理设施建设进度滞后、镇级填埋场清理整

▲广州市增城区正果镇生活垃圾压缩站（2017）

（广东省住房和城乡建设厅村镇建设处供稿）

治任务繁重、农村地区垃圾污染问题突出、群众环卫意识有待提高等问题。

【乡镇生活垃圾转运站评级】 2017年，广东省开展粤东西北地区和惠州市、江门市、肇庆市乡镇生活垃圾转运站等级评价，列入评价的39个县（市、区）578个生活垃圾转运站中，A级转运站4个、B级转运站371个、C级转运站92个、28个转运站直接采用后装式压缩车转运。年内，《广东省住房和城乡建设厅关于第一、二批乡镇生活垃圾转运站评价情况的通报》《广东省住房和城乡建设厅关于第三批乡镇生活垃圾转运站评价情况的通报》印发。（熊键）

村镇污水处理设施建设

【概况】 2017年，广东省住房和城乡建设厅通过推广村镇污水处理设施示范创建经验，推动粤东西北地区12个地级市和惠州市、江门市、肇庆市35个县（市、区）PPP模式整县推进村镇污水处理设施建设。截至年底，全省建成374座镇级污水处理设施，其中粤东西北地区12个地级市建成187座，惠州、江门、肇庆3市建成106座，珠江三角洲6市建成81座。但是全省粤东西北地区县级财政能力薄弱，部分地区村镇生活污水处理设施建设进展较慢。

【PPP模式整县推进村镇污水处理设施建设】 2017年4月，《广东省住房和城乡建设厅关于启动2017年PPP模式整县推进村镇污水处理设施建设的函》印发。5月，省住房和城乡建设厅在江门召开全省村镇污水处理设施建设工作会议，总结推广2016年15个示范县创建经验，启动下一阶段全省加快推进村镇污水处理设施建设。8月，《广东省住房和城乡建设厅关于加强整县推进村镇污水处理设施建设管理的通知》印发，明确要求各县（市、区）准确测算农村污水处理设施点建设数量、科学确定农村污水处理标准、合理选用农村污水处理技术或设备、控制建设进度、严格执行月报制度。11月，省住房和城乡建设厅召开整县推进村镇污水处理设施建设工作督办会议，印发《广东省住房和城乡建设厅关于加快整县推进村镇污水处理设施建设工作进度的函》，联合省政府督查室赴全省各地实地督导。11月21日，举办PPP模式整县推进村镇污水处理设施建设培训班，提请省政府印发督查通知书。截至年底，粤东西北地区和惠州、江门、肇庆等市启动的53个县（市、区）PPP模式整县推进村镇污水处理设施建设项目中，19个动工建设、1个完成项目采购、21个实施项目采购、12个处于项目前期准备阶段。全年纳入2017年省十件民生实事任务的20个县（市、区）均进入政府采购阶段。

【农村生活污水处理工艺技术示范基地建立】 2017年，为科学确定适合广东省农村生活污水处理的工艺技术路线，提升广东省农村生活污水治理水平，省住房和城乡建设厅在茂名市茂南区建立农村生活污水处理工艺技术示范基地，选定茂南区彭村湖周边农村生活污水收集处理工程项目作为示范基地，从2017年起在26个自然村建设57套污水处理设施（含至少13种成熟的污水处理工艺）。截至年底，示范基地建设完成项目招标。

【日本农村生活污水处理技术调研】 2017年12月，广东省人民政府、省住房和城乡建设厅派员到日本开展农村污水处理技术访问调研，学习考察日本农村污水的治理模式、规章制度、管理经验和设备技术等。通过调研达成以下共识：一是日本的环保法律体系健全。从国家到地方、从河道到湖泊、从下水道到污水处理设备、从产污治污到过程监管均形成完整的法律保障监管体系。二是政府高度重视运营管理。环保设施由政府统一规划建设，委托有资质的环保企业运营，实施第三方监管，工艺控制采用远程控制手段，管理自动化程度高。三是日本民众环保意识强。政府部门、管理机构、参与企业的环保宣传具体细微，民众参与监督并主动进行水资源节约。垃圾分类收集处理到位，有效避免自然环境水体污染。四是日本的农村发展程度高。基础设施建设基本趋于完善，管网更新改造较少，居民经济能力和环境意识较强，有效保障下水道来水水质稳定，确保分散式净化槽正常运行。五是日本的农村污水处理设施建设因地制宜。通过集中处理与分散处理相结合，在城市通过建设"公共下水道"收集污水集中处理，在农村成片区域通过建设"村落排水系统"集中处理，在分散地区通过"合并净化槽"合并处理。由政府主导、居民配合、第三方责任管理，逐步建立完善的农村污水处理模式。六是注重污水收集管网建设。全省管网普及率达到90%，通过规范排污管网系统建设管理，确保点源污染有效处理。七是污泥资源化利用率高。污泥处理厂产生的污泥统一送至集中干化处理场进行热干化，严格规定污泥处置去向，包括污泥填埋、农田回用、建筑用料等，其中填埋处置仅占总量的30.9%，大部分污泥实现资源化利用。12月28日，向省政府办公厅报送《广东省住房和城乡建设厅关于报送日本农村污水处理技术调研报告的函》。（莫惠婷）

【村镇生活污水治理资金测算】 2017年，广东省住房和城乡建设厅组织开展3轮村镇生活污水治理资金测算，争取省级财政支持，实现"乡镇一级污水处理设施全覆盖"任务目标。粤东西北地区和惠州、江门、肇庆15个市的镇级生活污水处理设施建设总投资308.88亿元。按照所有镇级污水处理设施建设总投资10%估算，15个市每年用于政府购买服务的年付费30.89亿元，相应减去征收的生活污水处理费，年付费的资金缺口25.89亿元/年。（邓莅佳）

▲中国传统村落——江门台山市浮月村（2017）（江门市住房和城乡建设局供稿）

历史文化名村名镇及中国传统村落保护

【概况】 2017年，广东省住房和城乡建设厅组织开展中国传统村落和数字博物馆优秀村落建馆申报，继续申请中央财政资金支持中国传统村落保护，推进传统村落立法。截至年底，全省有"中国历史文化名镇"15个，"中国历史文化名村"22个；"广东省历史文化名镇"19个，"广东省历史文化名村"56个；"中国传统村落"160个、"广东省传统村落"186个。年内，134个中国传统村落争取中央财政支持资金4.02亿元（每个村300万元）。但是全省历史文化村镇及传统村落保护资金使用率普遍较低。

【传统村落申报】 2017年，广东省住房和城乡建设厅组织各市开展第五批中国传统村落申报，对历史文化积淀较为浓厚、选址格局肌理保存完整、传统建筑具有保护价值、非物质文化遗产传承良好和村落活态保护基础好的村落进行申报，全省有219个村落申报第五批中国传统村落。11月，省住房和城乡建设厅召开广东省第五批中国传统村落专家审查会，邀请城乡规划、历史文化、建筑设计等领域10位专家对各地推荐的村落调查推荐表和村落PPT等进行审查。经过专家评审，全省有212个村落通过省级技术审查，上报住房和城乡建设部。

【传统村落数字博物馆优秀村落建馆申请】 2012年起，住房和城乡建设部会同文化部、国家文物局、财政部、国土资源部、农业部、国家旅游局等部门开展传统村落调查挖掘工作，先后分4批将4153个具有重要保护价值的村落列入中国传统村落名录。2017年，中共中央办公厅、国务院办公厅印发《关于实施中华优秀传统文化传承发展工程的意见》，将中国传统村落保护工程列为主要项目之一，并提出推动传统村落数字化建设。中国传统村落成为世界上最大的农耕文明遗产保护群。是年，住房和城乡建设部办公厅印发《关于做好中国传统村落数字博物馆优秀村落建馆工作的通知》，启动中国传统村落数字博物馆建设，完成数字博物馆一期开发建设任务和165个村落建馆工作。年内，广东省住房和城乡建设厅组织全省各地开展中国传统村落建馆数字博物馆优秀村落申请，收集广州、汕头、佛山、梅州、东莞、茂名、肇庆7个市、16个县、21个中国传统村落的建馆申请和实施方案，最终审核推荐具备建馆条件的广州、梅州、东莞3个市14个中国传统村落申请中国传统村落数字博物馆优秀村落建馆。

【中央财政资金支持传统村落保护】 2017年，广东省住房和城乡建设厅会同省直有关部门召开中国传统村落省级技术审查会，对8个列入2018年中央财政支持范围的中国传统村落档案、保护发展规划和项目需求表等材料进行审查。其中韶关市仁化县扶溪镇古夏村等7个中国传统村落通过省级技术审查。12月，财政部提前下达2018年中央财政资金，包括珠海市斗门区斗门镇南门村等8个村2400万元。截至年底，全省134个中国传统村落争取中央财政支持传统村落保护资金4.02亿元。

【传统村落保护利用指导意见】 2017年，广东省住房和城乡建设厅组织编制《关于加强传统村落保护利用的指导意见（暂名）》，指导传统村落规划编制和保护利用，加强全省传统村落保护利用。指导意见核心内容包括：确定指导意见的适用范围、基本原则和政府、部门职责；提出传统村落保护利用相关要求和指引，正确处理保护与发展的关系，适当融入符合全省实际的创新性内容。 （邓莅佳）

特色小镇建设

【概况】 2017年，广东佛山南海区西樵镇、广州番禺区沙湾镇、珠海斗门区斗门镇等14个镇被住房和城乡建设部评为第二批“全国特色小镇”。省住房和城乡建设厅与省改革和发展改革委员会、省科学技术厅联合印发《关于加快特色小（城）镇建设的指导意见》，编制《广东省特色小城镇创建实施方案》。截至年底，全省有20个镇被评为“全国特色小镇”。但是省内部分地市对开展特色小城镇创建存在概念不清、定位不准、盲目发展、特色不鲜明等问题。

▲中国历史文化名村——广州市花都区炭步镇塱头村（2017）

（广东省住房和城乡建设厅村镇建设处供稿）

【全国特色小镇申报】 2017年，广东省住房和城乡建设厅组织各地开展第二批全国特色小镇申报。全省有88个镇申报。6月，省住房和城乡建设厅组织城乡规划、建筑设计、产业发展、文化旅游和历史文化保护等领域专家对各镇申报材料进行初审、评估并实地考核，最终确定推荐通过省级评审的15个镇（并排序）作为广东省申报第二批全国特色小镇名单，并报送住房和城乡建设部。8月22日，《住房和城乡建设部关于公布第二批全国特色小镇名单的通知》印发，佛山市南海区西樵镇、广州市番禺区沙湾镇等14个镇被评为第二批“全国特色小镇”。

【全国特色小（城）镇调研督导】 2017年，广东省住房和城乡建设厅组织特色小（城）镇检查，实地检查佛山北滘镇和中山古镇镇。其中北滘特色小镇定位为“智造小镇”，重点在于“智”，以智慧制造和创新再造新北滘，实现产业和城市协调共融发展。北滘“智造小镇”的创建，坚持规划先行、突出特色、深化改革，高水平建设产业特色鲜明、体制机制灵活、人文气息浓厚、生态环境优美、多种功能叠加的特色小镇。古镇以千亿灯饰产业集群为核心，构成独一无二的全球灯饰原产地，注重传统文化和发展灯饰文化相结合，注重创新创业平台和新型城镇化相促进，规划和建设特色小镇的生产、生活和生态空间，营造宜居宜业宜游的优良环境。 （邓莅佳）

·编辑　李勇·

建筑业

□《广东省建筑产业"十三五"发展规划纲要》印发

□建设工程实施保证保险

□工程质量安全应急救援专家库建立

□传统建筑文化传承

□粤港建筑业界建立互派学习机制

综述

【概况】 2017年，《广东省建筑产业“十三五”发展规划纲要》出台，确定未来五年广东省建筑业的发展战略部署，指导全省建筑产业加快转型升级。省住房和城乡建设厅印发全过程工程咨询试点实施方案，公布全省第一批全过程工程咨询试点单位和第一批试点项目；制定房屋建筑和市政基础设施工程总承包实施试行办法；推动建筑设计发展研讨，探讨全省扶持建筑工程设计事务所发展的配套措施；继续推动传统文化传承，走访传统建筑名匠和工匠；开展广东省第一届勘察设计大师认定。全省建筑业生产经营平稳向好，全年建筑业总产值11826.52亿元，比上年增长17.34%；占全国建筑业总产值的5.3%；建筑业从业人员达267.08万人，占全社会从业人员的比重达3.4%。截至年底，全省有建筑业企业7189家，比上年增长15.37%；其中特级资质企业增至23家、施工总承包一级企业663家。

2017年，广东省建筑企业签订合同额比上年增长22.7%，增幅提高1.9个百分点。增速较快原因如下：一是上年结转未完工项目多。从上年底开始，全省建筑业企业签订合同额增长较快，结转合同额比上年增长20.8%，增幅提高4.3个百分点；二是当年新签合同额保持高速增长，全省新签合同额比上年增长24.6%。从区域看，各区域总承包和专业承包建筑业企业生产加快。珠江三角洲地区总承包和专业承包企业完成产值比上年增长17.7%；东翼地区完成产值增长12.1%；西翼地区完成产值增长23.5%，增幅为四大区域最大；北部山区完成产值增长14.1%。

2017年，广东省总承包和专业承包建筑业企业铁路、道路、隧道和桥梁工程建筑比上年增长28.2%。其中市政道路工程建筑产值增长61.1%；其他道路、隧道和桥梁工程建筑完成产值增长37.9%。内河港口施工工程完成产值增长19.2%。其中河湖治理及防洪设施工程增长32.0%；港口及航运设施工程增长

2017 年广东省建筑业企业生产情况

地区名称	企业家数（家）	从业人员期末人数（人）	签订合同额（万元）	建筑业总产值（万元）	房屋施工面积（平方米）
广东省	7189	2670793	301123099	118265157	630379327
广州市	1080	402824	97633605	27436006	191884862
深圳市	1638	1024715	111395470	44497205	137969737
珠海市	218	44899	8292001	3206849	8210834
汕头市	227	155817	12813683	5267951	49270731
佛山市	657	99323	8463341	5297340	36813064
韶关市	113	40263	2357798	1124596	8935115
河源市	165	26676	1293903	916988	4739067
梅州市	249	77065	5502628	2755806	17343982
惠州市	458	61676	4073586	2095031	13195979
汕尾市	51	11406	480637	258602	2225736
东莞市	627	110136	7976467	2798987	8612611
中山市	348	26214	1634968	927673	5130743
江门市	264	70028	5370924	2898546	23220286
阳江市	124	48385	1888706	1074314	9169898
湛江市	196	161904	10649369	5247019	40044862
茂名市	192	160052	12419832	8287281	51796316
肇庆市	114	28705	2854374	1133262	3465559
清远市	193	47756	2742420	1453524	6417900
潮州市	61	17326	1802108	440282	4657136
揭阳市	155	35214	794758	705077	3553097
云浮市	59	20409	682522	442817	3721812

注：数据来源于广东省建设行业统计平台

（广东省建筑业协会）

16.7%。是年，全省有10项工程获2017年度“中国建设工程鲁班奖”、117项工程获2017年“广东省建设工程优质奖”、61项工程获2017年度“广东省建设工程金匠奖”、131项工程被评为2017年“广东省优秀建筑装饰工程”。但是广东省作为经济总量位居全国之首的大省，建筑产业规模远低于江苏、浙江等兄弟省份，建筑业增加值年均增长率低于同期全国增长水平约5个百分点。建筑业人均劳动生产率与排全国第一位的北京相比相差10万元/人左右。大型建筑企业较少，创新能力比较薄弱，企业利润低，人才吸引力下降。产业工人队伍建设与新要求不适应。

【建筑业管理制度改革】 2017年，广东省住房和城乡建设厅推动《广东省全过程工程咨询试点工作实施方案》出台，在招标投标、合同管理、服务规程、施工管理、竣工验收等方面提出相应管理措施，公布全省第一批全过程工程咨询试点单位26家和第一批试点项目77个；制订《关于房屋建筑和市政基础设施工程总承包实施试行办法》，明确在工程总承包的发包阶段，对装配式建筑引入邀标方式、允许单一资质企业投标、同意参与前期咨询的单位投标等有利于加快发展工程总承包的具体措施；3月，推动建筑设计发展研讨，召开促进建筑工程设计事务所发展座谈会，共同探讨广东省扶持建筑工程设计事务所发展的配套措施；出台《关于进一步加强超限高层建筑工程抗震设防审查管理工作的通知》，提出规范审查和严格标准的要求；放宽审图市场准入限制，印发《关于进一步做好施工图设计文件审查机构名录管理工作的通知》，对审查机构不再作总量控制；推动跨区域审图，防止局部垄断，督促审查机构提升服务效能和水平。 *(陈思明)*

2017年广东省建筑业企业主要财务指标情况

单位：万元

指标名称	主营业务收入	利润总额	利税总额
广东省	126241909	4932207	7350372
广州市（含省属）	35272346	1134376	1510147
深圳市	44101037	1757371	2346325
珠海市	3083710	141699	186155
汕头市	5625504	262492	428963
佛山市	5573935	209552	334016
韶关市	1026476	52821	92463
河源市	853830	95987	129925
梅州市	2620314	178818	274688
惠州市	2395982	62647	99291
汕尾市	304700	14615	28768
东莞市	3004282	205338	253061
中山市	946814	62493	79366
江门市	2894698	147711	234501
阳江市	1085086	53881	107590
湛江市	5402207	97646	214173
茂名市	8001304	263708	704828
肇庆市	974813	47711	76632
清远市	1473277	47293	83079
潮州市	384776	16796	32814
揭阳市	768504	42202	77971
云浮市	448313	37050	55615

注：数据来源于广东省建设行业统计平台 *(广东省建筑业协会)*

【建筑产业“十三五”发展规划纲要】 2017年，广东省住房和城乡建设厅牵头编制《广东省建筑产业“十三五”发展规划纲要》，推进全省建筑产业转型升级，实现创新、绿色、开放、健康发展。提出效益规模、产业结构、科技进步、人才队伍建设、绿色低碳发展、建筑市场监管、质量安全监管、信息化发展等8个方面具体目标，确定未来9大任务是大力发展装配式建筑、调整优化产业结构、加快产业技术进步、推广绿色建筑和建筑节能、创新市场监管模式、完善质量安全监管体系、推动管理体制改革、加快“走出去”步伐和完善人才培训管理体系。

【促进建筑业持续健康发展实施意见】 2017年2月21日，《国务院办公厅关于促进建筑业持续健康发展的意见》印发，对促进建筑业持续健康发展提出意见。按照广东省人民政府办公厅安排，省住房和城乡建设厅代省政府编写全省实施意见。年内，省住房和城乡建设厅编写《广东省人民政府办公厅关于促进建筑业持续健康发展的实施意见》，提出深化建筑业简政放权改革、完善工程建设组织模式、严格工程质量安全管理、优化建筑市场环境、加强产业队伍建设、推进建筑产业现代化、支持建筑业企业“走出去”7大任务。7大任务分为提升行政审批服务水平、完善工程项目招投标管理、创新项目建设方式、全面强化工程质量安全管理、

·链接· **工程总承包**

工程总承包是指国际通行的建设项目组织实施方式。工程总承包的推行，有利于提升项目可行性研究和初步设计深度，实现设计、采购、施工等各阶段工作的深度融合，提高工程建设水平；有利于发挥工程总承包企业的技术和管理优势，促进企业做优做强，推动产业转型升级，服务于“一带一路”倡议实施。

构建统一开放、规范诚信的建筑市场、加强工程结算管理、加大金融财税支持力度、大力培育重点骨干企业、加强人才队伍建设、改革建筑用工制度、推进建筑节能与绿色建筑发展、繁荣建筑设计创作、加大科技创新和新技术应用力度、完善工程建设标准、提升建筑业外向型发展水平、深化粤港澳专业服务合作16个具体任务。

【工程总承包推进】 2017年，广东省住房和城乡建设厅推行工程总承包模式，开展《关于房屋建筑和市政基础设施工程总承包实施试行办法》征求意见。办法明确在工程总承包的发包阶段，对装配式建筑引入邀标方式、允许单一资质企业投标、同意参与前期咨询的单位投标等有利于加快发展工程总承包的具体措施。征求意见阶段收到反馈意见60条，其中采纳28条、不采纳32条。 (何志坚)

【建筑业实体经济发展调研】 2017年6月，由广东省住房和城乡建设厅副厅长蔡瀛带领调研组赴浙江、江苏两省开展建筑业实体经济持续健康发展政策调研。调研组在江苏、浙江两省交流行业发展热点问题、学习两省先进经验，与相关主管部门、企业代表开展座谈和交流。江苏、浙江两省介绍建筑业人才发展规划、技能培训考试、实名制规范农民工管理经验。该次调研对广东省加快建筑业转型升级、加强建筑业工人队伍建设、落实农民工实名制管理、梳理劳资关系等具有借鉴学习意义。

【建筑业改革和住房租赁平台建设调研】 2017年7月24日，广东省住房和城乡建设厅党组书记杨细平一行到建筑工程集团有限公司调研，围绕国有企业改革发展、装配式建筑、住房租赁平台、省棚户区改造等展开现场调研与座谈。省建筑工程集团有限公司董事长、党委书记丘小广汇报集团向一体化全产业链模式转变，构建“城市建设综合服务运营商”实践体会。总经理马春生、总工程师徐天平等分别汇报发展装配式建筑、住房租赁平台、棚户区改造、管廊建设和高端装备制造、科技研发情况。杨细平希望省建筑工程集团有限公司在建筑业改革方面先行先试；推进住房租赁平台建设，在城市更新改造方面有所建树；大力推动绿色发展，在装配式建筑发展方面作出示范；抓好安全生产，全面落实安全生产责任。 (陈思明)

【建筑行业活动】 行业标准规范编制 2017年3月，根据《国务院关于印发深化标准化工作改革方案的通知》和《住房城乡建设部办公厅关于培育和发展工程建设团体标准的意见》《中国建筑业协会团体标准管理办法（试行）》，为适应建筑市场需要，指导规范现阶段装配式混凝土建筑施工，广东省建筑业协会牵头组织编制《装配式混凝土建筑施工规程》“外围护工程”及“内装饰工程”两个章节编写，9月25日通过专家评审，10月31日发布，2017年12月1日实施。 (张兵)

动态开展建筑业行业的科技成果鉴定 截至2017年9月1日，广东省建筑行业协会受理155家第一完成单位申报的565项成果申报资料，涵盖房屋建筑工程、工业设备安装工程、钢结构工程、装饰装修工程、园林仿古工程、市政道路工程、地铁桥隧工程以及水利水电工程等各个建筑业专业。协会制订《广东省建筑业协会科技成果鉴定工作方案》《科技成果鉴定专家工作守则》《广东省建筑业协会工程建设科技成果鉴定工作手册》，规范成果鉴定专家职责和鉴定流程。除在省建筑业协会技术专家库中按相关要求以回避原则随机抽取一部分专家以外，择优聘请原省住房和城乡建设厅科技成果鉴定及新技术应用方面资深专家和行业知名专家组成专家委员会，分批次召开成果鉴定会。自9月18日起，协会组织各申报单位统一安排在广州召开成果鉴定会，至10月24日，组织13批次38场次成果鉴定会，最终对561项成果予以鉴定：其中国际领先1项、国际先进10项、国内领先210项、国内先进261项、省内领先64项、省内先进15项，不予认定4项，主要是涉及历史文物建筑、或具有重大施工安全隐患、或与施工技术无关的申报成果。

广东省工程建设优秀质量管理小组活动成果交流会 2017年4月19—21日，广东省工程建设优秀质量管理小组活动成果交流会在江门开平市召开。该次活动有835项成果，其中510项成果参与发布，325项成果参与交流。全省各地区、各建筑业（建设）协会及建筑业企业有关人员800多人参加。会议总结全省工程建设系统2017年开展QC小组活动经验，展示510项优秀QC小组成果，成果数量和参会人数均创历年新高。该次交流会得到各地级市建筑业协会支持和会员企业的响应，11个分会场同时进行发布并由诊断师进行点评。

《营改增试点行业纳税遵从指引——建筑业》发布 2017年11月，由广东省国税局、省财政厅和省建筑业协会联合编制的《营改增试点行业纳税遵从指引——建筑业》（简称《指引》）发布。《指引》在2016年8月联合编制的《广东省建筑服务增值税纳税遵从指引试行V1.0》的基础上重新修订。从行业政策规定、增值税发票管理指引、纳税申报指引、涉税风险提示对建筑业“营改增”试点一年多以来相关政策进行梳理和解读，是指导全省建筑企业纳税申报、规避税务风险的政策指南。（张兵）

“一带一路”高峰论坛举行 2017年9月11日，香港特区政府和香港贸发局合办的第二届“一带一路”高峰论坛在香港举行。全球50个国家和地区逾3000名政商界精英出席。广东省住房和城乡建设厅副厅长蔡瀛率领广东省建筑行业相关企业代表70多人参加。该届高峰论坛专设有阿联酋、中国广东及香港基础设施投资高层圆桌会议。蔡瀛、香港特区贸易发展局副总裁叶泽恩、阿联酋经济部副部长苏尔坦·曼苏里分别率团参加会议，并就广东省建筑企业携手香港专业服务企业参与“一带一路”沿线国家基础设施投资建设进行项目对接和互动交流。（何志坚）

建筑市场监管

【概况】 2017年，广东省住房和城乡建设厅加强对建筑市场各方主体监管，组织建筑企业市场行为检查，抽查21个市52个在建工程项目；组织造价咨询企业资质和咨询项目质量动态检查，覆盖全省101家甲级造价咨询企业和48家乙级及以下资信造价咨询企业。是年，省住房和城乡建设厅继续以信息化手段对建筑市场各方主体进行监管。广东省建筑市场监管公共服务平台项目信息和诚信信息进一步充实。截至年底，平台的项目库登记全省建设项目信息5万余项，施工许可信息34467项，诚信信息库收录企业良好行为记录19738条，从业人员良好行为记录4792条，发布企业不良行为记录2416条，企业欠薪投诉6条，从业人员不良行为记录212条。年内，致力于优化市场环境，督促各地住房城乡建设主管部门提高产业园区内房屋建筑和市政基础设施工程项目施工图审查和施工许可核准效率，简化工程建设审批流程。产业园区内施工许可审批压缩至7日；督促施工图审查机构做到即来即审，确保审图质量同时，将审图时限再压缩四分之一以上；改进抗震设防和施工图审管理，提出规范审查和严格标准要求；放宽审图市场准入限制，对审查机构不再作总量控制；推动跨区域审图，防止局部垄断；强化对审查机构的动态监管，对不再满足条件的审查机构，责成限期整改，直至降低类别或从机构名录中除名。但是全建筑企业综合实力不高，扶持企业持续健康发展的政策尚待完善。工程建设管理沿用传统模式，与国际接轨的总承包、全过程、建筑师负责制等现代管理模式有待推进。

【施工许可核准和施工图审查】 2017年，广东省住房和城乡建设厅改进施工图审查管理，放宽审图市场准入限制，推动跨区域审图，防止局部垄断，督促审查机构提升服务效能和水平，强化对审查机构的动态监管，对不再满足条件的审查机构，责成其限期整改直至降低类别。全年完成20个省管大型工程项目的初步设计审查，涉及投资480多亿元。

2017年，根据《广东省人民政府关于印发广东省降低制造业企业成本支持实体经济发展若干政策措施的通知》，广东省住房和城乡建设厅要求各地住房城乡建设主管部门提高产业园区内工程项目施工图审查和施工许可核准效率，按照“谁审批、谁负责”原则，构建预审服务制度，帮助建设单位实现技术方案和许可要件的同步准备，简化工程建设审批流程，施工许可审批时限在法定15日基础上压缩至7日。督促相关施工图审查机构做到即来即审，落实专人跟踪服务，强化与建设单位、设计单位的沟通协调，在保证审图质量的基础上，将审图时限再压缩四分之一以上。

（陈思明）

【建设工程实施保证保险】 2017年，广东省住房和城乡建设厅会同省发展和改革委员会、财政厅、人力资源和社会保障厅、交通运输厅、水利厅、广东保监局，联合编制《关于开展建设工程保证保险有关工作的通知》，引入建设工程投标保证保险、建设工程履约保证保险、发包人合同款支付保证保险、建设工程施工质量保证保险、建筑企业工人工资支付保证保险等险种，丰富工程建设保证金缴纳方式，为市场主体提供更多的金融模

·链接· **建设工程保证保险**

建设工程保证保险是指工程建设过程中由保险公司提供的一种工程风险保障机制，涵盖建设工程招标投标、合同履约、工程款支付、工资支付、缺陷责任期内的维修等阶段和核心环节。保险公司出具的保险合同或保险单作为工程投标、履约、工资支付、施工质量保证的形式之一。在建设工程领域采用保险机制，是国际的通行做法。保险公司出具的保险合同或保险单作为工程担保的形式之一，与保证金、银行保函、担保公司担保具有同等效力。

建设工程保证保险的险种包括：建设工程投标保证保险；建设工程履约保证保险；发包人合同款支付保证保险；建设工程施工质量保证保险；施工企业工人工资支付保证保险。

式，减轻建筑企业负担，激发市场活力，通过保险浮动费率促进建筑业加快形成诚信激励、失信惩戒的信用机制。 (何志坚)

【建筑工程施工违法行为查处】 为贯彻落实《国务院办公厅关于促进建筑业持续健康发展的意见》巩固工程质量治理两年行动成果，打击建筑工程施工转包违法分包等违法行为，省住房城乡建设厅印发《广东省工程质量安全提升行动实施方案》，组织实施打击建筑工程施工转包违法分包等违法行为。2017年，全省检查在建工程项目21618个、建设单位17430个、施工企业17591个；查处建设单位违法发包行为3宗、其他违法行为88宗；查处施工企业转包行为2宗、违法分包行为13宗、其他违法行为102宗；对单位共处罚金2125.9万元，对个人共处罚金157.17万元。

【房屋市政领域欠薪专项治理】 2017年，广东省推进房屋市政工程建设领域治理欠薪专项治理。年内，新增欠薪投诉的项目、人数和金额下降，全省欠薪投诉项目与上年相比下降27.3%，涉及人数同比下降15.0%，投诉欠薪金额同比下降2.7%。全年欠薪投诉项目呈现较大幅度下降。全省解决欠薪项目解决率为93.6%，工资追发率为90.6%。截至年底，尚待解决的欠薪项目累计数量同比下降59.6%，涉及人数同比下降56.0%，涉及金额同比下降61.2%，与上年相比，尚待解决的欠薪项目、欠薪人数和涉及金额下降趋势明显，总体形势趋好。

2017年，广东省房屋市政领域欠薪专项治理逐步建立预防拖欠工资长效机制，保证农民工工资及时支付。各级住房城乡建设部门强化责任担当，将保障农民工工资支付作为一项政治任务摆上重要议事日程；开展形式多样的专项行动，实地督查督办；全面落实用工实名管理制度，规范工程款支付和分账管理，严格执行工程预付款制度和工资月清月结制度；四是实行“黑名单”制度。省住房城乡建设厅在门户网站的“全省建筑市场监管公共服务平台”建立欠薪投诉专栏，公开曝光欠薪企业名单，对其在承接工程、资质许可、评先评优等方面予以限制，让欠薪者“一处欠薪、处处受限”。

【工程建设领域用工实名制】 2017年，广东省住房城乡建设厅制定《广东省房屋建筑和市政基础设施工程用工实名管理暂行办法》。落实实名制管理，规范企业用工行为，健全工资支付和预警，有效解决拖欠农民工工资问题。通过建立健全建筑市场和施工现场联动机制，妥善处理劳资纠纷、建筑工伤保险理赔和企业差异化缴存工资保证金等。年内，省住房城乡建设厅还牵头编制《广东省工程建设领域用工实名制管理办法》，截至年底，征求省直相关部门、各地和公众意见，待发布实施。 (胡增辉)

房屋市政工程质量安全管理

【概况】 2017年，广东省开展房屋市政工程管理的制度机制建设和各项检查督查及专项整治，加大违法违规行为的查处力度，运用现代信息技术、科技创新、诚信公布和综合评价等多种手段加强房屋市政工程质量安全管理。是年，全省纳入质量安全监督的房屋市政工程30977项，其中新注册工程13725项；建筑工程总建筑面积7.13亿平方米，市政基础设施工程中的城市道路（含配套的桥梁、隧道）和地铁工程总长度5798.22千米。全省有10项工程获2017年度“中国建设工程鲁班奖”、117项工程获2017年度“广东省建设工程优质奖”、61项工程获2017年度“广东省建设工程金匠奖”、131项工程被评为2017年“广东省优秀建筑装饰工程”。是年，“广东省人民政府质量奖”正式将建筑业企业纳入评奖范围，广东建星建造集团有限公司成为首家获得“广东省人民政府质量奖”的建筑企业。但是全省房屋市政工程质量安全管理仍然存在监管执法不严，企业质量安全主体责任未能有效落实、施工现场管理与建筑市场监管仍存在脱节等问题。

【全省住房城乡建设系统安全工作暨工程质量安全提升行动部署会议】 于2017年4月17日在广州召开。广东省住房和城乡建设厅厅长张少康出席并讲话。会议传达全国、全省安全生产电视电话会议精神和全国工程质量安全提升行动部署会议精神，通报2016年全省住房城乡建设系统安全生产形势，安排2017年全省住房城乡建设系统安全生产重点工作。会议要求全省建设系统安全工作做到“五个强化、五个切实”：强化红线意识，切实落实质量安全责任；强化风险防控，切实开展隐患排查；强化问题整治，切实查处违法行为；强化基础建设，切实完善预防体系；强化管理创新，切实提高监管水平。

【工程质量安全管理制度建设】 2017年，广东省住房和城乡建设厅继续加强工程质量安全监管制度建设。12月6日，《广东省建设工程施工扬尘污染防治管理办法（试行）》印发实施，有效期3年；12月11日，发布实施《房屋建筑和市政基础设施工程施工质量安全动态管理办法》，自2018年2月1日起施行，有效期5年；实施工程质量安全形势分析制度。每半年召开一次防范较大及以上施工生产安全事故会议，分析前阶段工程质量安全形势和主要问题，对下一阶段的工作提出要求。全省各地市住房城乡建设主管部门实行例会制度，及时对形势研判，采取措施遏制事故的发生。实施约谈和挂牌督办制度。约谈警示并挂牌督办广州、深圳、佛山、东莞、中山、梅州6个安全生产问题突出的地方建设主管部门和广州珠江工程建设监理有限公司等3家企业。被约谈地市房屋市政工程安全生产形势好转。

2017年12月，广东省安全生产委员会对省住房和城乡建设厅进行安全生产责任制考核。考核组审阅省住房和城乡建设厅有关安全生产文件资料，询问有关人员工作开展情况并听取相关意见和建议。根据省政府通报，省住房和城乡建设厅2017年度安全生产责任制考核结果为良好。

▲2017年8月22—23日，广东省住房和城乡建设厅党组书记、副厅长杨细平在深圳、东莞开展城市基础设施建设督查。图为杨细平（前排右二）视察深圳福田水质净化厂施工现场　　（广东省住房和城乡建设厅工程质量安全监管处供稿）

【工程质量安全提升行动】 2017年，《广东省住房和城乡建设厅关于印发〈广东省工程质量安全提升行动实施方案〉的通知》印发，部署全省开展为期三年的工程质量安全提升行动。印发《广东省住房和城乡建设厅关于开展工程质量安全提升行动试点工作的通知》，选取广州、深圳、珠海、汕头、东莞、清远、肇庆、茂名、云浮9市开展“监理单位向政府报告质量监理情况”“工程质量保险”“建设工程质量评价体系”“建筑施工安全生产监管信息化”“建筑施工安全生产标准化评定”“城市轨道交通工程双重预防机制”等试点。年内，选取珠海和东莞两市开展“以‘法定监造人’为责任主体的‘港澳专项’综合改革试点”和“‘双随机’‘三透明’的安全监督制度试点”2项省级试点。6月和12月，省住房和城乡建设厅分别组织对全省各地工程质量安全提升行动工作情况进行专项督查。

【工程质量监管】 2017年，广东省房屋市政工程竣工验收合格工程10935项，其中一次验收不合格、重新组织验收合格工程项数仅3项，一次通过验收合格率99.97%。是年，全省纳入监督的在建房屋市政工程未发生工程质量事故，各地涉及住宅工程渗、漏、裂等常见问题的社会投诉事件数量逐年持续下降。但是全省建筑工程质量管理问题依然突出，某些工程项目勘察深度不足、设计质量不高，施工违反标准条文、使用不合格建材、粗制滥造，个别工程未经过竣工验收和备案就交付使用，导致施工质量留下安全隐患。

工程质量考核　2017年，根据《广东省质量强省工作领导小组办公室关于配合做好2016—2017年度省级政府质量工作考核迎检准备工作的通知》，广东省住房和城乡建设厅主动配合相关部门做好国务院对省政府质量工作考核的各项准备工作，对2016—2017年度全省房屋市政工程质量进行自查自评。是年，省住房和城乡建设厅对河源、梅州2市2016—2017年度政府质量工作实地核查，并对2016—2017年度各地级以上市政府建设工程质量工作进行考核评分，考核评分结果良好。

“两书一牌”推进落实　2017年，广东省各级住房城乡建设部门全面落实五方主体质量终身责任，推进落实“两书一牌”（法定代表人授权书和项目负责人质量终身责任承诺书以及竣工验收项目设立永久性标牌），全年全省签订法定代表人授权书和工程质量终身责任承诺书11269份，设立永久性标牌项目9724个，“两书一牌”签订率100%，2016年未办理“两书一牌”的883项补办完毕。

【工程质量安全检查整治】 2017年，广东省发生房屋市政工程生产安全事故77起，死亡97人，包括发生4起较大事故死亡23人，事故数量和死亡人数分别比上年上升4.05%和29.33%。全省住房城乡建设系统没有发生重大及以上安全事故。

在建城市轨道交通工程质量安全　2017年，广东省在建城市轨道交通工程里程525千米，比上年增长28.4%，全省城市轨道交通工程安全事故起数上升50%。省住房和城乡建设厅加大对城市轨道交通工程质量安全监督管理，印发《关于进一步加强城市轨道交通工程质量安全管理工作的通知》，要求各地强化安全生产责任意识；强化规划意识，做好城市轨道交通风险隐患辨识；提升城市轨道交通工程风险管控水平；加强应急管理，提高安全应急处置能力4项工作要求。4月、7月，国家安全生产监督管理

总局、住房和城乡建设部先后对广东省城市轨道交通工程质量安全进行督查。

建筑施工领域重点地区安全生产攻坚 2017年，根据广东省安全生产委员会《广东省2017年重点行业领域重点地区安全生产攻坚治理工作方案》，省住房和城乡建设厅部署深圳市宝安区等8个重点地区开展建筑施工领域重点地区安全生产攻坚，明确以8个重点地区全年不发生建筑施工生产安全责任事故为攻坚工作目标，组织各相关地区制订攻坚方案，落实各项攻坚措施。是年，经省安全生产委员会办公室、省住房和城乡建设厅考核，深圳市宝安区、茂名市电白区、肇庆市高新区和湛江市遂溪县4个重点地区获得“一档”评分，深圳市龙岗区、珠海市横琴区和佛山市南海区获得“二档”评分，中山市东区获得“三档”评分。

建筑施工安全专项整治 2017年3月，广东省住房和城乡建设厅制订《2017年广东省建筑施工安全专项整治工作方案》，印发全省贯彻实施。6月，对各地安全专项整治行动开展情况进行督查。督查组随机抽查部分地区的在建房屋市政工程，实地检查受检工程的建筑市场情况、建筑施工质量安全情况，并向受检地区住房城乡建设行政主管部门反馈检查情况，要求受检地区住房城乡建设行政主管部门对相关单位和相关责任人作出处理，并督促有关单位立即整改建筑市场和工程质量安全存在问题。

特别防护期安全生产 2017年，广东省安全生产委员会将2—10月定为广东省安全生产特别防护期。在特别防护期内，全省各级住房城乡建设部门贯彻落实党中央、国务院和省委、省政府有关安全生产决策部署，强化责任意识，深化隐患排查整治，推进依法治安，全省住房城乡建设系统各行业领域的安全形势处于可控状态。特别是在“十九大”召开期间，全省房屋市政工程没有发生安全事故，确保全省房屋市政工程在特别防护期稳定。

工程质量安全大检查及督查 2017年，广东省住房和城乡建设厅部署全省各地每半年开展一次建筑施工质量安全大检查。6月、12月，分别开展相关督查。据统计，两次督查随机抽查71个在建施工项目，在对相关文件、资料和现场检查进行汇总后，针对存在问题发出整改通知书57份，印发执法建议书11份。

安全生产大检查 2017年，广东省住房和城乡建设厅印发《广东省住房城乡建设系统安全生产大检查工作实施方案》。8—10月，开展全省住房城乡建设系统安全生产大检查。8月7—25日，组织11个督查组，分别对全省安全生产大检查工作情况进行督查。该次督查对象为全省21个地级以上市的住房城乡建设主管部门和部分在建施工项目。督查组随机抽查52个在建施工项目，现场核查项目对安全生产大检查的落实情况、安全管理资料及实体安全管理状况，针对存在问题发出执法建议书18份、整改通知书62份。

安全生产提醒会 2017年7月28日和8月3日，广东省住房和城乡建设厅分别召开建筑起重设备安装企业安全生产提醒会和施工总承包企业安全生产提醒会。全省各地在辖区内分别召开所属建筑施工企业的安全生产提醒会。两次提醒会对全省和外省进粤相关企业的主要负责人、分管安全负责人进行安全生产警示教育提醒和培训，并与参会企业签订安全生产承诺书。通过提醒会促使企业有关人员反思查找企业内安全管理存在问题，补齐安全管理短板，严防建筑施工各类事故发生。

【工程质量安全应急救援专家库建立】 2017年，广东省住房和城乡建设厅加强工程质量安全应急救援体系建设。经过各级推荐、反复筛选和培训考核，11月28日，广东省住房和城乡建设厅发布公告，建立广东省工程质量安全应急救援专家库，首批入库专家213人，增强广东省住房城乡建设系统应急救援力量。

【质量月活动】 2017年9月，广东省住房和城乡建设系统开展以“大力提升质量，建设质量强国”为主题的质量月活动。省住房和城乡建设厅在广州、深圳、东莞3个市设4个观摩项目，组织全省各地住房城乡建设主管部门、建筑工程质量监督机构、建筑施工企业和监理企业相关人员观摩工程新技术、新工艺、新材料应用，工程质量样板引路，质量精细化管理，BIM质量管理、工程质量常见问题治理、绿色施工等，6662人次参与现场观摩交流活动。全省住房城乡建设主管部门开展“质量月”宣传活动，营造政府重视工程质量、企业追求工程质量、社会崇尚工程质量、人人关注工程质量的社会氛围，促进全省建设工程质量管理和施工质量水平的不断提高。

【安全生产月】 2017年6月2日，广东省住房和城乡建设厅在东莞茶山镇鲁能铂悦花园项目工地举行2017年全省建筑施工“安全生产月”和“安全生产万里行”活动启动仪式，住房和城乡建设部工程质量安全监管司司长李如生、广东省住房和城乡建设厅厅长张少康出席并讲话。全省1000多位代表观摩由中建八局第一建设有限公司承建的鲁能铂悦花园项目。省住房和城乡建设厅组织全省开展形式多样活动。6月16日，省住房和城乡建设厅、广州市住房和城乡建设委员会联合参加广东省安委会组织的“安全生产宣传服务咨询日”大型宣传活动，在广州天河体育中心活动现场设立“建筑施工安全生产宣传咨询点”，常务副省长林少春在巡视时对广东省住房和城乡建设厅工作予以关心和肯定。6月23日，广东省住房和城乡建设厅在广州市南沙区芦湾村项目工地举行2017年广东省建筑施工安全事故应急演练活动。

【建筑工地扬尘污染防治】 2017年，《广东省住房和城乡建设厅转发住房城乡建设部办公厅关于印发建筑工地施工扬尘专项治理工作方案的通知》印发，部署全省住房城乡建设系统开展建筑工地施工扬尘专项治理，施工扬尘专项治理期间，全省（含区、县级市）制订工作方案201个，建立监督管理机制148个，建立信息报送制度149个，建立执法联动机制146个，建立台账工程23340个，检查次数72454次，检查工程60300项次，责令整改13149起、行政处罚560起，处罚金额511.92万元。

【汛期安全应急管理】 2017年，广东省住房和城乡建设厅组织全省各地在汛期灾害天气、台风登陆等重要时间节点开展安全隐患排查整治，并组织工地人员安全撤离。由于预防处置得当，台风“天鸽”“帕卡”袭击期间，全省建筑工地无人员伤亡事故发生。在台风“天鸽”“帕卡”袭击广东省后，珠海、中山、江门等地区多处建筑工地起重机械受损严重，存在重大安全隐患。省住房和城乡建设厅组织摸查受灾地区的情况和需求，发动全省住房城乡建设系统各部门和相关企业的救援力量，调动汽车吊、平板车、长臂钩机等72台专业设备，全省过千人的救援队伍赶赴珠海、中山、江门等受灾地区，帮助受灾地区迅速恢复正常生活生产秩序。

（林清华）

【“省示范工地、省标准化工地”评选】 2017年，广东省建筑安全协会组织专家开展“省示范工地、省标化工地”评选，评选出省示范工地321项、省标化工地300项。年内，通过召开“广东省房屋市政工程安全生产文明施工示范工地”表彰大会、杂志、网站、微信等多种形式的宣传，推介获奖项目、获奖单位的成功经验，推进工程安全管理的整体提高。是年，全省有21个项目获“全国建设工程项目施工安全生产标准化工地”称号。

▲广州市番禺区石楼陈氏宗祠（善世堂）修缮工程获2017—2018年度“中国建筑工程装饰奖” （广东省建筑业协会供稿）

【工程建设行业起重工职业技能大赛】 2017年7月19—21日，由广东省住房和城乡建设厅指导，省建筑安全协会、住房和城乡建设工会委员会联合主办，广州市建设职业培训学校、东莞市建设培训中心协办的2017年广东省工程建设行业起重工职业技能大赛在东莞市建设培训中心举行。中国建筑业协会机械管理与租赁分会会长张燕娜、副秘书长马俊，省住房和城乡建设厅副厅长郭壮狮出席。该次竞赛是广东省首届起重工职业技能竞赛，是全国起重工职业技能竞赛广东区的选拔赛，全省有14支参赛队伍72人参加决赛。竞赛分为理论和实操考核两部分，理论考核是以国家职业资格三级（高级技能）标准由省人力资源和社会保障厅命题；实操考核要求选手操作塔式起重机吊运指定吊物完成规定动作，运行期间吊物穿越且不得触碰穿越不同高度、间隙的框架，并将吊物吊放至指定位置。竞赛综合计分比例为理论成绩占30%，实操成绩占70%。7月21日，所有考核项目完成，竞赛组委会在竞赛现场举办闭幕式，省住房和城乡建设厅副厅长郭壮狮出席闭幕式，竞赛组委会执行主任、省建筑安全协会会长钟伟文代表竞赛组委会宣布《关于表彰2017年广东省工程建设行业起重工职业技能竞赛获奖人员及单位的决定》，大会对该次竞赛中获得前十名的选手、作出贡献的单位、裁判员、仲裁员进行表彰和现场颁奖。

【建筑施工安全生产宣传贯彻】 2017年11—12月，广东省建筑安全协会在全省范围内举办3期全省建筑施工安全生产工作宣贯班。全省779家施工企业、监理企业、安全监督管理机构、机械租赁装拆企业参加培训。宣贯班邀请广东省建筑施工安全管理专家甘京铁、肖鸿韬分别宣讲建筑施工现场安全管理规范性文件、建筑施工安全生产事故案例及建筑起重机械安装、使用、拆卸、顶升、维护保养安全技术要点。（陈灿新）

建筑装饰工程

【概况】 2017年，广东省完成装饰装修产值1572.55亿元，比上年增长11.7%，占全省建筑业总产值的13.8%。全省有167项工程获“广东省优秀建筑装饰工程奖”，93项工程获“中国建筑工程装饰奖”，全省公共建筑市场规模总体稳步上升。但是全省建筑装饰工程增速有所放缓，增速下调的主要原因是新建公共建筑增量放缓，装饰业务规模增速下调，公共装饰及建筑幕墙市场竞争激烈。

【建筑装饰科技创新应用】 2017年，广东省推广科技示范工程和科技创新成果，加强节能减排的发展战略，提高广东省绿色建筑装饰工程水平，促进企业科技进步与管理创新。组织专家对申报省建筑装饰行业“科技示范工程”62项进行评审，经评审通过57项。申报广东省建筑装饰行业“科技创新成果”99项，通过92项。建筑装饰工程绿色施工文明工地受理7项，从2016年开始受理申报16项，全年组织过程检查9项。全省建筑装饰企业获国家级建筑装饰行业科技创新成果114项、国家级科技示范工程67项。通过科技示范工程和科技创新成果的评审，企业在实践中推广应用新材料、新工艺、新技术、新设备，加快科技成果转化，运用BIM技术，以及开展工厂化和装配化施工研发。

(张兵)

重点项目建设

【概况】 2017年，广东省有重点项目997个，年度计划投资5400亿元，全年完成投资6697.9亿元，为年度计划投资的124%。新开工建设广州至连州高速公路从化至连州段、韶关机场改扩建工程、粤东天然气主干管道粤东LNG项目配套管线和深圳市轨道交通十四号线工程等205个项目；建成投产东莞至惠州城际轨道交通项目、广州白云国际机场商务航空服务基地、中山市智能制造装备产业园基础设施项目和广东以色列理工学院一期校区（北校区）建设项目134个，提前建成国粤韶关综合利用发电项目、惠州旭硝子显示玻璃项目、东莞横沥环保热电厂一期技改项目等项目12个。全年新增高速公路655千米，通车总里程8338千米；新增铁路运营里程103千米，运营总里程4257千米。但是全省重点项目推进过程中存在项目审批时间长、建设要素落实难、资金筹措压力大、建设协调难度大等问题，影响项目建设进度。

【广东省加快推进基础设施项目建设工作会议】 于2017年1月9日在广州召开。中共中央政治局委员、广东省委书记胡春华出席并讲话，省人大常委会主任黄龙云、省政协主席王荣出席，代省长马兴瑞主持。省委常委、常务副省长徐少华通报全省基础设施重点项目建设2016年进展成效和2017年任务安排。广州、深圳，以及省发展和改革委员会、省交通运输厅、广州铁路集团有限公司主要负责人参加。会议提出2017年项目建设任务。在交通基础设施建设方面，加快推进高速公路、高速铁路交通大动脉，以及城际、港航、机场等项目建设，完善高速度、大运量、互联互通的交通网络。在市政基础设施建设方面，推进城市轨道交通、地下综合管廊和供水等项目建设，全面提升城市基础设施水平；在能源基础设施建设方面，重点推进骨干电源、城乡电网和油气管网等项目建设，构建安全、稳定、经济、清洁的现代能源供应保障体系；在水利基础设施建设方面，推进重大水利枢纽和防灾减灾项目建设，全面提高水利防灾减灾保障能力；在信息基础设施建设方面，适应移动互联网、大数据、云计算等新技术、新产业发展需要，加快新一代信息基础设施建设；在环保基础设施建设方面，重点推进污水处理、垃圾处理、黑臭水体整治和重污染河流综合治理等生态项目建设，切实改善环境质量；在平台基础设施建设方面，加快推进全省科技创新和区域发展重大平台建设，提升平台承载能力。

(张爱华)

【在建工程项目选介】 富士康10.5代显示器全生态产业园区　项目总投资610亿元，建设10.5代液晶显示器及全产业生态链生产和销售，重点发展工业大数据应用、超高清8K电视、面板自动化（工业机械人）研发等，规划建设41幢单体建筑，总建筑面积179.49万平方米。建设起止年限为2017—2019年。截至2017年底，累计完成投资80亿元。

广州市轨道交通十一号线工程　项目总投资420亿元，新建城市轨道42.8千米，工程为环线设计，设有32座车站，起于广州火车站，经广州东站后，止于广州火车站。建设起止年限为2016—2022年。截至2017年底，累计完成投资81亿元。

广州东部交通中心　项目总投资97亿元，建设铁路站房及附属工程、地铁及其预留工程、道路衔接工程、枢纽管理中心、长途客运站、公交场站、社会停车场等及凯达尔枢纽国际广场等。建设起止年限为2014—2019年。截至2017年底，累计完成投资29亿元。

惠州TCL集团模组整机一体化智能制造产业基地　项目总投资129亿元，包括TCL多媒体智能显示终端项目和华星光电高世代模组项目两个子项目。TCL多媒体智能显示终端项目计划建成具有世界先进水平智能显示终端的研发制造基地。项目整体建成后，达到总年产智能显示终端3500万台（套）能力，实现年总产值464亿元，年新增产值271亿元，年税收约5亿元，解决就业人数16450人。华星光电高世代模组项目整体建成后，年产6000万片Open Cell面板及LCM模组，新增年产值424亿元，解决就业人数约8000人。2017年11月，

TCL集团模组整机一体化智能制造产业基地项目——华星光电高世代模组项目主体厂房封顶。

汕头市苏埃通道工程项目　项目总投资57.06亿元，计划于2020年3月建成通车。隧道贯穿汕头苏埃湾南北两岸，采用直线位二管盾构隧道方案，隧道及接线点长6.68千米，采用一级公路等级，双向6车道，设计时速60千米/小时标准建设。2017年10月，项目主体工程进入全面施工阶段。截至2017年底，主体工程累计完成投资12.8亿元。

中山港马鞍港区新客运码头工程　项目总投资106.8亿元，建设12个客轮泊位和联检大楼。新客运码头位于翠亨新区起步区东侧，港池于2017年动工。中山客运新港将采用中型双体快船和"公交化"运营，一小时内直达香港市中心。通过开通对香港、澳门和深圳国际机场的直达航线和值机服务，方便市民在中山即可办理国际航班登机手续；发展保税商店、奢侈品购销等高端临港业态，建设码头现代综合体，实现以港兴城；建设游艇码头，吸引港澳游艇会进驻；配套直升机停机坪，打造陆海空立体的珠西岸客运综合服务枢纽港。

协鑫中山民众天然气热电冷联产工程　项目总投资15.2亿元，规划总建筑面积5.6万平方米，建设规模为2×26.9万千瓦燃气—蒸汽联合循环机组，总装机容量807兆瓦，供热能力每小时555吨。项目投产后年产值约18亿元，年纳税额约2亿元。该项目建设年限为2017—2019年。截至2017年底，现场1号锅炉安装基本结束。

湛江钢铁基地项目　项目位于湛江市东海岛东简镇，由宝钢湛江钢铁有限公司建设。项目静态投资

2017年广东省重点建设项目计划安排情况

单位：万元

序号	项目类别	项目个数（个）	总投资	至2016年底累计完成投资	2017年投资计划
	正式项目合计	997	512264127	135194318	54000000
	续建项目	739	412960736	134015885	45077700
	新开工项目	258	99303391	1178433	8922300
1	基础设施工程	501	333782083	86748189	39200860
(1)	高速公路工程	68	78158494	16832646	9135500
(2)	铁路建设工程	28	46518432	13713284	4926400
①	国铁干线项目	12	18889614	3923478	2711400
②	城际轨道项目	13	25283957	9395806	1845000
③	疏港铁路项目	3	2344861	394000	370000
(3)	机场建设工程	9	3195123	1514530	575200
①	枢纽机场项目	6	2535046	1499530	440800
②	干支线机场项目	2	580563	—	120000
③	通用机场项目	1	79514	15000	14400
(4)	综合交通枢纽及一体化设施工程	28	10873463	1230532	837500
(5)	港航建设工程	46	6315833	1737250	852000
①	港口码头项目	29	4513326	1358704	546600
②	航道整治项目	17	1802507	378546	305400
(6)	城市建设工程	42	60333054	7550746	4368400
①	城市供水项目	8	758073	123410	151000
②	城市地铁项目	30	58997778	7427336	4112900
③	综合管廊项目	4	577203	—	104500
(7)	能源建设工程	62	49471443	22344666	7266700
①	骨干电源项目	53	34676243	18523766	3454700
②	城乡电网项目	2	13000000	3714900	3697000
③	油气管网项目	7	1795200	106000	115000
(8)	水利建设工程	21	6817754	2527889	819500

（续表）

序号	项目类别	项目个数（个）	总投资	至 2016 年底累计完成投资	2017 年投资计划
①	水利枢纽项目	11	3317786	1172015	564000
②	防灾减灾项目	10	3499968	1355874	255500
(9)	信息基础设施工程	14	4793313	134981	2367000
(10)	环保建设工程	104	14241699	3182636	4085660
①	污水处理项目	15	2008173	282900	359240
②	垃圾处理项目	22	2162283	459668	577600
③	生态建设项目	67	10071243	2440068	3148820
(11)	平台基础设施工程	79	53063475	15979029	3967000
2	产业工程	388	163636800	45735374	12358540
(1)	战略性新兴产业项目	83	33528487	7276380	3572740
(2)	先进制造业项目	69	40165196	15509136	2508400
(3)	服务业项目	172	79316960	20964448	5194100
(4)	传统产业升级项目	35	6535700	1317650	713000
(5)	农林牧渔项目	23	2608674	248560	242300
(6)	资源节约和综合利用项目	6	1481783	419200	128000
3	民生保障工程	108	14845244	2710755	2440600
(1)	教育项目	36	5784551	1160123	721000
(2)	医疗卫生项目	34	3708412	385360	567100
(3)	文化体育项目	16	1818365	861835	286900
(4)	居民保障项目	22	3533916	303437	865600
	预备项目合计	277	235694000		

（广东省发展和改革委员会投资与重点项目处）

2017 年广东省重点建设项目完成投资情况

单位：万元

序号	行业	总投资	截至 2016 年底累计完成投资	2017 年投资计划	完成投资	完成投资比例（%）
		514020548	135080715	54000000	66979487	124
1	基础设施工程	335538504	86698824	39200860	43377238	110.7
(1)	高速公路工程	78158494	16832646	9135500	11033821	120.8
(2)	铁路建设工程	46518432	13713284	4926400	4073397	82.7
(3)	机场建设工程	3195123	1514530	575200	562110	97.7
(4)	综合交通枢纽及一体化设施工程	10873463	1230532	837500	1221495	145.9
(5)	港航建设工程	6315833	1737250	852000	951523	111.7
(6)	城市建设工程	62229054	7550746	4368400	4826257	110.5
(7)	能源建设工程	49331864	22303301	7266700	8311355	114.4
(8)	水利建设工程	6817754	2519889	819500	984991	120.2
(9)	信息基础设施工程	4793313	134981	2367000	2371437	100.2
(10)	环保建设工程	14241699	3182636	4085660	3633787	88.9
(11)	平台基础设施工程	53063475	15979029	3967000	5407065	136.3
2	产业工程	163636800	45671136	12358540	19324986	156.4

（续表）

序号	行业	总投资	截至2016年底累计完成投资	2017年投资计划	完成投资	完成投资比例（%）
(1)	战略性新兴产业项目	33528487	7276380	3572740	6561401	183.7
(2)	先进制造业项目	40165196	15509136	2508400	2700717	107.7
(3)	服务业项目	79316960	20964448	5194100	8659428	166.7
(4)	传统产业升级项目	6535700	1317650	713000	903451	126.7
(5)	农林牧渔项目	2608674	184322	242300	364948	150.6
(6)	资源节约和综合利用项目	1481783	419200	128000	135040	105.5
3	民生保障工程	14845244	2710755	2440600	4277262	175.3
(1)	教育项目	5784551	1160123	721000	740961	102.8
(2)	医疗卫生项目	3708412	385360	567100	484826	85.5
(3)	文化体育项目	1818365	861835	286900	408422	142.4
(4)	居民保障项目	3533916	303437	865600	2643053	305.3

（广东省发展和改革委员会投资与重点项目处）

489亿元（含二冷轧），建设内容包括从原料到板带产品的钢铁精品生产基地建设。采用焦炉、烧结、球团、高炉、转炉等生产流程，轧钢工序选取热连轧和冷连轧生产设施，年产钢1000万吨。主要产品包括：热轧板、热轧酸洗板、冷轧薄板、热镀锌板、电工钢及宽厚板等，同时预留热轧超高强钢生产能力。项目于2012年5月24日获发展和改革委员会核准；2013年5月17日，一号高炉主体工程正式开工建设；2016年7月15日，标志着湛江钢铁项目一期工程全面建成的二号高炉正式点火试产；2017年，完成投资23亿元，计划2019年竣工投产。

广东粤电湛江外罗海上风电项目 项目位于广东省湛江市徐闻县新寮岛及外罗以东的近海区域，涉海面积29平方千米，由广东粤电徐闻风力发电有限公司负责开发、建设和运营，项目一期装机容量198兆瓦，总投资38亿元。项目于2017年12月28日开工，计划2019年12月30日建成投产，建成后年上网电量为470.2兆千瓦时，容量系数27.1%，年等效满负荷小时数为2375小时。

深圳光明光侨路保障房项目 位于深圳光明新区光侨路以南，是深圳市“十三五”期间计划开工的40万新建保障房第一期项目，建设单位为深圳市住宅工程管理站，由广东省建筑设计研究院完成设计。项目总用地面积2.43万平方米，总建筑面积16.17万平方米，容积率5，功能含保障房，6班幼儿园、3000平方米公交场站、配套商业、社区用房等。该项目属于装配式混凝土建筑，装配构件包括外墙板、楼梯和内墙等。方案提出“园隐光明，乐居绿城”的设计概念，将城市友好社区、绿色建筑设计、BIM设计、建筑工业化等设计理念融入保障房设计，创造公共环境优越、社会形态健康、配套资源完善的现代化综合居住区。

广州新造保障房项目 位于广州市番禺区新造地段，地处广州国际创新城南岸起步区范围内，与广州大学城隔江相望，是广州市重点民生工程，由广东省建筑设计研究院完成设计。项目总用地面积25.13万平方米，总建筑面积47.77万平方米，综合容积率2.59，总投资额13.87亿元。该项目设计24栋20~27层的高层住宅，全部为公共租赁住房，户型平面基本为三梯十

▲湛江钢铁基地项目鸟瞰（2017）

（广东省发展和改革委员会投资与重点项目处供稿）

▲2017年11月30日，潮州市潮安区垃圾焚烧发电厂试投产

（广东省住房和城乡建设厅城市建设处供稿）

户，户型面积全部控制在60平方米以内，总户数5276户。

【建成工程项目选介】 黎湛铁路电气化改造工程（广东段） 项目对既有黎湛铁路318千米（含河茂铁路61.35千米）进行电气化改造，其中广东段87千米，总投资34亿元。黎湛铁路包含黎塘至湛江段及河茂铁路河唇至茂名段，线路位于广西壮族自治区东南部和广东省西南部地区，自湘桂铁路的黎塘车站引出，向东南方向途经广西的贵港、玉林市，至广东省的茂名、湛江市等城市，沿线与既有湘桂铁路、南广铁路、益湛线、玉铁线及新建茂湛、合湛等铁路接轨。项目为双线电气化国家I级铁路，设计行车速度根竹至玉林段为160千米/小时，其余维持100千米/小时。项目广东段于2017年12月28日竣工。

中海油惠州炼化二期项目 项目由中海石油炼化有限责任公司投资建设，中海油惠州炼化二期项目是在中海油惠州炼化一期1200万吨/年炼油、中海壳牌100万吨/年乙烯项目的基础上，新增1000万吨/年炼油工程、100万吨/年乙烯工程。项目于2013年5月获得国家发改委核准，炼油、乙烯工程分别于2014年11月和2014年12月开工建设。2015年，荷兰皇家壳牌公司投资入股二期乙烯项目，规模扩大到120万吨/年，总投资526亿元。该项目将新建15套炼油生产装置、11套化工生产装置、1套煤气化制氢联合装置、1套苯乙烯和环氧丙烷装置、1套聚醚多元醇装置以及配套的辅助生产设施等，将生产汽油、煤油、柴油、液化气、丙烯、苯酚、丙酮、丁醇、辛醇、环氧乙烷、乙二醇、聚乙烯、苯乙烯、环氧丙烷和聚醚多元醇等20大类高端主流石化产品。2017年9月30日，炼油工程成功投料试生产；2017年11月30日，120万吨/年乙烯项目机械完工、试车。

广州市南方钢厂保障房项目 位于广州市白云区机场高速公路与广花公路交叉口西侧。项目总用地面积43.33万平方米，可建设用地面积为32.7万平方米，规划总建设面积124万平方米，绿地面积11.5万平方米，总投资规模74亿元。项目规划建设保障房16980套，其中公租房13980套、经适房2040套、拆迁安置房960套。项目分三期实施建设。小区内设置公交站场并投入使用。其中一期项目用地面积15万平方米，总建筑面积56.8万平方米，容积率3.83，绿地率31.7%。该项目2010年10月启动，主体工程施工总承包分为6个标段。该项目设计有16幢24—33层住宅楼，计划建设保障房7671套，其中公租房5314套、经济适用房2037套、拆迁安置房320套。配套有中学、垃圾收集站、公交站、肉菜市场等公建设施，配置机动车位1576个、非机动车位13530个。截至2017年底，一期项目全部移交使用。二期项目用地面积17.7万平方米，总建筑面积44.3万平方米，容积率3.05，绿地率44.9%。该项目于2011年10月启动，主体工程施工总承包分为5个标段。该项目设计有15幢20~34层住宅楼，计划建设保障房6298套，其中公租房5658套、拆迁安置房640套，配套有幼儿园和垃圾收集站等公建设施。截至2017年底，二期项目5个主体标段完成消防、竣工验收。永久用电、永久用水工程全部施工完成，园建、绿化、燃气工程进入后期工作。三期项目列入广州市保障性住房2017年政府投资项目计划，在编制项目建议书和办理征地拆迁补偿手续。项目用地面积10.6万平方米，总建筑面积22.8万平方米，容积率1.99，绿地率27.6%，规划有住宅楼8幢，包括7幢公租房和1幢回迁房3011套。配套有小学、幼儿园、社区卫生服务中心等公建设施。

广州市兴丰生活垃圾卫生填埋场第七区配套工程 位于广州市白云区太和镇兴丰村兴泰三路南侧，总投资11亿元，库区总面积66.5万平方米，总库容1110万立方米。其中扩展库存750万立方米，垃圾沉降释放库存360万立方米，配套建设进场道路、渗滤液处理厂等工程。该工程项目于2016年开工建设。截至2017年底，累计完成投资额10.5亿元，工程基本建成。

潮州市潮安区垃圾焚烧发电厂项目 位于潮州市潮安区沙溪镇门第岭埔桑浦山山麓，总投资6.94亿元，由潮州深能环保有限公司以BOO方式承建。项目建设总规模为日处理垃圾量1200吨，建设三台400

吨/日焚烧线，配备两台15兆瓦汽轮发电机组，年处理垃圾量43.8万吨，年发电量1.9亿度。项目主体工程于2016年4月30日开工建设，2017年11月30日投入试生产。（张爱华）

传统建筑名匠及建造技艺

【概况】 首届“广东省传统建筑名匠”受到国家级、省级、市级媒体关注，各大门户网站转载传统建筑名匠报道。2017年，省住房和城乡建设厅在首届“广东省传统建筑名匠”认定基础上，开展传统建筑工匠现状和传统技艺传承调研。但是全省传统建筑工匠数量少、分布散，建筑类和工艺类工匠难以清晰界定。

【名匠入选南粤工匠】 2017年3月，广东省委宣传部、广东省总工会开展“南粤工匠”学习推荐活动，要求每个地区、每个系统推荐2名“南粤工匠”宣传人选。省住房和城乡建设厅走访首届9位省级名匠及40位传统建筑工匠，推荐首届广东省传统建筑名匠中的嵌瓷名匠卢芝高、砖雕名匠何世良参加，并入选20位“南粤工匠”名单。

【传统建筑名匠参与社会公共活动】 2017年5月，主题为“匠心筑梦——寻找南粤工匠·传承匠人精神”的首届“南粤工匠”高峰论坛在江门开平举行。中国工程院院士何镜堂、省住房城乡建设厅副厅长蔡瀛、9位“广东省传统建筑名匠”和省内外150余位嘉宾出席。陶塑名匠何湛泉、砖雕名匠何世良代表首届名匠发言。

广东省建设职业技术学院与首届9位名匠对接，聘请名匠为客座教授，并在该院开设对应技艺类别工作室，探索“学徒制”职业教育模式。华南农业大学相继邀请9位名匠（或主要传承人）走进校园，在该校岭南民艺平台组织技艺演示、授课以及讲坛等活动。嵌瓷名匠卢芝高把“潮州嵌瓷”非遗项目带进潮州金石中学，开设第二课堂展示和传授技术；壁画名匠吴义廷在汕头胪溪小学开设课程，免费为学生传授绘画技艺基础知识和相关技巧。

【灰塑名匠参加“三师下乡”活动】 2017年，灰塑名匠邵成村的灰塑项目团队和广东工业大学朱雪梅教授、志愿者在湛江雷州半岛、梅州丰顺拾荷村等地开展省级示范点交流学习培训活动，举行传统建筑名匠与建造技艺图片展。邵成村灰塑项目团队现场介绍原生态灰塑材料、演示灰塑技艺等，深受村民欢迎。

【传统建筑技艺传承】 2017年，嵌瓷名匠卢芝高新增徒弟5人，传承人卢树生、卢锋被命名为潮州市市级“潮州嵌瓷”非遗传承人；徒弟庄琛琛、卢渤鑫被命名为潮安区区级“潮州嵌瓷”非遗传承人。营造名匠纪传英依托广东纪传英古建筑营造有限公司培养20多名新秀，传承人纪雪山、纪雪峰、许剑英、纪雪瑞等均获得古建筑工程师资格。砖雕名匠何世良新增学徒5名，弟子高平在广东省工艺精品展上获“银奖”、卢健才在中国工艺博览会上获“铜奖”。陶塑名匠何湛泉的传承人何大智先后在澳洲和中国举办个人陶艺作品展。灰塑名匠邵成村灰塑团队人员发展到20多名，传承人刘志威被命名为省级非遗传承人，欧阳可朗被命名为市级非遗传承人，邵煜海、邵煜山被命名为区级非遗传承人。壁画名匠吴义廷完成汕头潮南区吴氏祖祠彩画项目、潮州饶平县三饶老妈宫，以及潮南区小公园文化围墙等壁画项目。大木名匠肖楚明新增学徒3名，出师学徒3名；第五代传承人肖淳圭日渐成熟。木雕名匠林汉旋新增学徒3名，传承人林信雄被认定为区级潮州木雕非遗项目传承人。彩画名匠黄瑞林新收学徒4人，开办信睿彩画美术培训传承班，传承人黄泽平、林少群等能独当一面承接工程项目。（陈思明）

粤港澳合作交流

【概况】 截至2017年底，香港专业士人有55名建筑师、4名结构工程师、1名电气工程师、1名公用设备工程师（给水排水）、2名监理工程师、12名房地产估价师、76名造价工程师在广东注册执业。香港专业人士在粤创业执业，呈现人数逐年增加的特点。

2017年，广东省住房和城乡建设厅推动粤港业界参与“一带一路”建设。9月，组织省内30多家企业70多人参加在香港举办的第二届“一带一路”高峰论坛。对接“一带一路”沿线国家的运输与物流基建（地铁、铁路、高速公路、机场、道桥隧等）、城市规划、物业发展（房屋建筑）、新市镇发展（大型房地产）等200多个建设项目。粤方与香港、阿联酋联合召开基础设施投资高层圆桌会议。12月，联合香港中联办，组织广东省建筑业、勘察设计、监理、造价等8家协会与香港建筑师学会、工程师学会、测量师学会等7家机构，在香港举办“粤港建造业合作研讨会——2017分享经验、携手走出去”交流活动，推动粤港建造业界深度合作。但是随着“大湾区”规划建设统一协调发展，粤港澳合作交流仍有很大拓展空间，三方交流合作可向更大广度推进、更深层次融合。

【自贸区实施香港工程管理模式试点】 2017年，深圳前海自贸区项目试点实施香港工程管理模式，允许港商独资或控股的开发建设项目自主采用香港工程建设模式进行管理。香港注册专业人士在前海嘉里和梦工

▲2017年12月13—14日，粤港建造业合作研讨会在香港举行。广东省住房和城乡建设厅副厅长蔡瀛（前排右三）出席　（广东省城市规划协会供稿）

厂等试点项目上直接执业，实现粤港项目合作落地，合同额6.26亿元。前海自贸区以深基坑项目为试点，参照香港实施"认可人士"制度，由认可人士担任深基坑项目审查专家组组长进行审查，在8个项目上进行试点。2017年8月，珠海横琴自贸区管委会与香港发展局签订合作协议，启动试行香港工程管理模式。（何志坚）

【粤港业界建立互派学习机制】 2017年，广东省工程造价业界与香港工料测量业界互动交流，在专业人员挂职培训、两地企业合作模式、技术数据分析、全过程造价管理规程共建等方面建立良好的机制，促进粤港工程造价一线业务人员的沟通交流。在2016年选派9人的基础上，2017年广东省选派第二批13名造价专业人士到香港利比、威宁谢、伟历信三家香港企业挂职交流。粤港企业挂职交流，标志着粤港两地人才进入更深层次交流，在全国业界起到良好的示范作用，推动粤港建筑、规划、工程、测量等相关专业领域的深化合作。（罗炽发）

【粤港标准共建】 2017年，广东、香港、澳门工程建设存在标准规范差异。广东省执行国家标准规范体系，香港、澳门执行与国家标准不同的英联邦、欧盟等西方国家标准规范体系。在园林苗木方面，由于历史原因和粤港澳发展差异，粤港澳三地花卉苗木应用的规格质量标准存在差异，所执行的规范或建设标准体系不同，三地园林苗木市场规格质量标准难于统一，影响当前粤港澳大湾区统一协调发展。在楼宇维护方面，商品住宅维修保养问题会日益凸显，楼宇既有房产的重建成本大。香港建立起较为完善的楼宇维修保养体系，建筑测量师注重研究内地与香港楼宇维修保养体系，协助构建内地商品住宅维修保养体系。年内，粤港两地园林和监理协会探索园林、楼宇维护等领域共同构建统一的行业技术标准，双方签订合作框架协议，初步完成粤港联合标准编制。

【建筑工程服务合作意向签订】 2017年，粤港两地政府部门构建共同合作机制。11月18日，广东省住房和城乡建设厅与香港特别行政区政府发展局，在粤港合作联席会议第二十次会议上签署"加强粤港建筑及相关工程服务合作意向书"，组成工作专责小组，定期召开会议，共同推进粤港建筑及有关工程服务领域各项工作。（何志坚）

【港澳专业人士在粤注册执业】 截至2017年底，在广东注册执业的港澳专业人士有65人，分别在31家企业执业。其中，香港专业人士64人，分别是一级建筑师55人、一级结构工程师4人、电气工程师（供配电）1人、公用设备工程师（给水排水）1人、公用设备工程师（暖通空调）1人、注册监理工程师2人；澳门专业人士1人，为一级结构工程师。取得造价工程师资格或房地产估价师资格的港澳专业人士，可以在全国范围内注册执业。取得造价工程师资格的港澳专业人士，在内地注册执业且聘用企业所在地为广东的76人。取得房地产估价师资格的港澳专业人士，在内地注册执业且聘用企业所在地为广东的14人。（陈少欢）

【粤港建设工程造价交流合作】 2017年，广东省建设工程标准定额站牵头开展多个粤港合作交流活动。4月，粤港工程造价（工料测量）论坛在深圳举办。粤港双方在工程价款纠纷调整方法、P-BIM在数字化工程建造的实施流程与成本控制和全过程工料测量（香港）理论与实务进行交流。9月，粤港澳大湾区大型基建项目管理创新高峰会在佛山举办。住房和城乡建设部标准定额司和省住房和城乡建设厅领导出席。峰会以"开放合作　创新发展"为主题，聚焦于大型基建项目管理创新和"粤港澳大湾区"发展机遇，就以工程造价为核心的全过程工程咨询、大型基础设施的BIM应用、中港工程造价专业服务的差异、数字建筑等方面进行探讨交流，共商粤港澳大湾区建设管理创新。5—6月，组织内地造价专业人员开展第二批赴香港造价咨询企业脱产挂职锻炼交流活动。参与交流的香港企业由2家增至3家，内地造价专业人员由9人增至13人，通过进入港企体验和实践，对广东省了解香港企业和香港工程造价咨询

市场、借鉴国际企业建设造价咨询的先进做法具有意义。（罗炽发）

【粤港澳建设监理交流合作】2017年8月25日，广东省建设监理协会在广州召开粤港合作政策研讨会，研讨和构建双方合作机制，推进粤港两地咨询企业合作交流迈上新台阶。

2017年9月11日，广东省建设监理协会组织20多位监理企业代表参加由香港特区政府、香港贸发局举办的第二届“一带一路”高峰论坛。全球50个国家和地区逾3000名政商界精英出席。该高峰论坛以“化愿景为行动”为主题，聚焦于基建投资和“一带一路”发展机遇。香港特区行政长官林郑月娥、国家发展和改革委员会副主任宁吉喆、商务部副部长高燕，以及外交部代表、外交部驻港特派员公署特派员谢锋发表主题演说。论坛邀请来自“一带一路”沿线国家及地区的项目拥有者，带来超过150个不同领域的投资项目，物色投资者及相关服务供应商。在一对一项目对接环节，广州市市政工程监理有限公司等5家企业与“一带一路”沿线国家和地区多个项目进行一对一对接洽谈和互动交流，达成多项共识，取得预期成果。

2017年9月26日，广东省建设监理协会组织20多位监理企业代表参加由香港建筑师学会在深圳举办的“一带一路”经验分享会。中联办教育科技部副部长萧家虹、香港建筑师注册管理局主席戚务诚、广东省住房城乡建设厅副厅长蔡瀛等出席会议并讲话。会议由香港建筑师学会会长陈沐文致辞。分享会是香港建筑师学会对9月11日香港特区政府和香港贸发局共同举办的第二届“一带一路”高峰论坛的延伸，通过抓住国家“一带一路”沿线国家基础设施投资建设的发展机遇，加强粤港两地企业的合作交流。

2017年11月10日，中国建设监理协会、香港测量师学会建筑测量组主办，广东省建设监理协会承办的内地注册监理工程师和香港建筑测量师互认十周年回顾与展望暨监理行业改革与发展交流会在广州举行。各省（市）、自治区建设监理协会负责人，内地和香港参与互认的注册监理工程师、建筑测量师，业内专家学者及业界代表280余人参加。广东省住房和城乡建设厅副厅长蔡瀛，中国建设监理协会副会长兼秘书长修璐，副会长王学军，香港特区政府发展局首席助理秘书长梁立基，香港测量师学会前任会长、建筑测量组前主席何钜业，广东省建设监理协会会长孙成出席并发言。交流会纪念内地注册监理工程师和香港建筑测量师互认十周年，展望监理行业的改革与发展，开启粤港两地工程监理咨询行业崭新合作。广东省18家企业和香港15家企业签订《粤港两地咨询企业合作框架协议》。

2017年12月13—14日，广东省建设监理协会在省住房和城乡建设厅和中央人民政府驻香港特别行政区联络办公室的指导下，联合广东省工程造价协会、广东省建筑业协会、广东省工程勘察设计行业协会、广东省风景园林协会、广东省房地产估价师与房地产经纪人学会、广东省物业管理行业协会、广东省城市规划协会、香港测量师学会、香港建筑师学会、香港工程师学会、香港建造商会、香港园境师学会、“思筹知路”智库在香港举行粤港建造业合作研讨会。粤港两地行业协会（学会）和企业代表240人参加会议。两地机构签订《深化粤港咨询业合作框架协议》，推进粤港两地咨询企业在工程咨询领域开展广泛、深入的合作。论坛提出促进两地建造业深度合作的措施，包括在广东自贸区内加入香港工程项目和人才信息库，建立互派学习和标准共建机制等。（高峰）

建筑行业诚信体系建设

【概况】2017年，广东省住房和城乡建设厅发挥行业协会作用，在建筑业、市政、环卫等领域开展诚信建设。通过完善市场信用体系，营造诚信守法的市场环境。“广东省建筑市场监管与诚信一体化平台”更名为“广东省建筑市场监管公共服务平台”（简称“省级平台”）。省级平台的四大基础数据库包含项目信息库和诚信信息库，均面向社会公众开放。年内，省住房和城乡建设厅在“广东建设信息网”上提供省级平台入口，社会公众可在平台内查询工程项目信息和诚信信息。原2007年的“广东省建筑市场诚信信息平台”和2010年的“工程建设领域项目信息公开专栏”停止信息更新，省级平台发布工程项目信息和诚信信息。是年，住房和城乡建设部印发《建筑市场信用管理暂行办法》。广东省住房和城乡建设厅在省级平台建立全省统一的建筑市场“黑名单”。但是全省建筑行业诚信评价仅限于部分城市探索开展，全省尚未建立省级层面的诚信评价标准和诚信信息评价体系。（陈思明）

【建筑市场诚信体系建设】2017年12月，住房和城乡建设部印发《建筑市场信用管理暂行办法》（简称《暂行办法》）。广东省住房和城乡建设厅按照《暂行办法》，明确全省建筑市场各方主体信用信息应通过省级平台集中公开，并在省级平台建立全省统一的建筑市场“黑名单”。要求各级主管部门在5个工作日内，将列入“黑名单”的建筑市场主体信息录入省级平台，通过省级平台集中发布，统一上传至“全国建筑市场监管公共服务平台”。“黑名单”信息在省级平台公布期限为1年，期满后自动移出“黑名单”。（陈思明）

【工程建设项目招标代理机构资信等级办理】 2017年，广东省工程招标协会对工程建设项目招标代理行业制定行业自律资信评级标准，开展资信评级服务工作。制订《广东省工程招标代理行业自律公约》《广东省工程招标代理机构信用评价办法》；全年受理258项企业资信评级，办结250项，终止受理有8项。办结的250项中，其中准予申请169项，其中乙级31项、暂定级138项，不准予申请81项。 （张兵）

【建筑企业（造价咨询）资信动态核查】 2017年8—10月，广东省住房和城乡建设厅对全省101家甲级、48家乙级及以下资信等级的工程造价咨询企业进行资质、咨询项目质量的动态核查。经核查，101家甲级企业中，资质条件合格100家、不合格1家（经整改后合格），合格率99%；咨询项目质量208个，检查结果合格195个、基本合格13个，合格率93.7%；48家乙级及以下资信等级企业的100个咨询项目质量，检查结果合格80个、基本合格20个，合格率80%。 （陈思明）

2017年度广东省获全国建筑业AAA级信用企业

授予单位：中国建筑业协会

序号	企业名称
1	中国建筑第四工程局有限公司
2	广东永和建设集团有限公司
3	广东电白二建集团有限公司
4	广州建筑股份有限公司
5	广州市第一建筑工程有限公司
6	广州市第二市政工程有限公司
7	深圳市华岳建筑工程有限公司
8	深圳市中邦（集团）建设总承包有限公司
9	韶关市住宅建筑工程有限公司
10	广东兆邦智能科技有限公司

（广东省建筑业协会）

2017年度广东省获工程建设企业社会信用评价AAA级信用企业

授予单位：中国施工企业管理协会

序号	企业名称
1	广东国信工程监理有限公司
2	广东金东海集团有限公司
3	广州市第二建筑工程有限公司
4	中国建筑第四工程局有限公司
5	中交广州航道局有限公司
6	中交四航局第二工程有限公司

（广东省建筑业协会）

2017年度广东省获工程建设诚信典型企业

授予单位：中国施工企业管理协会

序号	企业名称
1	广东水电二局股份有限公司
2	深圳市中邦（集团）建设总承包有限公司
3	中交广州航道局有限公司

（广东省建筑业协会）

【工程造价咨询企业乙级及以下资信评级行业自律管理实施】 2017年，广东省工程造价协会推进简政放权、放管结合、优化服务改革，取消和简化广东省工程造价咨询企业乙级及以下资信申请和变更申报材料。年内，取消造价员资格证书和财务审计报告。简化造价工程师注册证书证明材料，由企业法定代表人对其真实性、有效性进行承诺。全年受理审核通过80家企业，其中8家为首批暂乙级升级乙级资信、5家为暂乙级资质转化升级为乙级资信，28家为新申请企业、15家乙级资信企业升级为甲级。 （吴文天）

【建筑起重租赁安装企业信用评价】 2017年，广东省建筑安全协会组织专家对申请信用评价与行业确认的建筑起重租赁、安装企业进行现场评审。全省有278家企业在管理系统上申请确认，254家企业接受信用评价与行业确认。年内，获得A等级46家、B等级71家、C等级102家、D等级35家。

【工程监理企业资信评级等级动态核查】 2017年，广东省建设监理协会承接工程监理企业乙级及以下资质行业自律管理和企业资信评级。截至年底，全省累计216家监理企业提交申请，359个专业资信等级获得通过，并取得广东省工程监理企业资信证书，其中专业资信乙级311个、专业资信丙级48个。8—9月，广东省建设监理协会对部分取得监理资信等级证书的191家监理企业开展监理资信评级等级动态核查，其中12家企业的注册人员不符合资信等级要求。省建设监理协会对上述12家资信等级不合格企业进行电话约谈，并限时整改。10月，经系统复核，合格监理企业6家、不合格监理企业6家。对复核不合格企业，省建设监理协会停止公开企业资信等级信息。 *（高峰）*

中国建筑之乡选介

▲*茂名市电白区被中国建筑业协会授予"中国建筑之乡"称号*

（广东省建筑业协会供稿）

【茂名市电白区】 建筑业是电白区传统产业、优秀产业，从20世纪50年代初组建第一支建筑工程大队以来，经过60多年发展，建筑业成为电白区重要的支柱产业，素有"建筑之乡"之称。2013—2015年，电白区建筑业一直保持高速增长的良好态势，建筑业总产值分别为159.30亿元、203.43亿元、274.13亿元，分别占当地工业总产值和农林牧渔业总产值之和的24%、29.4%、35.3%；建筑业增加值每年达到10亿元以上，分别占当地生产总值的10%以上，从2013年的52.81亿元增至2015年的74.47亿元。建筑业对地方税收贡献非常突出，税收从2013年的3.93亿元增至2015年的6.89亿元，2015年建筑业税收占区税收总额22.8%。

1952年9月，电白县水东镇建筑大队成立，有职工200多人。随着形势发展，电白建筑队伍不断壮大，相继成立几家县属建筑工程公司和10多支乡镇建筑工程队。改革开放后，一批县、镇建筑队开始走出电白，以广州为桥头堡，以珠江三角洲、海南为基地，逐步将建筑市场拓展到全国25个省、直辖市、自治区。从业人员从2013年15万人增至2015年15.7万人，接受培训率在90%以上，持证上岗率60%以上。电白区通过引进和培养，各建筑企业执业注册人员逐年增加，全区具有一级注册建造师299人、二级注册建造师547人、高级工程师455人、特种工技术人员437人。

2013—2015年，电白建筑业各项经济指标稳居全市第一。2013年、2014年和2015全市建筑业总产值分别为325.38亿元、417.76亿元和481.04亿元；电白建筑业总产值分别为159.3亿元、203.43亿元和274.13亿元，占比分别为48.96%、48.7%、57%，在全市遥遥领先。在电白52家建筑企业中，施工总承包企业28家，其中特级企业2家，公司有一级企业4家、二级企业15家、三级企业22家，以及专业承包企业9家；形成以房屋建筑总承包为主，各类专业承包、劳务分包共同发展的分工协作体系，经营范围覆盖房屋建筑、市政工程、水利水电、装饰装潢、机电安装、钢结构、建筑智能化、防腐保温环保工程、送变电、燃气管道安装、预拌商品混泥土等。全区规模企业呈梯队良性发展。电白区建筑业一直按照巩固规模市场、发展新兴市场的发展战略，加快拓展电白区建筑市场规模。国内建筑市场经营面除覆盖全省，省外施工遍及广西、贵州、云南、海南、福建、山西、北京、上海、内蒙、新疆等20多个省、市、自治区，另有电白籍建筑行业人员在异地创办建筑企业11家，其中施工总承包一级企业5家、二级企业3家、三级企业1家；专业承包一级企业1家、二级企业1家。

电白区政府高度重视建筑业的发展，2012年由区政府牵头印发《关于进一步加强全区建筑业发展的意见》，每年区住建局会同相关部门根据建筑业产值、工程质量、安全生产、经济效益等指标对各建安企业进行年度综合考核，评选出先进集体和个人进行表彰。2014年9月，电白区政府为进一步提升建筑业的支柱产业、富民产业、优势产业地位，扶持和促进电白区建筑企业做大做强，出台《中共茂名市电白区委 茂名市电白区人民政府关于加大扶持力度促进建筑业发展的意见》。电白辖区内由从事建筑、监理、勘察设计和工程造价、招标代理、混凝土搅拌、新型建材、建筑劳务等相关单位组成建筑行业协会组织电白区建筑业协会，有会员单位63个。为提高全区建筑队伍素质，培养高素质的建工队伍，电白区于2014年建成具有现代化教学条件、建筑面积300多平方米的广东永和建设集团建筑职业培训学校，为电白区建筑队伍输送高素质的建筑工程人才。

电白建筑企业注重品牌建设，坚持质量至上，以精品创信誉、以精品拓市场、以精品树品牌，电白建筑企业获国家级最高优质工程奖“中国建设工程鲁班奖”5项、获省级以上工程质量奖14项；获得省级以上施工安全文明工地奖31项，其中国家级1项、省级30项；获省级有效工法奖82项，其中国家级4项、省级78项；获省级以上专利奖41项；获得省级绿色施工示范工程奖1项，在全省处于优先地位。

电白建筑企业注重诚信经营，合同履约率在90%以上，获用户和行业良好评价。广东省电白建筑集团有限公司连续二十年（1998—2017年度）被广东省工商行政管理局授予“守合同重信用企业”；广东电白建设集团有限公司（2014—2015年度）被国家工商行政管理总局授予“国家守合同重信用企业”，并连续十七年（2001—2017年度）被广东省工商行政管理局授予“广东省守合同重信用企业”。2017年，茂名市电白区完成建筑业总产值456亿元，2013—2017年5年间增长187%。

【汕头市濠江区】 建筑业为濠江区传统优势产业，业务开拓以外向型为主。自上世纪60年代组建第一支建筑队伍以来，历经50多年的发展，建筑业已成为濠江的重要支柱产业之一。“濠江建筑”以过硬的质量，全力“走出去”，“达濠建筑总公司”“广东联泰集团”“达濠市政”“东楚建设”等享誉全省乃至全国，获国家和省、市文明工地及优良样板超百项，包括：“中国建设工程鲁班奖”“中国土木工程詹天佑奖”“全国市政金杯示范工程”“全国建筑工程装饰奖”等全国性奖项。濠江建筑业在快速发展、推动经济发展的同时，在解决农村劳动力就业、增加农民收入方面发挥着越来越重要的作用，成为转移农民、致富农民的平台。建筑业税收是濠江地税收入的重要组成部分；2017年上半年，外税转移超过1亿元，增长率超过100%，实现新突破。建筑业收入占当地农民纯收入的40%以上，建筑业成为一项富民产业。

濠江区党政及建设主管部门出台系列扶持措施，引导企业“走出去”，使之成为全区支柱产业。从2014年7.5万人增至2016年9.3万人，从业人员接受培训率在90%以上，持证上岗60%以上。通过引进和培养，各建筑企业执业注册人员逐年增加，全区具有一级注册建造师240人，二级注册建造师283人，特种工技术人员327人。

濠江建筑业各项经济指标位居全市前列。2014年、2015年和2016全市建筑业总产值分别为376.41亿元、405.52亿元和453.76亿元；濠江建筑业总产值分别为108.46亿元、131.37亿元和145.04亿元，占比分别为28.81%、32.40%、31.96%，在全市7个县区中遥遥领先。濠江21家建筑施工企业中，施工总承包企业21家，其中濠市政建设有限公司成为全区唯一一家特级企业。拥有一级企业4家、二级企业10家、三级企业6家。21家建筑施工企业设立48个驻外分公司或工程处，500多支施工队伍，分布在深圳、广州等省内10多个城市和海南、上海、江西、福建、浙江等20多个省、直辖市。濠江籍建筑精英人士在异地创办建筑企业数十家。初步形成以一级企业为龙头、二级企业为骨干、三级企业为基础的全国性施工网络格局，成功开辟深圳、广州、南昌、上海、海南、湖南6个规模市场，经营范围不断扩大。企业资质结构不断优化，施工能力不断提高。可承建超高层、大体量、大跨度的房屋建筑，可承建高速公路、市政公用设施、桥梁、码头、机场、水电、高难度地基基础和高级装饰装修等工程。绝大多数企业经营方式以建筑施工为主，多元经营，依托建筑施工优势兼营房地产业，走施工开发“两轮并转”的路子，取得较好的经营效益。

濠江区政府重视建筑业的发展，2007年成立濠江区建设行业协会。协会有会员单位52个。每年由区城建环保局会同相关部门根据建筑业产值、工程质量、安全生产、经济效益等指标对各建安企业进行年度综合考核，评选出先进集体和个人进行表彰。为提高全区建筑队伍素质，培养高素质的建筑队伍，先后成立和引进先进教育培训机构。汕头职业技术学院于2002年3月将学院本部设于汕头市濠江区东湖山麓；2012年建成濠江区人力资源培训中心的综合性职业技能培训基地大楼，集公共就业服务、职业技能培训、技能鉴定于一体，培训场地面积达到2073平方米，年承训能力6000人以上，是支持濠江区开展职业技能培训强有力的阵地。

20世纪80年代，“达濠建筑”在深圳创下“真正代表深圳速度”的记录，树立起“达濠建筑”形象，联泰集团“联泰”商标成为全省建安行业首个著名商标。“达濠建筑”“达濠市政”等享誉全省乃至全国，获“中国建设工程鲁班奖”“中国土木工程詹天佑奖”“全国市政金杯示范工程”“全国建筑工程装饰奖”等全国性奖项。2015—2017年，濠江建筑企业获省级以上建筑业新技术应用示范工程3项，其中国家级2项、省级1项。达濠市政建设有限公司承建的香域春天花园获2015年“中国土木工程詹天佑奖优秀住宅小区金奖”；获省级以上工程质量奖10项，其中国家级2项，省级8项；获得省级以上施工安全文明工地奖6项；获得国家级专利2项、省级有效工法奖6项；获省级科技进步奖2项。

（张兵）

·编辑　李勇·

勘察设计与工程咨询业

□『广东省勘察设计大师』认定

□全过程工程咨询试点

□建设工程招投标监管

□造价专业人员会员制度实施

□监理企业资信评级动态核查

综　述

【概况】　2017年，广东省工程勘察设计企业有2097多家，其中甲级企业596多家。全省有施工图设计文件审查机构57个、一类54个。全省有施工图审查人员1500多人、一级注册建筑师2357人、一级结构工程师2351多人。全行业从业人员54.1万人，注册执业人员3.88万人。全年全行业营业收入4581.7亿元，人均营业收入84.7万元。全省勘察设计资质挂靠、恶性竞争、阴阳合同、勘察作假等违法违规行为得到一定程度遏制。全省有工程咨询单位522家，工程咨询业从业人员5.6万人，专业技术人员4.3万人。但是全省勘察设计外部市场竞争激烈，收费标准下降，工程勘察设计质量有下降趋势。全省工程咨询行业管理办法尚未出台，影响行业管理政策的系统性。　　(何志坚)

【勘察设计大师认定】　2017年，广东省住房和城乡建设厅开展“广东省工程勘察设计大师”认定。9月，省住房和城乡建设厅面向公众发布《广东省工程勘察设计大师认定办法》。10月，《关于开展“广东省工程勘察设计大师”认定工作的通知》印发。首届大师认定20名，至11月底，全省收到69名申报人报送材料。12月，省勘察设计行业协会公示30名候选人名单及申报材料。

【勘察设计行业交流活动】　2017年，广东省工程勘察设计行业协会举办多项行业交流活动。

工程勘察设计评优　广东省工程勘察设计行业协会在广州、清远分别开展2017年度“广东省优秀工程勘察设计奖”初评和终评活动，确定公示613项“广东省优秀工程勘察设计奖”项目。一等奖97项、二等奖236项、三等奖280项。在2017年度“全国优秀工程勘察设计行业奖”评选中，广东省获奖项目168个，占全国获奖项目的10%。

“驿道‘三师’，探寻增江”绿色骑行活动　2017年10月13日，由广东省工程勘察设计行业协会主办，广东省“三师”专业志愿者委员会协办的“驿道‘三师’，探寻增江”绿色骑行活动在广州增城举行。31家会员单位的200余名运动员参加。该活动响应国家提出的“全民健身、低碳出行”环保理念，结合省政府开展的南粤古驿道保护利用，领略古今增城驿道。省住房和城乡建设厅副厅长蔡瀛应邀参加。

广东省优秀设计作品分享论坛　2017年，广东省通过“广东省优秀工程勘察设计奖”评审，涌现一批优秀设计作品。全省上报该奖评审的项目1119项，包括工程勘察类149项、建筑工程类328项、市政类173项、行业综合类68项、软件及工程建设标准设计9项、专项类392项、申报项目总数比2015年增加22.7%。9月22日，为促进全省勘察设计行业持续发展，广东省工程勘

2017年广东省勘察设计企业资质情况

单位：家

地区	企业家数	工程勘察					工程设计				
		综合甲级	甲级	乙级	丙级	其他	综合甲级	甲级	乙级	丙级	其他
广东省	2097	—	55	34	3	3	1	282	228	166	21
广州市	585	—	17	6	1	2	1	113	63	22	8
深圳市	539	—	14	5	—	—	—	89	24	5	1
珠海市	106	—	1	2	—	—	—	14	7	5	1
汕头市	37	—	2	—	—	—	—	8	4	2	—
佛山市	151	—	3	5	—	—	—	17	23	24	2
韶关市	12	—	2	—	—	—	—	1	2	3	—
河源市	35	—	3	1	—	—	—	—	7	11	—
梅州市	33	—	2	2	—	—	—	1	6	11	—
惠州市	73	—	2	1	—	1	—	5	15	7	1
汕尾市	11	—	—	2	—	—	—	—	1	4	2
东莞市	145	—	2	1	—	—	—	9	8	—	1
中山市	83	—	2	—	—	—	—	5	10	4	—
江门市	87	—	1	4	2	—	—	4	19	15	2
阳江市	20	—	—	1	—	—	—	1	6	5	—
湛江市	26	—	2	—	—	—	—	3	5	4	—

(续表)

地区	企业家数	工程勘察					工程设计				
		综合甲级	甲级	乙级	丙级	其他	综合甲级	甲级	乙级	丙级	其他
茂名市	44	—	—	2	—	—	—	4	8	14	—
肇庆市	33	—	1	—	—	—	—	3	7	5	—
清远市	37	—	—	—	—	—	—	4	6	11	1
潮州市	6	—	—	—	—	—	—	1	3	2	—
揭阳市	21	—	1	1	—	—	—	—	2	6	1
云浮市	13	—	—	1	—	—	—	—	2	6	1

地区	专项合计			建筑装饰		环境工程		风景园林		照明工程	
		甲级	乙级	甲级	乙级	甲级	乙级	甲级	乙级	甲级	乙级
广东省	1156	258	755	122	552	10	32	28	35	7	11
广州市	320	85	204	28	147	8	17	12	12	—	2
深圳市	376	132	203	76	148	—	3	13	16	7	6
珠海市	65	8	44	2	31	—	2	1	—	—	—
汕头市	21	3	16	2	10	—	—	—	1	—	—
佛山市	65	9	49	4	33	1	3	—	3	—	—
韶关市	4	—	4	—	4	—	—	—	—	—	—
河源市	12	2	8	2	8	—	—	—	—	—	—
梅州市	9	—	7	—	6	—	—	—	—	—	—
惠州市	31	3	24	2	17	—	2	1	1	—	1
汕尾市	2	—	2	—	1	—	1	—	—	—	—
东莞市	97	4	74	2	65	—	1	—	2	—	2
中山市	52	7	41	1	27	1	—	1	—	—	—
江门市	33	5	23	3	13	—	—	—	—	—	—
阳江市	6	—	4	—	3	—	—	—	—	—	—
湛江市	10	—	10	—	6	—	1	—	—	—	—
茂名市	14	—	12	—	11	—	—	—	—	—	—
肇庆市	15	—	10	—	8	—	—	—	—	—	—
清远市	11	—	9	—	6	—	1	—	—	—	—
潮州市	—	—	—	—	—	—	—	—	—	—	—
揭阳市	10	—	8	—	6	—	—	—	—	—	—
云浮市	3	—	3	—	2	—	1	—	—	—	—

地区	建筑智能化		消防工程		建筑幕墙		轻型钢结构		设计施工一体化		
	甲级	乙级	甲级	乙级	甲级	乙级	甲级	乙级	一级	二级	三级
广东省	33	27	37	53	21	39	—	6	20	73	55
广州市	17	9	17	12	3	5	—	—	4	19	9
深圳市	14	12	11	2	11	11	—	5	9	11	5
珠海市	1	3	2	5	2	2	—	1	1	4	6
汕头市	1	1	—	2	—	2	—	—	—	—	—
佛山市	—	1	1	5	3	4	—	—	3	5	4
韶关市	—	—	—	—	—	—	—	—	—	—	—
河源市	—	—	—	—	—	—	—	—	—	—	1
梅州市	—	—	—	—	—	1	—	—	—	1	1

（续表）

地区	建筑智能化		消防工程		建筑幕墙		轻型钢结构		设计施工一体化		
	甲级	乙级	甲级	乙级	甲级	乙级	甲级	乙级	一级	二级	三级
惠州市	—	—	—	2	—	1	—	—	—	5	5
汕尾市	—	—	—	—	—	—	—	—	—	—	—
东莞市	—	—	2	2	—	2	—	—	1	13	13
中山市	—	—	2	8	2	6	—	—	1	5	4
江门市	—	—	2	10	—	—	—	—	—	5	2
阳江市	—	—	—	—	—	1	—	—	—	1	—
湛江市	—	—	—	1	—	2	—	—	1	—	1
茂名市	—	—	—	1	—	—	—	—	—	1	1
肇庆市	—	—	—	—	—	2	—	—	—	2	—
清远市	—	—	—	2	—	—	—	—	—	1	3
潮州市	—	—	—	—	—	—	—	—	—	—	—
揭阳市	—	1	—	1	—	—	—	—	—	—	—
云浮市	—	—	—	—	—	—	—	—	—	—	—

2017 年广东省勘察设计企业登记注册情况

单位：家

地区	企业家数	企业经济类型									
		内资									
		合计	国有企业	集体企业	股份合作企业	联营企业				有限责任公司	
						国有	集体	国有与集体	其他	国有独资公司	其他有限责任公司
广东省	2097	2038	166	40	9	1	2	—	2	23	658
广州市	585	573	76	2	5	1	—	—	2	15	138
深圳市	539	528	23	—	—	—	—	—	—	5	135
珠海市	106	100	6	—	2	—	—	—	—	—	56
汕头市	37	36	11	1	—	—	—	—	—	—	10
佛山市	151	149	2	2	—	—	—	—	—	—	70
韶关市	12	12	3	—	—	—	—	—	—	—	8
河源市	35	33	3	4	—	—	—	—	—	—	11
梅州市	33	30	3	2	—	—	—	—	—	—	8
惠州市	73	69	7	3	—	—	1	—	—	—	21
汕尾市	11	7	1	3	—	—	—	—	—	—	—
东莞市	145	143	1	2	1	—	—	—	—	—	46
中山市	83	80	2	1	—	—	—	—	—	—	38
江门市	87	87	4	6	—	—	—	—	—	—	40
阳江市	20	18	2	1	—	—	1	—	—	—	7
湛江市	26	26	6	2	—	—	—	—	—	1	4
茂名市	44	42	6	1	—	—	—	—	—	1	20
肇庆市	33	32	5	2	—	—	—	—	—	1	11
清远市	37	36	2	3	—	—	—	—	—	—	18
潮州市	6	6	2	—	1	—	—	—	—	—	1
揭阳市	21	20	1	2	—	—	—	—	—	—	12
云浮市	13	11	—	3	—	—	—	—	—	—	4

(续表)

地区	企业经济类型											
	内资						港、澳、台商投资企业					
	股份有限公司	私营企业				其他企业	合计	合资经营企业	合作经营企业	独资经营企业	投资股份有限公司	其他
		私营独资	私营合伙	私营有限责任公司	私营股份有限公司							
广东省	143	57	34	821	47	35	22	8	1	13	—	1
广州市	36	15	11	245	17	10	7	2	—	5	—	—
深圳市	55	18	14	256	17	5	9	4	1	4	—	1
珠海市	7	2	—	24	—	3	2	1	—	1	—	—
汕头市	—	1	—	12	1	—	—	—	—	—	—	—
佛山市	10	5	3	55	1	1	1	1	—	—	—	—
韶关市	—	—	—	1	—	—	—	—	—	—	—	—
河源市	6	—	—	7	1	1	—	—	—	—	—	—
梅州市	2	—	—	13	1	1	—	—	—	—	—	—
惠州市	4	3	2	24	1	3	—	—	—	—	—	—
汕尾市	—	—	—	2	—	1	—	—	—	—	—	—
东莞市	8	5	1	75	3	1	1	—	—	1	—	—
中山市	4	3	3	26	1	2	2	—	—	2	—	—
江门市	2	—	—	30	3	2	—	—	—	—	—	—
阳江市	2	1	—	3	—	1	—	—	—	—	—	—
湛江市	—	—	—	11	1	1	—	—	—	—	—	—
茂名市	2	2	—	10	—	—	—	—	—	—	—	—
肇庆市	2	1	—	9	—	1	—	—	—	—	—	—
清远市	1	—	—	11	—	1	—	—	—	—	—	—
潮州市	—	—	—	1	—	1	—	—	—	—	—	—
揭阳市	1	1	—	3	—	—	—	—	—	—	—	—
云浮市	1	—	—	3	—	—	—	—	—	—	—	—

地区	企业经济类型						事业单位
	外商投资企业合计	中外合资经营企业	中外合作经营企业	外资企业	股份有限公司	其他	
广东省	8	4	—	—	2	1	29
广州市	3	1	—	—	1	1	2
深圳市	2	1	—	—	—	—	—
珠海市	2	1	—	—	1	—	2
汕头市	1	1	—	—	—	—	—
佛山市	—	—	—	—	—	—	1
韶关市	—	—	—	—	—	—	—
河源市	—	—	—	—	—	—	2
梅州市	—	—	—	—	—	—	3
惠州市	—	—	—	—	—	—	4
汕尾市	—	—	—	—	—	—	4

（续表）

地区	企业经济类型						事业单位
	外商投资企业合计	中外合资经营企业	中外合作经营企业	外资企业	股份有限公司	其他	
东莞市	—	—	—	—	—	—	1
中山市	—	—	—	—	—	—	1
江门市	—	—	—	—	—	—	—
阳江市	—	—	—	—	—	—	2
湛江市	—	—	—	—	—	—	—
茂名市	—	—	—	—	—	—	2
肇庆市	—	—	—	—	—	—	1
清远市	—	—	—	—	—	—	1
潮州市	—	—	—	—	—	—	—
揭阳市	—	—	—	—	—	—	1
云浮市	—	—	—	—	—	—	2

（广东省工程勘察设计行业协会）

2017 年广东省勘察设计企业人员情况

单位：人

地区	期末从业人员合计	勘察人员	设计人员	施工人员	从业人员全年薪酬总额	期末专业技术人员合计	高级职称人员	中级职称人员	初级职称人员
广东省	541012	14866	86347	275732	5693649.7	184354	26243	50978	50540
广州市	142997	6102	31652	65432	2210244.85	70738	12271	18973	17891
深圳市	206449	4054	29996	105485	1929541.6	54826	7114	14520	16861
珠海市	20561	518	3256	11447	198274.23	7310	937	2508	2839
汕头市	12744	264	1101	1149	94897.18	1669	337	620	390
佛山市	26182	642	7526	11860	243603.23	9947	1376	4277	3259
韶关市	1253	134	209	240	11466.7	680	111	189	166
河源市	2370	178	534	1219	12158.29	1180	214	489	379
梅州市	4210	281	1087	1445	32538.16	1925	333	753	745
惠州市	5117	435	1332	1316	31270.55	2520	451	889	756
汕尾市	384	119	188	5	1475.8	323	62	138	84
东莞市	14424	325	1438	8694	72383.74	4144	410	1346	1354
中山市	13765	307	2156	4458	92990.44	3610	424	1389	1181
江门市	10982	536	1622	6919	57994.36	2890	462	1101	1028
阳江市	8287	155	416	2382	109387.59	1723	184	531	489
湛江市	19926	243	685	17006	146034.94	2229	266	697	481
茂名市	31441	159	1171	25972	310311.61	14257	449	1117	1125
肇庆市	7932	220	549	2654	36619.47	1415	261	453	508
清远市	10083	93	660	7491	75956.69	1614	296	521	500
潮州市	307	18	258	—	2535.52	273	95	101	59
揭阳市	943	55	301	266	20425.19	735	114	238	341
云浮市	655	28	210	292	3539.57	346	76	128	104

(续表)

地区	按专业类别		期末注册执业人次合计						
	勘察专业技术人员	设计专业技术人员		一级注册建筑师	二级注册建筑师	一级注册结构工程师	二级注册结构工程师	注册土木工程师（岩土）	注册公用设备工程师
广东省	9894	69230	38849	2357	903	2351	514	798	1419
广州市	4692	27880	14679	862	261	945	134	371	588
深圳市	1900	22180	11382	930	186	693	103	174	484
珠海市	336	2884	1597	80	18	73	17	14	42
汕头市	243	1062	445	34	15	44	13	22	16
佛山市	663	5131	2741	161	134	214	64	65	92
韶关市	49	107	142	1	8	10	4	10	1
河源市	114	478	221	2	19	9	13	12	9
梅州市	141	777	478	19	16	22	15	7	10
惠州市	201	1044	628	42	24	46	14	12	19
汕尾市	61	169	72	—	9	3	6	6	2
东莞市	248	1173	1547	44	27	51	10	15	30
中山市	196	1746	1081	58	34	61	21	14	37
江门市	328	1084	982	44	48	67	30	30	21
阳江市	66	337	374	7	12	13	5	7	3
湛江市	235	602	505	15	9	17	11	7	17
茂名市	159	906	837	18	15	22	13	8	13
肇庆市	133	385	412	15	12	24	5	7	8
清远市	53	600	404	14	25	22	12	10	19
潮州市	18	200	72	6	17	8	10	1	2
揭阳市	29	279	159	1	11	3	11	6	2
云浮市	29	206	91	4	3	4	3	—	4

地区	期末注册执业人次							
	注册电气工程师	注册化工工程师	注册城乡规划师	注册监理工程师	注册造价工程师	一级注册建造工程师	二级注册建造工程师	其他注册工程师
广东省	1372	127	865	574	2000	11743	11622	2204
广州市	510	90	404	181	722	4454	4088	1069
深圳市	371	16	237	212	731	4405	2160	680
珠海市	61	—	17	39	67	577	508	84
汕头市	15	1	4	5	36	140	97	3
佛山市	134	6	74	30	101	529	1043	94
韶关市	7	—	1	18	10	17	55	—
河源市	16	—	—	2	9	30	81	19
梅州市	13	—	9	8	14	97	237	11
惠州市	28	—	2	12	30	109	279	11
汕尾市	1	—	4	—	1	5	30	5
东莞市	56	1	20	2	73	303	870	45
中山市	34	2	16	45	43	238	448	30
江门市	33	—	21	3	52	236	373	24
阳江市	7	—	6	3	18	104	187	2
湛江市	15	—	11	3	18	130	242	10
茂名市	20	11	13	—	21	227	390	66
肇庆市	10	—	10	—	16	72	224	9
清远市	22	—	12	6	20	51	168	23
潮州市	8	—	4	5	7	2	2	—
揭阳市	7	—	—	—	2	14	88	14
云浮市	4	—	—	—	9	3	52	5

(广东省工程勘察设计行业协会)

2017年广东省勘察设计企业业务完成情况

地区	工程勘察（万元）		工程设计（万元）			
	新签合同额合计	境外工程勘察新签合同额	新签合同额合计	工程总承包新签合同额中设计部分	房屋建筑工程设计新签合同额	市政工程设计新签合同额
广东省	936173.12	22303.61	7831384.37	621529.33	2349072.6	973764.96
广州市	535380.27	18889.61	4718177.58	276050.89	786951.61	652709.47
深圳市	232183.17	1290	1980328.17	269407.28	918149.96	193293.17
珠海市	9733.28	—	417650.3	2895.14	304961.92	25197.77
汕头市	8432	—	33793.2	3798.42	22993.85	2253.15
佛山市	26169.38	23	317117	22750.41	205877.05	64332.16
韶关市	15902.13	85	13304.63	356	200	83
河源市	4892.97	—	15764.2	945	2609	1151.1
梅州市	6068.82	—	26633.21	4585.13	7906.43	10836.57
惠州市	28750.44	2016	60714.12	13193.35	23449.15	4655.49
汕尾市	944	—	2308.3	84	113	380
东莞市	14505.9	—	31901.95	8447.22	11002.36	2171.79
中山市	8946.46	—	60241.45	5470.86	28015.89	6881.41
江门市	15891.67	—	41628.72	2032.13	13005.48	2495.34
阳江市	5402.85	—	14597.86	617	2705	3525
湛江市	9484.81	—	14152.37	2060.01	3437.88	640.53
茂名市	2884.8	—	28093.09	3297.52	2723.71	475
肇庆市	7654.61	—	14235.67	872	4850.86	253.48
清远市	2088.96	—	30213.45	2211.3	7213.98	2230.53
潮州市	157.6	—	2088.68	—	1056	162
揭阳市	195.79	—	4738.48	998.12	1038.48	38
云浮市	503.22	—	3701.87	1457.56	811	—

地区	工程设计（万元）					
	境外工程设计新签合同额	工程设计新签合同数合计（个）	房屋建筑工程设计新签合同数（个）	市政工程设计新签合同数（个）	工程设计新签合同对应投资额	工程设计新签合同额对应建筑面积（平方米）
广东省	76056.91	98615	30099	12758	228030281.51	777903614.58
广州市	72482.69	30711	11084	5151	99809107.96	319879821
深圳市	1891.22	36844	8366	3872	79086768.51	295899463.58
珠海市	—	2004	849	288	16172890.68	24622734
汕头市	22	718	357	232	1194350.31	6096982
佛山市	—	6077	2038	1216	19901736.46	82934945
韶关市	—	683	114	3	64446.84	130000
河源市	—	963	402	81	134789.9	563953
梅州市	—	2768	518	349	193383.01	433869
惠州市	—	1838	1257	258	2019431.7	10578949
汕尾市	—	305	46	6	34255	24500

(续表)

地区	工程设计（万元）					
	境外工程设计新签合同额	工程设计新签合同数合计（个）	房屋建筑工程设计新签合同数（个）	市政工程设计新签合同数（个）	工程设计新签合同对应投资额	工程设计新签合同额对应建筑面积（平方米）
东莞市	500	605	279	113	1956656.14	3540486
中山市	1149	6462	1820	270	4410768.31	15113586
江门市	12	2946	802	322	1454271.89	7921039
阳江市	—	738	110	140	232912.6	808430
湛江市	—	1225	970	84	350843.15	1791690
茂名市	—	1163	277	58	388445.29	2488846
肇庆市	—	923	393	5	225898.33	3839961
清远市	—	1254	282	287	166659.8	667150
潮州市	—	31	2	7	23913	6530
揭阳市	—	158	65	16	138885.12	516388
云浮市	—	199	68	—	69867.51	44292

地区	其他工程咨询（万元）						
	其他工程咨询业务新签合同额合计	前期咨询新签合同额	招标代理新签合同额	工程监理新签合同额	项目管理新签合同额	工程造价咨询新签合同额	境外其他工程咨询业务新签合同额
广东省	598891.97	246802.92	15037.41	116730.73	98957.05	32181.27	8415.08
广州市	375207.09	169564.28	9937.82	90529.29	54016.45	11527.71	8365.08
深圳市	151616.9	30560.14	4326.26	17763.5	41406.97	20262.56	—
珠海市	24194.71	20900.21	127	1376.5	74	113	—
汕头市	329.2	122.2	—	—	—	—	—
佛山市	15290.86	8695.02	496.33	3745.44	1580.63	229	—
韶关市	2294	1498	—	792	—	4	—
河源市	3486.36	1052.36	—	434	—	—	—
梅州市	1295.2	995.2	—	300	—	—	—
惠州市	3122.14	1371.14	—	157	—	—	—
汕尾市	203	147	—	—	33	23	—
东莞市	3397.34	2573.34	—	—	25	15	50
中山市	4908.54	3149.54	56	1241	453	4	—
江门市	4783.4	471.27	—	—	—	—	—
阳江市	1346		—	—	1346	—	—
湛江市	1890.23	1714.23	—	—	—	—	—
茂名市	1733.56	684.56	—	—	22	—	—
肇庆市	1541.52	1541.52	—	—	—	—	—
清远市	1329.72	1016.72	—	313	—	—	—
潮州市	541	365	94	79	—	3	—
揭阳市	50	50	—	—	—	—	—
云浮市	331.2	331.2	—	—	—	—	—

（续表）

地区	工程总承包新签合同额（万元）					工程总承包新签合同数（个）			新签的应用BIM/DF技术的项目数额（个）
	工程总承包新签合同额合计	房屋建筑工程总承包新签合同额	市政工程总承包新签合同额	专项设计施工一体化新签合同额	境外工程总承包新签合同额	工程总承包新签合同数合计	房屋建筑工程总承包新签合同数	市政工程总承包新签合同数	
广东省	23184956.6	7932912.09	2013622.77	3440283.34	746768.53	100756	20991	5618	361
广州市	9680966.94	2421059.52	741423.9	862347.25	745350.81	46120	3824	2092	128
深圳市	7540624.44	1606801.32	785539.46	2203024.56	1417.72	34118	12041	1930	192
珠海市	487395.94	357041.21	54838.79	20414.96	—	814	584	43	7
汕头市	105270.36	61069	—	40215.36	—	1554	259	14	—
佛山市	1561855.61	861515.67	68385.06	141795.1	—	5595	903	485	1
韶关市	54074	53865	85	124	—	19	16	2	15
河源市	72084.2	63644.2	5460	1478	—	1481	116	18	—
梅州市	65676.09	41490	5352	300	—	2901	49	17	—
惠州市	428967.42	325941.62	8645.7	73770	—	832	382	39	18
汕尾市	29380.2	21634.2	7076	669	—	22	—	8	—
东莞市	632272.36	376169.59	154861.17	45183.35	—	921	392	269	—
中山市	295155.84	61200.9	53637.34	35774.97	—	1772	204	269	—
江门市	491185.53	270545	5441	6396.8	—	1103	203	113	—
阳江市	125407.75	61861.13	59042.62	3846	—	116	20	61	—
湛江市	89308.03	66635	12636	3910.3	—	688	468	118	—
茂名市	1136816.38	1108435	8263.77	104	—	755	598	19	—
肇庆市	199771.55	65818	733.55	—	—	1157	700	43	—
清远市	114099.61	72501.49	8247	80.03	—	612	91	75	—
潮州市	—	—	—	—	—	—	—	—	—
揭阳市	19590.13	6671.04	11887.42	849.67	—	43	26	3	—
云浮市	55054.21	29013.21	22067	—	—	133	115	—	—

（广东省工程勘察设计行业协会）

2017 年广东省勘察设计企业科技活动情况

地区	科技活动费用支出总额（万元）	科技成果转让收入总额（万元）	累计拥有专利（项）		累计拥有专有技术（项）		获国家级、省部级奖（项）		参加编制国家、行业、地方技术标准（项）		参加编制国家、行业、地方标准设计（册）	
			合计	新增专利	合计	新增专有技术	合计	国家级	合计	国家级	合计	国家级
广东省	1012358.57	1611195.13	10975	2571	3454	720	5178	1099	1390	333	74	15
广州市	544012.54	805590.28	5415	1346	1807	334	3149	468	721	209	25	2
深圳市	342135.7	416391.89	3770	849	1320	293	1437	542	591	100	31	11
珠海市	39810.98	5964.89	519	112	17	14	147	25	17	4	3	2
汕头市	915.66	—	3	—	—	—	110	8	—	—	—	—
佛山市	36636	15374	620	130	58	7	178	34	37	20	5	—
韶关市	328.68	—	17	—	—	—	10	—	—	—	—	—
河源市	638.51	1250	—	—	—	—	1	—	—	—	—	—
梅州市	1820.76	—	13	—	—	—	—	—	—	—	—	—
惠州市	946.89	7	57	19	13	11	24	2	—	—	1	—

（续表）

地区	科技活动费用支出总额（万元）	科技成果转让收入总额（万元）	累计拥有专利（项）		累计拥有专有技术（项）		获国家级、省部级奖（项）		参加编制国家、行业、地方技术标准（项）		参加编制国家、行业、地方标准设计（册）	
			合计	新增专利	合计	新增专有技术	合计	国家级	合计	国家级	合计	国家级
汕尾市	191	—	—	—	3	—	—	—	—	—	—	—
东莞市	14752.71	21598.45	124	28	21	17	25	10	19	—	—	—
中山市	19829.17	331933.4	182	46	55	14	9	2	4	—	—	—
江门市	1680.96	2581.9	40	8	70	9	32	1	—	—	8	—
阳江市	663.1	9042	64	2	54	1	6	2	—	—	—	—
湛江市	1229.58	968.95	38	12	—	—	39	5	1	—	1	—
茂名市	3792.05	11	6	4	4	4	3	—	—	—	—	—
肇庆市	339.92	—	22	—	—	—	1	—	—	—	—	—
清远市	857.32	—	44	6	21	5	3	—	—	—	—	—
潮州市	76.69	—	—	—	—	—	—	—	—	—	—	—
揭阳市	210.88	478.37	13	7	—	—	3	—	—	—	—	—
云浮市	1489.46	3	28	2	11	11	1	—	—	—	—	—

（广东省工程勘察设计行业协会）

2017年广东省勘察设计企业财务情况

单位：万元

地区	营业收入合计	工程勘察收入合计	境外工程勘察收入	工程设计收入合计	工程总承包收入中的设计部分	房屋建筑工程设计收入	市政工程设计收入	境外工程设计收入
广东省	45817002.46	623066.77	12818.93	4041647	428868.27	1354643.53	278109.75	48942.72
广州市	18268053.07	339729.79	12728.93	1542082.56	98606.55	430846.92	127259.52	48080.42
深圳市	14808481.55	121465.44	90	1521086.58	282043.57	422743.98	96424.6	862.3
珠海市	1818560.94	9421.19	—	110558.35	1342.72	54233.06	16879.44	—
汕头市	717661.33	7248.95	—	23377.29	785.65	13796.45	3113.24	—
佛山市	2317002.32	25712.87	—	427952.18	7210.16	346944.02	15229.19	—
韶关市	60172.02	12962.31	—	8571.5	37.74	394.97	—	—
河源市	140209.63	6918.38	—	15947.84	5028.36	1587.55	1151.34	—
梅州市	246420.77	7162.1	—	21126	2996.73	6098.66	5238.07	—
惠州市	422763.86	22145.52	—	62963.42	11770.59	19267.62	2211.79	—
汕尾市	10356.52	991	—	1733.3	47	273	28	—
东莞市	646090.92	21918.16	—	31237.81	2079.25	13313.4	1002.54	—
中山市	954535.35	11082.36	—	100886.02	2109.9	27325.81	3093.83	—
江门市	818978.89	11225.85	—	37370.9	6138.89	6444.54	2022.24	—
阳江市	614333.37	5096.57	—	31415.18	282	278.2	2499	—
湛江市	622274.74	8698.96	—	21167.25	1613.2	3079	303.5	—
茂名市	2661900.92	2860.07	—	27547.59	3982	2223.71	296	—
肇庆市	265932.09	5525.8	—	13362.32	441.09	2803.11	481.45	—
清远市	317604.33	1630.41	—	31896.05	1439	547.22	349	—
潮州市	5456.32	595.71	—	3899.61	—	1138.93	360	—
揭阳市	31789.5	172.79	—	4947.77	893	504.36	167	—
云浮市	68424.01	502.55	—	2517.48	20.88	799	—	—

（续表）

地区	其他工程咨询业务收入合计	前期咨询收入	招标代理收入	工程监理收入	项目管理收入	工程造价咨询收入	境外其他工程咨询业务收入
广东省	600881.62	194685.58	11214.84	58533.28	83490.86	27817.98	5581.32
广州市	256894.64	137123.68	5617.01	39783.06	28922.74	20447.79	5529.32
深圳市	266217.1	22201.96	3804.97	11261.31	36520.96	7120.05	37
珠海市	32097.02	13346.47	127	1453	14647	113	—
汕头市	263.12	112.68	—	44.44	—	—	—
佛山市	14173.57	6550.69	345.86	2652.47	490.53	59	—
韶关市	3104.58	2370.95	—	728	—	5.64	—
河源市	3542.36	1052.36	—	434	—	—	—
梅州市	1363.44	1159.44	—	204	—	—	—
惠州市	2743.61	1852	—	198	—	—	—
汕尾市	106	58	—	—	23	23	—
东莞市	3355.37	3290.87	1	—	15.8	16.5	—
中山市	5196.74	1939.96	259	1475	1486.82	30	—
江门市	3368.22	100.09	966	—	16	—	—
阳江市	1346	—	—	—	1346	—	—
湛江市	1236.96	959.96	—	—	—	—	—
茂名市	2130.33	474.62	—	—	22	—	15
肇庆市	1516.6	262.9	—	—	—	—	—
清远市	1368.45	1147.45	—	221	—	—	—
潮州市	541	365	94	79	—	3	—
揭阳市	50	50	—	—	—	—	—
云浮市	266.5	266.5	—	—	—	—	—

地区	工程总承包收入合计	房屋建筑工程总承包收入	市政工程总承包收入	专项设计施工一体化收入	境外工程总承包收入	营业成本	税金及附加	利润总额
广东省	20177489.92	5866860.03	2179301.19	2521904.85	430201.96	40702629.96	314108.02	2411357
广州市	6520491.52	1561594.12	610292.54	612588.77	383597.76	15972709.33	87557.41	872944.16
深圳市	7642419.76	1457855.76	543753.77	1600231.76	46604.2	13785078.27	116222.04	888808.2
珠海市	513991.68	258082.96	94969.82	27269.18	—	1614914.88	9799.16	86870.75
汕头市	627625.86	35504.5	561989	27500.36	—	631793.94	3394.04	44647.28
佛山市	1064936.83	402324.06	40394.66	45407.99	—	1925313.63	14289	209004
韶关市	20598.48	19848	85	665.48	—	29618.89	389.83	5965.41
河源市	106058.22	87810	3343	1692	—	109832.04	895.37	18858.9
梅州市	53696.81	39800	7769	300	—	195635.11	2476.39	14723.52
惠州市	313575.28	161516	36302.56	62657.58	—	366123.7	2336.1	16180.28
汕尾市	7445.22	2768.78	4412.44	264	—	8370.78	383.21	579.87
东莞市	431694.69	192461.5	81030.63	33897.22	—	513051.01	5478.15	36637.2
中山市	270740.4	21889	62615.83	93466.89	—	920561.29	6704.59	68990.28

(续表)

地区	工程总承包收入合计	房屋建筑工程总承包收入	市政工程总承包收入	专项设计施工一体化收入	境外工程总承包收入	营业成本	税金及附加	利润总额
江门市	710046.98	491896.35	10160.2	11459.9	—	734490.78	9735.79	37495.26
阳江市	543615	29763	37185	692	—	229084.34	18913.18	10442
湛江市	121837.63	94991	11964.7	581.3	—	575511.78	5078.53	16905.81
茂名市	819689.67	800107.9	7094.77	69	—	2550276.69	17870.09	51768.64
肇庆市	222718.95	182306	1451.55	—	—	190450.81	7621.4	9498.3
清远市	112051.08	18941.62	5876	2434.75	—	258619.02	3797.51	15430.56
潮州市	—	—	—	—	—	4223.36	169.72	292.4
揭阳市	9139.38	5025	3205.71	726.67	—	26427.14	431.56	2474.76
云浮市	65116.48	2374.48	55405	—	—	60543.18	564.58	2838.98

地区	所得税费用	净利润	资产合计	流动资产	固定资产	负债合计	应付职工薪酬	所有者权益合计
广东省	426007.7	1985349.3	53411036.97	42356703.61	2880405.34	34747943.01	1761274.18	18663093.97
广州市	121222.85	751721.31	20239134.63	15537888.35	1259236.71	13539451.1	614956.32	6699683.54
深圳市	162089.85	726718.35	18152140.58	14519760.83	680448.92	11702437.35	752622.39	6449703.23
珠海市	19372.74	67498.01	4432421.13	3712581	168501.13	3481814.34	62949.67	950606.79
汕头市	10649.23	33998.04	1408366.34	1314551.23	52709.72	759860.9	83580.32	648505.44
佛山市	38914	170091	3030827	2614605	99671	2066295	131341	964532
韶关市	993.38	4972.03	37367.05	25513.14	2225.55	19620.2	2363.19	17746.85
河源市	3885.42	14973.48	131574.41	84095.32	10404.48	56109.22	6743.96	75465.19
梅州市	4017.9	10705.62	174490.89	145791.91	11966.75	72765.87	1270.02	101725.02
惠州市	3410.2	12770.08	476920.03	375222.42	22289.9	276545.6	8013.26	200374.43
汕尾市	145.72	434.15	32634.29	3945.58	26633.82	3281.6	162	29352.69
东莞市	6489.5	30147.7	793867.75	674753.26	67419.79	218160.81	18083.23	575706.94
中山市	12089.63	56900.65	2325145.21	1651265.06	135505.41	1469652.05	14948.25	855493.16
江门市	9139.75	28355.51	322233.5	245270.56	37837.61	121684.08	6950.88	200549.42
阳江市	2518.21	7923.79	462389.05	274546.98	156127.8	242944.06	11899.52	219444.99
湛江市	4089.92	12815.89	348236.44	293322.65	49890.34	251026.84	8370.4	97209.61
茂名市	17417.2	34351.44	523563.61	467021.43	38337.25	207031.12	16244.72	316532.49
肇庆市	3468.22	6030.08	188363.86	135645.29	36364.81	109962.11	7330.97	78401.74
清远市	3685.25	11745.31	211541.59	179216.59	13144.43	108147.92	9423.64	103393.68
潮州市	61.6	230.8	6471.14	5430.39	1017.74	3121.04	1216.31	3350.1
揭阳市	605.55	1869.2	39752.59	32435.64	5218.32	12673.36	2144.71	27079.23
云浮市	1742	1096.97	73595.63	63840.54	5453.93	25358.08	659.36	48237.55

（续表）

地区	固定资产原价	当年折旧	销售费用	管理费用		财务费用	
					差旅费		利息净支出
广东省	3885973.66	453043.66	379603.64	2613454.51	82187.46	372399.26	276240.24
广州市	1806434.65	191477.35	131789.73	1115031.34	24754.03	111238.26	58863.33
深圳市	949117.12	118148.54	167490.39	864945.26	39783.58	171525.1	134872.56
珠海市	169247.62	20973.72	16348.12	122672.01	3945.2	3001.83	-67.45
汕头市	138558.48	10316.82	893.32	17024.66	194.67	17160.4	16529.72
佛山市	180509	21152	11526	129920	3285	29472	22211
韶关市	5859.71	827.24	11	4321.46	35.89	107.98	102.24
河源市	17396.92	1696.76	977.6	9560.3	206.25	1669.62	803
梅州市	20916.97	3170.38	398.11	10398.92	231.45	173.35	201.66
惠州市	26005.21	4457.06	4274.18	45007.12	1031.36	944.19	1080.76
汕尾市	809.31	30890.97	185	843.18	56.69	108.16	106.8
东莞市	112359.65	13059.77	25283.09	63734.3	1315.82	4448.93	3026.45
中山市	127508.85	8466.48	12268.67	81534.64	3280.16	26511.7	36235.63
江门市	117678.77	4926.32	510.59	29150.97	1985.01	1031.93	940.05
阳江市	13845.1	1392.28	224	9912.78	261.06	1406.19	362
湛江市	61483.78	8939.94	4489.6	21720.62	309.07	52.4	61.53
茂名市	56936.77	5464.41	1145.94	34330.99	499.1	2847.49	639.74
肇庆市	34607.59	3058.77	240.06	15194.77	301.11	356.71	65.61
清远市	28451.78	3852.21	1145.35	31017.05	533.32	172.26	67
潮州市	478.82	103.56	—	907.33	60.46	-2.04	0.09
揭阳市	9356.78	441.29	403.25	1839.46	50.02	119.72	114.17
云浮市	8410.85	227.69	—	4387.62	68.68	52.66	24.21

地区	公允价值变动收益	投资收益	营业利润	营业外收入		资产减值损失	当年应交增值税
					政府补助		
广东省	13746.28	232278.75	2288332.37	318958.78	48290.32	166851.98	1253147.34
广州市	8627.28	130389.52	834309.31	167083.7	18507.14	50276.82	432070.91
深圳市	3378	76246.34	796661.98	99023.96	17899.9	94746.73	339530.03
珠海市	—	4440.26	85675.53	13377.66	5077.7	2440.11	88216.69
汕头市	1710	-316	47929.22	464.75	55	727.74	15051.43
佛山市	—	8907	218046	8362	1349.47	353.21	95220
韶关市	—	—	5881.41	7.97	—	—	2375.12
河源市	—	15	17490.94	245.58	—	13.9	51163.91
梅州市	—	179.29	14127.37	3472.6	—	68.38	8269.37
惠州市	10	10	17342.76	484.22	98.56	497.65	5628.9
汕尾市	—	0.13	540.44	62	43	—	98.1
东莞市	21	702.18	38272.02	12567.15	270.36	83.48	16267.54
中山市	—	6030.05	65375.11	10274.63	3363.7	16302.59	29872.68
江门市	—	4845.07	37530.85	1005.49	905.43	8.14	36815.2
阳江市	—	-2.5	10429.83	23.34	5	81.3	7256.22

(续表)

地区	公允价值变动收益	投资收益	营业利润	营业外收入		资产减值损失	当年应交增值税
					政府补助		
湛江市	—	139.73	15927.35	10.14	1	46.29	17059.92
茂名市	—	295.42	51941.5	708.35	—	290.04	87171.1
肇庆市	—	369.3	8473.65	772.47	—	432.78	8953.5
清远市	—	27.95	16110.42	933.04	714.07	457.39	7906.48
潮州市	—	—	846.03	1.07	—	—	261.41
揭阳市	—	—	2448.22	78.5	—	21.42	1152.9
云浮市	—	—	2972.89	0.04	—	4	2806.32

(广东省工程勘察设计行业协会)

察设计行业协会在广州市荔湾区粤剧艺术博物馆举办广东省优秀设计作品分享会，展示获“广东省优秀工程勘察设计奖”公建和住宅类一、二等奖，市政、公路、绿色建筑、风景园林类一等奖的作品。分享嘉宾包括华南理工大学建筑设计研究院副院长、全国勘察设计大师倪阳，广东省建筑设计研究院五所总建筑师许滢，深圳市建筑设计研究总院有限公司副总工程师郭满良，广州市天启正业建筑设计事务所总裁罗竑，广州市设计院副总建筑师杨焰文，悉地国际建筑设计顾问（深圳）有限公司高级设计总监覃宣。 *(肖建鸣)*

建筑工程抗震设防

【概况】 2017年，广东省各级住房和城乡建设主管部门加强对建筑工程抗震设防监管。一是要求建设单位严格按照现行抗震设防标准，委托有关单位进行设计、施工和监理；二是建筑工程初步设计审查和超限高层建筑工程抗震设防专项审查重点包括学校、医院、影剧院、体育馆、商场、宾馆（饭店）等公共建筑及高层建筑、住宅小区、市政公用基础设施项目、其他重要生命线工程项目的抗震设防标准；三是要求设计单位将抗震设防纳入质量管理的重点内容，施工图设计阶段严格执行抗震设防标准并落实初步设计审批意见；四是要求施工图审查机构严格按照抗震设防标准和初步设计审批意见审查；五是要求施工单位按照经审查合格备案的施工图设计文件和抗震设防标准组织施工；六是要求监理单位按照抗震设防标准、经审查合格备案的施工图设计文件要求和监理合同约定实施监理；七是要求建设工程质量监督机构将抗震设防纳入质量监督的重要内容，并严格按照经审查合格备案的施工图设计文件进行抗震设防质量监督。全年全省审批超限高层建筑工程抗震设防设计项目178项。通过审查，从设计上保证建筑高度超规范规定、特别不规则或大跨度建筑的结构抗震安全。但是全省超限高层建筑工程抗震设防进行技术性审查有待加强，抗震设防监管面有待逐步扩宽。

【超限高层建筑工程抗震设防审查管理】 2017年，广东省住房和城乡建设厅依托专业技术力量对全省超限高层建筑工程进行技术性审查管理。超限高层建筑工程包括高度超限工程、规则性超限工程、屋盖超限工程。3月31日，印发《关于进一步加强超限高层建筑工程抗震设防审查管理工作的通知》，提出规范审查和严格标准的要求，保障超限高层建筑安全。通过审查，从设计上保证建筑高度超规范规定、特别不规则或大跨度建筑的结构抗震安全。 *(何志坚)*

勘察设计市场与质量监管

【概况】 2017年，广东省各级住房和城乡建设主管部门加强勘察设计质量监督管理，定期开展质量执法检查，重点查处压价竞争、违反工程建设强制性条文，以及审图机构错审、漏审等违法违规行为。全省各级主管部门抽查勘察设计524个项目，284个未通过审图机构审查的勘察设计文件，对违反工程建设强制性条文的部分项目予以责令整改；对240个经审查合格的勘察设计文件进行检查，发现20条违反工程建设强制性条文，其中勘察12条、设计8条。针对发现问题，全省发出整改通知书121份，约谈37家企业，对12家企业予以诚信扣分并列入重点监管名单。但是全省部分勘察设计企业压价竞争、违反工程建设强制性条文，审图机构错审漏审等违规行为仍然存在。

【大型工程项目初步设计审查】 2017年，广东省住房和城乡建设厅对东莞城市轨道交通一号线一期等

20个省管大型工程项目进行初步设计审查，项目涉及投资480多亿元。审查项目均由国家投资，关系公共安全和利益。审查重点是工程建设执行国家基本建设程序及工程建设技术标准。

【审图市场准入限制放宽】 2017年8月，《广东省住房和城乡建设厅关于进一步做好施工图设计文件审查机构名录管理工作的通知》印发，主要内容包括：放宽审图市场准入限制，对审查机构不作总量控制；推动跨区域审图，防止局部垄断；督促审查机构提升服务效能和水平；强化对审查机构的动态监管，对不满足条件的审查机构，责成其限期整改，直至降低类别或将其从机构名录中删除。

【村卫生站建筑方案设计竞赛】 2017年4月，《广东省住房和城乡建设厅关于开展村卫生站建筑方案设计竞赛的通知》印发，鼓励各地设计单位、院校师生及社会人士报名参与“村卫生站建筑方案设计竞赛”。广东省工程勘察设计协会通过网络、电话等途径，发动会员单位、大专院校和各地行业协会参与。

竞赛要求新建和改造旧有空置民居的村卫生站进行方案设计。全省收到申报项目136个，其中创新方案129个、改建方案7个。作品建筑构造不拘一格，既有普通钢筋混凝土楼盖体系，也有轻钢装配式结构，以及集装箱模块化组合。建筑风格丰富多彩，从传统建筑思维到现代创新手法、从地域特征到民俗元素均融入设计师的创作思维，展现设计师的智慧和创新精神。

广东省住房和城乡建设厅联合省卫生厅，邀请包括全国勘察设计大师郭明卓在内的9位省内外建筑、医学领域的专家学者担任评审专家。评审专家认为该次竞赛申报项目总体水平未达预期，无法体现全省整体设计水平，一致同意获奖等级降级别，金奖空缺。最终评出银奖6项、铜奖14项、优秀奖30项。

该次竞赛提高设计业界对村卫生站建设的关注度，让建筑师关注农村地区医疗卫生环境改善。为村卫生站建设提供标准化建设参考。

（何志坚）

工程咨询业

【概况】 2017年，广东省工程咨询行业稳步发展。全省有工程咨询单位522家，其中甲级单位97家、乙级单位117家、丙级单位308家，比上年增长13%。工程咨询机构分为事业单位、国有企业、民营企业、合资企业，其中民营企业占总机构数76%。截至年底，全省工程咨询业从业人员5.6万人，专业技术人员4.3万人，其中高级职称1.3万人、中级职称1.8万人。在广东省登记的咨询工程师（投资）4166人，位居全国第二位，占全省行业从业人员总数的7%。是年，全省工程咨询业务的增长与投资规模增长基本同步。全省工程咨询单位业务涉及除煤炭、民航、核工业专业外的所有专业。全省服务项目2.15万个，其中电力、建筑、市政公用工程专业的项目数占60%，基本覆盖全省固定资产投资的所有政府性投资、国有投资及部分外商、民营投资项目。但是全省工程咨询行业在经济下行和市场需求减少的大环境下，缺乏引导行业创新驱动、转型升级的有效应对方法和手段；开展行业自律、规范市场秩序力度不足；因工程咨询行业改革发展需要，新的行业管理办法、咨询工程师（投资）登记管理规程开始实施，但是工程咨询行业管理的其他配套办法尚未出台，对行业管理政策的系统性、有效性造成影响。

【工程咨询行业管理】 2017年9月，国务院公布《国务院关于取消一批行政许可事项的决定》，取消工程咨询单位资格认定。11月，国家发展和改革委员会公布《工程咨询行业管理办法》，定于12月6日实施。12月15日，中国工程咨询协会公布实施《咨询工程师（投资）登记规程》。

【全过程工程咨询研讨会】 2017年7月17日，广东省工程咨询协会举办“工程咨询新业态——全过程工程咨询”研讨会。邀请省级和市级等9个单位代表作专题发言。专题内容包括全过程工程咨询试点项目的范围、服务内容与组织管理模式、全过程工程咨询市场培育探讨、探讨全过程咨询的方法。

【政府和社会资本合作（PPP）咨询】 2017年9月24日，广东省工程咨询协会举办“广东省2017年政府和社会资本合作（PPP）咨询实务研讨班”，提升工程咨询单位PPP业务咨询实操能力和成果质量。研讨班邀请参与中国PPP政策制定、具有PPP理论和实操经验的中国国际工程咨询公司政策研究中心教授徐成彬作专题培训。近100家会员单位、150多名学员参加。

【工程咨询行业企业投融资实务培训】 2017年11月，广东省工程咨询协会在广州举办“企业投融资实务讲座”。邀请广发证券的资深专家团队为会员单位引进资本牵线搭桥。从金融机构角度了解发展企业债券、公司债券、非金融企业债务融资工具、项目收益债等，支持重点领域投资项目通过债券市场筹措资金。全省50名企业代表参加。

【菲迪克（FIDIC）国际咨询工程师联合会活动协办】 2017年4月8日，广东省工程咨询协会协助中咨协会和北大博雅培训学院在广州举办第七期菲迪克［国际咨询工程师联合会（FIDIC）］认证工程师培训班。培训内容包括“合同与协议”“业务与实践”两大部分8个模块。

2017年广东省工程咨询单位情况

单位：家

地区	工程咨询机构资格数量			
	合计	甲级	乙级	丙级
广东省	522	97	117	308
广州市	259	65	49	145
珠海市	22	6	8	8
汕头市	21	0	3	18
佛山市	40	10	15	15
韶关市	11	0	3	8
河源市	13	1	3	9
梅州市	6	0	2	4
惠州市	27	4	5	18
汕尾市	6	0	1	5
东莞市	14	1	5	8
中山市	23	6	5	12
江门市	19	3	3	13
阳江市	8	0	1	7
湛江市	11	1	2	8
茂名市	8	0	3	5
肇庆市	14	0	2	12
清远市	10	0	6	4
潮州市	2	0	1	1
揭阳市	4	0	0	4
云浮市	4	0	0	4

（谢佳浠）

对完成FIDIC知识系统学习的人员安排参与FIDIC认证咨询工程师认证考试。全省207人通过考试并获得菲迪克认证咨询工程师。

【工程咨询成果】 2017年，广东省工程咨询协会组织开展2016年度“全国优秀工程咨询成果奖”参评推荐工作。经各单位申报、协会组织专家评审，向中国工程咨询协会推荐广东省参加2016年度“全国优秀工程咨询成果奖”评选的优秀咨询项目。全省有18个项目获奖，其中一等奖1项、二等奖4项、三等奖5项、优秀奖9项。（谢佳浠）

工程招投标管理

【概况】 2017年，广东省住房和城乡建设行业创新建筑设计招投标制度，优化设计评标和评选模式，摸清房屋市政工程领域招投标监管现状，出台若干改革措施完善招标投标管理。全省建设工程招标总额5189.4亿元，中标总额4889.1亿元，中标价比招标控制价总体下浮5.79%。公开招标11870次、邀请招标904次；按招标形式分类，自行招标843次、委托招标11935次；按招标项目分类，房屋工程招标5593次、市政工程招标6715次。但是全省工程招标企业不良行为信息仅实现信息公开公示，与工程招投标结合仅于部分地市中探索开展，省级层面尚未建立工程招投标领域的信用奖惩机制。

【建设工程招投标监管】 2017年，广东省加大对房屋市政工程项目招投标改革调研力度，先后与广西、湖南、福建、海南、宁夏、北京等省市主管部门座谈，交流经验做法。是年，省住房和城乡建设厅改革非政府投资主体工程项目招投标发包方式，对民间投资的房屋建筑工程，探索由建设单位自主决定发包方式；装配式建筑和采用工程总承包模式的建设项目，经依法认定作为技术复杂类工程可实行邀请招标。推行电子化招投标和网上异地评标，依法招标的工程建设项目必须在公共资源交易平台进行。落实监管责任，建立完善由检察、公安、审计、住房城乡建设（交通、水利）等部门共同参与的监察联动机制，严厉查处围标、串标、转包和违法分包等违法违规行为。

2017年，广东省各级住房城乡建设主管部门将日常监管过程中产生的企业及个人行政处罚和行政处理信息，录入广东省建筑市场监管公共服务平台，对外发布和曝光，对违法违规、失信的企业和个人产生约束。截至年底，全省建筑市场监管公共服务平台收录企业良好行为记录19738条、从业人员良好行为记录4792条、发布企业不良行为记录2416条、企业欠薪投诉6条，从业人员不良行为记录212条。通过公开企业和个人的诚信信息，违法违规主体受到约束，提升全省工程招标投标监管效能。（胡增辉）

【横琴新区中标项目试点编制】 2017年2月，国务院办公厅印发《关于促进建筑业持续健康发展的意见》，从深化建筑业简政放权改革、完善工程建设组织模式、加强

2017 年广东省工程招标代理机构人员情况

单位：人

地区	期末企业人员合计	正式聘用人员	临时工作人员	招标代理人员	工程造价咨询人员	工程监理人员	项目管理与咨询服务人员	其他人员	期末正式聘用专业技术人员合计	高级职称人员
广东省	70544	68074	2470	8938	9378	38327	4420	9481	60225	8152
广州市	34782	33427	1355	3975	3976	20563	2338	3930	30148	3732
深圳市	21527	21302	225	2212	2684	11119	1324	4188	18928	2876
珠海市	2392	2302	90	427	592	1049	113	211	1748	169
汕头市	544	495	49	135	86	294	10	19	448	83
佛山市	2536	2452	84	423	638	1049	151	275	2095	316
韶关市	252	245	7	64	75	61	16	36	222	36
河源市	193	191	2	82	45	36	21	9	143	27
梅州市	344	333	11	107	21	123	58	35	248	53
惠州市	1273	930	343	205	214	748	69	37	827	164
汕尾市	399	362	37	92	75	183	17	32	322	33
东莞市	1474	1440	34	248	339	751	50	86	1158	69
中山市	1508	1478	30	316	73	748	143	228	1379	163
江门市	1088	1065	23	161	86	664	28	149	939	174
阳江市	164	153	11	21	32	101	7	3	143	26
湛江市	253	235	18	96	67	78	3	9	212	32
茂名市	589	495	94	86	129	312	10	52	417	61
肇庆市	611	571	40	77	63	309	29	133	405	71
清远市	400	397	3	114	130	117	23	16	282	48
潮州市	106	99	7	29	30	10	8	29	91	11
揭阳市	67	61	6	40	23	0	0	4	40	4
云浮市	42	41	1	28	0	12	2	0	30	4

地区	中级职称人员	初级职称人员	其他人员	注册人员合计	注册造价工程师	注册建筑师	注册工程师	注册建造师	注册监理工程师	其他注册执业人员
广东省	22917	13960	15196	13054	4656	43	215	1918	6018	204
广州市	10561	7451	8404	5729	1878	25	89	889	2734	114
深圳市	7415	3748	4889	3828	1183	7	95	582	1926	35
珠海市	824	540	215	473	240	0	0	60	170	3
汕头市	246	93	26	184	69	0	0	19	96	0
佛山市	868	554	357	513	319	0	10	42	137	5
韶关市	81	45	60	67	36	0	4	6	21	0
河源市	84	23	9	51	28	0	0	5	15	3
梅州市	122	69	4	103	43	0	0	38	22	0
惠州市	414	176	73	306	145	0	0	21	140	0
汕尾市	169	36	84	107	56	1	0	4	46	0
东莞市	527	207	355	341	147	0	1	39	153	1
中山市	469	400	347	331	71	1	2	72	185	0
江门市	345	288	132	254	86	9	10	40	99	10
阳江市	75	42	0	66	23	0	0	15	28	0
湛江市	108	46	26	91	69	0	0	3	19	0
茂名市	179	101	76	192	64	0	0	18	77	33
肇庆市	163	70	101	164	58	0	2	13	91	0
清远市	177	44	13	181	94	0	0	44	43	0
潮州市	40	17	23	27	19	0	2	2	4	0
揭阳市	29	6	1	19	14	0	0	5	0	0
云浮市	21	4	1	27	14	0	0	1	12	0

（广东省建筑业协会）

2017 年广东省工程招标代理机构业务情况

单位：万元

地区	工程招标代理中标金额合计	房屋建筑和市政基础设施工程招标代理中标金额	招标人为政府和国有企事业单位	招标人为其他单位	承揽合同约定金额
广东省	67550997.89	50813863.97	51366394.05	16184603.82	1995332.08
广州市	39681805.96	30074647.09	28513140.64	11168665.33	1138580.33
深圳市	17657149.56	13002152.64	15325878.9	2331270.66	613074.99
珠海市	1849300.17	1454240.55	1596650.57	252649.6	42083.49
汕头市	1061192.65	1009670.62	931004.49	130188.16	26388.75
佛山市	2068917.2	1776414.04	1212859.83	856057.36	50708.48
韶关市	170648.13	166435.63	155457.51	15190.62	2940.79
河源市	262995.81	262995.81	187096.75	75899.06	1667.4
梅州市	340598.85	335986.2	251649.92	88948.93	6315.81
惠州市	633716.14	624340.04	550625.79	83090.35	19315.5
汕尾市	183538.67	183538.67	174219.42	9319.25	3648.53
东莞市	1040693.34	825289.84	781885.84	258807.48	18966.1
中山市	334535.98	186035.95	280890.97	53645.01	22825.07
江门市	1597104.5	370654.47	827283.37	769821.13	30119.56
阳江市	10369.99	10369.99	10369.99	0	1777.79
湛江市	201936.71	113344.25	183193.42	18743.29	2567.34
茂名市	85473.76	55275	58027.81	27445.95	2663.37
肇庆市	51940.43	46689.71	27585.76	24354.67	5862.26
清远市	106636.01	104651.39	100272.01	6364	2493.46
潮州市	41634.37	40322.42	41634.37	0	1807.11
揭阳市	61273.06	61273.06	60332.49	940.57	265.62
云浮市	109536.6	109536.6	96334.2	13202.4	1260.33

地区	工程招标代理	工程监理	工程造价咨询	项目管理与咨询服务	其他业务
广东省	204914.24	1077750.8	262151.64	132112.98	318402.43
广州市	126938.77	620089.51	117125.28	90424.25	184002.53
深圳市	42283	330606.75	83753.23	33050.37	123381.64
珠海市	5339.95	15358.73	16765.39	1338.44	3280.98
汕头市	1871.46	21196.22	3321.07	0	0
佛山市	7440.32	20017.22	19614.66	1539.83	2096.45
韶关市	1185.1	380.32	1242.97	122.7	9.7
河源市	732.14	670	234.76	30.5	0
梅州市	1497.13	3142.69	500.36	441.74	733.89
惠州市	2351.54	10478.78	4817.67	1565.53	101.98
汕尾市	819.43	1779.53	705.39	192.14	152.04
东莞市	2218.8	10204.53	4706.99	900.44	935.34
中山市	776.96	17920.04	880.9	888.42	2358.75
江门市	8300.45	18403.69	2083.88	921.54	410
阳江市	42.98	1452.36	282.45	0	0
湛江市	866.04	362.32	1338.98	0	0
茂名市	606.17	442.11	1613.93	0	1.16
肇庆市	573.72	4287.74	909.29	81.34	10.17
清远市	266.06	0.01	1934.85	250.74	41.8
潮州市	234.1	118.83	203.18	365	886
揭阳市	265.62	0	0	0	0
云浮市	304.5	839.42	116.41	0	0

（广东省建筑业协会）

2017 年广东省工程招标代理机构财务情况

单位：万元

地区	营业收入合计	工程招标代理收入	工程监理收入	工程造价咨询收入	工程项目管理与咨询服务收入	其他收入	营业成本	营业税金及附加
广东省	3005082.69	192346.63	862258.36	299879.9	166343.83	1484253.98	2321433.82	807910.77
广州市	1076322.45	123038.92	507138.75	142994.9	92967.02	210182.87	740100.78	7393.23
深圳市	1686749.67	39240.33	239545.13	87653.65	63317.65	1256992.91	1440239.62	780174.15
珠海市	42786.14	5169.08	15657.3	17544.76	1064.52	3350.48	24090.95	374.38
汕头市	14541.46	1537.81	9565.95	3304.5	0	133.2	10357.97	243.5
佛山市	52822.62	7502.5	17775.12	19510.13	2127.98	5906.89	24670.63	411.85
韶关市	4321.56	1411.3	805.96	1352.71	98.99	652.6	2409.8	44.49
河源市	1907.9	606.64	660.17	596.4	44.69	0	1079.41	87.04
梅州市	5411.89	1615.56	2112.1	500.36	449.98	733.89	3943.35	47.6
惠州市	18370.06	2234.76	8621.69	5707.83	1703.53	102.25	11450.06	245.35
汕尾市	4137.55	978.04	2016.03	799.3	192.14	152.04	2423.08	53.6
东莞市	25766.9	3001.01	11540.83	7912.49	1844.83	1467.74	16845.1	18045.82
中山市	21471.08	1423.88	15871.81	668.93	818.67	2687.79	13187.96	169.49
江门市	15772.11	1587.75	11649.97	1215.19	844.44	474.76	9515.45	138.58
阳江市	2008.26	42.98	1586.23	367.8	11.2	0.05	794.36	98.1
湛江市	4006.68	779.54	665.4	2334.74	0	227	2452.88	25.44
茂名市	9718.06	568.46	6876.15	2176	9.34	88.11	5481.01	63.69
肇庆市	7825.72	570.43	6198.64	754.97	233.11	68.57	3711.98	89.18
清远市	7758.31	271.06	3262.82	3841.93	250.74	131.76	6232.17	172.49
潮州市	2004.05	232.56	302.63	202.79	365	901.07	1695.11	26.57
揭阳市	589.73	265.62	0	324.11	0	0	202.73	2.01
云浮市	790.49	268.4	405.68	116.41	0	0	549.42	4.21

地区	营业利润	利润合计	所得税	资产合计	固定资产	流动资产	负债合计	所得者权益合计
广东省	237732.14	258826.11	46558.18	6891490.23	2527120.52	3587419.64	4146376.96	2745113.27
广州市	81124	110122.01	23276.39	3762309.92	2388651.22	1090741.03	1644581.2	2117728.71
深圳市	129559.96	126446.58	18481.6	2716336.04	109883.04	2126813.06	2230460.36	485875.68
珠海市	3408.41	3277.39	801.96	204389.96	3849.88	193416.48	185228.48	19161.48
汕头市	1882.98	1920.06	223.96	15327.17	1017.4	13558.56	5147.07	10180.1
佛山市	6278.5	5360.15	1203.04	52103.18	5063.66	45327.58	25357.88	26745.31
韶关市	269.77	154.2	42.47	4558.23	372.51	3169.33	1806.31	2751.92
河源市	313.7	126.64	13.38	3340.76	985.39	1359.02	603.61	2737.15
梅州市	468.91	684.2	112.75	6691.05	317.13	5363.22	2516.92	4174.13
惠州市	982.78	1039.98	277.43	17262.45	2147.01	15013.65	6003.45	11259
汕尾市	308.5	112.17	5.46	2585.22	314.22	2166.06	1758.87	826.35
东莞市	1082.21	1101.86	239.08	22801.45	2535.98	20245.68	11323.24	11478.21
中山市	4094.15	1549.93	414.24	26618.64	1731.25	24796.28	10764.48	15854.16
江门市	3002.83	2831.19	661.06	18203.17	7242.54	9807.27	4033.61	14169.56
阳江市	903.39	56.5	41.47	1334.94	298.12	1024.16	606.24	728.7
湛江市	293.22	200.22	16.8	3661.23	284.73	3318.89	1097.49	2563.74
茂名市	2238.99	2245.9	379.69	17042.49	662.93	16281.85	9044.76	7997.73
肇庆市	1010.09	1096.24	285.15	9646.52	1025.98	8570.79	4056.43	5590.09
清远市	227.67	298.64	51.38	4418.7	506.61	3843.05	2210.25	2208.45
潮州市	165.61	95.29	17.75	1560.44	119.65	1416.29	264.54	1295.9
揭阳市	34.92	29.85	5.12	571.9	77.43	494.47	159.52	412.38
云浮市	81.55	77.11	8	726.77	33.84	692.92	-647.75	1374.52

(续表)

地区	固定资产原价	本年折旧	销售费用	管理费用	税金	差旅费	财务费用合计	利息净支出
广东省	349782.19	264999.13	59635.54	384481.36	3542.95	20754.6	-9000.81	1430.93
广州市	114287.15	246991.79	22362.77	191771.99	1146.85	13260.24	-91.13	657.83
深圳市	198745.38	11570.88	23467.17	127660.16	1286.95	4030.21	-9295.8	732.74
珠海市	4663.62	717.63	525.31	12626.95	187.29	681.47	430.94	5.18
汕头市	1413.88	130.6	810.13	2124.55	7.3	89.47	-22.96	-25.86
佛山市	9603.01	982.07	5238.46	15361.08	523.7	1002.47	33.08	49.78
韶关市	776.1	282.54	38	1534.87	43.73	38.63	-5.89	-7.46
河源市	1140.83	35.97	0	1001.94	16.33	13.49	-0.64	-0.03
梅州市	514.75	126.91	320.77	1280.43	57.56	166.52	-14.5	-3.62
惠州市	3363.63	1149.95	1239.35	6472.29	42.01	169.52	1.96	-1.57
汕尾市	401.39	29.48	6	502.69	42.73	36.35	1.75	0
东莞市	3634.57	1498.42	3001.11	5139.29	12.57	163.66	-35.17	4.01
中山市	3296.76	143.1	1628.97	4715.67	16.48	121.17	34.68	34.01
江门市	2106.18	75.37	3.25	4506.17	1.72	533.01	-31.55	-23.51
阳江市	427.3	133.57	0	115.12	9.8	12.07	0.01	0
湛江市	674.95	374.6	765.03	1738.1	78.33	177.08	1.55	2.65
茂名市	2317.56	138.2	220.25	2333.54	14.32	72.38	-10.12	7.9
肇庆市	1525.6	269.62	0	3906.75	3.38	70.53	1.28	-1.16
清远市	466.51	121.98	0	1260.54	44.7	33.83	1.14	0
潮州市	212.23	78.98	0	192.67	1	43	0.06	0
揭阳市	55.47	26	8.97	81.45	5.43	10	0.28	0.18
云浮市	155.32	121.47	0	155.11	0.77	29.5	0.22	-0.14

地区	资产减值损失	公允价值变动收益	投资收益	应付职工薪酬	应交增值税	营业外收入合计	政府补助
广东省	7786.93	1734.38	29702.22	1197394.4	124944.22	4834.38	2645.69
广州市	7333.41	1312.16	4099.08	265662.55	38097.56	2187.18	1576.01
深圳市	271.3	422.22	25320.24	341506.96	76494.3	1596.65	917.16
珠海市	14	0	14.75	15633.51	2636.84	726.12	4.45
汕头市	0	0	0	3723.85	526.36	52.06	51.6
佛山市	1.23	0	80.92	15200.26	2487.14	168.68	70
韶关市	0	0	14.49	1771.58	109.18	0	0
河源市	0	0	0	608.4	41.72	0	0
梅州市	0	0	10.42	1602.11	245.5	0	0
惠州市	158.64	0	0	4797.21	584.5	3.37	0.92
汕尾市	0	0	0	1318.88	106.35	8.08	8
东莞市	0	0	0	3738.7	679.65	1.78	0
中山市	1.78	0	28.01	9439.04	1165.89	80.43	17.05
江门市	0	0	118.62	5021.26	571.52	1.05	0.5
阳江市	0	0	0	520091.69	12.14	0	0
湛江市	0	0	0	866.51	206.85	2.33	0
茂名市	0	0	2.94	1524.98	547.94	2.23	0
肇庆市	6.57	0	4.75	2640.18	178.39	4.13	0
清远市	0	0	8	1409.02	193.27	0	0
潮州市	0	0	0	272.43	11.57	0	0
揭阳市	0	0	0	175.46	9.79	0.29	0
云浮市	0	0	0	389.82	37.76	0	0

(广东省建筑业协会)

工程质量安全管理、优化建筑市场环境、提高从业人员素质、推进建设产业现代化、加快建筑企业“走出去”七个方面对促进建筑业持续健康发展提出具体措施。年内，为贯彻落实该意见，切实做好最低价中标试点，确保试点项目的各项建设有序开展，加强试点项目施工建设过程中的各类审批报监及质量安全管理，广东省住房和城乡建设厅指导珠海市编制横琴新区最低价中标试点项目实施方案，配合住房和城乡建设部对方案进行审核。截至年底，实施方案获住房和城乡建设部审核通过。 *(胡增辉)*

建设工程造价管理

【概况】 2017年，广东省开展工程造价管理改革，推进标准定额编制。全年全省工程造价咨询营业收入41.86亿元，比上年增长14.59%；工程造价咨询项目所涉及的工程造价总额28103.72亿元，比上年增长12.83%。年内，对全省建筑企业（造价咨询）资质、咨询项目质量动态核查，抽查101家甲级工程造价咨询企业，其中资质条件合格100家，合格率99.0%；核查咨询项目质量208项，其中合格195项，合格率93.7%。抽查48家乙级及以下资信等级工程造价咨询企业的100项咨询项目质量，其中合格80项，合格率80%。但是全省建设工程造价管理仍然存在现行计价依据滞后、行业法规不全、信息化程度不高、长远和新技术应用规划缺乏、市场决定造价机制未完善等问题。

【造价监测试点】 2017年8月，广东省被住房和城乡建设部标准定额司确定为全国第二批建设工程造价监测试点省之一。9月，全省选定9市1区作为首批试点城市开展工程造价监测。省级、市级监测系统完善和调试各项功能与部级系统对接形成全国工程造价数据监测网，各计价软件实施同步功能升级。

【建设工程结算管理】 2017年，广东省为解决工程结算难问题，明确在完善工程计价体系、完善造价信息发布机制、推行全过程造价管理规范工程价款结算、强化队伍建设、衔接中外标准5个方面19项重点任务，制订《广东省工程造价领域贯彻落实〈国务院办公厅关于促进建筑业持续健康发展的意见〉重点工作方案（2017—2020）》，发布《广东省住房和城乡建设厅转发〈住房和城乡建设部关于加强和改善工程造价监管的意见〉的通知》，出台《广东省建设工程结算管理办法》，从优化市场环境、明确在完善工程计价体系、完善造价信息发布机制、推行全过程造价管理规范工程价款结算、推进计价依据共编共享、监督款项支付和工期确定、推行施工过程结算，以及提高造价服务等方面加强和改善全省工程造价监管。

【工程定额及标准体系构建】 2017年，为完善广东省工程定额及标准体系构建，省建设工程标准定额站出台1个省内定额、编制5个省内定额和标准、参编1个、完成立项1个。参编国家共享定额，主编完成4个定额（含3个分册），申请2018年度工程造价管理研究项目6个。编制完成《广东省装配式建筑工程综合定额（试行）》并于7月印发；编制《广东省绿色建筑及环境工程计价定额》《广东省城市地下综合管廊工程计价定额》《广东省建设工程绿色和安全施工措施费用计价办法》；组织指导广东省造价咨询企业编制国家城市地下综合管廊工程维护消耗量定额和国家房屋修缮安装工程消耗量定额“消防”“建筑智能化”“电气”分册编制任务；与广州市财政评审投资中心等联合编制广东省地方标准《建设工程政府投资项目造价数据标准》；修改完善《广东省建筑信息模型（BIM）技术应用费指导标准》，为全省建筑工程、装饰装修、通用安装、市政工程、城市轨道工程等专业施工阶段应用BIM技术的费用计价提供参考依据；完成广东省岭南文物和历史建筑保护工程计价依据框架编制方案及古建筑工程项目设置方案和岭南古建筑人工（传统工匠）市场类别状况划分，开展市场价格研究评估；完成大盾构法掘进、双轮铣、全回转全套管成桩定额补充；完成广东省“十三五”期间农村人居生态环境实施项目估算，评估政府担保贴息成本对投资金额的影响；完成广东省地方标准《建设工程全过程造价咨询规范》申请立项；参编《广东省建筑信息模型应用统一标准》。

【工程定额编制造价课题研究】 2017年，广东省建设工程标准定额站参与住房和城乡建设部标定所《“互联网＋工程造价信息服务研究”》课题，完成工程造价数据监管服务章节撰写。向省住房和城乡建设厅申报6个2018年度工程造价管理研究项目，包括工业化建筑造价研究、基于共享经济的工程造价咨询企业实力助长机制研究、合理建立造价从业人员诚信体系专项研究、工程造价行业生态长效监测机制研究、定额动态管理体系和方法研究等。 *(罗炽发)*

【造价专业人员会员制度实施】 2017年，广东省工程造价协会制订《广东省工程造价协会个人会籍管理细则》（简称《细则》），经第二届理事会表决通过，并于3月1日起施行。《细则》将会员划分为荣誉会员、资深会员、执业会员、见习会员4个等级。《细则》明确专业人员入会要求、会员的权利和职责，并落实协会为会员提供服务和会员行业自律管理。 *(吴文天)*

2017年广东省工程造价咨询企业情况

单位：家

地区	合计	资质等级		企业类型			
		甲级	乙级	国有独资公司及国有控股公司	有限责任公司	合伙企业	合资经营企业和合作经营企业
广东省	402	227	175	4	396	2	0
广州市	118	79	39	3	115	0	0
深圳市	98	61	37	0	97	1	0
珠海市	19	12	7	0	19	0	0
东莞市	13	8	5	0	13	0	0
佛山市	30	18	12	0	30	0	0
中山市	6	0	6	0	6	0	0
惠州市	2	2	0	0	2	0	0
汕头市	5	1	4	0	5	0	0
江门市	18	10	8	0	18	0	0
茂名市	9	1	8	0	9	0	0
肇庆市	13	7	6	1	12	0	0
湛江市	21	11	10	0	21	0	0
梅州市	6	2	4	0	6	0	0
汕尾市	5	1	4	0	5	0	0
河源市	7	4	3	0	7	0	0
清远市	8	2	6	0	7	1	0
韶关市	6	1	5	0	6	0	0
揭阳市	9	4	5	0	9	0	0
阳江市	3	0	3	0	3	0	0
潮州市	3	1	2	0	3	0	0
云浮市	3	1	2	0	3	0	0

（罗炽发）

【广东省建设工程造价管理总站更名】 2017年11月，广东省建设工程造价管理总站承担行政职能事业单位改革，更名为广东省建设工程标准定额站，职能变更为工程建设技术标准和定额、建设工程造价市场信息以及建设工程造价行业诚信管理体系建设3项内容。（罗炽发）

【工程造价行业活动】 *工程造价行业评优及推荐* 2017年，广东省工程造价协会开展“广东省工程造价优秀成果奖”评选、先进单位会员评选、优秀造价工程师、优秀造价专业人员评选。全省参加申报优秀成果172份，参加先进单位评选68家，参加优秀造价工程师219人，参加优秀造价专业人员218人。

工程造价行业论坛讲座 2017年，广东省工程造价协会组织及开展工程造价司法鉴定典型案例、BIM技术在工程项目应用、16G平法应用、装配式建筑工程造价与BIM技术、营改增最新政策及造价工程师考试新教材深度解析、装配式建筑工程综合定额技术宣讲、政府与社会资本合作（PPP）高端研讨、装配式信息化&成本大数据高层交流、中介咨询企业高层论坛、政产学研融合—BIM落地创新及成本管控高峰论坛、粤港澳大湾区大型基建项目管理创新高峰会等行业论坛和讲座。是年，联合省内大专院校在广州举办广东省工程造价协会第二届精英人才专场选拔会，为行业推荐优秀人才，提升行业竞争力。

工程造价交流考察 2017年，广东省工程造价协会与来自江苏、陕西、浙江、四川、北京、山东等地的造价管理机构交流学习。交流学习内容包括广东省工程造价协会工程造价数据库建设、管理及应用，建材信息采集、发布制度，行业诚信体系建设，以及广东省工程造价协会运行机制及相关制度，广东省工程造价咨询业的先进做法与宝贵经验等，并与广东咨询企业开展关于全过程咨询服务、PPP咨询服务等座谈交流。（吴文天）

工程建设监理

【概况】 2017年，广东省有工程建设监理企业1173家，其中综合资质企业16家、甲级资质企业283家、乙级（含资信评级）企业186家。全年建设工程监理营业收入117.8亿元，比上年增长19.2%。全省建设工程监理行业朝着专业化、规范化、标准化的方向稳步发展，建设工程监理行业从业人员队伍不断发展壮大，营业收入稳步增长。但是全省工程建设监理仍然存在行业同质化发展严重，全过程综合型咨询服务监理企业较少的问题。

（高峰）

【造价咨询企业资质和咨询项目质量动态检查】 2017年，广东省住房和城乡建设厅组织对全省101家甲级造价咨询企业和48家乙级及以下资信造价咨询企业进行检查，责令甲级资质不达标和咨询项目质量存在问题的企业进行整改。

（陈思明）

【工程监理信息服务】 2017年，广东省建设监理协会分别到广州轨道交通建设监理有限公司、广州宏达工程顾问有限公司、广东重工建设监理有限公司、广州万安建设监理有限公司、广东达安项目管理股份有限公司、广东创成建设监理咨询有限公司6家监理企业进行实地调研，针对信息工程监理行业特点，从监理机构管理职责分配、监理的资源配置、分析和改进、监理服务实现过程等方面分析监理企业监理信息服务，开发建设“广东省建设监理协会会员信息管理系统”于2017年底正式启用并试运行。

【建设监理行业活动】 2017年，云南、贵州、重庆等地监理行业协会分别到广东省建设监理协会考察，就行业自律、消除低价竞标、政府购买服务、监理服务收费标准以及提升监理服务质量等议题进行交流。11月，广东省建设监理协会到湖南省建设监理协会就开展工程监理企业信用等级评定实施细则、推行全过程咨询服务的标准制定情况、协会为会员企业服务情况等监理行业关注的热点话题进行交流。

（高峰）

2017年广东省建设工程监理企业资质情况

单位：家

地区	监理企业资质数量											工程招标代理资质	工程造价咨询资质	工程设计资质	工程咨询资质
	合计	综合	事务所资质	主营业务				非主营业务							
				合计	甲级	乙级	丙级	合计	甲级	乙级	丙级				
广东省	1173	16	0	522	283	186	53	635	209	364	62	288	102	22	103
省属	104	4	0	38	29	8	1	62	31	31	0	33	12	5	13
广州市	250	6	0	96	59	35	2	148	51	91	6	78	28	1	32
深圳市	255	4	0	103	80	19	4	148	56	83	9	61	18	6	15
珠海市	54	1	0	24	19	4	1	29	15	13	1	13	5	2	5
汕头市	22	0	0	11	5	5	1	11	3	8	0	7	1	1	1
佛山市	108	0	0	52	25	17	10	56	11	35	10	11	4	1	8
韶关市	15	0	0	8	2	4	2	7	1	3	3	3	1	0	1
河源市	14	0	0	8	2	4	2	6	2	2	2	2	0	0	1
梅州市	22	0	0	12	2	6	4	10	1	5	4	3	0	0	1
惠州市	61	0	0	33	13	19	1	28	10	15	3	12	7	2	5
汕尾市	18	0	0	10	0	3	7	8	0	3	5	9	8	0	3
东莞市	68	0	0	34	13	19	2	34	5	25	4	8	1	1	0
中山市	27	0	0	14	7	5	2	13	6	6	1	12	6	1	6
江门市	27	0	0	16	6	6	4	11	4	5	2	10	2	0	5
阳江市	10	0	0	5	2	3	0	5	1	4	0	1	0	0	0
湛江市	19	0	0	9	3	6	0	10	1	7	2	4	0	0	0
茂名市	32	1	0	14	6	8	0	17	4	12	1	7	3	0	1
肇庆市	19	0	0	10	5	4	1	9	2	7	0	6	1	0	3
清远市	21	0	0	11	3	5	3	10	3	4	3	4	3	1	1
潮州市	11	0	0	6	0	3	3	5	0	2	3	2	2	1	2
揭阳市	10	0	0	5	2	0	3	5	2	0	3	1	0	0	0
云浮市	6	0	0	3	0	3	0	3	0	3	0	1	0	0	0

（高峰）

2017 年广东省建设工程监理企业情况

单位：家

地区	企业家数合计	内资企业合计	国有企业	集体企业	股份合作企业	联合企业				有限责任公司		股份有限公司	私营企业	
						国有	集体	国有与集体	其他	国有独资公司	其他有限责任公司		私营独资	私营合伙
广东省	538	536	33	4	1	0	0	0	0	12	356	20	1	2
省属	42	42	10	0	0	0	0	0	0	1	18	2	0	1
广州市	102	101	10	0	0	0	0	0	0	0	56	8	1	1
深圳市	107	106	2	0	0	0	0	0	0	8	87	2	0	0
珠海市	25	25	3	0	0	0	0	0	0	1	20	0	0	0
汕头市	11	11	2	0	0	0	0	0	0	0	8	1	0	0
佛山市	52	52	0	0	0	0	0	0	0	0	34	3	0	0
韶关市	8	8	0	0	0	0	0	0	0	0	7	0	0	0
河源市	8	8	1	0	0	0	0	0	0	0	6	0	0	0
梅州市	12	12	0	1	0	0	0	0	0	0	8	0	0	0
惠州市	33	33	3	0	1	0	0	0	0	0	19	0	0	0
汕尾市	10	10	1	0	0	0	0	0	0	0	4	0	0	0
东莞市	34	34	0	0	0	0	0	0	0	0	29	0	0	0
中山市	14	14	0	0	0	0	0	0	0	0	13	0	0	0
江门市	16	16	1	1	0	0	0	0	0	1	5	0	0	0
阳江市	5	5	0	0	0	0	0	0	0	0	3	1	0	0
湛江市	9	9	0	0	0	0	0	0	0	1	6	0	0	0
茂名市	15	15	0	1	0	0	0	0	0	0	9	0	0	0
肇庆市	10	10	0	0	0	0	0	0	0	0	7	0	0	0
清远市	11	11	0	1	0	0	0	0	0	0	5	2	0	0
潮州市	6	6	0	0	0	0	0	0	0	0	5	0	0	0
揭阳市	5	5	0	0	0	0	0	0	0	0	5	0	0	0
云浮市	3	3	0	0	0	0	0	0	0	0	2	1	0	0

地区	内资企业			港、澳、台商投资企业					外商投资企业					个体经营	
	私营企业		其他企业	合计	合资经营企业	合作经营企业	独资经营企业	投资股份有限公司	合计	中外合资经营企业	中外合作经营企业	外资企业	外商投资股份有限公司	个体户	个人合伙
	私营有限责任公司	私营股份有限公司													
广东省	102	3	2	1	0	1	0	0	1	0	0	1	0	0	0
省属	10	0	0	0	0	0	0	0	0	0	0	0	0	0	0
广州市	24	0	1	1	0	1	0	0	0	0	0	0	0	0	0
深圳市	7	0	0	0	0	0	0	0	1	0	0	1	0	0	0
珠海市	1	0	0	0	0	0	0	0	0	0	0	0	0	0	0
汕头市	0	0	0	0	0	0	0	0	0	0	0	0	0	0	0
佛山市	13	2	0	0	0	0	0	0	0	0	0	0	0	0	0
韶关市	1	0	0	0	0	0	0	0	0	0	0	0	0	0	0
河源市	1	0	0	0	0	0	0	0	0	0	0	0	0	0	0
梅州市	3	0	0	0	0	0	0	0	0	0	0	0	0	0	0
惠州市	10	0	0	0	0	0	0	0	0	0	0	0	0	0	0

(续表)

地区	内资企业			港、澳、台商投资企业					外商投资企业					个体经营	
	私营企业			合计					合计						
	私营有限责任公司	私营股份有限公司	其他企业		合资经营企业	合作经营企业	独资经营企业	投资股份有限公司		中外合资经营企业	中外合作经营企业	外资企业	外商投资股份有限公司	个体户	个人合伙
汕尾市	5	0	0	0	0	0	0	0	0	0	0	0	0	0	0
东莞市	5	0	0	0	0	0	0	0	0	0	0	0	0	0	0
中山市	1	0	0	0	0	0	0	0	0	0	0	0	0	0	0
江门市	7	1	0	0	0	0	0	0	0	0	0	0	0	0	0
阳江市	1	0	0	0	0	0	0	0	0	0	0	0	0	0	0
湛江市	2	0	0	0	0	0	0	0	0	0	0	0	0	0	0
茂名市	5	0	0	0	0	0	0	0	0	0	0	0	0	0	0
肇庆市	3	0	0	0	0	0	0	0	0	0	0	0	0	0	0
清远市	2	0	1	0	0	0	0	0	0	0	0	0	0	0	0
潮州市	1	0	0	0	0	0	0	0	0	0	0	0	0	0	0
揭阳市	0	0	0	0	0	0	0	0	0	0	0	0	0	0	0
云浮市	0	0	0	0	0	0	0	0	0	0	0	0	0	0	0

(高峰)

2017 年广东省建设工程监理企业业务情况

单位：万元

地区	工程监理企业承揽合同额合计	工程监理合同额	勘察设计合同额	招标代理合同额	工程造价咨询合同额	项目管理与咨询服务合同额	其他业务合同额
广东省	2598574.56	1878965.85	75659.3	194660.82	133422.09	179952.29	135914.22
省属	665082.55	521991.23	9697.31	57256.14	25494.19	42005.75	8637.93
广州市	719887.7	526282.83	—	91813.75	52816.73	33044.6	15929.8
深圳市	738048.07	449821.91	46528.56	18904.37	27019.74	93075.56	102697.93
珠海市	115200.75	87432.36	14966.38	2849.71	7412.39	986.96	1552.95
汕头市	23874.73	21731.14	119.05	1542.92	481.62	—	—
佛山市	77714.94	64252.28	—	6784.39	4835.96	1674.31	168
韶关市	5786.15	4546.8	650	409.55	172	7.8	—
河源市	7369.66	6947.9	—	255.5	—	166.26	—
梅州市	7326.76	6692.47	—	139.25	—	495.04	—
惠州市	44693.37	26921.86	1495	2370.56	7956.28	4320.87	1628.8
汕尾市	4176.74	2156.1	—	1018.17	660.66	189.77	152.04
东莞市	50815.1	46597.31	705	548.45	920.73	1156.93	886.69
中山市	24006.33	18987.58	—	799.58	972	871.42	2375.75
江门市	39370.04	29697.1	—	7990.48	1552.12	130.34	—
阳江市	4921.37	4907.22	—	14.15	—	—	—
湛江市	9170.89	7577.89	—	723	—	870	—
茂名市	25109.33	21095.27	—	532.85	2948.21	533	—
肇庆市	12524.42	11829.98	—	560.17	55.86	58.68	19.73
清远市	15993.04	13378	612	28.2	110.24	—	1864.6
潮州市	2066.51	685.31	886	116.84	13.36	365	—
揭阳市	2977.96	2977.96	—	—	—	—	—
云浮市	2458.15	2455.35	—	2.8	—	—	—

（续表）

地区	境外合同额	承揽境内建设工程监理项目投资额	境内新开工建设工程监理项目数量	境内在建建设工程监理项目数量合计	实行监理的项目数量	其他实行监理的项目数量	境外在建建设工程监理项目数量
广东省	7636.57	182938167	50902	76111	39347	36764	76
省属	910.87	58987426.3	19465	38950	6008	32942	20
广州市	3631.28	50695031.96	10594	12552	11254	1298	11
深圳市	3002.83	37152513.6	12740	13567	12553	1014	9
珠海市	—	9522441.36	890	1242	1192	50	0
汕头市	—	1490730.16	335	477	261	216	0
佛山市	—	7494832.21	1914	2270	1965	305	0
韶关市	—	321021.02	172	248	202	46	0
河源市	—	364418.58	268	397	383	14	0
梅州市	—	732041.17	312	368	351	17	0
惠州市	—	2161338.54	448	591	533	58	0
汕尾市	—	172013.23	246	296	256	40	0
东莞市	91.59	3517137.13	620	873	763	110	0
中山市	—	2080373.68	644	933	735	198	33
江门市	—	2948109.1	558	1168	1068	100	0
阳江市	—	317817.16	139	195	177	18	0
湛江市	—	492037.14	196	233	149	84	0
茂名市	—	1768740.98	442	645	505	140	3
肇庆市	—	698309.4	225	298	246	52	0
清远市	—	1502710.3	509	576	542	34	0
潮州市	—	46229.64	45	50	38	12	0
揭阳市	—	336647.09	78	115	104	11	0
云浮市	—	136247.26	62	67	62	5	0

（高峰）

2017年广东省建设工程监理企业人员情况

单位：人

地区	期末从业人员合计	工程监理人员	招标代理人员	工程造价咨询人员	项目管理与咨询服务人员	其他从业人员	期末专业技术人员合计	高级职称人员
广东省	89995	64034	5985	4657	4791	10528	81832	9439
省属	22854	16751	1553	1083	901	2566	21576	1805
广州市	19441	13663	1292	1466	1389	1631	17674	2017
深圳市	23846	15665	1608	956	1358	4259	21819	3260
珠海市	5118	3620	334	301	233	630	4800	484
汕头市	605	424	111	31	21	18	526	93
佛山市	3966	3156	124	184	245	257	3516	358
韶关市	357	247	44	10	0	56	247	48
河源市	416	302	25	13	27	49	365	43
梅州市	522	387	40	11	45	39	399	67

（续表）

地区	期末从业人员合计	工程监理人员	招标代理人员	工程造价咨询人员	项目管理与咨询服务人员	其他从业人员	期末专业技术人员合计	高级职称人员
惠州市	2581	2096	152	133	56	144	2244	319
汕尾市	402	195	79	75	25	28	314	31
东莞市	2757	2293	135	103	127	99	2429	152
中山市	1565	918	161	92	166	228	1469	163
江门市	1145	929	107	13	27	69	1032	150
阳江市	278	249	7	3	0	19	265	32
湛江市	532	400	44	17	6	65	461	48
茂名市	1563	1236	68	103	93	63	1294	143
肇庆市	729	507	53	21	22	126	531	101
清远市	796	559	29	27	43	138	532	87
潮州市	179	124	10	10	5	30	154	20
揭阳市	247	228	6	4	1	8	157	13
云浮市	96	85	3	1	1	6	28	5

地区	期末专业技术人员			期末注册执业人员合计							
	中级职称人员	初级职称人员	其他人员		注册监理工程师	注册建筑师	注册工程师	注册建造师	注册造价工程师	注册咨询工程师（投资）	其他注册人员
广东省	30042	17214	25137	21300	13200	102	466	3742	3066	434	290
省属	4896	3871	11004	3064	1751	25	109	496	444	159	80
广州市	7280	4005	4372	5411	3330	15	41	973	820	163	69
深圳市	8582	4425	5552	5554	3527	34	169	982	769	39	34
珠海市	2211	1275	830	1106	673	17	41	197	158	17	3
汕头市	297	110	26	271	185	0	0	38	44	4	0
佛山市	1494	864	800	1181	738	0	21	207	153	17	45
韶关市	122	35	42	146	93	0	6	23	23	0	1
河源市	195	35	92	106	66	0	0	24	12	1	3
梅州市	175	108	49	202	123	0	0	54	20	5	0
惠州市	1117	440	368	833	536	8	33	102	142	6	6
汕尾市	164	41	78	138	71	1	0	8	55	3	0
东莞市	1207	548	522	869	603	0	7	152	106	0	1
中山市	491	399	416	455	292	1	2	91	63	6	0
江门市	352	301	229	370	222	1	1	66	60	10	10
阳江市	141	64	28	134	94	0	0	26	14	0	0
湛江市	201	130	82	134	86	0	2	17	29	0	0
茂名市	538	296	317	595	353	0	2	134	69	0	37
肇庆市	201	109	120	270	177	0	12	39	38	4	0
清远市	222	82	141	251	141	0	17	60	33	0	0
潮州市	54	52	28	55	34	0	3	11	6	0	1
揭阳市	85	20	39	92	57	0	0	31	4	0	0
云浮市	17	4	2	63	48	0	0	11	4	0	0

（黄鸿钦）

2017年广东省建设工程监理企业财务情况

单位：万元

地区	营业收入合计	工程监理收入	工程勘察设计收入	工程招标代理收入	工程造价咨询收入	工程项目管理与咨询服务收入	其他收入	境外收入	营业成本
广东省	2946530.4	1178475.54	86777.09	111764.46	113356.51	149665.07	1306491.75	11296.1	2307128.66
省属	494334.15	307710.33	30686.83	51121.38	26330.97	34508.64	43976	1266.1	368031.75
广州市	434752.03	302374.06	192.95	30810.54	46469.15	44065.54	10839.8	0	282199.33
深圳市	1687214.91	311225.79	35342.5	16300.96	20554.21	61813.63	1241977.82	10030	1457637.46
珠海市	75584.33	47390.77	14248	2917.47	7301.64	967.76	2758.69	0	51098.76
汕头市	11950.86	10017.34	320.64	1204.93	407.35	0	0.6	0	8107.18
佛山市	53410.63	47165.42	0	1012.57	3439.04	1551.03	242.57	0	24938.44
韶关市	5120.91	4026.41	650	354.14	89	1.36	0	0	3292.43
河源市	6079.65	5960.49	0	29.44	0	88.95	0.77	0	3752.22
梅州市	5787.1	5166.54	0	112.68	0	503.28	4.6	0	3971.38
惠州市	33474.6	21847.24	3806	1568.99	3668.5	940.07	1643.8	0	20653.83
汕尾市	4031.87	2051.36	0	957.04	679.29	192.14	152.04	0	2339.34
东莞市	35790.41	29764.71	23.82	685.93	952.88	2755.98	1607.09	0	25155.48
中山市	21345.85	15621.95	4.47	1417.62	961.93	928.53	2411.35	0	13592.45
江门市	15658.36	13248.62	0	1187.49	740.31	402.24	79.7	0	9073.55
阳江市	5141.64	4838.7	0	14.15	0	0	288.79	0	1512.81
湛江市	5923.27	4830.1	3.88	915.5	0	173.79	0	0	3511.09
茂名市	25167.67	22459.77	0	541.58	1609.72	210.49	346.11	0	14358.21
肇庆市	7803.11	7067.68	0	470.35	48.56	196.64	19.88	0	3818.13
清远市	11916.4	11073.52	612	12.7	91.09	0	127.09	0	6708.21
潮州市	2317.24	923.03	886	115.3	12.87	365	15.04	0	1858
揭阳市	2805.04	2805.04	0	0	0	0	0	0	672.6
云浮市	920.37	906.67	0	13.7	0	0	0	0	846

地区	营业税金及附加	营业利润	净利润	利润总额	所得税	资产合计	固定资产	流动资产	存货
广东省	18956.13	265798.13	194576.67	233256.37	40897.25	4039992.21	204698.38	3230403.15	732768.73
省属	3314.64	46862.35	37198.22	45325.39	8633.34	447972.45	39235.03	391155.6	4196.19
广州市	3056.27	54538.44	29092.44	38644.27	9710.13	385521.8	19328.62	315870.7	277.75
深圳市	9380.81	118816.78	100320.91	115657.96	15791.01	2703037.5	107601.53	2090905.3	726259.9
珠海市	596.04	5926.73	4317.08	5054.67	754.19	236010.39	5576.75	214360.38	82.68
汕头市	227.97	1649.78	1415.96	1622.95	207.04	11417.89	863.35	9725.75	0
佛山市	420.43	7898.42	3048.93	3529.7	1229.11	49967.05	4941.37	42130.35	130.18
韶关市	52.56	656.77	389.53	529.2	139.88	4304.23	220.97	4083.26	228.44
河源市	138.05	461.03	123.09	151.74	28.66	5743.55	1138.53	3596.3	0
梅州市	44.75	738.89	517.89	656.84	193.51	8377.75	520.58	7735.17	0
惠州市	380.73	7798.03	6437.01	7128.19	818.49	27782.5	2716.28	24536.38	71.99
汕尾市	54.1	257.98	110.44	108.22	5.39	2546.15	371.92	2110.28	0

（续表）

地区	营业税金及附加	营业利润	净利润	利润总额	所得税	资产合计	固定资产	流动资产	存货
东莞市	370.23	2544.2	1844.86	2166.1	335.77	37794.49	3962.6	31958.46	0
中山市	171.15	4450.7	1167.27	1561.8	416.68	24640.12	1849.86	21852.32	1097.6
江门市	132.36	2782.35	2092.96	2754.95	662.09	18327.6	6438.06	11055.08	423.99
阳江市	119.28	2542.35	1199.38	1661.34	463.73	5143.95	1119.4	4024.03	0
湛江市	42.31	1414.71	966.59	1251.38	288.03	16854.63	2151.34	12082.69	0
茂名市	223.1	4524.72	2907.34	3644.66	739.51	32834.5	4290.19	28472.4	0
肇庆市	75.66	1016.08	828.38	1022.23	290.66	9100.27	939.32	4134.38	0
清远市	81.41	530.2	419.13	533.65	114.53	7952.15	1248.31	6247.97	0
潮州市	39.28	197.07	52.82	72.57	22.2	1700.67	130.67	1545.5	0
揭阳市	30.01	183.69	124.01	171.68	48.86	2345.17	39.62	2220.3	0
云浮市	5.01	6.87	2.43	6.87	4.44	617.4	14.07	600.57	0

地区	固定资产原价	累计折旧	当年折旧	销售费用	管理费用	税金	差旅费	财务费用	净利息支出
广东省	373187.03	187975.08	26916.98	62481.28	401584.49	2921.23	23080.53	-13863.73	1364.2
省属	65176.13	28429.99	6631.25	3067.89	74808.34	857.11	6247.52	-1213.65	84.15
广州市	41495.21	24036.48	3269.2	13440.98	107802.77	1082.01	7821.81	-502.78	242.98
深圳市	209616.44	104808.85	11791.56	25561.32	119535.84	264.11	3730.65	-7936.26	1206.63
珠海市	10878.19	6099.6	637.8	1345.21	19053.35	118.66	953.96	561.04	28.47
汕头市	1315.78	666.86	370.46	810.13	2145.08	7.22	80.84	-23.86	-26.13
佛山市	10116.99	5567.8	1146.66	7267.77	22320.24	105.43	1518.8	53.91	86.68
韶关市	763.98	394.61	172.94	38	1570.37	39.04	39.46	2.15	-0.05
河源市	1422.25	283.72	21.43	193.01	1686.17	37.42	65.51	0.06	0
梅州市	877.77	425.83	76.38	154.77	1988.55	26.52	121.52	-4367.05	0.83
惠州市	5284.13	2906.99	888.74	1966.77	12811.6	98.43	302.67	14.51	6.96
汕尾市	420.93	220.84	27.2	6	467.46	42.73	37.19	1.57	0
东莞市	6155.61	4150.52	702.6	3558.8	7035.52	36.28	572.18	-432.03	-360.25
中山市	3530.44	2064.03	199.24	1629.47	5559.04	19.77	135.02	34.73	34.01
江门市	2984.91	2056.19	110.02	1428.36	6413.63	12.25	600.42	-66.18	-24.13
阳江市	1075.97	458.79	38.96	0	1348.99	2.04	26.36	-2.52	0
湛江市	2765.87	447.41	219.36	193.57	1498.28	7.6	146.85	-66.46	0.3
茂名市	5000.98	2722.34	310.9	234.23	6766.94	107.2	423.07	77.27	83.19
肇庆市	1473.95	999.18	97.85	0	3554.73	3.65	70.64	1.85	0.7
清远市	1391.06	917.76	113.93	10	3774.85	6.73	95.72	0.5	0
潮州市	1216.17	142.62	82.98	0	224.07	6.46	40.87	0.35	0
揭阳市	161.17	126.55	3.5	1575	912	10.5	30	-1.2	0
云浮市	63.12	48.12	4.02	0	306.67	0.07	19.46	0.32	-0.14

(续表)

地区	资产减值损失	公允价值变动收益	投资收益	应付职工薪酬	当年应增增值税	负债合计	所有者权益合计	营业外收入	政府补助收入
广东省	10038.19	19.3	27773.06	738159.73	126830.36	2878014.31	1161977.9	20018.87	3287.61
省属	2029.05	0	1173.03	138838.66	18727.71	214537.31	233435.14	11755.86	1095.67
广州市	238.42	0	547.93	131186.83	19315.34	191580.74	193941.06	436.42	297.03
深圳市	1529.89	19.3	25208.51	359750.05	74943.42	2168368.29	534669.21	2218.29	1737.65
珠海市	14	0	50.55	32346.85	2890.92	199551.33	36459.06	219.35	126.89
汕头市	0	0	593	3444.41	504.57	4137.67	7280.22	0.46	0
佛山市	32	0	65.92	20177.07	2938.56	23984.85	25982.2	1154.5	0.24
韶关市	0	0	15.3	2491.68	205.18	1526.02	2778.21	0.88	0
河源市	0	0	0	1252.31	141.08	2271.97	3471.58	3.21	0
梅州市	-1.16	0	0	2190.16	179.28	1974.09	6403.66	0.16	0
惠州市	1.64	0	0	7691.34	1517.11	10005.36	17777.14	3.42	1.03
汕尾市	0	0	0	1320.88	105.87	1727.23	818.92	8.08	8
东莞市	0	0	30	7269.02	1050.56	14236.05	23558.44	4082.18	0
中山市	1.78	0	28.01	9639.04	1138.21	8709.45	15930.67	80.43	17.05
江门市	0	0	46.85	6163.86	752.08	4563.44	13764.16	4.72	4.05
阳江市	6169	0	6.72	838.56	149.82	1373.04	3770.91	0	0
湛江市	17	0	0	2662.62	66.99	7161.78	9692.85	5.87	0
茂名市	0	0	2.49	3688.56	1222.06	14624.53	18209.97	36.46	0
肇庆市	6.57	0	4.75	2695.66	210.25	1510.67	7589.6	4.55	0
清远市	0	0	0	3708.87	470.86	3662.64	4289.51	4.02	0
潮州市	0	0	0	129.43	100.9	375.23	1325.44	0	0
揭阳市	0	0	0	156.39	154.22	1430.08	915.09	0	0
云浮市	0	0	0	517.49	45.37	702.54	-85.14	0	0

(高峰)

勘察设计项目选介

【粤剧艺术博物馆】 位于广州市荔湾区，由广州市人民政府和荔湾区人民政府联合建设，旨在保护粤剧这一国家级非物质文化遗产，弘扬岭南文化。该项目由广东省建筑设计研究院、华南理工大学建筑设计研究院共同设计完成。项目建设投资3.95亿元，用地面积1.62万平方米，建筑面积1.96万平方米，总建筑高度19.46米。2013年开始设计，2016年3月竣工，2016年6月投入使用。

2016年，该项目获第四届“广东省土木建筑学会科学技术奖”二等奖、“广东省宜居环境范例奖”等，获实用新型专利1项。2017年，该项目获“全国优秀工程勘察设计行业奖”建筑工程设计公建类二等奖、园林和景观工程设计一等奖，获“广东省优秀工程勘察设计奖”公共建筑一等奖、园林景观一等奖、建筑结构三等奖。

该项目在设计和建造上发扬现代技术优势，弘扬地方传统工艺，集当代艺术创作于一体，是一座传统与现代相结合的博物馆。通过融入广州历史街区脉络，挖掘文化底蕴，总体规划形成数组岭南建筑院落和中心庭院，传承岭南建筑风格和气韵。结合粤剧特点，以建筑空间作为载体，建筑园林院落既是博物展示空间，又可作为对外交流活动的举办场所，体现博物馆开放和亲民的姿态，凸显粤剧艺术源自民间、回归民间的特点。

粤剧艺术博物馆以传承非物质文化遗产为设计理念，采用传统民间工艺和当代艺术创作融于一体的手法，呈现具有地方特色的高标准工艺和建筑艺术有机结合的细节，其中以木雕、砖雕、石雕、灰塑、陶塑和园林假山营造最具亮点。

【南海意库梦工厂大厦】 位于深圳市南山区蛇口海上世界片区，是招商地产开发建设的商业办公建筑综合体，由广东省建筑设计研究院设计完成。占地面积1.87万平方米，总建筑面积11.37万平方米，高度99.5米，2012年7月开始设计，2015

年12月竣工，2016年投入使用。

项目由5个不规则形状建筑体及塔楼组成，结合所处地理位置及蛇口片区的历史渊源、气候特点进行独特的规划布局和造型设计，提出“绿色生态，有机交融”的设计理念。利用半开放式的生态平台，将商业与办公塔楼有机串联在一起，延续蛇口片区的绿色街区特色，营造绿色生态、自然通风的购物、饮食、休闲、办公、公共交通枢纽商业综合体。受周围山体岩层启发，商业裙房外立面以水平条带状石材为主。通过浅、中、深三种颜色石材和银色铝板的排列组合，将商业及广告标识与建筑有机延续。为提升办公塔楼的优雅形象及区域标志性，通过简洁大方的设计手法，将石材、玻璃幕墙与铝合金竖梃有机结合，创造层次分明、形态多样、极具张力的生动立面，塔楼低区与商业结合部，设计逐次上升变化的石材幕墙，与商业裙房水平排布的石材表皮纹理相融合，突出塔楼主导地位，为整个项目带来视觉延续性。在中高区部分设计为全玻璃幕墙系统与纤细的竖向铝质百叶，遮挡阳光的同时为大厦的外立面增添层次变化体现品质感；塔楼办公用户可在3层直接通过风雨连廊进入商业露台，不受室外天气影响。项目商业设计方面，利用开敞绿化平台，将周边的四个商业小盒子与中间的商业“灯笼体”巧妙连接。 *(黄睿民)*

2016年，该项目获“深圳市第十七届优秀工程勘察设计奖”一等奖（公建类）。2017年，获“广东省优秀工程勘察设计奖”一等奖（公共建筑），获“全国优秀工程勘察设计行业奖”三等奖（建筑工程设计公建类）。

▲*深圳南海意库梦工厂大厦获2017年“广东省优秀工程勘察设计奖”一等奖（公共建筑）* *（广东省建筑设计研究院供稿）*

【广州从化都喜泰丽温泉度假酒店】 位于广州市从化良口镇御泉大道。由广州珠江外资建筑设计院有限公司设计。用地面积93347平方米，其中净用地面积88144平方米。主体建筑物性质为酒店用途，附属建筑物性质为配套设施。酒店有133间豪华别墅及客房，每一栋别墅都拥有独立的温泉池，露天温泉体验是该酒店的主要特色。酒店另配有包含室内外特色温泉池和SPA水疗中心的温泉养身中心、会议餐饮中心和儿童游乐中心等设施。该项目充分利用原有地形和自然环境资源，减少对地形特别是山体的破坏，尽量保留现有大树，形成可持续发展的良性循环，突出典型的泰北兰纳特征。建筑风格与园林设计都将体现典型的东南亚风情，建筑物将采用分散的布局形式，建筑物控制层数不超过3层。运用生态建筑的的理念指导设计，形成景观渗透，注重环境保护和建筑节能等。项目获2017年度“全国优秀工程勘察设计行业奖”“全国优秀建筑工程设计奖”二等奖。 *(姚嘉亮)*

【云南省博物馆新馆】 该项目基地面积91006.7平方米，建筑面积57787.4平方米，是省级大型综合性、多功能的中心博物馆，是云南省标志性文化工程之一。项目建成后成为昆明新城区具有民族、地方特色和现代气息的云南省重要的标志性建筑。该项目由深圳市建筑设计研究总院有限公司设计。

建筑物几何体造型源于传统民居“一颗印”的建筑形态，外墙交错折叠实虚相间，隐现着著名地质景观——石林的外貌特征，镀铜色金属穿孔板外表皮，与古滇国青铜器相呼应。该项目中庭空间高大，由环廊联通各展厅，局部县吊玻璃展厅。建筑物空间复杂，特级防火卷帘难以将每层回廊分开，悬挂于中庭采光天棚钢桁架之下的玻璃展厅，需解决钢桁架竖向位移导致的吊柱次弯矩及地震作用下陈列室水平晃动问题。中庭大堂和各层回廊设置防火分区，设置能自动关闭火门或防火卷帘，回廊设置安全出口通往疏散楼梯，满足防火规范要求。中庭玻璃展厅陈列室吊柱通过钢索与采光天棚钢桁架下弦形成柔性连接，解决钢吊柱产生次弯矩问题。项目获2017年“全国优秀工程勘察设计行业奖”一等奖（建筑工程）。 *(廖小玲)*

·编辑　李勇·

房地产业与住房保障

□ 房地产市场专项整治

□ 房地产信息日报制度

□ 专业化住房租赁企业发展

□ 保障性住房建设分配督办

□ 住房公积金异地转移接续

综　述

【概况】　2017年，广东省贯彻落实中央和省委的决策部署，抓好房地产调控，推进住房租赁市场发展，推动物业管理行业诚信体系建设，开展房地产市场秩序专项整治，促进全省房地产市场平稳健康发展。2017年，广东省房地产开发投资12075.69亿元，比上年增长17.2%。商品房销售面积13879.84万平方米，商品住房销售均价9563元/平方米。全省各地创建省级宜居社区563个。截至年底，全省新建商品房可售面积13226万平方米，提前完成全省供给侧结构性改革去库存行动计划提出的目标任务。全省实际缴存公积金职工人数1478.34万人，缴存总额12970.41亿元，全省住房公积金提取总额是8304.58亿元，个人住房公积金贷款发放总额5291.56亿元。全省新开工棚房区改造住房38367套，新增发放租赁补贴6701户，基本建成各类保障性安居工程住房75116套，实现投资242亿元，全省保障性安居工程建设任务提前超额完成。但是全省房地产市场存在区域发展不均衡，部分城市商品住房库存不足、房地产信息共享机制不够完善等问题。

【物业管理诚信体系建设】　2017年3月17日，广东省住房和城乡建设厅印发《广东省住房和城乡建设厅关于终止物业服务企业资信评级转移承接协议的通知》，终止物业服务企业资信等级评定。通过推动行业自律等方式，加快建立行业诚信体系。是年，省住房和城乡建设厅组织指导省物业管理行业协会印发《广东省物业管理行业诚信服务公约》《广东省物业管理行业自律管理暂行办法》《广东省物业管理行业自律管理惩戒实施暂行办法》《广东省物业服务企业失信名录管理暂行办法》等，制订《广东省物业服务企业信用等级评定管理办法（试行）》，推动全省物业管理行业协会加强行业自律，依法诚信经营。

（柯云燕）

房地产市场管理

【概况】　2017年，广东省贯彻落实国家房地产市场调控政策，坚持分类调控和因城因地施策，开展房地产市场专项整治，规范全省房地产市场秩序。省住房和城乡建设厅出台房地产领域社会矛盾专项治理、规范房地产开发企业经营行为、整顿规范房地产中介行为和物业管理专项整治4个专项整治方案，开展全省房地产估价师和房地产经纪专业人员证书挂靠专项治理活动。加大对房地产开发企业、房地产中介机构及从业人员、物业服务企业违法违规行为查处力度，强化房地产市场监管力度，化解房地产领域各类社会矛盾。但是全省部分城市仍面临房价上涨压力，库存不足问题较为突出，新市民住房问题日益凸显，商品房销售违法违规行为时有发生。

2000—2017 年广东省房地产开发投资情况

单位：亿元

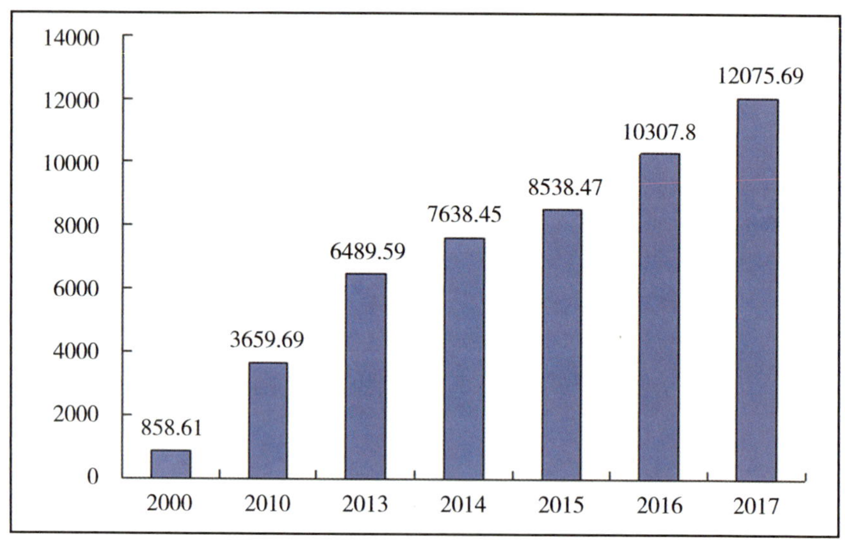

（广东省统计局）

2017 年广东省房地产开发投资情况

单位：亿元

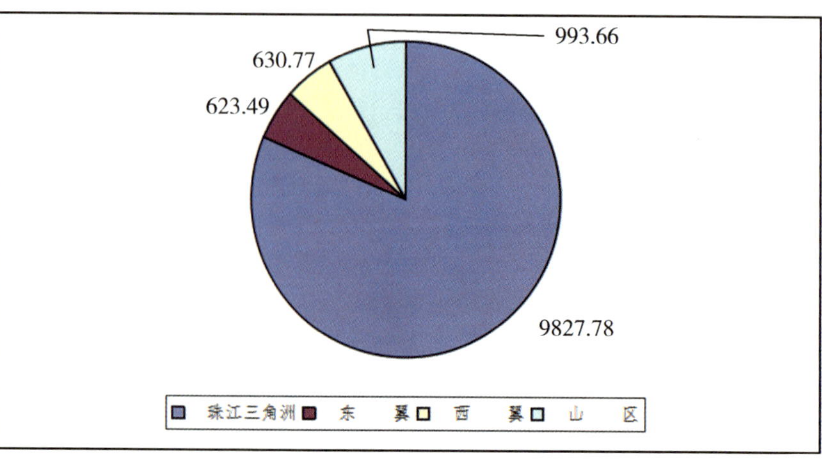

（广东省统计局）

2000—2017 年广东省房地产开发施工面积

单位：万平方米

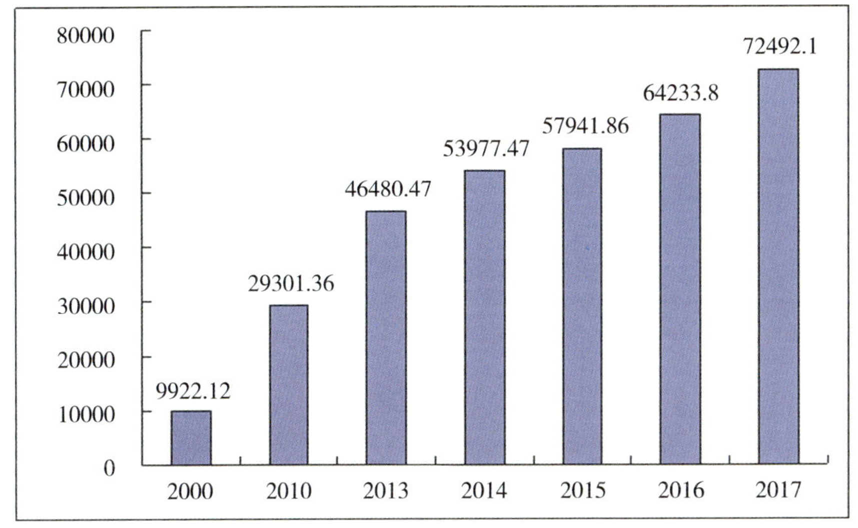

（广东省统计局）

2000—2017 年广东省房地产开发竣工面积

单位：万平方米

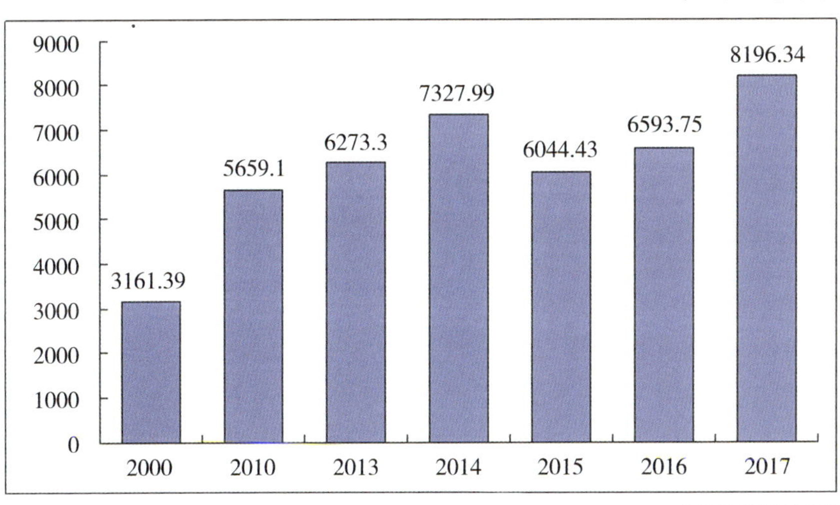

（广东省统计局）

【房地产市场运行】 2017年，广东省房地产市场总体运行平稳。房地产开发投资增长较快，增速高于全国平均水平。全省新建商品房销售面积和销售均价略有下降，珠江三角洲地区商品房销售规模减小，粤东西北地区销售面积和价格均出现较大幅度增长。全省商品房库存结构逐步优化，库存消化周期总体处于合理区间，提前完成三年去库存任务。

2017年，广东省房地产开发投资 12075.69 亿元，比上年增长17.2%。房地产开发投资占全社会固定资产投资的32.2%，为全省经济增长作出较大贡献。

根据全国房地产市场交易日报数据，2017年，广东省新建商品房销售面积13879.84万平方米，比上年下降8.1%，其中商品住房销售面积11310.65万平方米，比上年下降13.6%。全省商品房销售均价10363元/平方米，比上年下降1.4%。其中，商品住房销售均价9563元/平方米，比上年下降5.2%。

截至2017年底，广东省商品房可售面积13225.51万平方米，消化周期为11.4个月。全年房地产业地税收入2244亿元，比上年增长3.4%；房地产业地税收入占全省地税收入的35.4%。全省新增房地产各项贷款7599亿元，占新增本外币贷款的50.3%；房地产各项贷款余额44400亿元，占本外币贷款余额的35.2%。房地产开发投资增量占固定资产投资增量的39.6%，房地产开发投资占全社会固定资产投资的32.2%。其中，新增房地产开发贷款1948亿元，比上年增长11.27倍；新增购房贷款5343亿元，下降40%。新增房地产各项贷款比上年同期减少18%。

【房地产市场调控】 2017年，广东省贯彻落实国家房地产市场调控部署，坚持日报和月报制度，密切监测房地产市场发展动态，及时向房价上涨较快的城市发出提示警示。是年，累计向15个地级市发出28份稳定房地产市场警示函。实施房地产市场联动调控，推进广佛清肇城市群区域房地产市场联动发展改革探索。4月24日，省住房和城乡建设厅会同省国土资源厅转发《住房和城乡建设部　国土资源部关于加强近期住房及用地供应管理和调控有关工作的通知》，加快土地供应节奏，优化土地供应方式，严防高价土地扰乱市场预期。

2017年，广州、深圳、珠海、佛山、惠州、东莞、中山7个重点监测城市连续制定出台多项或收紧房地产市场调控政策，抑制投资投机性购房需求。3月，广州市连续印发《广州市人民政府办公厅关于进一步完善我市房地产市场平稳健康发展政策的通知》《广州市人民政府办公厅关于进一步加强房地产市场调控的通知》《广州住房公积金管理中心贯彻落实广州市人民政府办公厅关于进一步完善我市房地产市场平稳健康发展政策有关问题的通知》《广州住建委等关于严格落实房地产调控部署全面加强市场管理的通知》，通过采取严格执行限购限贷政策、加大住宅用地供应力度、防控房地产市场金融风险、加强住房保障、收紧公积金贷款、建立完善房地产市场调控工作协调机制等措施，强化房地产市场调控；东莞市印发《东莞市人民政府办公室关于进一步规范我市房地产市场发展的通知》《东莞市发展和改革局等关于加强新建商品住房销售价格备案管理的通知》《东莞市人民政府办公室关于进一步完善我市住房限购政策的通知》《东莞市发展和改革局等关于进一步加强新建商品住房销售价格备案管理的通知》《东莞市城乡规划局等关于加强商业办公类建筑项目管理的通知》，通过采取调整土地供应结构、创新土地供应条件、加强房价备案管理、严格执行限购限贷政策、加强房地产市场整治等措施，实施房地产市场调控；深圳市通过采取增加住房供应、完善住房限购政策和差别化住房信贷政策、加强商品住房和商务公寓项目销售价格管理及部门联动，完善房地产调控联席会议制度等措施实施房地产市场调控；佛山、中山等市通过实行住房限

2017 年广东省分市固定资产投资完成情况

单位：万元

指标名称	固定资产投资			项目投资			房地产开发		
	当前期	增长%	增速比上月	当前期	增长%	增速比上月	当前期	增长%	增速比上月
广东省	374779603	13.5	-1.2	254022668	11.9	-1.2	120756935	17.2	-0.9
广州市	59198316	5.7	-0.5	32169381	1.7	-0.2	27028935	6.4	-0.4
深圳市	51473152	23.8	-3	30114587	25.4	-2.1	21358565	21.6	-4.2
珠海市	16620214	19.6	-0.6	9959056	33	4	6661158	3.9	-5.3
汕头市	20064031	27	-0.8	16454309	29.2	0	3609722	17.8	-3.4
佛山市	42657919	21.5	-2.4	28118021	23.2	-5.3	14539898	18.2	2.1
韶关市	6928193	-1.3	0.4	5030864	-9.4	0.9	1897329	29.2	0
河源市	7784670	19.3	-9.2	5545333	16.4	-11.3	2239337	27.4	-3.3
梅州市	8067673	24	-9.3	5887264	23.2	-12.8	2180409	26.4	0.1
惠州市	22348768	9.6	-1.5	13506819	4.5	-1.9	8841949	18.3	-0.9
汕尾市	6693270	17	3.1	5829113	13.1	2.5	864157	52.6	9.5
东莞市	17128291	10	-1.3	10106747	10.5	-0.8	7021544	9.2	-2
中山市	12484816	8.7	-1.4	6245068	3.2	-0.9	6239748	14.8	-1.9
江门市	17748348	16.9	-0.1	13242785	13.8	-1.2	4505563	27.4	4
阳江市	5402115	7.2	0.9	3953479	-1.8	3	1448636	42.9	-13.1
湛江市	16415341	7.2	-4.3	13238456	1.2	-5.5	3176885	42.3	6.1
茂名市	14157288	12.1	0.5	12475138	8.2	-0.3	1682150	53.1	12
肇庆市	14975547	9	0.4	12895154	5	0.4	2080393	43.3	1.3
清远市	6663109	7.3	-1.3	3899868	-0.9	-0.2	2763241	21.5	-3
潮州市	5010460	10.2	4.5	4342386	10.5	4.2	668074	8.2	6.3
揭阳市	16673072	12.2	1.7	15580162	8.8	1.6	1092910	104.3	7.5
云浮市	6285010	6.3	3.2	5428678	4.3	4	856332	20.3	-4.1
按地区分									
珠江三角洲	254635371	13.7	-1.3	156357618	13.3	-1.5	98277753	14.3	-1.2
粤东西北	120144232	13.3	-0.8	97665050	9.7	-0.8	22479182	31.7	-0.4
东翼	48440833	18.4	1.5	42205970	16.8	1.7	6234863	30.4	-1
西翼	35974744	9.1	-1.5	29667073	3.6	-1.9	6307671	45.2	3.2
山区	35728655	11.1	-2.7	25792007	6.4	-3	9936648	25.2	-1.9

（陈映芝）

购、差别化信贷政策等落实各项调控措施。全省累计出台70多项有关调控政策措施，促进房价涨幅逐步回落，实现全省房价基本稳定目标。

2017年下半年，广东省各市新建商品住房销售面积均出现较大幅度回落，价格基本保持平稳。7个重点监测城市商品住房价格基本稳定在上年10月份水平。珠江三角洲、粤东、粤西和粤北地区新建商品住房销售均价分别为12649元/平方米、7214元/平方米、6056元/平方米和5688元/平方米，分别比上年增长2.8%、13.8%、17.3%和26.6%，粤东西北城市房地产市场日趋活跃。

【房地产市场专项整治】 2017年，广东省贯彻落实全国整顿规范房地产开发销售中介行为电视电话会议精神，开展房地产市场专项整治，规范房地产市场秩序。

4月7日，广东省住房和城乡建设厅联合省工商局和省金融办公室印发《2017年房地产领域社会矛盾专项治理工作方案》，建立健全工作台账，及时排查化解突出矛盾。4月11日，印发《广东省住房和城乡建设厅关于开展2017年整顿规范房地产中介行为专项整治工作的通知》。4月17日，印发《2017年全省规范房地产开发企业经营行为专项整治工作方案》，严厉打击并重点查处各类违法违规行为，规范房地产开发企业经营和销售行为，建立健全市场监管机制，加强监管创新，加快构建事中和事后监管体系。5月17日，印发《广东省住房和城乡建设厅关于开展2017年物业管理专项整治工作的通知》，严厉查处物业服务企业、建设单位和业主委员会的相关违法违规行为，规范物业管理活动，增强物业服务企业服务意识，提升物业服务水平，促进物业管理行业有序、规范、健康发展。7月17日，开展全省房地产估价师和房地产经纪专业人员证书挂靠专项治理活动。部、省、市、县纵向联合开展查处违法违规挂靠行为活动，全省查处违法违规挂靠25人次。10月30日，省发展和改革委员会、省住房和城乡建设厅联合印发《关于开展商品房销售价格行为联合检查的通知》，组织开展全省商品房销售价格联合检查，加强对商品房销售明码标价的监督检查。

2017年，广东省出动检查1845人次，检查在售商品房楼盘624个、房地产中介机构520个。发出行政处罚决定书2份、责令改正通知书136份，房地产市场专项整治成效显著。是年，省住房和城乡建设厅向社会公开曝光5批442家违法违规房地产开发企业和中介机构名单。

（柯云燕）

【房地产专题研究】 2017年，广东省房地产行业协会先后承接省发展和改革委员会、省地方志办公室、省住房和城乡建设厅、佛山市住房和城乡建设管理局、南海区住房和城乡建设局等政府部门委托开展课题研究6项。省发展和改革委员会委托开展《房地产调控对经济运行影响分析及对策建议》课题研究。通过对国家及广东省近10年房地产调控政策的回顾，分析总结不同发展阶段政策特点，评估相应政策措施的实施成效，以及房地产市场对全省经济运行的影响，结合国家政策导向及广东省房地产市场实际，就促进全省房地产市场健康平稳发展提出建议；省地方志办公室委托的《2012—2016年广东省房地产行业地方志年报资料》顺利结题；省住房和城乡建设厅委托开展《广东省统一实施“两书”示范文本》《房地产开发企业信用评价管理办法》两个课题研究。分析中国“两书”制度和信用评价管理的实施成效，赴福建省开展房地产开发企业信用评价管理和两书示范文本调研，提交信用评价管理办法及指标体系初稿；佛山市住房和城乡建设管理局委托开展《佛山市住房租赁发展规划（2017—2020年）》课题研究。通过分析佛山市租赁住房市场和流动人口现状及存在问题，结合国家发展租赁住房政策提出对策和建议；12月，佛山市南海区国土城建和水务局委托开展《南海区规范房地产销售行为和市场监督专题研究》课题研究，分析南海区房地产市场现状和趋势，提出创新市场管理机制的建议。

【“广厦奖”评选】 “广厦奖”是经国务院批准设立，由住房和城乡建设部颁发，由住宅产业化中心、中国房地产业协会共同设立的房地产行业内最权威、代表最高荣誉的国家级房地产开发项目综合性大奖。“广厦奖”评价标准分为住宅类和非住宅类，在满足基本条件的情况下，对住宅类从适用性、环境性、经济性、安全性、耐久性、产业化成套技术应用、物业管理7个评价指标体系进行综合评定，对非住宅类则从规划与建筑设计、施工质量、产业化技术应用、公共（设施设备）配套与运营服务4个评价指标体系进行评定。2017年，广东省推荐碧桂园新城之光花园、碧桂园天宝公馆、碧桂园天宝广场、碧桂园·太东公园上城、茶山碧桂园珀乐广场（一期）、奥园城市天地、恒福中心7个项目参加第八届中国房地产“广厦奖”评选，恒福中心项目获奖。

【房地产行业信用体系建设】 2017年9月，广东省社会组织管理局批准广东省房地产行业协会成为广东省信用体系建设首批试点单位之一，推进房地产行业信用建设。年内，广东省房地产行业协会组建广东省房地产行业信用评价管理委员会，制定《广东省房地产行业（开发企业）信用评价管理办法（试行版）》《广东省房地产行业（开发企业）信用评价指标体系（试行版）》，启动试评价工作。广东省房地产行业信用评价作为广东省信用体系建设的重要组成部分，评价结果针对不同信

▲2017年8月22日，广东省房地产行业协会21个会员单位在广州联合发布《2016年度广东省房地产企业社会责任报告》 （广东省房地产行业协会供稿）

用等级企业给予不同的政策扶持。经过资料审核和实地考察，珠海华发实业股份有限公司、广东翔顺房地产开发有限公司、佛山市顺德嘉信置业发展有限公司成首批AAA信用企业。

【房地产行业活动】 房地产企业社会责任报告发布 2017年8月22日，广东省房地产行业协会、万科、合富辉煌、恒大、广州龙湖、碧桂园、中海地产、越秀地产、珠江实业、珠江投资、招商蛇口、龙光地产、深圳承翰、深圳宇宏、深圳山湖海、世联行、珠海华发、格力地产、中国客天下、深圳房协、佛山房协等21个会员单位联合发布《2016年度广东省房地产企业社会责任报告》，是广东省房地产行业协会组织发布的第7份社会责任报告。报告要求企业从对股东和债权人的责任、对企业员工的责任、对消费者的责任、对环境的责任、对其他利益相关者的责任和企业社会责任管理等6大方面披露企业履行社会责任的情况，通过发布社会责任报告，对企业经营行为进行体检，推动全省房地产行业可持续发展。

广东房地产市场景气分析会 2017年3月23日，广东省房地产行业协会在广州召开2017广东房地产市场景气分析会暨金融创新交流会，全省骨干房地产企业、各市房地产协会、新闻媒体和专家学者约250人参加。会议探讨全省房地产市场前景、转型升级、金融创新等话题。会议邀请深圳世联行地产顾问股份有限公司董事长、东方花旗证券创新与金融机构部总经理，分别作“3—5年中国房地产会发生什么？”“未来房地产企业运营模式展望”的主题演讲；邀请省房地产行业协会会长、保利地产首席研究员、深圳世联行地产顾问股份有限公司首席技术官、广州同创卓越总经理等嘉宾围绕行业市场前景、转型升级、金融创新等话题开展探讨。

中南、西南房地产负责人联席（扩大）会议召开 2017年8月31日，由广东省房地产行业协会主办、清远市房地产业协会协办的第十四届中南西南房协（开协）负责人联席（扩大）会议在清远召开。来自河南、湖北、湖南、广东、广西、海南等中南六省（区），重庆、四川、贵州、云南等西南四省（市、区），以及江西、福建等12个其他省（区），河南周口、平顶山，广东珠海、佛山、惠州、中山、江门、肇庆、清远，广西北海等50多位房地产协会负责人出席，就房地产行业发展、办会经验、深化合作、资源共享及搭建南中国房地产服务平台等内容交流。

行业转型升级引领 2017年，广东省房地产行业协会以广东房地产寻找标杆系列活动为载体，通过学习标杆，引导广东省房地产行业转型升级，先后组织全省300多位房地产企业高管参加。5月，走进碧桂园，在碧桂园东莞城央壹品项目实地考察学习“SSGF”工法，包括附着式爬架、铝合金模板、全现浇混凝土外墙、高精度地面、楼层截水系统、预制墙板、整体卫浴、高压水枪拉毛、自愈合防水、预制PC构件、PVC墙纸、全穿插施工等12个核心工艺；6月，走进浙江蓝城集团，实地考察体验浙江省房地产建设项目“桃李春风”“十里风荷”“春风长乐”“梦想小镇”，邀请北京大学客座教授、蓝城集团执行总裁、蓝城桃李春风建设有限公司董事长分别作“特色小镇——房地产企业开发运营模式与创新实践案例”“对中国‘逆城市化’的思考”的主题演讲，学习特色小镇和田园综合体建设经验；11月，走进福建聚龙小镇，聚龙小镇营销总监、聚龙小镇物业总经理和福建省社会科学院兼副院长作主题演讲，介绍社区文化建设经验。 （黄劲横）

房地产交易与产权管理

【概况】 2017年，广东省新建商品房交易面积13879.84万平方米，比上年下降8.1%；销售均价10363元/平方米，比上年下降1.4%，其中，商品住房销售面积11310.65平方米；销售均价9563元/平方米，比上年下降5.2%。二手房交易面积8373.18万平方米，比上年增长5%；二手房交易均价9860元/平方米，比上年增长0.8%。其中，二手住房交易面积6962.97万平方米，比上年增长2.9%；交易均价10643元/平方米，比上年增长2.7%。新建商品房销售均价比上年下降，但是粤东西北地区增长明显，部分城市房价上涨较快，二手房市场活跃，二手房交易面积和价格比上年上涨，商品房库存结构逐步优化，库存消化周期总体处于合理区间。但是部分地市存在未实现全市范围二手房交易合同网签、信息共享机制不健全等问题。

【房屋交易管理及房屋信息】 2017年，广东省深化“下放、管理、服务”改革，改善营商环境，全省21个地级以上市及佛山顺德区不动产登记局（中心）全部挂牌，房屋交易、登记机构职责整合全部完成。全省大部分地市实现“一个窗口受理、部门并行办理”的模式，实现房屋交易与不动产登记的有效衔接。年内，印发《广东省地方税务局 广东省住房和城乡建设厅关于加强信息共享深化业务协作的通知》，深化住房城乡建设（房地产）管理部门与税务部门信息共享机制，推动信息采集应用，推行跨部门业务联办。要求各市运用“互联网+”思维推动跨部门的房产交易一网通办，实现“资料报送、部门审核、确认申报、扣缴税款、打印税票”全流程网上或移动办理。截至年底，17个地市实现全市一手房网签备案，8个地市实现全市范围二手房网签备案。但是部分地市因信息未实现实时共享，存在二手房转让登记规避限购政策、抵押备案边缘化等问题。广东省将继续完善商品房、二手房交易网签备案制度，推动信息共享机制，提高服务质量。

【房地产信息日报制度】 2017年，广东省住房和城乡建设厅及时补充和调整全国房地产市场交易信息日报系统报送指标，完善数据上报功能，全省各地市基本实现与房地产信息日报系统互联互通和数据自动传输。截至年底，广州、深圳、珠海、东莞、茂名、河源、云浮7市实现交易数据与住房和城乡建设部房地产交易信息日报系统的自动传输；实现佛山、惠州、汕头、韶关、河源等市自动报送功能；其他城市在加快网签系统建设和实施全市联网。全省系统归集新建商品房和商品住宅、二手房和二手住宅的

2000—2017年广东省商品房销售情况

单位：亿元、万平方米

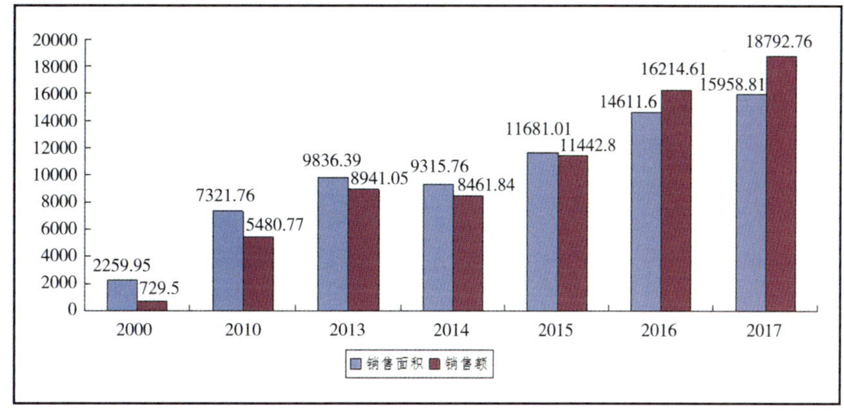

（广东省统计局）

2017年广东省商品房销售情况

单位：万平方米

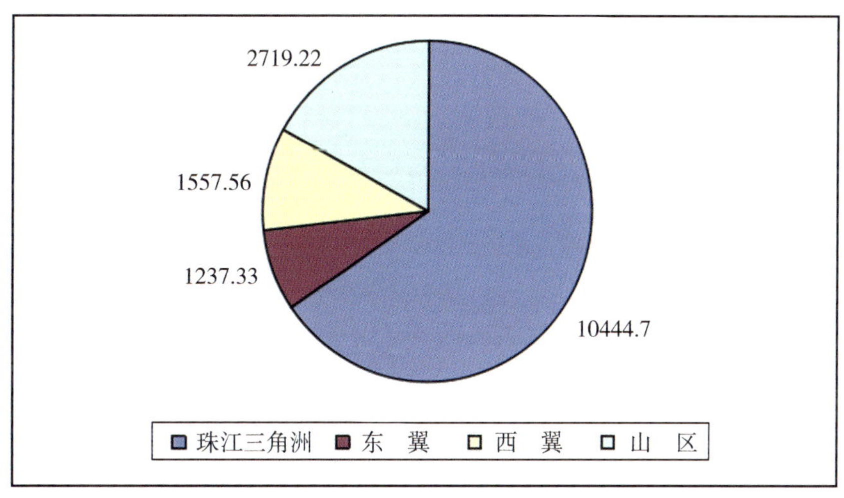

（广东省统计局）

2017年广东省分市商品房销售情况

单位：万平方米

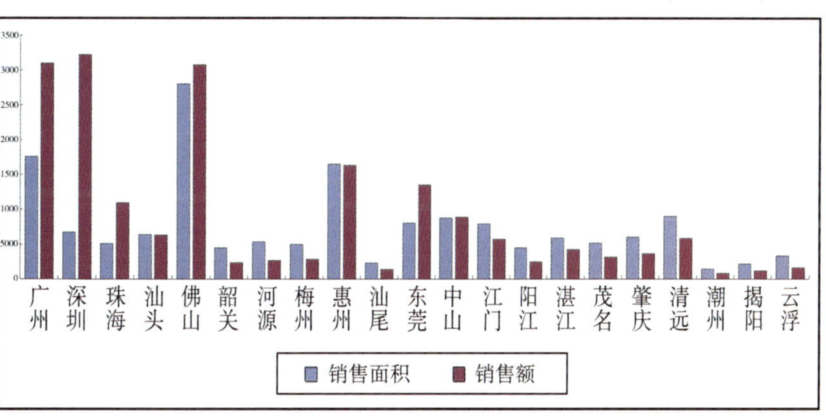

（广东省统计局）

2017年广东省新建商品房供应情况

单位：万平方米、套

地区	商品房批准预售面积	增长（%）	商品住房批准预售面积	增长（%）	商品住房批准预售套数	增长（%）
广东省	13117.03	7.51	10936.48	6.6	958205	3.16
广州	1125.04	-10.48	816.25	-17.74	76118	-22.23
深圳	570.33	-26.1	307.94	-44.31	32412	-43.86
珠海	336.15	-32.37	246.29	-44.98	24631	-44.44
汕头	565.65	0.07	492.49	8.08	37359	6.27
佛山	1661.26	-4.09	1308.18	-9.81	118826	-8.79
韶关	392.58	30.48	361.95	38.41	28675	30.07
河源	557.15	96.07	488.09	100.67	38401	92.67
梅州	460.99	19.51	405.05	27.44	31437	24.37
惠州	1478.96	28.57	1342.81	29.09	130448	31.24
汕尾	160.68	9.58	139.6	3.88	11214	15.29
东莞	877.75	-9.82	676.15	-13.67	60319	-15.49
中山	682.29	-27.8	527.07	-33.58	47590	-35.04
江门	694.07	12.8	608.37	12.2	55144	12.9
阳江	571.64	80.59	509.47	82.25	41575	77.88
湛江	651.02	58.59	576.36	55.39	50747	52.22
茂名	452.26	34.46	429.7	50.51	31959	48.12
肇庆	565.88	43.37	479.78	45.53	43314	45.1
清远	624.81	-0.33	574.69	2.55	51514	-1.42
潮州	130.92	16.45	125.81	26.04	8760	15.61
揭阳	283.1	92.49	270.5	113.03	17763	66.07
云浮	274.49	18.22	249.93	30.87	19999	34.23
珠江三角洲	7991.74	-4.13	6312.84	-8.93	588802	-9.83
粤东	1140.35	17.39	1028.4	25.9	75096	18.91
粤西	1674.92	57.51	1515.53	61.92	124281	58.75
粤北	2310.02	26.24	2079.71	32.13	170026	26.5
粤东西北	5125.29	32.62	4623.64	38.98	369403	33.91

（陈映芝）

2017年广东省新建商品房交易情况

单位：万平方米、亿元、元/平方米

地区	新建商品房						商品住宅					
	面积	比上年增长（%）	金额	比上年增长（%）	均价	比上年增长（%）	面积	比上年增长（%）	金额	比上年增长（%）	均价	比上年增长（%）
广东省	13879.84	-8.1	14384.19	-9.4	10363	-1.4	11310.65	-13.6	10815.96	-18	9563	-5.2
广州市	1332.66	-21.6	2359.4	-17.3	17704	5.5	992.13	-27.1	1634.31	-25.7	16473	1.9
深圳市	413.49	-24.9	2250.75	-22.6	54433	3.1	259.44	-38.6	1412.35	-37.4	54438	1.9
珠海市	187.52	-67.9	387.29	-62.5	20654	16.8	116.7	-78.3	224.8	-75.3	19263	14
汕头市	618.03	54.7	564.13	82.2	9128	17.8	563.05	54.4	489.81	86.2	8699	20.5
佛山市	1756.19	-29.1	1740.27	-24.7	9909	6.2	1169.85	-42.4	1178.4	-39.4	10073	5.3
韶关市	486.53	6.4	246.51	35.2	5067	27.1	456.44	8.8	222.17	43.4	4867	31.8
河源市	540.15	24.2	289.43	43.1	5358	15.2	480.81	23.3	250.78	45	5216	17.7
梅州市	557.26	22.2	330.15	40.5	5924	14.9	504.76	23.1	284.93	43	5645	16.2
惠州市	1422.2	-17.4	1257.67	-6.4	8843	13.3	1236.49	-24.3	1071.55	-14.5	8666	12.9
汕尾市	130.18	0.9	83.09	19.6	6382	18.6	117.28	-7	69.58	4.4	5932	12.3
东莞市	831.06	-24.3	1307.23	-13.1	15730	14.8	567.15	-38.1	937.3	-25.5	16527	20.4
中山市	584.98	-55.4	426.41	-53.9	7289	3.3	280.59	-73.3	230.84	-69.8	8227	13.3
江门市	892.64	11.4	632.42	33.8	7085	20.1	770.42	12.9	546.32	37	7091	21.4
阳江市	524.11	29	274.76	46.7	5242	13.7	482.21	30.2	244.67	48.5	5074	14
湛江市	659.72	72.7	448.13	95.2	6793	13	623.07	75	414.94	100.5	6660	14.6
茂名市	549.99	35.7	349.55	54.5	6356	13.9	522.88	40.4	326.41	67.1	6242	19
肇庆市	685.67	30.9	409.08	58.2	5966	20.9	605.85	30.7	351.97	61.1	5810	23.2
清远市	941.13	13.2	619.99	51.4	6588	33.7	841.04	8.3	551.92	47.2	6562	35.9
潮州市	147.08	72.9	89.21	98.2	6065	14.6	145.61	71.5	87.87	95.8	6035	14.2
揭阳市	278.36	109.2	151.87	91.1	5456	-8.7	261.91	120.1	137.48	108.8	5249	-5.1
云浮市	340.89	54.7	166.85	73.1	4895	11.9	312.96	60.6	147.57	78.3	4715	11
珠江三角洲	8106.41	-24.7	10770.52	-20.8	13286	5.1	5998.62	-34.1	7587.84	-32.3	12649	2.8
粤东	1173.65	57.2	888.3	76.4	7569	12.2	1087.85	56.6	784.74	78.2	7214	13.8
粤西	1733.82	45.3	1072.44	66.7	6185	14.8	1628.16	48.2	986.02	73.9	6056	17.3
粤北	2865.96	19.4	1652.93	46.9	5767	23	2596.01	18.5	1457.37	48	5688	26.6
粤东西北	5773.43	33	3613.67	59	6259	19.5	5312.02	33.3	3228.13	62	6116	22.3

（陈映芝）

2017年广东省二手房交易情况

单位：万平方米、亿元、元/平方米

地区	二手房						二手住宅					
	面积	比上年增长（%）	金额	比上年增长（%）	均价	比上年增长（%）	面积	比上年增长（%）	金额	比上年增长（%）	均价	比上年增长（%）
广东省	8373.18	5	8256.05	5.9	9860	0.8	6962.97	2.9	7410.38	5.6	10643	2.7
广州市	2101.73	-5.6	3628.06	4.5	17262	10.7	1876.32	-6.2	3385.33	4.8	18042	11.7
深圳市	635.7	-33	2069.69	-9.6	32557	34.9	532.01	-33.7	1806.42	-8.9	33954	37.4
珠海市	193.08	-43.4	156.22	-38.6	8091	8.5	146.63	-51.1	136.98	-42	9341	18.6
汕头市	168.31	12.8	73.33	25.7	4357	11.4	150.79	23.2	67.07	27.5	4448	3.4
佛山市	1246.7	34.1	674.07	45.5	5407	8.4	939.53	23.5	587.13	39.4	6249	12.9
韶关市	168.55	56.6	51.95	82.6	3082	16.6	145.03	67.4	45.23	110.8	3119	25.9
河源市	211.78	44.5	53.99	61.9	2550	12.1	179.26	53.1	44.73	76.8	2495	15.5
梅州市	63.69	39.5	17.37	53	2728	9.7	59.67	54.3	15.87	76.9	2660	14.8
惠州市	572.62	15.4	263.21	46.8	4597	27.3	494.98	17.3	239.83	52.4	4845	29.9
汕尾市	70.64	50	19.06	51.5	2698	1	61.91	34.9	17.19	41.4	2776	4.8
东莞市	628.63	-19.3	338.81	-16.2	5390	3.8	547.24	-23.2	316.38	-17.2	5781	7.8
中山市	846.31	10.8	386.06	38.2	4562	24.8	604.47	8.1	302.43	31.4	5003	21.6
江门市	416.18	24.9	162.04	45.6	3893	16.6	333.18	31.8	138.19	47.4	4148	11.8
阳江市	111.41	9.5	26.13	12.1	2345	2.3	95.64	21.5	23.08	28.1	2414	5.5
湛江市	132.54	133.6	48.57	139	3664	2.3	127.15	137.5	46.58	141.3	3663	1.6
茂名市	80.61	51	25.69	47.9	3187	-2.1	74.8	45.5	23.66	44.2	3163	-0.8
肇庆市	227.82	44.4	86.96	57.7	3817	9.2	169.77	49.5	67.91	59.7	4000	6.8
清远市	391.34	97.7	147.27	147.3	3763	25.1	346.2	108.2	125.89	158.4	3636	24.1
潮州市	32.39	2.8	8.21	30.3	2534	26.8	28.91	0.2	7.65	29.4	2646	29.2
揭阳市	19.83	3.1	5.04	-13.3	2542	-15.9	18.82	9.4	4.65	-4.5	2471	-12.8
云浮市	53.33	21.4	14.32	13	2684	-6.9	30.65	-21.7	8.19	-17.5	2670	5.3
珠江三角洲	6868.77	-1.5	7765.12	3.4	11305	5	5644.13	-4.7	6980.6	3	12368	8.1
粤东	291.17	17.9	105.64	27.2	3628	7.9	260.43	21.5	96.56	27.8	3708	5.2
粤西	324.56	53.2	100.39	64.6	3093	7.4	297.59	62	93.32	73.7	3136	7.2
粤北	888.69	64	284.9	96	3206	19.5	760.81	69.9	239.91	109.8	3153	23.5
粤东西北	1504.42	50.3	490.93	69.7	3263	12.8	1318.83	55.9	429.79	76.4	3259	13.1

（陈映芝）

2017年广东省商品房可售面积及消化周期情况

单位：万平方米、月

地区	商品房			商品住宅			非住宅商品房		
	可售面积	连续12个月月均销售面积	消化周期	可售面积	连续12个月月均销售面积	消化周期	可售面积	连续12个月月均销售面积	消化周期
广东省	13225.51	1156.65	11.4	7719.33	942.55	8.2	5506.18	214.1	25.7
广州市	1412.53	111.05	12.7	745.65	82.68	9	666.88	28.38	23.5
深圳市	711.1	34.46	20.6	338.59	21.62	15.7	372.51	12.84	29
珠海市	720.67	15.63	46.1	500.44	9.73	51.4	220.23	5.9	37.3
汕头市	501.65	51.5	9.7	361.46	46.92	7.7	140.19	4.58	30.6
佛山市	1736.13	146.35	11.9	814.58	97.49	8.4	921.55	48.86	18.9
韶关市	342.24	40.54	8.4	221.17	38.04	5.8	121.07	2.51	48.2
河源市	301.88	45.01	6.7	221.72	40.07	5.5	80.16	4.94	16.2
梅州市	298.85	46.44	6.4	217.38	42.06	5.2	81.47	4.38	18.6
惠州市	1082.01	118.52	9.1	707.88	103.04	6.9	374.13	15.48	24.2
汕尾市	111.74	10.85	10.3	102.02	9.77	10.4	9.72	1.08	9
东莞市	951.05	69.26	13.7	515.31	47.26	10.9	435.74	22	19.8
中山市	1340.54	48.75	27.5	711.9	23.38	30.4	628.64	25.37	24.8
江门市	514.35	74.39	6.9	318.75	64.2	5	195.6	10.19	19.2
阳江市	361.48	43.68	8.3	299.24	40.19	7.4	62.24	3.49	17.8
湛江市	432.86	54.98	7.9	277.62	51.92	5.3	155.24	3.06	50.7
茂名市	342.23	45.83	7.5	219.16	43.58	5	123.07	2.26	54.5
肇庆市	674.78	57.14	11.8	302.95	50.49	6	371.83	6.65	55.9
清远市	824.83	78.43	10.5	409.57	70.09	5.8	415.26	8.34	49.8
潮州市	206.65	12.26	16.9	191.78	12.13	15.8	14.87	0.12	123.9
揭阳市	133.28	23.2	5.7	113.44	21.83	5.2	19.84	1.37	14.5
云浮市	224.68	28.41	7.9	128.72	26.08	4.9	95.96	2.33	41.2
珠江三角洲	9143.16	675.55	13.5	4956.05	499.89	9.9	4187.11	175.67	23.8
粤东	953.32	97.81	9.7	768.7	90.65	8.5	184.62	7.15	25.8
粤西	1136.57	144.49	7.9	796.02	135.69	5.9	340.55	8.81	38.7
粤北	1992.48	238.83	8.3	1198.56	216.34	5.5	793.92	22.5	35.3
粤东西北	4082.37	481.13	8.5	2763.28	442.68	6.2	1319.09	38.46	34.3

（陈映芝）

2017年广东省房地产开发企业基本情况

地区	年末实有企业个数（个）						年末实有企业从业人员人数（人）					
		一级	二级	三级	四级	暂定		一级	二级	三级	四级	暂定
广东省	10782	48	261	1982	3856	4635	154818	8996	10476	48725	36826	49795
广州市	1148	12	97	456	77	506	41068	5160	4648	14804	1681	14775
深圳市	931	17	20	436	302	156	32909	2496	2431	17578	7732	2672
珠海市	302	3	4	35	122	138	2793	123	84	410	968	1208
汕头市	250	4	10	62	84	90	2623	370	201	763	495	794
佛山市	1127	3	30	121	806	167	7534	249	584	907	4602	1192
韶关市	406	0	0	55	170	181	5167	0	0	1441	1803	1923
河源市	342	0	4	48	147	143	2485	0	80	490	994	921
梅州市	430	0	9	43	207	171	2511	0	183	434	1036	858
惠州市	1281	1	17	168	160	935	9725	40	340	1680	1120	6545
汕尾市	122	0	0	13	54	55	1694	0	0	239	816	639
东莞市	410	4	14	55	167	170	4166	255	418	903	1267	1323
中山市	716	2	9	93	283	329	5537	200	270	1395	1698	1974
江门市	537	0	3	34	327	173	5119	0	62	449	3041	1567
阳江市	443	0	3	44	120	276	3585	0	90	714	856	1925
湛江市	463	2	22	59	109	271	5817	103	501	1008	1548	2657
茂名市	367	0	2	51	151	163	2893	0	102	620	1035	1136
肇庆市	409	0	2	57	137	213	5563	0	52	1861	1406	2244
清远市	543	0	0	41	184	318	5565	0	0	862	1389	3314
潮州市	108	0	4	15	28	61	1469	0	150	292	371	656
揭阳市	223	0	10	81	90	42	3685	0	236	1487	1333	629
云浮市	224	0	1	15	131	77	2910	0	44	388	1635	843

（陈映芝）

交易面积、交易金额、交易均价及外地人购房比例等网签数据，以及新建商品房和商品住宅批准预售、可售的面积及套数等数据均可供提取分析使用，方便房地产各级行政主管部门及时掌握房地产市场的供应、交易和库存，分析房地产市场运行、商品房库存及消化周期情况，全面、准确掌握房地产市场动态及变化趋势，为房地产市场调控提供决策依据。（柯云燕）

住房租赁市场管理

【概况】 2017年，广东省住房和城乡建设厅加快住房租赁市场立法，加快机构化和规模化租赁企业发展，全省住房租赁工作取得显著进展。省政府办公厅印发《关于加快培育和发展住房租赁市场的实施意见》，对发展住房租赁市场进行专项部署。是年，广东省在国有住房租赁机构和政府住房租赁交易服务平台建设、利用集体建设用地建设住房租赁试点等取得较大进展。广州、深圳、佛山、肇庆等4个全国住房租赁试点城市在完善租赁管理体制、发挥政府主导作用、增加租赁住房供应、扶持培育租赁企业和强化租赁服务监管、保障承租人权益等方面采取系列措施，推进试点取得阶段性成效。但是部分工作处于探索阶段，部分地市政府住房租赁交易服务平台房源比较少、规模化程度不高、市场影响力不足。

【机构化住房租赁】 2017年，广东省住房和城乡建设厅推动广东建鑫公司与地方政府对接，加快地方国有企业住房租赁机构建设。佛山、肇庆、清远、汕头、东莞、中山6个城市与省建鑫公司合作，成立国有住房租赁企业。广州、深圳两市组建市属国有住房租赁企业。截至年底，全省有8个城市成立15家国有企业住房租赁企业，其中广州市3家、深圳市4家、佛山市3家，肇庆、清远、汕头、东莞、中山等市各1家，全省筹集房源近1.8万套。国有住房租赁企业在机构化住房租赁中逐步发挥示范作用。

【集体建设用地租赁住房】 2017年8月，国土资源部制订《利用集体建设用地建设租赁住房试点方案》，确定全国首批开展利用集体建设用地建设租赁住房试点的13个城市，包括广州、佛山、肇庆3市。

3市试点实施方案报送国土资源部、住房和城乡建设部批复。试点在政府有序引导下持续加快租赁住房用地供应，形成可复制、可推广的试点成果。佛山市确定的18个意向启动项目中有11个为集体建设用地建设租赁住房项目。通过利用集体建设用地建设租赁住房，增加租赁住房的有效供应，拓展集体土地用途，拓宽集体经济组织和农民增收渠道，建设成本相对较低。（柯云燕）

国有土地上房屋征收

【概况】 2017年，广东省完善房屋征收和产权保护制度，指导各地建立健全国有土地上房屋征收与补偿配套政策规定。加强全省国有土地上房屋征收补偿信息公开，保障被征收房屋所有权人的合法权益。全年作出征收决定项目236个、建筑面积231.65万平方米，完成征收项目259个、178.65万平方米。但是由于征收决定程序复杂，部分城市存在征收部门设置及工作机制不完善等问题。

【国有土地上房屋征收管理】 2017年，广东省开展国有土地上房屋征收补偿公开各项工作，建立健全房屋征收与补偿社会稳定风险评估机制，各地严格履行房屋征收法定权限和程序，依法依规开展房屋征收搬迁。开展房屋征收管理风险隐患专项排查整改，3月6日，印发《广东省住房和城乡建设厅关于认真做好房屋征收工作完善产权保护制度的通知》，要求各地加快制定和完善房屋征收与补偿配套政策，细化规范房屋征收法定权限和程序，推进房屋征收与补偿工作规范化、法治化建设。广州、深圳、珠海、东莞、阳江、清远等市制定或修订完善本地区房屋征收与补偿实施办法，广州市同时制定多项配套政策，明确征收补偿政策，细化征收操作程序，规范国有土地上房屋征收与补偿行为。是年，全省作出房屋征收决定项目236个，未收到有关违反法定程序的举报。但是由于征收决定的程序复杂，部分城市征收项目时间紧、任务急，先与被征收人协商谈判，如能全部达成补偿协议，往往不作出征收决定就直接实施房屋拆迁及项目建设。部分城市征收部

2017年广东省国有土地上房屋征收情况

地区	作出房屋征收决定情况					完成征收情况			作出补偿决定情况	
	项目个数（个）	建筑面积（万平方米）	住宅	户数（户）	住宅	项目个数（个）	建筑面积（万平方米）	户数（户）	建筑面积（平方米）	户数（户）
广东省	236	231.65	112.92	13611	9657	259	178.65	6107	227685.51	1888
广州市	24	54.81	30.02	2967	2762	10	34.77	2147	609.93	14
深圳市	4	0.39	0.39	4	4	85	73.33	1138	2700	8
珠海市	1	0.12	0.12	18	18	2	0.23	5	0	0
汕头市	0	0	0	0	0	0	0	0	0	0
佛山市	13	18.68	7.48	1126	952	8	6.29	274	5876	111
韶关市	14	27.8	16.73	1085	1071	4	6.54	330	1757.75	657
河源市	0	0	0	0	0	0	0	0	0	0
梅州市	7	19.24	0	435	0	4	25.71	571	10548.99	41
惠州市	10	7.16	0	238	0	4	4.22	192	6300	18
汕尾市	0	0	0	0	0	0	0	0	0	0
东莞市	0	0	0	0	0	0	0	0	0	0
中山市	0	0	0	0	0	0	0	0	3355.5	0
江门市	1	55	29.6	3981	2895	1	1.23	257	0	0
阳江市	0	0	0	0	0	1	1.53	72	0	0
湛江市	75	10.29	10.29	186	186	75	10.29	186	102900	186
茂名市	2	0.38	0.38	62	62	2	0.38	62	3807.79	62
肇庆市	34	16.09	0	1507	0	24	4.99	246	694.19	12
清远市	36	10.61	8.22	882	595	29	3.49	166	34176.13	250
潮州市	0	0	0	0	0	0	0	0	0	0
揭阳市	3	3.7	2.56	321	313	3	3.7	321	0	0
云浮市	12	7.39	7.14	799	799	7	1.96	140	54959.24	529

（续表）

地区	强制执行情况				房屋征收实施单位及从业人员情况		遗留拆迁项目情况		
	申请法院强制执行户数（户）	法院裁定准予执行户数（户）	实际执行户数（户）	法院执行户数	房屋征收实施单位数量（个）	从业人员数量（人）	项目个数（个）	建筑面积（万平方米）	户数（户）
广东省	82	56	15	2	231	2689	115	245.59	27716
广州市	0	0	0	0	73	698	33	49.62	6483
深圳市	0	0	0	0	46	1063	23	32.8	272
珠海市	2	2	0	0	5	32	2	2.02	103
汕头市	0	0	0	0	0	0	24	124.65	15850
佛山市	2	2	2	0	16	180	5	6.1	520
韶关市	5	0	0	0	38	85	5	1.24	62
河源市	0	0	0	0	1	10	0	0	0
梅州市	46	45	11	2	0	0	1	2.79	138
惠州市	2	2	2	0	0	0	0	0	0
汕尾市	0	0	0	0	0	0	2	0.6	68
东莞市	0	0	0	0	0	0	0	0	0
中山市	0	0	0	0	24	120	0	0	0
江门市	0	0	0	0	2	110	0	0	0
阳江市	0	0	0	0	3	67	3	3.24	171
湛江市	0	0	0	0	0	0	0	0	0
茂名市	0	0	0	0	1	38	0	0	0
肇庆市	0	0	0	0	0	0	11	19.46	3621
清远市	25	5	0	0	9	109	1	0.47	68
潮州市	0	0	0	0	1	5	0	0	0
揭阳市	0	0	0	0	10	128	0	0	0
云浮市	0	0	0	0	2	44	5	2.61	360

（陈映芝）

门设置及工作机制不完善，未制定房屋征收补偿配套制度，存在房屋征收工作不规范和落实效率低等问题。下一步须加强房屋征收管理，优化房屋征收程序，建立多元化的房屋征收争议解决机制，细化完善并形成决策民主、程序正当、结果公开的房屋征收与补偿制度机制。

（柯云燕）

物业管理

【概况】 2017年，广东省物业管理行业规模增长迅速，从业人员数量快速增长。截至年底，全省有物业服务企业9566家，从业人员100.56万人，管理面积18.24亿平方米。经济较发达的珠江三角洲地区的物业管理规模走在全省前列，全省物业服务企业优化行业资源配置，加快兼并收购，越来越多的大型物业服务企业对接资本市场，加速企业转型升级，截至年底，广东省有深圳市彩生活服务集团有限公司、中海物业、中奥到家、雅生活等物业服务企业在香港上市。

以诚信建设为主线，加强行业自律　举办诚信在路上高峰论坛，发布行业自律管理系列文件和诚信公约，以行业自律树立行业诚信服务的形象。同时弘扬“工匠精神”，通过宣传培训和开展岗位技能竞赛，提升行业基础服务技能，推动行业创新发展。

推进物业管理体制改革，促进物业管理行业健康发展　积极推动社区物业服务管理和物业服务企业监管模式改革，推动物业服务标准规范、物业服务企业信用评价管理体系建设，开展物业管理立法前期研究。广东省认真贯彻落实《中共中央、国务院关于加强和完善城乡社区治理的意见》，加强社区党组织、社区居民委员会对业主委员会和物业服务企业的指导和监督，支持广州、深圳、珠海等市探索设立物业管理委员会，探索让符合条件的社区居民委员会成员通过法定程序兼任业主委员会成员。全省范围内取消物业服务企业二级及以下资质认定，改为通过加强事中和事后监管，促进行业服务水平提升。组织开发业主大会电子投票系统和住宅专项维修资金信息管理系统，研究运用信息化手段提高物业管理水平。在全省范围内全面开展物业管理专项检查，查处物业管理中存在问题。但是全省存在物业管理制度不完善、业主投票参与率不高等问题。（朱瑞平）

【绿色住区认定】　“广东省绿色住区”于2001年设立，由广东省住房和城乡建设厅批准，广东省社会组织管理局核准。《广东省绿色住区评价标准》于2015年9月1日起作为广东省地方标准正式实施。2017年，华发首府、广州珠江璟园、江门恩平汇银·江南富湾（一期）、名门世家、怡轩壹品湾（一区）、花都颐和山庄、颐和盛世、泷江翡翠城8个项目通过“广东省绿色住区”认定。“广东省绿色住区”覆盖全省19个地级以上市220个住宅小区。（黄劲横）

【宜居社区建设】　2017年，广东省住房和城乡建设厅推动宜居社区建设，人居环境逐步改善。全省建成一批人居环境优美的住宅小区。推进制度机制创新，各地把宜居社区创建纳入城镇化绩效考核内容，组织开展宜居社区考评认定，以评促建。推行宜居社区回访和动态管理制度，完善创建、考核、回访相结合的长效机制，社区建设成效显著。各市采取系列措施推动社区空间、环境、服务、安全、文化、管理等建设，挖掘社区自然景观、历史、文化、生态、旅游、商业、民居风貌等特点，建设一批有特色的宜居社区。佛山市挖掘岭南文化、岭南建筑的特色，把建设宜居社区与岭南文化传承相结合；东莞市挖掘村镇特色，把宜居社区、名村建设和美丽幸福村居建设合并实施；深圳市挖掘现代化城市的特色、创新社区服务模式，把建设宜居社区与推进创新发展、转型发展、低碳发展、绿色发展，建设现代化、国际化城市结合起来。全省创建宜居社区563个。截至年底，全省有“广东省宜居社区”3107个，15个社区被评为“五星级宜居社区”、3092个社区被评为“四星级宜居社区”。

【物业服务监管模式改革】　2017年1月，《国务院关于第三批取消中央指定地方实施行政许可事项的决定》明确取消物业服务企业二级及以下资质认定。9月，《国务院关于取消一批行政许可事项的决定》明确取消物业服务企业一级资质核定。物业管理进入行业自律时代。

2017年，广东省除了通过行业自律来规范行业外，陆续通过信用评价规范行业发展。各地市的物业管理行业主管部门出台实施信用评价办法。佛山、东莞、珠海、江门等城市建立物业服务企业信用信息平台和信用档案，强化信用信息运用，将企业的信用信息作为行业评优评先和招标选判的依据，对信用不良的企业采用“警告、约谈、不参加评优评先、纳入黑名单并进行公布”等惩戒措施。

【物业管理立法】　《广东省物业管理条例》自2008年11月28日修订并于2009年3月1日起施行，在维护物业管理秩序、保障业主合法权益等方面发挥重要作用。但是全省物业管理行业面临着不少新情况、新问题，亟待通过修订法规加以规范。在《广东省物业管理条例》实施期间，个别规定存在与上位法不一致。2017年，广东省推动物业管理相关立法修订。省住房和城乡建设厅开展《广东省物业管理条例》修订前期调研活动；深圳市住房和建设局启动《深圳经济特区物业管理条例》修订程序；广州市住房和城乡建设委员会启动《广州市物业管理条例》立法，开发上线维修资金管理系统，构建物业企业信用管理体系，健全矛盾调解联动机制；佛山市住房和城乡建设管理局制定《佛山市前期物业管理招投标管理规定》《佛山市业主、业主大会选聘物业服务企业管理规定》；珠海市第九届人民代表大会常务委员会第九次会议通过《珠海经济特区物业管理条例》；广东省物业管理行业协会发布与国家政策相符、行业认可、具有可操作性的《广东省物业管理行业自律管理暂行办法》《广东省物业管理行业自律管理惩戒实施暂行办法》《广东省物业服务企业失信名录管理暂行办法》《广东省物业管理行业诚信公约》。

【物业示范项目验收】　2017年10月，按照广东省物业管理示范住宅小区（大厦、工业区）标准，广东省物业管理行业协会组织专家对全省各市报送参加2017年度广东省物业管理示范住宅小区（大厦、工业区）有关项目进行验收，考评验收组通过听汇报、看影像、走现场、阅档案等方式，结合验收标准分析、点评各参评项目，并提出专业的意见和建议，最后认定广州国际

▲广州图书馆被评定为2017年"广东省物业管理行业诚信服务实训基地"
（广东华信物业管理有限公司供稿）

生物岛标准产业单元（二、三期）等65个项目达到"广东省物业管理示范住宅小区（大厦、工业区）"标准，经公示，被评为2017年度"广东省物业管理示范住宅小区(大厦、工业区)"。

【物业管理行业诚信服务实训基地建立】 2017年11月，广东省物业管理行业协会开展广东省物业管理行业诚信服务实训基地评选。从获评国家、广东省物业管理示范项目中选出特别优秀的项目，以"统筹规划、资源共享、示范引领"原则，将实训基地建设成为开放式的、共享型的职业技能培训基地，满足物业管理考察交流、实训教学和技能培养要求。省物业管理行业协会依据申报项目实训条件、项目类型和物业服务企业的综合实力，经公示，认定广州世界贸易中心大厦等25个项目为2017年"广东省物业管理行业诚信服务实训基地。"

【物业管理法律咨询服务】 2017年4月1日起，广东省物业管理行业协会聘请广东省胜伦律师事务所作为常年法律顾问，发挥法律顾问在研究制定物业管理行业自律等作用。5月25日，与广东胜伦律师事务所在广州联合举办2017年物业管理法律服务培训讲座。会员单位负责人、项目经理400多人参加。主讲律师结合广东省物业服务行业现状，从物业企业运营管理层面介绍"物业服务的特征""物业服务十大常见法律问题"两个专题，分析各个环节存在的法律风险，提升物业服务企业在管理中遇到问题的处理能力。6月30日，与广东胜伦律师事务所联合举办"法律咨询日活动"，开通法律热线电话，会员单位代表围绕业主违规停车、业主相邻关系纠纷、房屋维修基金、物业服务企业公司用工风险等问题进行咨询。

【公共标识系统设置研究】 2017年，广东省物业管理行业协会组织公共配套服务专业委员会开展《公共标识系统设置的安全问题研究》。12月20日，公共配套服务专业委员会完成相关课题的研究，并将研究论文及阶段性的研究成果提交中国物业管理协会审核。中国物业管理协会印发《关于公布2017年度物业管理研究课题结题验收结果的通知》，专家评审组按照立项预期目标，从重要性、创新性、客观性等方面对课题进行验收，验收结果为优秀。

【物业管理行业活动】 首届国际物业管理产业博览会暨第三届中国物业管理创新发展论坛在深圳开幕 2017年10月11—13日，由中国物业管理协会主办，深圳市住房和建设局、广东省物业管理行业协会、深圳市物业管理行业协会协办的2017首届国际物业管理产业博览会暨第三届中国物业管理创新发展论坛在深圳开幕。博览会展出面积2.5万平方米，参展单位200余家，观展人数5万人次，达成合作意向万余项，是行业发展36年来最大规模的专业会展活动。该届博览会以"聚力创新、共谋发展"为主题，旨在通过与国内外优秀同行沟通交流，共同探讨物业行业发展的新趋势，全面提升物业管理行业服务品质，为行业转型升级提供新思路和新理念。在此期间，召开第三届中国物业管理创新发展论坛，以"新理念 新价值 新未来"为主题，主论坛邀请经济学家樊纲和美国硅谷创业教父史蒂夫·霍夫曼等嘉宾出席并作主题演讲。13场分论坛分别就智慧社区、共享经济、国际化物业管理、标准助推创新、绿色物业、现代物业服务业创新发展、物业行业风险与防范等主题进行交流。通过"博览会＋主论坛＋分论坛＋配套活动"的多维活动格局，构成相互关联、密不可分的产业链，推动物业管理关联行业的沟通与交流，促成供需双方的有效合作，为物业管理行业和上下游企业带来商机。

广东省物业管理行业职业技能竞赛总决赛 2017年4月22日在广州举行，由广东省住房和城乡建设厅作为指导单位，广东省住房和城乡建设工会委员会和广东省物业管理行业协会共同主办，广州市机电高级技工学校承办的2017年广东省物业管理行业职业技能竞赛总决赛在广州市机电高级技工学校举行。总决赛是中国物业管理行业首次组

2017年广东省物业服务企业基本情况

地区	年末实有企业家数（家）	年末实有企业从业人员人数（人）	年末实有物业管理区域个数（个）	年末实有业主大会个数（个）	年末实有物业服务项目个数（个）		
						住宅	非住宅
广东省	9566	1005635	25188	5411	26332	18397	7935
广州市	2020	169100	5295	986	5295	3175	2120
深圳市	1933	485000	6372	1476	6372	3597	2775
珠海市	450	35000	1850	303	1730	1210	520
汕头市	225	14000	812	41	750	580	170
佛山市	733	28171	1126	676	1874	1587	287
韶关市	153	7458	375	151	375	270	105
河源市	198	8930	352	107	461	347	114
梅州市	89	17800	712	134	712	534	178
惠州市	811	38132	1453	342	1453	1196	257
汕尾市	69	2151	97	11	97	97	0
东莞市	606	58850	2010	260	2010	1600	410
中山市	579	58000	1860	386	1860	1505	355
江门市	285	14250	518	101	395	297	98
阳江市	208	4225	432	38	432	397	35
湛江市	252	30000	480	73	560	480	80
茂名市	151	6225	126	60	131	101	30
肇庆市	234	4935	480	106	472	430	42
清远市	283	11833	498	123	505	422	83
潮州市	31	1893	87	4	85	61	24
揭阳市	138	4870	0	0	369	290	79
云浮市	118	4812	253	33	394	221	173

地区	年末实有物业服务面积（万平方米）			年末实有业主自管项目个数（个）	年末实有其他管理人管理项目个数（个）	年末实有社区居委会代管项目个数（个）	年度企业主营业务收入（亿元）	年度企业利润（亿元）
		住宅	非住宅					
广东省	182396	140723	41673	837	156	154	637.14	67.87
广州市	31950	22400	9550	43	0	0	21.86	1.49
深圳市	51800	36000	15800	16	0	2	510	57
珠海市	9000	6300	2700	110	0	10	31.32	1.88
汕头市	5884	4948	936	0	0	0	0	0
佛山市	18852	15774	3078	279	0	0	22.6	1.47
韶关市	2433	1996	437	2	0	0	4.44	0.03
河源市	1544	1416	128	13	0	0	3.01	0.32
梅州市	4272	3418	854	162	130	120	4.45	0.45
惠州市	14568	12374	2194	0	0	0	9.58	–0.72
汕尾市	549	549	0	9	0	0	0	0
东莞市	1103	1051	52	0	0	20	0	0
中山市	15395	13622	1773	1	0	2	19.11	4.68
江门市	4467	3215	1252	31	0	0	0	0
阳江市	2396	2255	141	22	0	0	0	0
湛江市	4000	2200	1800	70	0	0	3	0.5
茂名市	1183	1115	68	0	0	0	0	0
肇庆市	3762	3563	199	30	6	0	1.19	0.09
清远市	5641	5420	221	17	0	0	0.66	0.08
潮州市	814	697	117	22	10	0	1.67	0.27
揭阳市	1400	1246	154	3	0	0	1.33	0.22
云浮市	1383	1164	219	7	10	0	2.92	0.11

（陈映芝）

2017年广东省住宅专项维修资金情况

指标名称	计量单位	数量
归集情况		
年末维修资金归集总额	万元	7255823.29
年末商品住宅维修资金归集数额	万元	7250536.6
建设（房地产）主管部门或专门机构代管数额	万元	7224311.01
物业服务企业和开发企业代管数额	万元	19939.97
划转业主自管数额	万元	6285.62
年末售后公房维修资金归集数额	万元	5286.69
建设（房地产）主管部门或专门机构代管数额	万元	5286.69
财政主管部门代管数额	万元	0
售房单位自管数额	万元	0
使用情况		
年末维修资金使用总额	万元	116473.96
年末商品住宅维修资金使用数额	万元	116081.6
年末售后公房维修资金使用数额	万元	392.36
增值情况		
年末维修资金增值总额	万元	666581.82
年末商品住宅维修资金增值数额	万元	666138.77
存储增值数额	万元	664217.59
购买国债增值数额	万元	1921.18
其他方式增值数额	万元	0
年末售后公房维修资金增值数额	万元	443.05
存储增值数额	万元	443.05
购买国债增值数额	万元	0
其他方式增值数额	万元	0
代管机构账面情况		
年末维修资金代管机构账面余额	万元	7889501.54
年末商品住宅维修资金代管机构账面余额	万元	7884164.16
年末售后公房维修资金代管机构账面余额	万元	5337.38
本年度归集情况		
本年度维修资金归集总额	万元	1126394.59
本年度商品住宅维修资金归集数额	万元	1126394.59
本年度售后公房维修资金归集数额	万元	0
本年度使用情况		
本年度维修资金使用总额	万元	21719.07
本年度商品住宅维修资金使用数额	万元	21718.07
本年度售后公房维修资金使用数额	万元	1
本年度增值情况		
本年度维修资金增值总额	万元	153477.11
本年度商品住宅维修资金增值数额	万元	153450.45
本年度售后公房维修资金增值数额	万元	26.66

（陈映芝）

织举办的全行业职业技能竞赛的组成部分，以“弘扬工匠精神，争当服务标兵”为主题，是广东省物业管理行业的一次高规格、大规模的技能竞赛活动。在此之前，全省各市物协（房协）组织开展职业技能竞赛初赛，从全省行业2000预赛选手中挑选130名选手参加总决赛角逐，其中物业管理员工种65人、电工工种65人。总决赛各工种综合成绩第一至三名选手被授予“广东省物业管理行业服务标兵”称号，代表广东省于5月参加在上海举办的全国物业管理职业技能竞赛总决赛。5月21日，由住房和城乡建设部人事司指导，中国物业管理协会主办的首届全国物业管理行业职业技能竞赛决赛在上海落幕。历时两天，来自全国30个省级赛区33支代表队选手进行角逐。广东代表队的6位参赛选手在物业管理员和电工两个类别的竞赛中获得多项殊荣。

第六届广东十大文明和谐社区示范活动 2017年由羊城晚报报业集团发起，广东省精神文明建设委员会办公室、省文化厅、共青团广东省委员会、省妇女联合会，广州市民政局、广州市社会组织联合会指导，广东省物业管理行业协会、广州市社会工作协会、广州市义务工作者联合会在广州联合主办。历时七个多月，经过评委会实地考察和评审考量，最终评选出深圳招商雍景湾、广州汇景新城、广州中海名都小区、广州保利星海花园、汕头·香域春天花园等为“十大文明和谐社区”，广州天銮广场、广州奥园春晓花园、清远凤城世家、广州兰亭御园、深圳长城盛世家园二期、广州时代南湾、广州信华花园、广州柏涛雅苑等22个单位分别获“优秀项目奖”，广东公诚设备资产服务有限公司·东莞市长安镇城市花园、广州虹宇物业管理有限公司·西湾和苑等14个单位获“优秀组织奖”。 （朱瑞平）

住房保障

【概况】 2017年，广东省提前超额完成国家下达的棚户区改造及政府投资公租房分配等目标任务。截至年底，全省新开工棚户区改造住房38367套、新增发放租赁补贴6701户，基本建成各类保障性安居工程住房75116套，完成目标任务的104.4%、192.1%和143.4%，实现投资242亿元，全省保障性安居工程建设任务提前超额完成，棚户区改造进度全国排第七名，为历年最快。虽然全省住房保障提前超额完成国家下达广东省年度任务，但是全省住房保障仍存在问题：一是征信系统不完善，对申请家庭资产审核难度大、清退工作执行难；二是由于棚户区改造、公租房建设政策性强，不确定性因素较多，部分城市推进难度增大。

【保障性安居工程建设】 2017年，广东省住房保障制度不断完善。住房保障工作机制逐步优化，城市中低收入住房困难家庭、新就业无房职工、异地务工人员及青年医生、青年教师等群体住房条件得到改善，城市危旧房小区、城中村居民住房条件得到改善，全省新型城镇化建设稳步推进。全年新开工棚户区改造住房38367套，新增发放租赁补贴6701户，基本建成各类保障性安居工程住房75116套，完成目标任

2017年广东省保障性安居工程开工情况

地区	棚户区（套）	城市棚户区（套）	国有工矿棚户区（套）	华侨农场危房改造区（国有垦区危房）（套）	新增发放租赁补贴（户）
广东省	38367	37643	571	153	6701
广州市	5772	5772	0	0	2224
深圳市	8062	8062	0	0	548
珠海市	2863	2710	0	153	242
汕头市	2210	2210	0	0	288
佛山市	1308	1308	0	0	557
韶关市	0	0	0	0	90
河源市	1813	1813	0	0	40
梅州市	3792	3792	0	0	292
惠州市	1700	1700	0	0	94
汕尾市	186	186	0	0	780
东莞市	0	0	0	0	0
中山市	0	0	0	0	266
江门市	481	481	0	0	169
阳江市	265	0	265	0	0
湛江市	4269	4269	0	0	0
茂名市	790	484	306	0	0
肇庆市	2823	2823	0	0	71
清远市	580	580	0	0	426
潮州市	0	0	0	0	428
揭阳市	0	0	0	0	186
云浮市	1453	1453	0	0	0

（广东省住房和城乡建设厅住房保障处）

务的104.4%、192.1%和143.4%。完成国家下达广东省5项住房保障目标任务。截至年底，全省累计新开工建设棚户区改造32.04万套，新增发放租赁补贴6.08万户，完成分配各类公共租赁住房47.28万套。全年新增解决住房困难家庭近12万户，涉及受助困难群众超过36万人；全省各地获棚户区改造的中央及省级的各类补助资金近12亿元，获得国家开发银行、中国农业发展银行的贷款授信额度达到171.17亿元，实际发放棚户区改造贷款89.4亿元，有效减轻各地棚户区改造资金压力。

【住房保障支持政策及机制】 2017年，广东省加强落实资金配套、土地供应和建设专项基金，推进保障性安居工程建设。强化考核、通报、督查、督办、约谈、台账机制，推进保障性住房建设和棚户区改造，确保完成国家下达广东省的住房保障目标责任。年内，广东省创新工作机制，建立定期报告机制，定期向省政府报告工作进展情况，提请省领导协调和解决问题，推进棚户区改造。联合省政府督查室、国资委等部门对国务院大督查、跟踪审计中发现问题的地区及任务完成难度较大的国有工矿项目，开展实地督查督办，推动汕头乌桥岛棚户区改造、阳江阳春石菉铜矿国有工矿、韶关乐昌仁化公租房等项目的历史遗留问题得到有效解决。

2017年广东省保障性安居工程基本建成情况

单位：套

地区	基本建成目标	基本建成总数	保障性住房	棚户区改造住房
广东省	52370	75116	43850	31266
广州市	12000	16274	11718	4556
深圳市	15878	25050	20481	4569
珠海市	2100	2260	294	1966
汕头市	133	133	133	0
佛山市	1420	1629	1105	524
韶关市	2247	3202	0	3202
河源市	511	564	168	396
梅州市	3032	3670	223	3447
惠州市	452	1309	0	1309
汕尾市	100	100	0	100
东莞市	878	878	878	0
中山市	800	1635	1635	0
江门市	2294	2897	2595	302
阳江市	356	428	428	0
湛江市	1000	2900	0	2900
茂名市	1263	1288	1192	96
肇庆市	3202	5093	2061	3032
清远市	3995	4559	0	4559
潮州市	358	358	358	0
揭阳市	0	0	0	0
云浮市	351	889	581	308

（广东省住房和城乡建设厅住房保障处）

【住房保障建设督办】 2017年，广东省住房和城乡建设厅组织建立全省棚户区改造项目台账和全省棚户区改造项目进度倒排时间表，掌握各地棚户区改造项目进展情况，赴全省各地推进督查督办。督促当地政府解决基础设施建设滞后、分配困难群众入住等问题，对各地级市政府住房保障工作开展年度考核。是年，加强日常巡查，采取有计划抽查调研与重点地区反复督导相结合的方式，确保督查督办全覆盖。对各地市开展23次督查督办，实地巡查21个地市，以及汕头潮阳、韶关仁化、河源佗城、湛江东海岛、云浮罗定等70多个县区。

【住房保障宣传报道】 2017年，广东省加强住房保障宣传报道。通过《南方日报》《羊城晚报》《广东建设报》，以及广东建设信息网等官方媒体宣传报道，为住房保障营造良好的舆论氛围。4月，中央人民广播电台的央广网报道《广东省肇庆探索安置超市加“房票”模式推动棚户区改造见成效》；5月，配合国家“砥砺奋进的五年”大型成就展，宣传十八大以来住房保障取得成就，组织收集报送全省保障性安居工程典型经验类、群众满意类的文字、照片、视频等材料；10月，为“世界城市日”组织提供地市棚户区改造、公租房建设在改善城市人居环境的亮点材料。

2017年，为让人民群众了解住房保障及相关政策，鼓舞基层住房保障人，广东省住房和城乡建设厅向省宣传部门推荐韶关市住房保障中心物业部部长、全省住房城乡建设系统基层党员的唯一代表甘惠芳先进事迹在省委机关网——南方新闻网刊发。

【公租房分配入住管理】 2017年，国家下达广东省人民政府投资公租房分配目标任务为2013年底前和2014年政府投资公共租赁住房应分配数不低于200706套和17943套

2017年广东省住房保障完成和资金投入情况

单位：万元

项目	合计	中央补助	省级补助	地方债券	市县一般预算	土地出让净收益
广东省	2419978	21255.18	19727.98	6781.12	595867.9	231689.8
公共租赁住房	915504.1	10529.96	7621.95	6660.68	219228.4	227265.7
新建改建	909991.9	10529.96	7621.95	6660.68	213716.1	227265.7
购买	0	—	—	—	—	—
长期租赁	5512.25	—	—	—	5512.25	—
经济适用住房	13712.67	—	—	—	4188.16	—
限价商品住房	106780.8	—	—	—	53853.62	—
城市棚户区	1290262	3511.26	5350.53	120.44	303619.1	2548.13
国有工矿棚户区	80682.04	7213.96	6755.5		10342.68	1876
国有林区（场）棚户区（危旧房）	0	—	—	—	—	—
华侨农场危房改造	13036	—	—	—	4636	—
租赁补贴	29930.19	650.54	500.58	57.15	2149.09	7928.06

项目	住房公积金增值净收益	企业、个人筹集	公积金贷款	银行开发贷款	其他非银行金融机构融资	住户自筹	单位补助	其他投入
广东省	9284.87	977522.8	0	354690.3	0	3944.4	0	177335.6
公共租赁住房	7078.37	363900	0	8375.5	0	0	0	64843.6
新建改建	7078.37	363900	0	8375.5	0	0	0	64843.6
购买	—	—	—	—	—	—	—	—
长期租赁	—	—	—	—	—	—	—	—
经济适用住房	—	9524.51	—	—	—	—	—	—
限价商品住房	—	52927.22	—	—	—	—	—	—
城市棚户区	963	535343.1	0	326314.8	0	0	0	112492
国有工矿棚户区	1243.5	7428	—	20000	—	3944.4	—	—
国有林区（场）棚户区（危旧房）	—	—	—	—	—	—	—	—
华侨农场危房改造	—	8400	—	—	—	—	—	—
租赁补贴	0	0	0	0	0	0	0	9.66

（广东省住房和城乡建设厅住房保障处）

两项新增年度任务指标，分配比例分别不低于70%和65%。年内，全省2013年底前和2014年政府投资公共租赁住房分别新增分配74555套和15346套，累计分配分别达到238021套和19974套，分配比例分别为83.01%和78.09%，完成目标任务比例为118.59%和120.14%。

【棚户区改造货币化安置】 2017年，广东省住房和城乡建设厅按照因地制宜、因城施策的原则，结合居民意愿来推进货币化安置。商品住宅消化周期在15个月以下的市县，控制货币化安置比例，采取新建棚户区改造安置房的方式；商品住房库存量大、市场房源充足的三四线城市和县城，尽量提高货币化安置比例。全年全省新开工棚户区改造住房38367套，其中棚户区改造货币化安置户数7707户，新开工棚户区改造住房套数比例20.1%；三线、四线城市棚户区改造货币化安置比例35.6%。

【棚户区改造投融资】 2017年，广东省深化棚户区改造投融资模式改革，加强与国家开发银行、农业发展银行等对接沟通，与各地棚户区改造主管部门和项目融资主体座谈。通过请上来和走访基层相结合，加强对各地住房保障部门在棚户区改造融资政策业务指导。加强有关政策的宣传学习和培训，解读政府采购服务融资模式和案例，协调解决融资遇到问题。截至年底，全省新开工棚户区改造项目中，11个项目通过审批，合计获得贷款授信额度171.17亿元，发放棚户区改造贷款89.4亿元；1个项目通过PPP融资审批，获得融资额5.6亿元，缓解相关地区棚户区改造融资压力。

【高层次人才安居工程】 2017年，广东省住房和城乡建设厅贯彻落实《关于我省深化人才发展体制机制改革的实施意见》，会同省人才办公室编制《广东省高层次人才安居工程实施办法（试行）》（简称《实施办法》）。先后赴上海、江苏、北京、深圳等兄弟省市学习调研，并与住房和城乡建设部政策研究中心座谈，学习借鉴全国10多个省市的经验和做法，吸收住房和城乡建设部专家的政策建议。《实施办法》创新点与突破点如下：明确高层次人才安居的适用范围、安居原则和方式；明确省级购房补贴及发放形式；发挥住房公积金对高层次人才安居的支持作用；发挥用人单位与社会力量在高层次人才安居的作用；鼓励各地结合实际，制定与完善高层次人才安居政策。

【棚户区改造新模式】 2013年以来，全省通过货币化安置方式，实施棚户区改造39666户。综合采取政府购买、组织团购楼盘、鼓励开发商让利、成立“棚改安置住房超市”等多种形式的房源对接和服务活动，多渠道保障棚户区改造对象安置房源。2017年，广东省构建棚户区改造新模式，实现住房保障形式多样化，鼓励引导各地采用“先建后拆、先安后拆”模式，建设棚户区改造安置住房，缩短居民安置周期，降低过渡安置费用。采取因地制宜和因城施策推进货币化安置政策。年内，根据《关于推进住房保障货币化改革的指导意见》，引导全省各地结合各市商品房库存、棚户区改造居民意愿等实际情况，通过提高补偿标准、奖励等方式，推进棚户区改造货币化安置。

（黄咏怡）

住房公积金

【概况】 2017年，广东省各地配合国家和省宏观调控，以促改革为重心，加强信息化建设和调查研究，扩展信息互通互联。以控制资金管理运行风险为目标，落实“降成本”各项政策措施。截至年底，全省实际缴存公积金职工人数1478.34万人，比上年增加137.77万人；全省缴存总额12970.41亿元，增加2034.58亿元，增长15.25%。全省缴存余额4665.83亿元，增加577.03亿元，增长14.11%。全省住房公积金提取总额8304.58亿元，占住房公积金缴存总额的64.02%；全年提取额1457.55亿元，比上年增长10.25%，占当年缴存额的71.61%。全省个人住房公积金贷款发放总额5291.56亿元，累计发放161.81万笔，比上年同期略有下降。但是全省仍然存在资金使用不平衡的情况，部分地区存在住房公积金流动性风险偏高情况。韶关、汕头、佛山、湛江、茂名、江门和清远7市个人贷款率在90%以上，肇庆市个人贷款率超过100%。

【供给侧结构性改革——“降成本”】 2017年，广东省住房和城乡建设厅确定全省公积金行业2017年度“降成本”目标是为企业单位降低住房公积金缴存成本150亿元。年内，要求全省各地严格贯彻落实国家政策，确保政策执行到位。11月，省住房和城乡建设厅会同省财政厅、省台湾事务办公室、省总工会联合对全省住房公积金管理中心规范工作进行检查。截至年底，全年累计为企业降低住房公积金缴存成本153.6亿元，10400多家企业、78万人降低住房公积金缴存比例。

【“多证合一、一照一码”改革】 2017年7月，国务院办公厅印发《关于加快推进“多证合一”改革的指导意见》，要求各地在“五证（工商营业执照、组织机构代码证、税务登记证、社会保险登记证和统计登记证）合一”基础上，提升为“多证合一”，将涉及企业登记、备案等有关事项和各类证照整合在工商营业执照，实现“多证合一、一照一码”。9月，省工商局等七部门联合印发《关于在全省统一实施“多证合一、一照一码”改革的通知》，正式在全省住房公积金行业推进“多证合一”工作。截至年底，深圳、东莞和中山3市全面完成改革，企业在工商局办理登记时即可同时办理单位住房公积金缴存预登记业务。

【流动性风险管理指导意见制定】 2017年3月，广东省住房城乡建设厅副厅长李台然带队调研住房公积金资金流动性风险问题，与相关市共同分析面临的形势、研究存在问题、流动性风险产生成因和需要采取措施。针对全省部分地市出现的住房公积金流动性问题，11月，为加强全省住房公积金监管，防范和控制住房公积金资金流动性风险，《广东省住房公积金资金流动性风险预警和管理的指导意见》印发。12月，省住房和城乡建设厅依据该意见印发《广东省住房公积金资金流动性预警通知书》，对肇庆市提出三级预警，要求迅速采取措施，确保资金运行安全。截至年底，全省住房公积金个人贷款率73.5%，全省个

2017 年广东省住房公积金缴存情况

单位：万元

地区	实缴人数（人）	缴存总额	缴存余额	当年缴存额	占缴存余额（%）	增值收益
广东省	14783377	129704131.92	46658344.12	20345818.01	43.61	705244.93
广州市	3574142	51658479.09	14739597.71	6782808.12	46.02	226025.82
深圳市	4763854	24754382.01	13668568.53	5668479.32	41.47	250480.55
珠海市	429123	5007474.47	985372.03	662625.27	67.25	632.62
汕头市	237354	2672451.76	1009827.24	373968.57	37.03	26794.86
韶关市	171488	2487572.43	789104.81	316731.78	40.14	16827.34
河源市	151896	1144276.23	394986.71	188185.91	47.64	4969.45
梅州市	211535	1590331.84	680190.27	272855.89	40.11	6132.25
惠州市	630640	3952499.26	1459106.78	639319.51	43.82	18566.53
汕尾市	93865	606110.89	219237.40	104839.62	47.82	1676.43
东莞市	1193332	7297541.34	2730155.68	1089035.32	39.89	25006.19
中山市	334356	2737174.13	976728.44	415033.9	42.49	14227.97
江门市	338991	3667031.47	1062203.35	476265.57	44.84	14571.09
佛山市	1311329	7976962.86	2450188.23	1229622.77	50.18	24770.4
阳江市	118905	993463.55	418427.09	174064.77	41.6	4939.94
湛江市	347036	3560083.21	1378753.91	498386.54	36.15	19082.09
茂名市	192677	2339059.83	992897.15	337479.86	33.99	16519.82
肇庆市	203455	1865913.78	653962.87	298546.53	45.65	7495.29
清远市	171310	2217551.89	763445.46	347624.89	45.53	11217.74
潮州市	91930	877292.03	303013.41	127665.67	42.13	3169.3
揭阳市	154096	1251488.53	557635.33	190100.74	34.09	7223.46
云浮市	62063	1046991.32	424941.72	152177.46	35.81	4915.79
珠江三角洲	12779222	108917458.41	38725883.62	17261736.31	44.57	581776.46
东翼	577245	5407343.21	2089713.38	796574.6	38.12	38864.05
西翼	658618	6892606.59	2790078.15	1009931.17	36.2	40541.85
粤北山区	768292	8486723.71	3052668.97	1277575.93	41.85	44062.57

（张文宇）

2017 年广东省住房公积金使用情况

单位：万元

地区	个人提取情况		个人贷款情况					
	提取总额	当年提取	累计发放额	当年发放额	贷款余额	个贷率（%）	累计发放笔数（笔）	逾期率（‰）
广东省	83045787.8	14575490.11	52915585.42	6612642.47	34296110.95	73.5	1618106	0.3
广州市	36918881.38	5579153.37	20509115.87	1953503.11	11826122.59	80.23	496869	0.5
深圳市	11085813.48	2961748.97	9159361.1	1817312.7	7649592.61	55.96	158558	0.05
珠海市	4022102.44	515061.38	1384210.91	39618	723682.17	73.44	73796	0.03
汕头市	1662624.52	363647.52	1166050.35	257587	899548.98	89.08	32652	0
韶关市	1698467.62	268023.97	1043316.2	190060.67	723674.84	91.71	59459	0.35
河源市	749289.52	142156.83	575251.49	74387.7	320970.4	81.26	32418	0.81

（续表）

地区	个人提取情况		个人贷款情况					
	提取总额	当年提取	累计发放额	当年发放额	贷款余额	个贷率（%）	累计发放笔数（笔）	逾期率（‰）
梅州市	910141.57	188737.59	954378.12	123807.8	592368.58	87.09	50416	0
惠州市	2493392.48	458970.14	1730302.35	140689.7	1083734.7	74.27	84399	0.71
汕尾市	386873.49	73044.47	123213	53394.6	114837.29	52.38	5931	0
东莞市	4567385.66	745472.23	2707885.72	227412.32	1485535	54.41	76444	0.32
中山市	1760445.69	274165.76	1037292.33	49181.6	553142.51	56.63	38422	0.12
江门市	2604828.12	447044.45	1664571.63	192112.2	1037694.8	97.69	77598	0.08
佛山市	5526774.63	900329.79	3559563.11	280909.39	2275871.69	92.89	129438	0.21
阳江市	575036.46	129210.69	535855.3	79489.4	368347.07	88.03	22944	0.08
湛江市	2181329.3	408612.49	1950830.04	278179.3	1292840.28	93.77	76863	0.35
茂名市	1346162.68	276205.97	1400972.07	228735.59	929633.03	93.63	54128	0.24
肇庆市	1211950.91	271590.92	999237.54	180541.68	700776.92	107.16	49992	1.32
清远市	1454106.43	266213.41	1092010.07	178718.2	724799.43	94.94	45500	0
潮州市	574278.62	71607.36	282132.8	66024	221825.67	73.21	8320	0
揭阳市	693853.2	113429.12	502441.06	126877.17	394386.95	70.72	18045	0
云浮市	622049.6	121063.68	537594.36	74100.34	376725.44	88.65	25914	0.04
珠江三角洲	70191574.79	12153537.01	42751540.56	4881280.7	27336152.99	70.59	1185516	0.33
东翼	3317629.83	621728.47	2073837.21	503882.77	1630598.89	78.03	64948	0
西翼	4102528.44	814029.15	3887657.41	586404.29	2590820.38	92.86	153935	0.28
粤北山区	5434054.74	986195.48	4202550.24	641074.71	2738538.69	89.71	213707	0.19

（张文宇）

人贷款率超过90%的城市有7个。

【住房公积金异地转移接续】 2017年7月1日，广东省与全国住房公积金异地转移接续业务平台同步上线运行，全面开展职工个人住房公积金异地转移接续业务。广东省是人口流动大省，开展住房公积金异地转移接续业务，对外来和异地务工人员尤为重要，该类人群可以通过平台在不同城市间转移个人住房公积金。通过平台转移的公积金，可以接续转出地的缴存时间，只要两地合计缴存时间符合要求，可立即在当地申请公积金贷款。截至年底，开展异地贷款半年时间，办理转入申请2.54万笔，办结金额7.31亿元；转出申请3.05万笔，办结金额6.73亿元。其中，广州、深圳、佛山、东莞和中山5市异地转移业务发生量远高于其他城市，5市业务约占全省的85%。

【公积金“双贯标”“综合服务平台”建设】 2017年，广东省住房和城乡建设厅推动全省各地落实“双贯标”“综合服务平台”建设。8月，茂名市通过国家验收组对该市“双贯标”检查验收，成为广东省第一家“双贯标”通过验收的公积金中心。年内，全省“双贯标”工作现场会在茂名召开。12月，中山、肇庆、云浮、韶关4个中心通过部省“双贯标”工作联合检查验收组检查验收。东莞、江门、中山、肇庆中心通过“综合服务平台”检查验收。截至年底，全省有5个中心通过“双贯标”验收，4个中心通过“综合服务平台”验收。

【住房公积金贷款支持保障性住房建设试点】 2012年，广东省佛山市、江门市被批准成为全国第二批住房公积金贷款支持保障性住房建设试点城市。两市贷款支持建设公租房项目于2015—2016年建设完成并分配入住。截至年底，江门市原计划于2024年还清的两笔项目贷款，合计金额1.5亿元，由市政府提前还款。佛山市有贷款余额450万元，计划于2018年9月全部还清。

（张文宇）

·编辑　李勇·

建设科技与绿色建设

□广东省 BIM 产业技术创新联盟成立

□工程建设地方标准实施监督

□装配式建筑发展体制逐步健全

□城乡规划建设遥感监测执法实现全省全覆盖

□网络信息安全问题“零通报”

综　述

【概况】 2017年，广东省住房和城乡建设厅坚持把科技成果转化、实施技术标准作为新型城镇化建设和绿色发展的关键，把科技进步和善于运用信息化手段作为推动住房城乡建设事业发展的动力，推动全省建设科技、建设信息、建筑节能、绿色建筑、装配式建筑和工程建设标准等发展。全年有40个科技项目列入住房和城乡建设部科技计划，组织完成6个住房和城乡建设部科技计划项目验收；发布9部广东省工程建设地方标准；省政府网上办事大厅25个行政审批事项的网上办理率、网上办结率、网上全流程办理率均达到100%；全省新增绿色建筑评价标识项目面积5907万平方米，其中运行标识面积160万平方米，超额完成全年发展绿色建筑目标；新建装配式建筑面积超过937万平方米。年内，全省住房和城乡建设系统获2017年度“华夏建设科学技术奖”7项，其中二等奖1项、三等奖6项；广东省标准《高层建筑混凝土结构技术规程》获“广东省科学技术奖”三等奖。但是全省建设科技成果推广应用的机制仍不够健全，住房城乡建设领域信息系统整合共享有待加强，建筑节能与绿色建筑的法规政策和体制机制有待完善。 *（林佳衡）*

【BIM产业技术创新联盟及成果应用】 2017年4月，广东省建筑科学研究院集团股份有限公司联合多家企事业单位、高校、行业协会、中介机构和金融机构成立广东省BIM产业技术创新联盟（简称“联盟”）。联盟旨在以行业需求为导向，建设产学研相结合的创新平台，整合行业资源，组织重大技术和难点技术创新攻关，加快研究成果共享与转化，推进全省BIM应用技术、标准和软件协调配套发展，实现技术成果产业化和标准化。经省科技厅组织专家评审和网上公示，联盟被认定为2017年度广东省产业技术创新联盟之一。年内，省住房和城乡建设厅举办首届BIM应用大赛成果展。成果展分为BIM技术介绍、首届BIM应用大赛获奖项目名单、一等奖作品展3个部分，向群众普及BIM技术概念和应用领域，宣传国家和广东省为推广BIM技术发布政策。宣传BIM技术在实现建筑全生命期数据共享、项目方案优化与精细管理、建筑节能环保及科学决策等方面发挥基础支撑作用。 *（黎锋）*

【城乡规划建设遥感监测执法实现全省全覆盖】 2017年初，广东省建设信息中心完成“广东省规划建设遥感监测执法系统建设及应用”项目建设，并于3月通过住房和城乡建设部建筑节能与科技司的初步验收。于10月27日，通过住房和城乡建设部信息中心在北京组织项目验收，该项目被认定为住房和城乡建设部信息化示范工程项目。年内，广东省建设信息中心推进遥感监测范围“三步走”战略，全年对粤东西北韶关、河源、梅州、汕尾、阳江、茂名、肇庆、清远、潮州、揭阳、云浮11个市的规划实施情况进行动态监测。年内，监测范围扩展到全省21个地级以上市及佛山顺德区，监测面积17.8万平方千米，重点监测城市规划区、生态控制线和城市开发边界。截至年底，完成两期监测任务。全省11市的规划建设遥感监测与住房和城乡建设部的违法监测互为补充，提高规划建设管理的效率和精准度，实现“到2017年底全省实施遥感监测的全覆盖”目标。通过城乡规划建设遥感监测，搭建规划管理“一张图、一张网”平台，遥感监测技术具有大范围、可视化、短周期、多信息特点，可及时、准确地掌握规划实施和城市建设信息，初步建立“天上看、地上查、网上管”的规划建设执法立体网络。

2017年，广东省住房和城乡建设厅委托省建设信息中心对省规划建设遥感监测执法系统进行升级维护建设，提高系统数据计算与存储能力，强化数据安全体系，优化用户使用体验。按违法类型下发违法图斑到地市，明确各职能部门责权；增加数据异地容灾备份功能，保障系统数据安全，提高系统的容灾能力；加载住房和城乡建设部违法图斑数据，并进行数据关联；研发执法系统移动端功能，提高遥感监测执法效率。 *（黄茜）*

【建设行业省级基础数据中心库项目建设】 2017年，广东省住房和城乡建设厅以“三库一平台”管理信息服务系统、省外进粤企业和人员信息登记管理平台和广东省建筑市场监管公共服务平台的数据为基础，以企业、人员、项目、诚信信息“四位一体”联动管理为核心，启动专项资金信息化项目——“广东省建设行业省级基础数据中心库”建设。10月，完成项目主体功能开发，并通过省经济和信息化委员会验收。项目梳理和重构建设行业基础数据指标，完善基础数据结构设计，健全行业企业和人员动态电子化档案，动态关联和引用工程项目与诚信信息，实现建设行业基础数据库优化升级；完成系统前台企业、人员、项目、诚信信息关联展示和联合查询，以及后台信息共享、业务协同、数据统计、系统配置等功能模块。实现与省级政务信息资源共享平台实时对接。“广东省建设行业省级基础数据中心库”为全省建设行业各级主管部门开展行业管理提供有效的数据支撑和业务支撑。 *（龙赛姗）*

建设科技

【概况】 2017年，广东省推进住房城乡建设科技创新，实施创新驱动发展战略，提升建设科研成果质量。围绕新型城镇化建设、提升行业管理水平、促进信息化与工业化融合、推进建筑行业转型升级等，依托科研机构、高等院校、大型企业、投资机构、社会组织等，加强装配式建筑、建筑节能和绿色建筑、海绵城市建设、城市综合管廊建设、城市轨道交通建设、工程质量安全、BIM技术、工程建设领域信息技术等相关实用技术研究。建设科技创新平台逐步增多，深圳市入选首批"装配式建筑示范城市"，碧桂园控股有限公司等15家企业被认定为"国家首批装配式建筑产业基地"。年内，建立"广东省装配式建筑产业发展联盟""广东省BIM产业技术创新联盟"。东莞市住房和城乡建设局牵头成立东莞市BIM技术联盟，打造"产、学、研、用"共促技术创新平台。围绕建设领域前沿技术和新型产业，引领带动建设科技成果转化，发挥科技示范带头作用。但是全省建设科技推广应用机制仍不健全，注重建设科技课题研究和技术攻关，忽视推广应用，科技发展总体水平不高，科技成果对行业和产业的核心支撑不明显。

▲2017年6月20日，广东省住房和城乡建设厅组织开展建筑节能与绿色建筑项目现场观摩活动。厅总工程师陈天翼（前排右二）出席

（广东省住房和城乡建设厅科技信息处供稿）

【建设科技计划】 2017年，广东省有40个项目列入住房和城乡建设部科学技术计划，包括软科学研究项目3个、科研开发项目16个、科技示范工程项目20个、国际科技合作项目1个。

【城市智慧停车整体解决方案关键技术应用】 于2017年完成，完成单位是深圳市城市交通规划设计研究中心有限公司。该项目组构建停车政策、法律法规、管理机制等顶层设计体系，研究停车价格机制与道路运行状况的机理，建立相关分析与评估模型，开发智慧停车管理和服务平台，制订滚动评估机制，最终形成涵盖城市停车"政策—应用—评估"3大层次，"政策纲领、法律法规、价格机制、系统设计、设施规划、平台开发、评估改善"7个方面的"全过程、全闭环"基于城市交通需求管理的城市停车智慧整体解决方案和关键技术。在多个领域实现创新与突破，首次提出涵盖"策略—规划—实施—保障"的政策体系；在国内首次建立停车管理法定机构，实现停车建设、收费、执法一体化；在国际上首次建立与道路运行及交通排放相关联的交通需求调控的动态数据模型体系，实现与停车价格科学动态的双向调控；在国内首次采用粒子跟踪测速技术（Partical Track Velocimetry）对检测区域进行动态监测，实现对停车执法的精准管控；在国内首次采用"手机＋射频"技术，作为停车位预定和支付手段，实现远距离自助支付，降低运营成本。

该项目成果转化形成住房和城乡建设部关于加强城市停车设施管理的政策文件；支撑国家发展和改革委员会、住房和城乡建设部等7部委《关于加强城市停车设施建设的指导意见》。制定《停车服务与管理信息系统通用技术条件》（公安部）等7项标准规范。推动地方法规建立与完善，建立国内首例"互联网＋智慧停车"的管理系统。停车双向动态调价模型对交通拥堵调节效果显著。基于停车全过程的智慧出行引导系统在深圳推广应用。全省建立动态评估长效机制，优化停车收费标准。获国家发明专利9项、软件著作权11项、学术专著1本、论文17篇。 （张晓春　吕国林）

【智慧城市建设】 2017年12月，广东省住房和城乡建设厅组织编制的《广东省智慧城市发展建设导则（规划建设部分）》（简称《导则》）通过专家验收。《导则》结合国家相关标准规范，以及广东省11个试点城市建设经验，从总体建设、平台建设、专题建设和智慧城市的申报、实施、验收等方面，提出广东省智慧城市（区、镇）的建设要求。《导则》可降低智慧城市盲目建设的风险，解决广东省智慧城市建设存在的缺乏统筹规划、重建设轻管理或创新、缺乏市场导向和缺乏信息整合等问题。 （黎锋）

【建设科技行业活动】 虎门二桥创新技术推广　2017年7月7日，广东省土木建筑学会组织举办虎门二桥创新技术观摩会。邀请广东省公路建设有限公司虎门二桥分公司、中交第二公路工程局有限公司介绍虎门二桥建设关键技术和大沙水道桥上部施工，组织参会人员参观虎

▲2017年7月7日，广东省土木建筑学会举办虎门二桥创新技术观摩会

（广东省土木建筑学会供稿）

门二桥预制厂和施工现场。广州、珠海、江门、新会、佛山、顺德等地260多名工程技术人员参加。虎门二桥工程是广东省高速公路网规划中连接广州和东莞的重要东西向通道，总长度12.89千米，桥梁宽度40.5米，由坭州水道桥、大沙水道桥和引桥及东涌、海鸥岛、沙田三座互通立交组成，坭州水道桥采用658＋1688米双跨吊悬索桥，大沙水道桥采用主跨1200米单跨吊悬索桥，引桥采用30~62.5米预应力混凝土箱梁。虎门二桥项目在规划、设计、施工等方面采取多项创新技术达到国际先进水平和国内领先水平。工程特点与创新技术包括：合理结构体系及关键装置研发、复合地连墙锚碇基础研究、可更换多股成品索预应力锚固系统、良好抗风稳定性的整体式钢箱梁、1960MPa高强度钢丝主缆索股、全面集成主动式防腐体系、基于“锥套锁紧接头”的塔柱钢筋网片预制安装、BIM在工程建设中的应用。

城市地下综合管廊新技术交流会　2017年9月8日，2017城市地下综合管廊新技术交流会暨项目观摩会在广东科学馆举行。中建八局广西建设有限公司讲解“肇庆地下综合管廊EPC工程总承包建造技术”，广州地铁设计研究院有限公司讲解“盾构法修筑城市综合管廊设计”，广州市市政集团有限公司讲解“装配式管廊建设关键技术研究与应用”。与会专家介绍国内综合管廊工程的建设开发模式，介绍综合管廊的发展前景、困难和机遇。分享中国近阶段综合管廊建设的若干工程案例，展示肇庆新区综合管廊项目概况、特点、施工难点、关键技术、管理成果。参会人员到肇庆新区城市地下综合管廊项目现场进行实地观摩学习。肇庆综合管廊的特点是将水、电、通信等所有市政管线集中设置在1~3个管舱内；为让所有市政管线安全运作，舱内整合多种监控和检修设施；管舱内备有吊桩、消防、通风、供电、照明、排水等附属系统。每个管舱的顶部配备数条滑动轨道，舱内监控机器人24小时不间断巡查，发现燃气泄漏等安全事故会及时发出警报。设有消防设施灭火，管舱自动闸门，防止火势蔓延。管廊内可通行检修车辆。

大直径（搅拌）旋喷桩安全支护技术推广　2017年9月20日，由广东省土木建筑学会主办，广州市第二建筑工程有限公司承办、广东省土木建筑会工程施工专委会协办的大直径（搅拌）旋喷桩安全支护技术学术研讨观摩会在广东科学馆召开。会议围绕大直径（搅拌）旋喷桩在软土地区的适用，邀请广州第二建筑工程有限公司就大直径“类刚性—水泥土桩”在深基坑支护工程中的应用进行讲解，介绍类刚性大直径（搅拌）旋喷桩发展历程及技术特点；介绍南沙建滔广场项目案例设计理念和施工工艺等。邀请华南理工大学副教授陈俊生就“类刚性水泥土墙”支护结构的应力应变机理和实际应用研究，对比介绍三维有限元模型与现测数据建模。与会专家实地观摩广州南沙建滔项目。南沙建滔广场周边环境复杂，临地铁四号线等，总用地面积1.26万平方米，设置3层地下室，开挖深度为12.5~13米，基坑周长445米，为一级基坑，采用大直径搅拌（旋喷）桩加内支撑的支护形式。与会专家均认为，大直径搅拌（旋喷）桩基坑支护方式是一种经济、安全、高效的支护方式，特别在广东地区软土地质比传统支护方式更具优势。

粤港澳高校技术大赛　2017年6月17日，广东省土木建筑学会粤港澳土木工程优秀毕业生暨“广厦杯”粤港澳高校结构设计信息技术大赛颁奖礼在华南理工大学召开。广东省土木建筑学会粤港澳土木工程优秀毕业生奖于2016年设立，2017年参加评选的高校扩展至香港和澳门。“广厦杯”粤港澳高校结构设计信息技术大赛是建筑与工程领域的知名综合性赛事。粤港澳地区及内地各省、市29所高校的281支队伍参赛，150支队伍作品进入评审，评出一等奖5名、二等奖15名、三等奖38名、优秀奖36名、优秀团奖5个。（冯晓娟）

【建设科技项目选介】　深圳长富金茂大厦异形超高层建筑综合施工技术研究项目　于2017年列入住房和城乡建设部科技计划项目，由中铁建工集团有限公司完成，通过住房和城乡建设部科技计划项目形式验收。该项目对异形超高层综合性施工技术进行研究，该项目在施工过程中开展绿色施工科技示范活动，推广应用钢与混凝土组合结构，以及高强高性能混凝土、超高泵送混凝土、BIM技术、金属矩形风管薄钢板法兰连接等建筑业十项新技术中的10大项25小项技术。在纺锤形结构可伸缩施工升降脚手架、超高层构件式玻璃幕墙、复杂外立面精准测量控制技术等方面创新，在附楼交叉柱结构设计、复合桩环撑加锚索基坑支护设计、蒸压陶粒混凝土墙板设计、超高层塔吊施工方案、超高层穿插施工方案、地下室平面分区施工方案等方面具有优化效果。该研究获“四节一环保”（节能、节地、节水、节材和环境保护）绿色施工成果，获2项发明专利、7项实用新型专利，以及“国家优质工程奖”等，项目具有示范作用。

广州宏鼎大厦工程项目施工过程中的施工技术应用与创新项目 于2017年被列入住房和城乡建设部科技计划，由广州市第二建筑工程有限公司完成，通过住房和城乡建设部科技计划项目形式验收。该项目在广州宏鼎大厦开展绿色施工科技示范活动，推广及应用具有自主知识产权的新技术、新设备、新工艺、新工法，促进绿色施工各项指标完成。通过铝合金模板应用、数控钢筋调直切断机应用、预制临时路面及定型化工具临时设施应用、预应力扩大头锚索技术、基于BIM的管线综合碰撞检查技术、现场中水处理技术、基于BIM的岩溶地区全套管灌注桩溶洞处理施工技术等，提升项目“四节一环保”效果。该项目获国家发明专利2项、实用新型专利7项、省级工法3项，项目具有示范作用。 （王鸣）

工程建设标准化

【概况】 2017年，广东省住房和城乡建设厅推进工程建设标准制修订，发布《广东省绿色建筑评价标准》等9部地方标准。强化工程建设地方标准实施指导监督，开展重要工程建设标准宣贯培训，加强对各地实施光纤到户、无障碍环境建设国家标准实施情况监督。深化工程建设标准化改革，完成22部现行地方标准强制性条文整合精简，其中废止2部，废止全部强制性条文转化为推荐性标准4部，废止部分强制性条文并保留为强制性标准16部。启动广东省工程建设标准化管理信息系统建设，出台《广东省工程建设地方标准编制（修订）工作指南》，开展工程建设标准编制培训，推进住房和城乡建设部重点课题《强制性标准“双随机”抽查工作机制试点及研究》，全年标准化工作成效突出。但是全省工程建设重要标准宣贯力度不够，重点领域标准缺口较大，团体标准和企业标准有待培育。

【工程建设地方标准体系建设】 2017年，广东省围绕新型城镇化建设、装配式建筑、建筑节能、绿色建筑、海绵城市、城市综合管廊、污水垃圾处理、城市轨道交通、建筑与市政维护、工程质量安全、抗震防灾、建筑信息模型（BIM）技术、无障碍环境、工程建设领域信息技术等，开展工程建设地方标准制修订，将《广东省既有建筑绿色改造技术规程》等25部标准列入年度制修订计划，发布《公共建筑能耗标准》等9部地方标准，审查《广东省足球场地规划标准》等11部标准。其中《园区和商业建筑内宽带光纤接入通信设施工程设计规范》《园区和商业建筑内宽带光纤接入通信设施工程施工和验收规范》通过专家审查，填补国家标准对园区和商业建筑光纤接入通信设施工程设计、施工、验收等空白。

【工程建设地方标准实施监督】 2017年，广东省住房和城乡建设厅开展重要标准宣传贯彻，推进光纤到户国家标准和无障碍环境建设国家标准实施指导监督，发挥标准对工程建设的支撑作用。

重要标准宣贯培训 2017年7月5日，组织举办《广东省绿色建筑评价标准》宣贯班，对标准主要技术内容进行解读。8月16—18日，开展装配式建筑系列标准和绿色建筑评价标准宣贯培训。各级主管部门、施工图审查机构和行业协会等近200人参加。

无障碍环境建设 2017年4月20日，联合民政、残联、老龄办等部门转发《住房和城乡建设部办公厅等关于开展〈无障碍环境建设条例〉贯彻实施情况检查工作的通知》，检查各地落实《无障碍环境建设条例》和无障碍环境相关国家标准情况。4月25—27日，国家无障碍环境建设检查组督查广东，实地抽查广州和佛山部分无障碍环境建设项目，肯定广东省无障碍环境建设成效。5月2日，省住房和城乡建设厅、省残疾人联合会等13部门出台《广东省无障碍环境建设“十三五”实施方案》，将无障碍设施改造有关要求纳入《广东省老年人权益保障条例》，于11月1日正式实施。

光纤到户推进 新版《广东省房屋建筑工程竣工验收技术资料统一用表》实施，将住宅建筑光纤到户工程质量资料完整性、功能和安全性检验、观感质量等内容纳入验收备案要求。2017年4月14日，《广东省通信管理局 广东省住房和城乡建设厅关于开展2017年光纤到户国家标准执行情况联合检查工作的通知》印发，启动光纤到户国家标准实施情况监督检查，对阳江、茂名、韶关、清远、佛山部分县区24个新建项目执行光纤到户情况进行督查。7月11—12日，国家检查组对广东执行光纤到户国家标准进行检查，对广东省贯彻落实光纤到户国家标准的政策措施、管理机制、部门沟通合作、宣贯培训、监督检查等成效予以肯定。

【工程建设标准化改革】 2017年，广东省完成22部工程标准的强制性条文整合精简评估，其中废止2部，废止全部强制性条文并转化为推荐

2017 年广东省住房和城乡建设厅发布的工程建设标准

序号	标准名称	标准编号	实施日期	主编单位
1	广东省绿色建筑评价标准	DBJ/T 15-83-2017	2017.05.01	广东省建筑科学研究院集团股份有限公司
2	城市轨道交通既有结构保护技术规范	DBJ/T 15-120-2017	2017.09.01	广州地铁集团有限公司
3	预应力高强混凝土管桩基础耐久性技术规范	DBJ/T 15-124-2017	2017.10.01	广州市建筑科学研究院有限公司
4	建筑工程抗浮设计规程	DBJ/T 15-125-2017	2017.10.01	广东省建筑科学研究院集团股份有限公司 华南理工大学土木与交通学院
5	公共建筑能耗标准	DBJ/T 15-126-2017	2017.10.01	广东省建筑科学研究院集团股份有限公司
6	沥青路面就地热再生技术规程	DBJ/T 15-127-2017	2018.03.01	华南理工大学 深圳市公路交通工程试验检测中心
7	高层建筑钢-混凝土混合结构技术规程	DBJ/T 15-128-2017	2018.04.01	广东省建筑设计研究院 广东杭萧钢构有限公司
8	集中空调制冷机房系统能效监测及评价标准	DBJ/T 15-129-2017	2018.04.01	广州市设计院 清华大学
9	高性能混凝土应用技术规范	DBJ/T 15-130-2017	2018.04.01	广东省住房和城乡建设厅 深圳市水泥及制品协会

（广东省住房和城乡建设厅科技信息处）

2017 年广东省住房和城乡建设厅立项的工程建设标准

序号	项目名称	制订/修订	主编单位
1	装配式混凝土结构检测技术标准	制订	广东省建筑科学研究院集团股份有限公司 广州市建筑科学研究院有限公司 广州建设工程质量安全检测中心有限公司
2	装配式建筑混凝土结构耐久性技术标准	制订	广州市建筑科学研究院有限公司
3	装配式人行道铺装系统技术规范	制订	广东省建筑科学研究院集团股份有限公司 广东华隧建设集团股份有限公司
4	钢结构施工及质量验收规程	制订	广东省钢结构协会 中建钢构有限公司 广州市第一建筑工程有限公司
5	强风地区金属屋面技术规程	制订	华南理工大学土木与交通学院 广东百安力轻钢结构产品有限公司
6	广东省既有建筑绿色改造技术规程	制订	广州市建筑科学研究院有限公司 广东省建筑科学研究院集团股份有限公司
7	广东省建筑节能与绿色建筑工程施工验收规范	制订	广东省建筑科学研究院集团股份有限公司
8	建筑电气防火检测技术规程	制订	广东省土木建筑学会建筑电气专业委员会 广东省公安消防总队
9	建筑电气工程现场检测技术规程	制订	广州市建筑科学研究院有限公司 广州建设工程质量安全检测中心有限公司
10	地铁消防设施检测技术规程	制订	广州地铁集团有限公司 广东省公安消防总队
11	深厚软土地基建筑基坑工程监测技术标准	制订	广州市建设工程质量安全检测中心
12	基桩与锚杆内力测试技术规程	制订	广东省建筑科学研究院集团股份有限公司
13	建筑幕墙可靠性鉴定技术规程	修订	广东省建筑科学研究院集团股份有限公司
14	高性能混凝土应用技术规范	制订	广东省散装水泥管理办公室 深圳市水泥与制品协会
15	蒸压加气混凝土砌块现场检测技术规程	制订	广州市建筑材料工业研究所有限公司
16	建设工程全过程造价咨询规范	制订	广东省建设工程造价管理总站
17	中运量跨座式单轨交通系统设计规范	制订	广州地铁设计研究院有限公司 中国铁路设计集团有限公司
18	中运量跨座式单轨交通系统施工及验收规范	制订	广州轨道交通建设监理有限公司 广州市市政集团有限公司

（续表）

序号	项目名称	制订/修订	主编单位
19	有轨电车交通工程设施设计规范	制订	广州有轨电车有限责任公司
20	既有城市轨道交通结构安全监测技术标准	制订	广州地铁集团有限公司
21	城市轨道交通岩土工程勘察规范	制订	广州地铁设计研究院有限公司
22	生活垃圾卫生填埋场库区施工验收技术规范	制订	深圳市下坪固体废弃物填埋场
23	广东省生活垃圾焚烧厂运营管理规范	制订	广东省环境卫生协会 深圳市能源环保有限公司
24	内河沉管隧道水下检测技术规范	制订	广州市中心区交通项目领导小组办公室 上海交大海科检测技术有限公司
25	内河沉管隧道管养技术规范	制订	广州市城市道路养护管理中心 广州市市政集团有限公司

（广东省住房和城乡建设厅科技信息处）

性标准4部，废止部分强制性条文并保留为强制性标准16部，形成标准整合精简评估结论，并向社会公示。年内，启动广东省工程建设标准化管理信息系统建设，出台《广东省工程建设标准编制、修订工作指南》。指导深圳市建筑产业化协会发布《预制混凝土构件生产企业星级评定标准》。

【省级工法】 2017年，广东省级工法申请687项，从类型上划分为房屋建筑工程429项、土木工程241项、工业安装工程17项。由行业协会组织绝大部分工法关键性技术的鉴定，成果鉴定等级较高，国内领先以上水平占52.07%。评审委会从工法的适用性、合理性、可靠性、先进性和推广性5个方面审定“临时预应力钢管支撑加固建筑结构施工工法”等531项工法被评为2017年度广东省级工法，占申报总数的77.29%，其中候选推荐申报国家级工法28项（含完善后推荐申报）；“新型桥面预应力体系施工工法”等155项工法不通过，占申报总数的22.56%。其中反角中子隧道群综合施工、靶站密封筒高精度群锚的预埋施工、大跨度斜拉桥整体式重型异形钢索塔安装施工、沿海淤泥地质膜袋砂围堰信息化施工、多跨连续钢网壳结构累积滑移施工等工法的先进工艺得到专家好评。 *（张兵）*

建筑节能与绿色建筑

【概况】 2017年，广东省推进建筑节能与绿色建筑发展，完善相关政策措施和技术标准，建筑节能与绿色建筑发展成效明显。全省城镇新增节能建筑面积1.78亿平方米，可形成约160万吨标准煤的节能能力；新增绿色建筑评价标识项目面积5907万平方米，其中绿色建筑运行标识面积160万平方米；完成既有建筑节能改造422万平方米，其中既有居住建筑节能改造57万平方米，既有公共建筑节能改造365万平方米；新增太阳能光热应用面积（集热面积）65万平方米，新增太阳能光电建筑应用装机容量172兆瓦，新增浅层地能应用面积0.9万平方米。散装水泥供应量9204.98万吨，预伴混凝土使用量1.85亿立方米。但是全省发展建筑节能与绿色建筑存在法规政策体系和工作体制有待完善、工程项目监管存在薄弱环节等问题。 *（周政）*

【新建建筑节能】 2017年，广东省各地级以上市严格执行国家和省建筑节能强制性标准，从项目设计到施工验收的监管机制逐步完善，加强对建设单位、设计单位、施工单位、监理单位、施工图审查机构的监督管理。是年，江门市编制印发《江门市建筑节能和暖通设计审查常见问题汇编》，规范当地建筑节能工程设计。全省城镇新增节能建筑面积1.78亿平方米，可形成约160万吨标准煤的节能能力。

【绿色建筑发展】 2017年，广东省住房和城乡建设厅印发实施《广东省“十三五”建筑节能与绿色建筑发展规划》，发布广东省标准《广东省绿色建筑评价标准》（修订）。深圳证券交易所营运中心等4个项目获2017年度“全国绿色建筑创新奖”一等奖，占2017年度全国绿色建筑创新奖一等奖项目数量的44%；广州市将南沙开发区明珠湾起步区列为“绿色建筑试验区”和“绿色施工示范区”双示范，区内用地面积2万平方米及以上的住宅项目（保障房和安置房除外）执行二星级及以上绿色建筑等级标准的建筑设计面积不低于50%，执行三星级标准的建筑设计面积不低于10%，推动绿色建筑集中连片建设。广州市国土资源和规划委员会组织开展《广州市绿色建筑与绿色社区规划管理指引》研究，研究构建绿色规划体系，推动绿色建筑及绿色社区发展；珠海市发布《珠海经济特区绿色建筑管理办法》，发挥住房城乡建设、发展改革、国土、规划、质监、环境保护、科技、工业和信息化等行政管理部门的联动作用，加强绿色建筑监督管理。全省新增绿色建筑评价标识项目面积5907万平方米，其中绿色建筑运行标识面积160万平方米。

【既有建筑节能改造】 2017年，广东省住房和城乡建设厅发布广东省标准《公共建筑能耗标准》，组织全省各地推进民用建筑能耗统计、能源审计、能耗公示和能耗监测平台建设，推动广东省建筑能耗监测平台与广州、东莞、茂名等市级建筑能耗监测平台互通共享。年内，省住房和城乡建设厅联合广东银监局组织开展公共建筑能效提升活动，联合省政府机关事务管理局、发展和改革委员会、经济和信息化委、财政厅印发实施《广东省人民政府机关事务管理局等五部门关于公共机构合同能源管理的暂行办法》，联合省经济和信息化委对中国大酒店等5家广东省建筑领域重点用能单位开展建筑节能专项监察。深圳市组织编制公共建筑能效提升重点城市建设方案，计划到2020年完成公共建筑节能改造面积不少于240万平方米。全省完成既有建筑节能改造422万平方米，其中既有居住建筑节能改造57万平方米，既有公共建筑节能改造365万平方米；完成建筑能耗统计4461栋、能源审计92栋、能耗公示1927栋，对111栋建筑进行能耗动态监测。

【可再生能源建筑应用】 2017年，广东省住房和城乡建设厅建立广东金莱特电器股份有限公司光伏发电节能改造等7个省级可再生能源建筑应用示范项目，组织开展《广东省太阳能光伏系统与建筑一体化设计施工及验收导则》制订。4月27日，深圳市发布实施《深圳经济特区建筑节能条例》，要求具备太阳能集热条件的新建十二层以下住宅，以及采用集中热水管理的酒店、宿舍、医院建筑，应当配置太阳能热水系统或者结合项目实际情况采用其他太阳能应用形式。全年新增太阳能光热应用面积（集热面积）65万平方米，新增太阳能光电建筑应用装机容量172兆瓦，新增浅层地能应用面积0.9万平方米。 *（周政）*

【墙材革新】 2017年，广东省将墙材革新目标任务列入《2017年广东省建设科技信息工作要点》《广东省“十三五”建筑节能与绿色建筑发展规划》，并印发实施。落实《财政部关于取消调整部分政府性基金有关政策的通知》，取消新型墙体材料专项基金征收，减轻企业负担。3月21日，全省散装水泥与墙材革新工作座谈会在广州召开。省发展改革委员会、经济和信息化委员会、环境保护厅、交通运输厅、水利厅，以及各地级以上市及顺德区住房城乡建设主管部门分管领导，散装水泥和墙材革新管理部门（机构）负责人，有关协会和企业的代表110人参加。会议提出以绿色发展理念为统领，以促进全省建筑产业现代化发展为中心，推进散装水泥和墙材革新发展应用。会议认为“一主多辅”的新型墙材应用体系基本形成，要求继续开展“禁实限黏”执法检查，推进新型墙材应用依法治理。6月8日，广东省墙体材料行业协会举办2017年中国南方地区首届（广州）墙材技术交流大会，组织有关行业协会和企业座谈交流，推进新型墙体材料应用。

【散装水泥发展应用管理】 散装水泥发展应用成果 2017年，广东省完成散装水泥供应量9204.98万吨，目标完成任务量126%；预拌混凝土使用量1.85亿立方米，完成任务量112%；预拌砂浆使用量1121.05万吨，完成任务量102%。全年发展散装水泥节约优质木材303.76万立方米、标准煤71.8万吨，减少粉尘排放92.51万吨、二氧化碳排放549.89万吨、二氧化硫排放1.8万吨，综合利用工业固体废弃物0.34亿吨，折合经济效益55亿元以上。

散装水泥“三禁”和新型墙材革新联合督查 2017年10月20日，《广东省住房和城乡建设厅关于开展“三禁”及墙材革新检查工作的通知》印发。11月27日至12月15日，广东省首次开展散装水泥“三

2017年广东省散装水泥物流设施统计情况

设施名称	数量（个）	容量（万吨）	当年实际作业量（万吨）
发放库	915	155.72	9204.98
中转库	422	51.88	1476.45
固定接收库	3493	115.12	4894.88

（广东省散装水泥管理办公室）

2017年广东省散装水泥、预拌混凝土、干混砂浆物流装备统计情况

装备名称	数量	单位	额定量	单位
专用汽车	1696	辆	66880	吨
专用船	159	艘	181456	吨
散装水泥罐	2270	个	128352	吨
混凝土搅拌车	17962	辆	154440	立方米
混凝土泵车	1423	辆	114326	立方米
干混砂浆运输车	208	辆	5807	吨
干混砂浆移动筒仓	1054	个	32855	吨
干混砂浆背罐车	27	辆	532	吨

（广东省散装水泥管理办公室）

禁”和新型墙材革新联合督查，省住房和城乡建设厅派出3个督查组对韶关、河源、汕尾、阳江、茂名、清远、潮州、揭阳、云浮9个市开展“三禁”及墙材革新情况督查，随机抽查36个在建项目，实地核查禁止使用袋装水泥、禁止现场搅拌混凝土、禁止现场搅拌砂浆和“禁实限黏”、推广应用新型墙材等落实情况。16个工程项目违反“三禁”和墙材革新规定，省住房和城乡建设厅向所在市发出7份执法建议书，督促其完成整改。

高性能混凝土发展应用　2017年，广东省住房和城乡建设厅承接的住房和城乡建设部项目“高性能混凝土推广应用机制及示范工程研究”结题。项目组对全省混凝土行业开展广泛调查研究和分析，组织高性能混凝土相关技术和标准培训，完成《高性能混凝土推广应用机制及示范工程研究报告》《广东省高性能混凝土推广应用调查报告》《高性能混凝土推广应用机制及示范工程项目课题总结》等。3月，省住房和城乡建设厅、省经济信息化委员会联合印发《关于开展高性能混凝土推广应用试点工作的通知》（简称《通知》），首次开展全省高性能混凝土试点。《通知》确定全省2个试点城市、16家试点企业、8个试点工程。6月，省散装水泥管理办公室在珠海组织召开高性能混凝土推广应用试点工作现场会，宣传和解读高性能混凝土的设计、技术、检测、生产、验收等环节相关问题。省、市散装水泥主管机构、行业协会负责人和试点企业、工程负责人80余人参加。是年，全省高性能混凝土推广应用试点在全国首批六个试点省中完成较好。深圳市C35及以上强度等级混凝土占全市预拌混凝土生产总量50%以上，超高层建筑和大跨度结构广泛应用C60及以上强度等级的混凝土，大掺量掺合料混凝土在基础底板等大体积混凝土中得到使用；珠海市C35及以上强度等级占全市预拌混凝土生产总量54%以上，在超高层建筑和大跨度结构、钢管混凝土中推广应用C60及以上强度等级的混凝土超过13万立方米，基础底板采用大体积混凝土部位应用大掺量掺合料混凝土。

2016—2017年广东省散装水泥发展示意图

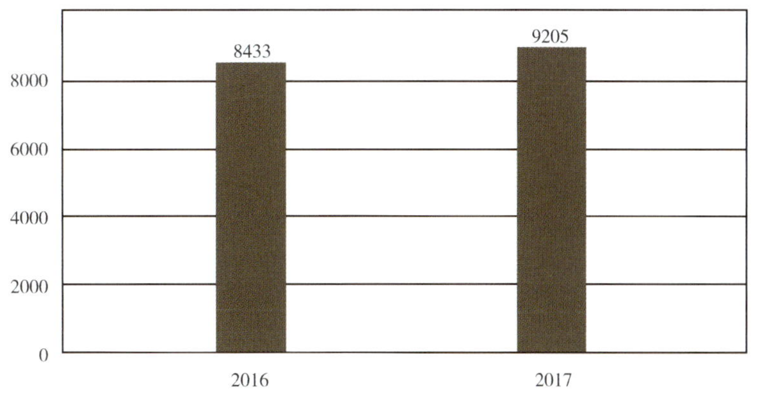

（广东省散装水泥管理办公室）

2016—2017年预拌混凝土、预拌砂浆发展示意图

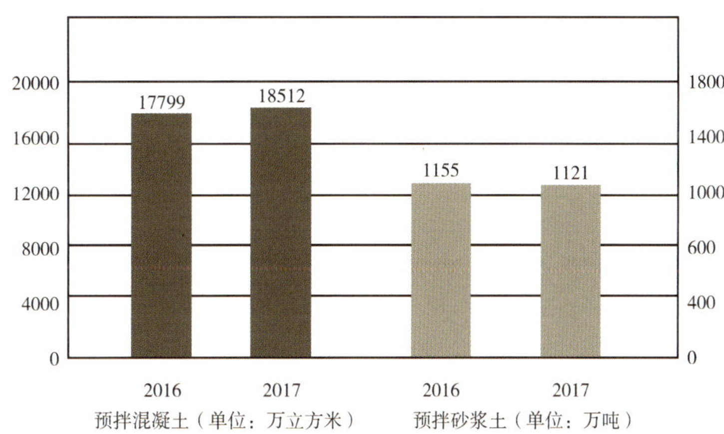

（广东省散装水泥管理办公室）

预拌混凝土绿色生产评价试点　2017年6月，广东省住房和城乡建设厅印发《关于开展预拌混凝土绿色生产评价试点工作的通知》，明确全省预拌混凝土企业绿色生产评价的试点范围、机构职责、实施步骤和工作要求。9月，省散装水泥管理办公室公布全省预拌混凝土企业绿色生产评价的5个评价机构和87位评审专家名单。同月，省散装水泥管理办公室在佛山召开广东省预拌混凝土绿色生产评价试点工作会议，部署落实评价工作要求，省、市散装水泥主管机构、行业协会、评价机构相关负责人和评审专家代表90人参加。全省完成绿色生产星级评价的预拌混凝土企业33家。

预拌混凝土企业试验室综合评价　2017年2月，广东省预拌混凝土协会印发《广东省预拌混凝土企业试验室综合评价办法》《广东省预拌混凝土企业试验室综合评价实施方案》，在全省范围内开展预拌混凝土企业试验室综合评价。广东省预拌混凝土协会组织行业专家，通过广东省散装水泥发展应用监管信息平台实行现场评价和网上评审，全年组织完成11家预拌混凝土企业试验室综合评价，6家被评为优良，5家被评为合格。

无资质混凝土搅拌站专题调研　2017年3—6月，广东省散装水泥管理办公室围绕无资质混凝土搅拌站管理问题开展专项调查研究。通过向全省各市主管机构进行电话专访和下发问卷，对混凝土市场管理较好和较差的典型地市开展针对性调研，与省交通厅、水利厅、省铁路投资集团有限公司和广铁集团沟通协调等方式，对全省无资质混凝土搅拌站的站点名称、站点地址、负责人、工商营执照、非建设行业主管部门批建文件、用地性质、符合规划情况、站点性质、生产现状、建设时间、站点来源、主机容积、生产线条数、供应工程类别等信息开展全面摸查。全省登记上报无资质混凝土搅拌站138个，无资质站数为有资质站数的17.5%。无证站分布无规则，除韶关和汕尾没有无资质混凝土搅拌站外，其他地市均不同程度存在无资质混凝土搅拌站，尤其粤西地区较多。年内，完成《广东省无资质混凝土搅拌站调查分析报告》，系统分析全省无资质混凝土搅拌站的分布特征和经营规律，介绍部分地市对无资质搅拌站的管理手段，对比交通、水利等部门对混凝土管理的法律依据和要求，反映全省无资质预拌混凝土搅拌站的管理困境，为破解无资质混凝土搅拌站管理难题提供基础素材。

预拌混凝土应用满意度调查　2017年9月，《广东省散装水泥管理办公室关于开展预拌混凝土使用满意度调查工作的通知》印发，广东省开展预拌混凝土使用满意度调查。调查内容涉及在建工程混凝土质量、价格和供货服务等，分为混凝土施工性能、达到技术指标要求、交货及时性、车辆停位及卸料配合服务、混凝土泵送配合服务、提供混凝土质量控制资料及时性、混凝土价格等8个项目。对全省441个工程项目反馈调查表进行系统分析，撰写《广东省预拌混凝土应用满意度调查分析报告》，报告显示全省工程项目对预拌混凝土使用满意度总体评价达到“满意”等级，对混凝土施工性能和技术指标满意度较高。（苏伟洵）

【建筑节能行业活动】　中国国际装配式建筑高峰论坛　2017年9月10日，广东省钢结构协会在广州举办中国国际装配式建筑高峰论坛。9月10—12日举办中国（广州）绿色建筑建材与建筑工业化博览会。中国工程院院士江欢成、中国钢结构协会常务副会长刘毅、中国金属结构协会钢结构分会会长党保卫、《装配式钢结构建筑技术标准》主要参编人王喆、住房和城乡建设部建筑节能技术领域顾问专家张鸣、中国资深钢结构专家王仕统、深圳建筑科技促进中心主任岑岩等业界专家出席。以装配式建筑为主题，围绕发展机遇、产业转型升级、“互联网+”、BIM结构体系、技术标准、关键技术、工程实践、解决方案等研讨。（秦意）

广东钢结构金奖　2017年10月，广东省钢结构协会组织专家组对第九届“广东钢结构金奖”申报项目进行现场初审，初步评出华策国际大厦、库马克大厦、华润城华润置地、阳江核电厂5、6号机组常规岛和BOP建安工程第Ⅱ标段（6MX汽机厂房钢结构工程）等18项钢结构工程获“广东钢结构金奖”，其中设计类1项、施工类17项。11月30日，18项工程通过广东省钢结构协会专家委员会终审，选出229名参与获奖工程建设的优秀技术人员。（冯丽萍）

中国（广州）国际绿色建筑建材与建筑工业化博览会　于2017年9月12日在广州举行，是广东首个以建筑工业化为主题的中国建筑博览会，集技术展示、方案呈现、技术研讨、信息发布、招商引资、供需匹配等功能于一体，提供最前沿的绿色建筑建材和装配式建筑成果。该届展会有50多个中外权威机构参与，包括钢铁、钢结构、绿色建筑建材、建筑节能、工程施工等领域的机构，形成多领域、跨行业、全方位的联动格局。参展企业102家，展出面积15000平方米，专业观众18285人次，参展国家有韩国、德国、意大利等10多个国家和地区。展出产品和技术覆盖行业上下游产业链，包括装配式建筑结构（含混凝土、钢结构、木结构）、装配式建筑设备、部品部件配套技术及产品、全装修绿色装饰材料等，立体呈现装配式建筑从设计到制造、施工、装修和管理的整个产业链的最新技术、产品及设备。

中国粤西国际建设发展合作峰会　于2017年9月举办。以“绿色发展、反哺粤西”为主题，创新举办形式，通过“一会”“一展”“两大论坛”的模式，从绿色建材、绿色建筑、绿色建造审视整个建筑行业绿色发展理念与实体的对接，三者一起搭建中国建筑行业绿色发展合作大平台，实现“供、需、行业”3方互动，促进绿色建筑新技术和新产品新业态的发展，打造新的经济增长点，促进粤西乃至全国建筑行业转型升级。（秦意）

·链接·

广东钢结构奖

“广东钢结构奖”简称“粤钢奖”。自2009年创立以来，评选九届，获奖工程104个，获奖单位175个，其中综合奖3个、设计奖5个、施工奖99个，推选940名优秀技术人员。“粤钢奖”作为广东省钢结构协会优质工程最高奖项，每年评选一次。“粤钢奖”包括设计、施工（安装、制造）两大类。施工类不分等级，设计类包括一、二、三等奖。该奖主要特点：申报的钢结构工程应具有一定规模和社会影响力，不特别强调工程的用钢吨位，获奖项目以技术创新水平、质量、精度为评定依据。

【绿色建筑项目选介】　广州万科幸福誉花园二期L9、L10栋　项目位于广州市萝岗区九龙大道的西侧。项目建筑面积3.4万平方米，获中国城市科学研究会颁发的三星级绿色建筑设计标识证书。项目将山体保留并改造成山体公园，利用原有地形营造出错落有致的建筑群体，合理设置室外活动场地，采用隔热涂料提升围护结构隔热性能，优化选择最佳楼型和户型，利用太阳能光伏发电为地下室提供照明电源，采用绿色施工和工业化施工技术。建筑以工业化、标准化、精细化，降低建设过程能耗材耗，减少环境污染和碳排放，提高社会效益，保护环境。 *（马翔　鞠松涛）*

深圳市前海法治大厦　项目位于深圳前海经贸合作前湾片区9单元3街坊6地块，获中国城市科学研究会颁发的三星级绿色建筑设计标识证书。工程级别为特级，建筑类别一类高层。项目总建筑面积3.58万平方米，容积率2.83。项目建设单位为深圳市前海开发投资控股有限公司，咨询单位为深圳市华森建筑工程咨询有限公司。项目设置可调节外遮阳，外立面为固定外遮阳，内部设置高反射遮阳百叶，有效改善室内热环境；设置雨水收集池，收集的雨水主要用于绿化灌溉、道路广场冲洗等，非传统水源利用率57.57%，减轻市政用水压力；空调冷源形式为区域供冷；设置隔热屋面提高围护结构热工性能；采用高性能幕墙，玻璃得热系数比标准要求提高20%以上；土建与装修工程一体化设计施工。项目可以提升建筑与环境品质，后期运营费用比一般建筑节约30%。

（付仙　蔡晓洁　于汗锋）

装配式建筑

【概况】　2017年，广东省健全装配式建筑发展体制，完善配套政策和技术标准，培育示范试点，推动装配式建筑发展。全省新建装配式建筑面积937万平方米，占年度新开工建筑面积的5.2%，建筑面积位居全国前列。全省形成一定规模的装配式建筑产业链，各类构件厂超过30家，生产线超过111条，生产能力超过572万平方米，构件产品涵盖预制外墙、楼梯、阳台、叠合板、内墙条板、飘窗、空调板、叠合梁、预制墙板等类型。但是全省多数地区仍未出台发展装配式建筑的实施意见和专项规划，用地、财税、金融等支持政策尚未出台，管理机构和工作机制尚不健全，产业配套不完善。

▲2017年，围绕装配式建筑构配件的研发、设计和制造，中建科技集团有限公司在深汕合作区投资建设中国建筑绿色产业园。图为位于产业园的装配式建筑构配件生产车间 （中建科技集团有限公司深圳分公司供稿）

【装配式建筑实施】　2017年4月12日，广东省人民政府办公厅印发《关于大力发展装配式建筑的实施意见》，将珠江三角洲城市群列为重点推进地区、常住人口超过300万的粤东西北地区地级市中心城区列为积极推进地区、其他地区为鼓励推进地区，明确发展装配式建筑的任务目标和要求。省住房和城乡建设厅完成《广东省建筑产业现代化标准体系框架》《广东省建筑产业现代化技术路线图》《广东省建筑产业项目认定评价体系》编制，发布实施《广东省住房和城乡建设厅关于开展广东省工程质量提升行动的实施意见》《广东省装配式建筑工程综合定额（试行）》，制订《广东省装配式建筑标准设计图集（混凝土结构保障性住房）》《广东省装配式建筑工程质量安全管理办法（暂行）》，指导各地开工建设一批装配率较高、示范效果好的项目，如深圳裕璟幸福家园、华润城三期和广州恒盛大厦等，培育深圳市1个“国家装配式建筑示范城市”，碧桂园控股有限公司等15个“国家装配式建筑产业基地”。

【装配式建筑行业活动】　2017年，广东省组织全省各地区和行业协会开展多种形式的培训、交流和观摩活动。

装配式建筑系列标准宣贯培训班　于2017年8月16—18日，由广东省住房和城乡建设厅在广州组织举办，培训班对《装配式混凝土建筑技术标准》《装配式钢结构建筑技术标准》《装配式混凝土建筑结构技术规程》3本装配式建筑标准进行宣贯。各地级以上市及顺德区住房城乡建设主管部门负责装配式建筑的分管领导和科（处）室负责同志，省住房和城乡建设厅相关处室、省建筑设计研究院、省城乡规划设计研究院，省建设工程质量安全监督检测总站、省建设科技与标准化协会、省建筑业协会、省勘察设计行业协会、省钢结构协会、省安全生产协会以及全省施工图审查机构约120人参加。

装配式建筑工程质量提升交流会 11月1日，住房和城乡建设部在深圳召开装配式建筑工程质量提升经验交流会。邀请全国各省、自治区、直辖市、部分城市建设主管部门和有关专家参加，交流装配式建筑质量提升经验，观摩裕璟幸福家园项目。

湖南（长沙）装配式建筑与建筑工程技术博览会 11月28—30日，广东省住房和城乡建设厅组织各地主管部门参加湖南（长沙）装配式建筑与建筑工程技术博览会，交流学习装配式建筑技术和经验。

装配式建筑学术研讨会举办 2017年5月18日，广东省建筑科学研究院集团股份有限公司组织召开装配式建筑学术研讨会。省内地市住房和城乡建设局、高校土建专业以及各房地产开发、设计、施工、监理单位等100多人参加。中国建筑业协会会长王铁宏作“建筑产业现代化发展的新动态”的主题报告，各方就装配式建筑的发展趋势、标准编制、设计、施工技术等方面研讨，对推进装配式建筑发展达成共识，推广全省装配式建筑发展。

装配式建筑工程实例及钢混结构专题研讨和装配式建筑技术推广 2017年5月11—12日，广东省土木建筑学会在广东科学馆举办装配式建筑工程实例及钢混结构专题研讨和观摩会。通过香港房屋署工程、深圳当代美术馆与城市规划展览馆等实例，讲解设计理念及施工关键技术点。香港专家以香港房屋署工程为实例，对EPC模式、BIM在装配式全过程应用、装配式建筑PC设计及施工方案作专题演讲；广东省建筑设计研究院以省内工程为实例，介绍广东省装配式钢混结构设计；深圳华森建筑设计院有限公司以深圳当代美术馆与城市规划展览馆为实例，对整体设计方案及理念、BIM在项目建设过程中的应用、施工技术特点作专题演讲；中建科技深圳分公司以龙岗区的保障房项目为实例，以装配率和预制率为基准，介绍装配式建设工程特点。会议期间组织与会人员参观深圳龙岗区深圳市保障房、深圳当代美术馆与城市规划展览馆。

【装配式建筑项目选介】 *裕璟幸福家园* 项目位于深圳市坪山新区坪山街道田头社区上围路南侧，占地面积1.12万平方米，总建筑面积6.41万平方米，预制率约50%，装配率超70%，项目总造价1.97亿元，是深圳首个采用EPC工程总承包模式建造的装配式住宅项目。该工程采用设计、生产、施工全产业链标准化设计，适用于建筑工业化的新型爬架体系、装配式工装体系、灌浆套筒定位装置、信息化管理技术体系等，项目被评定为“‘十三五’国家重点研发计划示范程”。

华润润府三期 项目位于深圳市南山区高新技术产业园区，总用地面积3.5万平方米，总建筑面积30.32万平方米。该项目有7栋塔楼，建筑高度最高182.35米，除3号楼为现浇结构外，其余6栋塔楼全部为装配式结构，预制率16.96%，装配率56.62%，是在建的国内最高预制混凝土装配式住宅楼。 *（江泽涛）*

中国南方航空大厦 位于广州市白云新城中央商务区，占地面积2.33万平方米，总建筑面积19.48万平方米，主塔楼高度为150米。项目是集商业、娱乐、高档办公楼于一体的超大型综合建筑，作为南方航空总部大厦。该项目依照建筑产业化、绿色节能、创新发展的设计理念，主塔楼采用全包钢组合构件的框架—核心筒结构体系，裙楼及地下室采用空心楼盖。项目大量采用新技术、新工艺和预制钢构件，大量采用机械作业，减少现场手工劳动。采用一种装配式钢管混凝土柱+U型钢组合梁+钢箱混凝土剪力墙核心筒的全包钢组合结构体系。2017年，该项目获第五届“广东省土木建筑学会科学技术奖”一等奖，“一种采用全包钢受力构件的装配式框架—核心筒结构体系”获国家实用新型专利，并申报国家发明专利。

华策国际大厦 位于珠海市横琴新区十字门中央商务区。项目占地面积1.4万平方米，总建筑面积11.27万平方米。该项目由两栋办公塔楼和4层商业裙房组合而成，办公塔楼东、西布置在基地两侧，通过空中连廊相连。地下室5层、深度21.4米，西塔高度70.9米，东塔高度119.8米，总投资额16亿元。该项目运用BIM技术指导施工，装配率超过70%。2017年，该项目被评定为“全国装配式建筑示范工程”，关键技术创新与应用。获“广东省优秀工程勘察设计奖”一等奖（科技创新专项），装配式高层钢结构建筑弧形薄钢板墙核心筒施工关键技术获“广东省优秀工程勘察设计奖”二等奖（科技创新专项）。

黄冈中学新兴学校 位于云浮市新兴县城东部。项目总用地面积14.67万平方米，总建筑面积15.76万平方米，容积率0.99。项目结合山地地形，采用英式建筑风格及西方古典园林来营造大气、高端的现代化学校气氛。参照韶关市等关于申报装配式示范性项目的条件，采用装配式建筑技术设计方法和装配式混凝土结构体系，装配式建筑面积不小于2万平方米，项目预制率不低于20%，装配率不低于50%，装配构件有预制柱、预制外墙、预制内墙、预制梁、预制楼板、预制楼梯、预制阳台等。

云浮新兴惠能小学 位于云浮市，是一座公办小学大楼。项目总用地面积2.75万平方米，总建筑面积3400平方米。该项目采用混凝土装配式结构体系，装配式构件有预制外墙板、预制楼梯、预制内墙，预制梁、预制楼板、预制沉箱、预制阳台栏板，预制率36.2%，装配率62.1%。惠能小学教学楼运用BIM技术完成装配式深化设计。通过建立BIM模型，将建筑平面拆分成各个构件，解决设计各阶段建筑与结构、设备的关系，降低现场施

工难度，节能省材、降低成本，缩短建设周期。（黄睿民）

信息化建设

【概况】 2017年，广东省推进建设行业数字化城市管理与监督平台、省级智慧规划信息服务平台等16个信息化系统建设，推进“一门式、一网式”政务服务系统和省电子证照系统对接开发。网上办事大厅25个行政审批事项的“三率一数”考核指标均为100%，全部实现企业网上办理的目标。年内，广东省住房和城乡建设厅实施遥感监测实现全省全覆盖目标；“三库一平台”管理信息服务系统被评为2017年度“广东省电子政务优秀案例”。全省建设行业信息化呈平台化、生态化、数据化、互联网化和服务化趋势。但是全省建设信息化整体规划、系统应用深化、数据共享程度等仍需加强。（曾琦　吴燕忠）

【网上办事大厅建设】 2017年，广东省住房和城乡建设厅完成省网上办事大厅窗口建设的目标任务。根据《广东省行政审批制度改革要求动态调整行政审批事项目录清单》，撤销房地产估价机构一级资质核准、房地产估价二级资质核准、房地产估价机构三级资质核准、转报国家的物业服务企业一级资质初审、城市园林绿化企业资质核准等5个进驻事项，新增国家级风景名胜区内重大建设工程项目选址方案核准1个进驻事项并纳入省公共受理审批平台办理。是年，省住房和城乡建设厅进驻省网上办事大厅的25个行政审批事项，网上全流程办理率、上网办理率和网上办结率三项基本考核指标均达到100%，全部符合网上全流程办事深度要求。年内，配合省信息中心做好省网上办事大厅新系统上线联调切换。做好省公共受理审批平台和移动应用管理平台（省网上办事大厅手机版）测试；做好事项目录标准化和省直窗口集约化改造，完成政务服务第三方评估问题整改；推进“一门式、一网式”政务服务系统、省电子证照系统对接开发。（朱学武）

【广东建设信息网获“安全可靠优秀实践奖”】 2017年，省住房和城乡建设厅门户网站广东建设信息网获全省政府网站考评优秀等次，成绩位列省直部门网站第二名。这是该网站连续第5年在全省政府网站考评中获得优秀。是年，广东建设信息网在广东省电子政务协会、工业和信息化部电子第五研究所联合业界权威机构组织的2017中国安全可靠应用年度评选活动中获“2017年度安全可靠优秀实践奖”。该评选旨在树立全省电子政务信息系统安全可靠应用实践标杆，强化网络和信息安全意识，提升党政部门的信息化装备国产化水平，表彰在国产自主可控产品替代进程中的先进单位和个人。

广东建设信息网创办于1997年，是广东省住房和城乡建设厅指导，广东省建设信息中心承办的行业网站，是全省建设系统的核心工作网和专业信息网，日均访问量10000UV（UV指通过互联网访问、浏览网页的自然人）。广东建设信息网通过系列措施保障系统和数据安全，具体包括架设安全设备、漏洞扫描、专职人员监控、定时更新策略库、制定适配业务系统的安全规则，通过统计和分析日志封堵特定地区的攻击行为，以及采用国产化的服务器、存储柜、交换机等设备，从根本上保障系统和数据安全，定期开展针对性的安全培训、实施“信息安全等级保护第二级系统”标准要求等安全措施，保障网站高质高效全年不间断服务。

（张锦明）

【新版南粤古驿道网上线】 2017年10月17日，由广东省建设信息中心开发运维的新版南粤古驿道网在广州举行上线仪式。省政府副秘书长赵坤，省住房和城乡建设厅副厅长郭壮狮、总规划师李永洁，省体育局副局长许建平，省旅游局副巡视员毛诚，省户外运动协会会长田新德，以及奥运跳水冠军罗玉通出席。

南粤古驿道网于2016年10月启动开发，是南粤古驿道相关信息的权威发布平台。2017年，广东省建设信息中心对网站进行全面升级改造。改版后的南粤古驿道网以简洁的“中国水墨画＋手绘”为主题风格，符合南粤古驿道文化内涵；设置“户外运动”“驿道活化”“文化之旅”“驿道讲堂”“驿道旅游”“电子地图”“Global Sharing”7个一级栏目，从体育、旅游、文化等方面宣传报道南粤古驿道信息，便于读者阅读检索；资讯内容涵盖新闻报道、赛事跟踪、驿道文化、南粤古驿道地图等。网站适配移动端浏览，整合电子地图、活动报名、图集相册、活动投票、视频嵌入等功能。（张锦明）

【“三库一平台”管理信息服务系统优化】 2017年，广东省住房和城乡建设厅委托省建设信息中心优化完善“三库一平台”管理信息服务系统建设。根据行政职权事项调整要求，及时完成“三库一平台”管理信息服务系统相应功能模块适应性调整，全方位保障省、市、县三级事权交接平稳过渡；增设抽查广州、深圳两市办理案件监管功能，加强审批过程监督力度；完成广州、深圳两市建筑业企业资质电子化申办；完成与广州EMS邮政系统对接，实现企业零跑动办事；完成省网上办事大厅垂直业务系统对接，横向联通省、市、县三级对接；完善建筑市场动态核查和企业资质批后监管功能，支持资质资格动态核查。

【建设行业信息和技术应用服务系统升级】 2017年，按照“职责驱动、以人为本、目标导向、整合规范”的原则，广东省建设信息中心对建设行业信息和技术应用服务系统进行升级改造。对面向公众的“建设行业信息和技术应用服务网”进行升级改版，理清服务事项业务清单，简化服务申办程序，推行网上全程电子化办事，增强用户体验；整合粤建通后台，集成网员续费模块、重构业务办理、系统权限等功能模块，规范各业务事项的办理程序，提高服务效率；增加“粤建通”介质进销存、用户余额、数字证书等核心要素管理模块，提供对粤建通介质信息、用户支付的服务费用信息和经签发的数字证书信息等信息的精准统计和查询，加强和规范内部管理；梳理和简化建设行业信息和技术应用服务包网上申办、变更和注销等业务办理流程，统一采用电子化申请方式，替代传统邮政、传真、电子邮箱等材料递交方式，实现零现场办公，提高用户办事效率，改善用户体验；优化和重构数据证书（CA）制作签发程序，加快证书签发效率，加强对数字证书管理和监测，为信息安全提供保障。（朱学武）

【全省数字化城市管理与监督平台】 2017年，广东省住房和城乡建设厅委托省建设信息中心建设全省数字化城市管理与监督平台，建立省、市、县三级数字城管建设工作沟通机制，明确数字城管接入方式、接入要求，制定地市数字城管数据交换接口规范、地理空间数据规范、视频监控接入规范，明确数字城管通用系统平台的申请流程。全省数字化城市管理与监督平台包括广东省数字城管通用型系统平台和广东省数字城管监督系统平台，于12月建成并试运行。

广东省数字城管通用型系统平台主要为未建成数字城管系统的市、县城市管理部门提供通用型数字城管应用服务功能，以便全面掌握全省各市、县城市管理基础信息数据，实现省、市、县三级数字化城市管理系统平台建设和信息数据互联互通，实现全省城市管理“一张网”。通过数字化城市管理模式建设，明确城市管理相关部门权责，构建城市管理协同工作机制、考评机制和常态化、长效化城市运行机制，形成倒逼机制，对城市管理问题实行实时传递和限时解决，推动城市管理由被动管理向主动服务转变，由粗放定性型向集约定量型转变，由单一封闭管理向多元开放互动管理转变，实现城市“科学、严格、精细、长效”的管理，提高城市管理效能和科学管理水平。

通过建立省级城市管理综合数据库信息，广东省数字城管监督系统平台汇集全省所有市、县数字化城市管理中的事件、人员、责权、网格、地理信息等核心数据，实现全省城市管理信息的统计分析，考核评价和工作展示功能，后续通过数据的汇聚、清洗融合，利用大数据分析机制建立深度的延伸关联和模型分析，实现全省城市管理专题分析和辅助决策。（李钧超）

【省级智慧规划信息服务平台】 2017年，广东省建设信息中心自筹资金建设广东省智慧规划信息服务平台一期工程，开通城乡规划基础业务功能。平台应用对象包括省住房和城乡建设厅相关处室、地方规划管理部门和全省规划编制单位。平台建设录入各地规划数据，逐步实现省市规划业务联动和规划数据动态更新，解决广东省长期存在的城乡规划成果数据标准不统一、信息不共享、平台难对接、成果缺支撑等难题，构建全省城乡规划“一张图”管理体系，实现规划管理提速增效，为政府精细化管理提供决策依据。（张赛）

【省级公积金监管平台】 2017年11月，广东省级公积金监管平台系统（一期）开发完成，省级至试点地市专用网络接通，项目通过验收。全省试点地市标准数据正常推送，待其他地市业务系统贯标成功，平台接通与其他地市的专用网络通道。采集其他地市标准数据，平台即可以全面正常运行，发挥监管作用。依托该平台，可对全省各地住房公积金业务实时监控，对业务运行过程的动态监控和对违纪违规的行为实时预警，及时发现和排除缴存、提取、贷款使用、资金存储、财务核算等存在的风险隐患，最终实现省级全局性的资金安全监管。（张文宇）

【省域房地产交易数据资源云同步及大数据规模化应用】 2017年，广东省建设信息中心承担的省应用型科技研发专项资金重点项目“省域房地产交易数据资源云同步及大数据规模化应用”成果显著。项目开展省域房地产业务系统数据同步归集和大数据规模化应用，构架全省住房信息系统基础平台体系。

2017年，以广东省建设信息中心总工室为主的项目开发团队按计划完成相应的阶段任务及达到预期目标，主要包括：编制《广东省房屋交易与产权大数据字典》；优化全省房屋交易和产权管理大数据分析方案；研发GSMS v3.0（新版本）数据云同步枢纽软件系统，搭建同步数据的联网监控平台，调优普适多源异构数据映射GUI管理与配置功能；研制出大数据计算结果图表化呈现功能框架系统，搭建形成房屋大数据平台（HBDP），完成四项申报专利的技术发明实质内容并提交专利申请；获得《房屋大数据智能处理平台软件》《房屋大数据热力图生成处理软件》《行业数据云通用的同步枢纽软件系统》3项软件著作权登记；开展“粤家园”居者生态服务圈示范性应用研发。

【物业管理信息化建设】 住宅专项维修资金信息管理系统（一期）建成 2017年12月20日，广东省建设信息中心承接的“住宅专项维修资金信息管理系统（一期）”项目通过由省住房和城乡建设厅组织的验收。项目依据国家和省的要求，开发住宅专项维修资金信息管理系统，实现维修资金管理流程规范化，保障业主参与权和监督权。项目承担单位省建设信息中心总工室房地产专业开发团队以“大道至简、立足易用”为指导方针，秉承用户体验至上的理念，关注信息共享、聚焦业主参与，去冗化简地建立系统模型，借力微信媒介达成通达连结广大业户的目标，形成具有一方部署、适配共用、各圈自治优势的省域平台。

业主大会电子投票系统（一期）建成　2017年12月20日，广东省建设信息中心承担的“业主大会电子投票系统（一期）”项目通过由省住房和城乡建设厅组织的验收。项目旨在依据国家和省的要求，发挥业主大会作用，规范化物业管理区域议事流程，保障业主的参与权和监督权。承建项目的省建设信息中心总工室团队如期完成项目建设任务。系统设计秉承“统一平台、独立运作、至简至便、规范公开”的指导思想，目标定位为广大业主提供一个“始于关注，随身参与”省域共用、自治管理的电子投票平台，融合网页和微信端应用形式提供便捷实用、简明动态的物业域事务参与线上服务，体现“始于关注，借助微信，琏于手机”的应用理念。　*（杨海涛）*

【散装水泥行业信息化管理】　截至2017年底，广东省有1486家企业注册使用广东省散装水泥发展应用监管平台的服务。平台新注册企业250家，新增专家库信息185名，平台年访问量9448次。是年，散装水泥行业管理与信息化技术深入融合，组织开发企业试验室综合评价系统、散装水泥执法监管系统以及省散装水泥发展应用监管微信公众号，实现预拌混凝土企业试验室综合评价全过程信息化、省散装水泥执法检查公开化、透明化，新系统的开发实现行业动态、执法监管、会议报名、试验室评分功能在手机微信端完成操作。　*（苏伟洵）*

【工程建设标准化管理信息系统】2017年，广东省住房和城乡建设厅委托省建设信息中心研发广东省工程建设标准化管理信息系统。系统由政策法规、行业动态、文件通知、标准信息、用户咨询、标准编制管理等模块组成，建立全省工程建设标准信息库，实现对工程建设标准的申报、审核、反馈等环节的全过程动态监管和标准全文检索。

【行政复议和诉讼案件管理系统】2017年，广东省住房和城乡建设厅委托省建设信息中心建设广东省住房和城乡建设厅行政复议和诉讼案件管理系统。该系统实现行政复议案件从网上申请、收件登记、立项受理、调查审理、指导监督到案卷归档的全过程电子化管理，规范行政复议办案文本，对行政复议工作实施智能化和数据化跟踪，及时掌握行政复议进度，保障行政复议办案质量，提升行政复议社会公信力，促进行政复议创新发展。　*（龙赛姗）*

【建设工程造价数据监测及指数指标信息系统】　2017年，为推动工程造价监测监管，充分发挥工程造价在建设市场资源配置中的核心作用，根据《住房城乡建设部标准定额司关于开展第二批建设工程造价监测试点的通知》，广东省住房和城乡建设厅指导广东省建设工程标准定额站和广东省工程造价协会通过工程造价数据监测，落实“放管服”的要求，加强和改善工程造价咨询企业监督，运用现代科技创新监管方式，变人工为智能监管、事后监控为实时监控、粗放监督为精准监督，提高监管科学化、程序化、公开化水平。9月，省住房和城乡建设厅结合各市实际情况，印发《广东省住房和城乡建设厅关于开展建设工程造价监测试点工作的通知》，选取广州等9个市和顺德区作为试点市（区），构筑广东省工程造价监测系统。通知要求：1.广东省发行的建设工程计价软件应开发附加功能，即工程造价数据监测所需数据清单“一键上传”功能，并对接好市级、省级监测系统；试点工作的软件前期开发，需做好与各试点市（区）现有工程造价互联网信息平台和省级监测系统的数据对接，并对非试点城市的上述工作做好同步系统安排。2.市级造价管理机构按照属地原则，负责管理市级监管系统，并置入本市工程造价互联网信息平台，接收本市工程造价成果文件数据，确保所有工程造价咨询企业的工程造价成果文件数据纳入被监测范围。3.省造价管理机构负责省级监测系统管理，并建立于互联网云服务器上，接收市级监测系统上传或省计价软件“一键上传”的符合省造价数据地方标准的工程造价成果文件数据。省级监测系统将所有数据以国家工程造价数据标准格式上传至部级监测系统。　*（吴文天）*

【住房租赁交易管理服务平台】2017年，广东省按照“政府主导推动，多方共同参与”的思路，加快建立政府住房租赁管理服务平台，通过组织召开经验交流和现场观摩会、督促地指导、专题研究等多种方式，推动各地尤其是广州、深圳、佛山、肇庆4个试点城市的住房租赁管理服务平台建设。平台以租赁合同备案为核心，覆盖房源发布、交易撮合、预定签约、融资服务、合同备案、信用评价、信息发布等全流程服务。实现交易服务流程化、个人业务平台化、公共服务自助化。平台信息真实、可信、规范、权威、便捷、共享。截至年底，广州、深圳、佛山、肇庆4个试点城市政府住房租赁管理服务平台全部上线试运行，东莞、惠州、江门、汕头、汕尾、潮州、阳江、韶关、云浮、梅州10个城市加快推进。其中，佛山市与建设银行联合搭建的具有佛山特色的住房租赁监管及交易平台——阳光·美好家园上线。（柯云燕）

【城建档案信息化建设】 2017年，广东省各地档案馆加强城建档案管理系统的升级改造，加快城建档案信息化标准建设，落实国家电子政务信息化发展要求。

广州市城市建设档案馆 推进城建档案信息化十三五规划研究和编制项目，助力档案信息化建设全面升级。广州市城市建设档案信息化建设创新发展研究项目获2017年度国家档案局优秀科技成果三等奖；完成“广州市城乡建设档案监督指导及验收业务管理系统”“广州市城建档案统一检索平台”项目验收；推进存量证照电子化工作，全年完成16万余卷证照档案转化，8万余份证照数据上传。

佛山市规划城建档案馆 推进系统的优化和信息化建设。3月，佛山市规划城建档案馆综合管理系统通过住房和城乡建设部组织的科技项目验收。为配合信息化建设，持续开展数字化扫描。完成2017年度纸质档案数字化建库项目文字材料约109万张、工程图纸约4.1万张数字化加工服务。在声像档案管理方面，佛山市规划城建档案馆拍摄照片3万余张，视频2000分钟，录音5000分钟和根据录音整理文字10万余字。

汕头市城市建设档案馆 提高自主创新能力，加强对建设工程档案信息提取加工。利用Coreldraw软件结合工程档案的平面图绘制汕头市建设工程档案电子地图；开发办公信息平台；启动数字城建档案馆的前期建设，并于10月完成档案管理系统升级和计算机机房改造工作。

中山市城市建设档案馆 推进数据标准化，提高信息服务质量。根据城市空间规划信息整合管理系统的建设需求，协调解决与档案扫描系统、规划电子政务平台、市电子政务云平台等系统的数据对接、端口权限。系统完成基本功能建设和历史数据整理，并投入试运行。（陈俊娜 施琦敏）

信息化服务

【概况】 2017年，广东省住房和城乡建设信息化服务建设稳步推进。全国“两会”、党的十九大、财富全球论坛等重大安全节点实现安全问题零通报；推进数字化城市管理支持服务，满足各地数字化城市管理建设和城市管理智能化升级发展需要；制作城市基础设施建设专题图，为实施“十三五”城市基础设施规划提供服务。依托大数据、云计算、区块链等先进技术建设的“粤家园”居者生态服务圈基本成形。信息化服务在信息安全和城市治理方面进一步加强，应用区块链等先进信息技术提供服务能力有所提高。但是全省数据深度挖掘应用和数据资源配置能力仍需加强。（曾琦 董淑敏）

【网络信息安全问题“零通报”】 2017年，广东省建设信息中心拦截各类攻击约6000万次。通过分门别类地对漏洞进行分析，总结漏洞产生原因，分层分级检查漏洞涉及对象，及时加固和修补各类漏洞，有效减少各类破坏事件。在面广、线长、点多的防御阵地战中，3—5月，完成网络安全执法大检查活动；4—5月，防御NAS黑客工具、WannaCry勒索攻击；6月，开展“安网2017行动”；7月，开展“筑堤固防”的高压网络清查活动；10月，消灭Bad Rabbit勒索软件的侵害；11月，完成互联网电子邮箱专项整治等。年内，保障全国两会、党十九大、2017年财富全球论坛等重大活动期间厅机关、厅各直属单位系统的安全稳定、网络的效率畅通工作，未出现公安机关现场执法、行政处罚、经济罚款、文件通报的情况。（郭云峰 牟玉波）

【城市管理信息化服务】 2017年，根据《中共中央、国务院关于深入推进城市执法体制改革改进城市管理工作的指导意见》《中共广东省委、广东省人民政府关于深入推进城市执法体制改革改进城市管理工作的实施意见》，广东省于12月30日前建成数字化城市管理平台，满足各市、县数字化城市管理建设和城市管理智慧化升级发展需要。年内，省建设信息中心为省住房和城乡建设厅提供数字化城市管理支持服务。指导市、县政府城市管理领域的机构综合设置，政府部门有关城市管理的职责边界、管理执法权责划定，统筹执法人员配比、执法人员管理、执法人员考核，明确协同机制和保障机制；定期指导督促县（市、区）数字城管平台建设，推进全省数字城管组织、建设、实施、管理等；定期考评宣传，将数字化城市管理平台建设纳入广东省城市工作测评指标体系，加强对数字化城市管理平台建设与运行考核，促进数字化城市管理；组织全省数字城管建设推进会及地市交流，分享建设经验；为使用广东省数字城管通用型系统平台的市、县提供技术支持、操作培训和系统维护服务；为全省数字化城市管理提供技术支持，提供数据汇集、数据上报接口等技术支持；组建由住房和城乡建设部专家组、省内高校、科研机构和信息化部门等专家组成的专家团队，为各市、县数字化城市管理和智慧化城市管理规划、建设、验收评审提供支持；编制智慧化城市管理指南，指导地市数字化城市管理平台向精细化、智慧化建设健康发展。（李钧超）

【"十三五"规划建设城市基础设施专题图制作服务】 2017年，广东省住房和城乡建设厅委托省建设信息中心进行"十三五"规划建设城市基础设施专题图制作，对全省生活污水、垃圾处理设施、黑臭水体项目进行基础数据的收集整理与可用性检验。利用地理信息系统对数据进行矢量化处理与校正，补充完善矢量数据的地理和基础属性信息；利用矢量数据进行数据管理与专题地图编制，实现设施或项目状态更新管理和查询流程的简化；利用地理信息可视化技术展示设施或项目的基本信息、地理信息和基础水文地形信息，为"十三五"规划建设城市基础设施的管理提供技术支持服务。 *（叶紫君）*

【"粤家园"居者生态服务圈项目研发】 2017年，"粤家园"项目的主体内容基本成形，可提供政府监管楼盘信息查询及开发商楼盘市场信息发布、"互联网+"房屋交易（买卖与租赁）、权利人房源核查、房屋大数据热力图公布，以及配套的专业性系统（含住宅专项维修资金管理、业主大会电子投票等）。项目创新推出系列便民惠民的家园生态服务，促进用户参与和信息共享。 *（杨海涛）*

【违法建设专项治理信息技术服务】 2017年，广东省建设信息中心依托省规划建设遥感监测和省数字城管平台建设的经验和数据成果，编制《省级风景名胜区遥感动态监测实施方案》《广东省城市建成区违法建设专项治理工作方案》，报住房和城乡建设厅审定，推动实施风景名胜区遥感动态监测及违法建设信息管理平台建设，为全省违法建设专项治理任务提供信息技术支持，加强违法建设治理，推动各地整治违法建设。 *（周倩仪）*

【粤建通服务】 2017年，广东省建设信息中心编制《粤建通综合服务中心咨询服务规范手册》，明确咨询服务的岗位职责要求。粤建通综合服务中心在数量、质量、速度三方面作出明确的服务要求；坚持落实"每日一报"制度。将每天咨询完成情况排名公布，加强对外服务监督管理，及时总结、分析咨询服务情况和存在问题，为企业快速解决问题。

【网员服务】 2017年，广东建设信息网网员服务继续坚持为企业用户提供全面和贴心的个性化服务。对于网员单位反馈问题，针对性地编写问题模板，并以图文形式将解决方案置于业务邮箱，改善网员单位服务质量。对于个别企业用户，利用电话和网上咨询无法解决的问题，通过远程视频服务指导企业用户。 *（徐武飞）*

城建档案

【概况】 2017年，广东省各市城建档案馆制定适合机构发展的行业标准和规范制度，促进城建档案工作的科学化、合理化。秉承规范管理、统一标准、提升服务的原则，加强重点建设工程档案的监督和指导工作，提高城建档案接收质量和办事效率。利用城建档案资源，提供档案咨询、档案查阅、档案利用、信息公开等服务。全年档案接收近30万卷，档案利用2万人次，为城市规划建设、工程改建扩建、施工单位资质申报、工程备案、房产办理、产权纠纷、司法部门取证、编史修志等活动提供依据。但是城建档案电子档案信息的利用率有待提高，档案数据库有待进一步完善。

【城建档案标准建设】 2017年，广东省城建系统重视城建档案标准建设，全省各地城建档案加强内部制度管理，提高工作效能，制定适合机构发展的行业标准和规范制度，促进城建档案工作的科学化、合理化，标准化管理水平逐步提高。

广州市城市建设档案馆　参与《建设工程档案数据采集标准》编制，修订《建设工程文件归档规范》；参与《广州市地下管线管理办法》编制，该办法于2017年10月11日15届24次市政府常务会议上审议通过；修订《广州市城乡建设档案管理办法》，修改意见上报市法制办；完成《广州市地下管线工程档案编制规范》（初稿）编制。

深圳市城市建设档案馆　编制"城建档案接收"标准化办事指南和业务手册，将城建档案接收和建设工程档案专项验收备案两项业务录入市权责清单系统并完成对接，补录省权责清单系统。

珠海市城市建设档案馆　开展《珠海市城建档案管理办法》立法前期工作，该工作列入2018年政府规章工作计划；与珠海市建设工程质量监督检测站、珠海市交通工程质量监督检测站联合修订《珠海市房屋建筑工程档案验收归档指南（2017）》《珠海市公路工程档案验收归档指南》并发布实施；修订《城建档案查询利用制度》。

佛山市规划城建档案馆　组织开展《佛山市城建档案管理办法》《佛山市城建档案分类大纲》修订，《佛山市城建档案管理办法（修订版）》于2017年底初稿编制完成。

中山市城市建设档案馆　开展《中山市城乡建设档案管理办法》修订，并于2017年6月底将送审稿提交法制局。中山市城市建设档案馆配合法制局，参与部门意见协调、专家论证和草案修改等。截至年底，该办法草案由法制局提交市政府。

茂名市城市建设档案馆　编写《茂名市建设工程档案编制指南》《茂名市城乡规划建设系统业务（技术）档案归档整理办法》《茂名市城建档案鉴定制度》《茂名市建设工程竣工档案编制指南》。

清远市城市建设档案馆　编制《清远市建设工程文件归档规范

（试行）》《清远市城建档案馆档案利用规定》，并征求相关单位意见，待修改完善后，报局审定印发。

【城建档案编研成果】 2017年，广东省各地城建档案馆加强对城建声像档案的编研，通过拍摄照片、录像、录音等多种形式收集详实资料，编辑成册记录历史变化和城市发展。

广州市城市建设档案馆 完成《广州跨江大桥》专题编研。该成果以馆藏跨江大桥档案为基础，结合收集整理的有关广州跨江大桥的历史资料，选取在珠江前后航道上最具有代表性的18座跨江大桥作为研究对象，梳理广州跨江大桥的发展脉络，以及广州城市发展与跨江大桥的关系，以图文并茂的形式展现广州市跨江大桥发展变化；整理、著录、归档216个项目，归档照片1万余张；录像1000余分钟，真实记录广州城市变化重要时刻。

佛山市规划城建档案馆 编纂《经纬乡邦——佛山古今地图集》，完成地图的更换、扫描、文字修订等。佛山历史地图收集明代至2017年不同时期地图400余幅，经筛选研究选录其中具有代表性地图100余幅编辑出版。

中山市城市建设档案馆 编辑出版画册《中山市建筑文化遗产》（上、下册），于2017年3月获2015—2016年度中山市哲学社会科学精品征集活动三等奖；剪辑制作《雍陌村》《古鹤村》《岐澳古道》等3部专题短片，并被利用于南粤古驿道活化研究，得到相关部门和领导的认可；推进《中山市乡村历史照片征集及画册》照片征集，利用征集到的照片完成《醉美乡愁》画册编制。

【城建档案监督指导】 2017年，广东省各地城建档案馆加强城建档案管理监督、指导和检查，为重点建设工程档案管理单位主动提供服务，做好城建档案接收利用。

广州市城市建设档案馆 建立市区档案工作常态化联系沟通机制。开展对各区局档案情况的全面摸查，建立区局档案工作情况基础数据库；组织加装电梯档案利用专题业务会，简化利用条件，统一市区标准；对广州地铁集团有限公司、广州国际智能科技园、广州市国家档案馆新馆二期项目、广州市第五、第六资源热力电厂等多个重点项目进行交底、指导。全年档案接收30489卷，档案利用2028人次。

汕头市城市建设档案馆 履行业务监督指导职能，现场指导建设单位整理工程档案资料，做好档案查询利用服务工作。先后为汕汕铁路、"一江两岸"城市灯光改造、市政道路改造、居民小区改造电梯、研究院、设计院等提供大量工程档案资料，支持汕头市城市建设与发展。全年档案接收3827卷，档案利用715人次。

湛江市城市基本建设档案馆 加强对宝钢湛江钢铁基地、第四届省运会场馆、湛江市二中新校区等省市重点工程项目的业务指导。其中，宝钢湛江钢铁项目（炼钢、炼铁、公辅）三个分项于2017年在广东省档案局、湛江市档案局及湛江市城市基本建设档案馆组成的验收组的档案验收中获得省优级评定；全年档案接收7055卷，档案利用356人次。

清远市城市建设档案馆 在受理建设单位提交的工程档案、开展档案预验收的同时，通知市质监站并联验收，降低整体查验时间。全年并联验收工程档案295宗，出具建设工程档案预验收认可书448份。全年档案接收7581卷，档案利用271人次。

【城建档案业务培训】 2017年，广东省各市举办建设工程档案培训会，提升城建档案工作者的业务水平。采取座谈会、培训、集中交流、免费咨询服务等多种形式，分批次、分层次、分范围进行宣讲，指导和监督工程建设参建单位按规范要求做好建设工程档案的验收、归档和移交等工作，保证建设工程档案的真实性、完整性和有效性。

广州市城市建设档案馆 加强建设工程档案的监督和指导，定期集中提供档案检查、指导、咨询。2017年7月25—28日举办全市城建行业工程档案管理培训班，810名学员参加；10月24—25日举办广州市建设工程档案业务专题培训班，22人参加。

茂名市城市建设档案馆 为提高档案资料员整理档案的业务技能，对市内各施工单位和房地产开发商等单位的档案资料员进行业务培训。全年举办4期有针对性的城建档案业务培训班，116人参加培训。

【新馆建设】 2017年，广东省各地市加强档案基础设施建设。

广州市城市建设档案馆 推进白云新城新馆建设。截至年底，白云新馆5~9层正在进行装修，负二层库区完成一期密集架安装，开展二期密集架安装及地坪漆铺装。

东莞市城市建设档案馆 重启新馆建设，完成立项延期，与工程管理局沟通制定工程建设前期工作计划安排表，按工作表的时间节点推进工程规划方案设计等各项工作的进程。

惠州市城市建设档案馆 推动江北新馆立项建设工作。启动立项建设方案，并向市分管领导做专题汇报，推动城建档案馆新馆和局勘测大楼及市党建展示馆一同立项建设。

珠海市城市建设档案馆 推进新馆建设，提升馆藏能力和服务功能。基本完成地下室工程、裙楼主体及塔楼三层主体工程，完成资金计划2200万元，支付计划1900万元。启动新馆展厅设计工作。对标国际，委托拓腾（中国）建筑咨询公司开展展陈设计，高标准打造城建档案宣传新窗口。

（陈俊娜 施琦敏）

·编辑 李勇·

建设行政审批

□ 行政审批事项调整

□ 行政许可优化服务落实

□ 建设工程企业资质许可

□ 建筑企业资质动态核查

□ 中心卫生院升级改造施工许可审批

综　述

【概况】　2017年，广东省建设行政审批坚持以依法行政为指导，以加强“放管服”（指简政放权、放管结合、优化服务）为重点，深化行政审批制度改革。在行政审批上做减法，在许可服务上做加法，在简政放权、完善监管机制、坚持优化服务等方面开展系列工作。提前谋划成向广州、深圳委托下放省级行政审批事项；推进行政审批流程优化和规范，压缩承诺审批时限；优化行政许可服务，提高服务意识和服务水平；创新资质证书邮寄送达方式，实现企业资质“零现场、零跑动”。但是全省建设行业管理信息系统结构、数据接口未完全统一。比如委托深圳实施的资质许可事项，在省住房和城乡建设厅使用互联网环境的“三库一平台”管理信息系统同台审批；同时要在深圳市使用局域网环境的政务信息系统中运行，客观上存在重复操作的情况，给行政审批效率造成影响。

【行政审批事项调整】　2017年，按照《国务院关于第三批取消中央指定地方实施行政许可事项的决定》《国务院关于取消一批行政许可事项的决定》，广东省取消物业服务企业二级及以下资质认定、物业服务企业一级资质核定。按照《住房和城乡建设部办公厅关于做好取消城市园林绿化企业资质核准行政许可事项相关工作的通知》《住房和城乡建设部办公厅关于取消工程建设项目招标代理机构资格认定加强事中事后监管的通知》，取消城市园林绿化企业资质和招标代理机构资格的行政审批。按照《广东省第二批扩大县级政府管理权限事项目录》，省住房和城乡建设厅将工程勘察劳务类资质，工程设计行业、专业、专项丙级及以下资质行政审批事项下放至县级建设行政主管部门实施。9月19日，省住房和城乡建设厅举办两场全省县级建设行政主管部门培训会。全省231名主管部门工作人员参加。培训会详细讲解审批过程中需要注意的问题，明确下放事项办理流程及网上具体操作程序。

【省级行政审批事项委托下放广州、深圳】　2017年，广东省将建筑业企业资质核准，包括建筑业企业施工总承包二级资质（涉及公路、水运、水利、通信方面除外）核发、建筑业企业专业承包一级资质核发；建设工程勘察设计企业资质核准，包括建设工程设计企业乙级资质（涉及铁路、交通、水利、信息产业、民航、海洋等方面除外）核准、建设工程勘察企业乙级资质核准；房地产估价机构备案委托广州、深圳实施。房地产开发二级资质下放至广州、深圳实施。6月28—29日，省住房和城乡建设厅召开培训指导会，分别指导广州市住房和城乡建设委员会、深圳市住房和建设局、深圳市规划和国土资源管理局做好委托事项的承接工作。后续制定《广东省住房和城乡建设厅委托广州、深圳实施建筑业企业资质许可、建设工程勘察设计资质许可和房地产估价机构备案等事项监督管理办法》，健全后续监管机制。（曾思苑）

【省管大型工程建设项目施工许可证审批权下放】　2017年，广东省住房和城乡建设厅下放广州和深圳市属地的省管大型建筑工程项目施工许可审批事权。7月25日，省住房和城乡建设厅印发《广东省住房和城乡建设厅调整由广州、深圳市实施的省管大型建筑工程项目施工许可证核发审批事项监督管理办法》。

（胡增辉）

【行政许可优化服务】　2017年，《广东省住房和城乡建设厅关于进一步优化建设工程企业资质许可服务的通知》印发，提出6项优化服务措施，包括：指导企业业绩录入、加强政策解读、提速制证、持续跟踪、交流学习、协调会审。为企业申请升级资质提供服务，在企业业绩数据录入时给予指导服务，及时推送到全国建筑市场监管公共服务平台；组织专家指导企业申报材料；企业到省住房和城乡建设厅对外窗口办理业务时，在文书制作、证书盖章等环节开辟优化服务企业绿色通道；对报住房和城乡建设部许可的事项及时向企业反馈意见；主动到企业调研，了解企业需求；对申报涉及交通、水利、信息产业等方面资质的企业，会同其他专业部门为企业提供指导与服务。（曾思苑）

【对外办事窗口建设】　2017年，广东省住房和城乡建设厅对外办事窗口服务有序开展。全年收发行政许可申请材料及决定文书1.6万件，办理企业外出经营介绍信及赴住房和城乡建设部领取资质证书介绍信3800多份，现场及电话咨询2.2万次。是年，继续开展便民服务，提升窗口公用设备条件，方便企业信息录入；继续发放便民服务卡、更新大厅公布的办事指引，方便企业找准办理部门；设置行政效能投诉的方式公告栏和意见箱，接受企业监督，收集企业对办事窗口的服务意见和建议，优化窗口服务。（吴蔚林）

行政许可

【概况】　2017年，广东省住房和城乡建设厅有行政许可事项细项25项，全部纳入《广东省行政审批事项目录》，并进驻省网上办事大厅。全年行政许可申请27815件、受理27155件、办结27456件，事项办结率和网上办结率均达到100%，无超过期限的办结件，不予受理5件。但是全省各类证书真假辨别难度大，全省信息共享存在一定困难，人员职称证书尚未能网上查询信息；省外证书难以辨别真伪。

【建设企业资质许可】 2017年，广东省住房和城乡建设厅办理本级企业资质行政许可2957件，其中准予行政许可1648件、不予行政许可1007件、作废办结2件、退回办结188件、同意办结107件（重新打印证书情况）、不予受理5件。年内，委托各地级以上市主管部门实施的行政许可事项688件，其中准予行政许可314件、不予行政许可167件、作废办结1件、退回办结178件、同意办结17件（重新打印证书情况）、不予受理11件。是年，住房和城乡建设部委托广东省住房和城乡建设厅事项96件，其中同意的88件、不同意的8件。全省办理企业资质变更业务1947件、办理企业遗失补办证书事项36件、办理注销事项51件。办理房地产估价机构备案158件，其中同意备案98件、不同意备案60件。全年办理出省经营介绍信、赴住房和城乡建设部领取证书介绍信3288件、报住房和城乡建设部事项359件。

2017年，广东省住房和城乡建设厅负责的9项企业资质行政许可事项办理时限比法定时限总体压缩30%，由20个工作日压缩至14个工作日，具体事项包括：建筑业企业施工总承包二级资质核准（不含铁路工程施工总承包二级），铁路、通信工程施工总承包三级资质核准，建筑业企业专业承包一级资质（不含公路、水运、水利、铁路、民航方面的专业承包一级资质及涉及多个专业的专业承包一级资质）核准，铁路方面专业承包三级资质核准，特种工程专业承包资质核准，建设工程设计企业乙级资质核准（涉及铁路、交通、水利、信息产业、民航等方面除外），建设工程勘察企业乙级资质核准，建设工程勘察企业丙级资质核准，转报国家的房地产开发企业一级资质初审。

▲2017年9月29日，广东省住房和城乡建设厅党组书记、副厅长杨细平（右二），厅总工程师陈天翼（右一）在省建设信息中心调研对外办事窗口服务情况
（广东省建设信息中心供稿）

【行政审批标准化建设】 2017年，广东省住房和城乡建设厅配合省机构编制办公室推进行政审批标准化。在行政审批事项录入模块编写行政审批事项办事指南和业务手册，优化重组行政审批事项的各个要素，规范行政许可事项名称、实施依据、申请条件、申请材料、办理时限、受理范围等，全面梳理再造行政审批流程和细化量化材料标准。年内，完成全部26项行政许可事项的标准化录入，通过省机构编制办公室的合规性和合法性审查，并在省网上办事大厅进行公布，进驻率达到100%。（曾思苑）

【城乡规划编制单位资信等级认定】 2016年5月，广东省住房和城乡建设厅印发《广东省住房和城乡建设厅关于做好暂时停止实施部分企业资质行政许可后续监管工作的通知》，确定暂时停止实施城乡规划编制单位乙级和丙级资质认定的行政审批，交由广东省城市规划协会（简称“协会”）实行行业自律管理，原城乡规划编制单位乙级和丙级资质认定转变为资信等级认定。协会自承接该项服务职能以来，严格按照省住房和城乡建设厅要求，及时受理企业各项业务申请，并于每月集中一次组织专家评审。自2016年6月至2017年12月31日止，协会受理12批资信等级认定申请、16批资信证书变更申请，共计109项业务，涉及93家企业。其中申请资信等级认定50项、申请资信证书变更59项。所有业务均办结，办结率100%。资信等级认定申请中，申请乙级资信认定企业31家、申请丙级资信认定企业19家。首次申请通过评审的企业40家、未通过申请进入二次复审的企业10家。企业首次评审不通过的原因是企业所提交的成果业绩没有达到认定办法要求，材料经整改后再次申请均通过资信等级认定。申请资信证书变更企业45家，变更内容涉及企业名称、法人和地址，所提交申请材料均完整且符合要求，协会均同意予以变更并更换新证书。协会通过采取有别于政府部门行政许可的企业资信等级方式作为市场准入的参考依据，公布企业资信情况，接受社会监督，为行业、企业提供服务，有利于加强行业行为规范，发挥行业自律作用，促进行业健康发展。（陈潇菡）

【中心卫生院升级改造施工许可审批】 2017年，广东省住房和城乡建设厅对韶关、河源、梅州、汕尾、江门、阳江、湛江、茂名、清远、揭阳、云浮11个市的45所中心卫生院升级改造前期建设进行督办。要求各地住房城乡建设主管部门主动介入，指导、帮助建设单位抓紧办理开工

2017年广东省住房和城乡建设厅实施的行政审批事项

类别	序号	行政审批事项名称及级别
	1	建筑施工企业安全生产许可证核发
行政许可事项	2	省管大型建筑工程项目施工许可证核发
	3	建筑业企业施工总承包二级资质核发、专业承包一级资质核发
	4	建设工程设计企业乙级资质核准（涉及铁路、交通、水利、信息产业、民航等方面除外）、勘察企业乙级、丙级资质核准
	5	一级注册结构工程师和其他专业勘察设计工程师、一级注册建造师、注册监理工程师、注册房地产估价师、注册造价工程师的变更注册、注销注册
	6	国家和省批准、核准的建设项目选址意见书核发
	7	房地产开发企业资质核准（房地产开发企业二级资质核准、房地产开发企业一级资质初审）
	8	省属大中型工程建设项目初步设计审查
	9	国家级风景名胜区内重大建设工程项目选址方案核准

（李朝）

建设前的相关手续，手续完善后督促施工单位尽快进场，确保所有工程项目均按省委、省政府要求在国庆节前开工建设。（胡增辉）

【造价咨询企业资质及项目质量动态核查】 2017年，广东省住房和城乡建设厅组织开展建筑企业（造价咨询）资质和咨询项目质量动态核查。全省抽查101家甲级工程造价咨询企业，其中资质条件合格100家，合格率99.0%；核查咨询项目质量208项，其中合格195项，合格率93.7%。抽查48家乙级及以下资信等级工程造价咨询企业的100项咨询项目质量，其中合格80项，合格率为80%。（罗炽发）

【安全生产许可证审批】 2017年，广东省有7323家建筑施工企业申请办理安全生产许可证。经审查，准予许可有5764家，其中新申请2896家、延期2868家、不予许可1559家，通过率为78.71%。7月28日，省住房和城乡建设厅将建筑施工安全生产许可证核发等省级行政职权事项委托广州市住房和城乡建设委员会与深圳市住房和建设局实施。按照《广东省住房和城乡建设厅委托广州、深圳实施建筑施工安全生产许可证核发事项监督管理办法》，省住房和城乡建设厅每月对广州、深圳办理审批情况进行抽查，每月抽查两地当月办理件次不少于10%的件次，对存在问题的件次予以纠正许可结果。

【建设工程企业资质许可全流程电子化】 自2017年12月26日起，由广东省住房和城乡建设厅负责实施的建筑业企业资质、建设工程勘察资质、建设工程设计资质、房地产估价机构备案等行政许可（备案）事项推行邮寄方式取件，实现全流程“零跑动”，企业从申报、审核、审批、取件环节均实现“零现场”，无需到省住房和城乡建设厅对外办事窗口提交资料或者领取文书证书，全部环节均可在网上完成。（曾思苑）

【一级注册建造师等专业变更注册和注销注册业务办理“零跑动”】 广东省把注册业务办理“零跑动”作为服务目标，全面推进“阳光政务”建设，着力开展“零跑动”服务。自2017年12月12日起，对一级注册建造师等专业变更注册和注销注册业务在保持当天现场办结的同时，增加邮寄办理方式，实行全流程“零跑动”。企业和注册执业人员可自主选择通过邮寄方式将申请材料邮寄至广东省建设执业资格注册中心办理注册业务，可选择到窗口当天现场办结注册业务。

【深圳市实施一级注册建造师等专业变更注册和注销注册业务】 2017年，广东省住房和城乡建设厅向住房和城乡建设部汇报申请下放审批权限，召开专题对接学习会，制定工作方案和监督管理办法。7月28日，如期完成一级注册建造师等专业变更注册、注销注册行政许可事项委托实施交接。

【建设执业资格注册及从业情况信息公开】 2017年，广东省办理建设执业资格注册及从业情况信息公开业务10.78万人次。是年，全省推进“简政放权”，继续深化“放管服”改革，优化、简化行政审批制度，为广大建设执业人员提供更优质的注册服务。暂停二级建造师、二级注册建筑师和二级注册结构工程师注册，开展二级执业师从业情况信息公开，实行申报、受理、审查、结果公开全流程网上办理。7月，将一级注册建造师等专业变更注册、注销注册业务委托深圳市实施。12月，加大改革的力度，简化办事程序，提高办事效率，开展“零跑动”服务。截至年底，全省建设行业有注册执业及从业信息公开人员18.62万人。（陈少欢）

·编辑　李勇·

法治建设

□《广东省建设工程质量管理条例》修订

□《广东省建筑废弃物处理条例》立法听证

□污水处理费征收使用管理实施细则施行

□法治政府落实情况专项督查

□行政应诉办法出台

综　述

【概况】　2017年，广东省各级住房和城乡建设厅围绕广东省在“十三五”时期率先基本建成法治政府的目标，推进全省住房和城乡建设系统法治建设和依法行政，在依法全面履行职能、完善依法行政制度体系、推进行政决策科学化民主化法治化、坚持严格规范公正文明执法等方面成效显著，法治建设呈现“三高”特点。一是高水平做好立法编制、规范性文件制定和规章、规范性文件全面清理，完善全省住房城乡建设领域的政策法规和依法行政制度体系。年内，提请省政府审议《广东省城市管理综合执法条例》等立法项目，通过省人大常委会修改发布《广东省建设工程质量管理条例》。二是高质量做好行政复议、行政应诉，依法化解全省住房城乡建设领域社会矛盾纠纷，在全国住房城乡建设系统法治政府建设暨依法行政工作会议上介绍经验。三是高标准推进法治宣传教育，指导全省住房城乡建设系统有序开展法治宣传教育活动。印发《2017年广东省住房城乡建设系统普法依法治理工作要点》，编印《行政复议行政诉讼典型案例选编》，举办多期专题法治讲座活动，提高领导干部法治意识和依法行政水平。全年办理行政复议申请143宗，行政应诉案件53件。受理审结案件经行政复议程序的总纠错率17.48%。但是全省住房城乡建设系统依法行政工作成效与法治政府建设实施纲要提出的目标任务，特别是对照党的十九大报告中关于推进全面依法治国，实现国家治理体系和治理能力现代化的要求仍然存在差距，尤其是深化“放管服”改革涉及的法规制度完善任务依然艰巨。

【《广东省建设工程质量管理条例》修订】　2017年7月27日，广东省第十二届人民代表大会常务委员会第三十四次会议通过《关于修改〈广东省建设工程质量管理条例〉和〈广东省港口管理条例〉的决定》《广东省建设工程质量管理条例》修改后重新公布施行。该次修改主要内容是落实国务院关于取消“采用不符合工程建设强制性标准的新技术、新材料核准”“水利工程质量与安全监督员”行政审批项目改革，对应修改有关条款，实现与国家相关法律法规和管理制度相衔接。

【规章和规范性文件清理】　2017年，广东省住房和城乡建设厅全面清理由厅负责组织实施的现行规章，以及1980年以来制定实施的全部规范性文件。根据清理结果，向省政府提出修改《广东省城市供水管理规定》和废止《广东省建设厅委托实施行政许可项目》等政府规章的建议；发布《广东省住房和城乡建设厅关于公布废止和宣布失效部分规范性文件目录的公告》，对经审查与现行法律法规不一致、不再适应行业发展需要的文件予以废止或宣布失效。公布废止155件、宣布失效38件，明确废止、失效的文件不再作为行政管理依据。

（贾领辉）

住房城乡建设立法

【概况】　2017年，广东省推动住房城乡建设重点领域立法，实现立法和改革决策相衔接。按照简政放权、放管结合、优化服务的改革要求，深入研究修改相关法规规章，保障住房城乡建设领域改革于法有据。《广东省建设工程质量管理条例》经省人大常委会修改公布，《广东省城市管理综合执法条例》《广东省建筑废弃物处理条例》等立法项目提请省政府审议，《广东省民用建筑节能条例》修订等地方性法规、政府规章项目列入省人大常委会和省政府立法计划。是年，省住房和城乡建设厅配合省人大常委会对佛山、东莞、清远、湛江、茂名等14个城市关于市容环境卫生管理、历史文化名城保护、生活垃圾分类管理等方面约30部地方性法规草案进行审核并提出修改建议，确保地方立法符合省级法规精神。重点围绕改善和保障民生、促进经

▲2017年12月14日，住房和城乡建设部在成都召开全国住房城乡建设系统法治政府建设暨依法行政工作会议。广东省住房和城乡建设厅总规划师李永洁（主讲台）介绍法治政府建设经验
（广东省住房和城乡建设厅法规处供稿）

济增长方式转变和社会管理创新、保护生态环境等开展制度研究，提请省政府制定加快培育和发展住房租赁市场、建设工程施工扬尘污染防治管理等重要的政策文件，促进各项制度体系完善。但是全省立法实践出现亟待解决问题和困难，比如立法力量薄弱，立法项目重点不够突出，立法精细化、系统化有待加强。

▲2017年6月2日，《惠州西湖风景名胜区保护条例（草案）》听证会召开

（惠州市西湖风景区管理局供稿）

【《广东省建筑废弃物处理条例》立法听证】 2017年，广东省住房和城乡建设厅举行《广东省建筑废弃物处理条例（送审稿）》立法听证会，听取有关利益群体的意见建议。听证会邀请和确定听证陈述人12人，包括清远、深圳住房城乡建设主管部门，以及广州、东莞城市管理部门，建设单位、施工单位、运输单位等。围绕完善建筑废弃物跨区域运输的管理和建筑废弃物综合利用政策等核心问题，听取陈述人提出针对施工过程中产生的余泥、余土、余渣由政府行政主管部门优先进行区域内统筹调配、资源互补、减少废弃物产生及终端处理等修改意见。该次立法听证会扩大公民参与省住房城乡建设领域立法，为推进科学立法、民主立法和依法立法提供探索。

【地方性法规和省政府规章立法项目建议报送】 2017年，广东省住房和城乡建设厅推进报送地方性法规和省政府规章立法项目建议。提出条件比较成熟、任期内提请审议的项目3个，包括《广东省城市管理综合执法条例》《广东省民用建筑节能条例》《广东省物业管理条例》，后两个条例在条件成熟时提请审议修订；提出需要有关方面研究论证的修订项目2个，包括《广东省城镇房屋租赁条例》《广东省建设工程监理条例》。

【立法计划稳步推进】 2017年，广东省住房和城乡建设厅列入省人大常委会年度地方性法规立法计划的项目6个。为稳步推进立法，印发《广东省住房和城乡建设厅关于做好2017年立法工作的通知》，督促指导编制单位落实责任，配合立法机关做好立法调研、协调论证和修改完善等。是年，《广东省建设工程质量管理条例》完成修改，由省十二届人大常委会第三十四次会议通过并公布施行；《广东省城市管理综合执法条例》通过省法制办审议；《广东省建筑废弃物处理条例》《广东省生态控制线管理条例》两项预备项目均报请省政府审议。提出将《广东省民用建筑节能条例》等地方性法规项目列入省第十三届人大常委会立法规划和2018年立法计划，将《广东省餐厨废弃物管理办法》等政府规章项目列入省政府2018年规章制订计划的建议。

（贾领辉）

规范性文件审查

【概况】 2017年，广东省住房和城乡建设厅落实规范性文件的制定、审查、发布及相关管理机制，强化合法性审查，落实规范性文件制定程序，完成《广东省住房和城乡建设厅　广东省财政厅　广东省发展和改革委员会关于污水处理费征收使用管理的实施细则》《广东省住房和城乡建设厅关于房屋建筑和市政基础设施工程施工质量安全动态管理办法》等规范性文件制定，提请省政府法制办合法性审查并报省政府统一公布。截至年底，由省住房和城乡建设厅制定的现行有效的规范性文件47件。但是全省规范性文件管理仍然存在问题，在规范性文件草案中设置行政许可、行政处罚的情形仍时有发生，需逐步加大审查力度。

【规范性文件统一登记编号印发制度实行】 2017年，广东省住房和城乡建设厅印发《关于实行规范性文件统一登记统一编号统一印发制度的通知》，将规范性文件区别于其他一般行政公文实行加强管理，由法制机构统一登记和建立台账；新设“粤建规范”字号用于规范性文件统一编号；编制单位根据合法性审查意见修改完善后，由法制机构审核并统一印发，保障省住房和城乡建设厅规范性文件的合法制定和有序管理。

【污水处理费征收使用管理的实施细则施行】 2017年6月13日，《广东省住房和城乡建设厅 广东省财政厅 广东省发展和改革委员会关于污水处理费征收使用管理的实施细则》印发，自8月31日起施行，有效期5年。该细则包括五章三十七条，明确污染者付费原则，实行政府定价，对制定或调整城镇生活污水处理费标准，以及污水处理费的征收、使用和管理作出具体规定。从实施成效来看，该细则对加快全省城镇污水处理设施建设进程，规范污水处理费征收使用管理，确保污水处理设施的正常运行，改善水环境质量，促进污水处理行业产业化发展发挥重要作用。

【房屋建筑和市政基础设施工程施工质量安全动态管理办法实施】 2017年12月11日，《广东省住房和城乡建设厅关于房屋建筑和市政基础设施工程施工质量安全动态管理办法》（简称《办法》）印发，自2018年2月1日起施行，有效期5年。《办法》包括七章二十四条，明确规定实施工程质量安全动态管理，由县级以上建设行政主管部门及其委托的建设工程质量安全监督机构，对建设、勘察、设计、施工、监理、检测单位及其质量安全管理人员未履行质量安全责任情况进行量化计分，根据计分情况，采取约谈、公示，对企业资质和安全生产条件进行核查等措施。 *（贾领辉）*

依法行政

【概况】 2017年，广东省住房和城乡建设厅贯彻落实国务院和广东省人民政府关于建设法治政府、法治广东的部署要求，印发《2017年住房城乡建设依法行政工作要点》《2017年住房城乡建设依法行政工作要点任务分工方案》，部署住房城乡建设领域各项法治建设任务，在依法全面履职尽责、加强立法和制度建设、科学民主决策、严格规范公正文明执法、强化行政权力制约监督、防范化解社会矛盾、落实依法行政保障措施等方面全面推进依法行政。年内，推进权责清单动态管理，重新公布权责事项124项；深化行政审批改革，将12项省级行政职权事项调整由广州、深圳实施。省住房和城乡建设厅在2016年度省政府依法行政考评中获得优秀等次，排名省直单位第5位。年内，省住房和城乡建设厅组织针对考评未得分问题进行深入分析，逐项提出具体措施并推进整改落实，以问题为导向，完善依法行政工作及相关制度。但是全省依法行政存在许多薄弱环节，依法决策、依法管理、依法行政水平亟待提高，执法程序仍需逐步规范。

【随机抽查制度落实】 2017年，《广东省住房和城乡建设厅关于推广随机抽查规范事中事后监管的实施方案》印发，将建材产品执法抽查、建筑工程企业资质动态核查、房地产估价监督检查、建筑施工企业安全生产条件现场抽查、建设工程招投标、物业服务企业监管等事项纳入双随机抽查事项。《广东省住房和城乡建设厅关于开展2017年物业管理专项整治工作的通知》印发，在全省组织开展物业管理专项整治，要求各地市针对物业服务企业、建设单位和业主委员会26类典型违法违规行为进行全面摸查，确保物业管理行业有序、规范、健康发展。

【科学立法机制建立】 2017年，广东省住房和城乡建设厅重视推进科学民主立法，确保立法反映改革发展要求。一是推进委托第三方制定法规规章，保证立法的专业性和科学性。二是拓宽社会各界参与立法的途径和方式，完善立法草案公开征求意见和公众意见采纳反馈机制。在编制《广东省建筑废弃物处理条例》阶段，召开听证会听取社会公众和专家意见。三是开展执法检查。配合省人大开展《广东省城乡生活垃圾处理条例》等地方性法规的执法检查，及时掌握立法和执法效果。

【法治政府建设落实情况专项督查】 2017年，广东省住房和城乡建设厅对各地法治政府建设进展情况进行专项督查。该次督查旨在全面总结全省住房城乡建设系统贯彻落实《法治政府建设实施纲要（2015—2020年）》《广东省法治政府建设实施纲要（2016—2020年）》（简称《纲要》）的成效经验，查找存在问题和薄弱环节。督查结果显示，全省住房城乡建设系统围绕全面推进依法治国总目标，以贯彻落实《纲要》为主线，推进各项依法行政工作，重点领域和关键环节改革攻坚取得新突破，完成阶段性目标任务。11月8日，住房和城乡建设部法规司到广东省调研督导法治政府建设和依法行政工作。省住房和城乡建设厅和广州、东莞市有关主管部门分别汇报工作情况。调研组对广东省有关工作给予肯定，认为全省各级住房城乡建设主管部门在法治政府建设和依法行政成效显著，特别是在重点领域立法、行政复议和诉讼、法律顾问制度建设等方面走在全国前列。但是全省法治政府建设存在薄弱环节和共性问题，全省各地须加强简政放权、放管结合、优化服务改革措施，加强法治政府建设均衡发展，加强行政执法和法制队伍建设等。

【法制协调】 2017年，广东省住房和城乡建设厅办理各部门转来的法律法规规章草案征求意见，各地请示件和厅重大决策、重大行政执法决定、规范性文件、审批制度改革、法定规划调整等合法性审核件200余件，确保住房城乡建设领域与其他相关领域的职责明确和工作协调，保障法制统一。初步建立公平竞争审查制度，明确省住房城乡建设厅公平竞争审查工作的审查范围、审查主体、审查程序、审查标准等内部审查机制，确保该厅有关政策文件符合公平竞争要求。

【法律顾问服务】 2017年，广东省住房和城乡建设厅加强法律顾问制建设，依托法律顾问专业能力，推进依法治理能力现代化。聘请常年法律顾问，对重大行政决策、重要政府合同提供专业法律意见和合法性审核，定期组织法律顾问坐班咨询，提供专业法律咨询服务和解答法律问题。年内，通过购买专项法律顾问服务，对重大、复杂的行政复议和行政诉讼案件委托专业律师代理。全省各级住房城乡建设部门均聘请法律顾问，为化解涉法工作问题及纠纷提供专业服务。

【政策解读及热点回应】 广东省住房和城乡建设厅通过电视台、广播、网络、报刊等媒体对重大政策举措进行解读。2017年10月17日上线“民声热线”节目直播，解读住房保障和住房租赁政策，解答保障性住房分配、公积金使用、违法建设治理等民生热点问题，分类处理群众反映问题，迅速开展调查核实，及时反馈当事人，做到件件有回复。

【执法全过程记录试点】 2017年，广东省住房和城乡建设厅转发住房和城乡建设部试点实施方案，明确各地职责范围，要求各地做好动员部署，尽快建立健全当地执法全过程记录工作制度。全省21个地级以上市城市管理部门在行政处罚和行政强制方面启动执法全过程记录制度试点。年内，各地充实配备执法记录仪，全面推行执法全过程音像记录。

【政务公开制度建立】 2017年，《广东省住房和城乡建设厅2017年政务公开工作要点分工方案》印发，推进住房保障、房地产市场、住房公积金、农村危房改造、建筑市场监管、工程建设项目招投标等领域信息公开。全年通过门户网站主动公开工作动态2876条、公告公示178条、发布文件通知270份，发布建设行业新闻信息6593条。依法及时办理政府信息依申请公开，全年收到政府信息公开申请近百宗，答复率和答复及时率均达到100%，未发生因公开不及时或公开不准确引发的行政复议和行政诉讼。

【社会纠纷化解】 2017年，广东省住房和城乡建设厅引导和支持群众依法维护权益。依法及时处理群众信访诉求，确保群众来信来访“件件有着落、事事有回音”。全年接待群众来访81批次，与去年同比减少10%；办理住房城乡建设部、省直单位转办件、群众来信305件，与去年同比减少10%；办理信访复查复核件48件。 *（贾领辉）*

行政复议和行政应诉

【概况】 2017年，广东省住房和城乡建设厅探索实施行政复议决定会商和案后回访制度，开发应用行政复议诉讼管理系统，出台行政应诉办法，完善行政复议和行政应诉机制。全年办理行政复议申请143宗，比上年减少44宗，全省住房城乡建设系统依法行政初见成效。全年办理行政应诉案件53件，比上年增长20.45%，群众通过法律途径维权意识逐步提高。省住房和城乡建设厅通过行政复议和行政应诉发挥监督纠错作用，维护群众合法权益，得到住房和城乡建设部的肯定。省住房和城乡建设厅总规划师李永洁在12月14日召开的全国住房城乡建设系统法治政府建设暨依法行政工作会议上作题为“坚持以人民为中心，努力化解行政争议”经验介绍。但是全省住房城乡建设领域行政复议应诉仍存在薄弱环节，一是部分地市住房城乡建设部门对行政复议应诉工作的认识不到位；二是省住房和城乡建设厅复议机构建设有待加强，存在人员偏少和力量薄弱等问题。

【行政复议】 2017年，广东省住房和城乡建设厅办理行政复议案件143件，其中依法予以受理128件、决定不予受理或告知申请人向其他机关提出15件，受理率89.5%。在受理的128件案件中，经依法审理予以维持57件，驳回申请27件，经调解撤回申请8件，决定撤销、确认违法17件，未审结19件，直接纠错率17.48%，下发行政复议意见书2份，发挥行政复议层级监督作用。全省行政复议案件办理呈现以下特点：一是从涉及的行政行为情况来看，复议申请事项主要集中在信息公开、行政许可两大类，其中信息公开类47件、行政许可类46件、行政不作为类21件、举报投诉处理类14件、其他类型15件。二是从涉及的业务情况来看，主要集中在城乡规划、房地产、建筑市场等与群众利益关系密切的行政管理类型，其中城乡规划类82件，占57.3%，房地产管理类26件、建筑市场类20件、其他类型15件。上述特点反映全省城乡规划、房地产、建筑市场管理等与群众利益关系密切的复议案件比重大，广大群众法制观点和维权意识不断提高，集中体现在对合法权益维护、政府信息知情权、政府依法履职等方面诉求，行政复议工作压力大，全省住房城乡建设系统仍须推动依法行政，从源头上减少行政复议案件数量。

【行政应诉】 2017年，广东省住房和城乡建设厅被提起行政诉讼53件，比上年增长20.45%。其中，作为复议机关共同应诉的31件，占58.49%；复议机关单独应诉21件，占39.62%；作为原行政机关单独应诉1件，厅机关负责人出庭应诉1

▲2017年9月11日，广东省住房城乡建设系统“质量月”现场观摩交流会在广州市花都区万达文化旅游城举行。在活动期间，省住房和城乡建设厅开展“谁执法、谁普法”责任制普法宣传活动 （广东省住房和城乡建设厅法规处供稿）

宗。省住房和城乡建设厅所涉行政诉讼案件特点如下：一是行政许可、城乡规划类诉讼案件所占比重较大，数量继续居高不下。二是行政诉讼主要集中在对行政决定不服而引发，复议后必诉讼现象突出。三是行政应诉任务繁重，大部分复议后引发的行政应诉案件内容涉及全省各地住房城乡建设主管部门的各类业务，全省各地应诉出庭任务强度大与厅法制机构人手少形成强烈反差。

【行政应诉办法出台】 2017年9月7日，《广东省住房和城乡建设厅行政应诉工作办法》印发并施行。办法分五章二十九条，主要亮点内容是明确行政机关负责人出庭应诉制度和行政应诉培训制度，并细化该厅行政应诉工作职责分工，规范行政应诉工作流程，进一步提升和改进省住房和城乡建设厅行政应诉能力和水平。 （贾领辉）

法治宣传教育

【概况】 2017年5月17日，广东省住房和城乡建设厅印发《2017年广东省住房城乡建设系统普法依法治理工作要点》，部署全省住房城乡建设系统普法依法治理的年度任务，明确工作步骤和要求，指导全省住房城乡建设系统有序开展法治宣传教育活动。从全年工作成效来看，全省住房城乡建设系统坚持以从业主体和人民群众最为关注的热点和难点问题出发，开展形式多样的专题法治宣传活动。全省各地开展安全生产月观摩活动150余次，安全流动讲堂1600余次，将“谁执法 谁普法”责任落实到位，有效普及法律知识。但是全省住房和城乡建设系统仍存在问题和不足。各地区、各部门、各单位之间普法教育发展不平衡；普法工作覆盖面不够宽，未全面开展普法“进社区、进工地、进企业”，针对建设领域外来工和农民工的普法任务艰巨。

【“谁执法、谁普法”责任制落实】 2017年，广东省住房和城乡建设厅落实“谁执法、谁普法”责任制，结合“安全生产月”“质量月”活动，开展安全生产法规咨询、安全生产基层服务、现场观摩交流等多种形式的普法宣传活动，宣传建筑施工安全生产领域的法律法规和安全生产知识，强化建设领域职工群众的安全意识，营造依法守法、关注安全的社会氛围。

【领导干部学法培训】 广东省住房和城乡建设厅分别于2017年5月16日和2017年11月2日举办“政府法律顾问和公职律师制度”“行政应诉的内容与把握”专题法治讲座，邀请法官和行政法专家讲授法律知识，研讨典型案例，交流办案经验，提高领导、干部、职工的法治意识和依法行政能力。年内，及时转发省司法厅、省普法办《关于开展全民国家安全教育日法治宣传教育活动的通知》，要求全省各地住房城乡建设部门组织开展全民国家安全教育日法治宣传教育活动，增强住房城乡建设系统人员依法防范和抵制危害国家安全行为意识。

【“以案学法”推进】 2017年，广东省住房和城乡建设厅编印《行政复议行政诉讼典型案例选编》普法读本，对全省住房城乡建设领域行政复议和行政诉讼中具有示范作用的35个典型案例进行整理、评析。案例覆盖规划、建设、城管、房地产、住房保障、物业管理、住房公积金等行业管理领域，涉及行政许可、行政处罚、信息公开、行政不作为等行政行为类型，以及行政复议、行政诉讼相关程序性内容。每个案例均由案情介绍、焦点问题评析、案件启示、相关依据等四部分组成，由办案人员或者律师结合工作实践撰写，具有针对性、指导性和实用性。全省各地住房城乡建设部门结合本地区、本部门实际情况，通过召开研讨会和专题讲座等形式开展评析学习，通过以案释法、以案学法，提高领导干部依法行政能力。 （贾领辉）

·编辑　李勇·

广东建设项目选辑

2017年，广东省成为全国首个城乡规划管理体制改革试点省。全省住房和城乡建设系统各单位深入推进供给侧结构性改革，推动住房城乡建设事业迈上新台阶。全省2个城市获“国家园林城市”称号、4个项目获“中国人居环境范例奖”、10个项目获“中国建设工程鲁班奖”、3个项目获“全国优秀工程勘察设计行业奖”，创建“全国特色小镇”14个、“全国环境整治示范村”5个、“全国美丽乡村示范村”6个。全省建成运营城市地铁线路28条、总里程719.1千米。房地产市场运行平稳，新建装配式建筑面积超过937万平方米，居全国前列。新开工棚户区改造住房38367套，基本建成各类保障性安居工程住房75116套，提前完成国家下达给广东省的目标任务。

项目名称：广州佛山江门快速通道江顺大桥工程
承建单位：中国中铁股份有限公司

广州佛山江门快速通道江顺大桥工程获 2016—2017 年度“中国建设工程鲁班奖”。该工程是连接江门市蓬江区与佛山市顺德区的桥梁，全长 3.86 千米，采用双向六车道一级公路标准，设计速度 80 千米 / 小时，总投资 21.02 亿元。主桥设计为双塔双索面钢结构混凝土混合梁斜拉桥，全长 1172 米、桥宽 39 米、主跨 700 米。

1 广州佛山江门快速通道江顺大桥工程获 2016—2017 年度“中国建设工程鲁班奖”

2 桥面附属安装线形顺直

项目名称：深圳当代艺术馆与城市规划展览馆工程
承建单位：中建三局集团有限公司

深圳当代艺术馆与城市规划展览馆工程获2016—2017年度“中国建设工程鲁班奖”。该工程总建筑面积89354.1平方米，地下1层（局部2层）、地上5层，建筑高度48米，由当代艺术馆、规划展览馆组成。

1 深圳当代艺术馆与城市规划展览馆工程获2016—2017年度“中国建设工程鲁班奖”

2 工程西侧主入口

3 中庭空中连桥

项目名称：乐昌至广州高速公路大瑶山一号隧道工程
承建单位：中铁十二局集团有限公司

乐昌至广州高速公路大瑶山一号隧道工程获2016—2017年度“中国建设工程鲁班奖”。该工程是京港澳高速公路粤北段复线乐昌至广州高速公路全线最长的隧道重难点控制性工程之一，位于广东省韶关市乐昌市省级大瑶山自然生态保护区内，为左右双洞，大断面双向六车道，总长8.48千米，设计时速100千米/小时，总投资6.39亿元。

1 乐昌至广州高速公路大瑶山一号隧道工程获2016—2017年度“中国建设工程鲁班奖”

2 隧道内部

3 钢筋布置施工

项目名称：宝钢广东湛江钢铁基地项目炼钢工程
承建单位：中国十七冶集团有限公司

宝钢广东湛江钢铁基地项目炼钢工程获2016—2017年度“中国建设工程鲁班奖”。该工程建筑面积6.46万平方米，建筑高度71.4米。项目总投资23.95亿元，年产钢水量892.8万吨，由炼钢主厂房、炼钢综合楼等组成。

1 宝钢广东湛江钢铁基地项目炼钢工程获2016—2017年度“中国建设工程鲁班奖”

2 350吨转炉

3 LATS精炼设备

项目名称：珠海横琴新区市政基础设施 I 标段城市综合管廊工程
承建单位：中国二十冶集团有限公司

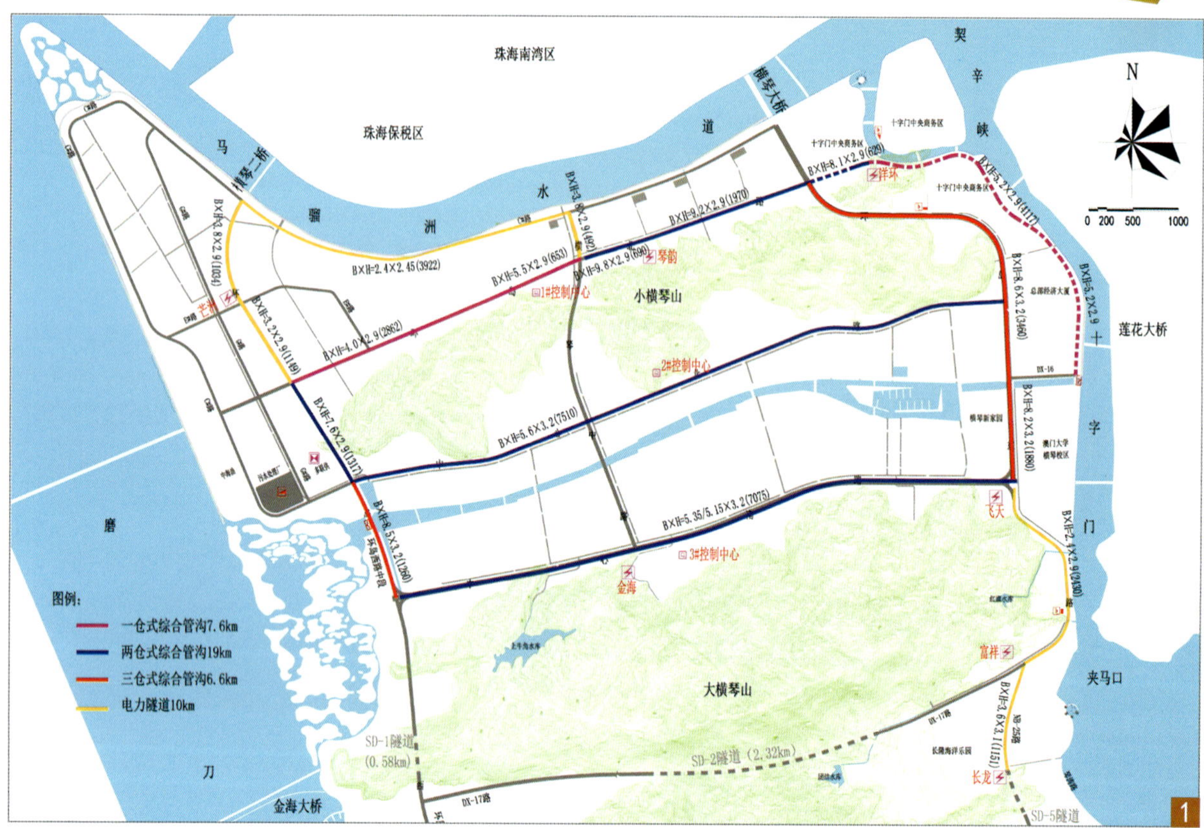

珠海横琴新区市政基础设施 I 标段城市综合管廊工程获 2016—2017 年度“中国建设工程鲁班奖”。该工程包括中心南路、环岛东路中段综合管廊和工程控制中心。总长度 12.52 千米，总投资 9.14 亿元。环岛东路中段为三舱式综合管廊，长 5.44 千米；中心南路为两舱式综合管廊，长 7.08 千米；控制中心总建筑面积 1048.27 平方米；平均埋深度 5～11 米，宽度 4～10 米，综合管廊内分期实施给水、中水、电力等 6 种管线。

1 珠海横琴新区市政基础设施 I 标段城市综合管廊工程获 2016—2017 年度“中国建设工程鲁班奖”

2 工程控制中心

项目名称：深圳中信银行大厦工程
承建单位：中国华西企业有限公司

深圳中信银行大厦工程获 2016—2017 年度“中国建设工程鲁班奖”。该工程是中信银行全球信用卡中心和深圳区域总部办公大楼，建筑面积 64428.86 平方米，建筑高度 99.95 米，总投资 7.8 亿元。地下 4 层、地上 24 层，旋挖钻孔灌注桩基础，框架剪力墙结构。大厦平面为不规则扇形，立面为弧形玻璃幕墙。地下室为车库及设备用房，一层为大堂和营业厅，三层设置多功能会议厅、咖啡厅，四层为员工餐厅，八层设有健身房，十层为数据中心，二十三层为体验中心，其余为办公用房。

1 深圳中信银行大厦工程获 2016—2017 年度“中国建设工程鲁班奖”

2 工程北立面

项目名称：广东省建筑工程集团有限公司综合楼工程
承建单位：广东省建筑工程集团有限公司

广东省建筑工程集团有限公司综合楼工程获2016-2017年度“中国建设工程鲁班奖”。该工程建筑面积42516平方米，地下3层、地上13层，建筑高度50.5米。采用框架核心筒结构，玻璃石材幕墙。主要功能为科研、会议、办公用房。

1 广东省建筑工程集团有限公司综合楼工程获2016—2017年度“中国建设工程鲁班奖”

2 工程立面

3 室外园林俯瞰

项目名称：河源市图书馆新馆工程
承建单位：广东长圣建设集团有限公司

河源市图书馆新馆工程获 2016—2017 年度“中国建设工程鲁班奖”。该工程总建筑面积 31062 平方米，地上 3 层、地下 1 层，建筑高度 23.95 米，是集文献收藏、知识信息传播、书刊阅览流通、文化休闲娱乐等功能于一体的大型综合性公共图书馆，是河源市重要公共文化基础设施和民生工程。

1 河源市图书馆新馆工程获 2016—2017 年度“中国建设工程鲁班奖”

2 工程正立面

3 室内装饰

项目名称：深圳和平里花园II期 1、2A、2B、2C 栋及地下室工程
承建单位：江苏省华建建设股份有限公司

深圳和平里花园II期1、2A、2B、2C栋及地下室工程获2016—2017年度“中国建设工程鲁班奖”。该工程是深圳市旧城改造重点项目和民生工程，建筑面积14.46万平方米，建筑高度162.8米，由4栋超高层建筑组成，地下2层、地上48~49层。

1 深圳和平里花园II期1、2A、2B、2C栋及地下室工程获2016—2017年度“中国建设工程鲁班奖”

2 风雨长廊

3 电梯间

项目名称：广州粤剧艺术博物馆工程
承建单位：广东电白二建集团有限公司

广州粤剧艺术博物馆工程获 2016—2017 年度“中国建设工程鲁班奖”。该工程总建筑面积 2.17 万平方米，最大高度 29.4 米，地上 1~3 层、地下室 2 层。由主展览馆、西楼映月、广福台、别院笙歌、普天乐、听雨小筑、銮舆阁、吉庆别馆、琼花堂、贺香楼、八和阁、梨园钟声、红船晚沙 11 栋单体组成，涵盖岭南古建筑多种类型。项目主要功能包括粤剧艺术展览、粤剧戏曲演出、粤剧教育研讨、办公及文化休闲交流等。馆区可容纳 2000 人参观。

1 广州粤剧艺术博物馆工程获 2016—2017 年度“中国建设工程鲁班奖”

2 广福戏台

3 陈列厅

项目名称：云南省博物馆新馆项目
设计单位：深圳市建筑设计研究总院有限公司

云南省博物馆新馆项目获 2017 年“全国优秀工程勘察设计行业奖”一等奖（建筑工程）。该项目基地面积 91006.7 平方米，建筑面积 57787.4 平方米，是省级大型多功能博物馆，是昆明新城区具有民族、地方特色和现代气息的标志性建筑。

1 云南省博物馆新馆项目获 2017 年“全国优秀工程勘察设计奖”一等奖（建筑工程）

2 项目南角立面

3 中庭

项目名称：云南昆明西山万达广场项目
设计单位：广东省建筑设计研究院

云南昆明西山万达广场项目获 2017 年度“全国优秀工程勘察设计行业奖”二等奖（建筑工程）。该项目总用地面积 30970 平方米，总建筑面积 46 万平方米，建筑高度 297.3 米，是云贵地区第一高楼、国内第一例超 300 米高的双子塔超高层建筑。

1 云南昆明西山万达广场项目获 2017 年度“全国优秀工程勘察设计行业奖”二等奖（建筑工程）

2 项目夜景

项目名称：深圳福田环境监测监控基地大楼项目
设计单位：深圳市建筑科学研究院股份有限公司

深圳福田环境监测监控基地大楼项目获 2017 年度“全国优秀工程勘察设计行业奖”二等奖（绿色建筑工程）。该项目总用地面积 2816.9 平方米，总建筑面积 13722.38 平方米，其中地上部分 7819.52 平方米、地下部分 5902.86 平方米，容积率 2.78。大楼主要功能包括实验、监测、展示等。

1 深圳福田环境监测监控基地大楼项目获 2017 年度“全国优秀工程勘察设计行业奖”二等奖（绿色建筑工程）

2 项目立面

项目名称：广深科技创新走廊规划项目
编制单位：广东省城乡规划设计研究院

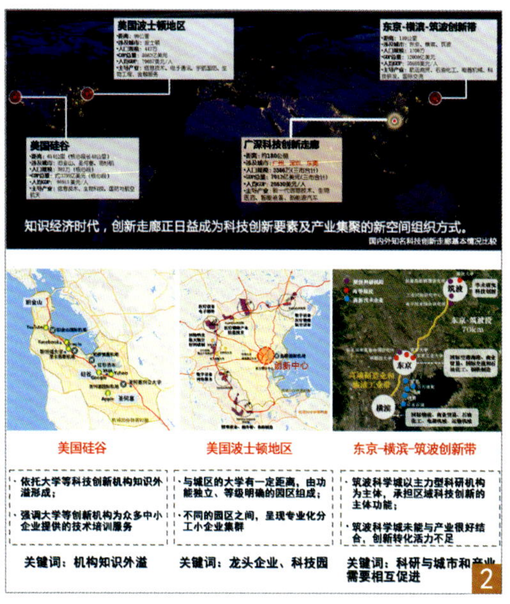

广深科技创新走廊规划项目获2017年度“广东省优秀城乡规划设计奖”一等奖。该项目构建“一廊十核多节点”空间格局。“一廊”即广深科技创新走廊；“十核”即十大各具特色的核心创新平台；“多节点”是指具有一定创新基础，发挥示范效应的37个研发、制造、服务类创新节点。整体规划以核心战略平台带动周边具有创新潜力的节点，形成各具主导功能的创新区块，依托高速公路、城际轨道等交通通道串联，支撑广深科技创新走廊空间格局。

1 广深科技创新走廊规划项目获2017年度“广东省优秀城乡规划设计奖”一等奖（城市规划类）

2 项目对标全球知名科技创新走廊分析图

项目名称：江门保利中宇花园项目
管理单位：保利物业发展股份有限公司

江门保利中宇花园项目被评定为 2017 年度“广东省优秀住宅示范小区”。该项目占地面 11.2 万平方米，总建筑面积 29.9 万平方米，由独立别墅、高层住宅楼、商业及 17 间社区用房等组成。

1 江门保利中宇花园项目被评定为 2017 年度“广东省优秀住宅示范小区”

2 项目鸟瞰

项目名称：广州市黄埔区图书档案大楼项目
管理单位：广州粤华物业有限公司

广州市黄埔区图书档案大楼项目被评定为2017年“广东省物业管理示范大厦”。该项目总建筑面积62526平方米，地下两层18030平方米、地上七层44496平方米，建筑高度32.8米，绿地面积8387平方米，停车位373个，其中机械车位60余个。大楼包括图书馆、档案馆，以及城建档案馆3个馆，建筑空间各自独立。地下车库、人防及配套设备用房为公用区域。

1 广州市黄埔区图书档案大楼被项目评定为2017年“广东省物业管理示范大厦”

2 大门

3 服务办事大厅

项目名称：深圳证券交易所营运中心项目
设计单位：广东省建筑科学研究院集团股份有限公司

深圳证券交易所营运中心项目获 2017 年“国家绿色建筑创新奖”一等奖。该项目总建筑面积 26.7 万平方米，建筑高度 245.8 米，是集现代办公、证券交易运行、金融研究、庆典展示、会议培训、物业管理等于一体的垂直多功能综合办公大楼，获绿色建筑三星级运行标识。

1 深圳证券交易所营运中心项目获 2017 年“国家绿色建筑创新奖”一等奖

2 采光天井

项目名称：宁夏银川广东园项目
承建单位：广东创宇园林股份有限公司

宁夏银川广东园项目获第九届“中国花卉博览会设计奖”特等奖（设计布置类）。该项目占地面积2000平方米，总投资200万元，设有岭南居家生活场景、岭南特色微型景观、岭南古典建筑符号、民俗活动元素和广东地方特色植物。

1 宁夏银川广东园项目获第九届“中国花卉博览会设计奖”特等奖（设计布置类）

2 广东园大门

项目名称：深圳市儿童乐园项目
承建单位：深圳园林股份有限公司

深圳市儿童乐园项目获 2017 年“广东省园林景观专项奖”二等奖。该项目占地 18.23 万平方米，是以儿童作为服务对象，以儿童游乐为主的市政公园；是集生态、文化、教育、休闲、游乐于一体，兼具时代特色的公益型新型儿童乐园。

1 深圳市儿童乐园项目获 2017 年“广东省园林景观专项奖”二等奖

2 摩天轮

教育培训与执业资格

□ 第十九期市长（书记）城建专题培训班

□ 建设行业协会教育培训

□ 农村建筑工匠培训

□ 建设执业资格注册及从业情况信息公开

□ 建筑工程专业技术资格评审

综　述

【概况】　2017年，广东省加强住房城乡建设行业人才队伍教育培训，提高从业人员的整体素质，推进教育培训和职称评审。重视对建筑产业工人技能培训，探索人才培养创新模式，健全建设教育培训管理体制和管理办法，开展各类专业技术人员继续教育培训。年内，省住房和城乡建设厅联合省委组织部、国土资源厅、环境保护厅在东莞举办第十九期市长（书记）城建专题研究班，提高各地级市和部分区（县）长（书记）城乡建设理论水平和管理水平。是年，省住房和城乡建设厅规范职称评审，激励专业技术人才成长。截至年底，全省住房和城乡建设系统受理建筑执业资格考试报名22.78万人，受理建设执业资格注册业务申请（含从业情况信息公开）10.78万人次，组织5.11万人次参加继续教育培训；申报教授级高级工程师245人、高级工程师2959人、工程师878人、助理级工程师51人，评审通过人数分别为101人、1696人、604人、34人。但是全省住房城乡建设系统在加大力度简政放权的同时，需加强对注册执业人员的事中和事后监管，健全监督制约机制。建设行业专业技术人员高级技术研修班课程设置、教师的选择和管理有待加强。

【市长（书记）城建专题研究班】　2017年11月19—23日，广东省住房和城乡建设厅联合省委组织部、国土资源厅和环境保护厅在东莞举办第十九期市长（书记）城建专题研究班。研究班为期5天，围绕“新时代、新思想、新行动，建设高水平现代化城市”的主题，邀请相关领域的知名专家学者和行业主管部门领导讲授城市更新、新型城市化、城市规划创新、南粤治水方略、政府服务能力、新农村示范村规划建设等知识和实践课程，并组织学员到东莞市规划展览馆、中国散裂中子源项目、松山湖华为小镇进行现场教学。各地级以上市市长（书记）和部分区（县）长（书记）50人参加。 *（杨金陶）*

教育培训

【概况】　2017年，广东省加强建设教育培训，做好省住房和城乡建设领域现场专业人员统一考核评价、省住房和城乡建设领域现场专业人员换证考核、省建设行业技能人员培训考核、省燃气经营企业从业人员专业培训考核及省住房和城乡建设领域专业技术人员高新技术研修班等。省建设教育协会受省住房和城乡建设厅委托，启动全省农村建筑工匠培训，增强教育培训的专业性，为建设教育事业提供人才保证和智力支持。但是全省各项建设培训仍然存在不足。现场专业人员岗位培训考核评价方案有待完善，各项考务管理需更科学、严谨；考核内容相对有限，试题库难以大量扩充，换证间隔时间短，各培训机构考核时间密集，巡考人员调配不足；建筑工人培训考核有待完善，部分冷门工种教材不完备，部分培训机构组织水平有待提高。

【住房和城乡建设领域现场专业人员统一考核评价】　2017年，广东省建设教育协会开展省住房和城乡建设领域现场专业人员统一考核评价，更新岗位培训的教学大纲及试题库，规范考核过程和证书发放。全年举行6期统一考核评价，其中社会考生4期、应届毕业生（在校生）2期。全省报名参加考试人数27353人，19011人通过考试获住房和城乡建设领域专业人员岗位培训考核合格证书。全省住房和城乡建设领域现场专业人员统一考核评价人数为上一年的2.6倍。

【住房和城乡建设领域现场专业人员换证考核】　2017年，广东省建设教育协会推进全省住房城乡建设领域现场专业人员换证考核。全年有44070人参加换证考核，32731人考核合格并换领住房和城乡建设领域专业人员岗位培训考核合格证书。换证考核截止时间由原定的2017年12月31日延期至2018年8月31日。

【建设行业协会教育培训】　广东省建设行业技能人员培训考核　2017年，广东省建设教育协会开展混凝土工、砌筑工、抹灰工、防水工、钢筋工、木工、油漆工和架子工等一线生产操作人员职业技能培训考核。截至年底，颁发住房和城乡建设行业技能人员职业培训合格证34070本。该培训提高一线工人理论知识，弥补大部分建筑工人实践经验丰富而理论知识相对较低的短板。

燃气经营企业从业人员专业培训考核　2017年1月20日，广东省建设教育协会举办首期全省燃气企业主要负责人、安全生产管理人员以及运行、维护和抢修人员的统一考核。截至年底，举办5期考核，3360人参加，2838人考核合格获得燃气经营企业从业人员专业培训考核合格证书。燃气企业从业人员换证考核自2016年始。截至年底，举办25场换证考核，2020人参加，1666人考核合格获得燃气经营企业从业人员培训考核合格证书。全年燃气考核获证书总人数比上年增长6.5倍。

农村建筑工匠培训　2017年，广东省建设教育协会承担省农村建筑工匠培训。8月15—18日，承办广东省农村建筑工匠师资培训班，332名学员获得广东省农村建筑工匠培训老师合格证。经培训合格的学员将作为全省农村建筑工匠培训师资，为当地农村建筑工匠授课。10—12月，汕头、珠海、惠州3市先后开展农村建筑工匠培训，346人获得广东省农村建筑工匠合格证。

▲2017年9月28日，广东省建筑业协会在广州举办工程建设工法编写和建筑业10项新技术应用培训班 （广东省建筑业协会供稿）

住房和城乡建设领域专业技术人员高级技术研修班　2017年5—7月，广东省建设教育协会在广州、汕头、中山、惠州4个片区举办8期广东省住房和城乡建设领域专业技术人员技术研修班，2757人参加培训。该研修班增设“装配式建筑发展”课题，增强全省专业技术人员继续教育力度，推动提高全省建设行业专业技术人才队伍整体竞争力。 （李洁丽）

现场专业人员岗位继续教育培训班　2017年，广东省市政行业协会对持有原广东省建设委员会、广东省建设教育协会和广东省市政行业协会颁发的市政工程施工员、质量员、资料员、机械员和材料员等岗位证书的会员单位和非会员单位人员，举办3期继续教育培训班，162名学员报名，135人考试合格，合格率83.3%。考试合格者获取住房城乡建设行业技能人员职业培训合格证，为各企业提供人力资质保障。

市政特有工种岗位培训　2017年5月，广东省市政行业协会在东莞组织举办市政工程测量员现场专业人员岗位培训班，30人参加，全部通过并取得优异成绩；12月，在广州举办第三期下水道养护工培训班，39人参加，合格率100%，获得市政行业技术业务人员岗位证。

开拓新工种培训　2017年，按照第二届“排水杯”全国城镇排水行业职业技能竞赛的工种需求，广东省市政行业协会开展对“排水管道工”“城镇污水处理工”两个工种的培训，排水管道工和城镇污水处理工分别有69人和30人参加。根据省住房和城乡建设厅、省建设教育协会的相关要求，开展市政工程特殊工种教育培训。8月2日，与广州供电局有限公司路灯管理所相关负责人进行座谈交流，委托组织全省范围内的相关资深专家编写培训大纲、教材和试题库，开展市政行业特殊岗位路灯照明类培训，为低压电工、维修电工、安装电工培训夯实基础。

检测试验岗位培训　2017年，广东省市政行业协会分别开展城镇管道CCTV检测员、桥梁结构检测员、市政工程材料检测员、城市地下管线检测员等培训班。培训7批433名学员，通过考试合格后取得市政行业技术业务人员岗位证。 （汤欣仪）

广东省房屋建筑工程竣工验收技术资料统一用表（2017版）培训　2017年，广东省建设行业协会开展建设行业教育培训，提高从业人员专业技能。省建筑业协会联合广东省建设工程质量安全检测和鉴定协会，以及各地级市建筑业协会组织开展2016年版《广东省房屋建筑工程竣工验收技术资料统一用表》宣贯培训，自3月开始，在全省各地市进行宣传贯彻培训，办班29期，4926人参加。

小型工程项目负责人教育培训　自2010年7月始，广东省建筑业协会与各地建筑业协会、培训机构开展小型工程项目负责人专业技术教育培训换证、发证及继续教育，全省经培训考核取得小型工程项目负责人培训合格证31946人，至2017

2017年广东省建设行业技能培训、现场专业人员岗位培训、燃气从业人员培训、农村建筑工匠培训情况

单位：人

建设行业技能培训					现场专业人员岗位培训		燃气从业人员培训		农村建筑工匠培训		专业技术人员高级技术研修班
类别		初级工	中级工	高级工	考核评价	换证考核	统一考核	换证考核	师资培训	工匠培训	
合计	34070	0	33290	780	19011	32731	2838	1666	332	346	2757

（李洁丽）

▲2017年10月18日，广东省房地产行业协会在广州举办营改增后房地产开发不同阶段税务风险防控与纳税筹划培训班 （广东省房地产行业协会供稿）

年8月，参加继续教育培训12839人。

工程建设工法编写和建筑业10项新技术应用培训班 2017年9月28日，广东省建筑业协会举办工程建设工法编写和建筑业10项技术培训班。全省各地建筑施工企业技术负责人（总工程师），施工企业项目负责人及技术负责人，以及从事工法编写、新技术应用及科技创新等方面技术管理人员350人参加。

（张兵）

监理从业人员教育培训 2017年，广东省监理从业人员培训教材《建设工程监理实务（第二版）》，经广东省建设监理协会专家委员会修订后出版发行。省建设监理协会组织开展两期培训考试习题研讨专题会。针对原题库进行更新，增加新内容题目，满足行业培训要求。全省全年举办专业监理工程师、广东省监理员、广东省安全监理员培训班与各类证书继续教育培训班49个，培训人数22972人。其中专业监理工程师8598人、监理员10215人、安全监理员4157人、面授培训15870人、网络培训7102人。全年完成市级行业协会互认换证485人。其中专业监理工程师162人、监理员242人、安全监理员81人。全年完成各类培训证书的补办、变更、换证共计3276人次。 （高峰）

注册结构师和岩土师培训 2017年度，广东省工程勘察设计行业协会开展各类技术交流培训活动，举办5期注册结构工程师培训，1500人参加。300人参加注册建筑工程师教育培训、320人参加组织注册岩土工程师教育培训、110人参加勘察劳务人员技能培训。

（肖建鸣）

水质检测人员学习班 2017年8月21—26日，广东省城镇供水协会在惠州举办年度水质检测人员学习班。省内70多个单位173名水质检测人员参加。培训内容包括水质检验理论知识和实际操作技能。通过培训，提高全省水质检测人员的基础知识及专业水平，加强供水企业水质化验室软实力建设。

（杨春媚）

“营改增”、人力资源、特色小镇等专题培训班 2017年，广东省房地产行业协会针对“营改增”后房地产行业面临的税务管理环境及税务风险、建设特色小镇如何找出特色和选择正确的商业模式、现代化房企如何建立多维度的人力资源管理体系等热点和难点问题开展培训，先后举办主题为“最新房地产税收政策解读与税务筹划实战”“特色小镇的创新商业模式和运营管理的经验方法”“标杆房企人力资源管理五大核心实战解析高级研修班”等专题培训班；联合惠州市房地产行业协会举办“惠州市房地产开发企业主要岗位培训班”，参加培训的学员总数2000多人次，提升房地产从业人员专业素质和知识技能。 （黄劲横）

工程造价师继续教育及专业技能培训 2017年，根据《注册造价工程师管理办法》《中国建设工程造价管理协会关于改进造价工程师继续教育形式的五点意见》《中国建设工程造价管理协会关于2016年至2017年度造价工程师继续教育工作实施意见的通知》，广东省工程造价协会与省建设执业资格注册中心联合开展2017年度全省注册造价工程师继续教育。11月13—17日，在广州举办2017年度注册造价工程师继续教育面授学习班。 （吴文天）

促进建筑业健康发展暨推动技术创新、绿色建造、精品工程创优公益讲座 2017年7月21日，广东省建筑业协会举办主题为“促进建筑业健康发展暨推动技术创新、绿色建造、精品工程创优”的公益讲座活动，贯彻落实《国务院办公厅关于促进建筑业持续健康发展的意见》，推动建筑业技术创新、绿色建造，以及精品工程创优策划与实施。全省建筑行业500多人参加。

（张兵）

建设执业资格注册

【概况】 2017年，广东省委托深圳市实施一级注册建造师等专业变更注册、注销注册业务。完成建设类执业资格考试报名和考试组织。年内，建设继续教育服务平台，指导企业或培训机构开设继续教育新课程。全省加大力度简政放权，加

2017年广东省建设执业资格注册及从业信息公开情况

单位：人

注册类别		主要注册业务				注册人次	现注册总人数
		初始注册	变更注册	延续注册	注销注册		
建筑师	一级	4	278	745	2	1132	2176
	二级	13	43	279	29	400	2359
结构工程师	一级	105	390	626	11	1245	3130
	二级	86	28	83	84	309	1114
建造师	一级	5956	14191	910	344	25681	49925
	二级	7251	19237	17142	2235	59625	89569
监理工程师		1482	3386	2842	147	8643	14251
造价工程师		1277	1752	2916	75	6622	11853
城乡规划师		114	190	801	0	1216	2288
土木工程师		84	151	234	5	521	1279
公用设备工程师		209	357	710	4	1408	2201
电气工程师		188	221	467	5	969	1850
化工工程师		12	7	37	2	58	144
房地产估价师		—	—	—	—	—	4049
合计		16781	40231	27792	2943	107829	186188

注：表中建筑师、结构工程师数据不含深圳市

（广东省建设执业资格注册中心）

2017年广东省建设执业资格考试情况

单位：人

专业类别	报考人数	通过人数	通过率（%）
一级建造师	72340	5890	8.1
二级建造师	114553	8875	7.7
一级注册结构工程师	3175	438	13.7
二级注册结构工程师	657	64	9.7
注册环保工程师	1451	155	10.6
注册土木工程师（岩土）	3510	870	24.7
注册土木工程师（水利水电）	767	103	13.4
注册土木工程师（港口与航道工程）	168	27	16
注册公用设备工程师	4724	688	14.5
注册电气工程师	3394	523	15.4
注册化工工程师	213	48	22.5
监理工程师	3672	1004	2.73
造价工程师	13565	715	5.2
房地产估价师	1779	220	12.3
注册城乡规划师	3818	256	6.7
合计	227786	19876	8.7

（广东省建设执业资格注册中心）

强对注册执业人员的事中、事后监管，健全监督制约机制。全年全省受理建设执业资格考试报名22.78万人，受理建设执业资格注册业务申请（含从业情况信息公开）10.78万人次，组织5.11万人次参加继续教育培训。但是全省建设执业资格注册后动态监管力度仍然不足。

【建设执业资格考试】 2017年，广东省建设执业资格注册中心与省人事考试局、公安厅等加强合作，共同构建考试安全联防体系。全年开展15项建设执业资格考试，分别是一级建造师、二级建造师、一级注册结构工程师、二级注册结构工程师、注册环保工程师、注册土木工程师（岩土）、注册土木工程师（水利水电）、注册土木工程师（港口与航道工程）、注册公用设备工程师、注册电气工程师、注册化工工程师、监理工程师、造价工程师、房地产估价师和注册城乡规划师。全年有22.78万人报名参加考试，1.99万人达到合格分数线，合格率8.7%。

【建设执业资格继续教育】 2017年，广东省建立培训主体监督机制。通过引入培训主体竞争机制、强化教学质量监督机制、健全培训主体问责机制，探索培训主体评价机制方式，引导建设执业人员根据岗位要求和职业发展需要，按照继续教育的标准和要求，自愿选择报名参加培训机构组织的继续教育培训或企业组织的继续教育培训。年内，指导和服务多个培训机构、企业举办各专业的继续教育培训班。全省举办各类建设执业资格继续教育面授和网络培训班39期，5.11万人次参加学习。 *（陈少欢）*

▲广东省建设执业资格注册中心办事窗口（2017）

（广东省建设执业资格注册中心供稿）

2017 年广东省建设执业资格继续教育情况

注册师类别		期数	培训人数（人）
广州市面授班	注册建筑师	6	1767
	注册结构工程师	5	1499
	注册造价工程师	1	277
	二级注册建造师	4	1167
	注册土木工程师（岩土）	2	524
广州市外面授班		10	2113
造价工程师网络教育		1	5913
二级建造师网络教育		10	37881
合计		39	51141

（广东省建设执业资格注册中心）

2017 年广东省建筑工程专业技术资格评审认定情况

单位：人

类别		参评人数	通过人数	通过率（%）
教授级高级工程师	评审	245	101	41.22
高级工程师	评审	2959	1696	57.32
工程师	评审	871	602	69.12
	认定	7	2	28.57
助理级工程师	评审	38	29	76.32
	认定	13	5	38.46

（黄炜琼）

建筑工程专业技术资格评审

【概况】　2017年，广东省住房和城乡建设厅完成建筑工程专业技术资格评审，做到“评前有计划、评时有监督、评后有记录”。在评审前期，开设职称评审政策宣传贯彻培训班，调整和扩容评委库，制定全年评审计划，完善建筑工程技术专业职称评审制度建设，做好材料申报及初审；在评审过程中，严格评审程序、强化评审纪律，坚决防止评审中弄虚作假、徇私舞弊、包庇偏袒等违纪违规的行为，保证评审结果的客观公正；在评审结束后，实行评审结果公示，对通过评审的材料做好审核盖章，发放证书材料。全年申报教授级高级工程师245人、高级工程师2959人、工程师878人、助理级工程师51人，通过人数分别为101人、1696人、604人、34人。但是由于受社会不良之风影响和利益驱动，全省建筑工程专业技术资格评审存在弄虚作假现象时有发生，如业绩造假、论文抄袭雷同等。

【教授级高级工程师资格评审】2017年，广东省有245人申报建筑工程技术高级工程师（教授级）资格，其中规划设计类167人、施工管理类78人。12月4—8日，省住房和城乡建设厅在东莞召开评审会议，最终评审通过101人，通过率41.22%。

【高级工程师资格评审】　2017年，广东省有2959人申报建筑工程技术高级工程师资格，其中规划设计类1013人、工程管理类1001人、建筑施工类945人。11月6—12日，省住房和城乡建设厅在江门开平召开评审会议，最终评审通过1696人，通过率57.32%。

【工程师（含助理工程师）资格评审】　2017年，广东省有929人建筑工程师（含助理级工程师）资格评审，其中申报工程师878人、申报助理工程师51人。10月15—21日，省住房和城乡建设厅在清远召开评审会议，604人通过工程师评审、34人通过助理工程师评审，通过率分别为68.80%、66.67%。

（黄炜琼）

·编辑　李勇·

机关建设

- 承担行政职能事业单位改革
- 党风廉政建设责任制落实
- 档案管理考评获优秀等级
- 反腐倡廉宣传教育
- 离退休人员管理服务

综　述

【概况】　2017年，广东省住房和城乡建设厅开展机关作风、党风廉政和精神文明建设，推进政务公开，强化人事干部管理，提高财务保障能力，为确保厅机关各项工作的开展提供坚强基础。年内，省住房和城乡建设厅完成对直属单位公务用车改革工作督导，研究讨论6个直属单位的公务用车改革实施方案，并确定实施，参改人员24人，参改车辆76辆，保留车辆65辆，取消11辆，整体节支率2.4%。机关合理统筹安排机关公务用车，合理安排车辆，保障机关正常用车，公车费用持续下降。全年机关保留车辆行驶里程11.29万千米，公务用车保险、路桥、油料、维保等费用24.33万元，平均每月支出20275.75元，比上年下降9.2%。但是机关综合管理制度仍有待完善，机关工作效率需逐步提高。　*(杨津)*

【党的十九大精神学习宣传贯彻】　2017年，广东省住房和城乡建设厅将贯彻落实中央和省委关于学习宣传贯彻党的十九大精神作为全省住房城乡建设系统的首要政治任务。10月18日，组织机关全体人员集中收看党的十九大开幕会现场直播。根据中央、省委要求，印发《广东省住房和城乡建设厅关于认真学习宣传贯彻党的十九大精神的通知》，对全省住房城乡建设系统学习宣传贯彻党的十九大精神作出部署。印发《广东省住房和城乡建设厅学习宣传贯彻党的十九大精神工作方案》，将整个学习活动分为传达学习、专题学习讨论、抓落实促发展3个阶段。明确责任，统筹推进，确保学习目标、学习任务、学习贯彻效果落实落地。召开厅党组（扩大）会议，传达学习党的十九大精神，引导全厅党员干部领会党的十九大系列新决策新部署。11月14日，召开厅党组理论学习中心组（扩大）集中学习研讨会议，围绕“学习贯彻落实党的十九大精神，谋划和推动全省住房城乡建设事业改革发展”主题研讨。邀请省委宣讲团成员、省委宣传部讲师团团长杜新山作学习贯彻党的十九大精神专题辅导讲座。厅直属机关团委组织召开厅青年干部学习贯彻党的十九大精神座谈会。党组书记、副厅长杨细平，党组成员、副厅长郭壮狮，党组成员、省纪委驻厅纪检组长刘智民出席。郭壮狮以“愿你的青春不负梦想”为主题，为青年干部上一堂公开课。开展“学报告、学党章”考学活动。　*(熊小玲)*

【行政职能事业单位改革】　2017年，根据中共广东省委办公厅、广东省人民政府办公厅印发的《广东省承担行政职能事业单位改革试点方案》和省机构编制办公室相关文件，省住房和城乡建设厅制定并组织实施《广东省住房和城乡建设厅承担行政职能事业单位改革工作实施方案》。年内，广东省散装水泥管理办公室和广东省建设工程质量安全监督检测总站撤销，广东省建设工程造价管理总站更名为广东省建设工程标准定额站以及职能进行调整，3个单位的行政职能划归厅机关，厅机关增加行政编制34个。　*(杨津)*

行政机关建设

【概况】　2017年，广东省住房和城乡建设厅深化机关建设，加强全面质量管理和“阳光政务”，完善机关综合管理制度，建立健全工作机制，提升机关工作效率，打造“阳光政务”体系。推进政务公开，印发《广东省住房和城乡建设厅2017年政务公开工作要点分工方案》，全年通过门户网站主动公开工作动态2876条、公告公示178条、发布文件通知270份，发布建设行业新闻信息6593条。落实信息专报机制，全年向省委、省政府和住房城乡建设部报送政务信息96篇，30篇（次）被采纳。坚持推出舆情参考，每月编印《工作动态》，集中展示机关各处室和直属各单位工作状况。加强督查督办，推动工作落实。全年组织召开党组会议17次、厅长办公会议7次。开展传达学习贯彻中共中央总书记习近平重要批示、省委第十二次党代会、党的十九大精神系列宣传活动，结合推进广深科创走廊、新型城镇化、保障性安居工程建设、南粤古驿道、城市管理和综合执法改革、绿色建筑、农村人居环境改善、世界城市日、部省合作推进城乡规划建设体制改革等工作进行重点宣传报道。围绕机关党建“服务中心、建设队伍”两大核心任务，推进全面从严治党，以党建工作的新成效促进住房城乡建设事业改革发展重点任务完成。　*(杨津)*

2017年，根据中共广东省委办公厅《关于2017年推进“两学一做”学习教育常态化制度化的实施方案》，印发《中共广东省住房和城乡建设厅党组关于2017年推进“两学一做”学习教育常态化制度化的实施方案》，推进厅直属机关党组织“两学一做”学习教育常态化制度化。厅直属机关党委印发《关于进一步严格厅直属机关党的组织生活制度的意见》《厅直属机关党组织落实“三会一课”制度指引》，实施以“健全党支部组织生活制度，增强基层党组织创造力、凝聚力和战斗力”为主题的基层党建“书记项目”，落实党的组织生活各项制度。抓好党费缴纳使用管理，规范和加强流动党员管理，多渠道组织党员参加培训，完成党员和党组织信息采集。开展纪律教育学习月活动，做好谈话提醒。但是机关党建活动形式不够丰富，党建工作与业务融合力度有待提高。　*(黄少燕)*

【厅直属机关党委重要工作】 2017年，中共广东省住房和城乡建设厅直属机关委员会推进基层党组织政治、思想、组织、作风和纪律建设，把制度建设贯穿其中，深入推进厅直属机关全面从严治党、切实提升党建工作融入中心服务大局工作水平，为实现“四个坚持、三个支撑、两个走在前列”（“四个坚持”指坚持党的领导、坚持中国特色社会主义、坚持新发展理念、坚持改革开放；“三个支撑”指为全国推进供给侧结构性改革、实施创新驱动发展战略、构建开放型经济新体制提供支撑；“两个走在前列”指努力在全面建成小康社会、加快建设社会主义现代化新征程上走在前列）目标作出贡献。

抓好学习教育　推动厅直属机关各党组织学习贯彻党的十九大精神。组织厅机关全体人员集中收看党的十九大开幕会现场直播，组织观看《不忘初心　继续前进》《辉煌中国》两部影片，参观“信仰的力量”档案展活动。邀请省委宣讲团成员作学习贯彻党的十九大精神专题辅导讲座。在广东建设信息网上开设省住房和城乡建设厅和各地市住房城乡建设系统学习宣传贯彻党的十九大精神宣传专栏，在厅机关办公电脑设置“党的十九大精神天天学”开机答题软件。认真学习习近平总书记对广东工作重要批示精神，邀请省宣讲团成员到厅作题为“努力完成新时期广东的新使命”专题辅导讲座。认真学习省第十二次党代会精神，邀请省宣讲团成员到厅作题为“在新的起点上再创新局的行动纲领”专题辅导讲座。召开学习贯彻习近平“7·26”重要讲话精神，邀请省委宣讲团成员作专题辅导讲座。

落实党的组织生活制度　厅直属机关党委印发《关于进一步严格厅直属机关党的组织生活制度的意见》，出台《厅直属机关党组织落实“三会一课”制度指引》；实施基层党建“书记项目”。开展厅直属机关党组织书记述职评议考核工作，厅直属机关党支部书记除书面述职外，7名党支部书记进行现场述职，并进行现场测评。

【党务基础工作】 2017年，中共广东省住房和城乡建设厅直属机关委员会办公室认真做好党务基础工作，更好地服务基层党组织建设。

抓好党费缴纳使用管理　2017年，厅直属机关党委转发中共中央组织部办公厅关于进一步规范党费工作的通知，贯彻落实进一步规范党费工作的有关要求，指导厅直属机关各党支部做好党费缴纳工作，做到按月交纳党费。严格按照有关规定使用党费，向厅直属机关各党组织公示2016年度党费收缴使用情况，设立党费专用账户。

开展党建业务培训　2017年，组织党员参加中共广东省委组织部和省直机关工委组织的十九大精神学习报告会、党务工作人员培训班、基层党支部书记培训班和党务干部能力提升班等系列培训活动，提高党务工作能力水平。（黄少燕）

【精神文明建设和先进集体个人评选】 2017年，按照“围绕中心、服务大局”要求，广东省住房城乡建设系统精神文明建设突出行业特点，着力推进思想道德建设和行业文明创建活动，为全省住房城乡建设事业改革发展提供思想道德保障和精神动力。根据中共住房和城乡建设部党组《2017年住房城乡建设系统精神文明建设工作的指导意见》《广东省精神文明建设2017年工作要点》要求，中共广东省住房和城乡建设厅党组印发《关于2017年全省住房城乡建设系统精神文明建设工作的指导意见》，开展精神文明创建活动，提升全省住房城乡建设系统的社会美誉度和行业影响力，宣传践行社会主义核心价值观，提升队伍素质和行业文明程度。

经广东省精神文明建设委员会复查确认，广东省住房和城乡建设厅城乡规划处、省散装水泥管理办公室继续保留“广东省文明单位”荣誉称号。省城乡规划设计研究院被评为第五届“全国文明单位”。

根据《人力资源社会保障部、住房城乡建设部关于全国住房城乡建设系统先进集体、先进工作者和劳动模范的通知》，广东省住房和城乡建设厅会同人力资源和社会保障厅组织开展全国住房城乡建设系统先进集体、先进工作者和劳动模范评选推荐工作。全省住房城乡建设系统荣获全国住房城乡建设系统先进集体13个、先进工作者23名、劳动模范24名。（金芳）

【信访管理】 2017年，广东省住房和城乡建设厅牵头建立起重大热点问题报告和回应机制，及时转送信访事项，完善信访台账管理，督促有关处室依法及时处理群众信访诉求，确保群众来信来访“件件有着落、事事有回音”。全年接待群众来访81批次，比上年下降10%；办理住房和城乡建设部、省直单位转办件、群众来信305件，下降10%。收到网上厅长信箱1567件，其中厅长信箱1502件、省信访局信访业务平台37件、网上办事大厅咨询平台28件，按照相关规定及时予以回复，全年办理复查复核件48件。

【“民生热线”上线】 广东省住房和城乡建设厅于2017年10月17日“民声热线”上线节目直播。印发《广东省住房和城乡建设厅参加“民声热线”上线节目直播活动实施方案》《广东省住房和城乡建设厅关于做好“行风评议面对面”民声热线上线直播相关工作的通知》；厅长张少康与相关处室上线倾听群众呼声，解决群众难题，受到节目组与省直工委的充分肯定。“民声热线”上线后，省住房和城乡建设厅根据每宗投诉所反映情况分类处理，开展调查核实，并及时将结果反馈当事人，同时报送节目组与省直工委，做到件件有回复。

【省政协提案承办】 2017年，广东省住房和城乡建设厅承办省政协副主席林木声督办的关于贯彻五大发展理念，促进特色小镇快速发展的系列提案和副主席刘日知督办的关于广东省古村落的保护和利用的系列提案，专门成立重点提案办理工作领导小组，落实“一把手”责任制。厅长张少康将民革广东省委会提出的“关于因地制宜，努力推进广东省海绵城市建设的提案”作为领办的政协提案；副厅长郭壮狮领办张小棣委员提出的“关于切实做好广东省历史文化名城保护，努力创建南粤文化品牌工作的提案”。全年省住房和城乡建设厅收到省十二届人大五次会议代表建议81件，其中主办和独办45件、会办36件；收到闭会建议4件，其中主办2件、会办1件、参阅1件；收到省政协十一届五次会议提案104件，收到供工作研究参考不需答复的意见12件，收到闭会提案2件。

【档案管理考评获优秀等级】 在2017年度广东省省直和中直驻粤单位档案评估中，省住房和城乡建设厅档案工作被广东省档案局评为优秀等级。年内，省住房和城乡建设厅做好机关各类档案的整理归档和管理利用，维护档案的完整，准确与安全。对档案管理信息系统升级，加强档案数字化建设。扩展档案库房，包括档案查阅室和档案员办公用房，改善档案查阅环境。是年，归档文书档案5379件，其中保存期限为永久的档案283件，保存期限为30年的档案1985件，保存期限为10年的档案3111件；照片档案2卷94张；光盘档案2卷2张；会计档案90卷。 *（杨津）*

【人事管理】 2017年，广东省住房和城乡建设厅坚持党管干部原则，落实新时期好干部标准，把政治标准放在首位，加强机关干部队伍和直属事业单位领导班子建设。贯彻落实全面从严治党、从严管理干部要求，干部队伍建设成效显著。

严格干部选拔任用。2017年，配合中共广东省委组织部完成厅党组书记、厅长、副厅长、纪检组长、副巡视员等6名厅级干部的任职工作，调出1名副厅长到其他省直单位工作；配合中央统战部和广东省委统战部完成3名民主党派领导人选考察。从厅机关正处职干部中选拔1名副巡视员。按照省委组织部、省人大选联工委和省委统战部的部署，推选2名新一届广东省政协委员候选人和1名新一届全国人大代表候选人。组织完成1名正处职和9名副处级干部的选拔任用，完成厅机关和直属事业单位6名处级干部试用期满、2名处级干部聘任期满的考察、任职和续聘。通过组织任命、基层遴选、公开招考、基层转任、接收军转干部等方式，新接收8名处级以下干部到厅机关工作。指导直属单位选拔4名正科级、7名副科级干部，审核报批直属单位调入2名干部，对厅机关22名干部进行轮岗。选派2名厅机关干部到地市住房和城乡建设局挂职锻炼、3名干部参加广东省第一批科技专家服务团、1名专业技术干部参加第八批援疆工作，增加选派1名专业技术干部参加驻村扶贫。

强化干部监督力度。在干部选拔任用过程中，贯彻落实各项规定，选拔前研究制订选拔方案，执行加强干部选拔任用工作监督“十个严禁”的纪律要求，对纳入提任处级职务考虑范围的有关人选，经厅党组审议同意后，提前审核干部档案和核查个人有关事项报告。做好领导干部个人有关事项年度报告和随机抽查，集中培训，加强提醒，对不如实填报的典型案例进行通报警醒。全年对22名干部进行核查，一致率90.9%，比上年的68.8%提高22.1个百分点。做好人事管理常规谈话、告诫谈话名单制订，加强对提拔、交流、轮岗、临近退休，在同一岗位任职时间较长，或在权力相对集中岗位任职的干部，以及在个人有关事项报告核查中出现问题的干部谈话提醒，区分情况对干部进行谈话提醒。是年，厅人事部门谈话提醒50人次。《广东省住房和城乡建设厅公务员绩效考核评价实施细则（试行）》自2017年1月起实施，考核评价结果作为公务员年度考核依据。规范因公出国（境）管理，严格执行因私出国（境）证件集中保管制度，会同厅办公室对涉密人员增加行前教育等程序。全年办理因公出国访问团组7批18人次，因公赴港澳13批26人次，审批因私出国（境）190人次。

组织干部培训。2017年，组织全体机关干部150人参加广东省人力资源和社会保障厅开展的学习贯彻十九大精神全员培训班，厅级干部11人参加广东省委组织部开展的学习贯彻十九大精神专题研究班，副处级以上干部93人参加广东省委组织部开展的学习贯彻十九大精神的集中轮训，确保十九大精神学习宣传全员覆盖。全年选派15名干部参加主体班、任职班、专题班等各类培训。选派各地级以上市住房和城乡建设系统领导干部35人分批次参加住房和城乡建设部举办的城市规划建设管理系列培训班。

【离退休人员管理服务】 2017年，广东省住房和城乡建设厅做好为退休同志服务。对长期生病住院、入住养老院以及因身体健康原因不便参加集体活动的离退休人员进行走访慰问，对个别有困难的老同志给予关爱。落实省委老干部局关于特殊困难补助发放问题的通知精神，帮助厅机关长期瘫痪在床、生活不能自理和长期生病住院、生活困难的老同志家属整理完整的申请证明材料，发放补助21人次。组织离退休干部进行健康疗养。在“三八”妇女节、“八一”建军节、“九九”重阳节组织老干部参加茶话会等。

按有关规定为老同志发放医疗费、补助费，及时领取并发放公费医疗记账单，帮助老同志办理申请医疗检查报告40人次50多个项目。组织安排健康体检，帮助已故离退休人员家属办理后事和办理抚恤金、遗留房产处置等后续问题，协助公证处等有关部门核实查证档案等。

（杨金陶）

【群团建设】 共青团建设 2017年，广东省住房和城乡建设厅直属机关团委以习近平新时代中国特色社会主义思想为指导，学习贯彻党的十九大精神，加强厅直属机关团委政治建设和思想引领，结合厅直属机关团员青年特点，发挥团的突击队和联系团员青年的桥梁作用，激励团员青年为住房城乡建设事业贡献青春力量。截至年底，省住房和城乡建设厅直属机关团委下辖团委1个、团总支1个、团支部1个；厅直属机关团支部共25个、兼职团干25名、团员425人、28岁以下青年857人。

2017年11月28日，广东省住房和城乡建设厅直属机关团委召开青年干部学习贯彻党的十九大精神座谈会暨举办“青年学堂”公开课。机关50余名青年干部围绕“学习贯彻党的十九大精神，做新时代的有为青年”主题，结合岗位工作和生活感悟，畅谈学习感想和心得体会。党组书记杨细平勉励青年干部要全面增强“八个本领”（学习、政治领导、改革创新、科学发展、依法行政、群众工作、狠抓落实、驾驭风险）；直属机关党委书记郭壮狮以“愿你的青春不负梦想”为主题讲一堂“青年学堂”公开课，与青年干部谈理想、谈事业、谈能力、谈方法、谈读书、谈生活，引导青年干部们做“新时代的有为青年”；省纪委驻省住房城乡建设厅纪检组组长刘智民在会上与大家分享感悟。“青年学堂”公开课形式新颖、内容丰富，受到广大青年的喜爱和好评。（熊小玲）

妇委会建设 2017年，广东省住房和城乡建设厅直属机关妇女委员会（简称“妇委会”）围绕中心，服务大局，结合厅机关和直属单位实际，发挥妇委会职能作用，关爱妇女，为妇女办实事和办好事，团结带领广大妇女鼓足干劲完成好各项工作，提高妇女工作水平和女干部职工综合素质。

组织各项活动。2017年，妇委会推动妇女党员干部党性修养的提高，选派1名妇女领导干部参加省直妇工委组织的“省直单位妇女干部党性教育与能力建设培训班”，赴焦裕禄干部学院、红旗渠干部学院进行党性学习锤炼；支持省城乡规划设计研究院组织妇女党员干部赴延安开展“弘扬延安精神，争做合格党员”的党性锤炼活动；组织系列庆“三八妇女节”活动。厅机关组织全体妇女同志到历史文化名镇参观学习，省城乡规划设计研究院举办“绽放你的‘花漾’妇女节”主题花艺沙龙和考察古村落活动，省建设工程质量安全监督检测总站组织加强子女教育茶话会。开展形式多样康体活动，组织厅机关舞蹈兴趣班。省建筑设计研究院和省城乡规划设计研究院组织女子篮球队、开设瑜伽、古典舞训练班等。

维护妇女权益。2017年，妇委会宣传《婚姻法》《中华人民共和国妇女权益保障法》《女职工劳动保护规定》。落实厅机关和直属各单位女职工安康险全覆盖和女性健康检查，开展科学防癌健康讲座等。对刚生育的妇女进行上门慰问、发放生育慰问金；对生病、住院或家庭特殊困难的女同志探访慰问，及时表达组织的关爱。落实保障特殊需求。为处于特殊期女同志提供人性化服务。省建筑设计研究院、省城乡规划设计研究院建成“爱心妈妈小屋”，增设完善“哺乳室”设施。

推荐先进典型。2017年，妇委会宣传社会公德，家庭美德和职业道德，向上级部门推荐优秀的妇女干部、专业人才，弘扬干事创业正能量。向省妇女儿童工作委员会推荐厅机关洪冰参加全省妇女儿童发展规划先进个人评选。推荐省城乡规划设计研究院蔡穗虹参加2017年度“全国城乡妇女岗位建功先进个人”评选；推荐省建筑设计研究院郑亚琴和省城乡规划设计研究院马星参加广东省“三八红旗手”评选；向省直机关工委推荐广东省“三师”专业志愿者委员和广东省城乡规划院志愿服务队作为省直单位2017年度“最美志愿服务组织”“最美志愿服务人物”候选对象。

（黄少燕）

【对口扶贫】 2017年，根据中共广东省委部署，广东省住房和城乡建设厅定点扶贫帮扶梅州市丰顺县北斗镇拾荷村。拾荷村位于丰顺县北斗镇的西北部，全村在册总人口4635人、923户，其中贫困户106户、贫困人口325人，常住人口2100人。因青壮年劳动力外出，种植、养殖业规模小、科技含量低、村集体经济收入低，该村整体经济社会发展水平较低。为做好精准扶贫，省住房和城乡建设厅选派优秀干部驻村，厅主要负责人和领导班子成员深入拾荷村调查研究、慰问驻村干部、检查指导及解决实际问题，为驻村扶贫工作提供支持保障。驻村工作队员克服困难、扎根基层，驻村干部与省城乡规划设计研究院专家组深入村庄做好摸底调研，收集第一手资料，对帮扶的106户相对贫困户开展入户调查和建档立卡，编制《拾荷村创建社会主义新农村示范村规划》，于12月27日通过丰顺县政府审批。落实《广东省住房和城乡建设厅帮扶丰顺县北斗镇拾荷村新时期精准扶贫精准脱贫三年攻坚帮扶规划和年度帮扶计划（2016—2018年）》，年内，完成一批帮扶项目，建成洋石自然村村道改扩建工程、十八渡、高锡自然村文化活动广场、村卫生站主体工程、生活污水处理设施示范工程等建设项目；开工建设高锡村道建设前期工程、榕江北河（拾荷段）小河流整治工程；高标准农田建设项目初见成效。完成85户245人相对贫困户脱贫；组织67户相对贫困户参加丰顺县兜底扶贫和小额金融贷款项目；资助拾荷学校添置电脑电视设备、修缮食宿设施，开展教师节慰问活动，为全村高校录取新生、在校学生赠送奖学金、文具盒和爱心书包等；举办4期“励志教育”专题讲座；举办2期种养植技术培训班和1期“三师下乡”志愿者活动等。5月3日，梅州市脱贫攻坚暨社会主义新农村建设工作推进会召开，拾荷村扶贫经验介绍受到县镇党委、政府和村民好评。（汤洞）

【财务管理】 2017年，广东省住房和城乡建设厅创新完成2018—2020年中期财政规划与2018年部门预算编制。2018年部门预算编制工作实现集中财力办大事的突破，优化调整资金结构，提高经费保障能力，保障省住房和城乡建设厅重点工作。8月25日，联合广东省财政厅印发《广东省新型城乡规划建设专项资金管理办法》，逐步规范省级专项资金的使用和管理。是年，省住房和城乡建设厅机关财政资金总收入1.64亿元，总支出1.42亿元，预算执行率86.67%，其中办理财政直接支付业务26笔，共计2034.54万元，办理财政授权支付业务4437笔，共计1.22亿元。做好预算执行审核，落实厉行节约要求，盘活财政结余结转资金412.89万元。截至年底，省住房和城乡建设厅“三公”经费总支出63.02万元，其中公务用车购置和运行维护经费27.88万元、出国经费30.16万元、公务接待费4.98万元。

2017年，广东省住房和城乡建设厅对2016年度重点项目绩效评价和2016年度专项资金绩效进行自评，配合省财政部门对省住房和城乡建设厅主管的住房保障、农村危房改造、垃圾污水处理等重点民生项目进行绩效评价。年内，住房和城乡建设部通报，广东省2016年度海绵城市试点绩效评价深圳综合得分第一名、珠海第十四名；2016年度中央农村危房改造绩效评价广东省排在第六名。在省级2016年十件民生实事财政资金使用等绩效评价中广东省住房和城乡建设厅得分85.5分。（刘仕琴）

【工会建设】 2017年，广东省住房和城乡建设工会委员会（简称“省建设工会”）围绕省住房城乡建设厅中心任务，做到“维护核心、服务中心、凝聚人心”，重点开展“两学一做”学习教育常态化制度化、行业职工技能竞赛、评先评优、关爱和服务职工、开展形式多样的文体活动等，发挥工会桥梁纽带作用。

关爱劳模及困难职工。为做好劳模的管理服务及关爱行业困难职工，2017年1月9—10日，广东省住房和城乡建设厅副厅长郭壮狮带领省建设工会慰问组赴潮州、揭阳两市开展2017年春节“送温暖”活动。1月11日，省住房城乡建设厅厅长王芃带领省建设工会及厅相关处室人员到清远凤凰安置区项目工地慰问一线的施工人员。5月4日，省建设工会会同肇庆市住房和城乡建设局，走访荣获“全国工人先锋号”的肇庆市建筑工程有限公司，了解先进集体职工工作和生活情况，以及先进集体发挥示范引领作用的情况。

行业职工职业技能竞赛。2017年，省建设工会分别联合物业管理行业协会、建筑安全协会和市政行业协会相继举办物业管理行业的物业管理员和电工、建筑施工行业的塔式起重工、城镇排水行业的污水处理工和排水管道工5个工种的职业技能竞赛。4月22日，联合省物业管理行业协会在广州市机电高级技工学校举行物业管理员和电工两个工种的竞赛。7月19—21日，联合省建筑安全协会在东莞市建设培训中心举行塔式起重工竞赛。8月17—18日，联合省市政行业协会分别在广州市沥滘污水处理厂和广州市二沙岛晴澜路举行城镇污水处理工和排水管道工竞赛。

先进典范评选。2017年，根据中华全国总工会、中国海员建设工会全国委员会和广东省总工会推荐评选先进典型的相关部署，广东省建设工会坚持标准和推荐程序，严格审核把关，组织开展评选推荐。深圳市住宅发展事务中心主任张放被中华全国总工会授予“全国五一劳动奖章”；中国建筑第五工程局有限公司深圳分公司和广东省第一建筑工程有限公司被中华全国总工会授予“全国五一劳动奖状”；广东省第四建筑工程有限公司广州市大沙东保障性住房项目施工总承包（标段一）、广东省建筑工程机械施工有限公司深圳葵涌街道保障性住房总承包项目部、肇庆市建筑工程有限公司安居华苑保障性住房项目部被中华全国总工会授予“全国工人先锋号”；中国建筑第五工程局有限公司广东公司技术管理员黄劲超被广东省总工会授予“广东省五一劳动奖章”；广东省建设信息中心信息经营科被广东省总工会授予“广东省五一劳动奖状”；广东省住房和城乡建设厅执法监察局主任科员周卓琳被广东省总工会授予“广东省五一巾帼奖”。

关爱职工。2017年，广东省建设工会委员会坚守住房城乡建设行业“职工之家”的理念，依法维护广大职工合法权益。7月13日，省住房和城乡建设厅副厅长郭壮狮率省建设工会到广州市天河区大灵山路中建二局深圳分公司广州华润奥体项目工地开展“送清凉”慰问活动，向炎热季节奋战在一线的工友们赠送凉茶、夏季防暑药品等慰问品；10月26日，第二十四个广东省环卫工人节期间，省建设工会赴佛山、珠海慰问在环卫岗位工作满20年以上的一线环卫工人代表和参与

"8·23"抗风救灾的环卫单位，发放慰问金78000元；12月15日，省建设工会在广州大学城体育中心体育场举办主题为"放飞梦想 共创辉煌"趣味运动会。省住房和城乡厅机关和直属单位的18支代表队共计600余名干部职工参加；年内，省建设工会相继举办"南粤古驿道活化利用""建设海绵城市促进生态文明"等专题讲座；关爱女职工，推进"爱心妈妈"小屋建设，为处于孕期、生育期、哺乳期等特殊期的女职工提供人性化温馨服务，将省城乡规划设计研究院工会委员会"爱心妈妈小屋"建设成为省示范点。 （史红杰）

党风廉政建设

【概况】 2017年，广东省住房和城乡建设厅党组组织全体党员干部职工学习贯彻中共中央总书记习近平系列重要讲话精神和对广东工作的重要批示精神，贯彻落实党的十八届历次全会精神、党的十九大精神、广东省委十一次和十二次党代会精神，按照省委、省纪委的重大决策部署，坚持全面从严治党，推进"两学一做"学习教育常态化制度化，履行党风廉政建设主体责任，整治"四风"，全厅党风政风得到进一步好转，逐步形成干事创业的良好氛围，为推进省住房和城乡建设厅完成省委、省政府的各项任务提供保障。但是仍需加大对党员进行党规、党纪教育，加强对党员干部履行职责和行使权力监督。

【党风廉政建设主体责任落实】 2017年，中共广东省住房和城乡建设厅党组印发《2017年全面从严治党和党风廉政建设工作方案》《关于落实2017年党风廉政建设和反腐败工作部署分工的通知》，梳理14项党风廉政建设和反腐败任务，其中2项为省分工任务，明确分管领导、责任处室和有关工作要求，指导省住房和城乡建设厅机关和直属单位的党风廉政建设。根据省委办

2017年广东省住房和城乡建设厅职能

序号	职能
1	贯彻执行国家和省有关住房和城乡建设工作的方针政策和法律法规，组织起草有关地方性法规、规章草案，组织编制相关规划和年度计划，拟订相关政策、标准并指导和监督实施
2	承担推进住房改革与发展和保障城镇低收入家庭住房的责任。指导全省住房制度改革工作，会同有关部门做好省级财政廉租住房保障资金安排并监督各地组织实施
3	负责住房公积金监督管理，确保公积金的有效使用和安全。会同有关部门拟订住房公积金政策并组织实施，制定住房公积金缴存、使用、管理和监督制度，监督全省住房公积金和其他住房资金的管理、使用和安全
4	承担规范房地产市场秩序、监督管理房地产市场的责任。指导城镇土地使用权有偿转让和开发利用工作，提出全省房地产行业发展规划和产业政策
5	承担城乡规划监督管理的责任。指导全省城乡规划的编制、实施和管理工作，负责省人民政府交办的城市总体规划、市域城镇体系规划的审核报批和监督实施，参与土地利用总体规划等相关规划的审核，会同文物行政部门负责历史文化名城（镇、村）保护的监督管理工作。统筹落实和推进绿道网建设管理工作
6	承担指导城市建设的责任。指导城市供水、节水、燃气、污水和生活垃圾处理等市政公用设施的建设、安全和应急管理，负责国家级、省级风景名胜区的审核报批和监督管理，组织审核世界自然遗产的申报，会同有关部门审核世界自然遗产与文化遗产双重遗产的申报
7	承担规范、指导村镇建设的责任。指导村镇规划的编制、实施和管理工作，指导村镇建设和农村住房建设，指导小城镇和村庄人居环境的改善工作
8	监督管理建筑市场，规范建筑市场各方主体行为。指导全省工程建设、建筑业的行业改革发展，制定和发布工程建设全省统一定额、工期定额和有关技术标准并监督和指导实施，负责推进工程勘察设计业的改革发展
9	承担建筑工程质量安全监管的责任。负责全省工程质量和安全生产工作的指导和监督检查，指导编制工程质量安全事故应急救援预案，组织或参与重大工程质量安全事故调查和处理
10	承担推进建筑节能减排和行业科技发展的责任。组织科技项目研究开发，指导建设科技成果转化推广，负责发展散装水泥和商品混凝土的管理工作，承担推进智慧城乡信息化工作，指导行业注册师执业资格管理工作，会同有关部门组织行业的职称改革及专业技术职称评审工作，组织制定地方工程建设标准、规范、规程并监督实施
11	开展住房和城乡建设方面的对外经济技术交流与合作
12	承办省人民政府与住房和城乡建设部交办的其他事项

（王瑞斌）

2017 年广东省住房和城乡建设厅领导成员

职务	姓名/任期	
厅长	王　芃（2013.3—2017.6） 张少康（2017.6—　）	
党组书记	王　芃（2012.3—2017.3） 杨细平（2017.3—　）	
副厅长	杨细平（2017.4—　） 蔡　瀛（2009.9—　） 郭壮狮（2015.5—　）	李台然（2009.9—　） 杜　挺（2009.9—2017.1） 刘　玮（2017.4—　）
党组成员	蔡　瀛（2009.9—　） 郭壮狮（2013.8—　） 刘智民（2017.9—　） 陈天翼（2012.10—　）	杜　挺（2009.9—2017.1） 廖锦添（2016.3—2017.9） 刘　玮（2017.4—　）
省纪委、省监察厅驻省住房城乡建设厅纪检组长	廖锦添（2016.3—2017.9） 刘智民（2017.9—　）	
中共广东省住房和城乡建设厅直属机关委员会书记	杜　挺（2011.3—2017.6） 郭壮狮（2017.6—　）	
总工程师	陈天翼（2012.10—　）	
副巡视员	魏振发（2017.1—　） 华宏敏（2015.5—　） 洪　冰（2017.4—2017.10）	

（王瑞斌）

2017 年广东省住房和城乡建设厅各处室职能

处室名称	职能
1. 办公室 主任：曾峥（2017.1—　）	负责文电、会务、机要、档案等机关日常工作；承担安全、保密、新闻宣传、信访、督办、政务公开等工作；起草重要文稿；负责住房和城乡建设经济技术交流与合作；指导和协调住房和城乡建设系统城市建设档案工作
2. 法规处 处长：余云枢（2016.10—　）	组织起草有关地方性法规、规章草案；承担有关规范性文件的合法性审核工作；承担有关行政复议和行政应诉工作；负责行政许可实施的监督和评估；负责住房和城乡建设法律法规实施的评估；组织住房和城乡建设普法工作
3. 计划财务处 处长：谢莉珍（2014.12—　）	指导住房和城乡建设系统行业信息统计工作；负责机关各项资金、国有资产的管理、使用和财务工作；承担住房和城乡建设系统行政事业性收费项目的立项、申报和管理工作，指导直属事业单位财务监督管理和审计工作
4. 住房发展与房地产市场监管处 处长：陈必暖（2016.10—　）	拟订住房和房地产管理政策并监督实施；提出住房和房地产产业发展规划和产业政策；编制住房建设规划和年度计划并指导、监督实施；指导全省城镇住房制度改革与住房发展工作；指导城镇土地使用权有偿转让和开发利用工作
5. 住房保障处 处长：	拟订本省城镇住房保障政策法规、编制住房保障发展规划和年度计划并监督执行；会同有关部门拟订本省住房公积金发展规划并组织实施；拟订住房公积金缴存、使用、管理和监督制度；会同有关部门做好省级财政廉租住房保障资金安排并监督各地组织实施；监督全省住房公积金及其他住房资金的管理、使用和安全；指导住房公积金业务网络管理系统的建立，管理住房公积金监督网络系统和举报投诉系统
6. 住房公积金监管处 处长：张平（2014.12—　） （住房保障处与住房公积金监管处合署办公）	
7. 城乡规划处（珠江三角洲城镇群规划管理办公室、省绿道网建设管理办公室） 处长：朱国鸣（2016.3—　）	拟订城乡规划及城镇化发展的政策和法规、规章草案；组织编制和监督实施省域城镇体系规划、珠江三角洲城镇群规划及其他次区域规划；指导全省城乡规划的编制、实施和管理；承担省人民政府交办的城市总体规划、市域城镇体系规划的审核报批和监督实施；承担地级以上市控制性详细规划的备案管理工作；参与县以上土地利用总体规划等相关规划的审核；按规定权限核发建设项目选址意见书；承担历史文化名城及历史街区保护的监督管理工作；指导城市勘察、市政工程测量、地下空间开发利用和城市雕塑工作；监督管理城乡规划编制单位；统筹落实和推进绿道网建设管理工作
8. 城市建设处 处长：郭建华（2014.12—　）	承担国家级、省级风景名胜区的审核报批和监督管理；指导城市市政公用设施的应急管理；指导城市供水、节水、燃气、市政设施、园林、市容环境治理等工作；指导城镇污水和生活垃圾处理设施建设和运行监管；指导城市规划区的绿化工作；指导城市地铁与轨道交通的规划和建设；承担世界自然遗产项目和世界自然与文化双重遗产项目的有关工作

（续表）

处室名称	职能
9. 村镇建设处 处长：宋健（2016.10— ）	拟订村镇规划建设的政策和法规、规章草案；指导村镇规划的编制、实施和管理工作；指导村镇建设和农村住房建设；参与村镇土地利用总体规划等相关规划的审核；指导小城镇和村庄人居生态环境的改善工作；会同文物行政部门负责历史文化名镇（村）保护的监督管理工作
10. 建筑市场监管处 处长：潘伟堂（2014.12—2017.7）	拟订工程建设、建筑业、勘察设计的行业发展政策、规章制度并监督执行；拟订规范建筑市场各方主体行为、房屋和市政工程项目招标投标、建设监理、施工合同管理、工程风险管理的规章制度并监督执行；监督施工企业、建设监理企业、工程建设项目招标代理机构、工程造价咨询机构、勘察设计咨询单位资质标准的执行；组织拟订建设工程全省统一定额、工期定额等建设工程计价依据和工程造价技术标准并监督和指导执行；参与省重点工程项目建设的有关工作；监督房屋和市政工程抗震设防标准的执行；组织大中型工程项目初步设计审查；负责建筑工程施工图设计审查的监督管理；指导建筑节能设计、建筑工程设计招标投标工作
11. 工程质量安全监管处 处长：林兆雄（2014.12— ）	拟订建筑工程质量、建筑安全生产规章制度和技术标准并监督执行；指导全省工程质量和安全监督、检测机构的监督管理和相关人员的考核工作；承担全省施工企业安全生产的监督管理和相关人员的考核工作；指导编制工程质量、安全事故应急救援预案；组织或参与工程重大质量、安全事故的调查处理；负责石油化工建设工程质量监管
12. 科技信息处 处长：廖江陵（2014.12— ）	拟订住房和城乡建设行业科技、建筑节能、墙体材料革新以及散装水泥的发展规划和政策并监督执行；组织拟订工程建设标准、规范、规程并监督实施；组织科技项目研究开发，指导科技成果的转化推广；指导发展散装水泥和商品混凝土工作；承担推进智慧城乡信息化工作；组织编制本行业信息化发展规划，拟订本行业信息化技术标准并监督实施，协调本行业电子政务和重要信息系统、信息库的建设，促进本行业信息资源综合开发利用；协助推动全省智慧城市建设，负责智能建筑和智能市政领域的指导和建设工作；负责绿色建材、散装水泥、预拌混凝土、预拌砂浆等发展应用的监督管理及监管标准体系的建设；推动装配式建筑的发展
13. 建筑节能处 处长：袁庆华（2017.11— ） （科技信息处与建筑节能处合署办公）	
14. 行政许可管理处 处长：罗锦荣（2016.10— ）	承办本厅直接实施和审查上报住房和城乡建设部的企业资质、个人执业资格类行政许可事项的审批、核准、审核、备案和变更工作
15. 人事处 处长：黄维德（2014.12— ）	负责机关和指导直属单位的人事管理、机构编制、劳动工资、离退休人员服务和党群等工作；指导行业从业人员继续教育、岗位培训和职业技能鉴定；指导行业注册执业资格管理工作；会同有关部门组织行业的职称改革及专业技术职称评审工作。指导全省住房和城乡建设系统精神文明建设工作
16. 直属机关党委办公室 主任:梁志华（2016.10— ） （人事处与直属机关党委办公室合署办公）	
17. 执法监察局 局长：刘耿辉（2016.10— ）	监督有关住房和城乡建设法律法规、标准的执行；指导、监督、协调全省住房和城乡建设综合行政执法工作；承办住房和城乡建设领域重大纠纷和案件的有关工作，组织检查和处理相关违法违规行为

注：根据《广东省机构编制委员会办公室关于调整省住房城乡建设厅及所属事业单位机构编制事项的函》，设立广东省住房城乡建设厅建筑节能处，与科技信息处合署

（杨金陶）

2017年广东省住房和城乡建设厅各直属单位职能

处室名称	职能
1. 广东省住房和城乡建设工会委员会 主席：黄祖璜（2016.10— ）	领导厅机关及直属基层工会，指导全省建设系统工会
2. 广东省建筑设计研究院 院长：赏锦国（2015.4—2017.3） 党委书记：曾宪川（2014.1— ）	贯彻执行党和政府关于住房和城乡建设、城镇化发展的方针政策，参与住房和城乡建设行业相关技术政策研究和建筑标准设计；开展政府和社会各类大中型建筑、市政与公用事业、基础设施、环境保护等工程设计、勘察、咨询工作；开展政府和社会各类建设工程技术以及建筑节能、环保、防火、抗震专项技术的研究开发、组织实施和推广应用工作；开展政府和社会各类建设工程的质量监测、检测、初步设计审查、施工图审查等工作；开展其他工程设计规划机构的技术帮带、技术骨干培养，以及业务指导、技术支持、人才培养等工作。开展国内外建设工程科技交流与合作

(续表)

处室名称	职能
3. 广东省城乡规划设计研究院 院长：邱衍庆（2016.10— ） 党委书记:钱中强（2009.7— ）	参与城乡规划政策研究；承担省级重大区域规划编制工作；参与城乡规划技术规范制定工作；为重大灾害应急和灾后重建规划提供技术支持；协助开展全省城乡规划编制和管理空间信息平台建设工作等
4. 广东省建设信息中心 主任：林刘雄（2015.2— ）	承担全省建设系统信息资源开发、利用和管理；收集、整理建设市场信息；建立建设行业信息网络和数据库，指导建设行业信息工作
5. 广东省建设工程标准定额站 站长：黄守新（2017.11— ）	贯彻执行国家、省建设工程造价管理、工程建设定额和计价规范的方针政策和法规；受委托参与制定本省工程造价管理的法规、规章和管理制度；承担建设工程造价和工程建设定额的编制、修订、解释等具体工作；指导省工程建设定额的执行，指导编制建设工程估算、概算、结算，受省住房城乡建设厅委托发布工程造价信息，指导标底的编制审核工作，按规定参与建设工程招投标的审标、评标、定标工作
6. 广东省建设执业资格注册中心 主任：陈辅淳（2016.10— ）	执行国家有关执业资格注册的方针、政策，受委托承担住房和城乡建设行业执业资格注册类行政许可的有关辅助性工作；协助人力资源和社会保障部门做好建设执业注册资格考试人员资格审查、考核认定、考试组织和评卷等工作；承担建设执业资格注册审查、注册管理及注册后监督，推动执业人员诚信系统建设及信息公开服务；承担建设执业注册资格继续教育有关工作

注：根据《广东省机构编制委员会办公室关于调整省住房城乡建设厅及所属事业单位机构编制事项的函》将广东省建设工程造价管理总站更名为广东省建设工程标准定额站；撤销广东省散装水泥管理办公室；撤销广东省建设工程质量安全监督检测总站

（杨金陶）

公厅、广东省政府办公厅《关于加强省直部门下属单位管理的意见》，省住房和城乡建设厅党组印发《关于加强厅直属单位管理的实施意见》，突出对厅直属单位“人、财、物”的管理，强化检查、考核报告等管理措施。省住房和城乡建设厅党组严格按照《广东省住房和城乡建设厅党组议事规则》《广东省住房和城乡建设厅党组工作规则》《广东省住房和城乡建设厅厅长办公会议工作规则》等制度要求，贯彻民主集中制，做到认真听取和吸纳班子成员的意见和建议后再做决定，对“三重一大”事项全都由厅领导班子集体研究决定。

【党风廉政建设监督检查】 2017年，广东省住房和城乡建设厅重视廉政风险防控，特别是在工程招投标、财政资金分配下拨、工程建设质量安全监管等关键环节，研究制定相关政策，完善监督机制，加强督促检查和专项审计，确保专项资金合理使用和工程项目顺利实施推进。制订印发《广东省住房和城乡建设厅开展整治潜入地下公款吃喝工作方案》，规范公务活动支出。落实广东省《关于加强党员干部“八小时以后”活动监督管理的意见》。

【执纪问责】 2017年，广东省住房和城乡建设厅机关纪委配合驻厅纪检组开展监督执纪工作。驻厅纪检组移交的信访初核后与信访举报对象开展提醒谈话。完成厅下属单位3位处级干部向省直纪工委的案件移送审理和8位科级干部向省纪工委的违纪处分备案。完成广东省委第二巡视组移交的举报投诉件的核查。

【反腐倡廉教育宣传】 2017年，广东省住房和城乡建设厅党组制订印发《关于2017年推进“两学一做”学习教育常态化制度化的实施方案》，先后组织学习《中国共产党章程》《中国共产党廉洁自律准则》《中国共产党纪律处分条例》，强化党员干部的党规党纪意识。在纪律学习教育月活动期间，省住房和城乡建设厅党组印发《中共广东省住房和城乡建设厅党组关于印发2017年纪律教育学习月活动方案通知》，购买勤政廉洁教育书籍和多部警示教育专题片，派发给厅各处室和直属单位学习并组织党员干部观看警示教育片。组织厅机关和直属单位党员干部到广东省反腐教育基地进行警示教育，增强党员干部党性意识。开展系列围绕纪律教育学习月为主题的谈心提醒教育活动。在基层党支部设立纪检委员（联系人），建立厅机关纪委联系人工作机制。组织广东省城乡规划设计院创作廉政小品《算计迷》上报广东省纪委参加比赛。（金芳）

·编辑 李勇·

各市建设

□ 广州举办首届国际设计论坛

□ 第十九届国际植物学大会在深圳举办

□ 港珠澳大桥主体工程全线贯通

□ 梅州市入选重大市政工程领域 PPP 创新工作重点城市

□ 潮州市首个生活垃圾焚烧发电项目试运行

广州建设

【概况】 广州市位于广东省中南部，1984年设为计划单列市，1994年升格副省级市，土地面积7434.4平方千米。截至2017年底，全市户籍人口897.87万人；常住人口1449.84万人，其中城镇人口1248.89万人。全市地区生产总值21503.15亿元，完成固定资产投资5919.83亿元，其中房地产开发投资2702.89亿元，占全市固定资产投资45.66%。全年全市建筑业总产值为3187.45亿元，比上年增长15%；房屋建筑施工面积19323.31万平方米，比上年增长18.6%；房地产开发竣工面积1320.66万平方米，比上年增长9.9%。2017年，全市建成区绿地率37.45%，绿化覆盖率42.54%，人均公园绿地面积17.06平方米。全年城镇生活垃圾处理总量526.11万吨，城镇生活垃圾无害化处理总量507.69万吨。全年广州市$PM_{2.5}$平均浓度为35微克/立方米，在国家中心城市及地区生产总值超万亿、常住人口超千万的省会城市中率先实现$PM_{2.5}$达标。建成开通地铁一至九号线、十三号线、十四号线知识城支线、APM线、广佛线等13条、390.6千米的地铁线路，以及海珠区环岛新型有轨电车试验段（7.7千米），线网里程居全国第三、世界前十，广州成为全国第三个地铁客流破千万人次的城市。

2017年，广州市高水平编制新一轮城市总体规划和土地利用总体规划，获批全国城市设计、历史建筑保护利用和利用集体建设用地建设租赁住房、BIM（建筑信息模型）新技术运用、全国工程建设项目报建审批改革试点城市。洲头咀隧道系统工程项目获2016—2017年度“国家优质工程奖”，广州发展中心大厦获“全国绿色建筑创新奖”一等奖，123个项目获“全国优秀工程勘察设计行业奖”，成绩位列全国三甲。广州美丽乡村和特色小镇规划项目获国际规划师学会颁发的最高荣誉“卓越奖”特等奖。年内，成功举办2017年“世界城市日”“广州首届国际设计论坛”等。

广州市住房和城乡规划建设管理主要存在问题是城市规划科学性、前瞻性、适应性有待增强；基础设施区域配置不够均衡，市政基础设施网络和“环形+放射线”高快速路网体系有待完善，部分骨架性道路和连接性道路未完全建立；城市精细化管理水平不高，城市更新任务繁重，城市环境品质发展不均衡，精品街道数量不多，市政色彩不统一、不协调，污染整治任务重；城乡区域发展不够协调，空间落差明显，美丽乡村覆盖面不够广，发展不平衡。 *（袁晓娟）*

【城乡规划】 规划编制 2017年，广州市启动新一轮城市总体规划编制试点。成立11个工作专责小组，形成“全市规划、全市做”的格局。是年，启动新一轮土地利用总体规划编制试点并编制试点方案。启动新一轮交通发展战略规划及轨道交通线网规划修编。《广州市铁路枢纽规划（2016—2030）》《广州市轨道交通第三期建设规划

2017年广州市住房和城乡建设主要指标

指标名称	实绩	比上年增长（%）
固定资产投资额（亿元）	5919.83	5.7
建筑施工企业（家）	6700	14.06
建筑业总产值（亿元）	3187.45	15
建筑企业期末从业人员（万人）	68.76	25.85
建筑企业劳动生产率（万元/人）	50.88	-12.99
房屋建筑施工面积（万平方米）	19323.31	18.6
商品房屋销售额（亿元）	3099.52	-2.9
商品房屋销售面积（万平方米）	1757.75	-9.8
房地产开发投资额（亿元）	2702.89	6.4
建成区绿化覆盖率（%）	42.54	0.74个百分点
人均公园绿地面积（平方米）	17.06	1.55
人均城市道路面积（平方米）	10.98	27.1
城市自来水普及率（%）	100	0个百分点
人均生活用水量（升/日）	320.55	7.78
城市燃气普及率（%）	99.03	-0.77个百分点
城市液化石油气供应总量（万吨）	79.06	-7.82
城市天然气供应总量（亿立方米）	20.75	8.24
城镇污水处理厂（家）	54	9.26
城镇生活垃圾无害化处理率（%）	96.5	0.4个百分点
城镇化率（%）	86.14	0.09个百分点
住房公积金缴存额（亿元）	678.28	9.69
住房公积金贷款发放额（亿元）	195.35	-34.41
保障性安居工程基本建成套数（套）	16274	108.64
绿色建筑面积（万平方米）（标识认证面积）	1436	32.5

（广州市住房和城乡建设委员会）

(2017—2023)》获批。完成《广州市域路网优化规划及实施方案》，编制《广州通用机场选址规划》，谋划第二机场。编制棠溪、大田、新塘、增城4座国铁场站周边规划疏解道路方案。重点开展广州东部沿江发展带的规划咨询，推进江心岛控制性详细规划，开展黄埔涌两岸策划、长洲岛保护和利用策划。推进琶洲互联网集聚区、广州南站、广州国际科技创新城、广州智能网联新能源汽车产业园、广船地块、华南理工大学广州国际校区等规划深化。完成广州市总体城市设计，形成《广州市城市设计导则》，成功申报为全国城市设计试点城市。选定花都红山村、从化龙聚村开展村级土地利用规划编制试点。《广州市地下管线综合规划》《广州市综合管廊专项规划》印发实施。

规划管理　2017年，广州市受国家标准化管理委员会、住房和城乡建设部委托，编制《新型城镇化建设"多规合一"实施编制规范》《"多规合一"技术指南》。年内，《广州市城乡规划"一张图"编制工作规程》及地区规划师制度实施。成立"攻城拔寨"重点项目服务工作组，建立360个项目的分类台账和空间信息库。全力保障"攻城拔寨"重点项目落地，供应建设用地21.65平方千米，比上年增长55%，新增105平方千米建设用地规模。建立地下管线智能化综合管理平台，完成全市8.3万千米地下管线普查。《广州市乡村建设规划许可证实施办法》印发，将村民个人非公寓式住宅建设的规划许可审批、批后监管等权限下放至镇(街)，全年核发乡村建设规划许可证864宗，比上年增长108%。

名城保护　2017年，广州市入选全国第一批历史建筑保护利用试点城市。顺利通过住房和城乡建设部、国家文物局对广州市历史文化名城名镇名村保护评估检查，完成对广州市国家级、省级历史文化名镇名村和传统村落自查。《广州市历史文化名城保护条例实施工作方案》完善，《广州市历史建筑维护修缮利用规划指引》修订。年内，人民南、南华西2片历史文化街区保护规划获得市政府批准实施。大岭村、塱头村、珠村和莲塘村4个历史文化名村的保护规划获得省政府批复。完成第二批、第三批168处历史建筑的保护规划编制。《广州市工业遗产价值评价与保护策略研究》完成。

南沙城市副中心建设　2017年，广州市支持南沙新区高标准推进重点功能区建设。规划建设自贸试验区功能区，优化交通基础设施布局，打造对外开放门户枢纽。南沙"一核四区"功能布局主骨架初步形成。重点保障广州南沙粤港深度合作区等产业、基础设施、民生项目的用地报批。土地利用年度计划中对南沙区用地指标需求予以重点保障，广东省、广州市安排南沙新区用地指标400公顷。推进南沙新区城市品质提升、自贸区南沙片区发展及综合交通体系、南沙城市副中心综合交通体系、快速道路交通通道、南沙粤港深度合作区等规划实施。　(黄亮华　杨艺云)

城市更新　2017年，广州市制定城市更新3年用地保障计划。《广州市人民政府关于提升城市更新水平促进节约集约用地的实施意见》实施，《关于进一步规范旧村合作改造类项目选择合作企业有关事项的意见》印发，《广州市旧村综合整治工作指引》制定。设立2000亿元城市更新基金，实施差异化改造政策。推进90个老旧小区微改造、13个重点旧村全面改造、4个村级工业园转型升级，广氮、广船地块等重点项目落地实施，老旧小区改造列入国家试点。截至年底，全市审批城市更新项目373个、完工93个、在建133个，办理前期手续147个。完成改造面积34.18平方千米，平均节地率22.8%。　(王丽国)

【城市市政公用设施建设与管理】

市政建设　2017年，广州大道系统工程广州大桥扩宽工程、均禾大道二期、白云三线东段（106国道—空港大道）、大观街道路扩建一期、陈太路（105国道—太和镇政府）拓宽、迎宾大道延长线二期（机场高速—方华路）、人民桥历史文化环境艺术提升、广州大桥历史文化环境艺术提升等22项市政路桥工程完成，实现新建道路20.19千米，面积61.19万平方米，车行隧道4座、跨江桥2座、人行天桥5座。

(龙海辉)

市政设施管养。2017年，广州市完成沥青路面刨铺11.36万平方米，坑槽修补6.25万处，排水清疏养护86.21万米，收水井清疏4.94万座，人行道修复8.46万平方米，安装车止石2540根。桥梁栏杆油漆1.25万平方米、维修1890米，伸缩缝维修1807.5米，结构修补1120平方米，锈胀修补8350平方米，桥梁支座养护490座。井内挂网2330套，更换调升井盖1100套。年内，收到广州市"三防"办暴雨抢险预警指令58次，出动抢险人员3684人次、抢险车辆设备2857辆次。管养城市道路279.85千米，管养城市桥梁、隧道321座，养护城市排水管网563.1千米。　(李怡)

城市环境品质化提升。2017年，广州市围绕"云山、珠水、两轴、七板块"的空间格局，对标国际一流城市品质，完成城市道路、高架桥、桥梁隧道、桥底空间、景观照明等122个品质化提升项目，完成95.4万平方米的人行道功能化改造，119条道路的路面平整与沥青摊铺，25.7千米的内环路涂装及隔音屏改造，8座跨江桥梁维修和涂装，40千米的"一江两岸三带"核心段岸线景观照明提升，涂装总面积338万平方米，打造舒适城市空间。　(简颖思)

城市照明建设管理。2017年，《广州市城市景观照明专项规划(2015—2020)》发布；实施"一江

▲广州市二沙岛鸟瞰（2017）　　（广州市住房和城乡建设委员会供稿）

两岸三带”核心段景观照明提升工程，项目西起白鹅潭、东至东圃特大桥，涉及越秀、海珠、荔湾和天河4个区，包括735栋建筑、8座桥梁、2个广场（海心沙和花城广场）和珠江南北岸约40千米岸线，安装灯具约50多万盏；举办第七届广州国际灯光节，展期24天，设立花城广场，猎德大桥、海印桥、海珠桥、江湾桥、解放桥和珠江前航道5座桥梁，以及珠江新城14座连廊作品展区，吸引国内外游客超过800万人次观展。（林钟洲）

白云机场扩建及噪音区治理。2017年12月，广州白云机场扩建二号航站楼完工。第三跑道安置区二期项目进入桩基础及部分主体结构施工阶段。白云机场噪音区治理取得成效，花都安置区进入桩基础及部分主体结构施工阶段，白云安置区项目完成施工融资总承包招标。（杨献永）

2017年4月，住房和城乡建设部、中国残疾人联合会等五部委实地考察广州市无障碍设施环境建设，察看广州图书馆等地无障碍设施建设情况，五部委充分肯定广州市建设全要素市政道路、既有旧楼加装电梯和无障碍信息交流等工作，评价广州市“建设多爱心，设施无障碍”。6月，市住房和城乡建设委、民政局、残疾人联合会、中国老龄委办公室等单位组成联合检查组对全市特殊困难老年人家庭及居住区公共设施无障碍改造开展专项检查。（吕远帆　刘秀平）

地下综合管廊建设及管理。2017年，广州市开工建设轨道交通十一号线等8个管廊项目，管廊总长度91.51千米，总投资173.3亿元，其中沿轨道交通十一号线、广花公路、智慧城、萝岗福山、番禺万博、南沙明珠湾管廊、广钢新城开发商段7个项目廊体陆续建成，知识城管廊土建基本完工。市住房和城乡建设委员会负责统筹的沿轨道交通十一号线、广花一级公路和天河智慧城3个综合管廊项目总投资163.6亿元，管廊长83.7千米，累计完成投资24.33亿元，为总投资的14.9%，2017年完成投资19.7亿元。推进琶洲西区管廊、南大干线管廊、大坦沙岛管廊等项目建设。3个前期管廊项目总投资58.17亿元，管廊总长度31.26千米。《广州市管线管理办法》《广州市地下综合管廊专项规划》制定，《广州市贯彻〈国务院关于创新重点领域投融资机制鼓励社会投资的指导意见〉的实施意见》《广州市人民政府办公厅关于地下综合管廊建设的指导意见》出台。（董松）

地下管线普查及建设管理。2017年10月11日，《广州市地下管线管理办法》经过广州市人民政府常务会议审核通过，通过竣工测量规划验收、补测补绘普查，以及管线单位提交资料，更新综合信息系统动态，解决地下管线管理中存在的“家底不清”问题。完成全市地下管线普查和安全隐患排查，普查地域范围7434平方千米、管线长度86826.7千米，是广州市有史以来投资最大、时间最紧、难度最大的一次基础性工作。依托广州市地下管线信息管理中心，初步搭建地下管线综合管理信息系统，同步建立三维管线模型；在全市普查基础上，编制《广州市地下管线智能化综合管理平台升级改造及共享交换接口建立》方案。制定《地下管线综合管理工作方案》，构建管线综合管理机制。编制《缆线管廊技术指引》，推进电力管线与通信管线同步建设。（卢书桃）

广州南站商务区开发建设。广州南站商务区是国家战略规划布局的4大铁路枢纽之一和华南地区重要的交通枢纽中心。规划总面积36.17平方千米，其中，核心区范围规划总面积为4.51平方千米。截至年底，南站核心区内通过招拍挂形式公开出让8宗地块，面积6.4公顷。是年，广州市住房和城乡建设委员会主持召开35次协调会，及时协调解决南站商务区220千伏芳富线拆除、石洲中路和三坊路通车等难点问题。年内，南站核心区地下空间项目处于主体结构施工阶段，小学和幼儿园基本建成，奥园越时代一期等4个项目竣工，路福联合广场等4个项目开工建设。

广州南站商务区交通组织和地铁四号线广深高铁沿线环境专项整治。2017年3月，广州市住房和城乡建设委员会牵头制定广州南站商务区交通组织和地铁四号线广深高铁沿线环境专项整治方案，统筹协调市、区相关单位开展环境专项整治。截至年底，完成407项整治任务，其中既定任务288项、自定任务119项，超额完成整治任务。拆除违章建（构）筑物233处、面积6.82万平方米，整饰整改建（构）筑物178处，面积6.59万平方米，消除一批安全隐患和两处重大危险源。

广州国际金融城建设。2017年，广州金融城起步区规划可出让地块28宗，全年出让4宗地块。截至年底，出让20宗地块。出让地块中有7个项目及2个村集体复建房项目进入建设阶段。按计划推进金融方城基坑支护及土石方开挖工程，完成80万立方米土方开挖外运。推进金融城起步区地下空间公建配套设施PPP项目建设，完成公共地下空间、岭南风情街、花城大道等8个子项的批复及初步设计、总体交通方案和综合管沟方案设计，其中5个子项取得初步设计批复。完成PPP实施主体单位招标，按计划推进图纸深化设计、区内道路交通、花城大道等建设。（邓臻平）

城市园林绿化　2017年，广州市建成区绿地率37.45%，绿化覆盖率42.54%，人均公园绿地面积17.06平方米。推进“一江两岸三带”景观建设，完成临江大道景观绿化缓跑径、有轨电车观光带、二沙岛东端艺术公园等景观工程。打造东风路、机场高速等24条特色道路景观主干道。对道路、公园、社区、街头等实施绿化微改造，改造绿地面积380万平方米。在白云大道、广州大道和沿江路等布置立体花坛，摆放花箱、挂花、艺术花箱，种植时花19.5万平方米，布置花景180处、绿墙5000多平方米。建成广河高速、105国道从化段、广清高速、106国道从化段等主干道两侧生态景观林带98.3千米。开展花景建设，新种植开花乔木10万株，全市建成四季赏花点100处，番禺大道、汉溪大道、白云机场成为木棉赏花点，大学城、大夫山森林公园、天源路成为宫粉紫荆赏花点，海珠湿地、从化莲麻村、增城林场成为黄花风铃木赏花点。全年完成96个村的绿化美化任务。开展森林小镇建设，派潭镇、梯面镇、正果镇、黄阁镇成功创建2017年“广东省森林小镇”。全年建成绿道200千米，开展登山道、健步道、缓跑径示范段建设，全市绿道里程3400千米，位居全省首位。完善绿化三级巡查机制，巡检结果纳入市干净整洁平安有序管理综合考评。全年绿化抢险8000余宗，出动抢险车辆5091辆次，出动抢险人员2.95万人次。推进新一轮古树名木普查建档和健康调查，完成300株古树名木的环境改造。

立体绿化建设。2017年，广州市完成353座桥梁，包括人行天桥237座、立交桥和高架桥等车行桥梁116座，合计349千米绿化美化，增加绿化覆盖面积100多万平方米，成为全国最长的城市空中花廊，获“广东省宜居环境范例奖”。《人行天桥、立交桥绿化技术规范》《市桥梁绿化设施养护技术指引》等7个技术规范制定，在种植创新、花期调控、抗寒防冻、节水灌溉等方面取得突破，实现重点路段55座天桥绿化“全年有花、四季常绿”。在越秀、海珠、荔湾、天河等区开展墙体绿化，推出立体花坛、摆放挂花、艺术花箱等。推进10000平方米立体绿化建设，开展打造“最美广州阳台”活动和推广社区立体绿化示范，越秀区仰忠社区立体绿化成为社区立体绿化建设新范本。

城市公园管理。2017年，《广州市公园管理规范》出台，《广州市公园分类分级管理办法》编制，建立公园动态评级管理机制，探索建立全市公园管理考核“以奖代补”制度。年内，编制《广州市公园建设与保护专项规划》和《广州市老旧公园提升建设改造指引》，推进公园环境改造。开展白云山、流花湖公园、越秀公园、中山纪念堂、动物园等环境整治和品质提升，实施全市230个社区及镇村公园设施完善计划，面积115万平方米。番禺区将镇（街）级公园广场微改造纳入十件民生实事。完成全市公园厕所改造69个，白云山和珠江公园的旅游公厕成为省旅游局的示范样板。

名优花品培育。2017年，广州市建成兰花园、杜鹃园等多个专类观赏植物种质资源圃，保存名优观赏植物资源800多种。城市园林绿化植物种类1224种，其中1100种优良乡土、观花植物应用在海珠湖、白云湖、“一江两岸”绿化优化升级等大型生态工程。建成机场高速路、白云大道绿化等100多个新优园林植物绿化示范工程。开发美丽异木棉、红花玉芙蓉、黄花风铃木、繁星花等120多种新优花卉。开展立体绿化植物种类专项研究，收集优质品种150多个，红花、柠檬黄等13个新色系簕杜鹃与马樱丹、天冬等20多种植物组合，在100多座桥梁绿化升级改造中推广应用。（何蔼玲）

城市环境卫生　2017年，广州市推进城市环境面貌改善，保障《财富》全球论坛等重大活动顺利举办。推进生活垃圾强制分类，首开垃圾分类罚单，5座资源热力电厂点火烘炉，管道燃气覆盖用户增加，违法建设查控取得新突破。全市全年城镇生活垃圾处理总量526.11万吨，无害化处理量507.69万吨，其中焚烧处理91.11万吨。无害化处理率96.5%，比上年提高0.4个百分点。

环卫保洁。2017年，广州市以举办《财富》全球论坛城市环境保障为契机，在全市范围内开展城乡专项清理整治行动，完善环卫作业规范和质量标准，统一环卫车辆、环卫设施、垃圾收集容器等形象标识。推进城乡一体化环卫质量监管，将城中村、城乡结合部、农村等地区纳入标准化监管体系。加强环卫公厕保洁管理，在“广州微城管”增加“找公厕”功能。以35条黑臭河涌为重点，开展河涌环卫专项治理，总结推广天河区河涌保洁经验，珠江主航道等重点水域保洁保持较高水平。

生活垃圾分类。2017年，广州市召开深化垃圾分类处理动员部署大会，开展示范街镇和机团单位创建，发动志愿者深入社区宣传生活垃圾分类。在公共机构、相关企业、相关行业推行垃圾强制分类，强制分类参与率70%。在荔湾区开展整区强制精准分类试点，推进创建100个生活垃圾精准分类样板小区（社区），“志愿者参与、可回收物全回收、垃圾分类收运”的样板小区（社区）创建模式初步形成。总结推广从化莲麻村垃圾分类经验，在20个行政村铺开农村垃圾分类试点。优化分类收运体系，推进环卫收运与资源回收系统“两网融合”，落实低值可回收物回收服务政府购买政策。开展垃圾分类专项执法，重点对餐饮行业开展执法检查，检查强制分类实施单位4988个（次），发出整改通知书573份，立案查处11宗。

垃圾处理设施建设　截至2017年底，广州市日处理生活垃圾2万吨，处理方式以填埋、焚烧为主。现有生活垃圾处理设施9座，其中资源热力电厂2座，包括第一资源热力电厂一分厂和二分厂，处理规模3000吨/日；卫生填埋场6座，包括兴丰、番禺火烧岗、花都狮岭、从化潭口、增城棠厦和陈家林填埋场，处理规模1.7万吨/日；试点餐厨垃圾处理厂1座，处理规模200吨/日。在建设施9座，其中卫生填埋项目2座，包括兴丰填埋场七区及其配套工程和兴丰应急填埋场；资源热力电厂5座，包括第三、第四（一期）、第五、第六、第七资源热力电厂，均点火烘炉，其中3座试烧；餐厨垃圾处理设施2座，包括福山生物质综合处理厂（一期）、李坑综合处理厂。启动前期建设项目8个，分别为第四资源热力电厂（二期）、福山应急综合处理项目、福山生物质综合处理厂（二期），以及番禺、南沙、花都、增城、从化餐厨垃圾处理项目。年内，《广州市建筑废弃物消纳场布局规划（2016—2020年）》制定，全市规划建设7个综合利用厂，年处理能力1100万立方米，29个临时消纳场，总消纳量2.63亿立方米。对火烧岗、陈家林等垃圾填埋场开展环境综合整治。升级改造垃圾处理设施运营监控平台，开展生活垃圾成分及特性分析，加强垃圾转运站、终端处理设施污染物排放环境监测及综合治理，逐步实现设施监控全覆盖。（刘碧海）

城市生态环境保护　2017年，《广州市城市环境总体规划（2014—2030年）》印发实施。26类建设项目免于环评审批管理。年内，纳入“攻城拔寨”作战图的173个重大项目中，124个通过环评、9个免于环评管理；全市审批建设项目环评文件1925份、备案环评登记表9554份，涉及总投资8110.07亿元；批准竣工环保验收项目1641个，涉及总投资1363.57亿元；否决或暂缓审批环评33个、验收9个。《广州市2017年主要污染物总量减排计划》印发实施，安排11项任务130个减排项目，完成省政府下达广州市的年度减排目标任务。《广州市建立镇（街）园区环境保护监督检查员队伍实施方案》印发实施，组建总规模2747人的镇（街）园区环境保护监督检查员队伍，全省首创。

城市空气污染防治。2017年，广州市完成35台535.9万千瓦燃煤发电设施超洁净排放改造，燃煤机组基本实现超洁净排放；对221家企业308台锅炉开展执法检查，立案查处21宗环境违法行为；将高污染燃料禁燃区范围扩大至全市行政区域。完成纳入广州市十件民生实事的545座加油站、13座储油库油气回收系统评估整改；完成209家挥发性有机物排放重点企业末端治理。对重型柴油车和轻型柴油客车实施国Ⅴ排放标准；将黄标车限行范围扩大至全市行政区域，淘汰黄标车9759辆，基本完成全市黄标车淘汰；推进公交车电动化，新增纯电动公交车2452辆。加大城市扬尘污染防控力度，抽查工地880个，对未落实“六个100%”的责令整改。控制内河船舶油品硫含量从350ppm（百万分比浓度）下降至50ppm。是年，广州市完成国家“大气十条”空气质量改善终期考核目标任务；空气质量达标294天；$PM_{2.5}$平均浓度为35微克/立方米，达到国家二级标准，在国家中心城市中率先达标；PM_{10}、二氧化硫平均浓度分别为56微克/立方米、12微克/立方米，与上年持平；二氧化氮平均浓度52微克/立方米，比上年上升13%。

城市水污染防治及饮用水源地保护。2017年，《广州市水环境质量达标方案》印发实施。《广州市人民政府关于清理整顿重点河涌流域“散乱污”场所的通告》实施，全市排查“散乱污”场所2.4万个、完成清理整顿2.2万个。是年，广州市城市集中式饮用水源地水质达标率100%；13个国考和省考断面水质优良率53.8%，达到省考核要求；劣Ⅴ类水体比例15.4%，与上年持平。

城市噪声污染防治。2017年，《广州市2017年噪声污染防治重点工作计划》印发实施，《广州市声环境功能区划》修订。开展夜间施工噪声、学校周边工业企业噪声、社会生活噪声扰民专项整治，做好各项考试声环境保障。

城市重金属辐射与固体废物环境管理。2017年，《广州市重金属污染综合防治2017年度实施方案》印发实施，《广州市重金属污染防治十三五规划》制定。每季度开展国控重金属重点企业废水、废气监督性监测，更新广州市2016年度汞污染排放源企业名单。做好核技术利用项目和严控废物处理许可证等审批。组织开展辐射环境和危险废物专项执法检查。完成广州市环境激素类化学品生产使用调查。

城市环境监管执法。2017年，广州市环境保护部门联合开展水环境、小锅炉、重点行业专项执法等环保专项行动22次，检查企业68906家、机动车单位20106家，立案查处环境违法案件5103件，按时办结环境信访案件37994件，处置一般环境应急事件19起。对白坭河（白云和花都段）水环境整治等7个环境问题及5家重点企业进行挂牌督办，对135家企业2016年度环境信用状况进行评价。配合开展广东省大气和水污染防治专项督查，专项督查组检查广州市953家企业，广州市立案271件、责令改正246件、查封15件。广州市自行组织开展重点环境问题交叉执法督查，第一阶段检查企业451家，立案136件、责令改正274件、查封25宗；第二阶段检查企业2172家，立案328家、责令改正291家、查封30家。 *（吴静雯）*

城市水环境建设　城镇生活污水治理。2017年，广州市建成污水管网1392千米，其中城市污水管网724千米、农村污水管网668千米。完成石井净水厂、镇龙污水处理厂、吕田、派潭圩镇、正果5座污水处理厂新扩建工程。截至年底，全市建成城镇污水处理厂54座，处理能力548万吨/日，污水泵站104座，排水管网20827千米，其中污水管网6736千米。全市污水处理厂运行稳定，全年污水处理量16.48亿吨，日均处理量451.57万吨，负荷率89%，COD（化学需氧量）削减量27.77万吨。全市城市污水处理率95.0%。

农村生活污水治理。2017年，广州市有1231个行政村（社区），1112个行政村（社区）（含行政村1032个和社区80个）须完成农村生活污水治理。截至年底，累计982个行政村（社区）完工，行政村覆盖率88.3%。全年完成316个行政村（社区）处理设施建设，受益人口204.3万，是历年年均完成数量的4.5倍，提前3年完成广东省下达的到2020年设施覆盖率85%的目标任务。全年修复损坏或水毁的292个行政村（社区）的农村生活污水处理设施。

城区内涝治理。2017年，广州市全年降雨量2033.5毫米，比往年平均增长10%。年内，广州市启动防暴雨三级应急响应40次、防暴雨二级应急响应17次、防暴雨一级应急响应2次。组织实施东山湖5号闸（泵）应急抢险、江燕路片区排水应急抢险、广清高速朝阳出口应急排水改造等100多项工程，减轻广州市汛期洪涝压力。安排3587.62万元救灾复产补助专项资金，用于“5·7”暴雨灾情救灾复产。《关于进一步深化我市排水建设管理体制机制改革的实施意见》《广州市防洪排涝工程建设补短板行动方案（排水部分）（2017—2021年）》等制定。将2017年汛期以来新增内涝点按照“一点一策”制定整治计划，新增排涝补短板项目及措施119项，其中工程88宗、管理措施31项。根据《关于加快广州市中心城区内涝治理的工作意见》，汛期前完成34个内涝点的加强性清疏。截至年底，完成18个内涝点的排水改造项目。

河涌综合整治。2017年，广州市水环境治理围绕黑臭河涌整治为重点，实行河长制，推进污染源专项治理，黑臭河涌治理取得阶段性成效。新建污水管网1392千米，新扩建污水厂5座，摸查9554千米的排水管网和105万栋建筑物，清除“散乱污”源3.7万个，关闭全市禁养区范围内907个养殖场所，拆除沿河涌范围内违法建设110万平方米，整治2033个排污口。截至年底，35条黑臭河涌整治主体工程全部完成。

城市供水　2017年，广州市集中式供水普及率100%，全部供水到户。中心城区供水管网为环状，实现一网调度；中心城区和番禺区、花都区、增城区管网部分连通；番禺区、南沙区管网连通，保障应急供水安全。大部分农村由城镇水厂供水，占农村总人口的85.4%；部分地势较高的农村和偏远地区以地下水或山泉水为水源，采用小型集中式供水管网供水，由当地村委负责管理，占农村总人口的14.6%。截至年底，广州市有47间水厂，供水能力787.8万立方米/日，全年总供水量23.81亿立方米，供水管道长度22265千米。供水水质综合合格率100%。

供水设施建设。2017年，广州市北江引水工程从清远段取水，规模100万立方米/日，可研报告、项目建议书、水资源论证报告书、工程取水许可申请书通过审批，开展取水泵站征地及项目初步设计。12月15日，花都段开工建设。北部水厂一期工程和配套管网建设，水厂供水规模60万立方米/日，厂区部分交地完成，开工报告获批，8月15日，厂区工程开工。年内配套管网建设完成12.2千米。 *（黄玉玲）*

城市供气　截至2017年底，广州市有各类燃气经营企业58家，天然气接收门站6座、液化石油气储配站40座、燃气汽车加气站58座、瓶装液化石油气供应站220个，燃气管道总长度7499.78千米。全年天然气供气量20.75亿立方米，用气居民家庭224.48万户、人口672.92万人；液化气供气量79.06万吨，用气居民家庭237.98万户、人口676.28万人；全市有燃气居民家庭用户462.46万户，燃气普及率99.03%。

管道燃气三年提升计划。2017年，广州市实施管道燃气3年提升计划（2017—2019年），推进城中村、餐饮行业以及学校、医院、宾馆酒店等人员密集场所管道燃气发展，全年新增管道燃气居民覆盖用户15.6万户、非居民用户1314户，超额完成年度目标任务。新增市政燃气管道183千米。各项指标均超额完成3年提升计划年度任务。黄埔区由区政府和燃气企业共同投资，8个城中村全面启动村内燃气管道建设。从化区试点农村管道燃气推广，实现管道燃气“镇镇通”，吕田镇实现点火供气。

城市综合管理与执法　2017年，广州市各级城管执法部门组织开展违法建设治理攻坚行动，建立查违控违信息平台，构建举报、村社“零报告”、巡查、视频、无人机和卫星遥感监测“六位一体”监控网络，形成“天上看、地上巡、网上查”的多维防控手段，遏制新增违法建设，按照“五结合一坚决”原则，有序处理存量违法建设。截至年底，全市查处违法建设3.25万宗，面积1131.53万平方米，其中拆除新增510.72万平方米，消化存量620.81万平方米，拆除黑臭河涌违法建设110万平方米。（刘碧海）

【村镇建设与管理】　美丽乡村建设　2017年，广州市完成71个市级美丽乡村创建试点验收，《广州市美丽乡村建设规范》印发，《广州市美丽乡村游手绘地图》制作发放。推进74个市级美丽乡村创建，各村以服务站、文化站、卫生站，公园、公厕、公交、公栏，路网、电网、水网、光网、消防网建设为重点，完善村庄基础设施和公共服务设施、改善农村人居环境、打造一批独具岭南特色的乡村品牌。

中心镇建设和名镇名村创建　2017年，广州市推进17个中心镇建设，推进从化区鳌头镇国家建制镇示范试点建设。财政采取一般性转移支付的方式，下达资金1.65亿元扶持除黄埔区九龙镇、南沙区万顷沙镇以外的15个中心镇建设，增强中心镇的区域辐射带动作用。《广州市北部山区特色小镇基础设施和公共服务设施配置标准建设指引》印发。完成2016年度市级1个名镇、15个村验收，抓好2017年市级1个名镇15个名村创建，通过样板示范带动全市农村宜居建设。

宜居城乡建设　2017年，根据住房和城乡建设部、省住房和城乡建设厅关于美丽宜居村镇示范指导性要求，广州市推荐一批自然景观优美、乡村风貌特色鲜明、居住环境和公共设施配套完善、民俗文化传承优良、经济发展水平较高、当地村民安居乐业的村庄和镇作为示范候选。番禺区沙湾镇获评“全国特色小镇”，从化区莲麻村、番禺区大岭村被评为2017年“改善农村人居环境示范村”。（陈家祺）

【工程建设与建筑业】　建筑业　2017年，广州市建筑业总产值3187.45亿元，比上年增长15%。广州市公共资源交易平台建设工程项目交易金额1868.79亿元，比上年增长39.83%，其中房屋建筑和市政基础设施工程类交易总额946.2亿元，比上年增长14.64%；施工合同备案金额为937.7亿元，比上年增长13.55%。全年新增784家建筑业企业，比上年增长95.51%；312家企业申办并通过建筑业企业资质增项及升级，比上年增长205.88%。截至年底，广州市房建和市政企业库收集10581家企业信息。受理建筑业招投标市场的投诉举报86件、办结80件，处罚投标单位6家，罚款110.2万元；查实26家企业30项涉及企业库登记的工程业绩资料造假，对其公开通报。处理建设工程欠薪欠款的信访案件16宗，涉及金额5763.34万元，涉及人数1462人；全市协调指导各区累计处理102宗拖欠工程款或工人工资案件，涉及金额3.29亿元，涉及人数8157人。建立广州市建设领域管理应用信息平台，实现广州市建筑施工实名制和建设领域工人工资支付分账管理平台化初步管理模式。（宋恩成）

建筑产业工人队伍建设。2017年，广州市开发23个工种建筑产业工人实训课程。开展“技能下工地”活动，组织羊城建筑工匠到工地现场培训工人44人次，培训市政施工作业教练30人；12月，开展装配式建筑装配工和灌浆工实训，培训技术工人20人；举办安全管理人员考前培训班24个班，培训人员8008人；举办安全管理人员继续教育培训班9期，培训人员1316人；组织下辖技能鉴定站对工程测量员、绿化工等工种技能鉴定，全年鉴定总人数1670人。其中高级工200人、中级工1470人。截至年底，全市新创建建筑工地农民工业余学校66所，培训23692人次。（刘玮）

勘察设计管理　2017年，广州市越秀财富中心等123个项目获“全国优秀工程勘察设计行业奖”，成绩位列全国三甲；成功举办广州首届国际设计论坛，提升广州设计品牌的国内国际知名度。广州市马震聪、韦宏等13人获第一届“广东省勘察设计大师”称号。全年组织广州美术馆等260项建筑工程初步设计审查；开展广商中心等52项高度超限、结构特别不规则的复杂高层建筑的抗震设防专项论证。（吴送军）

招标投标管理　2017年，《广州市工程建设项目招标投标管理办法》《广州市房屋建筑和市政基础设施工程评标专家管理办法》颁布，广州市实施城建项目采用工程总承包方式；《关于进一步做好房屋建筑和市政基础设施工程中标候选人信息公示的指引》制定，投标人的资质、人员、业绩、奖项等在公共资源交易网上公示，实现招投标信息全过程公开。全年完成交易房屋建筑与市政工程（含地铁）招标项目3220个，比上年增长8.86%；交易总额2033.7亿元，增长79.12%。完成市政基础设施工程招标1710个，比上年增长49.74%；交易总额1381.42亿元，增长262.27%。完成851个招标项目招标文件的备案检查，其中设计类106个、设计施工总承包类37个；完成831个项目招标投标情况备案检查，其中设计类94个、设计施工总承包类35个。

（李璨）

建设工程造价管理　2017年，《广州市装配式建筑工程计价有关问题的通知》《广州市市政工程2016年参考造价》《广州市市政设施维修养护工程年度费用估算指标（2016）》《广州市建设工程全过程造价技术规程》等文件及《2016年广州市房屋建筑工程参考造价》《广州市建设项目设计概算编审指引（2017）》《广州市市政工程主要项目概算指标及指引（2017）》发布。按季度发布人工、机械台班、材料价格参考数据，并增加发布预制外墙板、预制楼梯、预制阳台、预制叠合板4种装配式构件综合价格。完成工程造价大数据统计与分析平台项目第一阶段开发建设。完善建设工程材料（设备）价格信息综合采集分析系统，超过300多万条数据提供权威的价格信息，涵盖国有（含财政）和非国有投资项目10000多个。建设广州市建设工程造价监管平台，运用现代科技创新监管方式，对全市7000多个造价咨询项目、2000多家企业单位和3000多位从业人员进行智能监管，构建项目、企业、人员“三位一体”监督管理体系。《广州地区工程造价咨询企业市场行为诚信综合评价标准》修订，从企业业绩、综合能力、造价咨询成果质量、诚信记录每日对全市200多家造价咨询企业进行诚信综合评价，并在广州市住房和城乡建设委员会网站和公共资源交易中心网站公布排名。开展2017年度造价咨询企业专项检查和招标控制价核查，对30家造价咨询企业进行专项检查，核查招标控制价70项，核查的总金额37.15亿元。办理施工、劳务、监理和结算合同备案3103个，合同金额1763.21亿元；审核施工企业业绩备案和奖项信息登记1.4万个，通过审核的施工企业业绩备案和奖项信息登记5500宗；办理最高投标限价（招标控制价）备案1643项，涉及金额1441.22亿元。（穆岚）

建筑工程质量安全管理　建设工程质量监督。2017年，广州市建立“全面覆盖、领导主抓”的工程质量推进机构，完成广东省人民政府对市政府2016—2017年度质量工作考核的各项迎检工作，连续三年保持全省第一。全年出动执法检查人员2100余次，抽查预拌混凝土生产企业（含砂浆、预制管片生产企业）156家，抽查工程项目148个，发出689条整改意见，出具执法建议书14份，记录34个工程项目的70个责任主体不规范行为。全年有724项房建和市政工程完成竣工备案，竣工备案工程面积2903.57万平方米，一次验收合格率100%。5项建设工程获2016—2017年度“中国建设工程鲁班奖”，6项获2016—2017年度“国家优质工程奖”；9项获2017年度“广东省建设工程金匠奖”，14项获2017年度“广东省建设工程优质奖”；评选出“广州市建设工程质量五羊杯奖”19项、“广州市建设工程优质奖”47项、“广州市建设工程结构优质奖”34项、“广州市市政优良样板工程”7项。（孙良玉　李嘉祚）

2017年，广州市住房和城乡建设系统在建工程1963项（含地铁项目），其中市属监管工程项目367个、区属监管工程项目1596个，全市一线监督人员260人、高支模127个、深基坑252个。起重机械设备2924台，其中塔吊1560台，施工电梯1364部。年内，全市出动质量安全监督检查人员5万余人次，排查隐患26887项，发出整改通知书5000余份，责令停工整改项目396个次，记录企业不良行为315次，通报200余个项目、246家施工单位、172家监理单位，累计行政处罚111宗，行政罚款623.4万元。

2017年7月，广州市6家财政性投资项目建设单位统一建立严重失信行为惩戒机制。凡发生较大及以上安全生产责任事故、造成3人及以上死亡、被认定为责任事故的施工单位，暂停在广州工程项目的投标3年，其他参建单位暂停投标1年，对于屡教不改的企业，依法从广州市场清除。对被查处的转包挂靠和违法分包行为在广州市企业信用平台予以曝光，并上报全国建筑市场监管公共服务平台，在全国范围予以曝光。利用“一张图”系统，全方位预警防控深基坑、高支模、起重设备等重大危险源，完善深基坑等重大危险源预警预报系统，提升建筑起重机械设备安全监控系统，推广高大支模监控预警预报系统。

建设工程监理　2017年5—12月，广州市开展监理企业质量监督执法专项检查，对检查发现存在问题较为突出的32个工程项目的施工、监理单位通报批评。7月3日，召开全市监理企业安全管理工作会议。广州市133家监理企业的负责人、市监理协会的有关负责人参加。12月1日，《广州市建设工程安全生产管理落实各方主体责任的暂行规定》制订印发，明确建设、监理、施工总承包、分包、各级建设行政主管部门及监督机构等各方主体责任，明确参建各方职责。

（李嘉祚）

建设科技与绿色建筑　2017年，广州市民用建筑按节能标准设计备案面积2170万平方米，通过绿色建筑标识评审面积1436万平方米。新增太阳能热水建筑应用面积91万平方米，实施建筑节能改造项目面积161万平方米。广州发展中心大厦获“全国绿色建筑创新奖”一等奖。广州白天鹅宾馆节能改造项目、广州市妇女儿童医疗中心项目、珠江新城院区节能改造项目、广州设计大厦既有建筑节能改造项目纳入住房和城乡建设部建筑节能领域典型案例。广州南沙开发区明珠湾起步区被列为市级“绿色建筑试验区”“绿色施工示范区”双示范，太古汇商场项目和广州国际金融中心获得LEED铂金级认证。

（姚铭　宁志超）

绿色施工。2017年，《广州市建筑工程绿色施工管理与评价标准》制定发布，明确建筑工地绿色施工的评价标准。《广州市建设工程绿色施工试点工作技术指引（试行）》《广州市建设工程绿色施工示范图集（第一至三版）》印发。将绿色施工纳入诚信评价系统，鼓励和引导企业在建筑工地开展绿色施工。年内，将绿色施工评价标准纳入全市安全文明样板工地、“五羊杯”、结构样板评选。对不符合条件的工地，采取自动评分、“一票否决制”等方法，加强工地绿色施工应用管理。（李嘉祚）

新型墙体材料和散装水泥推广。2017年，广州市新墙材生产量34.53亿块标砖，应用量26.89亿块标砖，节地379.92公顷，节能21.41万吨标煤，减排二氧化硫（SO_2）4282.26吨。广州发展环保材料公司等2家新型墙材企业的产品获得国家三星级绿色建材标识。新增建筑废弃物循环利用企业2家，10家新型墙材企业参与建筑废弃物循环利用，生产实心砖等再生建材产品，新型墙材企业年处理建筑废弃物能力超1000万吨，全年新型墙材企业利用建筑废弃物数300万吨。

2017年，广州市散装水泥供应量592.38万吨，预拌混凝土产量2020万立方米，预拌砂浆供应量为357.30万吨。全市有88家企业通过预拌混凝土企业绿色达标考核。全市有资质的预拌混凝土企业120家，22家停产或搬迁。年内，抽查散装水泥行业用砂情况，严控超标海砂流入建设工程。调研和检查砂场15家、混凝土（含砂浆）企业148家、砂浆企业65家、混凝土预制构件企业13家、建设工程项目64个，抽检砂421组、混凝土试件230组、混凝土拌合物62组、混凝土抽芯样10组。是年，全市有98家企业安装广州市预拌混凝土预拌砂浆生产数据全程实时监管系统，实现混凝土、砂浆质量从原材料采购、生产、销售、运输、使用部门全过程监控。（向文永 何研）

信息化建设。2017年，广州市完成备案服务67个，市本级43项行政审批事项电子证照同步签发，累计签发各类电子证照2.4万宗；整合“阳光家缘”网站数据服务，通过集约、链接等方式实现住房和城乡建设系统门户信息资源共享互通。推进房屋管理系统、存量房网签系统、阳光家缘、房屋资源中心等系统的整合升级，房屋全生命周期管理初具雏形；加强房地产市场监测，实现房地产市场数据APP日报、月报自动推送；完成标准建筑物编码，共享获得标准作业图、标准地址库、标准地名等信息，完成与房屋管理系统5.3万个门牌、123万套房屋地址数据对应工作；搭建广州智慧阳光租赁平台，实现一站式租赁放盘、交易、备案、评价、数据发布；建设公共租赁住房管理信息系统，系统与网办大厅对接，实现网上申请、网上受理；建立业主投票管理系统，解决以往业主投票组织难、业主投票参与难、投票统计复杂等问题；建立物业专项维修资金信息管理系统，实现全市4013个物业小区、229亿元维修资金统一管理。建成广州城建一体化项目管理平台，实现对市本级城建项目的立项信息、形象进度、实施成果、资金拨付和项目协作的一体化管理。完成“雪亮工程”阶段性任务，落实地铁工地2400路视频接入，全市600多个工地项目、1000多路视频监控关联至“一张图”管理信息系统；完成“互联网+智慧市政多维云平台”主要功能开发，实现对8000多条道路、1700多座桥梁、160多条隧道的集中信息展示；将BIM技术融入项目管理全过程，广州白云机场噪音区治理项目获住房和城乡建设部2017年科技立项。推广勘察设计行业信用综合管理平台建设，完善施工和监理企业诚信综合评价体系；完成建设领域管理应用信息平台一期开发，推行工人实名制和工资分账管理；启用广州住建通—路桥隧信息处理平台，借力移动APP平台，畅通市政设施管养维护社会监督与群众参与渠道；12月，国内首个工程造价大数据云平台的材料（设备）价格信息综合采集分析系统投入使用。（许婷丽）

【房地产业与住房保障】 房地产开发 2017年，广州市有房地产开发企业1345家，完成房地产开发投资2702.89亿元，比上年增长6.4%。全市房地产开发投资中，民间投资1754.45亿元，比上年增长13.5%，占全市房地产开发投资的64.9%。住宅完成投资1769.49亿元，比上年增长11%，占房地产开发投资比重的65.5%。办公楼和商业营业用房开发投资出现分化，其中办公楼完成投资330.23亿元，比上年增长8.6%，占房地产开发投资比重的12.2%；商业营业用房完成投资298.50亿元，比上年下降20.6%，占房地产开发投资比重的11%。

2017年，广州市房屋建筑施工面积19323.91万平方米，比上年增长18.6%，其中新开工面积1853.88万平方米，比上年下降13.1%。其中住宅新开工面积1118.95万平方米，比上年下降11.1%；办公楼新开工面积163.44万平方米，比上年下降37.5%；商业营业用房新开工面积207.33万平方米，比上年下降22.7%。全市房地产开发竣工面积1320.66万平方米，比上年增加9.9%。其中住宅竣工面积831.83万平方米，比上年增加1.6%；办公楼竣工面积64.19万平方米，下降43.1%；商业营业用房竣工面积133.72万平方米，比上年增加3.5%。

房地产市场 2017年，广州市商品房住宅市场总体保持平稳，一手商品住宅成交面积982万平方米，比上年下降31%；全年成交均价1.65万元/平方米，比上年下降1.1%。全市二手商品住宅成交1168万平方米、比上年增长1.3%；全年成交均价1.74万元/平方米，比上年上涨13%。年内，广州市商服（商铺、办公）物业市场良好，全年一手商服物业成交234万平方米，比上年增长20.9%；成交均价2.38万元/平方米，比上年上升20.2%。其中一手商业用房成交79万平方米，比上年下降14.8%；成交均价2.59万元/平方米，比上年上升21.4%。

一手办公用房成交156万平方米，比上年下降23.7%；成交均价2.27万元/平方米，比上年上升19%。全市二手商服物业成交72.8万平方米，比上年增长34%；成交均价1.58万元/平方米，比上年下降3%。其中二手商业用房成交32万平方米，比上年增长41.7%；成交均价1.42万元/平方米，比上年下降13.7%。二手办公用房成交41万平方米，比上年增长29.2%；成交均价1.71万元/平方米，比上年上升5.6%。商品房库存出现分化，截至年底，全市一手住宅可售面积746万平方米，去库存周期9.1个月，比上年底增加2.9个月，库存偏低；商服物业可售面积413万平方米，去库存周期为21.1个月，比上年底增加6.5个月。其中一手商铺可售面积217万平方米，去库存周期33.2个月，比上年底增加7.6个月，库存偏高；一手写字楼可售面积195万平方米，去库存周期15.1个月，比上年底增加5.4个月，库存正常。（梁有红）

2017年，《广州市房地产市场专项整治工作方案》制订，广州市房屋交易监管中心开展外勤检查428次，检查商品房开发项目216个。其中符合规定172个、存在问题44个，发出整改通知书14份；检查中介机构239个，符合规定191个、存在问题48个，发出整改通知书8份。审核商品房预售方案252份，车位租售方案备案86份。年内，办理中介机构备案1796个，机构变更1167个、注销863个。全市备案中介机构5650个，其中总机构2724个、分支机构2926个，登记备案从业人员73363人。7月起承接省住房和城乡建设厅委托的一、二、三级房地产估价机构备案，办理估价机构备案18个、分支机构备案4个。全市经备案的房地产估价机构69个，备案估价师836人。《广州市房地产中介信用管理暂行规定》印发。全年监控商品房预售项目814个，预售网签合同16257套，预售合同房款509.01亿元，办理划拨案件4652件，开设监控账户案件166件，完成项目概况审核51件。全年存量房办理网上交易16.56万宗，交易额2490.89亿元。（郑智敏）

房屋租赁管理　2017年，广州市出租屋总量563.86万套，出租面积3.25亿平方米，登记在册的流动人员943.54万人，分别比上年增长1.5%、3.49%和6.14%；全市新办理房屋租赁登记备案39.28万件，比上年下降18.08%；登记备案面积4697.56万平方米，比上年下降10.56%。其中住宅租赁登记备案24.57万件，登记备案面积1167.21万平方米；非住宅租赁登记备案14.71万件，登记备案面积3530.35万平方米。

2017年，广州市人民政府办公厅印发《广州市加快发展住房租赁市场工作方案》。8月18日，市政府常务会议审议通过《广州市房屋租赁管理规定》立法草案，修订《广州市房屋租赁网上备案规则》，制订《广州租赁住房标准》，制订《广州市住房租赁合同》示范文本；加大租赁住房供应力度。公开出让的住宅用地中，推出5宗全自持或竞自持的住宅用地，增加市场化租赁住房15.36万平方米。10月19日，上线运行广州市房屋租赁信息服务平台（简称“阳光租房”平台）。该平台集服务与管理为一体，基于市、区、街、社区四级出租屋管理框架搭建，可一站式完成放盘、交易、备案、评价、数据发布。同日，广州房地产租赁协会挂牌组建，促进行业规范运作。创新银政企金融服务模式，联合中国建设银行、中国工商银行、中国银行、中国农业银行等多家金融机构签订战略合作协议，解决租赁企业融资难问题。全市有专业化住房租赁企业150多家、经营面积超过180万平方米，其中规范化的长租公寓11万套。组建成立3家市级国有住房租赁企业、1家区级国有住房租赁企业，稳定住房租赁市场。（郑志东）

房屋征收管理　2017年，《广州市国有土地上房屋征收与补偿实施办法》修订，在设置征收安置房建设、探索建立“安置房银行”等方面，对国有土地上房屋征收和补偿办法进行优化。《关于市级国有土地上房屋征收项目实施单位服务企业库有关事项的通知》印发，采购20家服务企业入库。组织3期全市国有土地上房屋征收培训，各区房屋征收部门、征收实施单位和项目业主等800多人参加。全年作出国有土地上房屋征收决定24宗，涉及被征收人2967户，征收面积54.8万平方米；核发拆迁延期许可32宗，涉及拆迁面积49.6万平方米；完成监控金提取业务24宗、撤销监控资金账户1宗；作出拆迁行政裁决8宗。自国有土地上房屋征收条例实施以来，广州市启动国有土地上房屋征收项目169宗，涉及被征收人超13000户，征收面积超350万平方米，其中51宗项目作出征收决定，涉及被征收人近4200户，征收面积近90万平方米，37宗项目完成征收补偿。（谢婷婷）

房屋安全及应急管理　2017年，广州市制订《2017—2020年房屋安全普查工作方案》，完成中心城区8.8万幢房屋安全信息数据动态更新；采集安全信息数据的房屋8.5万幢，面积2450万平方米。发现历史建筑危破房88幢，其中严重损坏房83幢、局部危房3幢、整幢危房2幢。联合华南理工大学共同开展房屋安全信息数据分析研究，建立完善的房屋安全监督机制，为开展智慧城市安全建设提供方案。继续推进2015—2017年在册城镇危险房屋治理监管，全市督修率（悬挂危房标志牌和发出危房治理通知书）100%，实现危房解危1712幢。暂未处理的危房中，城镇危房空置户率78%、农村危房空置率66%。

农村泥砖房和危房改造。2017年，广州市全面完成农村泥砖房和危房改造3年任务。6月30日，完成改造农户22805户（含低收入户1937户）。截至年底，消除全市农村

地区2万多农户的房屋结构安全隐患，改善村民居住条件。（张家雄）

2017年，广州市接收处置房屋突发事故8起。组织房屋应急抢险集中训练、房屋应急抢险联合演练，5支抢险队伍参演演练，参演人员120余人。全年出动应急房屋安全抢险鉴定40批次、260多人次，完成“5·7”特大暴雨应急处置、“帕卡”台风组织支援珠海应急鉴定、白云区友好老年公寓地质灾害应急处置等应急鉴定30余宗。

物业管理服务 2017年，广州市物业管理联席会议制度建立，推进共有物权登记和信息公开、公共收入单独设账等工作，保障业主合法权益。在全市住宅小区推广业主决策电子投票系统，提高业主决策效率与公正性。《广州市物业服务企业信用管理暂行办法》制定。广州市委组织部、市住房和城乡建设委员会、市民政局联合出台《关于加强业主组织管理工作的通知》，强化基层党组织对物业管理工作的引领作用。截至年底，全市实施专业物业管理项目5295个，建筑面积3.19亿平方米。物业服务企业2020家，从业人员20万人。全市293.13万套房屋建立维修资金，归集资金累计233.42亿元，支取资金4.94亿元。（赖雪桃）

2017年，由广州市住房和城乡建设委员会管理的直管房11.3万套、503万平方米。其中住宅10.3万套、361万平方米，非住宅1万套、142万平方米。8.3万套住宅出租，0.3万套空置，另有1.7万套因纳入征地拆迁无法使用。8月2日，《广州市住房和城乡建设委员会关于规范直管房住宅租赁管理工作的通知》印发。编印公房管理宣传画册和政策汇编，印发各直管房管理单位和直管房租户使用，首次召开全市直管房培训会议。8月18日，直管房信息系统平台建设完成市工业和信息化委员会立项。截至年底，中心六区、沙面站及房安所直管房中存在危房45幢，完成修缮解危26幢。在册直管危房全部停止使用并妥善安置承租户。（张栋）

保障性住房建设 2017年，《广州市新就业无房职工公共租赁住房保障办法》出台实施，首次将18—35周岁、本科及以上学历、无自有产权住房的新就业大学毕业生、青年专业技术人员和基本公共服务行业从业人员等新就业无房职工纳入保障范围。《来穗务工人员申请承租市本级公共租赁住房实施细则（试行）》修订出台，放宽准入条件，简化申请程序，加大保障力度。广州市全年基本建成保障性安居工程房16274套，新增发放租赁补贴2433户，新开工筹集棚户区改造住房5772套，分别完成省、市下达住房保障目标任务的135.62%、486.6%、115.44%。

2017年，《广州市保障性住房设计指引（2017版）》修订印发，《广州市保障性住房工程施工承包单位诚信综合评价办法》制定，建立电梯设备采购项目业主评标专家库；完成嘉禾等4个项目施工总承包招标。全年完成各项招标35项，涉及工程造价46.4亿元。完成广州市首个建筑产业化项目石丰路项目施工总承包招标，贯彻执行建筑节能和绿色建筑标准，推广利用二维码监管常规材料，应用射频识别芯片技术追踪混凝土质量，落实永久铭牌标示质量终身责任制。全年有6个标段获奖，其中萝岗一期标段五、标段十二、南方钢厂二期标段二获“广州市建设工程结构优质奖”；南方钢厂一期标段三、标段六获“广州市安全文明施工样板工地”称号；南方钢厂一期标段一获“广东省建设工程优质奖”。

2017年，广州市市本级分配公共租赁住房31547套。其中，2.6万套公共租赁住房面向新就业无房职工供应，采取单位整体租赁和个人（家庭）名义申请两种形式，解决新就业无房职工过渡性、阶段性的住房困难。推出供应金御苑项目经济适用住房540套，面向取得广州市经济适用住房准购证明并符合经济适用住房购买条件的家庭。筹集3000套人才公寓住房，向中山大学、华南理工大学等高等院校定向分配1364套。

截至2017年底，广州市新签35766套公租房合同。累计投入使用的保障房小区24个，各类房屋8.4万套，住宅总建筑面积494万平方米。加强保障房住用管理，收回公租房439套，查处保障房违规使用行为216宗。加强保障房小区物业服务企业监管，安厦花园获“广东省物业管理示范住宅小区”称号。（盖丽丽）

房屋和房地产测绘 2017年，广州市完成中心城区房地产测绘17431宗，比上年增长36%；完成中心城区用于权属登记的房产测绘成果审核5701宗，建筑面积2054.05万平方米；完成20平方千米房屋测绘成果数据归集建库和17.5平方千米房屋测绘历史数据整理工作；完成中心城区250万宗存量、56万宗增量不动产数据整理及汇交；制定广州市第一部房屋测绘规范化文件《广州市房屋测绘管理实施办法》；在全国率先开展共有物权测绘，同步对广州市地方标准《房屋面积测算规范》进行修订，将共有物权测绘和无人机航空摄影测量纳入地标。

2017年，广州市房地产测绘院自主设计研发航测遥感核心技术组件倾斜航摄仪，并申请国家实用新型专利。由市房地产测绘院完成的广州市第一次全国地理国情普查数据采集与整理项目获“全国优秀测绘工程奖”金奖；广州市2000国家大地坐标系转换关系建立与全市控制网整合项目和城镇地形地籍成果更新项目作业子项目获“全国优秀测绘工程奖”银奖；广州市房屋安全信息化普查航测实景三维建模项目获“中国地理信息产业优秀工程奖”铜奖；广州市土地房屋测绘生产管理系统项目获“全国优秀测绘工程奖”铜奖。（李皖苏）

住房公积金管理　2017年，广州住房公积金管理中心新增缴存单位1.80万个，新增缴存职工79.94万人，新增缴存额678.28亿元，比上年增长9.69%，缴存余额1473.96亿元；历年累计10.17万个单位的763.06万名职工（含销户人数193.14万）缴存住房公积金5165.85亿元。全年204.6万人次提取住房公积金，提取金额557.92亿元，提取率82.25%；历年累计有1428.89万人次提取住房公积金3691.89亿元。全年向3.22万户职工家庭发放住房公积金个人贷款（不含贴息贷款），发放金额195.35亿元，比上年下降34.41%，支持职工购建房276.86万平方米；历年累计向49.69万户职工家庭发放住房公积金个人贷款2050.91亿元，贷款余额1182.61亿元，个贷率80.23%。发放贴息贷款6621笔，金额42.57亿元；历年累计贴息贷款成功放款1.39万笔，放款金额89.64亿元。全年实现增值收益22.6亿元；历年累计实现增值收益189.26亿元，上交市财政公共租赁住房建设补充资金119.43亿元。

2017年，广州市实施个人自愿缴存使用住房公积金办法，明确将灵活就业人员、个体工商户、在本市就业的台港澳人员和享有中国永久居留权的外国人四类人群纳入自愿缴存范围，实现广州市住房公积金制度全覆盖。试行存量房住房公积金贷款购房交易资金监管，受到人民网、新华网、央视财经等媒体关注，成为广州市住房公积金贷款管理的亮点。

2017年，广州住房公积金管理中心微信公众号上线刷脸登录和密码重置功能，开启广州公积金刷脸服务时代。获得由人民日报社、中国城市报社和国家大数据专业委员会联合颁发的“中国政务服务优秀实践案例奖”。在番禺、花都、从化、增城和南沙等区域全面实行贷款“一站式”受理服务、加速组合贷款发放，贷款效率得到提升。贷款案件在中心资格审核环节的处理时限由15个工作日压缩到3个工作日，中心所有审核、放款环节的时间缩短为7个工作日。 *（马晓玲）*

【广州市建设领域管理应用平台上线】　2017年，广州市以施工全过程实名信息管理和建筑工人管理为业务主线，统筹整合全市建设领域信息资源，建成市委政法委、人社、住建、交通、水务、林业园林等部门共同使用的监管平台。9月，平台工程项目基本信息管理功能模块上线运行；10月，实名制子系统在保利鱼珠港工地试运行；12月，召开全市建设领域和工资支付分账管理现场会。截至年底，全市有30个样板工程开通平台的管理账号，其中25个工程在平台实施实名管理，登记在场人数2943，开立23个工人工资专用账户。 *（刘玮）*

【广州市全面推行河长制】　2017年3月23日，《广州市全面推行河长制实施方案》在全省率先印发实施。全市1368条主要河道、49个湖泊、387座水库（山塘）及部分小微水体落实四级河长2961名。市、区四套班子相关领导分别担任河湖河长。市、区、镇街全部设立河长办，出台责任追究、考核办法、河长巡河、工作督察、河长会议、工作验收等18项配套制度。实施交办、督办闭环管理；人大代表明察暗访、每月污染排放量化排名、微信投诉举报、民间河长监督、纪委问责，提高河湖精细化管理水平。在全省率先推出广州河长APP，开启“掌上治水”新模式，获得水利部表扬，并刊发在水利部第140期《河长制》工作简报上。全面推行河长制工作走在全省前列，在中央和省组织的多次督导检查中获得高度肯定，并通过省级验收。截至年底，35条黑臭河涌整治主体工程全部完成，经过第三方评估单位环境保护部华南环科所评估，全部达到住房和城乡建设部提出的“初见成效”标准。 *（黄玉玲）*

【100个文化（街心）广场建设】　2017年，广州市完成100个文化（街心）广场建设。建设部门协调文化部门落实南粤先贤雕塑的摆设方案和创作一批新的雕塑，统筹各区政府及其指定的建设部门切实履行建设主体责任，打造完成一批社会主义核心价值观、岭南文化、体育文化、商务休闲等主题文化广场。 *（简颖思）*

【广州举办首届国际设计论坛】　2017年11月8—10日，由广州市人民政府主办、广州市住房和城乡建设委员会承办的广州首届国际设计论坛在广州举办。论坛邀请包括中国工程院院士、国家勘察设计大师，以及国际知名建筑师在内的80余位嘉宾齐集广州，围绕“设计引领城市”主题深入探讨，提升广州设计品牌的国内外知名度和影响力。 *（曾熠宇）*

【广州举办世界城市日全球主场活动】　2017年10月30日至11月1日，由住房和城乡建设部、联合国人居署、广东省人民政府主办，广州市人民政府承办的2017年“世界城市日”全球主场活动在广州成功举办。40多个国家、地区和国际组织的380余名代表参加本届全球主场活动。该届活动得到住房和城乡建设部充分肯定，被国内外媒体广泛报道。 *（曹振中）*

附录：广州市住房和城乡建设管理部门主要领导

广州市住房和城乡建设委员会
　党组书记、主任：王宏伟
广州市国土资源和规划委员会
　党组书记、主任：彭高峰
广州市林业和园林局
　党委书记、局长：杨国权
广州市城市管理委员会
　党组书记、主任：陶镇广
广州市水务局
　党组书记、局长：龚海杰

广州市城市更新局

党组书记、局长：杨承志

广州住房公积金管理中心

党组书记：冯　卫

中心主任：夏卫兵

深圳建设

【概况】　深圳市位于广东省中部珠江口东岸，与香港特别行政区一水之隔。1979年11月设地级市，1980年设置经济特区，1981年升格为副省级市。1988年，国务院批准深圳市在国家计划中实行单列。全市陆域面积1997.47平方千米。2017年，全市年末常住人口1252.83万人，人口出生率10.15‰，死亡率1.63‰，人口自然增长率8.52‰。2017年，全市完成建筑业总产值3715.44亿元，比上年增长13.1%。建成区绿化覆盖率45.1%，人均公园绿地面积15.95平方米。

2017年，深圳加快建设现代化国际化创新型城市。开工建设轨道交通四期十二、十三、十四号线等5条线路，开通龙华有轨电车、坪山至福田高铁快捷线、深圳至中山水上巴士，建成抽水蓄能电站和公明供水调蓄工程。拆除、消化违法建筑2380万平方米，开工建设罗湖二线插花地棚户区改造项目。出台建设工程安全监管“铁10条”，全年安全生产事故死亡人数比上年下降15.9%。出台提升建设工程质量24条，3个项目获“中国建设工程鲁班奖”，5个项目获“国家优质工程奖”。深圳市住房保障署租售服务部获“全国住房城乡建设系统先进集体”称号。

深圳市城市建设存在问题：一是住房保障和供应体系不够完善，房价高、人才住房和保障性住房缺口较大。二是生态环境治理任务艰巨，全市310条河流中仍有80条为黑臭水体，污水收集率不足80%；三是城市历史遗留违法建筑亟须依法处置和全面纳管，垃圾减量分类和收运推进力度需加大，垃圾处理能力存在较大缺口，施工扰民现象存在，公共安全风险管控存在薄弱环节。四是公共交通服务品质需提升，公交出行分担率尚低于60%，远落后于国内外先进城市水平，交通出行不够顺畅，福龙路、梅观路、南海大道、文锦北路等主干道路较为拥堵，综合交通服务和实时引导的智能化水平不高。五是区域发展不平衡不充分问题突出，西密东疏、南重北轻，部分区域基础设施、公建配套设施有待完善。　（张致富）

【城市规划】　规划编制　2017年，《深圳市城市总体规划（2010—2020年）实施评估报告》完成修改，获广东省人民政府审批通过。推进《深圳市城市总体规划（2016—2035年）》编制。推进土地利用总体规划实施管理，全年完成片区土地规划个案调整审查6项，面积30.66公顷；核发规划个案调整批复14项，面积29.89公顷；执行建设项目土地规划等例行核查103项。

法定图则编制。2017年，深圳市编制23项法定图则，其中3项法定图则完成审批，完成法定图则局部调整事项100余项。推进法定图则制度改革，推行通则管理的编制方法，通过划定通则片区的控制方

2017年深圳市住房和城市建设主要指标

指标名称	实绩	比上年增长（%）
固定资产投资额（亿元）	5147.32	23.8
建筑企业（家）	1543	13.1
建筑业总产值（亿元）	3715.44	13.1
建筑企业期末从业人员（万人）	80.24	9.4
建筑企业劳动生产率（万元/人）	46.3	3.3
房屋建筑施工面积（万平方米）	13113.97	8.4
商品房屋销售额（亿元）	2247.44	-22.07
商品房屋销售面积（万平方米）	671.03	-8.9
房地产开发投资额（亿元）	2135.86	21.6
建成区绿化覆盖率（%）	45.1	0
人均公园绿地面积（平方米）	15.95	0.9
人均城市道路面积（平方米）	15.8	0
城市自来水普及率（%）	100	0
人均生活用水量（升/日）	160.37	-3.15
城市燃气普及率（%）	100	0
城市液化石油气供应总量（万吨）	38.16	-5.68
城市天然气供应总量（亿立方米）	35.97	9.13
城市污水处理厂（家）	32	0
城镇生活垃圾无害化处理率（%）	100	0
城镇化率（%）	100	0
住房公积金缴存额（亿元）	566.85	32.23
住房公积金贷款发放额（亿元）	181.73	-16.79
保障性安居工程基本建成套数（套）	41000	-19.6
绿色建筑面积（万平方米）	1976	50.5

（深圳市住房和建设局）

式增强规划弹性。开展《深圳市城市规划标准与准则》密度分区章节修订，推广容积率通则管理。

交通规划。2017年，《深圳市城市轨道交通第四期建设规划（2017—2022）》获国家发展和改革委员会批复。完成轨道十五、十六、十七、三十二号线交通详细规划编制；完成国际会展中心片区轨道交通规划及中低运量公交系统接驳规划研究；启动《珠三角城际轨道深圳地区布局规划》及西丽站、机场东站、光明城站、平湖枢纽站、大运站、龙城北站交通枢纽规划编制；推进重大铁路基础设施项目建设，协调赣深客专、深茂铁路、平南铁路改造、平湖南铁路货场、穗莞深城际线、深惠城际线等国家铁路、城际轨道的规划建设。

市政规划。2017年，深圳市成功申报全国海绵城市试点城市，《深圳市海绵城市规划要点和审查细则》等配套政策出台。《深圳市给水系统整合研究与规划》发布；推进东部环保电厂、老虎坑垃圾焚烧厂（三期）、南山垃圾焚烧厂（二期）等垃圾焚烧处理项目的规划建设；完成深圳市地下综合管廊工程规划编制，《深圳市地下综合管廊工程规划》印发；《深圳市地下管线综合规划》《深圳市电力设施及高压走廊专项规划》《深圳市轨道交通三期续建地铁站点周边管线改造工程规划》等相关规划编制。

历史文化保护及地名管理　2017年，深圳市推进编制《历史风貌区和历史建筑保护办法》《历史风貌区和历史建筑评估标准》，完成深圳市历史建筑摸底调查报告。开展原有地名核实、新增地名上报国家普查办。完成《深圳市轨道三期及三期调整相关线路站名规划》。

城市更新　2017年，深圳市各区审批通过城市更新计划38项，涉及拆除用地面积178公顷。审批通过拆除重建类城市更新单元规划42项，涉及拆除用地面积221.64公顷，规划批准开发建设用地140.52公顷，落实中小学12所、幼儿园22所、社区康复中心24个、公交首末站26个。土地整备盘活12.2平方千米用地，保障外环高速、龙澜大道、深圳市急救血液信息中心、吉华医院、深港国际中心等一批公共基础设施和产业项目用地需求。完成土地整备审定试点项目实施方案任务460.9公顷，完成验收入库用地107.55公顷。　*（袁媛）*

【城市市政公用设施建设与管理】
市政建设　城市基础设施建设。国际航运航空枢纽建设。2017年，深圳港口企业参与投资的吉布提新港区等投入运营，开通深圳第一条中欧班列，形成以深圳为连接点，贯通“一带”“一路”的国际海陆运输大通道。新增10个大型泊位提供岸电服务，累计57艘次船舶使用岸电，居全国沿海港口首位。深圳港完成集装箱吞吐量2521万个标准箱，比上年增长5.1%，连续5年位居全球第三。增开坪山等4座城市候机楼，开辟全国第一个机场网约车候客区。

市政基础设施建设。2017年，深圳市推进东部环保电厂等3个垃圾焚烧处理项目、6座餐厨垃圾处理厂、50座消防站的规划建设，初步完成11座淤泥渣土受纳场选址，配合推进油气库及其他危险品仓储区选址论证，完成地下管线普查和建库，协调推进治水提质。年内，成功申报全国海绵城市试点。

地下综合管廊建设。2017年，《深圳市地下综合管廊工程规划（2016—2030年）》印发，对近远期管廊规划和建设予以明确。出台关键制度《深圳市地下综合管廊管理办法（试行）》，针对综合管廊规划、建设、运营维护进行规定，率先在全国提出地下空间的物权，以立法保障管廊建设相关事宜。印发《深圳市地下综合管廊工程技术规程》，实现规划勘察设计施工一体化，填补深圳地下综合管廊地方性标准的空白。实施《综合管廊有偿使用收费参考标准》，运营入廊费创新按一百年计取。全年新开工空港二期、梅观高速、阿波罗等30千米综合管廊项目。

道路交通设施建设。2017年，深圳市华为立交F匝道、东宝河新安大桥等9个项目完工，惠盐高速改扩建工程先行段、盐港东立交等8个项目开工。打通断头路51条，完成口岸、医院等240个热点地区交通整治，新建改建自行车道206千米，建设自行车停放区8000个，编制三网融合实施方案指引，试点路内限时停车，在宝安、龙岗、龙华等地增设路内停车泊位4600个，启动小汽车机械式立体停车设施建设。全年交通基础设施建设完成投资372亿元，超额完成年度任务。

城市轨道交通建设。2017年，深圳市完成轨道交通建设投资242亿元，超额完成18%。全市轨道交通同步在建项目12个，同步在建里程149千米；轨道交通三期及三期修编工程建设取得重大突破，其中六、八、十三号线完成投资94亿元，17座车站结构封顶。广深港客专深港连接段隧道全部贯通，开通福田、深圳北至坪山、惠州、汕尾捷运化列车，增加高铁光明城站停靠班次。　*（蔡迪倪）*

2017年，《深圳市城市照明专项规划》发布。《深圳市景观照明行动计划》制定，以春节为节点，整体安排全市景观照明提升，打造“国内领先、国际一流”的城市夜景，完成76座桥梁灯光景观提升、109条道路迎春灯笼布置等448个单体项目。全年整治有路无灯道路1100条，安装路灯1.38万盏。

城市园林绿化　城市园林建设。2017年，深圳市建成区绿化覆盖率45.1%，人均公园绿地面积15.95平方米。深圳市香蜜公园、人才公园和深圳湾休闲带西延段等精品公园建成开园。西湾红树林公园等一批海绵型公园绿地建设成果获住房和城乡建设部的肯定。全市园林绿地面积9.79亿平方米，建成区绿地率39.2%。全年新建、改造

▲深圳市春节期间街道的摆花造型（2017） （深圳市城市管理局供稿）

各类公园59个，全市公园942个。举办人民公园月季花展、园博园茶花展、洪湖公园荷花展、莲花山公园簕杜鹃花展，开展公园文化周系列活动，在全市大型市政公园建成多个具有影响力、大尺度的花雕、绿雕、花境项目，公园品质得到显著提升。

创建国家森林城市。2017年，深圳市完成森林抚育1333公顷，清除薇甘菊3866.66公顷，建成森林远足径200千米，建成4个森林小镇，其中盐田区梅沙街道入围“全国最美森林小镇100例”。华侨城湿地公园获批国家级湿地公园试点，中国红树林博物馆获批与国家林业局共建，完成内容大纲编写。4600多公顷的森林质量精准提升工程完成立项申报。举办森林音乐会、梧桐山登高节等活动，“创建森林城市”的40项评价指标有30项达标。

绿化工程。2017年，《深圳市城市绿地系统规划修编（2014—2030）》发布。《深圳市特色公园建设专项规划指引》制定，《打造“世界著名花城”策略研究》《深圳市打造“世界著名花城”三年行动计划（2017—2019）》编制。完善园林标准体系，编制园林绿化“深圳标准”系列。年内，深圳市完成20条花卉景观大道、74个花漾街区、151个街心花园建设，新增立体绿化40万平方米，实施滨海滨河、深南大道、市民广场等8个路段节点、16个城市门户地区的绿化品质提升，打造南山登良路、龙华观天路、光明光侨路、蛇口渔街花漾街区、龙岗天安云谷花漾街区、南山文心广场街心花园等一批精品项目。建成覆盖全市的绿化精细化管理信息平台，全市治理行道树穴14.3万个、绿带48千米、黄土裸露26万平方米，在各类绿地和行道树悬挂二维码植物铭牌11万块。

城市环境卫生 环卫设施建设。2017年，深圳市东部环保电厂、老虎坑垃圾焚烧发电厂三期、妈湾城市能源生态园在建。盐田垃圾焚烧厂提标改造完成，烟气排放指标优于欧盟标准。南山垃圾焚烧厂，宝安垃圾焚烧厂一期、二期完成烟气处理提标改造。下坪填埋场完成渗滤液处理一厂、二厂建设提升。114座垃圾转运站升级改造完成，更新垃圾桶5.7万个。

市容保洁。2017年，深圳市委托第三方专业机构，通过现场测评和居民满意度调查等形式，对全市74个街道的环境卫生整体状况进行科学评价。全市环境卫生指数从72.3上升至82.8，居民满意度从65.6上升至72.8。

厕所革命。2017年6月27日，深圳市城市管理局印发《深圳市“厕所革命”三年行动计划（2017—2019）》，创新开展全市公共厕所环境指数测评，综合反映15类行业公厕建设管理水平，以评促建、以评促改。年内，高标准打造15座标杆公厕，新建25座街头小型公厕，完成329座公厕升级改造，推进全市138座市政公园公厕改造，仙湖植物园12座新型公厕“一厕一景观、处处见品质”。

生活垃圾处理。2017年，深圳市率先发布国内首张《家庭生活垃圾分类投放指引》。全市有物业管理的3478个住宅小区、城中村全部完成生活垃圾分类设施设置，玻金塑纸、大件垃圾、有害垃圾、废旧织物、年花年橘、绿化垃圾、果蔬垃圾、餐厨垃圾八大类垃圾的分类投放、分类收集、分类运输、分类处理体系基本建成，分流减量1985吨/日，占全市生活垃圾总量的11%。

2017年3月27日，深圳市出台《关于进一步改善环卫工人待遇的实施细则》。美丽深圳公益基金会等社会组织开展阳光行动和春雨行动，向全市4.4万名一线环卫工人发放节日慰问金、慰问品合计1233万元，为环卫工子女发放奖学金、助学金135万元。设立“城市美容师”光荣榜，给全市工作年限累计超过20年的581位一线环卫工人发放慰问金116.2万元。发动4000余名志愿者在“环卫工人节”当天开展“爱心替岗”活动。全市开展关爱活动100多场次，形成尊重环卫工人、关心环卫工作的良好氛围。 （王亚楠）

城市生态环境保护 城市空气环境治理。2017年，深圳市完成国务院《大气污染防治行动计划》终期考核任务，$PM_{2.5}$年均浓度28微克/立方米，位列全省第二、全国重点城市第六，大气环境质量继续保持较优水平。全年累计淘汰黄标车2.53万辆，完成92台污染锅炉、

281家重点VOC监管企业和2303家餐饮企业治理任务；全市完成88个搅拌站、816个工地和2544块裸露土地扬尘治理；公交大巴实现100%纯电动化，岸电设施覆盖港口泊位提高至22个，数量均为全国之最。参与制定全国首个大气VOC在线监测系统评估指南，参与成立国内首个船舶大气污染防治工作室，在全省率先实施老旧车提前淘汰和船舶岸电补贴政策。

城市噪音治理。2017年，深圳市区域环境噪声等效声级平均值57.5分贝，比上年上升0.6分贝，达标率90.8%，处于一般（三级）水平。道路交通干线噪声等效声级加权平均值70分贝，比上年上升0.4分贝，处于较好（二级）水平。功能区噪声1类区昼夜达标率91.7%；2、3类区昼夜达标率均为100%；4类区昼夜达标率87.5%。

饮用水源保护。2017年，深圳市完成水源工程划界测量及地下水禁采区和限采区划分，修缮40座哨所及配套设施；《深圳市小型水库管理办法》修订印发，通过水利部水库运行管理督查。 *（黄爱兵）*

城市水环境建设　城镇生活污水治理及雨污分流。2017年，深圳市印发《河湖污泥厂产出物处置技术规范》《低压排污、排水用高性能硬聚氯乙烯管材地方技术标准》。全市建成污水管网2009千米，比上年增长94.3%，完成1464个小区排水管网正本清源任务。开展CCTV（闭路电视监控系统）内窥检测管网1314千米，排查排水管渠隐患4000余千米。基本建成沙井二期、松岗二期水质净化厂，新增处理规模50万吨/日；完成盐田、南山、沙井一期3座水质净化厂提标改造，处理规模103万吨/日；建成分散式污水处理设施30座，处理能力74.5万吨/日。全年完成污水处理厂巡检345次、进水水位专项检查274次，全市水质净化厂出水达标率99.74%，COD（化学需氧量）削减量41.38万吨，比上年增长12%。推进观澜、龙华污泥厂内深度脱水项目，安排横岭污泥项目外接污泥，提升污泥处理能力800吨/日。

河涌综合整治。2017年，《深圳市全面推行河长制实施方案》施行，制定配套制度和工作机制，构建市、区、街道、社区四级河长制组织体系，全市310条河流落实四级河长754名，实现河长制全覆盖。推动设立民间河长、志愿护河服务队，建成投用全市首个护河特色U站。完成河长制APP开发上线和全市“互联网＋河长制”实施方案编制，南山、宝安、龙岗、大鹏“河务通”上线运行。

2017年，深圳市启动治水提质486个项目，完工160个，完成年度投资197.9亿元，比上年增长78%，创历史新高。开工河道整治106条，完成25条，治理长度141千米。深圳市地面水体水质好转，“四湾五河”基本达到考核要求，水质持续改善，茅洲河界河段整治工程完工，深圳河湾成为“海上看深圳”的靓丽风景线。

黑臭水体治理。2017年，深圳市建成区36条（45段）黑臭水体整治主体工程完工，133条黑臭水体开工102条，完成整治53条。消除入河排水口3964个，其中建成区黑臭水体入河排水口1639个。茅洲河（光明段）、福田河、后海河、南澳河、汤坑水等建成区黑臭水体水质达到或超过地表水V类，公众调查结果显示，每个黑臭水体的公众满意度均达到90%。

城区内涝治理。2017年，《深圳市防洪潮排涝近期建设三年计划（2018—2020年）》编制，建成深圳河四期等防洪排涝工程23项，完成150个内涝积水监测点建设，整治易涝点59个。《深圳经济特区水土保持条例》修订，检查水土保持项目8000余个次。编制《深圳市水文站网规划》《河流洪水风险图》，完成茅洲河等4条河段河口水位站建设。基本完成智慧水务顶层设计框架和总体设计方案，建成三防决策支持平台、视频监控整合平台，集成全市视频监视点400个；完成无人机系统和三防指挥车采购，建成22个固定基站的数字集群通信系统。《深圳市水务建设市场主体不良行为认定及应用管理办法》出台，强化水务安全监管和市场主体诚信管理。

海绵城市建设。2017年，深圳市作为全国第二批海绵城市建设试点城市，实现市、区、重点区域海绵城市规划全覆盖，建立全行业、全流程的管控体系，完成海绵城市相关政策标准21项，覆盖海绵城市规划、设计、施工、验收、维护和绩效评估各环节。全年安排专项科研经费2000万元。政府引导与NGO等社会组织合作，动员社会业主出资开展5项海绵化示范项目改造。光明新区水质净化厂“厂网一体化”项目作为深圳市首个海绵城市PPP项目于7月开工，并入选财政部第四批PPP示范项目库。全市海绵城市建设项目完工422个，完成198项既有设施的海绵化改造，新增海绵城市面积39.14平方千米。在住房和城乡建设部、财政部、水利部三部委联合组织的第二批海绵城市建设试点城市年度绩效考核中，以光明新区凤凰城为试点区域的深圳海绵城市建设试点考核得分在第二批14个试点城市中排名第一。

城市供水　2017年，深圳市用水总量20.16亿立方米，比上年增长1.15%，其中境外引水量16.33亿立方米，占用水总量的81%。主要自来水供水企业供水17.49亿立方米，比上年增长2.8%。完成340个优质饮用水入户工程、108个原特区外社区供水管网改造工程，创建152个优质饮用水达标小区。万元GDP用水量降至9.01立方米，比上年下降11.8%，单位用水量值位列全国特大城市首位。南山区万元GDP用水量降至5.43立方米，达到国际先进水平。首次开展全市原水和自来水价格联动调整，实现全市同城同价。

2017年，深圳市完善水源工程网络，构建东江、西江“双水源”网络，研究从东江上游新丰江水库取水，试验段开工。公明供水调蓄工程建成蓄水，鹅颈水库扩容主体工程完工，北线引水坂雪岗支线工程及鹅光输水工程建成通水，盐田支线输水工程主隧洞全线贯通。

（梁笑珠）

城市供气　2017年，深圳市燃气供气范围覆盖全市，城市燃气普及率100%。全市液化气供应总量38.16万吨，比上年下降5.68%；天然气供应总量35.97亿立方米，增长9.13%。新建市政中压燃气管道130千米，超额完成110千米年度任务，燃气管网覆盖率由73.7%提高至76.8%。完成老旧钢质燃气管道更新改造250千米。推进老旧住宅和城中村燃气管道改造，新增管道气居民用户14.1万户，总量187万户。《深圳市燃气条例》启动修订。开展燃气突发事故应急演练，查处19起第三方破坏燃气管道事故，事故数量比上年下降30%。（张致富）

城市综合管理　市容市貌整治。2017年，深圳市城市管理推行“行走深圳”一线工作法，走出文山会海、走向基层一线，直面市容环境脏乱差问题。年内，“行走深圳”常态化，解决大量市容环境问题，特别是乱挂伸缩雨棚、占道经营、乱设广告招牌等一批“老大难”问题得到治理，市容环境面貌发生变化，获得第五届南都街坊口碑榜十大金奖。深圳市推进建筑立面清洗刷新，全年完成59条主要道路（段）建筑外立面清洗刷新，清洗刷新面积215万平方米。

2017年，深圳市违建“零增量”。全市排查建档违建44万宗、2.55亿平方米，整治安全隐患11.54万宗、0.58亿平方米，对暂未整治到位的张贴安全标示8.4万处。拆除处置一级水源保护区内308栋违章建筑，拆除消化各类违法建筑2378万平方米。推动历史违建分类分步处置，加快修订实施办法，强化违章建筑处置政策支撑。拆除各类非法设置户外广告22.5万块，取缔违法设置报刊亭242个，完成交通护栏刷新30千米，刷新人行天桥90座、各类设备箱体12000个、灯杆5.9万座，拆除废弃电话亭2311个。

城市综合执法　2017年，深圳市城管执法力量集中开展“双治”“百日行动”“六乱一超”，以及垃圾偷排撒漏和夜间烧烤等整治行动，清理乱摆卖59万宗，清理“三乱”189万处，拆除伸缩雨棚3.5万余顶，处罚垃圾偷排撒漏7225宗。年内，推行“律师驻队”模式，74个街道“律师驻队”覆盖率100%，暴力抗法事件下降45.7%，经验做法在全国推广。年内，《中共深圳市委、深圳市人民政府关于深入推进城市执法体制改革改进城市管理工作的实施意见》印发。（王亚楠）

【工程建设与建筑业】　建筑市场管理　2017年，深圳市完成建筑业总产值3715.44亿元，比上年增长13.1%。建筑企业1543家，建筑企业期末从业人员80.24万人，建筑企业劳动生产率46.3万元/人，房屋建筑施工面积1.31亿平方米。严厉查处转包、违法分包、资质申报造假行为，全年办理处罚案件45件，其中对深圳电网北环110千伏架空线违法转包分包案件处罚款747万元。强化建筑市场常态化动态核查，向企业发出整改通知书12份。年内，推进劳务工实名制和分账制管理在全市落地，研发“两制”信息管理平台，1310个项目工地与信息平台对接，部分项目实现从业人员实时动态监管。“两制”落实情况执法检查项目工地522个，发出责令文书94份，77家企业上榜欠薪黑名单。强化施工总承包企业的总负责制，查处拖欠劳务工工资行为。建立大型用工企业季度约谈制度，对欠薪数额较大、欠薪人数较多、造成较大社会影响的，依规锁定企业信息卡暂停其投标资格。对欠薪企业实行分级分类管理，建立拖欠工资企业和责任人员“黑名单”公示制度。全年市本级协调解决拖欠工资8051.7万元、工程款2631万元。

勘察设计管理　2017年，深圳市对勘察报告、超限高层建筑设计、保障房项目、基坑工程等112个项目进行质量抽查，涉及10家审图单位、68家设计单位，发出63份监督检查书，对发现的问题及违规企业进行通报。《深圳市住房和建设局关于进一步加强超限高层建筑工程抗震设防审批的通知》印发，审查项目超限项目70个，建筑总面积超过1000万平方米。年内，《深圳市房屋建筑工程海绵设施设计规程》《深圳市房屋建筑工程海绵设施施工图设计文件审查要点》《深圳市电动自行车充电库（棚）工程技术规程》完成编制。建立BIM应用专家库，收录BIM专家72人。举办“一带一路城市设计高峰论坛”“深圳建筑师负责制高峰论坛”“2017粤港澳大湾区工程设计论坛暨第五届建筑设计国际论坛”。开展勘察设计行业十佳青年建筑师、景园师和第五届深圳市勘察设计行业优秀论文评审。

招标投标管理　2017年，深圳市出台《建设工程招标投标中项目负责人有关事项的通知》，解决外地企业项目负责人任职无法核实造成的不公平问题和部分项目经理只投标不履职的问题。《关于加强安全生产与建设工程施工招标联动的通知》《深圳市建设工程招标投标情况后评估工作规则》印发。是年，深圳市查处招投标监管过程中的违法行为，立案31件。其中商报大厦、701设计施工一体化项目涉嫌投标人相互串通投标案、宝安沙井污水处理厂工程涉嫌招标人与投标人串通投标案移送公安部门立案调查。深圳市电子招标投标创新试点通过国家发改委验收。“基于大数据技术的建设工程招标投标数据研究与应用”“基于BIM的电子招标投标系统建设与应用”两个项目通过住房和城乡建设部“科研开发项目”“科技示范工程”项目验收，被广东省住房和城乡建设厅选为2017年全省十大建设科技工作典型案例予以推广。年内，率先在全国推行建设工程“网上开标、网上入围”，招标人足不出户，即可通过CA数字证书登入深圳市工程交易服务网，自行安排开标会议，完成网上开标和网上入围会议，实现多个项目同时在线开标和入围。开发“网上资格预审”功能模块，实现资格预审全流程电子化，在深圳市工程交易服务网站和微信公众号植入“智能机器人在线客服”，为招标人和投标人提供全天候智能聊天式咨询服务。

建设工程造价管理　2017年，《深圳市装配式建筑工程消耗量定额（2017）》编制完成，成为国内首部对外发布实施的装配式计价定额。《深圳市建设工程计价规程（2017）》编制发布，新增优质优价奖励费，确保工程质量提升的费用保障。《深圳市建设工程施工工期定额》《深圳市建设工程勘察设计工期定额》修编完成。根据建筑市场实际和定额使用年限，《深圳市园林建筑绿化工程消耗量定额（2017）》《深圳市市政工程消耗量定额（2017）》《深圳市城市轨道交通工程消耗量定额补充修订子目》编制完成，发布8039条子目。制定《定额编制规程、规则及标准》系列成果12篇、9万余字。

建筑工程质量安全管理　2017年，深圳市组建建筑和结构等11个建设科技专业委员会，两院院士16名，为工程建设提供高质量决策咨询。新发布技术标准规范19部，创历年之最，累计87部。《关于提升建设工程质量水平打造城市建设精品的若干措施》印发。3个项目获“中国建设工程鲁班奖”、5个项目获“国家优质工程奖”、2个项目获“国家技术发明奖”、3个项目获“全国绿色建筑创新奖”一等奖。建筑施工领域安全事故数量和死亡人数比上年下降23%和19%。

2017年，深圳市开展建筑施工安全生产大排查大整治专项行动20个，出动检查人数6.1万人次，排查整治隐患4万余项，发出红色警示138份、责令停工文书936份、责令整改文书7058份、省动态扣分文书4602份，作出行政处罚739宗，罚款金额1959万元，处罚数量和罚款金额均居全省首位。《深圳市建设工程施工围挡改造提升工作方案》《深圳市建设工程施工围挡图集（试行）》制定，对全市971个项目、380千米的施工围挡进行改造提升。年内，《全密闭式智能重型自卸车技术规范》发布，整治泥头车安全管理，开展19次“全市统一执法日”行动，查处泥头车和罐式车违法行为1.6万宗、运输企业554家，查处施工企业、搅拌站、淤泥受纳场203个。

建设科技与绿色建设　2017年，深圳市新增绿色建筑标识项目212个、建筑面积1976万平方米，累计7320万平方米，规模居全国前列。通过国家公共建筑节能改造重点城市和可再生能源建筑应用示范市验收，被住房和城乡建设部认定为首批公共建筑能效提升重点城市。新增装配式建筑600万平方米，累计突破1000万平方米。年内，深圳市被住房和城乡建设部认定为首批装配式建筑示范城市，8家深圳企业入选装配式建筑产业基地名单。

建筑节能减排。2017年，深圳市建成节能建筑面积1272万平方米，实现节能15.89万吨标准煤。加快公共建筑节能改造重点城市建设，通过住房和城乡建设部验收，被列为全国公共建筑能效提升重点城市。开展500栋国家机关办公建筑和大型公共建筑能耗监测设备以及数据中心的运维管理。加强建筑节能科技财政资金管理，在项目示范、标准建设和科技创新领域加大扶持力度与资金使用效益。

新墙体材料和散装水泥推广。2017年，深圳市全面应用预拌砂浆、预拌混凝土，推广新型墙体材料，发布《深圳市建筑废弃物再生骨料建材产品应用工程技术规程》，多种途径推广绿色建材。参与国家、省级绿色建材评价活动。年内，完成建筑节能发展资金和散装水泥专项资金支出项目45个，总补助金额1318万元。　*（张致富）*

【房地产业与住房保障】　*房地产开发*　2017年，深圳市公告、出让商品住宅用地7.4公顷，完成年度任务的105%，其中4宗为“只租不售、全年期自持”居住用地；配建人才和保障性住房3.5万套，供应保障性住房用地49.4公顷，完成年度任务的两倍，用两年时间超额完成“十三五”规划期间供应任务。全年房地产开发投资2135.86亿元，比上年增长21.6%。

房地产市场　2017年，深圳市房地产一级市场新建商品房成交低位运行，价格连续下降。全年新建商品房成交面积413.49万平方米，比上年下降25%；其中，新建商品住宅成交面积259.43万平方米，比上年下降38.6%。在房地产二级市场方面，二手房成交量价齐跌。全年二手房成交面积635.7万平方米，比上年下降33%；其中二手住宅成交面积532.01万平方米，比上年下降33.7%。

房屋产权管理　2017年，深圳市深化不动产登记管理制度改革。推动不动产登记立法研究，编制《深圳经济特区不动产登记条例》，加快修订《深圳经济特区房地产登记条例》；推动不动产登记精细化、标准化转变，修编《不动产登记标准化操作手册（2017版）》；完善不动产登记服务体系，实现不动产登记系统和在线申办系统与深圳市统一受理平台对接。全年颁发不动产权证书56.4万本、不动产登记证明66.2万份。　*（袁媛）*

房屋租赁管理　2017年，深圳市组织建设住房租赁监管服务平台并实现上线试运行，涵盖“交易、

服务、监管”三大板块，为市民提供“一站式”服务。截至年底，筹集上线各类房源3万套。

危房改造　2017年，深圳市发布《深圳市既有房屋结构安全隐患排查技术标准》等3项地方技术标准。首次完成59万多栋房屋结构安全隐患排查摸底，初步建成房屋结构安全电子化档案。按照边排查边整治原则，基本完成被确定为C级、D级的96处危险房屋清空或拆除。

物业管理服务　2017年，深圳市推进物业管理标准化建设，成立深圳市物业管理标准化技术委员会，制定标委会章程和工作细则，召开标委会成立大会，完成8个深圳市标准化指导性技术文件立项申报，通过市监局标准化处组织的《物业管理基础术语》《物业服务安全与应急管理规范》《物业服务行业安全管理检查评价规范》3个标准专家评审会，加快物业行业标准制定。推进日常维修金归集，完成2456个小区归集，应归集小区比例84%。全市维修金专户资金总额累计156亿元，增值综合年利率居国内领先地位。

保障性住房建设　2017年，深圳市新开工及筹集人才住房和保障性住房10.2万套、竣工（含基本建成）3.6万套、供应4.6万套，分别是年度计划的128%、109%和103%，建设供应数量均创历年新高。供应的住房中，包括公共租赁住房3.4万套、安居型商品房2599套、拆迁安置房4119套、其他5368套。新开工棚户区住房改造8062套。鹿丹村改造工程建成入伙。《深圳市人才住房和保障性住房配建管理办法》制定，发布人才住房户型面积和户内装饰装修设计指引，开展户型研究设计竞赛，提升住房规划建设品质。

住房公积金管理　2017年，深圳市新增住房公积金开户单位2.45万家，新增开户个人125.40万人，新增归集资金566.85亿元，提取资金296.17亿元，新增发放公积金贷款181.73亿元。在全国率先将住房公积金缴存单位登记纳入商事登记“多证合一”，实现住房公积金缴存登记与商事登记“一表申请、一门受理、一次审核、信息互认”的“一站式”办理。将住房公积金租房提取每月可提取额由当月公积金应缴存额的50%上调到65%，将其他住房消费每月可提取额由月公积金应缴存额的30%上调至40%，并将港澳台居民及外籍人士纳入自愿缴存范围，扩大制度覆盖面。

（张致富）

【国际植物学大会在深圳举办】2017年7月23—29日，第十九届国际植物学大会在深圳举办，在大会百年历史上，首次在发展中国家举办。全球77个国家6800多名专家和学者参会，发布《植物科学深圳宣言》，永久设立深圳国际植物科学奖，建立首座大会纪念园，吸引一批国际组织、科研机构和重大项目落户深圳，创造会议规模最大、参会人数最多、交流成果最丰富等多项之最，并向全世界展示美丽深圳建设成就。

【深港城市/建筑双城双年展举办】2017年12月15日，第七届深港城市/建筑双城双年展（深圳）在深圳市南头古城举行开幕仪式，展览持续到2018年3月。深圳市委常委杨洪、市政府副秘书长徐松明，香港特别行政区商务及经济发展局林惠冰，深圳市规划国土委主任王幼鹏及组委会成员单位代表等共同出席开幕式。展览以“城市共生”作为主题，开启“1＋5”的主展场分展场互动模式，在主展场南头古城之外，设有罗湖、盐田、龙华、龙华、光明5大分展场。（袁媛）

【深圳宝安棚户区改造项目签约】2017年2月25日，深圳市宝安38区新乐花园、39区海乐花园棚户区改造项目签约仪式在39区举行。深圳市委常委、市政府党组成员杨洪，市住房和建设局局长张学凡、市人才安居集团董事长贾保安、宝安区委书记黄敏等出席仪式，见证3位业主代表与宝安区人才安居公司现场签约，38区、39区业主集中签约搬迁补偿安置协议。（张致富）

附录：深圳市住房和城市建设管理部门主要领导

深圳市住房和建设局

党组书记、局长：张学凡

深圳市规划和国土资源委员会

党组书记、主任：王幼鹏

深圳市人居环境委员会

党组书记、主任：刘初汉

深圳市城市管理局

党委书记、局长：王国宾

深圳市水务局

党组书记、局长：王立新

深圳市建筑工务署

党组书记：张礼卫

署　长：乔恒利

深圳市住房公积金管理中心

党支部书记、主任：袁以立

珠海建设

【概况】　珠海市位于广东省南部，珠江口西南部，1979年设地级市，1980年设经济特区，是中国最早的4个经济特区之一。截至2017年底，全市土地面积1736.46平方千米，建设用地面积509.14平方千米。全市年末户籍人口118.87万人，常住人口176.54万人，城镇人口157.77万人。是年，全市实现地区生产总值2564.73亿元，比上年增长9.2%，完成固定资产投资1662.02亿元，比上年增长19.6%，其中房地产开发投资666.12亿元，比上年增长3.9%。

2017年，珠海市横琴新区完成基础设施投资94.95亿元，马骝洲隧道、长湾隧道顺利贯通，横琴国贸大厦、洲际航运中心、励俊庞都广场等项目竣工。洪湾、银坑、广昌等旧村改造项目及丽珠医药集团桂花北厂区等一批旧工厂改造项目动工建设，乐士文化区、金湾智造大街等“工改产”项目启用。香炉湾沙滩修复项目被评为“中国人居环境范例奖”。3月14日，珠海市入选第一批城市设计试点城市，为广东省入选的两个城市（深圳、珠海）之一。9月18日，珠海市被授予“国家生态文明建设示范市”称号，是中国第一批获得该称号的46个市县之一。12月2—3日，中国生态文明研究与促进会在惠州市召开中国生态文明论坛惠州年会，珠海市被评为2017“美丽山水城市”。

珠海城市建设存在的问题主要是城市总体规划实施的体检和评估机制尚未建立，未能充分发挥对城市发展的刚性管控作用；城市管理缺乏统筹协调，与城管执法脱节，“大城管”格局尚未形成；房地产市场管理技术支撑不足，缺乏专职的房地产研究机构；“三旧”改造配套政策和细则不够完善，缺乏有效的项目实施跟踪监管机制，城中旧村、旧工业等拆建类更新项目推进缓慢。 *（陈文辉）*

【城乡规划】 规划编制 2017年，珠海市开展106个城乡规划项目编制，其中市住房和城乡规划建设局开展81项。《珠海市城市中心体系和TOD新镇建设规划指引》《前山片区所在新镇组团城市设计及控制性详细规划修编》等5个项目获2017年度“广东省优秀城乡规划设计奖”二等奖，《珠海市斗门区战略性总体规划（2015—2030）》获2017年度“广东省优秀城乡规划设计奖”三等奖。年内，珠海市启动新一轮城市总体规划编制，组织开展并完成《珠海市第五轮总体规划实施评估报告》《珠海市第六轮总体规划修编顶层设计研究》《总规专题研究（珠海市陆海统筹发展策略研究）》等6个专题。是年，《珠海市近期建设规划（2016—2020年）》获珠海市人民政府批复。组织开展《珠海市应急避难场所规划》《珠海市机场净空保护规划》《珠海市旧城镇更新专项规划》《珠海市南粤古驿道保护利用规划》等系列专项规划编制，其中11项专项规划获市政府批复。组织编制《横琴新区控制性详细规划维护（2017年）》《珠海市拱北口岸地区控制性详细规划修改》《珠海市九洲港地区控制性详细规划修改》《珠海市高新区A304a编制单元（科创海岸南围）控制性详细规划》《珠海市香洲区南屏片区A203e02、A203e03管理单元控制性详细规划修改》等重点地区控制性详细规划，实现控制性详细规划全覆盖。组织开展《珠海市城市总体设计及城市CI设计》《珠海市夜景景观规划》《情侣路夜景灯光详细规划设计》《珠海市前山河城市空间和夜景灯光规划》等系列规划编制。组织开展《珠海市城市设计编制指引》《南湾城区街道设计导则》《珠海市城市规划技术标准与准则（2015版）整体修订》《珠海市编制城市更新单元规划技术指引》《珠海市海绵城市规划设计标准与导则》等规范性文件编写。组织开展《珠海市规划编制行业资质管理研究》《珠海市近期建设规划实施办法研究》《珠海市城市公共设施体系研究》等系列课题研究。

规划管理 2017年，珠海市出具建设项目选址意见150宗，核发

2017 年珠海市住房和城乡建设主要指标

指标名称	实绩	比上年增长（%）
固定资产投资额（亿元）	1662.02	19.6
建筑企业（家）	4224	97.57
建筑业总产值（亿元）	727.63	28.56
建筑企业期末从业人员（万人）	18.1	19.87
建筑企业劳动生产率（万元/人）	40.20	7.25
房屋建筑施工面积（万平方米）	3253.98	23.08
商品房屋销售额（亿元）	1093.42	–10.10
商品房屋销售面积（万平方米）	509.65	–21.97
房地产开发投资额（亿元）	666.12	3.91
建成区绿化覆盖率（%）	48.21	0.57 个百分点
人均公园绿地面积（平方米）	19.8	0.51
人均城市道路面积（平方米）	14.6	–56.38
城市自来水普及率（%）	100	0
人均生活用水量（升/日）	208.26	33.6
城市燃气普及率（%）	98.9	–0.3 个百分点
城市液化石油气供应总量（万吨）	10.6	2.91
城市天然气供应总量（亿立方米）	1.51	18.90
城镇污水处理厂（家）	15	0
城镇生活垃圾无害化处理率（%）	100	0
城镇化率（%）	89.37	0.57 个百分点
住房公积金缴存额（亿元）	66.26	10.18
住房公积金贷款发放额（亿元）	10.76	–75.44
保障性安居工程基本建成套数（套）	2260	172.29
绿色建筑面积（万平方米）	2038	274.89

（珠海市住房和城乡规划建设局）

乡村建设规划许可证3211宗、建设用地规划许可证626宗、建筑类建设工程规划许可证656宗、市政类建设工程规划许可证165宗、建设工程规划条件核实合格证321宗。

2017年，珠海市开展规划检验1661宗，发现与规划许可不相符的263宗。对136个建设项目进行规划检查，发现69个问题，责令改正及跟踪落实。立案查处违法建设案件8件，其中6件属历史遗留问题，行政处罚涉及违法面积2.3万平方米，罚没款3761.8万元。年内，珠海市印发《处理不影响规划实施情形工作指引》，纳入《珠海市城市规划技术标准与准则（2017版）》修订内容。

2017年，珠海市住房和城乡规划建设局联合市城市管理行政执法局等多部门开展存量违法建设治理，成立珠海市违法建设专项治理工作行业指导工作组，制订历史存量违建分类定性政策。

城市更新　2017年，珠海市获评2016年度广东省“三旧”改造单项考核二等奖，获广东省奖励2017年度用地计划指标50公顷。截至年底，珠海市实现城市更新项目总投资额40.43亿元，完成“三旧”改造项目24个、用地面积184.14公顷，新增实施改造项目41个、用地面积285.91公顷。年内，珠海市完成广昌、上冲、东桥、湾仔银坑、洪湾、广生村回迁区S2地块等旧村规划条件研究；推进北山、翠微等旧村项目前期工作。鼓励“工改工”“工改产”，严格限制“工改居”，严格控制“工改商”，重点推动丽珠医药集团桂花北厂区等一批项目开工，推动唐家第二工业区、乐士文化创意园、金湾智造大街等“工改产”项目实施建设，推动凯威东大、天大药业、金鼎第一工业区等涉及“工改产”项目前期工作。《珠海市旧城镇更新专项规划》完成，《关于加快珠海市烂尾楼整治处理的实施意见》《珠海市城市更新工作信用信息管理办法（试行）》颁行。（陈文辉）

【城市市政公用设施建设与管理】

市政建设　城市基础设施建设。2017年，珠海市重点推进横琴新区第三通道、富山工业园产业新城、高新区科教城、高栏港平沙新城、金湾区顺达路等地下综合管廊项目建设。开展《珠海市地下管线管理条例实施细则》编制。城市地下管线普查及信息系统第一期建设于9月底通过初验收；第二期建设启动，主要对香洲主城区缺失、遗漏、误差较大的地下管线数据进行补测。开展《珠海市中心城区路内停车政策及管理研究》编制，完成第三批路内停车设施建设，重点推进德翰大酒店旁边的公共停车楼建设。开展慢行系统（自行车专用道）第二阶段建设，涉及东部城区22条四车道（含四车道）以上道路，4月底开工建设。除纳入主城区道路路面改造及美化工程统一实施的白云路、银桦路及吉柠路部分路段外，9月底完成所有路段施工。（杨才开）

道路交通设施建设。2017年，珠海市推进政府投资公共道路建设项目98个，其中22个项目完工投入使用。年度计划投资106.55亿元，完成投资139.51亿元。高速公路香海大桥、洪鹤大桥等项目按计划进入桩基施工阶段。鹤洲至高栏港高速公路一期工程于6月动工建设，二期工程进入设计阶段。金海公路大桥先行段工程进入施工招标，整个项目开展投资人招标和工程可行性专题研究。干线公路兴业快线北段先行段、金琴快线、前山大桥至明达路段拓宽等城市快速路相继动工建设。情侣路南段主线改造工程按计划完成年度投资，兴业快线南段、古元大道、香海大桥西延线建设前期工作有序推进。市政道路方面，白石桥、珠海大道北侧珠海大桥东侧一期用地市政配套路、金唐东路、金唐西路、省道S272线湖心路沥青罩面、吉大路迎宾北路银桦路翠微路路面改造美化、UIC新校区市政配套等7个项目先后完工通车，梅界中路、港三路等5个市政道路项目完成施工招标进入施工阶段。截至年底，板障山新增隧道、主城区道路路面改造等26个项目推进前期工作，梅界中路等16个市政道路项目按计划施工。年内，建成九洲大道、湖心路、翠微路3条公交专用道和西部地区5座人行天桥，完成海滨北路交景山路等一批道路交叉口挖潜改造项目。动工建设情侣路南段10处人行过街设施和三台石路2座人行天桥。农村公路推动8条县道升级改造，其中X589月矿线红旗段、X582南新大道等4条完工；加快西部及海岛乡村道路建设，开展40条乡村道路建设，包括万山区3条5.6千米乡村道路建设与斗门区33条路4座桥23.7千米乡村道路建设。

城市轨道交通建设。截至2017年底，珠海市区至珠海机场城际轨道交通拱北至横琴段沿线站点主体工程基本完工，开展区间盾构隧道施工；完成珠海市区至珠海机场城际轨道交通横琴至珠海机场段前期工作。6月13日，珠海市现代有轨电车1号线试运营。（邝倍菱）

城市园林绿化　2017年，《珠海市健康步道专项规划》《珠海市生态绿廊景观色彩规划》编制完成。推动野狸岛及南琴路景观工程。全年新建90个公园，其中社区公园70个。完成30处繁花节点营造和提升，30条城市主干道绿化景观提升，20处立面绿化的建设和提升，110处市政园林绿化提升。第一阶段市容环境整治提升，全市重要交通沿线及主城区完成树木修剪73706棵，栽种时花6.4万平方米，补种乔灌木3.7万棵，打造绿化节点31处，改造渠化岛绿化51处，绿化提升总面积44万平方米。

绿道建设。2017年，珠海市实施“美丽珠海——千里绿廊”行动计划，推进绿道、林荫道、健康步道等生态绿廊建设，新建70千米绿道、80千米林荫道、40千米健康步道，完善千里绿廊网络体系。

城市环境卫生　环卫设施建设及市容保洁。2017年，珠海市环卫清扫保洁面积5130万平方米，累计投入运行垃圾压缩站157座、环保垃圾屋1022座；配备各类环卫作业车辆626辆。《珠海市公共厕所专项规划》经市政府批准实施，全市有各类公厕1300多座，其中市政类公厕309座。《珠海市推进生活垃圾分类工作方案》出台，在全市市直机关单位和两个住宅小区启动垃圾分类试点示范。

生活垃圾处理。2017年，珠海市生活垃圾产生量93.14万吨，全部运至东、西部生态园终端处理设施集中处理，城乡生活垃圾无害化处理率100%。全市建成在运行的生活垃圾处理设施3座，包括东部生态园的西坑尾垃圾填埋场、市垃圾焚烧发电厂和西部生态园的环保生物质热电一期工程。农村生活垃圾收运体系全覆盖，全部村庄的生活垃圾实现无害化处理，完成农村垃圾治理"区自评""市复核"，通过广东省级验收。（杨才开）

城市生态保护建设　生态环境保护。2017年2月，《珠海市环境保护和生态建设"十三五"规划》印发。《珠海市生态文明建设规划》修编，于12月5日通过专家评审。1000平方千米生态空间纳入生态控制线范围，占全市陆域面积的58.44%。

2017年8月29日，珠海市自然保护区评审委员会成立。珠海市各级各类自然保护区9个，其中珠江口中华白海豚自然保护区（国家级）和淇澳—担杆岛等省级自然保护区为中华白海豚、猕猴、红树林、原生森林、水松等物种提供栖息保护。自然保护区面积6.2万公顷，其中海洋类保护区2个、面积4.84万公顷，陆地类7个、面积13931公顷。7月12日、10月18—19日，珠海市连续开展绿盾行动，分别对珠江口中华白海豚国家级自然保护区、淇澳—担杆岛省级自然保护区遥感监测疑似问题清单进行核查。

2017年9月18日，珠海市被环境保护部授予"国家生态文明建设示范市"称号，是中国第一批获得该称号的46个市县之一。12月2—3日，中国生态文明研究与促进会在广东省惠州市召开中国生态文明论坛年会，珠海市被评为2017年"美丽山水城市"。12月17日，广东省环境保护厅通报2016年度全省环境保护责任考核结果，珠海市连续17年获评优秀。

▲珠海市横琴海洋生态修复展示厅外景（2017）　（曾文清　摄）

主要污染物总量减排。2017年，《珠海市2017年主要污染物减排工作推进方案》《珠海市2017年主要污染物总量控制目标》颁布。珠海市4台燃煤发电机组完成改造，综合脱硫效率95%，脱硝设施综合效率80%以上，钢铁厂烧结综合脱硫效率80%以上。前山水质净化厂通过环保验收。珠海市化学需氧量、氨氮、二氧化硫、氮氧化物保持下降趋势，完成广东省政府下达的2017年主要污染物减排任务。

土壤污染防治。2017年，珠海市成立珠海市土壤污染防治工作领导小组，《珠海市土壤污染防治行动计划实施方案》印发，完成336家重点行业企业空间位置遥感信息核实和441个农用地详查点位核实。各区（功能区）与19家重点监管企业签订土壤污染防治责任书。12月26日，《珠海市土壤污染治理与修复规划（2017—2020年）》颁布。

危险废物处置。2017年，珠海市产生危险废物的企业共有691家，产生量为17.66万吨，比上年增加21%，主要类别为废矿物油（HW08）、表面处理废物（HW17）、含铜废物（HW22）等。主要委托珠海、深圳、惠州、江门等有危险废物处理资质单位进行处置，处置利用15.32万吨，贮存量2.34万吨，处置利用率达到100%（不含贮存厂内部分）。珠海市有长兴化学工业（广东）有限公司、长兴化学材料（珠海）有限公司、珠海碧辟化工有限公司3家企业通过配套污染防治设施自行处置其产生的危险废物，自行处置3.73万吨。是年，全市医疗废物产生量2047.87吨，比上年增加11%。其中68.45吨因医疗废物焚烧厂维修停产需外运至将江门医疗废物处置中心处置外，其余部分均经收集单位珠海市珠城市容环卫综合服务有限公司收集后，交珠海海宜环境投资有限公司医疗废物焚烧厂焚烧处置，处置率为100%。

环境违法整治。2017年，珠海市环境监察执法出动执法人员1.28万人次，检查企业5998家次，发出责令改正违法行为决定书262份，作出行政处罚决定164宗，罚款金额1545.80万元，受理环境信访案件1.05万件，答复率100%。对吉大、前山、唐家、斗门四个敏感区域开展“一日三查”，对全市废气重点排放单位、工业企业堆场、施工工地扬尘开展专项整治行动。

城市空气环境治理。2017年，珠海市《珠海市大气污染防治2017年度实施方案》《珠海市大气污染防治强化措施及分工方案》《珠海市轻度及中度污染天气应对方案》《珠海市臭氧污染防治专项行动实施方案》《开展施工扬尘集中整治行动防治大气污染工作方案》《珠海市人民政府关于在2017年12月26—29日实施污染天气应对措施的通知》《横琴新区泥头车管理暂行办法》出台。完成省政府下达的2014—2017年挥发性有机物（VOCs）56家重点企业治理任务。全市112个加油站、57辆油罐车、8座储油库完成油气回收改造并通过验收。全年珠海市淘汰“黄标车”1454辆，完成年度任务163.6%。新修订《珠海市高污染燃料禁燃区划》于12月27日通过市政府常务会议审议，禁燃区面积占全市陆地面积94.9%。是年，珠海市城市空气环境质量有效监测天数362天，空气质量达标率89.0%，比上年下降5.5个百分点。其中，157天空气质量优、165天空气质量良、33天空气质量轻度污染、7天空气质量中度污染。在环境保护部公布的全国74个重点城市年度空气质量排名中，珠海市位居第十位。6月，广东省地级以上市2016年度大气污染防治考核，珠海市大气污染防治考核成绩获得优秀。

声环境质量。2017年，珠海市功能区噪声、区域环境噪声和道路交通噪声昼间平均等效声级与上年持平。1、2、3、4类功能区环境噪声昼间和夜间平均等效声级均符合《声环境质量标准》要求。市区区域环境噪声昼间平均等效声级52.5分贝，比上年降低0.7分贝，噪声等级二级，评价结果为较好。道路交通噪声昼间平均等效声级66.1分贝，比上年降低0.6分贝，强度等级为一级，评价结果为好。

城市水环境建设　2017年，《珠海市2017年水污染整治工作方案》实施。污水处理厂污泥基本得到无害化处置。五福涌、合禾涌等2条省政府挂牌督办的黑臭水体，以及南屏东排洪渠、造贝排洪渠、鸡山排洪渠、东岸排洪渠、咸坑河、白头翁涌6条黑臭水体周边居民调查问卷满意度90%，通过整治效果初步评估，完成年度整治任务。 *（余乐富）*

城镇生活污水治理。截至2017年底，珠海建成污水处理厂15座，设计规模83.4万吨/日，全市累计建设配套建设污水干管总长1425.5千米，其中，新增污水管网70千米。全年污水处理总量2.61亿吨，城镇生活污水集中处理率96.36%。年内，《珠海市排水管网专项普查技术规范》编制完成，《珠海市排水管网工作方案》实施。

农村生活污水治理。2017年，珠海市推动170个行政村及涉农社区农村生活污水处理设施建设。截至年底，完工157个，剩余13个行政村及涉农社区中有3个动工建设；其余10个开展前期工作。 *（杨才开）*

全面推行河长制。2017年，珠海市在全市范围内全面推行河长制，实施范围包括江河涌渠460条、水库66宗、山塘12座、湖泊22座。市、区、镇三级全面出台河长制工作方案；全面建立市、区、镇、村四级河长组织体系，设立流域、河段及片区河长1197个（共计河长537名），成立三级河长制办公室；出台河长会议、河长巡查、考核问责和激励、督察验收等7项制度；珠海河长、香洲河长和斗门河长等微信公众号上线；各级河长切实履职，做好全面督查和验收，严格落实整改要求，巡河履职成为河长治水的重要手段。通过开展全面推行“河长制”为契机，市级河长亲自挂帅巡河，重点督查城乡涌渠的黑臭水体专项整治，投入5600万消除12条黑臭水体，总整治长度超过40千米。斗门区投资5.7亿元启动整治21.05千米河涌，高新区计划投入1.4亿元开展东岸排洪渠生态廊道改造。 *（颜新立　陆丰鑫）*

水环境质量。2017年，珠海市前山河两河汇合口断面、前山码头断面和石角咀水闸断面的监测项目年平均浓度值符合国家《地表水环境质量标准》（GB 3838—2002）中Ⅳ类水质标准，黄杨河（鸡啼门水道）尖峰大桥断面的监测项目符合Ⅲ类水质标准，磨刀门水道布洲断面和珠海大桥断面的监测项目符合Ⅱ类水质标准，与上年持平。大镜山水库、竹仙洞水库、杨寮水库、平岗泵站、广昌泵站、黄杨河泵站、乾务水库、竹银水库和竹洲头泵站9个集中式饮用水源地的监测项目年平均浓度值符合国家《地表水环境质量标准》（GB 3838—2002）中Ⅲ类水质标准，达到或优于Ⅲ类的饮用水水源比例为100%。 *（余乐富）*

城市供水　2017年，珠海市建有取水泵站7座，总取水能力470万立方米/日；使用供水水库20座（其中海岛3座），隶属管理水库11座，总库容1.18亿立方米；DN75以上管道长2800千米；自来水供应覆盖全市城乡及海岛地区，建有拱北、唐家、西城、龙井、乾务、南区等12座水厂，总供水能力112万立方米/日。日均供澳门原水量接近27万立方米，占澳门原水供应总量的99%。全年供水量5.08亿立方米，比上年增长4.01%。其中净化水量3.83亿立方米，比上年增长3.63%；原水量1.25亿立方米，比上年增长5.17%，对澳门供水量9767万立方米，比上年增长0.66%。全市建卡水表71万多个，比上年增长5.13%。水质综合合格率99.8%，优于国家标准。

2017年，珠海市推进平岗至广昌原水供应保障工程、第四条对澳供水管道工程、广南梅供水管工程等三大原水供应保障工程建设，推进唐家水厂改造工程、西区水厂乾务水厂扩建配套管线工程、西区水厂扩建工程等供水厂网建设，推进南区水厂扩建工程、南区水厂第二条进出厂管道工程、梅溪水厂前期设计。 (方胜)

城市供气 2017年，珠海市液化石油气年供应量10.6万吨，天然气供气总量1.51亿立方米。全市有14家城镇燃气经营企业，其中，瓶装气液化石油气经营企业9家、液化石油气库9座，瓶装液化石油气用户43万户。管道燃气经营企业3家，全市有供气住宅小区361个，居民用户25.7万户，全市城镇居民天然气气化率36.7%，城市建城区居民天然气气化率53.8%。汽车加气站经营企业2家，建成加气站12座。全年新建市政燃气管道52千米，供气管道710千米。东部主城区主要道路基本覆盖并初步形成天然气城市输配系统，天然气利用工程之“两站一线”(南屏门站、前山储配站及相连高压管道) 工程竣工验收并投入使用。横琴天然气综合门站开工建设，新建住宅小区全面配套使用管道天然气。

2017年，珠海市小区燃气管道加建工程高新区落实第一批600户加建小区名单；横琴新区、金湾区未配套管道燃气设施小区加建工程代建协议签订，金湾区首批未配套管道燃气设施的12个小区9711户，于12月中旬启动燃气管道加建工程进入施工阶段。年内，珠海市有26块用地签订瓶装气供应站建设用地合同。全市建成体育西站、高新一号站、平沙中转站、南水站、红旗一号、红旗二号、三灶站、横琴站8个供应站并投产使用。 (杨才开)

城市综合管理与执法 违法建设整治。2017年，珠海市拆除各类违法建设1692宗、18万平方米。全年查处（拆除、控停）新增违法建设1086宗、8.3万平方米。《珠海市建成区违法建设专项治理五年行动实施方案（2016—2020年）》颁布。是年，珠海市明确违法建设经城管执法部门确认后，供水供电部门协同实施停供施工用水用电等强制措施；在珠海市建立起的公安机关保障城管执法联动机制的基础上，研究深化公安保障城管执法的体制、机制建设；制定《珠海市存量违法建筑分类处置办法（送审稿)》报送市政府。

市容市貌整治。2017年，珠海市城管执法部门组织市容环境执法整治行动1.03万次，出动执法人员9.62万人次。教育整改占道经营行为5.99万宗、流动商贩6.36万宗，立案查处占道经营案件1537件、流动商贩1444件，市容类罚款6237件、罚款203.5万元。对乱拉乱挂乱设置户外广告设施行为教育整改6160件，清理整治及拆除各类户外广告设施、横幅灯箱2.3万件，立案查处各类违法广告行为472件、罚款1.9万元。《2017年珠海市户外立柱广告设施整治方案》颁行，拆除户外立柱广告194件。

数字城管。2017年，珠海市“数字城管”系统平台受理各类案件24.37万件、结案案件23.36万件，结案率95.55%。数字城管业务终端延伸至斗门、金湾、高栏港3个区157个村，基本完成珠海市农村终端全覆盖。年内，珠海市6个区（含经济功能区）开展地下管线信息普查，普查长度超过4647千米。万山区数字城管项目建设开启，万山区桂山岛、大万山岛、外伶仃岛及东澳岛完成3.24平方千米地上城市部件普查，同时对地下管线情况进行摸底。万山区指挥中心大屏显示系统设计方案确定，硬件采购招标及机构组建进入落实阶段。市城管指挥中心与市公安部门视频监控系统实现对接，共享视频监控系统，各区数字城管逐步接入。 (曾丹)

【村镇建设与管理】 名村名镇规划和建设 2017年，《珠海市传统村落名录专题研究》编制完成。珠海市有南门村、排山村，以及会同村、淇澳村、接霞庄、排山村、北山村、虎山村、荔山村和南屏村8个省级传统村落，建立市级传统村落名录制度，甄选市级传统村落39个。《珠海市“十三五”农村危房改造规划》编制完成。组织编制完成《珠海市新农村建房标准图集2》。指导斗门区和金湾区完成乾务、白蕉、斗门、三灶、红旗镇等建制镇镇级总体规划编制。《珠海市特色小（城）镇总体规划》项目编制启动。《珠海市特色小（城）镇综合研究》项目编制启动。

2017年，珠海市开展第一批农村建筑工匠培训，100多名农村工匠参加。通过考核，86人取得广东省农村建筑工匠合格证。完成珠海市第二批全国特色小镇申报，斗门镇成功入选国家级特色小镇。编制完成《珠海市新农村连片和整村改造规划建设研究》。全年发放乡村规划许可3211宗。 (陈文辉)

生态文明城镇村庄建设 2017年，《珠海市“十三五”农村环境综合整治目标任务及年度计划》印发。金湾区三灶镇中心村、鱼月村，斗门区莲洲镇三家村、福安村、井岸镇新堂村、斗门镇南门村、新乡村以及高栏港区南水镇南场村8个行政村完成农村环境综合整治，超过广东省、珠海市两级规定的目标任务。12月1日，《珠海市“十三五”农村环境保护规划》施行。 (余乐富)

【工程建设与建筑业】 建筑市场管理 2017年，珠海市核发新建项目施工许可21项、施工许可变更核准106项、超限高层建筑工程抗震设防审批26项、核准建筑业企业资质（资质换证及新申请资质）166项、上报审批的工程勘察设计丙级资质1项、各类企业诚信评价4837项，以及各类企业信息登记1227项、变更4624项。全年对184个项目进行联动检查，对存在不良市场行为的48家企业进行诚信扣分，对存在无证施工等违法行为的单位和个人作出行政处罚13宗，罚款35.8

万元。全市有962个项目近11万建筑人进行信息登记和办理工资卡，通过银行系统将工人工资直接发送到工人工资卡上。全年新开工建设房屋建筑和市政工程576项，建筑面积1563.67万平方米，造价645.23亿元，分别比上年增长22.29%、31.06%、44.02%。横琴综合管廊项目和华发人才公馆项目获“中国建设工程鲁班奖”、3项工程获得“国家优质工程奖”、32项工程获“广东省建设工程优质奖”、47项工程获“珠海市优质工程奖”。全市有3个在建房屋市政项目获“国家AAA级安全文明标准化工地”、55个项目获“广东省房屋市政工程安全生产文明施工示范工地”、60个项目获“珠海市房屋市政工程安全生产文明施工示范工地”。

勘察设计管理 2017年，珠海市有建筑勘察设计企业68家，其中甲级17家、乙级37家、丙级6家、设计施工一体化8家。截至年底，1041家市外勘察设计企业在珠海进行建筑企业和人员诚信信息登记（变更），其中206家企业首次进行诚信信息登记。珠海市勘察设计从业人员17891人，其中专业技术人员6405人，包括：专业技术人员中高级职称876人、中级职称2112人、初级职称2564人。全年珠海市勘察设计企业营业收入169.18亿元（含工程总承包收入），比上年增长17.85%；人均营业收入94.56万元，比上年增长1.9%；上缴税收0.91亿元，比上年下降6.75%。

招投标管理 2017年，珠海市通过市建设工程交易平台招标的建设工程1730项，比上年增长16.97%；招标金额395.50亿元，比上年增长35.12%；成交金额359.92亿元，节约资金35.98亿元，平均中标降幅9.10%。10月20日，《珠海经济特区建设工程招标投标管理办法》公布，12月1日施行。

建设工程造价管理 2017年，珠海市办理3家造价咨询企业资质核验；完成建设工程招标控制价备案764项，造价334.21亿元；完成建设工程施工合同备案520项，造价558亿元；结算备案1项，造价105.65万元。是年，完成珠海市材料设备询价及采集发布系统开发，进入试用阶段。

建筑工程质量安全管理 2017年，《珠海市房屋市政工程质量安全提升行动实施方案》《珠海市安全生产特别防护期建筑施工安全生产检查工作方案》制定。全年开展安全生产专项检查13次，印发暂停施工通知书232份、动态扣分通知书2380份，实施行政处罚43宗，罚款226万元。全年建立质量信用档案460项，460项新办理质量监督手续工程100%签订质量终身责任承诺书，308项新办理竣工验收备案工程100%设立永久性标牌，新竣工交付使用的房屋市政工程质量一次验收合格率100%。抗击台风“天鸽”，全市6.89万名建筑作业人员全部转移至安全场所，全市建筑业人员“零伤亡”。制订印发《全市房屋市政工程灾后复产重建安全生产工作方案》《珠海市台风灾后既有房屋应急安全排查实施方案》。制订加强工地文明施工管理工作方案，列出13项具体整治措施，开展全市建设工程文明施工综合整治提升行动。年内《2017年珠海市房屋建筑和市政基础设施工程施工扬尘控制工作方案》施行。

建设科技与绿色建设 绿色建筑。2017年，珠海市完成绿色建筑标识评审项目11个、46.14万平方米，申报绿色建筑运营项目1个，建筑面积19.39万平方米。全市累计获得标识项目71个，建筑面积817.91万平方米。全年新建民用建筑100%实行绿色建筑标准，50%达到二星级以上标准。培育市级建筑节能和绿色建筑（可再生能源应用）示范工程项目11个、112.33万平方米，获得省级节能减排专项资金补助项目2个，超额完成省住建厅下达的指标任务。《珠海经济特区绿色建筑管理办法》《珠海市既有建筑改造工程施工图设计文件编制与审查要点》《珠海市绿色建筑施工图设计文件编制与审查要点（2017版）》《珠海市2017年建筑节能与绿色建筑目标责任实施方案》出台，《珠海市绿色建筑技术导则（2017版）》修订，《珠海市绿色建筑竣工验收导则》《珠海市既有建筑绿色化改造技术指引》《珠海市绿色建筑设计导则》发布实施。

建筑节能减排。2017年，珠海市新增节能建筑面积1286.61万平方米，全市城乡既有建筑总量16646.27万平方米，累计执行50%节能标准的建筑面积5889.07万平方米。珠海市建筑节能能耗监测平台第一期建设完毕。全年完成25栋公共建筑的能耗在线采集数据接入市平台，完成监测建筑面积110.24万平方米，完成建筑能耗统计的建筑110栋、能源审计15栋。年内，开展5次施工图审查机构审查质量和施工现场绿色建筑标准落实情况专项检查，覆盖全市检查建筑节能和绿色建筑项目212个。

建筑产业现代化。2017年，珠海市建立建筑产业现代化发展联席会议制度，统筹推进建筑产业现代化工作。《珠海市推进建筑产业现代化发展管理办法（试行）》颁布。《珠海市2017年建筑产业现代化实施计划》《珠海市2017年度规划阶段发展装配式建筑相关要求》制定，将年度装配式建筑指标纳入用地规划条件。《珠海市装配式建筑项目设计阶段技术认定工作的通知》印发。《珠海市建筑易建性评价导则》《珠海市建筑易建性评价实施细则》编制。《珠海市装配式建筑单体预制率和装配率计算细则（试行）》印发。与华东建筑研究院有限公司联合开展“珠海市装配式建筑规划设计与技术指引研究”。珠海市中建新科技珠海有限公司10月投产，中易建科技有限公司启动建设程序，广东海龙建筑科技有限公司完成方案设计。是年，珠海市绿色建筑暨装配式建筑示范工程现场会召开，培育装配式建筑示范工程项目2个、省级产业化生产示范基地1个。年内，全市5个单个建筑面积超过10万平方米的项目确定采用装配式建造。组织各类培训8次，内容涵盖绿色建材、建筑节能和绿色建筑、装配式建筑内容，参训人员1600余人次。 *（陈文辉）*

【房地产业与住房保障】 *房地产开发* 2017年，珠海市完成房地产开发投资666.12亿元，比上年增长3.91%；房地产项目规划报建面积495.22万平方米，比上年下降26.1%；施工报建719.37万平方米，比上年增长18.45%；竣工面积652.31万平方米，比上年下降5.41%。8月，珠海市开发建设房地产开发企业信用管理系统，建立房地产开发企业诚信档案。全年核发房地产开发资质证48宗，其中三级5宗、四级20宗、暂定级23宗；估价机构资质核准1宗；核发预售许可证（主城区）37宗、100万平方米；预售监管资金正常拨付143宗、95.95亿元；解除资金监管195宗、109.5亿元。

房地产市场 2017年4月8日，珠海市印发《关于进一步做好我市房地产市场调控工作的通知》，执行“限购、限贷、价格备案、限售”等调控措施。《珠海市供给侧结构性改革去库存行动计划2017年工作方案》制订。5月5日，《珠海市供给侧结构性改革非住宅类商品房去库存工作方案》制订。是年，预售许可面积336.15万平方米，比上年下降32.37%。新建商品房屋（住宅）交易登记面积182.97万平方米，比上年下降72.14%；金额333.93亿元，比上年下降69.46%。《珠海市整顿和规范房地产市场秩序联合督查工作方案》制订，在全市开展在售楼盘和中介机构的专项整治。检查全市59个在售楼盘，排查400多个中介机构。发出责令整改通知书7份，除清理200多家没备案中介机构外，对存在违规行为1家房地产开发企业进行诚信扣分、2个中介机构进处理。 *（陈文辉）*

房屋权属管理 2017年，珠海市办理各类不动产登记21.27万宗，登记面积8886.83万平方米，登记金额5324.55亿元；办理信息和档案查询逾18.88万宗。办理各类产权登记类业务6.51万宗。其中，商品房现房转移登记1.81万宗，建筑面积95.67万平方米，成交金额165.57亿元；二手房转移登记1.74万宗，建筑面积210.42万平方米，成交金额132.48亿元；商品房预告转现房登记业务2.96万宗，涉及面积304.9万平方米，交易金额384.09亿元。办理抵押按揭类业务10.34万宗，涉及面积（含土地、建筑物）6744.48万平方米，抵押金额4359.48亿元。 *（何春平）*

房屋租赁管理 2017年，珠海市采集出租屋信息201万条（含新增、注销信息）。截至年底，全市有出租屋13.3万户、17.7万套/间，租住人员132.4万人。珠海市依托市治安综合管理云平台、市人口信息自助申报云平台、出租屋门禁视频系统，加强对流动人口和出租屋的管理。年内，全市有9.2万间房屋和企业注册使用“珠海市人口信息自助申报云平台”，5053套门禁视频系统正常运行，采集人员信息43.1万条、动态信息近4000万条。 *（赵华飞）*

房屋征收管理 2017年，珠海市办理房屋拆迁延期手续1宗；作出国有土地上房屋征收决定项目1个。 *（谭兵）*

物业管理 2017年1月，《珠海市物业服务企业信用信息管理办法》出台，“物业服务企业诚信平台”7月上线。推动《珠海经济特区物业管理条例》立法，11月22日经市九届人大常委会第九次会议表决通过。截至年底，全市筹集新建小区物业维修资金15亿元。《关于印发珠海市2017年物业管理专项整治工作方案的通知》印发。对物业服务企业的违规违法行为开展专项检查，检查物业项目385个，查处案件28件，发出整改通知书7份，曝光案件4件。

保障性住房建设 2017年，珠海市完成开工建设棚户区改造住房2863套，完成率105%；基本建成保障性住房和棚户区改造安居住房2260套，建成率108%；发放租赁补贴587户473万元，其中新增租赁补贴267户，任务完成率890%；政府投资建设的公租房分配2213套，完成率112%；完成投资16.78亿元。2017年8月7日，《珠海市保障性住房和人才住房室内装修标准指引》颁布。落实新出让土地商品住房开发项目和城市更新项目有住宅功能的用地配建公共租赁住房和人才住房政策。从2016年10月至2017年底，31个新出让商品住房项目用地配建公共租赁住房和人才住房，配建建筑面积34.9万平方米。 *（陈文辉）*

住房公积金管理 2017年，珠海市住房公积金累计开户缴存人数91.05万人，累计缴存总额500.75亿元、缴存余额98.54亿元、提取总额402.21亿元，累计发放个人购房贷款（含“公转商”贴息贷款38.55亿元）总额176.97亿元，贷款余额72.37亿元，个贷率73.44%。

2017年，珠海市住房公积金新增缴存单位1020家，比上年增长11.7%，新增缴存人数8.03万人，缴存金额66.26亿元，比上年增长10.2%；住房公积金提取金额51.51亿元，比上年下降7.92%；发放住房公积金个人购房贷款（含“公转商”贴息贷款6.8亿元）金额10.76亿元，比上年下降75.4%；回收贷款7.87亿元；追回违规支取资金398.85万元。实现增值收益1.04亿元，比上年下降25.4%，从中提取1250万元作为珠海市廉租房建设的补充资金。

2017年12月28日，珠海市新一代住房公积金信息系统上线，实现支付宝“刷脸”查询，资金秒速到账等功能。 *（刘海婷）*

【港珠澳大桥主体工程全线贯通】 2017年，港珠澳大桥主体工程、珠海连接线和珠海口岸工程主要工程完工，基本具备通车条件。港珠澳大桥海底隧道于7月7日贯通，港珠澳大桥实现主体工程全线贯通；港珠澳大桥岛隧工程西人工岛、东人工岛主体建筑分别于7月28日、8月31日相继封顶；珠海连接线工程于12月26日完成交工验收。洪湾枢纽互通二期工程于9月28日实现全线通车。 (邝倍菱)

【新型城镇化“2511”综合试点】 2017年1月6日，《珠海市实施新型城镇化“2511”综合试点工作方案》实施，珠海市作为广东省新型城镇化综合试点城市，获得省住房和城乡建设厅拨发的试点补助专项经费1000万元。其中660万元分配给高新区和香洲区古驿道建设、220万元用于编制《历史文化保护一张图》、120万元用于古驿道和历史建筑保护及活化利用经费，历史文化保护一张图和古驿道示范段建设等历史文化保护工作取得阶段成效。年内，《珠海市人民政府关于报送新型城镇化“2511”综合试点2017年度重点工作任务表的函》印发，将珠海市新型城镇化重点工作细化成5类、11项工作任务、32个具体项目，并明确时间节点，落实到各区各部门。截至年底，32个具体项目（除1个暂停外）完成率80%。

【台风灾后复产重建】 2017年8月23日、27日，强台风“天鸽”“帕卡”接连袭击珠海，全市有138台塔吊倒塌或变形受损，其中69台需要调配重型设备实施拆除，99个项目脚手架受损，180万平方米临时板倒塌，50万米工地围挡受损。全市房屋、市政工程项目经济损失18亿元。台风登陆前，全市住房和城乡建设系统出动检查人员364人次，检查工地725个，全市建筑工地68910名作业人员全部转移至学校、厂房、常设庇护中心等安全场所，全市建筑业人员“零伤亡”。台风登陆后，《珠海市房屋市政工程台风“天鸽”灾后恢复安全生产督导小组工作方案的通知》印发，成立9个督查小组，检查建筑工地，指导工地应急抢险、恢复生产。全市组织277家建筑业企业，出动人员22696人，调配设备7283台，深入社区、市政道路开展清障工作，协助各区尽快恢复生产生活秩序。市、区两级联动，采取自查和专家检查组复查相结合的方式，排查灾后民宅和校园房屋受损情况，排查建筑面积591.65万平方米。对存在严重安全问题的及时标示、封停、落实整改。督促指导各业主、单位尽快修复完善并投入使用。印发《珠海市房屋市政工程台风“天鸽”灾后恢复生产工作要求》《珠海市台风“天鸽”灾后建筑起重机械救援处理技术指导细则》，采取限时督办、推行复工安全验收、加强建筑工人安置工作、灵活运用企业诚信评价体系进行奖惩等多种措施推动珠海市房屋市政工程灾后复产重建。迅速组织开展对台风过后市政管网等设施损害重建情况进行现场情况摸查，调研搜集包括市政和林业局、水务集团、中国铁塔等各相关单位关于受灾情况的统计资料。台风过后，在对城市基础设施受灾情况进行深入调研基础上，组织开展规划建设标准研究修订，《珠海市城市防灾标准研究工作方案》制定。 (陈文辉)

【珠海市环境保护条例修改】 2017年4月10日，珠海市人民代表大会常务委员会公布《珠海市人民代表大会常务委员会关于修改〈珠海市环境保护条例〉的决定》，修改《珠海市环境保护条例》，删除与上位法不一致的规定，细化和完善相关制度，提高部分违法行为的罚款额度。针对建筑噪声扰民问题，设立专门条款明确要求建设单位在工程项目发包时，应当要求施工单位制定施工期间建筑施工噪声防治方案，推动各责任主体落实噪声防治措施。该决定自2017年7月1日起施行。 (余乐富)

附录：珠海市住房和城乡建设管理部门主要领导

珠海市住房和城乡规划建设局
　党组书记、局长：王朝晖
珠海市城市管理行政执法局
　党组书记、局长：张志伟
珠海市市政和林业局
　党组书记、局长：郑潮龙
珠海市海洋农业和水务局
　党组书记、局长：林粤海
珠海市住房公积金管理中心
　党组书记、中心主任：卢仲强

汕头建设

【概况】 汕头市位于广东省东部，1991年设立地级市。全市总面积2198.7平方千米，户籍人口565.44万人，常住人口560.82万人。2017年，全市完成地区生产总值2350.76亿元，比上年增长9.2%；居民人均可支配收入22521元，比上年增长8.7%。全年完成建筑业总产值518.41亿元，比上年增长22%；建筑业增加值109.15亿元，比上年增长6.7%。全市建成区绿化覆盖率44.12%，人均公园绿地面积15.16平方米；城镇生活垃圾无害化处理率91.93%，城镇污水处理率85.26%。

2017年，国务院批复同意《汕头市城市总体规划（2002—2020年）（2017年修订）》。汕头大学医学院新教学中心获国家优质工程奖、英国五金师英国皇家建筑师协会建筑五金制品规范比赛国际项目冠军奖（中国土木工程首次获该奖项）。汕头市中心医院门诊综合楼和急诊综合楼获“全国优秀工程勘察设计行业奖”，广东以色列理工学院一期校区取得粤东地区首个绿色建筑国标三星设计标识，2家建筑企业参建项目分别获“中国建设工程鲁班奖”。濠江区成为粤东首个“中国建筑之乡”；潮阳区海门镇被认定为“全国特色小镇”；潮南区简朴村被评为全国美丽乡村示范村。全市创省宜居环境范例奖2项，新认定省级宜居社区80个，西堤公园获“中国人居环境范例奖”。

汕头市城乡建设存在问题主要是城市建设历史欠账较多，基础设施和公共服务设施不够健全，城市管理精细化程度不高，生态环境保护压力较大，城乡人居环境仍需提高。 *（陈传燕）*

【城乡规划】 2017年，汕头市开展规划编制项目185个，其中市级规划编制3个、专题研究5个、控制性详细规划26个、专项规划16个、村庄规划132个。2017年度广东省优秀城乡规划设计项目评选中，《汕头经济特区小公园开埠区保护规划》《汕头市宜居社区建设发展规划（2016—2020年）》《汕头市潮阳区西胪镇东潮村社会主义新农村示范村整治创建规划（2016—2025年）》获二等奖。

规划编制 2017年3月，国务院批复同意《汕头市城市总体规划（2002—2020年）（2017年修订）》，明确汕头市国家经济特区、海上丝绸之路重要门户、粤东中心城市的城市定位。对接新修订总体规划，编制完成《汕头市“十三五”近期建设规划》，组织《汕头市海绵城市建设专项规划》《汕头市中心城区北岸排污专项规划》编制，编制《汕头市桑浦山七日红公园周边片区（南片）控制性详细规划（草案）》《滨港南片区B-03-01地块项目修建性详细规划》《汕头市升平工业区控制性详细规划》《汕头市39街区控制性详细规划》《汕头市35街区控制性详细规划》《汕头市东厦路100号片区“三旧”改造项目A-1、A-2地块控制性详细规划》《汕头市中心城区陈厝合片区控制性详细规划局部修编（黄河路—嵩山路东南角）》《汕头市东海岸新城新津片区E组团控制性详细规划》。组织开展“汕头市中心城区北岸社会停车场近期建设规划研究”“汕头‘一湾两岸’城市天际线规划控制研究”。

规划管理 2017年，《汕头经济特区城乡规划管理技术规定》修订，调研《汕头经济特区农村村民住宅建设管理办法》实施情况。《汕头市中心城区“三旧”改造项目公共服务设施配套用地实施细则》制订，完成《汕头经济特区城市测绘工作指引》编制。年内，汕头市完成万达智能型商业综合体在西片区的规划安排和汕头卫生健康学院、汕头质子重离子医院规划选址和乌桥岛棚户区改造安置用地安排。全市划定生态控制线面积1136平方千米，占陆域面积的50.59%。《汕头市工业控制线划定方案》完成，初步划定工业控制红线面积约80平方千米。组织审议《汕头市电动汽车充电基础设施规划（2017—2020年）》，审查《汕头市城市轨道交通1号线工程线站位方案》《汕头市城市轨道交通建设规划（2017—2022）》，以及牛田洋快速通道线路选线、潮汕大桥工程可行性研究报告、省道232线护堤路改建工程初步规划方案，推进汕头火车站综合客运枢纽首期工程、城市轨道交通、疏港铁路、沿海高铁、汕湛高速汕头段、潮汕环线高速一期、海湾隧道主体工程、牛田洋快速通道等重点项目建设。完成金平区垃圾

2017年汕头市住房和城乡建设主要指标

指标名称	实绩	比上年增长（%）
固定资产投资额（亿元）	2006.4	27
建筑企业（家）	226	4
建筑业总产值（亿元）	518.41	22
建筑企业期末从业人员（万人）	15.28	11.2
建筑企业劳动生产率（万元/人）	34.65	7.21
房屋建筑施工面积（万平方米）	4881.02	23
商品房屋销售额（亿元）	639.58	213.52
商品房屋销售面积（万平方米）	618.03	109.5
房地产开发投资额（亿元）	360.97	17.8
建成区绿化覆盖率（%）	44.12	0.14个百分点
人均公园绿地面积（平方米）	15.16	-0.19
人均城市道路面积（平方米）	10.01	3.2
城市自来水普及率（%）	100	0
人均生活用水量（升/日）	187.01	-1.8
城市燃气普及率（%）	99	0.4个百分点
城市液化石油气供应总量（万吨）	19.8	0.9
城市天然气供应总量（万立方米）	5660	54.6
城市污水处理厂（家）	7	16.67
城镇生活垃圾无害化处理率（%）	91.93	2.1个百分点
城镇化率（%）	70.39	0.09个百分点
住房公积金缴存额（亿元）	37.39	6.01
住房公积金贷款发放额（亿元）	25.76	-20.69
绿色建筑面积（万平方米）	47.9	43.71

（汕头市住房和城乡建设局）

▲2017年10月1日，汕头市东海岸大桥通车　　　　（柯良斌　摄）

转运（压缩）站规划选址、月浦水厂取水口迁移选址等。

规划审查与行政许可。2017年，汕头市完成行政许可和行政确认329宗。其中，出具用地规划条件45宗，核发建设用地规划许可证30宗、面积44.97万平方米。核发建设工程规划许可证62宗、建筑面积132.23万平方米，核发市政建设工程规划许可证21宗、审查建设工程修建性详细规划或总平面24宗。

历史建筑保护。2017年，汕头市编制《汕头经济特区小公园开埠区保护规划》。组织开展《汕头市历史建筑修缮维护利用规划指引》编制，组织开展第二批、第三批历史建设普查、筛选和认定，初步确定80处历史建筑，开展历史建筑筛选、认定、公示，并征询各部门意见，形成第一批历史建筑的三维测绘和保护规划初步成果。（周建雄）

【城市市政公用设施建设与管理】

市政建设　市政工程建设。2017年，汕头市新建改建红领巾路、龙江路西段、七日红公园南侧道路、安居北路、海平路、揭东路等28条中心城区主次干道25.9千米。采用PPP模式，招标确定社会资本方，启动实施总投资64.92亿元、全长18.64千米的中山东路（新津河—莲凤路）道路桥梁及配套工程。完成中心城区493条市政道路169万平方米的沥青黑底化改造，金砂东路、中山东路及海滨路3条道路的沥青热再生。新建开放泰山南儿童公园人行天桥、黄河路2号人行天桥、连接时代广场和绿地广场的人行天桥。

城市景观照明提升。2017年，汕头市完成时代广场周边16栋建筑和碧霞庄小区10栋大楼的天际线景观照明提升。完成海滨长廊、海滨路中央绿化带、西堤公园、石炮台公园、人民广场、市发改局大楼、海滨路原月眉湾酒楼及以东部队建筑物7个点的景观照明改造提升。完成博物馆、大埔会馆等重要文化设施景观照明提升项目，完成城市5个出入口景观照明升级改造。

市政设施维护。2017年，汕头市修复市政道路路面近30000平方米，清疏下水道563千米。基本完成中心城区市政道路LED路灯工程，更换灯具2.07万盏，改造灯杆2304杆及配套线路等设施。清理路灯杆非法张贴物1.15万处。海滨路等67条主要道路的9548杆路灯贴上反光贴，显示道路名称、路灯编号、报修电话以及公众号二维码。西堤公园、韩江北截流闸及污水闸等23座手动闸升级改造为电动闸。建立实施路长责任制。“外砂、新溪片区规划25米以上道路、排水等市政设施管养”“市政设施零星维修”及“三沟一湖”水面保洁等项目实施政府购买服务试点。（吴玉莲）

综合管廊建设。2017年，《汕头市综合管廊专项规划》编制完成，提请汕头市城市规划委员会审议；启动建设粤东首个综合管廊项目东海岸新城综合管廊工程试验段，计划新建综合管廊22.64千米，投资25.7亿元。

井筒式地下停车库建设。2017年，汕头市启动建设广东省首个、全国最深（地下深度35米）井筒式地下停车库。该停车库建筑占地面积152.89平方米，建设二联筒地下智能机械泊位80个，地面周转泊位15个，总计提供95个泊位，计划建设周期一年。（陈传燕）

城市园林绿化　2017年，汕头市西堤公园获“中国人居环境范例奖”。儿童公园等5座公园创建社会主义核心价值观公园；石炮台公园、西堤公园创建无口香糖无烟蒂公园；北郊公园、儿童公园、时代广场、石炮台公园对公厕进行升级改造。全年修剪乔灌木10.7万株、绿篱色块约671.5万平方米、草坪地被703.1万平方米；新补种乔灌木18.9万株、各式时花142.1万株；行道树刷白4.2万株，施肥74次，喷药76次，清运绿化垃圾杂物2.1万车次。在市区中山路、海滨路、金砂路等沿线渠化岛种植时花，在市区重点路段、重要位置增设大型花箱、艺术花碟、角花柱等。截至年底，汕头市建成区绿化覆盖率44.58%，比上年增长0.6%；人均公园绿地面积15.59平方米，比上年增加0.4平方米。

2017年，汕头市完成海滨长廊13个码头连接段景观改造提升工程，为市民提供无障碍的长廊观景平台。完成金环路桃园绿化平台、中山公园玉鉴湖堤围维修改造一期工程、星湖公园园路（金晖西街拓通）及绿化改造工程等民生实事园林绿化项目9个，绿化面积7万平方米，投资额1200万元。完成中心城区6个高速公路出入口绿化美化提升项目，新建面积8.67公顷的华侨公园西侧绿地广场，完成人民广场设施配套等20多项公园（广场）改造升级项目。（吴玉莲）

绿道建设。2017年，汕头市建设城市绿道38.22千米。累计建成绿道221.22千米，其中省立绿道130千米，城市绿道88.42千米，完善中小学周边绿道2.8千米。利用城市空闲地、边角地、街头绿地进行建设、升级改造，建成“广场＋绿地＋体育设施＋灯光”多功能活动服务区域。全年建设社区体育公园89个，累计面积41万平方米。（陈传燕）

城市环境卫生　2017年，汕头市有环卫从业人员8000多人，环卫作业机械和巡查车辆550多辆，垃圾焚烧发电厂2家，生活垃圾填埋场4座，环卫部门管理的公共厕所和垃圾转运站310座。全市（含非中心区）道路清扫保洁面积3606万平方米，机械化清扫率30%。全年清运并处理生活垃圾123.34万吨。将中心城区北岸主干道洒水降尘作业模式由晴天每天洒水降尘1次改为2次，日冲洗降尘作业里程近150千米，全年累计冲洒水作业里程31950千米。

环境卫生监管。2017年，《汕头市城市综合管理局关于金平、龙湖区环卫作业市场化运作监督管理办法》《汕头市城市综合管理局关于金平、龙湖区环卫作业市场化运作日常卫生质量检查考核办法》发布，从7月开始委托汕头市环境卫生协会参与环卫市场化作业日常检查。全年组织检查12次、专项检查35次，印发质检通报25份；办理城市建筑垃圾处置许可证31份、城市建筑垃圾运输许可证424份；办理环境卫生经营性服务行业资质升级3宗、延期12宗，变更企业相关信息1宗。

2017年，汕头市内海湾水域保洁作业距离扩展至距岸240米。《汕头市内海湾海洋环境提升方案》上报。在中心城区道路先后四次调整道路冲洒水作业模式，加强16条重点路段，尤其是中山东、泰山、大学、潮汕路等城市出入口的高空洒水抑尘作业。

环卫设施配套建设。2017年12月28日，汕头市雷打石环保电厂实现主体结构封顶和1号锅炉试点火，雷打石生活垃圾卫生填埋场扩建工程于12月28日建成。7月，潮阳区生活垃圾焚烧发电厂项目开工建设，潮阳区棉北简易填埋场完成升级改造并投入使用，潮南区生活垃圾焚烧发电厂于12月28日实现1号锅炉点火，澄海洁源垃圾发电厂二期工程开工建设，南澳县垃圾填埋场通过省无害化等级评价，完成14座镇级农村生活垃圾填埋场整改。年内，《汕头市城乡生活垃圾处理专项规划（2017—2025）》编制完成并上网公示。汕头市开展“公厕革命”，重点加快中心城区公共厕所配套建设，新建常规公厕11座、环保公厕3座、常规垃圾转运站2座、压缩式垃圾转运站1座，改造公厕4座、常规垃圾转运站2座、压缩式垃圾转运站1座。完成46座公厕夜间亮灯工程，方便市民夜间寻厕用厕。（吴玉莲）

城市生态环境保护　城市空气环境治理。2017年，汕头市对170台锅炉实施淘汰改造，其中高污染燃料禁燃区122台；华能海门电厂、华能汕头电厂完成全部所有发电锅炉的超净排放改造。市区SO_2年均值12微克/立方米，NO_2年均值21微克/立方米，PM_{10}年均值49微克/立方米，$PM_{2.5}$年均值29微克/立方米，O_3日最大8小时平均值第90百分位数140微克/立方米，CO日均值第95百分位数1.1毫克/立方米。市区环境空气质量指数（AQI）达标天数353天，达标率96.7%。

城市噪音治理。2017年，汕头市通过加强噪声排放源监督管理、重点领域噪声污染防治，同时以环境噪声污染举报线索做好噪声污染防治。全年处理涉噪声污染举报案件2999宗，汕头市区域环境噪声符合国家《声环境质量标准》中的Ⅱ类标准。

饮用水源保护。2017年，汕头市7个县级以上饮用水源完成保护区划分、标志设置、隔离防护、监控能力建设和风险防控与应急能力建设。全市6个地级集中式饮用水水源及1个县级集中式饮用水水源水质均达到或优于Ⅲ类，达到《汕头市水污染行动计划》任务要求。（王维祥）

城市水环境建设　城镇生活污水治理。2017年，汕头市新溪污水处理厂一期项目以及潮南区陈店、陇田、司马浦3座污水处理厂运营。全市新增污水管网96.83千米，雨污合流管网68.72千米。《汕头市污水处理费征收使用管理办法》施行。全年中心城区征收污水处理费15.44亿元，污水处理费实收率99%。9月，汕头市中心城区污泥集中处置项目进入试生产阶段。截至年底，项目累计完成投资1.24亿元，占总投资额99.6%；承担着市中心城区龙珠水质净化厂、北轴污水处理厂、南区污水处理厂濠江分厂和新溪污水处理厂4座污水处理厂日产生200吨的污泥处置任务。（吴玉莲　王维祥）

海绵城市建设及黑臭水体整治。2017年，《汕头市海绵城市建设专项规划》编制启动，完成总面积14.24公顷的10个海绵型公园（广场）改造。完成华山路绿化改造等9项绿化工程，增加绿化面积7万平方米。完成龙湖沟、新河沟、港区排洪沟、星湖公园、沟南围渠、明珠河沟渠、大窖池头、南排渠等8宗黑臭水体整治，达到广东省完成60%的目标。（陈传燕）

城市供水　2017年，汕头市中心城区年供水1.97亿立方米，其中销售水1.63亿立方米。中心城区庵埠水厂、东墩水厂、新津水厂、月浦水厂等4座水厂日总供水能力92万立方米（实际日供水为76万立方米），供水范围包括金平区、龙湖区（除外砂、新溪）、濠江区、潮阳区部分地区以及揭阳市揭东区地都镇。全年2次（5月和8月）检测各项水质均达到或优于国家有关标准。完成中心城区63个住宅小区15125户供水直抄到户改造，铺设地下管道47025米，改造小区泵房29座，工程投资2309万元。在施工的小区30个，预算投资1569万元，改造户数1.2万户。（林森伟）

城市供气　2017年，汕头市液化石油气年供应量19.8万吨，天然气供气总量5660万立方米。全市有取得燃气经营许可证企业63家、气站65个。其中中心城区15家、气站19个、加气站1个（与东区气化站合用），总贮气能力24万立方米。气源以液化石油气为主，天然气为辅。中心城区有管道燃气企业1家，拥有气化站6个，管道燃气用户12.3万户，中心城区管道燃气普及率31%。澄海区建有汕头市澄海燃气建设有限公司岭海气化站，气源为液化石油气，贮气能力150立方米，管道燃气用户3万户。潮阳区、潮南区、南澳县尚未建设管道燃气气化站，新建住宅区配套管道燃气瓶组间进行管道供气。结合市政道路改造和小区楼房建设，完成管道燃气投资6071万元，建设燃气管道56千米，新增管道燃气用户1.6万户。全年排查隐患193处并落实整改；查处非法经营瓶装燃气点59家；强制送检钢瓶33万个，报废钢瓶11.1万个。（陈传燕）

城市综合管理与执法　城市环境综合整治。2017年，《汕头市建成区违法建设专项治理工作五年行动实施方案（2016—2020年）》制定。全市开展各类查违、拆违专项行动800多场（次），拆除各类违法违章搭建物、构筑物82.26万平方米。拆除龙湖沟南墩绿化平台的各类违章建筑，实施绿化改造。联合有关部门开展中心城区主体河沟两侧绿化带违章圈占专项拆违。组织金平、龙湖区执法部门现场复核规划图斑点54处，拆除涉违规划图斑面积1360平方米。全年市、区两级执法队伍组织开展各类市容综合整治500多场（次），教育纠正各类违章行为26万多宗，实施处罚4445宗（不含泥头车查处宗数）；联合交警、淤泥渣土、交通执法等相关职能部门开展泥头车联合执法整治行动780场次，宣传教育1080宗（次），查处74宗。

城市管理体制改革。2017年，汕头市印发《关于深入推进城市执法体制改革　改进城市管理工作实施方案》。市级和金平区、龙湖区的城市管理执法队员于10月23日至11月3日分两批在市警察学校集中培训，并于11月3日举行城管执法队员换装仪式，统一执法人员制式服装和标志。汕头市公园管理中心（汕头市园林绿化管理处）恢复设置为市园林绿化管理处，加挂汕头市公园管理中心牌子，定为公益一类，副处级事业单位，参照公务员法管理。市城市绿化管理中心调整恢复由市园林绿化管理处管理，保留市中山公园管理处、海滨华侨公园管理处、广场绿地管理处，撤销金砂公园管理处、石炮台公园管理处，设立海湾公园管理处、西堤公园管理处。（吴玉莲）

【村镇建设与管理】　名村名镇规划和建设　截至2017年底，汕头市累计开展名镇名村示范村创建5批次、投入市级财政资金9000万元，带动社会投入12亿元，建成10个市级名镇、66个市级名村。2017年为汕头市名镇名村示范村建设的收官之年，要求各区（县）对2015年度以及历年度因项目及其相关资料欠缺而未通过验收的市级名镇名村开展验收、自评。第五批市级名镇名村（名镇3个、名村14个）中，财政资金支持建设项目38个，完成32个。（黄滔滔）

宜居城乡建设　2017年，《汕头市宜居社区建设发展规划（2016—2020年）》及实施方案出台，推荐一批符合标准的村庄和社区参加全国美丽乡村示范村、广东省宜居社区（四星级）评定。汕头市潮南区简朴村获评“全国美丽乡村示范村”，湖头社区等80个社区获评四星级“广东省宜居社区”。是年，汕头市开展“百村示范、千村整治”美丽乡村建设三年大行动，制订《汕头市“百村示范、千村整治”规划编制工作方案》和编制村居建设技术指引，落实编制项目建设设计模板。组织各区县开展第二批全国特色小镇申报，择优推荐2个候选镇。年内，汕头市潮阳区海门镇被列入第二批全国特色小镇名录。

传统村落保护　2017年，汕头市开展传统村落摸底调查，制定《汕头市传统村落评审认定规程》，评审认定金平区沟南社区等15个村落为汕头市第一批市级传统村落。择优推荐潮南区东仙村等11个村落申报第五批全国传统村落。

（陈传燕）

【工程建设与建筑业】　2017年，汕头市完成建筑业总产值518.41亿元，比上年增长22%；建筑业增加值109.15亿元，比上年增长6.7%；外出完成产值357.14亿元，比上年增长20%，占全部完成产值的69%；新开工房屋建筑和市政公共工程项目233个，比上年增长31.6%。核准新设立建筑业资质企业52家、资质增项企业24家，全市资质以上建筑企业266家，其中特级企业1家、施工总承包一级企业21家、二级B以下企业204家。全年受理办结行政审批2667件，市住房和城乡建设局驻行政服务中心窗口获评全国住建系统先进集体。

勘察设计管理　2017年，汕头市有勘察设计企业43家，其中甲级企业12家。全年完成市直施工图审查备案项目36项，受理外来施工图审查机构进汕承接业务告知手续43宗。《关于进一步加强工程施工图设计文件审查管理的通知》修订。汕头市勘察设计技术专家库新入库13人。汕头市中心医院门诊医疗综合楼和急诊综合楼项目获2017年

“全国优秀工程勘察设计行业奖”三等奖。汕头大学住宿学院（一期A、B区）工程、汕头苏宁电器广场、长平新一城商业综合体、汕头市潮南区职业技术教育中心、山海豪庭等项目获2017年度“广东省优秀工程勘察设计奖”。

招标投标管理　2017年，汕头市推行招标电子化、资格后审、企业诚信综合评价等制度。全年受理招标备案36项，项目应招标率和公开招标率均为100%。

建设工程造价管理　2017年，汕头市印发《关于要求工程造价咨询企业制订收费标准等有关事项的通知》《关于建设工程造价中取消计取堤围防护费的通知》。上报工程项目3518个，编审造价200.85亿元，咨询业绩总额3762.71万元。全年完成最高投标限价备案项目109个、造价59.86亿元；合同价备案项目87个、造价48.5亿元；竣工结算备案3个、造价0.73亿元。2017年发布人工、材料参考价格4724个。申请成为“造价通”网站会员，开通广东省内材料价格网上查询功能。

建筑市场管理　2017年，汕头市对纳入信用平台管理的1232家施工企业的市场行为、质量安全管理等方面守信履约的情况进行量化评价，差异化监督管理，建筑市场和施工现场“两场”联动。《扶持建筑业发展实施办法》出台，跟踪落实全市32家企业2016年度发展扶持资金1393.45万元，全年全市外出施工企业回汕纳税9.5亿元，比上年增长66.1%。开展建设领域民工工资支付情况专项检查，市本级协调补发农民工工资470多万元。年内，《汕头市房屋市政工地施工扬尘专项治理工作方案》颁发。创建“广东省安全文明施工示范工地”4项、评选汕头市“双优工地”11项。

建筑工程质量安全管理　2017年，《汕头市工程质量安全提升行动实施方案》制定。全市新办理质量安全监督在建工程项目183个、新办理竣工验收备案项目113个，设立永久性标牌工程113项、建立质量信用档案工程75项。全年市级出动检查802人次，抽查各类建材521批次；监督检查进入电线电缆敷设安装阶段项目23个；突击检查建筑用砂情况，随机抽检9家、用砂11组、钢筋原材74组，核查53个在建工程项目的见证取样送检钢筋原材检测报告1485组。汕头大学医学院新教学中心获评“国家优质工程奖”“英国五金师英国皇家建筑师协会建筑五金制品规范比赛国际项目冠军奖”（中国土木工程首次获该奖项）；获“广东省优质工程奖”4项、“广东省优质结构奖”3项；2家建筑企业参建项目分别获“中国建设工程鲁班奖”；濠江区被授予“中国建筑之乡”称号。

2017年，汕头市各区县住房和城乡建设部门签订《2017年度汕头市建筑施工安全生产管理目标责任书》，开展在建工程项目“地毯式”“拉网式”安全隐患大排查，累计排查检查在建工程项目594项次，整改安全隐患765处。举办建筑施工安全生产培训班，参加培训800人次。

建设科技与绿色建设　2017年，汕头市启动装配式建筑专项规划编制，濠江区装配式建筑生产基地一期厂房基本建成，进行设备组装调试。推进建筑信息模型技术（BIM）应用。创建国家级QC成果2个、省级成果8个；取得省级工法10项；建筑业新技术示范项目立项1项、验收1项。

绿色建筑及建筑节能。2017年，汕头市实现设计和施工阶段100%执行节能强制性标准，取得粤东地区首个绿色建筑国标三星设计标识。全年通过审查符合绿色建筑标准一星以上项目16个，建筑面积51.78万平方米。统计、核查并向社会公示全市70栋政府机关办公建筑和大型公共建筑（单体建筑面积2万平方米以上）能耗情况，平均年耗电量79.27千瓦时/平方米。举办《民用建筑热工设计规范》与《广东省绿色建筑评价标准》宣贯培训，参加培训140人次。

新型墙体材料及散装水泥推广。2017年，汕头市推广使用散装水泥105.28万吨、预拌混凝土310.2万立方米、新型墙体材料43.03万立方米。倡导推广“预拌砂浆”，举办全市预拌砂浆现场应用、咨询推广活动。停止征收新型墙体材料专项基金，修改原有墙材征收指南、退费告知等资料。　*（陈传燕）*

【房地产业与住房保障】　房地产市场　2017年，汕头市商品房成交面积618.03万平方米，均价9128元/平方米，分别比上年增长109.5%、17.74%；其中商品住房成交563.05万平方米，均价8699元/平方米，分别比上年增长54.43%、20.53%。存量房成交面积168.32万平方米，均价4354元/平方米，分别比上年增长12.85%、11.33%；全市商品房库存净化解35.19万平方米。截至年底，全市商品房库存总面积502.35万平方米，去化周期为9.75个月。全年办理商品房预售许可72宗，面积318.92万平方米，现房备案25宗，面积50.03万平方米。金平、龙湖交易所、房产交易中心累计办理交易登记收件50252宗，面积467.68万平方米，成交总额418.92亿元，其中办理国有集体房产交易210宗，面积1.68万平方米，交易额5801万元。

2017年，汕头市有备案中介机构（主机构及分支机构）458个。全年检查中介机构271个，出动巡查39批次84人次，发出责令整改58份。对38个未按规定备案、违规发布房源信息、涉嫌炒卖房号的机构进行整改，对11个机构立案调查，向工商管理部门移送20个涉嫌无照经营的房地产中介机构，向公安机关移送1件涉嫌欺诈的违法违规案件线索。

房屋权属管理　2017年，汕头市做好不动产统一登记后房屋产权管理，完成房产实测绘成果28宗，涉及226幢房产，建筑面积220万平方米。配合协助金平区政府办理5宗确定房屋代管人的业务。完成房产查询任务，全年共完成284宗、3000人次。

房屋租赁管理 2017年，汕头市推进专业化住房租赁平台试点。《关于2017年度汕头市市本级住房保障对象准入标准的公告》于3月21日由市政府印发。上半年，汕头市建鑫住房租赁有限公司按计划制定相关章程及工作制度，开始运行；制订《关于加快培育和发展住房租赁市场的实施意见》。

危房改造 2017年，《汕头市人民政府关于加强危险房屋管理的通告》《汕头市房屋安全大检查工作实施方案》印发。开展直管公房安全隐患排查整治，对不能居住的全面停租、撤离、封门，对部分危房采取扶堵、加固维修。完成在管公房普查3769座、117.1万平方米、24836户，其中危房1096座、14.14万平方米、3419户。截至年底，市直管公房（含公租房）租金收入2480.74万元；投入房屋维修资金100.74万元，维修房屋218宗，9.39万平方米，受益2245户。

物业管理服务 2017年，汕头市有管理项目物业服务企业235家，服务物业项目750多个，管理面积5700多万平方米。开展2017年度物业管理示范项目考评，对涉及小区建设单位、物业服务企业、业主委员会等27项违法违规行为进行专项整治。发布有关加强物业管理区域车辆秩序管理工作的通知。调整住宅专项维修资金归集标准，新建楼盘归集率、归集额大幅度提升。是年，全市住宅专项维修资金缴存4.01亿元，累计缴存余额8.49亿元，缴存和累计缴存余额分别比上年增长197.03%、92.08%。

保障性住房建设 2017年，汕头市棚户区改造新开工2210套，完成任务100%；新增发放租赁补贴370户，完成任务142.3%；新增公租房基本建成133套，完成任务100%。年内，汕头市推进金平区乌桥岛棚户区改造，计划新建安置区安置房数量为8000套。推进“三旧”改造廉租住房配建工作，全年收到“三旧”改造廉租住房配套认购款1.61亿元，其中2017年度收缴1183.15万元；签订廉租住房配建协议书6份，配建廉租住房115套，建筑面积5509.1平方米。 *(梁晞)*

住房公积金管理 2017年，汕头市住房公积金管理中心机构规格由正科级升格为副处级。《汕头市个人住房公积金购房贷款转商业贴息贷款实施办法》印发。是年，汕头市住房公积金实缴单位4124家，当年新开户单位871家，净增缴存职工1.65万人；实际连续缴存人数26.56万人，比上年增长6.62%，实际缴存率48.23%。全年住房公积金归集总额37.39亿元，比上年增长6.01%；办理职工提取住房公积金36.36亿元，比上年增长30.79%。截至年底，缴存总额267.24亿元，缴存余额100.98亿元。

2017年，汕头市发放个人住房公积金贷款5923笔、金额25.76亿元，比上年分别下降22.99%、20.69%。实现住房公积金增值收益26794.85万元，比上年下降4.83%，可上缴市廉租住房建设补充资金24042.04万元，历年累计上缴市廉租住房建设补充资金6.72亿元。

(郭松)

【广东以色列理工学院校区建设】 2017年，汕头市推进广东以色列理工学院校区建设。一期校区累计完成投资7.32亿元，办公楼、教学楼建成交付使用，保障2017年秋季开学。按照校方要求新增建设实验楼管道系统、实验基础设备设施，完善实验室配置。突出绿色、智能校园理念，项目获粤东首个绿色建筑国标三星设计标识，以及“广东省建设工程优质结构奖”。二期校区完成可行性研究报告编制，面向全球征集建筑设计方案。 *(陈传燕)*

【金平区乌桥岛棚户区改造】 2017年，汕头市将乌桥岛棚户区改造项目纳入汕头市国有土地上房屋征收年度计划。项目征拆部分涉及房屋、构筑物的总面积约67万平方米，新建安置区安置房数量8000套，项目总投资59.86亿元。经向社会公示广泛征求意见并修改完善后，项目征收补偿方案正式确定。项目预征收s和安置区位于西港路东侧、内港河西侧及北侧，用地面积23.33公顷。 *(门锋刚)*

【樟林古港南粤古驿道修复活化】 2017年，汕头推进樟林古港南粤古驿道修复活化，编制《樟林古港古驿道环境综合整治实施方案》。清淤疏浚古港河，挖掘修复古港古码头，修复改造新兴街立面和古栈房，建设连接古港河两侧的桥梁、拦水坝，以及樟林古港广场、新兴街广场、古码头广场和戏台广场等重要节点，如期完成樟林古港南粤古驿道示范段的修复活化。举办南粤古驿道定向大赛（樟林古港站）和“中国南粤古驿道首届文化创意大赛”汕头澄海站活动，打造“中国南粤古驿道文化之旅”品牌。 *(陈传燕)*

【“粤海水务”增资扩股汕头市自来水有限公司】 2017年7月7日，粤海水务集团（香港）有限公司、广东粤海水务股份有限公司（简称“粤海水务”）以17亿元增资扩股汕头市自来水有限公司，持有该公司51%的股份。粤海水务以其资金、技术的优势和对港安全供水50年的管理经验，实施水厂机电设备、自动化控制设备、供水管网等优化改造，提高供水安全保障，为中心城区160万人口提供优质的供水服务，并以此为起点逐步推进全市城乡供水一体化。 *(林森伟)*

附录：汕头市住房和城乡建设管理部门主要领导

汕头市住房和城乡建设局

党组书记、局长：柯延鹏

汕头市城乡规划局
党组书记、局长：魏淼新
汕头市城市综合管理局
党组书记、局长：许创生
汕头市水务局
党组书记、局长：谢宋彪
汕头市房产管理局
党组书记、局长：陈锡金
汕头市住房公积金管理中心
党总支副书记、副主任（负责全面工作）：杨少龙

佛山建设

【概况】 佛山市位于广东省珠江三角洲腹地，东倚广州，南邻中山、江门。1966年设地级市。全市总面积3797.72平方千米。截至2017年底，全市常住人口765.67万人，其中户籍人口419.59万人。全市地区生产总值9549.60亿元，比上年增长8.5%；完成固定资产投资4265.79亿元，比上年增长21.5%。建筑业总产值529.34亿元，建筑业增加值196.35亿元，占全市地区生产总值2.1%。建成区绿地率40.4%，建成区绿化覆盖率42.83%，城市人均公园绿地面积16.55平方米。城镇生活垃圾无害化处理率100%，城镇污水处理率97.5%。

2017年，佛山市有11个城镇、78个村庄、225个社区获广东省宜居示范城镇、宜居示范村庄、宜居社区称号，1个项目获“中国人居环境范例奖”，18个项目获“广东省宜居环境范例奖”；19个城镇、283个村庄（含村改居社区）和292个社区获佛山市宜居城镇、宜居村庄、宜居社区称号，120个村庄申报佛山市“绿色村庄”，全部获通过。年内，获省、市房屋市政工程安全生产文明施工示范工地称号的项目分别有16个和37个。全市有7家企业获“广东省建设工程金匠奖”、9家企业获“广东省优秀建筑工程奖”，11家企业获“广东省优秀建筑装饰工程奖”。

佛山市住房和城乡建设管理工作存在的主要问题是：行业管理的基础性制度和长效机制建立不足，房价稳控压力较大，部分政府投资建设的公租房分配难度较大，全市城市管理发展不协调、不平衡，各区中心城区城市管理精细化水平有待加强。 *（梁晓明）*

【城乡规划】 规划编制 2017年，佛山市启动《佛山市空间规划》编制。启动《佛山市城乡规划条例》立法。完善《佛山市中心城区“三规合一”规划》。开展《佛山市“十三五”城市近期建设规划（2016—2020年）》编制，规划成果上报市政府提请市人大常委会审议。开展《佛山市街道设计导则》编制。年内，编制完成《佛山市自然生态文明建设专项规划》《佛山市河心岛总体整治规划指引》。修编《城市绿地系统规划》并上报市政府。完善《佛山市城市蓝线划定规划》，制定《佛山市乡村规划管理办法》。编制《佛山市中心城区应急避难场所建设规划》，通过专家评审。修订《佛山市既有住宅加装电梯管理办法》《佛山市城镇新建住宅区配建教育设施管理办法》。

2017年，佛山市启动《“一环创新圈”战略规划》《禅南顺创新

2017年佛山市住房和城乡建设主要指标

指标名称	实绩	比上年增长（%）
固定资产投资额（亿元）	4265.79	21.5
建筑企业（家）	448	5.9
建筑业总产值（亿元）	529.34	5.8
建筑企业期末从业人员（万人）	7.94	0.6
建筑企业劳动生产率（万元/人）	66.59	5.2
房屋建筑施工面积（万平方米）	8658	−6.93
商品房屋销售额（亿元）	1790.92	−17.70
商品房屋销售面积（万平方米）	1811.57	−22.16
房地产开发投资额（亿元）	1453.99	18.2
建成区绿化覆盖率（%）	42.83	1.85个百分点
人均公园绿地面积（平方米）	16.55	12.82
人均城市道路面积（平方米）	14.77	5.2
城市自来水普及率（%）	100	0
人均生活用水量（升/日）	236	−4.07
城市燃气普及率（%）	100	0
城市液化石油气供应总量（万吨）	43	22.85
城市天然气供应总量（亿立方米）	15.9	29.27
城镇污水处理厂（家）	54	0
城镇生活垃圾无害化处理率（%）	100	0
城镇化率（%）	94.96	0.01个百分点
住房公积金缴存额（亿元）	122.96	9.6
住房公积金贷款发放额（亿元）	28.09	−56.32
保障性安居工程基本建成套数（套）	1390	−58.7
绿色建筑面积（万平方米）	942.4	19.71

（佛山市住房和城乡建设管理局）

▲佛山市顺德东立交夜景（2017）（郑伟峰 摄）

集聚区综合规划》《佛山市城市设计通则》等编制。开展《佛山市中心城区用地建设强度管理规定》《控制性详细规划土地混合使用指引》等控规改革配套政策文件的研究和制定。市政府修订颁发《佛山市近期建设线网站点周边土地控制管理规则》。

2017年，《佛山市交通模型维护及交通年报编制（2017）》《佛山市交通规划数据整合及决策支持研究》完成。《佛山市城市地下管线综合管廊专项规划修编》完成并于9月1日经市政府同意颁发实施。

城市更新　2017年，佛山市推进74大类968个城市治理三年行动计划项目，累计完成投资额1277.76亿元，完成2017年年度计划106.2%，完工项目137个，开工569个，在启动项目163个。佛山市"三旧"（旧城镇、旧厂房、旧村庄）改造围绕产业转型和环境再造，全市纳入广东省国土资源厅"三旧"改造地块用地面积3.78万公顷，占全市建设用地的26%。累计启动项目1485个，用地面积8186.67公顷，占全部应改造面积的21.64%，项目改造预算投入资金2930.44亿元。全年新增加实施"三旧"改造项目195个，占地面积1089.24公顷；完成改造项目119个，占地面积619.35公顷，项目改造投入资金238.67亿元。（郭庆）

【城市市政公用设施建设与管理】

市政建设　城市道路建设。2017年，佛山市有命名通车的城市道路总里程6988千米，全年新增城市道路里程126.87千米。是年，佛山市推进的市级重点城市道路项目13个，总投资29.94亿元，截至年底，有11个项目完成建设，年度累计完成投资14.22亿元。

城市桥梁管理。截至2017年底，佛山市有在册城市桥梁670座，包括城市桥梁、人行天桥、人行地下隧道，其中人行天桥65座。按桥梁技术状况分为C级桥106座、D级桥14座、E级桥1座（完成修复），A、B级桥梁数量占比为81.94%。部分隐患桥梁采取安全措施或实施加固改造，全市城市桥梁安全处于可控状态。

南海区新型公共交通工程。该项目线路全长13.1千米，全线设车站13座，其中地下站4座，地面站4座，高架站5座，控制中心1座。截至2017年底，南海新交通项目地下盾构区间洞通。4座地下车站主体结构全部完成封顶，岗站、华翠路站南侧、夏东站南侧附属围护结构全部完成；地面站康怡公园站、林岳北站以及高架站平西站、平南站、中区站、三山新城北站车站土建工程主体结构及钢结构完成，地面站三山新城南站车站土建工程完成，累计完成投资37.81亿元，占总投资的89.6%。（梁伟健）

城市轨道交通规划建设。2017年，佛山市编制完善《佛山市城市轨道交通近期建设规划（2017—2022年）》（第二轮建设规划）。8月18日佛山西站开通运营，推动佛山市加快融入国家铁路网络体系，为构建全国的铁路枢纽城市，打造粤桂黔高铁经济带合作试验区奠定基础。2号线一期工程登花区间实现双线贯通，3号线工程首台盾构机下井始发，南海新交通试验线完成土建工程，高明有轨电车示范线启动建设。年内，推进广州地铁七号线西延顺德段建设，做好二号线二期、四号线一期、九号线一期、十一号线、十三号线一期等项目前期工作，全市城市轨道交通项目全年计划投资179.18亿元，实际完成投资127.89亿元，投资完成率71.38%。（郭庆）

城市园林绿化　城市园林建设。2017年，佛山市新增和改造绿地面积382.93公顷，其中新增公园绿地132.9公顷，改造提升公园绿地面积136.54公顷，新增改造道路绿化面积65.78公顷，新建立体绿化0.42公顷，新增改造水系绿化11.4公顷，新建其他绿化35.89公顷。建成大雾岗森林公园一期、澄海路东延线绿化景观、德民路东延线段绿化景观、潭州水道陈村段滨水景观、南蓬山森林公园、秀丽河滨河绿带（续建）、凤凰公园二期、水轴一期工程、西南涌三期等公园。新建社区（村居）公园33个，改造提升社区（村居）公园3个。全市建成区绿地率40.4%，建成区绿化覆盖率42.83%，城市人均公园绿地面积16.55平方米。海绵型园林绿地建设试点项目佛山新城龙舟广场二期完工，总面积12.2万平方米。该项目通过绿色屋顶、下沉绿地、雨水花园、透水铺装、多功能蓄水池等海绵城市建设措施，实现年径流量控制率85%的要求。完成新一轮古树名木普查工作，数据录入省古树名木信息管理系统。佛山市建档保护的古树名木2051棵。

绿道建设。2017年，佛山市结合道路绿化工程、滨水绿地、湿地公园开展绿道优化升级，先后在东平河北岸、佛山水道桂城段，顺峰山公园、云阳路滨河景观带、澄海路东延线、德民路东延线、德胜河北岸105国道至糖厂段和北滘及陈村潭州水道滩涂地等升级改造或新建绿道，提升省立绿道、城市绿道的慢行道舒适性和绿化景观；同时开展校园社区绿道建设，完成桂城街道、祖庙街道、石湾街道范围内的社区公园绿地建设。2017年新建绿道53.45千米，全市绿道长1654千米。（黄丽英）

城市环境卫生　环卫设施建设。2017年，按照《佛山市城乡生活垃圾处理“十三五”规划》，佛山市推进生活垃圾处理设施建设，顺德顺控环投热电项目第一台炉排炉实现点火调试，南海生活垃圾焚烧发电厂提标扩能工程奠基建设。

市容保洁。2017年，佛山市推行市场化“大保洁”、“大市政”模式，逐步建设、配备垃圾中转站和运输车辆，村（居）设有垃圾收集点，收运网络向农村延伸，规范农村生活垃圾收运管理，实现区、镇、村（居）三级环卫保洁全覆盖。开展生活垃圾分流、分类减量及资源化利用，联合市教育局在100间学校的红领巾教育基地开展垃圾分类主题宣传活动，探索建立小型碎枝场处理园林树枝垃圾，制定《佛山市生活垃圾分流和分类减量工作方案》，采取“分流+分选+分类+分水（机械压缩水份）”四分法，推进全市生活垃圾全链条减量治理。

生活垃圾处理。2017年，佛山市生活垃圾处理设施形成“两填埋，两焚烧”格局，完善“一镇一站、一村一点”生活垃圾收运及运输车辆等配套设施，形成“村收—镇运—市、区处理”模式。全市4座生活垃圾无害化处理场（厂）处理生活垃圾390.44万吨，平均日处理量10697吨，全市城镇生活垃圾无害化处理率100%。全面开展农村生活垃圾治理，村庄保洁覆盖面保持100%，农村生活垃圾有效处理率99%。年内，佛山市农村生活垃圾治理通过广东省联合验收组检查验收。（何启松）

城市生态环境保护　城市空气环境治理。2017年，佛山市空气质量指数（AQI）优良天数290天，占有效天数比例79.5%。影响空气质量的主要污染物为臭氧（O_3）、二氧化氮（NO_2）和PM_{10}。二氧化硫（SO_2）、二氧化氮（NO_2）、可吸入颗粒物（PM_{10}）、细颗粒物（$PM_{2.5}$）年均浓度分别为13、44、63、40微克/立方米，城市空气质量完成国家“大气十条”终期考核目标。全市对重点区域大气污染防治情况督查，各区执法部门出动执法人员5.7万人次，出动执法车辆1.95万车次，查处车辆撒漏885宗、罚款115.86万元，制止露天焚烧垃圾857宗。是年，佛山市声环境质量基本稳定，声级浮动不大。全市区域环境噪声昼间平均等效声级58.3分贝，总体水平为“一般”；道路交通噪声昼间平均等效声级68.8分贝，总体水平为“较好”。（杨新霞）

城市水环境建设　城镇生活污水治理。2017年，佛山市投入建设资金13.4亿元，建设污水管网309千米，其中禅城区60千米、南海区121.5千米、顺德区63.8千米、高明区31.5千米、三水区32.2千米。截至年底，全市运营的污水处理厂54座，设计污水处理规模245.1万吨/日，配套管网2600千米，污水处理量7.3亿吨，城镇污水处理率97.5%。污水处理厂产生污泥22.72万吨，采用填埋、堆肥、制砖、焚烧等方法实现无害化处理。佛山推进污水处理厂提标改造，截至年底，需提标改造的46座城镇生活污水处理厂开工20座。其中盐步污水处理厂提标改造完成。

城区内涝治理。2017年，佛山市主要低洼易涝点27处，其中完成整治12处，未完成整治的（禅城区1处，南海区1处，顺德区7处，三水区4处，高明区2处）均采取临时治理措施。全市清疏排水管网总长度2000千米。是年汛期，除顺德区碧桂路华侨城下沉隧道因施工方未能及时移交管理导致暴雨短时水浸、禅城区石南大桥往石湾方向上桥位因施工堵塞排水管导致水浸外，未发生特别严重的内涝灾害。

河长制推行。2017年，佛山市设立双总河长，成立河长制工作领导小组和办公室，印发各项配套工作制度，实施市、区、镇、村四级河长制，明确3353条（座）河湖计1306名河长并设立河长公示牌，完成主要河湖“一河一策”实施方案编制。全市河长制工作步入实质性治理阶段。全市饮用水源地水质稳定达到Ⅲ类，水质达标率100%；12个省考核断面除高明河沧江水闸断面外，均达到省考核要求。广佛跨界河流水质取得历史性突破，佛山水道、西南涌、芦苞涌的水质均值达到要求，6条城市建成区黑臭水体全部提前两年完成整治。

城市供水　截至2017年底，佛山有水厂32间，总设计供水规模508万立方米/日，管径75毫米以上供水管道10723千米。其中市水业集团有限公司主要负责禅城、高明和三水区3个区域供水，瀚蓝环境股份有限公司负责南海区的供水，广东顺控发展股份有限公司负责顺德区供水。城市自来水普及率100%。佛山新城优质水厂，规模0.5万立方米/日，采用“活性炭+浸没式超滤膜”深度水处理工艺。年内，佛山市水务部门对17间主要水厂的出厂水和管网水的45项水质指标进行检测，并实行月度公布45项、年度公布106项水质检测数据。全年实施水质月度公告监测的水厂监测指标合格率100%。

2017年，佛山市供、用水量31.91亿立方米。在供水量中，地表水源占99.94%。在用水量中，工业用水占47.5%，农业用水占22.2%，生活用水占27.7%，生态环境补水占2.6%。全市人均综合用水量422立方米，万元GDP用水量33立方米，万元工业增加值用水量28立方米，农田灌溉公顷均用水量9465立方米，居民人均生活用水量236升/日。（罗惠栅）

城市供气　2017年，佛山市天然气供气区域包括禅城、南海、顺德、高明和三水区。天然气供应主要来源为，中石油西气占35%；中海油气电海占34%；广东大鹏一期合同气占18%；及其他零星供应商占13%。是年，天然气供气总量15.9亿立方米，液化石油气供气量43万吨。城镇燃气普及率100%。

2017年，佛山市天然气管道总长4210千米；新增天然气管网198.7千米，建成运行的储配站4座、调压站11座、门站4座（包括南庄门站、明城LNG门站、芦苞门站、杏坛门站），天然气通气居民用户数75万户。佛山市瓶装液化石油气企业23家，储配站25座，瓶装液化石油气供应站256座。全市累计投产使用的汽车加气站28座，其中，禅城区11座、南海区7座、顺德区5座、高明区2座、三水区3座。（伦泳霞）

城市综合管理与执法　2017年，佛山市推进城市治理三年行动计划落实，按照《佛山市城市管理考核评比暂行办法（第五次修订）》要求，力推城市管理市级日常考核向全市所有镇（街道）覆盖、向村（居）延伸。全市城管执法系统受（处）理案件63.94万件，其中教育纠正62.55万件，立案1.39万件，罚款2985.95万元。佛山市建成区查处新增违法建设17万平方米，其中拆除4.25万平方米，整改6.7万平方米；查处存量违法建设28万平方米，其中拆除15.24万平方米，整改12.71万平方米，累计查处进度54.53%。主次干道违规设置建（构）筑附设式户外广告专项整治，清拆5000块、超过8万平方米违规建（构）筑附设式户外广告。

2017年，《佛山市违法建设查处暂行办法》完成立法。在2016年《佛山市违法建设查处暂行办法》（送审稿）的基础上，佛山市住房和城乡建设管理局与市法制局听取基层各相关部门的意见，并根据专家和各部门的意见对办法进行修改补充。佛山市第一期违法图斑查处违法图斑42个（强制性4个），面积114万平方米。立案24件，面积45.13万平方米，拆除违法图斑11个（含往期图斑5个），拆除面积5.46万平方米。罚款3个、75.95万元。（荣荣　杨新霞）

2017年，《佛山市住房和城乡建设管理局　佛山市公安局　佛山市交通运输局关于进一步规范建筑垃圾运输车辆通行的通告》《佛山市住房和城乡建设管理局佛山市公安局佛山市交通运输局佛山市质量技术监督局关于印发〈佛山市建筑垃圾运输车辆行业专用功能指导意见〉的通知》制定，分三个阶段实施建筑垃圾运输车辆的通行管制，在全市范围内推行新型建筑垃圾运输车辆。年内，对全市32个镇街进行全覆盖式暗检，检查各类工地1877次，比上年增加880次，监督整改带泥上路、超高等问题物料运输车166辆。《佛山市城市建筑垃圾管理办法》修订，对薄弱问题和难点问题修订并设置相应的条款。（黄伟鸿　荣荣）

【村镇建设与管理】　中心镇建设　2017年，佛山市共设中心镇10个，分别是：南海区里水、西樵镇，顺德区北滘、乐从、龙江镇，高明区明城、更合、杨和镇，三水区乐平、芦苞镇。中心镇镇域总面积1656平方千米，镇域总人口176.58万人，镇域暂住人口85.58万人；其中建成区面积128.19平方千米，建成区户籍人口28.89万人，建成区暂住人口35.35万人。村镇建设管理人员440人，其中专职人员307人。中心镇建成区公共绿地面积1572.36万平方米，公园绿地面积435.83万平方米，镇区道路长度696.53千米，镇域道路长度1308.3千米。

城镇村庄建设　2017年，佛山市禅城、南海、顺德、高明和三水区共设建制镇21个；行政村378个，已编制村庄规划的行政村235个，占全部行政村的62.17%。建制镇镇域面积23.35万公顷，镇域户籍人口208.55万人，常住人口411.87万人。其中，建成区面积2.32万公顷，建成区户籍人口70.38万人，常住人口147.65万人；村镇建设管理人员790人，专职人员573人；建制镇市政公用设施方面（含常住人口），燃气普及率87.46%，人均道路面积10.84平方米，污水处理率89.04%，人均公园绿地面积5.48平方米，绿化覆盖率16.4%。（郑炎鹏　伍佩玲）

2017年，佛山市组织开展历史文化街区和历史建筑保护条例实施细则制定通过专家评审。开展历史文化街区保护规划编制工作，全市20个历史文化街区保护标志设立。《佛山市乡村规划管理办法》制定并通过专家评审，开展全市各区村庄规划编制、佛山市“特色小镇”策略研究和试点规划编制。（郭庆）

宜居城乡建设　截至2017年底，佛山市有11个城镇、78个村庄、225个社区获广东省宜居示范城镇、宜居示范村庄、宜居社区称号，1个项目获“中国人居环境范例奖”，18个项目获“广东省宜居环境范例奖”；19个城镇、283个村庄（含村改居社区）和292个社区获佛山市宜居城镇、宜居村庄、宜居社区称号。

2017年，佛山市有2个项目申报“中国人居环境范例奖”，禅城区社会综合治理项目获奖，是佛山市首次获得该奖项。5个项目申报“广东省宜居环境范例奖”，高明区西江新城城市生态修复项目等4个项目获奖；37个社区申报"广东省宜居社区"，全部获得通过。

2017年，佛山市有1个城镇、22个村庄和112个社区申报佛山市宜居城镇、宜居村庄和宜居社区，经专家评审，公布第十批市级宜居城镇、宜居村庄和第九批市级宜居社区名单，全市有1个城镇、20个村庄、56个社区获得佛山市宜居城镇、宜居村庄、宜居社区称号。120个村庄申报佛山市"绿色村庄"，全部获得通过。（潘兆能）

【工程建设与建筑业】 建筑市场管理 2017年，佛山市新报建项目1800个，面积3700万平方米，工程造价680亿元。建筑行业诚信管理办法的修订完成并于7月1日施行，配套开发"佛山市建筑诚信评价体系管理平台"同步上线。是年，全市平台诚信登记申请10572家次（通过1064家次）；诚信注销申请134家次（通过20家次）。违规失信企业的诚信扣分，全年建筑行业被扣分企业1701家次，共扣14625分。12月31日，24家企业被列入诚信黑名单，74家红名单。全年查处未报建先施工行为118宗，涉及企业152家，涉及个人69人，罚款金额850万元。全年受理建筑业企业资质申报近500家次，审查通过427家次。佛山市建筑行业协会评选出2016年度市优秀施工企业17家、优秀项目经理14人、市优秀工程监理企业12家、优秀总监理工程师20人、优秀专业监理工程师25人、优秀监理员15人、市示范工地37个、市建设工程优质奖17个、市优秀建筑装饰工程奖13个。（张珍妮）

勘察设计管理 2017年，佛山市完成南海区妇幼保健院新建儿童大楼等127项大中型建设工程初步设计审查，办理顺德区陈村总商会大厦等33项超限高层建筑工程抗震设防审批。组织开展2017年全市房屋建筑工程勘察设计质量专项检查，佛山市与中山市住建部门采取交叉检查的方式开展检查，抽查房屋建筑工程20项。《佛山市住房和城乡建设管理局关于优化房屋建筑和市政基础设施工程防雷工作的说明》颁发，将建筑工程防雷装置设计审核纳入施工图审查，由住房和城乡建设部门监管，气象部门不再承担相应的行政许可和监管。委托第三方技术单位组织编制适合佛山市实际的《佛山市防雷装置设计施工图审查指引》。（吴燕婷）

建设工程造价管理 2017年，佛山市造价中心承担编制《广东省园林绿化工程计价定额》，参编《全国园林绿化养护概算定额》《广东省房屋建筑装饰工程计价定额》等，完善《佛山市建设工程全过程造价咨询导则》，开展全过程工程咨询试点。市工程合同与造价监管信息平台完成设计概算价备案248项、招标控制价273项、合同价44项、结算价8项，以及业绩备案442项、施工合同备案1186项、补录合同35项、新注册备案企业973家。（张婉丽）

建筑工程质量安全管理 截至2017年底，佛山市在监房屋建筑工程4115项，工程建筑总面积8658万平方米。住建系统各项检查出动14228人次，检查工程项目6495次，发出2073份质量安全整改通知书，355份局部停工通知书。住宅工程质量验收合格率100%，其他工程一次验收合格率100%，获广东省、佛山市房屋市政工程安全生产文明施工示范工地称号的项目分别有16个和37个，全市有7家企业获"广东省建设工程金匠奖"、9家企业获"广东省优秀建筑工程奖"，11家企业获"广东省优秀建筑装饰工程奖"。

2017年，佛山市发生施工生产安全责任事故8起，死亡8人。《佛山市房屋建筑工程质量安全主体责任落实年工作方案》《佛山市房屋建筑工程质量安全提升行动实施方案》等重点整治方案印发。3月14日，召开全市房屋建筑工程质量安全、建筑市场管理工作暨质量安全责任落实年动员会议。年内，开展节前和节后复工建筑工程安全生产检查、安全生产特别防护期房屋建筑施工安全生产大检查、第一季度安全巡查、第二季度质量安全综合检查和第三季度质量安全暨国庆节前安全检查等专项整治。在"安全生产月"和"安全生产万里行"活动期间，全市住房和城乡建设系统开展宣传教育、观摩、培训教育讲座、知识竞赛、事故救援演练等活动。

建设科技与绿色建设 2017年，广东省下达佛山市新建绿色建筑建设任务650万平方米，实际完成新建绿色建筑942.4万平方米，完成率145%。其中施工图审查认定绿色建筑项目27个，建筑面积274.2万平方米。建筑节能与绿色建筑专项检查，在各区住房和城乡建设部门自查的基础上，抽查12个在建工地项目。佛山市高明安华陶瓷洁具有限公司分布式光储一体化电站项目、佛山市毅丰电器有限公司屋顶光伏发电项目获2017年度省级可再生能源应用示范项目称号，并获治污保洁和节能减排专项资金（建筑节能）补贴各100万元。

新型墙体材料推广。2017年，佛山市完成26项新型墙体材料、4项建筑节能材料的新增目录登记工作。会同市勘察设计协会组织专家对《佛山市建筑节能材料和新型墙体材料目录》内的生产厂家进行2次检查，检查11家生产"普通混凝土实心砖"和"加气混凝土砌块"企业，对相关企业下发整改通知单并对抽查结果进行通报。

散装水泥推广。截至2017年底，佛山市的散装水泥供应量655.59万吨；预拌混凝土使用量为1093.26万立方米；预拌砂浆（普通）使用量127.47万吨，完成广东省下达的目标任务。（卢兆华）

新技术推广应用。2017年，佛山国际体育文化演艺中心等5个项目成功申报2017年度广东省建筑业新技术应用示范工程（立项），佛山市季华五路办公大楼等2个项目通过省住房和城乡建设厅组织的新技术应用示范工程专项验收。

装配式建筑推广。2017年，《佛山市推广装配式建筑实施细则》编制，完成两轮征求意见。中民筑友科技（佛山）有限公司、佛山建装建筑科技有限公司先后落户佛山南海区里水镇的广东新材料产业基地。市第三人民医院心理卫生大楼项目、佛科院仙溪校区教职工公寓项目和三水区地下综合管廊项目等采用装配式建筑。经组织专家评议，万科美的西江悦花园二期项目10栋、12栋高层住宅为“装配式建筑示范项目”，建筑面积2.5万平方米。截至年底，推进万科金色悦享等8个装配式建筑应用项目建筑面积133万平方米。（吴燕婷）

信息化建设。2017年，《佛山市城乡规划体系梳理和规划“一张图”数据整合（一期）》《佛山市城市规划指标核算电子报批系统升级建设及其应用服务》《规划条件核实电子报批系统》3项目采购及本年度编制任务完成。年内，制订佛山市涉及空间信息的业务数据坐标系调查表，《佛山市2000坐标系建立技术方案》通过专家论证。佛山市城乡规划电子政务系统和城乡规划空间数据管理系统建设完成，形成《佛山市测绘地理信息管理办法》初稿并提交市政府审议。是年，佛山市推进“佛山市城市地下管线信息化建设管理”项目，完成数据库建库和地下管线信息化管理系统试运行。（郭庆）

【房地产业与住房保障】 *房地产开发* 2017年，佛山市完成固定资产投资4265.79亿元，比上年增长21.50%。其中，房地产开发投资1453.99亿元，占全市固定资产投资34.08%，比上年增长18.2%。房地产开发投资较2016年同期占比降低0.94个百分点，房地产开发投资增速放缓。

房地产市场 2017年3月24日，针对市外购房需求大量涌入佛山市引起的市场短暂性波动，佛山市及时出台《佛山市人民政府办公室关于进一步完善我市新建商品住房限购政策的通知》，收紧非本市户籍家庭购房条件；5月31日，鉴于5月份二手房成交量首次与一手房成交量持平的情况，《佛山市人民政府办公室关于进一步加强房地产市场调控的通知》出台，及时将二手住房纳入限购范围。是年，佛山市新建商品房累计新上市面积2020.73万平方米，比上年增长2.38%。其中，新建商品住房累计新上市面积1374.28万平方米，比上年下降7.82%。全市新建商品房销售面积1811.57万平方米，比上年下降22.16%；成交金额1790.92亿元，下降17.70%；成交套数235068套，下降12.82%；成交均价9886.04元/平方米，增长5.73%。其中，新建商品住房销售面积1210.28万平方米，比上年下降36.92%；成交金额1217.71亿元，下降33.65%；成交套数107748套，下降38.19%；成交均价10061.41元/平方米，增长5.18%。佛山市新建商品房成交量全省第一，新建商品住房成交量全省第二，房价均价低于珠三角平均水平。全年全市二手房成交面积1277.23万平方米，比上年增长24.75%；成交金额680.49亿元，增长38.92%。其中，二手住房成交面积953.71万平方米，比上年增长11.33%；成交金额592.82亿元，增长34.85%；成交套数84380套，增长16.62%。（雷发娟）

房屋权属管理 2017年，佛山市实现不动产登记管理系统全覆盖。截至年底，全市累计颁发不动产权证书79.27万本，不动产登记证明62.33万份。（郭庆）

房屋租赁管理 2017年7月，佛山市成为全国12个首批开展住房租赁试点工作的城市之一。《佛山市开展全国租赁试点加快培育和发展住房租赁市场实施方案》《关于规范佛山市国有专业化住房租赁平台工作的指导意见》等文件颁布，《佛山市房屋租赁合同（住宅）示范文本》推广使用。国有专业化住房租赁企业——佛山市建鑫住房租赁有限公司采购首批房源518套并开展第一轮增资扩股，佛山市与中国建设银行合作，共同探索住房租赁与金融支持深度融合的“佛山模式”，中国建设银行向佛山市政府给予意向性授信支持金额折合人民币不少于3000亿元，双方战略合作协议于11月2日签署。12月20日，佛山市与中国建设银行联合打造全国首个政银合作的房屋租赁交易监管服务平台阳光·美好家园上线试运行。12月，确定住房租赁试点意向启动项目18个。截至年底，全市新增租赁住房8984套，建筑面积37.6728万平方米。（陈翠婷）

房屋征收管理 2017年，佛山市发出征收决定项目13项，涉及征收户数1126户。办理拆迁许可延期5宗，拆迁行政裁决2宗。完善门户网站的征地拆迁信息公开，做好房屋征收、拆迁信访及咨询指引。

（冯铭坚）

危房改造 2017年，佛山市新开工城市棚户区1069套，完成率106.9%；棚户区改造基本建成285套，完成率130.1%，超额完成广东省人民政府下达的目标任务。制定颁布《关于印发佛山市政府购买棚户区改造服务管理办法的通知》《关于加快推进城市棚户区改造货币化安置的指导意见》。

物业管理服务 2017年，佛山市重新构建物业管理行业监管体系，推进《佛山市住宅物业管理条例》立法，制定《物业管理工作检查规定》，发挥行业协会秩序维护、矛盾调处、标准制定的作用。“佛山市物业管理综合事务平台”上线表决功能，畅通业主决策途径，让小区决策真正体现业主真实意愿。颁布《佛山市前期物业管理招投标管理办法》《业主大会选聘物业服务企业管理办法》。截至年底，佛山市实行物业管理的项目1874个，其中住宅项目1587个，非住宅287个；物业管理的项目面积18852万

平方米，其中住宅项目面积15774万平方米，非住宅项目面积3078万平方米。全市商品住宅专项维修资金年末归集总额127.36亿元，年末使用总额8631.92万元，年末增值总额11.83亿元，年末账面余额138.33亿元。（江飞）

保障性住房建设　2017年，佛山市公共租赁住房基本建成1105套，完成率114.9%；新增发放租赁补贴410户，完成率107.9%；超额完成省政府下达佛山市公共租赁住房基本建成962套；新增发放租赁补贴380户的目标任务。完善住房保障信息系统功能，推进联审部门信息共享。出台《关于政府购买或长期租赁住房用于公租房房源的指导意见》，为各区开展相关工作提供工作指引。（李永强）

住房公积金管理　截至2017年底，佛山市建立住房公积金制度的职工累计158.89万人，实缴职工131.13万人，其中，各类企业职工占67.34%。是年，新增缴存职工17.87万人，减去退休注销等职工2.61万人、转移外地职工0.6万人，净增长14.65万人。是年，全市住房公积金缴存额122.96亿元，比上年增长9.6%；截至年底，累计缴存额797.7亿元，资金余额245.02亿元。全年职工提取住房公积金90.03亿元，累计提取住房公积金552.67亿元。全市新增职工提取住房公积金购建住房3.54万套、面积405.74万平方米。发放住房公积金贷款0.66万笔、金额28.09亿元，分别比上年下降58.85%、56.32%；职工住房公积金贷款购建房面积82.78万平方米。截至年底，累计发放住房公积金贷款12.94万笔、金额355.96亿元，贷款余额227.59亿元，职工住房公积金贷款购建房面积1342.78万平方米。全市实现住房公积金增值收益2.48亿元；扣减贷款风险准备金和管理经费，2.20亿元可作廉租住房建设补充资金；截至年底，累计上划廉租房建设补充资金14.76亿元。（耿亚兰）

【古村活化升级】　2017年，中共佛山市委、市政府扩大古村落活化升级覆盖面，实施古村落活化升级延伸计划，在2017—2019年新增20个古村落活化升级。截至2017年底，佛山市特色古村落活化升级第三批10个古村落严格遵循“规划先行、环境再造、文化引领、村居营造”路径有序推进。活化升级项目196个，投资2.75亿元。根据《2017年古村落活化升级工作的指导意见》，按照《佛山市特色古村落活化升级初见成效验收评分标准》，计划对第三批10个古村落进行考评验收。

在2017中国银川都市景观大奖颁奖典礼上，佛山市逢简美丽乡村营造获“美丽乡村营建第三名”，佛山市碧江古村落活化获“城市文化复兴第三名”。（郑炎鹏）

【“佛山十大最美公园”评选】　2017年5月3日至6月3日，佛山市住房和城乡建设管理局组织开展“佛山十大最美公园”评选活动。活动评选采取市民网络投票结合专家实地考察打分的模式，综合评选出佛山十大最美公园为：听音湖公园（南海区西樵镇）、明湖艺术公园（高明区西江新城）、佛山新城滨河景观带（顺德区乐从镇）、亚洲艺术公园（禅城区石湾街道）、三水文化公园（三水区西南街道）、顺峰山公园（顺德区大良街道）、三江水韵公园（三水区云东海街道）、千灯湖公园（南海区桂城街道）、绿岛湖公园（禅城区南庄镇）、秀丽河景观公园（高明区西江新城）。（黄丽英）

【佛山市海绵城市建设】　2017年，佛山市推行城市建设低影响开发理念，重点区域海绵城市建设带动全市海绵城市工作的整体推进，在佛山新城、奇槎片区、里水河和桂畔海流域等区域形成海绵城市连片建设，初步展现出“小雨不积水、大雨不内涝、水体不黑臭、热岛有缓解”的综合效应。3月，市政府公布《佛山市海绵城市规划建设管理暂行办法》，要求实现海绵城市建设管理流程全覆盖。11月，佛山市海绵城市建设工作领导小组印发《佛山市低影响开发雨水设施标准图集》。海绵城市建设推进取得明显成效，禅城区绿岛湖片区、南海区千灯湖片区、顺德桂畔湖、三水云东海和高明西江新城、佛山新城及佛山科学技术学院等一批海绵城市建设区域按计划有序开展，全市海绵化面积累计超过70平方千米，五区治理河湖长度超过4200千米，新增敷设截污管网1000千米，修复和打造水系岸线景观带600余千米，水生态修复的河滩湿地公园建有10余处。（罗惠栅）

附录：佛山市住房和城乡建设管理部门主要领导

佛山市住房和城乡建设管理局
　党组书记、局长：林国荣
佛山市国土资源和城乡规划局
　党组书记：周　霞
　局　长：杨小晶
佛山市水务局
　党组书记、局长：李永生
佛山市住房公积金管理中心
　机关党委书记、主任：冯　颢

韶关建设

【概况】　韶关市位于广东省北部，1975年设地级市。土地面积1.86万平方千米，其中市区面积2856平方千米。截至2017年底，全市户籍人口335.29万人；常住人口297.92万人，其中城镇人口151.35万人。全市地区生产总值1338亿元、比上年增长5.9%，固定资产投资692.8亿元，比上年下降1.3%。完成建筑业总产值190亿元；建筑业增加值61.6亿元，比上年下降4.2%。建成区面积99.2平方千米，建成区绿化覆盖率45.92%，人均公园绿地面积

12.36平方米，城镇生活垃圾无害化处理率和城镇生活污水集中处理率完成100%全覆盖。是年，韶关市芙蓉新区起步区完成投资53.5亿元、比上年增长25.9%。推进太阳城、恒大、保利、宝能城等项目，芙蓉隧道通车。梅关古驿道保护利用项目获2017年“中国人居环境范例奖”。

韶关市住房和城乡建设存在主要问题是经济总量不大，产业结构不优，实体经济薄弱，工业发展短板突出。县域经济薄弱，土地、资金、人才和环境容量等制约因素仍然存在；城乡规划建设管理滞后，芙蓉新城建设亟待提速，街区核心历史文化价值和特色尚需挖掘、保护和展现。 （章程）

【城乡规划】 规划编制 2017年，《韶关市城市总体规划（2015—2035）》获广东省政府批复通过。《韶关市控规实施性整合》编制完成。韶州公园、芙蓉山、林桥三大公园及韶州文化广场等重点区域规划方案编制完成。《韶关市芙蓉新城滨江景观带规划设计》完成专家评审。《白土镇历史街区保护规划》《韶关市优秀近现代建筑保护规划修编》等完成规划委员会审议。《新兴路道路建设工程规划方案》《教育路西延线道路建设工程》等48个项目的规划方案编制完成，《犁市高速出入口入城道路建设工程》等14个初步设计完成。

2017年，韶关市组织编制《韶关市城市近期建设规划（2016—2020）》《韶关市华南先进装备产业园总体规划（2016—2035）》《韶关市华南先进装备产业园首期控制性详细规划》《曲江韶钢片区控制性详细规划及专项规划》《韶关市区海绵城市建设总体规划与城市绿化大行动计划》《韶关市西堤北路至环园路及东河路立面整治项目》《丹霞山风景名胜区控制性详细规划》《环丹霞山周边地区（第一批）控制性规划》。推进《韶关市云轨交通线网规划》《韶关市智能轨道电车项目》等重点项目研究。

规划管理 2017年，韶关市完成项目选址73宗，办理建设用地规划许可77宗，办理建设工程规划许可591宗，完成修规审查107项。办理私房报建43宗，电梯加装报建23宗，规划条件核实83宗，违法建筑认定167宗。城市基础设施配套费征收3.7亿元。完成省住房和城乡建设厅推荐历史建筑的认定、挂牌和公布。 （周欣凯）

2017年韶关市住房和城乡建设主要指标

指标名称	实绩	比上年增长（%）
固定资产投资额（亿元）	692.82	-1.3
建筑企业（家）	171	0.72
建筑业总产值（亿元）	162.27	-4.55
建筑企业期末从业人员（万人）	4.56	-17.39
建筑企业劳动生产率（万元/人）	35.59	13.59
房屋建筑施工面积（万平方米）	76.2	-5.58
商品房屋销售额（亿元）	235.44	41.6
商品房屋销售面积（万平方米）	449.09	21.8
房地产开发投资额（亿元）	189.73	29.2
建成区绿化覆盖率（%）	45.92	0.07个百分点
人均公园绿地面积（平方米）	12.36	-1.28
人均城市道路面积（平方米）	12.81	1.75
城市自来水普及率（%）	99.09	5.34个百分点
人均生活用水量（升/日）	278.88	5.67
城市燃气普及率（%）	85.72	-0.46个百分点
城市液化石油气供应总量（万吨）	2.09	-69.56
城市天然气供应总量（万立方米）	6430.16	41.71
城市污水处理厂（家）	11	0
城镇生活垃圾无害化处理率（%）	100	0个百分点
城镇化率（%）	55.49	0.7个百分点
住房公积金缴存额（亿元）	31.67	5.54
住房公积金贷款发放额（亿元）	19	14.92
保障性安居工程基本建成套数（套）	2559	-67
绿色建筑面积（万平方米）	190.27	64.17

（韶关市住房和城乡建设管理局）

【城市市政公用设施建设与管理】 市政建设 城市基础设施建设。2017年，韶关市完成旧堤改造加固及环境改造工程初步设计编制及评审，完成五里亭、小岛片区污水管网输送工程并通水运行。完成花拉寨生活垃圾卫生填埋场渗滤液处理系统升级改造项目，完成花拉寨生活垃圾卫生填埋场二期扩建工程的工程可行性研究、社会风险稳定评估和使用林地可行性研究报告的编制，完成填埋场边坡整治工程预算审核定案，并委托市土地储备中心进行项目用地征收。完成火车东站片区（含铁路医院门前）交通整治工程。年内，风采桥大修工程完成。

道路交通设施建设。2017年，韶关市构建“八高四铁二航”交通综合体系，确保武深、汕昆高速公路建成通车，韶关丹霞机场、韶新高速、北江航道扩能升级工程在建设。推进韶柳铁路、赣韶铁路复线、韶连高速、雄信高速、云轨项目、新丰至从化快速交通和国道G323线公路改造等项目前期工作。开工建设机场进场道路和韶关南高速出口至马坝人遗址改扩建工程。重点实施10个交通节点和10条重要干线周边景观环境整治。在环城高速的基础上，贯通浈、武两区的内环，建设生态路穿越莲花山隧道连接莲花大道的中环，加快构建城市道路三环。推进曲江大道、江湾大桥、芙蓉大道、新白线等交通干线建设，建设城区智能轨道交通。改造7个交通堵点，打通6条断头路。实施市区道路"白改黑"工程35.5千米，完成解放路断面改造和韶关大道改造一期工程，整治6个主要交通节点，新建2座人行天桥，建成小岛9.9千米慢行系统。

桥梁、隧道养护管理。2017年，韶关市桥梁隧道日常巡查施行服务外包，外包服务商根据养护等级对桥梁隧道进行日常巡查，并将实际巡查情况在线填写入微信版城市桥隧日常巡检日报表，确保巡查和数字城管发现问题得到及时整改。年内，开展风采桥人行道结构专项检测、完成五里亭大桥伸缩缝、韶南大道跨线桥桥台裂缝修补工程、曲江旧桥上部结构病害加固维修等工程。

照明工程。2017年，韶关市完成市区南枫碧水园横巷、雍华豪庭周边道路、新华南金叶广场周边道路及芙蓉山公园、金凤坪村等城乡结合部安装LED路灯487盏，敷设线路11.6千米。完成东河路风采桥至帽峰桥段、大学路鹅坑桥至韩家山韶大宿舍区段以及新建路路灯改造，更换73套LED路灯、线路2.6千米。完成森林公园339套灯具更换，高铁站广场78套庭院灯7千米线路更换。完成城区东河沿江北路（风采桥至帽峰桥段）景观第一阶段楼宇、桥梁及人社局显示屏的亮化建设，完成城区武江西岸（西河桥—五里亭大桥段）景观亮化，完成环园路景观亮化升级改造。

城市园林绿化　2017年，韶关市完成森林公园内老化品种的改造1875平方米，栽植红继木2300株、鸭脚木380株、杜鹃花球415株，铺种台湾草215平方米、平整绿化地1500平方米。补植补栽爬山虎7000株、炮仗花1500株。完成浈江区政府大学路韶关第一技校门口至鹅坑桥段、乐村坪出口至百旺大桥段及犁市出口至十里亭转盘段等3条道路的绿化景观提升，种植秋枫、美丽异木棉、紫荆、红叶李、细叶紫薇等乔木1400株，杜鹃球、大红花秋、红继木球、红绒球、苏铁、红叶石楠、蜘蛛兰等花灌木9000株。

城市环境卫生　环卫设施建设。2017年，《韶关市城乡生活垃圾处理"十三五"规划》编制。建成新丰县5个、乳源县4个乡镇热能垃圾处理站项目。花拉寨生活垃圾卫生填埋场全年填埋处理生活垃圾15万吨，采用"生化处理＋膜处理"技术工艺处理生活垃圾渗滤液14万吨，出水水质满足《生活垃圾填埋场污染控制标准》（GB16889—2008）规定的的排放标准。是年，韶关市重新修订韶关市城市管理考核评分标准及考核办法，编制韶关市市政设施养护工程考核评分标准及工程质量标准。全年对市辖二区进行检查1120次，里程1.95万千米，上报数字城管案件808件，结案804件。

生活垃圾处理。2017年，韶关市引入垃圾收运市场化运行模式，乐昌、南雄、仁化、翁源、新丰等县（市）市场化运行覆盖面得到提升。始兴县落实全域覆盖，服务内容从垃圾收运延伸至清扫保洁。截至年底，全市村庄保洁覆盖率100%，农村生活垃圾有效处理率91.3%，分类减量率51%。

城市生态环境保护　城市空气环境治理。2017年，韶关市整治"小散乱污"企业92家，其中关闭10家，停产56家，整治26家。韶关市坪石发电厂有限公司（B厂）4号、5号机组超低排放改造，韶关冶炼厂精馏车间10号炉天然气改造工程投入营运。完成5家VOCs重点企业整治；淘汰高污染燃料锅炉11台；全市淘汰黄标车3777辆。

2017年，韶关市环境空气监测取得有效数据365天，其中空气质量等级优123天，良203天，轻度污染36天，中度污染3天。PM_{10}、$PM_{2.5}$、SO_2、NO_2、CO、O_3平均浓度分别为52微克/立方米、38微克/立方米、17微克/立方米、29微克/立方米、1.4毫克/立方米、152微克/立方米。比上年PM_{10}增长1.96%，$PM_{2.5}$增长15.15%，SO_2增长6.25%，NO_2增长11.54%，CO下降12.50%，O_3增长12.59%。

城市噪音治理。2017年，韶关市区域环境噪声等效声级年平均值56.7分贝，区域声环境质量整体水平一般，达到国家声环境质量2类限值（60分贝）。道路交通噪声等效声级年平均值66.4分贝，道路交通噪声声环境质量为好，达到国家声环境质量4类限值。

饮用水源保护。2017年，《韶关市水生态文明城市建设规划》《韶关市水生态文明城市建设实施方案（2016—2020）》颁行。开展南水乳源饮用农业水源区水功能区调整工作。组织编制韶关市主要河流基于生态流量保障的水量调度方案。是年，韶关市集中式饮用水水源地水质保持稳定达标。武江区十里亭水库、曲江区苍村水库、乐昌市武江铁桥下水库、南雄市瀑布水库、仁化县赤石迳水库、始兴县花山水库、翁源瑶族自治县园洞水库、新丰县白水礤水库、乳源县南水水库等9个饮用水水源地水质达标率均为100%。

城市水环境建设　城镇生活污水治理。2017年，韶关市有城镇生活污水处理厂26家，工业园区污水处理厂6家。韶关市全年完成污水处理量1.22亿吨，化学需氧量削减量1.03万吨，氨氮削减量1270吨，污泥无害化处理处置量9200吨，全市平均城镇生活污水处理率（含中心镇）83%，其中，市区城镇生活污水处理率86%。年内，韶关市完成第五污水处理厂设备安装工程及截污管网工程；完成韶关大学片污水处理厂设备安装；完成始兴县顿岗镇污水处理厂建设，年底投入运行；完成莞韶园污水处理厂建设；完成浈江产业园铳鸡坑污水处理厂修复工程。

新丰县污水处理厂、曲江白土工业园污水处理厂、翁源华彩工业园污水处理厂，以及坪石镇、大塘镇、乌迳镇、黄坑镇、马市镇、桂头镇、大桥镇污水处理厂存在运行负荷率低、进水浓度较低、处理效果不理想、配套管网不完善等问题，部分污水处理厂运行负荷率只达到设计能力20%左右，进水化学需氧量浓度仅为20—50微克/升。

农村生活污水治理。2017年，韶关市村镇污水处理设施建设完成投资2.9亿元。曲江区、新丰县完成整县推进村镇污水处理设施建设招标，进入施工建设。南雄市、乳源县完成部分镇级污水处理设施项目招标。翁源县完成发布村镇污水PPP项目资格预审公告，武江区完成PPP项目前期工作和项目入库，乐昌市、始兴县、浈江区现处于PPP项目入库和启动招标阶段。

城区内涝治理。2017年，韶关市城区内涝治理完成市区旧堤改造加固及环境改造二期工程。启动市区防洪堤三期工程前期工作。

城市供水　2017年，韶关市供水6443万立方米。完成“一户一表”用水改造1.4万套，新敷设DN80以上供水管道14.83千米，抢修爆漏点2158个，更换水表2871套。年内，韶关市完成南水水库供水工程西河二水厂扩建工程前期工作。启动城区老旧供水管道改造工程，完成市区9千米供水管道迁改，完成浈江产业园管道延伸工程1.2千米主管敷设，完成市区侨新路、西冲路、莲花路、学宫街、始巷头、高街、平治巷、群乐巷等8条小街小巷2千米供水管道改造工程。

城市供气　2017年，韶关市投入1800万元建设燃气管网和场站，市区燃气管网覆盖城区和各大工业园区。降低工商户天然气用气价格，燃气价格低于珠江三角洲地区。完成市区天然气能源管理中心建设。新建燃气管道28千米，全年新增居民用户1.8万户，整改2800多户小区立管，发现整改户内安全隐患3500多处。市区管道燃气气化率68%，实现安全稳定供气。

城市综合管理与执法　2017年，韶关市打击违规渣土运输，出动执法人员10.5万人次、车辆2566辆次，检查渣土运输车辆2341辆次，开具调查通知书99份，立案处罚28件，处罚金额25.33万元。全年审核办理13家企业准入，为218辆车发放准运证，为266台车辆安装车载卫星定位系统。全年市容督查市区道路2689条次，督查市容问题6852个，发出市容督查通知书1080份。数字城管平台受理各类业务案件7.76万件，办结6.88万件，在处理3912件，撤销4862件。全年发现涉嫌违建249件，面积28.88万平方米，发出违法（章）建筑督查通知书388份。对市区重要节点路段户外广告进行清理，拆除户外广告326块，面积8946.8平方米。

2017年，韶关市颁发《关于进一步加强市区建筑垃圾运输管理工作的通知》《关于进一步规范市区建筑工地文明施工及建筑渣土运输管理的通知》《关于加强市区市政线型工程文明施工管理的通知》等。完成全市城管行政执法队伍统一换装，实现市、县（市、区）具有行政执法编制的执法人员全员持证上岗。（章程）

【村镇建设与管理】　名村名镇规划建设　2017年，韶关市完成《曲江区枫湾镇旅游名镇旅游发展总体规划》《乐昌市九峰镇旅游名镇旅游发展总体规划》《南雄市乌迳镇新田村旅游名村旅游发展总体规划》《翁源县龙仙镇青云村旅游名村旅游发展总体规划》《韶关市黄金小镇整体规划》《韶关市曲江区经律论特色小镇规划》《韶关市黄沙坪智创（“互联网+创新”）小镇规划》等6个旅游名镇、13个名村、2条生态示范线路规划和3个特色小镇规划。年内，组织编制《丹霞山风景名胜区控制性详细规划》和《环丹霞山周边地区（第一批）控制性规划》。（周欣凯）

宜居城乡建设　2017年，韶关市申报武江区5个社区为“广东省宜居社区”。《改善农村人居环境建设社会主义新农村三年行动计划（2017—2020年）》制定。《韶关市农村人居环境综合整治专项工作实施方案》颁布，推进新丰县、始兴县污水处理设施建设。推动翁源县农村人居整治。翁源县江尾镇连溪村成功上榜2017年住房和城乡建设部农村人居环境示范村名单，被评为“全国环境整治示范村”。《韶关市传统村落保护发展活化利用三年行动计划（2018—2020年）》颁布。组织曲江区小坑镇曹角湾村等22个村落申报第五批“中国传统村落”。（章程）

2017年，韶关市结合农村人居环境整治，推进广东省定贫困村创建新农村示范村规划。全年完成278个省定贫困村创建新农村示范村规划。在广东省级考核验收中，获得市级组织工作全省第一，整体成绩排名第四的成绩。（周欣凯）

【工程建设与建筑业】　建筑市场管理　2017年，韶关市制定出台促进本地建筑业发展的实施意见，采取鼓励外地施工企业在韶关注册独立法人公司等，增加建筑业产值。开辟绿色通道，安排专人为建筑企业外出承接工程及时出具相关行为证明。推行施工许可审批“容缺受理”和“承诺受理”机制，缩短审批时限。是年，韶关市建筑业经济比上年增长9.7%。全年韶关市资质企业完成建筑业省内总产值111.9亿元，比上年增长9.7%。

招标投标管理　2017年，《韶关市工程建设项目招标投标管理规定》颁布。招标文件备案由合法性审查调整为告知性备案，由招标人对招标过程和结果的合法性负责。开评标监督改为远程视频监控，加强现场不定期抽查。韶关市全年招标备案的项目105个，进场交易89个，交易金额30.26亿元。年内，韶关市完成《招标代理机构选取暂行办法》《招标代理机构诚信评分管理办法》起草。全年新增工程招标代理机构29个。全市有78个工程招标代理机构做诚信登记，其中本地6个，市外72个；甲级资质72个，乙级4个，暂定级2个。

建设工程造价管理　2017年，韶关市建立由广东省建设工程造价管理总站、市、县（区）工程造价管理站三级组成的工程造价信息服务层级管理模式，完成市（区、县）两级网站、诚信和价格系统建设，10月投入运行。启动韶关市工程造价咨询企业市场行为诚信综合评价工作。全年完成合同价款登记备案项目109个，建筑面积473.89万平方米、工程造价105.74亿元。其中招标项目38个，建筑面积131.22万平方米，工程造价31.94亿元；非招标项目71个，建筑面积342.67万平方米，工程造价73.79亿元。完成在韶承市揽单项咨询业务登记备案的外地工程造价咨询企业共31家，备案项目100个，本地企业完成9个项目。

建筑工程质量安全管理　2017年，韶关市受监建设工程198项，总面积803.3万平方米，造价132.1亿元；其中新报监工程项目79项，建筑面积215.2万平方米，工程造价33亿元，受监率100%。办理竣工验收工程77项，建筑面积159.8万平方米，工程造价38.8亿元。发出质量整改通知书142份。工程实体质量监督检查46项单位工程，回弹检测混凝土强度141个构件，合格率100%；单位工程原材料监督抽查16项工程，其中钢筋原材监督抽查35组，合格率100%。

2017年，韶关市重点对危险性较大分部分项工程进行监管，监管高支模3项，深基坑5项，高边坡10项，高层外脚手架36项。办理建筑起重机械916台（塔吊、施工升降机、物料提升机），其中产权备案148台，安装告知230台，使用登记339台，拆卸告知199台。年内，韶关市深刻汲取广州“7·22”塔吊倒塌较大事故教训，检查建筑施工起重机械86台，深基坑、高边坡4处，高层外脚手架17处；检查施工企业17家，针对存在的问题发出动态管理扣分通知书24份、安全隐患整改通知书18份、安全巡查记录2份、停用通知书3份。

2017年，韶关市督促建筑施工现场封闭围挡作业。中心城区主要路段的施工现场，围挡高度不低于2.5米，其他路段施工现场的围挡高度不低于1.8米。施工工地大门口必须配备冲洗机等设施，对进出工地的车辆进行冲洗。对全市在建项目的围挡进行督查，凡政府投资项目必须100%、社会投资项目70%喷绘、张挂法制教育、青年志愿、社会主义核心价值观等创文公益广告。对不达标项目下发责令停工整改通知书，全年对市区在建的6个不达标项目进行停工整改。

建设科技与绿色建筑　绿色建筑。2017年，《韶关市“十三五”绿色建筑与建筑节能发展规划》《绿色建筑政策及申报评价标识指南》编制印发，对市区新报建工程项目，未通过绿色建筑设计专项审查不予办理节能备案，不予办理开工许可证。全市全年取得省级绿色建筑标识项目26个，新增绿色建筑面积190.27万平方米，超额完成广东省住房和城乡建设厅下达的60万平方米年度目标。

建筑节能减排。2017年，韶关市全年完成158栋国家机关办公建筑及大中小型公共建筑、建筑面积119.2万平方米及79栋农村居住建筑、建筑面积1.29万平方米的能耗统计、公示。完成既有建筑节能改造项目4个、10.6万平方米。市区办理建筑节能设计审查备案工程项目70个，建筑面积338万平方米；新建建筑节能项目全部通过节能设计专项审查，建筑工程节能备案率100%，设计阶段建筑节能标准执行率100%。

新型墙体材料及散装水泥推广。2017年，韶关市实施建筑节能工程设计审查专项备案制度，施工图设计文件禁止使用黏土实心砖。加强对施工现场的检查，实施新型墙体材料确认备案。纳入“禁实”范围的市辖三区、始兴县、仁化县、南雄市、乐昌市、乳源瑶族自治县基本完成“禁实”目标。截至年底，全市新型墙体材料建筑工程应用比例85%，其中市区99%。全市办理确认备案企业14家，累计生产新型墙材4.6亿块标准砖。

预拌混凝土。2017年，韶关市委托广州市黄埔区市政建筑工程质量检测中心承担全市预拌混凝土生产企业原材料及产品质量监督抽检工作。是年，韶关市对市区建设工程项目使用预拌砂浆情况进行常规性监督检查，下发整改通知11份，处罚6个项目，累计罚款18万元。全市完成散装水泥供应量414万吨，占年计划的103%；预拌混凝土使用量445万立方米，占年计划的148%；预拌砂浆使用量10.55万吨，占年计划的211%。（章程）

【房地产业与住房保障】　房地产开发　2017年，《韶关市住房发展规划（2016—2030）》编制启动。韶关市房地产业增加值48.34亿元，累计比上年增长8.5%，占地区生产总值5.14%，完成2017年目标任务132.8%。全市完成房地产固定资产投资133.61亿元，比上年增长32.5%，占全社会固定资产投资的29.74%。是年，韶关市商品房库存面积333.1万平方米，其中商品住房库存面积220.08万平方米，非商品住房库存面积113.02万平方米。2017年净化解商品房164.51万平方米，是韶关市年度去库存完成目标任务的822.55%。全年审核发放商品房预售许可证64宗，审批预售商品房面积116.56万平方米。完成2家外地物业服务企业备案，10家房地产开发企业定级，核发新房地产开发企业资质10宗。

房地产市场 2017年，《韶关市区房屋交易管理办法》《韶关市区商品房预售资金监督管理办法》起草。加强对预售资金的监管，保证预售资金专用于工程建设，保障购房者和农民工的合法权益。是年，韶关市市辖两区新建商品房销售（网上签约）15046宗，面积174.6万平方米，金额102.87亿元；二手房网签成交6595宗，面积69.22万平方米，金额27.82亿元。全市年度商品房合同网签备案19170宗，商品房预售款审批1167宗，审批金额110.20亿元。韶关市住房和城乡建设局协调市中级人民法院，跟进恒熙华城、永泰世家历史遗留问题进入司法渠道的案件进程，协调化解社会矛盾。全年化解涉房地产领域矛盾纠纷561例，未出现影响社会稳定的新苗头、新问题。

房屋权属管理 2017年，韶关市制定《房屋交易与产权档案管理制度》《房屋交易与产权档案整理、安全管理及利用规范》《房屋交易与产权档案库房管理制度》。年度受理各类查档申请1970宗；协助司法机关及相关单位查询有关房产交易信息500宗；与信息部共同协助查询市住房保障中心及市浈江区地税局大批量查询10000多宗。在不动产登记中心武江办事处设立网签备案便民服务窗口，实现浈武两区按行政区划受理存量交易备案业务，提供房产交易与登记“一门式服务”。将市区二手房交易转让纳入网签管理，防范“阴阳合同”、“一房多卖”、房屋出售人恶意将已转让的房屋进行抵押骗贷等违法违规行为。

房屋租赁管理 2017年，韶关市实行“先税后证”管理措施。凡不能提供税务部门依据法律法规定出具的发票、完税或减免税凭证的，不予办理相关房屋租赁登记备案手续。完成租赁登记备案290宗，纳入管理面积3.83万平方米，完成系统补录339宗，调解租赁纠纷22宗。

2017年，韶关市续签直属公房住宅合同190宗，办理社会准入28户、人才公寓新安排17户，完成133套公共租赁住房的抽签、选房及合同的签订。全年完成公房（标准）租金收入5087.67万元，公租房租金137万元。全年完成公房维修工程项目1700多个，全年各种维修金额472.8万元。

危房改造 2017年，韶关市组织各县（市、区）重新核实农村危房补助对象。完成2017年广东省下达韶关市的农村危房改造任务5600户，全市农村危房改造开工5579户，开工率100%，竣工2334户，竣工率41.68%。

物业管理服务 2017年，韶关市颁行《韶关市物业管理行业诚信手册》。开展物业小区消防、电梯安全隐患大排查，建立物业服务企业招投标制度。通过招投标方式，放开住宅专项维修资金专户银行公共服务特许经营权，选择优质软件供应商，搭建全新管理平台，促进维修资金公共管理服务的提升。韶关市全年新增归集维修基金16970户，归集额1.05亿元，累计归集额7.47亿元。审核维修资金支出申请242宗，划拨住宅专项维修资金申请213宗、金额238万元。

保障性住房建设 2017年，广东省下达韶关市棚户区改造基本建成2247套，新增租赁补贴80户。全年棚户区改造基本建成3202套，完成率142.5%；城镇住房保障家庭租赁补贴发放90户，完成率112.5%。《韶关市区公共租赁住房管理办法》颁布，对公租房政策准入条件调整，增加韶关市城镇户籍住房困难家庭、新就业职工、专业技术人员及城镇稳定就业的外来务工人员4类，同时放宽专业技术人员及外来务工人员的户籍要求。对符合条件的41户家庭发放补贴额80552元。 *（章程）*

住房公积金管理 2017年，韶关市将原80个住房公积金账户合并缩减至10个，实现统一核算，资金集中管理。全年全市归集住房公积金31.67亿元，比上年增加16635.46万元，比上年增长5.54%。是年，全市职工提取住房公积金26.80亿元，比上年增加2.88亿元，比上年增长12.05%。年内，韶关市为6036户家庭发放住房公积金委托贷款19亿元；全市累计为59459户职工发放住房公积金委托贷款104.33亿元。贷款余额72.37亿元，个贷率由上年底的81.04%上升至91.71%。全年发放异地贷款3266.07万元，97户异地缴存职工家庭受惠；全年发放人才优惠贷款209笔，发放贷款金额12008.3万元。是年，增值收益中提取保障房建设资金1.44亿元。

（陈永青）

【梅关古驿道保护与利用项目获“中国人居环境范例奖”】 韶关市境内南雄梅关古驿道，北起南粤雄关关楼南至南雄城区，总长30千米。其中梅岭段现存古驿道长1500米，宽3—4米，以青石、鹅卵石铺砌，是全国保存较好的古驿道。韶关市南粤古驿道保护利用，通过保护修复与活化梅关古驿道沿线丰富的物质和非物质文化遗产、历史性自然景观等资源，促进古驿道沿线地区经济发展，提升古驿道沿线地区人居环境品质，打造集文化、生态、旅游等多种功能的古驿道。10月27日，住房和城乡建设部公布2017年中国人居环境奖获奖名单，梅关古驿道保护与利用获2017年“中国人居环境范例奖”。 *（章程）*

【丹霞山旅游景区建设管理】 2017年，韶关市完成丹霞景区、韶石景区、巴寨景区、飞花水景区、仙人迹景区、锦江风光带、浈江风光带7个片区详细规划中期成果。开展环丹霞山游憩景观道项目规划，启动丹霞山国家级自然保护区范围和功能区调整申报。全年基础设施建设投入659万元，完成阳元石步道、翔龙湖旅游步道和长老峰别传寺区域旅游步道3条步道改建，索道上站至舵石旅游步道和长老峰票站至于翔龙湖码头道路2条旅游步道在建项目。增设13个景区视频监控点，完成丹霞山景区标识牌更新，安装游客中心WiFi无线覆盖和景区语音广播系统建设。6月10日，广东省“文化和自然遗产日”系列活动分会场活动在丹霞山举行。全年丹霞山景区接待游客259.8万人次，旅游总收入6.27亿元。 *(韩秀娟)*

附录：韶关市住房和城乡建设管理部门主要领导

韶关市住房和城乡建设管理局

党组书记、局长：谢天友

韶关市政府投资建设项目代建管理局

党组书记、局长：黄　锋

韶关市城乡规划局

党组书记、局长：许险峰

韶关市丹霞山管理委员会

党组书记、主任：周小明

河源建设

【概况】 河源市位于广东省东北部，地处东江中上游，东靠梅州市，南接惠州市，西连韶关市，北邻江西省赣州市，于1988年设地级市。全市区域总面积1.57万平方千米，其中市区面积362平方千米。截至2017年底，河源市户籍人口372.95万人；常住人口309.11万人，其中城镇人口135.82万人。是年，全市地区生产总值996亿元，完成固定资产投资778.5亿元，完成建筑业总产值89.7亿元。建成区绿化覆盖率42.13%，人均公园绿地面积12.69平方米，城镇生活垃圾无害化处理率98%，市区污水处理率94.14%。

2017年，河源市围绕生态河源、现代河源的发展思路，以把河源建设成为粤港澳大湾区东北部核心城市为契机，推动中心城区扩容提质，完善城市功能布局，实现市区丽日小江桥下穿道路、福新北路贯通，完成长安街、大同北路、文明路、旺源街、新风路等提升改造；加快推进红星东路贯通工程、西环路改造工程、江源棚户区改造一期工程等续建项目建设；相继启动兴源东路排水改造工程、深河中学南面及西面道路建设工程、宝源大桥加宽加固工程、东江湾公园二期工程、黄沙河污水整治改造工程、市区道路交叉口渠化工程等新建项目建设。河源市图书馆新馆工程获“中国建设工程鲁班奖”。

河源城乡规划建设存在的主要问题是城镇化总体水平较低，城市规模扩展不快，经营城市、管理城市水平不够高，城建工作体制机制还不完善，基础设施和公共服务设施建设不够均衡，城乡人居环境水平需进一步提高，城建项目征地拆迁难影响一些重点市政工程的推进和成效。 *(袁国省)*

【城乡规划】 规划编制　2017年，河源市开展“三江六岸”(东江市区北段、新丰江、东江市区南段)生态景观城市功能廊道、城市北区功能提升规划设计，形成初步研究成果。《河源市新型城镇化规划》《河源市生态控制线规划》《河源市城市“十三五”近期建设规划》《河源市中心城区地下综合管廊专项规划》等规划编制开展，启动规划期至2035年城市总体规划编制前期工作。《河源市中心城区海绵城市专项规划》《河源市源西片区控制性详细规划修编》《河源市中心城区中小学校布点专项规划》《河源市中心城区城市排水防涝综合规划》《河源市公园城市专项规划》和高铁新城概念规划等规划成果编制完成。《河源市城市绿线专项规划》《河源市城市蓝线专项规划》《河源市城市紫线专项规划》《河源市城市历史风貌保护规划》《河源市城市公园体系规划》《河源市城市绿道建设规划》《河源市城市步行、自行车交通体系专项规划》《河源市城中村改造规划》《河源市湿地保护规划》《河源市城市生态修复总体方案》《河源市综合交通体系规划》11项专项规划编制完成。东源县完成21个乡镇总体规划及246个行政村规划编制，和平县编制完成17个乡镇总体规划，龙川县编制完成县城总体规划修编专家评审和10个乡镇总体规划，紫金县完成第5次县城总体规划修编成果和15个乡镇总体规划，连平县完成5个乡镇总体规划修编和6个乡镇总体规划编制方案。2017年是河源市多年来完成城乡规划成果最多的一年。

规划管理　2017年，河源市加强县一级的规划管理，实行向县派出规划督察员制度，协调指导各县建立健全城市规划委员会制度、规划审查审批制度等，并对县政府实施城乡规划工作进行督察。规划建设遥感监测督查完成省住房和城乡建设厅发出276个疑似违法图斑核查处理任务。全年局规划联审会议17次，讨论各类设计方案共150个，召开市城市规划委员会议8次，审议方案65个。 *(袁国省)*

城市更新　2017年，广东省政府批准河源市完善用地手续的“三旧”改造项目有12个，面积83.45公顷。广东省下达河源市新增“三旧”改造任务33.33公顷，完成改造任务22.67公顷；新增“三旧”改造项目8个，面积43.5公顷，完成改造项目13个，面积39.97公顷；在实施改造项目34个，面积155.7公顷，项目累计投入金额12.76亿元，改造源城区东埔水泥厂旧厂房、龙王阁旧城、三友南城旧厂房、福新创建有限公司旧厂房等广

东省、河源市改造项目。（黄志坚）

【城市市政公用设施建设与管理】

市政建设　城市基础设施建设。2017年，河源市推动中心城区扩容提质，完成长安街、文明路、大同北路（红星路至永和路）、新风路（文明路至永福路）提升改造、宝源二路（铁路桥至宝源沿江路段）道路改造、丽日小江桥桥头交通节点改造、迎客大桥桥头公园西侧边坡除险加固工程等。推进红星东路贯通、西环路改造、江源棚户区改造一期工程等续建项目建设。相继启动兴源东路排水改造、深河中学南面及西面道路建设、宝源大桥加宽加固、东江湾公园二期、黄沙河污水整治改造、市区道路交叉口渠化工程等新建项目建设。完成修补人行道5万多平方米，修补路面2万多平方米，更换路缘石6000多米，实施规划及砌筑盲道18千米，安装树池石2000米，修复树池30座，实施规划停车位1300个，清疏进水井7000座，清疏检查井5000座，疏通雨污水管线长1万米。

城市园林绿化　城市园林建设。2017年，河源市新建双塘公园、光明公园、上园湖公园等10个小公园，改造完成茶山公园、笔架山公园、火车站广场等17个公园，推进客家公园三期和客家乡土植物园建设。完善纬十二路、新风北路、文祥路等市区道路的路树新种补种工作，种植乔木800株。

绿化工程。2017年，河源市完成大同路南公厕、九重门公园、市妇幼保健院等立体绿化，市政府大院、商务小区等屋顶绿化；完善新种补种绿带，在越王大道、河源大道、客家公园、文化广场等各类绿地新种补种灌木1.5万株，地被草皮7.3万平方米，水生植物2300多平方米。在市区各主要交通节点摆放种植100多盆造型勒杜鹃，种植150多株大腹木棉；在市区公园和道路等重要节点种植时花60万盆。对市区老旧公园进行提升改造，在市区主要公园新安装宣传牌宣传栏468个，公园指示牌72个、警示提示牌71个、导游牌3个。是年，河源市建成区绿化覆盖率42.13%，人均公园绿地面积12.69平方米。

城市环境卫生　环卫设施建设。2017年，河源市新建东江湾公园、庄田、百子园垃圾中转站并投入使用，对河中、二小、双下等8座垃圾中转站翻新改造。对鸣凤桥垃圾中转站改造成为压缩式垃圾中转站，新增垃圾压缩设备、污水处理设施。安装果皮箱4500个。七寨垃圾场新建填埋区和渗沥液调节池周边的截洪沟，对场内进行绿化和美化，完善在线监控设施。推进市区建筑垃圾消纳场和石峡老垃圾场覆绿工程。委托广东财经大学起草《河源市城区市容和环境卫生管理办法（草案）》。

市容保洁。2017年，河源市完善《市区公厕保洁与服务规范》，提升改造茶山公园、新风南、青山尾、市二小、儿童公园公厕，在市区首次推广“第三卫生间”。督促保洁公司对一、二级道路每天保洁16小时以上，一般道路保洁12小时以上。安排7辆高压清洗车，每天对路面冲洗2次以上，提升市区道路干净、整洁水平。加强中转站监管，对在中转站周边乱倒淤泥垃圾，派出专人夜间值守，会同城监大队查

2017 年河源市住房和城乡建设主要指标

指标名称	实绩	比上年增长（%）
固定资产投资额（亿元）	778.5	19.3
建筑企业（家）	361	22.4
建筑业总产值（亿元）	89.7	-5.5
建筑企业期末从业人员（万人）	2.6	3
建筑企业劳动生产率（万元/人）	34.3	19
房屋建筑施工面积（万平方米）	935	68
商品房屋销售额（亿元）	287.1	89
商品房屋销售面积（万平方米）	528.86	29.62
房地产开发投资额（亿元）	223.93	27.4
建成区绿化覆盖率（%）	42.13	1.1 个百分点
人均公园绿地面积（平方米）	12.69	0.63
人均城市道路面积（平方米）	15.11	0.27
城市自来水普及率（%）	88.5	2.3 个百分点
人均生活用水量（升/日）	165.7	5.68
城市燃气普及率（%）	89	4.22 个百分点
城市液化石油气供应总量（万吨）	4.03	-1.47
城市天然气供应总量（万立方米）	2986.58	8.4
城镇污水处理厂（家）	32	18.52
城镇生活垃圾无害化处理率（%）	98	18 个百分点
城镇化率（%）	43.94	0.9 个百分点
住房公积金缴存额（亿元）	18.82	11.23
住房公积金贷款发放额（亿元）	7.44	-11.43
保障性安居工程基本建成套数（套）	545	-75.11
绿色建筑面积（万平方米）	74.51	99.92

（河源市住房和城乡规划建设局）

处一批乱倒垃圾的行为。（朱锋）

城市生态环境保护　城市空气环境治理。2017年，《河源市大气污染防治2017年度实施方案》《2017年度河源市大气污染防治目标责任考核办法实施细则》发布，开展大气环境综合整治“百日行动”并延续到2018年春节前。清理整治“小散乱污”企业83家。《关于重新划定市区高污染燃料禁燃区的通告》印发，禁燃区总面积从89.89平方千米增加到163.09平方千米；完成禁燃区14台锅炉淘汰任务。全市淘汰黄标车5148辆，电子抓拍系统抓拍并处罚闯限黄标车1.39万辆。是年，河源市区城市环境空气质量综合指数在全省排名第三，空气质量达标天数356天（优183天、良173天），轻度污染8天，中度污染1天，主要空气污染物为O_3—8h（臭氧8小时浓度均值）、$PM_{2.5}$、PM_{10}和NO_2六项主要空气污染物浓度均值均符合二级标准限值要求，其中$PM_{2.5}$和PM_{10}均值浓度分别为29微克/立方米和48微克/立方米。

城市噪音治理。2017年，河源市城市区域等效声级年均值为56.0分贝，处于一般水平；城市交通干线噪声平均等效声级69.6分贝，处于较好水平；市区功能区噪声昼夜等效声级平均值均达到国家各类声功能区标准，达标率100%。

饮用水源保护。2017年，《河源市水污染防治行动计划2017年度实施方案》《河源市水污染防治项目储备库2017年度实施方案》制定，编制2个优先控制单元水污染防治方案，《河源市南粤水更清行动计划实施方案（修订）》初稿完成。挂牌督办水质类别有所下降的14条重点整治河流。新丰江水库生态环境保护47个项目，36个完工，11个在建。综合调整市区备用水源、龙川县东江饮用水源保护区等9个饮用水源保护区。开展地表水常规监测，加密监测8个工业园区36个断面水质。

城市水环境建设　城镇生活污水治理。截至2017年底，河源市建成运行污水处理设施32座，配套建设污水管网641千米，日处理能力35.4万吨。全年市区河源市污水处理厂处理量2728.05万吨、市区城南污水处理厂666.74万吨、源城区污水处理厂590.6万吨，合计3984.85万吨。全年中心城区污水排放量4232.83万吨，污水处理率94.14%，全市城镇污水处理率81.47%。

▲河源市粤赣高速公路东源出入口道路景观（2017）　（河源市城建档案馆供稿）

农村生活污水治理。2017年，河源市5县均采取PPP模式整县推进村镇污水处理设施建设，龙川县PPP项目上半年启动建设，车田、黎咀、铁场、四都、丰稔、田心、廻龙、黄石、义都、岩镇、赤光、紫市、黄布、细坳、贝岭等15个镇完成征地工作，车田、黎咀、廻龙、丰稔、四都、黄布进场开工，和平县进入采购结果谈判阶段，东源县进入采购社会资本方阶段，连平、紫金县进入项目入库阶段。

河涌综合整治。截至2017年底，河源市东埔河截污管网延伸工程茶山公园泵站完成土建工程量66%，上游截污管网延伸工程完成工程量71%，完成投资1420万元。河道清淤、岸坡整治工程完成投资3188万元，治理东埔河14千米。制订白岭头村、高塘村、曹军洞村、黄子洞村、新塘村等农村环境连片整治工程可行性研究报告及环境综合整治实施方案。

城区内涝治理。2017年，河源市中心城区启动防暴雨内涝应急响应28次，其中防暴雨内涝三级响应20次，防暴雨内涝二级响应7次，防暴雨内涝一级响应1次。对建设大道与黄沙大道交汇处、城北公安宿舍、文明路居委会路口等3处易涝点排水系统整改，确保汛期市区排水安全。全年清疏河涌4条，改造4处内涝水浸点排水工程。

雨污分流。2017年，河源市完成市区道路市政水管网普查。市区建成区完成排污管道总长度230千米，其中市政污水主管道90千米，建设4座泵站，建成河源市污水处理厂日处理能力8万吨、市区城南污水处理厂日处理能力3万吨、源城区污水处理厂日处理能力2万吨、江东新区污水古竹污水处理厂日处理能力0.5万吨。完成市区东埔河综合整治，江东新区起步区污水处理及配套管网工程、中兴开发区及周边污水管网和临江片区部分污水管网建设。（赵晓菲）

城市供水　2017年，河源市供水管网改造大小管网30多千米。推进两座新水厂建设。开展市区二次供水、管网末梢水、水源水抽检，水质均达标。河源市区供水在省住房和城乡建设厅2017年度城镇供水规范化管理考核中取得90分。全年城市自来水供水总量7696.57万吨。

城市供气 2017年，河源市与市区各家燃气企业签订《燃气企业安全生产责任书》。开展专项整治行动，现场发现安全隐患16处，现场整改15处，在整改1处。印发《安全使用燃气知识》手册300册，宣传资料10万多份，进社区举行咨询活动，上门为群众进行安检。推进承接广东省天然气管网进入河源市建设工作。全年城市液化气供应总量4.03万吨，城市天然气供应总量2986.58万立方米。

城市综合管理与执法 2017年，河源市邀请3家广告企业对城北高速出口、新港路、河源大道、沿江路和中堤路等路段两旁门店进行招牌设计。邀请国画大师骆文冠对市区招牌连接点进行设计，提升美化亮化水平。年内，河源市区建成区查处违法违章建设行为898宗，其中现场制止、纠正151宗，拆除747宗，面积6.1万平方米，组织开展34次大规模集中强制拆除行动。河源市城监大队对华达南街、兴源路、黄子洞、纬十五路黄沙市场、文昌路、永祥路、文祥路、等路段，530个破损脱落的挂旗广告、招牌和贴墙广告进行集中整治。城管综合执法受理投诉2936件，其中市"12345"服务热线交办件2160件、市信访管理系统16件，直接投诉反馈电话760件，办结率、反馈率均100%。（宋锋）

【村镇建设与管理】 *村镇规划编制* 2017年，河源市94个建制镇均已完成总体规划编制；全市完成村庄规划的行政村981个，村庄规划编制率80.9%；全市255个省定贫困村，全部完成村庄规划编制，完成率100%。

生态文明城镇村庄建设 2017年，河源市推进农村生活垃圾设施升级改造，全市建成5个垃圾填埋场、93个垃圾转运站、9872个垃圾收集池，基本投入运营。东源县灯塔、船塘，龙川县麻布岗，连平县忠信，和平县彭寨、紫金县蓝塘等6个区域无害化垃圾处理场完成规划选址、用地预审、环评、立项等前期准备。全市农村生活垃圾有效处理率96.62%，无害化处理率85%，村庄保洁覆盖率100%；分类减量比例52.81%。明确农村生活垃圾管理工作绩效考核办法，对年度考核结果排名最后的县区进行通报批评，连续两年排名最后的县区，县区党委、政府主要领导要向市委、市政府书面检讨，对分管领导进行问责；对年度考核结果排名在后10名的乡镇进行通报批评。

宜居城乡建设 2017年，河源市各县区结合本地实际制定出台本地区"特色小镇、美丽乡村"实施方案和行动计划，明确创建示范点。开展编制一批高质量的村、镇规划；实施一批高标准的村庄整治；实施一批重大基础设施和公共服务设施项目建设；建设和完善一批标准住宅小区；建设一批经济适用住房和廉租房；建设一批农民示范新村"宜居村镇六个一"工作。推进6个宜居城镇试点、66个宜居村庄试点的创建，公布第一批历史建筑16处，和平县东水镇大坝村被认定为"中国传统村落"。

农村危房改造 2017年，广东省下达给河源市农村危房改造任务数5600户，开工5600户，开工率100%；竣工5463户，竣工率97.6%。2016年度18506户农房改造竣工验收、资金拨付完成。（袁国省）

【工程建设与建筑业】 *建筑市场管理* 2017年，河源市房屋和市政工程施工报建415项，建筑面积249.39万平方米，造价50亿元，分别比上年增长23%、23.5%、66.4%。全市办理公共建筑工程施工许可298项，面积873万平方米，造价145亿元。办理建筑业企业资质90项，不予行政许可19项；引导企业二级升一级1家，三级升二级10家；新办理工程质量检测资质增项1家。办理外地进驻河源企业50家，办理人员变更信息101项。是年，河源市获"广东省安全生产文明施工示范工地"4项（AA级2项）、"广东省建设工程优质奖"2项、"广东省建设工程金匠奖"2项、"广东省建筑业新技术应用示范工程"1项、"广东省优秀建筑装饰工程奖"3项。河源市图书馆新馆工程获"中国建设工程鲁班奖"。

勘察设计管理 2017年，河源市组织大中型房屋建筑工程初步设计审查51项、建筑面积662.31万平方米，对项目提出40%以上面积按绿色建筑标准设计，做好申报绿色建筑设计标识工作。组织大型市政项目初步设计审查2项，概算投资1.2亿元。完成勘察设计合同信息登记25项，勘察企业分支机构信用信息登记15家，设计企业分支机构信用信息登记15家。全年完成施工图审查备案68项。

招投标管理 2017年，河源市规范工程建设招投标交易环节初步建成公共资源电子交易平台，实现招标投标网上报名和全过程公开环节。全年进入市公共资源交易中心交易的房屋建筑和市政公用工程及相关的配套设施工程项目有51项，造价24.85亿元，其中公开招标36个，预算造价8.54亿元；邀请招标15个，造价16.31亿元。应公开招标的公开招标率100%。

建设工程造价管理 2017年，河源市办理市外造价咨询企业登记12家。完善工程造价咨询企业及从业人员诚信评价体系建设，制定工程造价领域建设单位、造价咨询单位、注册造价工程师信用评价标准。年内，对2家市属造价咨询企业进行动态核查，核查企业办公场所、企业资质、专业技术人员配备、企业管理制度，并聘请专家抽查企业造价咨询项目预结算成果文

件资料，对发现的问题，及时印发整改通知书督促落实整改。办理招标控制价备案17项。配合河源市地方税务局和佛山市建设工程造价站做好河源市房产项目建安工程造价综合指标编制工作。

建筑工程质量安全管理 2017年，河源市重新修订《河源市房屋建筑工程常见质量问题治理实施办法（第二版）》，增加外墙饰面砖脱落防治等技术措施，限制外墙贴面砖在高度超过40米的高层建筑使用。查处建筑施工转包违法分包行为，打击建筑施工非法违法行为。是年，对2家涉及使用不合格钢筋的施工企业及项目负责人作出行政处罚，罚款金额30.7万元。

2017年，河源市开展建筑施工安全专项整治，各级主管部门检查在建工程94个，发出整改通知书73份、停工通知书17份、动态扣分通知书26份，其中检查起重设备446台，发现隐患532处，184台设备被责令停止使用，责令拆除2台起重设备，65个工程项目被责令停工整改。

建筑工程监理 2017年，《河源市建筑行业诚信管理暂行办法》重新修订。全年记录良好信息28项，良好行为（红榜）5项；信用扣分15项、不良行为（黑榜）5项、不良行为4项。强化施工现场安全管理，切实做好安全隐患排查治理活动，实施动态扣分，督促有关责任主体落实整改；深入开展“安全月”“质量月”以及举办观摩会等活动，提高从业人员的质量安全意识。

建设科技与绿色建筑 绿色建筑。2017年，《河源市绿色建筑设计指导图集》编制完成。开展《绿色建筑评价标准》培训班，组织培训市县住房城乡建设主管部门、建筑设计单位、工程监督、业主、施工和监理相关技术人员近100人。是年，全市取得广东省绿色建筑设计标9项，建筑面积44.59万平方米，9项通过绿色建筑专篇施工图审查认定，建筑面积40.5万平方米。完成绿色建筑85.09万平方米，超额完成省住房和城乡建设厅下达河源市建筑面积40万平方米的绿色建筑任务。

建筑节能减排。2017年，河源市开展建筑领域节能宣传月活动，《2017年河源市建筑领域节能宣传月市级宣传活动方案》制订。组织有关人员30多人次分别参加省住房和城乡建设厅组织的广州和深圳两地绿色建筑项目观摩活动。

新型墙体材料及散装水泥推广。2017年，河源市开展预拌商品混凝土企业专项检查，检查全市32家预拌商品混凝土生产企业。全年征收新型墙体材料专项基金499.7万元，新型墙体材料专项基金返退848.1万元。全年散装水泥使用量198.4万吨，散装水泥供应量116.48万吨，混凝土供应量488.87万立方米。全市新增预拌混凝土企业2家。查处无资质设立预拌混凝土企业，全市查处有站无资质预拌混凝土企业7家。 *（袁国省）*

【房地产业与住房保障】 *房地产开发* 2017年，河源市完成房地产开发投资223.93亿元，比上年增长27.4%，其中市区开发投资118.64亿元，比上年增长13.2%。批准预售商品房557.15万平方米，比上年增长96.07%；其中市区批准预售商品房250.41万平方米，比上年增长84.07%。

房地产市场 2017年，全市销售新建商品房528.86万平方米，比上年增长29.62%；其中市区销售274.06万平方米，比上年增长43.26%。全市新建商品房销售额287.1亿元，比上年增长53.37%，其中市区154.45亿元，比上年增长69.51%。全市新建商品房销售均价5429元/平方米，比上年上涨18.33%，其中市区6432元/平方米，比上年上涨18.32%。河源市房管局全年办理商品房预售款审批1179宗，审批使用资金91.57亿元，占当年商品房销售额的51.95%。截至年底，河源全市商品房库存301.87万平方米，其中商品住房库存221.7万平方米，比上年底增加8.28万平方米；非商品住房库存量80.17万平方米，比上年底减少10.05万平方米。

房屋权属管理 2017年，河源市不动产登记与交易信息管理平台启用，实现整个河源市（含县区）不动产登记业务全流程网上运行。河源市房地产管理局全年发放不动产权证23451本，面积382.63万平方米，其中初始登记1565宗，面积128.3万平方米；完成商品房合同备案20929份，预告抵押登记13833宗；完成档案查询证明65000份，档案入库27682份。房屋租赁登记备案305宗，面积6.95万平方米；房产测绘15220宗，面积145.16万平方米；白蚁预防办证面积333.7万平方米。 *（黄集宏）*

物业管理服务 2017年，《河源市规范业主委员会管理工作方案》制订。截至年底，全市住宅小区成立业主委员会并正常运作112个，占23.43%，其中源城区79个。各县区对成立业主委员会但未正常运作、具备成立业主委员会但未成立进行逐步规范管理。督促各县区做好物业小区高空抛物治理、充电设施建设、消防安全等工作。

（袁国省）

房屋征收管理 2017年，河源市实施房屋征收项目32个，征收307户，面积5.3万平方米，发放补偿资金2.8亿元，被征收人均得到妥善安置。

保障性住房建设 2017年，河源市新开工棚户区改造项目7个1814套（户）；新增基本建成各类保障性住房、棚户区改造4个项目545套（户）；新增发放低收入住房保障家庭租赁补贴41户；新增分配入住政府投资建设公租房704套，解决2816人的住房困难。年内，市本级新增分配入住公租房195套。

住房公积金管理 2017年，河源市住房公积金实缴单位2620个，实缴职工151896人，年内新开户355个单位23900人。年内新增归集

住房公积金18.82亿元，比上年增加1.9亿元，增长11.22%；累计归集114.43亿元，归集余额39.5亿元。新增发放贷款2763笔7.44亿元，比上年减少231笔9600万元；累计发放贷款57.53亿元，贷款余额32.1亿元；新增办理提取48198笔14.22亿元，累计提取74.93亿元。*（陶洪伟）*

【河源市大同北路市政道路提升改造工程完工通车】 河源市大同北路（红星路—永和路）提升改造项目工程位于新市区大同北路，呈南北走向，南起红星路，北止于永和路，道路全长1.27千米。项目总投资4465.8万元，改造及新建机动车道、人行道、排水排污管道、优化交叉口、完善绿化、照明、交通、停车、消防设施等。将混凝土路面改造成沥青混凝土路面，车行道在原16米的基础上东西两侧各拓宽5.25米，拆除两侧绿化带，车行道拓宽为26.5米，由原双向4车道改建为双向6车道，两侧路边设置停车带，停车位135个。道路两侧种植小叶榄仁，人行道铺设透水砖，安装LED路灯。项目于2016年12月底动工建设，2017年6月完成，全面通车。

【河源市新风路市政道路提升改造工程完工通车】 2017年，河源市新风路（文明路—永福路）提升改造工程，南起文明路，北至永福路，改造道路全长1.23千米，宽21~28米，双向四车道。项目总投资3051.5万元，扩宽两侧车行道、铣刨现状混凝土路面改造成沥青路面、拆除绿化带、改造人行道、改造雨污排水管道、整合综合管线及高压线下地、道路绿化景观、照明系统等。文明路至红星路段重新铺设沥青，红星路至永福路段在原来12米车行道的基础上，两侧各扩宽3.3米，车行道扩宽为18.6米。改造工程于2016年12月底开工，2017年8月完成升级改造通车。*（袁国省）*

附录：河源市住房和城乡建设管理部门主要领导

河源市住房和城乡规划建设局
党组书记、局长：凌金文
河源市房地产管理局
党总支书记、局长：叶　豪
河源市城市综合管理局
党组书记、局长：张金城
河源市住房公积金管理中心（房改办、住保办）
党支部书记、主任：傅运光

梅州建设

【概况】 梅州市位于广东省东北部，1988年设地级市，土地面积15925平方千米，其中市区面积3053平方千米。截至2017年底，梅州市户籍人口550.11万人；常住人口437.43万人，其中城镇人口216.48万人。全年全市地区生产总值1125.82亿元，完成固定资产投资806.77亿元，完成建筑业总产值302.28亿元，完成房地产开发投资额218.04亿元。建成区面积154.99平方千米，建成区绿化覆盖率39.79%，人均公园绿地面积18.44平方米，城镇生活垃圾无害化处理率100%，生活污水集中处理率96.96%。是年，住房和城乡建设部公布第二批"全国特色小镇"名单，梅州市丰顺县留隍镇名列其中。

梅州市住房和城乡建设存在问题是城镇化水平偏低、中心城区辐射带动能力不强、发展特色不明显等。*（刘志军）*

【城乡规划】 规划编制 2017年，《梅州市城市总体规划（2015—2030）》获得省政府批复，重点完成《中心城区市政专项规划》《中心城区"三旧"改造规划》《梅州市区生态控制线划定》《中心城区综合管廊规划》《梅州市海绵城市专项规划》《梅州低碳生态城区规划》等专项规划，推进中心城区控规全覆盖，实现中心城区内建设用地的控规覆盖率88%。基本完成《梅州历史文化名城保护规划》，启动《梅州市城市地下空间开发利用规划》《梅州市中心城区步行和自行车交通系统专项规划》编制。督导开展县（市）城乡村建设规划编制，抓好梅州市349个省定贫困村创建社会主义新农村示范村规划编制的协调指导，完成梅州市第四批6个中国传统村落保护发展规划。全市镇级规划编制完成104个，占100%；村庄规划完成1870个，占91%。

2017年，梅州市开展"振兴发展两大政策"（粤东西北和原中央苏区振兴发展）研究，形成《梅州中心城区市政基础设施建设计划》《梅州中心城区道路沿线景观提升方案》《梅州中心城区出入口景观提升方案》《梅塘湾休闲健身公园规划设计》等研究成果。服务双龙铁路（梅州段）的规划建设，配合有关部门做好规划选线、站场周边的规划研究。

规划管理 2017年，梅州市中心城区规划体制改革依据《关于理顺梅州城区规划管理体制实施方案》要求，上收梅县区城市规划区范围内的规划管理权限，设立市城乡规划局梅江分局、梅县分局。"多规合一"议事规则、管理办法印发实施，平台上线工作顺利运行。完成梅州市第二批132处历史建筑普查、申报、评审和颁证挂牌工作。

2017年，梅州市核发建设用地规划许可证44宗，审批修建性详细规划80宗，核发建设工程规划许可证490宗（含市政项目建设工程规划许可证135宗），召开市规划委员会4次、审议议题47个。构建信息管理平台，梅州市城乡规划一体化平台、地下管线管理信息系统运行。*（罗琦）*

城市更新 2017年，梅州市完成中心城区"三旧"改造专项规划编制。全市在改造项目91个，涉及面积226.73公顷。年度新增"三旧"改造面积54.57公顷，完成改造面积47.88公顷，当年投入资金7.44亿元，节地面积31.47公顷，节地率65.73%。完成广东省下达梅州市2017年度“三旧”改造任务。

（胡耀鑫）

【城市市政公用设施建设与管理】

市政建设　2017年，梅州市城区市政基础设施完成投资17亿元。完成梅水路连接广州大桥西端道路、碧桂园道路、梅兴路、梅州大桥东端堤上道路、彬芳大道和华南大道港湾式公交站，亭芹洋片18条市政道路建设项目75%。《梅州城区市政公用事业发展“十三五”规划》编制完成。梅州城区完成地下综合管廊管廊结构施工6.2千米，开工管廊道路建设11条。其中，嘉应新区梅州市江南新城棚改区地下综合管廊等市政基础设施项目完成49.59%。沥青混凝土路面累计完成5.5千米。梅县新城地下综合管廊等市政基础设施项目开工道路有平安路、三丰道路、三葵道路、公园南路4条。梅县区剑英大道延长线、客都大桥连接线工程、区政府西侧等市政道路基本完工；进城大道工程（宪梓大道南至高铁梅州西站）项目，首期工程完成工程量的90%。

2017年，梅州市开工建设地下管廊12.5千米，建成地下综合管廊6.52千米。（郑志尚　李清玉）

城市园林绿化　2017年，梅州市实施城市“双修”工程。完成客天下入口处景观绿化提升、彬芳大道南街旁绿地改造、广州大桥与万象江山闲置地交叉口、万象江山侧周边空地等绿化建设，对城南高速出口、机场圆盘等对外窗口采取时花和绿植造景，对泮坑路、机场路（206国道）、芹洋内环路及外环路、客都大道等主要道路进行增花添绿。完成梅江大道、客天下、梅龙西路、东山大道、梅塘西路、等路灯建设改造；督促各机关企事业单位维修、安装景观灯；实施沿江两岸大型建筑物安装景观灯饰，打造城市天际线，一江两岸形成色彩斑斓的夜间景观带。截至年底，全市人均公园绿地面积18.44平方米，建成区绿化覆盖率和绿地率分别为39.79%和36.99%。（郑志尚）

绿道建设　2017年，梅州市建成省立绿道45千米，城市绿道11千米，完善中小学周边绿道35千米，建设完善绿道配套设施26个，建成社区体育公园39个。（李清玉）

城市环境卫生　2017年，梅州市城区生活垃圾处理量21.52万吨（含梅县区新县城和部分乡镇），无害化处理率100%。环保能源（生活垃圾焚烧）发电项目建设完成87.36%。新建西阳、长沙两个受纳场。奇龙坑垃圾填埋场通过设备升级改造，有效提升渗滤液处理效率。建筑废弃物资源化再利用项目开展项目选址。

2017年，梅州市梅县区城区主要街道路面按照16小时的保洁要求进行保洁。小区定点定时，一天二次收集垃圾。推行环卫作业市场化，基本实现“管干分离”。梅江区环卫基础设施改造升级，归读公园南端中转站动工建设，学院路、虹桥、金三角等中转站进行改造。完成百岁山、秀兰桥等8座公厕改造。新增大型垃圾收运车辆11辆，配套箱斗73个；11辆环卫黄标车更替资金落实到位，确保完成淘汰任务。义化路、沿江西路、沿江河堤

2017年梅州市住房和城乡建设主要指标

指标名称	实绩	比上年增长（%）
固定资产投资额（亿元）	806.77	24.05
建筑企业（家）	163	6.54
建筑业总产值（亿元）	302.28	12.93
建筑企业期末从业人员（万人）	8.51	24.05
建筑企业劳动生产率（万元/人）	35.52	–8.69
房屋建筑施工面积（万平方米）	1870.7	32.85
商品房屋销售额（亿元）	315.35	40.6
商品房屋销售面积（万平方米）	536.14	21.44
房地产开发投资额（亿元）	218.04	26.4
建成区绿化覆盖率（%）	39.79	2.11个百分点
人均公园绿地面积（平方米）	18.44	–4.80
人均城市道路面积（平方米）	13.24	16.75
城市自来水普及率（%）	90.89	5.73个百分点
人均生活用水量（升/日）	175.41	–20.4
城市燃气普及率（%）	97.33	1.26个百分点
城市液化石油气供应总量（万吨）	3.29	–42.52
城市天然气供应总量（万立方米）	2573.71	104.91
城市污水处理厂（家）	9	12.5
城镇生活垃圾无害化处理率（%）	100	0
城镇化率（%）	49.49	0.9个百分点
住房公积金缴存额（亿元）	27.29	16.42
住房公积金贷款发放额（亿元）	12.38	–16.07
保障性安居工程基本建成套数（套）	3070	–64.01
绿色建筑面积（万平方米）	68.17	–2.34

（梅州市住房和城乡建设局）

▲梅州市芹洋沿江路绿化景观（2017） （梅州市城市管理和综合执法局供稿）

绿植花卉式果皮箱按时养护更新。四轮作业车辆全部完成GPS定位安装。 （郑志尚）

城市生态保护建设　城市空气环境治理。2017年，《梅州市大气污染防治2017年度实施方案》《梅州市人民政府关于印发梅州市区禁止黄标车通行实施方案的通知》《梅州市人民政府关于禁止黄标车在梅州市区通行的通告》《梅州市人民政府关于印发梅州市2017年黄标车淘汰工作方案的通知》《梅州市人民政府办公室关于印发梅州市污染天气应对工作方案的通知》制定实施。《梅州市人民政府关于对全市黄标车淘汰工作进行重点督办的通知》《梅州市人民政府关于进一步加强黄标车淘汰工作督办力度的通知》颁发，全市范围开展为期三个月黄标车专项整治，推进黄标车淘汰。是年，梅州市城区环境空气质量优良率99.2%。

城市噪音治理。2017年，梅州市城区道路交通声环境平均等效声级为69分贝，比上年降低0.2分贝，符合国家《声环境质量标准》（GB 3096—2008）中4类标准。梅州市城区区域声环境平均等效声级54.8分贝，符合国家标准的1类区昼间标准，城市区域环境噪声总体属较好水平，比上年降低0.4分贝。梅州市城市功能区噪声达标状况与上年基本保持稳定。

饮用水源保护。2017年，梅州市饮用水源地水质达标率保持100%，10个省考核断面（含3个国考断面）达标率90%。组织各县（市、区）环保执法人员参照省督查模式开展交叉执法检查专项行动，由市环境保护局牵头组成8个检查组采取交叉驻点检查的形式，重点督查各县级落实“小散乱污”“十小”企业、饮用水源保护区内违法建设项目的取缔情况，中央环保督察期间交办案件和重点信访案件处理等。 （曾令勇）

城市水环境建设　城镇污水治理。2017年，梅州市8个县（市、区）整县推进镇级污水处理设施建设采购工作完成，其中已建镇级污水处理设施23座，已建配套管网69.18千米；在建镇级污水处理设施33座，在建配套管网248.98千米。丰顺县、蕉岭县、梅县区、兴宁市、平远县、五华县整县推进村级污水处理设施建设采购工作完成，其中已建村级污水处理设施65座，已建配套管网67.29千米；在建村级污水处理站57座，在建配套管网101.66千米。芹洋跨江疏污工程完成竣工验收；完成江南水质净化一厂中水回用工程。江南一污提标改造、二污扩建提标立项。周溪河、黄塘河黑臭水体整治项目完成可研编制和专家评审。

河涌综合整治。2017年，《梅州市达标水体工作方案》《梅州市（榕江北河永安桥断面）达标工作方案》编制完成，实施《梅州市主要河流断面水质监测考核办法》，加强19个跨县河流交接断面水质考核管理，每月对水污染防治考核断面水质达标情况进行通报、预警。截至年底，榕江北河永安桥断面达到Ⅲ类目标考核标准。会同住房和城乡建设、水务部门开展城区黑臭水体整治。饮用水源地水质达标率保持100%，10个省考核断面（含3个国考断面）达标率为90%。

城区内涝治理。2017年，梅州市海吉星物流园区防涝排水工程完工。梅州城区排水防涝设施现状普查和规划编制项目完成竣工验收。

城市供水　2017年，梅州市城区完成549个小区、3万多户用户的供水管网改造。供水总量6314.37万立方米，用水人口48万人。新城水厂建设完成主体工程并通水调试。供水水质综合合格率99.8%，漏失率下降10%，维修及时率由85%上升至96%。全市自来水年供水总量14068.01万立方米。

城市供气　2017年，梅州市城区燃气普及率97%。天然气全年供气量2573.71万立方米，累计完成投资3544.25万元，新建市政管道24.82千米，庭院管道52.39千米，天然气管网基本覆盖梅州城区（含梅江区和梅县区），并成功跨越秀兰大桥进入芹洋半岛。加强燃气行业监管，开展城区天然气、液化气6家公司的燃气经营许可证换证，对各公司气库进行第三方安全评估，确保燃气安全供应。

城市综合管理　2017年，梅州市结合“四城同创”（创建全国文明城市、国家环保模范城市、国家旅游休闲示范城市、国家森林城市）迎接世界客商大会，开展城区市容市貌环境综合整治。整治市容“六乱”，加强梅水路、金燕大道、正兴路等沿路新建楼盘店招设置管理。客商大会市容环境组牵头部门，协调17个成员单位，动员社会力量做好基础设施建设、景观美化提升、公共服务保障、喜庆祥和氛围营造等工作。推行城管进社区，借力镇（街）、居（村）群众工作的优势，提升城管服务水平和群众满意度。启动对城区13个公园广场推出免费WiFi信号全覆盖服务。公共自行车服务进入招投标准备阶段。继续实施城区8米以下道路及巷道路灯安装，扩大惠民面积。

2017年6月，梅州市委、市政府颁发《关于深入推进城市执法体制改革改进城市管理工作的实施方案》，撤销梅州市城市综合管理局，设立梅州市城市管理和综合执法局。市城市管理和综合执法局与各县（市、区）城市管理执法部门建立行政主管关系，畲江、蕉华工业园由市城市管理和综合执法局派驻执法。梅州市设立梅江区城市管理和综合执法局、梅江区城市建设管理监察大队，原市城综局下属的园林绿化、城市照明、市政养护、市场物业等7个单位及相应职能划转移交给梅江区。

2017年7月，成立以梅州市市长为主任的市城市管理委员会，作为市政府城市管理和综合执法协调议事机构。9月，如期实现与全国统一换装。

2017年，梅州市推进市、县（市、区）数字化城管平台建设，6月运行，与梅江区政府和30个市直单位建立信息对接平台。建立全市数字化城市管理监督考评机制，颁行《市数字化城市管理实施办法（试行）》《市数字化城市管理评价办法（试行）》。（郑志尚）

【村镇建设与管理】 中心镇建设 2017年，梅州市制订《梅州市中心镇“六个一”建设实施方案》，在全市17个中心镇及3个建制镇创新推进“六个一”建设，筹备266个项目，总投资220亿元。截至年底，累计完成投资42.45亿元。特色小城镇建设突出特色产业打造，兼顾生态环境保护、历史文化传承、基础设施建设和体制机制创新，留隍镇成功入选第二批“国家特色小镇”。推进广东省新型城镇化“2511”试点镇（项目）建设，省财政下达200万专项资金用于梅县区雁洋镇和客天下旅游产业园项目建设。

宜居城乡建设 2017年，梅州市开展第五批中国传统村落申报。截至年底，梅州市四批46个中国传统村落累计获得中央财政专项补助1.38亿元（300万元/村）拨付到各县（市、区）财政，相关保护项目有序推进。6月8—9日，梅州市委、市政府在市委党校举办全市美丽乡村建设专题研讨班，各级各部门相关领导和工作人员参加。邀请清华大学建筑学院副教授、住房和城乡建设部传统村落专家委员会副主任委员罗德胤作“传统村落与美丽乡村建设”专题讲课。

农村危房改造 广东省下达梅州市2017年农村危房改造年度任务7809户（包括2200户国家改造任务），优先安排给分散供养特困人员2347户、建档立卡贫困户5462户。截至年底，竣工6147户，竣工率78.69%（国家任务数2200户于12月10日前竣工）。（李清玉）

【工程建设与建筑业】 2017年，梅州市建筑业总产值302.28亿元，比上年增长13%。全年获“广东省建设工程优质奖”1项、“梅州市建设工程优质奖”2项、“广东省房屋市政工程安全生产文明施工示范工地”9项、“梅州市房屋市政工程安全生产文明施工示范工地”19项。

建筑市场管理 2017年，梅州市制定《关于充分发挥行业协会作用引导建筑市场健康发展的指导意见》，推进社会信用体系和市场监管体系建设。全市录入平台数据库存的建筑施工企业有946家、工程监理企业119家、勘察设计企业230家、工程招标代理企业87家、工程造价咨询企业46家、审查机构1个、其他76家。全年记录不良行为数据42条，良好行为数据43条。

勘察设计管理 2017年，梅州市勘察设计质量监督，以施工图审查为主要抓手，落实勘察设计质量责任，通过采取诚信扣分、通报方式，促使勘察、设计单位提高勘察设计行业成果质量。全年完成施工图审查658项，其中市政基础设施工程68项、房屋建筑工程437项、装修改造工程56项、其他工程97项；审查建筑面积1266.87万平方米，发现违反工程建设标准强制性条文171条。

招标投标管理 2017年，梅州市执行招标文件告知性备案及实施招投标“信息五公开”制度等监督管理措施，淡化事前审查，强化事中、事后监管。通过招投标过程视频监控、现场实地检查、随机抽查等方式对招标人（招标代理机构）的招投标活动进行监督。全市全年房屋市政工程招投标项目511个（其中公开招标374个、邀请招标137个），中标金额124.54亿元。

建设工程造价 2017年，《梅州市住房和城乡建设局公房零星维修工程项目单价表（2017）》出台。在“梅州市住房和城乡建设局网站”每季度发布梅州市城区建筑工程部分材料参考价格。调解建筑工程造价纠纷10宗，定额解释12宗。

市政府投资建设项目管理。2017年，《梅州市政府投资市属非经营性建设项目代建管理办法》修订并颁布实施。全年实施代建（含代管）项目91项，总投资131.63亿元。其中，代管工程5项，江南新城重点项目在建工程4项，总投资109.38亿元；梅州市足球文化公园建设项目在建工程1项，总投资3亿元。当年新接收代建项目53个，总投资8.33亿元；当年竣工项目30个，总投资8.17亿元。

建筑工程质量安全管理 2017年，梅州市获“广东省建设工程优质奖”1项、“梅州市建设工程优质奖”2项、“广东省房屋市政工程安全生产文明施工示范工地”9项、“市房屋市政工程安全生产文明施工示范工地”17项。组织开展“质量月”活动，建材打假专项治理行动，做好住宅工程质量分户验收工作，重点整治新建住宅工程特别是保障性安居工程涉及渗、漏、裂和给排水、电气、节能等方面影响使用功能的问题。《梅州市房屋使用安全管理办法》颁布实施。年内，梅州市通过组织多次全市范围的建筑施工安全生产检查及专项整治。“安全生产月”活动，通过标语、板（墙）报、手机短信等多种形式，宣传建筑施工安全生产法律法规及安全知识。推进房屋市政工程施工现场安装视频监控，实现安全生产、文明施工动态监管。

建设科技与绿色建筑 绿色建筑。2017年，梅州市以大型公共建筑、政府投资公益性建筑、保障性住房以及嘉应新区范围内新建建筑为重点，抓绿色建筑标准贯彻执行。梅州市通过施工图设计审查绿色建筑项目198个，建筑面积910.76万平方米。有5个项目获得绿色建筑设计评价标识，标识面积30.76万平方米，其中大埔县人民医院改扩建工程（住院大楼）项目获得省标二星A绿色建筑设计标识。年内，《梅州市建筑绿色化发展实施方案》颁行，《2017年梅州市建筑节能与绿色建筑发展工作计划》制定实施。

建筑节能减排。2017年，梅州市完成212栋国家机关办公建筑和大型公共建筑的能耗统计，按要求进行公示。全市国家机关办公楼面积222.94万平方米，单位面积能耗3.81千克标准煤/年。梅州市提高建筑节能强制性标准执行率，未按规定执行建筑节能标准的工程项目不予竣工验收备案，全市新建建筑节能强制性标准在设计阶段和施工阶段执行率100%。梅州市创建国家可再生能源建筑应用示范市（县），基本实现学校、医院、宾馆全部使用太阳能热水器，在完善资料，等待广东省、国家验收。

新型墙体材料及散装水泥推广。2017年，梅州市禁止使用实心黏土砖，全市新型墙材生产企业有15家，年生产规模11亿块标准砖。其中，加气混凝土生产企业8家，年生产规模7亿块标准砖；其他新型墙材生产规模4亿块。全年全市新型墙体材料产量120万立方米，利用废旧材料60万吨。梅州城区房屋建筑工地现场禁止现场搅拌砂浆，基本使用预拌砂浆；高强钢筋在建筑工程应用已经普及，梁、柱纵向受力部位均使用HRB400级以上高强钢筋。 *（杨海）*

【房地产业与住房保障】 房地产开发 2017年，梅州市房地产开发完成投资218.04亿元，比上年增长26.4%，其中商品住宅完成投资171.18亿元，比上年增长46.9%。商品房新开工面积606万平方米，比上年增长23.7%，其中商品住宅新开工面积469.29万平方米，比上年增长25.1%。梅州城区（含梅县区）房地产开发完成投资108.36亿元，比上年增长2.1%，其中商品住宅完成投资77.99亿元，比上年增长15.4%。商品房新开工面积341.47万平方米，比上年增长19.7%，商品住宅新开工面积247.77万平方米，比上年增长20.8%。

房地产市场 2017年，梅州市商品房销售面积536.14万平方米，比上年增长21.44%，其中商品住宅销售483.92万平方米，比上年增长22.48%。商品住宅全年销售均价为5643.82元/平方米，比上年增长17.65%。梅州城区（含梅县区）商品房销售面积288.35万平方米，比上年增长19.16%，其中商品住宅销售250.57万平方米，比上年增长16.35%。商品住宅全年销售均价6355.84元/平方米，比上年上涨18.07%。《梅州市供给侧结构性改革2017年去库存工作方案》制订，全年梅州市净化解非住宅商品房4.06万平方米，超额完成2017年度去库存任务。年内，“梅州市区商品房预售资金监管系统”建立，《关于规范商品房项目信息公示行为的通知》印发。会同市发展和改革局开展商品房销售价格行为专项检查，检查9个重点内容，抽查全市76家房地产业企业，未发现梅州房地产企业存在捂盘惜售、炒卖房号、操纵市场价格的行为。

房屋权属管理 2017年，梅州市区完成新建商品房同名分户登记19001套，面积146万平方米；完成二手房（含商品房）交易登记18008套；完成预购商品房和现房抵押登记16475件。

房屋租赁管理 2017年，梅州市推进住房租赁市场发展，与建设银行梅州分行签订《梅州住房租赁发展战略合作意向书》《梅州市住房租赁交易服务系统建设合作协议》，初步确定未来五年内，由中国建设银行向梅州市住房租赁市场参与主体授信30亿元，2018年提供3亿元资金，支持梅州市培育发展住房租赁市场。

物业管理服务 2017年，《关于建立梅州市物业管理联席会议制度的通知》实施，明确梅江区、梅县区政府的物业管理主体责任，并对各职能部门的工作职责进行详细划分。督促物业服务企业依约做好物业服务。

保障性住房建设 2017年，梅州市各级住房保障部门投入资金10.8亿元，完成棚户区改造开工建设3792套（含货币安置600户），基本建成3070套（含公租房223套），新增发放租赁补贴301户，超额完成广东省下达的目标任务。公租房分配入住方面，分配入住比例90%以上，完成广东省政府下达的任务。全年梅州城区租赁补贴发放193户22万元。梅州市直单位发放住房货币补贴对象273人，补贴金额508.3万元。

2017年，梅州市争取中央、省补助资金支持，获得12.65亿元的融资贷款授信，为棚户区改造做好资金准备。同时，推进人才公寓建设，通过政府采购方式购买市级人才公寓，完成招标工作。（谢汉奎）

住房公积金管理　2017年，梅州市住房公积金归集27.29亿元，累计归集总额159.03亿元，归集余额68.02亿元，全市缴存覆盖率79.33%。全年提取住房公积金18.87亿元，提取率69%，累计提取91.01亿元。全年发放个人住房抵押贷款12.38亿元，累计发放个人住房抵押贷款95.44亿元，贷款余额59.24亿元，全市个贷率为87%；全年新增贷款4798户，累计发放贷款50416户。全市发放“公转商”贴息贷款317户0.84亿元。（王响珍）

【留隍镇入选“全国特色小镇”】　2017年8月，住房和城乡建设部公布第二批“全国特色小镇”名单，梅州市丰顺县留隍镇名列其中，成为继梅县区雁洋镇之后，梅州市第二个入选“全国特色小镇”的乡镇。留隍镇位于韩江中下游、丰顺县东北部，东南毗邻潮州、揭阳。全镇总面积428.23平方千米，人口94563人，潮州话人口超过8.5万人。留隍镇在春秋战国属百越地，又名万江市。汉代，隶属南海郡揭阳县，南宋朝绍兴十年县城曾设此处，后才迁揭阳玉窖村。相传宋末皇帝南逃时曾在万江古庙求神庇护，躲过追兵，取“万江古庙可留皇”而得名，后为避元朝耳目，将皇字加上“阝”旁成“隍”，留隍沿袭至今。

【梅州市入选重大市政工程领域PPP创新工作重点城市】　2017年2月，国家发展和改革委员会、住房和城乡建设部联合印发《关于进一步做好重大市政工程领域政府和社会资本合作（PPP）创新工作的通知》，确定并公布开展PPP创新工作的重点中小城市名单，梅州市榜上有名，成为广东省唯一入选的城市。（刘志军）

附录：梅州市住房和城乡建设管理部门主要领导

梅州市住房和城乡建设局
　党组书记、局长：陈伟建
梅州市城乡规划局
　党组书记、局长：陈震云
梅州市城市管理和综合执法局
　党组书记、局长：谢钦文
梅州市水务局
　党组书记、局长：陈海燕
梅州市住房公积金管理中心
　党支部书记、主任：段　成

惠州建设

【概况】　惠州市位于广东省东南部，1988年设地级市，全市土地面积11343平方千米，市区面积2672平方千米，建成区面积355.70平方千米。海域面积4520平方千米，海岸线281千米。截至2017年底，常住人口477.7万人，户籍人口369.24万人。是年，惠州市地区生产总值3830.58亿元，比上年增长7.6%；完成固定资产投资2234.88亿元，比上年增长9.6%。全年完成建筑业总产值214.58亿元，比上年增长32.77%。完成房地产开发投资884.19亿元，比上年增长31%。城镇生活污水处理率96.4%，城镇生活垃圾无害化处理率100%。建成“海绵城市”面积10平方千米。环境空气质量居珠江三角洲第一、全国74个重点监测城市排名第六。城市管理执法体制改革，在全省率先设置城市治理分院。7月，惠州市入选住房和城乡建设部第三批生态修复城市修补试点城市，是广东省唯一入选城市。9月，惠州市被环境保护部评为首批国家生态文明建设示范市，生态城市健康指数位于全国第六。

惠州市住房和城乡建设存在问题是区域城乡发展不平衡、不充分问题较为突出，统筹协调发展的任务依然艰巨；违法建设问题时有发生，城市建设管理水平有待提升。（赵丽霞）

【城乡规划】　规划编制　2017年，惠州市启动新一轮城市总体规划修编，完成《惠州市城市总体规划（2016—2035年）纲要》上报省住房和城乡建设厅，《〈惠州市城市总体规划（2016—2035年）〉环境影响篇章》《〈惠州市城市总体规划（2016—2035年）〉水资源论证》完成初稿。12月，惠州市委、市政府颁布《惠州市新型城镇化规划（2016—2020年）》，到2020年，全市常住人口城镇化率75%，户籍人口城镇化率65%。《惠州市“十三五”近期建设规划（2016—2020年）》修改完善，编制《惠州市城市空间发展战略规划》，《惠州市生态控制线划定工作方案》《惠州市海岸带保护与利用管理规定》《惠州市海绵城市专项规划（惠城区、仲恺高新区）》编制完成，配套制定《惠州市海绵城市建设管理暂行办法》。编制完成惠州市水口滨江片区概念性城市设计及控制性详细规划、空港经济产业园规划、惠城南站地区空间战略研究和分区规划。完成惠城区商业服务业设施用地规划初步方案。推进“多规合一”（城市总体规划、土地利用规划、产业布局规划、社区布局规划），完成惠城区、仲恺高新区“多规合一”控制线划定，市级多规合一信息平台在建设。

2017年，惠州市优化《惠州市城市轨道交通线网规划》，组织编制《深惠城际轨道惠州段交通详细规划》，完成《惠州市市综合交通规划修编》草案。编制《惠州北站地区分区规划（含核心区城市设计）》《惠州市惠城南站地区空间战略研究》《惠州市惠城南站地区分区规划》以及惠州北站、惠城南站高铁枢纽地区市政工程详细规划、高铁站站区规划等高铁新城相关规划。

2017年，《惠州市海岸带保护与利用规划》《惠州鹅岭桥东下角片区中小学校用地扩展规划研究》《惠城中心区老村庄用地协调规划》《惠城区公益设施布点规划》通过市政府审批。《惠州自主创新示范区空间发展规划（2016—2025年）》上报省住房和城乡建设厅，《惠州市区工业控制线划定及管理规定》通过专家评审，惠州市区商业服务业设施规划形成中期方案，惠城区户外立柱广告布点规划完成招标。

2017年，惠州市中心城区近期建设地区控制性详细规划覆盖率97%，惠州市政府批复实施惠城区部分中小学校扩展用地图则调整规划、现代农业示范园控制性详细规划调整、水口青塘湖片区、惠城区江北东区（金龙大道东南片区）以及惠城区金龙大道东北片区等控制性详细规划。惠州市惠城区高新科技产业园南部片区控制性详细规划（修编）通过市城市规划委员会审议。《惠州市金山湖片区概念性城市设计与控制性详细规划》待上报市政府审批。《惠州市地下综合管廊专项规划》修编完成，惠州市西湖截污工程、广惠高速汝湖出入口景观提升、金榜隧道慢行系统完善工程、火车西站永联路至黄洞村道路工程等规划完成编制和报批。

规划管理　2017年，惠州市住房和城乡规划建设局核发建设项目选址意见书47宗，核发建设用地规划许可证243宗，核发建设工程规划许可证751宗，总建筑面积811.6万平方米。设计报建阶段审批审查总时限由130个工作日压缩为84个工作日，实际审（查）批需46个工作日。通过采取承诺制，将部分项目的审查时间提至国土部门颁发不动产权证之前，提前48个工作日。首次以公开招投标的方式确定新增3个预拌混凝土站点经营权。

城市更新　2017年，惠州列入全省唯一国家“城市双修”试点城市，制订《惠州市生态修复和城市修补总体工作方案》，形成包含70余项工程的“城市双修项目库”。是年，广东省下达惠州“三旧”改造任务为新增实施改造140公顷，完成改造92.33公顷。年度考核期内新增实施改造项目186.66公顷，完成改造项目面积95.58公顷，均超额完成任务。

历史文化名城保护　2017年，惠州市成立历史文化名城保护委员会及专家委员会，设立由规划、建筑、文化、文物、历史等领域专家组成历史文化名城专家库。制订《惠州市历史建筑普查认定工作方案》，开展第一批县区级历史建筑和第二批市级历史建筑普查。编制《惠州市历史城区消防专项规划》《水门公园修建性详细规划》，起草《惠州市历史建筑修缮补助资金管理办法》。《惠州市古驿道保护利用规划》启动编制。编制完成《惠州水东街历史文化街区规划与建筑方案设计》、龙门县功武村、鹤湖围村和惠东县溪美村3个中国传统村落保护发展规划。8个村庄被命名为第二批“惠州市传统村落”。截至年底，惠州市有“中国传统村落”10个，“广东省传统村落”10个，“惠州市传统村落”15个。

（赵丽霞）

2017年惠州市住房和城乡建设主要指标

指标名称	实绩	比上年增长（%）
固定资产投资额（亿元）	2234.88	9.6
建筑企业（家）	333	60.86
建筑业总产值（亿元）	214.58	32.77
建筑企业期末从业人员（万人）	6.06	18.82
建筑企业劳动生产率（万元/人）	41.99	30.41
房屋建筑施工面积（万平方米）	7604.45	11.2
商品房屋销售额（亿元）	1628.81	5.1
商品房屋销售面积（万平方米）	1645.65	-7.1
房地产开发投资额（亿元）	884.19	31
建成区绿化覆盖率（%）	44.08	1.08个百分点
人均公园绿地面积（平方米）	17.88	0.17
人均城市道路面积（平方米）	13.14	-6.74
城市自来水普及率（%）	98.49	-0.03个百分点
人均生活用水量（升/日）	270.08	7.63
城市燃气普及率（%）	98.4	-0.13个百分点
城市液化石油气供应总量（万吨）	4.89	-18.4
城市天然气供应总量（亿立方米）	1.41	0.93
城镇污水处理厂（家）	87	3.57
城镇生活垃圾无害化处理率（%）	100	0
城镇化率（%）	69.55	0.5个百分点
住房公积金缴存额（亿元）	64	9.24
住房公积金贷款发放额（亿元）	14.07	-48.41
绿色建筑面积（万平方米）	700	259

（惠州市住房和城乡规划建设局）

【城市市政公用设施建设与管理】

市政建设　城市基础设施建设。2017年，惠州市17条城市主次干道推进建设。金石二路、机场路二期

建成通车，5条高速公路在建，惠州大道东段延长线、芦泰大桥动工建设。赣深高铁、广汕高铁惠州段动工建设。（赵丽霞）

市政道路建设管理。2017年，惠州市惠城中心区建成使用的市政道路、桥梁总长298.58千米，面积914.8万平方米，桥梁、隧道总数73座。市政道路桥梁设施管养维护累计投入资金2800万元，维修沥青路面3.76万平方米、混凝土路面2897.35平方米、人行道6.83万平方米、侧石8227米。市政道路桥梁设施完好率95%。

城市照明。2017年，惠州市城市中心区实施白泥三路路灯工程、龙丰路路灯改造工程和江北会展中心西侧道路路灯工程。全年安装路灯74盏，铺设线路1348米，安装配电箱3台。维修更换LED灯具1259套、各类灯泡4395盏，维修更换LED灯珠14556个。维修换线（含被盗换线）19.8千米，维修配电箱552台次。截至年底，市区城市照明线路总长1450千米，灯具9.06万盏，主干道城市照明设施完好率亮灯率95%。（吴珊）

城市园林绿化　城市园林建设。2017年，惠州市区（含惠城、惠阳、大亚湾、仲恺四区）园林绿地面积10745.33万平方米，比上年增加522.6万平方米，绿地率39.99%，绿化覆盖率44.08%，人均公园绿地面积17.88平方米，分别比上年增长2.75%、2.51%、0.17%。惠城中心区实施园林绿化市场化养护总面积516.7万平方米，实施原模式和金山河、青年河小流域绿化养护面积33.7万平方米，行道树7.38万株，新增绿地管养面积6.6万平方米。

惠州西湖创建国家AAAAA级旅游景区。2017年，惠州西湖风景名胜区接待游客1221.5万人次，其中西湖景区736.5万人次，红花湖景区485万人次。年内，惠州西湖推进创建国家AAAAA级旅游景区，着重抓好景区景观质量、环境质量和服务质量的整治提升，提升景区硬件设施和软件水平，景区生态环境、旅游交通、游客中心、智慧景区等配套服务设施全面提升，新建和改扩建旅游厕所20座，改建优化停车场9个，提供停车位2200个；启用西湖至红花湖的交通接驳专线。补植绿化6000平方米，更新修复建筑轮廓灯3000多米，增加、修复座凳近百套，摆放、种植时花6万多盆，补植乔木、灌木38万株。覆盖免费WiFi，实现以统一综合管理系统为基础，景区官网、手机APP为窗口的一体化的智慧景区服务管理体系，优化升级景区数字化导游WAP页并成功上线。规范景区各类标识内容和补充标牌6000块，主要的大型指示牌使用标识中、英、法、日、韩五国文字。联办2017年春节花灯博览会、第二届西湖读书节、慈善幸福行、公益助学徒步、半程马拉松等大型活动，分别引入兰花展、罗浮琴社月度演出、非物质文化遗产剪纸手艺等展示活动，引进梵高画院、5D影像体验馆等文化创客团体；在丰湖书院新增书院藏书1225册，连续举办小小说大课堂、书法研讨、国学公益系列讲堂等活动。

园林绿化工程。2017年，惠州市园林管理局组织实施园林建设维护项目93项，全年完成投资1.58亿元。百莘园、荔浦风清和市民公园公共景观部分一期等完工向市民开放。（周丽献）

城市环境卫生　环卫设施建设。2017年，惠州市惠东和龙门县垃圾焚烧发电厂投入试运行，博罗县和惠阳区（与大亚湾区合作建设）垃圾焚烧发电项目二期开展前期工作，市生态环境园一期焚烧发电项目（日处理能力1600吨）完成总体进度60%，推进填埋场和综合污水配套项目。市区垃圾填埋场应急填埋工程竣工启用。推进新建5座和改造5座垃圾中转站。采购10辆天然气垃圾运输车辆、450台三轮电动保洁车、2000套雨衣具、4000个果皮箱、5500套环卫工作服。《惠州市区建筑废弃物资源化利用工作方案》制订。

市容保洁。2017年，惠州市桥西，南门、麦地、江北、下角、河南岸等环卫所开展24小时保洁示范区共建活动。实施市区主要道路冲洗降尘，马路更加干净整洁。开展垃圾中转站和运输车“跑冒滴漏”整治、桥下清洁大行动、打击跨区违法倾倒垃圾专项行动等各类整治70余次，清理垃圾600余吨。处置建筑垃圾总排放量600万立方米，纠正各类违法违章行为48次。

生活垃圾处理。2017年，惠州市生活垃圾全部实现无害化处理，处理量5453吨/日。截至年底，全市建成垃圾转运站152座，配备专用垃圾压缩车199辆，各类收运车辆3000辆，建成农村垃圾收集点3万多个。全市城镇生活垃圾无害化处理率100%，城乡生活垃圾无害化处理率95%，农村保洁覆盖率、市区及各县城中心区无害化处理率、垃圾处理费征收率均为100%。博罗县入选住房和城乡建设部第一批100个农村生活垃圾分类和资源化利用示范县。

爱国卫生运动　2017年，惠州完成农村卫生改厕1000户，卫生厕所普及率98.35%，粪便无害化处理率96.05%。博罗、惠东、龙门3个县城和惠城区三栋镇、博罗县石湾镇分别被授予“国家卫生县城”“国家卫生镇”，博罗县园洲镇重新确认为“国家卫生镇”。创建市级卫生镇4个，全市创建省级卫生村72个、市级卫生村81个。（邓萨）

城市生态环境保护　2017年，《惠州市自然资源资产清单管理及生态资产（GEP）核算制度》《惠州市自然资源资产绩效评价办法》颁布。

城市空气环境治理。2017年，惠州市完成国华电厂和平海电厂4台燃煤发电机组超低排放改造。35台10蒸吨/小时高污染燃料锅炉全部淘汰或完成清洁能源改造。6家中型石化企业“泄漏检测与修复”

▲惠州市大亚湾第二水质净化厂鸟瞰（2017）（惠州市环境保护局供稿）

改造通过专家验收。全年淘汰黄标车1406辆，超额完成任务。大气污染防治，采取"两停两限两禁一洗"管控应急措施，实施工地停工117个、企业限产63家。市区环境空气质量优良天数比例94.8%，在全国74个重点监控城市排名第六，珠江三角洲排名第一。

城市噪声治理。2017年，惠州市对中心区噪声扰民严重的酒吧进行专项治理，取缔噪声严重扰民的餐饮店。加强建筑施工噪声污染整治，对建筑施工实行多部门联合审批，整治违法超时施工，对重复违法施工单位实施限批。市区区域环境噪声和市区道路交通噪声均达到标准要求，均与上年持平。

城市土壤污染防治。2017年，《惠州市土壤污染防治行动计划工作方案》《2017年惠州市土壤污染防治工作方案》印发实施。完成包括114个耕地、32个林地测点的土壤环境质量监测点位布设。全市危险废物处理率100%。（杨哲）

饮用水源保护。2017年，惠州市中心区取用东江水源，水质达到国家地表水环境质量Ⅱ类标准，全市城镇供水水源地水质达标率100%。市水质检测能力198项，包括《生活饮用水卫生标准》（GB5749—2006）所要求106项。（梁家庆）

城市水环境建设。污水处理设施建设。2017年，惠州市建成梅湖污水处理厂三期主体工程。新建农村污水处理设施368个，全市行政村"一村一设施"建设基本完成，共建设农村污水处理设施1022座。截至年底，全市建成投产城市（县城）生活污水处理厂37座，处理能力117.4万吨/日；镇级生活污水处理厂50座，处理能力44.1万吨/日。城镇生活污水处理率96.4%。全年污水处理设施建设和运行综合考核全省排名第三。新建截污管网175千米。（赵丽霞　杨哲）

河涌综合整治。2017年，惠州市整治淡水河、潼湖、沙河、公庄河和直排东江主要支流等重点流域污染。推进79条县镇河涌污染整治，完成整治64条，动工15条。望江沥、新开河等河涌整治完成主体建设；莲塘布河、河桥水、冷水坑河、小金河、陈塘河、马安河、南东坑水、风门坳河、白石渠9条市区河涌投资规模30多亿元，动工整治。完成陆源入海排污口摸底排查，查实非法排污口3个，完成整治。整治7个饮用水源地存在的13个违法建设项目和24个违法建筑。完成南丰湖15万平方米水域的生态修复工程。（杨哲）

整治黑臭水体。2017年，惠州市完成整治7条黑臭水体，27条黑臭水体全面开工整治，开工率100%，累计完成投资21.9亿元（含征拆费用），其中2017年投资11.3亿元。完成清淤疏浚19.17万立方米，对133个排污口实施截污，截流污水89万吨/日，清理临时非法养殖场181个，生猪2.5万头。（赵丽霞）

城市排水。2017年，惠州市城市中心区下水道总长1142千米，泵站21座。新增排水管道59千米，检查井1651套，进水井2378个，更换排水管道28.05千米。清疏排水管道35.10千米；清疏检查井、集水井1.81万座；更换检查井及侧向排水阀92座。全年污水收集输送总量1.43亿立方米，日均输送量39.6万立方米。

城市内涝治理和雨污分流。2017年，惠州市累计投入2310万元，对惠城中心区永安街、升平街、水北七路路口、惠州大桥北桥头东侧、东平窑头西路等26处市政道路排水进行专项改造。截至年底，市区排水管网总长1142千米，其中雨水管606千米，污水管536千米，雨污合流110千米。（吴珊）

城市供水　2017年，《惠州市城市供水用水管理规定》《惠州市城镇生活饮用水二次供水管理办法》修订印发，6月30日起执行，有效期5年。在全省城镇供水规范化考核中，惠州得94分，全省排名第三。在全省率先完成总投资23.1亿元的59宗村村通自来水工程，提前一年解决全市63个镇814个行政村138.89万人（受益人口203.3万人）的饮水问题。观洞水库应急备用水源工程动工建设，惠阳水厂二期工程动工建设，建后供水能力将从20万吨/日提高至40万吨/日。惠东稔平半岛供水工程累计完成投资4.96亿元。是年，惠州全市用水总量20.23亿立方米，单位地区生产总值用水量52.8立方米/万元，万元

工业增加值用水量22.1立方米/万元。（梁家庆）

城市供气　2017年，惠州市瓶装液化石油气覆盖全市，管道燃气覆盖惠城区、惠阳区、大亚湾经济技术开发区、仲恺高新技术开发区，惠东县和博罗县局部区域。全市有液化石油气三级储配站33座，库容2445.00吨；天然气气化站3座，库容90.41吨。天然气汽车加气站8座，库容200吨，年用气量3640万立方米。瓶装燃气供应站691个，供气管道总长度2908.75千米。全市液化石油气用户4.89万户，液化石油气年用气量4.89万吨，全市天然气用户44.94万户，年用气量1.41亿立方米。连续13年未发生责任事故。（赵丽霞）

城市综合管理与执法　2017年，惠州市推进“和美网格”管理，惠城区主城区划分责任网格1546个、550名网格员定位在相应网格，开展巡查管控。“和美网格”应用被评为“2017年广东省电子政务优秀案例”。

市容市貌整治。2017年，惠州市清理市区户外违法广告，整治施工扬尘、开展“两江”综合治理专项整治。施工扬尘专项整治，对拒不停工的违规工地采取钢管桩查封的行政强制措施。引摊入室，指导小贩中心项目建设运营。疏导夜间烧烤摊档，推广无烟烧烤炉具。全年组织各类整治行动2000次，出动人员4万人（次）。惠州市运用“和美网格”“无人机”数字城管高空视频和卫星遥感等技术手段，治理违法建设，全年拆除各类违法建设5159宗、面积185万平方米。建成全市地面建筑普查数据库。查处违法设置广告牌130宗，清理乱拉挂条幅广告4000余条，清除“牛皮癣”2.5万张，清理移动灯箱3000多个。

2017年，惠州市颁发《关于深入推进城市执法体制改革　改进城市管理工作实施方案》，完成城管执法制式服装和标志标识更换。成立全省第一所市委党校城市治理分校。组织全市城市管理系统中层以上干部190人分赴四川大学、浙江大学和扬州大学开展城市执法体制改革和城市管理执法业务培训。

数字城管系统建设。2017年，惠州市成立推进智慧化城市管理建设工作领导小组，拓展“惠民城管通”平台便民服务功能，开放户外活动登记、市区洗车场申报、更名及年审登记等手机网上业务办理渠道，整合数字城管处置通等系统平台应用。年内，数字城管和“惠民城管通”平台接收各类问题及咨询1.73万宗，处置率92.7%。（张卫根）

【村镇建设与管理】　村镇规划　2017年，惠州市组织编制《惠州市特色小镇规划指引》。推进县（区）域乡村建设规划编制，惠城区、惠阳区、博罗县、仲恺高新区完成规划编制，惠东县、龙门县在编制。全市150个省市贫困村基本完成整治规划，制订150个省市贫困村创建社会主义新农村示范村实施方案。

宜居村镇建设　2017年，惠州市组织编制《惠州市全域推进农村人居生态环境综合整治建设规划》。博罗县入选住房和城乡建设部第一批100个农村生活垃圾分类和资源化利用示范县。博罗、惠东、龙门3个县城和惠城区三栋镇、博罗县石湾镇分别被授予“国家卫生县城”“国家卫生镇”，博罗县园洲镇重新确认为“国家卫生镇”。全市创建省级卫生村72个。是年，惠州市2个建制镇命名为市级宜居示范城镇、36个村庄被命名为市级宜居示范村庄。9个社区被评为2016年“广东省四星级宜居社区”。

农村危房改造　2017年，广东省下达惠州市农村危房改造任务4600户，农村危房改造累计总任务为9950户。截至年底，农村危房改造开工9436户，占全市总任务数的95%，竣工8273户，提前超额完成广东省下达的目标任务。（赵丽霞）

【工程建设与建筑业】　建筑市场管理　2017年，惠州市完成建筑业总产值214.58亿元，比上年增长32.77%。建筑企业333家，建筑企业期末从业人员6.06万人，房屋建筑施工面积7604.45万平方米。惠州市住房和城乡建设局核发建设施工许可证51宗，总造价61.57亿元。核准建筑业企业资质业务234项，核准工程检测机构资质业务9项。编制装配式建筑专项规划。全年获“广东省建设工程优质奖”4项、“广东省建设工程金匠奖”4项、“广东省安全生产文明施工示范工地”6项，“广东省建设工程项目施工安全生产标准化工地”13项、“惠州市建设工程优质奖”6项、“惠州市安全生产文明施工示范工地”38项。

勘察设计管理　2017年，惠州市住房和城乡规划建设局办理施工图审查备案924宗，办理勘察设计招投标备案50宗。开展勘察设计企业项目信用信息核查，防止转包、分包、挂靠等违法行。资质动态核查28家勘察设计企业。开展优秀工程勘察设计评优，22个项目获奖。

招投标管理　2017年，惠州市房屋建筑和市政基础设施工程施工招标244项，工程造价76.75亿元，其中公开招标234项，工程造价69.41亿元；邀请招标工程10项，工程造价7.34亿元。

建设工程造价管理　2017年，惠州市完成市直工程标底备案41项，总金额1581万元；施工合同备案36项，合同总金额6510万元；竣工结算备案21项，总金额3854万元“惠州市建设工程造价监测信息化系统”完成测试。年内，惠州市政府投资建设工程项目初步设计概算审批职能由市发改局转至市住房和城乡规划建设局，完成惠州市规划馆、美术馆和金石三路概算审核的第三方咨询单位选取工作。编辑出版《惠州工程造价信息》期刊4期，发布建筑材料品种和规格数量分别为863项和3878项。对8家工程造价咨询企业开展资质动态核查。制订《惠州市建设工程造价问题咨询业务指南》。

建筑工程质量安全管理 2017年，编制《惠州市建设工程质量检测管理规定》。惠州市住房和城乡规划建设局完成监督报建项目54个，建筑面积173.14万平方米，建筑投资66.93亿元。监督竣工验收36个，竣工验收面积149.39万平方米，工程竣工合格率100%。发出试验报告6.3万份、检测报告638份。累计抽查在建工地196个，抽取混凝土原材料273组，建筑材料119组，排查用钢量4.35万吨，抽样检查安全网、安全帽、安全带、扣件4类共80组安全防护用具，发出整改通知书25份。

2017年，惠州市住房和城乡规划建设局办理安全监督工程56项，建筑面积201.57万平方米，工程造价85.52亿元。全年开展施工现场消防安全管理、建筑起重机械安全管理和建筑工地文明施工管理，实施安全生产标准化考评。全市累计出动检查人员4880人次，抽查房屋市政工程建筑工地2080项次，下发工程质量和安全整改（停工）通知书3706份。180台建筑起重机械安全运行良好。

建设科技与绿色建筑 绿色建筑。2017年，广东省下达惠州市新增绿色建筑面积200万平方米，截至年底，惠州完成绿色建筑面积700万平方米，2个建筑项目获“广东省二星级绿色建筑示范项目”。年内，开展7批绿色建筑评价标识项目评审，81个项目参与评审，63个项目获得绿色建筑评价标识证书，面积635万平方米。每年安排绿色建筑专项资金300万元至2021年，编制《惠州市绿色建筑专项资金管理办法》。《惠州市绿色建筑发展专项规划》在编制。

建筑节能减排。2017年，惠州市新建建筑设计阶段、施工阶段100%执行建筑节能标准，全市102个新建项目同步配套设计太阳能光热或光电系统，新增设计备案建筑面积135.82万平方米；验收32个太阳能光热应用项目（六层及以下居住建筑和公共建筑热水消耗大户），新增太阳能应用建筑面积44.88万平方米。市区和各县（区）城区内建设项目新型墙体材料使用占总墙体比例100%；完成7.26万平方米既有建筑节能改造及173栋国家机关办公建筑和大型公共建筑能耗统计。全年全市城镇新增节能建筑面积2684.02万平方米，节能验收建筑面积1314.97万平方米。累计建成节能建筑面积7548.85万平方米。

新型墙材及散装水泥推广。2017年，惠州市74家新型墙体材料生产备案企业，年生产能力2500万立方米，新型墙体材料应用比例100%。全市完成散装水泥供应量1246万吨、使用量1985万吨，预拌混凝土使用量730万立方米，预拌砂浆11万吨，散装水泥使用率62.7%。

信息化建设。2017年，惠州市办理道路红线图出图业务314宗；道路红线图更新入库31宗；办理提供数字地形图业务76宗；更新入库1：500地形图385幅；办理规划信息查询业务160宗；政务网站公示材料3116份。 *（赵丽霞）*

【房地产业与住房保障】 *房地产开发* 2017年，惠州市挂牌经营性土地面积359.05万平方米，比上年下降0.8%；成交面积301.89万平方米，比上年下降31%。全年完成房地产开发投资884.19亿元，比上年增长18.3%；商品房施工面积7604.45万平方米，比上年增长11.2%，其中住宅施工面积5884.61万平方米，比上年增长13.3%；房屋新开工面积1991.19万平方米，比上年增长9.5%，其中住宅新开工面积1611.02万平方米，比上年增长17.3%。

房地产市场 2017年，惠州市制定出台3年限售、限价等措施，开展房地产市场专项整治和商品房销售价格行为联合检查，发现并纠正不规范销售行为100宗，约谈开发企业83家，立案查处虚假违法房地产广告案件11件，查处违法违规中介机构21个、开发企业6家，公开曝光典型案例11件。启动住房租赁改革，11月25日，惠州市人民政府、中国建设银行广东省分行举行住房租赁战略合作协议签约仪式。

2017年，惠州市商品房批准预售面积1478.96平方米，比上年增长28.57%。全市商品房可售面积1082.01万平方米，比上年增长3.4%。全年新建商品房销售面积1645.65万平方米，比上年下降7.1%；销售金额1628.81亿元，比上年增长15.1%。全年二手房成交面积576.23万平方米，比上年增长23.7%，成交套数48948套，比上年增长24.3%，成交金额271.54亿元，比上年增长61.1%。

房屋权属管理 2017年，惠州市办理各类不动产登记业务140818宗。完成60万份新增及全部库存产权档案扫描及影像上传，实现产权信息实时互通共享。接收林业、海域档案2000余份，迁移仲恺高新区产权档案5.5万份。查阅利用档案78201份，接收档案143688份。完成各类测绘案件6223宗，面积1044万平方米。

房屋征收管理 2017年，惠州市作出征收决定项目10个，征收面积71600平方米；完成征收项目4个，征收面积42200平方米；做出补偿决定7个，补偿面积6314平方米；法院裁定政府组织实施2个，面积727.21平方米。

物业管理服务 2017年，惠州市建成“智慧物业服务平台”，完成对337家企业信息采集和动态检查，实现业务工作全系统上线办理。完成住宅专项维修资金增值收益3.81亿元的分配，50多万户业主受益。建立维修资金使用现场查看制度和维修价格数据库，实行第三方审价与数据库信息比对同步进行。惠城区维修资金新开户49个住宅小区、5.9万户，归集资金2.18亿

元；使用316宗，受益面积551万平方米，受益业主48077户。

2017年，惠州市完成房屋白蚁防治400万平方米，房屋安全鉴定93宗。维修加固水东街75号等老旧公房，安装、更换、维修应急设备1500多件。

直管公房及保障性住房后续管理。2017年，惠州市完成市区租期已满的非住宅直管公房市场化公开招租工作；加大老旧公租房排查整改治理力度，完成公租房租金收缴、维修维护、物业服务费补贴拨付等后续管理工作。《惠州市市直单位住房基金管理办法》修订出台。收取租金1858.89万元，完成公租房维修634宗。审批使用住房基金38万元。（王晓东）

保障性住房建设　2017年，广东省下达惠州市的住房保障工作任务是抓公租房配租，2013年底前建设的房源已配租10516套，完成率为110.5%，2014年度建设的房源已配租3823套，完成率为136.5%，超额完成广东省下达的年度任务。惠南居保障性住房项目建成投入使用。

公租房配租。2017年，惠州市开展惠城中心区第六批公租房配租，1589户家庭符合公租房申请资格,配租房源1320套，截止年底，1198户住房保障家庭选房并入住。年内，城中心区357户异地务工人员和稳定就业人员符合公租房申请条件，入住276户。

住房保障制度建设。217年，惠州市印发实施《惠州市人才安居暂行办法》，制定《惠州市复退军人住房保障工作实施方案》，草拟《惠州市区房地产开发企业信用管理办法》。

棚户区改造。2017年，惠州市新开工城市棚户区改造1700户，其中货币化安置857户，实物安置843户，开工率103%。建成452套，建成率100%，货币化安置占新开工比例的50.4%。采用政府购买服务模式启动惠城区江北望江片及龙丰小新村城市棚户区改造，完成项目选址、环评批复等前期工作。（赵丽霞）

住房公积金管理　2017年，惠州市新增住房公积金开户单位954个，新增缴存职工21.66万人，净增缴存职工4.16万人。全市实际参缴单位6225个、人数60.65万人，实际缴存人数比上年末增长7.37%，住房公积金覆盖率65%。全年住房公积金缴存额64亿元，比上年增长9.24%。提取住房公积金45.9亿元，比上年增长9.58%；发放住房公积金个人住房贷款4580笔，金额14.07亿元，分别比上年下降58.36%和48.41%。历年累计发放个人住房公积金贷款173.03亿元，年末住房公积金贷款余额108.37亿元。全年实现住房公积金增值收益18566.53万元。2017年安排廉租房建设补充资金12000万元，历年累计安排廉租房建设补充资金85247万元。经惠州市住房公积金管理委员会2017年度工作会议审议通过，自2018年1月1日起，惠州市住房公积金贷款购买首套商品房个人最高额度由原来的30万元提高到40万元，夫妻双方共同贷款最高额度由原来的50万元提高到60万元；使用住房公积金贷款购买二套房个人最高额度由原来的20万元提高到30万元，夫妻双方共同贷款最高额度由原来的40万元提高到50万元。有效期5年。（陈佛安）

【惠州入选生态修复城市修补试点城市】　2017年7月12日，惠州入选住房和城乡建设部第三批生态修复城市修补试点城市，是广东省唯一入选的城市。惠州市探索“城市双修”的组织模式，适宜技术，资金筹措和使用方式，制订《惠州市生态修复和城市修补总体工作方案》，形成包含70余项工程的“城市双修项目库”，补足城市基础设施短板，提高公共服务水平，注重改善生态环境质量，通过“城市双修”，提高生态宜居性和可持续性。（赵丽霞）

【惠州市被评为国家生态文明建设示范市】　2017年9月22日，惠州被环境保护部评为首批国家生态文明建设示范市。惠州市从20世纪末起确立生态立市战略，2002年被评为国家环境保护模范市，2012年启动国家生态市创建，2015年起升级为国家生态文明建设示范市创建。惠州市推进大气、水污染防治，实现城镇生活污水处理设施“一镇一厂”、行政村农村污水处理“一村一设施”、生活垃圾无害化处理“一县一场”、转运“一镇一厂”、收集“一村一点”、禁养区“零养殖”等目标，系统治理市、县区、镇办、村四级河涌，完成工业废气治理、锅炉废气治理、交通废气治理任务。生态示范创建，省级生态镇占比超过80%，市级以上生态村实现全覆盖，所有县区均已达到国家生态文明建设示范县区创建标准要求；对自然保护区、森林、江河、海洋、海岛、湿地等自然要素实行全要素保护。环境空气质量稳居全国74个重点城市前列，连续三年排名珠江三角洲第一；东江干流惠州段水质稳定达到国家II类标准，饮用水源水质达标率100%。（杨哲）

附录：惠州市住房和城乡建设管理部门主要领导

惠州市住房和城乡规划建设局
党组书记、局长：甘少权

惠州市园林管理局、惠州市西湖风景区管理局
党委书记、局长：陈茂良

惠州市市容卫生环境管理局
党委书记、局长：朱燕含

惠州市城市管理行政执法局
党组书记、局长：李　箫

惠州市房产管理局
党委书记、局长：陈力强（任至2017年3月）　袁贵平（2017年4月起任职）

惠州市公用事业管理局
党委书记、局长：邬泽勤

惠州市水务局：

党组书记、局长：周文高

惠州市住房公积金管理中心

党组书记、主任：袁贵平（任至2017年4月）、杨小明（2017年5月起任职）

汕尾建设

【概况】 汕尾市位于广东省东南沿海，1988年1月设地级市，总面积5271平方千米。截至2017年底，全市常住人口305.33万人（不含深汕特别合作区297.76万人）；户籍人口362.82万人（不含深汕特别合作区355.12万人）。全年全市地区生产总值855.37亿元，完成固定资产投资669.33亿元，完成建筑业产值25.86亿元。环境空气综合质量指数全省排名第一。全市污水处理率87.48%，城镇生活垃圾无害化处理率93.04%。市区建成区绿化覆盖面积762.26公顷，市区绿地面积729.26公顷，其中公园绿地面积341.26公顷，人均公园绿地面积17.1平方米。

2017年，汕尾市深汕城际捷运列车开通运营，广汕高铁汕尾先行段动工建设。市政路网，汕尾大道改造升级，红海西路建成通车，汕马路、通航路、红海中路、红海东路、香洲路等一批市政道路拓宽优化。国道G324陆丰穿城段改建工程、海丰莲花大道、陆河大道南段、汕遮路等县区重要干道加快建设。小漠国际物流港、甲湖湾电厂10万吨级煤码头、陆丰（粤东）核电厂重件码头工程建设推进。市区新建公共停车场10处、新开通公交线路7条。新区3个起步区建设完成固定资产投资50.8亿元。中央商务区功能日趋完善，站前广场及周边配套设施建成，保利大都汇、农商行大厦、万升广场、深汕中心医院、市民服务广场及碧桂园、星河湾、恒大、雅居乐等相继进驻，一批城市综合体及星级酒店动工建设。

汕尾市住房和城乡建设发展存在的主要问题是经济发展不充分，经济水平与珠江三角洲等发达地区有较大差距，城市规划建设管理水平不高，中心城区首位度仍需提高，城市公共服务配套设施亟待完善。 （蔡曙光　林永锐　林燕婵）

【城乡规划】 规划编制　2017年3月7日，汕尾市城市规划委员会审议通过《汕尾市品清湖区域空间发展规划》。年内，《汕尾品清西片区控制性详细规划》《汕尾高新技术产业开发区红草园区启动区控制性详细规划修编》《汕尾市区中央商务区城市规划设计》《星河湾汕尾品清湖首期项目规划设计方案》经汕尾市城市规划委员会审议通过。2月17日，《汕尾火车站片区医院用地控制性详细规划》调整，经汕尾市城市规划委员会审议通过，汕尾市中心医院（深圳援建）落户中央商务区；5月12日，该项目设计方案通过汕尾市城市规委会委员会第三次会议审议。

2017年6月，“汕尾海绵城市示范区城区中央海绵公园建设项目”前期研究启动，主要包括《汕尾海绵城市示范区——城区中央海绵公

2017 年汕尾市住房和城乡建设主要指标

指标名称	实绩	比上年增长（%）
固定资产投资额（亿元）	669.33	2.59
建筑企业（个）	51	6.25
建筑业总产值（亿元）	25.86	3.4
建筑企业利税总额（亿元）	2.4	10.1
建筑企业期末从业人员（万人）	1.14	-25.5
建筑企业劳动生产率（万元/人）	25	40.45
房屋建筑施工面积（万平方米）	222.57	35.3
商品房屋销售额（亿元）	86.76	-14.16
商品房屋销售面积（万平方米）	135.95	-30.14
房地产开发投资额（亿元）	86.4	52.19
建成区绿化覆盖率（%）	42.95	2.79 个百分点
人均公园绿地面积（平方米）	17.1	18.92
人均道路面积（平方米）	12.58	-0.86
城市用水人口（万人）	82.04	2.49
城市自来水普及率（%）	93.43	0.89 个百分点
城市液化普及率（%）	91.37	2.96 个百分点
城市液化石油气供应总量（万吨）	2.1	-24.8
城市天然气供应总量（万立方米）	1048	177.9
城市污水处理厂（家）	6	0
城镇生活垃圾无害化处理率（%）	93.04	4.91 个百分点
城镇化率（%）	55.06	—
住房公积金缴存额（亿元）	3.18	48
住房公积金贷款额（亿元）	5.34	11
保障性安居工程基本建成套数（套）（城区棚户区改造住房）	100	0
绿色建筑面积（万平方米）	43.58	10.6

（汕尾市住房和城乡建设局）

园项目建议书》和《海绵城市建设经验专题研究》两部分内容；12月，汕尾海绵城市示范区城区中央海绵公园建设项目形成初步方案。

规划管理　截至2017年底，汕尾市全年办理建设用地规划许可74宗，用地面积325.05万平方米。确定西片区蔬菜批发市场、禁毒教育基地、东部污水处理厂市区西北部等4个垃圾转运站和中央商务区、金町湾旅游度假区、红草产业园区、捷胜片区消防站及消防战勤训练基地、建筑垃圾再生利用砖厂等多个项目选址。

2017年10月31日，汕尾市政府颁发《关于授权汕尾高新技术产业开发区管理委员会第一批实际管理权限的公告》，汕尾市把开发区建设项目选址意见书核发、建设用地（含临时用地）规划许可证核发等7项权限授予汕尾高新技术产业开发区管理委员会。

2017年，汕尾市城乡规划局牵头开展汕尾市区城乡规划建设遥感监测疑似违法图斑核查。从4月至5月底开展汕尾市2016年度市区城乡规划建设遥感监测疑似违法图斑核查29宗。8月，汕尾市市政管网普查及现场补充测绘工作启动。10月，"地下管网信息平台"硬软件系统建设搭建完成，并试运行。

城市更新　2017年11月14日，《汕尾市区"三旧改造"专项规划（2016—2020）》通过专家评审会。汕尾市和顺村"三旧"改造于2016年启动，该项目规划设计方案通过专家组评审，于2017年2月17日经汕尾市城市规划委员会审议通过。

（康微）

【城市市政公用设施建设与管理】

市政建设　2017年，汕尾市动工建设市区汕马路（含通航路）升级改造、红海东路东段升级改造、环品清湖金湖路东段（示范段）岸线景观修复、新湖大道南段、东城大道东段（一期）、桂园东路等、金鹏路东段、华师附中汕尾学校西侧新衢路及北侧道路8项市政道路工程。建设市生活垃圾无害化处理中心二期、西片区（含金町湾旅游度假区）污水管网、东区污水处理厂（三期）集污管道3个生活垃圾及污水处理设施工程，以及市区首批公共停车场工程一期项目、林埠山山体边坡稳定加固治理工程、金湖路公共厕所3个民生基础工程。截至年底，建成道路4千米、海上栈道1.9千米、善美广场及新光广场3万平方米、绿化景观带12万平方米、污水管道10千米、雨水管道10千米、供水管道4千米，新增公共停车位500个、公厕4座，完成投资5.5亿元。

（蔡曙光　杨扬）

2017年，汕尾市在市区安装单臂路灯291杆，三头路灯85杆，新安装中国结151套，逐步解决市区10条市政道路有路无灯的问题。对汕尾火车站市区火车站周边、海汕路及金湖路亮化设施升级改造，安装两头射灯301套、洗墙灯2278套、LED灯带2791套，在慈云山公园广场设立高架灯1座，在汕尾市全民健身广场旁绿化岛设立景观灯1座。是年，修复节能灯1200盏，LED路灯8500盏，中国结及景观灯1300盏。

（胡振坤）

城市园林绿化　2017年，汕尾市完成海汕路埔边至汕尾大道罗马广场道路绿化及景观节点改造、汕遮路站前路口至海汕路口道路绿化、东城路市区火车站铁路桥下至东涌路口中间绿化带改造等重点工程项目。筹备和建设中的重点项目有，汕尾市区海滨大道罗马广场至金湖路成业路口道路绿化改造、汕尾市区汕马路（含通航路）绿化改造、奎山公园奎山湖黑臭水体整治工程。是年，汕尾市区道路绿化种植乔木2100多株、灌木8500多株、绿篱1万平方米，铺种草皮12万多平方米，移植树木500株。新设置各类树木支撑架3千副，新建树池340个、铺设格栅500多平方米。出动人工4.2万人次，车辆3150台班。年内，汕尾市园林局接管市区17条（段）20米宽以下道路绿化，补种、修剪等养护提升。

（翁炳东）

城市环境卫生　2017年，汕尾市开展创建卫生城市工作，推进汕尾市生活垃圾无害化处理中心二期工程和陆丰市（东南）生活垃圾焚烧发电厂项目建设，全市的生活垃圾无害化日处理3600吨。开展城市环境卫生整治，组织以整治"六乱"为重点的环境专项行动，在创卫期间，升级改造市区农贸市场18个，整治市区城中村、城乡结合部、老旧社区、居住小区46个，取缔市区占道经营1.2万宗。

（蔡曙光　林永锐　林燕婵）

城市生态环境保护　城市空气环境治理。2017年，汕尾市广东红海湾发电有限公司3号、4号机组超低排放改造工程完成。颁布《关于申领黄标车提前淘汰财政奖励资金有关事项的通告》，提高黄标车提前淘汰财政奖励补贴标准。深莞惠经济圈五市环保部门共同签署《深莞惠经济圈（3+2）大气污染联防联控工作机制协议》。开展淘汰高污染锅炉综合整治和重点行业VOCs挥发性有机化合物治理。对市区建筑工地绿色施工情况和"泥头车"防扬尘措施情况开展执法检查。

2017年，汕尾市区环境空气质量继续保持优良水平，全年环境空气综合质量指数2.96，全省排名第一。全年共监测365天，达标天数为354天，达标率为97%。环境空气质量自动监测项目二氧化硫（SO_2）、二氧化氮（NO_2）、可吸入颗粒物（PM_{10}）、一氧化碳（CO）、臭氧八小时（O_3-8h）和细颗粒物（$PM_{2.5}$）等6项指标年平均浓度值分别为9微克/立方米、13微克/立方米、43微克/立方米、0.8毫克/立方米、93微克/立方米和27微克/立方米。年平均浓度值除PM_{10}、$PM_{2.5}$达到《环境空气质量标准》（GB3095—2012）二级（良）标准限值外，其余项目均达到一级（优）标准限值。与上年相比SO_2没变化、NO_2增长8.3%、PM_{10}增长13.2%、CO无变化、O_3-8h增长6.9%、$PM_{2.5}$增长12.5%。全年汕尾市降尘月均值为5.2吨/平方千米·月，低于广东省排放限值（8吨/平方千米·月），监测值范围在3.5~7.2吨/平方千米·月，比上年5.1吨/平方千米·月增长2%。

城市噪音治理。2017年，汕尾市区有26个道路交通监测点，每年监测1次，全年昼间平均等效声级为67.8分贝，比上年减少0.2分贝；105个区域环境监测点，每年监测1次，全年昼间平均等效声级为56.4分贝，比上年减少1分贝；5个功能区监测点，每季度监测1次，2017年监测结果除交通干线两侧其中1个监测点在第二季度有1个夜间均值略超0.4分贝外，其余监测点位及监测结果均符合《声环境质量标准（GB3096—2008）》昼间、夜间的要求。

饮用水源保护。2017年，汕尾市地级以上市城市集中式饮用水源地主要是赤沙水库、琉璃径水库、赤岭水库，每月监测监测68项，其中3月、7月监测114项。监测项目均符合国家《地表水环境质量标准》（GB3838—2002）Ⅲ类标准，其中赤沙水库水质符合Ⅱ类标准。汕尾市县级行政单位所在城镇集中式生活饮用水源地6个为湖库型水源和1个河流型水源，乡镇集中式饮用水源地湖库型水源地15个和河流型水源地10个，每个水源地设1个监测点，2017年所监测项目均符合国家《地表水环境质量标准》（GB3838—2002）Ⅲ类标准，水质状况优良。

城市水环境建设　城镇生活污水治理。截至2017年底，汕尾市建成污水处理厂7座，城市污水日处理能力28.5万吨，城镇生活污水处理率87.48%。完成广东金道达高速公路经济开发有限公司鲘门服务区污水处理站排口整治。5个省级以上工业集聚区中，2个按要求建成污水集中处理设施，其中1个已安装在线监控装置并与环境保护部门联网。

农村生活污水治理。2017年，汕尾市依法关闭或搬迁全市禁养区内的畜禽养殖企业规模场83个，专业户287个，完成率100%。推进农村环境综合整治，开展农村环境综合整治的建制村37个。年内，汕尾市开展汕尾市“绿盾2017”自然保护区监督检查专项行动，对两个省级自然保护区进行专项督查。

河涌综合整治。2017年，《汕尾市环境保护“十三五”规划》《汕尾市贯彻〈南粤水更清行动计划（2017—2020年）（修订本）〉实施方案》《汕尾市2017年水污染防治工作方案》批准实施。陆河县完成螺河整治及保护项目。汕尾市有9个中型以上湖库，入海河口有黄江河、螺河、乌坎河、赤石河各设置监测断面，江河水质监测黄江河海丰西闸、螺河陆丰八孔水闸，所测项目均符合国家《地表水环境质量标准》（GB3838—2002）Ⅲ类标准，水质状况优良。是年，汕尾市设置9个近岸海域监测点位，全部项目均达到《海水水质标准》（GB3097—1997）相应功能区标准。（蔡曙光　林海鸿）

城区内涝治理和雨污分流。2017年，汕尾市制定市区20米以上主要道路31条以及西片主要道路22条污水管道，海边街（市区汕尾大道至凤照街）、广场路等58条堵塞较严重的20米以下道路（街）雨污水管道的清疏计划逐步实施。对市区破损或被盗丢失的排水管道井盖及时更换，全年更换排水管道方形井盖632个、95套；圆形井盖141个、64套。（胡振坤）

城市供水　2017年，汕尾市自来水公司供水总量5633万立方米，比上年增长9.4%；售水总量3296万立方米，比上年增长10.6%；实现总收入7755万元，比去年同期增长11.4%；新增用户277户（含高层总表用户）；供水水质综合合格率99.6%，水质指标符合国家106项的饮用水标准。

城市供气　截至2017年底，汕尾市区建成液化天然气（LNG）站1座，主干管网完成市政中压管网73.76千米，庭院管网90.55千米。通气的小区118个，在册户数14681户，通气公、商用户124户，累计投资总额9793.12万。供气量18000立方米/日，全年天然气的供应量为1048万立方米。（蔡曙光　林海鸿）

城市综合管理与执法　2017年，汕尾市委、市政府决定取缔市区载客三轮车。市城管执法局负责400部特许经营三轮车和230部残疾人三轮车工友的说服工作以及市区、红海湾所有载客三轮车的回收。取缔行动回收销毁载客三轮车3081部，其中回收特许经营400部、残疾人载客三轮车230部、无牌无证三轮车2682部，实现“零投诉、零上访。市容环境整治全年查处违反环境卫生行为1025宗，纠正规范商家摆放1700多次，取缔乱摆摊点1000多处，暂扣灯箱、货架等经营物品900多个（件）；查处泥头车洒漏、乱抛洒176件，其中立案处理65件，现场劝诫教育111件。全年治理（含拆除）存量违法建设面积18.78万平方米，查处新增违法建设面积11.03万平方米。其中，拆除市区埔边高速出入口违法乱搭建物21间（处）、面积3000平方米；拆除捷胜镇、马宫街道、红草镇竹围村路段主干道两侧违章建筑447间（处）、面积6952.6平方米等。汕尾市区清理整治各种乱挂横幅522多条，查处乱粘贴“牛皮癣”588宗，移交通讯运营商停机小广告电话号码210个，拆除违章和私设的广告设施519个。（胡振坤）

【村镇建设与管理】　宜居城乡建设　截至2017年底，汕尾市创建市级宜居城镇13个、宜居村庄29个。其中陆河县螺溪镇、陆河县河田镇、陆河县河口镇、陆河县河水唇镇、红海湾经济开发区遮浪街道5个镇（街）被省住房和城乡建设厅评为“广东省宜居示范城镇”；陆河县水唇镇高塘村、陆河县新田镇参城村、陆河县河田镇共联村、陆河县新田镇丰山村、陆河县河口镇剑门村、陆河县螺溪镇螺溪村、城区马宫镇长沙村、红海湾开发区遮浪街道四石柱村、红海湾经济开发区遮浪街道田寮村、海丰县黄羌镇坑联村、海丰县公平镇胜高楼村、海丰县平东镇新东村、陆丰市西南镇溪云村、陆丰市西南镇青塘村、陆丰市潭西镇大楼村15个村被省住房和城乡建设厅评为“广东省宜居示范村庄”。 (蔡曙光 林海鸿)

省定贫困村整治创建规划 2017年12月，汕尾市牵头组织广东省建科规划设计院有限公司、广州亚城规划设计院有限公司、汕尾市委农办、市财政局组成市验收专家组对142个省定贫困村整治创建规划编制验收，汕尾市142个省定贫困村整治创建规划编制符合省住房和城乡建设厅验收标准，全部达标。 (康微)

【工程建设与建筑业】 建筑市场管理 2017年，汕尾市房屋建筑和市政基础设施工程核发施工许可证138项，建筑面积465.45万平方米，工程造价92.94亿元。开展打击建筑施工转包违法分包行为和建筑市场监督执法检查专项整治两年行动。将重点项目施工许可审批时限从原来的15个工作日缩短为3个工作日，推进设计施工图审查市场化，引进专业、优质的施工图审查公司，提高审图效率。

2017年，汕尾市在监建设工程195个。其中在建工程110个，完成竣工验收备案工程85个，建筑总面积477.48万平方米，在监市政基础设施工程总长63394米，编制危险性较大分别分项工程施工方案26个。在企业全面自查自纠基础上，全市出动人员2160人次，抽查在建工项目400项次，发出整改通知书和执法建议书1047份。对相关企业及个人实施动态扣分641份（其中施工企业75份，监理企业79份，施工企业主要负责人52份，项目负责人118份，专职安全员103份，总监理工程师98份，专业监工程师116份）；责令停工整改6宗，对相关企业及个人作出警告107宗，作出罚款10宗，罚款金额93.44万元。年内，汕尾市保利金町湾A006、A003、A004地块工程3个项目被评为汕尾市双优工地；6月15日，中建五局保利汕尾金町湾A006地块“超大型阶梯状屋面BIM技术深度应用”获中国科技产业化促进会第三届“科创杯”中国BIM技术交流会暨优秀BIM案例作品展示会大赛施工组二等奖。保利金町湾A006地块工程获广东省双优工地。

勘察设计管理 2017年，汕尾市完成市属房屋建筑和市政工程勘察设计招标3项，其中公开招标3项；应公开招标项目（含施工总承包）工程预算造价1382.26万元、中标价1278.25万元、节约资金104.01万元。全年完成建筑工程项目设计审查299项，建筑面积477平方米，其中房屋居住建筑56项，公共建筑116项，厂房32项，改造及装修工程40项，市政基础设施55项。

招标投标管理 截至2017年底，汕尾市应招标项目225个，工程预算造价48.92亿元，中标价47.84亿元，节约资金10794.42万元，下浮率2.21%。应公开招标225个，实行公开招标225个。

建设工程监理管理 2017年，汕尾市属监理招标项目12个，招标价2636.95万元，中标价2537.72万元。

建设工程造价管理 2017年，汕尾市工程造价信息管理和服务，全年发布人工、材料参考价格5040个。实行工程造价咨询企业和造价工程师守信激励和失信惩戒机制，落实汕尾市最高投标限价、施工合同、竣工结算“三价”备案监管服务平台建设。 (蔡曙光 余经治)

建设科技与绿色建筑 绿色建筑。2017年，汕尾市有4个项目执行绿色建筑标准并取得广东省绿色建筑设计标识，合计执行绿色建筑标准面积43.58万平方米，超额完成广东省下达汕尾市的任务。

建筑节能。2017年，汕尾市执行新建建筑设计阶段和施工阶段的强制性标准，执行率100%。对民用建筑在设计、施工、竣工各阶段严格把关，加强对项目的审查监督，杜绝不符合要求的建筑项目。截至年底，全市所有报建项目严格落实建筑节能标准设计建设。

新型墙体材料及散装水泥推广。从2017年4月1日起，汕尾市停止征收新型墙体材料专项基金。年内，全市范围开展打击建筑工程使用实心黏土砖专项督查，推动汕尾市墙材革新工作。从2017年1月1日起，汕尾市在县城区禁止现场搅拌砂浆，全年全市预拌混凝土用量280万立方米，散装水泥用量111万吨。 (蔡曙光 林铁洪)

城建档案管理服务 2017年，汕尾市城建档案馆接收整理档案4085卷（件），其中：工程竣工档案1194卷，规划用地档案91卷；文书档案2800件，电子文档24件；对建设工程档案进行预验收18宗，核发《建设工程档案初审意见》18宗，核发《工程档案认可书》9宗；各类档案整理上架共476卷；到建设工地现场检查、指导工程档案收集整理工作38次；拍摄市区原貌、景观、建设场面，以及市和局有关会议等相片578张，录像135分钟；为单位（个人）和司法调查等提供档案查询利用服务132人次，调档248卷。 (康微)

【房地产业与住房保障】 房地产开发及市场 2017年，汕尾市有资质的房地产开发企业122家，其中市区42家。全年新建商品房批准预售面积160.68万平方米，预售套数11214套。商品房现售交易套数9175套，交易面积135.95万平方米，成交金额86.76亿元。其中市区销售4514套，成交面积54.78万平方米，成交金额47.44亿元。《汕尾市2017年供给侧结构性改革去库存工作计划》颁发。截至年底，汕尾市商品房库存量111.74万平方米，与上年相比化解24.73万平方米。 （蔡曙光 缪世勇）

房屋权属管理 2017年，汕尾市完成房屋交易3269件，建筑面积53.19万平方米，交易金额24.8亿元。办出不动产权证3881宗，不动产权证明13924份，另预告登记5608份。

物业管理服务 2017年，汕尾市区商品房开发项目取得预售（销售）许可证后，强化商品房项目备案管理、预售资金监管，落实商品房买卖合同登记备案管理，有效地防止一房多卖，有效的保护购房者的权益，年内，商品房预售合同备案工作全面铺开。加强市区住宅专项维修资金的缴存使用和监督管理。全年市区8000多户缴存住宅专项维修资金6700万元。 （章锦芬）

保障性住房建设 2017年，广东省政府下达汕尾市的住房保障任务为新增城市棚户区改造住房186户，新增租赁补贴780户，基本建成城市棚户区改造住房100户。截至年底，汕尾市新开工城市棚户区改造住房195户，开工率105%；发放租赁补贴780户，发放率为100%；基本建成城市棚户区改造住房100户，基本建成率100%。

（蔡曙光 缪世勇）

住房公积金管理 2017年，汕尾市住房公积金归集总额10.57亿元，个人提取总额7.31亿元，归集余额3.25亿元。截至年底，全市住房公积金缴存人数94315人，住房公积金累计归集总额60.69亿元，个人提取累计总额38.68亿元，归集余额21.99亿元，住房公积金使用率63.75%，发放贷款5931笔贷款额12.32亿元，住房公积金个贷率52.21%。 （蔡曙光 辛颖晖）

【《汕尾市品清湖环境保护条例》获广东省人大常委会批准】 2017年9月28日，广东省十二届人大常委会第三十六次会议全票表决通过《汕尾市品清湖环境保护条例》。该地方性法规共三十六条，分为六大部分。其中，第三部分为生态保护规定，包括改善品清湖纳潮功能、清淤疏浚、生态保护与修复措施、合理开发等内容；第四部分为污染防治规定，主要规定海域禁止行为，沿岸陆域影响区禁止行为，污水排放、陆源污染物、海洋海岸工程项目、港口码头、船舶事故、畜禽养殖的污染防治，政府、企业污染事故应急制度，品清湖海洋环境信息共享及质量公报通报，以及品清湖环境保护补偿机制等规定。

【汕尾市通过广东省卫生城市考核鉴定】 2017年7月12—14日，由广东省卫生和计划生育委员会副巡视员、考核组组长温伟群率领广东省卫生城市考核专家组对汕尾市创建广东省卫生城市进行考核鉴定。认为汕尾市创建省卫生城市工作各项考核指标均达到《广东省卫生城市标准》基本要求，通过省卫生城市考核鉴定。 （林燕婵）

附录：汕尾市住房和城乡建设管理部门主要领导

汕尾市住房和城乡建设局
　党组书记、局长：李剑锋
汕尾市城乡规划局
　党组书记、局长：蔡东升
汕尾市城市综合管理与行政执法局
　党组书记、局长：彭超翔
汕尾市园林局
　党组书记、局长：李建波
汕尾市房地产管理局
　党支部书记、局长：刘升河
汕尾市住房公积金管理中心
　主　任：辛颖晖

东莞建设

【概况】 东莞市地处广东省中南部，珠江口东岸，毗邻港澳，处于穗深经济走廊中段。陆地面积2465平方千米。截至2017年底，全市户籍人口211.31万人；常住人口834.25万人，其中城镇常住人口749.66万人。人口城镇化率89.86%。全年全市生产总值7582.12亿元，比上年增长8.1%；全年固定资产投资1712.83亿元，比上年增长10%。全市建成区土地面积988.89平方千米，公共管理与公共服务用地面积49.25平方千米。全市建成区绿地率42.46%，绿化覆盖率46.98%。人均公园绿地面积24.23平方米。

东莞市住房和城乡建设存在的问题是城乡发展不够均衡，与全省改革发展大势和经济社会发展需求相比，还有较多短板；与住房城乡建设先进城市特别是装配式建筑发展先行城市、建筑业发展强市相比，还有较大差距，一些难题仍需破解。 （吴维彬）

【城乡规划】 *规划编制* 2017年，东莞市选定580多个建设项目，推进创新走廊建设，打造“中国硅谷”，启动广深高速创新资源带建设，发布中子科学城概念规划。开展《东莞市国家自主创新示范区空间发展规划（2016—2025年）》编制，推动东莞产业转型与科技创新发展。推进国家历史文化名城申报。推进《东莞市城市总体规划（2016—2030年）》报批审核，成果报住房和城乡建设部，牵头开展技术审查工作。

规划管理 2017年，东莞市修编《东莞市城市规划管理技术规定》，制定《东莞市城市设计工作指引》。开展水乡经济区规划编制及课题研究，修改各镇第二轮总体规划，开展《东莞水乡特色经济区田园规划工作实施研究》《水乡新城概念性规划》编制。完成东莞市各镇街园区近期建设规划编制。

（谢易霖）

城市更新 2017年11月22日，东莞市成立市城市更新局。衔接城市更新涉及的土地管理、城乡规划职能。各镇街相继组建属地城市更

新常设机构。年内，东莞市“三旧”改造新批改造单元16个，改造面积317.5公顷；已获批项目37个，改造面积191.1公顷。其中，新批改造项目15个，改造面积51.6公顷；新增实施改造490.27公顷，完成改造442.87公顷，累计投入改造资金172亿元；向市场供应土地面积90公顷，分成或返还镇村土地出让金及税费20.16亿元（累计166.70亿元），发放“工改工”补助1496万元（累计2730万元）。在广东省“三旧”改造工作考核中获得三等奖，取得新增建设用地奖励指标面积120公顷。

2017年，东莞市委托专业机构开展连片改造土地整合专项研究，起草《东莞市城市更新专项资金管理规定（征求意见稿）》，推动麻涌滨江片区、樟木头樟洋片区等连片改造试点。麻涌滨江片区已基本完成片区控规调整，新增统筹土地面积35.62公顷；樟木头樟洋片区的前期研究报告获批，解决落实面积39公顷建设用地规模。新增培育南城东华片区、长安科技商务区等16个连片改造片区。莞城鳙鱼洲、东城33小镇、常平国际创新港、黄江灵狮小镇等工业区活化更新示范片区相继进入规划设计、招商引资、工程施工、企业入驻等不同阶段，其中东城33小镇、常平国际创新港分别引进144家、56家入驻企业。

（吴维彬）

【城市市政公用设施建设与管理】

市政建设　2017年，东莞市建设市财政投资项目工程59项，其中在建工程15项，筹建工程32项，完工12项，纳入市重大项目6个。新开工东莞西站站前广场及配套设施、桑茶快速路及东延线、东莞火车站站前路升级改造提升、松山湖大道大朗段、雅园新村幼儿园、市体育中心场馆维修、市委党校学员食堂扩建、市中心血站、麻涌垃圾处理厂市政配套路桥、虎门港边防派出所建设、市中级法院立体车库、市人民警察训练学校改扩建及修缮12项工程；完工东莞西站站前广场及配套设施、环莞快速路二期、市食品药品检测中心、莞樟立交等31座市区桥梁加固、余屋桥重建、篮球中心周边道路市政道路二期、第一人民法院审判综合楼、东莞市商业学校东校区新建学生宿舍和食堂、市公安局指挥及情报信息应用系统配套环境、虎门中学二期、市中级法院立体车库、雅园新村幼儿园12项工程。其中，东莞中国科学院云计算产业技术创新与育成中心办公楼在10月底交付使用，散裂中子源项目9月份通过竣工验收。（庚小文）

市政道路养护。2017年，东莞市全年完成市直管道路沥青路面维修工程量31.35万平方米，提升各类井盖1.29万套，修复人行道板17.29万平方米；修复标线9.8万平方米，修复标志牌1600块；更换光源及灯具1.26万套，翻新路灯及景观灯饰2.74万套。完成环城路同沙立交、环城路东莞军分区、南城中学路段及环城北路扶涌路段隔音屏建设。做好公共自行车系统试点项目的运营监管和共享单车停放管理。

桥梁养护管理。2017年，东莞市直管239座城市桥梁养护管理，开展经常性检查、定期检测、特殊检测评估，落实日常维修、标志牌和桥面沥青养护、航标维护等各项

2017年东莞市住房和城乡建设主要指标

指标名称	实绩	比上年增长（%）
固定资产投资额（亿元）	1712.83	9.98
建筑企业（家）	644	39.7
建筑业总产值（亿元）	324.03	21.3
建筑企业期末从业人员（万人）	12.98	38.82
建筑企业劳动生产率（万元/人）	33.14	–2.7
房屋建筑施工面积（万平方米）	946.91	3.59
商品房屋销售额（亿元）	1281.94	–12.16
商品房屋销售面积（万平方米）	811.54	–23.58
房地产开发投资额（亿元）	702.15	9.2
建成区绿化覆盖率（%）	46.98	–0.6个百分点
人均公园绿地面积（平方米）	24.23	5.39
人均城市道路面积（平方米）	19.76	–12.41
城市自来水普及率（%）	100	0
人均生活用水量（升/日）	206	–1.9
城市燃气普及率（%）	98	0
城市液化石油气供应总量（万吨）	27.6	6
城市天然气供应总量（亿立方米）	8.78	10
城镇污水处理厂（家）	38	0.03
城镇生活垃圾无害化处理率（%）	100	0
城镇化率（%）	89.86	0.72个百分点
住房公积金缴存额（亿元）	108.9	10.99
住房公积金贷款发放额（亿元）	22.74	–27.86
保障性安居工程基本建成套数（套）	878	–84.28
绿色建筑面积（万平方米）	516.8	2.9

（东莞市住房和城乡建设局）

工作。修编《东莞市城市桥梁检测和养护维修管理办法》，优化桥梁管理制度。 (陈佩珠)

城市轨道交通建设。2017年1月24日，东莞市城市轨道交通一号线一期工程（望洪站—黄江中心站）初步设计获省住房和城乡建设厅批复。截至年底，东莞市城市轨道交通二号线一、二期安全运营584天，累计运营客运量6005.99万人次，日最高客运量25.32万人次，列车正点率99.95%。 (黎锡波)

城市园林绿化　2017年，东莞市推进东莞大道R2线站点周边复绿项目、中心广场区域优化提升项目和港口大道景观修复项目。编制绿地系统专项规划，指导茶山镇成功创建广东省园林城镇，完成东莞植物园工程一期建设。《东莞市城市绿化管理办法》修订，倡导节约型园林绿化技术、立体绿化的发展，明确绿化保护和审批权限。

绿道管理。2017年，《东莞市绿道管理办法》颁布实施，完善《东莞市绿道升级行动规划指引》制定。开展绿道管理考核大检查，通过检查考核，各镇街互相学习、促进、监督，提高绿道管理质量和管养水平。举办“爱护绿道、绿色骑行”亲子绿道骑行活动。

城市环境卫生　环卫设施建设。2017年，东莞市城镇生活垃圾无害化处理率100%，农村生活垃圾治理通过省级验收。建成麻涌环保热电厂一、二期工程以及三期（餐厨项目）、餐厨垃圾处理厂。完成横沥环保热电厂一期技术改造再增容项目、市区环保热电厂增加垃圾处理生产线及环保教育展示中心工程的建设。推进东莞市海心沙资源综合利用中心环保热电厂项目建设各项前期工作。完成东南部卫生填埋场征地并启动建设。全市有39座仍需清理整治的填埋场，8座填埋场完成综合整治；1座已完成清理；1座通过分筛处理技术实施清理；其余填埋场陆续开展整治。全市共有7座垃圾填埋场建成830吨/日的固定渗滤液处理措施，其余通过2000吨/日的集装箱式渗滤液处理设施灵活调配处理，全市渗滤液实现有效收集处理。 (陈佩珠)

市容保洁。2017年，东莞市通过日巡查、月度考评，不定期组织环卫保洁监理单位在凌晨4点至早上8点对各环卫项目的普扫情况进行暗访。不定期、不通知、直赴现场，突击检查与巡查相结合，保证市直管环卫项目保洁工作开展。全市完成以镇街为单位统筹村级环卫管理，建立完善的城乡市容环卫统筹管理标准体系，生活垃圾“村（社区）收集、镇街转运、市处理”的三级管理网络基本建成。

城市生态环境保护　城市空气环境治理。2017年，东莞市重点推进印刷、塑胶、汽车及摩托车制造等行业VOCs污染整治，建立2826家企业整治名录，完成整治1891家；制订实施《东莞市“小散乱污”企业专项整治工作方案》，建立201家“小散乱污”企业台账。推进沙角电厂10台机组以及玖龙纸业6号机组超低排放改造。淘汰黄标车11877辆，抽检机动车40503辆，责令7021辆不合格车辆定期维修；定期检测机动车105万辆。完成工业堆场、房建工程、水务工程、混凝土搅拌站等扬尘污染源核查，完成扬尘污染治理项目411个。推进集中供热工程建设，沙田基地建成1台100蒸吨/小时新锅炉和集中供热管道并投入运行；明确中堂造纸基地集中供热项目选址地块、红线及码头用地。推进430家中型餐饮单位开展油烟整治。

2017年，东莞市空气质量综合指数4.38，达标天数301天，全省排名第17位，比上年达标率减少4.6个百分点，同时臭氧年评价浓度摘掉连续3年全省倒数第一的帽子。主要大气污染物中，SO_2、CO达到国家一级标准；PM_{10}达到国家二级标准；$PM_{2.5}$、NO_2、O_3未达到国家二级标准。

城市噪音治理。2017年，东莞市城市区域环境噪声昼间等效声级平均值为59.6分贝，比上年增加2.2分贝，区域噪声环境质量总体水平等级为三级，处于一般水平。影响区域声环境的主要声源构成为生活源和交通源，分别占52.3%和44.1%。城市道路交通噪声昼间等效声级平均值70.3分贝，比上年增加1.2分贝，道路交通噪声强度等级为三级，处于一般水平。城市功能区噪声昼间除一类功能区年均值超标外，其余三类功能区年均值均达标；夜间除一、四类功能区年均值达标外，其余类别的功能区年均值均超标。

饮用水源保护。2017年，东莞市完成全市禁养区生猪清理，制订出台《东莞市建设项目主要污染物排放总量管控实施方案》。东莞市市区饮用水源地分别为东江南支流和中堂水道。东莞城市饮用水源水质类别为Ⅲ类，水质状况属良好，水质达标率100%。

城市水环境建设　城镇生活污水治理。2017年，《东莞市水污染治理攻坚战工作方案》颁布，建立健全水污染治理工程督导考核、绩效评估、清单管理、挂牌督办、台账管理、挂图作战等工作机制。东莞市委、市政府先后6次召开治水工作会议。全年新建截污次支管网767.81千米，是“十二五”期间和2016年共6年时间建成总数的1.5倍。新建扩建污水处理厂5家，新增污水处理能力44万吨/日，启动35座污水处理厂提标改造工程。 (张灿辉)

河涌综合整治。2017年，东莞市基本完成陈屋边水闸重建项目主体工程建设，完成茅洲河界河段综合整治工程81.1%的工程量，完成东引运河—寒溪水流域桥头至企石水闸区段、虎门城区段两项河道清淤疏浚工程投资的41%和20%，拆除桥陇河综合整治工程（凤岗部分）3座阻水桥梁，推进石马河干流段各项防洪综合整治工程前期工作。累计完成12个全国中小河流治理重点县试点项目区建设，2017年度下达的75条内河涌整治任务全部动工，石马河河口东江水源保护一期工程、东引运河下游石鼓水闸至虎门水闸河道清淤清障应急工程、樟村泵站扩容升级改造、第三水厂生态补水等一批项目均按计划进入施工阶段。

城区内涝治理。2017年，《东莞市排水管理办法》修订，《东莞市易涝点整治近期实施计划（2017—2020）》颁发，计划分批整治全市131个易涝点。基本完成东城下桥河片区内涝整治工程，加快推进南城3个严重易涝点整治工程建设。加强海绵城市建设，编制《黄沙河流域海绵城市试点示范区建设规划（2017—2025）》，启动东城黄沙河流域海绵城市建设试点示范项目。

水资源管理与保护。2017年，东莞市编制“十三五”水资源管理制度实施方案和考核办法，全市155家取水户年下达计划取水量7.01亿立方米。配合省水利厅推进珠江三角洲水资源配置工程前期工作。启动全市51座饮用型水库水功能区定位优化前期工作，推进松木山水库水功能区调整论证工作。东江水务有限公司及相关镇街启动河流型饮用水源一级保护区隔离围网工程建设。《东莞市节水型公共机构建设实施方案》制订，完成东莞市委办等第一批公共机构（共35个）节水型单位创建工作。启动创建国家节水型城市建设，基本完成《东莞市创建国家节水型城市实施方案》编制。

城市供水　2017年，东莞市有市级水厂7座，镇级水厂41座，村级水厂48座。全市日供水能力750万立方米，全年供水总量16亿立方米，实际日供水438万立方米。年内，东莞市优化第二、四水厂取水口迁移方案。完成128个社区村改居供水一体化建设。完成《东莞市镇村供水资源整合工作方案》编制，计划2020年关停镇村级水厂59座。是年，关停整合常平土塘水厂、石碣唐洪水厂和凤岗官井头水厂等3座水厂，投入1.42亿元更新改造老旧供水管网573.23千米。城镇供水管网漏损率降至11.09%，达到国家规定要求，出厂水质综合合格率提升至99.83%。　*（林晓文）*

城市供气　2017年，东莞市城市天然气供应总量8.78亿立方米，瓶装液化石油气供应总量27.6万吨，天然气汽车加气总量1.19亿立方米，新建燃气管网280千米，全市燃气普及率98%。全年出动执法人员2万多人次，取缔“黑气”窝点1575个，依法查扣液化石油气钢瓶3.8万个，处罚金额11.89万元，将65人移交公安机关处理。

城市综合管理　2017年，东莞市推进文明城市创建城乡环境“六整治”，实地督导3200次，发出督查通知1200多份。清理积存垃圾69.4万吨、城市“牛皮癣”567.6万张，处理占道经营34.32万宗，增设公益广告牌近1.2万个，查处城市“六乱”行为25万多宗，修缮道路31.35万平方米、人行道17.29万平方米，为东莞市蝉联全国文明城市“四连冠”提供环境保障。

2017年，东莞市开展存量违建信息普查。《东莞市历史遗留违法建筑信息普查工作方案》颁布，妥善处理涉及6个镇街的65个遥感图斑案件。先后组织拆除塘厦林村（赣深高铁站）违法抢建、石排镇庙边王村中九路1.5万平方米违建等一批典型违建。联合塘厦镇政府、深圳龙华区政府，对莞深交界处的一宗近6000平方米违建依法实施强拆。

2017年，东莞市城市综合管理系统出动执法人员62.48万次，出动执法车16.77万次，联合执法3807宗，处理各类违法行为37.99万宗。成立专项工作领导小组办公室，制定和公布市镇两级城管部门的权力清单和责任清单。11月11日，在市中心广场的主会场和全市28个分会场开展首届“东莞城管开放日”，进行新制服的集体展示亮相、启动“12319”城管热线和城管微信平台。　*（陈佩珠）*

【村镇建设与管理】　2017年，东莞市完成100个村（社区）宜居建设。全市有74个社区获得“2017年四星级广东省宜居社区”称号，常平镇桥梓村“传承爱莲文化建设爱莲湖景区”项目和沙田镇·沙花园“宜居新城、秀丽社区”项目获得2017年“广东省宜居环境范例奖”。年内，东莞市推进美丽幸福村居市级特色连片示范及单村建设。12月，《东莞市美丽幸福村居特色连片示范建设工作实施方案》印发，全市启动第一批特色连片示范区申报。　*（吴维彬）*

【工程建设与建筑业】　2017年，东莞市建筑业实现增加值100.94亿元，比上年增长10.5%。总承包和专业承包建筑企业完成产值297.42亿元，比上年增长21.3%；施工面积946.91万平方米，比上年增长3.5%；竣工面积407万平方米，比上年增长16.6%。总承包和专业承包建筑企业按施工产值计算的全员劳动生产率33.14万元/人，比上年下降2.7%。

建筑市场管理　2017年，东莞市有3510家在莞经营的本外市建设行业企业建立信用档案，比上年增长48%。其中建筑施工企业2400家、工程监理企业192家、造价咨询机构99个、勘察企业108家、设计企业424家、工程质量检测机构14个，室内环境检测机构18个、招标代理机构96个、审图机构2个、安全鉴定企业43家、担保企业114家。在东莞市施工总承包企业中，有11家总承包一级企业，88家总承包二级企业。全年新增12家工程质量检测机构领取资质。5月15日，东莞市印发《东莞市住房和城乡建设局建设工程质量检测管理暂行规定》。

2017年，东莞市处理建设领域劳资纠纷信访案件31件，涉及金额4700万元，涉及人数2300人。3月28日，《东莞市建设工程工人工资

▲2017年9月25日，东莞市住房和城乡建设局在南城区寰宇汇金中心举办“质量月”现场观摩交流活动 （东莞市住房和城乡建设局供稿）

支付分账管理实施细则》印发，施工企业在商业银行设立“工人工资支付专用账户”用于支付工人工资。12月11日，《东莞市建设领域工人工资保证金管理暂行办法》印发，明确施工建设前，施工企业按规定缴存用于保障工程建设项目工人工资的专项资金。

勘察设计管理　2017年，东莞市经审查符合要求大中型建设工程初步设计审查167项，超限高层抗震设防审查9项，办结房屋建筑与市政基础设施工程施工图审查备案3212项，开展施工图设计文件质量抽查115项和勘察现场抽查20项。

招标投标管理　2017年，东莞市受理备案制项目发包登记事项356项，房建市政类项目共完成招投标504项。其中，施工类186项，施工类项目预算金额184.84亿元，中标金额159.53亿元，平均下浮13.69%；服务类项目312项；工程总承包（EPC）6项。年内，修订《东莞市建设工程招标投标管理办法》，出台和修订相关示范文本，规范招投标异议和投诉处理制度；出台调整房建市政工程招标若干管理措施，简化投标流程，落实招标人负责制和投标人承诺制，推行全过程电子化招投标。

建设工程造价管理　2017年，《东莞建设工程造价信息》杂志发行12期，发布建筑材料价格信息36000余条，引导市场合理定价；建设工程造价监测系统，实现与省工程造价监测系统对接。

建筑工程质量安全管理　2017年，东莞市监管建筑工程1507项，建筑面积5712.02万平方米，造价2235亿元。开展混凝土结构实体质量监督抽测工作，全年出动执法人员2.86万人次，检查工程1.16万项。开展安全防护用具专项检查、污水治理工程专项检查、基坑工程专项检查、全市建设工程质量安全专项执法大检查、建筑起重机械专项检查、高大模板支撑系统专项检查、工地扬尘专项检查、季度城际轨道交通工程安全生产专项督查等12次安全专项检查，全年出动执法人员5.46万人次，检查各类工地1.79万项次，发出安全执法文书6905份，通过视频监控远程监控，处理392项工程责任主体违规行为。

建设工程监理　2017年，东莞市实行监理单位向政府质量监督主管部门报告质量监理情况制度，规定监理单位上报《质量监理周报》《质量监理月报》，质量监督部门及时对上报情况进行核实、处理，有效加强全市建筑工程施工过程质量管理。

建设科技与绿色建筑　绿色建筑。2017年，东莞市有179个新建建筑项目执行绿色建筑标准，建筑面积517万平方米。全年建成东莞市绿色建筑技术产品展示中心并对外开放，自6月开馆至12月，组织10次参观活动，接待参观人次1500人。

节能减排。2017年，东莞市新增节能建筑面积1125万平方米，设计、施工阶段执行节能强制性标准比例均为100%；完成太阳能光热、光伏等可再生能源建筑应用面积84万平方米；新增22栋建筑纳入建筑能耗监测平台，完成公共建筑节能改造面积61万平方米。经认定的新型墙体材料生产企业70家，年总生产能力1652.71万立方米。

装配式建筑推广。2017年，东莞市新增装配式建筑面积48万平方米。年内，《东莞市人民政府关于大力发展装配式建筑的实施意见》颁发，明确东莞市装配式建筑的发展目标，开展配套政策措施研究，试点发展和宣传推广，扶持装配式建筑设计、部品生产、施工建造企业发展，鼓励东江之星、城市之光、凯达科技设计中心（一期）、维龙中欧跨境贸易产业项目二期等一批示范项目按照装配式建筑方式进行建设。

建筑信息模型技术。2017年，东莞市成立推进建筑信息模型技术发展的BIM技术联盟。年内，建成东莞市BIM技术联盟公益培训基地，举办10期BIM技术公益培训，受益人数300人。树立东莞国贸中心、万科东江之星、万科城市之光等一批BIM技术应用示范项目。

（吴维彬）

【房地产业与住房保障】　房地产开发　2017年，东莞市有房地产开发企业432家，其中一级资质企业2家，二级资质企业15家，三级资质企业59家，四级资质企业185家，暂定资质企业171家。全年完成房地产投资702.15亿元，比上年增长9.2%。其中住宅投资512.44亿元，比上年增长16.7%。是年，全市核准预（现）售商品房955.47万平方米，比上年下降7.04%，其中商品住房（住宅）686.97万平方米，比上年下降14.06%，非商品住房（商业、办公楼及其他）268.5万平方米，比上年增长17.53%。

房地产市场 2017年，东莞市颁布《东莞市人民政府办公室关于进一步规范我市房地产市场发展的通知》《东莞市人民政府办公室关于进一步完善我市住房限购政策的通知》等调控政策。4月实施限购政策以后，非户籍人口购房比例持续稳定在六成左右。全年新建商品房网签销售面积811.54万平方米，比上年下降23.58%，销售金额1281.94亿元，比上年下降12.16%。其中商品住房销售面积556.62万平方米，比上年下降37.30%，销售金额921.19亿元，比上年下降24.60%，销售均价16550元/平方米，比上年上涨20.24%；非商品住房销售面积254.92万平方米，比上年增长46.36%，销售金额360.75亿元，比上年增长51.81%。全市商品住房和非商品住房的去库存周期分别为10.93个月和12.53个月。（吴维彬）

2017年，东莞市二手房存量房成交58203套，比上年下降12.03%；成交面积681.84万平方米，比上年下降5.89%；成交均价5606.67元/平方米，比上年上涨3.36%；成交金额382.28亿元，比上年下降2.74%。

2017年，东莞市房地产中介协会制定二手房交易合同范本和《东莞市房地产经纪行业规范管理办法》，打击和查处发布虚假信息、囤积房源、雇佣或纵容他人炒作房价等违法行为，停止樟木头镇60家未年审经纪机构的网签资格，维护房地产经纪行业秩序。

房屋权属管理 2017年，东莞市新建商品房成交92929套，比上年下降14.36%；办理2017年商品房备案84569宗，比上年下降31.11%；按揭登记65452宗，比上年下降27.49%；抵押登记13.54万宗，比上年增长13.5%，抵押金额2278.24亿元，比上年增长45.2%。全市颁发不动产权证书28.37万本，不动产登记证明13.33万份。全年完成新增房产档案31.34万份，比上年增长40%；协助司法查询4432宗。2017年，东莞市启用不动产登记信息监管模块，颁发《关于印发〈东莞市解决不动产登记若干历史遗留问题操作细则〉的通知》《关于改进不动产抵押登记工作的通知》。处理历史遗留问题14.24万宗，涵盖在办的所有不动产登记业务类型。

房屋租赁管理 2017年，《东莞市非住宅房屋租赁登记备案业务工作指引（2017年修订）》颁行，推行网上受理。受理房屋租赁备案登记189件、总面积64.88万平方米。其中办公楼登记备案36件、面积1.46万平方米，商铺用房登记备案102件、面积6.47万平方米，厂房登记备案32件、面积35.98万平方米，其他19件、面积20.96万平方米。

房屋征收管理 2017年，《东莞市国有土地上房屋征收与补偿办法》制定，并于5月1日由东莞市人民政府颁布实施。《东莞市公共基础设施建设项目土地和房屋征收补偿包干结算标准规定》修订，于8月22日由市政府办公室发布实施。从3月起开展东莞市2017年房屋征收价格评估机构年度备案和现场检查，29个房地产评估机构入选备案名单。根据东莞市政府要求，完成对中堂镇冠宇木业公司、望牛墩镇东莞电子总公司、铭丰集团有限公司、洪梅镇渔家村酒店、长安镇正城广场、中堂同力建筑公司6个整体征收项目以及望牛墩、中堂等镇部分征收项目的征收补偿审核，保障东莞市城际轨道交通建设顺利开展。

物业管理服务 2017年，东莞市制订首个《东莞市物业管理办法（送审稿）》。全年依法依规处理物业管理投诉163宗，完成65个项目的招投标工作，完成物业管理委托合同备案登记113份。完成65个物业服务项目招投标。东莞市制定维修资金使用业务指引，建立维修资金财务系统。归集的维修资金余额45.47亿元，比上年增长10.58%；全年办理维修资金使用业务56个楼盘、101批次，退款业务763宗。

（张思瑶）

保障性住房建设 2017年，东莞市通过房屋修葺、租赁补贴、实物配租、租金核减等完成2273户中等偏下收入困难家庭及新就业职工、外来务工人员的住房保障。全年筹集保障房39736套，完成分配32136套。编制完成《东莞市住房建设规划（2017—2020年）》《东莞市住房体系建设实施意见》，开展房屋空置率调查课题研究、农民公寓建设问题研究，初步搭建“东莞市住房租赁管理平台”。（吴维彬）

住房公积金管理 2017年，东莞市住房公积金新开户缴存人数41.56万人，新开户缴存单位8631个，归集资金108.9亿元，提取资金74.55亿元，发放贷款4354笔、22.74亿元，个贷率54.41%，实现增值收益2.50亿元。截至年底，住房公积金缴存总额729.75亿元，提取总额456.74亿元，累计发放贷款7.64万笔、270.79亿元，累计实现增值收益23.32亿元。是年，东莞市降低1462家企业住房公积金缴存比例，涉及职工5.76万人，为企业减负5.19亿元。启用全国住房公积金异地转移接续平台，办理异地转移接续业务3845笔。有归集受委托银行8家、1005个网点；商贷信息互通合作银行增至10家，贷款受委托银行增至17家。（张志明）

【“安全生产月”现场观摩活动】 2017年6月2日，广东省住房和城乡建设厅在东莞市茶山镇鲁能铂锐花园项目举行2017年全省建筑施工“安全生产月”“安全生产万里行”活动启动仪式暨现场观摩交流会活动。6月27日，东莞市举行建设系统“安全生产月”现场观摩活动，2000多人参加观摩活动。该次观摩示范工地不仅具有传统的支模工艺及落地式脚手架，也有先进铝模、爬架等新工艺。项目在安全生产和文明施工标准化建设方面达到较高的水平。在扬尘控制、噪音控制等绿色环保施工方面有较好的做法，在应用高新科技方面深入探索。

（吴维彬）

【水生态文明城市试点建设通过水利部验收】 2017年，东莞水生态文明城市建设，规划投资148.85亿元、建设76个项目。试点期内，推进水管理、水污染防治、水生态、水安全、水文化共“五大体系”工程建设，累计完成投资129.81亿元，占总投资预算87%，21项考核指标全部达到目标值。10月26日，东莞市水生态文明城市建设试点通过水利部行政验收。（林晓文）

附录：东莞市住房和城乡建设管理部门主要领导

东莞市住房和城乡建设局

党组书记、局长：朱利民

东莞市城乡规划局

党组书记、局长：黄宇东

东莞市城市综合管理局

党组书记、局长：唐耀文

东莞市房产管理局

党组书记、局长：刘国军

东莞市水务局

党组书记、局长：袁丽群（任至2017年4月） 倪佳翔（2017年4月起主持全面工作，2017年9月11日任党组书记，2017年10月10日任局长）

东莞市城建工程管理局

党组书记、局长：祁志强

东莞市住房公积金管理中心

党组书记、主任：王海明（任至2017年9月） 林儒森（2017年10月起任职）

中山建设

【概况】 中山市位于广东省中南部，1988年设地级市。土地面积1800.14平方千米，其中市区262.44平方千米。截至2017年底，全市常住人口326万人，其中城镇常住人口287.79万人，户籍人口170.47万人。全市地区生产总值3450.31亿元，固定资产投资1248.48亿元，比上年增长8.7%；建筑业总产值77.32亿元；房地产开发投资623.97亿元。建成区绿化覆盖率42.03%，人均公园绿地面积16.5平方米。

2017年，中山市中山高铁站开通，直达北京、上海、贵阳等数十个大中城市。南沙港铁路中山段动工建设；深中通道开工，中开高速、东部外环高速、西部外环高速动工建设，广中江高速三期、香海高速推进，在建高速公路215千米；105国道南段、坦洲快线等8条干线公路动工建设，兴教路、轩朗路（二期）通车，长江路、康华路、景观路在改造，坦洲宝珠南路、汇财街等跨界道路建成通车，打通翠沙路、富康北路、大沙南路等5条断头路；中山港新客运码头开工建设，中山至深圳机场水上客运航线通航。特色小镇建设，大涌镇成为国家级特色小镇，东升镇被列入国家运动休闲特色小镇试点，小榄菊城智谷小镇、古镇灯饰小镇、大漏红木文化旅游小镇3个特色小镇入选广东省特色小镇创建示范点。

2017年，中山市城乡建设存在主要问题是建设安全生产事故较多。建筑市场监管成效有待提高，查处违法行为方法和手段不足。质量通病问题投诉较多，人民群众切身利益没有得到充分保障。项目管理水平有待加强，对项目建设中可能存在的问题和困难分析预判不够，解决项目推进过程存在问题的解决办法不够。（罗婕）

【城乡规划】 规划编制 2017年，中山市城乡规划局推进城市总体规划报批。城市总体规划通过住房和城乡建设部审查并于9月报国务院审批。16个镇总规编制成果通过市城乡规划委员会审议。编制完成《翠亨新区总体规划》，6月上报省住房和城乡建设厅审议。编制《中山市域组团发展规划》，编制完成《中山2049空间发展战略研究》初步成果。编制《珠三角（中山）自创区规划》。完成《石岐总部经济区城市设计方案》编制和控规调整。

2017年，中山市城乡规划局组织控制性规划编制24宗，审查新编控制性规划、控制性规划调整等项目147个。推动市人民医院新院区、市儿童公园及青少年宫选址，完成《古香林风景名胜区概念规划》《信息管道专项规划》《城市综合管廊工程专项规划》等公共服务设施规划。完成《主城区近期交通改善规划》《主城区停车系统规划》，提出36条路段建设配套、35个交叉口渠化及管控改造等建议。规划增加公共交通配套场站面积39403平方米，提供公交泊位394个。

2017年，中山市城乡规划局完成《中心城区景观通廊规划》《城市设计管理规定》《中心城区景观通廊控制区管理导则》等编制，制订《加强中心城区重点地段城市设计和建筑风貌管理若干规定》，开展《中山北站周边土地开发利用研究与城市设计》。《中心城区景观通廊规划》获2017“中国（银川）都市景观大赛暨亚洲都市景观奖中国区选拔赛——城市公共空间优胜奖”第二名。编制完成《海绵城市专项规划》《城市生态控制线划定规划》《市域蓝线规划》等专项规划。《海绵城市专项规划》获评全省海绵城市规划编制第三名。

规划管理 2017年，中山市城乡规划局完成2017年空间规划项目第一批和第二批的审定和立项，同意66个，其中市城乡规划局牵头申报项目53个，通过审议40个。2017

年，中山市城乡规划局在原有技术审查组基础上，成立法律事务审查工作组和财务审查工作组。牵头制订《中山市城乡规划局行政许可撤销、撤回及注销规定》。颁布《规范行政审批和加强批后监管的工作意见》。全年巡查建设工程项目1412个，出动执法人员17770人次，发出责令整改通知书51份。

2017年，中山市城乡规划局实现移动版“三规合一”信息联动平台上线，构建多部门信息资源共享平台。全市建成328.3平方千米三维模型数据，新增制作中心组团内30平方千米的精模，实现中心组团三维数据全覆盖。完成《中山市建设项目前期协调暂行办法(草案)》。推行移动办公系统，通过移动专线VPN的建设实现数据互通，实现随时随地无纸办公。试运行网上申报平台。

历史文化保护　2017年，中山市开展《岐澳古道保护利用规划及示范段设计》《中心城区五区新增历史建筑紫线控制规划》《铁城环道及周边整治实施规划》编制。完成国家历史文化名城和中国历史文化名镇名村评估检查迎检。全年完成修缮历史建筑4处。编辑完成图册《中山宗祠》《中山市建筑文化遗产（上、下）》《醉美乡愁》，剪辑制作《雍陌村》《古鹤村》《岐澳古道》专题短片3部。（王一西）

城市更新　2017年，《中山市“三旧”实施细则（修订）》颁布，《中山市提升“三旧”改造水平促进节约集约用地工作方案》制定，完善《中山市“三旧”连片改造试点工作方案》，推进石岐区、西区等8个镇区10个“三旧”连片改造试点项目建设，落实全市“三旧”改造标图建库调整更新。全年新增实施“三旧”改造面积122.73公顷，完成改造面积72.2公顷。

（陈万鑫）

【城市市政公用设施建设与管理】

市政建设　2017年，中山市住房和城乡建设局组织实施市财政投资工程项目141个，其中新建项目40个、续建项目101个，新建、改建道路长度27.9千米，新建污水、排水管道总长31千米，新建、改建公园绿地面积5.01万平方米，年度完成工程财政性投资11.7亿元。其中大沙南路、富康北路、恒逸路、岐员路、翠沙路接105国道5条断头路提前完成试通车；长江路改造一期工程、康华路改造工程在推进；中山纪念图书馆主体结构封顶；地下综合管廊建设启动；南部基地项目焚烧发电厂投入商业运行。

城市园林绿化　2017年，中山市建成区绿化覆盖率42.03%，完成广东省要求42%的年度目标。举办2017中山市迎春花灯会；完成中山路4座人行天桥、凤凰广场、住房和城乡建设局及城乡规划局大草坪绿化美化提升工程；东区齐乐路闲置地整治工程完工并对外开放；完成紫马岭公园儿童活动设施升级改造和公园路灯、视频监控广播系统改造工程；彩虹绿洲公园（二期）工程建成并对外开放；紫马岭公园和逸仙湖公园5个母婴室改造完成。

绿道建设。2017年，中山市新增建设绿道71.58千米，累计建成绿道884.3千米。其中区域绿道182.7千米、中心城区绿道123.5千米、镇区绿道578.1千米。结合中

2017年中山市住房和城乡建设主要指标

指标名称	实绩	比上年增长（%）
固定资产投资额（亿元）	1248.48	8.7
建筑企业（家）	1269	53.43
建筑业总产值（亿元）	77.32	–81.52
建筑企业期末从业人员（万人）	5.38	35.18
建筑企业劳动生产率（万元/人）	42.03	1.03
房屋建筑施工面积（万平方米）	2385.4	–19.23
商品房屋销售额（亿元）	426.69	–53.14
商品房屋销售面积（万平方米）	584.97	–54.29
房地产开发投资额（亿元）	623.97	14.8
建成区绿化覆盖率（%）	42.03	1.14个百分点
人均公园绿地面积（平方米）	16.5	–10.37
人均城市道路面积（平方米）	21.04	45.5
城市自来水普及率（%）	100	0
人均生活用水量（升/日）	188.65	–5.2
城市燃气普及率（%）	99	0
城市液化石油气供应总量（万吨）	8.34	–2.8
城市天然气供应总量（亿立方米）	2.85	19.3
城市污水处理厂（家）	2	0
城镇生活垃圾无害化处理率（%）	100	0
城镇化率（%）	88.28	0.9个百分点
住房公积金缴存额（亿元）	40.25	7.79
住房公积金贷款发放额（亿元）	4.92	–61.05
保障性安居工程基本建成套数（套）	1635	4
绿色建筑面积（万平方米）	1056.89	–13.2

（中山市住房和城乡建设局）

▲中山市古镇夜景（2017）（高隽　摄）

山创建国家森林城市，加快金钟湖名胜风景区、组团式体育公园等公共目的地建设。

城市环境卫生　环卫设施建设。2017年，中山市完成城区723间垃圾屋和66间公厕升级改造。中山市城区公厕升级改造项目获中国城市环境卫生协会颁发的“公共厕所”项目类别金奖，中山市垃圾屋改造项目获“垃圾收运”项目类别银奖。建立大件垃圾破碎处理车间，4—12月，处理大件垃圾2400车、50000件。

市容保洁。2017年，中山市中心城区垃圾清运量26.92万吨，三大基地焚烧处理生活垃圾99.46万吨、填埋处理炉渣及不可焚烧的生活垃圾6.6万吨、处理污水29.7万吨、处理飞灰2.1万吨。中山市开展生活垃圾强制分类，完成天明花园A区、盛景尚峰、市住房和城乡建设局3个小区（单位）试点。试点小区（单位）均采用垃圾智能分类建设项目方案，在不改变居民现有垃圾投放方式和习惯前提下，对可回收物和有害垃圾进行分类回收。（罗婕）

城市生态环境保护　2017年，中山市基本完成生态保护红线划定方案，中山市生态补偿资金1.7亿元。修改完成《关于进一步完善生态补偿机制工作的实施意见（2017年修订版）》，对现行耕地、生态公益林生态补偿政策进行优化完善，新增饮用水源保护区生态补偿。结合2017年“六五”环境日主题，举办手帕创意设计大赛、“珠中江阳”中学生环保活动、生态文明建设成果图片巡回展等系列宣传活动。

城市空气环境治理。2017年，中山市空气质量监测累计有效天数365天，空气质量为优145天，良140天，达标天数285天，比上年下降10.7%。PM_{10}和$PM_{2.5}$平均浓度分别为49和33微克/立方米，较2013年分别下降25.8%和31.3%，超额完成《大气污染防治行动计划》空气质量改善目标任务。

环境噪音治理。2017年，中山市区域环境噪声等效声级年均值58.1分贝，达到《声环境质量标准》（GB3096—2008）2类区昼间标准。市区建成区范围内，主要交通干线的道路交通噪声昼间等效声级平均值68分贝，达到《声环境质量标准》（GB3096—2008）4类区昼间标准。（吴丹莹）

饮用水源保护。2017年，中山市根据中央第四环保督察组的要求，各镇区政府对辖区内饮用水源保护区排查出128个违法违规项目，属于工业项目和餐饮类别项目有99个，渔业养业场29个。市环境保护局落实整治，截至年底，128个项目中有124个基本完成整治（剩余4个为渔业养殖场），其余按处置措施整改中。（吴丹莹）

城市水环境建设　城镇生活污水治理。2017年，中山市中心城区中嘉污水处理厂日处理能力20万吨，珍家山污水处理厂日处理能力10万吨。中嘉污水处理厂全年处理水量5616.36万吨（不含沙溪污水量），达标排放100%；珍家山污水处理有限公司全年处理水量3160.80万吨（不含火炬污水抄表量），达标排放100%。全年中心城区新建改建污水管网18千米，长江路污水主干管完成敷设3千米，康华路市政配套污水管道完工，沿江路东段市政配套污水管道动工。全年中山市镇区新建改建污水管网长度38千米。（罗婕）

农村生活污水治理。2017年，中山市环境保护局制订《中山市水污染防治行动计划实施方案》等，制订《中山市水质保障联动工作方案》《中山市水环境监测断面（点位）“一河一策”水质保障工作方案》。组建由市长担任总指挥的整治黑臭（未达标）水体工作指挥部办公室。对岐江河南区、沙溪、大涌段及其支流开展综合执法整治，整改问题企业40家，整治入河排污口26个、砂石场18个，清理养殖场8家，拆除违建项目面积5.7万平方米。（吴丹莹）

河涌综合整治。2017年，中山市黑臭水体整治，完成秤钩湾、白沙湾工业明渠、马恒河、羊角涌等整治工程，其中员峰新涌、称沟湾涌、渡头涌、大滘涌、莲兴涌、横涌（石歧段）、情景路北侧河、恒大二期排洪渠8条均通过评估，公众评议结果满意度在91%—97%之间，完成国家下达的考核目标；第二阶段恒大二期排洪渠整治提升工程动工，中心城区10条黑臭水体整治提升工程完成可研初设一体化招标。

城区内涝治理。2017年1月，中山市兴中道水浸点整治工程完成主体工程并恢复通车。

城市供水　2017年，中山市自来水普及率100%。全市有自来水厂24家，产能270万吨/日。供水管网总长度（75毫米以上）9266.89千米，全年供水量6.44亿吨，售水总量5.45亿吨。其中，居民生活用水21987.81万吨，行政事业用水2114.56万吨，工业建筑用水1.82亿吨，经营服务用水6374.66万吨，特种行业用水248.16万吨。

城市供气　2017年，中山市有瓶装液化石油气经营企业12家、管道燃气经营企业6家、汽车加气站经营企业1家。全市气化率99%，液化气供气量8.34万吨，天然气销售量2.85亿立方米。全市有瓶装液化石油气销售点114个，全市液化石油气设计储存能力6000立方米。全市天然气用户31.44万户，其中工商业用户1744户、居民用户31.26万户，天然气月平均用量3025.19万立方米。全市累计建成市政燃气网总长度2290.07千米，年内新增155.42千米。（罗婕）

城市综合管理与执法　2017年，中山市城管执法局巡查在建项目3941个，发现违法建设980个，制止整改756个，强制拆除163个，拆除面积48921平方米；与国土部门联动拆除329宗，拆除面积20.69万平方米；适用“即建即拆”38宗，拆除面积13930平方米；鼓励当事人自拆105宗，拆除面积约11.02万平方米；移送相关部门455宗。

2017年，中山市城管执法局将中心城区117条主要路段的“城市牛皮癣”清理工作外包。通过追呼系统对违法违章广告进行追呼、停机处理，并根据违法违章小广告的内容及违法违章次数，处以不同额度的罚款。查处违章广告电话号码3374个、停机处理1986个、罚款处理1352宗、罚款金额13.48万元。（张嘉明）

【村镇建设与管理】　2017年，中山市住房和城乡建设局加大农村人居环境整治力度，推进美丽乡村建设，全面实施农村生活垃圾治理工程、特色小镇培育工程。各镇区“户收集、村集中、镇转运、市处理”的城乡生活垃圾收运处理模式实现全覆盖，全市农村生活垃圾有效处理率90%，分类减量率50%，村庄保洁覆盖面100%。中山市城乡规划局编制颁发《中山市市级特色小镇建设发展规划编制导则》，第一批18个特色小镇规划方案全部通过专家和部门联审。农村雨污分流工程主管基本铺设完成，部分村（居）污水得到集中有效处理。南区曹边村获全国“美丽宜居示范村”称号。大涌红木文化旅游小镇成功创建为“国家特色小镇”；小榄菊城智谷小镇、古镇灯饰小镇、大涌红木文化旅游小镇3个项目入选“广东特色小镇”创建工作示范点名单。（罗婕）

【工程建设与建筑业】　建筑市场管理　2017年，中山市完成建筑工程施工许可报建3306宗，建筑面积2158.38万平方米，造价288.87亿元。全市受理建设工程竣工验收备案3826件，建筑面积1889.4万平方米。全市新增本地建筑业企业389家。全市有本地注册登记施工企业296家，房地产企业83家。

2017年，《中山市建设工程企业诚信记分标准（2017-1版）》修订，并于6月1日施行；发布《中山市住房和城乡建设局关于调整建设工程企业诚信信息登记相关事宜的通知》，对办理诚信登记的市外建设工程企业资质要求调整为主项或增项资质等级为三级或以上；《中山市住房和城乡建设局关于调整“中山市房屋建筑和市政基础设施招投标项目施工现场诚信管理系统”相关事项的通知》印发。年内，对327家建设工程企业的1068个不良行为进行扣分8181分，诚信分值大于120分（含120分）的A级建筑业企业有219家，对34家因拖欠工人工资、不如实提交材料申请资质和企业诚信分值少于60分等行为的企业作出列入黑名单管理。

2017年，中山市住房和城乡建设局查处转包违法分包行为，调查涉嫌违规企业37家，立案3家，处罚企业2家；开展工资分账管理落实情况检查，检查3批工程项目18个；对存在不良行为的48家企业进行约谈。

勘察设计管理　2017年，中山市住房和城乡建设局完成26项重大工程初步设计审查，总长4395.72米、建筑面积81.94万平方米；完成1项超限高层建筑工程抗震设防专项审查，建筑面积19.44万平方米。截至年底，全市工程勘察设计和工程设计施工一体化企业79个，其中甲级企业11个、乙级企业26个、丙级企业6个、一体化企业36个。全市勘察设计从业人员8671人，其中高级技术职称460人、中级1632人、初级1756人。

招标投标管理　2017年，中山市受理的房屋建筑和市政基础设施工程招标523项、发布招标公告583次，招标成功项目481个，建筑面积959.8万平方米，工程造价122.9亿元。中山市住房和城乡建设局与市公共资源交易中心联合颁发《关于调整市内抽取综合评审专家库专家的通知》，颁发《关于调整建设工程勘察设计企业在招投标过程中诚信业绩加分项目的通知》，颁发《关于调整中山市招标金额小于100万元的市政道路工程设计项目招标相关事宜的通知》，草拟《中山市房屋建筑和市政基础设施工程EPC工程总承包招标投标工作管理办法（试行）》。设立中山市房屋建筑和市政基础设施项目招标投标警务联动机制办公室。

建设工程造价管理　2017年，中山市住房和城乡建设局编制发布《2017年中山市建设工程造价指数指标》；完成最高投标限价备案377宗，备案金额61.4亿元；完成建设工程材料信息价发布13860条，调整信息价6672条；开展工程造价咨询企业动态核查2次，抽查企业19家及57份造价成果文件。全年中山市建设工程企业管理和诚信平台登记的造价咨询企业145家。

建筑工程质量安全管理 建筑工程安全管理。2017年，中山市受监工程5537项，面积5692.4万平方米，完成标准化安全评定610项，面积1973.7万平方米。年内，市住房和城乡建设局在全市范围内开展建筑施工安全大检查13次，检查工程项目714个，对19个项目发出暂时停止施工通知、对402个项目发出整改通知、对247个项目发出省动态扣分通知870份，对101个项目发出诚信管理办法扣分通知130份。

建筑工程质量管理。2017年，中山市有在建工程6611项，建筑面积6620.1万平方米；新办理注册手续的工程2439项，办理通过竣工验收2059项。市住房和城乡建设局全年抽查144项工程，印发整改通知87份、不良行为扣分通知120份。年内，建立中山市建设工程检测监管系统，该系统的见证送检试验和桩基静载试验实现检测数据实时上传；全年受理涉及质量方面的投诉408宗，办结408宗。

建设工程监理 2017年，中山市组织开展建筑业监理检查，主要抽取市重点项目、存在重大施工安全危险源项目以及对发生过施工安全事故的监理单位所监理的20个项目。检查内容包括监理单位的市场行为、施工现场质量管理和施工安全管理情况，发出整改通知书6份，发出不良行为扣分通知书4份。

建设科技与绿色建筑 绿色建筑。2017年，中山市设计阶段建筑节能标准执行率100%，竣工验收阶段建筑节能执行率100%。完成建筑节能设计审查面积1175.21万平方米。完成国家机关办公建筑和大型公共建筑的建筑能源统计215幢、面积458.20万平方米，公示215幢、面积458.20万平方米，审计15幢、面积93.34万平方米。完成绿色建筑评价标识9个、面积94.92万平方米，认定绿色建筑项目20个、面积210.40万平方米。

新型墙体材料及散装水泥推广。从2017年4月1日起，中山市取消新型墙体材料专项基金。全年分别对符合国家相关规定的市内30家、外市19家墙材企业的新型墙体材料产品认定备案。征收新型墙体材料专项基金3533.8万元（4月后不再征收），返退基金387宗，返退1.21亿元，入库96.08万元。全市新墙材的使用比例99%，全市新墙材产量折算为13.52亿块标砖。

2017年，中山市对辖区内主要在建工地组织两次“禁止使用袋装水泥、禁止现场搅拌混凝土、禁止现场搅拌砂浆”专项执法检查。预拌混凝土生产企业原材料抽样1044组，合格率99.5%；出厂混凝土产品抽样342组，28天试件抗压强度检测合格率100%；混凝土用砂氯离子含量抽样检测340组，合格率100%。全市建设工程使用预拌混凝土780.99万立方米，预拌砂浆供应量26.682万吨。全市建设工程99%使用预拌混凝土。 *（罗婕）*

【房地产业与住房保障】 *房地产市场与开发* 2017年，中山市住房和城乡建设局办理商品房预售面积709.13万平方米，比上年下降20.57%；商品房销售面积584.97万平方米，比上年下降54.29%。商品住房销售均价8227元/平方米，比上年增长13.08%。是年，中山市房地产交易登记管理部门办理完成全市商品房买卖合同登记备案93219宗，面积596.6万平方米，金额433.7亿元，分别比上年下降35.3%、52.9%、51.2%；完成预售抵押合同登记备案32462宗、面积352.8万平方米、金额201.3亿元，分别比上年下降64%、63.9%、58.7%；完成商品房产权转移登记94596宗，面积802.4万平方米、金额1071.4亿元、分别比上年增长2.4%、下降2.9%、增长134%；全年完成房地产交易登记缮证16.21万宗。是年，中山市完成全市二手房地产转让登记69180宗，面积1141.2万平方米，金额443.4亿元。其中，二手房屋交易成交68909宗、面积860.4万平方米、金额391.5亿元，分别比上年增长16.6%、13.6%、41%。

房地产经纪行业管理。2017年，中山市国土资源局办理新成立房地产经纪机构备案8家（宗）、审核房地产经纪机构备案证书和换证156家（宗）、注销房地产经纪机构备案证书2家（宗），全市持有全国统考房地产经纪人执业资格证303人，全市从事房地产经纪机构备案从业人员5998人。12月底，将中山市房地产经纪行业监督管理职能移交市住房和城乡建设局。

房屋权属管理 2017年，中山市不动产登记中心办理房地产产权登记28768宗，比上年下降3.13%；抵押登记73865宗，比上年增长15.46%；抵押注销登记65598宗，比上年增长11.95%；商品房确权2041宗，比上年增长39.41%；缮不动产权证书32826宗，比上年增长12.42%。为群众鉴别真伪房地产权证，全年查处假证41本，协助公安部门对1宗使用不动产权假证违法行为立案侦查。7月3日，中山市不动产登记业务管理系统上线启用。中山市土地房产产权档案管理部门全年新接收全市房地产管理档案530077宗，比上年下降10.6%。其中，新接收房地产档案18.98万宗。全年接待查阅群众25万人次、办理不动产登记资料证明479135份（宗）。

房屋租赁管理 2017年初，中山市政府与广东省建鑫公司签订《中山市专业化住房租赁平台合作框架协议》，双方成立租赁平台试点工作领导小组，颁布《中山市专业化住房租赁平台筹建推进工作方案》，并于6月底注册成立中山市国企专业化住房租赁平台中山市建鑫住房租赁有限公司。完成《中山市

住房保障需求调查与住房建设（2016—2020）规划》编制。年内，中山市住房和城乡建设局出台《中山市关于加快培育和发展住房租赁市场的实施方案》，办理房屋租赁登记备案22585宗、建筑面积675.48万平方米，房屋租金收入7.75亿元。

房屋征收管理 2017年，中山市土地房屋征收管理办公室制定《中山市公益性建设项目征地拆迁绩效管理办法》《中山市征地拆迁工作绩效奖励方案》。市征管办负责、协调、指导南沙港铁路、中开高速等4项国家、省重点项目，纵四线等17项干线公路项目，长江路等22个市政项目，交地任务399.94公顷，涉及拆迁350宗。截至年底，交通基础设施项目年度交地任务面积380.33公顷，完成交地面积289.67公顷，完成拆迁173宗。 *（陈万鑫）*

危房改造 2017年，中山市住房和城乡建设局组织开展全市房屋安全大检查及危旧房治理，检查房屋3.9万间（幢），建筑面积1325.53万平方米，检查发现C、D级房屋2787间（幢），面积41.89万平方米；开展中心城区预制构件公房的专项排查，开展原政府直管公房的安全排查和鉴定，要求业主和责任单位对鉴定为C、D级危险房屋进行治理；督导管业单位做好旧城区临山危旧公租房搬迁。

物业管理服务 截至2017年底，中山市有物业服务企业579家，服务面积15395万平方米，物业管理区域1860个，成立业主委员会小区有386个。是年，中山市住房和城乡建设局受理物业管理纠纷275宗。新增专项维修资金4.67亿元，比上年增长13.08%。专项维修资金余额22.90亿元，年均增长37.13%。8月17日，《中山市成立业主大会及选举业主委员会程序指引（试行）》颁发，10月1日起实施，有效期3年。

保障性住房建设 2017年，中山市完成分配2013年底前政府投资开工建设的公租房10181套，为目标任务107%；2014年底前政府投资开工建设的公租房完成分配210套，为目标任务112%；2017年基本建成保障性住房1635套，为目标任务205%；新增发放租赁补贴266户，为目标任务266%，均提前超额完成广东省下达的任务。经中山市政府批准，市住房和城乡建设局完成修订中心城区本市户籍住房困难家庭保障性住房租赁补贴发放标准，调整政府投资公共租赁住房租金收缴方式。 *（罗婕）*

住房公积金管理 截至2017年底，中山市住房公积金缴存开户单位8466家，开户职工64.15万人，年末正常缴存职工34.42万人，比上年增长11.64%。住房公积金全年缴存额40.25亿元，比上年增长7.79%；累计缴存总额273.72亿元，缴存余额97.67亿元。全年办理公积金提取95.88万人次，比上年增长35.33%，提取金额27.42亿元。发放公积金个人住房贷款1300笔，发放金额4.92亿元；个贷率56.63%，贷款逾期率为0.12‰。实现增值收益1.42亿元，比上年增长26.85%。 *（沈文案）*

【中山市抗击超强台风袭击】 2017年8月，中山市接连受到超强台风“天鸽”和“帕卡”袭击，中心城区受灾严重。市政、园林、环卫部门加班加点开展环境整治和安全隐患排除工作，从8月23日起到26日，环卫作业单位每天出动环卫工人670多人，环卫作业车辆460多辆，清理垃圾4000车次，垃圾3000吨；园林绿化维护单位出动作业车辆79辆；市政维护单位投入人员193人次。

【中山市儿童公园等四大公园项目动工建设】 2017年，中山市儿童公园、古香林公园、金钟湖公园和气象公园提前完成动工建设目标任务，于12月27日动工建设。在市儿童公园、古香林公园等几个公园前期工作推进中，中山市住房和城乡建设局在确保立项、初步设计、EPC招标、项目动工等主线节点可控的同时，将各分节点滚动交叉推进，动态调整进度计划，同时通过建立微信群，加强与相关单位的沟通联系，及时互通信息，提升工作效率。在项目的招标过程中，组织对招标文件进行多次论证，局领导班子会议作专题讨论，使项目初步设计、EPC、监理等6次招标一次性通过。 *（罗婕）*

附录：中山市住房和城乡建设管理部门主要领导

中山市住房和城乡建设局
　党组书记、局长：陈俊源
中山市城乡规划局
　党组书记、局长：黄海波
中山市国土资源局
　党组书记、局长：吴伟强
中山市城市管理行政执法局
　党组书记、局长：杜俊强
中山市水务局
　党组书记、局长：郭建宏
中山市住房公积金管理中心
　党组书记、主任：赵国坚

江门建设

【概况】 江门市位于广东省中南部，1983年设地级市。土地面积9505.42平方千米，其中市区面积1784.85平方千米。截至2017年底，户籍人口396.37万人；常住人口456.17万人，其中城镇人口300.21万人。是年，全市生产总值2690.25亿元，比上年增长8.1%，完成固定资产投资1774.83亿元，增长16.9%；完成建筑业总产值283.4亿元。城区绿化覆盖率44.88%，人均公园绿地面积17.82平方米，城镇生活垃圾无害化处理率100%，农村生活垃圾有效处理率99.4%，城镇生活污水集中处理率93.5%。

2017年，江门市通过全国文明城市测评复查，成功创建国家森林城市。全市21个交通项目建成通车，42个交通项目动工建设，江顺大桥获“中国建设工程鲁班奖”。蓬江区棠下镇成功创建“全国特色小镇”，新会区崖门镇、台山市川岛镇、恩平市那吉镇和大田镇被认定为“广东省森林小镇”。镇海湾红树林湿地公园获批为国家湿地公园试点。深茂铁路江门至茂名段建设全球首例高铁拱形全封闭声屏障。房屋市政工程获“国家优质工程奖”2项；获“广东省建设工程优质奖”8项，“广东省建设工程金匠奖”2项，“广东省建设工程优质结构奖”2项。

2017年江门市住房和城乡建设存在的主要问题是经济规模不大、发展质量不高，中心城区辐射带动能力弱，和珠江三角洲核心区域相比，江门市东部经济实力不强，东西部发展差距大；全市城市基础设施投入少，管理水平有待提高；大气污染防治、黑臭水体治理形势依然严峻，城市品质和内涵有待提升。（黄玲珍）

【城乡规划】 规划编制 2017年，江门市启动《江门市城市总体规划（2017—2035年）》编制。完成《银湖湾滨海新城概念规划》《江门市主城区交通拥堵治理规划研究》《江门市主城区综合管廊专项规划（修编）》《江门市区足球场地设施建设规划（2017—2020）》《江门市主城区自行车道系统专项规划》《蓬江区潮连中心区控制性详细规划》《蓬江区杜阮北地段控制性详细规划》《蓬江区杜阮南路及周边地段控制性详细规划》《江门高新区（江海区）16、26号地控制性详细规划》《江海区向前、向荣地段控制性详细规划》《新会区龙湾南、奇榜、大滘地段控制性详细规划》等编制。新编（修编）控规面积36平方千米，主城区累计政府批准控规79项，面积206平方千米。

规划管理 2017年，江门市城乡规划委员会章程进行局部修改。江门市城乡规划局把11项行政审批事项委托下放到分局管理；持续推行承诺制，制订承诺制实施方案，试行容缺审批，形成承诺书范本和容缺审批操作细则等配套文件。是年，江门市区办理规划业务案件7123件。核发规划选址意见书10项、核发规划条件148项、核发建设用地规划许可证144项、建设工程规划许可证987项，规划验收项目951个。开展规划督查图斑134宗，其中违法建设图斑24宗。全年受理规划业务有效信访事项87宗。（莫振光）

城市更新 2017年，江门市“三旧”改造任务新增改造153.33公顷，完成改造面积100公顷，总投资额58亿元。截至年底，全市新增改造面积163公顷，完成率106.32%；完成改造面积111.67公顷，完成率112%。（丁开博）

【城市市政公用设施建设与管理】 市政建设 城市基础设施建设。2017年，江门市区安排城市重点建设项目72个，项目总投资303.93亿元，年度计划投资58.86亿元，实际完成投资58.21亿元，为年度投资计划的99.7%。其中24个项目完成，33个项目在建设中，15项工程开展项目前期工作。12月21日，《江门市推进海绵城市建设实施方案》颁发实施。

2017年江门市住房和城乡建设主要指标

指标名称	实绩	比上年增长（%）
固定资产投资额（亿元）	1774.83	16.9
建筑企业家数（家）	290	2393
建筑业总产值（亿元）	283.4	17.7
建筑企业期末从业人员（万人）	6.29	-20.37
建筑企业劳动生产率（万元/人）	43.9	49.8
房屋建筑施工面积（万平方米）	4851.22	41.78
商品房屋销售额（亿元）	656.6	40.1
商品房屋销售面积（万平方米）	882.3	11.8
房地产开发投资额（亿元）	450.56	27.4
建成区绿化覆盖率（%）	44.88	4个百分点
人均公园绿地面积（平方米）	17.82	0.16
人均城市道路面积（平方米）	16.78	1.89
城市自来水普及率（%）	98.33	0.49个百分点
人均生活用水量（升/日）	225.55	-7.05
城市燃气普及率（%）	97.4	1.4个百分点
城市液化石油气供应总量（万吨）	11.7	0.8
城市天然气供应总量（亿立方米）	4.65	50
城镇污水处理厂（家）	43	26.47
城镇生活垃圾无害化处理率（%）	100	0
城镇化率（%）	51.17	1.41个百分点
住房公积金缴存额（亿元）	47.63	2.92
住房公积金贷款发放额（亿元）	19.21	-32.59
保障性安居工程基本建成套数（套）	2266	0
绿色建筑面积（万平方米）	114.09	21.3

（江门市住房和城乡建设局）

市政道路养护。2017年，江门市市（区）直管道路1139.39千米，维修道路面积18.02万平方米，修复人行道路、盲道路6.19万平方米，维修更换排水检查井井盖6915套，维修、清疏下水道626.07千米，维修更换路灯（罩）3.28万盏，主、次干道亮灯率保持97.59%以上。

城市桥梁维修改造。2017年，江门市有城市桥梁161座，其中E类桥、D类桥8座。

地下综合管廊建设。2017年，江门市开工建设管廊项目5个。其中，蓬江段完成土建施工，完成投资4500万元；新会段基本完成土建部分，完成投资2500万元。江侨路综合管廊开展管廊建设范围清表工作；五邑路段缆线管廊基本确定建设方案；鹤山市十一号街完成800米；鹤山市十二号街完成300米。

（黄玲珍）

市区重点交通设施建设。2017年，江门大道东甲立交至三江段实现绕行通车；江门大道南（西）线先行工程银鹭大桥和银鹭大道二期在推进，双水段启动建设；台开快速路、开平快速干线（西线）工程在建设；礼睦路扩建工程建成通车；广中江高速公路二期建成通车，江门市高速公路总里程达到455千米；中开高速公路江门段、佛开南扩建全线动工建设；高恩高速公路在施工，开春、开阳高速公路扩建工程启动建设。江顺大桥获“中国建设工程鲁班奖”。*（余宝莹）*

城市园林绿化　城市园林建设。2017年，江门市中心城区建成区绿化覆盖总面积7604.29公顷，绿化覆盖率44.88%；绿地总面积7240.73公顷，绿地率42.74%；公园绿地总面积2404.15公顷，人均公园绿地面积17.82平方米。

2017年，江门市新建改建154个村居公园，新增11个森林公园，建成5个镇街公园。加强圭峰山、龙舟山白水带、大雁山、石花山、梁金山、鳌峰山等七大龙头公园各项设施建设。台山镇海湾红树林湿地公园获批成为国家湿地公园（试点）；新会小鸟天堂国家湿地公园设立管理机构；鹤山古劳水乡湿地公园完成省级湿地公园总体规划编制；台山大隆洞湿地公园总体规划通过审核，宣传长廊完成建设；开平孔雀湖国家湿地公园落实管理机构，成立科技咨询工作组，完成部分基础设施建设。台山都斛水稻文化公园完成河道清淤清障、观景台主体、牌坊主体建设及农耕文化展示馆等工程；开平天露山梅花谷森林公园完成部分基础设施工程；鹤山文化中心公园、台山高佬山公园和恩平大松岭公园基本建成；江门植物园完成兰石园区珍稀植物园主体工程建设以及绿护桃源园区的知青文化馆及景观工程。*（朱栎燃）*

绿化重点工程建设。2017年，江门市开展新建慢行系统和城乡绿廊以及高速出入口绿地改造项目。其中，江门大道完成鹤山段及蓬江段绿化建设48千米（含左、右辅道），绿化面积85.8万平方米；完成滨江新区规划二路、杜阮北一路、胜利南延长线、台山市凤凰大道、恩平市沿江步行径绿化建设23.65千米；龙湾高速出入口公园绿地、外海龙溪出入口连接线绿地建设，绿化面积2.5万平方米。江门市义务植树和群众性绿化活动完成义务植树606万株。*（吴锦波）*

绿道建设。2017年，江门市新建城市绿道57.4千米。新建、改建市区城市主、次干道两侧绿道38.5千米；新建礼乐主灌河东岸堤绿道二期工程，全长3.7千米；新建西门登山口至鳌峰山环山绿道建设，全长15.2千米；截至年底，全市建成城市绿道551.9千米。

城市环境卫生　环卫设施建设。2017年，江门市完成大推车山生活垃圾填埋场封场二期工程、开平市固废综合处理中心一期项目开平市固废综合处理中心前期工作，完成鹤山市马山垃圾填埋场（三期）扩容工程。完成路牌升级改造工程，完成投资1085.07万元。

市容保洁。2017年，《2017年江门市深化文明城市建设、推进城乡环境综合治理市容市貌整治提升工作方案》印发，《关于做好市区“门前三包”工作的通知》《关于全力配合创文迎检期间投放公益广告的通知》《关于进一步强化泥头车整治工作的通知》《关于进一步加强占道经营整治的通知》等配套制订。推进17个镇级填埋场排查整治，开展黑臭水体垃圾治理、水浮莲清理、河长制行动，开展泥头车专项整治行动，落实大气污染道路抑尘洒水以及“垃圾不落地”宣传行动。开展《江门市市容和环境卫生管理条例》《江门市户外广告和招牌设置管理条例（草案）》立法工作。

城乡生活垃圾处理。2017年，江门市农村生活垃圾有效处理率99.4%，农村生活垃圾分类减量比例达到52.91%。“户集、村收、镇运、县（市）处理”生活垃圾处理模式全面推广。江门市农村生活垃圾治理通过省级验。*（黄玲珍）*

城市生态环境保护　城市大气环境整治。2017年，江门市出台《江门市大气污染防治强化措施及分工方案》。全年全市淘汰高污染燃料小锅炉349台，淘汰黄标车8394辆，完成挥发性有机物排放企业综合整治30家，71个建筑面积5万平方米以上在建施工工地全部安装扬尘在线监测和视频监控系统，拆除30根工业烟囱，西江沿岸的烟囱基本拆除。江门市$PM_{2.5}$、PM_{10}年均浓度分别比2013年下降26%、21.1%。

城市噪声治理。2017年，江门市环境保护局对建筑施工场所实施许可证管理制度，严格声环境准入，对施工噪声、社会生活噪声、工业企业噪声等噪声源监督管理。社会生活噪声投诉按时办结率100%，中央环保督察涉及环境噪声的举报案件全部办结。2017年度市区区域环境噪声等效声级优于国家区域环境噪声2类区昼间标准；道路交通干线两侧昼间噪声质量优于国家区域环境噪声4类区昼间标准。

饮用水源保护。2017年，江门市环境保护局制订《江门市贯彻落实中央第四环境保护督察组反馈意见整改工作方案》。江门市区饮用水源保护区完成清理整治6个（其中篁边2个，新沙4个），清拆建筑面积1030平方米。完成2017年度集中式饮用水源地环境保护状况评估工作，其中地级以上饮用水源评估得分99.25。完成饮用水源保护区规范化建设，其中，台山市完成塘田水库隔离防护工程，投入资金300万元；开平市投入1235万元开展大沙河水库养殖场清拆工作；恩平市投入近40万元开展饮用水源保护区规范化工作。是年，江门市开展饮用水源保护区内的违法建设项目清理整治，至11月底完成，其中一级水源保护区内36个、二级水源保护区228个。 *（谢妍妍）*

城市水环境建设　城乡生活污水治理。2017年，江门市新建（扩建）城镇污水处理厂11座，新增处理能力5.72万吨/日。截至年底，江门市建成城镇生活污水处理厂43座，其中城市污水处理厂14座、镇级污水处理厂29座，总处理能力93.52万吨/日，配套污水管网790千米。是年，城镇生活污水处理厂综合运营负荷率95.6%，全年处理污水3.09亿立方米，城镇生活污水处理率93.50%。全年完成投资3.15亿元。 *（叶舒婷）*

河涌综合治理。2017年6月，江门市全面推行河长制工作领导小组成立。在全省率先推行市县镇村四级河长制。落实市级河长19名、县级河长96名、镇级河长783名、村级河长1342名。首创河长每月巡河制度，设立《月度水质清单》《落实河长制月度工作清单》《月度排查问题及整治计划清单》等巡河“三个清单”。水质每月监测，季度公开考核。执行奖惩机制，对排名持续靠后的河、段长实施问责，其中会城河会城段、紫水河会城段河长因排名持续靠后，受到“一票否决”，调离工作岗位并在两年内不予提拔重用。

2017年，江门市出台《江门市未达标水体达标方案》《江门市区黑臭水体综合整治工作方案》和工业、农业、生活污水、垃圾等4个污染源专项整治方案。江门市区内6条黑臭水体投入9.14亿元整治，完成违法排污企业清理整顿项目3934个，关闭或搬迁养殖场858个；开展市区黑臭水体垃圾整治专项行动46次，清理垃圾3663吨。6条黑臭水体龙溪河和紫水河消除重度黑臭；天沙河、杜阮河、麻园河、会城河已完成公众评议，公众满意率90%以上，基本实现河面无大面积漂浮物，河岸无垃圾，无违法排污口，完成“初见成效”的省考核目标。 *（谢妍妍）*

城市区内涝治理。2017年，江门市区排查水浸黑点14个，新建排水管36650米，完成港口二路、东宁路等水浸点整改工程11个。对凤阳里、清澜路等易涝点安装水浸点监控监测系统。市区全年开泵3965.47小时，抽水2561.39万立方米。江门市累计建成排水管道2772.34千米，排涝泵房172座。

城市供水　2017年，江门市城镇自来水供水能力147万吨/日，建成6086.94千米供水管道。

应急备用水源建成。2017年11月29日，江门市区应急备用水源及供水设施工程PPP项目竣工验收。该项目将为江门市蓬江区和高新区（江海区）提供可持续的应急备用水源，保证居民生活10天的应急用水。该项目也是广东省第一批和财政部第二批政府与社会资本合作示范项目，包括那咀水库至西江水厂DN1400供水管道18千米；那咀水库取水泵站，西江取水泵站和配套140米长的DN1000输水管，项目概算总投资26942万元。 *（叶舒婷）*

城市供气　截至2017年底，江门市内共有各类燃气经营企业35家，天然气门站3座、液化石油气储配站26座、天然气汽车加气站9座及瓶装液化石油气供应站290个，天然气管道总长度978千米。天然气供气量4.65亿立方米，用气居民家庭19万户；液化石油气供气量11.7万吨。全市城镇燃气普及率97.4%，城镇居民天然气气化率22%。年内，江门市大力查处瓶装液化石油气“黑气”“黑点”，整治瓶装液化气无证经营点82个，查扣液化石油气钢瓶4413个，行政拘留非法经营液化石油气人员26人。

城市综合管理与执法　市容市貌整治。2017年，江门市住房和城乡建设局以创文复牌迎检和重大活动保障为契机，组织开展市容市貌专项整治活动，安排执法巡查256人次；组织执法巡查272人次，检查工地（路段）469个（次），检查市场788个（次），检查社区265个（次），移交属地责改1043宗，现场移交处罚案件5件，处罚金额8.6万元。年内，江门市推进五年治违行动，查处存量违法建设面积160213平方米，占五年行动查处存量违法建设治理目标比例64.12%；遏制新增违建83383平方米。

数字城管平台建设应用。2017年，江门市数字化城管指挥中心受理案件7.19万件，结案7.1万件，结案率98.67%，采集员快速上报案件5.11万件；城管微信微博受理有效案件10984件，结案10890件，结案率99.14%；利用语音告知系统治理“牛皮癣”。对乱张贴违法行为作出行政处罚703宗，督促未及时接受处罚的相对人438人次，自觉纠正109宗。全市清理乱张贴乱涂画314万处。 *（黄玲珍）*

【村镇建设与管理】　村镇建设　2017年，江门市村镇建设总投资33亿元，其中村镇住宅建设投资11.45亿元，住宅竣工面积92.53万平方米，年末实有住宅建筑面积8036.82万平方米；公共建筑建设投资28.63亿元，竣工面积23.05万平方米，年末实有公共建筑面积1218.67万平方米；生产建筑建设投资11.42亿元，竣工面积118.98万平方米，年末实有生产建筑面积3206.46万平方米。市政公用设施投资7.26亿元，主要用于村镇供水、燃气、道路桥梁、排水、园林绿化和污水、环境卫生和垃圾处理工程。镇区人均住宅建筑面积41.59平方米，农村人均住宅建筑面积30.9平方米；镇区实有道路1634.03千米，道路面积1242.34万平方米，农村实有道路6707.36千米，道路面积3310.73万平方米；镇区供水普及率96.34%，农村供水普及率90.16%；镇区燃气普及率92.08%，农村燃气普及率75.2%；镇区公园绿地面积302.69公顷，人均公园绿地面积8.06平方米；全市58个建制镇镇区建成区面积1.89万公顷；建成农村污水处理站555个，配套污水收集管网170千米，2017年完成投资2.53亿元。

宜居城乡建设 2017年，江门市着重抓推动新会区大鳌镇等2个镇创建“江门市宜居城镇”，推动蓬江区棠下镇迳口村等14个村庄创建“江门市宜居村庄”。2个宜居城镇投入9912.43万元，14个宜居村庄投入2360.20万元用于完善基础设施建设。新会区大鳌镇、台山市海宴镇2个镇获“江门市宜居城镇”称号，蓬江区荷塘镇霞村、棠下镇迳口村、江海区礼乐街道镇龙村、外海街道前进村、新会区沙堆镇梅北村、睦洲镇石板沙村、台山市冲蒌镇西海村委会南洲村、斗山镇墩头村委会均安村、开平市百合镇儒东村、蚬冈镇春一村、鹤山市古劳镇新星村、鹤城镇禾谷村、恩平市东成镇鹿颈村委会长礼村、沙湖镇乌石村14个村获“江门市宜居村庄”称号。 (*黄玲珍*)

【工程建设与建筑业】 *建筑市场管理* 2017年，江门市有资质建筑企业完成建筑业总产值283.4亿元，比上年增长17.7%。至年底，江门市有资质的建筑业施工企业290家，其中特级资质1家，一级资质企业11家，二级资质企业51家，三级总承包及以下资质企业227家。全市有工程监理企业16家，其中甲级6家，乙级6家，丙级4家。纳入监管的房屋建筑和市政基础工程项目2481个，房屋建筑工程总面积4851.22万平方米，市政工程总长度12.05万延米，全年办理竣工验收备案项目994个，一次验收合格率100%。发布《建筑业企业信用管理办法》《建筑业企业信用管理评价标准》及配套文件，全市检查项目2125个，检查建设单位1582家，检查施工企业1799家。开展打击违法分包转包行为专项行动。全组织检查52次，发出整改通知12份。

勘察设计管理 截至2017年底，江门市本地勘察设计单位有73家，其中勘察专业6家、建筑专业23家、电力专业7家、水利专业3家、市政和公路专业各2家，另有一批专项设计、设计施工一体化单位。勘察设计行业从业人员7387人。其中具有技术职称2278人，比上年下降2.5%；注册执业人次713人，比上年下降0.8%。勘察设计行业完成合同额3.95亿元，比上年增长8.2%。外地企业占江门市建筑设计59%市场份额，比上年下降8%。年内，市外建筑设计单位到江门市办理资质备案的合同额2.75亿元，设计面积674万平方米。是年，江门市建筑设计院完成改制为民营企业。

招标投标管理 2017年，江门市房屋建筑和市政建设工程施工类项目招标306个，工程招标控制价103.36亿元，中标金额100.51亿元，通过招投标节约投资2.85亿元，下浮率2.76%。受理投诉举报来信来函28宗，办结28宗，办结率100%；全年立案查处围标串标、弄虚作假等招投标违法行为9宗，罚款66.18万元。

建筑工程造价管理 2017年，江门市优化江门工程造价信息网和《江门工程造价信息》（季刊）工程造价信息发布平台，每月及时发布建筑材料价格信息。完成交通造价审查37项（其中估算2项、概算7项、预算18项、清单预算核备2项、决算8项），审查送审投资额149.55亿，核减11.12亿元。加强造价文件的备案管理，年内受理招标控制价备案43项，合同备案24项，进行结算备案1项，备案率100%，符合性检查100%。

建筑工程质量安全管理 2017年，江门市有1150名施工从业人员通过安全教育和考核获得“平安卡”，有1143人参加特种作业人员培训。办理产权登记的塔吊803台，施工升降机742台，物料提升机3265台，桥式起重机2台，门式起重机14台。另外注销塔吊35台，施工升降机21台，物料提升机43台。江门市房屋市政工程获“国家优质工程奖”2项；获“广东省建设工程优质奖”8项，“广东省建设工程金匠奖”2项，“广东省建设工程优质结构奖”2项；获“江门市优良样板工程奖”15项，其中“五邑杯”3项。

建设科技与绿色建筑 绿色建筑。2017年，江门市颁布《关于进一步落实绿色建筑标准的通知》，将单体建筑面积大于1万平方米的新建民用建筑列为江门市绿色建筑重点监管项目。年内，绿色建筑新增面积114.09万平方米，比上年增长21.3%。编制《江门市建筑节能和暖通设计审查常见问题汇编》。年内，新增规模化可再生能源应用项目建筑面积25.24万平方米，装机容量16.82兆瓦。

新型墙体材料及散装水泥推广。2017年，江门市取消新型墙体材料专项基金征收，加强新型墙材的监督管理，继续推进“禁实限黏”，依托装配式、钢结构建筑、绿色建材推广，推广应用新型墙体材料。

2017年，《江门市预拌混凝土生产企业扬尘控制十项要求》《江门市预拌混凝土行业绿色生产评价要求》制订。截至年底，江门市在产的预拌混凝土搅拌站39家，年设计产能2582万立方米。江门市住房和城乡建设局每季度采取突击飞行抽检方式，开展对搅拌站主要生产用原材料及拌合物产品的监督抽检，检测结果全部合格。（黄玲珍）

【房地产业与住房保障】 *房地产开发* 2017年，江门市制订《江门市供给侧结构性改革2017年度去库存工作方案》，修订公布《江门市住建局关于市区房地产开发企业诚信信息管理办法》。开展房地产开发企业和房地产中介经营行为专项整治，以及房地产领域互联网金融业务风险专项整治清理整顿，检查232个房地产开发项目、46家房地产经纪机构，清理注销不符合房地产开发资质条件企业20家，在全市范围内通报4起房地产领域违法违规行为。制订《江门市行政审批委托制改革实施方案》，将房地产开发企业资质、商品房预售许可、和商品房预售款使用核准的审批权下放至各区住房城乡建设主管部门。

房地产市场 2017年，江门市制定《关于进一步促进我市房地产市场平稳健康发展的通知》，成立房地产领域社会矛盾专项治理领导小组，建立专项治理联动工作机制和工作报告制度，全年社会矛盾化解率为100%。全年新建商品房网签面积882.3万平方米，比上年增长11.8%；网签金额656.6亿元，增长40.1%。其中，住宅网签面积768.8万平方米，比上年增长13.7%；网签套数67497套，增长11.5%。全市商品房库存511.3万平方米。全年全市二手房成交454.4万平方米，其中住宅成交363.5万平方米，成交套数34388套。年内完成245家房地产经纪机构备案。

房屋权属管理 2017年，江门市全市颁发不动产权证书20.93万本，不动产登记证明18.21万张。

房屋租赁管理 2017年，江门市办理房屋租赁登记备案1097宗，面积11.74万平方米。其中住宅类租赁登记备案970宗，面积5.19万平方米；非住宅类租赁登记备案127宗，面积6.55万平方米。

2017年，江门市公房（含保障性住房）经营收入4583.58万元，比上年下降1%。公房修缮工程投入维修资金1093.80万元，维修2928间次。组织各房屋管理单位对辖管房屋进行10次安全专项检查，检查房屋11864间次，发现安全隐患及时维修，确保公房租住安全运行。减免租住直管公房的低收入和残疾人士家庭153户，减免租金18.35万元。

房屋征收管理 2017年，江门市成立国有土地上房屋征收评估鉴定专家委员会，完善房屋征收评估鉴定机构设置。

物业管理服务 截至2017年底，江门市有物业服务企业285家，物业从业人员14250人。江门市物业管理项目395个，管理建筑面积4467万平方米。年内，江门市住宅专项维修资金新增交存1.98亿元，新增交存75158户，提取使用246.12万元，利息收入954.67万元。住宅专项维修资金余额8.15亿元，累计交存31.39万户。是年，江门市物业管理公众服务平台开通，业主可多渠道查询和交存维修资金；实现服务对象网上申办开立维修资金账户和申请使用维修资金业务，形成“在线申请、网上办理”。实现业主决策电子投票表决意见，在“江门住建”微信公众号的“便民服务”栏目增加“物管平台”，业主可通过住建局微信公众号、官网等渠道，决策小区事务、监督决策过程。

保障性住房建设 2017年，广东省下达江门住房保障任务为城市棚户区住房改造开工403套；基本建成保障性住房2294套；新增租赁补贴任务40户；2013年底前政府投资公共租赁住房分配率不少于90%，2014年政府投资公共租赁住房分配率不少于85%。是年，江门市保障性住房建设投入资金1.32亿元，其中中央补助资金0.11亿元、省级补助0.06亿元、市财政及其他资金1.15亿元。截至年底，全市城市棚户区改造新开工489套，完成率121.34%；基本建成保障性住房2890套，完成率125.98%；新增租赁补贴168户，完成率420%；2013年底前政府投资公共租赁住房分配率92.8%，2014年政府投资公共租赁住房分配率95.68%。

2017年，江门市持续放宽公共租赁住房的申请资格，其中，江门市区将符合申请公共租赁住房的家庭（含外来务工人员）月人均可支配收入定为2217元以下，符合申请廉租住房家庭的月人均可支配收入由1200元以下上调至1400元以下。年内，江门市配租公共租赁住房1968户，对审查不通过或不参加审查的租户取消其住房保障资格。

住房公积金管理 2017年，江门市全市缴存住房公积金47.63亿元，当年新开户单位580家，新开户职工6.91万人。全年提取住房公积金44.7亿元。全年发放个人住房贷款5838笔、19.21亿元。全年实现住房公积金增值收益14571.08万元。（黄玲珍）

【《江门市城市市容和环境卫生管理条例》颁布】 2017年8月30日，江门市第十五届人民代表大会常务委员会第六次会议通过《江门市城市市容和环境卫生管理条例》，经广东省第十二届人民代表大会常务委员会第三十六次会议于2017年9月28日批准，于2017年12月1日起施行。《江门市城市市容和环境卫生管理条例》是江门市取得地方立法权后第一部城市管理方面的地方性法规。（黄玲珍）

【江门市成功创建“国家森林城市”】 2017年，江门市按照广东省有关珠江三角洲国家森林城市群建设的要求，贯彻落实《江门市国家森林城市建设总体规划（2015—

2024年)》，全面落实迎检各项工作任务，创建“国家森林城市”工作取得成效，于10月10日获“国家森林城市”称号。（方晓华）

【江顺大桥获“中国建筑工程鲁班奖”】 2017年11月7日，广佛江快速通道江顺大桥工程获中国建设工程质量最高奖——“中国建设工程鲁班奖”，是江门诞生的首个“鲁班奖”工程。江顺大桥是广东省跨度最大的斜拉桥，全长2290米，其中主桥长1172米，主跨700米，总投资约为21.2亿元。工程先后获国家发明专利17项，实用新型专利22项。（黄玲珍）

附录：江门市住房和城乡建设管理部门主要领导

江门市住房和城乡建设局
党组书记、局长：林健生
江门市城乡规划局
党组书记、局长：刘建新
江门市水务局
党组书记、局长：梁君明
江门市住房公积金管理中心
党支部书记、主任：王逵昱

阳江建设

【概况】 阳江市位于广东省西部，1988年设地级市。土地面积7955.9平方千米。截至2017年底，全市户籍人口297.08万人，常住人口254.29万人。全年全市地区生产总值1408.63亿元，固定资产投资540.21亿元，建筑业总产值111.1亿元，房地产开发投资额144.86亿元。市中心城区建成面积68.07平方千米，城区绿化覆盖率41.92%，人均公园绿地面积13.08平方米，城镇生活垃圾无害化处理率100%，城市生活污水集中处理率92.34%。

2017年，阳江市推进城市向南向海发展，滨海新城和滨海生态公园启动规划建设，推进连围河整治工程，金平路一期、深茂铁路阳江站站前路等一批市政道路在建设，市妇幼保健院新院投入使用；市会展中心等一批城市配套设施建成启用，始兴路改造等一批市政道路竣工通车，森林公园一期、漠阳湖公园一期、南山公园等一批城市公园基本建成。成功创建国家卫生城市。全面启动创建国家森林城市和全国文明城市，两个镇入选广东省森林小镇，两个村被评为“全国文明村”称号。100个美丽乡村如期建成。

阳江市住房和城乡建设存在主要问题是区域发展不平衡、城镇化水平偏低，城乡面貌需改善，城市管理不够精细，城乡公共服务和基础设施配套不足，人居环境改善任重道远。（王绍挺）

【城乡规划】 规划编制 2017年，《阳江市城市总体规划（2016—2035)》《阳江市中心城区近期建设规（2016—2020)》完成编制。《阳江基础设施“十三五”建设规划》《阳江市综合交通规划》等11项专项规划在编制。编制完成19项控制性详细规划，面积1096.54万平方米，市区控制性详细规划覆盖率55%，城市新区已开发区域控制性详细规划实现全覆盖。《阳江港丰头片区控制性详细规划》《阳江市特色风貌、历史文化街区及历史建筑专题研究规划》《滨海新城（首期）控制性详细规划》等在编制。全市38个建制镇完成总体规划修编的16个，开展规划编制的22个。

规划管理 2017年，阳江市完善城乡规划业务评审会、市发展策略与建筑艺术委员会以及市城市规划委员会三级审批制度。启动“多规合一”平台的搭建和编制。加大规划监督力度，完善城市规划管理技术规定，提升居住区设计和管理水平。做好历史街区划定和重点保护建筑确定，提升城市设计水平。（王绍挺）

城市更新 2017年，广东省下达阳江市任务是新增实施改造面积56.67公顷，完成改造面积37.33公顷。截至年底，阳江市完成新增实施改造面积62.07公顷，占广东省下达任务的109.53%；完成改造面积43.36公顷，占省下达任务的116.13%。建设阳江盈信广场改造项目完成投资2.1亿元，阳江南排排后村改造项目投资6000万元。是年，市区三环南路、玻璃厂片区、天主教堂和青云堂周边配套、松岗山片区、不锈钢器皿总厂片区等11个改造项目开展规划编制等前期工作。（谭志伟）

【城市市政公用设施建设与管理】 市政建设 2017年，阳江市在建市政项目2016年结转项目20项，2017年新开工项目19项，完工11项。是年，在建项目实际工程总投资（中标价）9.36亿元（含结转），全年完成投资3亿元，比上年增长126%。重点推进深茂铁路阳江站站前路工程、深茂铁路阳江站综合交通枢纽工程、阳江市南山公园建设工程、阳江市森林公园建设工程等项目建设。（黎洋波）

道路交通设施建设。2017年，阳江市推进融入珠江三角洲、连接大西南的交通网络建设。高速公路建成汕湛高速阳春段，开工建设沈海高速阳江段四改八工程，建设怀阳高速海陵岛大桥、中阳高速阳春段。干线公路动工建设广东滨海旅游公路雅韶至溪头段（含阳江港大桥），建设国道G325北惯至白沙段改线、国道G325阳西县城过境段改线和省道S277海陵大堤至闸坡段等项目。深茂铁路阳江段6月底前建成通车。（王绍挺）

市政设施管理维护。2017年，阳江市维修路面6256平方米，道路设施4.7千米，检修下水道120千米，清疏雨水井4010座次，维修井盖、井座9400座（套），维修公益广告牌1851平方米、公共候车亭1980个和安全护栏3053米。完成城区1850个路灯地埋电缆标志牌安装、内街小巷挂墙灯GPS定位，继续路灯“四旧”技改，完成东风路一路、二路等路灯设施的更换维修，新增建设文化广场沿湖路等89基路灯安装。依法清理路灯广告牌1160个，确保市区路灯亮灯率99%。

城市园林绿化　2017年，阳江市新增绿地面积57.74万平方米，增加绿化覆盖面积61.48万平方米，新增公园绿地3个，新增附属绿地面积16.32万平方米，新增城南西路水岸绿地绿化4.32万平方米，改建扩建园林绿化建设66项、32.38万平方米，新增整改新平花园、贤尚小区等街头绿地9处、面积8.66万平方米。完成城乡结合部城西市场前滩涂整治、华邑酒店侧闲置地绿化整治、漠江中路两侧人行道绿化种植等7项绿化整治项目，推进市区新江北路、西平路、石湾路、富康路等主、次干道和各小区公共绿地进行补种补植，绿地管养面积525.36平方米。（黎洋波）

绿道建设。2017年，阳江市建设绿道95.4千米，市区建成14.33千米。阳春市建成43.81千米，阳西县建成37.26千米，其中省立绿道18.9千米。（王绍挺）

城市环境卫生　2017年，阳江市市容环卫实行20小时保洁和市容常态化巡查机制，全年完成城区874万平方米道路的清扫保洁任务，清运城区生活垃圾28963车次18.66万吨。无害化填埋处理生活垃圾39万吨，含县区生活垃圾14.25万吨，处置垃圾渗滤液2.45万吨。焚烧处理医疗废物1519.1吨。清理废旧家具5461.33车、7106.8吨；清理卫生死角垃圾6448车、7766.91吨；收取生活垃圾处理费4502.4万元，医疗废物处理费405.2万元。截至年底，城镇生活垃圾无害化率100%。（黎洋波）

农村生活垃圾处理。2017年，阳江市阳东区、阳春市、阳西县基本完成垃圾中转站的升级改造并投入使用。全市7781个自然村基本建成1个以上垃圾收集点（垃圾桶）并投入使用，其中阳东区、阳西县每个行政村全部建成至少1座密闭式垃圾收集屋。阳东区、阳西县、海陵区镇区均实现农村生活垃圾收运处理市场化运营。截至年底，农村生活垃圾有效处理率90.2%，农村生活垃圾分类减量率50.5%，农村保洁覆盖率96.7%。（王绍挺）

城市生态环境保护　2017年，阳江市推进农村环境综合整治。实施“以奖促治”，围绕饮用水水源地保护、农村生活污水和垃圾处理、畜禽养殖污染防治和历史遗留的工矿污染治理等问题开展治理。利用中央及省环保专项资金补助开展农村环境连片综合整治项目建设。截至年底，18个农村环境连片整治项目完成，阳东区大沟镇大沟村等4个行政村连片综合整治、阳西县溪头镇马村村委会8个自然村环境综合整治工程等12个项目在实施中。

城市空气环境治理。2017年，阳江市重点加强臭氧和$PM_{2.5}$治理，《阳江市大气污染防治强化措施及分工方案》组织实施，建设空气质量预报预警系统及建立会商制度。推进工业源治理。阳东区、海陵岛试验区空气自动监测站相继建成投入使用，全市建成空气自动监测站8个。对全市餐饮企业以及单位食堂进行全面排查，限期安装、完善油烟净化设施。《关于扩大禁止使

2017年阳江市住房和城乡建设主要指标

指标名称	实绩	比上年增长（%）
固定资产投资额（亿元）	540.21	6.8
建筑企业（家）	115	5.5
建筑业总产值（亿元）	111.1	7.7
建筑企业期末从业人员（万人）	4.6	-14.34
建筑企业劳动生产率（万元/人）	22.4	4.87
房屋建筑施工面积（万平方米）	882.57	6.7
商品房屋销售额（亿元）	299.4	63.7
商品房屋销售面积（万平方米）	560.2	41.9
房地产开发投资额（亿元）	144.86	42.9
建成区绿化覆盖率（%）	41.92	0.2个百分点
人均公园绿地面积（平方米）	13.08	0.5
人均城市道路面积（平方米）	20	0
城市自来水普及率（%）	100	0
人均生活用水量（升/日）	152	-27.62
城市燃气普及率（%）	95.6	0.3个百分点
城市液化石油气供应总量（万吨）	22.28	51.7
城市天然气供应总量（万立方米）	4388.41	41.25
城镇污水处理厂（家）	15	6.7
城镇生活垃圾无害化处理率（%）	100	0
城镇化率（%）	51.82	1.99个百分点
住房公积金缴存额（亿元）	17.41	11.79
住房公积金贷款发放额（亿元）	7.95	22.21
保障性安居工程基本建成套数（套）	621	314
绿色建筑面积（万平方米）	117.74	127.12

（阳江市住房和城乡规划建设局）

用高污染燃料区域的通告》颁布，促进高污染燃料锅炉的淘汰。全年全市淘汰黄标车3009辆，超额完成广东省下达任务。

城市土壤环境建设。2017年，《阳江市土壤污染防治行动计划工作方案》《2017年阳江市土壤污染防治工作方案》颁发实施。完成152个省控土壤点位核查及交叉检查工作和14个林地采样工作。开展尾矿库环境治理，基本完成阳春市石菉铜矿尾矿整治，推进硫铁矿尾矿库治理工程、埠场电镀应急处理池建设工作。

饮用水源保护。2017年，阳江市组织编制《阳江市饮用水源地污染事件应急预案》，清理水源保护区违法违规建筑，完成县级以上集中式饮用水水源保护区标志设置。加强漠阳江沿岸环境治理，运用无人机等技术对漠阳江部分河段进行航拍，深入摸查入河排污口。饮用水源水质达标率100%。（麦宗娴）

城市水环境建设　城镇生活污水治理。2017年，阳江市城北污水处理厂一期工程于4月运营，城南污水处理厂二期工程开展前期工作。阳江市阳春市岗美、合水、马水、潭水等4个中心镇污水处理完成管网建设，春湾镇管网建设完成91%，其余10个一般镇采用PPP模式推进污水设施及配套管网工程建设。阳东区东平、合山镇污水处理已完成临时管网，正式管网完成50%；红丰、新洲、雅韶、那龙、塘坪、大沟、大八7个镇人工湿地在建设；7个一般镇污水处理设施的配套管网及周边村镇污水处理设施及其配套管网建设采用PPP模式整县推进。阳西县沙扒镇污水处理设施一期管网完成，儒洞镇污水配套管网工程开工。海陵试验区白蒲污水配套管网工程在建。江城区双捷镇污水处理设施及配套管网工程一期氧化池建设完成；埠场镇的完工验收。高新区平冈镇污水配套管网工程于11月底试运行。

农村生活污水治理。2017年，阳江市完成建设的农村污水处理设施有227个，通过PPP模式纳入整县推进村镇污水处理设施的农村污水处理设施建设的有896个，纳入阳江市88个省定贫困村创建社会主义新农村示范村建设的农村污水处理设施有1269个。（王绍挺）

河涌综合整治。2017年9月12日，阳江市召开全面推行河长制动员大会，落实河长制各项任务。年内，双捷拦河闸重建工程投入运行，海堤达标加固123.7千米，连围河整治项目在建设，大河水库引水工程推进前期工作。阳江市设立127个水质监测点，其中市级以上断面、市级河长负责河湖点20个，各县（市、区）107个。年内，阳江市完成发王山东侧池塘、马南河、三江河涌、漠阳江水运内河（漠阳江支流滘桥段）、金山植物公园池塘、鸳鸯湖泄洪道、高排渠等7个黑臭水体整治工程；新阳河治污工程、蚬壳河整治项目在施工；独洲灌渠、麻演排渠项目推进前期工作。（麦宗娴）

城区内涝治理和雨污分流。2017年，阳江市实施三江岛中洲岛污水处理厂建设和城东片区截污及排水管网改造、麻演排渠环境治理与麻演片区截污及排水管网改造、城北片区截污及排水管网改造、老城区截污及排水管网改造和城西片区截污及排水管网改造城区5个片区截污工程PPP项目建设，项目进入招标阶段。（黎洋波）

城市供水　2017年，阳江市水务集团有限公司有两座水厂，第一水厂日供水能力26万吨/日，第二水厂供水能力10万吨/日，远期设计规模30万吨/日。市区DN100及以上供水管道874千米，供水人口65万人，用户13.8万户，供水覆盖率98.9%。阳江市水务集团有限公司全年完成售水6601.31万吨，比上年增长5.2%。完成污水处理2708万立方米，比上年增长35.5%。出厂水水质综合合格率100%。

2017年，阳江市水务集团有限公司投入70多万元将原有的液氯消毒系统改造为次氯酸钠消毒系统。供水管网建投入6400多万元完成中洲大道供水管道二期、雅白线（东门南路至金朗岛路口）供水管道、金平路供水管道等工程，铺设DN300及以上供水管道11.9千米。全年投入1800多万元改造旧城区金鸡路、桔子西路、华濠社、南排等54个区域DN100及以上残旧供水管网改造10.1千米。（郑祥杰）

城市供气　2017年，阳江市有天然气气化站4个，液化石油气二级储库2个，液化石油气三级充装站16个，燃气用户55万户，用气量6万吨，燃气普及率95.6%。是年，液化石油气销售总量22.28万吨，销售额9.8亿元，实现税金2359.91万元。阳江市区有管网734.43千米，其中中压埋地管网170.05千米，低压埋地管网196.66千米、架空管网367.72千米。年内，全市完成管道天然气工程建设投资额2306万元，铺设天然气中压管网22千米，使用天然气用户4.86万户、新增1.01万户。（王绍挺）

城市综合管理与执法　2017年，阳江市实施“市区基础卫生设施改造建设工程”“市容市貌美化工程”，投入创卫专项资金1.2亿元，全面治脏、治臭、治乱、治差，累计改造各类旧路194条，开展6处黑臭水体、950多处卫生死角治理，完善垃圾中转站17座，建设二类标准公厕41座，修复、清疏沟渠管道400多千米，整治城中村、城乡结合部19处，改造绿地43项。全年立案查处市容“六乱”案件682件，组织联合整治市容大行动110多次，清理“六乱”行为33306起，先行登记保存小货车、三轮车、手推车等460辆，整治和拆除户外广告牌9936个、面积6332平方米，拆除影响市容的棚亭、雨篷、遮阳布等5863个、面积1.89万平方米，清理横幅、标语10015幅，清理建筑垃圾185处、166车次。

2017年，《阳江市城市建成区

违法建设专项治理工作五年行动方案》制订，阳江市开展拆除违法建设大行动199次，对124宗违法建设案件作行政罚款处理。截至年底，累计查处存量违法建设7.63万平方米，拆除新增违法建设2.19万平方米。经省住房和城乡建设厅2016年度第二期城乡规划建设遥感确认阳江市违法图斑90个，19个完善报建手续、27个结案（7个已自行拆除、20个已处罚款）、21个在调查中、13个涉及违法用地已移交国土资源管理部门、10个其他情况需附以解释说明。 *（黎洋波）*

【**村镇建设与管理**】 名镇名村规划和建设 2017年，《阳江市88个省定贫困村创建社会主义新农村示范村整治创建规划编制工作方案》《阳江市村庄规划编制指引》颁发。2个镇中心卫生院启动升级建设，8个镇卫生院和99个村卫生站完成标准化建设。全市693个行政村完成规划编制的586个（其中84个为省定贫困村）。全市20户以上自然村6509个，已完成规划编制2524个（其中1269个是贫困村）。年内，阳东区东平镇、阳春市春湾镇入选“广东省森林小镇”，阳东区新洲地热小镇成为全省首批特色小镇创建工作示范点。

生态文明村庄建设 2017年，阳江市建设阳东区、阳西县、海陵区三个省级新农村示范片项目，分别获得广东省财政1亿元补助。阳江市贫困村有20户以上自然村1269个，省定的有88个。其中，1210个完成村庄规划编制，1037个完成“三清理三拆除三整治”，342个申报2017年度的创建示范村计划。是年，阳江市投资3599.47万元，建设新农村公路84个项目、102.842千米，全市907个行政村全部实现“村村通”，300人以上自然村基本通水泥路。全市投入6980万元，创建100个美丽乡村，累计创建美丽乡村320个。阳春市合水镇高河村、岗美镇轮塘村获“全国文明村”称号。 *（王绍挺）*

【**工程建设与建筑业**】 建筑市场管理 2017年，阳江市全年资质等级以上建筑企业115个，比上年增长5.5%；总承包和专业承包完成建筑业总产值111.1亿元，比上年增长7.7%，实现建筑业税收3.7亿元。建筑企业房屋施工面积882.57万平方米，比上年增长6.7%。其中，新开工面积281.79万平方米，比上年下降20.0%；房屋竣工面积275.67万平方米，下降0.5%。

勘察设计管理 2017年，阳江市完成大中型建设工程初步设计审查4个。根据《广东省气象局 广东省住房和城乡建设厅关于做好优化房屋建筑和市政基础设施工程防雷许可工作》的通知，阳江市施工图审查机构无缝承接防雷许可整合后的工程防雷装置设计审查。是年，阳江市审图中心完成审查工程项目616个、投资74.92亿元，其中房屋建筑工程570项，建筑面积484.78万平方米。

招投标管理 2017年，《阳江市招投标限额以下工程建设项目选定承包人管理办法》《阳江市工程建设项目招标投标活动异议和投诉处理实施办法》颁布实施。全年在住房和城乡建设部门备案，进入阳江市公共资源交易中心交易的招标工程274项，总投资额48.16亿元，中标工程总造价41.74亿元，节约建设资金6.42亿元；公开招标257项，邀请招标17项；综合招标率、应公开招标工程公开招标率100%。

工程造价管理 2017年，阳江市制定《阳江市国有资金投资工程招标控制价、施工合同价及竣工结算价备案管理办法》，并报市法制局审查。完善阳江工程造价信息网建设。完成施工合同备案44项，最高报价值（招标控制价）备案26项，竣工结算备案4项。

建设工程质量安全管理 2017年，阳江市纳入监督的房屋市政工程168项，建筑面积609.57万平方米，市政总长度4.08亿延长米，一次性通过竣工验收的工程项目122个，一次竣工验收合格率100%。是年，全市建筑工程项目获“广东省建设工程优质奖”2个，“阳江市建设工程优质奖”3个、“阳江市房屋市政工程安全生产文明施工示范工地”10个。

安全生产检查整治。2017年，阳江市检查在建项目386项，发出安全隐患整改通知书202份，发出执法建议书10份，发出建筑工程施工安全生产责任扣分通知书142份。是年，市区登记起重机械26台。阳江市举办多场次安全生产观摩交流会和建筑施工应急救援演练现场会。全市组织对5000名相关人员进行技能培训。

建设科技与绿色建筑 绿色建筑。2017年，阳江市完成绿色建筑设计审查28个项目，建筑面积117.74万平方米；新开工项目191个，建筑面积361万平方米，新增绿色建筑面积占全市新开工面积32.5%。全市竣工民用建筑项目99个，建筑面积367.72万平方米，其中竣工的绿色建筑项目5个，建筑面积9.02万平方米。年内，推广装配式建筑，《阳江市装配式建筑2017—2025年发展规划》《阳江市关于大力发展装配式建筑的实施意见》《阳江市“十三五”建筑节能与绿色建筑发展规划》完成。

建筑节能。2017年，阳江市新建建筑在施工图设计阶段执行节能强制性标准100%，新竣工工程89项，面积309.96万平方米，节能面积执行比率100%。截至年底，阳江市累计节能建筑面积3504.21万平方米，年度新增367.72万平方米。年内，阳江市开展在建工程建筑节能专项检查，抽查工程项目49个，发出整改意见书21份。开展机关办公建筑和大型公共建筑能耗统计、公示109个建筑项目能耗指标。

新型墙体材料及散装水泥推广。2017年，阳江市新型墙材使用量3.5亿块标砖。预拌混凝土供应量268.5万立方米，散装水泥供应量559.81万吨，预拌砂浆供应量

2.13万吨。

建设事业信息化。2017年，纳入阳江市建筑业诚信综合评价信息平台管理的企业有1380家。阳江市住房和城乡规划建设网站全年发布信息4644条，网上回复各种咨询、举报、投诉、建议等1400件。城建档案信息管理平台市政工程、公用民用建筑工程档案接收录入1580卷，电子信息化处理档案容量23.9GB。（王绍挺）

【房地产业与住房保障】 *房地产开发* 2017年，阳江市房地产开发投资144.86亿元，比上年增长42.9%，其中商品房住宅投资112.8亿元，比上年增长35%。全年核发商品房预售许可证123个，批准预售面积256.35万平方米。年末商品房待售面积144.92万平方米，比上年下降39.9%，其中住宅101.04万平方米，比上年下降45.8%。

房地产市场 2017年，阳江市审批发放预售款897笔、共41.18亿元。全市房地产库存面积361.47万平方米，去库存周期7.7个月，其中商品住房库存面积299.24万平方米、非商品住房库存面积62.23万平方米。是年，全市商品住房交易4.35万套，比上年增长39.6%，交易面积560.2万平方米，比上年增长41.9%，商品房交易均价5344.17元/平方米，其中商品住房交易均价5192.5元/平方米；二手房交易面积160.43万平方米，比上年增长37.01%，交易均价2923元/平方米，比上年增长30.37%。

房屋权属管理 2017年，完成不动产登记信息管理基础平台接入及数据整合工作。全市完成各类房屋登记1.76万件，核发不动产权证3.43万份。

房屋租赁管理 2017年，阳江市市区办理房屋租赁登记备案273件，登记备案面积2.1万平方米。推进住房租赁交易服务平台建设，阳江市住房和城乡规划建设局与中国建设银行阳江市分行签订住房租赁发展战略合作协议。（王绍挺）

房屋征收管理 2017年，阳江市制订《国道G325阳江市北惯至白沙段改线工程江城段房屋征收补偿方案》。完成城南新区“六路一桥”BT建设项目、四围大道建设项目房屋征收补偿。11月，《阳江市市区“三旧”改造项目用地补缴地价计收办法》出台，调动社会资金参与“三旧”改造。（谭志伟）

危房改造 2017年，阳江市完成6300户农村危房改造任务，改善农村住房条件。全市269户（424间）因灾“全倒户”完成重建，竣工251户，竣工率93.3%。

物业管理服务 2017年，阳江市有物业服务企业114家，纳入物业管理的小区204个，成立业主委员会的小区有39个，物业服务企业从业人员4800人。受理物业投诉，办结各类诉求件270件。全年新增缴存住宅专项维修资金1.42亿元，累计6.31亿元；维修项目60个，支取98.32万元，累计支取613.05万元。

保障性住房建设 2017年，阳江市有公租房建设项目3个，财政投入2970.73万元，其中，富源公租房五期续建项目356套竣工，提前完成广东省下达阳江市基本建成356套目标任务，完成率100%；国有工矿棚户区改造项目财政、企业和个人投入2747.4万元，完成265户国有工矿棚户区改造。截至年底，全市累计参加住房货币分配单位157个，人数0.91万人，累计发放住房补贴2.35亿元。

住房公积金管理 截至2017年，住房公积金实缴单位2505家，新开户单位206家，净增单位206家；实缴职工12.67万人，新开户职工1.72万人，净增职工0.56万人；当年缴存额17.41亿元，比上年增长11.79%。截至年底，缴存总额99.35亿元，缴存余额41.84亿元。全年提取额12.92亿元，比上年增长21.55%。截至年底，提取总额57.50亿元，比上年增长28.98%。2017年，发放个人住房贷款0.30万笔7.95亿元，回收个人住房贷款3.88亿元。截至年底，累计发放个人住房贷款0.30万笔7.95亿元，贷款余额36.83亿元。（王绍挺）

【阳江市被命名为“国家卫生城市”】 2017年7月14日，全国爱国卫生运动委员会发布《关于命名2015—2017周期国家卫生城市（区）的决定》，阳江市被命名为“国家卫生城市”。这是继“全国双拥模范城”“中国优秀旅游城市”“国家园林城市”“中国最佳生态旅游城市”“中国十大最具幸福感城市”之后，阳江市再添国家级荣誉称号。

【阳江市首批11个社区体育公园动工建设】 2017年9月，阳江市中心城区首批11个社区体育公园建设项目先后动工建设，分别是和园兴地社区体育公园、三铺林昌泽社区体育公园、中洲健帆社区体育公园、城北广东大唐体育公园、鸳鸯湖恒荣体育公园、金沙中珠社区体育公园、鹰山中珠社区体育公园、金湾中珠社区体育公园、望瞭岭中珠社区体育公园、龙舟中珠社区体育公园、城南云星体育公园。其中10个体育公园由珠海企业援建，城南云星体育公园由阳江市本地企业捐建。该项目用地总面积9.24万平方米，投资估算2417.93万元。

【阳江国际会展中心启用】 2017年10月27日，第16届中国（阳江）国际五金刀剪博览会开幕式暨阳江国际会展中心启用仪式举行。阳江市展览中心总投资1.5亿元，占地面积3.55万平方米，建筑面积1.94万平方米。展览中心主体采用双层钢桁架钢结构加玻璃幕墙和金属屋顶的结构，在平面功能布局上分为展览中心、会议媒体中心、地下停车场及设备用房。展览中心建筑面积9195平方米；会议媒体中心建筑面积6139平方米，分上下两层，首层为多功能会议区，二层为办公用

房；地下停车场及设备用房建筑面积3996平方米。 （王绍挺）

附录：阳江市住房和城乡建设管理部门主要领导

阳江市住房和城乡规划建设局
党组书记、局长：王　雄
阳江市城市综合管理局
党组书记、局长：林兜培
阳江市水务局
党组书记、局长：梁成满
阳江市“三旧”改造工作办公室
党组书记、主任：徐中云
阳江市住房公积金管理中心
主　任：崔丽平
党支部书记：吴名越

湛江建设

【概况】 湛江市位于中国大陆最南端、广东省西南部。1983年9月，湛江地区建制撤销，湛江市改为省辖市，实行市领导县体制。全市面积1.32万平方千米，截至2017年底，全市常住人口730.5万人，其中，城镇人口307.5万人。全市地区生产总值2824.03亿元，比上年增长6.8%；固定资产投资1641.53亿元，比上年增长7.2%。完成建筑业总产值689.44亿元，比上年增长20%。建成区绿地面积4220.38万平方米，绿地率38.06%、建成区绿化覆盖率35.59%，人均公园绿地面积11.88平方米。农村保洁覆盖率100%，农村生活垃圾有效处理率90%。

2017年，国务院批复《北部湾城市群发展规划》，湛江市被列为城市群“一核两极”（一核，指广西南宁核心城市；两极，指以海南海口和广东湛江为中心的两个增长极）；《湛江城市总体规划》获批准；《全国“十三五”现代综合交通运输体系规划》发布，湛江市列为全国性综合交通枢纽。湛江市中心城区推进实施26项市政工程，世贸人行天桥建成使用，海湾路等15条道路建成通车，疏港大道一期路面改造完成，东菊公园建成。麻章镇日产7.5万立方米自来水厂投入运行。调顺跨海大桥动工建设，海东新区体育路、金湾南路等16条道路建成通车。国家卫生城市通过复审。年内，被联合国环境署授予“SUC项目可持续发展先锋城市”中国首批试点。

2017年，湛江市住房和城乡建设存在的主要问题是发展质量与中心城市地位不匹配，主城区组团分散、中心不突出，支撑城市发展的产业引擎不强，规划建设管理相对粗放，城市功能配套不足，公共服务不够。 （宋伟光）

【城乡规划】 规划编制　2017年，《湛江市城市总体规划（2011—2020）》获国务院审批。完成《湛江市近期建设规划（2016—2020年）》《湛江市城市绿地系统规划》、《雷州半岛南部经济区（三区两带）规划纲要》等。《沙墩、文章片区控制性详细规划》《调顺岛核心区控制性详细规划》《南三岛东部滨海旅游度假区片区控制性详细规划》等经市政府批复同意实施，实现中心城区控规全覆盖。专项规划编制，完成《湛江市足球场地设施调查报告》《湛江市城中村调查报告》并上报省住房和城乡建设厅；《霞山法式风情街二期保护修缮规划设计》通过规委会审议；开展以“海元素”为主题的城市家具规划设计，湛江市城市滨海岸线空间景观规划优化专题研究，湛江市城市雕塑布局规划专题研究。完成《湛江市中心城区扩容提质建设规划》《湛江市海东新区城市总体规划》《湛江市市区地下综合管廊专项规划》，修编《湛江市地下管线综合规划》《湛江市中心域区地下空间利用专项规划》等。

规划管理　2017年，湛江市拟订《湛江市历史文化街区和历史建筑保护条例》，经市人大二审通过。制定《湛江市城市规划区内村民建房管理办法（试行）》《湛江市城市规划区内居民建设住宅规划管理规定（试行）》。完成修订湛江市城市规划委员会章程，并于12月经市政府批准实施。推进中心人民医院迁建、养老服务中心首期、广东医科大学附属医院海东院区、广东海洋大学寸金学院新校区、幼儿师范专科学校、湛江一中海东校区、市二十九中、青少年和妇女儿童活动中心、文化中心、展览中心、公租房及保障性住房、市人民警察培训学校迁建、银帆公园、东菊公园、西厅给水厂等30多项重点民生实事民心工程规划建设。2017年核发“一书两证”388宗，办理建设工程规划核实101宗，核实面积260万平方米。

2017年，湛江市编制完成《湛江空港经济区空铁联运一体化交通专项规划》《湛江空港经济区产业发展规划》，编制《湛江空港经济区总体规划及起步区控制性详细规划》《湛江机场迁建工程场外配套工程预可行性研究》，新国际机场航站楼国际方案征集，南山港客运站设计完善。对接推动汇聚湛江的5条高铁进中心城区，与湛江国际机场互联互通。牵头组织编制《湛江铁路枢纽总图规划》，组织编制《湛江西站客运枢纽交通优化方案》。推进《湛江市中心城区停车设施专项规划》编制。编制完成《湛江市轨道交通近期建设规划》，提前谋划湛江市城市轨道交通建设。

2017年，湛江规划展览馆在40天内超常规完成湛江规划展览馆升级优化布展，12月13日以崭新的面貌迎接海洋经济博览会召开。编制《雷州半岛古驿道文化线路保护与利用规划》。推进省定贫困村建设社会主义新农村示范村整治创建规划编制。截至2017年底，湛江市218个省定贫困村全部完成规划编制。 （张志红）

城市更新　2017年，湛江市累计投入“三旧”（旧城镇、旧厂房、旧村庄）改造资金141.82亿元，新增实施“三旧”改造项目土地面积

137.26公顷，完成“三旧”改造项目土地面积109.2公顷。推进水上运动中心、城市原点广场、渔人码头、万达广场、旧大天然片区、三星片区和调顺岛片区等一批重点改造项目建设。（杨绵先）

【城市市政公用设施建设与管理】

市政建设　城市基础设施建设。2017年，湛江市政府投资非经营性代建项目9个，完成投资额约2亿元，全年审核核准代建项目施工进度款3.29亿元。建成湛江中心人民医院（首期）迁建项目、湛江市残疾人康复中心，湛江市养老服务中心项目交付使用；中央商务区基础设施建设工程部分路段（龙潮东路）建成使用，龙桂南路、龙桂北路等道路基本完工。完成湛江奥体中心周边配套道路项目的育园路、奋勇大道北段、金湾南路等剩余工程竣工验收交付使用；奋勇高新区棚户区改造项目完成95%；湛江市中心看守所项目于10月开工建设。粤西地区首个装配式建筑东盛路和农林二路两个保障房项目完成相关前期工作，进行招标；东纯建筑垃圾处置场PPP项目、宝满边检营房项目、南方新村公房改造项目等开展前期工作。（宋伟光）

2017年，湛江市建成区有城市道路1278条，长度611.74千米，面积1371.78万平方米。其中主干道81条，长度127.99千米，面积645.12万平方米；次干路43条，长度42.23千米；支路1154条，长度441.52千米。城市桥梁、隧道和地下通道55座，长度3.57千米。有市政排水管道582条，长度612.02千米；暗渠25条，长度33.17千米；涵管558处，长度582.75千米；海堤6.82千米；检查井2.13万座；雨水井2.6万座。

2017年，湛江市城市照明管理中心管辖范围北至官渡高速公路路口、南至疏巷大道与东海大桥连结处，东至坡头与吴川交界的高领仔村、东至麻章与遂溪交界处。管辖市区功能和景观照明各类灯2.38万盏，路灯3.75万盏、28栋楼宇灯饰2.87万盏、公共场所景观灯1.76万盏；变压器314台，其中专用变压器96台、公用变压器218台，路灯控制柜314台；供电线路1268.5千米，其中地下管线1000千米、架空线路18千米，无线控制终端137台，用电总功率5043.9千瓦。

城市园林绿化　城市园林建设。2017年，湛江市建成区有公园34个，小游园、小绿地63个，建成绿道网长度373千米，建成区总绿地面积4220.38万平方米，绿地率38.06%、绿化覆盖率35.59%，人均公园绿地面积11.88平方米。（孔晖）

城市环境卫生　环卫设施建设。2017年，湛江市有小型垃圾压缩转运站35座，果皮箱7252个、分类收集垃圾桶9601个。环卫部门管理公共厕所158座，其中固定式公厕147座，车载活动式公厕1座，拖挂式公厕10座。

市容保洁。2017年，湛江市道路机械清扫面积1004.8万平方米，道路人工清扫保洁面积1568.81万平方米，楼院清扫面积284万平方米。环卫系统有职工3678人（不含退休工人）。

城市生态环境保护　城市空气环境治理。2017年，湛江市工业污染源治理完成6台燃煤火电机组超

2017年湛江市住房和城乡建设主要指标

指标名称	实绩	比上年增长（%）
固定资产投资额（亿元）	1641.53	7.2
建筑企业（家）	288	22.03
建筑业总产值（亿元）	689.44	20
建筑企业期末从业人员（万人）	16.25	14.12
建筑企业劳动生产率（万元/人）	35.6	10.22
房屋建筑施工面积（万平方米）	4075	9.82
商品房屋销售额（亿元）	448.13	95.13
商品房屋销售面积（万平方米）	659.72	72.69
房地产开发投资额（亿元）	317.69	42.26
建成区绿化覆盖率（%）	35.59	7个百分点
人均公园绿地面积（平方米）	11.88	2.24
人均城市道路面积（平方米）	10.63	–0.57
城市自来水普及率（%）	87.87	3.09个百分点
人均生活用水量（升/日）	178.8	–9.85
城市燃气普及率（%）	81.44	0.45个百分点
城市液化石油气供应总量（万吨）	16.1	95.16
城市天然气供应总量（亿立方米）	2.53	150.5
城镇污水处理厂（家）	24	100
城镇生活垃圾无害化处理率（%）	97.43	0
城镇化率（%）	42.09	0.65个百分点
住房公积金缴存额（亿元）	49.95	7.35
住房公积金贷款发放额（亿元）	27.82	8.27
保障性安居工程基本建成套数（套）	1000	111.86
绿色建筑面积（万平方米）	250.49	357.93

（湛江市住房和城乡建设局）

低排放升级改造，淘汰燃煤锅炉38台，治理改造5家VOCs重点企业。提高补贴标准，淘汰黄标车10547辆。2017年，湛江市环境空气质量综合指数为3.22，全省排名保持第二。$PM_{2.5}$、PM_{10}、SO_2、NO_2、CO、O_3-8h均值分别为29微克/立方米、42微克/立方米、10微克/立方米、15微克/立方米、1.1毫克/立方米、153微克/立方米。

城市噪音治理。2017年，湛江市区区域环境噪声平均等效声级为55.1分贝，交通噪声平均等效声级65.6分贝，水平良好。

饮用水源保护。2017年，湛江市内主要大江大河和湖库的水质总体良好，9个考核断面水质均值达标，城市供水饮用水源水质达标率保持100%。徐闻港南山作业区客货滚装码头工程等3个省重点项目顺利获得环境保护部、广东省环境保护厅的审批，中科一体化配套成品油管道穿越雷州青年运河饮用水源保护区专题研究报告上报省政府研究审批。

城市水环境建设　城镇生活污水治理。2015—2017年，湛江市建成42座污水处理厂，其中5个县、市各建1座城区污水处理厂和37座乡镇污水处理设施，有10个镇在建设。小东江环境综合整治，投入资金4600多万元，完成浅水镇污水处理厂、长岐镇和兰石镇污水处理设施工程及配套管网建设等15项任务，滨江污水处理厂建设、小东江城区段（隔海河）综合整治工程、三丫江河道整治工程和浅水镇龙首村污水处理工程等4项在建设。

农村生活污水治理。2017年，湛江市农村村级污水处理设施任务2926座，396个村建有简易污水处理设施，1029个村进入施工阶段。湛江市为确保污水设施建设任务完成，推进遂溪县污水处理示范县建设，对于PPP项目的关键性问题，特别是用地保障、现有污水设施与管网的兼合统一、年付费的绩效考评挂钩等，为全市推广污水处理PPP提供参考经验。（宋伟光）

河涌综合整治。2017年，湛江市整治28个黑臭水体，截至年底，25个完成整治消除黑臭。南桥河、北桥河、赤坎江、蓑塘河、南柳河、文保渠、三号渠、赤坎水库、滨湖等主要河湖整治初见成效。2017年，湛江市国控断面地表水环境水质优良比例100%，劣Ⅴ类水体比例0%，近岸海域水环境质量保持稳定。（吴小弈）

城市供水　2017年，湛江市区供水主要由湛江市水务投资集团有限公司承担。全市有15座自来水厂，日供水能力44万立方米，直径100毫米以上的供水管道长755千米。年供水量1.34亿立方米，比上年增长1.15%；售水量1.14亿立方米，比上年增长5.43%，管网水质合格率99.6%。是年，湛江市有蓄水工程3016宗，库容26.71亿立方米，其中大型水库3座，中型水库22座。是年，湛江市动工建设人民大道供水管道改造工程，完成麻章区供水管网扩建工程、湖光路供水管道改造工程，改造管网长度22.92千米。（陆民）

城市供气　2017年，湛江市取得燃气经营许可证企业48家，其中液化石油气企业43家、民用天然气企业3家、天然气汽车加气企业2家。全市天然气管线长1045千米，其中湛江市区997千米，县（市）48千米；管道天然气用户12.4万户。全市液化石油气年供气量16.1万吨，天然气年供气量2.53亿立方米，日均供气量28万立方米。市区管道天然气由湛江新奥燃气有限公司特许经营30年，其余两家民用天然气企业分别在雷州市和廉江市特许经营30年。湛江市区有瓶装液化石油气经营企业12家。储量11900立方米，瓶装液化石油气年销售量4.5万吨。（宋伟光）

城市综合管理与执法　市容市貌整治。2017年，湛江市城市管理行政执法局出动城管执法人员28.09万人次，执法车辆1.6万车次，清理占道乱摆卖、跨门槛经营21782宗次，清除乱拉挂4830宗，拆除乱搭建335宗、面积16880平方米，清理乱张贴乱涂写10.09万张，清理乱挖掘120宗，乱堆放6060宗，暂扣违章经营车辆等629辆，市容秩序“六乱”现象得到整治。办理市民热线诉求6737件，工单回复率100%，在湛江市市民热线考核单位中考核成绩名列第一。

清拆违法建设。2017年1—6月，湛江市开展“违法用地和违法建设”专项整治。截至2017年底，全市累计拆除违法建设1920宗，面积69.99万平方米，累计控停违法建设932宗。

户外广告招牌整治。2017年，湛江市对违章户外广告和临街商铺招牌设施进行清理，同时清理道路两侧路灯杆、电线杆、交通信号杆、交通护栏上私搭乱设的灯箱、道旗、标识等各种户外广告，拆除各类违法设置户外广告牌368宗，拆除面积3904万平方米。（林肖兵）

【村镇建设与管理】　中心镇建设　2017年1月，经广东省住房和城乡建设厅批准，遂溪县杨柑镇增列为湛江市第20个省级中心镇。3月，湛江市省级中心镇建设工作座谈会召开，选出6个中心镇，拨付第一批每个镇500万元资金，部署吴川市吴阳镇、廉江市石岭镇、雷州市乌石镇、徐闻县曲界镇、开发区硇洲镇6个省级中心镇建设。经湛江市人民政府同意，颁发《湛江市进一步推进省级中心镇基本公共服务基础设施建设实施意见》。

名村名镇规划建设　2017年，湛江市推动县（市）历史文化名镇名村、传统村落保护规划修编，将历史文化名镇名村、传统村落保护作为重要内容纳入总体规划。上半年推进传统村落保护项目实施及中央资金使用管理规范，对第三批国家传统村落雷州市杨家镇北劳村、北和镇鹅感村、遂溪县河头镇双村、岭北镇调丰村实施保护项目的规划设计、实施方案、招投标程序、各项目开竣工时间、竣工验收手续及专项资金使用情况进行专项督查。10月，组织开展传统村落入村调查，确定上报雷州市东里镇伟家北村、南兴镇宋村、杨家镇洋上村3个传统村落。年内，成功申报国家历史文化名镇1个、国家历史文化名村1个、广东省历史文化名村2个、国家传统村落12个、广东省传统村落15个。

特色小镇建设　2017年，湛江市开展第二批全国特色小镇培育，向省住房和城乡建设厅提交相关材料。年内，省住房和城乡建设厅专家组莅临湛江市开展评定第二批全国特色小镇，先后到廉江市安铺镇、徐闻县曲界镇进行实地考察。廉江市安铺镇被推荐为第二批全国特色小镇，发文公示。

生态文明城镇村庄建设　2017年，湛江市“一县一场、一镇一站、一村一点”全部建成并投入使用。各县（市）87个镇（街）建设转运站89座，其中遂溪县15个镇建成垃圾转运站17座。“一镇一站”配置建设基本完成。各县（市）87个镇（街）1410个行政村，10704条自然村，建成农村垃圾收集点17541个。“一村一点”按标准进行管理，农村保洁覆盖率100%，农村生活垃圾有效处理率90%。（宋伟光）

【工程建设与建筑业】　建筑市场管理　2017年，湛江市诚信平台登记建筑行业各类企业1700家，实现诚信平台与国有资金投资工程及公共工程的投标资格和评标挂钩，实现建筑市场的企业信息公开。2017年1月，湛江市住房和城乡建设局发布《湛江市城市规划区内居（村民）住宅建设工作指引（试行）的通知》《湛江市城市规划区内居（村民）建设住宅〈建筑工程施工许可证〉核发办事指南》《居（村）民住宅建设质量安全文明施工告知书》等。分四期对各县（市、区）分管质量安全的领导、业务科室、质量安全监督机构及各街道办负责居（村民）住宅建设工作人员等476人进行培训。开展对20家建筑业企业的建筑业企业资质监督检查，责令9家不合格单位进行整改，整改期间不得资质升级、增项以及参与招投标活动。2017年，湛江市对35个参建责任主体单位进行警示约谈，涉及21个项目、4家施工图审查单位。对19个涉嫌未批先建的违法建设项目、2个涉嫌违法分包项目进行立案处罚，罚款金额155万元。

勘察设计管理　2017年，湛江市有甲级设计企业3家、乙级20家、丙级11家；甲级勘察企业2家、乙级1家。勘察设计市场及质量监管，完成3项超限高层抗震设防审查、14项大中型项目初步设计审查，依法处理存在违反强制性条文行为的4家施工图审查单位。实行勘察设计违反强制性标准行为通报处理，对10家勘察设计单位、12个项目、14名责任人进行通报处理。组织绿色建筑设计、装配式建筑知识宣讲等6次设计行业专项交流讲座。

招标投标管理　2017年，湛江市完成招标备案100项，其中施工53项，预算控制价10.1亿元，中标价9.59亿元，EPC工程总承包1项、监理15项，勘察设计31项。开展电子标书制作和读取，模拟评审电子预算清单，完全或基本实现系统的自动化，招投标活动更透明化，评标工作效率更高。11月6日，开始将工程招投标监管事项下放至赤坎区、霞山区、麻章区、坡头区、奋勇区、南三区住房和城乡建设部门。

建设工程造价管理　2017年，湛江市完成安全文明施工措施费的核查计算135项，工程造价113.99亿元，比上年增长375%；完成施工合同备查76项，工程造价69.5亿元，增长251%；完成招标控制价备查51项，工程造价34.07亿元，增长657%。

建筑工程质量安全管理　工程质量管理。2017年，湛江市颁发《2017年建材打假专项行动工作实施方案》《关于印发湛江市开展房屋建筑和市政工程违规使用海砂专项治理工作方案的通知》。检查工地3384人次，监督抽检工程材料2530组，质保体系抽查399次，发现处理一般质量问题1999项，发出工程质量监督文书182份，约谈各方责任主体9次，不良行为扣分32次，处理行政处罚案件2综，承办投诉案件43综，全年未发生重大质量事故。全年，对96项次的分户验收进行监督检查，抽查307户住宅，发现396项质量问题，责令各责任单位做出整改处理。全年在监工程项目获“广东省优质工程”2项、获“广东省建筑业绿色施工示范工程奖”1项、获“广东省市政优良样板工程”10项、获“湛江市优质工程”18项。

建筑工程安全管理。2017年，湛江市监督在建工程项目93项，面积1501.2万平方米，排查出施工安全隐患176处，消除隐患171处。其中消除重大施工安全隐患3处，发出整改通知书147份，发出量化扣分通知书258份，对责任单位行政处罚2起。组织“打非治违”专项检查9次，出动人员52人次，受检企业达67次，提出警告25次，责令改正、限期整改、停止违法行为41起。对建筑起重机械开展专项整治抽查在建15个工程项目，检查建筑起重机械66台，其中塔吊36台，施工升降机30台，发出整改通知书3份，动态量化扣分5份。

建设科技与绿色建筑　绿色建筑。2017年，湛江市住房和城乡建设局牵头制订《湛江市发展绿色建筑实施方案》，市政府常务会议审定颁发。完成新版绿色建筑《设计专篇》编制，12月25日颁发。年内，湛江市新坐标商住小区一期1~8栋、湛江恒大帝景公馆1~6号楼、市住房和城乡建设局代建奋勇棚户区改造项目40.67万平方米，取得省住房和城乡建设厅认定的绿色建筑设计标识。

建筑节能减排。2017年，湛江市在监工程项目335个，开展涉及节能工程内容的监督抽查812次，节能材料监督抽测392组，发出现场监督意见书、整改通知书105份。市区民用建筑节能设计审查备案单体工程156项，建筑面积250.49万平方米；民用建筑节能分部工程质量验收备案工程115项，建筑面积235.75万平方米，设计及施工阶段建筑节能强制性标准执行率100%。完成岭南医院、燕岭宾馆等项目近12万平方米实施既有建筑改造。其中，岭南医院既有建筑节能改造项目建筑面积2.3万平方米，投入200万元，涉及照明、通风空调、围护结构、热水系统等；燕岭宾馆更换110台新式节能空调，600多盏LED灯，2台5000瓦空气能热水系统。湛江中心人民医院（首期）迁建项目采用空调余热回收、空气源热泵等可再生能源技术。湛江幼儿专科教育学校新校区工程的4幢宿舍楼3.2万平方米，采用8套太阳能和空气能热泵供热系统供应生活热水，投入430万元，宿位6000个。

新型墙体材料推广。2017年，湛江市建制镇以上城市规划区禁止使用黏土制品完成率达到90%，其中市区100%。市区年内新型墙体材料专项基金的项目77项，总验收墙体面积248.52万平方米，其中新型墙体面积248.52万平方米，新型墙体材料使用比例100%，减少使用实心黏土砖3.04亿块。（宋伟光）

【房地产业与住房保障】 *房地产开发* 2017年，湛江市房地产开发企业有一级资质2家，二级资质22家，三级资质59家，四级资质109家，暂定资质271家。全年商品房批准预售面积651.02万平方米，比上年增长58.61%；其中市区商品房批准预售面积372.42万平方米，比上年增长69.60%；各县（市）商品住房批准预售面积278.60万平方米，比上年增长45.97%。

房地产市场 2017年，湛江市颁布《湛江市加快非住宅商品房去库存实施办法》《关于进一步加强房地产市场管理的通知》《关于开展房地产市场专项检查工作的通知》等文件。全年商品房销售面积659.72万平方米，比上年增长72.69%；其中市区商品房销售面积374.03万平方米，比上年增长62.83%；各县（市）商品房销售面积285.69万平方米，比上年增长87.55%。

房屋权属管理 2017年，湛江市颁发不动产权证201302本（份），其中不动产权证书88003本，证明11.33万份。80%以上的不动产登记业务实现委托不动产登记中心进行审批，压缩办理时限。下放测绘成果审核权限，将各测绘单位提交的不动产测绘成果委托给市国土资源测绘院进行审核。（杨绵先）

2017年，湛江市住房和城乡建设局接收产权产籍档案3万卷，接待社会各界查询档案3.5万人次，出具档案证明6万份。2017年10月23日起，不动产统一登记机构整合，房地产登记档案管理移交湛江市国土资源局负责。向市国土资源局移交房屋产权登记档案63.38万卷。

房屋租赁管理 2017年，湛江市房屋租赁管理所办理房屋租赁登记备案121宗，非住宅84宗，住宅37宗，面积21006.67平方米，月租金金额39.5万元。《湛江市市区2017年房屋租赁市场指导性租金标准》颁布，发放房屋租赁市场指导性租金标准43份。（宋伟光）

危房改造 2017年，湛江市推进危旧公房改造。全市建成公房2栋6套住宅501.51平方米，在建公房10栋68套4131.96平方米，建设改造资金883.69万元，安置住房困难户73户。公房维修投入资金430万元（其中电线整改100万元）修缮公房1040栋（间）、面积15.99万平方米。

2017年，广东省下达湛江市农村危房改造任务9400户。截至11月30日，全市农村危房改造开工（含竣工）9400户，开工率100%，所有改造农户在12月30日前全部竣工。

物业管理服务 2017年1月，湛江市住房和城乡建设局成立物业管理监管科，起草《湛江市物业管理条例》。业主委员会成立（换届）备案下放至各县（市、区）住房和城乡建设主管部门和街道办事处、乡镇政府。年内，有23家房地产开发企业通过招投标活动选聘前期物业服务企业。市区完成住宅专项维修资金收缴2.7亿元，余额11亿元。核定使用住宅专项维修资金1116宗，使用金额520万元。全年办理湛江市前期物业管理备案83宗，外地物业服务企业备案2宗，物业服务项目备案4宗，物业服务收费备案9宗，业主委员会备案4宗。

保障性安居工程 2017年，湛江市开工建设城市棚户区改造完成4592套，任务完成率107.6%；基本建成1000套，任务完成率100%。2013年底前政府投资公共租赁住房套数3745套，分配3486套；2014年政府投资公共租赁住房套数724套，分配660套；棚户区改造货币化安置累计完成1700户。

2017年，湛江市推进公租房、特别是政府投资公租房分配入住工作，12月1—29日，开展2017年保障对象审核认定工作，申请对象包括城镇居民、新就业大学生、外来务工人员。《湛江市高层次人才认定办法（试行）》和《湛江市市区人才公寓管理办法（试行）》等“惠才”政策出台。

住房公积金管理 2017年，湛江市全市归集住房公积金49.95亿万元，比上年增长7.35%；新增缴存单位1018个，新增缴存人数36664人。63.25万人次提取使用住房公积金40.86亿元，其中市区住房公积金提取38.57万人次，提取使用住房公积金29.56亿元。湛江市全年发放住房公积金个人住房贷款27.82亿元、10142笔，住房公积金个贷率93.77%。全市实现住房公积金运营收入4.21亿元，增值收益1.91亿元，上缴财政城市廉租住房

建设补充资金1.37亿元。6月28日，湛江市启用住房公积金异地转移接续平台，颁布《湛江市住房公积金管理中心异地转移接续业务操作细则》。（柯彩容）

【湛江市被列为联合国环境署SUC项目可持续发展先锋城市试点】 2017年3月14—16日，“万象国际市长论坛”暨第十届环保可持续交通（EST）地区（亚洲）论坛在老挝万象举办，联合国相关机构、国际组织及亚太区近20个国家400多名嘉宾出席。会上宣布湛江市成为联合国环境署“GIREC全球资源高效城市”试点和“SUC可持续发展先锋城市”中国首批试点。湛江代表团参加授牌仪式，联合国可持续发展办公厅最高长官Jong Soo Yoon、SUC项目国际技术顾问Robert Earley为湛江市授牌。高规格可持续发展实效行动计划，主要涵盖低碳城市、气候变化和资源节约等方面。未来3年联合国环境署委派的国际专家库与团队将给予系统辅导，按照联合国环境署为发展中国家制定城市与社区可持续发展标准，通过绿色交通、污水处理、垃圾处理、绿色基础设施、循环经济、节能环保等领域建设可持续发展示范项目、开展绿色发展国际合作等行动，提升湛江可持续发展能力。（龙格）

【中国钢结构装配式建筑产业论坛在湛江举办】 2017年12月16日，2017中国钢结构装配式建筑产业论坛在湛江召开。湛江市市长姜建军、中国建筑业协会会长王铁宏、中国建筑金属结构协会会长郝际平等行业专家和领导出席研讨会并作专题报告。湛江市推进装配式建筑发展，坚持政府引导与市场主导相结合，分阶段、分步骤、分地区在全市范围内统筹推进装配式建筑发展。（宋伟光）

附录：湛江市住房和城乡建设管理部门主要领导

湛江市住房和城乡建设局
党组书记、局长：黄　光
湛江市城市综合管理局
党组书记、局长：江向阳（任至2017年2月）　孔令培（2017年2月起任职）
湛江市城市规划局
党组书记、局长：李枝坚
湛江市城市管理行政执法局
党委副书记、局长：李雄光（任至2017年7月）
党组书记：李长合
湛江市住房公积金管理中心
党委书记、主任：莫植贵

茂名建设

【概况】 茂名市位于广东省西南部，1983年设地级市，辖茂南区、电白区，并代管高州市、化州市、信宜市。土地面积11459平方千米，市区面积2716平方千米。截至2017年底，全市户籍人口803万人；常住人口620万人，其中城镇人口260万人。全年全市地区生产总值2924.21亿元，完成固定资产投资1415.73亿元；完成建筑业总产值762.1亿元，建筑面积4316.4万平方米。完成房地产开发投资额188.2亿元，新建商品房销售面积540.21万平方米，销售额342.85亿元。建成区面积215.36平方千米，城区绿化率38.91%，人均公园绿地面积14.85平方米，城镇生活垃圾无害化处理率100%，城镇生活污水集中处理率92.1%。

2017年，茂名市按照“北优、中联、南进、东拓”中心城区空间发展思路，发挥北组团在城市建设中的龙头作用，对西城片区、站南片区、油十片区、东北五小区、江东小区实行全面开发，拉开中心城区发展架构。治理鉴江、小东江和高州水库等江河流域及水库水源保护区。建设小东江休闲景观带、官渡公园、红旗公园和露天矿生态公园。包茂高速和汕湛高速建成通车，云茂高速在建设。茂名港大道、茂东快线、市民大道、西部快线、潘州大道、工业大道南等交通建设推进。推动电白沙琅、信宜钱排、高州长坡、化州合江建设县域副中心。沙琅镇入选全国特色小镇，马贵镇入选省首批特色小镇示范点。

茂名市住房和城乡建设存在主要困难及问题是镇级污水处理设施建设项目“落地难”，污水处理设施建设项目建设进展缓慢，农村生活污水治理水平低；农村危房改造资金不足；绿能环保发电项目进展缓慢，城乡清洁工程经验不足等。（罗栋）

【城乡规划】 规划编制　2017年，茂名市城市总体规划的规划期限将调整为2011—2035年，形成新成果重新呈批。《茂名市中心城区（北组团）停车设施专项规划（2014—2030）》《茂名市中心城区户外广告设置专项规划（2015—2020）》规划成果经市政府审批。《茂名市地下综合管廊专项规划》《茂名市城区排水及防洪、排涝专项规划》《茂名市中心城区加气加油站布局专项规划（2015—2030）》《茂名市北组团城市小区路名规划》《茂名市综合交通体系规划》等专项规划修改完善。《茂名市海绵城市专项规划》《茂名市输油、气管线廊道及危化品仓储设施布局专项规划》在编制中。推进共青河新城城市设计和控制性详细规划编制、站南片区中心地段城市设计及控制性详细规划修编及水东湾环湾道路城市设计编制；河西片区、西城片区、水东片区、高地片区、电城片区控制性详细规划方案修改完善。

规划管理　2017年，《茂名市规划区临时建设规划管理暂行办法》由市政府颁发实施。茂名市累计查处违法用地面积65986平方米；

查处新增违法建设555宗，面积77462平方米，拆除违法建设面积66878平方米。整治拆除存量违法建设360宗，拆除面积40861平方米。

2017年，茂名市城乡规划局受理各项规划审批业务268宗，办结234宗。茂名市城乡规划局审批服务科被评为“全国住房城乡建设系统先进集体”。是年，完成电子报批数据规整项目57个，审核建筑面积610.9万平方米。完成规划批前公示351宗、批后公告76宗。

古驿道保护利用　2017年，茂名市推进南粤古驿道线路保护与利用。2月，茂名市启动古驿道保护利用工作；3月，《茂名市古驿道文化线路保护与利用前期研究》完成；广东省副省长许瑞生分别于4月及10月，调研高州古城冼太庙、长坡古城墙、挂榜岭古驿道、信宜市镇隆镇八坊村、水口镇大垌村、丁堡镇山背村、怀乡镇中堂村，以及化州孔庙、化州石湾街道博带村、新安镇新安村等重要节点和古驿道遗存。　*(赖方侨　张萍)*

【城市市政公用设施建设与管理】

市政建设　城市基础设施建设。2017年，茂名市建成文明北路和大园三路。建设大园一二路和三路余段、人民北路余段、红旗北路延长线。组织建设大园桥、大园五路、西粤北路（官渡路至大园路）、高凉北路（官渡路至大园路）、高凉南路余段。推进站南片区路网建设，建成站前大道，建设金城路和中德大道。

道路交通设施建设。2017年，茂名市完成江东路、站北一路和双山一路等道路沥青罩面工程。实施朝阳小区和光华北小区道路升级改造，茂苍路、光华北路改造，以及市区7条人行道升级改造工程。对新福一街、市第一幼儿园门前等27个路段进行维修整治。完成天桥路、官山路、计星路等水浸点改造。完成市区主干道排水管网清疏。基本完成摩托车（电动车）靠右行驶和候车区标识划线。全年维修路牙12681米，修补混凝土路面4515平方米，修补沥青路面2.12万平方米，安装修复护栏1196米。清理疏通下水管道76.51万米，更换被盗或破损井盖和流水板400块，城市亮灯率及设施完好率在98%。2017年春节前，茂名市完成灯饰亮化一期工程，包括对小东江两岸、公园广场、中心城区主干道、建筑楼宇、城市节点进行灯饰亮化。组织灯饰亮化评比对30家优秀亮灯单位进行通报表扬。组织开展灯饰亮化二期工程，完成小东江桥梁、市区重要路段和重要节点等灯饰亮化。

城市园林绿化　2017年，茂名市继续在小东江城区段实施综合整治、生态修复和景观提升三大工程，完成滨河南路、滨河北路及一级河堤改造工程，二级平台缓跑系统建成，摩天轮、音乐喷泉二期工程建成开放，连心桥、江东中路啤酒街改造工程推进。建成东江小区碧桂园体育公园、上宾体育公园、官渡二路街边小公园。官渡公园基本建成。对市区各大公园、广场园路进行维修、亭台翻新，以及园林景观提升，对茂名大道人行道（茂南大道以南）、站北三路等20段道路两侧、人行道、分车带、分流岛等绿化进行升级改造。编制绿地系统规划，制定绿线管理办法。补种植

2017年茂名市住房和城乡建设主要指标

指标名称	实绩	比上年增长（%）
固定资产投资额（亿元）	1415.73	12.11
建筑企业（家）	332	9.2
建筑业总产值（亿元）	762.1	8
建筑企业期末从业人员（万人）	14.9	17
建筑企业劳动生产率（万元/人）	48.11	10.57
房屋建筑施工面积（万平方米）	4316.4	51.9
商品房屋销售额（亿元）	342.85	58.03
商品房屋销售面积（万平方米）	540.21	38.52
房地产开发投资额（亿元）	188.22	53.1
建成区绿化覆盖率（%）	38.91	3.46个百分点
人均公园绿地面积（平方米）	14.85	7.22
人均城市道路面积（平方米）	9.24	19.38
城市自来水普及率（%）	100	0
人均生活用水量（升/日）	238.4	44.14
城市燃气普及率（%）	100	0
城市液化石油气供应总量（万吨）	9.66	-22.72
城市天然气供应总量（万立方米）	2861.2	23.97
城市污水处理厂（家）	6	0
城镇生活垃圾无害化处理率（%）	100	0
城镇化率（%）	41.9	1.1个百分点
住房公积金缴存额（亿元）	33.75	9.68
住房公积金贷款发放额（亿元）	22.87	6.72
保障性安居工程基本建成套数（套）	1285	56.52
绿色建筑面积（万平方米）	173	271.88

(茂名市住房和城乡建设局)

乔木1.3万棵、花灌木120万株（袋）、草皮等地被植物30万多平方米。在城市重要节点、街头绿地换种时花五批次28.5万盆。 （卢智婷）

绿道建设。2017年，茂名市本级建成城市绿道35千米，在建城市绿道25千米。截至年底，茂名市累计建成绿道160.52千米，其中省立绿道33.61千米，城市绿道110.91千米。 （罗栋）

城市环境卫生　环卫设施建设。2017年，茂名市新建南香垃圾压缩站，市区压缩站增至18座。由承包商为小区内街购置900个环卫垃圾桶。日清运市区垃圾约510吨，年清运量18.62万吨，清运率100%，由市生活垃圾焚烧发电厂进行无害化处理，无害化处理率98%。年内，茂名市绿能环保发电项目建设，化州市绿能环保发电项目动工建设，电白区、信宜市项目完成招投标，高州市项目开展前期工作。推进垃圾分类减量化，在信宜市东镇街道旺同村、北逻村实施“2次4分法”垃圾分类试点。对江滨公园等5座公厕进行升级改造，在滨河北路南段新建流动公厕1座，市区旅游厕所增至7座。引导沿街单位开放厕所30处，市区开放公厕87座。

市容保洁。2017年，茂名市结合河西片区原外包合同期满重新招标，将河西片区主次干道、内街小巷和城中村环卫服务整体外包，并增加西城片区、茂南石化工业园等区域服务范围，使城区环卫服务市场化面积增至630万平方米。实施16小时保洁，从3:00起每天4次对市区主次干道进行洒水降尘，将机械化清扫提高至92.5%。安排自压式垃圾车播放音乐定时上门收集垃圾。开展“茂名市十大优秀环卫工人”评选，6月5日召开表彰大会。 （卢智婷）

城市生态环境保护　大气环境治理。2017年，茂名市推进煤电机组超低排放改造，茂名臻能热电有限公司6号、7号机组完成超低排放改造及节能改造。重点行业挥发性有机物（VOCs）治理，完成加油站、储油库、油罐车的油气回收治理。全年淘汰黄标车10387辆，完成广东省下达任务的104%。是年，茂名市市区环境空气质量指数（AQI）的范围18~143，达标率91.8%，2017年度全省排名第三位。

城市噪声治理。2017年，茂名市区区域环境噪声（昼间）等效声级平均值54.6分贝，比上年上升0.7分贝，达标率100%，质量等级“较好”；茂名市区城市道路交通噪声（昼间）等效声级平均值为69.2分贝，比上年上升1.5分贝，比标准值低0.8分贝，达标率100%，质量等级“较好”。

环境保护督察整治。2017年，茂名市落实环境保护督察要求，办结中央环保督察组转办案件32批156宗。关闭取缔违法企业77家次，责令整改114家，立案查处65个，处罚总额295万元；刑事拘留21人，约谈119人，问责15人。编制《专项督查简报》13期，推进中央环保督察反馈问题整改落实到位。截至年底，茂名市中央环保督察整改工作领导小组案件督办组开展“回头看”现场督查案件90个。 （谭广森）

城市水环境建设　城镇生活污水治理。2017年，茂名市水投集团有限公司处理生活污水4705.12万立方米，出水指标达到国家《城镇污水处理厂污染物排放标准（GB18918—2002）》一级B排放标准。茂名市河西城区生活污水处理厂处理生活污水累计1308.12万立方米，含水率60%以下的污泥产生量5752吨，污泥无害化处置率100%。是年，茂名市争取到广东省级财政资金8330.95万元、中央预算内投资320万元。茂名市新增城镇水质净化厂8座，新增污水处理能力2.9万吨/天。茂南大道污水总管建设快速推进，站北六七路和西粤南路污水管建设已完成前期工作。全市累计建成运行的污水处理厂14家，基本建成10家，在建项目有6家。电白区成为全省首批PPP模式整县推进村镇生活污水处理设施建设试点，化州市、高州市、信宜市、茂南区均通过招标方式确定第三方咨询服务机构开展前期工作，其中高州市已挂网招标。 （柯艺　谭广森）

实施河长制。2017年，茂名市全面建立市、县、镇、村四级河长组织体系，出台市、县、镇三级河长制工作方案并设置河长制办公室。全市划分河湖名录912个，设置各级河长共2759人，其中：市级河长6人、县级河长50人、镇级河长1053人、村级河长1650人，加紧编制一河一策、一库一策实施方案，制定《茂名市“清河行动”实施方案（2017—2019年）》，开展江、河、湖、库水质及城区黑臭水体等12项专项整治行动。市委书记、市第一总河长李红军，市长、市总河长许志晖先后多次率各县区河长、相关市直单位负责人深入河湖一线，巡河履职，把脉治水。市、县、镇、村四级河长累计巡河10682次，发现问题1879个，发出河长令或督办令122次，落实整改问题735个。推动河流生态保护及综合治理工程，全市江河湖库水环境有效改善。

中小河流治理。2017年，茂名市委、市政府每季度召开一次中小河流治理现场会，通过“走、听、看、想、比”的形式，加快推进中小河流治理。全市1447.2千米河流初步纳入全省中小河流治理（二期）实施方案治理范围。其中2017年第一批7宗95千米项目基本完成前期工作并开展“两清”工作。年内，有效防御强台风“天鸽”、台风“塔拉斯”“帕卡”和“卡努”袭击，应对“6·22”“9·7”等6场暴雨洪水，实现全年无人员因灾死亡，大江大河堤防无一决口、大中型水库无一垮坝，与上年相比，受灾人口、倒塌房屋、农作物受灾面积、直接经济损失分别下降92.33%、96.28%、75.72%、85.21%，最大程度减少灾害损失。 （黄晓东）

农村生活污水治理。2017年，茂名市建成彭村湖生态恢复首期人工湿地主体工程。关闭或搬迁禁养区内养殖场1056家，完成关停任务100%。

河涌综合整治。2017年，茂名市继续按照“一河（湖）一策”思路推进整治，年底前基本完成一、二、四号集雨湖、隔坑河及站北七路小河的整治，将臭水湖改造成社区公园。高州水库、罗坑水库水质达到II类水质，城市集中式饮用水水源水质100%达到或优于III类，全市地表水优良断面比例为85.7%，近岸海域水质保持稳定，跨市河流鉴江江口断面达到III类水质目标。小东江石碧断面水质为V类，主要污染物氨氮比上年下降7.1%，总磷比上年下降11.3%。

（卢智婷　谭广淼）

城市供水　2017年，茂名市水投有限集团公司有河东和河西两个水厂，为市中心城区和原茂港区提供生产和生活用自来水，供水服务面积879平方千米，服务人口80万。供水量河东水厂20万立方米/天，河西水厂8万立方米/天。全年完成供水量7776.81万立方米，比上年增长2.5%；售水量6694.17万立方米，增长5.3%；产值13548.92万元，增长5.0%。生活饮用水检测能力91项，出厂水水质综合合格率100%，管网水水质合格率99.95%。是年，茂名市水投集团公司新建DN65口径以上供水管道39.62千米，累计1014.93千米；新增水表1393个，累计在册水表13.68万个。其中，民用水11.97万户，非居民用水17107户。（柯艺）

城市供气　2017年，茂名市有燃气企业56家，其中瓶装液化石油气企业51家，管道天然气企业5家。全市有天然气中心气化站1座，液化天然气LNG汽车加气站1座，燃气码头1座，液化石油气瓶装供应站100个，储罐储气总容积3.27万立方米，储气容量1.7万吨。茂名市建成天然气管道700.8千米（包括市政管网、小区庭院管网），开发居民用户13.88万户，天然气年供应能力1.49亿立方米。是年，茂名市天然气供应总量2861.2万立方米，液化石油气供应总量9.66万吨。全市所有乡镇普及使用燃气，其中城镇燃气普及率100%，农村燃气普及率70%，用气人口600万人。

（罗栋）

城市综合管理与执法　2017年，茂名市城市综合管理部门坚持轮班执法，落实执法班前会制度，实行错峰执法和站岗守点，集中打击占道经营等行为。整治新塘仔村、求雨岭等一批市民意见强烈的烧烤档和大排档。整治橘洲三街马路市场、为民路、计星路占道经营水果摊档，搬迁滨河北花卉市场，拆除占道搭建的铁皮屋2500平方米。在红旗路、双山路等处设置年货、水果一条街，有效疏导安置流动摊档。对茂名大道、茂南大道、站北路两侧的石材店、钩机店进行集中整治，搬迁石材店、钩机店20间。制订《茂名市城区“牛皮癣”联合综合整治工作实施方案》，联合公安、工商等职能部门和电信企业，采取追查违法、暂停电话使用等方式，开展“牛皮癣”综合治理。清理市区违章户外广告设施，拆除大型违规广告牌及墙体广告398块、面积1.02万平方米。围墙粉刷翻新专项整治，组织协调茂南区和相关单位对官渡一路、厂前东路、红旗北路沿街楼宇，以及茂石化公司责任范围内的楼宇进行粉刷翻新。年内，整治入室经营12000多间次，清理乱搭乱建4000平方米，清除“牛皮癣”等小广告张贴2000张，拆除乱拉挂横幅1000条。

（卢智婷）

【村镇建设与管理】　中心镇建设　2017年，茂名市推进县域副中心规划建设。9月，《中共茂名市委　茂名市人民政府关于加快县域副中心规划建设发展的指导意见》颁布，茂名市加快县域副中心规划建设发展工作领导小组成立。电白区沙琅镇、高州市长坡镇、化州市合江镇、信宜市钱排镇各县域副中心推进规划编制。9月6日、12月21日，茂名市委、市政府分别在沙琅镇、长坡镇召开全市县域副中心建设现场会。年内，电白区沙琅镇、高州市长坡镇、化州市合江镇、信宜市钱排镇各县域副中心城市总体规划专家评审会分别由各县市住房和城乡规划建设局组织召开。

名村名镇规划和建设　2017年，茂名市建立推进建设新型城镇化部门联席会议制度，出台茂名市促进城镇化发展政策。茂名市城乡规划局于9月在两区三县级市各选取2个村庄、共10个村进行示范村整治创建规划编制试点。9月29日，《茂名市180个省定贫困村创建社会主义新农村示范村整治创建规划编制工作总体方案》颁发。年内，茂名市完成180个省定贫困村创建社会主义新农村示范村整治创建规划编制任务。茂名市组织3个特色小镇开展“全国特色小镇”申报，其中电白区沙琅镇被列入全国第二批特色小镇。（罗栋）

生态文明城镇村庄建设　2017年，茂名市开展市级生态示范村镇创建活动，授予信宜市合水镇新云村等18个村庄为“茂名市市级生态示范村”称号、授予高州市古丁镇、深镇镇2个建制镇为“茂名市市级生态示范镇”称号。（谭广淼）

【工程建设与建筑业】　建筑市场管理　2017年，茂名市有建筑施工企业332家，其中特级资质企业2家。广东电白二建集团有限公司获得建筑工程施工总承包特级资质。全市实现建筑业总产值762.1亿元，比上年增长8%。茂名市推动诚信评价结果在招标投标上的运用，发挥诚信在行业管理中的激励和惩戒作用。8月，《茂名市房屋市政工程工人工资支付分账管理实施细则》《茂名市建筑从业人员实名制管理办法》发布实施。

勘察设计管理　2017年，茂名市住房和城乡建设主管部门组织全市20多家勘察、设计企业召开勘察设计工作会议，通报勘察设计市场存在的问题，对各勘察、设计企业和审图机构提出严肃要求，全面落实三级校审制度，强化设计人员终身责任。组织开展全市勘察设计质量监督检查和企业资质动态核查，累计抽查房屋建筑及市政基础设施项目13个，检查企业3家，发现和纠正问题一批。组织完成市瑞派工程石化有限公司等17家企业工程设计资质延续、资质变更审核；完成市十五中、市育才学校、高州市高文小学和滨海新区污水管网等12个项目的初步设计审查，解决项目设计各相关专业的存在问题。

建设工程造价管理　2017年，根据《广东省发展和改革委员会广东省财政厅关于免征部分涉企行政事业性收费的通知》，茂名市已停止征收河道工程修建维护管理费。为准确反映工程实际造价，茂名市制定发布《关于调整工程计价中防洪工程维护费计取的通知》，明确取消该项收费后工程计价相应的调整办法。是年，茂名市加强工程招标控制价备案。全年办理备案56项，总造价10.25亿元。通过对工程招标控制价进行备案，有效防止出现低于企业成本报价的恶性竞争情况。

招标投标管理　2017年，茂名市取消投标报名环节，由评标委员会进行资格后审；实行招标文件、投标文件、评标过程、评标结果、中标结果五公开；对3000万元以下工程实行“合理低价评标法”，超过3000万元工程实行“综合评估法”。全市投标企业最多时130多家，中标价下浮率大多处于20%以内。完成建设工程招投标220项，招标控制价71.76亿元，中标价65.01亿元，节约资金6.5亿元，平均下浮率9.06%。

建筑工程质量安全监管　2017年，茂名市建筑工程质量安全监管专项整治，全年出动人员2540人次，检查在建工程626项次，发出安全隐患整改通知书442份，消除安全隐患2379处，发出（暂时）停工通知书82份，对建筑工地实施动态管理扣分406条，行政处罚17宗，罚款119.5万元。加强对防水工程的监督管理，严把混凝土外加剂质量关，督促9个工地建立新型墙材砌筑及外墙防水做法示范样板。开展“安全生产月”“质量月”活动，全市发送安全生产知识宣传短信2万多条，悬挂横幅宣传标语460条，工地张贴小宣传标语3800条。开展2017年住房和城乡建设系统“安康杯”安全生产知识竞赛1次，组织安全生产知识专题讲座4次，对全市所有在建项目（工地）现场管理人员和一线作业人员进行安全教育培训，受教育人数超过1万人。

建设科技与绿色建设　绿色建筑。2017年，茂名市重新修订《茂名市绿色建筑行动实施方案》，印发《关于民用建筑全面执行绿色建筑评价标准的通知》，要求民用建筑全面执行绿色建筑评价标准，鼓励发展高星级绿色建筑。全年绿色建筑设计备案173万平方米，超过广东省定任务30万平方米5倍多。

新型墙体材料及散装水泥推广。2017年，茂名市有办理新型墙材认定企业13家，年生产能力11.5亿块标砖。全年墙材验收47项，建筑面积209万平方米；返退墙材基金29项，金额1442万元。整治无资质混凝土搅拌站。全年出动356人次开展禁止混凝土搅拌站向违法建设供应混凝土专项巡查，发现违法供应混凝土情况17宗，查处取缔中交建材搅拌站、原中铁二十二局茂湛铁路工程1号搅拌站及位于公馆镇、金塘镇、鳌头镇、镇盛镇的无资质搅拌站。

建设信息化。2017年，茂名市实施“互联网＋绿色建设”行动，建设建筑能耗监测平台。通过政府采购程序，茂名市建筑能耗监测平台第一期工程投入使用，数据接入省住房和云缝建设厅建筑能耗监测平台。（罗栋）

【房地产业与住房保障】　房地产开发与市场　2017年，茂名市房地产开发完成投资188.22亿元，比上年增长53.1%。全市网签统计商品房销售面积540.21万平方米，比上年增长38.52%；销售额342.85亿元，比上年增长58.03%。全市商品房库存减少62.6万平方米，商品住房去库存周期约为5个月。成立市规范房地产市场工作领导小组，牵头做好房地产领域社会矛盾专项治理，组织专项检查5次，通报企业9家，发出整改通知4份。茂名市区二手房交易鉴证3857宗，比上年增长1.05%；交易面积43.37万平方米，比上年下降2.12%。完成市区商品房项目备案117份，比上年增长46.25%；合同备案15866份，比上年增长29.31%。

2017年，茂名市开发建设房产交易管理信息系统。克服市财政没有划拨建设经费的困难，与茂名移动公司协商一致并经市政府审批同意，由移动公司出资建设该系统，系统建成并投入使用。

房屋租赁管理　2017年，茂名市全年办理房屋租赁登记备案2303宗；处理租赁房屋纠纷17宗。代征房屋租赁税收1195万元。（黄强立）

危房改造　公房危房改造。2017年，茂名市对河西“六百户”新建路的第二十、二十二、二十三栋D级危房的住户进行搬迁，对河西建设路西侧危旧公房第二、三、六、七、新七栋的115户进行搬迁，消除安全隐患。设置独立的充电区域，用防火墙把摩托车库和电车区域分隔，并加强对公房的消防安全隐患的检查、排除。

农村危房改造。2017年，广东省下达茂名市农村危房改造任务为16000户，全市实现开工率100%；竣工14643户，竣工率95.8%。

物业管理服务　2017年，茂名市草拟《茂名市物业管理办法》，协助、指导成立茂名市物业管理行业协会。开展市区物业管理市场专项整治行动，处理物业管理市场纠纷80宗。克服市财政没有划拨建设经费的困难，与银行协商，经市政府审批同意，由各大银行出资建设物业管理系统、住宅维修资金管理系统、物业服务企业信用平台管理系统。是年，维修资金新开户小区178个，开户单元11.98万户，开户金额5.79亿元，已交存金额4.02亿元，维修资金申请使用资金157.5万元。

保障性住房建设　2017年，茂名市新开工建设棚户区改造790套，完成率112.5%；基本建成各类保障性住房、棚户区改造1285套，完成率101.7%；2013年底前政府投资开工建设的公共租赁住房完成分配6680套，完成率108.2%，2014年政府投资开工建设的公共租赁住房完成分配372套，完成率100%。

2017年，茂名市将廉租户和公租户并轨纳入新增保障户的申请范围。茂名市区受理809户公共租赁住房申请，市区第八期、第九期、第十期公共租赁住房进行电脑摇号预分配。市区累计发放租赁补贴2351户、金额106.08万元。对3122户保障房家庭进行年度审验，清退3批不再符合政策规定标准的保障家庭54户。（罗栋）

住房公积金管理　2017年，茂名市住房公积金新开户单位328家，净增缴存单位45家，归集住房公积金33.75亿元，比上年增长9.68%。截至年底，全市住房公积金实缴单位4183家，实缴职工23.92万人。历年累计缴存住房公积金233.91亿元，缴存余额99.29亿元。全年发放住房公积金个人住房贷款0.74万笔、22.87亿元，分别比上年增长15.63%、6.72%；历年累计发放住房公积金个人住房贷款5.41万笔、140.10亿元，贷款余额92.96亿元。全年办理住房公积金提取10.14万笔、27.62亿元，历年累计办理住房公积金提取71.06万笔、134.62亿元。是年，茂名市当年实现住房公积金增值收益1.65亿元。在2016年度住房公积金的增值收益中提取保障房建设补充资金1.09亿元，历年累计支持市保障房建设补充资金7.39亿元。（周志亮）

【汕湛高速公路茂名段建成通车】 2017年12月28日，汕湛高速公路茂名段通车。汕湛高速茂名段里程146.303千米，是广东省高速公路网规划“二横”中的一段，主线长108.14千米，博贺疏港支线长32.66千米，兰海支线长5.5千米。全线双向四车道，主线与兰海高速联络线设计速度120千米/小时，博贺疏港支线设计速度100千米/小时。汕湛高速由东向西横贯茂名市电白、高州、茂南、化州四个区（县级市），经电白那霍、黄岭、沙琅、罗坑、观珠、马踏，高州云潭、根子、泗水、分界、金山、石鼓，茂南金塘，化州丽岗、石湾、笪桥、良光、新安18个镇（街道）。

【茂名市整治无资质混凝土搅拌站】 2017年11月7日，茂名市政府组织住房和城乡建设、城市综合管理、公安等部门联合茂南区相关单位组织200多人开展查处取缔向违法建设供应混凝土的无资质混凝土搅拌站的专项行动。查处无资质非法生产混凝土搅拌站有站北五路原中铁二十二局茂湛铁路工程1号搅拌站、公馆镇茂南工业园鸿祺混凝土搅拌站、金塘镇混凝土搅拌站（茂南区鸿丰预制构件经营部）3个。（罗栋）

附录：茂名市住房和城乡建设管理部门主要领导

茂名市住房和城乡建设局
　党组书记、局长：曹万里
茂名市城乡规划局
　党组书记、局长：何远平（党组书记任至2017年6月23日，局长任至2017年7月27日）　梁世廉（2017年8月25日任党组书记，2017年10月23日任局长）
茂名市房产管理局
　局　长：邵杭伟
　党组书记：杨波博
茂名市城市综合管理局
　党组书记、局长：吕国记
茂名市水务局
　党组书记、局长：冼奕辉
茂名市住房公积金管理中心
　党支部书记、主任：曾春盛

肇庆建设

【概况】 肇庆市位于广东省中西部，1988年设地级市。土地面积1.49万平方千米，其中市区面积2960.24平方千米。截至2017年底，全市常住人口411.54万人，城镇人口192.52万人。2017年，实现地区生产总值2200.61亿元，比上年增长5.2%。全市完成建筑业总产值142.36亿元，比上年增长20.9%；完成建筑业增加值66.07亿元，比上年增长10.7%；全市房地产开发投资208.04亿元，比上年增长43.3%。建成区绿化覆盖率37.2%，城镇生活垃圾无害化处理率99.82%。

2017年，肇庆市围绕“枢纽门户”城市定位，统筹推进中心城区“一江两岸五区”规划建设。推动城市扩容提质，完成地下管线普查工作。优化城市空间规划管理体制，形成肇庆市“多规合一”的“一张底图”规划平台和“四类控制线”管控体系。督导各县（市）完成4个省级中心镇控制性详细规划试点工作，逐步形成覆盖市、县、镇、村的城乡规划体系。全市获省住房和城乡建设厅授予2017年“广东省宜居社区”10个。

2017年，肇庆市住房和城乡建设主要存在问题：一是未落实资金启动整县村庄规划编制，在2018年底前难以完成市域村庄规划全覆盖的目标；二是在编城市总体规划与土地利用总体规划的永久基本农田、林业生态红线、饮用水源保护区范围存在差异，未形成统一意见，影响肇庆市城市总体规划、生态控制线划定规划（图则）、中心城区“三规合一”规划编制进程。

（陈志杰　侯学丽）

【城乡规划】　规划编制　总体规划。2017年，《肇庆市城市总体规划（2015—2035年）纲要成果通过省住房和城乡建设厅专家审查。编制完成星湖风景名胜区总体规划并报国务院审批，《肇庆市新型城镇化规划（2016—2020年）》《肇庆市低碳生态城市建设规划》《肇庆市生态控制线划定规划（图则）》等29项规划编制。四会市修改完善《四会市城市总体规划（2010—2035）》；怀集县完成《广佛肇（怀集）经济合作区一期总体规划（2014—2030）》并启动《怀集县城市总体规划（2010—2025）》；封开县、广宁县加快推进城市总体规划编制；完成《粤桂合作特别试验区总体规划（2017—2035）（广东片）》并报省政府审批。

专项规划。2017年，肇庆市编制实施《肇庆市“十三五”近期建设规划（2016—2020）》《肇庆市端州区黄岗街道白石村保护发展规划》《肇庆市中心城区地下综合管廊专项规划（2017—2030）》3项专项规划。开展《肇庆市中心城区海绵城市专项规划》《肇庆市中心城区公共停车场布点规划（2016—2030）》《肇庆市端州区部分道路综合交通规划研究》等29项规划编制。

控制性详细规划。2017年，肇庆市编制实施《肇庆市龟顶山新城区C01地块控制性详细规划（修改）》《肇庆市端州区97区控制性详细规划（修改）》《肇庆市端州区包公文化园及周边地块控制性详细规划》等9项控制性详细规划。推进《肇庆市端州区太和路以西局部地段控制性详细规划（修改）》《肇庆市鼎湖山新入口区域城市设计及控制性详细规划》《肇庆市高要区南岸旧城区控制性详细规划（修改）》《肇庆新区起步区控制性详细规划（修改）》等16项控制性详细规划编制。

规划管理　2017年，肇庆市人民政府对肇庆市城乡规划委员会成员进行调整，市长陈旭东担任主任；对肇庆市城乡规划委员会下设的市建筑与环境艺术专业委员会、历史文化名城保护专业委员会进行调整，由副市长陈家添担任主任。2017年，肇庆城区（端州、鼎湖、高要）核发建设用地规划许可证（含重核、补办）650宗，用地面积928.72公顷；核发建设工程规划许可证（含私人住宅）1070宗，建筑面积666.45万平方米。全年受理审批件5578件，所有规划审批件均在15个工作日内办结，按时办结率100%。

城市更新　2017年，肇庆市推进《肇庆市中心城区“三旧”改造规划（修编）》《肇庆市端州城区旧城B3、C1、D3单元设计及“三旧”改造单元规划》《肇庆市城市重要出入口城市设计》《湖滨酒店改造项目修建性详细规划》的编制和肇庆市端州区行政扩区可行性初步分析与研究。

（侯学丽）

【城市市政公用设施建设与管理】　市政建设　城市基础设施建设。2017年，肇庆新区实施建设综合管

2017年肇庆市住房和城乡建设主要指标

指标名称	实绩	比上年增长（%）
固定资产投资额（亿元）	1497.55	9.0
建筑企业（家）	115	7
建筑业总产值（亿元）	142.36	20.9
建筑企业期末从业人员（万人）	2.8	-3
建筑企业劳动生产率（万元/人）	42	13
房屋建筑施工面积（万平方米）	346	10
商品房屋销售额（亿元）	365.61	52.8
商品房屋销售面积（万平方米）	598.01	19.6
房地产开发投资额（亿元）	208.04	43.3
建成区绿化覆盖率（%）	37.2	18.25个百分点
人均公园绿地面积（平方米）	16.65	-4.26
人均城市道路面积（平方米）	16.85	-1.69
城市自来水普及率（%）	100	0
人均生活用水量（升/日）	475.94	-3.94
城市燃气普及率（%）	98.49	-0.16个百分点
城市液化石油气供应总量（万吨）	3.66	-0.4
城市天然气供应总量（亿立方米）	4	37.87
城镇污水处理厂（家）	38	8.5
城镇生活垃圾无害化处理率（%）	99.82	0.04个百分点
城镇化率（%）	46.78	1.6个百分点
住房公积金缴存额（亿元）	29.85	9.5
住房公积金贷款发放额（亿元）	18.05	-6.14
保障性安居工程基本建成套数（套）	5207	-18.26
绿色建筑面积（万平方米）	249.87	35.71

（肇庆市住房和城乡建设局）

廊分别纳入“肇庆新区城市地下综合管廊及同步建设工程”“肇庆新区政文组团市政道路（一期）”两个项目中实施，管廊与市政道路工程同步建设。截至年底，肇庆新区地下综合管廊完成主体16.6千米，完成投资额29.31亿元。 *（陆娜）*

道路交通设施建设。截至2017年底，肇庆市启动中心城区夜景亮化工程前期工作，编制《肇庆城市照明规划设计》，以2018年春节和第十五届广东省运动会开幕为时间节点，计划分两阶段实施肇庆市中心城区城市夜景亮化工程，重点营造喜迎春节和省运会的夜景氛围。端州城区50条“瓶颈路”建设工程中，由市代建局负责代建道路24条，有14条道路于2017年建成通车，建成总里程8018米，总投资4.07亿元，年度建成道路数量比历年的总和还要多。 *（侯学丽 卢淑华）*

城市园林绿化 2017年，肇庆市先后实施东湖公园改造、体育公园升级改造，国道321线改造，高新区将军山公园（一期）、高新区龙湖大道等园林绿化建设，并对城区多条主干道实施以提高绿化品位为目标的优化改造，如补植、更换种植品种，增设花架等。城市建成区绿化覆盖率为37.2%，人均公园绿地面积16.85平方米。 *（陆娜）*

绿道建设。2017年，肇庆市新增绿道慢行道57千米，绿道网总长1498千米，其中省立绿道1号线、10号线累计建成429千米。绿道同步完善绿廊、慢行、服务设施、标识和交通衔接系统等五大系统，建成驿站48个、绿道“公共目的地”61个。 *（侯学丽）*

城市环境卫生 环卫设施建设。2017年，肇庆市完成广东省人民政府要求的“一县一场”、“一镇一站”和“一村一点”生活垃圾无害化处理设施建设任务。全市6个垃圾无害化填埋场均建成投入使用，广东省认定为符合无害化等级II级。全市94个“一镇一站”和14744个垃圾收集点的建设均完成，94个转运站均接受省级等级评价。

市容保洁。2017年，肇庆市纳入全市农村保洁情况统计行政村（居委）1381个，实施保洁的村（居）1381个，全市村庄保洁覆盖率100%；全市农村生活垃圾分类减量率30.20%，全市农村生活垃圾得到有效处理率78%。 *（张允）*

生活垃圾处理。2017年，肇庆市城区（端州区、鼎湖区、高要区、高新区）生活垃圾进入市生活垃圾无害化处理场，通过卫生填埋方式进行处理。全市生活垃圾无害化处理场共处理生活垃圾42.6万吨，处理渗滤液9.3万立方米。年内，肇庆市政府制订《关于加强监督我市农村生活垃圾收运处理议案实施方案》。截至年底，全市农村生活垃圾产生量（清运量）2167.63吨/天，分类减量率52.42%，有效处理率94.00%。 *（朱巧冬 陆娜 张允）*

城市生态环境保护 城市空气环境治理。2017年，肇庆市城区空气质量综合指数4.47，排在全省18名，比上年上升1名；优良天数比例（AQI达标率）84.7%。年内，印发实施《肇庆市大气污染防治2017年度实施方案》《2017年度今冬明春大气污染防治专项工作方案》等方案。全年对企业环境违法行为实施行政处罚808宗，处罚金额4312.54万元；完成黄标车淘汰2355台，完成率127.37%；查扣泥头车车辆176台，对286辆重型柴油车进行尾气检测，对超标车辆进行处罚。《肇庆市扬尘源污染防治规范》颁布，《肇庆市扬尘污染防治条例》立法启动，立案查处扬尘污染违法行为4宗。 *（陈晓红）*

城市噪音治理。2017年，肇庆市城市管理和综合行政执法局对存在噪音污染扰民问题的商家、建筑工地进行整治，发出《责令改正通知书》不定期进行“回头看”，建立巡查台账跟踪落实。全年受理查处社会生活噪声污染、建筑施工噪声污染案件1393件。 *（陆娜）*

饮用水源保护。2017年，肇庆市西江、县级以上饮用水源地水质为Ⅱ类，广东省考核以上断面水质优良率91.7%。是年，颁布《肇庆市西江水质保护规划（2016—2030年）》《肇庆市不达标水体达标方案》，青岐涌水质指标稳定达到地表水III类标准；独水河高新区段完成生态修复；推进饮用水源保护区规范化建设；清理整治违法项目和建筑，县级以上饮用水源一级保护区内建设项目有89个，清理37个。 *（陈华杰）*

城市水环境建设 城镇生活污水治理。2017年，肇庆市6个县市区均启动PPP模式整县推进新一轮污水处理设施建设。其中高要区PPP项目完成省财政部门项目入库工作。九个镇镇级水质净化中心的选址完成红线图测量。四会市、德庆县PPP项目发布网上资格预审公告。封开县PPP项目发布资格预审（二次）评审会公告。广宁县PPP项目12个镇基本完成“三通一平”工作，污水处理厂和县城区截污管网初步设计完成批复，三个镇及示范镇（点）动工建设。怀集县PPP项目县政府通过实施方案，报广东省财政厅申请入库资料。截至年底，肇庆市建成城镇污水处理厂38座，日处理能力76.75万吨，城镇污水处理率91.4%。 *（刘建业）*

农村生活污水治理。2017年，肇庆市高要区、四会市、封开县、德庆县完成农村污水处理设施建设和管理立项；广宁县基本完成项目征地拆迁，部分农村生活污水处理设施点开工，其他镇级污水处理厂及农村生活污水处理点进入施工前准备阶段。 *（黄钜文）*

河涌综合整治。2017年，肇庆市建成区黑臭水体包括端州区羚山涌、鼎湖区石咀涌的相应河涌段。3月，羚山涌应急治理抢险工程完成，累计完成投资额1900万元。羚山涌水质生物治理项目总投资额850万元，截至年底，完成额340万元。石咀涌纳入鼎湖区河涌水环境综合整治项目，投资850万元，累计完成投资额600万元。12月底，星湖水质整治二期截污与截洪渠防渗工程环湖片区标段主体工程完成，星湖水质基本达到Ⅲ类景观水标准。波海湖生态修复前水质为地表IV—V类，修复项目投资1497万元，完成40套生态修复设备安装使用，7个月后除总磷外，其余指标均达到地表III类水要求。

（刘建业　欧剑辉）

城区内涝治理和雨污分流。2017年，肇庆市全年清疏排水管渠约670立方米污泥、清挖33460座雨水井、维修雨水井1073座、维修检查井419座。端州城区全年没有发生重大内涝事件。（欧剑辉）

城市供水　2017年，肇庆市端州区，鼎湖区及其周边乡镇，肇庆新区，肇庆高新区，封开县，广宁县城以及四会城区由肇庆市水务集团有限公司供水，供水能力70万吨/日。高要区14万吨/日、德庆县3万吨/日和怀集县4万吨/日由当地供水企业供水。全年全市城市供水总量2.68亿吨，全市城区供水普及率100%，供水水质合格率100%。

2017年，肇庆市推进城市供水重点项目建设及城区供水管网升级改造，其中西江饮用水取水二期工程建设从永安水厂至莲花路口12.34千米DN800输水管道，新建鼎湖大道民乐桥至肇庆新区DN1200供水管道8.5千米，321国道城市化道路改造大冲至民乐桥安装DN1200供水管道4千米，北岭路网升级配套管道建设北岭二三路东段DN600供水管道3.8千米，沿七星路DN300给水管道2.4千米。（刘建业）

城市供气　2017年，肇庆市有供气站46座，液化石油气站28座、储气能力3600吨；天然气储气站7座、储气能力180万立方米，西气东输天然气接气门站4座、汽车加气站7座。年内，全市液化石油气供气总量3.66万吨；全市天然气供应总量4亿立方米，其中居民、商业用气3400万立方米，工业用气3.23亿立方米，汽车加气2300万立方米。

城市综合管理与执法　2017年，肇庆市创建“全国文明城市”，市城管理执法局牵头联合市工商、公安、食药监、交警支队、交通、市残联等部门，组建市联合执法队，集中开展市容环境整治。全年整治商铺违规户外招牌2305处，乱贴乱画、乱摆乱卖、乱堆乱放等现象4.12万处，店外卫生脏乱差现象2.01万处，乱停乱放车辆3.69万台。截至年底，肇庆市累计查处建成区新增违建面积25.95万平方米；累计查处建成区存量违建面积38.48万平方米，查处比例为57.97%。年内，肇庆市建立台账、分类处理，推进户外广告整治。端州城区涂绘肇庆特色的创文宣传画。全年移除违规户外广告8964宗，按要求设置公益广告3.42万宗；清理“牛皮癣”290.3万张，追呼960宗，停机356宗，行政处罚218宗。

2017年，肇庆市结合“创文巩卫”以及肇庆国际半程马拉松赛、肇庆传统龙舟赛、鼎湖山音乐节、第六届中国童声合唱节、肇庆金秋、广东省第十五届运动会筹备等重大活动的要求，实施系列市容专项整治行动和环保专项整治行动。制定《肇庆市城市管理考评奖惩暂行办法》，于9月开展肇庆市东南板块的城市管理类考评。（陆娜）

【村镇建设与管理】　中心镇、名村名镇规划和建设　2017年，肇庆市开展封开县南丰镇、高要区白土镇、鼎湖区永安镇和莲花镇等中心镇新一轮总体规划修编；完成4个广东省级中心镇控制性详细规划试点，其中怀集县岗坪镇、德庆县莫村镇控制性详细规划获县政府批复，怀集县怀城镇谭勒片区、高要区新桥镇控制性详细规划通过专家评审。编制完成111个广东省定贫困村创建社会主义新农村示范村整治创建规划。（侯学丽）

生态文明城镇村庄建设　2017年，《肇庆市生态文明建设规划（2016—2030年）》颁发实施，启动国家生态文明建设示范市创建。截至2017年底，全市共创建省级生态示范镇3个、省级生态示范村32个（其中行政村16个）、市级生态示范村367个。（陈华杰）

宜居城乡建设　2017年，肇庆市获得省住房和城乡建设厅授予“广东省宜居社区”10个：端州区城东街道星湖社区、肇庆市鼎湖区沙浦镇沙浦社区、肇庆市鼎湖区桂城街道龙一社区、广宁县宾亨镇宾亨社区、广宁县洲仔镇洲仔社区、广宁县五和镇五和社区、德庆县播植镇播植社区、怀集县怀城镇永光社区、怀集县怀城镇文化社区、怀集县连麦镇圩镇社区。“肇庆市独水河肇庆高新区河段生态修复工程”被省住房和城乡建设厅授予2017年“广东省宜居环境范例奖”。获评市级宜居城镇、宜居社区、宜居村庄92个。（张允）

【工程建设与建筑业】　建筑市场管理　2017年，肇庆市完成建筑业总产值142.36亿元，比上年增长20.9%；完成建筑业增加值66.07亿元，比上年增长10.7%。是年，肇庆市房屋市政工程项目中获“广东省建设工程优质奖”1项，获“广东省房屋市政工程安全生产文明施工示范工地”4项、获“广东省AA级安全文明标准化工地”3项、获“肇庆市房屋市政工程安全生产文明施工示范工地”19项、获“肇庆市建设工程优质奖”17项。年内，肇庆市西湖新筑二期17号楼工程申报“广东省优良样板工程”，通过广东省评审并在6月29日于“广东建设信息网”表彰公布。

（张毅　钟彬强　邱世洋）

勘察设计管理　从2017年5月2日起，肇庆市将施工图审查合格书备案工作交由工程项目所在地县级以上住房和城乡建设部门负责（端州区除外）。11月，《肇庆市住房和城乡建设局关于加强施工图设计文件审查管理有关事项的通知》颁发。（朱泳荞）

招标投标管理 2017年，肇庆市完成招标工程442项，比上年增长19.78%；工程预算总造价154.96亿元，比上年下降22.52%；中标价147.70亿元，比上年下降22.48%；中标价比预算造价下浮4.68%，节约投资7.26亿元。全市建筑工程施工图设计文件审查合格书备案合计515项，比上年增长13.43%，审查面积851.4万平方米，比上年下降5.79%。新建建筑设计阶段节能标准执行率100%。（黄轶）

建设工程造价管理 2017年，肇庆市由市住房和城乡建设局牵头成立专项检查组，对广东肇庆信安工程造价咨询有限公司、广东德骏工程项目管理有限公司、肇庆市鼎建工程建设监理有限公司进行工程造价咨询企业资质（资信）动态核查。在"肇庆市工程造价信息网"公布工程造价信息12次；编辑出版《肇庆建设工程造价信息》季刊四期。（姚晔）

建筑工程质量安全管理 2017年，肇庆市住房和城乡建设局开展质量安全大检查、建筑施工安全隐患大排查等行动，全市住房和城乡建设部门出动人员5646人次，检查工程2405项次，排查质量安全隐患1389处。针对检查发现的问题发出《建设工程隐患整改通知书》1417份、《停工通知书》200份、《扣分通知书》813份。9月22日，肇庆市建设工程质量监督站在锦绣山河工地组织召开"质量月"活动现场观摩会，宣传工程质量常见问题治理的措施、经验及预拌砂浆施工工艺，提供技术交流的学习平台。（张毅 邱世洋）

建设工程监理 2017年，肇庆城区受监工程覆盖率100%。全市纳入质量安全监督的房屋市政工程累计653项，比上年增长31%，其中新注册工程431项，比上年增长7.9%；建筑工程总建筑面积1878万平方米，其中新注册建筑面积1321万平方米。新注册431项工程，新建建筑设计阶段、施工阶段建筑节能强制性标准执行率100%。竣工验收合格工程397项，均一次验收合格并办理竣工验收备案，设立永久性标牌，建立质量信用档案的工程132项。（张毅 钟彬强 邱世洋）

建设科技与绿色建筑 绿色建筑。2017年，肇庆市绿色建筑设计审查备案项目212个，建筑面积249.87万平方米，新建的财政资金建设项目、住房保障建设项目、大型公共建筑全面执行绿色建筑设计标准。全市取得绿色建筑设计标识的项目16个、建筑面积57.95万平方米。全市新建建筑设计阶段和施工阶段建筑节能强制性标准执行率100%。年内，《肇庆市"十三五"绿色建筑与建筑节能发展规划》颁布。（邓任明）

节能减排。2017年，肇庆市纳入广东省重点减排项目14个，全部按省下达的任务要求完成，其中肇庆市第三污水处理厂二期工程等4家污水处理厂按计划完成，运行正常；国电肇庆热电有限公司2台机组和四会骏马水泥有限公司等8个水泥减排项目全部实现监管减排，达到广东省要求。（陈华杰）

新型墙体材料及散装水泥推广。2017年，肇庆市建筑工程新型墙材使用率100%。全市散装水泥供应量1028.9万吨，比上年增长1.29%；预拌混凝土使用量为449.14万立方米，比上年增长61.53%；预拌砂浆使用量20.96万吨，比上年增长70.13%。全市散装水泥生产企业6家，预拌混凝土生产企业40家，预拌砂浆生产企业12家。（邓任明）

信息化建设。2017年，肇庆城区（含端州区、鼎湖区、高要区）地下管线综合管理系统通过验收，实现对地下管线的综合管理和信息共享。搭建肇庆中心城区（含端州区、鼎湖区、高要区、新区、高新区）"三规合一"信息联动平台，及时更新城市总体规划、控制性详细规划、土地利用总体规划等相关规划数据，实现发展和改革委员会、国土资源、规划、环境保护等部门信息联动共享。（侯学丽）

【房地产业与住房保障】 *房地产开发* 2017年，肇庆市房地产开发投资208.04亿元，比上年增长43.3%。截至年底，肇庆市商品房新增供应量594.27万平方米，商品房可售面积674.78万平方米，库存消化周期12.4个月。端州区、鼎湖区完成商品房预售许可证核发130个，比上年增长11.1%，准予预售许可面积203.81万平方米，比上年增长8.11%。是年，肇庆市直属完成商品房预售备案9948宗，比上年增长82.6%；备案登记面积106.08万平方米，比上年增长81.5%；备案金额69.66亿元，比上年增长108%。

2017年8月21日起，肇庆市住房和城乡建设局核发的商品房预售许可证不再设置许可有效期限，原核发并登记有效期限的商品房预售许可证有效期到期的可继续使用。（黄维 区淑贤）

房地产市场 2017年，肇庆市商品房销售面积598.01万平方米，比上年增长19.6%；商品房销售总额365.61亿元，比上年增长52.8%；商品房销售均价6114元/平方米，比上年上涨27.7%。

房屋权属管理 2017年，肇庆市直属商品房交易鉴证11155宗，比上年增长15.2%；成交建筑面积102.49万平方米，比上年增长12.6%；成交金额58.39亿元，比上年增长21.5%。二手房交易鉴证7540宗，比上年增长46.7%；成交建筑面积75.01万平方米，比上年增长41.6%；成交金额33.84亿元，比上年增长69.8%。协助端州区地税局缴纳房地产交易相关税收（包括契税、营业税、增值税、个人所得税、印花税）4.1亿元，比上年增长36.6%。接收房屋交易与产权档案42083件，比上年增长129.04%；截至年底，馆藏房屋交易与产权档案60500卷。（邓韬 黄维 陈有强）

房屋租赁管理 2017年，肇庆市完成房屋租赁登记备案47宗，其中住宅租赁登记备案35宗，商业用房租赁登记备案9宗，办公用房租赁登记备案9宗。租赁登记备案总面积6273平方米，备案宗数比上年增加62%。（黄文涛）

房屋征收管理 截至2017年底，肇庆市作出房屋征收决定项目34个，涉及户数1507户、建筑面积16.09万平方米；完成房屋征收项目24个，征收户数246户、建筑面积4.99万平方米。是年，肇庆市被住房和城乡建设部列入全国12个开展住房租赁试点工作城市之一。

（谢宇兴）

危房改造 2017年，肇庆市印发《关于做好暴风雨季节房屋安全检查及老旧危楼整治工作的通知》，对全市老旧危楼进行安全排查整治。广东省下达肇庆市的农村危房改造任务目标是8300户，截至年底，动工8300户，完成任务目标100%，竣工8267户，完成任务目标99.6%。（张允 梁宇峰）

物业管理服务 2017年6月，肇庆市住房和城乡建设局在全市范围内组织开展物业管理专项整治，加强对物业服务企业事中事后监管力度，提升物业服务水平，改善社区人居环境。（黄维）

保障性住房建设 2017年，肇庆市住房保障完成投资额24.67亿元，获得上级财政支持资金7232.95万元，资金缺口全部由肇庆市各级财政通过多种渠道筹措解决，棚户区改造通过融资落实47.5亿元。端州城区分3批次受理公租房申请926户，举行8次公租房房源分配，1002户家庭获配租公租房，为108户住房困难家庭发放住房租赁补贴。年内，开工建设乡镇干部周转房2511套，基本解决乡镇干部住房问题。截至年底，肇庆市棚户区改造开工2823套（其中货币化安置2793套），完成目标任务100%；基本建成棚户区改造住房3032套，完成目标任务102.8%；新增城镇住房保障家庭租赁补贴143户，完成目标任务715%；基本建成公共租赁住房2175套，完成目标任务856.3%。肇庆市贯彻落实《关于推进住房保障货币化改革的指导意见的通知》。（魏强 黄少英）

住房公积金管理 2017年，肇庆市住房公积金新开户单位367家，实缴单位3608家，净增240家；新开户职工3.09万人，实缴职工23.35万人，净增1.64万人；缴存额29.85亿元，比上年增长9.5%。截至年底，缴存总额186.59亿元，比上年增长19.04%；缴存余额65.4亿元，比上年增长4.31%。提取额27.16亿元，占当年缴存额90.99%；截至年底，提取总额121.2亿元。全年发放个人住房贷款0.66万笔，合计18.05亿元，分别比上年下降9.59%、6.14%。全年增值收益7495.29万元，提取城市廉租住房（公共租赁住房）建设资金3059.63万元。

（卢少媚）

【珠江三角洲区域污染联防联治】 2017年，肇庆市完善广佛肇区域、粤桂肇庆跨界区域环境安全应急联动机制，联合佛山三水、高明区等开展四会市南江工业园、高要区金利镇等跨界区域流域联合执法，推动西江、北江“一河两岸”的污染联防联控。组织召开2017年度广佛肇清云韶经济圈环保专责小组联席会议，推动“广佛肇清云韶”在节能减排、排放标准、产业准入和淘汰等方面环境标准的逐步对接统一；加强交界城市在不利气象条件下沟通，采取联防联控措施减少污染物排放。（唐冬梅）

【府城保护与复兴项目】 2017年，肇庆市推进府城保护与复兴项目规划建设，截至年底，征收居民房屋1036间、公有物业324间，建筑面积14.5万平方米，基本完成古城墙周边沿线房屋征地拆迁工作，千年古城墙重新展现。完成朝天门、南薰门、景星门3个城门考古挖掘调查，开展古城墙修缮保护工程勘察设计、一城环绿（府城公园）设计、包公府衙片区设计、城楼角楼设计、旅游产业和旅游线路设计。建设米仓巷包公井广场，开放古城墙和草鞋街样板间供市民游客参观游览，使宋城墙成为肇庆旅游新热点。（谢宇兴 侯学丽）

附录：肇庆市住房和城乡建设管理部门主要领导

肇庆市住房和城乡建设局
党组书记、局长：单洪辉
肇庆市城乡规划局
党组书记、局长：黄 勇（2017年10月起任职）
党组书记、局长：汪国齐（任至2017年8月）
肇庆市城市管理和综合行政执法局
党组书记、局长：李建文（2017年3月起任职）
党组书记、局长：陈六合（任至2017年3月）
肇庆市水务局
党组书记、局长：吴晓荣（2017年3月起任职）
党组书记、局长：梁 靖（任至2017年3月）
肇庆市代建项目管理局
党组成员、副局长：黄 列（主持全面工作）
党组书记、局长：刘运通（2017年3月起任职，后挂职）
党组书记、局长：梁伟雄（任至2017年3月）
肇庆市住房公积金管理中心
党组书记、副主任：吴稳根

清远建设

【概况】 清远市位于广东省的中北部，南连广州市和佛山市，北接湖南省和广西壮族自治区，东及东北部和韶关市交界，西及西南部与肇庆市为邻。清远市土地面积1.9万平方千米，是广东省陆地面积最大的地级市。截至2017年底，全市户籍人口436.84万人；常住人口386万人，增长0.36%，其中城市人口195.7万人。是年，全市地区生产总值1500.9亿元，比上年增长5.0%。完成固定资产投资666.3亿元，比上年增长7.3%。建筑业总产值132亿元，比上年增长19.4%。全年房地产开发投资276.3亿元，比上年增长21.5%。建成区绿化覆盖率46.92%，绿地率41.67%，人均公园绿地面积14.73平方米。生活垃圾无害化处理率99.66%。

2017年，广清一体化首批3条跨市公交线路开通。清远长隆项目建设完成投资15亿元；清晖南路延伸段、森林大道等配套道路在建设。省级职教基地建设，5所院校全部完成立项，广东建设、交通、科贸3所院校动工建设。“高接高”（广清高速公路和清连高速公路的连接工程）、汕昆、汕湛高速清远段开工，全市交通基础设施建设完成投资110亿元。国内首条中低速磁浮旅游专线动工建设。广清城轨一期线下工程基本完工。

清远市住房和城乡建设存在主要问题是新型城镇化发展水平不高，产城融合不够，人口集聚力不强；土地、环境、节能减排等要素制约日益趋紧，转型发展迫切；住房保障机构不健全；城市管理机构不完善、机制落实不力，执法依据不足。

（林颖华）

2017年清远市住房和城乡建设主要指标

指标名称	实绩	比上年增长（%）
固定资产投资额（亿元）	666.3	7.3
建筑企业家数（家）	243	23.98
建筑业总产值（亿元）	132	19.4
建筑企业期末从业人员（万人）	4.28	0.23
建筑企业劳动生产率（万元/人）	34.9	39.38
房屋建筑施工面积（万平方米）	626.42	9.27
商品房屋销售额（亿元）	619.99	51.4
商品房屋销售面积（万平方米）	941.1	13.2
房地产开发投资额（亿元）	276.32	21.5
建成区绿化覆盖率（%）	46.92	13.45 个百分点
人均公园绿地面积（平方米）	14.73	10.75
人均城市道路面积（平方米）	1.91	-90.76
城市自来水普及率（%）	99.50	0.14 个百分点
人均生活用水量（升/日）	199.17	-10.90
城市燃气普及率（%）	99	-0.96 个百分点
城市液化石油气供应总量（万吨）	6.74	19.37
城市天然气供应总量（亿立方米）	2.22	107.06
城镇污水处理厂（家）	21	16.67
城镇生活垃圾无害化处理率（%）	99.66	40.13 个百分点
城镇化率（%）	50.70	1.40 个百分点
住房公积金缴存额（亿元）	34.76	13.19
住房公积金贷款发放额（亿元）	17.87	5.19
保障性安居工程基本建成套数（套）	4559	20.93
绿色建筑面积（万平方米）	121.95	-49.49

（清远市住房和城乡建设管理局）

【城乡规划】 规划编制　2017年，清远市城乡规划局开展各类规划编制工作35项。《清远市总体规划（2016—2035年）》最终成果上报广东省政府审批。《呼叫产业园华南声谷控制性详细规划修编》《〈广州清远产业转移工业园A区控制性详细规划〉局部地块调整成果》《清远市城市绿地乔木种植规划指引》《清新城区建成区控制性详细规划》《清远市中心城区海绵城市规划》《清远市低碳生态城市建设规划（2016—2030年）》《武广高铁站前片区控制详细规划》《清新区三坑镇清四公路以北片区控制性详细规划》《清远市城市风貌规划》9个编制项目获清远市政府批准实施。

规划管理　2017年，清远市城乡规划局牵头完成城市规划委员会委员换届。全年核发建设项目选址意见书116宗次，建设用地规划许可证（含临时用地）1075宗次，建设工程规划许可证（含市政工程）2050宗次，乡村建设规划许可证883宗次。建设工程规划许可证建筑面积2100万平方米，规划条件核实建筑面积696万平方米。代收城市基础设施配套费6.09亿元。《清远市城市基础设施配套费征收管理办法》《清远市规划区城市基础设施配套费调整标准》经第七届第15次清远市政府常务会议审议通过，分别于2017年12月29日和2018年1月1日开始执行。完成住房和城乡建设部下发的2017年第一批82个疑似违法图斑和广东省住房和城乡建设厅下发的2016年（第二批）192个疑似违法图斑的核查上报。完成城市地下管线普查，年内普查给水、排水、燃气、电力、通信等各种管线长度8300千米。11月，清远市“三规合一”公共信息平台通过验收。

（黄芳）

城市更新　2017年12月，《清远市城市风貌规划》获市政府批准实施，面积1833平方千米。是年，广东省下达给清远市“三旧”改造实施改造任务为63.33公顷，完成改造任务43.33公顷。清远市2017年“三旧”改造实施改造面积76.08公顷，完成120.13%；完成改造面积54.19公顷，完成125.06%。是年，清远市获广东省“三旧”改造奖励指标34.67公顷。

(涂学智　黄芳)

【城市市政公用设施建设与管理】

市政建设　市政基础设施建设。2017年，清远市有公园109个，在建社区体育公园2个和规划建设社区体育公园1个。其中，东门塘体育公园和妇幼保健院南侧体育公园预计2018年完成；南岸公园五桥头体育公园暂未施工，列入2018年建设计划。

城市照明设施建设。截至2017年底，清远市完成全市范围内市政道路的LED照明升级改造，改造LED路灯12.34万盏，项目竣工率100%。全年市区新增LED路灯2691盏。(莫劲康)

城市园林绿化　城市园林建设。2017年，清远市区建成区绿化覆盖率46.92%，建成区绿地率41.67%，建成区人均公园绿地面积14.73平方米。年内，清远市在建社区体育公园2个、规划建设社区体育公园1个，其中东门塘体育公园和妇幼保健院南侧体育公园计划2018年完成。截至年底，全市建有109个公园。在江滨公园、飞来湖公园等公共绿地补植白兰树1000多株，禾雀花600多株，形成连片种植观赏点。清新区绿化提升工程10项，投入780多万元，完成对清新公园、玄真公园、河堤公园、清新文化体育公园、松林公园、清新大道、城西大道（迳口段）、内街背巷等绿化带的提升改造、绿化补种，以及15条主次干道的树池改造。新砌1600多个树池，安装树池盖板800个，种植近2万平方米地被，1万平方米草皮，新装护栏1700米，补种乔木800多棵，藤本植物500多株。其中，种植市树白兰263棵，市花禾雀花215株。

(覃嘉慧)

绿道建设。2017年3月，清远市住房和城乡建设管理局发布《2017年绿道网建设实施意见》。全年全市绿道建设完成34千米，其中省立绿道5千米，市立绿道29千米。清远市累计完成省立绿道423.8千米、市立绿道350.7千米。(林颖华)

城市环境卫生　环卫设施建设。2017年，清远市青山垃圾填埋厂处理生活垃圾42.33万吨。英德、连州、佛冈、连山、阳山、连南“一县一场”建设完成并运营，其中英德、佛冈无害化填埋场通过省住房和城乡建设厅无害化等级评定。清城区南门垃圾中转站、莲塘中转站升级改造完成；E17号区垃圾中转站完成前期工作，在施工。清新区垃圾中转站建设完成。截至年底，清远市市区有垃圾中转站20个。(罗倩)

市容保洁。2017年，清远市城市建成区内主、次干道每天清扫2次，冲洗2次。对广清大道、清佛公路、清远大道、狮子湖大道、清三公路等面积127.5万平方米道路每天清扫及冲洗。完善城市建筑垃圾处置和准运审批，在办理行政审批时，申请单位确定的消纳场所必须设置洗车平台，配备洗车设施，确保建筑垃圾运输车辆净车离场，以防二次污染。(莫劲康)

爱国卫生运动。2017年1月，广东省爱国卫生运动委员会对清远市创建国家卫生城市进行复核验收。3—4月，全国爱国卫生运动委员会对清远市创卫工作进行技术考核评估和综合评审。7月，全国爱国卫生运动委员会对2015—2017年度新命名“国家卫生城市”进行表彰和授牌，清远被授予“国家卫生城市”称号。(林颖华)

城市生态保护建设　国家环境保护模范城市创建。2017年，清远市举行创建国家环境保护模范城市攻坚动员会，印发实施年度“创模”方案、工作细则、宣传方案等，开展创模规划修编，完成市区饮用水源地等现场检查点调研，完善“一企一档”等档案资料，完成县级以上环境监察监测机构标准化能力建设，邀请顾问团队开展“创模”预评估工作。截至年底，26项“创模”指标中，23项达标或基本达标，3项未达标。

空气环境治理。2017年，《清远市大气污染防治强化措施责任制实施方案》等文件颁发实施。推进水泥、陶瓷、平板玻璃等涉气企业减排设施建设和监管，完成陶瓷生产线“煤改气”32条，完成VOCs综合整治企业13家。淘汰黄标车7517辆。是年，8个县（市、区）6项指标年平均浓度达到环境空气质量二级标准。

城市噪音治理。2017年，清远市对市区中心区域19条主干道路及50个重点路口进行渠化交通改造，降低车辆慢速行驶产生的噪音。《清远市城市管理暂行办法》发布，明确城市噪声执法部门。出动执法人员1000多人次，动用执法车辆400多车次，整顿噪音点340余处。是年，清远市连州市、连山县、连南县区域环境噪声总体水平等级为二级，评价较好，清城区、清新区、英德市为三级，评价一般。清城区、清新区、英德市、连州市、连山县、连南县6个县（市、区）开展城市道路交通噪声监测，清城区、英德市、连山县、连南县噪声强度等级为一级，评价好，清新区、连州市为二级。清城区开展功能区环境噪声监测，设监测点6个，分一至四类区进行监测。各功能区昼间、夜间等效声级达标率100%。

环境监察执法。2017年，清远市开展大气和水专项督查、钢铁行业、砖瓦行业整治等专项执法检查。全市出动执法人员2.7万人次，检查企业9600多家（次），立案查处359宗，移送司法机关27宗，处罚金额1300多万元。完成突发环境

事件应急预案修编工作。（陈为贵）

城市水环境建设　水环境综合治理。2017年，《清远市水污染防治行动计划2017年度工作方案》颁发，清远市建成省级以上产业转移园集中污水处理设施4个，清理取缔“十小”企业19家，完成改造地下油罐119个。清理整治禁养区规模畜禽养殖场（专业户）374个。推进大燕河、乐排河整治。清远市水务部门及清城、清新两区政府辖区内推进黑臭水体整治。是年，清远北江跨界断面100%达标，湖库水质达标率比上年上升7.7个百分点，七星岗等13个国家或省级考核断面水质优良率92.9%。（陈为贵　张斌）

城镇污水治理。2017年，清远市污水处理1.63亿吨，清远城市生活污水处理率91.13%。全市有21座污水处理厂，设计处理能力49万吨/日，其中投产20座（47万吨/日），试运行1座（2万吨/日）。清新与旧城污水处理厂（二期）扩建、一期提标改造完成，洲心污水处理厂于7月进入试运行阶段，启动横荷、龙塘污水处理厂提标改造。年内，清远市新建污水管网94.17千米。建成污水管网754.5千米，其中干管461.9千米，支管292.6千米。

河涌综合整治。2017年，清远市基本完成222.7千米治理河长、投资额4.6亿元的广东省山区五市中小河流治理任务。清远市列入中央规划的中小河流治理项目中有2个项目列入2017年度投资计划，阳山县的同灌河综合治理工程基本完成主体工程建设任务治理河长10.1千米、投资1720万元；清城区的大燕河安丰围月星段达标加固工程完成治理河长1千米、投资额738.5万元，进度30%。

城市内涝治理。2017年，清远市投入305.58万元，维护管网超400千米、检查井10000座、雨水口10000座。

城市供水　2017年，清远市城市供水有国有企业4家、非国有企业5家，县（市、区）级以上城市自来水厂12座。设计供水能力74.8万立方米/日，实际供水总量44.17万立方米/日。供水管道长度2476.2千米，供水服务人口128.81万人。其中，清远市区供水总量7196.8万立方米，管网水年平均压力0.29兆帕。新增管网长度29.73千米。清远市推进江南水厂建设，投资65174.16万元，占地11公顷，取水工程规模为80万立方米，净水厂规模为近期40万立方米，远期80万立方米。江南水厂取水口位于武广高铁北江大桥上游400米处，厂址位于武广高铁站西侧。截至年底，工程已完成总投资25.73%。（张斌）

城市供气　2017年，清远市供气企业46家，其中管道燃气经营企业9家、瓶装燃气经营企业32家、汽车加气经营企业5家。截至年底，全市城镇燃气管道总长度2365.09千米。清远市储气设计能力天然气194.8万立方米、液化石油气2730.08万立方米。存气总容量天然气163.8万立方米、液化石油气1354.02万立方米；存气量可供天然气天数12.7日、液化石油气242日。全市燃气普及率99%，其中管道燃气普及率32%、瓶装燃气普及率67%。（覃嘉慧）

城市综合管理　2017年，清远市政府成立清远市城市管理和综合执法体制改革工作领导小组，调整市城市管理委员会领导架构。推进数字化城管系统建设，发动群众参加市区城市管理，开展“啄木鸟（拍客）在行动”活动。截至年底，清远市“数字城管”受理案件9.21万件，销案2935件，立案8.92万件，完成7.67万件，在处理1.25万件，办结率86%。开展专项整治行动，制止乱设置广告行为2200次，清理户外灯箱358个、横幅477条、牛皮癣560处、流动广告牌320多个，没收沿街派发小广告14000多张。（林颖华）

【村镇建设与管理】　村镇规划　2017年，清远市67个非县城建制镇总体规划编制，获得政府批复24个，完成专家评审上报审批24个，有规划成果17个。连州市丰阳镇丰阳村成功申报2017年传统村落中央补助资金；连南三排镇山溪、连水、东芒和寨岗镇成头冲、石坑崀5个行政村，佛冈水头镇莲瑶、石潭、新坐、新联、桂元5个行政村成功申报2017年省级新农村连片示范区示范建设工程项目，建设资金1亿元。10月，清远市城乡规划局在阳山县举办清远市省定贫困村创建社会主义新农村示范村规划编制培训班，全市261个省定贫困村所在地的责任领导及业务骨干约200人参加。12月，清远市城乡规划局组建市级验收组，对省定贫困村规划编制成果资料及现场验收，完成广东省住房和城乡建设厅2017年度验收任务。（黄芳）

宜居城乡建设　截至2017年底，清远市先后创建省级宜居城镇19个，省级宜居村庄42个，省级宜居社区54个；8个项目获“广东省宜居环境范例奖”。清远市组织开展申报“国家创建环境整治示范村”“美丽宜居示范村”、第二批“国家特色小镇”，英德市连江口镇被评为第二批“国家特色小镇”，英德市九龙镇塘坑村获“全国美丽乡村示范村”称号。（林颖华）

新型城镇化建设　2017年，清远市住房和城乡建设管理局督促佛冈与连州分别推进广东省新型城镇化综合试点镇佛冈县汤塘镇、专项试点连州市中山南“骑楼”街项目。连州在原果品仓基础上扩建连州摄影博物馆。摄影博物馆建成，于2017年摄影年展投入使用。汤塘镇开展新一轮的总规修编，按《汤塘新型城镇化“2511”综合试点工作方案》落实建设项目，推进“广州涉外经济技术学院”“汤塘镇特色文化广场”等一批项目。

（黄芳　林颖华）

【工程建设与建筑业】 建筑市场管理 2017年，清远市有建筑业企业有243家，其中总承包企业98家，专业承包企业95家，劳务分包企业39家，监理企业甲级3家、乙级5家、丙级3家。是年，全年清远市施工报建总宗数691宗，报建总面积1536.76万平方米，比上年上升39.45%；报建总造价305.53亿元，比上年上升35.79%，其中房地产项目报建面积1244.5万平方米，占全市报建面积80.98%。对存在未取得施工许可擅自施工的企业及个人进行查处26宗，处罚金额24.45万元，及对存在无资质承揽业务的企业及个人进行查处4宗，处罚金额53.55万元。

勘察设计管理 2017年，清远市勘察设计企业22家，其中具备勘察资质的企业5家，甲级1家，乙级3家；具备工程设计资质的企业17家，甲级3家、乙级6家、丙级7家、丁级1家。是年，在清远市承接勘察设计业务的企业，新增设计企业44家、勘察企业12家。全年经施工图审查机构审查合格的新建工程项目798宗，其中市政工程115宗、房屋建筑工程683宗，建筑面积1298.91万平方米。

招标投标管理 2017年，《清远市建设工程施工监理公开招标文件范本》《清远市建设工程施工公开招标文件范本》《建设工程招标投标情况书面报告备案表》颁发。是年，为清远市代建局等有关单位办理摇珠选取招标代理机构19个（次）。全年办理勘察设计、施工、监理等53个建设项目招标文件的核备，办理招标投标情况书面报告备案47项（次），对3个存在不良行为的招标代理机构发出诚信分扣分处理，并记入诚信记录，对存在不良行为的5名评标专家作出暂停清远市建设工程招投标评标专家资格1年的处罚。

建设工程造价管理 2017年，清远市住房和城乡建设管理局完成在清远市开展工程造价咨询业务的当地企业8家、市外企业分支机构65个的诚信档案登记。推进应用“清远市建设工程造价监管系统”，全年完成招标控制价备案758宗，建筑面积1050万平方米，总造价228亿元；合同价备案468宗，建筑面积1240万平方米，总造价250亿元；结算价备案173宗。

建筑工程质量安全管理 2017年，清远市住房和城乡建设管理局组织开展多种专项执法行动，出动检查人员1820人次，对各类主要建筑材料抽样233组，其中合格231组，不合格2组；对各类建筑构配件及工程实体质量抽测1325批次，其中没发现异常的1309批次，发现异常的16批次。针对抽查、抽测发现的问题发出质量整改通知247份，对存在未办理施工许可、质量报监等违法行为的单位及个人立案调查36宗，处罚金额303.43万元。

2017年，清远市住房和城乡建设管理局开展建筑施工安全专项整治、安全防护用具专项检查、春节安全生产大检查、建筑起重机械实体专项检查、消防安全检查、“打非治违”等，办理建筑起重机械产权登记2台、安装告知456台次、拆卸告知339台次、使用登记496台次。检查在建工程1143宗次，下发隐患整改通知书381份、暂停施工通知书150份，对367人、26家企业实施动态扣分，对21家企业进行诚信扣分，行政处罚立案查处4宗。

建设科技与绿色建筑 绿色建筑。2017年，清远市要求新建住宅小区按不小于30%面积配建绿色建筑。建筑单体建筑面积在2万平方米及以上的大型公共建筑、市政府投资的民用建筑包括保障性住房建设项目均要求按绿色建筑标准设计，城市发展新区及纳入旧城改造范围内的所有新建民用建筑项目均应为绿色建筑。全年办理绿色建筑设计备案的项目102个，建筑面积425.43万平方米，取得绿色建筑设计标识项目18个，建筑面积121.95万平方米，完成省下达的100万平方米绿色建筑建设任务。

建筑节能。2017年，清远市住房和城乡建设管理局开展民用建筑能耗统计、公示工作，统计范围涵盖各县（市、区）国家机关办公建筑和大型公共建筑236栋，比上年增加123栋。全市在公共建筑配电照明系统节能改造方面，开工实施面积0.49万平方米，竣工面积0.33万平方米；在外遮阳与围护结构改造实施面积1270平方米，竣工面积1270平方米。 *（林颖华）*

新型墙材及散装水泥推广。2017年，清远市供应散装水泥2662万吨，比上年增加174.75万吨。预拌混凝土生产437.61万立方米，比上年增加70.55万立方米。截至年底，全市有37家预拌混凝土生产企业完成诚信档案初次登记及年度审核。全市征收墙体材料专项基金32宗、1607.2万元。新型墙体材料现场查验，市区查验工地157宗，出动379人次，审批返退墙体材料专项基金83宗，3804.21万元。年内，清远市住房和城乡建设管理局门户网站发布新型墙体材料备案公示6次。 *（赖水清）*

信息化建设。2017年，清远市印发《关于推广应用“清建通”微信企业号的通知》，办理个人业务的群众可以通过微信公众号“清远市房产交易中心”进行线上取号和预约服务。清城区、清新区、英德市、连州市和佛冈县5个地区建成管理平台。 *（林颖华）*

【房地产业与住房保障】 房地产开发 2017年，清远市有房地产开发公司543家，其中二级资质1家、三级资质40家、四级资质184家、暂定资质318家。清远市房地产开发完成投资276.32亿元，比上年增长21.5%。其中清城区房地产开发完成投资176.48亿元，比上年增长24.7%，清新区完成投资24.89亿元，比上年增长23.6%，市区占全市房地产开发投资完成额72.88%。

房地产市场 2017年，清远市

全年销售商品房面积941.1万平方米，比上年增长13.2%，创历史新高，在全省仅次于广州、佛山、惠州。住宅类用房占总销量的9成，交易75000套。全市商品住房均价6562元/平方米，比上年增长35.9%。第四季度已趋于平稳，保持在8000元/平方米。全市二手房成交391.3万平方米，为历年最高水平，比上年增长97.7%，增幅位居全省第二。一手、二手房交易面积总计1332.4万平方米。 *（黄圣青）*

房屋权属管理 2017年，清远市不动产登记信息平台建设基本完成，开展不动产历史数据整合建库工作。是年，全市发出不动产权证书18.87万本、不动产权证明24.71万份。

危房改造 2017年，清远市建设工程质量监督站加挂“清远市房屋安全鉴定所”牌子，全年办理房屋安全鉴定报告登记13宗。排查鉴定报告中属安全隐患C、D级的房屋，全面清退或换房安置安全隐患D级房屋的租户。完成了153间C级、D级房屋的砌砖封门封窗。年内，清远市做好农村危房改造对象确认、建立“一户一档”、改造督查、验收、资金发放等工作。是年，清远市向广东省上报农村危房改造任务10880户，广东省下达清远市的任务7200户。截至年底，全市农村危房改造开工7200户，开工率100%；竣工7200户，竣工率100%。

房屋租赁管理 2017年，清远市住房保障中心招租房屋面积30758.68平方米（198间），成交面积15705.02平方米（140间）。截至年底，清远市区管理公房2725套，面积20.38万平方米，其中住宅2223套，面积11.90万平方米；非住宅502套，面积8.48万平方米。全年市区公房租金收入1142万元，维修公房162宗，费用19.24万元。

（林颖华）

物业管理服务 截至2017年底，清远市有物业服务企业273家，确定并备案物业管理区域数量398个，管理建筑面积7289万平方米，是清远市物业服务行业的重要部分。是年，清远市住房和城乡建设管理局负责全市物业行业管理的政策指导，各县（市、区）住房和城乡建设管理局负责辖区内物业行业监管。全年全市归集住宅专项维修资金总额2.3亿元，使用维修资金221.74万元，其中，清远市区2017年归集住宅专项维修资金总额1.51亿元，使用维修资金162.86万元。

（徐雨轩）

保障性住房建设 2017年，清远市人民政府与各县（市、区）人民政府及相关责任单位签订目标任务责任书，成立督查组，实行每月一督查一通报制度。清远市住房和城乡建设局颁发《清远市落实2017年住房保障工作目标任务实施方案》，全市棚户区改造开工580套，棚改货币化安置率100%，基本建成4559套，新增发放城镇住房保障家庭租赁补贴438户。 *（蔡雅琴）*

住房公积金管理 2017年，清远市住房公积金归集额为34.76亿元，比上年增加4.05亿元。截至年底，清远市住房公积金累计归集余额为76.34亿元，比上年同期增加8.14亿元。是年，全市住房公积金贷款金额17.87亿元，对比上年同期增加0.88亿元。全市住房公积金贷款累计余额72.48亿元，比上年增加9.87亿元。全市住房公积金存贷比94.94%。截至年底，累计有4.55万人享受住房公积金贷款。2017年全市办理住房公积金提退（包括转移）金额26.62亿元，比上年增加4.88亿元。 *（余薇薇）*

【清远市成功创建“国家卫生城市”】 2017年7月14日，《全国爱卫会关于命名2015—2017周期国家卫生城市（区）的决定》发布，清远市列入“2015—2017周期国家卫生城市（区）命名名单”。此次全国69个城市（区）成功创建“国家卫生城市”，广东有两个市入选，分别为清远和阳江。

【清远市磁浮旅游专线动工兴建】 2017年12月29日，中国首条中低速磁浮旅游专线清远市磁浮旅游专线动工兴建，首期银盏站至长隆主题公园段，正线全长8.1千米，设计时速100千米/小时，设银盏温泉、长隆大道、长隆主题公园等3站，总投资24亿元，计划于2019年10月建成，与长隆主题公园同期运营。清远市委书记葛长伟宣布项目动工，中国铁建总工程师雷升祥，珠江三角洲城际轨道有限公司董事长、党委书记杨晚华和清远市领导郭锋、梁志强、曾贤林、李新全、何国森、陈焕雄、钟鸿辉等出席。

【清远伦洲大桥全线通车】 2017年7月20日，清远伦洲大桥及引道工程全线通车。这是市区第四座横跨北江的大桥。伦洲大桥及引道工程项目路线全长4.45千米，其中伦洲大桥桥址位于凤城大桥上游4.5千米处的伦洲岛西侧。桥长1426.6米，设计时速每小时60千米。全线设东城大道、院南路、沿江东路、北江东路、人民东路5处立交互通。

【清远市源潭镇南部物流枢纽园区开工建设】 2017年8月23日，广清产业共建重点项目南部物流枢纽园区在清远市源潭镇开工建设。项目首期投资超过30亿元，计划2018年上半年建成交付使用。清远市委书记葛长伟、广州市副市长黎明等领导和企业代表出席开工仪式，为项目奠基。仪式上，广州市越秀区政府、清远市清城区政府签订《越秀区—清城区共建源潭商贸物流园合作协议》；广百集团南部物流枢纽园区与普洛斯投资（上海）有限公司、中铁建设集团有限公司等8家合作客户签订战略合作协议。

（林颖华）

附录：清远市住房和城乡建设管理部门主要领导

清远市住房和城乡建设管理局

党组书记、局长：段　军

清远市城乡规划局

党组书记、局长：朱　磊

清远市代建项目管理局

党组书记、局长：邱泽军（任至2017年4月）

党组书记、局长：何向辉（2017年4月14日任党组书记，2017年4月27日任局长）

清远市水务局

党组书记、局长：王灿明

清远市住房公积金管理中心

主　任：肖　宁

潮州建设

【概况】 潮州市位于广东省东部，1991年设地级市。全市土地面积3146平方千米，其中市区面积325.35平方千米。截至2017年底，全市户籍人口275.5万人；常住人口265.08万人，其中城镇人口170.98万元。全年全市地区生产总值1074.07亿元，完成固定资产投资501.05亿元。完成建筑业总产值44.97亿元，房地产开发投资额66.81亿元。建成区绿地率42.08%，人均公园绿地面积14.4平方米，城镇生活垃圾无害化处理率96.22%，城镇生活污水集中处理率83.13%。

潮州市住房和城乡建设主要存在问题：城市管理水平不高，配套设施不够完善，环境治理任重而道远，综合竞争力亟待提升；公共服务供给能力不足，与人民群众日益增长的美好生活需要还有一定差距，普惠民生力度有待增强。

（李旭伟）

【城乡规划】 规划编制　2017年，《潮州市城市总体规划（2015—2035年）》编制完成，上报广东省政府审批；《潮州市城区“三旧”改造规划（修编）》经市政府批准实施；《凤泉湖高新技术开发区（径南片区）控制性详细规划（修编）》上报市政府审批；《潮州市“十三五”近期建设规划》《潮州市生态控制线（划定）规划》《潮州市海绵城市专项规划》《潮州市城市地下管廊专项规划》《潮州市枫溪片区用地控制性详细规划》《韩江新城核心区一体化规划设计专项规划》初步成果编制完成；中心城区完成控规单元调整。完成中心城区（包括湘桥区、枫溪区、潮安区）城中村空间信息数据库及城中村调查报告编制。开展城市重要节点的规划研究，完成韩东新城总部区选址、老城区临时停车场所设置、市城区户外公益广告设置的规划方案、潮州大道沿街广告牌整治规划方案、新农村民居示范设计方案编制。全市45个省定贫困村9月30前全部完成整治规划编制。

规划管理　2017年，潮州市城市规划委员会完成换届，17名专家、公众代表委员，14名政府及其相关部门代表委员共同组成潮州市第三届规划委员会。组织开展历史建筑普查，认定第一批18处历史建筑为市级历史建筑。《潮州市城乡规划技术管理规定》由市政府颁发实施；《潮州市城乡宅基地住宅建设管理办法》《潮州市非住宅类建筑物配建停车设施设置标准与准则》组织制订。全年受理实施各类建设项目规划行政许可121宗，其中核发选址意见书3宗，用地面积1.5万平方米；核发建设用地规划许可证15宗，用地面积33.5万平方米；核发建设工程规划许可证60宗，建筑面积249.7万平方米；核发规划验收合格证32宗，建筑面积208.8万平方米；户外广告设置许可11宗。全年收取城市基础设施配套费3.4亿元。

城市更新　2017年，潮州市组织开展仙洲岛发展规划与城市设计国际竞赛，规划设计成果通过专家评审并评定2个优胜方案。全年审批“三旧”（旧城区、旧村庄、旧厂房）改造方案1720个，面积1377.27公顷；办理出让用地手续48宗、66.57公顷，收取土地出让金5.14亿元。《潮州市人民政府关于提升“三旧”改造水平促进节约集约用地工作的实施意见》《项目认定操作细则》《土地无偿移交政府操作细则》《潮州市“三旧”改造方案审批操作细则》及《潮州市“三旧”改造项目完善历史用地手续操作细则》颁发。全市“三旧”改造实施面积56.49公顷。 *（林文）*

【城市市政公用设施建设与管理】 市政建设　城市基础设施建设。2017年，潮州市完成“一江两岸”夜景提升、中山路工艺街景观提升、潮州西湖夜景提升、人民广场音乐喷泉改造、市城区十条道路“黑底化”改造提升、新建改造市城区公厕52所、新改建公园10个、凤凰洲公园改造提升、凤城公园B区、东山路景观改造提升等工程。动工建设市主城区道路景观提升工程（甬莞高速古巷西出口至潮州迎宾馆）、韩江东岸改造提升项目（北溪桥闸—意东一路）、垃圾压缩站（中转站）建设等城市基础设施项目。

道路交通设施建设。2017年，潮州市完成金塘路、兴工北路等市政道路建设。完成潮州大道路灯照明改造项目、韩江大桥路灯照明项目、滨江长廊（韩江大桥西桥头至陈厝楼）临江景观灯改造等市政照明项目。实施东湖西路（东湖直街）步道改造、一八八医院前道路修整、绿榕北路（潮州大道至新洋路段）道路整修等工程；完成潮枫路（枫溪广场至口岸路）、枫春路（枫溪广场至口岸路）、口岸路、福安路（潮州大道至新春路）等4个路段的树斗石维修及加铺石米，美化树斗915个。

城市园林建设　2017年，潮州市全年种、补植乔木268株、灌木20.15万株、地被植物4186平方米，修剪乔木5310株，修剪绿篱26万平方米，病虫害防治喷施药物2832千克，绿化施肥3.9万千克。完成潮州西湖夜景提升项目、凤凰洲公园改造提升、慧如公园改造提质项目、新改建10个公园提升等工程。《潮州市城市绿化管理办法》修订，并于12月25日经市政府颁布实施。《广东省潮州西风景名胜区总体规划修编（2015—2035）》编制，上报省住房和城乡建设厅。

城市环境卫生　环卫设施建设。2017年，潮州市完成新建改造市城区52所公厕、市区垃圾焚烧发电厂项目选址等。开展第三填埋区底部建设、渗滤液处理设施二期等工作。潮州大桥下工具屋（环卫工人休息室）、布梳街垃圾中转站及公厕二合一、太平路古树庙街垃圾中转站、枫春果菜水产批发市场垃圾压缩站、枫溪如意垃圾压缩站等5个市区垃圾压缩站（中转站）在建。

市容保洁。2017年，《潮州市区环卫市场化区域改革、调整及第四合同年度合同签订方案》制定，协调区级环卫主管部门督促市隧成公司做好环境卫生整治，突出重点部位、关键节点，尤其是节假日期间垃圾清运工作，保证保洁作业正常运作。集中洒水车、洗路车、高压清洗车等设备对中心城区主干道防护栏、隔离栏以及道路两侧的人行道进行拉网式清扫、水洗，确保栏杆无尘、路见本色。

生活垃圾处理。2017年，潮州市市政城市生活垃圾处理场渗滤液处理量5.5万吨，市区垃圾处理场生活垃圾处理量49万吨，平均每天处理垃圾1343吨，市区生活垃圾无害化处理率100%。　（郑苗苗）

城市生态环境保护　城市空气环境治理。2017年，《潮州市2017年大气污染整治工作方案》《潮州市“百团大战”大气污染整治工作方案》《潮州市开展市城区扬尘污染综合治理工作方案》等文件颁发。加强道路和建筑施工扬尘控制，不定期组织人员巡查；对在露天场所焚烧秸秆、垃圾和其他废弃物等违法行为严查重罚；将黄标车的限行区域扩大至全市范围（国道、省道和高速公路除外），全年淘汰黄标车3800辆；广东大唐潮州发电公司4台燃煤发电机组完成超低排放改造。全年潮州市区空气质量优良率95.6%，比上年提高2.7个百分点，空气质量综合指数在全省排名第6位，比上年提升5位，空气质量各项指标达到或优于二级标准。全年污染天气16天，比上年减少11天。

城市噪音治理。2017年6月份高考、中考前夕，潮州市向建筑施工工地、娱乐场所等单位发放《关于加强高考中考期间环境噪声污染监督管理的通知》，并组织中高考期间噪声污染防治执法行动，确保高考、中考期间能有一个安静、舒适的考试环境。　（陈喆）

城市水环境建设　城镇生活污水治理。2017年，潮州市第一污水处理厂处理污水3641万吨，出水各项指标均达到《城镇污水处理厂污染物排放标准》的一级B标准；污泥全年产生总量0.95万吨，污泥处理采用制砖处理工艺，无害化处理率100%；设备设施完好率99.4%。潮州市桥东污水处理厂处理污水109万吨，平均日处理量0.3万吨，最高日处理量1.2万吨。各处理厂

2017年潮州市住房和城乡建设主要指标

指标名称	实绩	比上年增长（%）
固定资产投资额（亿元）	501.05	10.2
建筑业企业家数（家）	57	-3.39
建筑业总产值（亿元）	44.97	2.16
建筑企业期末从业人员（万人）	1.69	-12.44
建筑企业劳动生产率（万元/人）	26.53	16.16
房屋建筑施工面积（万平方米）	865.85	45.5
商品房屋销售额（亿元）	89.21	98.16
商品房屋销售面积（万平方米）	145.72	44.4
房地产开发投资额（亿元）	66.81	8.2
建成区绿化覆盖率（%）	42.08	-2.3个百分点
人均公园绿地面积（平方米）	14.4	9.5
人均城市道路面积（平方米）	9.99	5.2
城市自来水普及率（%）	100	0
人均生活用水量（升/日）	137.15	-21.44
城市燃气普及率（%）	100	0
城市液化石油气供应总量（万吨）	38.03	9.3
城市天然气供应总量（亿立方米）	3.1	10
城市污水处理厂（家）	1	0
城镇生活垃圾无害化处理率（%）	96.22	19.45个百分点
城镇化率（%）	64.5	0.5个百分点
住房公积金缴存额（亿元）	12.77	12.88
住房公积金贷款发放额（亿元）	6.6	36.7
保障性安居工程基本建成套数（套）	358	-65.1
绿色建筑面积（万平方米）	55.6	1297

（潮州市住房和城乡建设局）

出水水质基本稳定达标。（郑苗苗）

农村生活污水治理。2017年，潮州市推进潮安区、饶平县镇村污水处理设施PPP项目实施。年内，潮安区启动生活污水处理设施整区捆绑PPP项目建设，包括新建镇级污水处理厂6座，建成人工湿地4处，农村污水处理设施464处。12月22日，饶平县PPP项目公开招标资格预审在广东省网上办事大厅政府采购系统挂网公告。（张湘荣）

河涌综合整治。2017年，《潮州市2017年水污染整治工作方案》颁发。实施《潮州市韩江流域水环境保护条例》，建立韩江流域水环境保护联席会议制度，流域水环境保护专项资金，打击违法违规行为。制定《潮州市枫江流域水质达标方案》，推进枫江流域潮州段水环境整治一期工程（PPP项目）建设，加强对枫江流域污染源的执法力度。饶平县制定《黄冈河水质达标方案》，重点清理整治畜禽养殖业和生活源污染，推进镇村生活污水和生活垃圾处理设施配套建设。是年，潮州市城市饮用水源、水环境功能区、韩江干流水质保持在地表水Ⅱ类标准以上，韩江、黄冈河集中饮用水源及近岸海域功能区等水质达标率均为100%，枫江流域的水环境质量有所改善。全市地表水水质优良比例为83.3%。（陈喆）

城市黑臭水体整治。2017年12月31日，潮州市潮安区庵埠镇内关黑臭水体整治项目完工，项目投资4779.7万元，完成主干管工程2860米、支管1759米，水闸井4座，沉井11座，给水工程长2188米和泵房土建工程、堤围拆除及坍塌修复、路面修复工程项目。（张湘荣）

城市供水　截至2017年底，潮州市区有3座自来水厂，分别是竹竿山水厂、桥东水厂、枫溪水厂，日最大供水能力44万立方米。城市供水管道长度594.45千米，用水总人口60万，市区用水普及率100%，市区年供水总量6003万立方米。

（郑苗苗）

▲潮州市凤凰洲公园鸟瞰（2017）　　（陈泽生　摄）

城市供气　截至2017年底，潮州市有液化石油气储气库3座、液化石油气储配站62座、液化天然气9座、住宅小区管道供气企业2家。是年，全市液化石油气储配站销售液化石油气38.03万吨，液化天然气气化站销售液化天然气56.88万吨。（张湘荣）

城市综合管理与执法　市容市貌整治。2017年，潮州市推进网格化整治“乱搭乱摆乱堆”现象长效管理机制。开展“六城同创”“治六乱”专项行动，逐个击破“六乱黑点”。赴浙江省宁波市鄞州区考察道路停车有偿收费体系建设，并完成可研报告。（郑苗苗）

清拆违法建设。2017年，潮州市会同属地政府对全市160多宗在建违规工程采取停水停电、查封施工现场进行控制，并在潮州日报、潮州电视台等媒体进行公开曝光；对未按规划要求建设的违规建设工程进行行政处罚处理，处罚金额2635万元。对省住房和城乡建设厅确认的152宗违法图斑及时下发属地政府组织查处，其中违法用地图斑108宗，违法建设图斑44宗。违法建设图斑44宗中已办结35宗，在查处9宗；违法用地图斑108宗中，已办结43宗，在查处65宗。（林文）

城管综合执法体制改革。2017年，潮州市出台《关于深入开展城市执法体制改革改进城市管理工作实施方案》，理顺城市管理体制。

（郑苗苗）

【村镇建设与管理】　中心镇建设　2017年，潮州市6个中心镇以“六城同创”“治六乱”为抓手，加快新型城镇化建设。潮安区庵埠镇获得市创新发展示范专业镇,建设广东省首个“出口休闲食品质量示范区”，并通过验收；全年完成工业产值196.2亿元，比上年增加11%。彩塘镇以加强不锈钢抛光污染防治为基础，推动产业转型升级，全年实现工农业总产值176.35亿元，比上年增长9.6%，入围“2017全国综合实力千强镇”。古巷镇创建“全国卫生陶瓷产业知名品牌示范区”，全年实现工农业总产值131.6亿元。饶平县三饶镇基本完成污水处理厂项目建设及配套管网建设工程；完成棚户区改造项目前期工作，全年实现工农业总产值25.48亿元。钱东镇钱东潮商文化小镇入选广东省首批特色小镇示范点，连续两年举办南粤古驿道定向大赛饶平站比赛，全年工业产值41.11亿元，比上年增加10%。（林文）

生态文明城镇村庄建设 2017年，潮州市创建市级生态示范村60个，潮安区文祠镇和饶平县新丰镇创建省级生态镇的申报材料上报省环保厅审核。年内，开展33个建制村的环境综合整治，完成广东省下达的年度任务。开展韩江、黄冈河镇级交界断面水质监测和通报。

（陈喆）

宜居城乡建设 2017年，潮州市创建美丽乡村，人居生态环境不断改善。2015—2017年，潮州市投入城乡环境卫生综合治理资金6.9亿元，投入清洁劳动力240万人次，出动清运机械21万台次，清理路面8.9万千米、河岸1.6万千米、各类垃圾178万吨。生活垃圾无害化处理率80.89%，农村生活垃圾有效处理率72.54%。各乡镇成立环卫队伍，全市各村按照每500人配备1名保洁员的标准，配置保洁员5214人，每年各级财政安排专项资金补助保洁员的工资待遇，村庄保洁覆盖率100%。（张湘荣）

【工程建设与建筑业】 **建筑市场管理** 2017年，潮州市完成建筑业总产值44.97亿元，建筑业增加值34.74亿元，占全市地区生产总值3.2%；建筑企业利税总额3.62亿元，建筑企业期末从业人员1.69万人，建筑企业劳动生产率26.53万元/人。拥有建筑业企业74家，其中施工总承包一级企业2家、二级企业9家、三级31家，专业承包二级9家、三级6家，劳务施工企业3家，预拌混凝土企业14家。是年，市住房和城乡建设局协调处理建筑领域劳资纠纷投诉41宗、涉及人数196人、涉及金额489.48万元。

勘察设计管理 2017年，潮州市住房和城乡建设局办理大中型建设工程初步设计审查3项、超限高层工程抗震设防专项审查1项。全市完成设计图纸审查项目106个，其中房屋建筑工程87项、建筑面积286.49万平方米（公共建筑面积61.19万平方米，房屋建筑面积225.3万平方米），市政工程19项。

招标投标管理 2017年，潮州市开展76个房屋建筑和市政基础设施招投标项目，招标控制价12.19亿元，中标价11.57亿元，中标浮动率-5.06%。为进一步规范潮州市的招投标市场秩序，促进招投标市场健康发展，推行《诚信投标承诺书》，要求投标人在投标文件首页提交《诚信投标承诺书》。

建设工程造价管理 2017年，潮州市建设工程造价管理站完成招标控制价备案19项、施工合同价备案7项，调解定额计价纠纷问题1个。异地工程造价咨询企业在潮承接单项工程造价咨询业务信息登记7家。

建筑工程质量安全管理 2017年，潮州市以开展“工程质量治理两年行动”为重点，落实工程参建各方主体责任，强化建筑起重机械、深基坑、高支撑等危险性较大分部工程的安全监管，查处违法违规行为，确保工程质量和施工安全。年内，全市住建部门组织各类建筑施工安全检查186项次，检查在建工程362项次，排查隐患1140项。

建设科技与绿色建筑 绿色建筑。2017年，潮州恒大名都一期、饶平益智学校易地新建项目、饶平第二人民医院、恒大山水城25—30号、饶平县中心幼儿园新建工程等项目列为绿色建筑示范项目，推进绿色建筑发展。

节能减排。2017年，潮州市完成民用建筑项目节能设计审查56项，建筑面积259.56万平方米。其中，居住建筑20项，建筑面积219.37万平方米，公用建筑36项，建筑面积40.19万平方米，新建建筑设计阶段节能标准执行率100%。

新型墙体材料及散装水泥推广。自2017年1月1日起，潮州市城区范围内禁止在施工现场搅拌砂浆。截至年底，潮州市有预拌混凝土企业15家，全年全市商品混凝土使用量126.19万立方米。（张湘荣）

【房地产业与住房保障】 **房地产开发** 2017年，潮州市完成房地产开发投资额66.84亿元，比上年增长8.2%；房地产施工面积288.4万平方米，比上年下降0.21%；房地产竣工面积154.71万平方米，比上年增长229.5%。

房地产市场 2017年，潮州市商品房销售面积145.72万平方米，比上年增长44.4%；商品房销售额89.21亿元，比上年增长98.16%。是年，推进住房租赁平台建设，加快住房制度改革，推进住房保障货币化、建立购租并举住房制度等措施，推动去库存工作有效开展。加强房地产领域不稳定问题专项治理，全年组织排查25项次，协调处理房地产领域纠纷信访、投诉案件18宗，及时化解矛盾纠纷，维护房地产市场秩序。（张湘荣）

房地产权属管理 2017年，潮州市房地产管理局受理房地产交易3774宗，受理抵押确认594宗，受理按揭备案确认3287宗，核发交易确认书3340份，办结抵押确认459宗，办结按揭备案确认3390宗，商品房销售合同鉴证7669份。

2017年，潮州市房地产管理局受理审核成本价、标准价房改房上市的申请43份，审批职工因离、退休、购房或住房抵押贷款等要求支用本人住房货币补贴的申请189人次、283.17万元，为有关单位或个人出具证实职工是否享受过各种住房优惠待遇的证明271份。

房屋租赁管理 2017年，潮州市房地产管理局在管公房9495处，建筑面积78.46万平方米，其中住宅6312处，建筑面积28.87万平方米；营业用房1094处，建筑面积12.05万平方米；保障房1285处，建筑面积9.52万平方米；周转房37处，建筑面积0.2万平方米；拨借产135处，建筑面积21.22万平方米；租地建房632处，建筑面积6.6万平方米。本年度租金收入1763.29万元，其中收旧欠租金407.75万元。全年办理房屋租赁登

记备案115宗。（郑楚珊）

危房改造　2017年，潮州市房地产管理局成立在管公房“风险点、危险源”排查整治工作领导小组，组织各房管所对辖管公房进行拉网式排查，累计排查“风险点、危险源”40处，对属D级危房已不能维修的，及时组织租户腾退，对符合公租房准入条件的危房腾退户重新安置，其中完成整改29处、在整改6处、落实管控5处。年内，维修公房466处，涉及建筑面积2.62万平方米，维修费用90.33万元。

（张湘荣　郑楚珊）

物业管理服务　截至2017年底，潮州市有物业服务企业31家，物业管理项目85个。潮州市住房和城乡建设局落实物业服务企业加强住宅小区物业服务管理，并配合相关做好住宅小区矛盾纠纷化解和消防安全工作，为业主营造安全文明的居住环境。

保障性住房建设　2017年，潮州市推进公租房分配、加大租赁补贴发放力度，潮州市发放租赁补贴433户，占目标任务240户的180%；基本建成保障房358套，完成目标任务100%；2013年底前开工的保障性安居工程项目2785套，截至2017年底，累计分配2573套；2014年底开工政府投资项目308套，截至2017年底，累计分配280套，完成年度目标任务。（张湘荣）

住房公积金管理　2017年，潮州市住房公积金实缴单位1860个，实缴职工9.19万人，缴存12.77亿元，比上年增长12.88%。当年新开户建缴单位103个，净增102个，新开户缴存职工1.33万人，净增0.35万人。截至年底，潮州市住房公积金累计缴存87.73亿元，缴存余额30.30亿元。全年累计提取住房公积金7.16亿元，提取总额57.43亿元。全年发放个人住房贷款0.16万笔、6.6亿元，回收个人住房贷款1.78亿元，个人住房贷款率73.21%，比上年增长2.91%。（郑亮杞）

【南粤古驿道定向大赛暨中国南粤古驿道文化之旅（潮州站）举行】 2017年11月19日，2017年南粤古驿道“天翼高清杯”定向大赛暨中国南粤古驿道文化之旅（潮州站）在具有800多年历史的潮州市饶平县钱东镇钱塘村举行。数百名定向爱好者分为精英组、公开组和体验组展开角逐，游走穿行于大宫古宅官路之间，领略大北山下古村落淳朴之美，感受古驿道厚重文化底蕴，体验体育竞技快乐。（洪群钊）

【潮州市首个生活垃圾焚烧发电项目试运行】 潮州市潮安垃圾焚烧发电项目是潮州市“百团大战”重点项目之一，是潮州市首个生活垃圾焚烧发电项目。该项目位于潮安区沙溪镇门第岭埔，占地面积10.53公顷，计划投资额6.94亿元，建设总规模为日处理垃圾量1200吨，年处理垃圾量43.8万吨，年可发电量1.9亿度。项目采用BOO建设模式，由深圳市能源环保有限公司作为项目投资建设主体，分两期建设，一期工程建设规模为日处理生活垃圾700吨。该项目于2015年10月开工建设。8月底，该项目土建结构施工基本完成，设备安装调试完毕，累计完成投资6.59亿元，9月10日机组开始试运行。（张湘荣）

附录：潮州市住房和城乡建设管理部门主要领导

潮州市住房和城乡建设局

党组书记、局长：林建新（任至2017年11月）　谢昭贤（2017年11月起任职）

潮州市城乡规划局

党组书记、局长：苏树鹏（任至2017年1月）　伍　茸（2017年1月起任职）

潮州市城市综合管理局

党组书记、局长：佘延民

潮州市房地产管理局

党组书记、局长：彭健伟

潮州市住房公积金管理中心

党支部书记、主任：谢　毅

揭阳建设

【概况】 揭阳市位于广东省东南部，1991年设地级市。土地面积5269平方千米，其中市区面积1031平方千米。截至2017年底，全市户籍人口703.23万人，常住人口608.60万人。全年全市地区生产总值2155亿元，完成固定资产投资1642亿元。全市城区建成区面积231.03平方千米，建成区绿化覆盖率36.93%，人均公园绿地面积8.89平方米，全市生活垃圾有效处理率95%，城市污水处理率90%，县城污水处理率73%。2017年，揭阳市揭东区埔田镇被住房和城乡建设部评定为第二批“全国特色小镇”。

揭阳市城乡住房和城乡建设管理存在主要问题是水平仍有待提高，城市配套服务不完善，尚未形成吸引人口、集聚要素、带动发展的城市功能，生态环保欠账较多，环境治理任重道远，污水处理设施、垃圾处理设施、污水管网严重不足，河涌治理、农村生态环境整治需要攻坚克难。（许晓凯）

【城乡规划】 规划编制　2017年，《揭阳市城市总体规划（2011—2035年）》通过揭阳市城乡规划委员会、揭阳市政府及市人大常委会审议，上报省政府审批。《揭阳滨海新区（惠来）城市规划》完成。榕城北片区控制性详细规划通过专家评审、规委会审议及批前公示。修改完善榕城仙梅片区及榕城东部片区控制性详细规划。启动揭阳市城市近期建设规划、揭阳市旧城区控制性详细规划（修编）两个规划编制及揭阳市生态控制线划定工作。揭阳市区海绵城市建设专项规划进入规划招标程序。揭阳市省定贫困村整治创建社会主义新农村示范村规划编制，162个省定贫困村全部按照程序完成规划编制工作。拟订首批历史建筑上报广东省住房和城乡建设厅。普宁市、揭西县城市总体规划完成总规编制。普宁市寒妈片控规、揭西县北片控规、棉湖镇物流园控规，揭西县大溪镇、棉湖镇和普宁市军埠镇、赤岗镇总规组织专家评审。

规划管理　2017年，揭阳市核发建设用地规划选址意见书1宗，总面积17.9公顷。核发建设用地规划许可证58宗，总面积136.08公顷。出具出让用地红线图25宗，总面积126.11公顷。核发建设工程规划许可证32宗，总面积141.63万平方米。组织建设工程规划核实14宗。出具市政道路（绿化）规划红线图15宗，总长度17935米。核发建设工程规划许可证（排水）1宗，总长度2500米。是年，揭阳市对2016年度（第二期）遥感监测中发现的270个疑似违法图斑展开核查，其中重点核查图斑44个，完成全部核查资料并按要求上报省住房和城乡建设厅。组织开展市区普查范围内现状地下管线敷设情况的探测和局部地形补测，揭阳市市区地下管线普查完成100%。规划信息化建设工作方案通过市政府批准，进入规划信息化建设核价阶段。2017年，揭阳市办理用地预审19宗694.79公顷，报批建设用地20个批次466.55公顷。

（吴伟）

城市更新　2017年，揭阳市推进“三旧”改造工作，全市完成改造项目4个、4.21公顷，在实施改造的“三旧”改造项目37宗55.23公顷。

（苏景）

2017年揭阳市住房和城乡建设主要指标

指标名称	实绩	比上年增长（%）
固定资产投资额（亿元）	1642	10.5
建筑企业（个）	280	14.29
建筑业总产值（亿元）	100.7	5.33
建筑企业期末从业人员（万人）	3.6	2.88
建筑企业劳动生产率（万元/人）	27.97	0.53
房屋建筑施工面积（万平方米）	761.5	14.03
商品房屋销售额（亿元）	152.41	40.69
商品房屋销售面积（万平方米）	279.83	38.77
房地产开发投资额（亿元）	101.21	258.52
建成区绿化覆盖率（%）	36.93	21.4个百分点
人均公园绿地面积（平方米）	8.89	–26.52
人均城市道路面积（平方米）	12.18	1.08
城市自来水普及率（%）	93.23	2.46个百分点
人均生活用水量（升/日）	138.69	5.94
城市燃气普及率（%）	97	1.63个百分点
城市液化石油气供应总量（万吨）	14.6	61.6
城市天然气供应总量（万立方米）	5389.12	48.01
城镇污水处理厂（家）	13	0
城镇生活垃圾无害化处理率（%）	60	–17.81个百分点
城镇化率（%）	51.08	0.16个百分点
住房公积金缴存额（亿元）	56.76	18.03
住房公积金贷款发放额（亿元）	12.67	33.79
绿色建筑面积（万平方米）	24.7	250.35

（揭阳市住房和城乡建设局）

【城市市政公用设施建设与管理】

市政建设　城市基础设施建设。2017年，揭阳市区推进仙彭路（榕城段）、揭东北环大道（揭东段）、车田大道、金叶路、环市北路西段及西延线（玉都大道）、空港区中心大道改建道路工程（一期）、砲浮公路东段改造工程、仙彭路（空港段）、临江北路及临江北路西等9个市政道路项目建设，全年完成投资5.11亿元。

道路交通设施建设。2017年，揭阳市境内4条高速公路主线项目完成投资20.1亿元。其中，揭惠高速公路一期（两英至惠来段）于12月建成通车，揭惠高速公路揭阳段二期、汕湛高速汕头至揭西揭阳段、潮汕环线高速公路揭阳段和兴宁至汕尾高速公路五华至陆河揭阳段在建设施工。国、省道投资1亿元，地方公路建设投资3.9亿元，港口建设投资1.82亿元。全年揭阳市地方公路建设与养护完成投资4.34亿元，建设农村公路287千米。

城市轨道交通建设。2017年，揭阳市新建梅州至潮汕铁路揭阳市境内45.45千米，工程投资87.39亿元，设揭阳北站及揭阳潮汕机场站。截至年底，项目完成投资20.28亿元，累计完成投资33.39亿元。汕尾至汕头铁路，揭阳市境内45.64千米，工程投资77.75亿元，设惠来站，完成全线可研修编文件并上报中铁总公司，完成项目社会稳定性评估、环境影响评价等前期专题审查工作，完成征地拆迁等框架协议签订。揭阳市重新启动广梅汕铁路揭阳段改线工程，项目列入广东省国铁干线和城际铁路建设2018年重点工作安排（征求意见稿）储备项目及2018年广东省重点预备项目，在修编项目预可研。《海峡西岸城市群粤东地区城际铁路网规划》完成规划环评、稳评等，上报国家发展和改革委员会。 *（陈晓林　郑映锦）*

城市园林绿化　城市园林建设。2017年，揭阳市区基本建成市区“二河四岸”绿色长廊、黄岐山大道两侧社区绿化广场、牛岭山森林公园、军埔电商公园、揭阳产业园体育公园、市儿童公园、黄岐山山门入口公园等7个公园，在推进中德贝多芬森林公园、空港公园等2个公园项目建设，全年完成投资1.09亿元。

绿化工程。2017年，揭阳市榕城区补植草皮2500多平方米，补植雪梅、蜘蛛兰等绿篱46万苗（袋），补植大叶榕、盆架子等乔木760多株，补植灌木球55株。揭东区对揭东大道绿化景观进行升级改造，去除垂叶榕430株，留垂叶榕185株，火焰木28株，并补种秋枫427株，双色茉莉918株。

城市环境卫生　环卫设施建设。2017年，揭阳市榕城区新建环卫公厕2座，升级改造2个垃圾转运站为压缩站，投入资金887.6万元购置垃圾压缩运输车、道路洗扫车等环卫车辆25辆。揭东区对揭东人民广场4座公厕、榕泰广场公厕维修改造，投入资金205.8万元购置8吨扫路车1辆、小型挂桶式垃圾车2辆、8吨垃圾运输车1辆。

市容保洁。2017年，揭阳市实行“互联网+环卫管理”模式，对市区环卫车辆安装GPS定位装置，在北部车队搭建泽润北斗位置服务平台，组建后台管理团队，将服务平台与区环卫局指挥协调微信群、环境卫生督查微信群、环卫工作交流微信群、环卫车队工作微信群等结合起来。

生活垃圾处理。2017年，揭阳市区有生活垃圾无害化处理场1座，位于揭东县云路镇东径村，场区占地27公顷，被建设部定级为Ⅱ级场，全年消纳处理的生活垃圾50.7万吨，处理垃圾渗滤液达标排放6.6万吨，市区生活垃圾无害化处理率97%。截至年底，揭阳市绿源垃圾综合处理与资源利用厂在进行进场道路和主体结构建设，完成总体进度42.38%。

城市生态保护建设　城市空气环境治理。2017年，揭阳市重点加强锅炉整治及VOCs综合整治。推进超低排放改造以及黄标车淘汰。查处露天焚烧垃圾、树枝、杂草、秸秆等杂物行为，打击“小散乱污”非法企业。环境监察部门出动执法人员2.67万人次，检查企业1.24万家，立案531件，关停企业62家。是年，揭阳市空气质量六项污染指标PM_{10}、$PM_{2.5}$、O_3-8h、SO_2、NO_2、CO浓度分别为55微克/立方米、34微克/立方米、146微克/立方米、15微克/立方米、25微克/立方米、1.3毫克/立方米，空气质量达标率94.2%，环境空气质量综合指数3.86，揭阳市六项空气质量监测指标实现达标。

城市噪音治理。2017年，揭阳市市区声环境质量监测点调整，市区功能区环境噪声监测点位13个，覆盖面积57.74平方千米。受理群众噪声投诉工业噪声污染2002宗、建筑施工噪声532宗、社会生活噪声324宗、交通运输噪声11宗。中央环保督察时群众举报涉噪声环境污染类案件11件、属实案件10件，11宗投诉案件涉及企业和项目14个、执法部门依法取缔8个、责令整改6个，立案处罚2件，罚款2万元。*（钟一鸣）*

饮用水源保护。2017年，揭阳市引榕干渠水源地位于引榕灌区南干渠上游段，完成河中段和棉浦段两期生态隔离保护工程建设，投入资金179.90万元，完成5.12千米生态隔离保护网建设。全年投入38.50万元用于引榕干渠水功能渠道清障、保洁整治，确保引榕干渠水质卫生、环境整洁。 *（蔡少龙）*

城市水环境建设　城镇生活污水治理。截至2017年底，揭阳市已建成污水处理厂（含人工湿地）13家，处理能力39.33万吨/日，投入运行处理能力38.33万吨/日，2017年污水处理量8937万吨，比上年增长8.03%。以政府采购“PPP绩效”模式推进普宁占陇、里湖、洪阳，揭东锡场、新亨、玉滘、揭东开发区新区，空港经济区和市区西区等9座污水处理厂建设，总处理规模13.5万吨/日，里湖、洪阳、占陇、空港、揭东开发区新区等5座污水处理厂试运行，其他4座污水处理厂土建工程在推进，厂外管网完成24.1千米，截至年底，累计完成工程投资8.19亿元。

农村生活污水治理。2017年，揭阳市以整县打包模式开展污水处理设施建设，有揭东区（含产业园、空港区）、揭西县、普宁市、惠来县4个县（市、区）以PPP模式整县推进污水处理设施建设，建成后增加污水处理规模30.8万立方米/日，新增管网425千米。截至年底，揭东区（含揭阳产业园、空港区）项目启动5个试点村建设，其中白塔镇花坑村试点项目完成建设，完成工程投资1244万元。揭西县、普宁市、惠来县在开展项目前期工作，其中揭西县项目已发出资格预审公告。 *（钟一鸣）*

河涌综合整治。2017年，揭阳市开展中央规划内中小河流治理项目建设6个，均为续建项目，工程总投资1.66亿元，全年完成投资4148万元，其中4宗完工。普宁市练江流域综合整治工程水利项目建设全面铺开，堤防达标加固工程6宗，工程总投资6.66亿元，2017年度完成投资3.61亿元。 *（李洪峰）*

城区内涝治理。2017年，揭阳市对全市市政排水主干管道、箱涵和支管道进行排查，对淤塞地段进行疏通。对易涝点路段、积水路段重点进行清淤及疏通，以各积水路段为中心进行清淤疏通，使城市排水管网淤塞状况大为好转，消除原易涝点内涝11处。

城市供水　2017年，揭阳市自来水有限公司生产能力25万立方米/日，供水区域内管道总长度883.64千米，其中DN75以上管网497.14千米，担负着揭阳市区北河以南榕城区、空港经济区及揭阳产业转移工业园部分片区100多平方千米、50万人口供水服务。揭阳市第二自来水有限公司生产能力10万吨/日，供水服务区域为榕城区的东兴、东升、东阳办事处，揭东区的锡场镇、新亨镇以及揭阳产业园的桂岭镇、月城镇。全年揭阳市区供水总量7988万立方米。

城市供气　截至2017年底，揭阳市有管道燃气经营企业2个、瓶装液化石油气经营企业46个，天然气储气设计能力1160立方米，液化石油气储气设计能力2.29万立方米。现有液化石油气气库3座，液化石油气气站44座；天然气气化站2座，汽车加气站1座。揭阳市区市政燃气管道长度169.12千米，普宁市市政燃气管道长度102千米。全市瓶装液化石油气用户147.15万户、管道天然气用户4.38万户，全年使用液化石油气供应总量14.6万吨、天然气供应总量5389.12万立方米。　*（钟一鸣）*

城市综合管理　市容市貌整治。2017年，揭阳市创新城市“牛皮癣”治理手段，与运营商联系，对涉及到的手机号码采取暂停机处理，同时设置便民信息服务栏，为市民发布小广告解决出路，有效解决城市“牛皮癣”乱象。全年规范沿街商铺入室经营2.9万多宗次，清理流动摊点2.4万多宗，无证经营流动烧烤摊档1500多宗、乱堆放物品4500多宗、乱倒垃圾杂土2100多宗。查处道路遗撒379宗、焚烧杂物612宗。纠正涉嫌妨碍交通安全占道经营2563宗，规范车辆乱停放1986宗。户外广告招牌整治，拆除乱拉挂6410多宗，拆除户外广告布条1.63万条，清理拆除大型户外广告牌500多块，门店招牌及移动广告牌等1.71万块。

清拆违法建设。揭阳市2015年12月全市建成区存量违法建设建筑面积110万平方米，截至2017年底，查处存量违法建设建筑面积104.1万平方米，拆除面积41.7万平方米。是年，广东省住房和城乡建设厅下发揭阳市的2016年第二期城乡规划遥感监测违法图斑231宗，办结宗数199宗，办结率86%，罚款654万多元，拆除面积2.8万平方米。

2017年，《中共揭阳市委　揭阳市人民政府关于深入推进城市执法体制改革改进城市管理工作的实施方案》颁发。8月底至9月底，分3期开展全员封闭式军事化培训，提高执法队员综合素质。9月至年底，分批完成市级和各县（市、区）城管执法队伍换装，统一换装、统一标志标识。　*（林伟锐）*

【村镇建设与管理】　中心镇建设　截至2017年底，揭阳市经申报并确认为广东省中心镇的12个，分别是揭东区新亨镇、空港经济区渔湖镇、空港经济区砲台镇、蓝城区白塔镇、普宁市洪阳镇、普宁市里湖镇、普宁市战龙镇、揭西县棉湖镇、揭西县五经富镇、惠来县惠城镇、惠来县葵潭镇、惠来县靖海镇。确认为全国重点镇的6个，分别是揭东区锡场镇、空港经济区渔湖镇、空港经济区砲台镇、普宁市洪阳镇、揭西县棉湖镇、惠来县葵潭镇。

特色小镇建设　2017年，揭阳市揭东区埔田镇被住房和城乡建设部等评定为第二批“全国特色小镇”，埔田镇面积81.22平方千米，人口6.8万人。主要特色农产品为麻竹笋，先后被评为“中国竹笋之乡”“广东省技术创新专业镇”“全国一村一品示范镇”等，被评为“广东省休闲农业旅游示范镇”。

生态文明城镇村庄建设　截至2017年底，揭阳市各地逐步建立和完善“户收集、村集中、镇转运、县处理”的城乡垃圾收运处理模式，全市农村生活垃圾有效处理率94.23%，农村垃圾分类减量率50.45%，有57个镇（街）开征垃圾处理费，有41个镇（街）实行保洁市场化，村庄保洁覆盖面100%。揭阳市大南山侨区桃园办事处新厝埕村列入全国第一批绿色村庄名单，榕城区仙桥街道蓝兜村被住房城乡建设部评定为“全国环境整治示范村”，空港经济区砲台镇南潮村被住房和城乡建设部评定为“全国美丽乡村示范村”。推荐上报揭阳市惠来县隆江镇孔美村、揭阳空港经济区渔湖镇长美村2个村落为第五批“中国传统村落”。

宜居城乡建设　2017年，揭阳市榕城区新兴街道上义社区、揭东区埔田镇竹山社区、揭东区锡场社区被广东省住房和城乡建设厅认定为“四星级宜居社区”。年内，揭阳市以农村古驿道沿线村庄和历史文化古村落、特色产业带等为节点，抓好整乡整镇成片推进综合整治，全市纳入农村人居环境整治3798个20户以上自然村，全年完成人居环境综合整治任务2438个自然村，有3727个建有卫生保洁队伍，基本实现垃圾日产日清，1555个建设雨污分流工程，3317个实现村巷道硬底化，3356个实现村村通自来水，3163个实行畜禽集中圈养、人畜分离。

【工程建设与建筑业】　建筑市场管理　2017年，《揭阳市建筑市场诚信管理办法》颁布。揭阳市各类建筑施工企业280家，纳入监管的在建工程项目105个，建筑面积761.5万平方米，总造价156.4亿元；全市建设工程竣工验收49宗，累计完成建安产值100.7亿元，一次性竣工验收合格率100%。

勘察设计管理　2017年，揭阳市强化对勘察单位、市外单位及注册人员监管，规范市场秩序，对进入揭阳市承接业务的市外勘察设计单位开展单项工程资质核验和年度资质核验。截至年底，全市有13家勘察设计企业。

招标投标管理　2017年，揭阳市全年房屋市政工程公开招标项目91宗，工程造价22.16亿元，工程招标项目严格执行招标申请、招标公告发布、招标文件备案、评标专家抽取、开标、中标候选人公示等环节，应招标工程招标率100%，未出现招投标过程违法违规行为。

建设工程造价管理　2017年，《关于调整揭阳市区建设工程项目投资估价指标的通知》《关于调整揭阳市堤围防护费计价事项的通知》颁发。启动建设“揭阳市建设工程造价监测系统”，包括网站建立、工程造价行业诚信系统、“三价”备案系统、指标分析系统、建设工程施工合同网签系统等。是年，全市工程最高投标限价备案13宗，施工合同价备案14宗，结算价备案0宗。

建筑工程质量安全管理　2017年，揭阳市组织全市30多家施工企业、监理企业80多名技术人员参加深圳市质量现场观摩活动，举办2017年揭阳市住房和城乡建设系统“质量月”现场观摩活动，参加活动300多人。开展专项行动和执法行动，全年出动执法人员112人次，抽查企业37家，立案查处建设单位、建筑施工企业违法施工18宗，处罚金额174.7万元。举办揭阳市建筑施工“安全生产月”和“安全生产万里行”现场观摩活动，360多人参加观摩。开展建筑施工安全生产大检查，全年全市出动1503人次，检查工程项次555次，全市对在建工程项目实施安全生产动态管理量化扣分425条，发出质量安全隐患整改通知书167份、局部停工15份，行政处罚18宗。揭阳市建筑施工安全生产连续四年实现“零”死亡事故的责任目标。

建设工程监理　2017年，揭阳市工程建设监理有限公司承担工程监理项目50宗，工程质量竣工验收合格率100%，监理项目安全无事故。

建设科技与绿色建设　绿色建筑。2017年，揭阳市消防应急救援训练基地及空港经济区特勤大队、教研大楼（学术交流中心、南楼、北楼）、揭阳潮汕妇女儿童医院一期、揭阳市榕城区中部片区棚户区改造项目、揭阳市中医院住院综合大楼建筑项目、揭阳市妇幼保健住院综合大楼建设项目建为绿色建筑建设项目，建筑面积24.7万平方米，以上项目均委托第三方咨询服务机构进行评价标识申报服务。

节能减排。2017年，揭阳市新建建筑节能管理，全年完成新建建筑节能设计图纸审查24宗，建筑面积101.8万平方米。其中，居住建筑18宗，建筑面积约82.4万平方米；公共建筑6宗，建筑面积19.4万平方米。24宗建筑项目设计阶段建筑节能设计执行率100%，施工阶段执行率100%。全市建筑工程节能专项竣工验收8宗，竣工验收率100%。

新型墙体材料推广。2017年，揭阳加强对新型墙材质量监管，对经检测不符合质量标准的新型墙体材料，禁止在揭阳市建设工程中使用，市区在监建设工程全部使用新型墙体材料。3月前，按规定征收新型墙材专项资金6宗，金额213.12万元。全年办理新型墙材专项资金退款8宗，金额857.31万元，办理散装水泥专项基金退款4宗，金额8.13万元。

【房地产业与住房保障】　房地产开发　2017年，揭阳市区有房地产开发企业108家，房地产评估机构10个。全市完成房地产开发投资额101.21亿元，比上年增长258.52%。竣工面积317.06万平方米，比上年增长248%。

房地产市场　2017年，揭阳市新建商品房销售面积279.83万平方米，比上年增长38.77%。新建商品房销售额152.41亿元，比上年增长40.69%。新建商品房销售均价5447元/平方米，比上年增长1%。截至年底，商品房库存134.73万平方米，库存商品房去化周期6个月。《揭阳市人民政府办公室关于进一步从促进揭阳市房地产市场平稳健康发展的若干意见》颁布。对市区房地产中介开展专项排查整治，举办房地产经纪从业人员岗位培训班，对全市40家经纪机构的从业人员进行法规、实务等的培训，参训人员129人。（钟一鸣）

房屋权属管理　2017年，揭阳市完成商品房初始登记102件、面积10.15万平方米；转移登记（一手）1839件、面积29.32万平方米；转移登记（二手）1545件、面积20.75万平方米；预购商品房预告登记4129件、面积58.79万平方米；抵押登记5760件。（苏景）

房屋租赁管理　2017年，揭阳市区直管公房租金征收692万元，廉租住房租金收入26万元；对长期拖欠公房租金且房屋闲置者收回出租的公房，盘活资产再出租，办理租赁关系变更151户；对排查发现问题的公房进行修缮整改后再出租，落实勘察维修61宗、面积2858平方米，金额19.56万元。

房屋征收管理　2017年，揭阳市国有土地上房屋征收290户，拆迁房屋建筑面积1.51万平方米。

危房改造　2017年，揭阳市组织开展农村危房改造对象核查，经多轮多层次对农村危房改造对象核实确认，广东省下达揭阳市2017年农村危房改造任务1000户，截至年底，全市农村危房改造开工户数1000户，竣工户数851户。

物业管理服务　2017年，揭阳市制定颁发《揭阳市既有住宅增设电梯的指导意见》《揭阳市住宅专项维修资金管理办法》。在全市范围内深入开展物业管理专项整治，重点查处物业企业乱收费、服务不到位、擅自利用占用物业共用部位、共用设施设备等违法违规行为，维护业主合法权益，提升物业服务水平，改善社区人居环境。

保障性住房建设　2017年，揭阳市全市公租房完成分配2725套，其中市区2374套，揭西县167套，惠来县184套。新增住房保障家庭租赁补贴186户。是年，揭阳市榕城区中部片区棚户区改造项目累计投入资金5.8亿元，完成整个片区的单元规划编制工作，并于11月29日经揭阳市城市规划和委员会审议通过，正抓紧推进回迁安置区施工。大南海石化工业区棚户区改造项目已成立项目公司负责项目投融资、建设等工作，完成用地规划许可证工程规划许可证，正在办理施工许可证，推进基础工程施工、管桩施工。

住房公积金管理　2017年，揭阳市住房公积金缴存单位1769家，实缴职工15.41万人，缴存19.63亿元（含派息）。当年住房公积金新开户单位112家，新开户职工1.31万人；净增单位69家，净增职工0.15万人。全市住房公积金余额56.76亿元，全年提取11.96亿元。全年发放个人住房贷款0.36万笔12.67亿元，回收贷款3.19亿元。全市累计发放个人住房贷款1.81万笔50.24亿元，贷款余额39.44亿元。开通全国住房公积金异地转移接续平台，向异地缴存职工发放贷款203笔，发放贷款金额6415万元。

【揭阳市区公共租赁住房分配电脑派位】　2017年12月19日，揭阳市区公共租赁住房分配电脑派位仪式在保障性住房建设项目现场举行，为揭阳市实施住房保障工作以来涉及面最广、规模最大的一次公开分配，此次供分配的房源位于市区义和东路以南、仙彭路以东。整个小区共建10栋30层、2栋12层楼房，地下建两层停车场，可供分配的房屋2445套，其中一房一厅630套，二房一厅1815套。城镇低收入家庭、城镇中等收入家庭、高层次创业创新人才、新就业人员、外来务工人员等5类人可申请。通过两轮申报，首批分配入住对象2445户，分配统一采取电脑随机分配房号的方式进行公开派位。

【揭阳普宁市占陇污水处理厂通水运行】　2017年11月17日，揭阳普宁市占陇污水处理厂举行通水仪式。普宁市占陇污水处理厂是揭阳市9座污水处理厂PPP项目之一，是练江综合整治的重点项目。项目地处占陇镇下寨村大门口片，占地面积10.67公顷，计划总投资15.59亿元，总建设规模为日处理污水量18.5万吨，统一收集东部占陇、军埠、下架山三镇的生活污水，服务辐射40万人口。　*（钟一鸣）*

附录：揭阳市住房和城乡建设管理部门主要领导

揭阳市住房和城乡建设局
党组书记、局长：郭　翔
揭阳市城市管理行政执法局
党组书记、局长：杨瑞良
揭阳市城乡规划局
党组书记、局长：黄克新
揭阳市水务局
党组书记、局长：王全录
揭阳市房产管理局
局　长：陈弋星
揭阳市住房公积金管理中心
主　任：林仕彬

云浮建设

【概况】　云浮市位于广东省中西部，1994年设地级市。土地面积7785.11平方千米。截至2017年底，全市常住人口250.54万人。是年，全市地区生产总值840亿元，完成固定资产投资628.5亿元，完成建筑业总产值42.17亿元，完成房地产开发投资99.64亿元。云浮市建成区面积1961.55平方千米，建成区人口66.25万人，绿化覆盖率42.05%，人均公园绿地面积15.03平方米，城镇生活垃圾无害化处理率100%。10月27日，住房和城乡建设部命名云浮市为“国家园林城市”。

云浮市住房和城乡建设发展存在的主要问题是发展后劲不足问题没有根本性解决；土地和产业园区载体不足，产业结构调整还不到位，增量提质工作仍需加强；中心城区辐射带动力不强；城区基础设施不够完善，城市公共服务和城市精细化管理水平还不够高。　*（张鹏）*

【城乡规划】　规划编制　2017年，《云浮市城市总体规划（2012—2020）》启动实施评估，《云浮市中心城区“十三五”近期建设规划（2016—2020年）》《云浮市中心城区六都组团分区规划（2016—2020年）》经云浮市政府批准颁布实施，《云浮西江新城分区规划（2016—2030年）》经专家评审通过。中心城区近期建设规划范围内控制性详细规划（含已批和在编）全覆盖。《粤桂黔高铁经济带广东园云浮分园发展总体规划（2017—2030）》经省批准实施。《广东药科大学云浮校区及周边区域概念规划设计》《云浮市中心城区综合交通体系专项规划（2017—2020年）》完成，《云浮市中心城区足球场地布点规划》在编制。《云浮市生态控制线划定图则》《云浮市中心城区城市历史风貌保护规划》颁布实施，《云浮市中心城区步行、自行车交通体系专项规划（2017—2020年）》编制完成。

规划管理　2017年，《云浮市中心城区征地留用地规划管理办法》《云浮市新建住宅物业配建社区公共服务用房监督管理实施细则》《云浮市中心城区云城组团山体水体保护与利用管理规定》3个规范性文件颁布实施。云浮市城乡规划委员会审议通过《云浮市生态控制线划定图则》等16个议题，调整云浮市环境艺术委员会为云浮市城乡规划委员会下设专业机构，审议《云浮荔园新天地花园（一期）建筑外立面设计方案》等4个议题。在云浮市城乡规划委员会框架下，成立历史建筑与传统村落保护专家委员会，并组织召开第一次会议，审议通过《云浮市历史建筑与传统村落保护专家委员会章程》等2个事项。　*（周超敏）*

2017年，云浮市核发建设工程

规划许可证380宗，新核发工程建筑面积约163万平方米；核发建设工程规划验收合格证104宗，验收建筑面积80万平方米；审核代征城市基础设施配套费9521万元。

城市更新　2017年，广东省下达云浮市“三旧”改造任务为新增实施改造任务面积33.33公顷、完成改造任务面积20公顷，已完成新增实施改造任务面积58.19公顷、完成改造面积28.1公顷。　*（伍尚锋）*

【城市市政公用设施建设与管理】

市政建设　2017年，云浮市完成地下管线现场勘测，累计完成管线现场勘测长度2974千米，全市地下管线综合管理信息系统建成。《云浮市中心城区综合管廊专项规划（2016—2030）》9月颁发实施，云浮新区5.3千米地下综合管廊试验段在施工建设。建立地下综合管廊建设项目库，明确五年滚动规划和建设计划，按要求将项目录入住房和城乡建设部“全国城市地下综合管廊建设项目信息系统”。是年，完成市中心城区河滨路、城南路、浩林路、南山路、玉皇路等11条道路升级改造，长度13千米、车行道改造面积26.5万平方米、人行道改造面积5万平方米。完成育才路全长730米贯通建设工程和乐谊路全长450米拓宽工程。云浮市城区12米以上宽度道路总长111.5千米，人均道路面积9.56平方米。南山河城东段两岸景观提升工程完成A段绿化施工，推进B、C段施工，完成工程进度50%；新城快线南延段建成通车；余村带状公园建设工程完成进度40%；世纪大道东段两旁景观提升工程完成，环市东路两旁景观提升工程完成工程进度75%。《云浮市城市景观亮化概念性规划设计》《云城区户外广告布局专项规划（2016—2030年）》实施。结合道路建设新建LED路灯530盏，完成城中村LED路灯改造2400盏，城市路灯完好率和亮灯率99%。

海绵城市建设　2017年6月，《云浮市中心城区海绵城市专项规划（2016—2030）》经市政府审批实施。《云浮市中心城区海绵城市示范区控制性详细规划》完成意见征询，作修改完善。云浮市中心城区内的蟠龙天湖公园、南山公园按海绵城市公园建设的要求建立面积分别为0.93平方千米、0.4平方千米的独立汇水范围，最大调蓄容积分别达13.3万立方米、3.11万立方米。云浮市辖各县（市、区）城区海绵城市专项规划在编制中，其中罗定市完成《罗定市中心城区海绵城市专项规划》编制，于11月通过专家评审。

城市园林绿化　2017年，云浮市建成区绿地总面积1089.18公顷，绿地率38.34%，绿化覆盖面积1194.76公顷，绿化覆盖率42.05%。建成公园27个，公园绿地面积493.35公顷，人均公园绿地面积15.03平方米，公园绿地服务半径覆盖率85.7%。10月27日，住房和城乡建设部命名云浮市为“国家园林城”。

城市环境卫生　2017年，云浮

2017年云浮市住房和城乡建设主要指标

指标名称	实绩	比上年增长（%）
固定资产投资额（亿元）	628.5	6.3
建筑企业（家）	57	23.91
建筑业总产值（亿元）	42.17	6.38
建筑企业期末从业人员（万人）	1.85	-4.15
建筑企业劳动生产率（万元/人）	22.79	9.57
房屋建筑施工面积（万平方米）	366.48	28.72
商品房屋销售额（亿元）	164.8	60.45
商品房屋销售面积（万平方米）	335.95	38.47
房地产开发投资额（亿元）	99.64	42.19
建成区绿化覆盖率（%）	42.05	9.5个百分点
人均公园绿地面积（平方米）	15.03	5.7
人均城市道路面积（平方米）	9.56	0.2
城市自来水普及率（%）	99.99	0
人均生活用水量（升/日）	260	-2.9
城市燃气普及率（%）	92	0
城市液化石油气供应总量（万吨）	3.35	0.8
城市天然气供应总量（万立方米）	4582	41.6
城镇污水处理厂（家）	7	16.67
城镇生活垃圾无害化处理率（%）	100	0
城镇化率（%）	41.2	0.25个百分点
住房公积金缴存额（亿元）	15.22	0.3
住房公积金贷款发放额（亿元）	7.41	4.51
保障性安居工程基本建成套数（套）	781	-53
绿色建筑面积（万平方米）	337.57	958.38

（云浮市住房和城乡建设局）

市推进各县（市、区）生活垃圾无害化处理场建设，云浮市城区、罗定市、新兴县、郁南县均建成生活垃圾无害化处理场，提前完成广东省“十二五”生活垃圾无害化处理设施规划建设“一县一场”目标。是年，全市生活垃圾填埋场处理生活垃圾总量33.99万吨，城市生活垃圾无害化处理率100%。完成《云浮市城乡生活垃圾处理“十三五”规划》编制。推动云浮垃圾焚烧厂建设各项前期工作。（陈宏略）

城市生态环境保护　城市空气环境治理。2017年，云浮市城区采用SO_2、NO_2、PM_{10}、CO、O_3-8h、$PM_{2.5}$和降尘等污染因子作为空气质量评价项目，各县（市、区）环境空气质量与上年基本持平。云浮市空气质量优良率91.8%，PM_{10}浓度57微克/立方米，$PM_{2.5}$浓度37微克/立方米。市城区降尘量均值2.69吨/平方千米·月，低于广东省推荐降尘控制标准8吨/平方千米·月。

城市噪音治理。2017年，云浮市全市区域环境噪声等效声级年均值均达到1类区标准，区域声环境属较好水平。全市各县市道路交通噪声污染等效声级平均值71.4分贝，比上年（68.4分贝）上升3分贝，超70分贝路段长48.1%，比上年上增加20个百分点。云浮市区功能区各类区昼间和夜间等效声级均达标，全年达标率64.4%，比上年减少0.5个百分点，噪声污染比上年略有增加。

饮用水源保护。2017年，云浮市5个县级以上饮用水源水质达到年度控制目标要求，西江饮用水源、金银河水库、涟表水库、大坞水库、岩头水库、大河水库达到Ⅱ类水质标准，水质状况良好。西江交界断面水质达Ⅱ类水质标准，水质状况良好，达标率100%。列入广东省控制目标的5个地表水断面中，西江西湾、都骑，罗定江大湾、南江口达到或优于Ⅲ类，达到年度控制目标要求；新兴江松云断面未达到功能要求。（林燚）

城市水环境建设　城镇生活污水治理。2017年，云浮市完成城区污水管网（中专桥至翠丰桥段及蟠龙天湖上游片区至牧羊路段）改造和完善工程建设，项目全长5.1千米，管径DN600-DN1000，总投资2970万元，2016年11月开工。云浮市城区（云城、高峰街道）截排系统完善及污水处理厂扩建项目于2017年12月28日开工建设，建设工期一年。该项目采用PPP投资建设模式，中标方为广东省广业环保产业集团有限公司、广东水电二局股份有限公司（联合体），建设单位为云浮市广业环保有限公司。项目概算投资2.59亿元，其中截排系统完善部分1.98亿元，铺设污（排）水管道25.77千米；污水处理厂扩建部分投资额0.61亿元。

农村生活污水治理。2017年，云浮市全市PPP模式整县推进镇村污水处理设施建设。郁南县全年PPP项目完成投资3亿多元，累计完成主管网39.56千米，农村污水处理点完工60条。（张鹏）

河涌综合整治。2017年，云浮市任务安排治理项目21个。全市完成治理河长209.19千米，占批复治理河长度218.4千米的95.78%；完成投资额3.61亿元，占批复投资额3.75亿元的96.16%。

城市供水　2017年，云浮市自来水有限公司所属西江水厂设计日供水能力20万立方米，首期工程总投资1.9亿元，日供水能力10万立方米。公司DN100管径以上供水管道360千米，供水服务人口30多万，供水服务范围30平方千米。出厂水100%符合标准。全年完成供水量3433.43万立方米，售水2755.39万立方米，水质综合合格率99%以上。广东广业云硫矿业有限公司水电分公司日供水能力4万立方米，贮水量10500立方米，供水覆盖面积50平方千米，供水人口5万。水源水为西江水，水质符合地表水环境质量（II）标准。是年，供水总量362.94万立方米，售水量271.48万立方米。（王建一）

城市供气　2017年，云浮市天然气管网比上年增加56千米，用户数量增加3500多户，云浮（佛山）产业转移工业园（思劳片区）城市管道燃气供气系统于9月建成投入使用，郁南县管道燃气供气系统基本建设完成。全市有6家持证经营管道燃气企业，各县（市、区）除郁南之外基本实现城市天然气管道全覆盖，全市有居民和商业管道燃气用户4.7万户，年用气量4582万立方米，比上年增长41.6%。

城市综合管理与执法　2017年，《中共云浮市委　云浮市人民政府关于深入推进城市执法体制改革改进城市管理工作实施方案》颁发实施。《云浮市公园和广场管理办法》立法完成。完善全市环卫、园林绿化、市政设施、市容市貌等方面相关管理指引8项。《行政处罚程序暂行规定》《行政执法案卷评查制度》等规程修订完善。2017年，云浮市组织开展联合执法专项整治行动12次、综合整治行动6次，解决城市管理“热点”、“难点”问题120多宗。开展城市管道燃气用户、城市燃气管网、生活垃圾填埋场、城市桥梁、城市户外广告等5项安全生产专项治理行动，有效整改120多处疑似隐患，整改率100%。（陈宏略）

清拆违法建设。2017年，云浮市核查2016年度土地变更调查图斑，立案1390件，结案1176宗，罚款106.36万元，没收违法建筑物建筑面积3.6万平方米，拆除违法建筑物面积3.86万平方米。查处12个非法采矿点。推进第二、三季度土地卫星图斑执法进度，立案191件，结案15件，查处率100%，立案率100%，罚款金额53.84万元，拆除违法建筑物面积1006平方米，完善用地手续2.43公顷，复耕面积4.49公顷，复绿面积33.33公顷。违法采矿立案查处2宗。4月，云浮市收到广东省住房和城乡建设厅提供疑似违法图斑91个，面积37.53公顷。

经初步核查报送省住房和城乡建设厅审核，合法的33个，疑似违法及需补录资料的58个，面积15.98公顷。5月，云浮市收到住房和城乡建设部发出的图斑80个，面积46.3公顷，其中涉及城市总体规划强制性内容的图斑8个、面积4公顷。

（伍尚锋）

【村镇建设与管理】 宜居城乡建设　2017年，云浮市4个宜居城镇、78个宜居村庄、5个宜居社区基本建成。通过广东省认定的省级宜居社区20个。省住房和城乡建设厅组织专家开展现场评定2017年申请的19个宜居社区全部通过验收。全国首部规范农村生活垃圾治理的地方性法规《云浮市农村生活垃圾管理条例》自3月1日起施行。全市投入7000多万元，农村生活垃圾清运率提高到98.02%、有效处理率提高到95.01%，垃圾分类提高到50.46%。据省住房和城乡建设厅《关于农村生活垃圾治理省级验收结果的通报》，云浮市是2017年9个通过省级验收的地级市之一，在资料审查、现场核查、实地抽查中均达标。

（张鹏）

生态文明城镇村庄建设　2017年，云浮市开展云城区腰古镇坪塘村委庙咀村、罗定市罗镜镇镜坡坡二村和金鸡镇大岗村委绳达堂村、新兴县车岗镇洞表村、郁南县连滩西坝村5个生态文明村的规划编制。完成庙咀村、绳达堂村、洞表村、西坝村4个生态文明村的规划成果，镜坡坡二村生态文明村规划修改完善。全市105个省定贫困村全部完成规划编制。《云浮市村庄整治规划编制指引》《关于全面推进村庄整治规划编制工作的指导意见》《自然村规划建设管理公约参考样式》制订，编制完成《郁南县连滩镇西坝村村庄整治规划》。（周超敏）

【工程建设与建筑业】 建筑市场管理　2017年，云浮市全市房屋建筑和市政基础设施工程报建项目273项、建筑面积637.07万平方米，分别比上年增加24.09%和41.53%，尤其是工程造价121.4亿元，是云浮建市以来首次超过“百亿元”，比上年增长55.26%。全市房屋建筑和市政基础设施工程在建项目363个、建工产值42.17亿元，分别比上年增长25.17%和6.38%。年内，广东翔顺建筑工程有限公司资质升级为云浮首家建筑施工总承包一级企业，脱掉广东省最后一个没有一级建筑施工企业地市的帽子；广东金诚工程咨询有限公司资质升级为云浮首家工程造价咨询甲级企业。

招标投标管理　2017年，云浮市建设工程招标投标374项，比上年下降7.42%；中标价57.27亿元，比上年增长38.8%；标底价58.97亿元，比上年增长42.3%；下浮率2.88%。

建设工程造价管理　2017年，云浮市完成招标控制价备案21宗，招标金额1.249亿元。是年，云浮市区建设工程施工合同备案54宗，合同价款26.47亿元；建设工程竣工结算备案4宗，结算总价2.5亿元。

建筑质量安全管理　2017年，云浮市坚持安全隐患排查专业化、安全监督制度化、安全教育培训常态化、安全生产检查规范化、应急处置程序化“五化管理”，把好建筑材料进场关、实体结构检测关、工序隐蔽程序关、分部质量验收关和常见问题整治关“五道关”，确保实现检查项目“横向到边”，检查内容“纵向到底”的全覆盖全过程监管，所报建报监项目无质量安全事故。全市住房和城乡建设部门发出停工通知书45份、整改通知书106份、现场处理措施决定书、责令限期整改指令书、责令（限期）改正通知书各10份，进行安全生产管理动态扣分3845分，5个项目负责人、5个专职安全员、10个总监理工程师、2个专业监理工程师被扣满分，其执业资格证将由省住房和城乡建设厅收回或暂扣。新兴县惠能纪念堂工程获2017年度“广东省建设工程金匠奖”、2017年度“广东省建设工程优质奖”，尚东世纪1号、2号、3号楼及地下室项目获2017年“广东省建设工程优质结构奖”，尚东世纪、翔顺品园、温氏科技园F区等3个项目获“广东省房屋市政工程安全生产文明施工示范工地”。全市有8个项目获得2017年度“云浮市建设工程优质奖”，3个项目获得2017年度“云浮市建设工程优质结构奖”，25个项目获得2017年“云浮市房屋市政工程安全生产、文明施工示范工地”。

建设科技与绿色建筑　绿色建筑。2017年，《云浮市“十三五”建筑节能与绿色建筑发展规划》编制完成。新兴县惠能纪念堂工程、云浮市城区城北公共租赁住房工程（一期）2个项目获得广东省住房和城乡建设厅颁发的“绿色建筑设计评价标识”。

节能减排。2017年，云浮市新建建筑设计阶段、施工阶段执行建筑节能强制性标准比例100%。新建建筑面积450万平方米，通过施工图审查机构审查备案的按绿色建筑标准设计的项目337.57万平方米，占新建建筑的75%。

新型墙体材料及散装水泥推广。2017年，云浮市全面推广使用新型墙材，取消征收新型墙体材料专项基金，全年累计为企业减负1045万元。开展预拌混凝土搅拌站信用评价工作，6家搅拌站被评为AAA级信用等级、5家搅拌站被评为AA级信用等级。全市散装水泥供应量580万吨，完成任务105%；预拌混凝土使用量220万平方米，完成任务110%；预拌砂浆使用量3万平方米，完成任务300%。

（张鹏）

【房地产业与住房保障】 房地产开发　2017年，云浮市房地产开发投资额99.64亿元，比上年增长42.19%；竣工面积192.7万平方米，比上年增长16.14%。

房地产市场 2017年，云浮市商品房销售面积335.95万平方米、销售金额164.8亿元，分别比上年增长38.47%和60.45%。截至年底，全市商品住房去库存58.83万平方米，去库存周期为5个月，小于广东省政府给各地级市下达的16个月去库存周期任务。云浮市商品房预售款资金监管信息系统于3月上线，通过广东省住房和城乡建设厅初审，向住房和城乡建设部申报信息化管理示范项目。该系统实现商品房首期款、按揭款和分期款100%归集资金监管专户和全过程监管，确保专款专用。

房屋权属管理 2017年，云浮市办理房地产交易10203宗、交易面积119.05万平方米、交易金额54.92亿元，完成房屋测绘41632宗、办理房地产档案查询52522宗。

房屋租赁管理 2017年，云浮市对新增和更换的进行登记备案，房屋租赁登记备案8宗、面积1252.64平方米。全市直管公房租金收入522.15万元。是年，维修直管公房28宗，维修面积6400.85平方米。12月31日，云浮市与建设银行合作的云浮住房租赁综合服务平台于上线，在广东省非试点城市中属首批上线。首期组织云浮市中心城区一个房地项目15套房屋上线出租。

物业管理服务 2017年，云浮市开展物业管理专项整治和专项维修资金检查。出台对物业管理服务企业服务质量综合考核方案，对市区15个小区进行综合考核。年内，物业维修专项资金管理信息平台运行。

保障性住房建设 2017年，云浮市棚户区改造开工1503套，开工率100.2%；棚户区基本建成324套（包括货币化安置），基本建成率162%；公租房基本建成581套，基本建成率385%。 （张鹏）

住房公积金管理 2017年，云浮市住房公积金缴存单位2847个，缴存职工12.23万人，缴存总额15.22亿元、比上年下降0.3%。新增缴存单位207个，新增缴存个人7196人，新增缴存额3863.26万元。全年提取金额12.11亿元，比上年增长16.67%，占当年缴存额79.6%。发放住房贷款7.41亿元，回收住房公积金个人住房贷款3.64亿元。截至年底，累计缴存总额104.7亿元，缴存余额42.49亿元；累计提取总额62.20亿元；累计发放住房贷款2.48万笔53.76亿元，贷款余额37.67亿元，个人贷款使用率88.67%。全年实现增值收益4915.79万元，比上年增长15.02%。全年提取廉租住房建设补充资金3418.08万元。

自2017年1月1日起，云浮市住房公积金个人住房贷款单职工最高额度由20万元调整为25万元，双职工最高额度由30万元调整为35万元；开展异地公积金贷款业务，全年发放住房公积金异地贷款314笔7299.6万元。接入全国住房公积金异地转移接续平台，跨省、市转移公积金的职工在转入地直接办理即可。是年，全面实行市直、云城区、云安区月缴存额标准一致的政策。 （黎金龙）

【云浮市被命名为“国家园林城市”】 国家园林城市是对一座城市生态环境、生产和生活环境的综合评价。2017年9月，住房和城乡建设部组织国家园林城市考察专家组分别对云浮市公园建设、道路绿化、规划防护绿地、保障性住房等进行实地考查。在经过综合遥感测评、专家实地考查和综合评议结果等流程后，住房和城乡建设部发布《住房城乡建设部关于命名2017年国家园林城市的通报》，云浮市符合国家园林城市标准，被命名为“国家园林城市”。 （陈宏略）

【《云浮市农村生活垃圾管理条例》实施】 经广东省十二届人大常委会第二十九次会议批准，全国首部规范农村生活垃圾治理的地方性法规《云浮市农村生活垃圾管理条例》于2017年3月1日起实施。《条例》分为总则、垃圾处理、保障与监督、法律责任和附则，共五章二十八条。规定，对随意倾倒、抛洒、焚烧或者堆放生活垃圾的，对单位罚款可达五千元以上五万元以下，对个人处二百元以下的罚款。 （张鹏）

【住房公积金管理水平指标综合得分地市州盟排名第一】 2017年，燕山大学（中国）房地产金融与住房公积金研究中心、中国房地产研究会《住房保障与住房公积金》编辑部联合发布《2015年全国城市住房公积金管理水平综合评价报告》，云浮市住房公积金管理中心在2015年地市州盟住房公积金管理水平指标中综合得分排名第一。 （黎金龙）

附录：云浮市住房和城乡建设管理部门主要领导

云浮市住房和城乡建设局
　党组书记、局长：谢月浩
云浮市规划编制委员会
　党组书记、主任：梁绍雄
云浮市国土资源和城乡规划管理局
　党组书记、局长：廖鹏洲
云浮市水务局
　党组书记、局长：刘桂燊
云浮市城市综合管理局
　党组书记、局长：陆景华
云浮市住房公积金管理中心
　主　任：方　正

·编辑　陈财盛·

各市建设新貌

2017 年，广东省住房和城乡建设事业取得显著成绩。全省各地级以上市住房和城乡建设系统扩大住房保障覆盖面，基本实现城镇户籍低保、低收入住房困难家庭住房保障；制定完善房地产调控政策，确保市场总体保持平稳运行；推进以人为核心的新型城镇化建设，完善城镇化格局；启动中国南粤古驿道保护和修复利用示范，推进农村人居环境改善；扶持建筑产业创新发展，建筑业总产值突破 1 万亿元大关；深化行政审批改革，推动经济社会发展。

2017年，广州市开展新一轮绿化广东大行动，基本形成“森林围城、绿道穿城、绿意满城、四季花城”的城市景观，以及多层次、多功能、立体化、网络化的绿色生态格局。获广东省森林资源保护和发展目标责任制考核第一名，人行天桥立交桥绿化建设项目获“广东省宜居环境范例奖”。全面推行河长制工作走在全省前列，全市35条黑臭河涌整治主体工程全部完成，全部达到住房和城乡建设部提出的“初见成效”标准。广州市对标国际一流城市品质，完成城市道路、高架桥、桥梁隧道、桥底空间、景观照明等122个品质化提升项目，提升40千米的“一江两岸三带”核心段岸线景观照明，完成338万平方米涂装总面积。年内，成功举办第七届广州国际灯光节，吸引国内外游客超过800万人次观展。

1

2

3

4

1 2017 年 12 月 26 日，中共广东省委副书记、广州市委书记任学锋（左二），广州市市长温国辉（左一）乘坐广州地铁并调研运营情况（谭健荣 摄）

2 2017 年 10 月 31 日，2017 世界城市日全球主场活动开幕式在广州举行。联合国副秘书长兼联合国人类住区规划署执行主任克洛斯致辞（广州市住房和城乡建设委员会供稿）

3 2017 年 10 月 29 日，中国城市规划学会城市设计学术委员会 2017（广州）年会"城市愿景"国际巡展与世界城市论坛在广州开幕。中国城市规划学会理事长孙安军（前排右五）、联合国人类住区规划署亚太办公室主任是泽优（前排右七）、广东省住房和城乡建设厅副厅长蔡瀛（前排右四）、广州市人民政府副市长马文田（前排右六）出席（广州市国土资源和规划委员会供稿）

4 2017 年 9 月 20 日，"老广州 · 新社区" 广州市老旧小区微改造规划设计方案竞赛颁奖典礼暨圆桌对话活动在广州 289 艺术园区举行。图为颁奖现场（广州市城市更新局供稿）

5 2017年12月28日，广州市地铁四号线南延段、九号线一期、十三号线一期和十四号线知识城支线开通运营。新线开通活动在地铁九号线花都广场站举行（谭健荣 摄）

6 2017 年 9 月 19 日，2017 广州国际花卉艺术展暨世界花卉协会年会在广州大剧院开幕。图为广州大剧院主体建筑外观（广州市林业和园林局供稿）

7 2017 年，广州市水环境治理 35 条黑臭河涌整治全部达标。图为整治后的猎德涌（广州市水务局供稿）

8 2017 年 10 月 30 日，广州市东南西环快速路士华立交绿化景观提升工程完工

9 广州市海珠区琶洲建筑群远眺（2017）（广州市林业和园林局供稿）

2017年，深圳市住房和城市建设管理各项事业取得显著成绩。全市地区生产总值22438.39亿元，固定资产投资5147.32亿元。全年房地产开发投资2135.86亿元，非房地产开发投资3011.46亿元。基础设施投资1163.45亿元，占全市固定资产投资比重22.6%。加强供给侧结构性改革，保障性住房开工10.2万套、竣工4.1万套、供应4.6万套，建设供应数量均创历年新高，建成住房租赁监管和服务平台。获“中国工程建设鲁班奖”项目3个、获“国家优质工程奖”项目5个。全年新建改造各类公园59个，全市公园总数942个。深圳是全国空气质量最好的十大城市之一，“深圳蓝”“深圳绿”成为城市最亮色。

1

2

3

4

1 2017 年 8 月 15 日，广东省省长马兴瑞（前排左一）调研深圳河口水环境综合治理及黑臭水体整治情况
（深圳市水务局供稿）

2 2017 年 7 月 24 日，第 19 届国际植物学大会在深圳开幕。广东省省长马兴瑞（前排中）出席（深圳市城市管理局供稿）

3 2017 年 12 月 15 日，第七届深港城市建筑双城双年展开幕式在深圳举行。中共深圳市委常委、市政府党组成员杨洪（中）等共同启动

4 2017 年 2 月 25 日，深圳市宝安 38 区新乐花园、39 区海乐花园棚户区改造项目签约仪式举行（深圳市住房和建设局供稿）

5 2017 年 10 月 30 日，深圳市"全民分类时代"垃圾分类推广大使聘任仪式在荔园小学北校区举行。图为小学生现场学习垃圾分类

6 深圳市笋岗体育中心片区远眺（2017）
（深圳市城市管理局供稿）

7 2017 年 7 月 19 日，深圳市海绵城市示范项目——香蜜公园开园迎宾
（深圳市水务局供稿）

8 深圳市民中心南轴灯光绿雕（2017）
（深圳市城市管理局供稿）

2017 年，珠海市实施创新驱动和开放引领两大战略，加快建设粤港澳大湾区创新高地、“一带一路”倡议支点、珠江西岸核心城市、城乡共美的幸福之城。全市实现地区生产总值 2564.73 亿元，增速位居全省第一。新区新城建设有序铺开，横琴新区、西部生态新城及高新区累计完成基础设施投资 159.17 亿元。港珠澳大桥主体工程全线贯通，一批横跨东西、纵贯南北的交通项目加快建设。超额完成广东省人民政府下达的住房保障任务，住房公积金异地转移实现“全国漫游”，缴存覆盖率全省第一。斗门镇被评定为“全国特色小镇”，香炉湾沙滩修复项目获“中国人居环境范例奖”，珠海市获“首批全国国家生态文明建设示范市”称号。

1

2

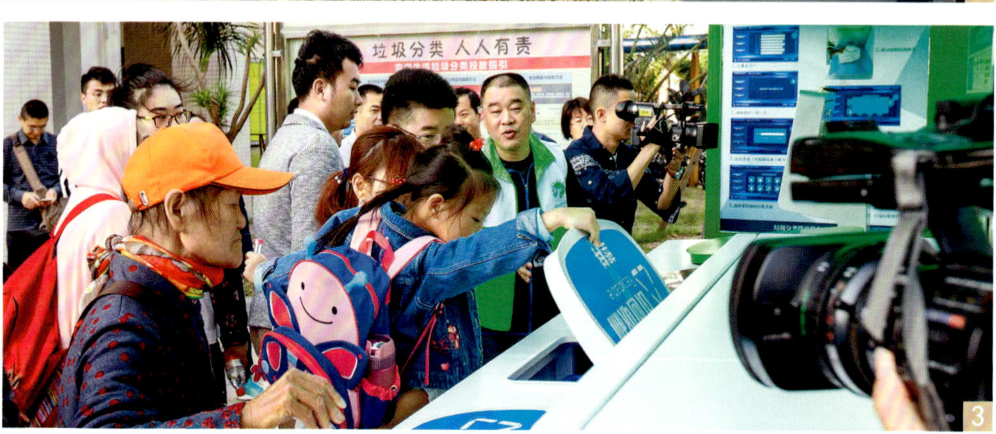

3

1 2017 年 10 月 20 日，珠海市市长姚奕生（中）在珠海市金湾区三灶镇调研南排河水环境整治情况
（珠海市环境保护局供稿）

2 2017 年 12 月 6—8 日，住房和城乡建设部专家组在珠海专项督导海绵城市建设试点
（珠海市住房和城乡规划建设局供稿）

3 2017 年 12 月 3 日，以“垃圾分类，利国利民”为主题的珠海市垃圾分类工作启动仪式在香洲区大镜山文体公园举行
（珠海市市政和林业局供稿）

4 2017 年 10 月 27 日，珠海市香炉湾沙滩修复项目获“中国人居环境范例奖”。图为香炉湾沙滩鸟瞰

5 2017 年 7 月 7 日，港珠澳大桥主体工程全线贯通。图为大桥主体工程外观 （李亦强 摄）

6 2017 年 7 月 30 日，珠海市白石桥建成通车

7 2017 年 6 月 13 日，珠海市现代有轨电车一号线试运营
（珠海市交通运输局供稿）

2017 年，汕头市加快实现全面振兴和协调发展。全年完成地区生产总值 2350.76 亿元，完成建筑业总产值 518.41 亿元，商品房屋销售面积 618.03 万平方米。全市建成区绿化覆盖率 44.12%，人均公园绿地面积 15.16 平方米；城镇生活垃圾无害化处理率 91.93%，城镇污水处理率 85.26%。是年，汕头市获广东省推荐参评“全国文明城市”提名资格。汕头大学医学院新教学中心获 2017 年度“国家优质工程奖”，获“英国五金师暨英国皇家建筑师协会建筑五金制品规范比赛国际项目冠军奖”，获“广东省优质工程奖”4 项、“广东省优质结构奖”3 项、“中国建设工程鲁班奖”2 项。汕头市潮南区简朴村被评为“全国美丽乡村示范村”，濠江区被授予“中国建筑之乡”称号。

1

2

3

4

1 2017年10月12日，广东省副省长许瑞生（左二）在汕头调研樟林古港规划建设及南粤古驿道保护利用情况。图为许瑞生为中山大学历史人类学研究中心樟林古港田野工作室揭牌。汕头市市长郑剑戈（左一）陪同
（汕头市澄海区住房和城乡建设局供稿）

2 2017年7月7日，粤海水务集团（香港）有限公司、广东粤海水务股份有限公司增资扩股汕头市自来水有限公司签约仪式在汕头举行。中共汕头市委书记陈良贤（左七）等出席 （汕头市水务局供稿）

3 2017年，汕头大学医学院新教学中心获“国家优质工程奖”。图为医学院新教学中心外观

4 2017年，汕头市潮南区简朴村入选“全国美丽乡村示范村”。图为简朴村鸟瞰

5 2017年，汕头市澄海区樟林古港保育活化项目获“广东省宜居环境范例奖”。图为经环境综合整治的樟林古港

6 2017年6月30日，广东以色列理工学院一期校区建成并交付使用。图为广东以色列理工学院远眺
（汕头市住房和城乡建设局供稿）

7 2017年12月28日，汕头市时代广场及周边建筑“灯光秀”开启 （钟新河 摄）

8 2017年，汕头市西堤公园获“中国人居环境范例奖”。图为西堤公园夜景鸟瞰

9 2017年12月30日，汕头市雷打石生活垃圾卫生填埋场扩建工程完工。图为雷打石生活垃圾卫生填埋场鸟瞰
（汕头市城市综合管理局供稿）

2017 年，佛山市推进城市项目建设和基础设施建设，深化城市管理体制改革。加快建立多主体供给、多渠道保障、租购并举的住房制度。全市完成地区生产总值 9549.6 亿元，完成固定资产投资 4265.79 亿元。全市在监房屋建筑工程 4115 项，工程建筑总面积 8658 万平方米，完成房地产开发投资额 1453.99 亿元。全市建成区绿化覆盖率 42.83%，城市人均公园绿地面积 16.55 平方米。城镇生活垃圾无害化处理率 100%，城镇污水处理率 97.5%。禅城区社会综合治理项目获“中国人居环境范例奖”，高明区西江新城城市生态修复项目等 4 个项目获“广东省宜居环境范例奖”，37 个社区申报“广东省宜居社区”获得通过。

1

2

3

4

1 2017 年 2 月 4 日，中共佛山市委书记鲁毅（前排左二）及佛山市四套领导班子成员在佛山科学技术学院北院新校区开展新春植树活动，视察校区建设和周边环境整治情况

2 2017 年 6 月 9 日，佛山市专业化住房租赁平台首批房源发布暨媒体见面会在禅城区新堤路 5 号富力广场举行（佛山市住房和城乡建设管理局供稿）

3 2017 年 8 月 1 日，佛山市岭南大道公交枢纽站升级改造工程完工并试运营。图为公交枢纽站远眺（陈景旺 摄）

4 2017 年 6 月 25 日，佛山市顺德区德民路东延线滨水绿化景观工程竣工验收（佛山市顺德区国土城建和水利局供稿）

5 2017 年 11 月 16 日，佛山市城市轨道交通二号线一期工程花卉世界站—登洲站盾构区间左线隧道贯通（陈家鸣 摄）

6 佛山市千灯湖区域远眺（2017）（王维家 摄）

7 佛山市西樵山风景名胜区听音湖鸟瞰（2017）（高波 摄）

8 佛山市三水区大旗头古村（2017）（刘世辉 摄）

9 佛山市高明区荷城街道阮涌古村（2017）（区文冲 摄）

2017年，韶关市实施融入珠江三角洲战略，实施供给侧结构性改革和城市提升，加快推进农村生活垃圾和污水处理，保障社会民生建设。全市地区生产总值1338亿元，固定资产投资692.82亿元，完成房地产固定资产投资133.61亿元，完成建筑业总产值162.27亿元。全年完成农村危房改造任务5600户，棚户区改造基本建成3202套。梅关古驿道保护利用项目获2017年“中国人居环境范例奖”。

1

2

3

1 2017年7月11日，中共韶关市委书记莫高义（前排中）、市长殷焕明（前排左）调研芙蓉新区建设项目（潘志立 摄）

2 2017年，韶关市梅关古驿道保护利用项目获“中国人居环境范例奖”（何桂强 摄）

3 韶关市区鸟瞰（2017）（周欣凯 摄）

4 韶关市云髻山古村落（2017）（韶关市城乡规划局供稿）

5 韶关市丹霞乡村人家（2017）

6 韶关市丹霞山风景名胜区群峰远眺（2017）（刘加青 摄）

2017 年，河源市推动中心城区扩容提质，实现城乡规划编制和规划管理队伍“两个全覆盖”目标。全市地区生产总值 996 亿元，完成固定资产投资 778.5 亿元，完成建筑业总产值 89.7 亿元。全市完成房地产开发投资额 223.9 亿元。建成区绿化覆盖率 42.13%，人均公园绿地面积 12.69 平方米。城镇生活垃圾无害化处理率 98%，市区污水处理率 94.14%，建成运行污水处理设施 32 座，配套建设污水管网 641 千米，农村垃圾治理和农村危房改造取得明显成效。

1

2

3

1 2017年6月14—16日，广东省住房和城乡建设厅党组书记、副厅长杨细平（前排中）在河源调研城市总体规划、中心城区扩容提质、城市管理和综合执法体制改革、海绵城市打造、智慧城市建设、农村人居环境改善等情况。市长叶梅芬（前排左）陪同

2 2017年3月20日，河源市副市长叶少军（右二）调研长安街整治建设情况　（河源市住房和城乡规划建设局供稿）

3 2017年，河源市被命名为“国家园林城市”。图为中山大道鸟瞰　（河源市城建档案馆供稿）

4 2017年11月30日，河源市客家文化公园第三期改造项目完工并投入使用

5 2017年7月15日，河源市儿童公园升级改造工程完工

6 河源市东江湾公园鸟瞰（2017）

7 河源市九重门公园鸟瞰（2017）
（河源市城市管理和综合执法局供稿）

8 河源市源城区远眺（2017）　（河源市城建档案馆供稿）

2017年，梅州市全面推进中心城区扩容提质和新型城镇化建设，加快构建城市科学发展新格局，生态富民强市各项工作成效显著。全市完成建筑业总产值302.28亿元，完成房地产开发投资218.04亿元。建成区绿化覆盖率39.79%，人均公园绿地面积18.44平方米，城镇生活垃圾无害化处理率100%，生活污水集中处理率96.96%。

1

2

1 2017年6月15日，广东省住房和城乡建设厅党组书记、副厅长杨细平（左二）在梅州市蕉岭县九岭村调研美丽乡村建设情况

2 2017年8月，梅州市丰顺县留隍镇入选第二批“全国特色小镇”。图为留隍镇鹿湖度假村鸟瞰

（梅州市住房和城乡建设局供稿）

3 2017年9月30日，梅州市世界客商中心工程完工

（梅州市城市管理和综合执法局供稿）

4 2017年9月28日，梅州市江南梅水路接广州大桥西端引道正式通车

（林翔 摄）

5 2017年11月1日，梅州市城区芹洋半岛路网5条市政道路——奥园南、北侧道路，丽都东桥南、北侧道路，广州大桥南侧道路改造工程建设完工。图为芹洋奥园北侧道路鸟瞰

（连志城 摄）

6 梅州市梅江桥夜景（2017）

（梅州市城市管理和综合执法局供稿）

2017 年，惠州市推进城市建设扩容提质，启动新一轮土地利用总体规划、城市总体规划修编，城市中心城区控制性详细规划覆盖率 97%，村镇规划实现全覆盖。全市地区生产总值 3830.58 亿元，完成固定资产投资 2234.88 亿元，完成建筑业总产值 214.58 亿元，房地产开发投资 884.19 亿元，完成绿色建筑面积 700 平方米。全市城乡生活垃圾无害化处理率 95% 以上，博罗县入选住房和城乡建设部第一批 100 个农村生活垃圾分类和资源化利用示范县，新建农村污水处理设施 368 个，城镇生活污水处理率 96.4%。大亚湾红树林城市湿地公园被评定为“国家城市湿地公园”，潼湖湿地公园获批国家湿地公园试点。惠州市被列入首批“国家生态文明建设示范市”，被列入国家“城市双修”试点市，是广东省唯一入选城市。

1

2

3

1 2017年1月3日，中共惠州市委书记、市人大常委会主任陈奕威（右二）在大亚湾调研 （惠州市档案局供稿）

2 2017年12月2—3日，中国生态文明论坛年会在惠州举办。图为与会嘉宾参观生态文明成果展 （惠州市园林管理局供稿）

3 惠州市城区远眺（2017） （惠州市环境保护局供稿）

4 2017年5月8日，惠州市麦地百萃园主体工程完工 （惠州市园林管理局供稿）

5 惠州市深水金山污水处理厂鸟瞰（2017） （惠州市环境保护局供稿）

6 2017年12月30日，惠州西湖荔浦风清建成开园 （惠州市园林管理局供稿）

7 惠州市西湖夜景（2017） （利路发 摄）

8 2017年12月25日，惠州市惠城区江北金石二路全线通车 （惠州市公用事业管理局供稿）

2017 年，汕尾市实施向珠江三角洲融合战略，全面参与深莞惠 + 汕尾、河源“3+2”经济圈建设，推进产业共建。“总部研发销售在深圳，生产基地在汕尾”产业共建模式更趋成熟。城市功能不断增强，城市中心城区扩容提质扎实推进。全年完成固定资产投资 669.33 亿元，完成建筑业总产值 25.86 亿元。商品房销售交易套数 9175 套，交易面积 135.95 万平方米。全市环境空气综合质量指数全省排名第一，建成污水处理厂 7 座，城市日污水日处理能力 28.5 万吨，城镇生活污水处理率 88%。年内，成功创建“广东省卫生城市”，获“广东省文明城市”提名。

1

2

3

4

1 2017 年 1 月 12 日，广东省住房和城乡建设厅厅长张少康（前排右二）在汕尾调研全面推进社会主义新农村建设、城乡生活垃圾及污水处理、黑臭水体整治情况

2 2017 年 1 月 16 日，汕尾市政协组织全体委员视察市区重点项目建设情况

3 2017 年 9 月 14 日，汕尾市举行万名志愿者“创建文明城市”活动

4 2017 年 7 月 26 日，汕尾市体育中心对外开放运行

5 2017 年 9 月 14 日，汕尾市区环品清湖金湖路东段（示范段）岸线修复景观工程子项目——善美广场建成开放

6 汕尾市区远眺（2017）

7 汕尾市中心城区鸟瞰（2017）

（汕尾市住房和城乡建设局供稿）

2017 年，东莞市优化城市格局，推动住房和城乡建设事业发展。东莞西站站前广场及配套设施、环莞快速路二期、余屋桥重建、篮球中心周边道路市政道路二期等 12 项重点工程完工。全市地区生产总值 7582.12 亿元，全年固定资产投资 1712.83 亿元。全市建成区土地面积 988.89 平方千米，公共管理与公共服务用地面积 49.25 平方千米。全市建成区绿化覆盖率 46.98%，获“广东省宜居社区”74 个、获“广东省宜居环境范例奖”项目 2 个。

1 2017年11月11日，东莞市市长梁维东（前排左一）调研同沙水库、黄沙河、筷子河水环境整治情况
（东莞市水务局供稿）

2 2017年6月13日，东莞市举行城市快速轨道交通线网控制中心综合体商业、办公楼工程开工仪式，是当地首个地铁TOD项目开工建设（东莞市轨道交通有限公司供稿）

3 2017年9月21日，中国散裂中子源项目一期工程土建项目通过竣工验收。图为项目鸟瞰

4 2017年12月28日，东莞西站站前广场及配套设施项目完工并通过验收（东莞市城建工程管理局供稿）

5 2017年8月，东莞市沙田镇鲛沙花园项目获"广东省宜居环境范例奖"（东莞市住房和城乡建设局供稿）

6 东莞市麻涌镇华阳湖鸟瞰（2017）（廖志忠 摄）

7 2017年，东莞市美丽幸福村居试点——清溪镇铁场村项目建设完成。图为清溪镇铁场村远眺（东莞市住房和城乡建设局供稿）

8 东莞市松山湖夜景（2017）（贺东峰摄）

2017 年，中山市坚持规划先行，实施组团式发展战略。全市地区生产总值 3450.31 亿元，固定资产投资 1248.48 亿元，建筑业总产值 77.32 亿元，房地产开发投资 623.97 亿元。全市建成区绿化覆盖率 42.03%，新增建设绿道 71.58 千米，全部建成绿道 884.3 千米，完成紫马岭公园儿童设施升级改造，建成龙舟文化主题公园等 4 个岐江河滨水景观带。大涌镇成为“国家级特色小镇”，东升镇纳入国家运动休闲特色小镇试点，3 个特色小镇成为“广东省特色小镇”创建示范点。

1 2017年6月26日，中山市人大代表、政协委员考察石岐区员峰新涌黑臭水体整治情况 （罗婕 摄）

2 2017年9月22日，中山市公租房分配抽签仪式举行

3 中山市城区岐江两岸（2017）

4 中山市国际金融中心——利和广场远眺（2017） （高隽 摄）

5 中山市城区鸟瞰（2017） （中山市国土资源局供稿）

6 中山市东区商务区夜景（2017）

7 中山市岐江公园夜景（2017） （高隽 摄）

8 中山市东区建设新貌（2017） （中山市国土资源局供稿）

2017年，江门市围绕“兴业惠民，治吏简政”，提升城市品质。全市实现地区生产总值2690.25亿元，完成固定资产投资1774.83亿元，完成建筑业总产值283.4亿元，房地产开发投资450.56亿元。广中江高速二期、江门大道五邑路以北辅道、迎宾西路主线、胜利南路延长线21个交通项目建成通车。全年建成生态景观林带90.5千米、乡村绿化美化点137个，新增森林公园14处，建成5个镇街公园，新建改建154个村居公园，新建慢行系统和城乡绿廊145千米。年内，成功创建“国家森林城市”，蓬江区棠下镇入选“全国特色小镇”。

1

2

3

1 2017年2月23日，江门市四套领导班子成员在滨江大道绿地参加义务植树活动 （江门市林业和园林局供稿）

2 2017年6月30日，江门市举行胜利新村房屋解危改造项目开工仪式。副市长林飞鸣（右四）等出席

3 2017年11月24日，江门市住房租赁管理系统建设合作协议签约仪式举行。江门市住房和城乡建设局与中国建设银行股份有限公司签订《江门市住房租赁管理系统建设合作协议》 （江门市住房和城乡建设局供稿）

4 2017年12月28日，广中江高速公路二期工程全线通车

5 2017年12月28日，江门大道东甲立交3条匝道建成通车

6 2017年12月28日，江门市礼睦路改扩建工程建成通车 （江门市交通运输局供稿）

7 江门市蓬江区元宝山体育公园鸟瞰（2017） （江门市林业和园林局供稿）

8 江门市丰乐公园远眺（2017） （梁国辉 摄）

2017年，阳江市围绕“以海兴市、绿色发展，决胜全面小康、建设富美阳江”战略部署，实施产业升级、城市提质、开放带动、文化引领、社会善治、惠民共享“六大举措”。全市完成固定资产投资540.21亿元，完成建筑业总产值111.1亿元，房地产开发投资额144.86亿元，商品房销售面积560.2万平方米。全市城镇化率51.82%，市中心城区建成面积68.07平方千米，建成区绿化覆盖率41.92%，人均公园绿地面积13.08平方米，城镇生活垃圾无害化处理率100%，城市生活污水集中处理率92.34%。年内，阳江市被命名为“国家卫生城市”。

1

2

3

1 2017年5月3日，中共阳江市委书记陈小山（前排右一）调研水环境整治情况 （阳江市环境保护局供稿）

2 2017年10月27日，第16届中国（阳江）国际五金刀剪博览会开幕式暨阳江国际会展中心正式启用。图为博览会开幕式现场 （阳江市住房和城乡规划建设局供稿）

3 阳江国际会展中心鸟瞰（2017） （范伟权 摄）

4 2017年，阳江市阳西县建设44个美丽乡村。图为儒洞镇南垌村远眺 （阳江市住房和城乡规划建设局供稿）

5 阳江市区公租房项目——富康小区（2017） （冯炯宾 摄）

6 阳江市三廉公园（2017）

7 阳江市海陵岛十里银滩远眺（2017） （范伟权 摄）

8 阳江市区鸳鸯湖风景区鸟瞰（2017） （阳江市住房和城乡规划建设局供稿）

9 阳江市公园绿道（2017） （阳江市环境保护局供稿）

2017年，《北部湾城市群发展规划》获国务院批复，湛江被列为城市群“一核两极”（“一核”指广西南宁核心城市，“两极”指以海南海口和广东湛江为中心的两个增长极）之一的中心城市。全市推进实施26项市政工程，体育路、金湾南路等16条道路建成通车。全年完成建筑业总产值689.44亿元，商品房屋销售面积659.72万平方米。全年建成绿道网长度373千米，建成区总绿地面积4220.38万平方米，建成区绿化覆盖率35.59%，人均公园绿地面积11.88平方米。通过“国家卫生城市”复审，参加中央电视台“魅力中国城”竞演，湛江市成为联合国环境署“SUC项目可持续发展先锋城市”中国首批试点。

1 2017年6月30日，中共湛江市委书记郑人豪（前排右一）、市长姜建军（前排左一）调研湛江中心人民医院迁建工程项目建设

2 2017年6月16日，湛江市市区公共租赁住房公开摇号分配仪式举行（宋伟光 摄）

3 2017年11月4—5日，南粤古驿道定向大赛（湛江·徐闻站）在徐闻县南山镇徐闻古港举行（吴开宋 摄）

4 2017年4月13日，湛江市农村生活污水处理设施建设工作现场会在雷州市白沙镇符处村召开。图为白沙镇符处村生活污水处理池（宋伟光 摄）

5 湛江市奥林匹克体育中心鸟瞰（2017）（何均发 摄）

6 湛江市赤坎城市新区鸟瞰（2017）

7 湛江市海湾远眺（2017）（湛江市地方志办公室供稿）

2017年，茂名市推进“向东、向南、靠海”发展战略，以科学规划引导城市建设。按照“北优、中联、南进、东拓”的中心城区空间发展思路，全面优化北组团，提升城市功能。全市地区生产总值2924.21亿元，完成固定资产投资1415.73亿元；完成建筑业总产值762.1亿元，房地产开发投资额188.22亿元，商品房屋销售面积540.21万平方米。鉴江、小东江和高州水库等江河流域及水库水源保护区等治理成效显著，综合污染指数持续下降。市区空气质量指数排名居全省前列。沙琅镇入选“全国特色小镇”，马贵镇入选首批“广东省特色小镇”示范点。

1

2

3

1 2017 年 4 月 12 日，茂名市市长许志晖（中）、副市长孙波（右）在市住房和城乡建设局调研

2 2017 年 9 月 12 日，广东省（西片区）2018 年棚改工作及融资对接会议在茂名召开。粤西地区的茂名、阳江、肇庆等 9 个地级以上市住房和城乡建设局代表参加 （罗栋 摄）

3 经水环境治理后的茂名市凌江荷花镇河段（2017）
（茂名市水务局供稿）

4 茂名市文化广场（2017）

5 茂名市小东江高山桥远眺（2017）

6 茂名市小东江景观带夜景（2017） （丘立贺 摄）

7 茂名高州市鉴江宝塔（2017） （茂名市水务局供稿）

8 茂名市茂名大道（2017） （丘立贺 摄）

2017年，围绕“枢纽门户”城市定位，肇庆市统筹推进中心城区规划建设，加快新一轮城市总体规划编制。开展大气污染防治强化百日督查，推进生态文明示范市创建。全年实现地区生产总值2200.61亿元，完成建筑业总产值142.36亿元，房地产开发投资208.04亿元。商品房交易市场平稳发展，成为国家首批开展集体建设用地建设租赁住房试点城市。全市建成区绿化覆盖率37.20%，城镇生活垃圾无害化处理率99.82%。年内，10个社区被评为2017年“广东省宜居社区”。

1

2

3

4

1 2017 年 1 月 26 日，中共肇庆市委书记赖泽华（前排左二）调研府城复兴项目及城区夜景照明升级改造工程建设情况

2 2017 年 4 月 28 日，肇庆市市长陈旭东（前排中）、副市长郑剑戈（前排左一）检查建筑施工安全生产情况
（肇庆市住房和城乡建设局供稿）

3 2017 年 12 月 27 日，肇庆市端州城区岗美路项目开通
（肇庆市代建项目管理局供稿）

4 2017 年 12 月 25 日，肇庆市住房租赁平台房源落成暨人才公寓挂牌仪式举行。市委组织部部长程步一（右六）、副市长陈家添（左五）等出席　（肇庆市住房和城乡建设局供稿）

5 2017 年 8 月 8 日，肇庆市阅江大桥建成通车

6 肇庆新区科技创新中心鸟瞰（2017）

7 广佛肇高速肇庆段及大冲互通立交桥鸟瞰（2017）
（曾玮 摄）

8 经水环境整治后的肇庆市羚山涌出口段鸟瞰（2017）
（肇庆市水务局供稿）

2017年，清远市围绕“南融北康”发展目标，实施广清一体化战略，深化供给侧结构性改革，推进清远长隆项目建设。全市完成地区生产总值1500.9亿元，完成固定资产投资666.3亿元，建筑业总产值132亿元，房地产开发投资276.3亿元。全市建成区绿化覆盖率46.92%，建成区人均公园绿地面积14.73平方米。生活垃圾无害化处理率99.66%。

1

2

3

4

5

1 2017年10月10日，广东省政协党组副书记、副主席林雄（前排右一）调研清远市三江镇中心小学星河湾综合楼建设情况（李思靖 摄）

2 2017年12月29日，清远市磁浮旅游专线工程、银盏站至长隆主题公园段开工仪式举行。中共清远市委书记葛长伟（左六）、清远市市长郭峰（左五）等共同启动开工按钮（李作描 摄）

3 2017年8月23日，广清产业共建重点项目——南部物流枢纽园区开工仪式在清远市源潭镇举行（吴明 摄）

4 2017年8月1日，清远市凤城世家小区举行垃圾分类活动。工作人员引导业主进行垃圾分类（邱炜民 摄）

5 2017年7月20日，清远市伦洲大桥及引道工程全线通车（吴明 张嘉培 摄）

6 清远市城区鸟瞰（2017）（吴明 摄）

7 清远市清城区夜景（2017）（吴明 摄）

8 清远市小市桥南人行天桥鸟瞰（2017）（清远日报社供稿）

2017 年，潮州市优化城乡发展环境，推进住房和城乡建设各项事业取得新进展。围绕推进新型城镇化建设，启动实施交通基础设施、区域协同发展、乡村人文旅游开发、绿色环保、城镇扩容提质等 10 个类别 84 个重点建设项目，累计完成投资 181.04 亿元。全市实现地区生产总值 1074.07 亿元，完成固定资产投资 501.05 亿元，完成基础设施投资 188.9 亿元。湘桥区意溪镇、饶平县钱东潮商文化小镇分别入选国家和广东省特色小镇创建示范点。潮州市成为广东省唯一“全国厕所革命优秀城市”，韩江被评为“全国十大最美家乡河”。

1 2017年3月30日，广东省省长马兴瑞（前排右二）在潮州市调研粤东振兴发展、产业园区建设、棚户区改造、民生工程及城乡规划建设 （张伟雄 摄）

2 2017年11月19日，南粤古驿道"天翼高清杯"定向大赛暨中国南粤古驿道文化之旅潮州站在潮州市饶平县钱东镇钱塘村举行。图为定向大赛现场

3 2017年8月30日，潮州市潮安区垃圾焚烧发电厂投产发电。图为垃圾焚烧发电厂鸟瞰 （潮州市住房和城乡建设局供稿）

4 2017年9月30日，潮州市图书馆项目竣工

5 2017年12月28日，宁波至东莞高速公路（潮州段）建成通车 （陈泽生 摄）

6 潮州市饶平县上饶镇古驿道生态宜居新农村永善村（2017） （潮州市住房和城乡建设局供稿）

7 2018年2月10日，潮州市"一江两岸"夜景提升工程启动亮灯 （陈泽生 摄）

2017 年，揭阳成为粤东城市群发展和海洋经济带发展的重要中心城市。推进揭阳滨海新区发展总体规划实施及揭阳城市总体规划编制。全市地区生产总值 2155 亿元，完成固定资产投资 1642 亿元。全市纳入监管的在建工程项目 105 项，总建筑面积 761.5 万平方米，总造价 156.4 亿元，累计完成建安产值 100.7 亿元。全市完成房地产开发投资额 101.21 亿元，商品房屋销售面积 279.83 万平方米。生活垃圾有效处理率 95% 以上，城市污水处理率 90%，县城污水处理率 73%。年内，揭阳市成功创建“广东省文明城市”，揭西县获“广东省县级文明城市”称号。

1

2

3

4

1 2017年6月1日，中共揭阳市委书记李水华（前排左二）调研大南海石化工业区项目（揭阳市住房和城乡建设局供稿）

2 2017年12月28日，揭惠高速公路一期惠来路段通车（涂英鹏 摄）

3 2017年11月15日，揭阳市区沿江路西段通车

4 揭阳市榕江北河南岸城区鸟瞰（2017）

5 揭阳市区黄岐山大道（2017）

6 揭阳市西湖公园鸟瞰（2017）

7 揭阳市榕江音乐喷泉夜景（2017）

（郑楚藩 摄）

2017年，云浮市推进供给侧结构性改革，突出发展经济和保障民生两大重点，加快推进云浮市体育场、西江新城文化中心、地下综合管廊等项目建设。全市地区生产总值840亿元，完成固定资产投资628.5亿元，建筑业总产值42.17亿元，房地产开发投资99.64亿元。全市建成区绿化覆盖率42.05%，人均公园绿地面积15.03平方米，人均城市道路面积9.56平方米。全市城镇生活垃圾无害化处理率100%，农村生活垃圾有效处理率95.01%。年内，成功创建“国家园林城市”“国家卫生城市”，通过“广东省文明城市”复审。

1

2

3

1 2017年5月3日，中共云浮市委书记庞国梅（前排左一）在云安区、云浮新区调研城乡规划建设
（云浮市住房和城乡建设局供稿）

2 2017年8月3日，云浮市召开城乡规划委员会年度第二次会议。市长王胜（中）、副市长钟汉谋（左四）等出席
（云浮市城乡规划编制委员会供稿）

3 2017年10月30日，省定贫困村创建社会主义新农村示范村和县（市）域乡村建设规划培训班在云浮举行。全省21个地级以上市住房和城乡建设规划部门参加

4 2017年2月25日，云浮市郁南县城中西路道路及绿化改造工程竣工

5 2017年，云浮市被命名为“国家园林城市”。图为南山森林公园杜鹃花栈道

6 云浮市蟠龙天湖公园远眺（2017）

7 云浮罗定市粤桂边工业新城远眺（2017）
（云浮市住房和城乡建设局供稿）

2017 年，佛山市顺德区有序推进城乡一体化建设，创建绿色宜居生态环境。启动城市治理工程 166 项，累计投资额 240 亿元；启动开展佛山轨道交通九号线一期等工程的前期规划设计研究和佛山市城市轨道交通二号线一期工程、三号线、广州市轨道交通七号线西延顺德段建设。全年新增、改造绿化面积 110.2 公顷，市域森林覆盖率增至 35.9%，成功创建“国家森林城市”。推进海绵城市建设，全面启动桂畔海水系综合整治，农村分散式生活污水处理能力增强。乐从镇被评定为第二批“全国特色小镇”，顺德成为全省唯一拥有两个“国字号”特色小镇的县级区域；杏坛逢简和北滘碧江获“亚洲都市景观奖”。

1 2017 年 3 月 30 日，中共佛山市委书记鲁毅（前排左二）、市长朱伟（前排左三）在顺德区调研产业升级、生态绿化、交通工程、村居改造、文化升级情况
（佛山市顺德区国土城建和水利局供稿）

2 2017 年 7 月 25 日，佛山市顺德区人民政府在大良举行顺德潭洲湾国际创新带规划新闻发布会
（佛山市顺德区发展改革和统计局供稿）

3 2017 年 12 月 8 日，佛山市城市轨道交通三号线大墩站至东平站盾构区间贯通，成为全线首个贯通的盾构区间
（佛山市顺德区环境运输和城市管理局供稿）

4 2017 年 4 月 5 日，佛山市顺德区德民路东延线工程完工试通车

5 2017 年，佛山市顺德区完成古村活化项目 15 项，累计完成投资额 7907.6 万元。图为勒流镇黄连村凤岸大街何公祠远眺
（佛山市顺德区国土城建和水利局供稿）

人物与荣誉

□先进模范人物选介

□荣誉

先进模范人物选介

【“全国五一劳动奖章”获得者】 张　放　1967年9月生，黑龙江哈尔滨人，汉族，1990年参加工作，2000年加入中国共产党。哈尔滨建筑工程学院热能工程系毕业，高级工程师，深圳市人才安居集团有限公司副总经理，曾任深圳市住宅发展事务中心主任。

张放采取系列措施，加强队伍建设，创新工作机制，推动主管部门出台规范保障性安居工程建设管理和发展绿色建筑的政策措施，推进发布实施《深圳市保障性住房建设标准（试行）》；实施标准化设计和样板引路制度，引入专家查验制度和逐套检验制度；建立质量监督和责任监管机制，打造优质精品工程；发展住宅标准化和工业化，提升建设项目科技含量；提高工程质量安全水平。

2009年，深圳市住宅发展事务中心加挂鹿丹村片区综合改造办公室牌子，负责加快推进鹿丹村拆除重建。制订切合实际的补偿方案等系列文件，推进小区改造，将鹿丹村片区综合改造项目打造成深圳市保障性住房旧改项目标杆。

探索创新保障性安居工程建设模式。通过市场化运作，引入社会资金参与，破解土地和资金瓶颈。通过地铁上盖、商品房和城市更新配建、企业自建、“工改保”等多渠道推进保障性安居房建设。推广采用代建总承包、BT，以及BOT模式建设保障性住房。2010年，由深圳市住宅发展事务中心负责建设的全市最大的保障性住房龙悦居项目率先招标引进房地产企业实行代建总承包建设模式，成为深圳市保障性住房建设创新的标杆。

2012年，深圳市住宅发展事务中心被住房和城乡建设部评为“全国城乡和建设系统先进集体”，连续3年获“深圳市住房和建设系统先进集体”。龙悦居项目被住房和城乡建设部评为国家“康居示范工程”，获首届“保障性住房设计竞赛一等奖”“最佳产业化实施方案奖”“科技部保障性住房设计精瑞奖”“省市双优文明工地”称号。2011年和2012年，被中国海员建设工会评为“全国保障性安居工程建设劳动竞赛优秀工程项目”称号。

2016年，深圳市人民政府组建注册资金1000亿元的深圳市人才安居集团有限公司，张放任集团副总经理。组织编制《深圳市人才安居集团有限公司三年发展战略规划（2018—2020）》，明确集团未来发展目标、策略及路径。集团率先成立深圳规模最大的国有房屋租赁运营管理公司，致力于打造最具专业化、规模化、规范化的国内一流住房管理运营和租赁平台。

2013年，在全国保障性安居工程竞赛中，被评为“优秀建设者”；2017年，被中华全国总工会授予“全国五一劳动奖章”。

（广东省住房和城乡建设工会委员会）

▲2017年，张放（前）被中华全国总工会授予“全国五一劳动奖章”

（广东省住房和城乡建设工会委员会供稿）

【全国住房城乡建设系统劳动模范】 杨清俊　女，1974年7月生，广东梅州市大埔县人，初中毕业；1992年11月至1994年12月，在梅州市环境卫生管理所临时工，1993年8月，担任梅州市环境卫生管理局车队洒水车驾驶员;1994年12月起，先后在梅州市环境卫生管理局车队、江南分局、清运中心任普通工人，以及初级工、中级工。自参加工作以来，十年如一日，干一行爱一行，尽心尽职做好本职工作。

除了下雨天外，杨清俊坚持每天冲洗城区主要道路，为抢先在市民上班前将主要路段冲洗干净，每天清晨4:30开始工作。她驾驶的是大型洒水车，难度大、技术要求高。一台班要加水七、八次。炎炎夏日，马路散发着阵阵热浪，洒水车驾驶室内温度接近摄氏50度;寒冷冬日，冰冷的自来水直刺双手，她常常被锈蚀失灵的消防栓淋湿衣服。杨清俊平时工作勤勤恳恳，不计较个人得失，无怨无悔挑重担。在梅州市创建“国家卫生城市”“国家园林城市”中，洒水车出车频率增加，杨清俊自觉服从环卫局清运中心安排调配，认真完成上级安排的各项任务。

杨清俊在平凡岗位上作出贡献，是所有环卫人崇高品质和敬业精神的代表。由于她的无私奉献和辛勤付出，为城市走向文明开通绿色的通道，为广大市民带来洁净的天地。

2013年10月，杨清俊被广东省住房和城乡建设厅评为“广东省优秀环卫工人”；2016年，杨清俊光荣当选为梅州市梅江区第五届人民代表大会代表；2017年，被人力资源和社会保障部、住房和城乡建设部授予“全国住房城乡建设系统劳动模范”称号。

（梅州市环境卫生管理局）

▲2017年，杨清俊被人力资源和社会保障部、住房和城乡建设部授予“全国住房城乡建设系统劳动模范”称号（梅州市环境卫生管理局供稿）

【全国住房城乡建设系统先进工作者】 高雷 1976年6月生，湖北武汉人，汉族，本科学历，惠州市规划设计研究院副院长，城乡规划高级工程师、注册城市规划师，主持和参与编制《惠阳中心地区新区控制性规划》，获2001年度广东省城乡规划设计优秀项目评优二等奖；秋长历史文化保护规划、永湖麻溪片区控制性规划、淡水河景观详细规划、秋长名镇建设规划分别获2003、2009、2011、2013年度“广东省优秀城乡规划设计表扬奖”。2014年1月，被惠阳区授予“惠州市惠阳区第四批区管拔尖人才”。2015—2016年，参加广东省第七批援藏工作，担任西藏自治区林芝市巴宜区住房和城乡建设局副局长。秉承“缺氧不缺精神，艰苦不怕吃苦”援藏精神，参与巴宜区小康示范村建设，妥善解决巴宜区国有林场危房改造过渡期职工住房安置问题；提出鲁朗镇旅游重点社区乡村建设规划许可管理等系列工作措施，先后获“巴宜区民族团结进步模范个人”“巴宜区优秀行业人才”“广东省第七批援藏队优秀队员”等多项荣誉。2017年，被人力资源和社会保障部、住房和城乡建设部授予“全国住房城乡建设系统先进工作者”称号。

（惠州市住房和城乡规划建设局）

▲2017年，高雷被人力资源和社会保障部、住房和城乡建设部授予“全国住房城乡建设系统先进工作者”称号（惠州市住房和城乡规划建设局供稿）

麦筹伟 1975年7月生，汉族，广东鹤山人，在职本科学历。1997年11月参加工作，现任佛山市禅城区建设工程质量安全监督站质量监督室主任、高级工程师。麦筹伟参与工程监督制度创新，协助建立禅城区房屋建筑工程质量安全“双随机一公开一固定”监管机制，规范禅城区房屋建筑工程质量安全监督执法检查；探索建立禅城区智慧工地管理信息系统，从办理工程监督手续到竣工验收实施全过程信息化管理，为有效监管提供数据支持。2017年，麦筹伟被人力资源和社会保障部、住房和城乡建设部授予“全国住房城乡建设系统先进工作者”称号。

（佛山市禅城区国土城建和水务局）

▲2017年，麦筹伟（右）被人力资源和社会保障部、住房和城乡建设部授予“全国住房城乡建设系统先进工作者”称号（佛山市禅城区国土城建和水务局供稿）

▲2017年，黄劲超被广东省总工会授予“广东省五一劳动奖章”

（广东省住房和城乡建设工会委员会供稿）

▲2017年，周卓琳获广东省总工会授予“广东省五一巾帼奖”

（广东省住房和城乡建设工会委员会供稿）

【“广东省五一劳动奖章”获得者】

黄劲超　1990年1月生，湖北黄冈人，汉族，先后毕业于辽宁工程技术大学、沈阳工业大学、华中科技大学，硕士研究生学历，2011年9月参加工作，任职于中国建筑第五工程局有限公司广东公司。

黄劲超考取建筑工程二级建造证书、广东省建协质量检查员证书、BIM等级一级证书、QC诊断师证书、建设工程项目负责人施工证书等多个执业证书，获11项国家工程专利，发表论文4篇，其中《型钢混凝土梁模板加固方案》获“湖南省土木建筑学会论文二等奖”，《超高层预制叠合楼板施工技术》在国家核心期刊《施工技术》发表。

探索BIM技术在工程中的应用，制定出BIM指导手册、建筑模型及深化标准、岗位职责等系列BIM标准体系，提升公司BIM整体建模水平和管理效率；协助公司BIM投标近200万平方米，协助项目创造效益300余万元，为公司承接342米的深圳湾壹号等地标工程作出贡献。负责广东省2016年安全、质量等多个现场观摩会的BIM展示，赢得社会效益和品牌效益。

2016年，黄劲超组建BIM团队参加多场BIM大赛，获10项国家级、6项省部级大奖。在住房和城乡建设部科技与产业化发展中心主办的第十五届中国住博会·2016年中国BIM技术交流会上获“最佳个人贡献奖”，其带领的团队在会上获4项BIM应用奖项。

2017年被广东省总工会授予“广东省五一劳动奖章”。

（广东省住房和城乡建设工会委员会）

【“广东省五一巾帼奖”获得者】

周卓琳　女，1979年2月生，湖南湘阴人，汉族，中共党员，毕业于第一军医大学，本科学历，1993年参加工作，现任广东省住房和城乡建设厅执法监察局主任科员。

周卓琳在工作中勇挑重担，出色地完成多项任务，特别是直接督办广东省人民政府交办的案件、被住房和城乡建设部列入全国督办的重大遥感图斑案件、被住房和城乡建设部列入的重点违法图斑等。参与《广东省住房和城乡建设厅行政处罚自由裁量权基准》《工程建设与建筑类》《住宅与房地产类》《城乡规划类》部分编审。参与组织举办广东省城市管理和综合执法体制改革专题培训班，协助省委组织部干部监督室完成委托房产查询函27490余人次，发给外省房产查询函8500多人次，向全省各相关单位反馈查询数据近10万条，得到省委组织部及各相关单位领导好评。

2017年，获广东省总工会授予“广东省五一巾帼奖”。

（广东省住房和城乡建设工会委员会）

荣 誉

全国荣誉

2017年广东省住房和城乡建设系统获“全国五一劳动奖状”单位

授予单位：中华全国总工会

荣誉名称	获奖单位
全国五一劳动奖状	中国建筑第五工程局有限公司深圳分公司
	广东省第一建筑工程有限公司
	广州市开物物业管理有限公司
	中建钢构阳光惠州有限公司

（广东省住房和城乡建设工会委员会）

2017年广东省住房和城乡建设系统获“全国五一劳动奖章”个人

授予单位：中华全国总工会

荣誉名称	获奖个人姓名	工作单位/职务
全国五一劳动奖章	丁建隆	广州地铁集团有限公司董事长、党委书记
	张　放	深圳市住宅发展事务中心主任
	刘志刚	港珠澳大桥珠海连接线管理中心工程管理部经理
	谢永科	韶关市曲江顺翔混凝土有限公司品控员

（广东省住房和城乡建设工会委员会）

2017年广东省住房和城乡建设系统获“全国工人先锋号”单位

授予单位：中华全国总工会

荣誉名称	获奖单位
全国工人先锋号	广东省第四建筑工程有限公司广州市大沙东保障性住房项目施工总承包（标段一）
	广东省建筑工程机械施工有限公司深圳葵涌街道保障性住房总承包项目部
	肇庆市建筑工程有限公司安居华苑保障性住房项目部
	广州市自来水公司水质部

（广东省住房和城乡建设工会委员会）

2017年广东省住房和城乡建设系统获“全国文明单位”单位

授予单位：中共中央精神文明建设指导委员会

荣誉名称	获奖单位
全国文明单位	广东省城乡规划设计研究院

（广东省城乡规划设计研究院）

2017 年广东省住房和城乡建设系统获“全国住房城乡建设系统先进集体”单位

授予单位：人力资源和社会保障部、住房和城乡建设部

荣誉名称	获奖单位
全国住房城乡建设系统先进集体	广州市城市轨道交通系统安全与运维保障国家工程实验室（工程技术研究开发中心）
	深圳市住房保障署租售服务部
	广东省城乡规划设计研究院
	珠海市城乡规划编审与信息中心
	汕头市住房和城乡建设局驻市行政服务中心窗口
	佛山市城市规划设计研究院
	梅州市五华县城镇环境卫生管理所
	东莞市住房和城乡建设局
	中山市住房保障服务中心
	湛江市住房公积金管理中心
	茂名市城乡规划局审批服务科
	清远市供排水处理中心
	佛山市顺德区国土城建和水利局

（广东省住房和城乡建设厅机关党办）

2017 年广东省住房和城乡建设系统获“全国住房城乡建设系统先进工作者”个人

授予单位：人力资源和社会保障部、住房和城乡建设部

荣誉名称	获奖个人姓名	工作单位/职务
全国住房城乡建设系统先进工作者	李永祥	广州市海珠区城市管理局直属三中队中队长
	林兆铭	广州市野生动植物保护管理办公室饲养员
	赵秋月（女）	深圳市城市更新局综合处副主任科员
	曾　铮	广东省住房和城乡建设厅办公室主任
	杨乐平	汕头市城乡规划局建设工程科副科长
	麦筹伟	佛山市禅城区建设工程质量安全监督站质量监督室主任
	钟永汕	南雄市住房和城乡规划建设局总工程师
	杨　伟	河源市城乡规划编制研究中心主任
	梁建兴	梅州市建设工程质量安全监督检测站站长
	高　雷	惠州市规划设计研究院副院长
	杨　扬	汕尾市住房和城乡建设局市政工程建设科副科长
	刘月兰（女）	东莞市城建工程管理局职工
	何建军	中山市市政工程建设中心主任
	蒙　平	江门市住房和城乡建设局村镇建设科主任科员
	张仕旺	阳江市住房和城乡规划建设局法规科主任科员
	颜晓坤	湛江市建筑工程质量监督站坡头区分站监督室主任
	李昌辉	茂名市住房和城乡建设局办公室主任
	徐　敏（女）	肇庆市住房和城乡建设局城乡建设科科长
	徐钊强	清远市佛冈县城市建设管理监察大队副大队长
	王顺卿	潮州市城市规划勘测设计院院长
	程奕豪	揭阳市城市管理行政执法局榕城分局东升中队队长
	郑永发	云浮市云城区建设局规划管理股负责人
	朱伟平	肇庆市建设工程施工安全监督站安监室副主任

（广东省住房和城乡建设厅机关党办）

2017年广东省住房和城乡建设系统获“全国住房城乡建设系统劳动模范”个人

授予单位：人力资源和社会保障部、住房和城乡建设部

荣誉名称	获奖个人姓名	工作单位/职务
全国住房城乡建设系统劳动模范	李志芳	广州市市政工程维修处项目部班长
	孙成伟	广州地铁集团有限公司副总经理
	李世钟	深圳市鹏城建筑集团有限公司常务副总经理
	陆荣秀	深圳市万科房地产有限公司副总经理
	李　鹏	广东省建筑设计研究院城市设计与规划研究所所长、西安分院总规划师
	潘裕娟（女）	珠海市规划设计研究院规划分院副总工程师、政府规划与城市设计研究中心主任
	谢馥镔	珠海市建设工程质量监督检测站检测员
	何晓华	汕头市城建工程设计院院长
	张兴汉	佛山市南海区房地产测绘中心质检部经理
	阳开典	韶关市城乡规划市政设计研究院项目组负责人
	杨　梅（女）	河源市城市综合管理局公厕管理队保洁员
	韦金香（女）	东莞市家宝园林绿化有限公司环卫工人
	冯火友	中山市乐德环保营运有限公司项目主管
	梁兆均	江门市新会区环境卫生管理处机运综合管理所汽车组组长
	庞建文	湛江市粤西建筑工程公司广州分公司经理
	林秀莲（女）	侨银环保科技股份有限公司茂南分公司压缩站工人
	朱力行	肇庆市明亮路灯照明工程有限公司工人
	钟炽明	广东绿德园林环保工程有限公司工人
	陈友焕	潮州市潮安区自来水公司副经理
	徐伟光	揭阳市建筑设计院院长
	陈克添	普宁市市政发展公司副经理
	陈小冰（女）	云浮市建设工程质量检测站实验室副主任
	郑永民	佛山市顺德区建设工程质量安全监督检测中心副主任
	杨清俊（女）	梅州市环境卫生管理局清运中心洒水车司机

（广东省住房和城乡建设厅机关党办）

2017 年广东省获"中国人居环境范例奖"项目

授予单位：住房和城乡建设部

荣誉名称	获奖项目
中国人居环境范例奖	珠海市香炉湾沙滩修复项目
	韶关市南雄梅关古驿道保护与利用项目
	汕头市西堤公园建设项目
	佛山市禅城区社会综合治理项目

（广东省住房和城乡建设厅城市建设处）

2017 年度广东省获"华夏建设科学技术奖"项目

授予单位：华夏建设科学技术奖励委员会

序号	项目名称	主要完成单位	获奖等级
1	城市智慧停车整体解决方案关键技术及应用	深圳市城市交通规划设计研究中心有限公司 深圳市道路交通管理事务中心 公安部道路交通安全研究中心 深圳市新城市规划建筑设计有限公司	二等奖
2	高层混凝土结构抗震优化设计方法及优化分析软件研发	广东省建筑设计研究院 深圳市广厦科技有限公司	三等奖
3	大亚湾红树林城市湿地公园总体规划	广东省城乡规划设计研究院	三等奖
4	广佛两市轨道交通衔接规划	广州市交通规划研究院 广州地铁设计研究院有限公司	三等奖
5	环珠江口宜居湾区建设重点行动计划	广东省城乡规划设计研究院	三等奖
6	从化市"四规合一"规划	广东省城乡规划设计研究院	三等奖
7	省域规划建设监测与分析关键技术和应用	广东省建设信息中心 广东省住房和城乡建设厅 住房和城乡建设部城乡规划管理中心	三等奖

（广东省住房和城乡建设厅科技信息处）

2016—2017 年度广东省获"中国建设工程鲁班奖"（国家优质工程）项目

授予单位：中国建筑业协会

序号	工程名称	承建单位	参建单位
1	越秀金融大厦	广州建筑股份有限公司	广东省工业设备安装有限公司 江苏沪宁钢机股份有限公司 江河创建集团股份有限公司 广州市第一建筑工程有限公司
2	深圳市档案中心（一期）	深圳市第一建筑工程有限公司	深圳市洪涛装饰股份有限公司 深圳市华南装饰集团股份有限公司 深圳市同大机电设备安装有限公司

（续表）

序号	工程名称	承建单位	参建单位
3	华发人才公馆（一、二期）	广东建星建筑工程有限公司	
4	太平金融大厦	中建三局集团有限公司	中建三局第二建设工程有限责任公司 中建三局装饰有限公司 中建钢构有限公司 深圳市美芝装饰设计工程股份有限公司 沈阳远大铝业工程有限公司 深圳市中装建设集团股份有限公司
5	海格通信北斗产业园（海华产业园）生产大楼	广东正升建筑有限公司	汕头市建安（集团）公司 广州市机电安装有限公司
6	新光城市花园 B5-B6 栋、B7-B8 栋	中天建设集团有限公司	中天建设集团浙江安装工程有限公司 广东省第一建筑工程有限公司
7	河源市图书馆新馆	广东长圣建设集团有限公司	汕头市潮阳建筑工程总公司
8	广东省建筑工程集团有限公司综合楼工程施工总承包	广东省建筑工程集团有限公司	广东省基础工程集团有限公司 广东省工业设备安装有限公司 广东省建筑装饰集团公司
9	粤剧艺术博物馆工程	广东电白二建集团有限公司	广州市美术有限公司
10	和平里花园Ⅱ期 1 栋、2A 栋、2B 栋、2C 栋及地下室工程	江苏省华建建设股份有限公司	江苏中程建筑有限公司 深圳市中装建设集团有限公司
11	中信银行大厦	中国华西企业有限公司	深圳市华西安装工程有限公司 深圳市科源建设集团有限公司 深圳瑞和建筑装饰股份有限公司 深圳市美芝装饰设计工程股份有限公司 深圳南利装饰集团股份公司 深圳市方大建科集团有限公司
12	当代艺术馆与城市规划展览馆	中建三局集团有限公司 重庆中工建设有限公司	中建三局第二建设工程有限责任公司 中建钢构有限公司 深圳市方大建科集团有限公司 深圳市中建南方建设集团有限公司 深圳海外装饰工程有限公司 中建电子工程有限公司
13	广佛江快速通道江顺大桥工程	中国中铁股份有限公司	中铁广州工程局集团有限公司 中铁大桥局集团有限公司 中铁建设投资集团有限公司
14	乐昌至广州高速公路大瑶山一号隧道	中铁十二局集团有限公司	中铁十二局集团第二工程有限公司 甘肃紫光智能交通与控制技术有限公司
15	宝钢广东湛江钢铁基地项目炼钢工程	中国十七冶集团有限公司	—
16	珠海横琴新区市政基础设施Ⅰ标段城市综合管廊工程	中国二十冶集团有限公司	中国二十二冶集团有限公司

（广东省建筑业协会）

2017年广东省获“全国建设工程项目施工安全生产标准化工地”项目

授予单位：中国建筑业协会建筑安全分会

序号	获奖工程	获奖单位
1	广钢新城AF040405地块项目二期	中建二局第三建筑工程有限公司
2	广州香港马会马匹运动训练场（广州第16届亚运会马术场赛后利用改造工程）	中国建筑第八工程局有限公司
3	计量检测研制中心15号、工业产品服务平台10号工程	广州市第三建筑工程有限公司
4	商业、办公楼工程（自编B1号）1幢	中天建设集团有限公司
5	鹏瑞深圳湾壹号广场7号塔楼（南地块三期）施工总承包工程	中国建筑第五工程局有限公司
6	水贝珠宝总部大厦	中国华西企业有限公司
7	前海双界河路（及其地下道路）市政工程二标	中铁四局集团有限公司
8	南开大厦主体工程	中建三局第二建设工程有限责任公司
9	港珠澳大桥珠海口岸工程（Ⅰ、Ⅱ标段）施工总承包联合体	中建三局集团有限公司 广西建工集团第五建筑工程有限责任公司联合体
10	华发十字门国际花园一标段	广东建星建筑工程有限公司
11	港珠澳大桥珠海连接线项目安置房建设	广东建安昌盛工程有限公司
12	虎门万科城（三区）84、89、100、101号住宅楼	深圳市广胜达建设有限公司
13	集团总部大楼	佛山市房建集团有限公司
14	中天广场工程	湖南省第五工程有限公司
15	中山剑桥郡花园六区二期1、2幢，四期3、4幢商住楼及地下车库工程	红阳建工集团有限公司
16	玥珑湾小区二期6~10栋商住楼及地下车库建设项目	中达建设集团股份有限公司
17	茂名市青少年活动中心	广东协强建设集团有限公司
18	广东以色列理工学院（筹）一期校区（北校区）建设项目	广东省第二建筑工程有限公司
19	省残疾人康复基地项目首期工程	广东省第一建筑工程有限公司
20	广州市轨道交通十四号线一期【施工6标】土建工程	广东省基础工程集团有限公司

（广东省建筑安全协会）

2016—2017 年度广东省获“国家优质工程奖”项目（第一批）

授予单位：中国施工企业管理协会

2016年度

序号	工程名称	主要申报单位	项目属地
1	中国海油珠海 LNG 项目一期工程	广东珠海金湾液化天然气有限公司	珠海市
2	中电投珠海横琴岛多联供然气能源站 2*390MW 工程	中电投珠 2016 年度海横琴热电有限公司	珠海市
3	湛江 500 千伏东海岛输变电工程	广东电网有限责任公司湛江供电局	湛江市
4	厦深铁路潮汕至惠州南段新建长沙湾特大桥工程	中铁十八局集团有限公司	汕尾市
5	莞深高速公路东江大桥工程	中铁二十四局集团第五工程有限公司	东莞市
6	深圳市机场南路新建工程市政工程	中铁二十五局集团有限公司	深圳市
7	中广核大厦工程—南楼	中建三局第二建设工程有限责任公司	深圳市
8	深圳招商局广场	中建二局第一建筑工程有限公司	深圳市
9	北京大学深圳医院外科住院楼	江苏省华建建设股份有限公司	深圳市
10	颂德花园商业及办公楼工程	深圳市中邦（集团）建设总承包有限公司	深圳市
11	东莞篮球中心工程	中国建筑第八工程局有限公司	东莞市
12	广州医学院第二附属医院新门诊综合楼	广州协安建设工程有限公司	广州市
13	8 层电信设备楼工程 1 幢（自编号中国电信广州数据中心）	广州机施建设集团有限公司	广州市
14	珠江新城 A4-1、A4-2 商业、办公楼工程	广东梁亮建筑工程有限公司	广州市

2017年度

序号	工程名称	主要申报单位	项目属地
1	珠海十字门会展商务组团一期公寓式酒店工程	上海宝冶集团有限公司	珠海市
2	珠海横琴总部大厦（一期）	中国二十冶集团有限公司	珠海市
3	拱北口岸改扩建（一期工程）	湖南长大建设集团股份有限公司	珠海市
4	江门市中心医院外科住院大楼建设项目	广东金辉华集团有限公司	江门市
5	台山市新宁体育馆及人防工程	广东金辉华集团有限公司	江门市
6	河源市商业中心一期工程	中国二十二冶集团有限公司	河源市
7	汕头大学新医学院工程	广州市第三建筑工程有限公司	汕头市
8	厚街万达广场 1 幢商业楼、28 幢地下室	中国建筑第二工程局有限公司	东莞市
9	汇悦台	中建三局第一建设工程有限责任公司	广州市
10	珠江新城 F1-1 地块商业办公楼工程	中国建筑第八工程局有限公司	广州市
11	增城市文化会议中心项目	广州协安建设工程有限公司	广州市
12	兰江山第花园一期	江苏省华建建设股份有限公司	深圳市
13	北京大学汇丰商学院教学楼	深圳市永鑫建设集团有限公司	深圳市
14	长富金茂大厦	中铁建工集团有限公司	深圳市
15	华为荔枝园员工宿舍 1~3 号楼、19~29 号、31 号、32 号及 3 号、4 号地下汽车库工程	中国建筑一局（集团）有限公司	深圳市

（广东省建筑业协会）

2017 年度广东省获"全国优秀工程勘察设计行业奖"一等奖项目

授予单位：中国勘察设计协会

序号	项目名称	主要参加单位
工程勘察		
1	深圳地铁前海北区场地及道路软基处理工程	深圳市勘察测绘院有限公司
2	广州宏宇大厦基坑支护设计	广州市城市规划勘测设计研究院
3	西岸时代广场项目基坑支护工程	深圳市勘察测绘院有限公司
4	广州周大福金融中心第三方监测及规划验收测量	广州市城市规划勘测设计研究院
建筑工程设计		
1	广州珠江新城商业、办公楼 1 幢 B2-10 地块（财富中心）	华南理工大学建筑设计研究院
2	合肥工业大学宣城校区二期教学楼	华南理工大学建筑设计研究院
3	淮安市体育中心	华南理工大学建筑设计研究院
4	侵华日军第七三一部队罪证陈列馆	华南理工大学建筑设计研究院
5	侵华日军南京大屠杀遇难同胞纪念馆三期扩容工程	华南理工大学建筑设计研究院
6	武汉理工大学南湖校区图书馆	华南理工大学建筑设计研究院
7	云南省博物馆新馆建设项目	深圳市建筑设计研究总院有限公司 许李严建筑师事务有限公司
8	云阳县市民活动中心	深圳汤桦建筑设计事务所有限公司 中机中联工程有限公司
9	厦门世茂海峡大厦	奥意建筑工程设计有限公司 晋思建筑咨询（上海）有限公司 Gensler Architecture Consulting （Shanghai） Co., Ltd.
10	北京天桥艺术中心（北京天桥演艺区南区公建项目）	广州珠江外资建筑设计院有限公司
住宅与住宅小区		
1	广州南湖山庄项目—C 区住宅与 D 区高层住宅	华南理工大学建筑设计研究院
2	华润小径湾花园（一期住宅及商业）	广东省建筑设计研究院 澳大利亚柏涛设计咨询有限公司
市政公用工程道路桥隧		
1	深圳市南坪快速路二期主线工程	深圳市市政设计研究院有限公司
2	广州市洲头咀隧道工程	广州市市政工程设计研究总院 艾奕康有限公司（前为茂盛（亚洲）工程顾问有限公司）
3	合肥市包河大道高架工程	深圳市市政设计研究院有限公司
给排水（含固废）		
1	广州白云国际机场扩建工程二号航站楼及配套设施——市政综合管廊工程	广东省建筑设计研究院
轨道交通		
1	广州市海珠区环岛新型有轨电车试验段工程	广州地铁设计研究院有限公司
建筑结构专业		
1	广州珠江新城 F2-4 地块项目	广东省建筑设计研究院
2	西宁市海湖新区体育中心	深圳市建筑设计研究总院有限公司
园林和景观工程设计		
1	海珠湿地二期工程	广州园林建筑规划设计院
2	粤剧艺术博物馆	广东省建筑设计研究院 华南理工大学建筑设计研究院
建筑环境与能源应用		
1	深圳市城市轨道交通 11 号线工程—通风空调系统	深圳市市政设计研究院有限公司
建筑智能化专业		
1	侵华日军南京大屠杀遇难同胞纪念馆三期扩容工程	华南理工大学建筑设计研究院
2	中山大学肿瘤防治中心二期建设工程辅助医疗大楼	广州奥特信息科技股份有限公司

(续表)

序号	项目名称	主要参加单位
建筑电气工程专业		
1	昆明西山万达广场—双塔	广东省建筑设计研究院
水系统工程		
1	广州珠江新城西塔	华南理工大学建筑设计研究院 Wilkinson Eyre Architects

(广东省工程勘察设计行业协会)

省级荣誉

2017年广东省住房和城乡建设系统获“广东省五一劳动奖状”单位

授予单位：广东省总工会

荣誉名称	获奖单位
广东省五一劳动奖状	广州燃气集团有限公司服务中心热线班
	中国建筑第三工程局有限公司深圳分公司前海自贸大厦施工总承包工程项目部
	珠海港兴管道天然气有限公司
	中国建筑第三工程局有限公司横琴国际金融中心大厦工程项目部
	汕头市南澳大桥建设管理中心
	龙门县西林水质净化有限公司
	广东广信物业管理公司普晖服务中心
	广东华建企业集团有限公司
	中国建筑第八工程局有限公司广州分公司
	广东省建设信息中心信息经营科

(广东省住房和城乡建设工会委员会)

2017年广东省住房和城乡建设系统获“广东省五一劳动奖章”个人

授予单位：广东省总工会

荣誉名称	获奖者	工作单位	职务
广东省五一劳动奖章	余伟健	广州市第二建筑工程有限公司	项目部经理
	罗　佩	广州市城市建设开发有限公司产品中心	科室经理
	朱育宏	广州地铁集团有限公司	建设事业总部副经理
	李　枫	恒瑞侨香物业发展（深圳）有限公司	物业部维修班长
	韩德宏	深圳市水务（集团）有限公司	董事长、党委书记
	金敏翔	广东精工钢结构有限公司	总经理
	梁跃辉	中建五局安装公司	惠阳星河丹堤项目经理部劳务技术负责人
	田长华	惠州市建筑设计院有限公司	装饰设计室主任
	张瑞光	陆河县供水公司	安装班班长
	何玉成	东莞市彩丽建筑维护技术有限公司	总经理
	毛伙南	中山兴盛股份有限公司	总工程师
	黄玉秀	惠来县城镇环境卫生管理局	清道职工
	许建华	广东省华侨物业发展有限公司	董事长
	丘小广	广东省建筑工程集团有限公司	董事长、党委书记
	陈华茂	广东省广垦置业有限公司	总经理助理
	黄劲超	中国建筑第五工程局有限公司广东公司	技术管理员

(广东省住房和城乡建设工会委员会)

2017 年广东省住房和城乡建设系统获“广东省五一巾帼奖”个人

授予单位：广东省总工会

荣誉名称	获奖者	工作单位
广东省五一巾帼奖	周卓琳	广东省住房和城乡建设厅执法监察局

（广东省住房和城乡建设工会委员会）

2017 年“广东省宜居环境范例奖”获奖项目

授予单位：广东省住房和城乡建设厅

序号	获奖项目	序号	获奖项目
1	广州市人行天桥立交桥绿化建设	14	佛山市南海中轴线上的明珠——千灯湖公园
2	广州市珠江上的公交巴士	15	佛山市禅城区文华里三旧改造项目
3	广州市东濠涌流域水环境治理项目	16	韶关市南雄梅关古驿道保护与利用项目
4	广州市城市道路全要素品质提升建设项目	17	河源市和平县林寨古村宜居村庄项目
5	深圳市罗湖体育休闲公园项目	18	河源市东江湾公园一期
6	深圳市泰华梧桐岛产业园项目	19	东莞市传承爱莲文化建设爱莲湖景区项目
7	深圳市优质饮用水入户工程项目	20	东莞市宜居新城、秀丽社区项目
8	深圳市盐田垃圾发电厂提标改造项目	21	中山市“放心水”工程项目
9	珠海市绿色超低能耗建筑项目	22	江门市台山市端芬镇海口埠有机更新项目
10	汕头市沟南文化创意旅游村项目	23	湛江市保护与利用相结合打造绿色城市客厅项目
11	汕头市澄海区东里镇樟林古港保育活化项目	24	肇庆市独水河肇庆高新区河段生态修复工程
12	佛山市三水区大旗头古村活化项目	25	清远市元江村宜居村庄项目
13	佛山市高明区西江新城城市生态修复项目	26	潮州市“文化古城·天下名街——牌坊街”项目

（广东省住房和城乡建设厅城市建设处）

2017 年度“广东省建设工程优质奖”获奖项目

授予单位：广东省建筑业协会

序号	工程名称	承建单位	参建单位	监理单位
房屋建筑工程				
广州				
1	粤剧艺术博物馆工程	广东电白二建集团有限公司	广州市第二建筑工程有限公司 广州市美术有限公司 广东创宇信息工程有限公司	广州建筑工程监理有限公司
2	天环广场（宏城广场综合改造工程）	广州建筑股份有限公司	广州市第一建筑工程有限公司 广州市机电安装有限公司 浙江精工钢结构集团有限公司	广州宏达工程顾问有限公司
3	住宅楼工程（自编新光城市花园 A6-A12 栋）	中天建设集团有限公司	—	广东粤能工程管理有限公司
4	新光城市花园自编 C1、C2、C3 栋、垃圾收集站工程	中天建设集团有限公司	—	广东粤能工程管理有限公司

（续表）

序号	工程名称	承建单位	参建单位	监理单位
5	广州开发区 CPPQ-A1-2 地块项目住宅（自编号 13~16 号）、地下室（D6-D7）施工总承包及总承包管理配合服务	中国建筑第五工程局有限公司	广州市机电安装有限公司	广州城建开发工程咨询监理有限公司
6	龙归保障性住房项目施工总承包（标段二）	广州金辉建设集团有限公司	—	广州市城市建设工程监理公司
7	广州新机场南航基地配套区设施二期项目［食堂（自编 B 栋）］	广州市第三建筑工程有限公司	—	广东工程建设监理有限公司 广州南航工程监理有限公司
8	南沙星河丹堤花园二期（C2、G3 区）工程（G3 区）工程	中国建筑第五工程局有限公司	中建五局工业设备安装有限公司	广东重工建设监理有限公司
9	中交港湾大厦	广东电白二建集团有限公司	广州市黄埔建筑工程总公司 广东开平二建集团股份有限公司	广州海建工程咨询有限公司
10	水上反恐训练场	广东电白二建集团有限公司	广州市黄埔建筑工程总公司	广州市侨房工程建设监理有限公司
11	电梯试验塔楼工程建设项目施工总承包	广州市恒盛建设工程有限公司	广州市第三市政工程有限公司	广东省城规建设监理有限公司
12	海珠区琶洲村“城中村”全面改造项目地块一 J—16（27~28 号楼）、J—17（29~30 号楼）及配套公建楼 1 幢（自编 AA—6）、幼儿园及托儿所 1 幢	广东梁亮建筑工程有限公司 广州富利建筑安装工程有限公司（联合体）	—	广东重工建设监理有限公司
13	商业、办公楼 1 幢	中国建筑第八工程局有限公司	广东省工业设备安装有限公司 广州市机电安装有限公司	广州宏达工程顾问有限公司
14	逸彩新世界第一小区 1C 组团 B5~B6 栋住宅楼	广州工程总承包集团有限公司	—	广州市穗芳建设咨询监理有限公司
深圳				
15	中建钢构大厦	中建三局集团有限公司	中建三局装饰有限公司 中建四局安装工程有限公司 深圳建升和钢结构建筑安装工程有限公司	深圳市京圳工程咨询有限公司
16	中国移动深圳信息大厦建安施工总承包工程	中建三局第一建设工程有限责任公司	中建三局装饰有限公司 深圳市三鑫幕墙工程有限公司 广东省工业设备安装有限公司	深圳市东部建设监理有限责任公司
17	航天科技广场施工总承包工程	中国建筑股份有限公司	中建钢构有限公司 中建三局装饰有限公司 深圳市华通电梯实业有限公司 深圳深港建设工程发展有限公司 中建电子工程有限公司	深圳市首嘉工程顾问有限公司

（续表）

序号	工程名称	承建单位	参建单位	监理单位
18	中信银行大厦	中国华西企业有限公司	深圳市华西安装工程有限公司 深圳瑞和建筑装饰股份有限公司 深圳市美芝装饰设计工程股份有限公司 深圳南利装饰集团股份有限公司 深圳市方大建科集团有限公司 深圳市科源建设集团有限公司	深圳市霍克建设监理有限公司
19	国香山花园建筑安装总承包工程	中国华西企业有限公司	深圳市华西安装工程有限公司	深圳市万晟建设管理有限公司
20	卓越皇后道名苑Ⅰ标段施工总承包工程	中国华西企业有限公司	—	深圳市恒浩建工程项目管理有限公司
21	桃花园E区（含幼儿园）项目施工总承包工程	中国华西企业有限公司	—	深圳市深龙港建设监理有限公司
22	当代艺术馆与城市规划展览馆	中建三局集团有限公司 重庆中工建设有限公司（联合体）	中建三局第二建设工程有限责任公司 中建钢构有限公司 深圳市方大建科集团有限公司 深圳市中建南方建设集团有限公司 深圳海外装饰工程有限公司	中海监理有限公司
23	高新区联合总部大厦主体工程	中铁二局工程有限公司	深圳中铁二局工程有限公司 深圳市嘉信装饰设计工程有限公司 深圳中翰建设工程有限公司	深圳市振强建设工程管理有限公司
24	御湖峰家园施工总承包工程	中国建筑一局（集团）有限公司	深圳市金润建设工程有限公司	深圳市城建监理有限公司
25	半山海花园（21栋）（1号、2号、3号、5号楼）	深圳市华岳建筑工程有限公司	—	深圳市大众工程管理有限公司
26	和平里花园Ⅱ期	江苏省华建建设股份有限公司	江苏中程建筑有限公司 江苏扬安集团有限公司	深圳市特发发展中心建设监理有限公司
27	深业世纪工业中心项目总承包工程	上海宝冶集团有限公司	—	深圳京圳建设监理公司
28	特发信息科技大厦施工总承包	深圳市鹏城建筑集团有限公司	—	深圳市特发发展中心建设监理有限公司
珠海				
29	珠海横琴总部大厦（一期）	中国二十冶集团有限公司	—	珠海市工程监理有限公司
30	航展中心新建主展馆工程——主体工程施工	南通四建集团有限公司	湖南长大建设集团股份有限公司 广东兆邦智能科技有限公司	广东省建筑工程监理有限公司
31	仁恒滨海半岛D5地块上部和地下室工程	龙信建设集团有限公司	江苏紫浪装饰装璜有限公司 南京仁生装饰工程有限公司 浙江亚厦装饰股份有限公司	广东华工工程建设监理有限公司
32	中国共产党珠海市委员会党校停车场及教学楼	广东建安昌盛工程有限公司	—	广东省建筑工程监理有限公司

(续表)

序号	工程名称	承建单位	参建单位	监理单位
33	万科魅力之城花园11号楼	广东建星建筑工程有限公司	—	珠海市工程监理有限公司
34	中海名钻花园项目二期(2~5)栋	中建三局第一建设工程有限责任公司	—	珠海经济特区建设监理有限公司
35	格力小学建安工程	广东省广弘华侨建设投资集团有限公司	—	珠海市建设咨询有限公司
36	丹田广场二期	江苏省华建建设股份有限公司	中山中瑞建筑装饰工程有限公司 珠海卫华消防工程有限公司	珠海市工程建设监理有限公司
37	珠海航空标准件保税仓储基地	江苏省华建建设股份有限公司	—	广东建浩工程项目管理有限公司
38	万科魅力之城花园项目二期住宅1、2、5、6号楼、地下室(二)及1、2号配电房	中天建设集团有限公司	—	珠海市工程监理有限公司
39	家和湾花园DE区(商住)	广东建粤工程有限工程	—	广东建浩工程项目管理有限公司
40	珠海健帆科技园研发楼工程	珠海市建安集团有限公司	—	珠海森茂工程项目管理有限公司
41	珠海市第一中学平沙校区改扩建工程二标段	广东建粤工程有限工程	—	珠海兴地建设项目管理有限公司
42	格力海岸S2地块三期建安工程	南通四建集团有限公司	湖南长大建设集团股份有限公司 大潮建设集团有限公司	珠海市工程监理有限公司
43	珠海斗门岭峰国际花园(商住)17号楼	广东电白二建集团有限公司	—	珠海华泰工程项目管理有限公司
44	时代成花园三期一标-22号住宅	广东吴川建筑安装工程有限公司	—	广东重工建设监理有限公司
45	格力海岸S1地块二期建安工程(Ⅱ标段)	湖南长大建设集团股份有限公司	广东省广弘华侨建设投资集团有限公司 大潮建设集团有限公司	珠海市建设咨询有限公司
汕头				
46	住宿学院(一期A、B区)工程	汕头市建安(集团)公司	汕头市振侨消防有限公司	汕头市城市建设监理公司
47	“三旧”改造项目(香景雅园)1栋	广东保辉建筑工程有限公司	—	汕头市建生建设监理有限公司
48	汕头大学新医学院工程	广州市第三建筑工程有限公司	—	汕头市城市建设监理有限公司
佛山				
49	越秀星汇云锦广场一区1座、2座	广州建筑股份有限公司	广州市第一建筑工程有限公司 中建三局第一建设工程有限责任公司 广州市安鑫消防工程有限公司	广东创南工程管理有限公司
50	佛禅(挂)2008-014地块信财置业绿岛湖项目(2号地块)G1-G5	广东省六建集团有限公司	—	广州广大工程项目管理有限公司

（续表）

序号	工程名称	承建单位	参建单位	监理单位
51	佛禅网（挂）2013-004佛山市禅城区南浦村地块项目9号、10号、11号楼及地下室之四	广州市第四建筑工程有限公司	广东浩天建设工程有限公司	广东创南工程管理有限公司
52	佛禅（挂）2007-015三号地块（佛山岭南天地E地块）建设项目（区域一）	中天建设集团有限公司	—	广东重工建设监理有限公司
53	国华新都18、19、32、33、34座	中国建筑第五工程局有限公司	—	广州穗峰建设工程监理有限公司
54	坚美展贸大厦	中国建筑第五工程局有限公司	中建三局第一建设工程有限责任公司	广东鼎耀工程技术有限公司
55	金色领域广场1座、2座	中天建设集团有限公司	—	广州宏达工程顾问有限公司
56	友邦金融中心二座	中建三局集团有限公司	中建三局第一建设工程有限责任公司 广州江河幕墙系统工程有限公司	广东建诚监理咨询有限公司
57	保利东滨花园（8号地）1号、2号、3号、4号、5号、6号住宅楼	广州富利建筑安装工程有限公司	广东梁亮建筑工程有限公司	广东奥科工程监理有限公司
韶关				
58	韶关学院北区新学生公寓	韶关市曲江区盛业建设工程有限公司	—	广东海外建设监理有限公司
湛江				
59	南国豪苑第二期酒店工程	广东三穗建筑工程有限公司	—	广西恒基建设工程咨询有限公司
60	东新豪园1号楼、2号楼、3号楼、4号楼、5号楼、6号楼工程	湛江市华鹏建筑工程有限公司	—	广东中山建设监理咨询有限公司
肇庆				
61	西湖新筑二期17号楼	远扬控股集团股份有限公司	—	浙江有色工程监理有限公司
江门				
62	办公楼、商铺、地下车库	广东耀南建筑工程有限公司	—	广东健城建设监理有限公司
63	江门市中心医院外科住院大楼建设项目	广东金辉华集团有限公司	—	广东省城规建设监理有限公司
64	江门通信综合楼	广东建邦兴业集团有限公司	—	江门市建设监理顾问有限公司
65	台山新宁体育馆及人防工程	广东金辉华集团有限公司	广东天竟建设有限公司	广州市财贸建设开发监理有限公司
惠州				
66	莱蒙·水榭湾13栋及地下室	中国建筑第五工程局有限公司	—	深圳华鹏工程项目管理有限公司
67	星河丹堤花园F区地下室、7号-10号住宅	中国建筑第五工程局有限公司	中建五局工业设备安装有限公司	深圳市中行建设监理有限公司
68	住宅（B1、B3、B5、B10、B12栋）	中天建设集团有限公司	—	深圳市邦迪工程顾问有限公司
69	中洲·湾上花园住宅楼（7号楼、9号楼及地下室）	中建二局第三建筑工程有限公司	—	深圳市九州建设监理有限公司

(续表)

序号	工程名称	承建单位	参建单位	监理单位
梅州				
70	原梅县矿务局丙村、石壁塘国有工矿棚户区改造项目	广州市恒盛建设工程有限公司	—	深圳科宇工程顾问有限公司
河源				
71	中国联通河源分公司通信综合楼	广东长圣建设集团有限公司	—	广东宏茂建设监理有限公司
72	河源市图书馆新馆工程	广东长圣建设集团有限公司	汕头市潮阳建筑工程总公司	中外天利（北京）工程管理咨询有限公司
阳江				
73	君怡花园小区中心商场	江苏省华建建设股份有限公司	—	中汽智达（洛阳）建设监理有限公司
清远				
74	清远清城万达广场	中国建筑第二工程局有限公司	中建二局装饰工程有限公司	四川西南工程项目管理咨询有限责任公司
东莞				
75	大运城邦花园二区五期东莞市凤岗雅乐轩酒店16号商业楼、17号商业楼、18号酒店、商业楼、19号地下室	中国华西企业有限公司	深圳市华西安装工程有限公司	广东华工工程建设监理有限公司
76	盛和商务大厦商业、办公楼	广东信宏建设工程有限公司	东莞市兴发建业建筑工程有限公司	深圳市昊源建设监理有限公司
77	东田翠湖湾22、23栋	东莞市建工集团有限公司	—	东莞市粤建监理工程有限公司
78	翰林湖花园（二期）2号地下车库、66号住宅楼	东莞市建安集团有限公司	—	东莞市杰高建设工程监理有限公司
79	华南生物医药产业孵化中心	东莞市裕欣国建筑工程有限公司	—	广东华工工程建设监理有限公司
80	华为南方工厂二期生产用房（大）10、地下室03	中国建筑第五工程局有限公司	中建三局第一建设工程有限责任公司	深圳市中行建设监理有限公司
81	中集智荟园-1号地下室、1号住宅楼、3号住宅、商业楼	中国建筑第五工程局有限公司	—	东莞市恒信建设工程咨询有限公司
82	万利金色悦府6、7、8、9号住宅楼	深圳市广胜达建设有限公司	—	东莞市恒信建设工程咨询有限公司
83	虎门万科城（四区）138号地下室、109~113号住宅楼	中天建设集团有限公司	—	东莞市鸿业工程建设监理有限公司
84	虎门万科城（一区）134号地下室、4号住宅楼	中国建筑第四工程局有限公司	万镕建工集团有限公司	东莞市恒信建设工程监理有限公司
85	虎门万科城（三区）99、100、101号住宅楼	深圳市广胜达建设有限公司	—	东莞市大业建筑技术咨询有限公司
86	虎门万达广场22幢地下室、1幢商业楼、2幢办公楼、3幢办公楼	中国建筑第二工程局有限公司	—	中咨工程建设监理公司
87	香溪水岸花园一号地下室、4号、5号住宅楼	湖南星大建设集团有限公司	—	东莞市粤建监理工程有限公司
88	信鸿熙岸花园19、20、21号住宅楼	广东华坤建设集团有限公司	—	广州市云兴建设工程监理有限公司

(续表)

序号	工程名称	承建单位	参建单位	监理单位
89	东莞市质品服饰有限公司品牌服饰项目一期制衣厂房	东莞市福诚建设工程有限公司	广东同晟建设有限公司	东莞市宏业建设工程监理有限公司
90	山湖城花园2号地下车库、5号住宅楼	东莞市建安集团有限公司	—	东莞市杰高建设工程监理有限公司
中山				
91	良安大厦工程	汕头市建安（集团）公司	中恒建设集团有限公司 湖南天禹设备安装有限公司	广东中山建设监理咨询有限公司
92	柏悦湾花园一期（5~9号楼）工程	中天建设集团有限公司	—	广东中火炬监理咨询有限公司
93	盛景尚峰—紫马奔腾一期东区商务大厦及地下车库工程	中国建筑第五工程局有限公司	广东省工业设备安装有限公司 江河创建集团股份有限公司 广东中明建筑装饰实业有限公司	广东中山建设监理咨询有限公司
94	德仲广场（1~3幢及地下车库）商业楼工程	广东三穗建筑工程有限公司	广东中明建筑装饰实业有限公司	广东中火炬监理咨询有限公司
云浮				
95	新兴县惠能纪念堂工程	广东精宏建设有限公司	—	肇庆市鼎建工程建设监理有限公司
佛山顺德				
96	慧聪家电城5号、6号楼	中国华西企业有限公司	—	深圳市合创建设工程顾问有限公司
省建工集团				
97	广东省建筑工程集团有限公司综合楼工程施工总承包	广东省建筑工程集团有限公司	广东省基础工程集团有限公司 广东省工业设备安装有限公司 广东省建筑装饰集团公司	广东建设工程监理有限公司
98	中国南方电网有限责任公司生产科研综合基地	广东省建筑工程集团有限公司 中国建筑第八工程局有限公司	广东省建筑装饰工程有限公司 中建安装工程有限公司 深圳金粤幕墙装饰工程有限公司 深圳市方大建科集团有限公司 深圳市智宇实业发展有限公司 广东省建筑装饰集团公司	广州珠江工程建设监理有限公司
99	南方钢厂（第一期）保障性住房项目施工总承包（标段一）	广东省建筑工程集团有限公司	—	广州珠江工程建设监理有限公司
100	广汽商贸乘用车物流基地项目一期工程	广东省第一建筑工程有限公司	广东捷荣建筑安装工程有限公司	广东建发工程管理有限公司

(续表)

序号	工程名称	承建单位	参建单位	监理单位
101	龙归保障性住房项目施工总承包（标段九）	广东省第一建筑工程有限公司	—	广州市广州工程建设监理有限公司
102	御景翠峰小区	广东省第二建筑工程有限公司	深圳市荣鹏建筑工程有限公司	深圳市赛格监理有限公司
103	宝安区中医院扩建工程（一期）	广东省第二建筑工程有限公司	深圳市荣鹏建筑工程有限公司	深圳市合创建设工程顾问有限公司
104	广东移动粤东区域生产中心一期建设项目	广东省第二建筑工程有限公司	—	广东海外建设监理有限公司
105	广州南沙国际物流园区4号仓库工程施工总承包（B标段）	广东省第四建筑工程有限公司	华辉装修建筑工程有限公司	广州建筑工程监理有限公司
106	龙归保障性住房项目施工总承包（标段十一）	广东省第四建筑工程有限公司	—	广州市广州工程建设监理有限公司
市政、交通工程				
107	广佛江快速通道江顺大桥工程	中国中铁股份有限公司	中铁建设投资集团有限公司 中铁广州工程局集团有限公司 中铁大桥局集团有限公司	广东华路交通科技有限公司
108	江门市金瓯路（江门水道—港澳码头）改造工程、江睦路（金瓯路—江海路）工程	中国中铁股份有限公司	中铁十局集团第三建设有限公司 江门市新发展市政工程有限公司	江门市建设监理顾问有限公司 广州市新业工程建设监理有限公司
109	电白区三路两湖改造工程—新湖路、人民路、厂前路	广东电白二建集团有限公司 广东粤西建工工程有限公司（联合体成员）	—	广东正茂工程管理有限公司
110	深圳市城市轨道交通十一号线工程	中国中铁股份有限公司	—	广州轨道交通建设监理有限公司
		中铁建设投资集团有限公司	—	广州轨道交通建设监理有限公司
		中铁一局集团有限公司	—	中咨工程建设监理公司
		中铁二局工程有限公司	—	铁科院（北京）工程咨询有限公司
		中铁三局集团有限公司	—	北京赛瑞斯国际工程咨询有限公司
		中铁四局集团有限公司	—	中煤邯郸中原建设监理咨询有限责任公司
		中铁五局集团有限公司	—	北京铁城建设监理有限责任公司
		中铁六局集团有限公司	—	铁四院（湖北）工程监理咨询有限公司
		中铁七局集团有限公司	—	北京铁城建设监理有限责任公司
		中铁隧道集团有限公司	—	铁四院（湖北）工程监理咨询有限公司
		中铁上海工程局集团有限公司	—	中咨工程建设监理公司
		中铁港航局集团有限公司	—	广州轨道交通建设监理有限公司
		中铁航空港建设集团有限公司	—	深圳市威彦达电力工程监理有限公司
		中铁电气化局集团有限公司	—	铁科院（北京）工程咨询有限公司

（续表）

序号	工程名称	承建单位	参建单位	监理单位
电力工程				
111	清远 110 千伏东坑变电站工程	清远市电创电力工程安装有限公司	广东电网有限责任公司清远供电局 清远市电力规划设计研究院有限责任公司	佛山市诚智工程监理有限公司
112	东莞 220 千伏玉泉变电站工程	广东威恒输变电工程有限公司	广东电网有限责任公司东莞供电局 广东省化州市建筑工程总公司	广东创成建设监理咨询有限公司
113	东莞 220 千伏低涌变电站工程	中国能源建设集团广东火电工程有限公司	广东电网有限责任公司东莞供电局 中国能源建设集团广东省电力设计研究院	广东创成建设监理咨询有限公司
114	河源 220 千伏方红变电站工程	中国能源建设集团广东火电工程有限公司	广东电网有限责任公司河源供电局 深圳电力规划设计研究院有限公司	广东创成建设监理咨询有限公司
115	珠海 220 千伏观桥变电站工程	广东省输变电工程公司	广东电网有限责任公司珠海供电局	广东诚誉工程咨询监理有限公司
116	云浮 500 千伏卧龙变电站工程	广东省输变电工程公司	广东电网有限责任公司云浮供电局 中国能源建设集团广东省电力设计研究院	广东创成建设监理咨询有限公司
117	湛江 220 千伏观桥变电站工程	广东省输变电工程公司	广东电网有限责任公司湛江供电局 广东南海电力设计院工程有限公司	湛江中汇电力咨询有限公司

（广东省建筑业协会）

2017 年度“广东省建设工程金匠奖”获奖项目

授予单位：广东省建筑业协会

序号	工程名称	承建单位	参建单位	监理单位
房屋建筑工程				
广州				
1	天环广场（宏城广场综合改造工程）	广州建筑股份有限公司	广州市第一建筑工程有限公司 广州市机电安装有限公司 浙江精工钢结构集团有限公司	广州宏达工程顾问有限公司
2	住宅楼工程（自编新光城市花园 A6~A12 栋）	中天建设集团有限公司	—	广东粤能工程管理有限公司
3	新光城市花园自编 C1、C2、C3 栋、垃圾收集站工程	中天建设集团有限公司	—	广东粤能工程管理有限公司
4	广州开发区 CPPQ-A1-2 地块项目住宅（自编号 13~16 号）、地下室（D6~D7）施工总承包及总承包管理配合服务	中国建筑第五工程局有限公司	广州市机电安装有限公司	广州城建开发工程咨询监理有限公司
5	龙归保障性住房项目施工总承包（标段二）	广州金辉建设集团有限公司	—	广州市城市建设工程监理公司

(续表)

序号	工程名称	承建单位	参建单位	监理单位
6	广州新机场南航基地配套区设施二期项目[食堂(自编B栋)]	广州市第三建筑工程有限公司	—	广东工程建设监理有限公司 广州南航工程监理有限公司
7	中交港湾大厦	广东电白二建集团有限公司	广州市黄埔建筑工程总公司 广东开平二建集团股份有限公司	广州海建工程咨询有限公司
8	海珠区琶洲村“城中村”全面改造项目地块一J—16(27~28号楼)、J—17(29~30号楼)及配套公建楼1幢(自编AA—6)、幼儿园及托儿所1幢	广东梁亮建筑工程有限公司 广州富利建筑安装工程有限公司(联合体)	—	广东重工建设监理有限公司
9	商业、办公楼1幢	中国建筑第八工程局有限公司	广东省工业设备安装有限公司 广州市机电安装有限公司	广州宏达工程顾问有限公司
深圳				
10	中国移动深圳信息大厦建安施工总承包工程	中建三局第一建设工程有限责任公司	中建三局装饰有限公司 深圳市三鑫幕墙工程有限公司 广东省工业设备安装有限公司	深圳市东部建设监理有限责任公司
11	航天科技广场施工总承包工程	中国建筑股份有限公司	中建钢构有限公司 中建三局装饰有限公司 深圳市华通电梯实业有限公司 深圳深港建设工程发展有限公司 中建电子工程有限公司	深圳市首嘉工程顾问有限公司
12	中信银行大厦	中国华西企业有限公司	深圳市华西安装工程有限公司 深圳瑞和建筑装饰股份有限公司 深圳市美芝装饰设计工程股份有限公司 深圳南利装饰集团股份有限公司 深圳市方大建科集团有限公司 深圳市科源建设集团有限公司	深圳市霍克建设监理有限公司
13	卓越皇后道名苑Ⅰ标段施工总承包工程	中国华西企业有限公司	—	深圳市恒浩建工程项目管理有限公司
14	桃花园E区(含幼儿园)项目施工总承包工程	中国华西企业有限公司	—	深圳市深龙港建设监理有限公司
15	当代艺术馆与城市规划展览馆	中建三局集团有限公司 重庆中工建设有限公司(联合体)	中建三局第二建设工程有限责任公司 中建钢构有限公司 深圳市方大建科集团有限公司 深圳市中建南方建设集团有限公司 深圳海外装饰工程有限公司	中海监理有限公司

（续表）

序号	工程名称	承建单位	参建单位	监理单位
16	高新区联合总部大厦主体工程	中铁二局工程有限公司	深圳中铁二局工程有限公司 深圳市嘉信装饰设计工程有限公司 深圳中翰建设工程有限公司	深圳市振强建设工程管理有限公司
17	和平里花园Ⅱ期	江苏省华建建设股份有限公司	江苏中程建筑有限公司 江苏扬安集团有限公司	深圳市特发发展中心建设监理有限公司
珠海				
18	珠海横琴总部大厦（一期）	中国二十冶集团有限公司	—	珠海市工程监理有限公司
19	航展中心新建主展馆工程—主体工程施工	南通四建集团有限公司	湖南长大建设集团股份有限公司 广东兆邦智能科技有限公司	广东省建筑工程监理有限公司
20	万科魅力之城花园 11 号楼	广东建星建筑工程有限公司	—	珠海市工程监理有限公司
21	家和湾花园 DE 区（商住）	广东建粤工程有限工程	—	广东建浩工程项目管理有限公司
22	珠海市第一中学平沙校区改扩建工程二标段	广东建粤工程有限工程	—	珠海兴地建设项目管理有限公司
23	格力海岸 S2 地块三期建安工程	南通四建集团有限公司	湖南长大建设集团股份有限公司 大潮建设集团有限公司	珠海市工程监理有限公司
佛山				
24	越秀星汇云锦广场一区 1 座、2 座	广州建筑股份有限公司	广州市第一建筑工程有限公司 中建三局第一建设工程有限责任公司 广州市安鑫消防工程有限公司	广东创南工程管理有限公司
25	佛禅（挂）2007-015 三号地块（佛山岭南天地 E 地块）建设项目（区域一）	中天建设集团有限公司	—	广东重工建设监理有限公司
26	国华新都 18、19、32、33、34 座	中国建筑第五工程局有限公司	—	广州穗峰建设工程监理有限公司
27	坚美展贸大厦	中国建筑第五工程局有限公司	中建三局第一建设工程有限责任公司	广东鼎耀工程技术有限公司
28	金色领域广场 1 座、2 座	中天建设集团有限公司	—	广州宏达工程顾问有限公司
29	友邦金融中心二座	中建三局集团有限公司	中建三局第一建设工程有限责任公司 广州江河幕墙系统工程有限公司	广东建诚监理咨询有限公司
30	保利东滨花园（8 号地）1 号、2 号、3 号、4 号、5 号、6 号住宅楼	广州富利建筑安装工程有限公司	广东梁亮建筑工程有限公司	广东奥科工程监理有限公司
中山				
31	良安大厦工程	汕头市建安（集团）公司	中恒建设集团有限公司 湖南天禹设备安装有限公司	广东中山建设监理咨询有限公司
32	柏悦湾花园一期（5~9 号楼）工程	中天建设集团有限公司	—	广东中火炬监理咨询有限公司
33	盛景尚峰—紫马奔腾一期东区商务大厦及地下车库工程	中国建筑第五工程局有限公司	广东省工业设备安装有限公司 江河创建集团股份有限公司 广东中明建筑装饰实业有限公司	广东中山建设监理咨询有限公司

(续表)

序号	工程名称	承建单位	参建单位	监理单位
江门				
34	江门市中心医院外科住院大楼建设项目	广东金辉华集团有限公司	—	广东省城规建设监理有限公司
35	台山新宁体育馆及人防工程	广东金辉华集团有限公司	广东天竟建设有限公司	广州市财贸建设开发监理有限公司
惠州				
36	莱蒙·水榭湾13栋及地下室	中国建筑第五工程局有限公司	—	深圳华鹏工程项目管理有限公司
37	星河丹堤花园F区地下室、7号~10号住宅	中国建筑第五工程局有限公司	中建五局工业设备安装有限公司	深圳市中行建设监理有限公司
38	住宅（B1、B3、B5、B10、B12栋）	中天建设集团有限公司	—	深圳市邦迪工程顾问有限公司
39	中洲·湾上花园住宅楼（7号楼、9号楼及地下室）	中建二局第三建筑工程有限公司	—	深圳市九州建设监理有限公司
梅州				
40	原梅县矿务局丙村、石壁塘国有工矿棚户区改造项目	广州市恒盛建设工程有限公司	—	深圳科宇工程顾问有限公司
河源				
41	河源市图书馆新馆工程	广东长圣建设集团有限公司	汕头市潮阳建筑工程总公司	中外天利（北京）工程管理咨询有限公司
42	中国联通河源分公司通信综合楼	广东长圣建设集团有限公司	—	广东宏茂建设监理有限公司
清远				
43	清远清城万达广场	中国建筑第二工程局有限公司	中建二局装饰工程有限公司	四川西南工程项目管理咨询有限责任公司
东莞				
44	大运城邦花园二区五期东莞市凤岗雅乐轩酒店16号商业楼、17号商业楼、18号酒店、商业楼、19号地下室	中国华西企业有限公司	深圳市华西安装工程有限公司	广东华工工程建设监理有限公司
45	华南生物医药产业孵化中心	东莞市裕欣国建筑工程有限公司	—	广东华工工程建设监理有限公司
46	华为南方工厂二期生产用房（大）10、地下室03	中国建筑第五工程局有限公司	中建三局第一建设工程有限责任公司	深圳市中行建设监理有限公司
47	万科金色悦府6、7、8、9号住宅楼	深圳市广胜达建设有限公司	—	东莞市恒信建设工程咨询有限公司
48	虎门万科城（四区）138号地下室、109~113号住宅楼	中天建设集团有限公司	—	东莞市鸿业工程建设监理有限公司
49	虎门万科城（一区）134号地下室及4号住宅楼	中国建筑第四工程局有限公司	万镕建工集团有限公司	东莞市恒信建设工程监理有限公司
50	虎门万科城（三区）99、100、101号住宅楼	深圳市广胜达建设有限公司	—	东莞市大业建筑技术咨询有限公司
51	虎门万达广场22幢地下室、1幢商业楼、2幢办公楼、3幢办公楼	中国建筑第二工程局有限公司	—	中咨工程建设监理公司
52	东莞市质品服饰有限公司品牌服饰项目一期制衣厂房一	东莞市福诚建设工程有限公司	广东同晟建设有限公司	东莞市宏业建设工程监理有限公司

（续表）

序号	工程名称	承建单位	参建单位	监理单位
云浮				
53	新兴县惠能纪念堂工程	广东精宏建设有限公司	—	肇庆市鼎建工程建设监理有限公司
省建工集团				
54	广东省建筑工程集团有限公司综合楼工程施工总承包	广东省建筑工程集团有限公司	广东省基础工程集团有限公司 广东省工业设备安装有限公司 广东省建筑装饰集团公司	广东建设工程监理有限公司
55	中国南方电网有限责任公司生产科研综合基地	广东省建筑工程集团有限公司 中国建筑第八工程局有限公司	广东省建筑装饰工程有限公司 中建安装工程有限公司 深圳金粤幕墙装饰工程有限公司 深圳市方大建科集团有限公司 深圳市智宇实业发展有限公司 广东省建筑装饰集团公司	广州珠江工程建设监理有限公司
56	南方钢厂（第一期）保障性住房项目施工总承包（标段一）	广东省建筑工程集团有限公司	—	广州珠江工程建设监理有限公司
57	广东移动粤东区域生产中心一期建设项目	广东省第二建筑工程有限公司	—	广东海外建设监理有限公司
58	广州南沙国际物流园区4号仓库工程施工总承包（B标段）	广东省第四建筑工程有限公司	华辉装修建筑工程有限公司	广州建筑工程监理有限公司
59	龙归保障性住房项目施工总承包（标段十一）	广东省第四建筑工程有限公司	—	广州市广州工程建设监理有限公司
		市政、交通工程		
60	深圳地铁11号线BT项目11301标	中铁隧道集团有限公司	—	铁四院（湖北）工程监理咨询有限公司
	深圳地铁11号线BT项目11302标	中铁一局集团有限公司	—	中咨工程建设监理公司
	深圳地铁11号线BT项目11303标	中铁五局集团有限公司	—	北京铁城建设监理有限责任公司
	深圳地铁11号线BT项目11303-1标（前海湾站）	中铁一局集团有限公司	—	北京铁城建设监理有限责任公司
	深圳地铁11号线BT项目11303-3标（一站、一区间）	中铁航空港建设集团有限公司	—	北京铁城建设监理有限责任公司
	深圳地铁11号线BT项目11304-1标	中铁港航局集团有限公司	—	北京赛瑞斯国际工程咨询有限公司
	深圳地铁11号线BT项目11305标	中铁港航局集团有限公司	—	广州轨道交通建设监理有限公司
	深圳地铁11号线BT项目11307标	中铁二局工程有限公司	—	铁科院（北京）工程咨询有限公司

（广东省建筑业协会）

2017年第九届“广东省土木工程詹天佑故乡杯奖”获奖项目

授奖单位：广东省土木建筑学会

序号	项目名称	获奖单位
1	珠海横琴新区综合管廊工程	中国二十冶集团有限公司 珠海中冶基础设施建设投资有限公司 珠海大横琴投资有限公司 中国市政工程西南设计研究总院有限公司 珠海市规划设计研究院 珠海市工程监理有限公司
2	广钢环保迁建湛江项目码头单元30万吨级散货码头分项工程	中交四航局第三工程有限公司 中交第四航务工程勘察设计院有限公司
3	广佛江快速通道江顺大桥工程	中铁广州工程局集团有限公司 广东省交通规划设计研究院股份有限公司 中铁建设投资集团有限公司 江门市滨江建设投资管理有限公司 中铁大桥局集团有限公司 广东华路交通科技有限公司
4	太平金融大厦	深圳市建筑设计研究总院有限公司 太平置业（深圳）有限公司 中建三局集团有限公司
5	广州市粮食储备加工中心工程	广州市第四建筑工程有限公司 广州市粮食集团有限责任公司 广州岭南穗粮谷物股份有限公司 广州建筑工程监理有限公司
6	粤电信息交流管理中心工程	广东省建筑工程集团有限公司 广东省建筑构件工程有限公司 广东省粤电集团有限公司 广州市天启正业建筑设计事务所（普通合伙） 广东省建筑设计研究院
7	天环广场（宏城广场综合改造工程）	广州建筑股份有限公司 广州市第一建筑工程有限公司 浙江精工钢结构集团有限公司 奥雅纳工程咨询（上海）有限公司广州分公司 广州市机电安装有限公司 广州市第三建筑工程有限公司 广州冠建工程质量检测有限公司
8	国际马戏城（配套马戏酒店）	天祥建设集团股份有限公司 广州市设计院 广州宏达工程顾问有限公司
9	珠海长隆国际马戏城—马戏剧院	广东敦庆建筑工程有限公司 广州市设计院 广东晟源建设有限公司
10	中山温泉宾馆改造工程	广东中山建筑设计院股份有限公司 广州市山橡景观设计工程有限公司
11	广州宏鼎大厦	广州市第二建筑工程有限公司 广东省建筑设计研究院
12	广州市洲头咀隧道系统工程	中交第四航务工程局有限公司 广州市中心区交通建设有限公司 中交四航局第一工程有限公司 广州市市政集团有限公司 广州市市政工程设计研究总院 广州市机电安装有限公司 广州打捞局

(续表)

序号	项目名称	获奖单位
13	检测实验大楼工程施工总承包工程	广东省建筑工程集团有限公司 广东省第一建筑工程有限公司 广东省建筑科学研究院集团股份有限公司 广东建雅室内工程设计施工有限公司
14	佛山市公共文化综合体项目之科技馆、青少年宫项目	广东省第一建筑工程有限公司 佛山市新城开发建设有限公司 浙江江南工程管理股份有限公司
15	顺德乐从陈氏大宗祠修缮工程	佛山市工程承包总公司 华南理工大学建筑设计研究院 佛山市置地建筑设计有限公司 广东立德建设监理有限公司 广东省六建集团有限公司
16	广州市轨道交通七号线一期工程【施工 1 标】土建工程	广东华隧建设集团股份有限公司 广州地铁集团有限公司 广东省重工建筑设计院有限公司 广东重工建设监理有限公司
17	汕头大学新医学院	广州市第三建筑工程有限公司 悉地国际设计顾问（深圳）有限公司 广州市第一建筑工程有限公司 广州市第三建筑装修有限公司 广州市机电安装有限公司 广东丰伟建设有限公司
18	广州白云国际机场 G2 飞机维修库工程	广州协安建设工程有限公司 广东耀南建筑工程有限公司 广东省建筑工程监理有限公司
19	广州市中山大道快速公交（BRT）试验线工程	广州市市政工程设计研究总院 广州地铁设计研究院有限公司 广州市中心区交通项目领导小组办公室 广州市广园市政建设有限公司 广州市第一市政工程有限公司 广州市第二市政工程有限公司
20	东莞市城市快速轨道交通 R2 线（东莞火车站—东莞虎门站段）东城车辆段与综合基地 ± 0.00 以下工程【2314 标】	广东省建筑工程机械施工有限公司

（广东省土木建筑学会）

2017 年度“广东省市政优良样板工程”项目

授予单位：广东省市政行业协会

序号	工程名称	建设单位	代建单位	监理单位	施工单位	参建单位
广州						
1	广州市轨道交通六号线二期工程施工三标段土建施工项目	广州地铁集团有限公司	—	四川铁科建设监理有限公司	中铁二局工程有限公司	—
2	广州市轨道交通七号线一期工程【施工 1 标】土建工程	广州地铁集团有限公司	—	广东重工建设监理有限公司	广东华隧建设集团股份有限公司	—
3	蕉门河中心区双桥项目车行桥工程施工总承包	广州市南沙区基本建设办公室	广州市城铁监理咨询有限公司	广州珠江工程建设监理有限公司	广州市市政工程机械施工有限公司	广东华盈钢构有限公司

（续表）

序号	工程名称	建设单位	代建单位	监理单位	施工单位	参建单位
4	海珠区环岛新型有轨电车试验段【磨碟沙停车场综合施工项目】	广州有轨电车有限责任公司	—	广州轨道交通建设监理有限公司	中铁四局集团有限公司	—
5	开创大道与宏明路立交工程施工总承包	广州开发区财政投资建设项目管理中心	—	广州建筑工程监理有限公司	广州工程总承包集团有限公司	广东润庆建设有限公司
6	南沙区南沙街北片区污水管网完善及雨污分流改造工程（2014—2016）（一期）施工总承包	广州市南沙区环保水务局	广州市诚铁监理咨询有限公司	广州珠江工程建设监理有限公司	广州市恒盛建设工程有限公司	—
深圳						
1	深圳市观澜河干流污染治理工程（截污工程部分）观澜河口调蓄池土建一标	深圳市水务工程建设管理中心	—	深圳市深水水务咨询有限公司	达濠市政建设有限公司	—
2	丹梓西路（含龙坪立交）道路工程Ⅰ标	深圳市交通公用设施建设中心	—	深圳市兆业工程顾问有限公司	中恒建设集团有限公司	广东南方建设工程有限公司 广东省建筑工程机械施工有限公司
珠海						
1	科技创新海岸（北围）A区市政道路工程二期工程五标段	珠海华发高新建设控股有限公司	—	珠海市工程监理有限公司	广东省水利水电第三工程局有限公司	—
2	科技创新海岸（北围）A区市政道路工程二期工程六标段	珠海华发高新建设控股有限公司	—	珠海市城市开发监理有限公司	广东省基础工程集团有限公司	—
3	珠海科技创新海岸（北围）A区市政道路工程二期工程七标段	珠海华发高新建设控股有限公司	—	珠海市城市开发监理有限公司	广州市第三市政工程有限公司	—
4	珠海科技创新海岸（北围）A区、B区市政道路工程三期工程九标段	珠海华发高新建设控股有限公司	—	珠海市城市开发监理有限公司	广东敦庆建筑工程有限公司	—
5	横琴新区市政基础设施非示范段主、次干路市政道路工程（二期工程）彩虹路、香江路、琴石道、濠江路、子期北道	中交横琴投资有限公司	中国交通建设股份有限公司	珠海市工程监理有限公司	中交四航局第一工程有限公司	—
6	珠海十字门中央商务区横琴片区市政基础设施（道路）一期工程九标段	珠海十字门中央商务区建设控股有限公司	—	珠海市城市开发监理有限公司	广州市市政工程机械施工有限公司	广州市第一市政工程有限公司
7	金湾城市职业技术学院片区配套道路工程一标段	珠海华金开发建设有限公司	—	珠海经济特区建设监理有限公司	广州市第一市政工程有限公司	珠海市浩业工程有限公司
8	珠海市金湾西湖城区金二路工程	珠海华金开发建设有限公司	—	深圳市恒浩建工程项目管理有限公司	广州市第三市政工程有限公司	—
9	虹晖路贯通工程第Ⅱ标段施工	珠海市金湾区政府投资建设工程管理中心	—	广东建浩工程项目管理有限公司	南昌市建筑工程集团有限公司	—

（续表）

序号	工程名称	建设单位	代建单位	监理单位	施工单位	参建单位
10	珠海市高栏港高速公路一期工程路面二期工程	珠海交通集团有限公司	—	中国公路工程咨询集团有限公司	太原市市政工程总公司	—
11	珠海保税区二期市政基础设施及配套工程首期工程	珠海华保开发建设有限公司	—	珠海兴地建设项目管理有限公司	广东省建筑工程机械施工有限公司	—
12	2014年市政道路维修美化工程第一标段施工	珠海城建市政建设有限公司	—	珠海经济特区建设监理有限公司	广东光中盛集团有限公司	—
13	富强路北段道路改造工程	珠海华富开发建设有限公司	—	珠海市城市开发监理有限公司	广州市第二市政工程有限公司	—
14	省道S366线珠海大道（珠海大桥至泥湾门大桥）主线改建市政配套工程	珠海交通集团有限公司	—	珠海市城市建设监理有限公司	中山市宏信路桥工程有限公司	—
15	对澳供水洪湾西引水渠改造工程（一期）施工	珠海洪湾中心渔港发展有限公司	—	珠海森茂工程项目管理有限公司	汕头市建安（集团）公司	—
中山						
1	中山市北外环道路环境综合整治工程	中山市市政工程建设中心	—	郑州中兴工程监理有限公司	广东光中盛集团有限公司	—
2	中山市发疯涌外排泵站工程	中山市市政工程建设中心	—	郑州中兴工程监理有限公司	广东省水利水电第三工程局有限公司	—
3	中山市岐江开启桥加固工程	中山市市政工程建设中心	—	广东中山建设监理咨询有限公司	中山市公路工程有限公司	—
佛山						
1	华阳路南延（含华阳桥）道路工程施工第二标段（二次）	佛山市新城开发建设有限公司	—	广州珠江工程建设监理有限公司	广东省建筑工程机械施工有限公司	—
2	勒流街道城区道路及广场改造工程BT项目（勒流街道建设西路、宝城路、银城路、龙升北路提升改造工程）	佛山市顺德区中顺投资有限公司	—	广东德正工程管理有限公司	广东雄辉市政公用工程有限公司	—
江门						
1	广中江高速公路杜阮出入口连接线（篁庄大道西延线）工程	江门市交通投资有限公司	江门市政府投资工程建设管理中心	江门市建设监理顾问有限公司	广东金辉华集团有限公司	—
2	永盛路改造（龙湾路—西区工业路）工程	江门市政府投资工程建设管理中心	—	江门市建设监理顾问有限公司	江门市政企业集团有限公司	—
湛江						
1	遂六线廉江市区路段改造项目（廉江市北部湾大道二期工程）	廉江市市政园林局	—	广东建设工程监理有限公司	广东建集工程有限公司	—
2	湛江市乐山路改造工程BT建设项目	湛江市城市综合管理局	—	深圳市建星项目管理顾问有限公司	湛江市市政建设工程总公司	—

（续表）

序号	工程名称	建设单位	代建单位	监理单位	施工单位	参建单位
3	湛江市海丰路道路排水新建工程	湛江市基础设施建设投资集团有限公司	—	广东城建项目管理有限公司	湛江市第四建筑工程有限公司	—
4	廉江市创业路白改黑改造工程	廉江市市政园林局	—	广东建设工程监理有限公司	广东广基建设集团有限公司	—
5	廉江市中山一路和中山二路白改黑改造工程、廉江市石城大道白改黑改造工程	廉江市市政园林局	—	广东建设工程监理有限公司	广东广基建设集团有限公司	—
6	廉江市中环一路至中环三路白改黑改造工程、廉江市新园路建设工程、廉江市中环二路排水改造工程	廉江市市政园林局	—	广东建设工程监理有限公司	广东广基建设集团有限公司	
7	廉江市人民大道西路白改黑改造工程、廉江市人民大道东白改黑改造工程、廉江市新兴北路白改黑改造工程	廉江市市政园林局	—	广东建设工程监理有限公司	广东广基建设集团有限公司	—
8	椹川大道北等十二条道路改造工程BT建设项目（海滨一路）	湛江市城市综合管理局	—	重庆林鸥监理咨询有限公司	广东强雄建设集团有限公司	—
9	椹川大道北等十二条道路改造工程BT建设项目（海滨二路）	湛江市城市综合管理局	—	重庆林鸥监理咨询有限公司	广东强雄建设集团有限公司	—
10	椹川大道北等十二条道路改造工程BT建设项目（体育北路）	湛江市城市综合管理局	—	重庆林鸥监理咨询有限公司	广东强雄建设集团有限公司	—
惠州						
1	惠大疏港高速公路路面工程施工（F-01合同段）	惠州惠大高速公路有限公司	—	广东虎门技术咨询有限公司 广州诚信公路建设监理咨询有限公司	深圳市市政工程总公司	—
河源						
1	河源市永福路（河源大道—越王大道）道路升级改造工程施工	河源市住房和城乡规划建设局	河源市政府代建项目管理局	河源市建设工程监理有限公司	广州市第二市政工程有限公司	河源龙裕公路桥梁工程有限公司

（广东省市政行业协会）

2017年第九届“广东钢结构金奖”获奖项目

授予单位：广东省钢结构协会

序号	获奖工程	获奖单位
1	杭政储出［2007］68号B-08地块办公商业金融用房项目（二期）	深圳金鑫绿建股份有限公司
2		中国建筑一局（集团）有限公司
3	库马克大厦	深圳金鑫绿建股份有限公司
4		中国建筑第七工程局有限公司

（续表）

序号	获奖工程	获奖单位
5	艺展天地展示中心	中国建筑第二工程局有限公司
6	仁恒滨海中心A区上部（酒店办公商业）工程	杭萧钢构（广东）有限公司
7		龙信建设集团有限公司
8	华润城华润置地	杭萧钢构（广东）有限公司
9	大成基金总部大厦施工总承包	中建三局第一建设工程有限责任公司
10	臻盛车博汇广场展厅	广东中辰钢结构有限公司
11	兰花创新博览中心	韶关市第一建筑工程公司
12	广州白云国际机场扩建工程二号航站楼	上海宝冶集团有限公司
13		广东省建筑工程集团有限公司
14	广汽丰田汽车有限公司第三生产线建设项目-冲压焊装车间及准备工事、涂装车间、总装树脂车间施工总承包（第2标段）	广州市恒盛建设工程有限公司
15		浙江精工钢结构集团有限公司
16		广州市广州工程建设监理有限公司
17	阳江核电厂5、6号机组常规岛和BOP建安工程第Ⅱ标段（6MX汽机厂房钢结构工程）	中国建筑第二工程局有限公司
18		中建二局安装工程有限公司
19	半岛城邦花园（四期）施工总承包工程一标段（1栋A座　B座及部分裙房及地下室）	深圳建升和钢结构建筑安装工程有限公司
20	华策国际大厦	广东省建筑设计研究院
21	广州汽车集团乘用车有限公司厂房（自编号焊接车间3）	广州市第三建筑工程有限公司
22		广州五羊钢结构有限公司
23	暨南大学南校区体育馆　体育场及东片区体育设施工程	广州市第二建筑工程有限公司
24		徐州京都建筑工程有限公司
25	广州市第四资源热力电厂	广州环投南沙环保能源有限公司
26		广州市第四建筑工程有限公司
27	广州市第四资源热力电厂	广州中虹建设工程有限公司
28		广东天安项目管理有限公司
29	[illegible]城国际广场项目	广州中虹建设工程有限公司
30	新兴县惠能纪念堂工程	广州中虹建设工程有限公司

（广东省钢结构协会）

2017年“广东省绿色住区”项目

授予单位：广东省房地产行业协会

序号	项目名称	企业名称
1	广州珠江璟园	广州珠江实业开发股份有限公司
2	江门恩平汇银·江南富湾（一期）	恩平市汇银房地产开发有限公司
3	名门世家	茂名市天新房地产开发有限公司
4	怡轩壹品湾（一区）	汕头市怡轩房地产开发有限公司
5	花都颐和山庄	颐和地产
6	颐和盛世	颐和地产
7	华发首府	珠海华发实业股份有限公司
8	泷江翡翠城	罗定市浩瀚物业发展有限公司

（广东省房地产行业协会）

·编辑　陈财盛·

统计资料

□ 全省固定资产投资总额三万七千四百七十七点九六亿元

□ 全省基础设施完成投资额九千一百六十八点七九亿元

□ 全省施工建筑面积九亿二千二百零三点零九万平方米

□ 全省房屋建筑竣工面积一亿四千六百八十点六三万平方米

□ 全省全年完成房地产开发投资额一万二千零七十五点六九亿元

广东省固定资产投资总额

单位：亿元

年份	投资总额	按产业业分			
		房地产开发	第一产业	第二产业	第三产业
1978	27.23	—	5.52	9.71	12
1979	28.29	—	3.29	16.98	8.02
1980	38.29	—	3.29	22.64	12.36
1981	60.4	—	3.66	27.46	29.28
1982	84.73	—	4.05	36.76	43.92
1983	88.71	—	3.52	37.22	47.97
1984	130.37	—	3.68	50.16	76.53
1985	184.59	—	4.9	95.99	83.7
1986	216.5	10	4.49	142.1	69.91
1987	251.01	16.29	4.19	168.28	78.54
1988	353.59	21.96	4.72	240.34	108.53
1989	347.34	48.15	4.99	127.9	214.45
1990	381.47	32.7	5.66	160.02	215.79
1991	478.2	49.75	9.11	174.64	294.45
1992	921.75	125.57	7.49	273.75	640.51
1993	1629.87	316.53	9.43	524.69	1095.75
1994	2141.15	404.13	10.63	714.97	1415.55
1995	2327.22	563.89	14.27	682.4	1630.55
1996	2327.64	528.85	19.41	665.68	1642.55
1997	2298.14	528.31	16.45	603.94	1677.75
1998	2668.13	602.72	19.46	660.64	1988.03
1999	3027.56	710.2	21.05	734.14	2272.37
2000	3233.7	858.61	23.4	768.82	2441.48
2001	3536.41	972.34	23.38	891.87	2621.16
2002	3970.69	1115.25	24.09	1217.29	2729.31
2003	5030.57	1233.52	14.56	1366.1	3649.91
2004	6025.53	1355.84	24.49	2153.67	3847.37
2005	7164.11	1591.9	28.72	2868.45	4266.94
2006	8132.37	1843.51	49.19	3247.29	4835.89
2007	9596.95	2519.13	69.92	3512.12	6014.91
2008	11165.06	2932.34	109.54	3936.8	7118.72
2009	13353.15	2961.32	130.25	4458.17	8764.73
2010	16113.19	3659.69	181.83	5241.53	10689.83
2011	16843.83	4809.91	213.58	5561.01	11069.23
2012	19307.53	5352.79	274.28	6544.31	12488.93
2013	22828.65	6489.59	354.13	7423.12	15051.4
2014	25928.09	7638.45	275.7	8428.21	17224.18
2015	30031.2	8538.47	420.38	10184.51	19426.31
2016	33008.86	10307.8	445.11	11088.49	21475.25
2017	37477.96	12075.69	395.19	12128.94	24953.84

注：1993 年以前房地产开发投资主要是商品房建设投资

广东省固定资产投资主要指标

单位：亿元

项目	2000 年	2010 年	2014 年	2015 年	2016 年	2017 年
投资完成额	3233.7	16113.19	25928.09	30031.2	33008.86	37477.96
房地产开发	858.61	3659.69	7638.45	8538.47	10307.8	12075.69
按登记注册类型分						
内资	2676.65	13759.62	22782.88	26552.22	28971.9	33387.76
国有	1219.19	5152.6	5824.56	6363.86	6181.63	7341.39
集体	393.23	735.49	1105.34	1281.87	984.79	952.67
股份合作	19.43	49.91	128.09	108.25	70.28	54.21
联营	47.78	15.05	18.99	14.99	35.34	27.6
其他有限责任公司	366.63	3393.58	7510.9	9228.26	11394.03	13316.28
股份有限公司	153.58	869.46	1239.6	1261.28	1017.75	1122.15
私营	207.67	2212.44	5764.43	6772.59	7700.36	8708.22
个体	248.51	909.02	271.85	344.79	415.89	342.69
其他	20.63	422.07	919.11	1176.33	1171.84	1522.55
港澳台投资	416.34	1489.78	1819.51	2080.99	2470.68	2442.51
外商投资	140.71	863.78	1325.7	1398	1566.28	1647.69
按构成分						
建筑安装工程	2103.78	10396.22	17486.27	20083.47	21463.77	23943.51
设备工具器具购置	597.29	2966.13	4265.61	5336.57	5806.33	6443.34
其他费用	532.63	2750.84	4176.21	4611.16	5738.75	7091.11
按三次产业分						
第一产业	23.4	181.83	275.7	420.38	445.11	395.19
第二产业	768.82	5241.53	8428.21	10184.51	11088.49	12128.94
第三产业	2441.48	10689.83	17224.18	19426.31	21475.25	24953.84
按财务拨贷款合计	3396.79	18864.04	30138.6	36352.25	39510.62	42444.6
国家预算资金	56.8	411.16	1418.73	1764.42	1911.77	2432.86
国内贷款	584.34	3171.76	4350.88	4546.87	4993.53	6853.86
利用外资	357.05	630.48	405.01	204.11	263.73	259.69
自筹资金	1456.24	10668.57	17696.16	21056.2	20769.67	21767.71
其他资金	942.35	3982.07	6267.82	8780.65	11571.92	11130.48
房屋建筑面积（万平方米）						
施工面积	23520.91	57221.79	81692.25	84133.98	84623.21	92203.09
竣工面积	13492.94	20420.6	17294.71	15303.96	14042.25	14680.63
住宅	8888.66	12267.54	6304.28	4998.12	5091.61	5954.07
商品房屋销售面积（万平方米）	2259.95	7321.76	9315.76	11681.01	14611.6	15958.81
住宅	2009.34	6552.81	8163.56	10497.62	13021.97	13522.51

注：1. 2011 年起固定资产投资项目统计起点由 50 万元提高至 500 万元，且不含农村农户投资；2010 年以前为全社会固定资产投资

2. 2011 年报起原国家预算内资金改为国家预算资金

广东省按资金来源和构成分固定资产投资

年份	按财务拨贷款资金来源分				按构成分		
	国家预算资金	国内贷款	利用外资	自筹和其他资金	建筑安装工程	设备工具器具购置	其他费用
投资额(亿元)							
1985	15.02	45.7	19	104.87	138.31	32.71	13.57
1990	12.92	73.92	61.07	261.6	246.56	103.97	30.94
1995	26.98	376.11	465.13	1641.16	1507.92	464.75	354.55
1996	22.52	347.75	494.7	1573.54	1507.04	498.79	321.81
1997	21.75	296.54	477.7	1605.6	1511.58	464.55	322.01
1998	46.53	414.58	394.44	1971.6	1688.14	546.06	433.93
1999	60.95	549.97	323.63	2167.05	1960.22	588.35	478.99
2000	56.8	584.34	357.05	2398.59	2103.78	597.29	532.63
2001	58.1	592.65	361.09	2680.24	2293.93	698.49	543.99
2002	73.58	749.21	439.31	3040.07	2548.91	783.7	638.08
2003	90.23	950.98	568.95	3996.32	3201.16	977.7	851.71
2004	72.39	1132.08	655.75	4864.42	3784.12	1247.82	993.59
2005	69.13	1366.09	786.05	5726.75	4520.62	1593.83	1049.67
2006	105.55	1659.26	865.58	6662.41	5221.87	1796.2	1114.29
2007	179.42	1755.86	984.01	8494.11	6088.11	1979.44	1529.39
2008	253.16	1877.9	779.48	9293.86	7140.54	2264.31	1760.21
2009	379.74	2695.36	682.36	12131.7	8800.83	2467.73	2084.6
2010	411.16	3171.76	630.48	14650.64	10396.22	2966.13	2750.84
2011	412.55	2827.15	574.03	15797.27	11019.16	3022.94	2801.72
2012	1002.17	3255.23	599.17	17799.55	12794.53	3366.14	3146.85
2013	1173.87	4147.42	683.35	21557.09	15262.61	3982.71	3583.33
2014	1418.73	4350.88	405.01	23963.98	17486.27	4265.61	4176.21
2015	1764.42	4546.87	204.11	29836.85	20083.47	5336.57	4611.16
2016	1911.77	4993.53	263.73	32341.59	21463.77	5806.33	5738.75
2017	2432.86	6853.86	259.69	32898.19	23943.51	6443.34	7091.11
构成（%）							
1985	8.1	24.8	10.3	56.8	74.9	17.7	7.4
1990	3.2	18.1	14.9	63.9	64.6	27.3	8.1
1995	1.1	15	18.5	65.4	64.8	20	15.2
1996	0.9	14.3	20.3	64.5	64.7	21.4	13.8
1997	0.9	12.3	19.9	66.9	65.8	20.2	14
1998	1.6	14.7	14	69.7	63.3	20.5	16.3
1999	2	17.7	10.4	69.9	64.7	19.4	15.8
2000	1.7	17.2	10.5	70.6	65.1	18.5	16.5
2001	1.6	16.1	9.8	72.6	64.9	19.8	15.4
2002	1.7	17.4	10.2	70.7	64.2	19.7	16.1
2003	1.6	17	10.1	71.3	63.6	19.4	16.9
2004	1.1	16.8	9.8	72.3	62.8	20.7	16.5
2005	0.9	17.2	9.9	72.1	63.1	22.2	14.7
2006	1.1	17.9	9.3	71.7	64.2	22.1	13.7
2007	1.6	15.4	8.6	74.4	63.4	20.6	15.9
2008	2.1	15.4	6.4	76.1	64	20.3	15.7

（续表）

年份	按财务拨贷款资金来源分				按构成分		
	国家预算资金	国内贷款	利用外资	自筹和其他资金	建筑安装工程	设备工具器具购置	其他费用
2009	2.4	16.9	4.3	76.4	65.9	18.5	15.6
2010	2.2	16.8	3.3	77.7	64.5	18.4	17.1
2011	2.1	14.4	2.9	80.6	65.4	17.9	16.6
2012	4.4	14.4	2.6	78.6	66.3	17.4	16.3
2013	4.3	15	2.5	78.2	66.9	17.4	15.7
2014	4.7	14.4	1.3	79.5	67.4	16.5	16.1
2015	4.9	12.5	0.6	82.1	66.9	17.8	15.4
2016	4.8	12.6	0.7	81.9	65.0	17.6	17.4
2017	5.7	16.1	0.6	77.5	63.9	17.2	18.9

注：1986年及以后的资金来源为财务拨贷款数，各项相加不等于投资总额

广东省按构成分固定资产投资

项目	2016年合计	项目投资	房地产开发	2017年合计	项目投资	房地产开发
建设项目个数（个）	44652	44652	—	51117	51117	—
当年新开工（个）	32059	32059	—	34351	34351	—
全部建成投产项目（个）	31493	31493	—	36204	36204	—
计划总投资（亿元）	126902.21	69281.77	57620.45	152892.15	84453.74	68438.4
自开始建设累计完成投资（亿元）	85181.36	40936.97	44244.39	102621.02	49000.02	53621
本年投资总额（亿元）	33008.86	22701.07	10307.8	37477.96	25402.26	12075.69
住宅(亿元)	7147.15	169.49	6977.66	8232.53	131.6	8100.93
按隶属关系分						
中央（亿元）	1762.59	1557.12	205.47	1976.25	1731.83	244.42
地方（亿元）	31246.27	21143.95	10102.32	35501.71	23670.43	11831.28
按构成分						
建筑安装工程（亿元）	21463.77	14138.97	7324.8	23943.51	15614.64	8328.87
设备工具器具购置（亿元）	5806.33	5707.21	99.12	6443.34	6322.88	120.46
其他费用（亿元）	5738.75	2854.88	2883.87	7091.11	3464.74	3626.36
财务拨贷款合计（亿元）	39510.62	21844.58	17666.05	42444.6	23288.91	19155.68
国家预算资金（亿元）	1911.77	1911.77		2432.86	2432.86	
国内贷款（亿元）	4993.53	2434.39	2559.13	6853.86	2770.39	4083.46
利用外资（亿元）	263.73	233.5	30.23	259.69	207.03	52.66
自筹资金（亿元）	20769.67	15925.67	4844	21767.71	16426.13	5341.58
其他资金（亿元）	11571.92	1339.24	10232.68	11130.48	1452.5	9677.98
新增固定资产（亿元）	16834.1	13620.84	3213.26	18936.58	15517.5	3419.07
房屋建筑面积（万平方米）						
施工面积（万平方米）	84623.21	20389.41	64233.8	92203.09	19710.99	72492.1
竣工面积（万平方米）	14042.25	7448.51	6593.75	14680.63	6484.29	8196.34
住宅（万平方米）	5091.61	318.58	4773.04	5954.07	170.06	5784.01

注：施工项目个数不含房地产开发

广东省各市按项目和房地产开发分固定资产投资

单位：亿元

市别	2016年			2017年		
	投资	项目投资	房地产开发	投资	项目投资	房地产开发
全省总计	33008.86	22701.07	10307.8	37477.96	25402.26	12075.69
广　州	5703.59	3162.73	2540.85	5919.83	3216.94	2702.89
深　圳	4078.16	2321.64	1756.52	5147.32	3011.46	2135.86
珠　海	1389.75	748.72	641.03	1662.02	995.9	666.12
汕　头	1579.53	1273.14	306.38	2006.4	1645.43	360.97
佛　山	3512.04	2282.07	1229.97	4265.79	2811.8	1453.99
韶　关	702.09	555.26	146.84	692.82	503.09	189.73
河　源	652.29	476.57	175.72	778.47	554.54	223.93
梅　州	650.36	477.83	172.53	806.77	588.73	218.04
惠　州	2039.71	1292.07	747.63	2234.88	1350.69	884.19
汕　尾	652.45	595.68	56.77	669.33	582.91	86.42
东　莞	1557.46	914.7	642.76	1712.83	1010.68	702.15
中　山	1149.01	605.43	543.59	1248.48	624.51	623.97
江　门	1517.77	1164.16	353.62	1774.83	1324.27	450.56
阳　江	503.92	402.53	101.38	540.21	395.35	144.86
湛　江	1531.6	1308.39	223.21	1641.53	1323.84	317.69
茂　名	1262.76	1152.92	109.84	1415.73	1247.51	168.22
肇　庆	1373.74	1228.55	145.2	1497.55	1289.51	208.04
清　远	620.95	393.43	227.52	666.31	389.99	276.32
潮　州	454.62	392.88	61.75	501.05	434.24	66.81
揭　阳	1485.54	1432.04	53.51	1667.31	1558.02	109.29
云　浮	591.51	520.33	71.18	628.5	542.87	85.63
按经济区域分						
珠江三角洲	22321.24	13720.07	8601.16	25463.54	15635.76	9827.78
东　翼	4172.14	3693.74	478.4	4844.08	4220.6	623.49
西　翼	3298.27	2863.84	434.43	3597.47	2966.71	630.77
山　区	3217.21	2423.41	793.8	3572.87	2579.2	993.66

广东省各市固定资产投资额

单位：亿元

市别	2000 年	2005 年	2010 年	2012 年	2013 年	2014 年	2015 年	2016 年	2017 年
全省总计	3233.7	7164.11	16113.19	19307.53	22828.65	25928.09	30031.2	33008.86	37477.96
广　州	923.67	1514.01	3263.57	3758.39	4447.3	4889.5	5405.95	5703.59	5919.83
深　圳	677.12	1182.32	1944.7	2314.43	2490.2	2717.42	3298.31	4078.16	5147.32
珠　海	95.08	218.23	501.55	787.62	960.89	1135.05	1305.14	1389.75	1662.02
汕　头	112.48	154.14	361.68	611.92	780.9	1002.73	1274.32	1579.53	2006.4
佛　山	198.96	741.43	1719.63	2128.33	2375.6	2612.45	3035.52	3512.04	4265.79
韶　关	56.82	139.75	433.73	548.48	664.52	746.74	701.67	702.09	692.82
河　源	26.54	111.1	242.74	278.59	342.73	453.29	564.14	652.29	778.47
梅　州	44.45	97.66	195.52	230.14	280.5	407.51	568.06	650.36	806.77
惠　州	77.41	352.37	894.02	1208.68	1401.3	1606.71	1863.93	2039.71	2234.88
汕　尾	36.21	101.86	366.99	391.56	462.09	500.97	585.2	652.45	669.33
东　莞	102.89	592.2	1114.98	1180.35	1383.94	1427.11	1446.52	1557.46	1712.83
中　山	109.95	320.92	660.37	893.43	962.93	903.66	1055.41	1149.01	1248.48
江　门	104.34	228.87	631.77	850.41	1000.84	1111.65	1307.87	1517.77	1774.83
阳　江	33.23	82.25	329.2	483.67	598.66	662.01	691.13	503.92	540.21
湛　江	68.94	168	526.57	572.28	795.58	1020.76	1313.69	1531.6	1641.53
茂　名	73.57	147.72	244.54	427.37	660.53	850.55	1115.5	1262.76	1415.73
肇　庆	75.29	178.01	625.21	852.6	1007.78	1138.73	1330.03	1373.74	1497.55
清　远	48.37	222.42	996.92	437.95	505.97	596.35	620.63	620.95	666.31
潮　州	30.7	97.59	182.78	224.16	253.63	313.01	391.95	454.62	501.05
揭　阳	68.43	115.16	564.07	663.51	829.39	1093.8	1362.1	1485.54	1667.31
云　浮	32.98	103.44	312.66	463.66	623.38	738.09	794.15	591.51	628.5
按经济区域分									
珠江三角洲	2364.71	5328.37	11355.8	13974.24	16030.78	17542.28	20048.69	22321.24	25463.54
东　翼	247.82	468.75	1475.51	1891.15	2326.01	2910.51	3613.56	4172.14	4844.08
西　翼	175.74	397.97	1100.32	1483.32	2054.77	2533.33	3120.31	3298.27	3597.47
山　区	209.16	674.38	2181.56	1958.82	2417.1	2941.98	3248.64	3217.21	3572.87

注：2008 年前全省总计中含不分区部分

广东省各市按登记注册类型分固定资产投资

(2017 年)

单位：亿元

市别	总计	内资				
			国有	集体	股份合作	联营
全省总计	37477.96	33387.76	7341.39	952.67	54.21	27.6
广　州	5919.83	4904.37	1355.98	81.79	1.4	0.06
深　圳	5147.32	4464.6	1355.83	7	12.16	10.67
珠　海	1662.02	1418.15	434.82	2.42	2.51	—
汕　头	2006.4	1964.15	231.19	206.92	3.92	0.29
佛　山	4265.79	3674.09	529.76	89.74	8.61	0.52
韶　关	692.82	637.9	227.8	7.45	0.52	—
河　源	778.47	727.52	159.69	6.72	—	2.01
梅　州	806.77	791.69	218.51	1.09	0.01	0.54
惠　州	2234.88	2024.28	419.8	31.28	1.78	0.58
汕　尾	669.33	619.32	84.62	17.51	0.12	—
东　莞	1712.83	1398.53	193.39	56.97	0.77	5.62
中　山	1248.48	1081.02	135.11	24.96	0.12	0.24
江　门	1774.83	1566.95	304.03	51.35	3.66	0.92
阳　江	540.21	518.47	94.4	1.14	—	—
湛　江	1641.53	1496.17	270.02	130.56	1.73	0.02
茂　名	1415.73	1392.1	274.31	57.83	1.82	0.55
肇　庆	1497.55	1366.5	478.14	39.85	0.71	0.15
清　远	666.31	621.57	174.33	6.1	0.86	0.24
潮　州	501.05	491.01	135.18	6.94	0.57	—
揭　阳	1667.31	1620.99	157.44	118.27	9.71	5.19
云　浮	628.5	608.39	107.07	6.8	3.23	—
按经济区域分						
珠江三角洲	25463.54	21898.48	5206.85	385.34	31.71	18.75
东　翼	4844.08	4695.46	608.42	349.64	14.33	5.48
西　翼	3597.47	3406.75	638.73	189.53	3.54	0.57
山　区	3572.87	3387.07	887.39	28.15	4.63	2.79

(续表)

市别	内资					港澳台商投资	外商投资
	有限责任公司	股份有限公司	私营	个体	其他		
全省总计	13316.28	1122.15	8708.22	342.69	1522.55	2442.51	1647.69
广　州	2195.43	325.56	862.59	0.28	81.28	390.6	624.86
深　圳	1682.47	209.69	1150.99	0.07	35.72	513.45	169.27
珠　海	737.86	43.12	173.4	0.1	23.92	158.45	85.42
汕　头	1134.36	30.22	311.39	8.6	37.26	23.08	19.17
佛　山	1658.62	127.14	1082.9	7.66	169.13	348.45	243.25
韶　关	259	16.41	114.64	3.1	8.98	24.63	30.28
河　源	272.13	26.18	201.08	0.18	59.54	41.99	8.95
梅　州	260.92	59.03	242.24	0.23	9.11	11.5	3.58
惠　州	629.67	39.03	752.12	10.98	139.06	146.32	64.28
汕　尾	143.75	1.35	74.2	61.74	236.03	46.42	3.58
东　莞	611.99	33.63	476.92	1.16	18.09	193.11	121.18
中　山	444.36	19.62	406.46	27.22	22.94	94.41	73.05
江　门	596.6	30.67	516.18	15.96	47.59	142.21	65.68
阳　江	233.99	12.52	165.17	3.25	8	19.04	2.7
湛　江	425.16	36.9	450.81	18.81	162.17	92.1	53.26
茂　名	517.28	29.61	426.51	47.56	36.63	21.5	2.13
肇　庆	341.05	25.33	386.31	8.64	86.31	86.1	44.95
清　远	299.97	7.4	131.37	0.09	1.22	38.98	5.76
潮　州	128.3	12.45	174.98	0.38	32.21	5.28	4.76
揭　阳	414.78	25.87	472.51	121.12	296.1	28.64	17.68
云　浮	328.59	10.43	135.46	5.56	11.26	16.21	3.9
按经济区域分							
珠江三角洲	8898.05	853.8	5807.87	72.06	624.04	2073.12	1491.93
东　翼	1821.19	69.88	1033.07	191.84	601.61	103.43	45.2
西　翼	1176.43	79.03	1042.49	69.63	206.79	132.64	58.09
山　区	1420.62	119.45	824.78	9.16	90.11	133.32	52.48

广东省国有经济固定资产投资主要指标

项目	2000年	2010年	2014年	2015年	2016年	2017年
建设项目个数（个）						
施工项目（个）	8934	8669	9219	9997	10267	11596
全部建成投产项目（个）	4070	4659	5220	5863	5360	5856
投资总额（亿元）	1286.91	5152.6	5824.56	6363.86	6181.63	7341.39
住宅（亿元）	185.38	171.36	181.56	184.86	126.35	154.17
按构成分						
建筑安装工程（亿元）	835.63	3558.7	4343.61	4747.02	4589.08	5429.88
设备工具器具购置（亿元）	222.31	741.84	700.78	777.93	643.88	583.75
其他费用（亿元）	228.97	852.06	780.16	838.91	948.67	1327.77
按建设性质分						
新建（亿元）	635.88	3291.99	4283.19	4588.39	4833.83	6021.16
扩建（亿元）	280.76	684.71	644.9	865.39	634.87	525.23
改建（亿元）	128.62	844.39	683.52	718.42	529.53	651.43
按资金来源分						
国家预算资金（亿元）	48.77	366.85	1213.39	1591.75	1658.74	2129.71
国内贷款（亿元）	275.53	1111.67	1048.29	906.61	1129.78	1382.33
利用外资（亿元）	55.08	35.97	24.64	1.62	11.3	43.23
自筹资金（亿元）	743.32	3303.88	3176.16	3576.48	2438.12	2558.56
其他资金（亿元）	164.21	533.65	432.73	668.4	630.22	606.35
新增固定资产（亿元）	1022.34	3305.85	4551.3	3901.13	2530.71	3106.39
房屋建筑面积（万平方米）						
施工面积（万平方米）	5010.21	5043.04	5946.25	5241.35	4098.01	4452.94
竣工面积（万平方米）	2062.14	1261.43	1158.37	1078.4	842.23	542.67
住宅（万平方米）	1024.44	231.48	226.66	139.32	145.18	101.36

注：建设项目个数、投资总额按建设性质分不含房地产开发部分

广东省按行业分固定资产投资主要指标
（2017年）

行业	投资额（亿元）	施工项目个数（个）	全部建成投产项目个数（个）	新增固定资产（亿元）
全省总计	37477.96	51117	34351	18936.58
农、林、牧、渔业	477.21	1880	1390	387.65
农业	214.4	833	609	169.87
林业	30.9	129	99	22.6
畜牧业	88.33	325	232	73.24
渔业	61.56	248	189	53.78
农、林、牧、渔服务业	82.03	345	261	68.15
采矿业	145.34	262	183	71.67
煤炭开采和洗选业	—	—	—	—
石油和天然气开采业	63.94	5	2	1.92
黑色金属矿采选业	2.96	12	7	3.88
有色金属矿采选业	13.91	32	15	8.11
非金属矿采选业	63.5	206	157	56.43
开采辅助活动	0.66	3	1	0.69
其他采矿业	0.37	4	1	0.65
制造业	10311.22	24153	17265	8154.01
农副食品加工业	284.17	779	547	227.25
食品制造业	239.93	691	464	179.08
酒、饮料和精制茶制造业	106.5	245	166	81.24
烟草制品业	4.13	14	3	1.99
纺织业	449.17	1316	1136	405.9
纺织服装、服饰业	447.86	1388	1149	411.12
皮革、毛皮、羽毛及其制品和制鞋业	220.38	746	592	212.54
木材加工及木、竹、藤、棕、草制品业	133.77	410	304	125.7
家具制造业	276.21	648	396	200.67
造纸和纸制品业	220.95	461	329	197.06
印刷业和记录媒介复制业	167.91	499	411	139.22
文教、工美、体育和娱乐用品制造业	342.13	936	761	265.19
石油加工、炼焦及核燃料加工业	242.86	222	149	524.14
化学原料及化学制品制造业	455.98	1233	870	384.78
医药制造业	161.56	420	237	100.04
化学纤维制造业	11.66	25	16	9.77
橡胶和塑料制品业	509.04	1426	1091	410.39
非金属矿物制品业	903.88	2449	1830	738.07
黑色金属冶炼及压延加工业	104.55	200	132	67.34
有色金属冶炼及压延加工业	114.78	279	183	83.31
金属制品业	788.55	2217	1583	676.01
通用设备制造业	405.66	1020	700	278.42
专用设备制造业	555.27	1339	880	399.63
汽车制造业	449.14	541	319	268.71

注：施工项目个数不含房地产开发

(续表)

行业	投资额（亿元）	施工项目个数（个）	全部建成投产项目个数（个）	新增固定资产（亿元）
铁路、船舶、航空航天和其他运输设备制造业	143.07	192	124	78.11
电气机械及器材制造业	759.55	1942	1220	622.31
计算机、通信和其他电子设备制造业	1560.76	1894	1243	883.5
仪器仪表制造业	120.59	228	134	70.43
其他制造业	53.41	184	137	44.29
废弃资源综合利用业	63.09	167	133	59.59
金属制品、机械和设备修理业	14.72	42	26	8.21
电力、热力、燃气及水生产和供应业	1653.88	2801	1666	907.51
电力、热力生产和供应业	1193.21	1694	1007	655.43
燃气生产和供应业	77.38	131	57	42.75
水的生产和供应业	383.29	976	602	209.33
建筑业	33.88	70	55	25.07
房屋建筑业	2.68	11	8	5.17
土木工程建筑业	19.59	21	17	9.7
建筑安装业	1.9	9	6	2.02
建筑装饰和其他建筑业	9.71	29	24	8.18
批发和零售业	708.77	2020	1392	475.88
批发业	284.02	834	611	197.08
零售业	424.75	1186	781	278.8
交通运输、仓储和邮政业	3796.63	2161	1118	1117.67
铁路运输业	479.43	54	11	6.95
道路运输业	2489.18	1579	882	630.4
水上运输业	207.14	143	45	121.49
航空运输业	357.92	18	5	225.54
管道运输业	2.79	8	4	1.4
装卸搬运和运输代理业	48.98	78	45	23.15
仓储业	195.91	245	103	99.27
邮政业	15.28	36	23	9.47
住宿和餐饮业	311.65	842	583	228.83
住宿业	233.59	519	343	161.16
餐饮业	78.06	323	240	67.66
信息传输、软件和信息技术服务业	541.92	842	550	343.68
电信、广播电视和卫星传输服务	305.92	584	397	271.76
互联网和相关服务	59.41	101	71	28.4
软件和信息技术服务业	176.59	157	82	43.52
金融业	70.04	53	18	11.22
货币金融服务	9.64	25	10	3.89

(续表)

行业	投资额（亿元）	施工项目个数（个）	全部建成投产项目个数（个）	新增固定资产（亿元）
资本市场服务	20.59	16	5	1.58
保险业	32.24	7	2	0.09
其他金融活动	7.57	5	1	5.66
房地产业	13623.59	2463	1655	4055.8
房地产业	13623.59	2463	1655	4055.8
租赁和商务服务业	610.94	391	248	265.2
租赁业	166.97	30	22	143.77
商务服务业	443.96	361	226	121.43
科学研究、技术服务业	266.82	432	238	94.73
研究与试验发展	127.63	120	41	28.51
专业技术服务业	46.1	171	108	27.34
科技推广和应用服务业	93.09	141	89	38.89
水利、环境和公共设施管理业	3548.85	9132	5729	1912.25
水利管理业	403.21	1323	736	218.26
生态保护和环境治理业	97.19	265	144	68.49
公共设施管理业	3048.46	7544	4849	1625.5
居民服务、修理和其他服务业	47.23	189	145	41.33
居民服务业	22.28	90	63	18.08
机动车、电子产品和日用产品修理业	19.7	76	61	18.43
其他服务业	5.26	23	21	4.83
教育	528.55	1363	807	317.67
教育	528.55	1363	807	317.67
卫生和社会工作	333.57	745	461	176.89
卫生	298.47	625	384	158.11
社会工作	35.1	120	77	18.79
文化、体育和娱乐业	304.05	816	549	225.82
新闻出版业	3.76	8	2	1.82
广播、电视、电影和影视录音制作业	20.86	45	26	7.1
文化艺术业	137.13	386	260	91.16
体育	97.56	258	172	99.38
娱乐业	44.73	119	89	26.36
公共管理、社会保障和社会组织	163.82	502	299	123.67
中国共产党机关	1.44	7	3	0.97
国家机构	107.15	298	154	75.56
人民政协、民主党派	0.47	1	1	0.47
社会保障	0.66	7	5	0.99
群众社团、社会团体和其他成员组织	35.73	98	60	28.43
基层群众自治组织	18.38	91	76	17.24

广东省基础产业和基础设施完成投资额

单位：亿元

年份	基础产业	基础设施				
			电力、燃气及水的生产和供应业	交通运输和邮政业	信息传输、互联网和相关服务业	水利、环境和公共设施管理业
1990	139.95	132.62	24.73	46.77	28.75	32.37
1995	779.53	738.7	137.77	260.49	160.13	180.31
2000	1159.4	1098.68	204.91	387.43	238.16	268.18
2001	1187.24	1049.32	225.93	340.61	247.38	235.4
2002	1237.56	1127.94	300.13	348.87	242.34	236.6
2003	1655.29	1426.24	338.85	473.57	264.35	349.47
2004	2221.66	1858.46	548.32	627.93	267.91	414.3
2005	2612.47	2154.45	691.16	675.4	241.07	546.82
2006	2800.36	2392.07	714.76	820.49	218.37	638.45
2007	2989.95	2462.09	636.07	891.56	214.35	720.11
2008	3559.61	2935.03	749.57	1106.76	242.05	836.65
2009	5151.98	4488.32	1222.37	1664.65	278.46	1322.84
2010	5981.47	5394.68	1332.84	1908.64	239.17	1914.02
2011	5314.74	4544.1	934.31	1657.06	343.39	1609.34
2012	5642.85	4693.66	1063.32	1700.77	298.32	1631.25
2013	6578.24	5477.03	1133.46	2243.47	268.04	1832.06
2014	7392.42	5984.42	1099.42	2528.29	330.82	2025.89
2015	8558.98	6976.83	1206.47	2929.05	397.89	2443.42
2016	8904.91	7376.79	1294.06	2883.31	366.82	2832.61
2017	10506.02	9168.79	1653.88	3600.72	365.33	3548.85

广东省投资效益指标

项目	2005年	2010年	2014	2015年	2016年	2017年
固定资产交付使用率						
本年完成投资（亿元）	7164.11	16113.19	25928.09	30031.2	33008.86	37477.96
本年新增固定资产（亿元）	4668.97	10744.63	18090.89	18466.39	16834.1	18936.58
固定资产交付使用率（%）	65.2	66.7	69.8	61.5	51	50.5
建成项目投产率						
本年施工项目（个）	23472	50626	33416	38740	44652	51117
本年建成投产项目（个）	10680	36926	22767	27410	32059	36204
建成项目投产率（%）	45.5	72.9	68.1	70.8	71.8	70.8
房屋建筑面积						
本年房屋施工面积（万平方米）	38351.76	57221.79	81692.25	84133.98	84623.21	92203.09
本年房屋竣工面积（万平方米）	17053.8	20420.6	17294.71	15303.96	14042.25	14680.63
房屋面积竣工率（%）	44.5	35.7	21.2	18.2	16.6	15.9
建设周期						
计划总投资（亿元）	26335.04	62193.2	101000.17	110176.52	126902.21	152892.15
本年完成投资（亿元）	7164.11	16113.19	25928.09	30031.2	33008.86	37477.96
建设周期（年/月）	3/8	3/10	3/11	3/8	3/10	4/1

广东省新增主要生产能力或效益

指标	2005 年	2010 年	2015 年	2016 年	2017 年
石油加工					
蒸馏设备能力（处理万吨/年）	300	—	20	5	1000
裂化设备能力（处理万吨/年）	10	102	17	10	70
加氢精制设备能力（处理万吨/年）	120	200	—	—	—
钢材	—	—	512.85	561.2	267.6
热轧钢材（万吨/年）	280.35	103.6	—	—	—
冷轧（拔）钢材（万吨/年）	377.55	75.45	—	—	—
铜冶炼（吨/年）	25477	155000	3200	—	—
铝加工材（吨/年）	119780	184230	397572	83589	149222
铜加工材（吨/年）			15030	2000	
发电机组装机容量（万千瓦）	526.93	763.96	770.2	382.27	309.67
水力发电（万千瓦）	37.32	108.39	7.26	20.84	9.49
火力发电（万千瓦）	433.57	580	559.2	181.5	69.7
输电线路（11 万伏及以上）（千米）	4066.05	6996.95	3171.11	2252.35	2239.82
水泥（万吨/年）	1792	1751	638	450	400
塑料树脂及共聚物（吨/年）	32999	340713	204103	267409	331509
内燃机（台/年）	—	—	—	120000	—
（万千瓦/年）	—	—	—	1152	—
轿车制造（万辆/年）	—	—	28	51	—
电视机（万部/年）	—	—	—	150	—
新建公路（千米）	1860.61	3028.9	2441.95	1658.79	1171.55
高速公路（千米）	187.86	508.7	751.01	532.01	612
改建公路（千米）	5379.79	4253.65	2664.16	2160.7	1461.21
一级公路（千米）	309.7	237.85	197.76	366.8	230.71
新建独立公路桥梁（延长米）	13032	22739	14080	9914	18382
（座）	118	48	22	12	10
新（扩）建港口码头（年吞吐量：万吨）	3158	3516	704	1227	9840
（泊位：个）	13	28	14	5	8
新（扩）建客、货运站（个）	29	22	10	5	5
（平方米）	90564	221957	107349	30145	11165
程控交换机（指安装能力）（万线/年）	82	—	—	—	—
飞机购置（架）	—	—	33	36	56
城市自来水供水能力（万吨/日）	359.41	62.77	0.5	30.15	38
城市污水处理能力（万吨/日）	124.46	506.88	17.68	29.65	60.7

广东省各市施工和竣工面积
（2017年）

市别	施工建筑面积（万平方米）	住宅	竣工建筑面积（万平方米）	住宅
总　计	92203.09	50260.79	14680.63	5954.07
广　州	12044.84	6427.97	1496.38	832.8
深　圳	7560.49	3076.68	351.23	183.89
珠　海	3706.41	1921.69	454.09	281.06
汕　头	3654.4	1756	685.8	241.35
佛　山	11160.87	5880.58	1360.26	500.46
韶　关	2085.24	1390.98	280.23	125.73
河　源	1665.14	1163.92	479.8	372.65
梅　州	1994.75	1355.42	310.09	211.74
惠　州	9160.92	5966.15	1742.73	847.26
汕　尾	954.01	561.69	100.13	14.02
东　莞	5617.97	3258.42	611.53	369.23
中　山	6466.26	3780.01	1087.13	528.06
江　门	4475.61	2219.08	946.41	339.42
阳　江	1979.34	1331.58	208.39	93.48
湛　江	3144.35	1880.52	314.08	69.42
茂　名	2756.88	1590.95	495.39	122.19
肇　庆	3037.39	1834.69	394.25	220.28
清　远	3852.18	2801.5	447.02	288.01
潮　州	879.24	546.12	249.48	129.9
揭　阳	4503.45	651.54	2542.37	121.21
云　浮	1503.37	865.32	123.85	61.9

广东省建筑业企业主要指标

年份	建筑业企业单位数（家）	建筑业企业总产值（亿元）	建筑业企业增加值（亿元）	建筑业企业利税总额（亿元）	建筑业企业就业人员（万人）
1978	178	5.47	—	0.2	14.78
1979	188	6.32	—	0.23	16.27
1980	204	8.88	—	0.32	19.45
1981	224	13.44	—	0.49	24.29
1982	246	19.66	—	0.72	29.94
1983	269	24.51	—	0.9	36.23
1984	357	36.83	—	1.31	47.12
1985	462	50.45	—	1.54	54.47
1986	448	57.14	—	1.28	58.24
1987	492	65.96	—	1.56	59.08
1988	596	86.74	—	2.74	66.56
1989	646	125.65	—	3.62	71.88
1990	686	113.4	—	3.12	67.22
1991	705	137.3	—	4.33	67.71
1992	910	216.56	—	9.65	84.8
1993	1766	459.95	—	23.03	144.12
1994	1587	535.75	—	31.29	150.05
1995	1618	635.83	—	39.47	135.56
1996	2031	632.16	182.74	35.74	146.56
1997	2399	732.97	170.13	38.26	143.89
1998	2961	800	176.7	43.11	142.82
1999	3283	954.44	199.5	53.06	144.78
2000	4593	944.61	205.89	58.24	141.46
2001	3699	1179.03	266	84.51	147.07
2002	4019	1418.41	363.65	88.95	150.12
2003	4488	1702.87	364.2	127.48	161.48
2004	4166	1901.86	794.88	143.75	152.1
2005	4182	2200.58	855.87	164.38	166.78
2006	4172	2594.04	930.4	191.62	169.33
2007	4326	3005.32	1029.08	256.59	179.13
2008	4601	3282.55	1197.41	289.23	172.54
2009	4508	3826.83	1324.14	329	179.34
2010	4551	4742.09	1551.81	393.87	196.32
2011	4589	5804.21	1797.78	470.75	190.28
2012	4637	6564.37	1888.1	517.82	198.31
2013	4977	7927.13	2001.23	653.7	204.79
2014	4982	8440.29	2341.18	675.99	211.07
2015	4926	8984.86	2441.85	724.74	185.5
2016	5054	9805	2551.82	736.52	246.17
2017	5606	11571.33	2818.82	851.86	289.97

注：以上数据为具有建筑总承包、专业分包和劳务分包资质的建筑企业数据

广东省建筑业企业生产情况

项目	2016 年合计	国有及国有控股企业	2017 年合计	国有及国有控股企业
企业家数（家）	5054	480	5606	476
建筑业合同情况				
签订的合同额（亿元）	25245.97	11531.78	30989.02	16750.22
上年结转合同额（亿元）	12288.36	6032.04	14845.74	8840.19
本年新签合同额（亿元）	12957.6	5499.74	16143.28	7910.03
承包工程完成情况				
直接从建设单位承揽（亿元）	10358.69	4077.26	12183.01	4971.41
工程完成产值（亿元）				
自行完成施工产值（亿元）	9366.93	3446.81	11090.36	4126.7
分包出去工程的产值（亿元）	991.76	630.45	1092.65	844.72
从建设单位以外承揽工程完成产值（亿元）	438.07	236.85	480.97	267.5
完成产值（亿元）				
建筑业总产值（亿元）	9805	3683.65	11571.33	4394.2
装饰装修产值（亿元）	1424.09	193.14	1603.93	184.5
在外省完成的产值（亿元）	2051.36	1055.09	2196.87	1068.13
建筑工程产值（亿元）	8344.84	3265.66	9916.33	3972.5
安装工程产值（亿元）	1137.55	308.09	1288.13	283.49
其他产值（亿元）	322.61	109.9	366.87	138.21
竣工产值（亿元）	4755.79	1674.02	6080.98	2146.48
房屋建筑施工面积（万平方米）	54358.29	23100.54	60247.2	25761.66
新开工面积（万平方米）	18060.46	6384.66	21644.31	7299.44
劳动人员情况				
从事建筑业活动的就业（万人）	244.36	72.09	288.42	89.89
人员平均人数（万人）	—	—	—	—
期末就业人数（万人）	246.17	71.49	289.97	84.79
工程技术人员（万人）	29.38	8.07	33.6	10.97

注：以上数据为具有建筑总承包、专业分包和劳务分包资质的建筑企业数据

广东省各市建筑业企业家数

单位：家

市别	2000年	2005年	2010年	2012年	2013年	2014年	2015年	2016年	2017年
全省总计	4593	4182	4551	4637	4977	4982	4926	5054	5606
广　州	757	764	779	786	882	890	877	883	952
深　圳	447	604	808	822	898	818	776	849	989
珠　海	143	165	144	170	309	375	393	410	416
汕　头	271	199	212	191	186	180	175	176	178
佛　山	248	502	497	443	424	434	427	431	458
韶　关	110	66	76	99	101	95	94	96	112
河　源	117	82	85	102	104	102	104	107	114
梅　州	154	111	146	155	153	151	151	153	163
惠　州	241	124	111	112	121	111	103	119	176
汕　尾	100	43	38	37	36	34	36	44	43
东　莞	183	361	444	473	502	536	540	542	624
中　山	385	273	314	315	327	329	319	310	367
江　门	342	156	165	158	160	162	164	171	204
阳　江	122	91	95	123	117	113	113	109	115
湛　江	238	125	106	122	128	131	127	130	138
茂　名	146	100	97	118	125	125	129	130	148
肇　庆	136	122	119	101	98	92	90	86	92
清　远	136	74	80	69	72	77	88	100	110
潮　州	139	90	83	80	77	73	66	59	57
揭　阳	121	84	107	117	112	111	111	108	110
云　浮	57	46	45	44	45	43	43	41	40
按经济区域分									
珠江三角洲	2882	3071	3381	3380	3721	3747	3689	3801	4278
东　翼	631	416	440	425	411	398	388	387	388
西　翼	506	316	298	363	370	369	369	369	401
山　区	574	379	432	469	475	468	480	497	539

注：以上数据为具有建筑总承包、专业分包和劳务分包资质的建筑企业数据

广东省各市建筑业企业总产值

单位：亿元

市别	2000年	2005年	2010年	2012年	2013年	2014年	2015年	2016年	2017年
全省总计	944.61	2200.58	4742.09	6564.37	7927.13	8440.29	8984.86	9805	11571.33
广　州	256.13	633.99	1296.19	1763.21	2216.18	2377.92	2546.94	2832.5	3234.86
深　圳	153.02	545.62	1460.99	2103.05	2422.26	2217.23	2275.2	2392.11	2869.95
珠　海	33.11	52.48	100.81	184.47	291.45	402.78	477.45	566.77	750.97
汕　头	80.67	127.78	219.12	292.37	361.31	376.44	405.52	453.76	519.64
佛　山	73.08	154.68	315.42	338.54	403.17	487.12	497.09	509.25	538.42
韶　关	24.14	29.25	102.76	166.07	213.94	218.64	214.35	179.7	194.46
河　源	5.74	17.01	20.68	33.9	39.37	50.46	69.31	92.44	116.35
梅　州	15.14	54.81	125.91	169.66	185.37	216.98	241.12	267.68	302.28
惠　州	20.35	46.94	69.83	93.74	103.28	122.04	141.29	160.88	198.87
汕　尾	5.49	6.95	15.44	11.54	9.64	11.11	14.41	21.72	26.4
东　莞	40.45	84.35	122.06	157.57	187.9	204.21	224.59	267.22	322.58
中　山	26.2	73.41	133.7	160.08	160.84	166.84	153.67	166.64	217.15
江　门	47.18	56.06	119.18	173.33	203.59	212.38	225.24	240.86	284.34
阳　江	18.8	32.97	66.18	81.6	115.08	124.71	120.05	103.24	111.18
湛　江	45.61	75.96	168.08	248.75	334.52	430.12	461.75	535.4	612.86
茂　名	39.05	92.14	134.67	271.7	325.38	417.76	481.04	570.76	768.49
肇　庆	15.4	39.99	99.4	103.71	108.58	119.8	125.49	117.92	142.57
清　远	11.49	20.19	52.78	64.83	73.35	96.56	101.72	110.54	132.02
潮　州	12.71	18.99	25.98	30.75	34.7	40.5	43.84	44.02	44.97
揭　阳	12.24	21.78	75.06	91.36	107.11	114.35	133.02	134.14	143.4
云　浮	8.61	15.2	17.85	24.13	30.1	32.36	31.75	37.44	39.55
按经济区域分									
珠江三角洲	664.92	1687.53	3717.58	5077.7	6097.24	6310.31	6666.97	7254.16	8559.73
东　翼	111.11	175.5	335.6	426.03	512.76	542.39	596.79	653.64	734.41
西　翼	103.46	201.08	368.93	602.04	774.99	972.59	1062.85	1209.4	1492.53
山　区	65.12	136.47	319.98	458.59	542.14	615	658.26	687.8	784.66

注：以上数据为具有建筑总承包、专业分包和劳务分包资质的建筑企业数据

广东省各市建筑业企业利润总额

单位：亿元

市别	2000年	2005年	2010年	2012年	2013年	2014年	2015年	2016年	2017年
全省总计	22.73	70.53	205.47	283.88	363.2	376.19	396.36	425.38	463.19
广　州	5.2	18.64	65.51	70.58	87.81	90.46	96.23	106.77	106.11
深　圳	7.57	15.65	50.44	92.97	101.55	103.03	115.51	111.06	119.06
珠　海	0.37	1.98	3.47	6.45	10.12	13.83	19.05	25.97	30.31
汕　头	1.36	3.74	8.23	9.89	14.99	15.15	15.63	20.15	24.91
佛　山	2	6.54	19.27	14.57	27.11	36.55	24.99	19.78	16.18
韶　关	0.23	0.43	2.95	6.04	9.15	6.21	5.44	6.45	7.25
河　源	0.29	0.48	0.95	2.29	3.92	4.9	7.71	9.39	10.1
梅　州	0.21	4.56	8.44	18.7	16.23	14.84	17.08	15.09	16.8
惠　州	0.35	1.02	1.68	2.14	3.61	1.24	2.37	3.06	3.63
汕　尾	0.22	0.18	0.56	0.3	0.17	0.32	0.55	0.57	1.33
东　莞	1.14	3.81	5.78	5.64	9.79	10.44	9.67	8.6	19.44
中　山	0.78	3.63	7.46	8.54	8.86	9	6.25	9.52	10.19
江　门	0.34	1.55	4.88	7.46	8.4	8.67	11.33	13.14	12.98
阳　江	0.61	1.38	3.59	4.46	5.55	5.2	4.71	5.79	5.68
湛　江	0.28	1.19	3.76	5.22	6.14	8.14	8.68	9.79	12.32
茂　名	0.77	2.49	4.43	15.5	23.03	24.03	27.67	34.58	38.84
肇　庆	0.09	0.65	2.51	2.22	3.96	4.28	3.26	3.7	5.61
清　远	0.01	0.46	3.44	2.83	2.88	2.54	3.24	3.58	4.24
潮　州	0.28	0.49	1.12	1.38	2.52	1.64	1.77	1.7	1.74
揭　阳	0.26	1.22	5.9	5.18	15.55	13.45	13.46	14.26	13.86
云　浮	0.37	0.43	1.1	1.51	1.85	2.29	1.77	2.47	2.62
按经济区域分									
珠江三角洲	17.84	53.48	161	210.59	261.22	277.49	288.67	301.58	323.51
东　翼	2.12	5.62	15.81	16.75	33.23	30.56	31.41	36.67	41.84
西　翼	1.66	5.06	11.78	25.18	34.72	37.37	41.05	50.16	56.84
山　区	1.11	6.36	16.87	31.37	34.03	30.77	35.23	36.97	41.01

注：以上数据为具有建筑总承包、专业分包和劳务分包资质的建筑企业数据

广东省各市建筑业企业利税总额

单位：亿元

市别	2000年	2005年	2010年	2012年	2013年	2014年	2015年	2016年	2017年
全省总计	58.24	164.38	393.87	517.82	653.7	675.99	724.74	736.52	851.86
广　州	15.17	45.42	118.16	129.12	154.74	162.11	171.85	175.16	195.66
深　圳	13.79	39.76	105.09	166.61	183.8	184.3	212.92	182.78	192.42
珠　海	1.43	4.16	7.44	12.31	20.35	25.84	34.12	45.2	49.36
汕　头	4.14	9.86	17.64	22.11	28.86	30.36	32.64	36.6	47.96
佛　山	4.7	14.31	30.47	24.65	47.72	50.13	38.4	30.7	29.14
韶　关	2	1.57	6.66	12.35	16.95	14.16	14.55	13.18	14.44
河　源	0.53	1.23	2.08	3.67	5.53	7.04	10.72	13.64	16.14
梅　州	0.81	6.47	13.7	24.71	24.68	25.6	26.53	25.14	27.52
惠　州	1.02	3.63	4.96	5.56	7.53	5.32	5.44	7.31	10.12
汕　尾	0.58	0.58	1.43	0.77	0.58	0.83	1.29	1.73	2.77
东　莞	2.25	6.36	9.8	10.74	16.56	16.93	17.09	17.55	29.32
中　山	1.53	6.09	13.71	13.91	14.87	14.72	11.87	14.37	15.12
江　门	2.37	3.79	9.61	14.23	16.1	17.27	20.34	23.83	27.68
阳　江	1.15	3.24	6.26	7.87	10.32	9.9	9.09	10.97	12.47
湛　江	1.69	3.8	10.69	14.4	16.26	22.57	23.94	28.67	39.43
茂　名	1.82	5.97	10.01	28.34	45.53	47.33	52.94	66.36	89.97
肇　庆	0.77	2.55	6.32	6.23	8.45	8.75	7.79	7.99	11.31
清　远	0.4	1.2	6.24	5.48	5.18	5.17	5.78	6.8	9.87
潮　州	0.66	1.17	2.12	2.5	4.09	3.17	3.18	3.51	3.62
揭　阳	0.73	2.09	9.48	9.69	22.43	20.71	21.01	21.02	22.12
云　浮	0.7	1.13	1.98	2.55	3.19	3.77	3.26	4.01	5.44
按经济区域分									
珠江三角洲	43.03	126.06	305.57	383.36	470.12	485.38	519.81	504.89	560.11
东　翼	6.11	13.7	30.68	35.08	55.95	55.08	58.12	62.86	76.47
西　翼	4.66	13.01	26.96	50.62	72.11	79.8	85.97	106	141.87
山　区	4.44	11.61	30.66	48.76	55.52	55.73	60.84	62.77	73.41

注：以上数据为具有建筑总承包、专业分包和劳务分包资质的建筑企业数据

广东省各市建筑业企业期末就业人员

单位：万人

市别	2000年	2005年	2010年	2012年	2013年	2014年	2015年	2016年	2017年
全省总计	141.46	166.78	196.32	198.31	204.79	211.07	185.5	246.17	289.97
广　州	26.4	30.8	39.65	40.25	37.56	43.95	40.03	48.28	68.76
深　圳	20.15	26.85	45.59	52.26	47.76	47.87	41.35	66.8	73.75
珠　海	3.55	3.24	4.36	3.46	9.45	8.26	6.37	12.24	13.41
汕　头	14.29	12.63	14.35	13.02	15.47	14.78	13.6	14.46	15.94
佛　山	8.62	13.71	11.02	11.66	8.71	8.52	10.49	9.06	9.03
韶　关	4.46	3.69	5.71	7.1	9.04	8.41	6.81	6.84	7.09
河　源	1.74	2.09	1.72	1.69	1.77	1.87	1.92	2.73	3.31
梅　州	3.58	7.27	9.13	7.01	7.9	7.79	6.55	6.88	8.57
惠　州	3.33	3.94	3.24	3.34	3.61	3.47	1.57	3.98	4.65
汕　尾	1.25	1.28	1.31	0.78	0.72	0.72	0.7	1.17	0.94
东　莞	6.65	7.78	5.73	6.35	6.4	7.97	7.58	9.35	12.98
中　山	3.71	5.75	5.32	5.06	5.5	5.18	4	3.98	5.38
江　门	10.26	10.58	8.5	7.26	6.89	7.02	6.12	6.53	7.16
阳　江	3.54	4.54	5.49	5.23	6.45	5.67	4.85	5.37	5.07
湛　江	8.03	7.87	10.29	9.79	10.62	12.63	10.71	19.01	21.79
茂　名	8.92	10.44	8.27	10	11.88	11.41	10.53	12.79	15.91
肇　庆	3.61	3.7	4.12	3.05	3.4	3.46	2.53	3.83	3.75
清　远	2.74	2.46	3.43	2.48	3.18	3.89	2.87	4.2	4.19
潮　州	2.1	2.17	1.46	1.45	1.57	2.16	1.54	1.93	1.72
揭　阳	2.88	3.86	5.75	5.42	5.13	4.45	3.85	5.1	4.68
云　浮	1.65	2.13	1.85	1.65	1.78	1.6	1.51	1.65	1.89
按经济区域分									
珠江三角洲	86.28	106.35	127.54	132.68	129.26	135.7	120.03	164.04	198.86
东　翼	20.52	19.94	22.88	20.67	22.9	22.11	19.7	22.66	23.28
西　翼	20.49	22.86	24.06	25.02	28.96	29.71	26.09	37.17	42.77
山　区	14.17	17.64	21.84	19.93	23.68	23.55	19.67	22.3	25.06

注：以上数据为具有建筑总承包、专业分包和劳务分包资质的建筑企业数据

广东省各市建筑业企业劳动生产率

单位：元/人

市别	2000年	2005年	2010年	2012年	2013年	2014年	2015年	2016年	2017年
全省总计	66780	132049	239595	356696	362507	364270	382579	401244	401193
广州	91086	204454	315033	506773	542086	525416	552068	584831	508843
深圳	107549	183515	300502	350511	340574	344326	345823	355497	356148
珠海	85936	162503	228342	656863	358547	352152	385938	446465	506501
汕头	56057	99266	159623	253241	261516	269587	296273	323232	346526
佛山	86795	115051	285616	417531	492072	545077	586097	595460	606710
韶关	57743	83704	189045	328545	326916	275767	313316	279777	315880
河源	33395	82741	121383	230341	239005	261644	280999	326710	353735
梅州	44258	78866	141903	275983	259046	306114	327465	394734	354985
惠州	60374	119974	217933	357245	332841	349105	406527	433029	446018
汕尾	46496	51367	116927	170432	174520	157869	211873	201483	297909
东莞	64176	108136	218052	309757	285850	275080	263489	301919	258138
中山	73597	119772	249502	380332	312868	327054	333178	414881	420283
江门	49612	64418	147038	259535	347379	294889	336038	406110	411990
阳江	59689	78360	123368	189791	230866	240397	241168	213732	223448
湛江	57160	98452	173336	262224	311805	316124	315036	284640	299524
茂名	46992	90457	170522	343345	309067	359623	396918	435077	481102
肇庆	46380	107435	257334	306971	307105	280641	385010	344260	385081
清远	42073	90596	158598	268486	250075	242105	266337	277162	340057
潮州	57817	91838	146120	261483	261170	264270	237822	195806	220225
揭阳	40672	57368	131884	190814	246950	227618	242247	237181	296304
云浮	49773	74640	101721	198521	190725	199710	204748	226005	216979
按经济区域分									
珠江三角洲	82426	156714	283028	397550	399713	400612	418380	445292	426741
东翼	53458	87357	149042	234253	255941	255566	274993	283945	322626
西翼	55234	90945	160692	277491	295332	319822	334707	329011	360425
山区	47252	81395	151686	281286	272995	272680	298647	317272	331560

注：以上数据为具有建筑总承包、专业分包和劳务分包资质的建筑企业数据

广东省各市建筑业企业房屋建筑施工面积

单位：万平方米

市别	2000 年	2005 年	2010 年	2012 年	2013 年	2014 年	2015 年	2016 年	2017 年
全省总计	16333.82	26886	33140.39	42431.74	52397.21	53443.21	50461.59	54358.29	60247.2
广　州	3161.25	5311.14	7135.48	9119.66	15055.7	16398.88	15163.7	16289.56	19323.31
深　圳	1999.65	4800.07	5980.34	9731.89	11502.8	7015.83	7682.65	8501.07	9240.74
珠　海	733.57	625.51	877.39	1004.81	1270.67	1676.35	1969.64	2307.7	1957.27
汕　头	1477.16	2176.29	2381.63	3016.58	3478.43	3856.83	4218.81	4388.16	4956.34
佛　山	1763.57	2782.45	3335.62	3240.44	3288.92	3243.14	2731.91	3104.43	3225.98
韶　关	362.44	424.57	781.78	1031.84	1145.51	1090.14	1063.36	1070.88	1117.79
河　源	79.8	294.41	218.83	247.43	252.72	345.04	453.06	517.93	582.98
梅　州	273.56	776.23	1315.8	1299.41	1340.77	1433.24	1632.23	1408.17	1870.78
惠　州	366.05	772.13	942.9	1073.02	1410.92	1317.62	1162.39	1367.64	1274.14
汕　尾	127.42	114.77	175.11	127.5	92.78	92.42	118.61	156.25	223.13
东　莞	1217.56	1234.98	733.44	777.57	790.43	1102.92	1045.99	914.05	946.91
中　山	400.99	945.6	601.02	757.35	573.77	542.07	470.87	515.04	500.92
江　门	1329.02	1585.95	1640.13	1713.24	2119.12	2611.16	2457.27	2414.59	2516.28
阳　江	270.81	525.95	825.31	820.89	1109.02	1020	920.64	827.27	882.57
湛　江	857.19	1399.47	1943.66	2971.01	3187.28	5988.4	3361.23	3723.52	3816.55
茂　名	734.43	1395.55	1770.78	2840.62	2933.13	3096.7	3264.79	4255.82	5195.03
肇　庆	386.93	531.11	728.47	760.58	772.31	593.25	640.44	501.43	539.77
清　远	249.02	466.45	632.87	645.76	613.31	612.68	562.07	598.38	643.97
潮　州	217.15	206.67	373.12	531.09	629.79	543.7	597.67	576.46	470.33
揭　阳	193.91	277.75	559.41	526.15	595.67	639.41	638.29	577.8	579.61
云　浮	132.34	238.96	187.29	194.9	234.18	223.43	305.99	342.13	382.8
按经济区域分									
珠江三角洲	11358.59	18588.94	21974.8	28178.56	36784.63	34501.23	33324.85	35915.51	39525.32
东　翼	2015.64	2775.47	3489.27	4201.31	4796.66	5132.36	5573.38	5698.67	6229.4
西　翼	1862.43	3320.97	4539.75	6632.53	7229.42	10105.1	7546.67	8806.61	9894.15
山　区	1097.16	2200.62	3136.57	3419.34	3586.49	3704.51	4016.7	3937.49	4598.32

注：以上数据为具有建筑总承包、专业分包和劳务分包资质的建筑企业数据

广东省房地产开发主要指标

项目	2000 年	2010 年	2015 年	2016 年	2017 年
土地开发及购置（万平方米）					
本年土地购置面积（万平方米）	1942.3	1726.31	1478.8	1750.32	1841.19
本年完成投资额（亿元）	858.61	3659.69	8538.47	10307.8	12075.69
住宅（亿元）	593.74	2539.03	5890.51	6977.66	8100.93
本年实际到位资金（亿元）	1064.51	7426.13	14164.3	17666.05	19155.68
国内贷款（亿元）	228.53	1256.11	2577.81	2559.13	4083.46
利用外资（亿元）	39.16	90.85	26.65	30.23	52.66
自筹资金（亿元）	287.71	1582.94	3933.4	4844	5341.58
定金及预收款（亿元）	423.32	1537.64	4656.66	5586.91	5988.25
个人按揭贷款（亿元）	—	974.17	2322.61	3569.32	2974.61
其他到位资金（亿元）	85.79	1984.42	647.17	1076.46	715.12
房屋建筑面积（万平方米）					
施工面积（万平方米）	9922.12	29301.36	57941.86	64233.8	72492.1
住宅（万平方米）	7400.38	22253.76	40388.82	44171	49450.82
竣工面积（万平方米）	3161.39	5659.1	6044.43	6593.75	8196.34
住宅（万平方米）	2598.52	4589.22	4435.4	4773.04	5784.01
竣工房屋价值（亿元）	511.46	1587.46	2256.69	2493.4	2871.97
住宅（亿元）	415.94	1276.09	1639.45	1776.33	1980.8
商品房屋销售额（亿元）	729.5	5480.77	11442.8	16214.61	18792.76
住宅（亿元）	597.36	4589.82	9967.32	14240.33	15437.89
商品房屋销售面积（万平方米）	2259.95	7321.76	11681.01	14611.6	15958.81
住宅（万平方米）	2009.34	6552.81	10497.62	13021.97	13522.51

广东省各市房地产开发投资情况

(2017 年)

单位：亿元

市别	完成投资额	按用途分				
		住宅		办公楼	商业营业用房	其他
			别墅、高档公寓			
全省总计	12075.69	8100.93	515.34	1173.67	1445.15	1355.95
广　州	2702.89	1769.49	160.58	330.23	298.5	304.67
深　圳	2135.86	1014.05	65.91	535.82	340.06	245.92
珠　海	666.12	425.22	40.18	89.7	72.1	79.09
汕　头	360.97	219.93	7.69	17.57	31.26	92.21
佛　山	1453.99	1017.42	34.51	68.23	188.83	179.51
韶　关	189.73	147.89	3.2	1.08	25.37	15.39
河　源	223.93	179.28	1.22	7.18	22.85	14.62
梅　州	218.04	171.18	5.86	0.71	26.51	19.64
惠　州	884.19	725.21	49.58	9.91	78.33	70.75
汕　尾	86.42	60.37	4.06	0.1	9.34	16.61
东　莞	702.15	512.44	63.99	64.9	67.05	57.76
中　山	623.97	444.74	7.93	16.52	83.7	79.01
江　门	450.56	344.12	23.32	1.89	46.95	57.6
阳　江	144.86	112.8	8.79	2.18	18	11.88
湛　江	317.69	241.58	8.96	8.78	33.35	33.98
茂　名	168.22	144.31	3.96	2.63	11.93	9.34
肇　庆	208.04	146.86	9.72	11.72	28.89	20.57
清　远	276.32	214.35	13.39	2.47	38.98	20.52
潮　州	66.81	49.49	—	1.39	4.85	11.08
揭　阳	109.29	92.34	0.31	0.39	6.48	10.09
云　浮	85.63	67.86	2.18	0.27	11.82	5.68
按经济区域分						
珠江三角洲	9827.78	6399.56	455.71	1128.91	1204.42	1094.89
东　翼	623.49	422.12	12.07	19.45	51.92	129.99
西　翼	630.77	498.69	21.71	13.59	63.28	55.2
山　区	993.66	780.56	25.85	11.71	125.53	75.87

广东省各市房地产开发房屋建筑面积及价值

(2017年)

市别	房屋建筑面积（万平方米）			竣工房屋价值（亿元）	
	施工面积	竣工面积	住宅		住宅
全省总计	72492.1	8196.34	5784.01	2871.97	1980.8
广　州	10658.49	1320.66	831.83	487.57	305.82
深　圳	5709.34	285.06	183.79	278.46	170.72
珠　海	3253.98	422.8	280.07	160.03	102.76
汕　头	2663.64	325.95	229.68	109.14	79.13
佛　山	9102.96	784.54	500.46	354.87	223.52
韶　关	1804.42	202.76	124.75	45.89	27.26
河　源	1409.9	437.3	371.8	104.92	86.88
梅　州	1730.15	267.33	210.86	60.52	48.88
惠　州	7604.45	1039.86	824.64	301.44	248.8
汕　尾	606.03	17.77	11.72	2.3	1.81
东　莞	4553.68	471.02	363.39	218.7	185.57
中　山	5331.97	810.2	526.89	263.53	158.04
江　门	3161.66	463.83	336.02	127.82	80.49
阳　江	1788.38	105.87	91.5	24.18	21.66
湛　江	2584.73	155.84	68.24	47.22	20.96
茂　名	2002	116.15	93.97	28.78	23.96
肇　庆	2483.61	260.55	207.94	71.97	55.64
清　远	3595.95	386.63	282.77	108.93	80.1
潮　州	699.9	154.71	128.43	36.61	29.43
揭　阳	582.66	57.25	53.35	16.49	15.36
云　浮	1164.21	110.26	61.9	22.6	13.99
按经济区域分					
珠江三角洲	51860.12	5858.52	4055.02	2264.38	1531.37
东　翼	4552.24	555.69	423.18	164.54	125.73
西　翼	6375.11	377.86	253.71	100.18	66.58
山　区	9704.63	1404.27	1052.09	342.87	257.12

广东省各市商品房屋销售情况
(2017 年)

市别	商品房销售面积(万平方米)	住宅	商品房销售额(亿元)	住宅
全省总计	15958.81	13522.51	18792.76	15437.89
广　州	1757.75	1367.48	3099.52	2418.36
深　圳	671.03	520.97	3216.65	2533.04
珠　海	509.65	420.28	1093.42	881.39
汕　头	639.58	594.16	629.73	554.65
佛　山	2800.17	2076.51	3073.04	2362.1
韶　关	449.09	426.72	235.44	215.15
河　源	536.15	507.09	269.19	251.52
梅　州	498.79	463.15	286.35	258.36
惠　州	1645.65	1543.4	1628.81	1537.12
汕　尾	231.32	183.82	141.41	99.02
东　莞	799.46	588.81	1349.22	1016.96
中　山	874.81	650.07	884.65	705.45
江　门	788.16	710.99	572.4	514.39
阳　江	452.07	424.75	247.91	223.67
湛　江	589.4	554.57	425.93	393.3
茂　名	516.08	500.86	317.17	302.97
肇　庆	598.01	542.08	365.61	322.75
清　远	900.58	808.74	585.11	517.47
潮　州	145.72	135.15	85.54	77.91
揭　阳	220.71	211.87	122.29	113.07
云　浮	334.62	291.04	163.38	139.26
按经济区域分				
珠江三角洲	10444.7	8420.58	15283.32	12291.55
东　翼	1237.33	1125	978.97	844.64
西　翼	1557.56	1480.18	991	919.94
山　区	2719.22	2496.75	1539.47	1381.76

(广东省统计局)

·编辑　陈财盛·

文献法规

□ 杨细平在全省住房城乡建设工作会议上的讲话

□ 张少康在全省住房城乡建设工作会议上的讲话

□ 广东省建设工程质量管理条例

不忘初心，牢记使命，推动习近平新时代中国特色社会主义思想在广东住房城乡建设领域落地生根、结出硕果

——在全省住房城乡建设工作会议上的讲话

广东省住房和城乡建设厅党组书记、副厅长　杨细平

2018年2月2日

同志们：

今天，我们在这里召开全省住房城乡建设工作会议，主要目的是全面贯彻党的十九大精神，以习近平新时代中国特色社会主义思想为指导，深入贯彻习近平总书记对广东重要指示批示精神，贯彻全国住房城乡建设工作会议以及省委十二届二次全会和省“两会”精神，总结五年来全省住房城乡建设工作，研究部署2018年及今后一个时期的工作。省政府高度重视这次会议，许瑞生副省长专门批示并高度肯定全省住房城乡建设系统工作取得的成绩。刚才，张少康厅长全面总结五年来全省住房城乡建设工作成就，分析存在问题，提出今后一个时期工作总体思路，部署2018年重点工作，希望大家认真领会和贯彻落实。这里，我讲三点意见。

一、总结经验，找准问题，不断增强新时代要有新作为的紧迫感和责任感

回顾过去五年的工作，全省住房城乡建设工作硕果累累、成绩斐然。之所以能够取得显著成绩，根本在于习近平新时代中国特色社会主义思想的科学指引，在于省委省政府的坚强领导和住房和城乡建设部的正确指导，在于全省住房城乡建设系统全体同志的努力奋斗和社会各界的大力支持。

五年来的工作实践证明，推进全省住房城乡建设事业持续健康发展，关键是要做到“六个必须”：一是必须坚持和加强党的全面领导，推动全面从严治党向纵深发展，牢固树立“四个意识”，在思想上政治上行动上同以习近平同志为核心的党中央保持高度一致，最大限度凝聚共识、凝聚智慧、凝聚人心、凝聚力量。二是必须自觉践行新发展理念，把新发展理念贯穿到住房城乡建设领域的各个方面和各个环节，进一步增强推动高质量发展的自觉性和坚定性，牢牢把握质量变革、效率变革、动力变革的基本路径，加快转变城乡发展方式，不断巩固和厚植发展优势，在补短板中释放潜力，以新发展理念引领住房城乡建设事业实现更高质量的发展。三是必须坚持以人民为中心的发展思想，把人民对美好生活的向往作为住房城乡建设工作的奋斗目标，凝心聚力、周密谋划、精准施策，不断提高保障和改善民生水平，着力解决住房城乡建设领域人民最关心、最直接、最现实的利益问题，使人民获得感、幸福感、安全感更加充实、更有保障、更可持续。四是必须坚定不移全面深化改革，深刻把握新时代住房城乡建设领域全面深化改革的新要求，高起点谋划和推进，特别是加快城乡规划管理体制改革试点省建设，推进城市管理和综合执法体制改革，深化建设工程招投标制度、物业管理体制等改革，加快“放管服”改革和“阳光政务”建设，开创全省住房城乡建设改革全面发力、多点突破、纵深推进的新局面。五是必须坚定文化自信，加强对岭南文化基因的保护弘扬，做好岭南文脉的传承，将岭南的地域特点、建筑特色、工匠精神，融入城市、乡镇和村庄的规划建设之中，特别是要突出岭南特色风貌，加强历史文化名城名镇名村的保护利用，做好南粤古驿道保护和活化利用，建设有记忆的城市、有乡愁的村镇，打造能够展现岭南特色文化的亮点项目和精品工程。六是必须求实务实抓落实，紧紧围绕中心工作，真抓实干，特别是针对热点难点问题，要一个一个去攻坚，将目

标任务细化量化，层层分解，落到实处，责任到人，以踏石留印、抓铁有痕的劲头抓落实，形成重实绩、办实事、说实话、求实效的良好风气，善始善终、善做善成。

回顾过去五年来的工作，虽然我们取得令人瞩目的成绩，但是必须清醒地看到，我们的工作仍然存在不少问题和挑战。王蒙徽部长在全国住房城乡建设工作会议上指出的普遍问题在广东省住房城乡建设领域都有不同程度地存在。马兴瑞省长在今年的全省“两会”上作的政府工作报告，一针见血地指出当前全省住房城乡建设系统的问题。总体上来看，广东省住房城乡建设系统存在的问题主要表现为：一是住房供需结构性矛盾突出，棚户区和城中村改造滞后，住房保障模式相对单一，住房租赁市场尚不成熟，住房制度还有待完善。二是城市规划建设管理工作有待加强，规划编制的科学性不强、衔接不够、执行刚性约束不足；城市建设品质和精细化管理水平不高，城市建成区仍有大量黑臭水体，污水管网建设依然滞后，违法建设等问题突出，背街小巷环境亟须整治，城市更新推进缓慢，垃圾分类工作进展不大。三是农村人居环境综合整治任务艰巨，村庄规划滞后，农房建设无序，村居环境脏乱差现象比较突出。四是建筑业转型升级有待加快，工程建设领域改革亟待深化，建筑企业综合实力不强，建筑产业工人体系尚待完善，房屋市政工程安全生产形势严峻。五是管党治党存在“宽松软”问题，党建工作与业务工作融合不够，与全面从严治党要求还有一定差距。冰冻三尺非一日之寒，这些问题都是长期积累下来的，已经绕不过去，必须想方设法加快予以解决。过去40年的快速粗放发展给我们留下很多难题，新时代又给我们出了新的试题，我们一定要高度重视，勇于面对，认真答卷，以时不待我、只争朝夕的精神投入工作，不断增强新时代要有新作为的紧迫感和责任感，用实实在在的业绩让全省人民给我们打分。

二、提高站位，强化责任，坚定不移推进全面从严治党

持续深入学习宣传贯彻习近平新时代中国特色社会主义思想和党的十九大精神，按照新时代党的建设总要求，以党的政治建设为统领，提高政治站位，严格压实管党治党主体责任，坚定不移推动全面从严治党向纵深发展，不断增强党的政治领导力、思想引领力、群众组织力、社会号召力。

（一）突出抓好政治建设　要把党的政治建设摆在首位，时刻绷紧政治这根弦，旗帜鲜明讲政治，教育引导广大党员干部不断增强“四个意识”，坚决维护以习近平同志为核心的党中央权威和集中统一领导，在政治立场、政治方向、政治原则、政治道路上同以习近平同志为核心的党中央保持高度一致。要严格遵守政治纪律和政治规矩，增强政治警觉性和政治鉴别力，牢记“五个必须”，杜绝“七个有之”，坚决全面彻底肃清李嘉、万庆良流毒影响。严肃党内政治生活，严格执行新形势下党内政治生活若干准则，营造风清气正的政治生态。

（二）强化思想理论武装　用习近平新时代中国特色社会主义思想武装头脑、指导实践、推动工作，要按照“学懂弄通做实”的要求，与推进“两学一做”学习教育和开展“不忘初心、牢记使命”主题教育结合起来，与大力弘扬“红船精神”结合起来，与学习贯彻习近平总书记对广东重要指示批示精神结合起来，与“大学习、深调研、真落实”结合起来，使习近平新时代中国特色社会主义思想内化于心、外化于行，把学习贯彻成果转化到全省住房城乡建设系统广大干部精气神提振上，激发广大党员干部以永不懈怠的精神状态和一往无前的奋斗姿态，投身到全省住房城乡建设事业改革发展中。

（三）加强基层组织建设　全省住房城乡建设系统各级党组织负责人要牢固树立“抓好党建是本职、不抓党建是失职、抓不好党建是不称职”的责任意识，主动把机关党建主体责任放在心上、扛在肩上、抓在手上。基层党组织是党联系群众的桥梁和纽带，要充分发挥基层党组织战斗堡垒作用和党员先锋模范作用，不断创新方法和载体，增强党员意识，积极引导党员干部到一线、亮身份、展风采、比贡献，让群众有更多的获得感、幸福感、安全感。以提升组织力为重点，注重发挥基层党组织在基层民主协商和共治中的领导核心作用，以改革创新精神探索通过加强基层党组织建设引领城市治理、物业管理、垃圾分类、老旧小区改造等工作，实现组织共建、资源共享、机制衔接、功能优化，不断提升基层党组织的工作水平，切实为社会治理和基层建设提供有力的组织保证。

（四）严管厚爱建强队伍　认真查摆“四风”突出问题特别是形式主义、官僚主义的新表现，抓常抓细抓长，重点纠正一些领导干部表态多调门高、行动少落实差和爱惜羽毛、回避问题、不作为、乱作为、冷硬横推等问题，以“马上就办、真抓实干、办就办好、滴水穿石”的实干作风和“钉钉子”精神推动中央“八项规定”精神成风化俗，推动国家和省重大决策部署不折不扣地落到实处。深入推进反腐败斗争，运用好监督执纪“四种形态”，用纪律的尺子衡量党员干部言行，抓早抓小，防患于未然，让党员干部知敬畏、存戒惧、守底线，防止违法违纪行为发生。坚持正确用人导向，把好干部标准落地实处，加强干部培训和实践历练，大力提高工作才干，不断增强本领，切实抓好领导班子和干部队伍建设。

三、聚焦主业，突出重点，奋力开创高质量发展新局面

中国特色社会主义进入新时代，全省住房城乡建设事业站在了新的历史起点上。我们一定要全面贯彻党的十九大精神，以习近平新时代中国特色社会主义思想为指导，从决胜全面建成小康社会、建设社会主义现代化强国的高度，认清和把握住房城乡建设事业的光荣使命和艰巨任务，观大势、谋全局、抓大事，聚焦主业，突出重点，在系统谋划上下功夫，在深化改革上下功夫，在对标一流上下功夫，在精诚团结上下功夫，创新实干，一件接着一件抓，抓一件成一件，奋力开创全省住房城乡建设事业高质量发展新局面。刚才张少康厅长对今后一个时期工作和2018年工作进行了全面部署，我就当前要重点抓好的几项工作做些强调。

（一）加快推进区域协调发展　党的十九大报告指出，要实施区域协调发展战略，建立更加有效的区域协调发展新机制。要以城市群为主体构建大中小城市和小城镇协调发展的城镇格局，加快农业转移人口市民化。这是党中央针对新时代区域协调发展新特征作出的重大战略部署。区域发展不协调是广东省的突出短板，有必要编制和实施适应新时代需要的区域协调规划加以引导和管控。我们要学习借鉴海南省域“多规合一”改革试点经验，探索以主体功能区规划为基础的省级“多规合一”的空间规划，推动建立更加有效的区域协调发展新机制，加快优化区域发展格局，切实增强全省区域发展的协调性、联动性和整体性，推动珠江三角洲与粤东西北城市的融合互动发展。进一步完善和推动实施《珠江三角洲全域空间规划》，强化对珠江三角洲空间资源的宏观管控及区域协调，促进珠江三角洲地区控容提质优化发展，提升珠江三角洲城市群引领带动能力。深入实施《广深科技创新走廊规划》，抓好“一廊十核多节点”建设，并积极推动出台相关配套政策。扎实有序推动粤东西北新区起步区建设，高标准规划建设粤北生态特别保护区，积极推动将东西两翼打造成为广东经济新的增长极，与珠江三角洲城市串珠成链建设沿海经济带。继续推动实施《广东省新型城镇化规划（2016—2020年）》，抓好新型城镇化“2511”试点，促进大中小城市和小城镇科学布局。充分发挥小城镇在区域和大中小城市协调发展的作用，加快小城镇建设，增强对农业转移人口的吸引力和承载力，切实有效解决好全省区域发展不平衡不充分的问题。

（二）提升城市规划设计水平　新时代呼唤新的高水平的城市规划设计。要坚持“统筹规划、规划统筹”，切实增强城市系统性、整体性和生长性。城市总体规划在城市发展过程中具有战略引领和刚性控制作用，各地要学习借鉴北京、上海市城市总体规划编制经验，积极推动新一版城市总体规划编制工作。广州、深圳作为新一轮城市总体规划编制试点城市要带好头、出经验，从编制方法、规划理念、制度设计等多方面深入改革，提升城市总体规划编制水平。“多规合一”是落实城市总体规划最重要的基础，也是推动城市空间布局和利用有序平衡的重要手段，要按照“多规合一”的要求和方法，整合各类空间性规划和相关规划，建立统一的城市空间规划体系，实现城市规划管理信息化、数字化，切实提升政府空间管控和城市治理能力现代化水平。要以城市总体规划为统领，统筹城市规划、建设和管理三大环节，深化编制城市设计、专项规划、功能区规划、控制性详细规划，分解落实规划目标、指标和任务要求，一任一任干下去，实现一张蓝图干到底，坚决维护规划的严肃性和权威性。积极探索设立城市总规划师制度和重点地区总设计师制度，提升城市规划设计水平。

好的公共空间可以把城市的人凝聚和动员起来。当前全省城市普遍存在注重市级公共中心建设而忽略社区邻里中心建设的问题，公共空间体系尚未形成。各地要注重塑造公共空间体系，加快社区邻里中心建设，优先构建家庭友好型的安全、包容、便利、绿色、优质的公共空间，加强对城市历史风貌和公共绿地空间等的规划和管控，抓好历史建筑、特色街区保护修缮，引导城中村、老旧小区改造和背街小巷环境整治，推进智慧城市、海绵城市建设，完善慢行系统，加快治理交通拥堵、内涝等“城市病”，不断提高城市宜居水平。水岸地区要学习借鉴湖南常德市海绵城市建设经验，积极探索建立绿地景观带、活动休闲带、文化创意带三带相交织的多元水岸，推动城市体育、文化、创意、商务等复合功能的打造，以水岸公园为绿色纽带，建设跨市公园带，营造连续的休闲活动空间。推动城市连绵地区的城市更新和环境再造，营造城市创新空间，提升城市活力和宜居性，促进城市创新活动蓬勃开展。

（三）抓好乡村振兴战略实施　实施乡村振兴战略是党中央着眼于全面建成小康社会、全面建设社会主义现代化国家作出的重大战略决策。改善农村人居环境，建设美丽宜居乡村，是实施乡村振兴战略的一项重要任务。这既是持久战，也是攻坚战，住房城乡建设系统要勇挑重担、攻坚克难。我们务必要按照党中央和省委省政府的部署，把乡村振兴摆在工作重中之重的位置，抓好乡村振兴战略实施，切实把农村人居环境整治工作谋划好、实施好。一是强化制度供给。当前全省村庄规划建设管理制度有待完善，大部分乡镇规划建设管理机构不健全，专职干部队伍不足，专业知识缺乏，很多涉及乡村规划建设的政策到县一级难以往下落实，严重影响农村人居环境整治进程。要学习浙江省、珠海市等省市经验，不断完善村庄规划管理法规政策。加强村镇规划建设管理机构建设，积极探索市县统筹建立村镇规划建设人才聘任制度，发挥“三师下乡”志愿服务作用，精心开展技术培训，强化乡村建设规划许可管理，建立健全有制度、有标准、有队伍、有经费、有督查的村庄人居环境管护长效机制，切实提高乡村规划建设管理和服务能力。二是完善技术体系。出台村庄规划编制指引，推进县（市）域乡村建设规划编制实施，引导条件具备的地区整县、连片规划与整治。抓好翁源县省级社会主义新农村示范村规划设计建设运营一体化试点县建设，为全省提供可复制、可推广的经验做法。市、县要编印富有岭南特色的农村住房设计图集，引导农民按图集建设农房。重点研究农村生活垃圾收运处理设施建设管理工作指引、生活污水处理适用技术指引，指导农村生活垃圾和污水处理。三是开展持续整治。农村人居环境整治不能打打停停，要持续推进，先整治、后提升，以点带面，全域推进，建管并重、长效运行。要以建设美丽宜居乡村为导向，以农村垃圾、污水治理和村容村貌提升为主攻方向，大力开展“三清理”“三拆除”“三整治”。鼓励开展农村垃圾源头分类处理，以县为单位以政府购买服务方式引入社会资本，推进镇村收运—转运—处理一体化。继续推动粤东西北地区和惠州、江门、肇庆市整县推进村镇污水处理设施建设工作，积极推广低成本、低能耗、易维护、高效率的污水处理技术。编印村容村貌整治技术指引，扎实推进农村危房改造，大力提升农村村容村貌。学习借鉴浙江等地小城镇环境综合整治工作经验，积极开展小城镇环境综合整治，以小城镇建设带动农村发展。

（四）坚决打好“三大攻坚战”　坚决打好防范化解重大风险、精准脱贫、污染防治的攻坚战，是全面建成小康社会的前提条件，是高质量发展必须跨越的关口，我们务必要结合住房城乡建设工作实际，集中力量，不折不扣地认真完成。在防范化解重大风险方面，要坚持“房子是用来住的、不是用来炒的”定位，坚持房地产市场调控目标不动摇、力度不放松，强化地方政府主体责任，实行差别化调控政策，抓好房地产市场分类调控，保持房地产市场调控政策的连续性和稳定性，加大房地产市场秩序规范整顿和监测，加快建立多主体供应、多渠道保障、租购并举的住房制度，防范化解房地产市场风险，促进房地产市场平稳健康发展。要规范推广运用PPP模式，杜绝出现“明股实债”“政府单方托底”等变相举债情况，实现PPP模式可持续发展。在精准脱贫方面，要加强农村危房改造与精准扶贫精准脱贫工作充分对接，加大梅关古道、西京古道等南粤古驿道、古村落活化利用力度，广泛开展“古驿道＋”的综合利用，带动精准脱贫。精准扶贫在农村重点是贫困县脱帽和建档立卡户脱贫，在城里就是老旧小区和困难群众。老旧小区设施和环境较差，居民幸福感不强，要抓好老旧小区改造，充分运用“共同缔造”理念，坚持问题导向，因地制宜，建立健全多方参与机制、资金筹措机制和建管结合机制，实现决策共谋、发展共建、建设共管、效果共评、成果共享。广州、韶关作为全国老旧小区改造试点城市，要先行先试，努力为推进老旧小区改造提供可复制、可推广的经验。在污染防治方面，要坚持生态优先和绿色发展，全力推动全省生活垃圾和污水处理“三年攻坚战”，明确目标任务，细化工作措施，2018年新建城市生活垃圾无害化处理设施15座和污水处理设施20座、配套管网5000千米以上。强化城中村、老旧城区和城乡结合部的污水收集，建立和完善城市黑臭水体治理长效机制，加快城市建成区黑臭水体整治。加强建设工程施工扬尘污染防治管理，加快污水处理厂提标改造，扎实抓好505个镇级垃圾填埋场整改。

（五）提高城市精细化管理水平　城市管理的核心是人。城市管理与人民群众生活关系最为密切，老百姓每天的吃用住行等都离不开城市管理和服务。习近平总书记在2017年全国“两会”上参加上海代表团审议时强调，城市管理应该像绣花一样精细。这一形象的比喻要求我们在城市管理和服务中要下绣花功夫，有细心，有耐心，有卓越心，抓住关键细节和细微之处，精益求精，让人民群众在城市生活得更方便、更舒心、更美好，使城市更有温度、更富有魅力、更具吸引力。我们要学习借鉴上海、徐州市在城市精细化管理方面的经验，把提高城市管理精细化水平作为推动城市高质量发展的重要举措、创造高品质生活的必然要求，以精细化管理为抓手，把精细化管理的理念、手段和要求，贯穿到城市规划、建设、管理各个环节，落实到具体行动上，落实到具体问题解决上，全面实现城市精细化管理，切实满足人民群众的愿望和诉求。要深化城市管理和综合执法体制改革，理顺区、街道、社区的城市管理工作体制，加强综合执法与行业管理、多个执法部门之间、市区和街镇的有机衔接，推动住宅小区业委会全覆盖，引导社会力量参与城市管理，形成多元共治、良性互动的城市治理模式，构建共建共治共享城市治理新格局。要细化城市管理范围和责任，善于运用法治思维和法治方式解决城市治理顽症难题，综合运用云计算、大数据等信息技术手段提高城市管理的效率和水平，建立健全城市管理标准规范，定格城市管理要求，不断提升城市管理专业化、法治化、智能化、标准化水平。

（六）加快违法建设治理工作　违法建设严重挑战法律尊严和政府权威，破坏社会公平公正，危害人民群众的生命安全，影响城市人居环境改善提升，是制约城市健康发展和现代化美丽广东建设的毒瘤。国家和省高度重视违法建设治理工作。《中共中央国务院关于进一步加强城市规划建设管理工作的若干意见》提出，用五年左右时间，全面清查并处理建成区违法建设，坚决遏制新增违法建设。住房城乡建设部印发《关于印发城市建成区违法建设专项治理工作五年行动方案的通知》，明确要求到2020年末，全面完成城市建成区违法建设治理任务，并形成长效管控机制。开展违法建设治理工作时间紧、任务重、难度大。我们务必高度重视，痛下决心，直面问题，主动作为，全面开展城市建成区违法建设摸查治理，坚决遏制增量，下大力气推进存量违法建设分类处置。按照省委省政府统一部署，要集中力量开展违法建设治理三年攻坚行动。一要全面摸查违法建设，制定违法建设摸查工作方案，建立违法建设台账和信息数据库，确保精确到点、落实到坐标，实现“标图入库”。二要建立“即查即拆”的新增违法建设快速查处机制，坚决遏制新增违法建设。通过建立网格化的巡查发现工作机制，及时发现处置每一宗新增违法建设，确保做到“早发现、早拆除”，保持对新增违法建设“零容忍”的高压态势。三要按照“三个一批”（拆除一批、消化整改一批、没收一批）的原则，制定违法建设分类处理办法，并结合城市更新、三旧改造、棚户区改造等工作，综合施策、分批分期治理存量违法建设。

（七）抓好两件“关键小事”　垃圾分类和“厕所革命”这两件事，是习近平总书记亲自过问、亲自推进的“关键小事”，是事关广大人民群众生活的大事，也是提升我们这个民族文明习惯、公共意识和公民意识的大事。

大力推进生活垃圾分类工作。2016年12月21日，习近平总书记在中央财经领导小组第十四次会议上，对垃圾分类工作的意义、原则、目标、要求和具体措施进行阐述，全面系统、非常到位。2017年11月30日，住房和城乡建设部王蒙徽部长在厦门主持召开全国城市生活垃圾分类工作现场会，对生活垃圾分类工作进行部署，深刻阐述生活垃圾分类工作的重大意义。我们务必高度重视，提高政治站位，明确目标，系统谋划，群策群力。当前，广东省城市生活垃圾分类工作总体上比较缓慢，存在群众分类投放的意识和习惯尚未普遍形成、先分后混问题还未有效解决、分类运输设备还没跟上、末端分类处理还存在瓶颈等问题。厦门市生活垃圾分类工作经过半年取得一定成效，其经验和做法总结起来就是强化组织领导、注重法治先行、坚持共同缔造、聚焦学校教育、完善设施建设等5方面，很值得大家学习借鉴。垃圾分类工作是一项“功在当代，利在千秋”的系统工程，我们要在分类投放、分类收集、分类运输、分类处理等每个环节上都狠下功夫，形成以法治为基础、政府推动、全民参与、城乡统筹、因地制宜的垃圾分类制度，努力提高垃圾分类制度覆盖范围。特别是广州、深圳市作为全国46个重点城市生活垃圾分类工作试点，要主动担当，发挥表率作用，因地制宜加大工作力度，为全省乃至全国提供可复制、可推广的好经验好做法，共同把生活垃圾分类工作推向深入。

坚持不懈推进“厕所革命”。厕所虽小，但是关系到广大人民群众生活品质提升，关系到国民素质提升和社会文明进步。建好“小厕所”，关系“大民生”，体现“大文明”。2015年4月1日以来，习近平总书记就“厕所革命”在3年内先后两次作出重要指示，强调厕所问题不是小事情，是城乡文明建设的重要方面，不但景区、城市要抓，农村也要抓，努力补齐这块影响群众生活品质的短板。这充分体现习近平总书记对推进“厕所革命”的高度关切，对百姓民生、城乡文明的高度关切。“小康不小康，厕所算一桩”。我们务必高度重视，把“厕所革命”当作一项基础工程、民生工程、文明工程来抓，落实属地主体责任，因地制宜，精准施策，建管结合，让硬件建设和软件提升齐头并进，切实提升城镇公共厕所服务水平。

同志们，新时代要有新气象，新时代要有新作为。让我们更加紧密团结在以习近平同志为核心的党中央周围，全面贯彻党的十九大精神，以习近平新时代中国特色社会主义思想为指导，深入贯彻习近平总书记对广东重要指示批示精神，不忘初心，牢记使命，推动习近平新时代中国特色社会主义思想在广东住房城乡建设领域落地生根、结出硕果，为把广东建设成为向世界展示习近平新时代中国特色社会主义思想的重要“窗口”和“示范区”作出新的更大贡献！

坚持以习近平新时代中国特色社会主义思想为指导，努力开创广东住房城乡建设事业改革发展新局面

——在全省住房城乡建设工作会议上的讲话

广东省住房和城乡建设厅厅长　张少康

2018年2月2日

同志们：

这次会议的主要任务是：全面贯彻党的十九大精神，以习近平新时代中国特色社会主义思想为指导，深入贯彻习近平总书记对广东重要指示批示精神，深入落实全国住房城乡建设工作会议以及省委十二届二次、三次全会和省“两会”精神，总结全年来全省住房城乡建设工作成就，分析存在问题，提出今后一个时期工作总体思路，部署2018年重点工作。

一、广东省住房城乡建设工作回顾

五年来，在省委、省政府的正确领导和住房和城乡建设部的工作指导下，全省住房城乡建设系统坚持遵循以习近平同志为核心的党中央治国理政新理念新思想新战略，紧紧围绕党中央、国务院及省委、省政府决策部署，服务保障中心工作，聚焦民生关切热点，切实转变工作作风，积极推动改革创新，为全省实现“三个定位、两个率先”和“四个坚持、三个支撑、两个走在前列”提供有力的支持和保障。

（一）居住水平显著提高，底线保障作用明显

五年来，全省开工商品房7.19亿平方米，竣工3.44亿平方米，销售6.14亿平方米，建成环境优美、配套齐全的宜居社区3108个，城乡常住居民家庭人均住房建筑面积分别超过33平方米和45平方米。

1. 不断提高保障水平。省先后出台了《广东省城镇住房保障办法》《关于加快棚户区改造工作的实施意见》《关于推进住房保障货币化改革的指导意见》等多项政策措施，加强政策引导。广州市、深圳、惠州等市不断降低保障性住房准入门槛，为更多困难群众提高更好住房保障。

2. 不断扩大保障覆盖面。广州市等地出台政策将新就业无房职工、稳定收入的外来务工人员等新市民群体纳入保障范围。五年来，各地新开工各类棚户区改造安置住房26.6万套，新增发放租赁补贴4.1万户，基本建成各类保障性安居工程住房52.4万套。公租房基本实现对城镇户籍低保、低收入住房困难家庭应保尽保，35.7万户住房困难群众住进了公租房，共新增解决超过115.3万市民住房困难问题。全面推进农村危房改造，累计完成超过52.86万户农村危房改造任务，全部完成2578户以船为家渔民上岸安居工程。

3. 不断创新保障措施。结合实际，推动住房保障货币化，满足不同需求。深圳市建成公共租赁住房同城异地置换平台，实现公共租赁住房在全市范围承租家庭之间的自由置换和内部流转。深圳、珠海等市探索产业人才共有产权住房建设。东莞市针对农村困难群众创新自有房屋局部修葺、改造或宅基地上危房原址拆除重建提供资金补贴的新保障方式。

4. 住房公积金缴存使用效率提升。积极推动住房公积金扩面，将企业、个人以及港澳台在广东就业人员等纳入缴存范围。2013年至今，全省新增住房公积金缴存职工420.84万人，新增个人贷款发放3545.76亿元，支持87.1万户职工家庭购房。

（二）因城精准施策，房地产市场总体稳定

五年来，我们认真贯彻落实党中央、国务院和省委、省政府关于稳定房地产市场的各项工作部署，全力确保房地产市场平稳健康发展。

1. 市场运行总体平稳。我们坚持房子是用来住的、不是用来炒的定位，坚持分类调控，坚持因城因地施策。房地产市场调控成效持续显现，热点城市房价涨幅回落，三四线城市房价逐步趋于稳定，市场总体保持平稳运行。

2. 风险防范扎实有效。突出工作协调，严格市场监测监控，及时处置市场风险。广州、深圳、珠海、佛山、惠州、东莞、中山、江门等市及时制定完善调

控政策，全省累计出台70多件调控政策措施。部分三四线城市结合实际落实供给侧结构性改革工作部署，实行分类去库存政策，提前超额完成去库存目标。截至2017年底，全省商品房库存消化周期为11.4个月，整体处于合理区间。

3. 市场秩序不断规范。大力开展房地产市场专项整治，积极化解房地产领域不稳定问题，2017年省公布5批共442家违法违规房地产开发企业和中介机构名单，各地查处一大批违法违规行为，进一步规范房地产市场秩序。

4. 租赁市场加快培育。广东省在全国率先成立省属专业化住房租赁平台，目前已有8个城市成立市属国有住房租赁平台；广州、深圳、佛山、肇庆4市成为全国首批住房租赁试点城市；广佛清肇正在开展城市群区域房地产市场联动发展改革，适合实际，租购并举的住房制度正在逐步建立。

（三）规划建设管理并重，城镇化建设质量明显提升

五年来，我们扎实推进以人为核心的新型城镇化，大力建设绿色城市、智慧城市、人文城市，城市基础设施全面增量提质，城市管理不断加强，城市建设质量明显提升，城镇化格局不断完善。

1. 以城市群为主体形态，提升城镇化质量。一是优化格局。编制实施《广东省新型城镇化规划》，基本确立全省大中小城市和小城镇协调发展的城镇化格局；推动高水平建设珠三角世界级城市群，将重大发展平台、高新区等各类开发区纳入城市总体规划融合发展；促进粤东城镇群协调发展；推动粤东西北新区起步区建设，提升县城和中心镇的人口承载和公共服务能力，形成合理的城镇体系。二是提高质量。深化粤港澳合作，积极推动粤港澳建设国际一流大湾区，谋划珠江三角洲国家自主创新示范区、广深科技创新走廊建设，进一步整合创新要素、创新资源；开展“2511”新型城镇化试点建设，在产城融合、公交引导发展、城市更新等方面积累成功的经验。三是提升水平。2013—2017年，全省常住人口城镇化率从67.76%稳步提升到69.85%，城市建成区面积从0.52万平方千米增长到0.72万平方千米，粤北和粤东西沿海有5个城市跻身百万人口城市行列；城市设计制度逐步推开，城乡绿色建设体系初步建立。

2. 深化改革，提升城乡规划效能。一是推进城乡规划管理体制改革。作为全国唯一的城乡规划管理体制改革试点省，我们组织开展“多规合一”、城市总体规划、控制性详细规划、城市设计等15项规划改革试点示范。以城市总体规划编制审批实施监管为核心，率先探索建立分级管理、分类管制、层级传导、权责明晰的规划管理机制。广州、深圳等城市总体规划修编审批改革试点为新一版总规编制作出表率和示范。佛山、中山探索建立分内容、分层次的控制性详细规划审批和动态调整机制。广州增城区等市县“多规合一”试点工作为全省全面推进“两图合一”夯实基础。广州、深圳、珠海探索建立系列符合当地实际的城市设计制度体系，形成可复制、可推广的经验做法。二是编制实施重要规划。编制实施《广深科技创新走廊规划》《南粤古驿道线路保护与利用总体规划》，探索编制《珠江三角洲全域空间规划》等，有效支撑省委省政府战略部署实施。全面开展历史文化街区划定和历史建筑确定工作，保护名录数量位居全国前列。

3. 提速城市基础设施建设，提高城市承载能力。一是出台系列重要政策文件和规划。五年里，国家和省出台13部文件对城市基础设施建设工作进行部署，我们扎实谋划，创新编制全国第一个省级城市基础设施建设规划，推动出台实施《广东省城乡生活垃圾处理条例》《关于居民生活垃圾集中处理设施选址工作的决定》等政策法规，切实加强工作统筹和任务落实。二是推动系列试点建设。全省积极落实新发展理念，探索以试点带动促进工作开展。广州成功入选国家地下综合管廊试点城市，深圳和珠海入选国家海绵城市试点城市，广州和韶关入选国家老旧小区改造试点城市。在珠江三角洲城市和韶关、梅州等国家生态文明先行示范区城市以及党政机关等公共机构率先试点实施生活垃圾分类。三是突出中央环保督察反馈问题整改。省及各地高度重视问题整改，切实加强污水处理设施及配套管网建设，五年累计建成污水管网5万千米，其中2017年新建城市污水管网5949千米。全面推行河长制，完成国家下达2017年“全省消除60%黑臭水体及广州、深圳消除90%”的目标任务。四是有效提升城市基础设施水平。截至2017年底，全省城市人均公园绿地面积17.92平方米，生活垃圾无害化处理率96.5%，生活污水处理率94.5%；建成并投入使用地下综合管廊100千米，新开工建设300千米，已建成并顺畅运营的地铁线路22条，总里程665.6千米，在建580.3千米，五年总里程增长42.8%；41个设市城市全面编制完成防水排涝规划和地下管线普查工作，建立起城市地下管线信息系统；全省累计成功创建“国家生态园林城市”1个、“国家园林城市”20个、“国家园林城镇”3个，“中国人居环境范例奖”31个。

4. 完善体制机制，加强城市管理服务。一是建设执法的科技化水平不断提高。建立起“天上看、地上查、网上管”的规划建设执法立体网络，实现利用遥感监测技术对全省县级以上城市规划实施情况的动态监测，持续推进实施省派城乡规划督察员工作，规划督察工作成为全国的“排头兵”。二是综合执法体制改革不断推进。按照国家及省委省政府的部署，积极谋

划设立省级城市管理和综合执法机构，推进《广东省城市管理综合执法条例》立法工作，推动市县机构综合设置和住房城乡建设领域行政处罚权的集中行使。目前，河源、汕尾、湛江率先成立市级城市管理和综合执法局。省级以及16个地市初步建成数字化城市管理平台，正在抓紧构建全省城市管理“一张网”。18个地市完成制式服装和标志标识统一工作，完成轮训科级以上干部600人。三是违法建设治理纳入工作重点。基本摸清违法建设底数，推进城市建成区违法建设专项治理，2016年8月至今累计查处违法建设6043万平方米。

（四）古驿道保护和修复利用示范启动，农村人居环境改善顺利推进

2016—2017年，广东省活化利用南粤古驿道资源，打造特色品牌，完成8处示范段的保护和修复利用。着力补齐村庄建设短板，累计创建“中国传统村落”160个、“历史文化名村”22个、“环境整治示范村”6个、“美丽乡村示范村”5个，“全国特色小镇”20个、“历史文化名镇”15个、“美丽宜居小镇”5个。

1. 保护和修复利用南粤古驿道，助力精准扶贫。全省在已建成绿道13000千米，社区体育公园870个，形成绿道特色品牌的基础上，2016年起，围绕农村人居环境综合整治和美丽乡村建设，开展南粤古驿道保护利用工作。累计发现古驿道遗存202处、总长度500千米。在修复利用中，以弘扬南粤文化之美、助推精准扶贫和乡村振兴为切入点，汇聚体育、农业、文化、旅游、生态等不同产业发展动力，取得明显成效。一是深挖文化内涵。广泛收集古驿道沿线及其周边的相关历史事件和历史人物，重点推动8处古驿道示范段建设，完成修复300千米，一并修复相关的古祠堂、古建筑，并在传统节庆、墟日举办非遗文化展、摄影展等活动，进一步让陈列在南粤大地上的遗产活起来，成为广东省响亮的文化品牌。二是切实促进乡村发展。在推进古驿道示范段建设的同时，组织建筑师、规划师和工程师专业志愿者与古驿道沿线的246个省定贫困村结对子，指导做好村庄规划建设，大力推动省级新农村示范片建设、农村连片整治和危房改造等工作。三是充分激发乡村活力。建设南粤古驿道网站，组织开展南粤古驿道文化之旅和定向大赛两个品牌活动，打造南粤古驿道旅游线路和品牌，有效激发乡村的发展活力和内生动力。

2. 统筹开展农村人居环境综合整治，改善村庄面貌。2017年，广东省委、省政府决定以2277个省定贫困村创建社会主义新农村示范村为切入点，全面启动农村人居环境综合整治。我们落实省委省政府部署，积极推进相关工作。一是突出规划的重要作用。重视规划引领新农村建设，推动村庄规划落实到项目，引导农民参与规划实施。目前，2277个省定贫困村整治创建规划全部编制完成；广州白云区、韶关仁化县等20个县（市、区）试点编制县域乡村建设规划。二是突出人居环境整治重点。大力补齐农村生活垃圾、污水处理短板，全省农村生活垃圾有效处理率95.52%，分类减量率51.81%，镇级污水处理设施370座。注重工作机制创新，肇庆四会市在全国首推乡村建设规划编制和项目一体化金融合作模式，汕头市南澳县等4个县（市、区）成为全国第一批农村生活垃圾分类和资源化利用示范县，推动欠发达地区35个县（市、区）整县推进村镇污水处理设施建设。

（五）坚持提质强管，引导建筑产业持续健康发展

五年来，我们加强政策引导，积极扶持建筑产业创新发展。2017年，全省建筑业总产值首次突破1万亿元大关，建筑业特级资质企业23家，施工总承包一级企业476家。

1. 推动科技创新和绿色发展。一是科技创新成果丰硕。全省达到国内先进水平以上的建设科技成果1201项，其中4项达到国际领先水平，63项达到国际先进水平。培育216个住房和城乡建设部科技计划项目，80个项目获“华夏科技奖”。二是打造创新平台。培育一批具有自主研发能力和成果转化能力的创新示范企业，建立广东省BIM技术联盟等一批创新交流平台，创建11个国家智慧城市试点。三是推进绿色建造。推动出台《广东省人民政府办公厅关于大力发展装配式建筑的实施意见》，建立1个国家装配式建筑示范城市、14个国家装配式建筑产业基地，新建装配式建筑面积1600万平方米。新发布41项工程建设地方标准。全省城镇规划区范围内的新建建筑全面执行节能标准，实现绿色建筑在全省地级以上市全覆盖发展，发展绿色建筑标识项目面积累计1.7亿平方米。散装水泥应用累计4亿吨，预拌混凝土应用稳定增长，预拌砂浆应用快速发展，高性能混凝土应用试点初见成效，新型墙材发展扎实推进。

2. 改善市场环境。建成省级建筑市场监管平台，集中发布全省项目信息5万条。推进全过程工程咨询、工程总承包试点，改革工程建设组织模式。推行质量安全报告制度，促进监理行业创新发展。繁荣建筑创作、加强传统技艺传承，首次开展“广东省勘察设计大师”“广东省传统建筑名匠”认定工作，将岭南“传统营造法式”记录成册。

3. 加强工程质量安全管理。健全挂牌、安全许可动态管理等工作制度。深入开展工程质量治理两年行动和工程质量安全提升三年行动。大力推行“两书、一牌”制度，有力推动工程建设五方主体落实质量终身责任。坚持铁腕治安，安全生产形势总体平稳可控。房屋市政工程一次通过验收合格率超过99%，其中2017年99.97%。累计34个项目获得“中国建设工程鲁

班奖”。2017年省政府质量奖正式将建筑企业纳入评奖范围，有1家建筑企业获奖。

4. 推进专项工作。落实用工实名管理，规范工程款和农民工工资支付，累计追发农民工工资42.9亿元，惠利人数22.9万人。累计清退和返还各类保证金2.4亿人。构建粤港政府合作机制，成功在前海、横琴自贸区试点实施香港工程建设管理模式，允许香港专业人士通过备案方式在自贸区内开展业务；组织企业对接“一带一路”建设项目200项，推动粤港澳建筑业企业携手“走出去”。

（六）加强服务型政府建设，提升管理服务水平

我们紧紧围绕治理能力和治理体系现代化要求，深化放管服改革，用制度规范行为，让权力在阳光下运行，更好方便企业群众、服务经济社会发展。

1. 切实转变政府职能。一是简政放权，在行政审批上做减法。厅权责清单中的行政许可事项从2014年的24项减少到9项，减少62.5%。将5项资质转移至相关协会开展资信管理工作，12项省级行政职权事项委托下放至广州、深圳市实施。二是管服并重，在许可服务上做加法。采取事中日常检查、随机抽查，事后“双随机”等方式加强对职能转移后的监督。

2. 切实提高行政效能。大力精简办事材料，全面清理中介服务事项。实现全程电子化、零跑动零窗口，上网办理率、网上办结率、网上全流程办理率100%。省行政许可事项办理时间总体提速50%。在全国率先放开施工图设计文件审查机构数量，提高审图效率。研究推进城市总体规划编制审批简政放权，2017年，按照“即报即办”原则，新批复7个市的城市总体规划，完成2个市城市总体规划成果审核报国务院。放宽建筑业企业市场准入，简化资质管理，构建行业自律管理模式。

3. 切实加强依法行政。省市各级主管部门大力推行权责清单、实施动态管理，依法全面履行政府职责。颁布施行城乡生活垃圾处理、城镇住房保障、建设工程造价管理等多部省级地方性法规、政府规章，17个新享有立法权的市围绕市容环境卫生管理、历史建筑保护等方面出台20多部地方性法规和政府规章，住房城乡建设领域法规体系逐步完善。各地普遍建立法律顾问制度，有效加强对重大行政决策的合法性审核。

回顾五年来的实践，我们深深体会到，全省住房城乡建设工作必须坚定不移以习近平新时代中国特色社会主义思想为指导，必须坚定不移贯彻落实新发展理念，紧紧围绕省委、省政府的中心工作，必须坚定不移深化改革，不断适应经济社会的发展变化，必须坚定不移贯彻以人民为中心的思想，切实解决发展不充分不平衡的问题。五年来的成绩来之不易，是住房和城乡建设部、省委、省政府坚强领导的结果，是全省住房城乡建设系统广大干部职工奋力拼搏的结果，是其他部门和社会各界鼎力支持的结果。

总结成绩的同时，我们必须清醒地认识到，住建事业和住建系统的工作还存在很多的短板和不足，与国家战略、省委省政府的部署要求，与先进省市的成效，与人民对美好生活的需要还有很大的差距。这些差距，有些具体体现在住房城乡建设的结果上，有些根源于我们的工作中。从住建事业的结果看：在住房方面，住房供需结构性矛盾比较突出，租售结构不合理，租赁市场发育不充分；热点城市房价上涨压力过大，房地产形成的各种风险不容忽视。城市规划建设方面，区域协同发展不够，城市建设品质不高，基础设施欠账较多，生态环境压力过大。城市管理方面，精细化水平不高，背街小巷环境亟须整治，“城市双修”推进缓慢，违法建设量大面广。在村镇建设方面，生活垃圾、污水处理设施建设滞后，村容村貌不佳。在建筑业发展方面，骨干企业数量不多，产业的现代化程度不高。

从住建系统的工作看，存在的突出问题表现在：一是建设管理的基础薄弱，全领域、全行业底数不清。二是城乡建设管理机制不到位，城市管理没有体现综合的要求，村镇建设缺少管理机构。三是城乡建设管理手段较粗放。基础设施运行、城市管理等方方面面信息化、智能化程度不高。四是城乡建设的管理制度不健全，规划管理的依法行政意识不强，违法建设的治理制度缺乏权威性、有效性。五是城乡建设管理的责任不落实，工程质量安全、房地产市场调控的责任落实不够坚决到位。在今年的政府工作报告中，马兴瑞省长指出全省发展的7个方面问题，其中：区域发展不协调；村庄规划滞后，农房建设无序，有新房无新村、村居环境脏乱差现象比较突出；城市规划建设和管理水平不高，城中村大量存在、违规用地、违法建设等历史遗留问题比较突出，规划编制的科学性不强、衔接不够、执行刚性约束不足，珠江三角洲协同发展不够，城市建设品质和管理精细化水平不高，棚户区、城中村改造滞后，背街小巷环境亟须整治，“三旧”改造和城市更新推进缓慢，违规用地、违法建设量大面广；城市建成区仍有大量黑臭水体，污水管网建设严重滞后等问题与住房城乡建设系统直接相关。

二、指导思想和工作思路

今后一个时期做好广东省住房城乡建设工作的指导思想是：全面贯彻党的十九大精神，以习近平新时代中国特色社会主义思想为指导，深入贯彻习近平总书记对广东重要指示批示精神，牢固树立“四个意识”，坚决贯彻落实国家和省的决策部署，坚持稳中求进的工作总基调，坚持新发展理念，聚焦新时代社会矛盾新变化和对住房城乡建设工作新要求，着力解决

住房城乡建设领域发展不平衡不充分问题，按照高质量发展要求，统筹推进“五位一体”总体布局和协调推进“四个全面”战略布局，坚持以供给侧结构性改革为主线，抓重点、补短板、强弱项，更好服务保障人民对美好生活的需要，更好服务保障全省改革发展，为决胜全面建成小康社会、全面建成社会主义现代化做出新的更大贡献。

2018年是全面贯彻落实党的十九大精神的开局之年，是中国改革开放40周年，是决胜全面建成小康社会、实施“十三五”规划承上启下的关键一年。2018年工作的主要思路是：

一要着力解决推动高质量发展的瓶颈障碍。以供给侧结构性改革为主线，在城乡规划方面，着力提供有效的空间资源供给，科学谋划空间布局；在城市建设方面，着力推进城市基础设施的系统性建设，夯实高质量发展的基础。

二要着力解决人民对美好生活需要的突出矛盾。在住房方面，着力构建多主体供应、多渠道保障、租购并举的住房制度，调整供需结构，因城施策，做好住房保障和房地产市场调控工作。在村镇建设方面，全面推进农村人居环境整治，重点抓好生活污水、垃圾的处理。

三要着力解决“三大攻坚战”的核心问题。在风险防范方面，要高度重视和及时化解房地产领域的经济、社会风险。在精准扶贫方面，要充分利用南粤古驿道保护利用契机，推动带动精准脱贫。在污染防治方面，要全力推动全省生活污水垃圾处理“三年攻坚战”。

四要着力解决住建系统工作主业不突出的针对性问题。围绕“抓重点、补短板、强弱项”的总体要求，突出工作的重点，保证房地产市场平稳健康发展是最大的重点工作；基础设施不协调、不充分是最大的短板；城市粗放管理和违法建设治理是最大的弱项，要聚焦这些工作重点，着力解决和推进。

三、2018年的主要工作任务

住房城乡建设领域工作量大面广、千头万绪，按照住房城乡建设部的要求，必须在提高发展质量和效益上下功夫，在防范和化解风险上下功夫，在统筹和系统治理上下功夫，在找准工作切入点上下功夫，在精准施策上下功夫。2018年要重点做好以下几方面的工作：

（一）加快建立多主体供给、多渠道保障、租购并举的住房制度

1. 多主体发力，重点构建多元化住房供应体系。一是增加保障性住房供给。各地要强化政府保基本、兜底线、促公平的基础主导作用，结合实际完成保障性住房建设和分配任务。二是针对性保障特殊群体。要充分发挥市场作用，通过税费减免优惠等方式，鼓励企业或非营利性机构为城镇新就业职工、青年教师、医生等政府保障不能完全覆盖到的群体提供低于市场价格的居住产品；支持企业配建员工宿舍，或通过团租、团购等方式统一为员工提供住房。三是打通通道。要结合实际推进保障性住房与商品住房市场的协调互动，建立制度化的回收、回购机制。

2. 多渠道保障，切实满足住房困难家庭居住需求。一是做好公租房建设及分配入住管理工作。各地，尤其是广州、深圳等外来务工人员多的城市，要科学、合理地制订好未来3年公共租赁住房建设发展规划，逐步将符合条件的新就业无房职工、外来务工人员和青年医生、青年教师等纳入保障范围。进一步提供优惠措施，全力确保政府投资公租房分配率不低于90%。要不断完善公租房小区配套设施建设，提升社区公共服务水平，切实增强人民群众的获得感。二是稳步推进新一轮棚户区改造。全省2018—2020年将新建棚户区改造安置性住房8万套，其中2018年新建2.5万套。各地要细化改造方案，加快前期准备，早谋划、早部署、早开工、早见效。要继续加大棚户区改造资金筹集力度，推行政府购买服务融资模式。各地市要抓紧开展2018年棚户区改造项目融资需求测算，主动对接政策性金融机构，尽快落实项目贷款。同时，也要结合实际稳妥推进棚户区改造货币化安置工作。三是因地制宜探索发展共有产权住房。深圳市在发展共有产权住房方面已经开展试点工作，接下来要及时总结可复制可推广的经验做法。同时，鼓励有条件的城市积极探索，将共有产权住房作为商品住房和保障性住房的有效补充，帮助城镇“夹心阶层”和各类人才实现“住有所居”。

3. 多试点探索，大力发展住房租赁市场特别是长期租赁。各市要加快培育和发展地市级国有住房租赁企业，着力发挥好国有住房租赁企业对市场的引领、规范、激活和调控作用，支持专业化、机构化住房租赁企业发展。2018年6月底前，各地级以上市至少要成立1家国有住房租赁企业；2018年年底前，各地级以上市均应建立政府住房租赁管理服务平台并上线试运行。广州、深圳、佛山、肇庆4市要抓紧住房租赁试点方案落实；广州、佛山、肇庆3市利用集体建设用地建设租赁住房试点工作要加快推进，确保形成一批可复制、可推广的试点成果。

4. 多层面推动，完善住房领域基础性制度。一是推进住房公积金制度改革。重点做好国家住房公积金制度改革及《住房公积金管理条例》修订后广东省住房公积金政策的系统修订工作。继续推进住房公积金综合服务平台建设，深化“互联网+公积金服务”的发展，实现公积金业务的在线办理，全面推行资金实时

结算。提高风险防控能力，保障住房公积金资金安全。二是深化物业管理体制改革。进一步加强社区党组织、社区居民委员会对物业管理工作的指导和监督，建立健全社区党组织、社区居民委员会、业主委员会和物业服务企业议事协调机制。探索在社区居民委员会下设环境和物业管理委员会，督促业主委员会和物业服务企业履行职责，完善业主委员会的职能。探索在无物业管理的老旧小区依托社区居民委员会实行自治管理。持续开展物业管理专项整治，加强对物业服务企业的事中事后监管。

（二）坚持房子是用来住的、不是用来炒的定位，促进房地产市场平稳健康发展

1.坚持房地产市场调控目标不动摇、力度不放松。要按中央要求继续严格执行各项调控措施，保持调控政策的连续性、稳定性，把稳定房地产市场、化解泡沫风险作为重中之重，引导好市场预期，防止出现大起大落。要积极努力把商品房库存规模稳定在合理区间，优化住房供给。广州、深圳等热点城市要继续严格执行各项调控措施，确保实现调控目标。潜在热点城市要比照热点城市进行管理。房价上涨较快的城市，要及时完善房地产市场调控政策。各市要细化房价统计和市场监测预警的评价单位，建立并完善评价考核机制，提高精准调控的能力和水平。

2.要加大房地产市场秩序规范整顿力度。要持续整顿规范房地产市场秩序，始终保持高压严查态势，严厉打击房地产开发企业和中介机构违法违规行为。特别是对于“双合同”、拒绝使用住房公积金、捆绑销售等违法违规销售行为，要进一步加大查处力度，并及时向全社会公布。要依法依规严厉打击，对领头的企业，该重罚的要重罚。要进一步建立健全跨部门失信联合惩戒机制，将违法违规企业及其责任人记入信用不良记录并公开通报。

3.要改革创新房地产市场机制。要根据国家关于建立和完善房地产市场长效机制的工作部署，及时制定和完善我省相应政策。广州、佛山、清远、肇庆等4个城市要联合编制广佛清肇都市圈住房发展规划，探索建立区域房地产联动发展机制，扎实推进协同合作促进房地产市场平稳健康发展的试点建设。深圳、惠州、东莞，珠海、中山、江门等其他有需要的城市，也可组织开展相关工作。鼓励有条件的地区推进商改住、工改住工作，丰富市场供给。

4.要完善调控机制。各地房地产主管部门要勇于担当、利用好联席会议等调控机制，主动作为。要协调有关部门落实国家部委的有关要求，及时调整商品房用地供给，推进实施“竞自持比例”“限制年期内禁止转让”“现房销售”等多种方式出让住宅用地，提高租赁住房和共有产权住房等供地比例，防止高地价推涨房价。出现阶段性地价、房价上涨的城市要及时调整有关政策。

（三）加强城市规划建设管理，提升城市发展建设质量

1.着力提升城镇化发展水平，切实增强区域发展的协同性、联动性、整体性。一是持续优化城镇化格局。深入实施《广东省新型城镇化规划》，推进以城市群为主体形态的新型城镇化。推动《珠江三角洲全域空间规划》颁布实施，建设具有国际影响力和竞争力的世界级城市群。促进环珠江三角洲地区加快融入珠江三角洲一体化发展，打造“广佛肇＋清远、云浮、韶关”、“深莞惠＋汕尾、河源”、“珠中江＋阳江”三大新型都市区。支持以汕头、潮州、揭阳同城化为目标打造粤东城市群，以北部湾城市群建设为契机打造粤西沿海城市带，打造东西两翼新的增长极。加强北部山区生态维育和环境保护，培育提升县级市、县城和中心镇集聚人口、提供服务的承载能力，促进粤北生态特别保护区绿色发展。二是推动粤港澳大湾区建设。瞄准世界一流水平，统筹重要设施布局，引导推动三地基础设施互通、产业功能互补、资源共享，共建国际科技创新中心和宜居宜业宜游的优质生活圈。三是支撑引领创新发展。研究出台《珠三角国家自主创新示范区空间发展规划》，深化实施《广深科技创新走廊规划》，积极开展创新政策先行先试，着力打造国际一流的创新创业中心。

2.抓好城乡规划管理体制改革，切实强化规划的科学性、前瞻性、权威性。一是提升规划的地位。要转变城市总体规划是规划部门工作的观念，使城市总体规划真正成为城市党委、政府落实国家和区域发展战略的重要手段，成为统筹各类发展空间需求和优化资源配置的平台。二是提高规划编制的科学性。要运用共同缔造理念，把握好城市战略定位、空间格局、要素配置，综合部署各项建设，明确实施策略，按照分级管理、分类管制、层级传导、责权明晰的改革方向，切实提高规划编制的科学性，编制真正有用的规划。三是突出抓好规划实施的重点工作。2018年要围绕城市品质提升、背街小巷整治、三旧改造、历史文化保护等工作进行重点攻关。解决群众关心的民生问题，特别是要采取有力措施保障总体规划发展目标指标体系中明确的教育、医疗、养老等重大民生领域以及绿色出行、文化、体育、公园绿地等公共服务设施的指标、配置标准和空间布局要求的落地实施。四是深入推动规划管理体制改革。要总结推广“多规合一”试点工作经验，科学划定城镇开发边界并实施有效管理，探索建立衔接、统一的空间管制制度。加快建立省市两级城乡规划管理信息平台，推动实现城市总体规划和控制性详细规划矢量数据报备。要探索推行社

区规划师制度，深入服务基层。

3. 落实好生态文明建设关键工作，切实提升城市建设的系统性、生长性、宜居性。一是切实抓好民生“关键小事”。加强步行、自行车道和社区体育公园建设，推进厕所革命、垃圾分类、老旧小区改造、无障碍设施建设、光纤入户等工作，让人民群众有更多的切身获得感。二是切实打好污染防治攻坚战。制定实施生活污水处理和生活垃圾处理“三年攻坚”行动计划。坚持厂网一体、泥水并重、系统治理，加快生活污水处理设施建设和提标改造。以“河长制”为契机，建立和完善黑臭水体治理长效机制，到2018年年底消除城市建成区80%的黑臭水体。省将组织开展生活垃圾处理设施无害化等级评价，各地要大力化解“邻避”问题，14个省政府挂牌督办的“十二五”规划未建成项目、67个“十三五规划”未建成项目及48个存量垃圾治理项目要全面加快进度。要加大建筑工地扬尘治理力度。三是切实抓好城市安全运行保障，不断提高城市承载力。要统筹协调供水、排水、供气、道路、地铁等建设，加强城市供水、燃气、环卫设施、污水处理设施、市政桥梁等的安全管理。四是切实加强试点建设。要积极稳妥推进城市地下综合管廊建设、海绵城市建设、老旧小区改造等试点建设，打造共建共治共享社会治理格局，尽快形成可复制可推广的经验成果。

4. 抓好城市管理和综合执法体制改革，切实提升城市管理服务化、智能化、精细化水平。一是推进体制改革。要抓好机构建设，设立省级城市管理和综合执法机构，各地市统一规范设立城市管理和综合执法局；抓好队伍建设，加强城管执法人员配备，尚未完成换装的几个城市要全面实现执法制式服装和标志标识统一；抓好平台建设，加快推动省、市、县数字化城市管理平台互联互通。要严格规划实施监管，强化城乡规划督察，加大城乡规划建设遥感监测执法力度。二是突出违法建设治理重点。启动实施违法建设治理三年攻坚行动，完善违法建设治理法制保障，加强历史违法建设分类处置。三是抓强化法制保障。争取尽快出台《广东省城市管理综合执法条例》，建立城市管理行政执法与公安刑事司法衔接制度，探索建立城管执法与公安巡查等联勤执法机制。

（四）实施乡村振兴战略，推进美丽乡村建设

1. 加强村庄规划引领。一要全域推进。根据省委工作部署，2018年将全面推进新农村建设，必须全域推进县（市）域乡村建设规划编制实施。省将印发实施《村庄规划编制指引》，各地要积极行动起来，力争将规划覆盖到每一个自然村。二要编实用的规划。要结合村庄实际，科学判断整治建设可能达到的目标，要将村庄建设规划区划定、民房建设、环境整治等作为重点内容，确保规划的实用性。

2. 推进农村生活垃圾、污水治理和危房改造攻坚。一是探索以PPP模式整县推进镇级填埋场整治，开展农村生活垃圾治理示范县创建工作，鼓励以县为单位，以政府购买服务方式引入社会资本，推进镇村保洁—分类—收运—转运—处理一体化。二是继续推动整县推进村镇污水处理设施建设工作，优先完成镇级和省定贫困村污水处理设施建设，因地制宜确定适合广东省实际的农村生活污水处理技术路线。三是深入推进农村危房改造，与精准扶贫精准脱贫工作充分对接，全力完成40407户省定贫困村以及建档立卡贫困户等重点对象的危房改造。

3. 整治提升村容村貌。一是强化农房建设管理。我们将探索实施乡村规划许可制度，加强农村风貌管控，引导乡村进行乡土化、特色化改造。二是建设优美村居。各地要持续推进乡村道路、公共空间、周边林地以及农户房前屋后和庭院的绿化美化，营造更加优美的村庄环境。培育特色产业发达、生态环境优美、岭南人文特色鲜明的特色小城镇，带动周边乡村发展。三是保护传承历史文化。持续推进历史文化名镇名村保护规划和传统村落保护发展规划的编制实施，开展传统村落的抢救性保护工作，修复和保护传统村落格局、风貌。

4. 完善村镇规划建设管理机构。一是推动建立专职管理机构。各地要结合实际，明确基层村庄建设管理的机构、队伍和职责，落实编制和经费，为工作提供有效保障。二是探索村镇规划建设管理人才聘任制度。探索整市、整县以政府购买服务方式统筹招聘专业人员，充实基层管理机构和专业力量，并将组织对村镇规划建设管理人员定期开展培训（轮训）。三是继续推进“三师下乡”志愿者服务。加强与省定贫困村结对指导，建立稳定的技术人员支持制度。住建部门要全力配合“三师”发挥作用。

（五）深化南粤古驿道保护和修复利用，充分发挥“以道兴粤”的作用

1. 全力以赴，聚焦打造重点线路。2018年重点打造韶关南雄梅关—乌迳古道、韶关乳源西京古道等11条重点线路。要集中精力做好古驿道本体及古茶亭、驿站、路碑等重要标志性历史遗存的保护修复；合理确定和建设连接线，设置统一的标识系统；重点位置布置历史信息牌，充实历史文化、人物志、交通变迁和村庄迁徙、民族特色文化等内容；充分利用现有场地、建筑，建设完善配套设施；开展地质灾害危险性评估和治理，设置地质灾害警示标识，加强隐患消除工作。

2. 全面深化，深度发掘和保护南粤古驿道。省将及时总结“两年示范”的成果经验。各地在开展重点

线路建设的同时，要高度重视古驿道相关古迹遗存的发掘工作，有新的发现要及时上报备案，并及时进行本体的保护性抢修。要进一步发掘梳理古驿道沿线历史文化资源和相关历史人物故事，讲述“广东好故事”。收集整理沿线村庄历史上的村规民约、姓氏族谱、民风民俗等，策划多主题古驿道文化展示。

3. 全面打造“两个品牌”，深化古驿道的综合利用。持续培育“南粤古驿道文化之旅”品牌形象，继续举办南粤古驿道文化创意大赛、“艺道游学”等形式丰富的活动；继续协助办好2018年“南粤古驿道定向大赛”。在两大品牌的基础上，结合文化、旅游、教育、农村农业、扶贫等领域工作，广泛开展“古驿道+”的综合利用，使古驿道“活”起来、为公众提供更多更优质的生态产品，助推精准扶贫和乡村振兴，推动地域文化发展。

4. 全面落实主体责任，确保时间任务落实。要坚持“省级指导、地方为主，住建牵头、部门联动”的原则。省将重点做好统筹和指导，各地市住建部门要切实负起主体责任、牵头提请市政府成立专项工作小组，认真落实好各项具体任务。各地要压实责任、倒排时间，按省政府的要求，确保国庆节前有若干“好用”的古驿道重点线路建成使用。

（六）推动科技创新，促进建筑产业转型发展

1. 强化放管服，推进工程建设领域制度改革。一是进一步深化审批改革。在评估委托下放广州、深圳省级行政许可事项的基础上，进一步完善简政放权措施；在建筑施工总承包资质许可事项实施智慧审批制度，运用大数据技术提升行政许可效率，在三个自贸片区全面推行告知承诺制度。二是探索推进招投标制度改革。采取有别于工程施工招标的建筑设计招标制度，赋予民间投资的房屋建筑工程建设单位发包自主权。三是加快工程建设组织模式改革。完善工程总承包相关制度，采取工程总承包模式实施装配式建筑工程，完善政府投资工程工程总承包管理模式。鼓励相关企业通过联合经营、并购重组等方式发展全过程工程咨询。

2. 强化责任落实，加强工程质量安全管理。一是着力推进工程质量安全提升行动，开展工程质量安全提升试点工作。二是着力夯实质量安全管理基础，加强法规制度和标准体系的建设，推进质量行为管理标准化和工程实体质量控制标准化，加快工程质量安全管理的信息化建设。三是着力深化质量安全专项整治，落实主管部门的监管责任和建设工程五方主体责任，加大监管力度，严格查处工程质量安全的违法违规行为。四是着力完成牵头建立建设工程安全生产委员会和完善住房城乡建设系统安全风险管控机制等两项改革任务。

3. 强化政府监管，优化建筑市场环境。一是加强承包履约管理。大力推进银行担保函的履约担保工作，防止恶意低价中标。严厉查处转包和违法分包行为。完善工程量清单计价体系和装配式建筑工程造价信息发布机制，合理确定和有效控制工程造价。二是规范工程款结算。建立健全防范延期工程结算、拖欠工程款的机制与制度，通过经济、法律等手段约束建设单位履约，落实实名制管理。三是强化建筑业诚信管理。完善建设领域信用体系，推行诚信信息公告制度。建立和完善告知承诺制行政许可后的倒查机制。推进“双随机”质量安全抽查制度，严格违法处罚。四是配合打击黑恶势力。在持续抓好住房城乡建设领域信访维稳工作的同时，贯彻落实中央和省委工作部署，配合有关部门加大力度打击在拆迁、工程项目建设等过程中煽动闹事，以及在建设工程等领域强揽工程、恶意竞标的黑恶势力。

4. 强化创新引领，提升建设科技水平和绿色建造能力。一是健全机制，推动科技研发和成果转化。研究制订全省推广应用新技术管理细则和科技项目管理办法，引导新技术、新工艺、新设备的研发，加快推动住房城乡建设领域科技成果转化。二是完善工程建设地方标准。深化工程建设标准化改革，培育发展团体标准和企业标准，完善推荐性地方标准体系结构。三是推动建造方式变革。大力发展装配式建筑。推行以标准化设计、工厂化生产、装配化施工、一体化装修、信息化管理、智能化应用为特征的建筑产业现代化绿色建造方式，建立一批省级装配式建筑示范项目和示范基地。进一步推进散装水泥、预拌混凝土、预拌砂浆、高性能混凝土以及新型墙材的发展应用。开展绿色建筑量质齐升行动，推动既有建筑绿色改造和可再生能源利用。引导发展高星级和运行阶段绿色建筑。四是培育产业工人队伍。支持全省大型建筑施工企业与建筑劳务输出大省合作建立劳务基地。逐步建立健全建筑工人技能培训、技能鉴定和使用相衔接的管理机制。深化建筑用工制度改革，规范全省工程建设领域用工实名制管理，建立建筑工人职业化发展道路。五是携手港澳走出去。对接国际标准，探索粤港澳大湾区建筑服务标准共建，推动粤港澳建筑业企业携手参与“一带一路”和大湾区建设。

同志们，党的十九大开启中国特色社会主义的新征程，住房城乡建设事业进入了新时代，让我们紧密团结在以习近平同志为核心的党中央周围，全面贯彻党的十九大精神，以习近平新时代中国特色社会主义思想为指导，深入贯彻习近平总书记对广东重要指示批示精神，全面落实中央和省各项工作部署，以昂扬的精神状态、奋发有为、一往无前，努力在新起点上再创佳绩。

广东省建设工程质量管理条例

（1996年9月25日广东省第八届人民代表大会常务委员会第二十四次会议通过，2013年9月27日广东省第十二届人民代表大会常务委员会第四次会议修订，根据2017年7月27日广东省第十二届人民代表大会常务委员会第三十四次会议《关于修改〈广东省建设工程质量管理条例〉和〈广东省港口管理条例〉的决定》修订）

第一章　总则

第一条　为了加强建设工程质量管理，保证建设工程质量和安全，保障公民、法人和其他组织的合法权益，根据《中华人民共和国建筑法》、《建设工程质量管理条例》等法律、行政法规，结合本省实际，制定本条例。

第二条　本条例适用于本省行政区域内建设工程的新建、扩建、改建等活动以及对建设工程质量的监督管理。

本条例所称建设工程，是指土木工程、建筑工程、线路管道和设备安装工程及装修工程。

第三条　建设工程质量应当符合法律、法规、规章和技术标准的规定，满足合同约定和设计文件的要求。

建设单位、勘察单位、设计单位、施工单位、监理单位依法对建设工程质量负责；施工图设计文件审查单位、工程质量检测单位、商品混凝土生产单位、混凝土预制构件生产单位依法承担相应质量义务。

第四条　县级以上人民政府住房城乡建设主管部门负责本行政区域建设工程质量监督管理。

交通运输、水行政等主管部门负责本行政区域交通运输、水利等专业建设工程质量监督管理。

公安消防、环境保护、质量技术监督、工商行政管理、人民防空、气象等相关部门按照职责分工，负责建设工程质量的相关监督管理。

各级人民政府应当为建设工程质量监督管理工作提供保障。

第五条　工程质量监督机构根据住房城乡建设主管部门或者交通运输、水行政等主管部门的委托，依据法律、法规和工程建设强制性标准实施建设工程质量监督管理。

第六条　各级人民政府鼓励建设单位、勘察单位、设计单位、施工单位、监理单位等采用先进科学技术和管理办法，提高建设工程质量水平；鼓励金融、保险机构开展工程质量担保和工程质量保险业务；鼓励建设单位、勘察单位、设计单位、施工单位、监理单位等实行工程质量担保和工程质量保险。

第二章　质量义务

第七条　建设单位应当依法加强建设工程质量管理，承担下列质量义务：

（一）采购的建筑材料、商品混凝土、混凝土预制构件、建筑构配件和设备应当符合产品质量标准、设计要求和合同约定，有产品出厂质量合格证明文件，国家实行生产许可证管理、强制性产品认证管理的应当具有相应证书，属进口的应当具有商检部门签发的商检合格证书；

（二）委托具有相应资格的施工图设计文件审查单位或者按照规定报有关行政主管部门组织施工图设计文件审查，经审查合格后再用于施工；

（三）按照有关规定组织制定工程质量检测方案，委托具有相应资质的工程质量检测单位进行工程质量检测，见证或者委托监理单位见证取样送检、现场检测；

（四）发生工程质量事故时，在接到事故现场报告后一小时内向事故发生地县级以上住房城乡建设主管部门或者交通运输、水行政等主管部门报告，并采取措施防止事故扩大，配合有关部门做好事故调查处理工作；

（五）按照技术标准、国家有关规定组织工程质量验收和工程竣工验收。

第八条　勘察单位应当依法开展建设工程勘察工作，承担下列质量义务：

（一）按照国家有关建设工程勘察文件编制深度要求，编制真实、准确的工程勘察文件；

（二）参加建设单位或者监理单位组织的勘察设计交底和文件图纸会审，对编制的工程勘察文件以书面形式向建设单位、设计单位、施工单位、监理单位作出详细说明；

（三）按照技术标准、国家有关规定及合同约定参加工程质量验收和工程竣工验收；

（四）参加相关工程质量问题和质量事故处理，对因勘察造成的质量问题、质量事故提出相应技术处理方案；

（五）参加处理工程施工中出现的与勘察有关的其他问题。

第九条 设计单位应当依法开展建设工程设计，承担下列质量义务：

（一）按照国家有关建设工程设计文件编制深度要求，编制工程设计文件；

（二）参加建设单位或者监理单位组织的勘察设计交底和文件图纸会审，对编制的工程设计文件以书面形式向建设单位、施工单位、监理单位作出详细说明；

（三）按照技术标准、国家有关规定及合同约定参加工程质量验收和工程竣工验收；

（四）参加工程质量问题处理和质量事故处理，对质量问题、质量事故提出相应技术处理方案；

（五）对设计采用新材料、新技术的工程，按照国家有关规定向工程施工现场派驻设计代表；

（六）参加处理工程施工中出现的与设计有关的其他问题。

第十条 施工单位应当依法开展建设工程施工，承担下列质量义务：

（一）建立健全工程项目质量管理体系，确定项目的负责人、技术负责人、施工管理负责人，配备相应数量的职业技术人员；

（二）建立健全质量责任制，由项目负责人全面负责施工现场质量管理工作，变更项目负责人的，按照有关规定办理变更手续；

（三）采购的建筑材料、商品混凝土、混凝土预制构件、建筑构配件和设备应当符合产品质量标准、设计要求和合同约定，有产品出厂质量合格证明文件，国家实行生产许可证管理、强制性产品认证管理的应当具有相应的证书，属进口的应当具有商检部门签发的商检合格证书；

（四）对采用的建筑材料、商品混凝土、混凝土预制构件、建筑构配件和设备等，经自检合格后报建设单位或者监理单位核验签字确认，对国家和省规定应当实行抽样检测的建筑材料、商品混凝土、混凝土预制构件、建筑构配件和设备等，在建设单位或者监理单位见证下取样送检，经检测合格后使用；

（五）根据工程施工进度，告知建设单位委托的工程质量检测单位进行工程质量检测；

（六）根据技术标准和工程施工进度，对工程质量进行自检，报请建设单位或者监理单位组织工程质量验收，经验收合格后进行后续施工；

（七）建立健全施工人员教育培训考核制度，未经考核或者考核不合格的人员，不得上岗作业；

（八）制定工程质量事故应急预案，组织应急演练；

（九）发生工程质量事故，立即向建设单位报告，情况紧急时应当直接向事故发生地县级以上住房城乡建设主管部门或者交通运输、水行政等主管部门报告；

（十）参加处理相关工程质量问题和质量事故。

第十一条 监理单位应当依法对建设工程实施监理，承担下列质量义务：

（一）成立项目监理机构，配备相应数量的监理人员；

（二）不得指定建筑材料、商品混凝土、混凝土预制构件、建筑构配件和设备的生产、供应单位；

（三）发现勘察设计文件不符合工程建设技术标准的，及时责令施工单位停止执行，告知建设单位由建设单位处理，发现违反法律、法规和工程建设强制性标准问题的，报住房城乡建设主管部门或者交通运输、水行政等主管部门处理；

（四）发现建筑材料、商品混凝土、混凝土预制构件、建筑构配件和设备存在质量问题的，及时要求施工单位停止使用；

（五）发现施工单位不按照审查合格的施工图设计文件施工或者有其他违法违规行为的，及时予以制止；

（六）不得执行建设单位发出的违反法律、法规和工程建设强制性标准的指令；

（七）按照技术标准和国家有关规定组织或者参加工程质量验收和工程竣工验收；对涉及结构安全和主要使用功能的重要部位、重要环节的隐蔽工程验收，提前报告有关行政主管部门或者其委托的工程质量监督机构；

（八）按月向有关行政主管部门或者其委托的工程质量监督机构提交工程质量监理报告。

第十二条 施工图设计文件审查单位应当依法对建设工程施工图设计文件进行审查，承担下列质量义务：

（一）不得以其他单位名义或者允许其他单位、个人以本单位名义承揽审查业务；

（二）使用符合相关行业管理规定条件的审查人员；

（三）按照有关法律、法规对施工图设计文件涉及公共利益、公众安全和工程建设强制性标准的内容进行审查，出具真实、准确的审查结论；

（四）对审查不合格的施工图设计文件，向建设单位一次性书面告知审查认定不合格的事实与依据，并提出修改后重新送审要求；

（五）对审查合格的施工图设计文件逐页加盖单位审查专用章，出具审查合格书并报住房城乡建设主管部门或者交通运输、水行政等主管部门备案；

（六）建立项目审查档案，完整归档保存；

（七）发现违反法律、法规和工程建设强制性标准问题的，报住房城乡建设主管部门或者交通运输、水行政等主管部门处理。

第十三条　工程质量检测单位应当依法对建设工程质量进行检测，承担下列质量义务：

（一）在资质证书许可的范围内承揽检测业务；

（二）不得以其他单位名义或者允许其他单位、个人以本单位名义承揽检测业务；

（三）使用符合相关行业管理规定条件的检测人员；

（四）按照技术标准进行检测，出具真实、准确的检测数据和检测报告；

（五）建立检测事项台账，并将工程主体结构安全和主要使用功能检测的不合格事项及时报告有关行政主管部门或者其委托的工程质量监督机构；

（六）建立项目工程质量检测档案，检测合同、检测原始记录、检测报告应当连续编号，不得抽撤和涂改；

（七）建立工程质量检测信息系统，及时向住房城乡建设主管部门或者交通运输、水行政等主管部门的工程质量检测监管信息系统上传检测信息。

第十四条　商品混凝土生产单位、混凝土预制构件生产单位承担下列质量义务：

（一）在资质证书许可的范围内承揽生产业务；

（二）不得以其他单位名义或者允许其他单位、个人以本单位名义承揽生产业务；

（三）按照技术标准对生产的商品混凝土、混凝土预制构件及其使用的原材料进行检验，不得使用未经检验或者检验不合格的原材料，不得供应未经检验或者检验不合格的商品混凝土、混凝土预制构件；

（四）为出厂的商品混凝土、混凝土预制构件出具质量合格证明文件；

（五）在出厂的混凝土预制构件上镶嵌注明产品名称、规格型号、生产日期、生产单位的标牌；

（六）参加处理相关工程质量问题和质量事故。

第十五条　建设单位、勘察单位、设计单位、施工单位、监理单位、施工图设计文件审查单位、工程质量检测单位、商品混凝土生产单位、混凝土预制构件生产单位的有关人员，按照国家有关规定在工程设计使用年限内承担相应的工程质量义务。

前款所述单位的法定代表人对本单位的质量管理负全面责任，技术负责人对本单位的质量管理负技术责任，项目负责人对所承担项目的质量负管理责任，注册执业人员等专业技术人员对所承担的工作负专业质量责任，其他人员对所承担的工作负相应责任。

第三章　工程质量控制与验收

第十六条　建设单位不得肢解发包工程，勘察单位、设计单位、施工单位不得转包或者违法分包所承揽的工程，监理单位、施工图设计文件审查单位、工程质量检测单位、商品混凝土生产单位、混凝土预制构件生产单位不得转让所承揽的业务。

第十七条　建设工程应当坚持先勘察，后设计，再施工的原则，禁止边勘察、边设计、边施工。

勘察文件经施工图设计文件审查单位或者依法按其他有关规定审查合格后，方可作为建设工程设计的依据。

施工图设计文件经施工图设计文件审查单位或者依法按其他有关规定审查合格后，方可作为建设工程施工的依据。

第十八条　施工图设计文件中涉及公共安全、公共利益和工程建设强制性标准的内容发生变更的，应当重新送施工图设计文件审查单位或者依法按有关规定审查，经审查合格后方可用于工程施工。

第十九条　建设工程施工现场应当建立建筑材料、商品混凝土、混凝土预制构件、建筑构配件和设备进场检验制度，明确进场检验工作负责人和进场检验人，建立进场检验台账，根据技术标准严格进行进场检验。对技术标准规定进行抽样复试的，应当进行抽样复试。对进场检验和抽样复试的，应当经监理工程师检查签字认可。

各工序应当按施工技术标准进行质量控制，每道工序完成后，应当进行检查并形成记录。相关各专业工种之间，应当进行交接检验。未经监理工程师或者建设单位技术负责人检查签字认可，不得进行下道工序施工。

第二十条　监理工程师应当按照工程监理规范的要求，采取旁站、巡视和平行检验等形式，对建设工程实施监理。

对施工过程中出现的质量缺陷，专业监理工程师应当及时下达监理工程师通知，要求承包单位整改，并检查整改结果。

监理人员发现施工存在重大质量隐患，应当向建设单位报告，并通过总监理工程师及时下达工程暂停令，要求承包单位停工整改。

第二十一条 从事建设活动的注册执业人员应当在法定的范围内执业。

注册执业人员应当在所注册的单位执业，不得允许他人以自己的名义执业。禁止执业人员出租、出借执业证书和印章，从事非法执业活动。

第二十二条 从事建设工程活动，应当严格执行基本建设程序，尊重客观规律，保证合理造价、合理工期。

任何单位和个人不得随意压缩建设工程的合理工期。

建设工程施工标准工期定额由省住房城乡建设主管部门或者省交通运输、水行政等主管部门另行制定。

第二十三条 建设工程应当分阶段进行工程质量验收，未经阶段验收或者阶段验收不合格的，不得进入下一阶段施工和竣工验收。

第二十四条 建设工程实行竣工验收制度。

建设工程竣工后，应当由建设单位组织勘察、设计、施工、监理等有关单位进行竣工验收。建设工程竣工验收合格后，方可交付使用。

住宅建设工程，应当在竣工验收前按照规定组织质量分户验收。住宅建设工程质量分户验收合格后，方可进行工程竣工验收。

交通运输、水利等专业建设工程竣工验收，国家和省另有规定的，从其规定。

第二十五条 县级以上住房城乡建设、交通运输、水行政等主管部门或者其委托的工程质量监督机构对建设工程竣工验收的组织形式、程序和依据的标准实施现场监督，发现违法违规行为应当责令改正。对于拒不整改的，可责令中止竣工验收。

第二十六条 建设工程交付使用前，建设单位应当在工程明显部位设置永久性标牌，载明建设单位、勘察单位、设计单位、施工单位、监理单位等工程质量责任主体的名称和主要负责人姓名。

第二十七条 建设工程竣工验收合格后，建设单位应当在规定的时间内到颁发施工许可证的住房城乡建设主管部门办理工程竣工验收备案，住房城乡建设主管部门对不符合备案条件的，应当责令改正。

交通运输、水利等专业建设工程的竣工验收备案，按照国家和省有关规定执行。

第四章　工程质量保修

第二十八条 建设工程实行质量保修制度。

建设工程质量保修范围和保修期限执行国家和省的有关规定；国家和省未作规定的，可由建设单位和施工单位在合同中约定。

建设工程质量保修期限，自工程竣工验收合格之日起计算。

第二十九条 建设工程在保修范围和保修期限发生质量问题的，由原施工单位负责保修；属勘察、设计等其他方责任的，由责任方承担保修费用。

住宅建设工程项目在保修范围和保修期限内发生质量问题的，由建设单位先行履行保修义务，建设单位在履行保修义务后，可以向造成质量问题的责任方追偿。

不可抗力、使用不当或者第三方造成的工程质量问题不属于保修范围；使用方或者第三方应当对所造成的质量问题承担修复责任，造成财产损失或者人身伤害的，还应当承担赔偿责任。

第三十条 建设工程质量保修由建设单位或者产权所有人通知原施工单位。

原施工单位未按照保修书承诺予以维修的，建设单位或者产权所有人可以另行委托其他施工单位维修，相应责任由原施工单位承担。

第三十一条 鼓励原施工单位对超出保修范围或者保修期限的建设工程，提供有偿维修服务。

第五章　监督管理

第三十二条 县级以上人民政府住房城乡建设、交通运输、水行政等主管部门应当建立健全建设工程质量监督管理体系，加强建设工程质量安全教育，依据法律、法规和工程建设强制性标准，对工程实体质量和工程质量行为实施监督检查，督促相关单位落实质量安全主体责任。

第三十三条 从事工程质量监督的机构应当经省住房城乡建设主管部门或者交通运输、水行政等主管部门依照国家和省的规定进行考核。经考核合格后，依照住房城乡建设、交通运输、水行政等主管部门的委托履行工程质量监督职责。

工程质量监督机构的质量监督员应当经省住房城乡建设主管部门或者交通运输等主管部门依照国家和省规定的标准考核合格，持证上岗。

第三十四条 住房城乡建设主管部门实施工程质量监督管理应当包括下列内容：

（一）抽查勘察文件、设计文件质量；

（二）抽查涉及主体结构安全和主要使用功能的工程实体质量；

（三）抽查主要建筑材料、建筑构配件质量；

（四）抽查有关单位和人员的工程质量行为；

（五）对工程竣工验收进行监督；

（六）组织或者参与工程质量事故的调查处理；

（七）定期对本地区工程质量状况进行统计分析；

（八）建立建设工程质量诚信制度；

（九）依法对违法违规行为实施行政强制和处罚；

（十）检查法律、法规和工程建设强制性标准的其他执行情况。

交通运输、水利等专业建设工程的质量监督管理内容，国家和省另有规定的，从其规定。

第三十五条 县级以上人民政府住房城乡建设、交通运输、水行政等主管部门应当建立健全监督检查台账制度，通过抽查、巡查等方式加强日常监督，并对发现的问题督促整改。

住房城乡建设、交通运输、水行政等主管部门进行监督检查，应当制作监督检查记录，如实记载监督检查的情况和处理结果等内容。监督检查人员应当在监督检查记录上签名。

第三十六条 县级以上人民政府住房城乡建设、交通运输、水行政等主管部门应当将工程质量监督中发现的涉及主体结构安全和主要使用功能的重大工程质量问题及整改情况，及时向社会公布。

第三十七条 县级以上人民政府住房城乡建设、交通运输、水行政等主管部门应当对下列违法行为实施专项查处：

（一）转包或者违法分包所承揽的勘察、设计、施工工程的；

（二）转让所承揽的监理、施工图设计文件审查、检测、生产业务的；

（三）围标、串标或者操纵招标投标的；

（四）无资质或者超越资质等级和业务范围承揽业务的；

（五）以其他单位的名义承揽业务或者允许其他单位、个人以本单位名义承揽业务的；

（六）执业人员出租、出借执业证书和印章，从事非法执业活动的；

（七）其他社会危害性较大的工程质量违法行为。

第三十八条 县级以上人民政府住房城乡建设、交通运输、水行政等主管部门履行监督检查职责时，有权采取下列措施：

（一）进入被检查单位工作场所和工程现场进行检查；

（二）要求被检查单位提供有关工程质量文件、资料并对有关情况作出说明；

（三）查封、扣押进入工程现场的假冒伪劣或者涉嫌假冒伪劣的建筑材料、商品混凝土、混凝土预制构件、建筑构配件和设备，并依法作出处理；

（四）发现存在影响工程质量问题的，责令改正或者停工整改。

第三十九条 县级以上人民政府住房城乡建设、交通运输、水行政等主管部门应当建立工程质量信用档案，并向社会公布相关信息。对于良好信用记录的单位，建立激励制度；对于不良信用记录的单位，建立惩戒制度。

勘察、设计、施工、施工图设计文件审查、工程质量检测、监理等单位的违法记录应当纳入资质升级、增项和延续审查范围。

第四十条 县级以上人民政府住房城乡建设、交通运输、水行政等主管部门应当将因建设工程质量违法行为的行政处罚决定有关信息，及时通过政务网站或者其他方式公开。

第四十一条 建设工程质量责任主体和有关单位注册所在地不在本省行政区域的，省住房城乡建设、交通运输、水行政等主管部门应当将该单位的违法记录通知其注册所在地省、自治区、直辖市住房城乡建设、交通运输、水行政等主管部门。

第四十二条 县级以上人民政府住房城乡建设、交通运输、水行政等主管部门应当按照国家和省的有关规定，根据有关单位和人员的信用信息记录等情况实施分类监管。

有关单位和人员多次违法或者违法行为情节恶劣的，县级以上人民政府住房城乡建设、交通运输、水行政等主管部门应当将其列入重点监管对象名单，在监管过程中增加检查和抽检频次，并可以责令其定期报告质量管理情况。

第四十三条 县级以上人民政府住房城乡建设、交通运输、水行政等主管部门应当将重点监管对象名单通报同级发展改革、财政、税务、卫生、环保、科技、质监、工商、经济和信息化、金融等部门。

第四十四条 鼓励单位和个人对工程质量违法行为进行举报。

县级以上人民政府住房城乡建设、交通运输、水行政等主管部门应当建立建设工程质量举报、投诉制度，公布举报、投诉电话、通信地址和电子信箱。接到举报、投诉后，应当及时、完整地进行记录并妥善保存。举报、投诉的事项属于本部门职责的，应当受理，并及时依法进行核实、处理、答复；不属于本部门职责的，应当转交有权处理的部门，并告知举报人、投诉人。

建设工程质量事故的调查、处理程序，按照国家和省的相关规定进行。

第四十五条 行业协会应当建立健全守信表彰、失信惩戒的行业自律机制，引导会员依法经营、履行社会责任、维护会员合法权益。

行业协会发现行业内建设工程质量违法行为，应当及时报告监督管理部门。

第六章　法律责任

第四十六条　有违反本条例第八条，第九条第一项、第二项、第三项、第五项，第十条第一项、第二项、第六项、第八项，第十一条，第十二条第一项、第四项、第五项、第六项、第七项，第十三条第一项、第二项、第三项、第五项、第六项、第七项，第十四条第一项、第二项、第四项、第五项、第六项，第十九条规定行为的，责令改正，处一万元以上三万元以下罚款。

第四十七条　违反本条例规定，有下列行为之一的，责令改正，处五万元以上十万元以下罚款：

（一）违反第七条第四项，委托没有相应资质的工程质量检测单位进行工程质量检测的；

（二）违反第十条第五项，未根据工程施工进度告知检测的；

（三）违反第十二条第二项，使用不符合规定条件的审查人员的；

（四）违反第十二条第三项，出具虚假的审查结论的；

（五）违反第十三条第四项，出具虚假的检测数据和检测报告的。

第四十八条　违反本条例第十四条第三项规定，使用未经检验、检验不合格的原材料，或者供应未经检验、检验不合格的商品混凝土、混凝土预制构件的，处十万元以上二十万元以下罚款。

第四十九条　违反本条例规定，有下列行为之一的，责令改正，处二十万元以上五十万元以下罚款：

（一）违反第七条第一项、第十条第三项，采购、使用不合格的商品混凝土、混凝土预制构件的；

（二）违反第七条第二项和第十八条，施工图设计文件未经审查或者审查不合格，擅自施工的；

（三）违反第七条第五项，未按技术标准和国家有关规定进行工程竣工验收的。

第五十条　有违反本条例第十条第三项、第五项，第十三条，第十四条规定行为，情节严重的，依法责令停业整顿、降低资质等级或者吊销资质证书。

第五十一条　违反本条例规定，注册执业人员因过错造成工程质量事故的，责令停止执业一年；造成重大质量事故的，吊销执业资格证书，且五年以内不予注册；情节特别恶劣的，终身不予注册。

第五十二条　依照本条例规定，给予单位罚款处罚的，对单位直接负责的主管人员和其他直接责任人员处单位罚款数额百分之五以上百分之十以下的罚款。

第五十三条　本条例规定的降低资质等级和吊销资质证书的行政处罚，由颁发资质证书的机关决定；其他行政处罚，由住房城乡建设、交通运输、水行政等主管部门依照法定职权决定。

第五十四条　工程质量违法行为构成犯罪的，依法追究刑事责任。

住房城乡建设、交通运输、水行政等主管部门依法查处工程质量案件，发现违法行为涉嫌犯罪的，应当在七日内移送公安机关或者检察机关查处。移送案件时，应当将调查材料和查封扣押财物一并移送，不得将涉案人员和财物分开处理。

接到移送的案件后，公安机关或者检察机关应当在案件移送书的回执上签字，决定立案的，应当将立案决定书面告知移送部门；不予立案的，应当将理由书面告知移送部门。

公安机关或者检察机关依法查处工程质量违法犯罪行为，发现尚不构成犯罪的，应当移送住房城乡建设、交通运输、水行政等主管部门依法给予行政处罚。

第五十五条　国家机关工作人员在建设工程质量监督管理工作中有下列行为之一的，依法给予处分；构成犯罪的，依法追究刑事责任：

（一）未履行监督检查职责的；

（二）违法审批的；

（三）对应当受理的投诉、举报案件不受理或者拖延的；

（四）泄露举报人信息或者对举报人进行报复、陷害的；

（五）干扰和妨碍查处工作的；

（六）包庇违法行为或者帮助违法行为人逃避查处的；

（七）滥用职权，给公民、法人和其他组织的合法权益造成损害的；

（八）其他玩忽职守、滥用职权、徇私舞弊的行为。

第七章　附则

第五十六条　抢险救灾工程、临时性建设工程、军事建设工程、农民自建低层房屋建筑工程，不适用本条例。

第五十七条　本条例自2014年3月1日起施行。

·编辑　陈财盛·

调研报告摘编

□ 建设粤港澳世界级湾区背景下的城市规划协作策略研究（节选）

□ 广东省高性能混凝土推广应用调研报告（节选）

建设粤港澳世界级湾区背景下的城市规划协作策略研究（节选）

摘要：2017年，建设粤港澳世界级大湾区是国家重要战略部署。为推动粤港澳三地合作协调，共同建设世界级湾区，有必要加强三地的规划协调与合作。课题回顾粤港澳大湾区城市规划协作互动历程，研究分析合作的基础和存在问题，对比分析美国旧金山湾区、日本东京湾区，以及欧盟发达国家地区的规划协作措施和特征，提出粤港澳大湾区城市间规划协作的方针策略和政策建议。

1 世界级湾区建设下的规划协作新方向

1.1 湾区建设具有重要的现实战略意义

2017年3月5日召开十二届全国人大五次会议，国务院总理李克强在政府工作报告中提出要推动内地与港澳深化合作，研究制定粤港澳大湾区城市群发展规划，发挥港澳独特优势，提升在国家经济发展和对外开放中的地位与功能；2017年7月1日，《深化粤港澳合作推进大湾区建设框架协议》在香港签署；2017年10月，十九大报告提出“支持香港、澳门融入国家发展大局，以粤港澳大湾区建设、粤港澳合作、泛珠江三角洲区域合作为重点，全面推进内地同香港、澳门互利合作”，意味着粤港澳大湾区的建设从探索变为现实，并上升为国家战略。

1.1.1 湾区经济将推动中国抢占国际产业链制高点。

与世界三大湾区相比，粤港湾大湾区具有明显的“贸易港湾”特征。凭借最密集和最大规模的国际港口群、最密集的国际机场群和全国最密集的专业批发市场集群、会展中心集群和物流园区集群，粤港澳大湾区将成为世界级的先进制造业和服务业基地，打造双能驱动的产业模式，利用庞大的消费潜力和创新活力，建造全球最具活力的经济区。湾区将以商贸物流为主要特征，具有长期扩张和持续发展价值，这是粤港澳大湾区最核心的战略资源。

粤港澳大湾区呈现发展空间大、经济密度小、发展速度快特征。与三大湾区相比，粤港澳大湾区在面积、人口、GDP规模上等量齐观。中国要发展成为世界经济强国，必须培育能与几个湾区比肩的城市群，这是粤港澳大湾区城市群所必须担负的战略使命。根据发展趋势，预计6年粤港澳大湾区将赶超东京湾区，成为亚洲第一大湾区。

1.1.2 湾区是推动港澳融入国家发展大局的战略载体。

由于国家实行“一国两制”政策，区域内香港、澳门、广州、深圳等城市彼此之间在港口贸易、制造业基地、金融服务、创新区建设等诸多领域呈现竞争与合作并存的关系。四个核心城市是大湾区发展的发动机，有着各自不同功能定位，发挥着各自的辐射带动作用。湾区建设促进粤部分地区克服与港澳之间的贸易壁垒，实现人流、资金流、信息流内部畅通。

1.1.3 湾区区域一体化将迎来全新发展阶段。

湾区本身构造可分为三个层次。核心为珠江三角洲9大城市、香港、澳门，也是通常所说的“9＋2”城市群。据初步测算，这一核心区域在2016年的经济总量9.11万亿元。其中，珠江三角洲9市总量合计6.8万亿元，接近全球发达湾区经济体的经济规模。第二个层次为广东省其他欠发达城市，尽管目前这些区域处于欠发达状态，但为湾区提供广阔腹地。第三个层次可延伸到福建、广西、海南和江西等地，以湾区核心区为核心，厦门湾区和北部湾区为翼，形成“一核引领、双翼齐飞”发展策略。

随着港珠澳大桥和广深港高铁建设，彻底打通珠江三角洲东部“深莞惠”与西部“珠江中”两大经济圈，并使以广州、香港、澳门为几何支撑的“大湾区”核心区融入“一小时生活圈”，大湾区将形成连接深港、广佛和珠澳三大经济圈的闭合快速路网，珠江口西岸城市群与港澳地区的融合将逐步深入。珠江三角洲区域一体化迎来全新发展阶段。

1.2 规划协作是湾区一体化的关键抓手

1.2.1 打造粤港澳大湾区的关键在于三地的规划协作。

《国家新型城镇化规划（2014—2020年）》提出

建立完善跨区域城市发展协调机制。以城市群为主要平台，推动跨区域城市间产业分工、基础设施、环境治理等协调联动。重点探索建立城市群管理协调模式，创新城市群要素市场管理机制，破除行政壁垒和垄断，促进生产要素自由流动和优化配置。《规划》提出要注重规划协作在所发挥的作用，建立创新合作机制、打造开放共享网络，实现资源的有效利用。

近年粤港澳地区合作加深，规划的需求变化大，规划建设主体逐步扩展到全域。随着港珠澳大桥建设，三大都市圈同城化协作紧密，大型跨境、跨级、跨市项目增多。各地政府创新合作思路，推进城市间的协同治理，寻找新的合作点，促进共同发展。

1.2.2　规划协作仍面临若干关键性障碍。

（1）制度性障碍。

粤港澳大湾区涉及不同制度语境的行政主体，在一国两制的框架下，各城市分别遵循社会主义法系、英美法系、大陆法系，由于行政管辖的分隔，法律对接存在一定的难度。“一个国家、两种制度、三个关税区、四个核心城市”的格局，是粤港澳大湾区最大的特点。制度的特殊性导致可借鉴的国际经验较少，粤港澳城市之间的边境不同于一般国与国之间的边境，有别于一个国家内部城市与区域之间的边界。国际上区域治理经验基本涉及单纯的跨境或境内协作，未涉及不同级别的规划主体在不同制度背景下的规划协作。

（2）行政地位不对等。

粤港澳湾区并非一个行政概念的区域，而是由多个不同级别的行政单位组合而成的一个经济区，是一个内含多重行政架构的跨境区域。在这样多层的分级之下，其中深圳、珠海是经济特区，香港、澳门是特别行政区，具有较高的法律制定权限。多级别的主体使得协调整个区域的发展规划较为困难，规划实施效率不高，亟须建立科学的统一管理机制。

（3）合作机制不健全。

在粤港澳湾区现行规划协作机制中，重大事务依赖省级政府的统筹协调，缺乏城市间直接沟通协调的对话机制、常态化的工作执行机制以及完善的后期实施考核机制，未能做到及时、有效、在地化，合作机制有待完善。

（4）合作手段单一。

粤港澳三方规划合作推动者多为政府主导的行政协议，实施效力不强，尚未调动民间组织和资本的力量。缺乏经济、法律等多样化的手段，激励、奖惩手段匮乏，调动性不强。同时，规划合作范畴仍多限于经济领域，应延展至社会、民生领域，多部门、多地区面对更复杂、更多样情况。

1.3　*世界级湾区建设下的规划协作新方向*

粤港澳大湾区的建设与以往珠江三角洲城市群发展相比，不同之处在于：首先，湾区建设的目标将粤港澳城市从原先的区域级城市群提升到世界级的水平，结合“一带一路”的背景，湾区建设已成为中央重要战略窗口之一；第二，多中心发展格局继续深化，而且除形成物理形态上的多中心外，湾区发展更加注重发展要素的自由流动；第三，制度的差异性要求湾区更主动地向先进制度经验学习、接轨，需要更多新的制度突破。为此，结合湾区建设的大趋势，应对其规划协作提出以下新要求。

（1）完善大湾区规划协作的平台和制度。

在目前粤港合作联席会议、粤澳合作联席会议等框架下，完善大湾区规划协作的平台和制度：一是从中央层面加强统筹协调，统筹研究解决大湾区合作发展重大问题；二是省市层面要建立固定的规划联系协调机制，三地行政首脑和有关部门负责人参加；三是在经济、交通、市政、民生等各方面成立专职机构，深化合作。

（2）加强都市圈和城市之间的横向合作。

促进广佛肇、港深莞惠、澳珠中江三大都市圈内部融合和外部协作，推动城际间合作共建城区、园区，共享成果。一是打破内部交通壁垒，加快推进交通基础设施的建设，建成更完善的交通网络体系、更高效的路网和大型枢纽站。二是建设一体化生活圈，各市建立合作机制，统一划定生态线、建设休闲廊道，协商引导边境衔接地带的土地的开发。三是引导各地差异化良性竞争，通过政策引导，确定合理的城市定位、城市发展模式、土地开发政策等。在此过程中，还需建立成本分担机制、资本筹集机制、决策和资金监督机制来共同保障规划的有效实施。

（3）建立区域性重大规划事务的常态化合作机制。

加强区域性重大规划事务的常态化合作机制建设，如科技创新走廊建设、绿道休闲网建设、城际轨道网建设、高快速路建设、战略性地区开发等，根据项目需要设专责小组，比如港珠澳大桥、广珠轨道交通等基础设施项目、横琴开发等区域开发项目都在此机制下进行协调运作。

2　湾区城市规划协作的成效与问题

2.1　*历程回顾*

粤港澳大湾区同时具备全球城市—区域和跨境区域的特征，其多中心和多重行政构成，在某种程度上，造成区域内部的竞争，增添区域协调的难度。自改革开放以来，粤港澳大湾区逐步由自发性、市场导向的区域融合转变到机制性的合作，城市规划协作逐渐成为区域融合发展的重要手段。

2.1.1　2000年以前：以城市群规划统筹区域空间布局。

（1）编制珠江三角洲城市群规划，统筹区域空间布局。

1989年，广东省政府编制《珠江三角洲城镇体系规划》，提出建立合理的城镇体系结构、推动大中小城市合理布局和协调发展的目标，以广州、深圳、珠海和惠州为中心分为四个片区，通过对中心城市的重点培育来带动其所在片区的联动发展。为更好地利用港澳侨资、深圳、珠海经济特区等重要开放窗口带来的发展优势，1994年广东省编制《珠江三角洲经济区域城市群规划》，提出"一核"（广州）、"两副"（深圳、珠海）、"两轴"（广深发展轴、广珠发展轴和七个拓展轴）、"三大都市区"（中部都市区、东岸都市区、西岸都市区）。本版规划第一次提出城市群的概念，并有完整的城市群空间结构规划。

（2）竞争大于协作，重复建设现象明显。

有研究表明，珠江三角洲九城市间非农业结构的相似系数为0.9963，产业结构高度同质。20世纪80年代开始，珠江三角洲城市相继采用"赶超战略"和"逆向开发战略"，完全按照市场经济的自发性运作，投资集中在投资小、见效快的行业，最终导致市场失灵，竞争白热化，缺乏有效的产业分工。在城市建设方面也同样存在因过度竞争而导致的重复建设问题。

竞争在发展前期具有一定的合理性，但在后期并未以协作衔接。八九十年代于珠江三角洲地区而言，是经济腾飞前打基础的准备阶段，直到九十年代末，这个过程才算大致有成果。在此过程中，实现经济腾飞的基础是通过承接香港、台湾的产业转移来实现的，各城市呈现出竞争的态势。为提高自身竞争力，珠江三角洲城市竞相提高自身招商引资的能力，因此总体上，整个珠江三角洲的投资环境都得以改善。而当产业升级、资本积累的过程完成后，协作的重要性才需要凸显。

2.1.2　2001—2010年：规划协作框架初步搭建。

本世纪初，随着中国加入WTO，香港金融贸易自由港的优势地位有所动摇，前店后厂的贸易模式开始发生改变，港澳地区开始北上寻求机会。另一方面，随着长江三角洲城市群的崛起，珠江三角洲城市过多的内耗使得区域竞争力下降，各城市开始认识到区域协作的重要性。这一阶段规划协作的主要抓手是区域规划统筹、跨境合作联席会议、都市圈合作和重大专项事务合作四个方面：

（1）区域规划统筹力度不断加强。

2003年，CEPA（《更紧密经贸关系安排》Closer Economic Partnership Arrangement），大珠江三角洲跨境融合机制的范式转变，由市场驱动的自发性融合转变为制度化的融合。2004年《珠江三角洲城镇群协调发展规划》增加生态、资源、人口研究专题，并开始探索规划落实的路径。在《珠江三角洲城镇群协调发展规划（2004—2020）》中，一改以往珠江三角洲中心"一主（广州）+两副（深圳、珠海）"的提法，提出"两个主中心（广州、深圳）+一个副中心（珠海）"。

2010年，《大珠江三角洲城镇群协调发展规划研究》发布，历时3年的研究报告经国务院港澳办和粤港澳三地政府同意，是国内第一个跨不同制度边界的空间协调研究，从某种意义上说，是粤港澳地区由市场主导的"非制度性"合作向政府和市场双轮推动的"制度性"合作转变的开创性重大举措。2008年《珠江三角洲改革发展规划纲要》发布，应对产业转型对城市发展的挑战与冲击，对产业发展和城乡规划方向进行调整，城市间协作日趋紧密，广东省成立实施珠江三角洲规划纲要领导小组，三大都市圈先后签署一系列标志协作关系正式化的协议。除两份正式的规划相继出台外，一系列的涉及区域协作的专项规划陆续发布，并且开始纳入港澳地区规划系统的参与。

（2）建立跨境规划合作的联席会议机制。

跨境规划事务的协调主要有两种形式，第一种是广东省与香港、澳门的联系；第二种是中央对跨境事务的规则制定和协调。

第一种形式在本阶段主要由签订协议和举行定期合作联席会议来进行，建立粤港合作联席会议和粤澳合作联席会议两个重要平台。随着分工的细化，逐渐形成更庞大的架构，下设相关领域的专责小组。截至2007年，粤港合作协议和粤澳合作协议下设专责小组分别共20个和15个。

第二种在本阶段主要以区域发展宏观政策的制定及对于重大事务协调的介入来实现，其中大型跨境项目成立专责小组居多。以港珠澳大桥的修建为例，中央对港珠澳大桥项目高度重视。2007年1月，国务院决定由国家发展和改革委员会牵头，成立港珠澳大桥专责小组，成员单位为交通部、国务院港澳事务办公室、广东省人民政府、香港特区政府和澳门特区政府，旨在加速推动港珠澳大桥项目的进展。

（3）三大都市圈内部合作不断紧密。

由于长三角城市群崛起的冲击，珠江三角洲九市间规划协作的意识逐渐形成，在这版规划的指导下，三大城市圈内部的协作加深，处于非制度化向制度化转变的探索阶段。在此阶段之初，城市间的规划协作并未有成型机制，主要通过非常态的跨市会议以及城市间学习考察与公务员交流来进行互动。在珠江三角洲地区，各市领导之间的互访、考察交流已成为日益频繁的活动。

在广佛同城化方面，2009年3月19日，广州市和佛山市签署《广州市佛山市同城化建设合作框架协议》。根据该协议，广佛两地将在创新行政管理体制、拓宽合作领域、促进两地要素资源自由流动、优化配置效率和推动两市经济社会等方面将更加紧密融合，并全面构建城市规划统筹协调、基础设施共建共享、产业发展合作共赢、公共事务协作管理的一体化格局。拟率先通过公共交通、城市规划、产业链、区域市场环境和环境保护的一体化推进广佛同城化。

在深莞惠合作方面，2009年2月27日，深圳、惠州、东莞三市在深圳召开党政主要领导联席会议，并签订《推进珠江口东岸地区紧密合作框架协议》，以加快珠江口东岸的经济一体化进程。该协议提出重点加强深惠莞三市之间发展规划的衔接，在产业发展上错位发展，加大东江流域的水资源共同保护力度，加快城际轨道交通建设，促进完善珠江三角洲电网和跨区域输电通道等规划发展相关的协作。

在珠中江合作方面，2009年4月17日，首届珠海、中山、江门三市紧密合作工作会议在珠海举行，会上签订《推进珠中江紧密合作框架协议》，三市将率先在规划、交通基础设施、产业、环保、应急处理等方面展开合作，打破行政体制障碍，创新合作机制，促进要素合理流动，形成珠中江三地互动共赢的良性发展，全面提高珠江口西岸地区的综合发展水平和整体竞争力。

（4）重大区域性事务的规划协作取得突破。

社会经济一体化趋势下，珠江三角洲地区资本、技术和劳动力等要素跨市流动的规模和频率不断增加，轨道快速交通、绿道网络和优质生活环境的需求不断提升。重大区域性事务的规划协作取得突破，珠江三角洲城际轨道交通、绿道网络和优质生活圈等跨市规划与基础设施建设，成为区域协调和引导珠江三角洲地区增长的重要策略。

2003年开始，珠江三角洲城际轨道交通建设经历省主导到“省部合作”再到由铁道部、省政府、地方政府共同合作建设的三个阶段。

2.1.3 2011年以后：全域规划下的多维度、次区域合作。

2011年以来，国家“十二五”规划明确提出，珠江三角洲要“深化与港澳合作，……打造更具综合竞争力的世界级城市群”。广东省开始编制《珠江三角洲全域空间规划》，全地域、全领域、全要素地对珠江三角洲地区规划。中国（广东）自由贸易试验区的设立深入推进粤港澳服务贸易自由化，增强辐射带动功能。新时期对粤港澳地区规划协作重点转向多维度和三大都市圈、战略性地区等次区域。

（1）珠江三角洲全域规划推动区域多维度合作。

《珠江三角洲全域规划》将珠江三角洲城市群的发展定位对标全球城市地区，实现高端要素、功能的大规模集聚，区域内部各领域的高度一体化，打造国家的中心、国家与世界联系的枢纽，成为改革和创新的先行者。《全域规划》作为落实《珠江三角洲地区改革发展规划纲要》的重要抓手，实际上是区域规划的多规合一。它对珠江三角洲10个一体化规划进行梳理整合，衔接各市现行规划，提升规划实施绩效，为珠江三角洲转型升级提供更具适应性和开放性的有效空间载体，促进珠江三角洲真正成为区域共同体，提升区域竞争力和辐射带动力。

（2）共编粤港澳大湾区城市群发展规划。

《粤港澳大湾区城市群发展规划》正在由国家发展改革委牵头、联合粤港澳三地共同编制，其建设重点是“基础设施互联互通，合作打造全球创新发展高地，共建金融核心圈和优质生活圈”，《粤港澳大湾区城市群发展规划》的编制将推动粤港澳大湾区合作迈向新的阶段。

（3）三大都市圈的同城化联系协作更紧密。

2017年，《广佛同城化“十三五”发展规划（2016—2020年）》出台，对广佛同城提出全面综合的规划，提到共建广佛同城化合作示范区。与此同时，各个中心也逐步出台圈内合作发展规划，如《广佛肇经济圈发展规划》《深莞惠区域协调发展总体规划》《珠中江城市空间协调发展规划》《广佛同城化规划》等。这个阶段的珠江三角洲规划，注重，融合的进一步深化，补充规划框架结构。

（4）规划协作范围进一步向外围拓展。

规划协作主体保存着原来的基本架构，参与主体的范围开始扩大，《广东新型城镇化规划（2016—2020年）》构建“广佛肇+清远”“云浮、韶关”“深莞惠+河源、汕尾”“珠中江+阳江”三大新型都市区，为此联席会议上也纷纷响应，扩大参与城市的范围。

（5）战略性地区规划协作不断升级。

国家“十三五”规划把深圳前海、广州南沙新区、珠海横琴新区提升至国家级项目。广东政府规划大力建设这三个地区成为广东现代服务业的发展平台，港澳则在该地区积极探索服务市场的进一步准入，尤其是粤港澳服务合作的便利化。粤港澳三地政府共同争取中央政府的支持，推出试点改革，提供优惠措施来鼓励本地投资，并吸引国际投资。规划提出深圳前海到2020年建成亚太地区重要的生产性服务业中心，打造成粤港现代服务业创新合作示范区；广州南沙新区打造成为服务内地、连接港澳的商业服务中心、科技创新中心和教育培训基地，建设临港产业配套服务合作区；珠海横琴新区逐步建设成为探索粤港澳合作新模式的示范区、深化改革开放和科技创新的先行区、促进珠江口西岸地区产业升级的新平台。上述三个服务发展区正开展多项基建工程项目，以深圳前海最为积极。

2.2 主要成效

2.2.1 建立粤港、粤澳规划协作的框架，推动重大跨境事务的合作。

以粤港、粤澳合作联席会议为平台的协调机制是在“一国两制”的制度下逐步得到建立，由全体大会、工作会议、联络办公室、专责小组及研究小组等构成。通过多年的磨合，粤港间已经形成“联席会议、专责小组、会议研讨”等方式，并就区域共同关心的问题进行不同层面的协商、协调。粤港合作联席会议下设粤港城市规划及发展专责小组，加强两地城市规划的交流与合作，在规划和区域性重大建设项目的论证过程中，积极开展信息交流。在粤港、粤澳规划协作的框架下，近年来推动水资源、邻接地区合作开发、综合交通运输等重大跨境事务的合作。

2.2.2 建立区域性规划的自上而下统筹实施机制。

通过编制《珠江三角洲城镇群协调发展规划(2004—2020)》、《大珠江三角洲城镇群协调发展规划研究》、《珠江三角洲地区改革发展规划纲要（2008—2020年)》(以下简称《规划纲要》）等区域性规划，建立省级层面的统筹实施机构，自上而下推动城市规划合作。

在工作考核机制方面。省府通过制定《实施〈珠江三角洲地区改革发展规划纲要（2008—2020年)〉评估考核办法》和《实施〈珠江三角洲地区改革发展规划纲要（2008—2020年)〉督查办法（试行)》两项《办法》对实施工作进行考核，由省领导小组统一领导评估考核工作，由省规划纲要办牵头组成考核组具体实施。考核对象包括珠江三角洲各市、省直有关单位以及省领导小组各成员单位与工作方案各项工作任务牵头单位，通过指标考核、工作测评、公众评价、督查等方式，以珠江三角洲一体化建设、重点工作任务，重点项目建设等方面作为考核内容，考核方式和内容根据考核对象有所差异。

2.2.3 建立三大都市圈的规划合作框架，推动城市间紧密合作。

近年来广州与佛山之间的互动与交流逐渐深入，“同城化”效应明显。在一系列的文件指引下，广州和佛山两市政府于2009年3月在广佛交界的佛山市南海区签署《广州市佛山市同城化建设合作协议》及两市城市规划、交通基础设施、产业协作、环境保护等4个对接协议（称为“1+4”框架协议)，强力推动广佛同城化的建设。广州和佛山在三个层次上建立政府间合作机制，一是市委书记、市长组成的“领导小组”；二是设在两市发改部门的“广佛市长联席会议（办公室)”；三是设在两市规划部门的“城市规划专责小组”以及其他相关部门的产业、交通、环保三个专责小组。

2009年深莞惠三地的规划部门在深圳五洲宾馆举行部门联席会议第一次会议，正式签署《深莞惠三市城市（乡）规划紧密合作框架协议》，标志着三地合作已在规划层面展开。三地紧密联系需要以常设办公室为依托，会议决定成立联席会议办公室，作为三市规划部门联席会议的沟通联络机构。办公室下设4个由三市规划部门共同参与的工作小组，分别承担以上4个合作开展或即将开展的规划编制研究项目。

珠中江都市圈在珠江三角洲《规划纲要》出台后签订《推动珠中江区域紧密合作框架协议》，由此建立起合作机制，先后在年票互认、公交互通、跨界交通项目建设、边界河流与环境治理、产业协作及科技交流等方面取得实质性进展。为贯彻落实珠江三角洲“五个一体化规划”，三市共同编制《珠中江区域紧密合作规划》、《珠中江城市空间协调发展规划》、《珠中江交通基础设施一体化规划》，逐步走向区域一体化的阶段。

在深港合作方面，深圳市人民政府与香港特区政府遵循“一国两制”方针，在粤港合作的框架下，于2004年就进一步加强两地合作签署本备忘录——《关于加强深港合作的备忘录》。备忘录的签署表明深港直接沟通渠道的建立，使深港合作进入政策明晰化阶段，也推动港合作进入到一个全新的阶段，即从被动合作向主动合作转变、从民间推动向官方主导转变。

2017年初，广东省委常委、深圳市委书记、市长、香港特别行政区行政长官共同签署《港深推进落马洲河套地区共同发展的合作备忘录》确定落马洲河套片区的发展定位，欲将其打造为推动两地创新科技发展的新引擎。随后双方在深圳举行“港深边界区暨落马洲河套地区发展联合专责小组”第一次会议，通过专责小组工作章程。

在珠澳都市圈合作方面，两地在粤澳合作协议的基础上进行一体化的深入探索。珠海在“十二五”期间规划建设“环澳都市带”，以推动珠海澳门的协同化发展，奠定横琴的战略地位。粤澳两地共同研究编制澳珠协同发展规划，加强在城市规划、基础设施、口岸通关、公共服务、产业布局、生态环境等方面的统筹规划，重点探索合作开发横琴，建设生态环境优美、公共服务衔接、产业配套发展、工作生活便利的珠澳国际都会区。

2.2.4 建立重大区域性规划事务的统筹协调机制。

重大事务采取省统筹指导、地方政府参与的形式，如省宜居城乡建设工作联席会议负责统筹指导珠江三角洲绿道网的建设、区域轨道网的规划等。通过分工协作、上下联动，推动规划有效实施。

2.3 关键问题

2.3.1 受到制度限制，跨境规划协作的平台和渠道单一。

在一国两制的制度背景下，粤港澳大湾区规划协作的障碍主要在于地理与制度边界带来的高对话成本。在地理上，在特区与大陆交界的地方设置边境关卡，出入境事务须进行严格的审查，随着跨境协作活动的深化，各要素的流动和城市间的融合受到限制。在制度方面，

香港澳门地区实行的是资本主义制度，中国大陆则遵守社会主义制度，加之粤港澳城市分别遵循三种不同的法律制度，由于行政管辖的分隔，法律对接存在一定的难度。因此，构建粤港澳大湾区合作的法律框架和法制机制是当务之急，边境地区的衔接和发展将成为下一步规划协作的战略之举。

2.3.2 都市圈内部协作缺乏有效的推进机制。

三大都市圈内部协作形式大于内容，城市积极性不高，缺乏激励机制。都市圈协作大多依靠市领导人联席会议进行，普遍以一年为周期，会议上较少涉及敏感利益话题，缺乏细化的激励与考核机制推动。在都市圈一体化合作过程中，由于每个城市都有着各自的利益诉求与责任，因而不可能无原则地牺牲自身利益去满足与其他城市合作的需求，即便都市圈合作机制已建立，但合作仍然缓慢艰难，难以落实。这主要体现在经济排名靠前的城市积极性较低，相反经济稍落后地区合作意愿和积极性较高，往往导致这些稍落后的城市处于被动地位，而过分满足他城需求。

2.3.3 重大区域性事务依赖省级政府统筹，缺乏城市间合作机制。

在现行的财政体制下，省政府是协调性区域政府，而地方政府才是经济发展主体，竞争性的城市政府难以很好地实施省政府制定的规划。区域规划的实施受多元政府间互动效率的影响，跨市规划与建设的协调与实施成本是其中一个重要因素，这些成本包括建设资金、建设用地、土地征用费等。如珠江三角洲地区绿道网与城际轨道交通网的建设，二者相比，绿道网建设的效率比城际轨道交通网高得多，因为绿道网的成本、工程技术难度和土地征收费用均较低，加之绿道的建设主要服务于各自的行政区，且不占用地方政府的建设用地指标，各自为政的协调问题较少。由于缺乏城市间直接合作对话的长效机制，省政府主导的统筹规划难以解决具体的经济土地利益协调问题。

2.3.4 战略性地区规划缺乏统筹协调机制。

由于战略性地区规划缺乏统筹协调机制，自2000年起，随着珠江三角洲传统外向型产业发展受阻，投入到经济开发区、工业产业园区等战略地区的资本在低端制造业领域的积累循环出现危机，加之在国家分税制和商品房制度改革等政策的引导之下，大量社会盈余资本进入“新城”、“新区”为代表的城市建设领域，珠江三角洲各市纷纷大规模地规划、建设大批新城、新区，其数量之多、规模之大、定位之高，有脱离可供市场规律的趋势。在房地产市场的产能过剩、土地资源日益稀缺的背景下，“土地财政”导向下的城市建成环境投资难以持续。目前，战略性地区的投资纷纷转向科技创新和社会公共事务领域，应增强这些地区的规划统筹协调，防止重复前两个阶段难以应对经济转型，由于市场主导而盲目重复建设的后果。

2.3.5 规划协作的手段单一，以城市间的框架协议为主。

规划协作以行政力量为主导，自上而下地进行决策，由于绩效考核机制并没有将规划施行结果较大比重地纳入考察评估内容，政策制定者和执行者具有一定的政治偏好，导致政府失灵。缺乏有效的经济、法律等协调手段，如经济协调手段，难以解决不同经济体系、法律制度的问题。内地和港澳由于不同的法律和经济运行环境，三地之间的协调以政府间的行政协调方式进行，经济和法律手段欠缺。而依据国际经验，解决大型跨界基建和生态环境等区域问题除主要依靠行政协商机制外，需要发挥综合性手段，尤其是经济手段，以明确区域各方的责任与义务。

2017年，广东省设立500亿元珠江三角洲优化发展基金，重点投资于珠江三角洲世界级城市群、重大平台建设和产业转型升级发展，支持广东省委、省政府推动珠江三角洲优化发展战略实施。但发展基金缺乏类似于欧盟结构基金对区域发展共同愿景的明确要求，对规划事务和发展方向进行有效的引导，在可操作性方面仍有待完善。

3 全球城市区域的规划协作经验借鉴

3.1 旧金山湾区

3.1.1 区域概况。

旧金山湾区是美国加利福尼亚州北部的一个大都会区，地域上指的是位于萨克拉门托河下游出海口的旧金山湾四周，其中包括多个大小城市，最主要的有旧金山半岛上的旧金山（San Francisco），东部的奥克兰（Oakland），以及南部的圣何塞（San Jose）等。旧金山湾区全区人口约720万，面积约18088km²，人口密度约398人/km²，整个区域包括9个县、101个城市，由北湾、旧金山、东湾、半岛、南湾等几个次区域构成，涉及复杂的多层城市政府主体。其主要产业自21世纪以来从电子技术产业转型为生物科技产业，是全球500强企业的第二集聚区，世界著名高科技研发基地硅谷（Silicon Valley）即位于湾区南部。

3.1.2 协作机制。

（1）机制形成过程：基于需求的主动结盟。

旧金山湾区区域行政力量的整合是一个基于需求的主动结盟的过程。由于旧金山湾区的城市、县镇数量多，随着城市化的发展，逐渐出现连续的城市社区多个独立的市政边界分隔。由于缺乏一个统一的统筹协调机构或区域性政府，区域的发展受到日益严重的行政阻隔的制约。

自1865年起，旧金山就已经开始探索解决此问题的路径，初期是通过较小范围的市—县合并来整合权力；到20世纪初，大旧金山地区的概念初现，然而由于区域内部出现多个实力均衡的大城市，如旧金山市和奥克兰市，旧金山提出的区域整合想法遭到否决，因为位于东湾区的奥克兰市认为自身也有潜在的成为地区区域中心的可能性，其标志性事件为旧金山和奥克兰合作供水方案的失败。

经过数十年的努力，旧金山大都市区终于在1961年成立海湾地区政府协会（ABAG）。这是一个非盈利、咨询性的政府间联合组织，充当联邦政府与地方政府关系的中介部门的角色。成立以来，湾区政府协会对整个湾区内涉及跨区域协调的事务，如住房、交通、环境等问题，进行大量调查与研究。在1970年，海湾政府协会发布第一份湾区规划报告（1970—1990），对湾区的区域开放空间、区域信息系统和技术支持、刑事司法和培训、水资源政策和废物回收、地震灾害防治等做全面的规划。发展至今，已经从原来的政府协会转化为更有针对性的“1+4”模式。“1”是指湾区“联合政策委员会”，下分设全体会议、执行委员会和常务委员会三个机构以维持运营。“4”分别指的是湾区政府协会、湾区空气质量管理区、湾区保护与发展委员会和大都市运输委员会。

（2）海湾地区政府协会的模式、特征与策略。

一般而言，湾区政府间规划协作架构以70年代的湾区政府协会为典范，在1976年至1977年间，旧金山湾区政府协会的财政预算达到最大，工作人员也最多，产生比市、县政府大得多的影响力，是城市政府联合协会模式的代表。

模式：权力分立、各司其职。

湾区政府协会的架构分工长短期结合，其主要组织架构包括全体会议、执行委员会和常务委员会，其中常务委员会下设行政委员会、金融和人事委员会和区域规划委员会。全体会议是整个组织的领导机构，决定协会的预算、工作总结和人员任命，执行委员会担任执行与监督职能，负责落实全体会议的决定。而常务委员会则承担大部分与规划协作的工作，主要负责规划研究、建言献策以及协会基金的经营。

特征：多级管理、自主运作。

多级政府自愿组织、联合，常态化的，担任区域规划职能，服务性、咨询性强，靠经济财政手段来维系关系等。但是其威信和权力较弱，对于较为尖锐的问题难以解决。中央政府对其只进行立法建议的批准，较少直接进行财政支持，因此对自身经济状况的依赖较大。由于加州第13号提案导致地方政府对财政支配权力的削弱，湾区政府协会后期活动缺乏财政经费，大大影响其作用的发挥。

策略：协调并引导阻力最大方。

在整个政府主体协作与区域融合的过程中，东湾区起到较大的推动促进作用，但它又正是早期改革的最大反对者之一。早在东湾区多项创新尝试之前，旧金山就开始促进区域城市间的融合，然而效果却远不如东湾区，早期的一体化愿望失败，其中很大原因在于东湾区城市的否定。即便是在东湾区后期的创新尝试中，也不断地有否定的声音。直到小范围的试验获得成效后，其成功的经验才得到逐步认可与推广。因此，在区域政府的协作中，要注意阻力最大方的利益协调，尽可能引导其成为改革的带头者。

3.2 东京湾区

3.2.1 区域概况。

东京湾是一个面向太平洋的优良港湾，它分为东西两侧，东侧是千叶县的房总半岛，西侧是位于神奈川县的三浦半岛，而湾底就是东京的银座地区。通过两个半岛之间狭窄的浦贺水道与西邻的相模湾会合，东京湾与太平洋相连，面积约1320平方千米。依托东京湾发展起来的东京首都圈，包括东京都、琦玉县、千叶县、神奈川县等“一都三县”，面积1万3562平方千米，占全国总面积的3.5%。GDP总量约占全国的三分之一，常住人口为3800万人。

3.2.2 规划协作特征。

东京湾的开发建设的主要成功经验主要体现在以下方面：

（1）建立相互协作的沟通机制。

作为一个人工规划建设的湾区，在整个东京湾区的开发建设中，并没有一个政府机构来统筹规划和管理这一个湾区的开发。湾区地理范围涵盖若干大城市和中小城市，在开发中，既保持“谁开发谁拥有”的基本原则，同时建立起协调机制（智库），对湾区和城市发展中的问题采取会议协调协商的方式寻求解决。

国土部门、交通部门、产业部门等对区域发展都有各自角度的布局和规划，各都县和城市也有自己的布局和规划。国家有“全总”（全国性综合开发计划，由经济企划部门和国土部门负责，属于全国性的谋篇布局，从人口分布到产业分布到基础设施的分布，也称国土规划）。“全总”下面，有大区的规划，如大东京的规划。大东京规划之下，每个地区又有各种规划，如千叶县有千叶县的规划，千叶县自身又有临海部与内陆部的规划等等。

（2）以协议规划为依据。

沿岸各城市的湾区开发，必须要服从于已经达成协议的规划案。由于各个规划部门的发包单位是有不同诉求的，在智库制定出规划后，各部门再把不同的诉求通过沟通磨合，结合自己的思想和数据体现出来，确保规划一致性。各部门若想提出更改，就必须获得东京湾港湾联协推进协议会成员的一致同意。这种制度保障协议规划的效力，进一步规范各方权力相互制约、相互平衡。

（3）港口群城市互补互动。

京浜、京叶两大工业地带以东京为中心，分别向环抱东京湾的两侧延伸，这种规划布局将湾区的工业地带与东京中心城区大体量人口实施一定的隔离。这两个工业地带带来彻底的临海和大规模的集聚，做到高效率的大进大出；同时又与在腹地东京的金融、总部、研发等功能紧密互动，给工业地带本身和其腹地的城市提供发展引擎。各港口城市国际化发展程度相较其他湾区更为均衡，由中心城市东京牵头；且注重城市之间的互补互动，构成东京湾区经济体量大、多样化强的特色，政治、商业、研发各种功能交织在一起，形成良好的相乘效应。

3.3 欧盟

3.3.1 区域政策回顾。

1957年签署的《罗马条约》清楚地阐明加强成员国的经济一体化以及通过减少存在于多元区域间的差异和较不受欢迎区域的弱势的意愿。然而，有关于自治型欧盟国家的区域政策和针对空间不平等问题的基金并没有厚实的基础，连所谓“融合政策”（Cohesion Policy）也直到1989年才开始有效地执行。

对于区域的考虑是从1975年欧洲区域发展基金（ERDF）诞生时开始的，到2008年《里斯本条约》引出领土与经济社会融合同步进行的理念。2001年欧盟委员会第二份对于经济与社会融合的报告，首度明确提出“区域融合”（Territorial Cohesion）的议题，并指明运用结构基金予以补助，强调对于发展落后地区与衰败城市课题的重视。

欧盟的区域政策偏向于处理结构性问题，应对经济发展中的地域不平衡、社会两极化等挑战，而非一般事务性计划的执行，目的在于“协助地区对外增加竞争力、对内利益共享”。

欧盟区域政策针对空间发展的不均衡，采取经济的手段作为辅助，有效促成各国间共同愿景的构成。其经验对于回应粤港澳湾区目前存在的城市间的发展不平衡、共同目标的制定以及凝聚力的形成有重要的参考价值。

3.3.2 规划协作特征。

（1）以财政补助促进区域合作。

欧盟区域政策整体的推动机制，是在欧盟的整体架构之下，以提供额外的财政补助的方式，整合领域发展，促进跨域合作与经验交流。受补助的跨域合作的尺度包括区域之间、国界邻近地区以及跨越国界之间的区域合作，同时也支持非地理上邻近地区之间的跨域合作，例如跨越海峡的区域合作。

财政补助通过结构基金（Structure Funds）来实现，与区域发展相关的主要包括欧洲区域发展基金（ERDF）、欧洲社会基金（ESF）和凝聚基金（Cohesion Fund）三种，由国家性、区域性和地方性资金配合和进行调整，为公共投资提供补助机制。另外，还通过国家扶助规则和协调联动、多年期的区域性项目实现。

（2）受辅助的主体承担相应的财务责任。

财政补助并非直接补助在欧盟委员会选定的特定计划上，而是先由委员会设定出发展计划的优先级别次序，之后再由国家或区域政府参考次序并自行决定接受补助的项目计划及其管理制度。一旦选定计划之后，该地区的政府预算和社群基金（Community Fund）也会共同为这些计划提供资金援助。

（3）保留一定的自主决定权。

欧盟的决策行为仅限于设定优先等级次序，并非直接决定某项计划能否获得补助；而计划能否取得补助的最终决策权，则留给受补助的地区或城市的行政部门。同时，具体的区域合作方案的实质内容的规划、执行，也都是由涉及的区域或地方的行政部门来拟定和落实，与提供补助的欧盟并无直接的关联性。

(4) 定期评价、修正机制。

行政部门是直接推动跨域合作的主体，欧盟只是以提供补助以诱导跨域合作工作的推展。不过，欧盟仍会依据其所设定的目标，进行受补助计划的评量，而评量的结果将会影响后续年度之补助经费的取得。

3.3.3 结构基金的作用。

在2000年—2006年期间，结构基金中的69.7%经费用于资助目标1地区，其人口占欧盟总人口的22.2%；11.5%经费用于资助目标2地区，其人口占欧盟总人口的18%。

欧盟的结构基金基于财政运用的理论基础为各国提供财政资源以及相关专业技术服务，在空间规划过程中并非单方面地形成共同愿景，而是通过基金分配来引导促成地方凝聚愿景，通过愿景形成过程中的沟通和协调，调节相关官僚的自我利益的偏好，使得各国间具有较大机会成功落实执行共同提出的愿景。

3.4 案例总结和启示

本章通过世界级大湾区案例的梳理与对比，意在为接下来分析粤港澳湾区先行规划协作机制提供可借鉴之处，归纳上述各案例的特殊性和一般性后，得出以下结论与启示：

第一，区域协作组织结构完整，工作机制常态化。在旧金山湾区的案例中，旧金山湾区政府协会树立区域协作组织架构的典范，它的形成经历一个渐进的、自发的过程，表明规划协作组织的有效形成需要从引导协调阻力最大方开始。它明确划分规划协作过程中的决策、执行以及研究三个工作阶段，与之相对应的组织分工保证决策的民主性、协调性，日常运作的高效性，以及规划方案、政策的科学性，有利于在规划协作事务中准确区分轻重缓急，清晰厘定权责，加强城市间联系又不至于因组织庞大导致效率低下。

第二，灵活运用财政资金、政策调节等工具。在上述案例中，除政府间成立规划协作组织的行政手段外，还运用规划发展基金对城市发展行为进行引导，在遇到区域协调问题时，在特定区域按照受益者付费的原则进行财税征收，或是通过成立特别区，在区域内给予优惠政策，来协调开发中各方的利益纠纷，问题解决的手段多样灵活，能够充分体现区域特征并满足地方需求。

第三，规划协作应以议题为导向，增强目的的针对性。针对区域特性界定其议题，议题需具前瞻性且符合该区域的需求；在上述案例中，基础设施建设普遍成为协作的重点项目；议题需回应结构性危机，并提出区域协作中各城市的共同愿景，区域政府可以通过财政手段的运用，提供财政资源和专业技术服务，间接地诱导并促成共同愿景，调节城市间自我利益的政策偏好。

第四，产业企业智库的加入，参与主体多元。从上述案例中可以看到，以适当形式引入多元的成员参与是一个重要的共同特征，不仅从政府区域联合组织的行政架构中体现（一般体现在成员由各市选举代表构成，除政府官员外，还有各种社会组织的参与），而且还体现在自下而上，通过不同的形式发挥民间社会力量的自主性，产业企业自主协作，智库研究为规划和政策的出台提供依据。

4 规划协作策略

4.1 建立多层级、制度化的规划协作机制

4.1.1 推动国家层面组建大湾区建设工作领导小组。

在国家发改委会同粤港澳三地共同编制《粤港澳大湾区城市群发展规划》的基础上，推动国家层面建立大湾区建设工作领导小组，由国家发改委担任召集人，联合国务院港澳办、住建部等国家相关部委、粤港澳三地政府组成，主要职能包括：针对粤港澳大湾区城市群规划实施中粤港澳三地层面难以协商解决的重大规划事项，提出处理措施；每年研究提出推进粤港澳大湾区建设的重点工作，征求粤港澳三地政府意见后，共同推动实施。

4.1.2 建立粤港澳大湾区规划协作委员会。

在国家层面大湾区建设工作领导小组框架下，将现有的粤港联席会议、粤澳联席会议合并为粤港澳联席会议，由粤港澳三地行政首长共同参加，协调解决大湾区建设过程中的重大问题。

在粤港澳联席会议框架下，升级现有的粤港城市规划专责小组，成立综合性的粤港澳大湾区规划协作委员会，由香港、澳门特别行政区、广东省政府层面规划部门负责人主持，各市规划部门负责人参加，定期召开协商会议，主要从宏观层面回顾过去一年的粤港澳湾区区域内的合作交流，就下阶段合作的重大议题进行协商，商定合作的原则，确定下一阶段共同关注和着力推动的重大工作。粤港澳三地及各城市规划部门分别下设粤港澳大湾区规划协作委员会办公室，负责日常事务，主要负责就合作的专题进行研究、跟进、落实。

4.1.3 推动建立多层次的规划合作组织。

在粤港澳大湾区规划协作委员会的基础上，进一步建立多层次的规划合作组织，应对珠江三角洲、都

市圈、城际等层次的规划合作需求，其中，珠江三角洲层面的规划协作需求依托现有的广东省城乡规划委员会进行协调，进一步成立都市圈规划合作专责小组、城际规划合作专责小组。

广东省城乡规划委员会：强化广东省城乡规划委员会职能，对涉及珠江三角洲全域规划的重要事项、区域性重大项目的选址、区域绿地、重大基础设施通道建设等进行审议、协调。

都市圈规划合作专责小组：主要协调广佛肇、珠中江与澳门、深莞惠与香港三大都市圈内部的规划合作事项，由香港、澳门特别行政区、广东省政府层面规划部门代表列席，三大都市圈相关城市的规划部门负责人参加，建立“一事一议”机制，由三大都市圈相关城市联合提出会议申请。

城际规划合作协调会议：借鉴现有深港、珠澳、广佛之间的合作机制，推广到大湾区各城市，相关城市的规划部门负责人参加，相关城市根据规划合作的需要，建立“一事一议”机制，城际规划合作协调会议可邀请粤港澳三地的规划部门代表列席。

4.1.4　制定大湾区城市规划协作章程。

由粤港澳大湾区规划协作委员会牵头，制定大湾区城市规划协作章程，明确大湾区规划协作委员会及各专责小组的机构构成、议事机制、协调运作机制、决议执行机制、监督机制等，明确各层次规划协作机构的协商事项层次和范围，明确建立规划协作执行的奖惩机制，规划协作委员会及各专责小组的决议事项应由相关城市负责执行。

4.2　统筹实施大湾区城市群发展规划

4.2.1　统筹制订区域性专项规划和实施计划。

落实粤港澳大湾区城市群发展规划，由粤港澳大湾区规划协作委员会牵头组织编制区域性专项规划，统筹区域性空间发展布局，如共编大湾区海岸带综合保护利用规划、休闲廊道规划、生态空间保护规划等，作为上层次规划指导各城市规划；制定近期重点行动计划，统筹组织粤港澳三地各城市政府分头实施。

各城市应制定粤港澳大湾区城市群发展规划实施计划，提出推进粤港澳大湾区建设重点规划工作计划，提交粤港澳大湾区规划协作委员会审议通过后，由各城市负责实施。

4.2.2　建立大湾区规划实施评估监控机制。

在粤港澳大湾区规划协作委员会下设立粤港澳大湾区城市群发展规划实施监督办公室，对大湾区城市群发展规划实施情况进行评估监控，形成定期实施评估和考核制度；依据大湾区城市群发展规划，选取城市群规划评价指标体系，作为评估监控的主要依据。

4.2.3　共建大湾区规划信息共享平台。

由粤港澳大湾区规划协作委员会牵头组建大湾区规划信息共享平台，重点收集粤港澳各城市涉及区域性公共利益的空间规划数据，如生态保育地区、重大交通设施规划、战略性地区规划等，为多元主体提供规划信息和数据支持，实现城乡规划信息公开和共享；推动大湾区规划信息共享平台与各城市规划信息平台的对接和数据共享。

4.2.4　共同制定大湾区宜居城市规划标准。

贯彻十九大提出的生态文明思想和绿色发展理念，为共同营造粤港澳大湾区宜居环境，吸引国际高端人才，由粤港澳大湾区规划协作委员会牵头，粤港澳三地规划部门具体负责，依据《粤港澳大湾区城市群发展规划》，融合国家、广东省、港澳地区现有的城市规划标准，借鉴国际宜居城市规划经验，适当进行突破创新，共同制定适应于大湾区的宜居城市规划标准，包括绿色规划、绿色建筑、空间管制及绿色设计、低冲击开发、海绵城市设计、绿色交通设计等。

大湾区宜居城市规划标准由粤港澳大湾区规划协作委员会审议通过后，作为城市规划建设的重要依据之一，由各城市规划部门负责执行。

4.3　推动三大都市圈城市规划一体化

4.3.1　完善都市圈联席会议和规划合作专责小组架构。

完善三大都市圈联席会议机制，在现有的广佛肇、珠中江、深莞惠三大都市圈联席会议的基础上，纳入港澳政府，形成广佛肇、珠中江与澳门、深莞惠与香港三大新型都市圈联席会议，强化三大都市圈规划编制、协作促进、实施监督等职能，实现决策共商、共享共建。联席会议由都市圈内各市行政首长牵头，广东省政府派驻代表参会，以行政协议的形式进行，对各方成员的权责进行厘定。联席会议下设常务委员会、秘书处等执行机构，设立专职人员承担都市圈同城化合作发展的日常管理工作，制订工作措施，拟定详细的合作协议和计划，落实合作事项。

4.3.2　推动都市圈交通同城化的规划合作。

推动都市圈交通同城化的规划合作，重点依托高快速路和城际、城市轨道交通的互通互联，构建运行高效便捷、辐射带动力强的一体化综合交通运输体系，实现“一小时”都市经济圈和的快优质生活圈的愿景。进一步完善高快速交通走廊建设，构建以高快速路为主体的高效互通的都市圈交通骨架。通过现有道路速化改造以及新增快速通道，加强跨区域快速路网建设。建立城市中心区之间、中心区与战略平台之间的点到点快速联系，完善高速公路出入口与城市中心区的快速衔接。加快推动城际、城市轨道交通的全面对接，以快速化、公交化和人性化为方向，构筑紧密衔接的都市圈轨道交通线网。完善常规交通与城际轨道的无缝对接，着力构建以轨道交通为主、公路交通为辅，地铁、公交、城巴、出租车等多种交通方式相融合的公共交通服务体系。

推动广佛肇都市圈交通同城化。加快战略性交通设施建设，以广州初具规模的海、陆、空枢纽体系为基础，扩充白云机场、广州南站、南沙港等枢纽运输能力，改善三市枢纽交通衔接，强化枢纽的辐射和区域整合功能，打造区域共享的综合交通枢纽体系。加强城际高快速路衔接，加快推进广佛肇高速二期、佛清从高速南段等高速公路和国省干线公路建设及升级改造。完善轨道交通系统，推进广佛环线、广佛江珠城际、肇顺南城际等城际轨道建设，形成广州站、广州南站、佛山西站、广州北站、白云机场等主要交通枢纽的轨道交通串联。构建以广州南站、西朗等为核心节点的广佛地铁同城化网络，依托广佛地铁及在建的广佛环线、佛山地铁2号线、广州地铁7号线等轨道交通连接线路，为两市群众提供更加高效便捷的出行方便。

推动深莞惠都市圈交通同城化。完善区域综合客运枢纽布局，依托深圳北站、深圳东站、深圳罗湖站、深圳福田站、东莞站、惠州站等城际轨道站点，承担都市圈内部客流快速转换服务。完善“九纵十横十四联”城际快速干线网，加快深圳外环高速、深圳东部过境高速公路建设，连接三市中心城区和主要组团。积极推进穗莞深、新塘经白云机场至广州北、深惠、中南虎等城际轨道交通线路建设，开展穗莞深城际琶洲支线南延线、深莞城际等线路前期研究。推进深圳地铁14号线与惠州南站的对接，推进深圳地铁6号线与东莞地铁1号线的衔接、深圳地铁11号线与东莞地铁3号线的衔接。

推动珠中江都市圈交通同城化。完善铁路枢纽布局，充分利用深茂铁路、广珠城际、广佛江珠城际等铁路网布局，建设江门南站、横琴站、珠海站、中山北站等区域枢纽节点，打造珠中江都市圈大型组合枢纽。加快城际快速通道的建设，重点推进港珠澳大桥西延线、广中江高速二期、中深通道等区域性高快路的建设。完善城际轨道交通网，共同推动珠海至斗山、江门至恩平两条放射线以及广佛江珠城际轻轨的建设，同时继续推进广中珠澳城际、深珠城际等前期研究。

4.3.3　推动都市圈邻接地区的合作开发。

以都市圈城市邻接地区的先行同城化为驱动和示范，辐射带动都市圈的同城化。在空间上构建“连点成线”、“由线及面”的同城化合作空间推进格局；以城际产业协同为驱动，立足城市产业基础和资源优势，建立产业分工协作机制；重点促进高快速路和城际轨道交通无缝对接，打通断头路和瓶颈路；完善跨市公交体系，促进邻接地区居民公共服务均等化，引导产业与就业均衡配置，从而推进区域融合、优化提升。

推动广佛肇都市圈邻接地区合作开发。统筹广佛肇六大边界公建区与广佛三大同城化合作示范区规划建设。广佛肇继续深化金沙洲地区、芳村桂城地区、广州南站周边地区、五沙地区、三水四会交界地区、高明高要交界地区等六大边界合作共建区的建设。广州、佛山重点推进番禺—顺德、荔湾—南海、花都—三水三大同城化合作示范区建设，形成各具特色、互为补充的同城化先行区和引领区。构建广佛城市功能对接带，串联邻接地区重要节点，沿广佛南北边界线，以番禺—顺德、荔湾—南海、花都—三水同城化示范区建设为支撑，以五沙、广州南站、三山、金沙洲、滘口、白云空港、炭步—乐平等为重要节点，推动邻接地区沿线先行同城化。

推动深莞惠都市圈邻接地区合作开发。加快推进坪山—惠阳地区、深惠环大亚湾滨海旅游休闲带、深莞交椅湾地区、沙井—长安地区、坪山—新圩—清溪地区合作建设，促进邻接地区更加深入的融入广佛同城化战略。

推动珠中江都市圈邻接地区合作开发。着力提高珠海金鼎—唐家湾—中山坦洲—三乡—珠海香洲地区、江门主城区—中山古镇—横栏、中山北部镇区—佛山顺德南部片区等邻接地区的同城化合作水平。

4.3.4　建立都市圈规划实施评价激励机制。

一是建立规划实施评价指标和评价单元，通过对规划实施结果的评估，构建都市圈规划实施评估体系，从经济社会发展、规划控制指标、公众参与等多个方面提取影响因素，重点评估规划确定的目标与实施结果的一致性。二是建立规划实施评估机制，进行定期评估和检讨，由都市圈联席会议牵头，吸收一批优秀的战略规划研究、编制、评论等领域专业人士，组建规划评估团，对规划实施情况进行定期评估，出具评估意见，及时反馈和检验。三是建立规划实施激励机制，通过绩效、资金和用地等多种奖励方式相结合，最大化地保证规划目标的实施度和实施效果。四是建立健全目标任务分解机制和检查督办机制，要从区域整体到地方要设计一套制度来考核都市圈建设；市长联席会议办公室加强对各有关区、有关单位落实规划工作进展情况的检查，并向领导小组和市长联席会议报告，接受人大、政协、各民主党派和工商联监督；鼓励公众积极参与规划实施的监督工作，定期向社会公布规划实施工作进展情况。

4.3.5 建立都市圈规划合作利益共享机制。

一是建议设立都市圈规划发展基金，用于统筹都市圈重大规划项目建设，合作成立非赢利性的建设公司，负责共同基金的投放，保障基金使用符合各都市圈的整体利益，作为政府促进区域协调发展强有力的经济手段。二是探索重大项目合作共建和利益分享机制，合作各方本着互利共赢的原则，协商议定合作方式，明确责任义务和经营期限、利益分享内容、分享标准、分享手段以及分享资金来源等。建立一个明确、合理的成本分摊体制，以及相配套的预算体系；同时合作共建项目发展成果由合作方分享，合作共建期间，引进项目投产后新增的增值税、所得税地方留成部分，各方按一定比例分成，地区生产总值等主要经济指标按比例分别计入。

4.4 共建大湾区国际优质生活圈

4.4.1 共建魅力湾区，加强区域生态休闲网的合作。

（1）共建一批区域公园示范带。

共同设立大湾区森林公园、郊野公园、湿地公园、海岸公园，建设一批国际水准的区域公园和杰出休闲旅游场所。依托粤港澳丰富的自然资源和多元的人文资源，塑造具有游憩娱乐功能的生态和人文休闲场所，组织丰富多彩的休闲娱乐活动，形成便于享用、历史文化彰显、游憩活动丰富的公共休闲娱乐空间。

（2）打造湾区复合型休闲廊道。

利用河网贯通大湾区复合型休闲廊道，共建“水廊 + 绿廊 + 风廊”的复合型休闲廊道，跨界休闲廊道的衔接，构建区域健康生活和户外运动主骨架。推进湾区休闲廊道的开发利用，做好粤港、粤澳休闲廊道的衔接，完善廊道配套设施、交通接驳和运营管理机制，丰富休闲廊道节点空间的功能。

利用河网构建城市健康生活和户外运动休闲廊道的主骨架。鼓励在东莞水乡地区、佛山南海和顺德地区、中山北部地区、广州南部地区、珠海中部地区、深圳西部滨海地区等水网密集的城市发展地区，以河网为框架加强城市健康生活和户外运动公共场所的营造，利用河网堤岸打造形成通行连续顺畅的慢行活动空间，依托堤岸打造连续性的滨水休闲带。

（3）加强粤港澳生态廊道的衔接。

共建区域性生态廊道，包括区域性河流生态主廊道和河流生态次廊道两个层面，其中区域性河流生态主廊道由东江、北江、西江等三大江河构成，河流生态次廊道由流溪河、增江、顺德水道等主要支流河道构成。道路绿网生态廊道包括区域性道路生态主廊道和道路生态次廊道两个层面，其中区域性道路生态主廊道由区域性的铁路、高速公路隔离防护林带构成，道路生态次廊道由省域绿道网构成。“两种类型、两个层面”的网状廊道，能有效加强生态屏障与区域绿核之间、各区域绿核之间、各自然“斑块”之间的生态联系，缓解交通通道和人类活动对区域生态的切割和干扰。

4.4.2 共建公交湾区，推进粤港澳轨道网的对接。

建设湾区轨道环，形成1小时通勤圈。满足粤港澳大湾区多中心、网络化的空间发展要求，推进湾区轨道环线建设，打造以高速铁路和城际轨道为主的区域快速轨道系统，建设1小时通勤圈。“一环”重点继续加快港珠澳大桥、广深港高铁、穗莞深和广佛环线城际轨道的建设；加快深惠、广佛江珠、珠斗等城际轨道、深港西部通道、粤澳新通道等前期建设工作。东西两岸重点推进深中通道、小榄—虎门城际轨道、虎门二桥、深茂铁路公铁两用大桥、莲花山跨江通道等建设。构建环湾水陆交通换乘体系，加强粤港澳水上客运联系，重点提升广州、深圳、珠海、中山、东莞的客运码头建设，加强水运码头和城际轨道站点的衔接。

实现城市轨道与城际轨道的无缝衔接。在轨道覆盖较广地区，如广州、深圳、佛山、东莞等人口与经济密集区，在城际轨道建设的基础上，加快市域轨道快线建设，连接城市中心区与外围重要节点，构建以市域轨道快线为主骨架的轨道城市。促进主要走廊上城际轨道线路和市域轨道快线的整合，加强跨市轨道的协调与衔接，促进跨界地区的同城化发展。在轨道覆盖不足地区，如珠海、惠州、中山、江门、肇庆等城市积极发展BRT、有轨电车等中运量快速公交走廊，推动城镇空间集聚和外围新区发展。在跨境地区，加快建设与港澳无缝衔接、连接珠江三角洲东西两岸的轨道交通系统，进一步强化广深港和广珠澳交通走廊。加快建设跨界高速公路、轨道交通及配套工程，加快广深港客运专线、深港东部过境通道的建设。

统筹协调城际轨道周边TOD开发。湾区轨道沿线TOD规划由粤港澳大湾区规划协作委员会统筹协调，并协调各市落实土地储备及出让规模，轨道交通建设主体组织方案编制与协调，实现“同步规划，同步选址，同步设计，一体化建设”，打造“零换乘，一体化”场站建设。以区域公交为导向进行空间发展布局，建设“站城一体”的轨道枢纽综合体。通过对城市轨道站点周边地区土地进行公交导向型开发，借助土地价值捕获等手段，在区域尺度上优化布局人口和各类要素。推进城际轨道站点周边土地综合开发，将城际轨道站点周边地区培育成为各种类型的中心节点。建设区域停车—换乘枢纽，在广州、深圳等特大型城市外围结合轨道站点建设“P + R”停车—换乘枢纽，鼓励市民利用轨道交通进出中心区，实现城市间不同交通方式的无缝对接。

4.4.3　共建宜居湾区，促进区域性居住和民生设施合作。

（1）共建粤港澳宜居社区。

在珠江三角洲建设港澳社区，在跨市、跨境战略新区建立住宅社区，并在新建社区周边不断完善公共设施，来协调区域内就业和居住，减缓住房压力（港澳社区规划建设标准可突破国家标准限制，适用港澳规划标准）。

（2）共建一批国际教育园区。

加强联合办学、异地办学，依托香港、广州等地的教育资源优势，支持香港、广州与其他城市合作共建教育园区，发展一批高水平的基础教育、职业教育等现代化教育基地。

（3）推动城际民生设施的合作。

探索建立跨城镇、跨城市公共设施共建机制和规划建设协调机制，推动城际民生设施的合作，如港澳和珠江三角洲城市共建医院、学校等，鼓励广州医院、学校到外围城市建设分部，促进优质公共资源的区域共享。统筹推进一批高水平公共体育设施建设，积极承办"一带一路"沿线国家运动会。

（4）提升口岸通关效率。

加快各类口岸的规划与建设速度，提供更紧凑、更便捷的跨界交通与通关服务，完善粤港澳交通规划和建设的合作机制，促进两地要素高效流动，从而满足宜居湾区持续增长的客货运过境需求。

4.5　推动战略性地区的规划共建共享

4.5.1　加强广深科技创新走廊的规划合作。

推动《广深科技创新走廊规划》的实施，高标准建设广深科技创新走廊，努力打造成为广东省创新发展强大引擎，形成粤港澳创新发展的重要依托，为带动三地发展提供重要支撑。

（1）建立广深科技创新走廊的目标共识。

严格执行《广深科技创新走廊规划》，沿线各城市形成目标共识：第一步标准为到2020年科技产业创新能力领先全国，初步建成创新资源集聚带、转型升级引领带、生态宜居示范带；第二步标准为到2030年建成具有国际影响力的科技产业创新中心；第三步标准为到2050年建成国际一流的科技产业创新中心。各城市应在规划指导下制定实施计划，明确分阶段发展目标和建设重点。

（2）成立广深科技创新走廊规划协调专责小组。

在省成立广深科技创新走廊建设工作领导小组的框架下，进一步加强规划建设的协调，成立广深科技创新走廊规划协调专责小组，由省政府分管城乡规划的领导任组长，省住建厅负责人任副组长，省其他相关部门和广州、深圳、东莞城市规划部门负责人参加，负责统筹协调广深科技创新走廊沿线规划建设事项，专责小组办公室设在省住建厅。

（3）制定核心创新平台规划建设标准。

由广深科技创新走廊规划协调专责小组牵头，制定核心创新平台规划建设标准，针对广州大学城—国际创新城、广州中新知识城、广州科学城、广州琶洲互联网创新集聚区、深圳空港新城、深圳高新区、深圳坂雪岗科技城、深圳国际生物谷、东莞松山湖、东莞滨海湾新区十大核心创新平台，省级部门联合相关地市共同制定规划建设标准，适应科技型产业发展需求。一是要有龙头和核心企业的明显带动作用；二是有完善的众多上下游创新企业的配套；三是内部形成良性的循环促进效应。

（4）共建创新走廊快速轨道交通系统。

加强广深科技创新走廊沿线的快速轨道交通建设，以穗莞深城际轨道为骨干，加强各城市轨道交通的衔接，通过城际轨道和地铁串联创新走廊沿线各创新平台和科技园区，串联核心创新平台与机场、高铁枢纽等的联系，缩短通勤距离，构筑便捷的出行条件，为城市间交流提供基础条件。沿线集聚高科技企业、人才、技术、信息、资本等创新要素，集聚效应明显，同时加强资本、人才流动。将香港的知识创新体系与深圳的技术创新体系形成有效融合，充分发挥两地创新效应和辐射支撑作用，推动形成粤港澳大湾区新兴的创新格局。

（5）共建国际创新社区。

在广深科技创新走廊沿线推动跨界联合创新区、港澳青年创业基地等平台的建设，形成大湾区对接国际科技创新的重要通道。

4.5.2　共建一批城际合作重点地区。

围绕大湾区创新走廊，推动创新平台和基地合理布局，推动深港、深莞、穗莞、广佛、珠中、珠澳等城市合作，在城际邻接地区共建一批战略性地区，如广州、香港、澳门共建南沙新区，深港共建前海深港现代服务业合作区、落马洲河套地区，珠海、澳门共建横琴新区、珠澳跨境合作区，莞港共建莞港跨境合作区，江门和港澳共建大广海湾经济区，中山与澳门共建粤澳全面合作示范区等，以战略性地区为示范，推动粤港澳大湾区城市的紧密合作。赋予战略地区重大合作平台更多先行先试政策，允许大广海湾、中山粤澳全面合作示范区、港澳青年创业基地等重大平台对港澳进一步扩大开发。

加强战略性地区的功能统筹和产业共建，促进功能定位统筹协调，实现错位发展。以区域协同促进新兴战略地区发展，采取开发统筹、制度共建、产业协作、基建共享等措施开展区域合作，实现新型战略地区可持续发展，找准定位，重点突破；提升环境品质，引领新型战略地区发展，促进生产、生活、生态空间融合；支持共建双方按照国家财税改革部署及相关规定，完善合作共建园区财税共享机制，形成合作发展的长效机制。强化创新要素区域共享和产业联动机制。

4.5.3　探索战略性地区共同开发激励机制。

探索建立“省指导、市主导、统一规划、合作共建、独立运营、利益共享”的区域共同开发激励机制，加强城际地区规划合作。政府做好平台搭建者的角色，在战略地区实行共建区财税共享等政策，促进形成产业错位竞争局面，相关产业通过战略地区开发进行对接，地区间需要互补的资源在战略地区进行整合，充分发挥双方各自资源优势，在产业转移发展方向选择、规划制定、资金投入、开发建设、运营管理等方面进行全面合作，双方依据合作协议明确分工，权责对等，利益共享，从而形成一种自主的开发激励模式。

4.5.4　加强大湾区与粤东西北地区的合作开发。

以粤港澳大湾区建设为契机，推进大湾区与粤东西北地区的合作开发，促进区域协调发展。在粤港澳联席会议和粤港澳大湾区规划协作专责小组的框架下，根据合作需要可邀请粤东西北城市代表列席，讨论大湾区与粤东西北城市合作事项；深化珠江口东岸城市和粤东地区合作，共同规划建设海洋产业集聚区；推进珠江口西岸城市和粤西地区合作，发展粤西临港经济带；加强大湾区城市和粤北地区合作，共同开发文化旅游产业集聚区。

4.6　探索多样化的规划协作手段

4.6.1　设立大湾区规划发展基金。

设立大湾区规划发展基金，通过财政补助手段，全面推进大湾区成员间互利合作。为确保大湾区规划发展基金发挥作用，设置大湾区公共基础建设发展基金、大湾区生态保护补偿基金、大湾区重大科研项目合作基金等三个具体补助项目。资金来源及监管应按项目所涉及的城市范围，由粤港澳三方或城际间成立区域性、地方性资金，为公共项目提供补助；成立基金管理机构，统筹调配和监督基金。资助对象及条件可分为以下三类：

（1）大湾区公共基础建设发展基金。

大湾区公共基础建设发展基金瞄准发展城际间重大交通基础设施，如高速公路、城际轨道、高铁、地下轨道、码头、航线以及商务机场等项目。该基金按项目所在城市比重的比例共同出资，由项目领导小组统筹调配。

（2）大湾区生态保护补偿基金。

大湾区生态保护补偿基金聚焦大湾区环境治理，对大湾区生态环境具有重要意义的水源上游、森林屏障所在地给予生态保护补偿；对大湾区成员间跨界黑臭河涌治理给予补助，实施截污清淤引水工程，划定河涌禁养区，加快推进区域间合作治理；鼓励大湾区进一步实施节能减排，连续两年实现碳排放节余企业优先安排银行贷款贴息服务。

（3）大湾区重大科研项目合作基金。

大湾区重大科研项目合作基金鼓励区域间科研攻关、成果转化。对接国家重大科技专项计划和战略性新兴产业，资助粤港澳三方成立专项科研攻关团队和研究院，形成技术领先优势，引入科研成果转化和产业化机制，推动成果快速转化，保障成果转化利益均衡共享。该合作基金可由粤港澳三方政府按比例共同形成资金池，按进度实施多元化补助。

4.6.2　举办大湾区规划合作论坛。

鼓励粤港澳三地规划相关机构、行业协会牵头举行规划合作论坛，聚焦大湾区规划发展问题，形成政策建议报告，向粤港澳政府单位提供政策建议。可由广东省城市规划协会、香港规划师协会、澳门规划师协会牵头，联合香港大学城市规划及环境管理研究中心、中山大学城市与区域研究中心等机构联合举办，邀请国家部委、省政府、香港、澳门和珠江三角洲有关城市政府的领导及城市规划方面的专家学者进行讨论，推动大湾区各城市政府及规划界的交流与合作。

4.6.3　建立大湾区规划研究咨询机构。

建立大湾区区域规划研究咨询机构，发展其成为与大湾区规划协作委员会相辅相成的，为粤港澳协调发展提供咨询研究的主要的民间机构，成为“产、官、学”相结合的咨询平台。将专业咨询领域扩大到粤港澳湾区规划协作的相关方面，并以近期重点协调的重大平台建设、大型基础设施规划建设、生态环境保护等方面为主。引进包括商会、银行、航空、法律、物流、科技、地产、建筑、环境等方面的专家学者和社会团体代表，鼓励其结合对粤港澳湾区发展的丰富实践经验与思考，从多角度多专业综合权衡分析。

规划研究咨询机构的具体职能应包括：就加强粤港澳湾区在经济、建设、环境保护及其他方面合作所需的政策及推行策略提出建议；协同中央政策组进行关于粤港澳湾区未来协调发展的策略研究；对涉及粤港澳协调发展的重点和热点问题组织专项研究。

（广东省住房和城乡建设厅　广州市城市规划勘测设计研究院联合撰写）

广东省高性能混凝土推广应用调研报告（节选）

背景：2014年，住房和城乡建设部、工业和信息化部联合印发《关于推广应用高性能混凝土的若干意见》。2016年2月，住房城乡建设部标准定额司、工业和信息化部原材料工业司联合印发《关于开展高性能混凝土推广应用试点工作的通知》。2016年7月，广东省住房和城乡建设厅与住房和城乡建设部标准定额司签订《高性能混凝土推广应用机制及示范工程研究项目合同书》，广东省散装水泥管理办公室作为主要合作单位，受委托全面负责该项目实施。

一、实地调研

2016年10—11月，广东省散装水泥管理办公室组织开展高性能混凝土推广应用专题系列调研。一是开展省内情况调研。2016年10月底至11月初，广东省散装水泥管理办公室组织高性能混凝土项目组专家赴广州、深圳、珠海、东莞、中山市及顺德区6个地区开展高性能混凝土推广应用专题调研，与当地主管机构、相关企业召开座谈会15场，共188人次参加。二是开展省外专题交流学习。2016年11月21日至24日，广东省散装水泥管理办公室赴贵州、江苏两省开展高性能混凝土推广应用专题调研，与当地主管部门交流工作的重点、难点，学习先进的工作思路和方法。

二、问卷调查

2016年10月，广东省散装水泥管理办公室向全省各地级以上市及佛山市顺德区散装水泥主管机构印发《关于填报〈高性能混凝土推广应用工作调查问卷〉的通知》，要求各市散办填写并组织当地至少8家预拌混凝土企业和2家设计企业填写调查问卷。《高性能混凝土推广应用工作调查问卷》分为主管机构篇、预拌混凝土企业篇、设计单位篇，根据不同的调查对象设置针对性的问题，全方位收集高性能混凝土推广应用工作的问题和思路。收到22个地区反馈的181份调查问卷情况统计汇总如下。

（一）散装水泥主管机构情况统计

1. 全省22个市级主管机构都表示了解《高性能混凝土评价标准》（JGJ/T385-2015）和《〈预拌混凝土绿色生产及管理技术规程〉广东省实施细则》这两个技术标准；有19个市知晓《住房城乡建设部　工业和信息化部关于推广应用高性能混凝土的若干意见》和《关于开展高性能混凝土推广应用试点工作的通知》这两个文件，占86%；但只有6个市表示开展过高性能混凝土推广应用相关工作，仅占27%。

2. 据统计，目前全省共有预拌混凝土企业724家，达到绿色混凝土评价标准一星级以上的有152家，占21%；预计通过改造能达到一星级以上标准的有251家，改造后将有403家、55.7%的预拌混凝土企业能达到绿色混凝土评价标准一星级以上。

3. 全省22个市级主管机构中，有15个（68%）认为高性能混凝土推广应用的主要障碍和难点是业主不配合，14个（63%）认为配套政策是难点，12个（54.5%）认为施工是难点，11个（50%）认为原材料是难点，10个（45%）认为设计和生产技术是难点，9个（41%）认为专业培训是难点，还有4个（18%）认为技术标准是难点。

（二）预拌混凝土企业情况统计

全省共有17个市（区）的128家受访预拌混凝土企业反馈调查问卷。

1. 所有企业均了解高性能混凝土与高强混凝土的差异，其中86%了解《高性能混凝土评价标准》（JGJ/T385-2015）和《〈预拌混凝土绿色生产及管理技术规程〉广东省实施细则》两个技术标准，73%了解《住房城乡建设部　工业和信息化部关于推广应用高性能混凝土的若干意见》和《关于开展高性能混凝土推广应用试点工作的通知》两个文件；受访企业所生产的预拌混凝土中，C35以上强度等级的占比为30%。

2. 受访企业中，62%认为施工是高性能混凝土的推广应用主要障碍和难点，58%认为原材料是难点，41%认为配套政策是难点，38%认为专业培训是难点，

32%认为设计是难点，30%认为业主是难点，14%认为生产技术和技术标准是难点，5%认为有其他难点。

（三）设计单位情况统计

全省共有14个市（区）的32家受访设计单位反馈调查问卷。

1. 81%的设计单位表示了解高性能混凝土与高强混凝土的差异，62.5%了解《高性能混凝土评价标准》（JGJ/T385–2015）和《〈预拌混凝土绿色生产及管理技术规程〉广东省实施细则》两个技术标准，41%了解《住房城乡建设部　工业和信息化部关于推广应用高性能混凝土的若干意见》和《关于开展高性能混凝土推广应用试点工作的通知》两个文件。

2. 只有25%的单位设计过使用高性能混凝土的项目；只有一家表示制定过高性能混凝土设计图集等技术指导文件，占比3%。

3. 全省32家设计单位中，56%认为业主不配合是高性能混凝土推广应用的主要障碍和难点，47%认为施工是难点，44%认为配套政策是难点，37.5%认为生产技术是难点，34%认为专业培训是难点，31%认为原材料和技术标准是难点，25%认为设计是难点。

三、高性能混凝土推广应用现状

（一）高性能混凝土推广应用宣贯工作初见成效

广州、深圳、珠海、中山、清远、顺德等地开展高性能混凝土推广应用培训。2016年11月，广东省散装水泥管理办公室在广州市召开《高性能混凝土评价标准》和《〈预拌混凝土绿色生产及管理技术规程〉广东省实施细则》联合宣贯会，组织全省250人接受专题培训。省、市开展的系列宣贯工作取得一定的成果。

（二）预拌混凝土企业绿色生产升级改造潜力较大

问卷调查统计显示，广东省目前能达到绿色混凝土评价标准一星级以上标准的预拌混凝土企业占21%，预计改造后能达到绿色混凝土评价标准一星级以上标准的将占55.7%。可见混凝土绿色评价应作为当前工作的重要突破口，实施预拌混凝土企业绿色生产评价，推动混凝土企业升级改造，将有效提高广东省混凝土行业绿色生产水平。

（三）配套政策、业主因素、施工、原材料是制约高性能混凝土推广应用的主要障碍和难点

问卷调查统计显示，配套政策和施工因素被所有受访者认为是制约高性能混凝土推广应用障碍的前三位因素之一；业主因素被主管机构和设计单位认为是制约高性能混凝土推广应用障碍的首要因素；原材料因素被近六成预拌混凝土企业和半数主管机构认为是制约高性能混凝土推广应用的主要障碍。

四、高性能混凝土推广应用的主要问题

（一）高性能混凝土推广应用试点工作要求较高

试点方案要求“到2017年12月底，试点城市80%以上搅拌站达到绿色生产一星级及以上水平，其中50%以上搅拌站达到二星级及以上水平”。根据调研掌握的情况，预拌混凝土企业的绿色生产改造需要在土地、环保、设备技术上进行大量投入，增加生产成本，与目前预拌混凝土行业普遍存在的产能过剩、低价竞争的情况相冲突。同时，投入资金升级改造后的站点还可能面临城市更新拆迁和查违等方面带来的风险。生产企业在推动技术进步、绿色改造方面受到现实颇多掣肘。

（二）建设、设计、生产、施工的系统链条尚未形成

高性能混凝土评价标准明确要求从设计、生产、施工三方面进行评价。建设方对高性能混凝土的综合优势认识不足，对成本增加有所顾虑，较少提出高性能混凝土的应用需求；设计、施工方由于同样的原因，并且在建设工程中属于建设方的服务提供者，在建设方没有提出明确要求时，缺乏使用高性能混凝土的动力；高性能混凝土对施工技术和施工管理要求较高，对现有的施工人员的技术水平带来一定考验；从全省范围看，目前预拌混凝土生产和应用主要集中在C25、C30、C35等强度等级上，行业整体绿色生产水平不高，质量控制和节约管理水平有待提高。

（三）高性能混凝土推广应用配套技术标准不完善

现有的国家混凝土设计规范缺乏高性能混凝土的设计标准及对应的性能指标要求；目前除《高性能混凝土评价标准》外，没有其他的标准规范（如结构设计、施工验收等方面的规范）含有关于高性能混凝土的要求；《高性能混凝土评价标准》与现有标准衔接不畅，部分指标要求不协调。

（四）混凝土企业绿色生产评价标识工作尚未开展

根据高性能混凝土评价标准，预拌混凝土企业的绿色生产评价是高性能混凝土生产的基本前提，目前广东省混凝土企业绿色生产评价工作方案尚未出台，有关评价的职责分工、具体流程、评价要求、实施步骤尚待理清。同时，预拌混凝土企业在绿色生产改造过程中普遍遇到的料仓封闭设施被城管、航运、水务、环保等部门责令拆除、废水废渣难以实现零排放等问题亟待解决。

（五）预拌混凝土生产原材料质量不稳定

广东省长期以来缺乏承担粉煤灰、砂、石等重要

原材料行业管理的单一主管部门。原材料通常为不可再生资源，满足质量要求的天然骨料等材料已日益枯竭，现有市场上的原材料来源混乱，原材料供应方质量难以受控，生产材料质量精细化管理难以保证，相关的监管技术标准制定较为滞后，大大提高预拌混凝土生产企业的检测经营成本。广大预拌混凝土企业普遍反映原材料问题已成为制约行业发展、影响预拌混凝土总体质量的首要因素。

（六）缺乏相关的扶持、激励政策

由于国家层面尚未出台推广应用高性能混凝土的政策扶持意见，因此地方缺乏制定推广应用激励政策的上位依据，开展工作的人、财、物力不足。由于高性能混凝土的短期效应和优势不明显，未得建设、设计单位的积极响应，缺乏推广应用的原动力。

五、外省的先进经验

（一）提供技术支持

贵州省成立国家试点省高性能混凝土推广应用工作技术指导组，并明确技术指导组的主要职责包括指导试点城市、试点企业、试点工程开展技术工作，编制高性能混凝土相关标准和宣贯培训材料，参与对试点企业和试点项目考核评估等等，并对技术指导组提出工作要求，建立规范化工作机制。江苏省依托省建科院的技术力量，对贵高性能混凝土有关标准组织开展宣传培训，编制高性能混凝土地方细则，推动行业整体技术革新。

（二）提供资金支持

江苏省对高性能混凝土推广应用、装配式建筑发展等重点工作都出台配套激励政策，设置专项扶持资金。省财政将专项扶持资金拨付给主管机构，即江苏省住房和城乡建设厅。江苏省住房和城乡建设厅的主办处室根据配套政策的有关要求，结合工程项目的具体情况，直接按规定以一定比例将扶持资金奖励给企业，实现激励效果的最大化。

六、解决对策

（一）抓好试点工作，及时总结经验

以开展高性能混凝土试点城市、试点企业和试点项目建设为主要发力点，总结高性能混凝土的推广应用工作经验，理顺高性能混凝土的技术指导和检查评价机制，形成一批高性能混凝土应用的优秀样板，以点带面，形成广东省高性能混凝土推广应用的良好氛围。

（二）做好高性能混凝土推广应用技术支持

成立高性能混凝土技术指导组，在全省范围内为高性能混凝土的生产、应用提供技术咨询和指导服务，重点指导试点城市、试点企业和试点工程开展有关技术工作。组织试点城市主管机构、试点企业和试点工程负责人到高性能混凝土推广应用先进地区参观学习，切实提高应用技术水平。开展高性能混凝土推广应用宣传。

（三）编制高性能混凝土推广应用地方标准

组织开展编制广东省的高性能混凝土地方标准，提升高性能混凝土应用技术水平，强化标准规范的引导约束作用，内容涵盖高性能混凝土从设计到施工验收全过程，明确高性能混凝土结构设计、施工和验收评价的技术要求，规范高性能混凝土应用评估机制和程序，为我省更好地推广应用高性能混凝土提供技术指导文件。

（四）为高性能混凝土推广应用提供政策支持

一是加快研究和建立推广应用高性能混凝土的激励政策和机制，充分发挥政策杠杆的引导作用，鼓励在绿色建筑、绿色生态城区、政府投资和使用财政资金的建设项目中优先使用高性能混凝土。二是在优秀建筑设计和绿色建筑评定、建筑工程评奖评优、设计和工程招投标等活动中，逐步将采用高性能混凝土的情况作为参评、获奖或招投标的评定要素。三是对试点企业和试点工程给予相应的政策支持。四是加强与水务、航运、国土、城管等部门沟通联动，为企业绿色生产改造提供政策支持。

（五）组织开展预拌混凝土企业绿色生产评价

联合省经信委，协调落实绿色生产评价机制，引导生产企业进行固体、液体废弃物回收利用，对粉料罐、沉淀池等设备的设计与改造，达到节省运营开支、提升利润空间、资源循环利用的目的。预拌混凝土的绿色生产逐步纳入绿色施工、绿色建材、绿色建设的发展布局中。

（六）加强对原材料的监督管理

加强建材行业管理与法制建设，划定各主管部门职责，与其他有关部门协调沟通，建立多部门联动监管机制，查清劣质建材源头和杜绝虚假建材；在高性能混凝土地方标准的编制中，加入对原材料的专项要求，用一定篇幅对原材料的质量作出明确规定，使之满足高性能混凝土的生产需要。

（广东省散装水泥管理办公室撰写）

·编辑　陈财盛·

附录

广东省全国特色小镇

公布批次	小镇名称
第一批 6 个 (2016 年)	佛山市顺德区北滘镇　河源市江东新区古竹镇　梅州市梅县区雁洋镇　江门市开平市赤坎镇　中山市古镇镇　肇庆市高要区回龙镇
第二批 14 个 (2017 年)	佛山市南海区西樵镇　广州市番禺区沙湾镇　佛山市顺德区乐从镇　珠海市斗门区斗门镇　江门市蓬江区棠下镇　梅州市丰顺县留隍镇　揭阳市揭东区埔田镇　中山市大涌镇　茂名市电白区沙琅镇　汕头市潮阳区海门镇　湛江市廉江市安铺镇　肇庆市鼎湖区凤凰镇　潮州市湘桥区意溪镇　清远市英德市连江口镇

(广东省住房和城乡建设厅村镇建设处)

广东省中国历史文化名镇名村

类型	批次	个数	村镇名称
中国历史文化名镇	第二批	2	广州市番禺区沙湾镇　湛江市吴川市吴阳镇
	第三批	3	珠海市唐家湾镇　江门开平市赤坎镇　汕尾陆丰市碣石镇
	第四批	3	东莞市石龙镇　惠州市惠阳区秋长镇　揭阳普宁市洪阳镇
	第五批	2	中山市黄圃镇　梅州市大埔县百候镇
	第六批	5	珠海市斗门区斗门镇　佛山市南海区西樵镇　梅州市梅县松口镇　梅州市大埔县茶阳镇　梅州市大埔县三河镇
中国历史文化名村	第一批	2	佛山市三水区乐平镇大旗头村　深圳市龙岗区大鹏镇鹏城村
	第二批	3	东莞市茶山镇南社村　江门开平市塘口镇自力村　佛山顺德区北滘镇碧江村
	第三批	3	广州市番禺区石楼镇大岭村　东莞市石排镇塘尾村　中山市南朗镇翠亨村
	第四批	3	江门恩平市圣堂镇歇马村　清远市连南瑶族自治县三排镇南岗古排　汕头市澄海区隆都镇前美村
	第五批	4	韶关市仁化县石塘镇石塘村　梅州市梅县水车镇茶山村　清远市佛冈县龙山镇上岳古围村　佛山市南海区西樵镇上金瓯松塘村
	第六批	7	广州市花都区炭步镇塱头村　江门市蓬江区棠下镇良溪村　江门台山市斗山镇浮石村　湛江市遂溪县建新镇苏二村　河源市和平县林寨镇林寨村　梅州市蕉岭县南礤镇石寨村　汕尾陆丰市大安镇石寨村

(广东省住房和城乡建设厅村镇建设处)

广东省中国传统村落

批次	个数	村庄名称
第一批	40	广州市番禺区石楼镇大岭村　韶关市仁化县石塘镇石塘村　深圳市龙岗区大鹏镇鹏城村　汕头市澄海区隆都镇前美村　佛山市南海区西樵镇松塘村　佛山市三水区乐平镇大旗头村　佛山市顺德区北滘镇碧江村　江门市开平市塘口镇自力村　江门市恩平市圣堂镇歇马村　湛江市雷州市白沙镇邦塘村　湛江市雷州市龙门镇潮溪村　湛江市雷州市南兴镇东林村　湛江市遂溪县建新镇苏二村　肇庆市端州区黄岗街道白石村　肇庆市封开县罗董镇杨池古村　肇庆市广宁县北市镇大屋村　惠州市博罗县龙华镇旭日村　惠州市惠城区横沥镇墨园村　梅州市梅县水车镇茶山村　梅州市梅县南口镇侨乡村　梅州市梅县桃尧镇桃源村　梅州市梅县雁洋镇桥溪村　梅州市梅县雁洋镇石楼村　梅州市梅县雁洋镇松坪村　梅州市丰顺县埔寨镇埔北村　梅州市蕉岭县南礤镇石寨村　梅州市兴宁市罗岗镇柿子秤村　汕尾市陆丰市大安镇石寨村　河源市和平县林寨镇林寨古村　清远市佛冈县龙山镇上岳古围村　清远市佛冈县高岗镇社岗下村　清远市连南瑶族自治县三排镇南岗古排　清远市连南瑶族自治县三排镇三排村　东莞市企石镇江边村　东莞市茶山镇南社村　东莞市石排镇塘尾村　中山市南朗镇翠亨村　潮州市潮安县古巷镇古一村象埔寨　潮州市潮安县龙湖镇龙湖古寨　云浮市云城区腰古镇水东村

（续表）

批次	个数	村庄名称
第二批	51	广州市荔湾区冲口街道聚龙村　广州市海珠区琶洲街道黄埔村　广州市海珠区华洲街道小洲村　广州市番禺区沙湾镇沙湾北村　广州市花都区炭步镇塱头村　广州市萝岗区九龙镇莲塘村　广州市增城市正果镇新围村　广州市从化市太平镇钟楼村　韶关市翁源县江尾镇湖心坝村　韶关市南雄市乌迳镇新田古村　佛山市南海区桂城街道茶基村　湛江市雷州市纪家镇周家村　湛江市雷州市南兴镇关新村　湛江市雷州市调风镇调铭村　湛江市雷州市英利镇青桐村　茂名市信宜市镇隆镇文明村　肇庆市怀集县凤岗镇孔洞村　肇庆市怀集县大岗镇扶溪村　肇庆市怀集县中洲镇邓屋村　惠州市惠阳区秋长街道茶园村　惠州市惠阳区秋长街道周田村　惠州市龙门县龙华镇绳武围村　梅州市梅江区城北镇玉水村　梅州市梅县松口镇铜琶村　梅州市大埔县三河镇汇城村　梅州市大埔县百侯镇侯南村　梅州市大埔县西河镇车龙村　梅州市丰顺县汤南镇新楼村　梅州市丰顺县埔寨镇埔南村　梅州市丰顺县建桥镇建桥村　梅州市丰顺县丰良镇璜溪村邹家围　梅州市平远县东石镇凉庭村　梅州市平远县上举镇畲脑村　梅州市蕉岭县蓝坊镇大地村　梅州市蕉岭县蓝坊镇高思村　梅州市蕉岭县南礤镇南礤村　梅州市兴宁市石马镇刁田村　梅州市兴宁市叶塘镇河西村　梅州市兴宁市新陂镇上长岭村　梅州市兴宁市刁坊镇周兴村　汕尾市陆丰市潭西镇大楼村　阳江市阳东县雅韶镇西元村阳江雅韶十八座　清远市清新县龙颈镇凤塱村　清远市连州市西岸镇冲口村　清远市连州市西岸镇马带村　东莞市茶山镇超朗村　东莞市寮步镇西溪村　揭阳市榕城区仙桥街道西岐村　揭阳市揭西县东园镇月湄村　揭阳市普宁市洪阳镇德安里村　揭阳市普宁市梅塘镇溪南古村
第三批	35	广州市花都区花东镇港头村　广州市增城区新塘镇瓜岭村　广州市从化区太平镇钱岗村　江门市蓬江区棠下镇良溪村　江门市台山市斗山镇浮石村　湛江市遂溪县河头镇双村村　湛江市遂溪县岭北镇调丰村　湛江市雷州市杨家镇北劳村　湛江市雷州市北和镇鹅感村　肇庆市德庆县官圩镇金林村　肇庆市德庆县永丰镇古蓬村　肇庆市德庆县悦城镇罗洪村　惠州市惠东县稔山镇范和村　惠州市惠东县多祝镇皇思扬村　梅州市梅县区松口镇大黄村　梅州市梅县区松口镇梅教村　梅州市梅县区松口镇南下村　梅州市梅县区松口镇小黄村　梅州市梅县区南口镇谢响塘村　梅州市大埔县高陂镇银滩村　梅州市大埔县西河镇北塘村　梅州市丰顺县汤南镇龙上古寨　梅州市五华县歧岭镇凤凰村　梅州市五华县横陂镇夏阜村　梅州市兴宁市径南镇星耀村　梅州市兴宁市龙田镇鸡公侨村　梅州市兴宁市龙田镇龙盘村　清远市连南瑶族自治县三排镇油岭村　清远市连州市连州镇沙坊村　清远市连州市龙坪镇元壁村　清远市连州市西岸镇石兰寨　清远市连州市保安镇卿罡村　清远市连州市东陂镇白家城村　东莞市塘厦镇龙背岭村　中山市三乡镇古鹤村。
第四批	34	珠海市斗门区斗门镇南门村　珠海市斗门区斗门镇八甲村委排山村　佛山市禅城区南庄镇罗格村委孔家村　佛山市南海区九江镇烟南烟桥村　佛山市顺德区乐从镇沙滘村　佛山市顺德区杏坛镇逢简村　佛山市顺德区杏坛镇马东村　佛山市三水区白坭镇岗头村　佛山市三水区芦苞镇长岐村　佛山市高明区明城镇罗稳村委深水村　韶关市仁化县扶溪镇古夏村　河源市和平县东水镇大坝村　梅州市梅县区松口镇圳头村　梅州市梅县区白渡镇峰溪村委石溪村　梅州市梅县区松源镇横坊村委横江村　梅州市丰顺县黄金镇清溪村　梅州市平远县石正镇南台村　梅州市平远县泗水镇梅畲村　惠州市惠东县铁涌镇溪美村　惠州市龙门县永汉镇鹤湖围村　惠州市龙门县龙华镇功武村　江门市台山市斗山镇浮月村　江门市开平市百合镇马降龙村　江门市鹤山市鹤城镇田心村　肇庆市高要区回龙镇黎槎村　清远市佛冈县汤塘镇汤塘村　清远市佛冈县迳头镇土仓下村　清远市连南瑶族自治县大坪镇大掌村　清远市连南瑶族自治县三江镇石泉村　清远市连州市丰阳镇丰阳村　潮州市潮安区浮洋镇井里村　潮州市饶平县所城镇所城居委大城所村　云浮市郁南县大湾镇五星村　云浮市郁南县连滩镇兰寨村

（广东省住房和城乡建设厅村镇建设处）

广东省国家装配式建筑示范城市和国家装配式建筑产业基地（第一批）

类别	城市/单位名称
国家装配式建筑示范城市	深圳市
国家装配式建筑产业基地	碧桂园控股有限公司　广东建远建筑装配工业有限公司　广东省建筑科学研究院集团股份有限公司　广东省建筑设计研究院　广州机施建设集团有限公司　广州市白云化工实业有限公司　深圳市华阳国际工程设计股份有限公司　深圳市嘉达高科产业发展有限公司　深圳市鹏城建筑集团有限公司　万科企业股份有限公司　筑博设计股份有限公司　中国建筑第四工程局有限公司　中建钢构有限公司　中建国际投资（中国）有限公司　深圳华森建筑与工程设计顾问有限公司

（广东省住房和城乡建设厅科技信息处）

广东省国家级自然保护区

名称	地点	面积（公顷）	主要保护对象	始建时间	现级别批准时间
广东南岭国家级自然保护区	韶关市、清远市	58368.4	中亚热带常绿阔叶林	1984-04-05	1994-04-05
广东车八岭国家级自然保护区	始兴县	7545	中亚热带常绿阔叶林及珍稀动植物	1981-07-04	1988-05-09
广东丹霞山国家级自然保护区	仁化县	29000	丹霞地貌	1995-10-28	1995-11-06
广东内伶仃岛—福田国家级自然保护区	深圳市宝安区、福田区	921.64	猕猴、鸟类、红树林湿地生态系统	1984-04-09	1988-05-09
广东珠江口中华白海豚国家级自然保护区	珠海市内伶仃岛至中头岛周围海域—珠江口伶仃洋	46000	中华白海豚及其生境	1999-10-13	2003-06-06
广东湛江红树林国家级自然保护区	湛江市	20278.8	红树林生态系统	1990-01-08	1997-12-08
广东徐闻珊瑚礁国家级自然保护区	徐闻县角尾乡到西连镇沿海	14378.5	珊瑚礁生态系统	1999-08-03	2007-04-06
广东雷州珍稀海洋生物国家级自然保护区	雷州市西部沿海	46864.67	白蝶贝等珍稀海洋生物及其生境	1983-04-07	2008-01-14
广东鼎湖山国家级自然保护区	肇庆市鼎湖区	1155	南亚热带常绿阔叶林、珍稀动植物	1956-02-27	1956-02-27
广东象头山国家级自然保护区	博罗县小金	10696.9	森林生态及野生动植物	1998-12-28	2002-07-02
广东惠东港口海龟国家级自然保护区	惠东县港口镇	1800	海龟及其产卵繁殖地	1987-05-21	1992-10-27
英德石门台国家级自然保护区	清远市英德市北部	33555	常绿阔叶林及珍稀濒危野生动植物	1998-08-28	2012-01-21
南澎列岛海洋生态国家级自然保护区	汕头市南澳县	35679	海洋生态系统、珍稀濒危野生动物及其栖息地	2003-06-19	2012-01-21
广东罗坑鳄蜥国家级自然保护区	韶关市曲江区	18813.6	珍稀濒危野生动物及其栖息地	1998-12-28	2013-06-04
广东云开山自然保护区	茂名市信宜市	12511.3	南亚热带常绿阔叶林及野生动植物	1994-04-12	2014-12-05

（广东省环境保护厅）

广东省国家级森林公园

森林公园名称	所在地	批建年份	面积（公顷）	资源类型和主要景观特征
广东流溪河国家森林公园	广州市从化区流溪河林场	1993	9333.33	湖泊森林型，林深叶茂、地貌奇特，水域辽阔
广东梧桐山国家森林公园	深圳市沙头角	1989	678	城市森林型，梧桐山为莲花山余脉，历史上是“新安八景”之一
广东小坑国家森林公园	韶关市曲江区小坑镇	1992	16700	温泉森林型，群山、红枫、龙湖景观，汤湖温泉
广东南澳海岛国家森林公园	汕头市南澳县	1992	1373.33	滨海森林型，集自然景观、人文景观、森林保健功能于一体
广东南昆山国家森林公园	惠州市龙门县	1993	2000	山岳森林型，天然动植物景观，有“北回归线上的绿洲”和“南国避暑天堂”之美誉
广东南岭国家森林公园	韶关市乳源瑶族自治县	1993	27333.33	山岳森林型，内有“广东第一峰”石坑崆和广东唯一的原始森林。
广东韶关国家森林公园	韶关市南郊	1993	2010.73	城市森林型，主峰莲花山以清代二十四景之一的“莲花樵唱”闻名于世
广东新丰江国家森林公园	河源市东源县	1993	4479.47	湖泊森林型，与西双版纳、鼎湖山并称为地球北回归线沙漠带上的“东三奇”
广东东海岛国家森林公园	湛江市东海开发区	1993	666.67	滨海森林型，濒临南海，沙滩长28千米，宽150—300米，被誉为“中国第一长滩”，世界第二长滩。
广东西樵山国家森林公园	佛山市南海区	1994	1400	山岳森林型，园内有72峰42洞，素有“珠江文明的灯塔”的美誉
广东石门国家森林公园	广州市从化区	1995	2636	湖泊森林型，群山、峡谷景观
广东圭峰山国家森林公园	江门市新会区	1997	3550	城市森林型，集历史、人文、自然资源于一体，高山、湖泊、森林景观
广东英德国家森林公园	韶关市英德市	2000	107000	湖泊森林型，雄峰飞瀑、奇松怪石、峡谷平湖、原始森林、珍禽异兽、名胜古迹等自然景观
广宁竹海国家森林公园	肇庆市广宁县	2004	8500	生物主题型，天然竹林景观
广东北峰山国家森林公园	江门市台山市	2004	1161.6	山岳森林型，锦山秀峰、奇岩怪石、流泉飞瀑、峡谷幽潭景观
广东大王山国家森林公园	云浮市郁南县	2004	806	城市森林型，集休闲、康体、游乐、文化、科普活动于一体
广东神光山国家森林公园	梅州市兴宁市	2005	674.6	人文历史型，以神光山自然景观为主，集历史、客家文化和游览、登山、休闲于一体
广东梁化国家森林公园（原御景峰国家森林公园）	惠州市惠东县梁化林场	2005	1333.33	山岳森林型，集山峻、林茂、水秀、石奇、峡幽、树茂、气爽于一体
广东观音山国家森林公园	东莞市	2005	657.18	人文历史型，珠三角发达地区的“绿色明珠”和“南粤圣地”。
广东三岭山国家森林公园	湛江市	2006	738.79	城市森林型，湛江市最大的绿色保护屏障
广东雁鸣湖国家森林公园	梅州市梅县区雁洋镇	2006	923	山岳森林型，粤东地区规模最大的旅游度假胜地
广东天井山国家森林公园	韶关市乳源瑶族自治县	2008	5564.1	山岳森林型，高山矮林和云锦杜鹃景观，有“物种宝库”“广东氧舱”“粤北水塔”“华南夏宫”之称
广东大北山国家森林公园	揭阳市揭西县	2008	3067.2	山岳森林型，群峰、瀑布、枫林、毛竹等景观
广东镇山国家森林公园	梅州市蕉岭县	2009	2177.37	山岳森林型
广东南台山国家森林公园	河源市平远县	2009	2073.2	山岳森林型，红层峰林丹霞地貌景观，号称“粤东丹霞地貌博物馆”

（广东省林业厅）

广东省全国重点文物保护单位

名称	时代	类别	所在地
秦代造船遗址、南越国宫署遗址及南越文王墓	秦、西汉	古遗址	广州市越秀区
莲花山古采石场	西汉至清	古遗址	广州市番禺区
南汉二陵	五代	古墓葬	广州市番禺区
清真先贤古墓	唐	古墓葬	广州市越秀区
光孝寺	五代至明	古建筑	广州市越秀区
陈家祠堂	清	古建筑	广州市荔湾区
怀圣寺光塔	唐	古建筑	广州市越秀区
六榕寺塔	宋	古建筑	广州市越秀区
广裕祠	明至清	古建筑	广州市从化区
五仙观及岭南第一楼	明至清	古建筑	广州市越秀区
镇海楼与广州明城墙	明至民国	古建筑	广州市越秀区
南海神庙	清	古建筑	广州市黄埔区
三元里平英团遗址	1841 年	近现代重要史迹及代表性建筑	广州市白云区
黄花岗七十二烈士墓	1911 年	近现代重要史迹及代表性建筑	广州市越秀区
广州农民运动讲习所旧址	1926 年	近现代重要史迹及代表性建筑	广州市越秀区
广州公社旧址	1927 年	近现代重要史迹及代表性建筑	广州市越秀区
洪秀全故居	1814 年	近现代重要史迹及代表性建筑	广州市花都区
国民党“一大”旧址（包括革命广场）	1924 年	近现代重要史迹及代表性建筑	广州市越秀区
黄埔军校旧址	1924—1927 年	近现代重要史迹及代表性建筑	广州市黄埔区
中华全国总工会旧址	1925—1927 年	近现代重要史迹及代表性建筑	广州市越秀区
广州沙面建筑群	清	近现代重要史迹及代表性建筑	广州市荔湾区
广州圣心大教堂	1888 年	近现代重要史迹及代表性建筑	广州市越秀区
广州大元帅府旧址	民国	近现代重要史迹及代表性建筑	广州市海珠区
中山纪念堂	1931 年	近现代重要史迹及代表性建筑	广州市越秀区
余荫山房	近代	近现代重要史迹及代表性建筑	广州市番禺区
粤海关旧址	清	近现代重要史迹及代表性建筑	广州市荔湾区
广东咨议局旧址	清至民国	近现代重要史迹及代表性建筑	广州市越秀区
中共第三次全国代表大会会址	1923 年	近现代重要史迹及代表性建筑	广州市越秀区
大鹏所城	明清	古建筑	深圳市大鹏新区
宝镜湾遗址	新石器至青铜时代	古遗址	珠海市金湾区
陈芳家宅	清	古建筑	珠海市香洲区
三灶岛侵华日军罪行遗迹	民国	近现代重要史迹及代表性建筑	珠海市金湾区

(续表)

名称	时代	类别	所在地
文光塔	宋至清	古建筑	汕头市潮阳区
崎碌炮台	1879 年	近现代重要史迹及代表性建筑	汕头市金平区
国民革命军东征军总指挥部、政治部旧址	1925 年	近现代重要史迹及代表性建筑	汕头市金平区
古椰贝丘遗址	新石器时代	古遗址	佛山市高明区
佛山祖庙	明、清	古建筑	佛山市禅城区
东华里古建筑群	清至民国	古建筑	佛山市禅城区
清晖园	清	古建筑	佛山市顺德区
康有为故居	清	近现代重要史迹及代表性建筑	佛山市南海区
顺德糖厂早期建筑	1934 年	近现代重要史迹及代表性建筑	佛山市顺德区
南风古灶、高灶陶窑	明	其他	佛山市禅城区
石峡遗址	新石器时代	古遗址	韶关市曲江区
云龙寺塔	唐	古建筑	韶关市乳源瑶族自治县
三影塔	北宋	古建筑	韶关市南雄市
满堂围	道	古建筑	韶关市始兴县
南华寺	明清	古建筑	韶关市曲江区
南粤雄关与古道	唐至明	古建筑	韶关市南雄市
长围村围屋	清	古建筑	韶关市始兴县
丹霞山摩崖石刻	宋至民国	石窟寺及石刻	韶关市仁化县
双峰寨	清	近现代重要史迹及代表性建筑	韶关市仁化县
龟峰塔	宋	古建筑	河源市源城区
父子进士牌坊	明	古建筑	梅州市大埔县
叶剑英故居	近代	近现代重要史迹及代表性建筑	梅州市梅县区
丘逢甲故居	清	近现代重要史迹及代表性建筑	梅州市蕉岭县
人境庐和荣禄第	1881 年、1884 年	近现代重要史迹及代表性建筑	梅州市梅江区
谢晋元故居	1905 年	近现代重要史迹及代表性建筑	梅州市蕉岭县
叶挺故居	清	近现代重要史迹及代表性建筑	惠州市惠阳区
元山寺	明清	古建筑	汕尾市陆丰市
海丰红宫红场旧址	1927—1928 年	近现代重要史迹及代表性建筑	汕尾市海丰县
蚝岗贝丘遗址	新石器时代	古遗址	东莞市
东莞可园	清	古建筑	东莞市
南社村和塘尾村古建筑群	明至清	古建筑	东莞市
却金亭碑	明	石窟寺及石刻	东莞市

（续表）

名称	时代	类别	所在地
林则徐销烟池与虎门炮台旧址	1839 年	近现代重要史迹及代表性建筑	东莞市/广州市
大岭山抗日根据地旧址	1940—1943 年	近现代重要史迹及代表性建筑	东莞市
广九铁路石龙南桥	1911 年	近现代重要史迹及代表性建筑	东莞市
茶东陈氏宗祠群	清	古建筑	中山市
孙中山故居	1892 年	近现代重要史迹及代表性建筑	中山市
中山纪念中学旧址	1936 年	近现代重要史迹及代表性建筑	中山市
梁启超故居	清	近现代重要史迹及代表性建筑	江门市新会区
开平碉楼	近代	近现代重要史迹及代表性建筑	江门市开平市
独石仔洞穴遗址	旧石器时代至新石器时代	古遗址	阳江市阳春市
唐氏墓群	宋至清	古墓葬	湛江市雷州市
雷祖祠	明、清	古建筑	湛江市雷州市
硇州灯塔	1899 年	近现代重要史迹及代表性建筑	湛江市开发区
广州湾法国公使署旧址和法军指挥部旧址	1903 年、1905 年	近现代重要史迹及代表性建筑	湛江市霞山区
隋谯国夫人冼氏墓	隋	古墓葬	茂名市电白县
梅庵	北宋	古建筑	肇庆市端州区
德庆学宫	元	古建筑	肇庆市德庆县
悦城龙母祖庙	清	古建筑	肇庆市德庆县
肇庆古城墙	宋至清	古建筑	肇庆市端州区
七星岩摩崖石刻	唐至现代	石窟寺及石刻	肇庆市端州区
慧光塔	宋	古建筑	清远市连州市
笔架山潮州窑遗址	宋	古遗址	潮州市湘桥区
广济桥	宋至明	古建筑	潮州市湘桥区
许驸马府	明	古建筑	潮州市湘桥区
潮州开元寺	唐至清	古建筑	潮州市湘桥区
己略黄公祠	清	古建筑	潮州市湘桥区
韩文公祠	明至清	古建筑	潮州市湘桥区
道韵楼	明	古建筑	潮州市饶平县
从熙公祠	清	古建筑	潮州市潮安区
潮州老城古民居建筑群	明至清	古建筑	潮州市湘桥区
古榕武庙	明	古建筑	揭阳市榕城区
揭阳学宫	清	古建筑	揭阳市榕城区
丁氏光禄公祠	1878 年	近现代重要史迹及代表性建筑	揭阳市榕城区
大湾古建筑群	清、民国	古建筑	云浮市郁南县
龙龛岩摩崖石刻	唐、清、民国	石窟寺及石刻	云浮市罗定市

（广东省文化厅）

·编辑　陈财盛·

索引

说　明

1. 本索引为《广东建设年鉴》2018年卷主题分析索引，由条目索引、表格索引和随文图索引三部分组成。
2. 本索引采用主题分析法，款目按汉语拼音字母（同音字按声调）顺序排列。
3. 书中的篇目名、类目名、分目名用黑体字标明，其余用宋体字排印。
4. 索引款目后的括号为说明项，款目后的数字表示内容所在页码，数字后面的拉丁字母（a、b、c）表示栏别（即版面的1、2、3栏）。
5. 同一主题在书中多处出现的，在其款目后用不同的页码注明；同一主题在各市建设类目中不同城市出现的，在同一款目下另起行退一字排列。
6. 本索引对《图片专辑》《年度关注》《大事记》《文献法规》《调研报告摘编》《附录》等类目不做主题分析。

条目索引

数字

字母

A

B

C

F

N

P

Q

R

S

T

W

X

表格索引

H

J

K

Q

S

W

随文图索引

H

J

L

M

N

S

Y

Z

General Catalogue

Table of Contents

Photo Album

Highlights of the Year

Chronicle of Major Events

Introduction to Urban and Rural Construction

Urban and Rural Planning

Municipal Public Facilities Construction and Management

Urban Management and Law Enforcement

Town/Village Construction and Management

Construction Industry

Exploration, Design and Consulting

Real Estate Industry and Housing Security

Construction Technology and Green Construction

Administrative Approval of Construction

Legal System Construction

Education, Training and Qualifications

Administrative Reform

Municipal Construction

Outstanding Figures & Honors

Statistics

Documents & Regulations

Excerpts from Investigation Reports

Appendix